新・騎馬民族征服王朝説

――奈良朝は新羅占領軍の政権
平安朝は百済の亡命政権――

藤井輝久

今日の話題社

高句麗の王都集安（鴨緑江北岸、現中国領）の夜明け

高句麗　将軍塚（20 長寿王陵。通説）――花崗岩を 1100 個以上 7 段に積み上げている

高霊伽倻　池山洞 32 号墳出土　大王金銅冠——本文「若狭ルート」参照

池山洞古墳（高霊）

新羅王陵群（慶州）

金官伽羅　初代金首露王（8 孝元大王のモデル）陵（金海）

韓国の前方後円墳　月桂洞長鼓墳（光州）

高句麗　太王陵（19 広開土王陵。通説）

奈良長谷寺にて著者の愛人——世間一般の用語では女房

新・騎馬民族征服王朝説

——奈良朝は新羅占領軍の政権
平安朝は百済の亡命政権——

新・騎馬民族征服王朝説　目次

第一二章 架空の「壬申の乱」の真相 754

——唐・新羅の共同占領から新羅による単独占領へ
——弥勒信仰から太子信仰へ
——双塔伽藍（統一新羅の仏教文化）は何故日本列島に流入したのか？
——現法隆寺は新しかった（飛鳥時代どころか精々が奈良朝直前か初期）
——阿麻古の銘の新羅仏に秘められていた謎を解け！

第一七章　新たなる騎馬民族征服王朝説の確立 1064

【凡例】

＊天皇の諡号の上に付したアラビア数字は、『日本書紀』に記された天皇の代数を表す。また、朝鮮三国等の国の国王の上に付した数字についてもこれに準じる。例：40天武天皇

＊『日本書紀』からの引用等で出典を示す際は、「『日本書紀』○○X年」とせず、「○○紀X年」とした。例：『日本書紀』欽明九年→欽明紀九年

＊前著『天皇系図の分析について——古代の東アジア』を「テキスト（テキスト）」と呼び、参照する際、たとえば「テキスト15—6—1、P640下」とあれば、「テキスト15章、6節、1款、640ページ、下段」を指す。

＊本書内の場所を参照する場合は、たとえば「九1、P398」（または「本書（本）九1、P398」）とあれば、「本書の九章1節、398ページ」を指す。

＊図版は各章の末尾にまとめて配置し、たとえば「図9—11」とあれば、九章の末尾にある「9—11」を指す。

序　仮説と史実の結合へ向かって

――新・騎馬民族征服王朝説――

私こと「古代探偵」の本日の役割を一言（ひとこと）で申しますと、白い霧に包まれました古代史を巡る**仮説と史実の結合**とでも申せましょうか？　私の立場に立って――原点に戻って――初めて、立ち籠めた霧が晴れて見えてくる**原風景**がございます。これからそこにアナタをご案内いたしましょう。そして、これは今までの日本古代史の「体系」の新たなる変更でもあるのです。

では、「**新・騎馬民族征服王朝説**」というテーマの下で早速始めましょう。それはアナタにとって決して難しいことではなく、又、アナタがこのテーマから直感するであろうような遠い霞が掛かったような時代のことでもなく、早い話が、アナタが長い間今まで何らの疑問も抱（いだ）かずに通り過ごしてまいりました

「**奈良朝とは何か**」

「**平安朝とは何か**」

というごく単純な、アナタを始めどなたにでもお気軽に参加出来るとても易しいテーマだったのです。ということで、私に言わせれば、アナタと今までのアカデミズムは、千年以上もの間「**灯台もと暗し**」だったのです。

序―1　古代史のあるべきスタート地点とは

と、オマエが大見栄を切ってそう言うからには、「それは一体何だったのか?」と聞かれれば、それは、

「平安朝の天皇家」とは百済王（ノコニキシ）が日本列島で樹立いたしました百済亡命政権

だったのであり、その前の

「白鳳・奈良朝の天皇家」とは「白村江の役」以降の新羅の占領軍による征服王朝

だった、ということでございます。

ということでアナタ、その奈良朝と平安朝との間には、誰の目にも見えない、古代のブラックホールとも言うべき深い深い「巨大な謎の断層＝古代日本における百済革命（クーデター）」というアナタが予想だにし得なかったものが横たわっていたことに、私こと「古代探偵」は、ハテナ?ハテナ?と考えを貫いていって、世界で初めて（いや、二番目に）気が付くことが出来たのです。その訳は、追って、具体的な証拠を引きながら、アナタが今まで教科書で習ったこともないような驚きの古代史について（新しく発見される真理はアナタの教科書の中にはないのですから）、これから千ページ近くに亙（わた）り、アナタがご納得いただけるまで十分にご説明いたしたいと存じます。ちょっと難しい点もおありかとは存じますが、暫くは騙されたと思って我慢して読み進めていっていただきたいと存じます。そういたしますと、やがて歴史の前に立ち籠めていた暗雲が徐々に晴れ、その間から朝日に輝く神々の巨大な白い峰々が、アナタの目の前にアッと驚くような姿で顕（あらわ）れてまいりますよ。どうかお楽しみに。

因（ちな）みにアナタ、私の前著『天皇系図の分析について――古代の東アジア』（以下、本書では「テキスト（テキスト）」と呼びます）の初めに申し上げましたように、「天皇家」を尊敬申し上げることと、そのルーツを探るということは、決して矛盾することではございません。歴史上の正しい姿を見出すことは「人史学」（人間の生

き様について、その必要とする全ての学問のサーチライトを「立体」と「時間」との四次元——譬えて申しますならば、今までの歴史の授業のようなパワーポイントの静止画のスライドではなく、VTRによる「民族の追っ立て」の切り刻めない連続動画としての邪馬臺国の彷徨についての九14①～⑯などはその一例——の領域に集中する学問の体系。つまり点（回虫の卵）ではなく線（「真田虫＝條虫」の七メートルもの成虫）として）にとりまして、アナタに課せられました使命（ミッション）ですらあるからなのです（テキスト「はじめに」P6、P1097—1099）。

——ここまでお読みになられたアナタは、既にお判りのように、この本はその全篇がアナタが今まで聞いたことのないような少数説で貫かれており、通説と言われているようなものは殆ど何処（どこ）にも顔を出してはおりません。そこで今まで教科書（今までに判った真理）で通説だけを暗記して信じてこられたアナタのために、どうしてもそのご説明の必要上「カッコ＝注釈」を多用しておりますので、ご用とお急ぎの性急（せっかち）なお方は、この「カッコ」を飛ばしてお読みになること（**特急読み**）をお勧めいたします。そういたしますと、論旨明快で頗（すこぶ）るスッキリいたしますよ。又、ご用とお急ぎでないお暇なお方は、じっくりと「カッコ」内もお読み下さって、私のユニークな（過ぎる）説の「こく＝深み＝面白み」を十分にお味わい下さい（**鈍行読み**）。そういたしますと、アナタがお気付きにならないうちに、何時の間にかアナタの古代史の視野が頗る広くなっている（コスモポリタンな視野で水平思考が出来るようになっている）ことを請け負いましょう。もしそれでもお迷いならば、兎も角「新しい真理特急」に乗って途中の駅をどんどん飛ばして、先ずはサッサと目的地まで行ってしまうのもよいでしょう——

序―1　古代史のあるべきスタート地点とは

では早速始めましょう。663年の「**白村江**（ハクスギノエ）**の役**（エダチ）」の後、実は、通説には反しますが

日本列島は直ちに唐・新羅に占領

されてしまっていたのです（テキスト7章、P227―297）。ここがアナタ、全ての日本の古代史についての一番の大きな**分水嶺**でもあったのです。そして、早い話が、それを「隠す」がために、今日に伝わる正史である平安日本紀というものが作られたと言っても、決して過言ではなかったのです（もう一つ隠した点は、天皇渡来の事実）。本来、アナタはここから古代史をスタートさせて、この流れに沿って歴史の全ての「**切り口**」を探っていかなければいけなかったのです。そうでなければ、そのスタートからアナタのこれから進むべき方向（航海針路）の全てが間違ってしまうからなのです。歴史の盲点は、実はアナタから見て、こんな有り触れた単純極まりないところに隠されていたのです。

そして、その日本を占領した**新羅**という国は、嘗（かつ）て、成立から百年もたたない5世紀に約70年以上も百済の兄弟国（テキスト付録11、P1120他）の遊牧民の**高句麗**に占領されており（忠州の**高句麗中原碑**がこのことを証明しております。本九1、P514）、そのとき「**スキタイ風**の遊牧民の文化」を継承しておりましたので、それが白鳳（はくほう）・奈良朝の右の日本の占領者、即ち、奈良朝の天皇家を通じて日本列島に齎（もたら）されていたのです（キトラ古墳につき、一五6、P970。スキタイ風な新羅の王都慶州の**金冠塚**出土の黄金細工につき、テキスト口絵、本一七1、P1067。尚、時代は下りますが「若狭ルート」につき同）。

＊例　このような「本九1、P398」というカッコ内の**漢数字**から始まる表示は、この講演で台本としておりますテキスト『天皇

系図の分析について――古代の東アジア』のことではなく、**本書**そのものの関連する場所を示しております。つまり「[本]九1、P398」とは、**この本**の「9章1節、398ページをご参照下さい」ということなのです。ですから、そうではなく「[テキスト]15―6―1、P640下」と[テキスト]（テキスト）と冠を付けてお断りして申し上げるときは、**別著『天皇系図の分析について』**の「15章6節1款、640ページ・下段」を指しますので、より詳しくお勉強になりたい方は、こちらの方をご参照下さい。

序―2　アナタの知らない東大寺に秘められていた謎

――百済革命の成功のポイントは、奈良朝の新羅系天皇家に国の富を浪費させることにあった

――新羅仏　且つ　弥勒仏　であった東大寺の旧大仏のモデル（石窟庵↓蟹満寺↓大仏）

――忘れられた「ニギハヤヒ渡来」の痕跡を追って

ところで、アナタ、唐・新羅に660年に滅ぼされた**百済の亡命民**と、次いで668年に滅ぼされた**高句麗の亡命民**とは、共にその王族は**遊牧民**の「**北扶余**」（**前期北扶余は**、**阿城**(アーチヨン)よりも**吉林**(チーリン)の**松花江**(ソンホワンチアン)を挟んだ**龍潭山**(ワンタンシャン)から**東団山**(トントワンシャン)辺りを考えるべきだったのであり、**後期北扶余の扶餘城**は**農安**(ノンアン)と考えます。尚、この出自につきましては[テキスト]15―1―1、P566～569は必見です）から分かれた人々でしたが（[テキスト]2―4―7、P102。付録11、P1120。尚、「**辰王朝**(しん)」につき、[本]六（本来、正しくは「**鮮王朝**(しん)」））、日本列島に亡命し、中央又は主として九州や出羽などの鄙(ひな)の地で、約100年余もの不遇の雌伏(しふく)のときを経ながらも、その間「遊牧民特有の狡猾(こうかつ)な（狡(ずる)い）知恵」を働かせ、白村江の役以来の日本列島の占領者である新羅系の白鳳・奈良朝の40天武天皇(スメラミコト)の流れを汲む天皇家を言葉巧みに唆(そそのか)し、

「東大寺とその大仏」

（この黒幕は**華厳経**を唱えた**百済僧**の東大寺の元になった**金鐘山房**に入った九人の僧の一人である〔本序―3〕**良弁**〔六八九―七七三〕ら。八2）

「平城京」

「全国の国分寺・国分尼寺」（天平十三年〔七四一〕三月の詔）

「恭仁京」

（正史上にも、その廃都につき「用途〔支出〕の費やす所、勝げて計ふべからず〔支出が膨大である〕聖武『続日本紀』天平十五年〔七四三〕十二月二十六日」との文言すら見てとれます。そして、この「五年の短命」の造っては消した都の次には、更に、紫香楽宮へと進み、何故かその留まるところを知らぬかのように益々無駄な支出を雪達磨のように増加させていってしまうのです）


等を造らせ、何と、その間に**10分の9**もの**巨額の国の富を浪費**させてしまったのです（少なく見積りましても二分の一以上の浪費。又、右の**国分寺**で**二分の一**、**長岡京・平安京**で**10分の3**との考えもございます〔テキスト30―2―1、P1061〕。〔本序―3―5。尚、一二4の東大寺旧大仏は弥勒〕。

これは平安中期に**三善宿禰清行**〔きよつら。八四七―九一八〕が政治改革を説いた、延喜十四年〔**九一四**〕上奏の『**意見十二箇条**〔意見封事十二条〕』その他からの私の分析によります。

大切なことは、少し話は逸れますが、こんなに遅れた時期の右の文献の中に『**風土記**』という語の、しかもその初見（**備中国**逸文の邇磨の郷。ここの人口動態を右の三善が分析いたしました――臣去る寛平五〔八九三〕年備中介に任ぜらる。……爰に彼の国の風土記を見る）が存在していたことなのです（九一四年。七4）。アナタもご存じのように、『**風土記**』の編纂の初めての「**制**＝命令＝**令外**の単行法令」は、正史上では既に和銅六年（元明。**七一三年**）五月二日となっており、アナタの教科書にもそのように書いてございますが（『**続日本紀**』）、現実にはこの風土記というアナタにお馴染みの言葉は当初の時点では全く存在せず、単なる形式的な

「解＝或る種の地方から中央への上申書」

という名で分類される**抽象的な表題**の文書があるに過ぎませんでした＝その証拠と致しましては『**常陸国風土記**』巻頭の「**——国司解。申——事**」等。つまり、その頃に正史におきまして使われている言葉は『史籍』のみでして（戴二于史籍一亦宜二言上一。元明『同』）、「制スラク」この史籍に載せて言上せよと命じているだけだったのです。

ところが何とアナタ、不可解なことに、実にここから右に申し上げましたように三善の指摘による『風土記』という名の初見までは、何故か、何とそれから**二百年以上！**もかかってしまっているのです（テキスト7—4—19、P248上、本七4はアナタ必見です。このように、この言葉は後世の平安朝になってから中国の『風土記』に準えて命名されたものに過ぎなかったのです。合点！）。因みに、母体となる正史自体の方が『**日本書紀**』という名に落ち付きますのも、これ又正史自らの記載している年代からは遙かに遅れに遅れました平安朝の**八三四年以降**（**承和**年間）になってからのことだったのですよ（本七4）。何で皆、こんなに遅かったの？　当然正史『続日本紀』の中には、何処を探したってこの風土記の語などは見当たらないのです。アナタ、お暇なら探してみて。

更にアナタ、何とこの「風土記」という言葉がより**普遍的**になるのは、平安朝のそれも右の九一四年どころか**延長**の年代（**九二三—九三一**。この年号は菅原道真の祟りを恐れて改元されたものです）**以降**なのです（『**釈日本紀**』所引の**矢田部公望**の「**延喜公望記**」。「**応三早速勘二進風土記一事**」という延長三年（**九二五**）

の**太政官符**による**再撰の命**（『**類聚符宣抄**』所収等）。

この様に、『風土記』は、アナタやアカデミズムの一部の方々が誤解しているところの「常識」の様に一遍に出来たものなのでは決してなく、その途中には『**原風土記**』もあり、又、大宰府撰進の九州のものを分析いたしましても、**初撰**（**乙**類本。**原**風土記。**筑紫**風土記がその例）と**再撰**（甲類本。**肥前・肥後**風土記がその例。**簡潔な省略本**）の二種があり（これらの分析からは、アナタ、この**乙**類本風土記から——だからそれ以降——今日に伝わります**正史の日本紀が作られていた**という驚くべきことが、それぞれの**成立年代**を考えるに当たってキーポイントになって来ることが判るのです）、その全ての最終的な完成は勿論のこと、その「風土記」という**名**すらもが**平安朝**になってから——それも中国の真似をして——付けられた二百年も新しいものだったのです（アンタ、知ってた?）。

そして、私こと「古代探偵」のこれらの推理が正しいと致しますと、平安朝における本体たる正史『日本書紀』の主要な部分の**最終大改竄**の時点にピッタリと合わせまして（テキスト23—2—1、P929上）、この「風土記」というsupporter（摹丸当て）もその趣旨（「日本紀作成の真の目的」一六、前文）に合う様に大改竄され、そして、どうしても都合の悪い「風土記」（含む、一部分＝所謂今日にまで残っております「風土記」残簡以外）は、平安天皇家の代になってから**故意に取捨選択し破棄**され隠されて、この世から永久に抹殺されてしまったのです（お役人様を信じる人の好いアナタとうっかりアカデミズムに言っておきますが、今日中央に存在しないからと言って、決してその全てが官庁の倉の中で保管していてウッカリして鼠に（山羊に?紙が）喰われて「失われてしまったもの」などばかりではなかったのですよ）。

序でながら、この三善氏の出自は、仮に古代の貴族（姓のある者）のフーズフー（人事興信録）である『**新撰姓氏録**』（七4）がもし正しいと致しますと、**百済からの渡来人**ということであり、百済**速古王**

（但し、アナタ、これは文字通りの百済⑤肖古王（一六六―二一四年）のことではなく、その文言に反し、実はこれは、その八代も後の「**近**」**の付いた百済実質初代⑬近肖古王**（三四六―三七五年）のことだったのです（百五十年から百七十年「加上（かじょう）＝古く見せる」カラクリ。正史『日本紀』上にも、ご本家〈朝鮮〉に範をとってこの様なごまかしの年代加上が実に多いので、アナタご注意下さい）。テキスト P1110、他。古い時代につきましては、大体が内（日本列島）外（朝鮮半島）の出来事とも百二十年から二百四十年も古く見せて、その年代を、例え**同じ干支**の字がそこに記されておりましても、六十年前、百二十年前、百八十年前、二百四十年前などのより古い同じ干支の時代に巧みに変造されてしまっておりますから）の末裔とされ、その姓（かばね）は錦織部（にしごり）・**首**（おびと）から**連**（むらじ）となり（史上初めて「世界四大大会」の一つの全米大会で決勝にまで進みました（二〇一四年校正時まで）**テニスの錦織圭**（にしこりけい）**選手**と同じ姓の渡来人につき、序5）、それが三善**宿禰**（すくね）となり、そしてこの清行のとき、延喜元年（九〇一）に**朝臣**（あそみ）を賜り（首→連→宿禰→朝臣）、その子孫は我が国で代々**算道の家**を形成しております（因みに、ここで言う百済**王**（おう）とは、同じ字でも読みが違う、百済31義慈王の子の「白村江の役」の辺りで亡命してまいりまして、本書に言うところの「百済革命」を成功に導きました**善光**の末裔にのみ持統朝に与えられました**姓**（かばね）の「**王＝コニキシ**」の方ではなく、これは同じ百済からの渡来人でも百済本国での本来の「**王そのもの**」の末裔を指しておりまして、その一族は**錦織部→三善**（**美好**）と変化しております。尚、本来この様に「**部**（べ）」や「**戸**（べ）」が付く人々は、古代では大王（天皇）家直属の渡来系の高級技術者に多く見られ、その部民はその長（おさ）である造（みやつこ）や首（おびと）や連（むらじ）などの貴族層に統率されておりました（後の律令の中央官制では、大蔵省の下に**織部司**（おりべし）が置かれております）。因みに、近江京というものが不存在であったことの証拠としての錦織（にしごり）遺跡につき、一―11）。

さて、国費を浪費させたお話に再び戻しましょう。先程もスタートの部分をほんの少しだけご紹介させていただきましたが、突然のことでアナタも嘸（さぞ）かし驚かれたと思われますので、ここでオリエンテーションの意味を兼ねまして、これからアナタにお話しいたします「**百済革命**」実現に至る大きな、決して表面から見えない（正史から隠蔽されてしまった）歴史の深層の流れ（うねり＝ブラックボックス）について、予め一言でマトメておきましょう。

「国費を**浪費**させる→その一例としての**大仏**造像（をとってご説明いたします）→貧困者の増大を見るに見兼ねて**橘奈良麻呂**が乱を起こさざるを得なくなる→その事前の防止のための「**刀狩り**」→その収納庫としての**正倉院**北倉を初めて造る→**光明皇后という架空の人物の捏造**によりその全ての陰謀を闇（ブラックマター）で覆い隠し綺麗ごととし、闇に葬り去ってしまった」という因果の流れになります。

では次に、その具体的な証拠に基づいて、早速アナタと共に見てまいりましょう。先述のものを又別の角度から、藤原氏の傀儡（かいらい）の聖武天皇の代に限ってその「大きな浪費の一連の流れ」を見てみましても、**難波京再興開始**（神亀三年、七二六年）、先程の**恭仁（くにの）京の建設**着手（天平十二年、七四〇年）、**紫香楽（しがらきの）京の建設**（天平十四年、七四二年）、そこでの**大仏造像の詔**（天平十五年、七四三年）、**難波（なにはの）京遷都の勅**（天平十六年、七四四年）などという実に不可解且つ不合理な動きが見られるのです。これらのアナタには見えない背後には、「聖武を藤原氏から守ろうとする**橘諸兄（たちばなのもろえ）**」の一派（**アンシャン・レジーム派**。序―3―1）と、「光明皇后（架空）を操る**藤原氏**」の一派（**革新派**）との駆け引きがあったとは申せ、この大きな流れ（国費を浪費させる流れ〔藤原氏〕とそれを阻止しようとする流れ〔橘氏〕の対立）に起因した動きだったのです。

この様に国家財政を極端なまでに疲弊させ、その反射的効果として、人民の為にそれ等の金員を使用させない（出来ない）様に嗾けたことによって、国民の生活をも極度に疲弊させ、天皇家に対する不満・不信をより増長させ（その一例として右の「**大仏建立**のための**国税**による**但馬**の**奴婢**の**買取り**とその**脱走**」『**正倉院文書**』天平勝宝元年〔749〕～同3年〔751〕等の地方史料を見よ）、当初の目論見通り、百済王たちは正攻法ではなく主として「兵糧攻め」という一見目立ち難い地味な搦手から攻めることにより、結果として**新羅系の奈良朝天皇家を倒すこと**（**百済革命**）**が出来た**のです。

では、奈良朝の天皇家が**新羅系**でございましたことの証拠に付きましては、先ずはアナタもよくご存じのその当時の日本国の文化の中心でもございました「**東大寺の旧大仏のモデル**」を、国外にまで遡ってコスモポリタンにその当時の**意匠**（**DESIGN**）**の流れ**を次のようにABCとその順に見て参りますと――余りアカデミズムは、この旧大仏への「意匠の流れ」ということについてまでコスモポリタンには迫ってはいないようです――明白なことだったのでして、

A　新羅王都慶州の旧・石仏寺の石窟庵の石仏の　釈迦如来像　と　南山三陵渓の如来像

（ここ新羅の地から日本列島の伊勢神宮への「冬至の日の出のライン」につき、一六4、P997必見。共に、これらの新羅レベルでの手印は**触地**〔右手を長く膝下にまで伸ばして地に触れ、左手は膝上に掌を上にして置く。序―3―4〕と**降魔**〔右足を左腿の上に、左足を右腿の上に安んじ両趺を組合わせる〕の印＝これで「悪魔〔唐軍。後の倭軍・日本軍を含む〕の退散と釈迦の成道成就」とを表わしました）

↓

B

恭仁京・旧国分寺＝蟹満寺の釈迦如来金銅像

（**手印**は、この段階では、日本での教義に合わせ、今日アナタがご覧になれるような大仏の形に変えられ、又、**足の組み方も逆**〔新羅仏は右足が上。この点、序でながらアカデミズムの殆ど全てが可笑しな程付和雷同して、同じ止利仏師の作と間違って言っております「法隆寺金堂の釈迦如来像」と「飛鳥大仏」も、よーく見ますと、アレアレ！足の組み方が全く逆であり、同一仏師の作ということへの私こと古代探偵の疑問につき、別述〕とは申せ、今日におきましても**顔付き**のイメージは勿論のこと、**全体像**も大変似ておりますのは何故なのでしょうか――像の右腕内の鋳造時の型の残片の土のC14の測定により、七世紀〔六五〇～六九五年〕に遡る〔つまりこれは**白鳳仏**である〈美術史の時代区分でございます六四五～七一〇年。天武～平城京。飛鳥と天平の間〉〕ことが判りました〔但し、二回以上火災に合っていると共に、何故かこの仏は鋳造後に顔の八割もが「鋳掛け直し」して大修正〈大整形〉されてしまっておりますのは、何か目に見えない忘れ去られた大きな理由〈最初の仏は、あまりにも新羅仏の思想がハッキリとし過ぎていたからだったのです〉がそこには隠されているものと思われます〕。又、更なる謎は、この像の右脛の同心半円状の衣文が天平〔天平年間〈七二九～七四八年〉前後〕後期の仏にしか見られないことからも、右のC14の分析よりも相当遅れた時代のものであるとも考えられるからなのです。だからアナタ、やっぱりこれはどちらにしろ「謎の仏」だったのだ！　ハテナ？　ハテナ？――。この仏の存在する場所は京都府の木津川近くの**綺田**〔古くはカニハタ・カムハタ・カミハタ〈**紙幡寺**〉〕です。〔織物のカムハタ＝**綺**〕→カマハタ→カワバタ〔川端くん〕。テキスト19―2―2、P862下、P863上、本一5、**今来の秦氏**の朝鮮半島南下）

C

←ご存じ、**東大寺の初代の毘盧遮那（びるしゃな）?仏（旧大仏）**

〔今日の形の大仏ではございませんので〔天平時代の旧大仏は、現今のものとは異なり「面長＝うりざね顔」でした。池田克史氏他〕ご注意下さい〔東大寺の再建及びこのときの大仏落慶供養は、元暦二年〈一一八五〉二月十九日〈文治は八月十四日から〉に平氏が壇ノ浦で滅び、その後の建久六年〈一一九五〉八月二十八日です。因みに、この頃の背景といたしましての鎌倉時代の成立は、前述の文治元年〈一一八五年。但し、同じ年でも八月十四日からは文治〉十一月二十九日に諸国に守護や地頭が置かれたときからと私は考えております〕――ですから今まで、アナタもアカデミズムも右の旧大仏のモデルの流れ〔その国内外の因果の流れ〕に全く気が付かなかった〔気が付こうとしてもしなかった〕のです。しかもアナタ、この大仏をコスモポリタンに中国〔北魏・北斉・隋・唐〕にまで遡って考えてみますと、アカデミズムやボスの僧侶からは公式にこれが毘盧遮那仏だと言われてはいるものの〔序―3―5〕、その実質が、ナントこれが弥勒大仏！であったのだという驚きのことまでもが判って来てしまうからなのです〔一―4は必見です〕。その証拠にアナタ、①右のBの蟠満寺の仏は、当麻寺の弥勒仏とも、共に隋代の仏に見られますような落ち着きが見られるのみならず、何とその受ける直感がそっくり！ではありませんか。更に、もう一つの奈良の大仏が毘盧遮那仏などでは全くなかったことの決定的な証拠を加えておきますと、②何とアナタ、アナタが修学旅行でいらした薬師寺金堂の薬師如来彫像〔弥勒信仰との関係につき別述〕とも、これは共に大きさとその材質はもとより、印相と両手の構え、加えまして衣文と衣縁線すらもが一致し、着衣形式が共通〔奥健夫氏〕で瓜二つでございますことも挙げておきましょう〔③深大寺の釈迦如来が、実はアナタ、薬師如来だったのであり、これと奈良の大仏との関係につき、一―二4必見。又、薬師寺講堂の薬師如来の方との比較、特に重さの違い〈この講堂仏は蟠満寺の二倍〉、そして表面の衣文線が像内面にまで生じているか否か〈講堂仏の方は出ている〉も十分チェックしてみなければいけないのみならず、これらの比較の結果と初代の東大寺大仏との綿密な比較も今後のアカデミズムには要求されるのです〕。因みに、三韓で一番初めに仏教が伝来いたしましたのは高句麗なのですが、その後の展開について興味深いことは、小銅像〔黄海道谷山郡花村面蓬山里出土の北魏様式〕の光背銘の分析から「弥勒と阿弥陀の信仰が混同した形」になってその後推移して来たことが判明し〔金三龍氏〕、それが新羅の花郎制度やより具体化した百済の竜華山麓の益山の弥勒寺〔百済29法王〕などに多大な影響を与えていることは明らかですので、日本列島に初めて百済から仏教が公伝しました際にも、その仏教が「弥勒と釈迦」であったと考えますと、その後の列島での仏教を単純に今日の「一つの仏教思想」だけで割り切ってしまいますのは少なからず疑問に感じるのです。この点、金鐘寺〔東大寺〕の旧大仏が盧遮那仏〔弥勒の真性の宇宙的な広がりと同価〕であったこと〔別述〕につきましても同様なことが言えるからなのです。アナタ、このように「この仏〔旧奈良の大仏のモデル〕が一体何であったのか」という重大なことをめぐる根本論レベルでの疑問は、今日にいたるも一向にアカデミズムでは解決されてはおらず、尽きてはいないからなのです。このように疑問〔謎〕は、私が言うように時が経てば経つ程、愈々（いよいよ）増すばかりなのです。因みに、蟠満寺のこの釈迦像の安置された堂の奥に、類似の木芯乾漆的表現を試みております一木造りの原山の薬師寺〔和束町〕の薬師如来と酷似している如来形坐像〔三一・七ｃｍ〕がございますが、これもアナタ要注意の仏の筈です。因みに、菩薩である弥勒が如来の形をしていることがございますのは、弥勒が釈迦の次の仏〔次代仏＝当来仏＝来世を救う釈迦の次の仏。釈迦ではこの「末法世」は不十分であった〕だからなのです。ですから弥勒仏とも呼ばれるのです――アナタ、形だけで釈迦と混同しないで下さいね）

というメイン・デザインの流れ（弥勒からの流れ）をアナタが素直な気持ちで辿って下されば一見して明白なことだったのでして（一六、[テキスト]7―4―41、P267、26―1―3、P1030下）、この様な母国統一新羅での「**お手本＝仏教文化＝弥勒信仰**」というものを基にして、新羅系天皇家により、「日本国の仏教文化と人民の精神的中心」と位置づけられました**東大寺の大仏**というものが造られておりましたことも、その有力な証拠の一つだったのです（私こと古代探偵による**本邦初公開**。但し、右に申し上げましたこの旧大仏が当初は抑（そもそも）**弥勒**であったのではないか？という頗（すこぶ）る重大な問題点につき、前述のみならず一二4に後述。又、この東大寺旧大仏の元（オリジン）になったモデルの仏がアカデミズムの大多数がそう言う「毘盧遮那＝大日」なんかでは全くなかったということにつきましては、『蟹満寺縁起』に、この地に聖観世音（しょうかんぜおん）〔六観音の一尊。普通に言う「観音」〕菩薩を祀った（脇壇）とされておりますことからも（ですから蟹の縁起の本尊は正にこれだったのです）、少なくとも「非毘盧遮那」であったという点では同じだったからなのです）。

ここで蟹満寺と東大寺の〔両仏が近かった〕ことの証拠をもう一つ加えておきましょう。④東大寺大仏の創建立時（七五二年）の左膝下部とこの蟹満寺のものとを科学的に分析いたしましたところ、何とアナタ、その成分組成までもが次のように

Cu 銅　92.4 : 92.8（前者が蟹満寺です）
As 砒素　2.6 : 3.0
Sn 錫　1.5 : 1.8
Pb 鉛　0.6 : 0.5

というように、銅も砒素も錫も鉛も皆その値が大変近かったので（長柄毅一氏）、その形だけではなく大仏の組成物との科学的関連性までもがちゃんとその見地からも認められることになってしまったのです。

右の①～④の問題に、⑤更に次の東大寺最古の建物と考えられます「法華堂＝三月堂」の不空羂索観音のお顔（序―3―5）も加えておきましょう。アナタ、ここへいらっしゃったらよーくこれらを皆、穴の空く程見比べてみて下さい。そしてダイレクトにお感じいただきたく存じます。

この蝦蟇寺（蟹満寺）は秦川勝建立（『太子伝古今目録抄』）、又、河勝の弟の河津具長者が広隆寺の末寺として建立（『広隆寺別院末寺縁起』）したとあり、矢張りこの寺は秦氏（今来の秦氏は「北扶余＋新羅＋金官」系。別述）の関与いたしておりました新羅系の寺（「弥勒→太子」信仰に変更）でございました。尚、「蝦蟇」や寺号（蟹に救われたという起因説話の『蟹満寺縁起』によります）・山号（普門山。これは法華経普門品を娘が読誦し観音を念じておりましたことによります）などの由来につきましては、右の『蟹満寺縁起』や『大日本国現報善悪霊異記＝日本霊異記』をお暇な折にご覧下さい。ということでアナタ、この蟹満寺の山号が前述のように「普門山」であることからも、この寺の本尊は観音菩薩でであった可能性も高く、更に寺伝ではこの釈迦は光明山寺の旧仏と伝えられておりまして（「この寺は光明山懺悔堂と号し、本尊は観音像で、また釈迦像がある」（『山城名勝志』））、「金光明寺＝国分寺」なのですから山城国国分寺からまわってまいりました旧仏（そういたしますと、当然、新羅系）であった可能性も高かったのです。と言うことで更にこのルートにおきましても、新羅仏の意匠が根拠付けられても可笑しくない情況証拠がアナタ又一つ揃いましたよ。だとすると、同じ国分寺の総本山の東大寺の旧大仏——発願は橘諸兄（天平十五年〔七四三〕五月五日より左大臣。形式上は代表して）が指導した「大養徳恭仁大宮」時代（同年十月十六日大仏発願の詔。因みに、ここは大和ではなく山背なのですが、豪族の大多数の意識下では本来の宮都は大和との意識があったからなのです）でしたことにアナタ要注意——だって新羅仏がモデルであった蓋然性がより高まるのは必然ですよね。

さて、この様に、抑(そもそも)、大仏が造られました**東大寺**という寺（「お水取り」に付き テキスト7—4—3、P231）のその**前身の寺**（**金鐘**(こむしょう)〔**鐘**(しゅ)〕**寺・山房**(さんぼう)レベル）への、近江出身の**百済**僧で東大寺の初代の**別当**ともなりました（天平勝宝**四年**〔七五二〕五月一日。六八九〜七七三年閏十一月十六日。**金鐘菩薩**(こんしゅぼさつ)）**良弁**（この人を**若狭神宮寺**の見解によりますと、**遠敷**(おにゅう)〔古代朝鮮語**ウォンフー＝遠くにやる**〕の**根来**(ねごり)〔古代朝鮮語**ネコール＝我々の古里**〕の**白石**(しらいし)〔**新羅氏**(しらし)が訛(なま)ったもの〕**明神**におりました**秦常満**(はたのじょうまん)の子であるといたしております。兎も角、そのどちらにしろ**渡来人**の神童だったことには間違いありません。但し、相模国の人。俗姓は**漆部**(ぬりべ)で、**染屋時忠**の子との伝承もございます。このように**渡来の匂いのする人**には、有名人ですらも何故か**出自が不明**とされ〔戸籍クリーニングされ〕ている人が多いのも又事実なのです）の巧みな潜り込みというところから、この**百済革命**というものは始まっていたのです（テキスト30—2—4、P1067。因みに、この革命の完成〔終焉〕は、この**良弁の死**の宝亀四年〔七七三〕頃なのです）。

又、アナタ、百済クーデターを共に目指します**百済系シンジケート**の一員でございます**道鏡**と**良弁**との**重要な裏での接点**といたしまして、天平十九年〔七四七〕六月に**道鏡**が**東大寺写経所**の**講経使**となり東大寺の良弁のもとに派遣されてきておりますことを、私こと「古代探偵」は決して見逃しませんぞ（ここでは誰憚(はばか)ることなく、堂々かつタップリ十分な百済革命の密議・謀議が堂内で出来ますな）。

ということで、早い話が、別の見方をいたしますと、

この百済革命は「百済僧良弁＝金鐘(こんしゅ)菩薩の半生の物語」

であった、とも言えるものだったのです。

と申しますのも、この理由を国際的(コスモポリタン)に遡(たど)って考えてみますと、百済**21蓋鹵(カフロ)（ケロ）王**（四五五―四七五。尚、「**ワカタケル**」と日本のアカデミズムの全てが読んでおります〔埼玉(さきたま)の「**稲荷山古墳**」出土の**剣**や熊本の「**江田船山古墳**」出土の**刀の銘**〕この王の**正体**が、実は、「**倭の五王**」の**武**、つまり**雄略＝ワカタケル**などでは全くなく、**この百済王**そのもののことであったという重大なことに付き、アナタ、テキスト15―1―9、P596下、597上、本一四9②は必見です）のとき、**高句麗僧の間諜(スパイ)**で百済王の碁の指南となった**道琳(どうりん)**に騙されて**国費**を**浪費**し、**母国百済が滅ぼされて**しまいました（**兵糧攻め**）ときの悔しさ（国亡の戒(いましめ)）を、以後、親子代々百済の王族は、長い長い流浪（列島におきましては、主として**出羽**や**日向**の**東郷**・**西郷**・**南郷**・**北郷**などでの隠棲）の期間中も片時も忘れずによーく心に深く刻み込ませて口伝して来ておりまして、この方程式を**反面教師**として、「白村江の役」の後亡命した日本列島において、**この理論を支配民の新羅天皇家打倒の為に巧みに応用**したに過ぎなかったのです（テキスト17―4―2、P752、2―8―5、P140）。

その同じ**兵糧(ひょうろう)攻め**による国家の混乱と転覆という今日のCIA的なアイデア（国費を浪費させる手法）を日本列島に持ち込み、満を持して、ここぞという時の到来に対応し、その結果生じたことのグッドな証拠を、以上に加えここでは時間の関係でもう一つだけ、具体的にアナタに申し上げておきましょう。

現に、752年の**大仏開眼**(かいげん)後の757年の「**橘**(たちばな)**奈良麻呂の変**」の時には

「**造東大寺人民苦辛**」

（『**続日本紀**(しょくにほんぎ)』天平勝宝9歳7月4日。尚、年号が天平宝字となるのは一か月後の8月18日からです。この頃の「**年**」ではなく「**歳**」の**表示の謎**につき、序―3―5はアナタ必見です）

――**東大寺ヲ造リ人民苦辛シテ**――

と、捕えられた奈良麻呂自らが、謀反計画を「起こさざるを得なかった」理由（民の貧窮時の浪費反対）を問われて申述いたしました際に、それに加えて

「**内相行政甚多無道**」（『**同**』）

――**内相**(ないしょう)の行う政治は甚だ**非道**のことが多いから、立ち上がらざるを得なかったのだ――

と答えた旨の表現が見られるくらいだからなのです。これは孝謙(こうけん)女帝が橘奈良麻呂の謀反の直前の同年5月20日に〈**新令の外に別に**〉**紫微内相**(しびないしょう)などという「官中の官」を置き（初め長官の名は**紫微令**といったのですが、軍事権も合せ持つ！ようになってからは紫微**内相**と改められました）、これに南家の**藤原仲麻呂**を任命し、後述いたします理由から、この何故か**女性**を担当する等の官庁の新興官僚のトップの藤原氏に**内外諸の兵の事を掌**(つかさど)**らしめ**、実質上国家の**全権**を握らせてしまっていたという事情（事実上の無血クーデター）が背景にあったからなのです（この奈良麻呂の乱に関係した百姓は、何故(どう)した訳(わけ)だか**出羽**（秋田県）雄勝（小勝）の**柵戸**に移されてしまいました（序―4）。アナタ、こういう「ハテナ？＝小さな切り口」こそが歴史では大切なのですよ）。この辺りは、実は、何故か代々百済王(コニキシ)の支配地（出羽守）＝半島・大陸からの入口＝**百済王敬福**(きょうふく)（この渡来系の人が「淳仁天皇＝淡路廃帝(はいだい)」をやがて七六五年に暗殺することになります。序―3―3を見よ。後述の紫微中臺の武官の**百済王孝忠**(こうちゅう)はその実の**兄**、序―3―1）が東北で発見したと称

して大仏塗金などに使った、実はシベリア・興安嶺等出産の砂金の渤海経由での輸入地でもございました。これ又、本邦初公開。

この謀反では、案の定、決起前に関係者が逮捕され、前皇太子の道祖王（天武の子）ですら拷問下で死亡し（エッ！）、死刑・流罪など四四三人もが粛清されてしまいました（裏で含み笑いしたのは光明子の甥の南家の藤原仲麻呂だったのです）。

では、この「橘奈良麻呂の変」が含まれております辺りの「正史の改竄の凄まじさ」について、先ずアナタと共に次に見てまいりましょう。きっと「エーッ」と驚かれる筈ですよ。

『続日本紀』の天平宝字元年（七五七）紀のところは、舎人親王（新羅王子金阿用がモデル）の子の淳仁朝（在位七五八―七六四。道鏡らの歴史改竄に反対し、その結果、百済王敬福らによって幽閉され、そして七六五年に淡路島で暗殺されてしまいました。哀レナルカナ淡路廃帝）で作られました文武天皇からこの年までの「曹案三十巻」の中に入るのですが、百済系と変わりました光仁朝（百済王文鏡がモデル。テキストP1112他）ではこれが「事亦疎漏」ということで加筆・変更され、しかしそれでも改訂が出来ずに（『日本後紀』延暦十六年〔七九七〕二月十三日条に記された菅野真道らの『続日本紀』奏上「上奏文」）、二十九巻のみで進上したのです。

しかもアナタ、驚くなかれ、この年紀（天平宝字元年〔七五七〕紀）の稿本は「全亡不レ在」ということで喪失してしまったなどと信じられない結果となってしまっていたのです（ここに至る過程の背後には、ズバリ百済王たる「道鏡による焚書」が暗示されておりました。尚テキスト17―7―1、P765 17―8、P769）。

これではインチキの跡が明白で困るので同年紀を翌年に**追録**するとともに、**三十巻を二十巻に縮めて**進上し(父〔百済王文鏡〕も母〔高野新笠〕も正真正銘の百済系なる「**桓武による焚書**」がこの辺りの背後に暗示されております)、**前年進上の後半の二十巻と合わせて四十巻を完成**させていたのです(このように、正史への信心深いバイブル派〔正史バイブル派〕のアナタ、もうそろそろそのインチキ、つまりその作成の真の目的に目覚めてよ。正史の不可解な改竄の謎は深まるばかりなのですよ)。

右のこれらにつきましての正史の漢文は、実は「時の前後が逆」になっておりまして、とても判りにくいと思われますので、漢文に弱い私こと古代探偵が苦心して一言でマトメてみますと次のようになります。

「**新しい**ところの七五八年〜七九一年の**三十四年間**の分【B】の**二十巻**は完成していたのですが、**古い**ところの六九七年(文武元年)〜七五七年の**六十一年間**の分【A】の**三十巻**は、七五七年(前述の宝字元年紀)の分——正にここには右の**橘奈良麻呂の乱**が本来記されていなければいけなかった巻なのです——が**全亡**となってしまっていたため二十九巻のみが残った。そこでこの**二十九巻を二十巻に縮小**して、後世の完成していた分の【B】と合わせて**九十五年分**(三十四年分+六十一年分)を**四十巻**にした」

ということになります(尚、聖武天皇の大仏を造ったときの**水銀公害**の告発につき、八2)。アナタ、そしてアカデミズムの方、この時の正史の焚書はこんなにも凄(すさ)まじかったのですよ。アア、草臥(くたび)れた。『**氏族志**』や新旧『**姓氏録**』の改竄の凄まじさにつきましても、今急がなくても、そこのところでアナタに十分にご説明する予定ですので、どうかご安心下さい(七4。尚、テキスト17—8、P768下、P769上も必見)。

因みに、途中から右の大仏建立に協力した後の**大僧正**の**行基**(ぎょうき)の**父**は、**高志**(こし)**氏**の姓で、その祖先は**百済王族**の出でございまして

「**本出於百済王子王爾之後——百済王子　王爾　の後**」(『**行基　骨蔵器　残欠**』『**行基大僧正舎利瓶記**(だいそうじょうしゃりへいき)』

竹林寺出土）

とされておりますが、又他方、高志氏は**渡来人**の

「**西文氏**＝**書氏の分派**」

ともされており、大和国（奈良県）高市郡檜隈村（**遠つ**飛鳥）の東**漢**文**直**に対し、この書氏の出自は河内国（大阪府。**近つ**飛鳥）の西**漢**文**首**とされております（『**令義解**』による**神祇令**の「**東西文部**」の解釈）。行基は百済系か、それとも朝鮮の漢（安耶＝安羅＝倭）系か（この**漢**が、坂上田村麻呂の**坂上氏**をも含めまして、中国の漢のことなどでは決してなく、その真相が朝鮮の「伽耶の連合＝任那連邦＝古への倭」の一国である「**安耶**」そのもののことであったことは、最早**アマチュアの世界では動かし難い常識**かと思われます。そして、同じ漢系でも**大伴氏**の方は卑彌呼と同じく**遼東の公孫氏**系の朝鮮半島部の「倭王＝安羅王」の出自だったのです。公孫**康**＝**日臣**・**道臣**＝大伴氏の祖。テキスト付録12、P1121）、そのどちらに致しましても、大仏建立に尽力した**行基が渡来人**の末裔であったことは間違いなかったのです。それにアナタ、行基の師の岡寺を建てました**義淵**（―七二八）の出自は市往氏であり、これ又、**市往**（市雪＝いちゆき＝いちき）**公**は、**百済聖明王**の出（『**新撰姓氏録**』右京諸蕃下）とされております。

と言うことで、仏教思想の本質的な人的な底流が

「**役の行者**→**義淵**→**行基**→**空海**」

という風に続いて来たと見ることも出来ますので、仮に前者の考えを採りますと、諸般の情況に照らしましても、この**役の行者**（**役**小**角**）が百済最終王の

31義慈王の王子の演

そのものだったことが判ってまいりまして（本邦初公開。テキストP1111）、それが**亡命先の日本での姿**であった（序

3—5）と考える私の立場からは、

「**役**（**演**）**の行者→義淵→行基**」というバトンタッチの流れは、

「**亡命百済人→亡命百済人→百済人の子孫**」

という流れそのものだったというオール百済であり、正に、私の古代史の「体系」とピッタリと噛み合って来てしまうのです。役行者が、前半「豆州大嶋（伊豆）に流されていた」（『**元亨釈書**』方應八）という不遇の時期の存在の意味することは、私の方程式Xに直しますととても重要でして、**百済王子が日本列島に亡命の後、地方に隠れ棲んでいた流浪のときがあった**のだということを示していてくれたことにもなります（**役＝演**）。


さて、この様に百済の亡命民は、裏から意図的に新羅系の奈良朝の天皇家の**国家の財政的基礎を不安定**にして揺さぶりをかけると共に、古くは朝鮮の**昌寧**（**ヒヂボル**）**伽耶**（三六九年に倭によって平定。神功紀四十九〔二四九〕年。テキスト4—1—1P164上。昌寧は本来、誤解されている人もおられますが、正確には弁韓の構成国ではなく、**辰韓**の「**不斯国**」（『**魏書**』弁辰条）、「**非火**」（『**三国遺事**』引用の『**本朝史略**』）だったのであり、**新羅**が、ここを征圧し、**五五五年**正月に「**比斯伐＝比子伐**」停を設けて支配いたしました）の**出自**（その古代朝鮮語（半島・列島に跨る**海峡語**である倭語）での意味は、**葛**〔フヂ＝カヤ＝**伽耶・伽羅**＝**訓読みで弁**＝**音読みで弁**＝弁〈韓〉＝弁〈辰〉＝**日下**〈浦島太郎の本貫。テキスト9—4、P415上を含むP412—415は必見〉＝「**太陽＋下・本**」＝**日下**＝**下**＝**下**〕**原**〔ボル・プル＝国土・村〕の出自、つまり渡来前の一時期は対馬の**ト**〔**占い師**に過ぎなかった「中臣＝藤原」氏の出自は「海峡国家の半島部分〔金官**不斯**〈**フオウス**〉**国**＝フジ原＝**昌寧伽耶**〕の倭人」であったということを表しておりました。テキスト4—1—1、P163—

167、本一5、序5などアナタ必見です）であったことを天皇から下賜されたその姓自体がその故国の名前（序—3—1）を明白に示してくれておりました

「中臣＝藤原＝比自火（神功紀。前述）**＝葛井の原＝藤**（**伽耶**）**原京」**氏である**藤原**の**「式家」**の**百川**

などと裏面で内通しクーデターを起こし、実質新羅系最後の天皇でございました**聖武**天皇、その女の**井上**皇后（夫は光仁天皇）、その又子の**他戸**皇太子を**廃后・廃太子**にしてしまいますと共に、大和五条の**没官宅に両者を幽閉し暗殺**（775年。八3）**することによりまして**

——この井上皇后の行ったとされた「**魘魅＝坐蠱**」（妖術を用いて殺す人の髪の毛を髑髏などに入れて人を呪い殺す＝アナタ、明治に至るまではこれも「律」上では立派な**殺人罪**だったのですよ。テキスト26—1—1、P1027。同31—2—1P1078下、P1079上）などの一連の行為が**冤罪**でありましたことは、後に

「故廃皇后井上内親王　追復称　皇后」（『**日本紀略**』延暦十九年〔八〇〇〕七月二十三日）

とあり皇后位が死後に復されておりますところからも明らかだったのです（古来、藤原氏のこのやり方を分析いたしますと、そこには典型的なパターンが見られまして、政敵を**冤罪**でやっつけて殺しておいて、自己の勢力を維持し、そのままでは祟ると恐ろしいので後に**復権**させるというものでした——一言で比喩的に申しますと、**一発の強力なカウンターパンチで殴っておいてから「良い子、良い子」と摩ってやる藤原方式**とでも申せましょうか。そのノウハウを取得出来たので、それで今日まで千三百年以上しぶとく生き抜いて来れたのです）。因みに、何とアナタ、この井上復活の部分の正史の『**日本後紀**』も不可解にも今日に至るも**欠史**（前述の桓武焚書）のママとなっております。**何故か都合の悪いところは皆欠史**。実は後述のように、この**井上廃后**の真相は正史に反し**女帝・天皇の強制廃位**でしたから——

日本列島に「百済亡命政権」を樹立することが出来ましたのが（テキスト32—2—1—、P1078）、何を隠そう、「100年も前の38天智大王の流れが100年後になってから突然歴史の表面に躍り出て」参りました、**道鏡・光仁天皇・桓武天皇と続く**、その始めは**殺人狂の凄まじい時代**（だからアナタ、その**祟**を畏れ、**光仁**天皇が陰謀で殺した人々を祭る**上御霊神社**と、同じく**桓武**天皇が陰謀で殺した人々を祭る**下御霊神社**とを必要としたのです）であったとも申せます「**平安時代の幕開け**」だったことにアナタはもっと早く私こと「古代探偵」のようにハタと気が付かなければいけなかったのです（テキスト30章、31章、P1058—1083。—だからこそアナタ、その証拠に京都の**泉涌寺**には何故かこの**天智系**（**百済系**）の子孫の天皇の**ご位牌**しか祀っていないのです。テキスト25—1—10、P1025上、25—1—4、P1015上。アナタがここに楊貴妃観音を見に行かれましたら、序に、よーくこの寺に秘められた謎について考えてみて下さい）。

と申しますのは、未だアカデミズムは認めようとはいたしませんが、**道鏡**と**光仁**天皇（そのモデルは百済王**文鏡**）とは、実は**兄弟**で共に本来「天智大王として作り出された人」の**孫**だったからなのです。ですから、アカデミズムはこの点の根拠としては全く無視してまいりましたが、その様に（二人は兄弟）主張致しております『**公卿補任**』や『**本朝皇胤紹運録**』の中には、やはりキラリと光る真実が秘められていたのだと、アナタは先入観を捨て慧眼をもって見破るべきだったのです（テキスト1—2—1、P38下、P39上）。

そう致しますと、正史上も百済王の姓を持つ

「**道鏡**、**文鏡**（実は**光仁天皇と同一人**）、**武鏡**、**玄鏡**」

の4兄弟と

「**道鏡の弟**の**弓削浄人**（天智の孫）、その浄人の三人の子の**広方**、**広田**、**広津**」

の弓削一族（七4、序—3—3）に相当する人々とが（道鏡は志基皇子の第六子であり〔南都七大寺年表。

道鏡皇胤説〕、しかもこの浄人と光仁と道鏡の三人も兄弟でした〔本朝皇胤紹運録〕。尚、序―3―3。天智と天武の年齢につき、同）、何処かで重なっていた（そのモデルの一部となっていた）ことにつきましても（『続日本紀』称徳、神護景雲四年〔尚、十月一日より宝亀元年〕。少なくとも武鏡か玄鏡とこの浄人は同一人か〔八3。これ又、本邦初公開〕。しかも天応元年〔光仁、七八一〕六月十八日にはこの一族の罪が許され本郷の河内国若江郡〔八尾市など〕へ放還〔やっぱり、称徳が崩じ天皇不在のときに「偽宣命で皇太子となった」〈『日本紀略』神護景雲四年、七七〇年八月四日。因みに、光仁即位による宝亀年号は十月一日より始まります〉白壁が同年八月二十一日に行いました道鏡の下野国への左遷も、その翌日の、この弟の弓削浄人たちの土佐への流刑も、共にこれらは元々が形だけの流罪だった？〕）、アナタはもうそろそろ、「東洋史全体」を広く見渡して、私こと古代探偵の様に幅広くコスモポリタンに気付かなければいけなかったのです。

つまり、その「百済王と物部氏のモデル」を『三国史記』「百済本紀」の始祖伝承レベルまで遡りまして申しますと、

「温祚（おんそ）百済系＝百済王系＝扶余伯・貊（ばく）族」（弟）と

「沸流（ふりゅう）百済系＝物部系＝扶余穢（かい）・濊（わい）族」（兄）

の違いについての、大陸にまで遡ったその双方の出自の違いの認識を、ここでアナタは必要としていたからなのです（八前文。テキスト18―5―1、P791下、P792、17―1―5　P721。百済の満州からの南下につき別述）。

と申しますのも、アナタ、この二人の母は、高句麗初代王の朱蒙と再婚し後にこの二人の伯族（表面上）の兄弟を連れて馬韓に南下亡命し「伯済（はくさい）（伯族が西朝鮮湾を済〔渡（わた）〕る）＝音（おん）で百済（はくさい）＝訓（くん）で大国（クンナラ）＝百済（くだら）の意味」を建国いたしました、韓国TVドラマ『朱蒙』のアノ絶世の美女と史上では伝えられております二人のうちの一人の召西奴（ソソノ）のことだったのですよ（もう一人は河伯の女の柳花（ユファ）です）。この二人と朱蒙との関係に

つき、テキスト付録11、P1120はアナタ必見――これが判りませんと、「ニギハヤヒ＝沸流＝高句麗史の陜父」ということは、アナタ永久に判りませんよ――。

ではここで、右の二つの流れのうちの一方の、**沸流**（**濊**）系の「**物部氏の渡来**」とその一派の古くからの日本列島内の移動（「高句麗→多羅」系の**ニギハヤヒ一族の祖先の渡来の痕跡**）の証拠についてここで少し触れておきますと、**石清尾山古墳群**（香川県高松市の海上を見下す山上）の「**双方中円墳**」の「**猫塚**」――この古墳出現期の古墳の主たるものといたしましては、この双方中円墳の猫塚、その近くの次に述べます鶴尾神社四号墳（この当たりの山道は迷い易いのでご注意）、久里双水古墳（佐賀県）、備前車塚古墳（前方後円墳）、浦間茶臼山古墳（共に岡山県）、西求女塚古墳（三〇〇年頃の前方後円墳。兵庫県）、箸墓古墳、西殿塚古墳、中山大塚古墳、黒塚古墳（以上奈良県）、椿井大塚山古墳（三〇〇年前後。京都府）など錚々たるものがこれでございますので、アナタご参考にニギハヤヒと共にインプットしておいて下さい――、「**鏡塚**」や、古墳時代前期の「前方後円墳」（バチ形）である**鶴尾神社四号墳**、**石船塚古墳**（**石枕**あり。四世紀後半。尚、安羅系の天日矛も併せ祭ってある**出石神社**〔兵庫県〕付近出土の「石枕」の系譜〔天日矛＝ニギハヤヒで同格〕にもアナタご注意下さい）などの北方系に起源を持つ各「**積石塚**」の人々は、**海軍**を持ち満州南部・朝鮮半島北部から倭へ海洋移動してまいりまして、或るときに瀬戸内沿岸部を東行いたしました（その証拠は、内陸部の阿讃山麓や西讃には、北方遊牧民系に起源がございますこの積石塚が殆ど見られませんので）、これらの人々が**三世紀後半から四世紀末まで**の間に日本列島に渡来して造りました「**岩船＝石船＝磐船**」の名を冠した**北扶余系**の「**沸流**百済＝**物部氏**」の**ニギハヤヒ**（**天火明命**）**の痕跡**が、これらの古墳だったことにアナタは気が付かなければいけなかったのです。

物部系の『**先代旧事本紀**』の**正確性**は、アナタが何と言おうと、アナタが、①正史『日本紀』の台本となっておりますー―しかも中国史とも整合しておりますー―**国造**を記しました「**国造本紀**」を見れば、後述のように一発で明らかになることですよね。②それにアナタ、平安朝の学者の**矢田部公望**は**日本の歴史書の始まりは、この『先代旧事本紀』（又はプロト旧事紀）であると**ハッキリ言っておりますし（承平六年〔九三六〕の『**日本書紀私記**』＝**承平私記**。テキスト12―3―1、P523上、同12―3―4、P530上）、それに、今日のアカデミズムの秀才坊やが知ったか賢しら顔でどう言おうと、この『先代旧事本紀』は平安朝の学者の勉強会である**日本紀講書**でも参考書の筆頭文献として掲げられている程、当時は頼りになる史料だったのですし（『**日本書紀私記**』**丁本**を見よ！）、更には、この旧事紀の頃の〔国造の地名の分析〕、つまり「阿尺→安積」「思伊久（福島中通り）→伊具郡」「染羽→標葉」「浮田→宇多」「信夫＝信夫」「白河＝白河」「石背→岩瀬」「石城＝石城」「菊田→菊多」「道奥」の十国造などによりますと、何とアナタ、この旧事紀の当時、陸奥国は今日の福島県の大部分と宮城県南部の伊具、亘理などで、この国府が福島県内！に置かれていたことが明らかですので、この史料の基礎が「大化の改新」以前の相当古いものであったことが証明出来るからなのです。又、継体大王が安羅（倭）系であることの痕跡すらも、この中の「国造本紀」に隠されていたからなのです。と申しますのも、男大迹王の母方の祖父の乎波智が、余奴（江沼）臣の祖の**阿那**爾比彌（安耶の媛）と結婚しているのですから。又、この〔国造本紀が正しかったこと〕は、仮令日本のアカデミズムがシカトしようが、中国史の方で認めてくれておりまして、と言いますのも、国造本紀の一二六国造に対し、『隋書』俀国条では「軍尼一百二十人有り」と国造が百二十人いたといい、ほぼ一致しているからなのです（更にアナタ、その証拠はマダマダございまして、この先代旧事本紀の「国造本紀」に依拠しませんと、通説のアカデミズムのワカタケルの件の地〈通説四七一年。但し、伽耶の須恵器〈陶質土器〉との半島での年代の比較では五三一年。一四9〕の「武邪志〔武蔵〕国造」も又、その流れと関連いたしますそこで起きた「武蔵国造を巡る内乱」〔六三四年〕の地名も出て来ないからなのです。これら又、中国史の支援を受けての「先代旧事本紀の復権」ここに有り）。③更にそれにアナタ、糸魚川・姫川・青海の**奴奈**（**乃**）**川姫**（「奴＝ヌ＝**瓊**＝玉＝本来はここの名産の翡翠ではなく**赤色の玉**。**沼河**）の口伝——ですからアナタ、この姫の像が翡翠を身に付けておりますのは、実は可笑しなことなのです——と、『古事記』や『出雲国風土記』や『旧事本紀』との間には整合性が認められますし（「大国主＝**遼東半島の公孫氏**＝**八千矛**」とこの姫との間の子が**建御名方**ですし）。因みにアナタ、「出雲系の御名方＝九州の**宗像神**」、「州羽＝諏訪＝朝鮮での**徐伐羅**の『ル』の脱落＝**背振**＝周防＝**金城**」「科野＝カヤ＝**伽耶**」と、これらは皆**大陸・半島からやって来た天皇家や支配者たちを含む先祖たちの、大陸での出来事の翻訳の物語**（**フィクション**）だったことを見抜くべきだったのです。**民族の「追っ立て」**に従って素直に見たならば、何故こんな単純なことがアカデミズムには判らなかったのか、私にはそれが不思議でたまりません。そうは思いたくないんですけど、論文のデスクワークの頭脳は優秀でも、ハテナ？のコスモポリタンな歴史に対する目力はロートルのようによっぽど無能だったのでしょうかしら。

実はアナタ、**琴平神社**（象頭山＝コンピラ様）——**石鎚山**をも含みます——の古くの祭神も、実は**消されたニギハヤヒ**だったのです（ここを今日でも守っている**五人　百　姓**は、その名の通り、遡れば**高句麗五部**の伯族〔正に百姓〕の名残りそのものだったからなのです。このレベルでは百姓に農業従事者という制限はありません＝多くの職を持った一般人という程度）。

又、**朝鮮**での桓仁・集安経由での**哮峯**（北朝鮮の**妙高山がそのモデル**でした）からの**ニギハヤヒ渡来後**

のルートといたしましては、

（A）先ずは九州「**肥**（その名の通り古くはここは高句麗系だったのです）＝多婆那＝玉名」に入り――久留米の**祇園山古墳**（方墳）――、やがて古くは関門海峡は通れなかった（テキスト15―11―3、P685上他）ため「日本海＝当時の表日本」から中国地方**三次盆地**（ここにはそれより少し前のものですが、大陸的・出雲的な四隅突出型方墳〔方型墓〕も見られます）辺りへとそれ以前からも幾重に亘って南下し、更に**瀬戸内**へ出てそこを通り**畿内の列島での地名遷移の 哮峯・外山**、そして**三輪山**へと至るこの「**瀬戸内ルート**」

（ですから、古くの大神神社のご祭神には、今もその残照が残っておりますように、大国主ではなく「**大国魂＝ニギハヤヒ**＝**饒速日**＝**天火明**」でした。**文武天皇**〔金良琳がモデル〕が**文武二年**〔**六九八**〕に新羅22**智證**麻立干〔五〇〇―五一四。倭〈伽耶〉の力を借り高句麗から実質的に独立した時の王〕が始めました祖廟の**神宮**を真似して、**滝原神宮**から**多氣神**を遷座させ〔尚、ここ伊勢の近傍に至りますその前は、丹後の**元伊勢**から大和の**広瀬神**を経由して滝原へとやってまいりました〕、**地主神のサルタヒコの本体を海の中に追放して伊勢神宮を作り上げる**〔一六4、P1010に別述〕その前の**プレ天照大神**は、**阿麻氏留**という外来神〔**他田坐 天照 御魂神社**の祭神などにもその内部にニギハヤヒの痕跡が認められます〕だったのでして、正史「**神功皇后摂政前紀＝仲哀大王九年三月**」の分析によりますと、その男神は正式名を**撞賢木嚴之御魂**と言い、その妻神を**天疎 向津媛**と申しました〔一六、伊勢神宮の内宮と外宮につき、P996、モデルとなりました新羅史での「始祖＝女」につきP1028。尚、この名自体が「向津媛＝正妃〈天武即位前紀〉＝皇后」を表していたからなのです。一六9〕。この妻神は別名**瀬織津比咩**〔**『倭姫世記』**〕とも申し〔今日、岩手県の早池峰山にまでも追われてしまっております〕、この夫のイツノミタマのモデルは**金官伽羅**〔**倭**〕**王**の「**潮乗津彦**（しほのりつひこ）＝**君潮乗**（こむしの）＝**金首露**（コムシロ）＝**金氏ノ覡**（かんなぎ）**ノ君**」と同一人だったのでございます〔テキスト15―10―6、P681上、同25―1―7、P1021上必見。尚、伊勢神宮の祭神についての同8―4―3、P322、同15―1―8、P592、同15―2―1、P602、同2―8―9、P149も、密接に関連してまいりますので、ここでご参照下さい〕〕

と、

（B）もう一つはそのまま北上し、**但馬**（**東倭**（とんわ）＝『晋書』宣帝紀〔正始二年・二四〇年〕＝**物部**前津耳（まえつみみ）の里）から能登そして新潟県の弥彦山（やひこやま）の**弥彦神社**、更には、村上市岩船の**岩船神社**から秋田・山形県境の**鳥海山**（とりうみのたけ）（秋田県協和（きょうわ）の**唐松神社**（からまつ）〔神主は**物部氏五十四代**の物部協子氏〕の伝承。テキスト17―1―4、P716上）へと至る「**越**（こし）**ルート**」

（物部氏の越中・能登半島の伊夜比咩（いやひめ）神社〔別述〕→越後・弥彦山の弥彦神社〔**延喜式神名帳**では**伊夜比古神社**（いやひこ）〕への移動。両社は夫婦神の関係にございました。因みにアナタ、能登郡の熊木郷の熊木川中流にも、**久麻加夫都阿良加志比古神社**（くまかぶとあらかしひこ）〔旧熊木村。現鹿島郡中島町宮前。本六〕の由来や地名の能淵が古くは「熊ブチ」の転訛であったことに鑑みますと、この熊木（くまき）は正に「高句麗来（こまき）」だったのですし〔この神社の女性神主の話でも、高句麗から来たと伝わっているとのことでした。又、能登島（のとじま）にある須曽蝦夷穴（すそえぞあな）古墳は東西に石室があり、構造上は高句麗のものとよく似ているのですが、そこから出土した土器は統一新羅時代の様式ですので、新羅に滅ぼされた〈六六八年〉後の亡命の可能性も大なのです〈丁度この頃、列島を南に回った高句麗の亡命人たちが大磯に上陸したように〉。それに、ここには「**梯立の熊来**（くまき）**のやらに　新羅斧……**」という歌〈万葉集3878――造船技術者の斧〉

も残されておりますし。更には右の神社には阿良加志比古と都務我阿羅斯止の二神を祀っているとの言い伝えもございますので、ここでの新羅とは安羅〈天日矛系——意富(おほ)加羅。垂仁紀二年是歳条分註、一云(あるにいはく)〉のことを指していたのかもしれません〈安羅や高霊伽耶は新羅に吸収されてしまっておりますので〉。兎も角、都からこんなに遠く離れたここ能登も、古くからとてもコスモポリタンなところだったのです。そして更に更に、ここには行き掛けの駄賃がございまして、この「高麗(こま)甲(かぶと)＝遊牧系の角(つの)の付いた甲(かぶと)〈又は鳥の羽根を角に立てた高句麗風な冠を被った。高句麗のこの習俗につき、魏書、周書、隋書〉＝都努(ツヌ)〈角(つの)〉我(ガ)〈敦賀(つるが)〉阿羅(アラ(ル))」斯止(シト)〈人〉ということで、アッ！

こう分析して考えてまいりますと、初めて能登のこの祭神と古事記〈仲哀条〉や日本紀〈神功十三年二月八日条〉の敦賀の越前国一の宮である気比(けひ)神宮〈祭神は伊奢沙別(いささわけ)・武内宿禰——大神と太子の頃の応神大王との「易名＝服従帰属儀礼——など〉の境内十四の摂社〈エッ！　こんなに多いの！凄い神だったのだね〉のうちの一つの角鹿(つぬが)神社〈祭神は正に都怒我阿羅斯等。仮令(たとい)アナタがこの一の宮にいらしても、奥まったところに隠れるようにしてございますこの摂社を見なければ、歴男・歴女としてはアウト〉の二人が同一人〈神〉として繋がって来てしまった！〈本邦初公開のお手柄〉〉、

他方、似たような例で、参河・幡豆郡の「能束」も古くは「熊来」の誤りだったことが——崩し字を読み間違えたのか——判りますので〈『延喜式』〉、ご参考までにこれもここに加えておきましょう。

右の弥彦神社の祭神は今日でもニギハヤヒの子の**天香語山**(あまのかごやま)〈高倉下(たかくらじ)——その名前からしても高句麗(タカクラ)から天降(あも)りした〈下った〉神＝正にアナタ、父のニギハヤヒ〈モデルは陝父〉とこれ又同じ。だから高木神とも関連。凄い発見！〉です。別途。この神と伊福部〈伊吹部〉を辿ってまいりますと、アナタは「ニギハヤヒ＝天日矛」という凄いことにまで到達出来る筈ですよ〉

との、今は消され、忘れられてしまったこの（A）（B）二つがございました。テキスト3―2―2、P1093はアナタ必見です。

後者（B）の但馬より後は、それより後世の**物部氏逃亡ルート**と重なっていたのかもしれません（本六のニギハヤヒ東行ルート〔正史の「東にニギハヤヒ有り」〕）。同じく先に渡来してここ但馬に先住しておりました北扶余系の**物部氏**のところに、後に渡来いたしました「安羅＝倭」王であった**天日矛**（あめのひぼこ）〔及びその子孫〕が**養子**に入っておりますことが、記紀などの正史の分析からも判ってまいります。**ニギハヤヒと天日矛の神レベルでの合体**がここに見られるのです）。

尚、右の物部氏の（A）「瀬戸内ルート」での東行と**王墓山古墳**（香川県善通寺市）の**積石**横穴式石室内の「**石形屋**」との関係も、アナタは見逃してはいけませんし（九13）、更には、**桜井茶臼山古墳**（奈良県桜井市大字**外山**（とび））で平成二十一年（二〇〇九）に発見された竪穴式石室の周辺の「**副室**」（縦二m、横一・五m）の機能との関係も同様です（九13。四国の瀬戸内の前期の**積石**塚古墳）。以上は高句麗・北扶余からのニギハヤヒ（陝父）一族の朝鮮半島の当時の**多羅**（タラ）（陝川（パプチョン）の**玉田古墳**）・**哆唎**（タリ）などを経由しての渡来のお話でした。

更にここに至る流れを、右のメインテーマでございます「**積石塚**」という観点から、高句麗経由の特異なルートのその又起源にまでコスモポリタンに焦点を絞って見てまいりますと、先ずは**西のアルタイのバジリクの積石塚**に始まり、**満州**、輯安の山城子兄塚、**将軍塚**（テキスト口絵）、旅順の老鉄塚、**朝鮮**・京畿道広州石村里の積石、**大邱**（テグ）のドルメンの下の積石、**鬱陵島**（ウツリョー）の石塚、**対馬**・旧佐順奈村の白岳石塚、鶏知（けち）の石塚、**肥前**・唐津神集島（かしわ）の石塚、**筑前**・**津古生掛古墳**（つこしょうがけ）、**備中**・**楯築**（たてつき）**漢墓**、この**讃岐**・**石清尾山**の**猫塚**・姫塚・**石船塚**（いわふね）・稲荷山南塚・北塚の古墳群、**大和**・磯城の**櫛山古墳**

へと（年代は前後いたします）、その積み石の思想が連綿と繋がって見て取れるのです（尚、これらの中に含まれます「**双方中円墳**」や「**石枕**」もアナタは決して見逃してはいけなかったのです。因みに、長野市の**大室**(おおむろ)**古墳群**の積石塚は、五世紀初頭から始まり百済・高句麗滅亡後の七世紀終末頃までのもので、これもアナタ、新しいものも含むとはいえ、古いところは見逃せませんよ。上田市の高句麗系の人々への「**上部→村上**」、松本市の「**桂妻→須々木**」などの賜姓――日本化――にもご注意下さい）。

――以上は、ひょっといたしますと、四九四年に北扶余が高句麗に滅ぼされたときに北扶余（後期の王族は穢ですので「物部＝ニギハヤヒ」系です）の遺民（一四３）の日本列島への亡命の名残りでもあったのです――

序(つい)でながら、形の上での「**方形**」という点についても少し付け加えておきますと、特に**弘法山古墳**（松本市）、**神郷亀塚**(じんごうかめづか)古墳（「**上り亀**」。旧・能登川町。現・東近江市。**乎加**(おか)**神社**の社地。**濃尾・東海地方のものより古い**）などの**前方後方墳**は、アカデミズムの言うように東海地方で発生したものではなく、その思想は遠く**大陸から裏日本を経由して伝播**して来たものだったのです（「積石」も「方墳」（方型墳）も共に大陸からの意匠だった。北倭につき、テキスト9―9―3、P411下。尚、遙か遠い昔の**古代の住居の形の**○□の**変遷**につき、同9―9―4、P416上をご参照ください）。

そしてそれに加うるに、アカデミズムでは、この点あまり認識してはいないようなのですが、私こと古代探偵のようなアマチュアが「ハテナ?」の心で虚心坦懐に考えますと、日本列島では**前方後円墳の方がその地方で主流**（又は、上位）であるとか、又は**前方後円墳の方が前方後方墳より先に出現**したなどという証明は、正直に言って未(いま)だなされてはいないと思われるからなのです（東国についての一四９は必見です。ですからアナタ、三世紀後半の**富波**(とば)**遺跡**（滋賀県）の並列する**前方後方型周溝墓**さえも、朝鮮・大陸との関係（古代の表日本経由での渡来」を考えなければいけなかったのです）。

さて、お話を「ニギハヤヒの渡来」から本論の百済革命に戻しましょう。この平安朝への雪崩現象による天武派に対する**最後の止め**は、天応二年（**七八二年**。因みに延暦となるのは八月十九日からです。桓武の即位は前年の四月三日でした）**閏**一月十一日に起きたこれ又天武系（新羅）から天智系（百済）への実質巻き返しの動きであったと捉えなければいけない**冤罪事件**でございました

「氷上真人川（河）継の謀反事件」

でして（この川継の**父**の**氷上塩焼王**は前述の橘奈良麻呂の変〔序2〕に関与したとされ王籍を剥奪されてしまっております）、右の川継の**父**の焼塩王は天武天皇の孫であり、母の**不破内親王**（別述。尚、序—3—3）は、聖武天皇と県犬養広刀自との間の女で、後述の**井上内親王**（序3—3）と**安積親王**（聖武の唯一の**男**の子）の二人の**妹**でして、そういたしますと、これは正しく

正統に聖武天皇の血を引く唯一の男子が、桓武によって死罪とされこの世から危うく消されかけようとした、古代史のターニングポイントとも申せます超重大な事件

だったから——因みにアナタ、右の**安積親王**すらも、案の定、後に藤原氏により殺されてしまいます。序—3—5必見——なのです。但し、「ようとした」と申し上げましたのは、起きたのが光仁天皇の死去の諒闇に乗じて百済王系の**桓武を殺そう**とした（されてしまった）ものとは申せ、兎も角、光仁天皇の**諒闇**中（天子が父母の喪に服する期間。桓武へ生前譲位していた光仁の崩御はこの五十日前のことでした）の出来事だったということで、幸いなことに死一等を減じられ、「伊豆国三嶋＝賀茂郡三島郷か、又は伊豆諸島」への配流で止まり（「役の行者」と同じように）、生命は保たれ、その後復帰しております。これはアナタ、正に

「新羅系の天武派」と**「百済系の天智派の桓武」**との**最後のガチンコ戦**（バトル）とも言えるものだったのです（七4。因みに、これは川継の義父の浜成の出身でございます藤原京家の没落でもございました。式家の没落の方は、この後の八一〇年の薬子の変。序―3―5）。加えまして、天武天皇の子の舎人親王（阿用）の孫であり、且つ天武の孫の淳仁廃帝の姪でもございます弓削女王が、その夫の三方王と共に、桓武天皇を魘魅（えんみ）したとして流罪にされてしまっております。

ということで、あんまり学校では詳しく教えてはくれないちょっと目立たないこの事件こそが、正史上でも母方は勿論父方も百済系の桓武とその一派が、半世紀にも渡ったこの長い長い「**新羅 対**（バーサス）**百済の戦い**」を最終的に征したということを意味していた「日本古代史上超重要な事件」の一つだったということをアナタは決して見逃してはいけなかったのです。私こと古代探偵は、この冤罪（えんざい）事件の起きました**七八二年前後**（前述の**良弁の死**〔七七三〕の後）をもちまして、七二九年前後（「長屋王の変」など）から露骨に表面化し本格化してまいりました「**百済革命**」**又は**「**百済クーデター**」の**終焉**、つまり、五十年もかかった**日本列島での「百済亡命政権の樹立＝実質平安朝の成立」**の時と認定いたしたいと存じます（テキスト序―1、P30、同第三〇章及び第三一章、P1058―1083）。

序―3―1　日本初の「刀狩り」と正倉院の当初の役割

さて、アナタが一見お気付きにならないその背後に隠されておりました古代のもう一つの巨大な流れにつきましても、私こと古代探偵がここで一言申し上げておきましょう。それは**大仏建立**（こんりゅう）**派**（**新派**）の新興官僚の藤原仲麻呂（なかまろ）や行基（ぎょうき）に対しまず、藤原氏によって歪（ゆが）められた政治体制を昔ながらの天皇親政に戻そうと、財政の浪費を意図する百済派と組んだ藤原氏の唆（そそのか）しに抵抗する、正統派の**アンシャン・レジーム**とも申せます（序―2）**長屋王**の流れを汲む財政の健全化を目指す**大仏浪費反対派**（**旧派**）の**橘諸兄**（もろえ）（葛城王＝伽羅城（カラキ）の王）・**橘奈良麻呂**の親子による「橘氏の戦い」ということでして、そしてその結果、前述の様に後者の橘氏一派が、改革派の天皇の一使用人に過ぎなかった官僚の藤原氏に敗れてしまった（だからこそ**浪費の象徴たる大仏というものが完成**に至ることが出来た＝百済系による兵糧攻めの成功）のだということも、アナタが決して見逃してはいけないその背景だったのです（日本の官僚主義の嚆矢（こうし）、ここ「**大仏建立**」に在り。又、「**神仏混合**」の嚆矢も矢張りこの時点なのでした。八2）。

因みに、本来――正史を離れて考えますと――、歴史がそのように改竄されてしまう前の**橘氏**（たちばな）（旧 県（あがた）犬養連（いぬがいむらじ））は、**但馬**（たじま）の出石（いづし）の**天日矛**（あめのひぼこ）（墓は**出石神社**の禁足地）に繋がる**安羅伽耶王**（古くからの倭王そのもの）の出自（このことは橘守（もり）が「**三宅連同祖天日杵命之後也**〔『新撰姓氏録』左京諸藩下〕」となっていることからも判るのです〔この三宅氏は、絲〈糸〉井氏と同じく元々が「天日矛＝安羅」系でしたから〕）だったのであり（テキスト15―9、P660。又、**戸渡島**（としま）**神社**などと合祀して**伊万里神社**〔佐賀県伊万里市立花町〕となる前の**橘諸兄**を祭る**香橘**（こうきつ）**神社**レベル辺りを探りますと、その解明の謎が秘められているかもよ。その出自が伽耶であったことにつき、一七3の**脱知**（タチ）**王子**のところはアナタ必見――因みにアナタ、安積・井上・不破の母である聖武夫人の県犬養広刀自の一族でございます橘諸兄〔葛城王〕、光明皇后を生んだ県犬養三千代は、橘宿禰の姓を賜っておりますが、この広刀自の父は、県犬養**唐**〔もろこし＝唐土（から）＝韓土（かん）の人〕と申しました――出自を暗示していた）、これから申し上げることはちょっと難しくて恐縮なのですが、それにも拘わらずこれが平安朝に完成した百済系天皇家による『**新撰姓氏録**』等では、初め（**県犬養三千代が不比等**〔架空〕と結婚し、光明子〔架空〕を生んだとされてしまう前には）、平安亡命百済政権の母国である百済25武寧王をモデルとして創られた30敏達大王（テキスト付録5、P1111。物部尾輿（おこし）も同一人）の子孫の栗隈王の子の**美努**（みの）**王**（弥努・美努・美弩・美奴――二人いたか？　共に壬申の乱では大海人側。この王は天武十年（七八一）に「帝紀」及び上古の諸事の記録・校定を行っております＝歴史改竄のメインメンバーの一人）に嫁いだとされ、それによりその子孫が系図上百済系の血筋に繋げられてしまっておりますのは（テキスト付録1、P1105）、正に平安初期での歴史（日本書紀）の大改竄の結果（平安紀での百済系の天皇の出自を日本列島での**天孫降臨**とするために、**プロト日本**たる海峡国家「**倭**＝伽耶（かや）連合＝任那（みまな）連邦」の**抹殺**［この「倭＝伽耶」の抹殺は朝鮮の正史上でも同様です］を必要といたしました）に言葉巧みに合わせたものだったのです（このことを一言で申しますならば、生き残るためには、古代の朝鮮半島の倭の時代の王であり、日本列島でも古くから大王（天皇）家に**伴**従（ともしたが）ってまいりました、ですからその名の示す通りの**大伴**（とも）**氏**と言えども、最早、朝鮮の昌寧（比自火（ヒヂボル）＝葛（フジ(シ)）原＝藤井の原）伽耶にその出自を持つ一新興官僚に過ぎない中臣（藤原＝ヒヂボル）氏〔序2に妥協せざるを得なかった力関係の世に既になってしまっていたのだということだったのです）。

これらの不可解な動きの結果、右の橘氏（葛城王系）一族の出自などの歴史の抹殺と新たなる出自の創作（つまり朝鮮半島にいた人達の日本化）という歴史改竄が行われたことの一端を暗示してくれていたのです。

実は、アナタ、ここには更に、私こと古代探偵が発見致しましたとっても重要なことが隠されておりまして、それはどういうことなのかと申しますと、この**橘諸兄**などの**王政復古**（おうせいふっこ）**派**の**反**藤原氏の貴族グループの動きを先に読み取り、これに先制攻撃を仕掛け、事前にその一族の　**武器の全てを取り上げてしまった**こと（その結果）こそが（最高級の百口にも及ぶ大刀や多量の武器・武具の収納）、正に、藤原仲麻呂らの陰謀により初めて今日の

正倉院というものの当初の**北３分の１**の　**北倉**　部分が造られましたことの**真相**だったのです（そして、これこそが**日本で初めての**「**刀狩り**」！でもございました。ですからアナタ、アカデミズムの教科書にあるように豊臣秀吉〔石田三成が担当。一五八八年〕が日本で最初ではなかったのです）。と申しますのも、初期の正倉院は、**北倉**と**南倉**だけの**双倉**だったのでございまして、今はアナタが一見してお判りのように一つの建物となっておりましても（写真序―33は旧正倉院。二〇一四年五月に平成の大修理によりリニューアルされました）、その2つの間は床のみの**ピロティ**（**空間**）となっていてその上には青空が広がっていたからなのです（だからアナタ、その証拠に、写真序―33をよーく見てご覧。どうしたことか中央部分には**校倉の造り**の部分が全く見当たらないよ）。

ところで、この［正倉院という言葉の由来］につきましては、先ずは、**正倉**とは、本来、これはどの寺にもある倉の**普通名詞**に過ぎなかったのです。ですから、東大寺だけではなく法隆寺などの各寺院にも正倉と呼ばれます倉が数多くございました（法隆寺には正倉が三十三もあったと言われております）。次に、この**院**という言葉の由来につきましては、中国にまで遡ってコスモポリタンに分析してみますと、院とは、本来、これもインドから初めて中国に仏像などが渡来した時に、中国人もこのインド渡来の「**異邦の神**」を何処に置いてよいか判らず、止むを得ず**行政区画**内に安置されましたので、この「**区画・囲い・官庁**」、つまり「**院**」という概念（中国での今日の国務院、日本での人事院、原発事故で有名なアノ安全保安院、五万分の一の地図でアナタも若い頃山でお世話になった国土地理院など）から「**寺**」という概念へと発展し、ここから**仏教の寺院**というものが発生してまいりました。これが半島に入り朝鮮語の「**寺＝テール**」となり、やがて渡来人たちがもたらしたこの言葉が**日本語の寺**と言う言葉に派生し今日迄アナタの前に伝わっていたのです（定義は大切だね）。話を戻します。

ですから、早い話が、本来正倉院とは、

この刀狩りの武器の保管の為の倉

として造られたものだったのです（尚、作史上、この時光明皇太后は、そのことの「目眩(めくらまし)」のため、東大寺以外の法隆寺や金光明寺など**十八の寺**にも聖武の遺品を献じたことにしておりますが〔法隆寺への数につき『**献物帳**』〕、その数は東大寺に比べ質量ともにほんの僅かでした）。東大寺に当初集められたその**武器の**「**数の多さ**」**とその**「**質の高さ**」に、もしアナタが虚心坦懐にご自分の目で一つ一つ初期の「目録」をご覧になってお気付きになられますならば（正倉の中は、当時といたしましては貴族だけが持つことを許された大変高級とも申せます、実に見事な装飾を施しました、何物でもバッサリと切れる**錬鉄**(れんてつ)〔よく鍛えた鉄〕の武器ばかりだったのですから）、直ちにアナタのお考えが私こと古代探偵の様な考え（反体制派の高級貴族からの「武器の取り上げ」こそが本来〔当初〕の正倉院の目的であったこと）に変わることでしょう（正史による堂々の歴史の抹殺がここにも見られます）。

実は、正史の原典をよーく分析いたしますとよく判りますが、アナタ、その**日本で最初の**「**刀狩り**」の**法的根拠**すらも、法務官僚の藤原氏はチャント事前に周到に用意して作った上でこのプラン（陰謀）を実行していたのでして、アカデミズムは「私が気が付いたようなそんなことはのっけから有り得ない」と思ってしまっていたので、今まで1250年以上、藤原氏の作った架空の光明子の詐欺に騙されてこの〔正倉院の当初の本当の役割〕に全く気が付かなかっただけの「愚かな話」だったのです。アナタ、何事にも、特に学問の世界では「**先入観は禁物**」なのです。

では、この点の証拠と致しまして、聖武太上天皇の崩御の翌年の五月二十日から藤原仲麻呂が前述の紫微(しび)

内相（ないしょう）となり国家の武力を彼の一手に掌握した途端に、孝謙天皇に定めさせました「**五条の勅令**」の内の2ケ条を見て参りますと、このことはそれだけでアナタのみならず中学生の誰が見ましても明明白白なことだったのでして、「同じ氏人」の集会の禁止（其二）に加え、

「**勅五条。……依レ令。随身之兵。各有二儲法一。過レ此以外。亦不レ得蓄**（**其三**）。

……除二武官一以外。不レ得二京裏持一レ兵…（**其四**）」

（『**続日本紀**』天平勝宝九歳、757年6月9日。天平宝字元年は8月18日からです。『**類聚三代格**（るいじゅうさんだいかく）』）

――法規の定める以上の数の兵（武）器を所有してはならず（その3）

……武官以外の者は京中で武器を所持してはならない（その4）――

と定められておりましたところからも、この正倉院北倉（武器の倉庫）につきましての、「**日本で最初の刀狩り**」だったのだという私こと古代探偵の仮説はトンデモ説どころか**法的**にも完全に裏付けされていた――これを知らなくて私の前で恥をかいてしまいましたアカデミズムの暗記坊やは哀れで可愛そう――のです（アニハカランヤ、アナタこの勅令から一か月も経たない7月4日に至り、橘奈良麻呂の乱が〔予測通り〕勃発し〔このことを仲麻呂一派は**インサイダー取引**で予見していたのでしょうか〕、藤原仲麻呂の排除を目指しましたが、この事前の刀狩りが見事に効を奏し、逆に敗れてしまったことにつきましては冒頭〔序2〕にアナタに申し上げました通りでございます。このレベルでは仲麻呂の目論見の成功。因果の証明）。

アナタ、これこそが**隠された正倉院の正体**だったのだ（目から鱗）。

また、新設の国家中枢機密機関とは申せ、前述のように女性の城である紫微中臺（しびちゅうだい）（皇后宮）の上級職員たちが、何故、本来その必要性が全くない筈の**武官**なんかで固められていたのか？という今までアカデミズムの皆が不思議に思っておりましたことを含め、いとも簡単にアカデミズムらしくなくスルーパスしてしま

っておりました**大きな謎（ハテナ？）**につきましても、この規定の**反対解釈**で「**武官だけは京中で武器を所持してもよい**」（その4）という右の**勅令**の「**抜け穴**」の存在にもしアナタがハタと気づき、これに照らして考えますとその全てが一瞬のうちに氷解して参ります。ズバリ申し上げて、武官としての皇后宮での存在は、藤原氏にとっての**よく切れる武器の女の園での温存そしてその携行の為の脱法行為**に他ならなかったのだと、アナタが勅令の文言通り素直に考え、それを見抜ければそれでよかったのでして（これ又、目から鱗でしょ）、このことはとても大切な点ですので、ではその更なるアナタへのサービスの証拠として、その主な**武官の名**と**軍事上の地位**までも具体的に申し上げておきましょう。アナタ、そういたしますと案の定意外な人がこのリストの中には顔を覗かせておりまして、この黒幕とその背後のことが明確にお判りになりますよ。

令（長官。軍事権を併せ持ってからは紫微内相）には、当然、この仕掛け人の藤原仲麻呂（大納言・**中衛大将**）本人がなっております。**少弼**（次官）には、肖奈王福信（**中衛少将**）。**大忠**には、鴨角足（**左兵衛率**）。**少忠**には、中臣丸張弓（**衛門員外佐**）ということになります。因みに、ここの高官の少弼の中には、何故だか、共に**遊牧民**の出の**百済王孝忠**（**百済王敬福の兄**〔テキスト付録6、P1112、本序―3―2〕）。女の**孝法**が尚膳として**桓武**天皇に嫁いでおります。テキスト1―2―3、P46下、P1112）という**亡命百済王の直系**が、前述の**高句麗**系の少将の**肖奈王**（肖奈→高麗→高倉→清原、というこの氏族の謎の姓の変遷にアナタご注意下さい。尚、プロ野球の清原選手と同じ清原の姓についての肖奈氏から清原までの変化につき、一四7はアナタ必見）と同格で入っておりますのも、アナタ不気味ですゾ。それは何故して。ハテナ、ハテナ？

と言うことで、実は、**光明子**

（書の署名――物的証拠――は抽象的な**藤三娘**又、**藤三女**とのみなっております（但し、それすらも、どう見ましても今日に伝わっておりますものは、特に『**楽毅論**』自体とその署名の「藤三娘」――加えて「天平十六年十月三日」の字の凄さ――は勿論、「五月十一日経」自体とその書名の「藤三女」も、又正倉院宝物の「藤三娘」という署名も、皆**男**のような力強い筆蹟です〕。アナタ、**ここまでが光明子の名の限界**だったのでして、それ以外の正式名は、実はアカデミズムでさえ判らなかったのです〔ですから、作為された文献上の**安宿媛**以下の数々の名〈中台天平応真仁正皇太后、出家尼名**光明子**沙弥、藤皇后、道名則真など〉も皆疑問なのです〕。伝、文武天皇四年〔七〇〇〕～天平宝字四年〔七六〇〕六月七日〔六十歳没〕。この人は**架空**――そのカラクリは、父とされる藤原不比等の「**藤**」〔本来は朝鮮での本貫でございました「**比斯伐＝比子伐＝不斯**」に由来する姓でした。[本]序―2。[テキスト]4―1―1、P162上、同7―4―31、P259上〕と、母とされている前述の　県犬養橘宿禰　**三千代**〔～733年。先程の乱を起こした　橘諸兄　の母〕の「**三**」との間の女と位置づけて作られた「仮定の位置の人物」であったことから、この架空の聖武天皇の皇后の本来の〔**藤三**〕などという、暗号に近い作為された呼び名〔本名〕が本来考え出されていたのです〔父さんではなく、女なので母さんなんだけど……実は更なる真相〈モデル〉は**唐さん**だった。後述〕。偶々三女となったことすらも、その系図上の作為の結果だったのです――。　抑アナタ、この頃までは「**妃以上**」は皇族しかなれず、「**夫人以下**」でも蘇我〔石川〕氏、藤原氏、紀氏を充てる**慣行**でしたので、〔臣下の女が皇后になること〕など考えもつかない夢の又夢だったのです。ですからアナタ、この非難をクリアーするためにも、古いところの正史**日本紀を遡って改竄**し、光明子の前に存在した例〔前例〕を正史上にどうしても作り出すために、**臣下の葛城襲津彦の女の磐之媛の立后の先例の捏造**を藤原氏は是が非でも必要としていたのです〔[テキスト]5―2―2、P183―184はアナタ必見です〕〕

による**夫・聖武太上天皇の御遺品の一周忌における収納**などということは、後になってから右の重大な**真相**（軍事権を持つ「藤原仲麻呂＝恵美押勝」と架空の光明皇后とがタッグを組んだ「**刀狩り**」）を**カモフラージュ**し、**歴史改竄――後の百済革命の結果生じた矛盾――の辻褄を合わせるため**、平安（現行）日本紀上（テキスト）23―2―1、P930上他）レベルにおきまして、**藤原氏**と百済系に変わった**平安天皇家**がその様な宣伝（真実抹殺のための目眩）に利用するために作られたフィクションに過ぎなかったのです（**光明皇后目眩説**）。

序―3―2　正倉院の宝物が示す奈良朝の天皇家の出自（新羅系）とその封印

しかもアナタ、此れ式なことで驚いてガタついている暇はなく、これで終わりではございませんで、その正体を更にもう一歩深く覗いて、アナタが「古代の歴史裁判」に勝てますように、より有力な証拠を緻密に収集し、それに基づいて更なる真相を暴いてみますと、

奈良朝の天皇家の出自（本貫）の隠蔽・封印

ということ（後述の『**国家珍宝帳**』の改竄〔御璽押印による詔書等変造罪。今日で言えば刑法第一五四条第二項で無期又は三年以上の懲役刑〕が、そのことをズバリ証明しております）、つまりそれは

奈良朝と平安朝との「王統の断絶を隠す」

ということこそがその主要な目的だったのでございまして、「白村江の役」以後のそれ迄の**新羅系の匂いの全てを、白鳳・奈良朝の天皇家から洗い流して消し去り奪ってしまう**という必然性こそが、実はその裏に横たわる更なる真の目的――それ等を正倉院に隠してほとぼりが冷める迄（意図は永久）隠蔽すること――だったのです（正倉院＝証拠隠滅のための倉庫。正史の日本書紀や続日本紀の「平安朝での大改竄＝平安日本紀の作成」に合わせせまして。前述序２の**道鏡**や**桓武**による**焚書**はそのほんの一例にしか過ぎません）。

では次に、私こと古代探偵が、主として**正倉院**などの中から発掘致しました**当時の奈良朝の天皇がズバリ新羅人**であったことをお示しいたします**直接証拠**、しかも物的証拠に限り、その幾つかを、アナタのために蛮勇を奮(ふる)ってピックアップして並べてみますと、

① 聖武天皇（太上天皇）が使用した墨も、如何(どう)した訳か「**新羅武家上墨**」「**新羅楊家上墨**」と新羅の陽刻のある**敵国の新羅**の墨（テキスト7―4―24、P253）、

② 日常使用します硯(すずり)すらも新羅によく見られる「**獣脚硯**」（テキスト7―4―30、P259）、

③ **佐波理**(さはり)という日常使用する鋺(わん)（食器）自体も新羅製、

④ そしてアナタ、これこそはというクリーンヒットの決定打は、**正倉院御物(ぎょぶつ)を包んでいる紙々**も、それ迄親しかった筈でございます（実はアナタ、これは平安紀での目暗(めくら)ましの脚色の結果に過ぎなかったのですが）百済や伽耶ではなくそれ迄戦っていた**敵国の新羅**で使用されていた**反古**(ほご)だったのであり、しかも、それはナント！　朝鮮のそのときの「農奴の身分・階級」を表わしました、**新羅本国の戸籍のような行政文書**（**新羅帳籍**）などの**新羅の公文書**が使われていたからなのです。アナタ、これは誰が遙か遠くから態々(わざわざ)持って来たのでしょうか（古紙を資源として輸入したなどと、安易に今日的なリサイクルの貿易立国的には考えないで、単に新羅人の役人が、元々日本列島での行政に生かすアンチョコとして態々母国から持って来たものだったのだと考えればそれでよかっただけのお話だったのです）。

仏経の褙紙の例ですが「丁、助子、追子、小子、小女、除公、丁女、助女子、追女子、除母、老母」

など〔尚、こんなにもあった**朝鮮・新羅カースト制度**〔別に、原典原文〈一四6、P894〉掲載必見〕につき〔これらは女性に李氏朝鮮まで名前が無かったこととも関連〕、テキスト29—1—1、P1045下他。又、**七世紀後半の日本最古の戸籍**と思われます**嶋評**（しまのひょう）〔「こほり＝軍政」〕、糸島市、福岡市西区〕の木簡が**国分松本遺跡**〔太宰府市〕から発掘されましたが〔二〇一二年六月発表〕、そこには何とアナタ！右の新羅帳籍と全く同じ「**小女**」「**丁女**」等の敵国の新羅での分類——本来の日本列島では馴染みの薄い——がストレートに見られることでして、この新発見も新羅占領軍のこの先進地域〔ないしは日本国全土〕の支配の情況証拠とアナタは見なければいけなかったのです。更にここの発掘が進めば、右に記しました他の名の新羅での農奴の区分の名も次々と登場してまいりますことを、私こと「古代探偵」は予言しておきましょう〔本一2、二初、四〕〕。

しかも、ここには**新羅の**「**戸**」である「**烟**（えん）」の文字が見えますし、且つ、「西原京」とございますので、これが**統一新羅以降**のもので年代も私の考えともピッタリ合ってしまうのです。又、アナタ、大切なことは、この「烟」は**高句麗の**「**国烟**」「**看烟**」**に起因**するものであることから、仮令（たとい）、新羅正史がその文面上全く否定してしまっておりましても、この紙が嘗て

新羅が五世紀に七十年間も高句麗に占領支配されていた

ときのその文化の名残りであることも判ってまいります大変貴重な証拠（エビデンス）だったのですし〔九1〕、

⑤　更にアナタ、驚く勿れ、それに留まらず、この「**高句麗→新羅**」と伝わった**制度**と**用語**とがダイレクトに**我が国**にまで広く入って来てその奈良朝にも見られ、**一戸**を平安朝の一戸主のように用いた前述の**烟**（えん）が正にそれだったのでして、その証拠に「香椎宮守戸一烟」（『**延喜民部式**』）や「山陵者。置二陵戸五烟一」（『**延喜諸陵寮式**』）や「合わせて六烟」（『**旧白川宮所蔵文書**』貞観九年〔八六七〕二月

十七日付「**讃岐国司解**」）や「陵戸五烟」（『**三宝院文書**』康保元年〔九六四〕十二月十三日付「**醍醐寺牒**」）や嵯峨上皇の「皇太后〔壇林＝嘉智子足長オバサン〔別述〕〕一千烟」（『**日本紀略**』淳和、弘仁十四年〔八二三〕六月二日。カッコ内筆者。序—3—5）などと**全国**にその烟が採用され表示されていたことが判るからなのです。この文書は平安朝のものとは申せ、奈良朝からの制度をそのまま残している平安朝の文書ですので、そのように考えて一向に差し支えなかったのです。同じことは、遙かに畿内から遠ざかった東国の『**常陸国風土記**』の中にすらもアナタは見ることが出来まして、「戸一十五烟」（信太郡。因みに、ここには、この地は「**本、日高見国也**」とあり〔日本以外——別述〕、又、**日本武尊**のことを「**倭武天皇**」と天皇号を付して記しております大変興味深い特徴のある**条**なのです）ともございます。

では何故、このように「**高句麗→新羅→奈良朝の日本**」と、同じ個性的な「**烟の制度の継受**」が国際的にされて来たのでしょうか。しかもアナタ、これが東国など日本全土にまでも広がって。これこそが私こと古代探偵だけが本邦におきましては初公開で主張しております

(1)五世紀の約七十年間に亘る高句麗による新羅占領

と

(2)白村江の役（六六三年）**の後の新羅による日本の占領**

という時間差による「**ダブル占領**」の結果を示していてくれていた優良証拠だったのです（右の(1)(2)に付き、更なる証拠といたしまして高松塚古墳、キトラ古墳のところの一五3～6、特にP974はアナタ必見です）。「**烟**が取り持つ高句麗と新羅と日本との三国の奇しき**縁**」ナーンチャッテ！　寒ッ。

⑥　天武天皇の孫で高市皇子の子の**長屋王が大般若経の写経**に使った大切な用紙すらもが、**界線の無い**

新羅のもの（テキスト7―4―20、P249。尚、本序3―3）でしたし、

⑥―2　**旧来**の「**冠位の制**」や「**服制**」につきましても、唐を真似した**新羅の制度**（**新羅使**の**知万**沙飡が筑紫に泊まったとき、既に**唐国服**を着ていたことが判ります〔「孝徳紀」白雉二年〈六五一〉是歳条〕）に**追随**して、新羅の金忠平が二月十二日に帰ると直ぐに、この日本でもバタバタと**位冠**（位階を表わす冠）、**襌**（前裳）、**脛裳**（袴の一種）を早くも**禁止**していること（「**天武紀**」十一年〔六八二〕三月二十八日。因みに、ナントアナタ、後述の采女の**肩布の禁止**――高松塚の年代確定に必須のアイテム――も全くこれと**同日**のことなのです。古くはこういうことも法令によりました）も挙げておきましょう。何故、日本は**敵国の制度を即座に取り入れた**のでしょうか？　更に、**高松塚**古墳の壁画に見る法令による**領布の禁止・復活**の時期と**新羅使の渡来**の時期との相関関係――これも前述のように高松塚の造られました時期にも繋がっておりました――にも、アナタ頗る要注意ですし（一五2。又、後述の序―3―3の正倉院の御物は必見）、

――中国史に見る倭（日本）と新羅との色服制の類似につき後述、序―3―3――

⑦　そして、宮中で奏でる琴も「**金泥新羅琴**」（新羅に吸収される前は伽耶）、

⑧　又、**北斗七星**の**道教**思想（この思想は、天武天皇**御用達**でした）を背に記した「**青班石鼈合子**」（一五3）も**亀**（スッポン＝亀は**新羅の象徴**の**水神**。これは、自称「辰＝秦」韓人のことを記載してくれていた『**魏書**』の伝承に由来し、その秦から亡命民が来たと信じておりました新羅人の出発地とされた秦帝国というものが、抑**五行思想**の「**水の元気**〈**素**〉**に基づく国**」だったからということなのです）だった――事大主義――のですし（尚、**妙見信仰**は、**道教**――因みに、**卑彌呼の鬼道**の実体が**道教**でございましたことは、二〇〇五年以前に私が指摘済みです〔七2、「黄巾の乱」と卑彌呼につき、

九11など。又、その道教の東アジアへの持参者とアニミズム〈精霊神仰〉だった頃の旧約聖書につき、テキスト9―3―6、P365下は必見〉――の**北辰**（ほくしん）〈**北斗七星**〉信仰が仏教の「**七仏所説神呪教**」という経典において習合（しゅうごう）し生まれたものだったのです）、

⑨　更に更にアナタ、但馬の南部に粟賀大神を祭り、但馬国造ともなった神部直根閉（かんべあたひねまろ）に「**新羅将軍正六位上**」という**官位**が記されておりますのも（『**九条家文書**』中の和銅元年〈七〇八〉八月の『**粟賀大明神元記**』）、一国歴史主義から抜け出せないアカデミズムでは、これは全くの謎か、又は、祭祀的なもので歴史的には意味の無いものだと言い張ってはいるのですが、私こと古代探偵に言わせますと、これは当時の出来事がそのまま素直に地方に残されておりました、平安天皇家の「焚書の目」が届かなくて生き残っていた（残念でした）、**新羅占領**を示す貴重この上ないナイス・エビデンスの一つでもあったのですし（尚、敦賀の**白城神社**につき、テキスト7―4―23、P252下必見）、

⑩　そして右に関しましても、「新羅が**丹後の白糸浜**に侵攻して来て戦った」という記録も、地方史とは申せ、ちゃんと残ってございますので（粟賀神社、赤淵神社に関する『**兵庫県神社誌**』）、ここに**丹後**、**琵琶湖ルート**での新羅占領軍の大和への南下（別述）の**日本列島中央突破**が認められますし（因みにアナタ、**北九州大宰府辺りの占領**〈日本列島西半分の占領完了＝最終完了〉につきましては、アナタが更に意外に思われるかもしれませんが、この**二年以上後**の倭の九州の王都が最終的に滅びました**六六三年**に至ってのことだったのです。テキスト7―7、P283上他。因みに、倭の斉明と表現されました大王の死〈実は唐軍による処刑＝五月九日の「鬼火」や八月一日の「大笠の鬼」が暗示＝中国の用法では「**鬼**（キ）＝死人」〉は、九州の朝倉宮での、しかも六六一年のことだったと正史上では記されてしまっておりますし）、更にアナタ、同じ京都丹後の溝谷（みぞたに）神社（弥栄町（やさか））の祭神は新羅大明神ですし、

これ等①〜⑩の現在までの、奈良朝の正倉院やその他にちゃんと現存しております直接証拠及び情況証拠だけからでも、誰が見ましても、最早

「**奈良朝の天皇家**が、**新羅系**であった」

という以外には考えられないではありませんか（テキスト7—4、P230〜278には、新羅が日本列島を占領したことについての、これをも含む**五十一もの証拠**をお示ししてございますので、特にこの点にご興味を覚えられたアナタは、是非テキストをお手に取ってご覧下さい）。

——尚、［BC六六〇年という神武大王の即位］は、天武天皇即位の六七三年から1太陽年（365×〔100分の365〕＝1332年）遡った年をもって定められたものでしたから、前述いたしました三好清行が唱えました讖緯説（緯書等によって吉凶や運命を予言する考え）の一つの辛酉革命説によって辛酉年（又は甲子年）に革命が起こるとして遡らせたという考えは正しくない（江口洌氏）という考えもございますように、奈良朝の新羅系の天皇でございました天武や文武は太陽信仰（アマテラス）により、素直にこの考えを取り入れていたのです（この点、百済系の焚書では、百済の滅んだ六六〇年＋六六〇年遡及。別述）。ですからこれは私こと「古代探偵」の考えでは［BC六六〇年］は、奈良紀の時から入っていたものの残照でもあったのです（平安紀では、同じBC六六〇年でも三好らの辛酉説の考えが取り入れられたのです。別述）。と言うことでアナタ、早い話が日本の紀元というものは、奈良紀では「太陽信仰」により、平安紀では「辛酉革命説」により定められたものだったと言えるのでして、結果的に見ましては、共にBC六六〇年に合わせて（そうでないと歴史が全て狂ってしまうので）その理由を考えこじつけたものだったのです（ですから神武元年〔紀元節〕も、奈良紀と平安紀ではその理由が違っていたのです）。これ又、本邦初公開——

序―3―3　新羅系天皇家の真のレガリアは何故誰によって抹殺されてしまったのか？

――草壁、高市、舎人、長屋王、淳仁、井上という**実在**した各天皇の天皇系図からの抹殺

――挿入された女帝は全て架空（井上以外）

ですから、次に申し上げますとても大切なことは、**本来、新羅系の白鳳・奈良朝の天皇家の天皇位継承の真のレガリア（天皇即位の宝器）**でもございました、

A「**黒作懸佩刀**」や

B「**赤漆文欟木**（あかうるしあやのつきのき）**厨子**」

（欟の木目が実に美しく現れた春慶塗風の赤漆。**聖武天皇を始め代々の天皇が常に御居間に置いていた**もの。但しアナタ、同じ正倉院にございますものでも、これと似て非なる「文」の付かない「赤漆欟木厨子」――伝・百済31義慈王（641年～660年）から光明皇后の祖父である「内大臣＝藤原鎌足」に贈られたものとされているもの――とは異なりますので、アナタご注意。一三2。尚、武蔵野と槻・欅につき、六）

などを、大改竄してしまった正史『日本書紀』『続日本紀』などの内容に合わせて**永久封印**してしまうということこそが、本来その**メインの目的**だったのでして（つまりアナタ、これは**百済亡命政権**たる道鏡、光仁、桓武などの**平安天皇家**と**藤原北家**とのタッグチームが、平安日本紀を大改竄してこの**レガリアのAB**が**抹殺**され、今日アナタが正史上見られますような「**八咫鏡・天叢雲剣・八坂瓊曲玉**」、つまり鏡・剣・玉の如何にもファンタジックな一見して尤もらしい古代風な「**三種の神器**」などと言うものに神話の作成に沿って

差し替えられてしまいますその前の、

奈良朝での真の天皇即位の宝器

が、実はこの実質的なこれだったのです。決して上代に遡るような非現実的な創作神話に相応しいような古代的なものでは全くなく、このように天皇の**日常生活**の中にある極自然な**人間的な現実的なレガリア**〔刀とタンス〕だったのです。このことは考えてみれば当たり前のことで、奈良時代は現実の時代であり、最早遠い神代の時代なんかではなかったからなのです。これ〔所謂三種の神器〕を信じてしまう単細胞のアカデミズムは小人か？ アナタは私の考えの方が自然だとは思いませんか）、そうだからこそ、その新羅色封印のために

接着剤としての　光明皇后　などという架空の人物の捏造

を歴史の上で、是が非でも必要とし、ここで挿入していたことが判って来るのです（因みに、抑このレガリアの材質の「槻＝ツキ〔呉音〕」自体が新羅の古い国称の一つでもございました。一七4）。

このことに付きましての、私こと古代探偵がアナタに提示いたします、更に決定的とも申せますとても良い状況証拠（ナイス・エビデンス）の一つがございますので次に申し上げておきましょう。

それは、前述の刑法第一五四条のところ（序―3―2）でも少しお話しいたしました巨大な**天皇璽**の押してございます、正倉院御物を記載いたしましたアナタにも有名なアノ『**国家珍宝帳**』そのものの中にあったのでございまして、私ことホームズの弁護士が天眼鏡でよーくこれを拡大して見ましたところ、その本文の「第一紙」の次の「第二紙」の聖武太上天皇と光明皇太后の「**礼服礼冠**」の記載部分の用紙マルマル一枚が、何故か？何者かによって**故意に削除**されてしまって（それはそこに記載してございます服装の様子から天皇家の出自が、誰が見ましても新羅系であることが一発でバレてしまうのを防ぐために違いなかったので

すが）、冒頭にこの赤漆文欟木厨子のことが記されております

「第三紙」が「第一紙」に直接貼り付けられてしまっていること〈第二紙の間引きと廃棄〉に如実に表わされていたのです〈テキスト7―4―24、P254必見〉。

アナタ、もう一度よーく注意してこの写真序―23を見て御覧。この国家珍宝帳の改竄こそ、**光明子の存在が架空**であることか、それとも**聖武天皇の皇后が、本来は光明子とは全くの別人**であった〈**白**を基調〈伊勢神宮と白色につき、一六4、P1041〉といたします**新羅系の服装**であった。この当時までの**礼服**の内容を、**皇太子**について残っております史料を見てみますと、**白袴**、**白帯**となっておりました〈**『養老衣服令』**皇太子条。法制の面でも**大宝令**〈**「文武紀」**大宝二年・**七〇二**年元旦〉によりますと、親王と大納言以上の官人が**初めて礼服を着用**。制定は前年の大宝元年八月三日〉と**養老令**〈養老二年・七一八年是歳**『類聚三代格』**〉の内容**はほぼ同じ**でした。因みに、正史におきましては奈良朝の初めに「初令天下百姓右襟」〈「続日本紀」元正、養老三年・七一九年二月三日〉、「始制定婦女衣服様」〈「同」元正、同年十二月二日〉、そして「長屋王の変」の翌年の「天下婦女。改旧衣服施用新様」〈「同」聖武、天平二年・七三〇年四月十六日〉と、それまでのものの改竄のための新法制定が記されておりますよ――アナタはこれらを、統一的に「どういう理論」でどう解読されますか?〉ということが**バレるのを恐れ**ての、架空の光明子を作り上げた後の奈良朝末期か平安朝初期における改竄――前述の序―3―2、⑥―2、ズバリ新羅との共通性――であったことが判って来るのです〈アナタ、百済系天皇家の手先として利用され、そして最後には捨てられてしまいましたその首謀者の藤原南家の仲麻呂の一派〈又は、その末裔〉は、このときこの様に偽造変造防止のため朱肉の巨大な天皇印がベタベタと一面に押してある国家の最高文書〈この文書全体で3×9×18＝**486個**〈本来は抜いて捨てた一枚を加えて**513個**と推定されます〉も押してございました〉ですらも、**うまく抜き去り、再**

び糊で繋げて、堂々と改竄してしまっていたのです。アナ恐ろしヤ、この人は！　私こと古代探偵はどうにかこの変造の犯罪をズバリその理由まで見抜いてしまったのだけど。私は古代検察官）。アカデミズムもボケッとしていないで、頭が良い人達（の筈）なんだからさ、早く見抜いてよ。そして、更にその先へ私こと「古代探偵」のように進んで下さいよ。

その証拠について更に中国の史料の方を見てまいりましょう。時代は少し前後いたしますが、中国史上におけます倭・日本と新羅との間での衣服等の類似性につき記しました点を拾ってみますと、

「**衣服の地は甚だ新羅に類似している**」（『通典』倭条。唐の杜佑〔735―812〕の撰）、

「**衣服の制、頗る新羅に類せり**」（『旧唐書』倭国条。五代晋代〔936―946〕の劉昫の撰）

と何故かズバリ「倭制＝新羅制」そのものだったと言ってくれていたのであり、更に、この点「推古紀」十九年五月一日の記載も『三国史記』三十三巻「雑志第二・色服の条〔新羅〕」と比較いたしましてもこの頃の「**色服制は、倭＝新羅**」そのものであったこと（では何故、日本がニックキ敵国の制度〔法制〕をそのまま素直に採り入れるに至った――もしダイレクトな唐制の採用であるならば、単に「唐と類似している」とだけ書けばそれでよさそうなものを。アナタ、そう思わない？――のでしょうか？　ハテナ？）が判って来るからなのです（遡及して記載）。このように倭・日本のことが書かれておりました幾つもの中国史及びその中国史が書かれました頃の倭・日本の様子を見てみましても、私こと「古代探偵」の考え方がより合理性と説得力を帯びてまいりまして、決して私の考えがトンデモ説なんかではなかったことが、アナタにもお判りになられますよ（コスモポリタン説の勝利！）。

因みに、私こと古代探偵の分析によりますと、**Bの厨子（タンス）**につきましての真相は、新羅系の天皇

である

「**天武→文武→聖武**」

と累代の皇位と共に**男子**にのみその御居間に伝わりまして、その間の「サンドイッチの具」として入れられてしまいました部分の「**持統→元正→孝謙**（**今上**）→**毘盧遮那仏**」の流れの中の各**女帝**たちは、平安朝での歴史改竄で、白鳳・奈良朝の**新羅王子**（**高市**、**長屋王**、**舎人**など。場合により**大津**も含む）たる**天皇**を**削除**してしまって、その**明いたその時間的空間の穴埋め**として捏造されての挿入に過ぎなかったのですし（だからこそアナタ、本来系図上百済系であったとされております天智系の子の**元明天皇**の名がこの継受の中には見えてはいなかったのです。因みに斉明大王の「両槻宮＝天宮」につき、九13）、又、**Aの刀**につきましての真相も、同様に、この刀は**王位継承のレガリア**（**神器**）としての**武器**ですので、

「**草壁皇子**（**日並知皇子**＝日本を統治した皇子＝天平宝字二年〔七五八〕奉呈、**岡宮御宇天皇**の尊号。

アナタ、この天皇の称号は何故？）→**文武→聖武**」

と、これ又**男系の天皇のみに伝わり**、その間の右のサンドイッチの具に過ぎなかった臣下の一官僚の朝鮮の馬の骨たる藤原「**不比等**」の如きは、多分、同じく平安朝での歴史改竄により壱岐**史**韓国辺りをモデルとして歴史を遡ってこの人物が創られ（テキスト P1107。尚、実質上、元々が**壱岐・対馬**は**鹿骨占いの中臣**〔**プロト藤原**〕**氏の朝鮮からの渡来途中の本貫**でしたし、形式上も「**不比等＝史**」とその出自をズバリ暗示しておりました。しかもアナタ、鎌足の足を今日でも「**タリ**」と読みますが、その点**古朝鮮語**におきましても「**足＝タリ**」なのは**何故**だったのでしょうか？）、そしてここに挿入されたものだったことが明白なのです。如何足掻こうと、**天皇位を表わすレガリア**を臣下の成り上がりの一新興官僚の藤原氏如き（しかも怪し化な出自の四家が互いに足を引っ張り競い合う、その更に前に！）が持つことなど、歴史の流れを直視すればあり得

ないことであることは、中学生の「ハテナ坊や」でも素直に自分の心（学問的良心）に手を当てて虚心坦懐に考えれば判ることだったからなのです。そんな単純なことすらもアア、悲しい哉、自分の頭で考えない自分の先生のお考えの暗記オンリーの「偏差値坊や」の頭の良い筈のアカデミズムは、千三百年間も脳天気にフリーパスしてこのことに全く気が付かなかったのです（それを素直に暗記しているだけで十分満足しているアマチュアのアナタも同罪）。

ですからアナタ、白鳳・奈良朝の天皇の王統の継受、つまり**ＡＢの両レガリアの継受**につきましても、その真の姿は、私こと古代探偵が「**架空の不比等の存在**」と「**架空の光明皇后の存在**」と「**桓武による正史の焚書**」という三つの「ロイグラ＝色メガネ」の偏光を消し去って、古代史のブラックボックスの中を見える様に濁った水（アカデミズムの目＝緑内障・白内障）を透明にして、そこをアカデミズムとは異なる、より澄んだ裸眼（子供の目）で覗いてみますと、ハテサテ、アナタ、そこには、

「**天武→草壁天皇→文武→（高市天皇・舎人天皇・長屋王天皇）→聖武→淳仁→井上天皇**（女）」

と言う風に天皇位が伝わっていたことが、初めて私こと古代探偵（本邦初公開）のみならず、アナタの先入観のない澄んだ目にも鮮やかに見えてくる筈なのです。右のカッコ内の右の三天皇はワングループと考え、場合によっては**大津皇子**（の真相の人）も含みます。尚、これらの皇子の序列につきましては、日本紀の単純な**年齢順**では「高市、草壁、大津、舎人」となるのですが、古代の序列はアナタが考えているより少し複雑ですので、母が天皇の妻となる資格の**内命婦**（五位以上。『**大宝令**』「後宮職員令」での「**皇后・妃・夫人・嬪**」の区別では「**夫人**」）**以上**とそれ**以下**とで分けた場合により、その中での年齢順にいたしますと「草壁、大津、舎人、高市」となります。

この点、更に助っ人たる凄い証拠といたしまして、別述のように、当時、中国様への日本の上申に基づきまして作られました**『新唐書』**（列伝・百四十一・東夷・日本条）によりますと、何とアナタ！

「天智——天武——高市（総持）——文武——舎人（阿用）——聖武」

という**天皇の即位の順**になっており、アナタのお手元の日本紀と、日本列島側が嘗て「宗主国の中国様に提示いたしました日本の正史」とでは、この点が**全く異なって**おり（アララ！）、**天皇が男だけ**（オヤ！）という点のみならず、その**即位の順序すら、何と！私こと古代探偵の考えに大変近い**のです。アナタ、どうしてくれます（尚、「総持＝高市」「阿用＝舎人」ということにつき、テキスト付録3、P1107はアナタ必見です）。

ということで、本当はそこが**美しく且つ美味しい筈の「サンドイッチの具**（パン以外＝ham＝豚のモモ肉の塩漬けの燻製）」に過ぎなかった

41持統、43元明、44元正、46孝謙、48称徳（重祚）

のきらびやかな**各女帝**たちは、仮令美味しくとも、皆、**後世に加えられました架空の存在**に過ぎなかったということが、中国史と比較いたしましても明白に判って来てしまうのです。「**女帝＝サンドイッチの具＝ハム**」説。これ等の女帝の即位の数字は正史によりました。架空の女帝は既に**推古**から始まり、**皇極・斉明**を含めまして**八代（六人）**となります（江戸時代の二人の女帝を除く）。尚、**仁徳は金官（倭）史上では女**でした（この点につき、よりお勉強をしたいアナタは、テキスト3—4—1、P158下、P159、同18—3—2、P184上、同18—7—2、P832下、同19—3、P872下をご覧下さい）。と申しますのも、**誉田丸山古墳**（この古墳は応神陵〔誉田御廟山古墳〕の外堤に接します陪塚の円墳で、ここから出土いたしました長さ一〇八センチメートルもの巨大な家形埴輪の鰹木の数が女神を表します**偶数〔六本〕**となっております。このことはまさにアナタ、伝・

応神陵の主体——その固有名詞は別といたしましても——が女性（女の大王）であったことを示しておりました＝「**応神＝仁徳**」（但し、本貫の本家の駕洛国記・百済史では同一人ではなく父娘）＝しかも**仁徳は女ナリ**（尚、大和・橿原の新沢千塚126号墳につき別述）と**鰹木の数**（**六本＝女**）につき、テキスト新版の18—3—1での補充は必見です。又、そういたしますと「倭王武＝雄略大王＝紀生磐」の列島での陵は、伝応神陵ではなく、伝仁徳陵の方に落ち着いてくる「2－1＝1」という驚くべき！可能性が濃厚になってまいります（雄略＝倭王武＝仁徳（大仙）陵。別述）。

これ等の内の、ここでは少くとも元明・元正の二人の架空の女帝を正史上に挿入してしまったのです（その前提としての作業についての、本当は「伊勢神宮のアマテラス大神（おほみかみ）は**男**だった」ということに付き、テキ 8—4—3、P322上下、同25—1—7—8、P1019—1022、特に本一六4、P1022〜は、この点につき深くお勉強なさりたいアナタ、その全てが必見です。今直ぐにでもそこをお読みいただいても結構です）。

更にアナタ、右のように架空の元明、元正の女帝を挿入した後、**天智大王**に繋げる百済系の平安朝の皇統を正当（正統）化するためにも、この『**不改常典**』というものを、次に述べます様に（序三4）、**各女帝の皇位継承の**「**宣命詔**」の中に何度もくどい程挿入し——嘘も百回言えば何トヤラ——登場させ、これ又その**接着剤**（この場合には、サンドイッチのパンと具との間の**バター**）とする必要性があったのです（「**不改常典＝バター**」**説**と我命名せり）。

この天智と称する大王も、実は**架空**（正確には二者の合体）だったのでして、アナタが今ご覧になられている『日本書紀』が主として平安朝に百済系の桓武天皇の一派の焚書によって大改竄されてしまいましたことにつきましては、「**日本紀の12回もの改竄**」（七4必見。テキ 23—2—1、P929下、P930上）の部分を是非ご覧下さい。天智は『奈良日本紀』レベルでのモデルは**新羅王・金春秋**只一人だったものを、後の正史である現行へと繋がります『平安日本紀』におきましては「百済・仮王余豊璋」＋「新羅・太祖武烈王金春秋」という「百済王＋新羅王」の二者合体の混血により百済系天皇家により作為されてしまった大王だったのです。そして、この［天智という名の由来］につきましても、コスモポリタンに考えてみますと、元々このモデルとなった右の新羅の太祖武烈王（諱は春秋）のことを、朝鮮では後人が「智」とも申しましたので、そこから百済王子の扶余隆をモデルとして作られた39弘文大王（大友皇子）の曾孫であるアナタもよくご存じの淡海三船（七二二―七八五）は、その和風諡である天命開別尊（天命により日本列島に百済亡命政権を新たに開いた天皇の祖。「ワケ＝王」につき テキスト2―1―1、P62は必見。生六二六年――称制六六一年――即位六六八年―没六七一年）という大王に対し、朝鮮での右の呼び名の「智」をそのままダイレクトに取り入れ（天の下の祖王としての）天＋智「天智」という今の正史の倭の大王の漢風諡号を思い付いて付けたのです。これ又、本邦初公開です。早い話が、もしアナタが テキスト付録3、P1107の「大化の改新の捏造図」をご覧になれば、一発でこれ等私の言うところの新羅人と日本人の相関のその全てがお判りになりますよ。しかもアナタ、この天智大王のモデルとなった春秋は、大化三年（六四七）是歳に上臣大阿飡という極めて高い身分で、ちゃんと来日までしておりますよ（孝徳紀）。そして、その義兄は金庾信将軍です。日本紀（通説では八世紀）の中の「天武紀」と『本朝皇胤紹運録』（十五世紀）とを比較して、前者から天智の年齢をとり、後者から天武の年齢をとって――ここでアカデミズムが使っておりますこの本朝皇胤紹運録というのはアナタ、前述のように「光仁と道鏡と弓削浄人の三人を兄弟」としているアノ凄いやつ！なのですよ（序―2）。アカデミズムよ、それなのに素直にここだけこれを引用しても（美味しいからといって、お母ちゃんに内証で摘み食いしても）それでもいいの？　後でお母ちゃん（ボス）に怒られない？　私にとっては万々歳なのだけどサ――天智と天武の年齢を定めてまいりました「今までのアカデミズム」は、中学生が見ましても**方法論的**に可笑しく、チグハグで間違っておりまして、仮に右と同じ頃の別の史料を用いるといたしますと、**『興福寺略年代記』**（十六世紀）は**天智**の没年「**四十六**」、天武の没年「**六十五**」となり、そういたしますと**兄弟の関係が逆転**し（アララ！）、**天武は天智より四歳も年長の兄**という考えに至ることになるとの紹介もございまして（右の「仮りに」以下につき、遠山美都男氏他）、このように、TVの料理レポーターの彦麻呂に言わせますと、今や**アカデミズム**は「**疑惑のデパート**」又は「**疑惑の玉手箱**」と化してしまっている有様なのです。

では次に、これと全く内容の同じことを、手っ取り早く私こと古代探偵の**古代史の体系**（テキスト付録1、P1105、同付録3、P1107）に基づいて、次に**ズバリ**表現してみましょう。尚、ここでの即位の数字は正史上のものではなく、私の考えます**架空の女帝を排除した真正の天皇の皇位の順序**ですので、もしアナタが受験生でございます場合には呉呉（くれぐれ）もご注意下さい。入試でこのように書くと零点となってしまいますので。

ここでは①～⑨（★を含む）のマルカッコ内外の人物は、日本紀・続日本紀などでアナタもよくご存知の登場人物と略（ほぼ）同一人と一応考えて頂いても結構です。又、次に申し上げます様に「〇〇天皇のモデル」とここで私が申しましても、私こと「古代探偵」は三十年後には必ず通説となります「**日本書紀フィクション説**」――これこそ古代史のブラックボックスの中枢――に立っておりますので（一五前文、P115。テキスト序4、P33）、この中には実際に**日本列島に渡来**している人も、又、**朝鮮半島に実在**していた人も、**帰って**しまった人も、それ等を基に**フィクション**としての正史『日本書紀』『続日本紀』上に初めて**創られ**てしまった大王・天皇もおります。つまり、今迄アナタとアカデミズムの一部が実在だと信じておられました奈良朝を含むそれ以前の

天皇の大部分は、『日本書紀』という名の「オペラ＝文学」上で脚本家〔史〕によって作られたモデルに過ぎなかったのです（**女帝**が七六六年の日本書⑦—2より初めて登場してまいりましたことにつき、七3。天智と天武とが**親子**から**兄弟**へと変えられてしまいましたことにつきましては、八三四年以降の日本書紀⑧）。ですから、**その時のその場所での実存は、歴史の真相とは全く無関係**だったのです。

そして、その天皇系図のその「消された部分」の奈良朝前後での主要な流れの真相（その重圧で光すら出て来られないブラックボックスの中身）をアナタのために敢えてここにワープして復元してみますと、次の様な大凡の「皇位の順」になっていたのです。特に②④⑤⑥⑨の★を付けました五人の天皇は、私こと古代探偵によってその暗闇の中から引っ張り出されました**天皇としては史上初のニューフェイス**ばかりですので、受験生のアナタは呉々もご注意下さい。ではこれから、アナタの目が飛び出るであろう、そしてアナタが今まで受験勉強では多分聞いたことのないであろう「驚きの古代史」のお話へと入ってまいりましょう。

① **新羅30文武王・金多遂・法敏**

これは　**40天武**天皇　の**モデル**。しかしアナタ、その巨人の大切な享年は、何故したことか正史日本紀には記載が見られず（そんな筈は無い！）謎の天皇なのです（もっとも大きな謎は、即位の前年から、何故か日本紀の天武元年が始まってしまっております——普通の天皇は即位の年をもって元年として、その十二月に大歳の干支が記入——が、この天皇の大歳の次る干支〔このときは癸酉〕は、この即位の二年の十二月に記入。それは何故？　前年の元年の即位は嘘？　それとも後からの改竄？）。六三一？—六八六。この**天武**天皇のモデルとなった**多遂**は、**大化五年**（**六四九**）是歳に、大化三年に来日した**質**の春秋（後に新羅王となった人）の代わりとして三十七人もの従者を連れて来日しております（孝徳紀）。尚、この人の晩年の**結核療養**での再来日（別述）にもご注意。

アナタ、重大なことは、**天武天皇の舎人**であった**柿本朝臣人麿**が天武を「**ニニギ命**＝日之皇子」に譬えて歌っている中に、

「**天照日女之命＝天照らす日女の尊**」

というものが出てくることなのです（『**万葉集**』第167番）（天武天皇が伊勢の神のアマテラスを作る。一六4、P1022はアナタ必見です）。しかもこの**人麿が、歌の世界におきましては、天武を「大君」に仕立て上げた張本人**でもあったからなのです。と申しますのも、『万葉集』第241番の大君は、文言上**長皇子**であり、同235番の大君も**持統天皇**ではございますが、その根底には

人麿の「天武＝大君」化の思想

が色濃く滲み出ているからなのです。

←

★②　**新羅王子**

これは**41草壁**天皇（①の天武の子）の**モデル**。

A「日嗣の並に御世を知食した故に准えて、その諡名を称す」として**日並知皇子尊**（尊とは皇太子若しくはそれに準ずる皇子の尊称）＝「日の本」を統治した皇子。それに、この草壁は、右のように「**皇子＋尊**」とも呼ばれ（「**文武即位前紀**」六九七年他）、この号は慣行上でも**実質的に天皇大権を執行**した皇子を意味しておりました（ですからアナタ、「尊がプラスされました皇子」は特に要注意なのです）。この頃の人としては、他に同じ天武の子の後述の★④**高市皇子**も同様だったのです。改竄されてしまっておりますが正史上の表現ですらも「**天皇アト一歩」の人**とされております。

B天平宝字二年（七五八）八月九日には「**天下未レ称二天皇一。追二―崇尊号一。古今恒典**」＝**世間では未だ天皇と称されてはいないが、この様な皇子に天皇の尊号を追贈して崇めることは古今の恒例である**」ということにして「**岡宮御宇天皇**（をかのみやにあめのしたしろしめしすめらみこと）」という「天皇の尊号」までもが奉呈（『**続日本紀**』）。

因みに、この十五日後の二十四日に**新羅郡**が設置されます（荒地への開墾への徙民政策）。本六）。アナタ、このバーター取り引きは何故（どうして）なの？　六六二―六八九。右の「A＋B」は、天武の子の草壁皇子が嘗ては天皇だったというブラックボックスの中身を、正史そのものが親切にもアナタに暗示してくれていたのです。アナタ、早く気が付いてネ。因みに、あの二上山の悲劇の死を賜った**大津皇子**は、この草壁や舎人、高市とは異母兄弟なのです。

←

③**新羅王子・金良琳**（りょうひん）

これは**42文武**天皇〔②の草壁の子〕の**モデル**＝「**珂瑠**（カル）＝伽羅＝葛（カルラ）＝任那＝軽」皇子。六八三―七〇七〔在位六七九―七〇七〕。その名そのものの「カル」が朝鮮半島の出自であることを暗示しておりました。

――この**文武天皇**（慶雲四年〔**七〇七**〕没）や**刑部**（おさかべ）（**忍壁**）**親王**（慶雲二年〔**七〇五**〕没）も、**高松塚**の被葬者に挙げられておりましたくらいで、高松塚はそれだけ重要な古墳だったのです――

この**文武**天皇のモデルとなった**良琳**は、**持統九年**（**六九五**）三月二日に、何とアナタ、敵国の新羅の王子ごときが天皇に、しかも敗戦国でもない（正史では）筈の日本の天皇に対し烏滸（おこ）がましくも「**国政**（くにのまつりごと）**を奏請**（まう）**し**」ております。これは一体何故（どうして）なのでしょうか？　この高慢ちきな態度は？

この**文武**の**嬪**（ひん）の**石川刀子娘**（とすのいらつめ）**事件**（和銅六年〔**七一三**〕）により、刀子娘は**嬪号を剥奪**され、子の広成・

広世も**臣籍**に落とされ（皇位継承権の剥奪）石川（高円）朝臣とされ、目の上のたん瘤が取り除かれ、そして**宮子**とこの**文武**との間の子の「**首＝聖武**」の**立太子**が実現し、藤原氏の目論見がここに成功を収めているのです。

←
★④　**新羅王子・金霜林こと金総持**

これは　**43高市**天皇〔①の**天武の子**〕の**モデル**。草壁★②を日並皇子尊と称するのに対し、この高市を**後皇子尊**と称しました（この「皇子＋尊」で表現されました「**皇子尊**」も右の★②**草壁**と同じく**実質的**に**天皇大権を執行**した皇子を意味しておりました。これ又、改竄されております正史の表示上ですらも「**天皇アト一歩**」**の人**となっております）。

更にアナタ、この「高市皇子が天皇であったことの凄い証拠」が正史上に隠されておりましたことを、私は見付けまして、それは何故した訳なのか43元明天皇が勅をもって三品の吉備内親王（高市皇子〔A〕の子の長屋王〔B〕の妻。文武天皇の妹）の子女〔C〕（つまり長屋王〔B〕の子〔C〕）を全て皇孫〔二世王〕と同様に待遇させたと記されていたことなのです（『続日本紀』元明、和銅七年〔七一五〕二月二十五日）。しかしアナタ、

「天武（天皇）―高市A―長屋王B―子C」

ということになっているのですから、子（C）は**本来曾孫**（**三世王**）となる筈ですのに、アア、ソレナノニソレナノニ、何と皇孫（二世王）！だとして天皇が扱っていたのです。これは私こと「古代探偵」のように、素直にその子（C）の祖父の「**高市**（**A**）**が天皇**だった」のだからと考えさえすれば、長屋王は皇子（B）でその子（C）は正に皇孫（二世王）でありそのままでよかったのです。こうい

うことは本来父系から辿らなくてはならないルールであるにも拘わらず、ここのみは脇道に逸れて母系の長屋王の妻の吉備内親王から辿りまして、

「43元明（天皇）—A—吉備内親王（女）—B—子C」

となるのだから、元明天皇の孫で何ら可笑しい点は無い、だから二世王で良いのだとしてしまっているアカデミズムの「ルール違反の考え」は、精神分裂（否、失礼、統合失調）気味であり説得力に欠けるからなのです（矢張りこの正史の扱いのように、高市は天皇だったのであり、ですからその子の長屋王も又天皇で、そしてその妃の吉備は光明皇后のモデルともなっていた人物だったのです〔それに女帝は架空でしたし〕。これ又、本邦初公開）。

この草壁、高市と続く実質的な皇太子の連続は、実はアナタ、少なくとも★②**草壁**、★④**高市と王権が続いた**ことの更なる暗示でもあったのです。**母**は、新羅と戦って敗れた「倭＝安羅」の宗像水軍（海人族）の長の**胸形君徳善**（むなかたのきみとくぜん）

（その本拠は、**海の正倉院**たる「**宮地嶽神社**（みやじだけ）」〔**本来**は**宗像神社**そのもの。**現在**は**摂社**の地位（レベル）に落とされ甘んじております。一五7〕と、**日本で最大最長**の部類に入る〔日本の占領軍提督〈マッカーサーと同じGHQ〉なのですから、私こと「古代探偵」の考えの体系上ではこれは当然のことなのですが〕とも申せます、何と！**全長二一・八メートル**もある**石室**〔因みに、アノ巨大石室の**石舞台**古墳ですらも**一九・一**メートル。「**五条野＝見瀬**」**丸山古墳**でも、測り方にもよりますが**二〇・〇八**メートルにしか過ぎません〕を有する終末期〔新羅占領期〕の**円墳**〔この巨大石室に**眠っている人は一体誰**だったのでしょうか？　その真相につき、序3—4、序—4はアナタ必見です。尚、一五1〕で、これらはアナタ一見の価値あり〔尚、天武天皇のモデルであった新羅**文武王**が**結核**で

再来日し、日本列島で死んでいたことと、この**巨大石室**の古墳との重大な関連につき、序3―5は必見です」。そしてこれは、前述のように、**元、宗像神社の摂社**でもございました〔七5〕。ですからアナタ、ここが或る勢力に乗っ取られてしまう前の或る時期の「沖ノ島の神事の遺跡」というものは――より古い時代は別として――ズバリ！朝鮮半島から渡来した人々が**倭国**のこの**宮地嶽神社の神々**を祭るところだったのです。宗像郡津屋崎町所在。因みにアナタ、この**宗像神社中津宮祭祀遺跡**〔沖ノ島〕から発掘されました**金製指輪**〔八号遺跡〕、金銅製指輪、金銅製歩揺(ほよう)飾雲珠(うず)――これは群馬県**高崎市**の**綿貫(わたぬき)観音山古墳**出土の雲珠と類似し相互の関連が指摘されております――金銅製銀装矛鞘、金銅製雲形文透彫雲母板玉虫翅飾帯先金具そして鉄地金象嵌鞍覆輪などは、ナントアナタ！　**新羅王都慶州の金冠塚や金鈴塚出土のもの全く同じ**　なのです。これもアナタ、全くの偶然だとでも言うのでしょうか。ズバリ考古学的な直接証拠が**新羅占領軍の渡来**を完璧に近くアナタの前にコスモポリタンに証明してくれていたのです。「慶州↓沖ノ島↓群馬の綿貫観音山古墳」へという**雲珠の流れ**につき、アナタ、[本]六は必見です。**新羅の雲珠＝新羅占領軍**〔尚、ここ上野の新羅人が多くおりました吉井の**多胡碑**、同じく下野の**那須国造碑**と**新羅文化**〈**吏読(いどう)**〉との関係も、アナタ見逃せませんよ。別述〕）

の女尼子(むすめあまごのいらつめ)　娘だったのです（上野の国立博物館の別館「法隆寺館」の一番右の奥の薄暗い所に、目立たない様に安置されています「**阿麻古(あまご)**の銘のある**新羅系**の**弥勒半跏思惟(みろくはんかしい)像**と**尼子・高市の母子関係**」につき、[テキスト]5―5―2、P205下の説明は本邦初公開です。又、[本]一二9も、この仏像と共にアナタ必見です。尚、高松塚の被葬者であった高市につき、第一五章必見。これらを知らなければ日本史は一言も語れません）。

高市皇子＝**後皇子尊**（のちのみこのみこと）＝この「後」の付く、しかも「尊」号を後に贈らなければならなかった（祟ると困るので）こと自体が、実質は「**天皇だったが後に皇子とされてしまった天皇＝新羅占領軍提督**」であったことをアナタに暗示してくれていたのです（六五六？―**六九六**）。この**高市**のモデルとなった**霜林**は、**持統元年**（**六八七**）九月二十三日に、何とアナタ、これ又敵国の王子ごときが、僭越にも敗戦国でもない筈（アカデミズムの正史の立場に立てば）の日本の天皇に対し「**国政を奏請し**」にやって来て、翌年（六八八）二月二十日には、**仏像**、**金**、**銀**までもを献上（スゴイ！）しております（持統紀）。これ又何故（どうして）なのでしょうか？

――しかも、何とアナタ！　中国史の方では、驚く勿（なか）れ、この点「**天武立子総持立＝子の高市が天皇になった**」（『**新唐書**』）のだと、ブルブルする程凄いことを言っておりますよ――

←

★⑤　**新羅王子・金阿用**（あよう）

これは　**44舎人**（とねり）天皇　（同じく①の天武の子）の**モデル**＝淳仁淡路廃帝の父＝天平宝字三年（七五九）に、何故かこの人にも**崇道尽敬皇帝**と、何と「皇帝」！の尊号までもが追号されており、やっぱりこの人も親王に改竄されてしまう前は天皇クラスの人だったのです。六七六―七三五。

――このようにアナタ、ここでここまでの主たる新羅王子の来日を一言でマトメてみましても、「**金春秋＝天智のモデル**」**六四七年**、「**金多遂＝天武のモデル**」**六四九年**、「**金霜林＝総持**（共にソウさん）**＝高市のモデル**」**六八七年**、「**金良琳＝文武のモデル**」**六九五年**と、そして更には「**金阿用＝舎人のモデル**」すらも、ちゃんと正史上でも**敵国であった新羅から各右の年に日本列島に来日**して、その中でも霜林と良琳は、前述のように、何と！　**上から目線**で天皇に対して「**国政までも奏し**」て！

いた――形だけ見ると正史によりましても日本は新羅の属国そのもの――のですよ。アナタ、もし**この日本の政治を実質決めていた戦勝敵国のこれらの新羅人たちが新羅本国に帰っていなかったとしたら**、これらの**新羅と日本に跨るウルトラ権力者**たちの**その後**はどうなっていったのでしょうかしら。**「日本での国政の奏しっぱなし＝つまり天皇そのもの」となったママ**？　ということにもなりますよね。これはアナタ、ちょっと面白いことになりそうですよネ。ハテナ、ハテナ？　尚、これ以降の新羅王子の天皇は、既に占領から百年近くも経っておりましたので、**正史上でも半島の匂いは全く消されて（土着化）**してしまっております――

←

★⑥　★②**の金総持の子**

これは　**45長屋王**天皇（高市の子）の**モデル**。

「長屋皇（王）宮」

という**木簡**（ルビは筆者）が出土（そしてアナタ、このように「皇」**の字一つでも「おほきみ＝大君」と読む例**もあるから尚更なのです（後述）。尚、この重大な木簡と**「福寿寺と東大寺」**との関係につき、序3―5はアナタ必見です。それにアナタ、彼の有名な**『懐風藻』**でも、単なる「ミコ」ではなく、ちゃんと長屋**王**と呼ばせて天皇を暗示しておりましたですよ）。六八四？―七二九。

では、**長屋王が天皇であったことの物的証拠**について次に見てまいりましょう。平城京三条二坊から、三万五千点以上もの**木簡**が出土し（皇后宮につき、序―3―5）、その中には、何とアナタ、**「長屋親王宮」「長屋王家」**のみならず、先程申し上げました**「長屋皇宮」**などという**「皇」**の記載を含みます木簡すらも出土していることから考えましてもその推測は可能だったのです。と申しますのもアナタ、この当時、前述の木簡のルビのように、**一字**でも「**皇＝おほきみ**」と読ませる『**万葉集**』の歌なども色々とあり尚更だったからなのです。第4260番の大伴御行の有名な「赤駒の匍匐ふ田井」の歌や、更にはアナタ、「**王**」一字でも「**おほきみ＝大君**」と読ませる歌、しかもそれが**正史上**にちゃんとございまして、それは次の

「海行 波 美 豆 久 屍、山行 波 草 牟 須 屍、**王** 乃 幣 尓 去 曽 死 米 能杼 尓 波 不死」（『**続日本紀**』聖武、天平勝宝元年四月**詔書中**）

がこれなのでした（因みに、アナタにも有名な**大伴家持**作の万葉集第4094番の方は、そのラストが「可弊里見波勢自」となっており、これは右の正史の文面とは少し異なっております＝あの哀調を帯びた素晴らしいメロディーの「海行かば」の歌として有名ですよね）。このようにアナタ、兎も角「**皇**」「**王**」**一字でも**「**おほきみ**」と読むこともございまして、長屋王についてもこのことは同じだったのです。

更にアナタ、これら**長屋王宮の木簡**の中には、何と！本来は**天皇**にこそ使われなければなりません「**大命**」「**侍従**」「**大贄**」「**御贄**」

などの実質的な記述までも見られ、又**長屋王の宮**が前述のように「**皇宮＝おほきみの宮＝皇居**」とも言われておりましたことなどから考えましても、矢張り、アナタの先入観を排除して、**長屋王は天皇**だったと見ることが総合史学（人史学）の立場からは素直だからなのです（これらは又、本邦初公開です。尚、長屋王の父の高市が天皇だったことにつき、前述）。

それにアナタ、その更に有力な物的証拠は木簡以外にもございまして、長屋王が文武薨去（慶雲四年〔七〇七〕六月十五日）の際**大般若経**を写経した「**長屋王願経**」（**和銅経**）（尚、序3―2）の**跋文**の

中で、妻の**吉備内親王**（きびのひめみこ）（序―3―4）が

「長屋殿下」

と記しておりますこと（田中塊堂氏）も、この「殿下」とは**三后**（太皇太后・皇太后・皇后）や**皇太子**に対する敬称でございますので（**『儀制令』**第十八、皇后条。**『令義解』**（りょうぎげ）――淳和天皇が**清原夏野**等に勅して**『養老令』**の解釈に定準を設けんが為に撰述せしめたもの。養老令が失われてしまった今日、それを知るための貴重な存在――）、少なくとも、正史に反し、

高市皇子の子の長屋王の位置が皇太子以上のレベル

にございました（妻が**半ば公文書**の中でそう言っているのですから、そのことが自分に不利なアカデミズムが如何（いか）にガタガタ言い訳しようとしまいと、後に改竄されてしまう前のこの奈良の当時におきましてはそれは間違いないことだったのです）ことが、その情況証拠からも明らかだったのです。しかも彼の墓は、何とアナタ！皆と遠く離れた山の向こうの寂しい**平群**（へぐり）の梨本の地に何故かポツネンと深叢（ふかくさ）に永年埋もれ、本当は「光明皇后に相当する」（モデルの候補の一人であった）妃の日並皇子（★②）の女の**吉備内親王**（序―3―5）と共に。妻も真相では架空の光明皇后の本体（モデル）だっただけに、実は、このことがバレるのを恐れた藤原氏から、二人はこんなに遠く（偏国（かたよったところ））にまで追い遣（や）られ、長い間忘れられてしまっていたのです。可愛そうな孤独な長屋王とその妻よ。悲劇の王、長屋王とその妃の夫婦仲良く（と申しましても、長屋塚と牛屋塚とは、あの世で双方の怨霊が密談して祟らないようにとの配慮から、復讐を恐れた藤原氏により少し離して埋められてはおりますが――）静かに眠る「**平群の双墓**（ならびのはか）」にも、アナタ、必ずいらして一輪の花を手向けて下さいね。そこに生えている一輪の野菊や菫（すみれ）でいいのですから（『花嫁』の歌詞の野菊の花束のように）。

⑦　③の**文武の子の首**（おびと）←
これは　**46聖武**天皇（七〇一―七五六。在位七二四―七四九）。①の天武天皇の曾孫（ひまご）。この「**仏の奴**（やっこ）」とも正史上で自称している人が、何とアナタ、それに全く逆行する**仏教反対の詔勅**までも出しているのですよ。この矛盾、このブラックボックスは何故（どうして）？　アナタ知ってた？　テキスト31―2―1、P1074下。本八2。序―3―5は必見。

⑧　**47淳仁**天皇←
これは★⑤の舎人（とねり）の子、①の天武天皇の孫。ズバリ、**百済　王**（コニキシ）**敬福**（きょうふく）に淡路島で殺されてしまったとは申せ、嘗ては**正式な天皇**であった**淡路廃帝**（あわじはいだい）。七三三―七六五（在位七五八―七六四）。正史の改竄者は、ここら辺りの近い世では完全な天皇の差替え（「男↓女」の性転換）による挿入は出来ず、**改竄した正史**との整合性において都合の悪い点があるので、途中から廃帝ということにしてしまったのです（偽の女帝〔ハムサンドのハム〕の挿入の余波（トバッチリ）のために）。一度正式な即位の手続で天皇になっているにも拘わらず、不可解にも正史上、七五八年八月一日―七六四年一〇月九日までの六年弱の在位は、何と！前天皇の称徳女帝の在位に組み入れられ（エッ！）、舎人親王の子の淳仁の**在位はこの世から消され**（**奪われ**）てしまいました。こんな遡って消されるなどということは滅多にないことなのです（そこ〔廃帝〕までは天皇であっても一向に差し支えなかったものを、何故？）。

因みに、アナタ、私こと「古代探偵」の見立てにより、チョットだけここでこの右の**ブラックボック**

スの中を先に覗いて見ますと、この点、淳仁廃帝に至りますその前段階の手続に、とても**不可解**且つ不自然な或る**詔書**の存在が正史上ですらもチャンと見えて来るからなのです。

つまりアナタ、それがどういうことなのかと申しますと、孝謙太上**天皇**（略して**上皇**）のお言葉を借りるという形で（ですから、男の淳仁天皇の治世であるのにも拘わらず**奇妙**なことに、この詔〔**宣明体**〕の中での「**朕**」とは、天皇ではなく**先代の女の孝謙上皇**ということ――チンは本来無い筈なのですが――になって来るので〔更に**その裏**には、「**架空の光明子**」**に相当する人に仮託する動き**とでもいうようなものまでもが隠されておりました〕、アナタ、この『**続日本紀**』のこの部分をお読みになるときに間違えないで下さいよ）、しかも、その詔の中身こそが又特に問題だったのでして（これを見失ったらアウト）、その中では、

今の帝（淳仁）の方は「**常祀・小事**」（恒例の祭祀など**小さな事**）のみを行っていればよく、何とアナタ、

朕（一度、退いていた**孝謙女上皇**）の方が重要な「**国家大事、賞罰二柄**」（国家の大事と賞罰との二つの**大本**）

を行う（序―3―5）のだという（但しアナタ、実は、表面上では孝謙に権限が移った〔再度戻った〕ようになってはおりますが、この孝謙天皇ですらも実は**架空**の女帝でしたので、ということは、このときの**実権は藤原氏**にございました＝正史「続日本紀」の**裏の実相**〔**真相**〕は、孝謙〔架空〕に名を借りた光明子〔これ又、架空〕を裏で操る勢力、つまり**藤原氏の策略**によるものだったのです）（七4）、**後付け**で天皇の権力を奪い取ってしまう**無血クーデター宣言**（『**続日本紀**』天平宝字六年、七六二年六月三日）が行われたなどという大変心苦しく無理な弁明を後に正史に入れてしまうことにより（入

れざるを得ず）、その一連の正史上の「**天皇系図偽造の戦略マスタープラン**」に基づき、歴史改竄の目眩（めくらまし）のセットとしての「**道鏡（どうきょう）物語**」**の脚色**（**称徳女帝**との**男女の色事**。後述の「**雑物（くさぐさのもの）**」）へと繋げる為のこの「**淳仁廃帝**」を、**セット**で同じ作為に基づき正史上に**創作**してしまったものだったのです（可哀想な「**無実の不倫罪**」のエロ事師ではなかった道鏡——私が弁護してあげましょう）。このブラックボックスの中身の分析も、これ又、私こと「古代探偵」による本邦初公開（ディスクロージャー）です。

★⑨　**48井上（ゐがみ）**天皇　←

七一七—七七五。⑦の**聖武の女（むすめ）**。「孝謙＝称徳」女帝の**姉**（生年は孝謙より一年早い）。実は、この人は皇后レベルどころではなく、**真相は、聖武から直接皇位を譲られて、天皇そのものに即位**していたのです（**後に年長の女に与えた天皇位は正史上で抹殺**）。

——このことは当然、**年長**の**姉**としての極（ごく）自然な即位だったのであり、実は年下の妹の孝謙（架空）などではなかったのです。それにアナタ、このお話の原稿を書くより数年前の**NHK**の夜のゴールデンアワーに放映されました歴史教養の「某」番組ですら、「孝謙天皇が聖武天皇の**唯一**の女子」などと言っておりましたよ（アナタ、ビデオで検証してごらん）。高校生でも知っている光仁天皇の妻の**井上（ゐがみ）皇后**や**不破内親王**——ということは、その時点ではこのNHKのディレクターは、古代のアノ重要事件（序—2）でございました**氷上真人川継事件**すらも恥ずかしいことに全くご存じなかったからなのです——の存在は、一体何処へ消えてしまったのでしょうか（更にもう一人の女子であるこの不破内親王という存在もあった訳ですし）。公共放送のディレクターでも、こんな程度（高校生以下）の恥ずかしい間違った「教科書暗記レベル」で古代史の番組を作っていたのです（検証不十分の「しったかディレクター」は、「井の中＝NHKの中だけで大きな顔をしている」の蛙で、困りものです。その人はその後どうなった？）。**民放は言うに及ばず――**

井上の夫の百済系の**49光仁天皇**（架空の**天智**大王の孫。**架空**の**志基**皇子〔田原天皇と追尊。「南都七大寺年表」では、この子が道鏡だとされております。序―2〕の子〔因みに、同音名の**天武**の子の**磯城**皇子の方は**実在**しておりました〕。その光仁のモデルは、後述の様に、**道鏡**の兄の**百済王文鏡**）の方は、**少くとも井上天皇が生きている間は天皇にはなれません**でした。

では、通説が、私こと「古代探偵」が申し上げるまで一切予想だにしておりませんでした、アカデミズムが聞きましたら目ん玉が飛び出る程ビックリ仰天いたします右の**井上の天皇への即位**という点、つまりそのことを反対側から申しますと、「**光仁の即位は遅かった**」という点（テキスト18―6―4、P811はアナタ必見です）につきましての、アナタが知っておくと得を致し、知らないと損を致します素晴らしい情況証拠を、次にこれからアナタと共にジックリと、しかも正史の中から拾い出して見てゆくことに致しますので、お楽しみに。

早い話がアナタ、宝亀元年（七七〇）十月一日の**光仁天皇即位**（正史の『**続日本紀**』上では）の時の**井上内親王が光仁天皇の皇后となったという「立后」そのものが、**

実は、立后どころではなく、井上内親王の天皇への即位そのものであったのです。何故なら、この時点（七七〇年）では、まだ夫の光仁（白壁）は、**諸般の状況**から考えましても**即位出来る状況には全くなかった**からなのです（エッ！）。このことは、あの怪し気な「**桜井**」（**井上**内親王を暗示）と「**白壁**」（**白壁**親王＝光仁天皇を暗示）という不思議な**謎掛け**がその中に登場して参ります、次にアナタに申し上げます「**於志止度、刀志止度**」（ヲシ＝大・威力。トシ＝年。ト＝人。**年長者**＝ご高齢〈何とアナタ、このとき光仁は既に還暦を過ぎた**六十二歳**！　伝・和銅二年〈七〇九〉生まれ。伝・宝亀元年〈**七七〇**〉十月一日〈それまでは神護景雲四年〉**即位**〉の白壁さん）という一見意味不明な用語を含みます**正史に見える童謡**（続日本紀）こそが、アナタにこの**不可解な謎**を暗示してくれていたのです。そして、この童謡の前の正史に出て参ります「**龍**（天皇）**潜**（隠れていること）」の説明におきましても、このことが次の様にハッキリと明文で示されていたからなのです。

時間がございませんので、井上が即位し、**光仁の即位が遅れた**という理由のところの正史を要約致しますが、つまりそれは、私こと「古代探偵」が考えました、敵（アカデミズム）の証拠（バイブル）でございます正史『**続日本紀**』の次のア～オまでの文言のその裏を読みます緻密な分析結果から（当たり前のことながら）当然得られた証拠からも言えることだったのです。

先ずはその前に、井上が即位しておりましたことの**国際的な理由**につきましての情況証拠は、中国史の中に

「**聖武死、女孝明立、改元曰天平勝宝……孝明死、大炊立。死、以聖武女高野姫為王。死、自白壁立**」（『**新唐書**』日本条）

とございますことのアナタの分析によらなければならず、ここに孝**明**とありますのは聖武の女の孝**謙**のことだと一応はいたしましても、しかしアナタ、この聖武の女の**高野**（中国史では**孝謙**とは別の人物といっておりますが）は光仁の妃の**高野新笠**ともその名が紛らわしく（だからそのこととの整合性からもこんな類似した名前〔**同名**〕にしてしまった）、又、**井上**の方も同じく**聖武の長女で且つ光仁の妻**なのですから怪しさも一入なのです。ですからアナタ、この「天皇になった」と中国史が言う［聖武の女］とは、実は、何人もい

る内の**井上の方であっても可笑しくはなかった**のです。

では、それらをも含めまして、光仁の即位の問題について次に、今度は具体的にズバリ**日本の正史**の本文そのものの中から拾って見てまいりましょう。

ア「天平勝宝元年（七四九）以来、皇位を巡って**「罪し廃される者」**が多かった（例えば、橘**奈良麻呂**、藤原**仲麻呂**、和気王、県犬養姉女など＝筆者注）が、天皇（**光仁**・白壁＝筆者注）は**深くこうした思い掛けない災難に遭うことを用心して、或いは酒を縦に飲んで所業を晦ましていたので、その度々の害を逃れたのだ**」（つまり、**即位までは「アル中の振り」をして隠れて住んでいた**のだと、正史自らがアナタにそのブラックボックスの中身の一部をチラッと正直に自白してくれていたのです）とあり（「百済王文鏡＝光仁天皇」と例の出羽守につき、一一2）、更に続きそのことは、

イ「**桜井ニ白璧シヅク**＝桜井の水の中に**白璧が沈んでいる**＝このときはまだ妻である聖武天皇の子の**井上が天皇**であったので、本来**婿養子の身分**に近かった夫の**白壁**（光仁）の方は未だ**野に在り**当然表舞台には登場していなかった」のですが、

ウ「**然為バ**＝その状態のままであったならば」、

エ　果たして「**国曾昌ユル也**＝国が栄えるであろうか、否そうではあるまい」と、つまり女の井上が天皇ではダメなのだという、強引な**後付け**での「**光仁天皇待望論**」が、この後世に正史改竄と共に**加え**

られてしまいましたプレゼンテーションでは展開されており、それはそれで一理あるとは申せ、肝腎な点はそこの**添書き**部分の方にウッカリ口が滑って作者が「余計なひと言」を書いてしまいました、

それまで隠れ住んでいた光仁がここから世に初登場して来た

のだと、つまり正史自らがこの「光仁即位の前文の中の謎の童謡」でその余計な理由をそっかしくも説明してしまっている部分（喋り過ぎ部分）に私こと古代探偵がカッキリと注目することによりまして、そのブラックボックスの真相がアナタの目の前の白日の下に晒されるに至ることが出来たのでございます（**『続日本紀』**光仁・宝亀元年〔七七〇〕前文をアナタ、ご自分で読んでごらん）。

オ　更にアナタ、真相解明のためには解かなければならぬ藤原氏と百済王によるけしからん陰謀はまだまだ続きまして、**更に白壁王（光仁天皇）立太子**を巡る右大臣**吉備真備**と、左大臣**藤原永手**や**百川**との「**藤原百川伝**」に云う争い、つまり、臣下である左大臣永手と内大臣良継と百川とがグルになって、何とアナタ！　厚顔破廉恥にも、時の権力を嵩に着て！　**次の天皇が不存在の間隙**を縫って天皇命令である

偽宣命を出してまで光仁（そのモデルは百済王・文鏡＝道鏡の兄）を皇太子としてしまった

という「**白壁王立太子異伝**」（後述『日本紀略』）も（序―2。尚「**百済革命**」の主要部分につき、八3はアナタ必見です）、そして更に、その結果、非百済系にとってそんなとんでもないこと――**光仁の父**に当たります**施基皇子**を**捏造**し、**天智**と道君伊羅都売との**子**とし（因みに、前述のように同じ**シキノミコ**でも、**天武**の**子**の**磯城皇子**は**実存**です）、**光仁・桓武の即位の下拵え**をしたこと（七4、藤原仲麻呂が担当いたしました天平宝字四年〔**七六〇**〕の⑦**日本書**のところはアナタ必見）――さえ

も最早阻止出来なかった無力観と怒りと悔悟の念とからか、**右大臣の吉備真備が辞任**してしまったという一連の不可解な経緯すらも、その**偽の光仁即位の時期**の辻褄合わせというブラックボックスの中を証明する有力な情況証拠の一つに、私こと古代弁護士は加えておきましょう（但し、前述の様に『**日本紀略**』神護景雲四年〔七七〇〕八月四日〔宝亀への改元は十月一日より〕の「百川伝云々」にございます〔アナタ、高野天皇〈称徳〉の崩御のところではなく、何と！次の光仁天皇の「百川伝」のところに、これらのことは一部ダブって記載されておりますので、アナタが紀略の原典確認の際には呉々もご注意下さい。称徳のところには、この「異伝」は天皇を憚ってか一言も載ってはおりませんので〕例の道鏡と称徳女帝のアノ色事に使われたという「**雑物＝張形**」が抜けなくなってしまって女帝が死んでしまったという点は、一応半分はホワイトボックスとなっているとは申せ、アナタの目を歴史の真相からはぐらかす為の後世の**平安以降**に付加された**下俗の猥褻文書**ですので一応は問題外〔『水鏡』〈でも、これも魘魅の話など小説より面白いよ〉も同様です〕なのですが——。そして、これ又前述の様に、十月一日に至り**愈々**「光仁即位＝ウルトラC」の着手へと歴史は進みます）。この点、アカデミズムの上品な（上品ぶった）「偏差値坊や」は、私ことアマチュアの「ハテナ坊や」の発掘したこの新しい「ハテナ?」——しもねた道鏡無罪論——につき、どうお考えになるのでしょうか？その反論を受けて立ちたいものです。

この点に付き、アカデミズムのTS女史（瀧が姓に付きます）は、『続日本紀』（この人は「宝亀元年」〔七七〇〕と明記しておりますが——これは抑間違いだったのでして、宝亀は十月一日からですので、正確には、その前の年号である神護景雲四年としなければいけませんよ。アマチュアからご注意まで——八月四日の出来事）の解釈から、白壁（光仁）立太子は、あくまでも称徳天皇の病の床での自身の意思であった——つまりこの宣明は真正であった——のだと考えておられるようなのですが、右女史の「文面の解釈が不十分」でありそれは無理ですので、やはりこれは『日本紀略』の文言（定レ策。**偽作**二宣命語一）の通り、藤原永手らの作った偽宣明だったのであり、これは私こと「古代探偵」の言うように、正に百済革命へと至る一駒だったのです（この問題に関連しての右の**十月一日からが**「**宝亀**」という点は、殆ど全ての日本中のアカデミズムが安易に考えて間違って（又はそのまま孫引きして）おりますよ。老婆心ながら続日本紀の活字本の「原典の欄外（頁の端）の表示」は、その即位の元年は一月一日に遡って全てその年度中に変わった後の「宝亀」と年号は表示されしまっておりますので、もし仮に原典（刊行本）に当たったといたしましても、深く考えもせずにそれ（欄外の表示）だけを安易にチラッとだけ見てその年号を表示してしまったアカデミズムとしてのデリカシーの欠如に違いありません（しかし、もしかして、原典すらも古本代が惜しくて見ていなかったり＝孫引き！）。アマチュアよりも慌てん坊の軽率なアカデミズムのお嬢ちゃん。アナタ、そのアカデミズムの皆様のこんな軽率で恥ずかしい最早消せない「インクの染み」と化した立派な論文（証拠）を、話の種に一目見てごらん。エリートぶって気取って昼間に表を歩いているその紳士淑女の顔と比べると溜飲が下がるよ）。

カ　更にアナタ、百済王（コニキシ）系の光仁天皇ではなく、その**妻**である非百済系の聖武の女（むすめ）の**井上内親王がこのとき天皇として即位**していたからこそ、その直ぐ後の同年十一月二十七日（更にその前の『続日本紀』同年六月一日、七月二十三日の文言の意味するものも又同じです）には、「**先と後**」の「**逆党**」であった筈の、少くとも非百済系の人々の起こした前述（序2、P14）の「**橘奈良麻呂の乱**」と、唐にベッタリの藤原南家の追い落としでもございました「**藤原仲麻呂の乱**」とに関与したとされた者のその**全ての罪**が、どうしたことか結局は**許されて**しまったのです（抑(そもそも)がアナタ、これは**冤罪**だったのですから）。そしてそれには、正史に従順な今迄のアカデミズムの通説の様な考えだけでは甚(はなは)だ解明不十分でございまして、この「木に竹を接いだ」様な内容になっております正史の時の流れを、その間に隠されておりましたこの様な「歴史のブラックボックス」の存在の指摘により証明していかなければ、どうしても説明が付きにくいからなのです。

キ　加うるにアナタ、翌宝亀二年（七七一）一月二十三日には天武系の**他戸親王(おさべのみこ)**（**百済王(おほきみ)**系の**高野(たかの)新笠(にいがさ)**と百済王(コニキシ)文鏡をモデルとして作られました天皇の**光仁**との間の子である、天智系且つ百済系の山部〈桓武〉ではなく、この**井上と光仁との間**の、少くともその**血筋の半分は天武系**且つ**新羅系の子**）が、これ又、それ以後の時の流れに反して何故か**立太子**（次の天皇）とされたということも（両勢力の**交替の約束**）、私こと古代探偵のこの推理（つまり、新羅系の奈良朝の天皇を、次の平安朝の百済系天皇家が抹殺してしまったことと、光仁が仮に即位していたとしても、その時期は、実は、**正史よりずっと遅く**、少くともその**五年後**（七七五）位だったこと。だとすると光仁はヨボヨボの**六十七歳**ぐらい〔よく生きていたよね。正にアナタ、童謡(わざうた)のいうように**オシトド**そのものですよね〕）に適(かな)っているのです。

ところが（だからこそ）アナタ、その後直ぐ更なる歴史の大反転（本来の百済クーデターの大きな流れ＝「新羅王子が天皇だった」というこのブラックボックスの正史上での第一段階での**破壊・抹消**）が見られまして、この「天武→聖武」の血を引く母子ともどもが、同族である筈（実は、**藤原四家は**

同族ではありませんでした。**朝鮮での実体**につき、テキスト18―6―6、P187上、4―1―1、P163～167、19―2―4、P865下、18―6―3、P809下はアナタ必見です）の藤原**南家**や**式家**を実質倒してしまった**北家**と、**百済王**(コニキシ)一派の「その両者がタッグを組んだ陰謀」により生じさせた**冤罪**により、パタパタと突然**幽閉**された上、母子共に**暗殺**されてしまって、ここに**新羅（天武）系の皇統は愈々**(いよいよ)**跡絶え**、やがて奈良末期の百済系の光仁天皇や同じく**百済系**のその子の桓武天皇の**平安の世**へと移ってゆくことになるのです（百済系の「ウルトラC」が漸(ようや)っとここに至り完成したのです）。

ですからアナタ、この頃までは、正史の系図上の全体の流れから見ましても、主として天武の子孫やその妻が天皇に即位し、その大勢を占める形となっておりました（それまでは天武系天皇家）、その中で、子供のない称徳に代わり、聖武の女の井上を妻としておりました関係で、光仁が天武系の皇族の中での異質とも言える「中継ぎ天皇」として臨時の約束で即位したに過ぎなかったからなのです。ところがアナタ、その男は計画通り自分の妻と子の井上・他戸を暗殺することにより、前述のように、漸く実質的に表舞台に立つことが出来るようになった（養子的立場から脱却して皇位に就けた）という経緯あったからなのです（天智系天皇家の復活、ここにあり）。

ク　プレ光仁天皇は、前述の様に、**百済革命**の総仕上げと致しまして、その天武系の**井上天皇の天皇位を剥奪**すると共に、前述のように、非情にも、その母子共に大和五条の没官宅(もつかんのやかた)に幽閉して年の隔たった二人を同じ日に**暗殺**してしまいましたので（宝亀六年〔七七五〕四月二十七日、二人の同日死。序2）、後に、百済系の**光仁天皇**の一派は、態々(わざわざ)、**上御霊神社**(かみごりょう)（京都市上京区上御霊前）を創ってまでその暗殺した井上や他戸の怨霊が祟って出て来るのを防がなければならない羽目になって

序—3—3　新羅系天皇家の真のレガリアは何故誰によって抹殺されてしまったのか？

しまったのです（テキスト25—1—11、P1025。26—1—1、P1027。このパターンは、後に政敵を暗殺した光仁天皇の子の**桓武天皇**も同様の真似を致します。**下御霊神社**（京都市中京区寺町）がそれだったのです。因みにアナタ、私こと「古代探偵」の考えの「バックボーン＝歴史体系」でございます、この奈良朝末期から平安朝初期にかけての

「**新羅 VS 百済**」

という単純明快な図式によりますと、井上の廃后、他戸の廃太子、氷上真人川継の謀反、藤原種継の暗殺、大伴家持の失脚、薬子の変、この桓武の弟の相良皇太弟の廃太子などの**一連の事件の因果の全て**（前件の結果→本件の原因→経過→結果→次の事件の原因という流れ）が、何と、アナタ、この様にたった「**一本の補助線——新羅から百済へ——そのための妨害の排除**」を引くだけで、実に見事に説明（謎解き）が出来てしまうのですから不思議ですよネ（序6）。古へより数学の分野におきましても、皆がちょっと気が付かない「**素直で単純な美しい数学の方程式**」**の中にこそ真理が隠されている**ことが多いのもまた事実だったのです。そしてこの「アンチ新羅」の補助線は国際的にも引くことが出来まして、右の百済革命の完了頃である宝亀十一年（七八〇）を最後に新羅との公的関係がちゃんと途絶えてしまっておりますよ。了解）。

以上、「正史における天皇家系図の偽造」につき、奈良朝と平安朝へと至るその触りの部分だけでも、アカデミズムが後生大事に信じている正史そのもの（アカデミズムにとってのアンタッチャブルのバイブルとしての武器＝私こと「古代探偵」にとっては敵の武器）をチャンとフェアに（その逆手を取って）使用してのその分析を証拠と致しまして（**ア〜ク**）、私こと「古代探偵」が本邦初公開で、**藤原氏が作り出したその**「**歴**

史の闇＝ブラックボックス」にちょっとだけ挑戦して光を当てて申し上げましたが（私は、心は何時までも若いつもりなのですが、もう既にこの本の出版の頃は「前期高齢者」に入っているでしょうから、残りは、若いアナタにお願い！）、そのマトメとしての天皇位の継承自体の真相は、前述の様に、架空の女帝を除きました**男帝のみ**（但し、例外として⑨井上は女帝）の①～★⑨という様になっております（右の「高市・舎人・長屋王」等の正史から消された男の三天皇は「ワングループ」と考えても良いと思います）。因みに、アナタの心を打つ

「**大津皇子の謀叛**」（六八六）のモデルが、**新羅**「**金欽突**（きんきんとつ）**の反乱**」（六七一）そのものズバリだったこと（翻訳）につき、テキスト24—3—1、P1004はアナタ必見です。

これ等の**新羅系天皇家の皇子**（みこ）**たちを正史の上で抹殺し、架空の女帝たちでその穴埋めをして、平安朝に『日本紀』が大改竄されてしまった**という、今のアナタからは想像を絶する、私から言わせれば、逆に「怨霊が踊るようにワクワクする楽しい真相」は、アナタ、三十年経てば間違いなく通説となりますが、今のアナタや先入観の柵（しがらみ）から脱出出来ない**一国歴史主義**のアカデミズムの視野の狭い「暗記＝偏差値中心」の受験勉強坊やレベルでの延長のような方々には、残念ながらこのブラックボックスの中身は、可哀そうなことにお判りにはならない（覗くことが出来ない）でしょう。それ程この問題は奥が深い——意味深な——**ブラックホール**だったからなのです。

序―3―4　『不改常典（かはるまじきつねののり）』は何時、誰によって、何の目的で作られていたのか？

――『不改常典』の偽造による架空の元明、元正などの女帝の捏造（**女帝はいなかった！**）

ということでアナタ、**聖武天皇即位の宣命**の中で言うところの「先帝の元正天皇から伝え聞いた」と勿体（もったい）ぶって書いてございます

A『不改常典（かはるまじきつねののり）』

の内容も、実は、これ又少なくとも**天智大王以降の偽造**だったのでございまして（より正確には、後述のように最終的には**桓武天皇あたりからの偽造**でした）、これら各女帝の宣命詔の捏造の真犯人が誰であるのか、私こと古代探偵が「ひっ捕（つか）まえて」みましたところ、何とアナタ、これ又藤原不比等（架空）に**相当する人**の一派、つまり藤原グループが**真犯人**だったのです。ですから**不比等（六五九―七二〇）**が時代を遡って**天智大王に「仮託」して、これをこれらの何人かの女帝のために作った**、ということにされてしまったことは明白だったのです。この時点における不比等に相当する人の創作だったということのその訳は、この「**即位（そくい）宣命書様（せんみようしよよう）**」というものが、それからずっと後になってからの桓武天皇のときのそれとは異質なものからが、以後江戸時代までの長い期間お手本となっておりますくらいなのですから（「二つの異質な天皇位継承法」の存在及びその結合・接点につきましては、この後直ぐに申し上げます）。

その点につきもう少し丁寧に見てまいりますと、嘗てのその名に相応しく、正に名は体を表わしている最も直截且つ適当なネーミングである「不改常典＝かはるまじきつねののり」という**43元明即位宣命詔**（慶雲四年、**七〇七年**にあったとされ）からスタートし、**45聖武即位宣命詔**（神亀元年、**七二四年**にもあったとさ

れ）、そして**聖武から46孝謙への譲位宣命詔**（天平勝宝元年、**七四九年**）などの中に強力な**皇位の接着剤**として見られました各宣命詔における力強い名の表示は、何時の間にかアナタ、何故(どう)した理由(わけ)か何処(どこ)かへ消え失せてしまい、それは単に

B「近江大津宮尓御宇之天皇乃勅賜比定賜流部法＝38天智の定めた法」

などという、何を決めているのかすらもその名からは内容が全く伝わってまいりません平凡且つ消極的な名称(ネーミング)に、平安朝のこの**50桓武のより長年使われることになりました即位宣命詔**（天応元年、七八一年）からは**変わってしまっている**からなのです。私こと古代探偵がこの理由につき推理いたしますに、この後者Bの**「天智が定めた法」**という表現が、本来正史『日本紀』上で一体どの点を具体的に指していたのかと、数多くのそれらしい記載の中から抽出し分析してみますと、これは、一見、

「誓盟曰……奉二天皇詔一＝誓(ちか)いて曰(い)はく……天皇(すめらみこと)の詔(みことのり)を奉る＝大友皇子の下で皆が団結すること」（**「天智紀」**十年〔六七一〕十一月二十三日）

のようにも思えるのですが、実はそうではなく、その**一か月も前**の

「詔曰……以二後事一属レ汝＝詔して曰く、後事(のちのこと)を以て汝(いまし)（大海人皇子・天武天皇）に属(つ)く＝天智大王自らが次は大海人だと決定したこと（「**同**」十月十七日）」

に該当するものと考えます。つまり、これは本来は単にB**「次の天皇は前天皇自らの専権で決める」**のだというそれはそれは**単純極まりない平凡な内容**を有する「法」のことを指していたに過ぎなかったのです（ナーンダ）。

そしてこの桓武宣命での単に「天智が定めた法」とされておりましたおとなしく且つ平凡な「次の天皇は前天皇が定める法」などという題の右の後者Bの書様（形式）こそが、仁明(にんみょう)、文徳(もんとく)、清和(せいわ)、陽成(ようぜい)、そして

光孝天皇、更には江戸時代の114中御門天皇（宝永七年、一七一〇年即位）に至るまでずーっと**その後千年近く**も見られますのは、かような流れから考えましても極自然で当たり前なことだった（これ〔B〕がより真相に近かった）のでして、そういたしますと桓武天皇の自己主張の烈しい性格から考え、その「天智が定めた法」などという後にまで長く続く単純過ぎる平凡な名〔B〕とは逆（本来ならそんな平凡な名に自分が途中で付け替える筈〔必要〕など有り得ない）なのでございまして、それ以前に存在していたという「不改常典」**A**などというウルトラ個性が強力な名に比べ、余りにも控え目すぎる不自然さがそのネーミング自体の比較から見て取れるからなのでございます。ということは、この現存のAB二つの継受法は、**共に同じ偽造された宣命**だとは申せ、つまり、日本紀改竄に合わせて遡って作られて挿入されてしまったとは申せ、この「不改常典」Aと、桓武以降に長く見られる「天智制定法」Bとは、同じ王位継承法とは言え、やはり「不改常典」Aの方はその流れから浮いていた、つまり後の**偽造**だったことをアナタに示してくれていた大変良い証拠の一つだったのです。

実は、本来天武の時代に存在していたであろう、これらABとは全く別の天武系のもの（今日ではこの内容は全く不明）と、ここでのこの天智系（桓武焚書系）だと考えられております正史上に現存の右のABの二つのもの（と申しましても、その内容の一つのBの方は、少なくとも桓武宣命以降のもの）との**この二つは全く異質な**「**法**」を意味していたと考えるべきだったのです。前者の本来の正史での天武時代の具体的な内容は、今日では、改竄に改竄が重ねられてしまっているため最早不明とは申せ、前者と後者はほぼ同じ内容〔何故ならば、天武であろうと天智であろうと、何時の時代もその「トップの交替の方法」はそう変わらないものであり、今日の会社の社長の交代も同様だからなのです〕だったのであり、先程私こと古代探偵の「次の天皇は俺〔前王〕が決めるのだ」という天智十年紀からの普遍的な内容による推理は申し上げげました。

それについて、もっと大切な証拠についてお話ししましょう。実はアナタ、そもそもが元明の宣命に突然五代も前の天智の「不改常典」が飛び出してまいります理由は（しかも、**その間の天皇位の正史**〈日本紀・続日本紀〉におけます**現実の継承**には、高校生が見ましても**この法との明らかな矛盾**が認められます。この違い〔**自己矛盾**〕は特に見逃し難い程重要なことだったのです）、

「**架空の女帝の元明を　天智の子　として天皇系図上に登場させる**」、つまり日本の「**万世一系**」でなければ困ります天皇系図上、新羅系の天武路線から百済系の天智路線へと、ここで列車の運行を「切り替え」させるためにも（七4『新撰姓氏録』への改竄の大きな役目も全く右と同様でした）、これはどうしても「初めのいーっぽ」に必要な小道具だった（テキスト32―2―2、P1090下）と考えればその全てがアナタにも氷解して来る筈です（八2）。考えてもみて下さい。アナタ、この

『不改常典』というものがあってこそ、路線を越えて、
初めて元明（天智系）、元正（天武系）たちの　女帝　は歴史に登場出来てそこで繋がって来る

ことになるのですから。抑（そもそも）「現実の継承」と「正史上の文言」とのズレについて、このように繊細に「ハテナ？」と考えることが出来ますのは、私こと古代探偵だけなのでしょうか（若いアカデミズムよ、古い殻を打（ぶ）ち壊せ！）。

さて、先程の正倉院の**刀**の**A**の原簿には「**除物**（じょぶつ）＝原物が失われている物」という付箋が付けられておりますので、この新羅系の天皇位の象徴のレガリアの黒作の原物は、既に都合よく表舞台から消されて無くなって（消され）しまっております。このレガリアは、刃渡り一尺一寸九分という小振りですので儀式用のものであり、とても実戦用のものなどではなかったことが判るのです。では、誰によって、何のために、そして何処（どこ）に、この新羅系の白鳳・奈良朝の天皇家にとりまして生命よりも大切な天皇位継承物のレガリアの、そ

の**二つ**もが当時持ち去られ消えてしまった（その一つは後に存在が判明）のでしょうか？　こういう場合、推理小説の加害者**X**の定石によれば、それが存在していると都合の悪い人がそれを消した真犯人の筈なのですが——。

因みに、もう一方の**皇位継承自体**の方がどうなっていたのかと申しますと、アナタもよくご存知のように、正史の平安（現行）日本紀の文言上では、

「**（草壁皇太子がまだ幼いので）持統天皇**〔女。称制→即位〕**→文武天皇→元明天皇**〔女〕**→元正天皇**〔女〕**→聖武天皇→孝謙天皇**〔女〕**→淳仁天皇→称徳天皇**〔女〕」

と先程と**パラレルに男女交代**となってはおりますが、これ又、「**佩刀**（はいとう）」を**不比等が、王でもない臣下ごときが持つ筈など有り得ないという単純な原理・原則から、不比等というサンドイッチの具は架空で修正**しカットしなければならなかった明白なことに照らして考えましても、この「**皇統**」自体の天皇系図の方も、この「**赤漆**」**B**の方も、共に皆同じ様に

サンドイッチの具として使われた「女帝達の継承」の点は皆架空そのもの

だったということが判って来るのです（ですからトランプ（ゲーム）での女帝（クイーン）は「**婆抜き**（ばば）」の必要有り）。

そういたしますとアナタ、レガリア**AB**も**皇位**の方も共に主として、新羅占領軍提督（必ずしも、当時は形式的な「天皇」などという名は必要なかった時代でした＝兎も角、他国の占領地の支配者＝唐なき後も実質**都督**）でございました

「**草壁**（**天皇**）**→文武→聖武**」

と伝わったこととなり、両者不思議なくらいこの「婆抜き」の結果と全くピッタリ一致いたしますよ（アナタ、何と！　**旧唐書**もその私の右の考えの通り天皇位が**文武**から「**子＝聖武**」へ伝わったとしておりますよ。

ナール程、了解）。**これこそが実際に天皇位（日本占領軍提督位＝マッカーサー元帥の地位）が伝わった真のルート（中国様にご報告した通りの継承）だったのです。**

更にアナタ、この皇位継承の点は、中国の正史たる**『新唐書』**（テキスト23―2―4、P935下、P936上）の方によると、更にその間には**阿用**すらも入っております

「文武→子の阿用（舎人親王・天皇）→聖武」

という天皇位継承（やっぱりアナタ、中国史上では舎人親王も天皇だった！）の順番とも、少なくともその間に日本紀のような**飾り窓の女（具）**である

女帝などは一人たりとも入ってはおらず、男ばかり

ですので、この私こと古代探偵の言う「**婆抜き理論**（ばばぬきりろん）」と中国史とは大変近かった（**男女の点は全く同じ**）のです（少くとも**女帝不存在**という点では完全に一致しております）。

ところで、ここには**阿用**という天皇名が入っておりますことにアナタご注意下さい。この**日本国王の阿用**とは一体誰のことだったのでしょうか。**文武の子**は正史上は**聖武〔首（おびと）〕**なのですが、この名と阿用とは余りにも違い過ぎておりますし、又、これが「**阿閉＝元明**」のこととすると、**阿の字が共通**ですので、**アカデミズム**はこれは**元明**のことだと皆が大合唱（付和雷同）でそう言っているのですが（何という大雑把な！）、ところがドッコイ、正史ではアナタ、元明の**父**は**天智**であり文武なんかでは全くございませんよ――つまりアナタ、中国の史料（少なくとも、中国史では「阿用＝**舎人親王**」も**天皇**だったと言っていたのです）に照らしましても、この辺りの日本紀が相当**改竄**され弄（いじく）られております様子が完璧にバレてしまっておりますよね。国際的視野に立ちますと、このような**凄い**日本紀と**矛盾**する**弾劾証拠**があの**中国史の中に眠っていた**ということ――だからその徹底的な分析が必要だったこと――にアナタも気付かれた筈です。これ又、我が

「ハテナ坊や」の発想の鋭さの勝ちィー）。

ということで、アナタとアカデミズムがトンデモナイと鼻でせせら笑っている「私こと古代探偵の考え」が、何とアナタ、このように中国史の方からは見事に**お墨付き**が与えられていたノダ。エヘン。しかも、史料の上から私こと古代探偵が見ましても、通説の人々の信じる正史には、天皇と天皇との間に「女色（おんないろ）（ピンク）のチューインガムをくっつけたり伸ばしたり」しての無理や大きな疑問が色々とございました。

その矛盾追及の先ず手始めといたしましては、抑（そもそも）が「**聖武天皇の母**」は通説の言う様な不比等の女の藤原宮子などではなく**元正天皇**（**氷高**）（『**興福寺流記**』ではそう言っておりますよ）に相当する「**新羅系**の或る人」であった可能性が高かったから尚更だったのです。

更に、しかもアナタ、その**元正**が聖武（首（おびと））のことを「**吾子**」と**正史の宣命**の中でそう言っており、そしてその上で**彼に天皇位を譲って**いるからなのです（神亀元年〔７２４年〕２月甲午。詔（宣命））。但し、この点につきましても、自分たちに不利なので苦し紛れにこれは**養子**になったに過ぎないなどと、都合の悪いことに対しお茶を濁し逃げを打つレベルのアカデミズムもおられますが、しかしアナタ、実は、ここだけではなく他にも（そういうアカデミズムよ、他もちゃんと手抜きしないで正史の原典を読んでみて御覧）太上天皇の**元正**は「**返詔書**」中で、天武が創ったという「**五節舞**」に触れましたところでも、聖武のことを、アカデミズムによれば「**甥**」である筈なのに「**子**」だとはっきりと言っているではありませんか。そのどちらにしろ、この辺り正史も実にアヤフヤで怪しいですよね（ということは「光明皇后＝安宿媛」のみならず、その姉の**宮子までもがセットで架空**だったのかしら?）。しかもアナタ、この女帝の**元正**すらも、前述及び後述のように、実は**架空**そのものだったのですよ（**女帝は皆、架空**。テキスト32―2―2、Ｐ1090下はアナタ必見です。又、この辺りの正史の天皇系図が、前述のように『**新唐書**』（本来、日本国からの「**報告書**」たる正史の『**日本書**』〈七4〉に基づいて書かれておりますので、日本と中国とでその内容が一致していなければいけなかった筈なのですが――。一六1、七2」には**合っておりません**ので、中国に提出後、日本国内の方で**改竄**が一方的に十分にされてしまっておりましたことにつき、前述及びテキスト23―2―4、P935下を是非ご覧下さい)。

更にアナタ、疑問はこれだけに留まりませんで、私こと古代探偵がその証拠を更に加え文献をチェック致しましたところ、この『不改常典』というものの中に「皇位継承が定められていた」のだと、正史やそれにベッタリのアカデミズムが何らの問題がないかのように涼しい顔で堂々とそう言うものの、アナタ**just a moment!**(ちょっと おまちなせー)

実は、アナタがちょっとお調べになると直ぐお判りになりますように、「**天皇の継嗣**」のことを定めたこの重大な規定が、その人が定めたというその**天智の世**(六六八―六七一年)には何と!**全く見当たらない**のみならず(可笑しい)、『**近江令**』(伝・六六八年。「藤原家伝」「弘仁格式序＝制令廿二巻」)にも無く(更に可笑しい)、『**令集解**(りょうしゅうのげ)』(九〇一年～九二二年の延喜年間に今までのものを集成したもの)にも見られず、更にはアナタ、本件の「**大宝令**」(十一巻、大宝元年〈七〇一〉施行)や「**養老令**」(十巻、天平宝字元年〈七五七〉施行)にすらも**全く見られません**ので、これらの右の「不改常典」と称せられる文言「自体」だけに存在するものの(と仮定いたしまして)、**その後百年間も正史上に**「**その制度**」**が全く認められてはいなかったのだという不可解なこと**から考えられますことは、矢張り不比等に相当する人物が創り出した(起案した)と言われております女帝の「**元明天皇の詔勅**」から**歴史偽造**(**平安**日本紀における大改竄)により**初めて登場**して(登場出来て)来たものだったノダという真相(不改常典の謂(いわ)れが**インチキ**だったということ)を、アナタは正眼を開いて見破らざるを得なかったのです（ですからアナタ、この格好良い名前の『不改常典』は、不比等の孫で光明子の子とされている**孝謙**が即位するに当たり、**一番得をする位置**――正に**自分の即位**の切り札――で利用した形で**最終出現**しておりますよ〔やっぱり、こいつが真犯人だった〕。何度もアナタに申し上げますように、この**不比等**も**光明子**も**孝謙**すらも、この**三代のオムニバスは皆架空**の存在だったのです）。

――但しアナタ、一歩譲って、もし**『不改常典』**のメインテーマでございます**「天皇の嫡子継承」**の規範が存在していたといたしますと、それはそれで私といたしましては大変結構なことでして、正に**天智**と**天武**は、そのときの正史で台本とされました**新羅史**によりますと**親子**（**29武烈王→30文武王**）なのですから、そのモデル通りの親子の継承（しかもアナタ、七4の⑥**「日本書」では正にそのようになっておりましたよ**）となっておりますよ。凄い！　完璧に私の考えと一致。誰か反論してみて！――

序―3―5　「東大寺・大仏」の真の発願者は誰だったのか？

――エッ！　聖武天皇ではなかったの？

さてアナタ、そもそも**光明皇后**とつけられましたその名前自体の由来から考えましても、実は光明子とは、そもそも**東大寺の元の名**がそこから付けられました

「金光明経（こんこうみょう）」という**お経の題**と**その思想**（後述）から考えだされた名前だったのでして、その限りでは決して「大仏＝聖武天皇」などでは全くなく、本来（影の意味では）、「**大仏＝光明子**」というアナタには思いも及ばないトンデモナイことを意味していたのです（奈良の**大仏の真の思惟上のモデル**は、その名の通り**光明皇后**だった！）。という訳で、藤原氏のアイデア・プランにおきましては、

「**仏教を止めて神道に戻れ**」との**勅令**（**七四九年**）まで出して、

突然**アンチ仏教派**に転じてしまったがために、有無を言わさず**薬師寺**に**幽閉**されてしまいました聖武天皇などという、藤原氏（出自不明のちょっと高級な朝鮮の四体の「馬の骨」）にとって大変都合の悪い人などは（テキスト31―2―1、P1074、26―1―2、P1029上。本八2）、最早、藤原氏がグランドデザインを画こうとしておりますこの国（**仏教的律令国家**）の中心人物としては相応しくはなく、実はアナタ、藤原不比等の3女とされ幼名は**安宿媛**（**藤三女**）と呼ばれましたこの作られた**光明皇后こそが日本国の中心に相応しい**と、当時日本国を取り仕切っておりました藤原グループが画いた国家のグランドデザインから考えられて、この人の「数々の涙を誘う美談」（お涙頂戴）を伴ったお話が正史上に作られ鏤められていたのです（歴史の裏、つまり、真相では実はこうだったのダ）。

そう致しますと、アナタ、奈良の大仏は、仏の教典上のその由来からもその**光明に満ちた人**を示しておりまして、正に「**毘盧遮那**（梵語 vairocand＝**光明**遍照＝大日）**仏**＝**大日如来**」（**顕教**と**密教**とでの呼び名の違い。密教では大日）ということで（但し、新羅系天皇家にとりましては、この大仏は少なくとも建立当時は毘盧遮那仏なんかでは全くございませんでしたが。序―2。東大寺の「**試みの大仏**」と称せられたものは、何故弥勒であったのでしょうか？　別述一二4等）、

遍く光明を発する光明子そのもの

（善悪二神の二元教である「**祆教**＝拝火教＝波斯教＝ゾロアスター教＝ペルシア教」で言えば、**光明**の**アフラマズダ**〈Ahuramazda〉そのものを示していたからなのです。そう言えば、「**お水取り**」を始めた僧**実忠**が**イラン系インド人**であったことにつき、テキスト7―4―3、P233下、26―1―3、P1030はアナタ必見です）を表わす仏だったのですから（「大仏＝光明子」共に作られたものだったノダ）、私こと古代探偵のこの推理と

も、その全ての背後の仏教思想とも恐ろしい程ピッタリと当て嵌まって来るのです（そしてこれは古朝鮮語で「光明＝pal＝扶余」でもございますので、正史を大改竄した平安天皇家が百済系の出自であったことの暗示だったのかもしれません。一4。更にアナタ、**大仏造像の発願が聖武上皇などではなく皇太子の頃の女性の孝謙天皇だった**というアナタの先入観とは異なることに付き、後述）。これ又、本邦初公開です。アナタ、この私の推理は如何。**光明皇后が捏造された人物**だったなんて、今のアナタがそうは思いたくないお気持ちはよーく判ります。しかし、元裁判官でございました私こと古代探偵（別称、**古代判官**）が客観的な証拠を冷静に分析してみた限り、その存在を認めるには余りにも疑問が多い（光明子の存在を認めるに足りるだけの合理的な証拠がどうしても見つからない）ことが、これらの状況証拠からでもアナタにも十分お判りになられた筈です。

しかもアナタ、更に決定的な証拠は、抑、この大仏のみならず、それをも含む**東大寺の大伽藍**そのものを**初めて建てようと言い出した**のは、前にも少し触れましたように、何と聖武天皇（上皇＝太上天皇）などでは全くなく**光明子**自身！の方だったと**正史が態々そう言ってくれている**のですから（『**続日本紀**』淳仁、天平宝字四年〔七六〇〕六月七日を、アナタ、じっくりとその原文をご覧下さい）、このことは尚更だったのです（八2。エッ！　そうすると聖武はやっぱり**ピエロ**に過ぎなかった！）。

しかも、更に更にアナタ、その**光明子が架空**であったことに加え、その前からの正史をもう少し正確にフォローしてみましても、この点多数のウッカリアカデミズムも物の見事に間違ってしまっておりますが（例えば市本芳三氏『河内古代寺院巡礼』近つ飛鳥博物館刊P36など、アカデミズムが）、

「天平十二年〔**七四〇**〕二月に河内国大県郡の**智識寺で盧舎那仏を拝み、その時直ぐに朕も造立しようと思った**」

と**後出**（あとだし）ジャンケンでそう言っている**朕**（ちん）とは、よくよくその正史とやらを読んでみますと、ナント、アナタ、当時天皇であった聖武（仮令（たとい）、正史の文面上チンとございましても）のことなんかではなく、

　女皇太子のときの**阿倍内親王**（あべのひめみこ）**（後の孝謙天皇）**

（本当はチンがありませんが）のことだったのですから（『**続日本紀**』天平勝宝元年〔**七四九**〕**十二月二十七日**、**孝謙**「**詔＝宣明**」。八幡大神の禰宜尼（ねぎに）の**大神朝臣**（おおみわの）「**尼杜女**（もりめ）」に従四位下を授ける。因みに、この十二月の詔のときには、**聖武は既に七月二日から譲位して太上天皇に退いて**しまっておりましたよ――東大寺大仏鋳造研究の第一人者の香取忠彦氏でさえも間違えて聖武としております）、このことの**反面**からは、通説（アカデミズム）とお寺さん（東大寺、法華寺）のステレオタイプの宣伝に反し、実は、

　聖武が大仏造営には消極的

であったことが如実に浮かび上がって来てしまうからなのです（アカデミズムの言うことは、全く逆だった！アカデミズムの嘘つき！）。しかも母（光明子）架空により、その子の「孝謙＝称徳」も架空。ですから、この右の正史上に認められる通説とは正反対の二つの証拠からは、大仏というものが、**架空の女帝である孝謙**（テキスト32―2―2、P1090下）と、同じくその母であった**架空の皇后であった光明子**との、これら架空の作為された二人（だからこの二人の正体は不明の**X**、**X′**）の合作に過ぎなかった（更に、知能の低下気味の、又は護身のため知能の低下を装わざるを得なかったという聖武は藤原氏の操り人形＝ピエロ）ということが正史の分析からも明白に私こと古代探偵には読み取れて来るのです（八2、P47、聖武天皇の幽閉＝**聖武天皇ピエロ説**）。

　更にアナタ、正史を繙（ひもと）きましても、この国分寺の件には裏がございますことが判りまして、「**国分寺制**」における国分寺・尼寺の発想のスタートは、右の架空の孝謙天皇レベルどころか、抑（そもそも）、六九四年の

「以二金光明経一百部一、送二置諸国一。必取二毎レ年、正月上玄一讀之」（**持統**紀八年〔**六九四**〕五月六日）

——金光明経一百部（ももとも）を以て、諸国（もろもろのくに）に送り置く。必ず毎年の正月（むつき）の上玄（かみつゆみはりのひ）に取りて（あた）読め——

とした**持統**天皇にまで遡るものでありますが、実はこれよりも更に遡ることが出来まして、

「詔、諸国毎レ家、作二佛舎一、乃置二佛像及経一、以禮拝供養」（**天武**紀十四年〔**六八五**〕三月二十七日）

——詔したまわく、諸国（くにぐに）、**国府毎に仏舎**（ほとけのおほとの）**を作りて**、乃ち（すなわ）**仏像**（ほとけのみかた）及び**経**を置きて**礼拝**せよ——

とのこの**天武**天皇（この天皇のモデルは新羅の文武王・金多遂。**王子**の頃と**晩年**とに日本列島に渡来）にまで行き着くものだったのです（**国分寺も伊勢神宮**も、実は**天武**から始まっていた。第16章を見よ）。

ですからアナタ、**国分寺制度の発想**というもの自体は、**「三法の奴」**と称した（否、称したとされてしまった）聖武天皇などではなく、更には光明皇后や孝謙天皇どころでもなく、持統天皇でもなく、それは**天武天皇**による**新羅国家鎮護仏教**の思想にまでも、その端緒は遡って（五十六年も早かった）考えなければアナタはいけなかったのです（本来、「天武から始まっていた」と見なければいけなかった国分寺の建立の思想・希望。但し、このアイデアに便乗しての実現〔浪費〕こそが正に百済系の役割でした）。

ということでアナタ、社・寺共に、つまり**国分寺**（「統一新羅の仏教伽藍」の**双塔→二つの塔のうちの一つ**を**「金人＝天皇」**中心の**金堂**〔**金人の御堂**〕に変えた**鎮護国家の思想**）も、又、**伊勢神宮**（新羅22智證王が始めました**祖先を崇拝**して祭る**「神宮」**の創建。一六4、P1022、一四4、序2）も、共に

新羅の日本占領軍提督たる天皇による**母国新羅の思想・文化に基づく発想**

に全て起因したものだったのであり、そういたしますと、又アナタ、更に面白いことが判ってまいりまして、

光明皇后が人民のために作ったと言われており、聞く人万人がお涙頂戴の「**施薬院**（せやく）」や「**悲田院**（ひでん）」なども、光明子の存在は架空でしたので（序3—5）、元はといえば、それは

日本列島で療養する、結核の晩年の夫の「文武王＝天武天皇」のために（序4など）、**その実在の「或る皇后＝日本人妻」**（**宮地嶽神社の宗像君徳善の女＝アマゴ＝新羅史でのモデルは波珍湌「善品」の女＝慈儀王后**）**が発願した**

ものであって、本来は、決して**人民のため**のものなどではとてもとてもなかったのです（アナタ、勝者の作った歴史の文面なんかに囚われず、素直に考えてもみて下さい。仏教が最下層の民衆のためになるのは、アナタもよくご存じの**法然**や**親鸞**（『歎異抄』の一説の「善人なほもて往来をとぐ、いはんや悪人をや」の「悪人正機説」）や**蓮如**が出ました**中世**からなのですよ。序3―5）。抑、この時代には仏教も医療（薬師）もあくまでも支配者の王家・貴族のため――しかも主要な目的は国家鎮護のため――のものだったのでして、決して戦後民主主義的な発想の人民のためなどという「甘ちゃん」の感覚は未だこの奈良の世には薄く（形式上の文面に誘導され暗記しその実質をごまかされてしまった単細胞で馬鹿なアカデミズム）、よってこれは後世に、畿内の主要な寺の全ての「創建の思想」につき、新羅花郎の「**弥勒信仰**」を聖徳太子の架空の「**太子信仰**」に置き換えてしまった**平安時代になってから捏造・脚色**されたものに過ぎなかったのです（皆、**架空の光明皇后の涙と架空の聖徳太子の薄笑い**に騙されるナ！）。

ではここで、仮に正史が正しいといたしましても、その架空の光明子と孝謙の二人の裏で、「誰が」東大寺や大仏などのこんなにも**金のかかる**「**函物**」をゼネコンに作らせたのでしょうか？　そして大切なその**動機**とは？　そしてこの天変地変の生じた時代に一体誰が**国費浪費**で**得**をしたというのでしょうか？　しかもアナタ、前述のように、この**国分寺制**により、新羅系奈良朝天皇家の国家財政の**2分の1**もが（長岡京・平安京遷都では更に10分の3もが）使われて（百済系の陰謀により使わされて）しまっておりました（序―2、テキスト30—2—1、P1061必見）ここ迄お読みいただいたアナタには、もう、うすうすお気付きになられた筈ですよね。少くとも通説に反し、それは欲の無い操り人形の「ピエロの聖武」なんかが主役では全くなかったのです。早い話が聖武天皇は**傀儡**に過ぎず、その**黒幕**は**裏にいる勢力**（つまり、架空の光明子を戴く**藤原グループ**とその出自を偽るやがて平安朝の前の「百済革命」から天皇になる予定の**百済王**たち）だったのです。

先述の**東大寺の大仏**や**蟠満寺の釈迦如来像**のモデルとなりました新羅王都慶州の**石窟庵の釈迦如来**（テキスト7—4—41、P267、268、同26—1—3、P1030下）の**手印**（但し、前述のように日本国内では変えられておりますが。序—2）に見られます一部の思想は、以後の日本でも十分に見られ、アナタが写真序—10を一見してもお判りになられるように、光明子をモデルにしたとアカデミズムからは伝えられております（実は、そうではないことは後述）**法華寺の十一面観音**をよく見ますと、その**右手が左手に比べアンバランスな程長いこと**（これこそがアナタ、**触地印**の流れでした。序—2）が思想的に新羅仏と繋がっておりまして、ここにも当時の**新羅の仏教思想**の伝達の名残りが、後世の仏像の中にまで浸透し今日まで連綿として、且つ、チラリと垣間見られたのです（尚、**領布**につき、一五2、高松塚古墳の壁画のところ必見）。

但しアナタ、序でながら、実はこの仏のモデルは、その造られた時期から考えましても、奈良天平では決してなく、精々**平安前期**、それも**弘仁**の頃のものであり、そういたしますと、仮令この法華寺自体が形式的にその寺の宣伝では「光明子縁の寺」だとは申せ、「この像」がアカデミズムの言うような「光明皇后がそのモデル」となって造られたものなんかでは全くなく（時間差でアウト）、ズバリ性急な私が結論を申し上げてしまいますと、これは53嵯峨天皇の皇后の、女でありながら身長が六尺二寸（**一八六センチメートル**）もあり（**『日本文徳天皇実録』**嘉祥三年、八五〇年五月五日）、京の嵯峨に**檀林寺**を建てたので**檀林皇后**とも呼ばれておりました超ロングサイズの女、つまり**橘嘉智子**（清友の女）こそがその**モデル**であったものと、私こと古代探偵は、それらの事情の全てを総合して考えて判断しております。これ又、あらゆることを架空の光明子に結びつけようと、当時の藤原氏の一族が懸命に努力した結果、一見この宣伝は成功したかのように見てとれたのですが、千年以上もたってから私こと古代探偵に物の見事にそのインチキを見破られてしまったのです。藤原さん、それに史（ふひと）の皆様、残念でした。

　このように法華寺の十一面観音の真のモデルは、光明子なんかでは全くなく、**女ガリバー**の手長足長オバチャンこと檀林（だんりん）ちゃんだったのです（尚、「**烟**」につき、序―3―2も大切）。但し、藤原氏の心の中で元のモデルとされた「**光明子の闇（やみ）**」は、次に申しますように、物の見事に、上から光を当てました場合のこの観音像のその不気味な程空恐ろしい形相に受け継がれておりますよ（尚、この法華寺を巡る不可解な古代の謎につき、後述のP126とP128のB④法華寺につき必見）。

　アナタ、この写真序―10をよーく見てご覧なさい。この点、写真の撮り方によりましては、何故かあの「**笏（しゃく）を持つ摂政聖徳太子坐像**」の**暗い不気味な表情**ともそっくりなのですが、慈悲深い筈の観音にはあるまじき**アノ恐しい形相**〔**ヤクザのような目付きの悪さ**〕は、伝光明子の像とは申せ、正にこれは**光明子の名に隠れ、その裏で藤原氏が行った数々の歴史の裏での血に彩（いろど）られた非道な殺戮を暗示**しておりまして、光明皇后のその実体は、丁度、中国で病弱な唐の高宗を操り、次々に政敵を血祭りにあげ、十四歳の時に太宗の後宮（それも侍女レベル）に入ってから高宗の皇后（**武后**と名乗り）となり、そして**政敵を全て殺して**自らが**皇帝**（自称、聖神皇帝）にまで登りつめ、国号までも**周**と改めてしまった**則天武后（そくてんぶこう）**（因みにアナタ、先年のNHKドラマの後世の**清（しん）の西太后（せいたいごう）**も、この唐と同じく異民族〔共に満州族〕のものとは言え、「**皇后・皇貴妃・貴妃・嬪・貴人・常在・答応**」の五番目の「**貴人**」から貴妃に昇格し、更に**太后**〔皇帝の生母」にまで昇格しておりますよ。ところでアナタ、この清王朝の**発祥の地**は、私も二〇〇四年に次に申し上げます満州における「高句麗南下ルート」を女房と一緒に北から南へと辿ってまいりましたが、ここは嘗て朱蒙が北扶余から南下して来て桓仁で高句麗を建国いたしましたとき通ってまいりました、満州の入口の桓仁の北方の**新賓**（しんぴん）です）とそっくりなのです。実に（げ）、日本も中国も権謀術数に長けた（た）**女は恐ろしや**。

しかもこの武后と同じく病弱な聖武天皇を操ったのみならず、**紫微中台**（しびちゅうだい）を利用して淳仁天皇の「賞罰二事」の**大権**をも孝謙上皇側が実質奪い取ってしまう（序—3—3）というそこに至るこの流れを裏で画策いたしました（この七六二年の「天皇大権の剥奪」の実施は、光明子〔七〇一—七六〇〕の死の直後のことですから、これは光明子を操った裏の勢力である藤原グループのシナリオによる予定された行動の延長でもあったのです。序3—3、P36）皇太后の光明子も、作られた架空の存在とは申せ、その作られたキャラクターは政治及び仏教の範として唐自体やこの女帝に強く引かれていた形にして作られていること（**架空の光明子**を作り上げるために参考とした**モデル**の主要な一つが「この人＝**武后**」であったこと）、つまり、この点のより具体的な証拠を、日中の正史から摘み（つま）食い（ぐ）して、次にコスモポリタンにアナタにお話し致しますと、

①**『国家珍宝帳』**末尾の「**天平勝宝八歳六月廿一日**」の日本の古代史上ちょっと他とは違うこの表現の「**歳**（さい）」とは（アナタも或るとき——高校で初めて学ばれたとき——一瞬、アラ！ナンデダロー♪？と思われたことがおありでしょうが）、**唐玄宗**の七四四年（天平三年に相当）正月の年を「**載**（さい）」としたこととの真似（「載（さい）＝歳（さい）」の**同音**）だったのであり（國を**圀**という新字にした〔後の、黄門様の水戸光圀の圀の字〕のもこの武后です）、

②この「**天平勝宝**」等の我が国でも珍しい**四字元号**の点につきましても、則天武后の「**万歳通天**」等の全くの真似だったのでして、

③更にアナタ、「七六五年**天平神護**→七六七年**神護景雲**」という、一部を次の元号に重ねるという元号の**リレー式変化**（私の命名）すらも、実は列島におきまして「**天冊萬歳**→**萬歳登封**」という**一部を重ねて続けた**極めて特殊な唐におけるリレー式変化をダイレクトにソックリ真似たものだったのでしたし、

④更には、天平二十一年（七四九）四月十四日の「**天平感宝**」元年から同年七月二日の「**天平勝宝**」元年への**一年に二度もの改元**というダブル変化も、これ又、則天武后の延載二年（六九五）三月一日を「**証聖**」とし、九月二十九日に「**天冊万歳**」と改元したダブル変化の真似である例が**唐**にございますことからも明白だったのです。

以上のように、今日のアカデミズムのような狭い**一国歴史主義**の古臭い考えから勇気を持って訣別して、**国際的**（コスモポリタン）**な視野**から見てみますと、光明皇后を形成し作り出されました際のこれらの**お手本**（**思想**）は、やっぱり、アノ**唐**の**則天武后**（六二三―七〇五年）そのものだったのです（アナタ、例の新羅人による『**那須国造碑**』の年号の「**永昌元年**」（六八九）（本六）という年号も、正にこの唐の武（ぶ）氏の后（きさき）と同時代のものだったのです――そこのところで又思い出してね）。

因みに、上元天年（**六七四**＝天武三年に相当。但し、天武即位二年目）には、中国で

高宗を「天皇」、武后を「皇后」とも称しておりますが、アナタ、今度はこれを当時は唐の**冊封体制の外**にありました**新羅**の方が、唐に無断で且つライバル意識からか中国の真似をし、又、道教のダイレクトな影響も多分にありまして〔別述〕、**天皇大帝**と称し〔その証拠は**文武王陵碑**、別述〕、更に、その上流からのこの思想の流れで、**新羅占領下の日本**でもその占領軍提督の新羅王子が**天皇号**を称した（称することが出来た）のでした（**日本での天皇号の謂れ、ここに有り。了解！**――本邦初公開）。

そうだからこそアナタ、私こと「古代探偵」は、真相とは全く逆の「架空の**慈悲深い**光明子の人間像」を、この則天武后の或る一面だけを**お手本**として、藤原氏の意（圧力）を受けた史が正史上に創り上げげなければならなかった「歴史の必然」というかその苦しさをそこに見出すことが出来るのです（実は、そういう思想に基づき光明皇后という人は、作られた人間とは申せ、一言で申しますならば、**AB型血液？**の「**ジキルとハイド**」氏、ではなく女史、でもあったのです）。これ又、私こと「古代探偵」による**本邦初公開**です。

さて、早くも729年の時点の謀反（乱）で捕らえられ、**無実の罪で長屋王**は**毒を仰いで自死**してしまいますが（八2）、実は、アナタ、この**長屋王の死**（**天皇であった長屋王の排除**。天皇の殺戮。大逆）という重大な陰謀（反逆）の時点こそが、来たるべき平安朝実現に向けての

「百済派の革命」へのスタートを告げる巨大な号砲（幕明け）そのものだったのです。

ですから、その後、737年になってから天智大王の孫と称する**白壁王**（**後の49光仁天皇**）が、何故か本来の元服を遙かに過ぎておりますし、当時としてはハイレベルの**29歳**という賞味期間が過ぎた年齢にまでな

ってから（アナタ、何故それまで天皇の孫ともあろう者が元服すらも出来なかったのでしょうか？　不思議ですよね。それが）、突然、**無位**から**殿上人たる従4位下**の貴族へと「三段跳び」、否「十段跳び」で出世して登場して（私の立場では、したとされて）参ります不可解なことがございました（序3―3）。そしてこれこそが、ここに至り、それ迄、歴史の裏面（陰）で怪し気に小さくイジイジと蠢いておりました、この天皇家の「**新羅系から百済系への大きな歴史のうねり**」というものが何らかの目に見えない理由で強いエネルギーを持ち、**愈々裏から表へ**、つまり「**蛹から蝶へと羽化し始めた**」ことの、古代史ファンのアナタが決して見逃してはいけない必見且つ**重大な徴憑**の一つでもあったのです（この信号を見逃したら君アウトだよ。私はアナタの「**古代先生**」）。

更にアナタは、奈良朝の主たる舞台とも言えるもう一つの重要な東大寺の問題でございます［東大寺への変遷］という別の**文化的・宗教的側面**についても見ておかなければいけなかったのです。

では次に、その変遷については非常に複雑ですので、まずはその流れを一言で要約して申し上げますと

「金鐘山房→金鐘寺→（福寿寺が合体）→金光明寺→東之大寺→東大寺」（**A**のルート）

という国分寺系の流れと

「不比等邸①（本来、金鐘寺の一院たる阿弥陀堂）→長屋王邸？→不比等邸②→法華寺」（**B**のルート）

という国分尼寺系の流れと、その［右AB二つの大きな流れの並行及び接触の矛盾］をアナタがどう捉えてそこに整合性を見出していくのかという、これは歴史の必然の流れでありながら、今までアカデミズムが逃げ勝ちであった難解この上ない命題なのです。では、アマチュアとして、不勉強による失敗の誹りをも恐れず、勇気をもって、決して回避することなくドン・キホーテのように身体を張ってでも先へ（風車へ）向か

って中央突破して進んでまいりましょう。こういうアプローチは、本邦初公開であり、アマチュアとしては仮令(たとい)成功しなくても、アナタへの問題提起の意味（体を張っての執念の表現）は少なくないと思われるからなのです。

　この問題に足を突っ込みますと、段々とアナタは知らず知らずのうちに謎の深み——古代史の蟻地獄——に潜って（嵌まって）まいりますが（ですから、ここから先約二五頁分は飛ばして読み、次の「序—4」の「天武天皇のモデルとは？」へと入られても構いません）、それは「**統一新羅系の新しい仏教思想**」**による天皇家の氏寺**を、僧6人（一説には9人とも言われております。この中の一人が百済僧の**良弁**(ろうべん)でした）を投入し、亡皇太子（2歳）の諱(いみな)・**基**(もとい)親王（これは基ではなく、本来、所在不明の単なる抽象名詞の**某**(ぼう)に過ぎなかったという可能性もアリ。これは『**帝王編年記**』によります。何故？）のために東大寺境内の**丸山**地区の西斜面に建てた　**小さな山坊**　（智努王(ちぬおう)を造山房司長官といたしました。『**続日本紀**』神亀5年〔**728年**〕）に過ぎなかった

　　金鐘山房(こむしゅさんぼう)　（基皇子の死。神亀五年〔七二八〕。**良弁**が入る）から、

　　金鐘寺(こむしょうじ)　（天平12年〔**740年**〕には**この名**が見えます。『**東大寺要録**』）。山寺であった**丸山**地区**西斜面**の右の**金鐘寺**と**上院**地区〔**丸山地区の南**〕の**A**〔後述〕の**福寿寺**〔**三月堂＝法華堂＝羂索堂**。成立は天平5年〈**七三三**〉とも言われております。因みに、金鐘寺自体につきましても、天平5年〈七三三〉に良弁が建てたという伝承もございます〕などが天平十四年〔**七四二**〕に**合体し平地**伽藍の**金光明寺**となる）へ、そしてそれが更に、

大和国分寺に選ばれ、
大養徳国（やまと）　**金光明四天王護国之寺**と改名（天平13年〔**741年**〕頃）され、そしてアナタもよくご存じ
の彼の有名な
東之大寺（ひがしのおおでら）
（天平十九年〔**七四七**〕冬。大仏鋳造始まる。この頃〔より古く〕の呼び名は、何故か？**抽象名詞**
の**東之大寺**（ひがしのおおでら）などという名に過ぎませんでした。天平二十年〔七四八〕、この頃、更にその名の**要約**
の「東大寺」という今日の名称定着）から
東大寺（とうだいじ）
（対称――西大寺、南大寺〔大安寺〕――この東西南の命名の謎〈しかもアナタ、北大寺という寺
は何故なかったのでしょうか？　ハテナ？――ひょっとして東大寺の旧大仏のモデルとなった前述
の蟠満寺の仏の元あった寺が**北大寺**だったのでは――そして、これが抹殺された？　素直に子供の
心で考えますと、「北」だけ無いのは可笑しいノダ。寂しいノダ。それとも平城京は別述のように
京の北端に宮がある方式なので、抑（そもそも）、北大寺の場所は存在しなかったのか？　多分〉）
へと、このように元はその新羅系の同一の寺の名だけを、何かを「**覆い隠す**――実はアナタ、そのスタート
は、百済系の熊凝精舎（くまごりしょうじゃ）からの流れ（テキスト23―2―7、P944必見）だったからなのです――」かのように、又、
他方、何かに「**怯える**（おび）」かのように、次々と変えながら、国家の中枢の寺へと発展させて参りました、その
様な
新しい「**宗教改革**」を目指しました**新羅系**の出自の**華厳宗**（げごん）の**新派**
（天皇家である新羅王家の**金**（こん）氏・今（こん）氏・紺（こん）氏――ですからアナタ、白鳳・奈良朝の新羅占領軍の提

督（後の歴史上の名は天皇）の下の実働部隊のミッションの実体は、新羅の軍を統轄する**金庾信**の血を引く**旧・金官伽羅（倭）系**の出自を持つ新羅の将軍が中心でした（本一6、一二）。ということで奈良朝（少なくとも前半）の支配者（天皇家とその貴族）の実体は、つまり平安朝に正史が大改竄されてしまう前は、一言で申しますと、主として「**新羅＋旧金官（倭）**」という構成だったのです。そして、それがそのときの正史には反映されていた（笘）のです。因みにアナタ、南飛鳥の**檜隈神社**の**東漢氏**やその子孫の平安朝で征夷大将軍となって蝦夷を攻めて大活躍いたしました**坂上田村麻呂**などは、中国での漢系ではなく、**旧・安羅（倭＝安耶＝漢）系**だったのです（漢氏は怪しい）。そして、それらの朝鮮や満州に出自を持つ人々が時代のうねりと共に各々日本列島に散って行ったのが、一言でいう「**日本の古代」の姿**そのものだったのです（多様性の世界）。そして、この朝鮮半島での旧**金氏**の本家が、金官（倭王家）の「**蘇氏＝金氏**」でもあったのです。一5）

と、これに対します

南都六宗の古い寺院である**律宗・法相宗**などの、少くとも**非**新羅系のニュアンスの強い**旧派**との争いという、或る時点におけます王都大和における仏教の主導理念（語弊がございますが、アナタにも判り易いように具体化して一言で申しますと、この後に続く、国家・天皇（金堂）中心か、それとも従来のように釈迦（塔）中心かというその底に流れます仏教の根本思想）を巡る

「**新旧両派**」の激しい**宗教内部の思想戦争**

とも言える面が、これ等の大きな政争の背後には二重三重にも隠されておりまして（テキスト12—3—3、P527）、この新旧両派の思想面におけます対立に、〈この大仏建立の時点におきましては〉次の世の平安仏教とは逆に、ここにおきましては**新羅系**の「**新派**」**が勝ったの**だということも、アナタは眼光紙背に徹し決して見逃

してはいけないことだったのです。もし、このことをアナタが見逃してしまいますと、アナタが今後、仮令(たとい)どんなに歴史の勉強をして大和へいらっしゃったと致しましても、それは「お寺の外形」を見ているだけの表層的・平面的な満足に留まり（一二5）、**白鳳・奈良朝の仏教文化の本質**が、

　統一新羅の仏教思想たる**両班(リャンバン)の花郎(カロウ)**の信奉する**弥勒(みろく)信仰**

に基づいて成立したものであったのだという、その当初の奈良仏教の**根本思想**たる本質（つまり、東大寺の旧大仏が、実は弥勒であったこと）の理解には到底至らない筈なのです。

　何故なら、後に平安天皇家が、物の見事にこれ等の弥勒信仰の全てを、平安中・後期辺りから有力になってまいりました（又は、態(わざ)とそう煽(あお)った）**聖徳太子**（架空）の**太子信仰**に塗り替えて**隠蔽**してしまって今日に至っておりますので（アナタは、奈良にいらしたらカーッと目を見開いて、千百年間も平々凡々な微温湯(ぬるまゆ)的なアカデミズムが気が付かなかった「**弥勒信仰→太子信仰**」という大転換のカラクリに早く気付け！）。

　アナタにもしそういう見方が出来ると致しますと（これ以外には考えられませんが）、**桓武天皇**の**７９４年**の**平安京**（**京都**）への**遷都**とは（長岡京をワンクッションとして）、単なる「奈良（大和）の既存の（古い）寺院勢力からの脱却」などというアカデミズムの、ワンパターンの一般的な陳腐で淡白な受験に出題される理由よりは、桓武系がその父母の出自から見ましても当然**百済系**（**餘(よ)氏**、余(あぐり)氏、古くは**解(かい)氏**）であったので、早い話が、前王朝を支えておりました、当時支配的でした

　旧都奈良（**南郷・南都**）の　**新羅系寺院勢力**　**からの脱却・訣別**

のためだったと、アカデミズムは素直な心でそう言い替えるべきだったのです（加えて、蝦夷の高丸(たかまる)が駿河の清見潟(きよみがた)〔元亨釈書〕から鈴鹿にまで追って来たことの脅威も、又、奈良の公害からの逃避〔別述〕も、その遷都〔奥へ逃げる〕の一因でした。テキスト17―6―4、P764上〜同17―8、P769下まで皆必見）。

勿論、それまで南都が畿内での**官度僧**への許可を生み出す**戒壇**を独占し**授戒権**を行使していたこと（坊主メーカー）から**脱却**したいという面もございまして、そしてこの流れは、後に**最澄**の死の直後に平安京の東の**比叡山**に**大乗戒壇**が設立され、その独占が崩れ、**三戒壇**

（**東大寺**〔**金鐘寺**〕、**筑紫観世音寺**、**下野薬師寺**〔下野が**新羅**系の拠点であったことにつき『**那須国造碑**』、本六。尚、一七3。同じく**新羅**系の人々の多かった上野の吉井の『**多胡碑**』につき六〕。又、テキスト31—2—1、P1077上、同11—3、P495下参照）

の権威によって統合されておりました日本の**仏教教団**が時の流れとともに**二つに分裂**してしまったとは申せ、その見えない裏に隠れた本質（マグマ＝底流）は、やはり「**新羅 対 百済**」というところにあったのです（因みに、中世封建時代も近くなりますと、前述のように**法然**が「**持戒**を救済の条件としない＝戒不要」**民衆仏教**というものを打ち出し、それ迄の**国家仏教**とは異なる体系をも生み出すに至ります。但し、東国の仏教などがより早くから、より庶民性が強かったことにつきましては、別途の群馬の「山ノ上碑」「金井沢碑」のところ〔又、九州の例では豊国〕をご参照下さい）。

だからこそ、その後の**平城太上天皇**のときには、平城古京への遷都を企てるというその逆（リターン）の**反動の揺さぶり**という一連の流れ（両者の綱引き）が見られたのでして、そこでは天皇の寵愛を一身に受けた藤原式家の**薬子**（尚侍＝内侍司の長官＝ないしのかんのきみ）が、太上天皇（上皇）の命を守るため、罪を被り**毒を仰いで死ぬ**という痛ましい事件が生じてしまったのです（『**日本後紀**』弘仁元年、810年9月。元々、事件の挑発者は上皇自身だったのですからアカデミズムの言う「薬子の変」というのは本来適切なネーミングではございませんので変えるべきです——興味を引く理数系の女の名前ではあるのですが。嗚呼、無実の罪、哀レナルカナ薬子。七4。ですからこれは本来なら「**平城上皇の乱**」とでも申すべきものだったのです。薬子の父の**藤原種継**(たねつぐ)は**長岡遷都**の中心人物であり、暗殺されてしまいますが、その女の薬子はその逆で**平城上皇**とともに**平城還都派**だったのです。この親子の対立の辺り（の裏）を分析しましても、**未だ解明されてはいない歴史の深い謎**が潜(ひそ)んでいるものと思われます。アナタ、そのポイントは**藤原式家の没落と北家〔後世の近衛家など〕の台頭**にございました。因みに、京家の没落は、前述の七八二年の氷上川継の謀反。序―2〔これは大切〕）。

――実は、後世の平家による「奈良焼き討ち」も、この　百済 vs 新羅　という思想の延長だったからなのです（後述）――

以上は、政治という面よりも**宗教の面**から奈良朝というものを見てまいりましたが、このことはアナタ、次に**文化の面**から又別の見方が出来るといたしますと、**51平城天皇が本来アンチ「中臣＝藤原」氏**のバックに支えられておりましたことを示しておりまして、その証拠に、この天皇のとき〔大同二年（八〇七年）〕には、藤原氏が主導的に今迄編纂してまいりました『日本紀』の内容にクレーム（イチャモン）をつける形での**斎部広成**(いんべのひろなり)の**『古語拾遺』**が選上されているからなのです。

さて、このときまでの律令下の戒壇による主な**官度僧**(かんど)は皆**新羅系**の息のかかった人々だったのであり、私(わたくし)に出家する**私度僧**(しど)は、この点は歴史上消されてしまったとは申せ、主として亡命人系の百済・高句麗を含むところの**アンチ新羅系**であったと考えますと（『新撰姓氏録』というものは、「改竄されてしまった〔平安日本紀に合わせる形で氏族の出自を歴史偽造してしまいました〕姓氏録」〔正に、読んで字の如く「**新撰＝新たに撰ばれたもの**」そのものだったのです〕に過ぎませんでしたので〔七4〕信用出来ません。アナタこれに振り回されてはアキマヘンのでご注意下さい）、「**百済王子の演**(えん)**＝役君小角**(えんのきみおづぬ)」が、当初奈良**中期**までの新羅系天皇家からは迫害され、それに反し、その後に奈良**後期**と**平安朝**の百済系天皇家によって奇跡的にカムバックし、その評価が180度変化してしまったこととも（序―2）、アナタ、不思議とこう考えてまいりますと（百済系の出自）辻褄が合って来るのです（役＝演）。

先程の古代史の重要なポイントの一つでもございます「金鐘寺のエリア」につきましても、もう少しアナタが多分ご存知ない巨大な渦に私こと古代探偵が触れておきましょう。そのほうが、アナタが東大寺にいらっしゃったときにより興味が増すと思われるからです。

アカデミズムに負けない勇気ある古代史アマチュアを目指すアナタが東大寺にいらした時には、馬鹿の一つ憶えで、大仏殿やテレビで有名な派手な演出の夜の「**火祭り＝お水取り＝火遊び**」の**二月堂**（テキスト7―4―3、P213―234はアナタ必見です。**十一面悔過所**（**上院**）（因みに、この**悔過**とキリスト教の**懺悔**〈仏教では「さんげ」〉との違いを一言で申しますと、キリスト教の**個人**単位での処理〈個人の罪の告白と神の許し〉とは異なり、**大勢**の人の心を一遍に救済処理出来てしまうことが可能なところ――これは便利――が異なるのです〈**個人**主義と**大衆**・社会主義〉）。**大仏開眼供養**（四月九日）の行われました同じ年の**天平勝宝四年**（**七五二**。但し、大仏の鍍金は四月十四日から始められました）**二月一日**から（『**二代要記**』）、**イラン系のインド僧**（テキスト9―4―3、P233下。尚、同26―1―3、P1031上）の**実忠**により法を修める行が始められたので、これを「**修二会**」といい、**二月堂**とも呼ばれたのです）へ行くだけでは満足せず、是非次のところにもチョットだけ足をお運び下さい。

東大寺最古の建物と言われておりますものがそれなのでして、これは前述の**上院**エリアにある「**法華堂＝三月堂**」の建物（但し、**正堂**と**礼堂**とのうちで**正堂**部分のみ**天平**（七二九―七四九）の当時のものです。これは正式には「**法華長講弥陀三昧堂**」とも言い、長いのでこのように各種の略称でも呼ばれております）辺りだったのでして（但し、金鐘山房自体はここより北方です）、これこそが間違いなく［東大寺の謎の解明のキーポイント」である、東大寺の前身である前述の**金鐘（鍾）寺レベルの時の御堂の名残り**の一つだったのでございまして（本邦初公開）、更に絞り込みをかけますと、これは天平12年（740年）～同19年（747年）頃の創建とされ、その本尊は彼の有名な**不空羂索観音**——これも一見して、前述の通りその顔は、蟠満寺金銅釈迦如来、新羅王都慶州の石窟庵釈迦如来の流れ（旧東大寺大仏への流れ）と判ります（序―2）——だったのです（但し、『**東大寺要録**』には、天平勝宝8歳、757年5月〔次の元号の天平宝字元年は8月18日からです〕大仏殿のこの観音出来るとされております。その理由につきましては、後述の東大寺の仏法を守る**護法神**〔**宇佐神**〕の説明のところをご参照下さい）。

但し、更にアナタ、ここでの**本来の秘仏**は、何故かこの有名な観音などではなく、その背後の厨子中（というかこの堂の裏）に静かにお隠れになっておりました**執金剛神像**という神像だったのです。と申しますのもアナタ、この神像は、自らの力によって聖武天皇に東大寺を建てさせたと古くから言われていたからなのです（『**金鷲行者伝**』「**私云。古老伝云。古人談云**」〔**東大寺要録**〕）。この像は、元「**執金剛神堂＝金鐘道場**」（今日の**法華堂**か**手向八幡**〔天平勝宝元年、七四九年に九州の**宇佐**から**禰宜尼**の**杜女**が来た後に、**護法神**つまり**護仏神**としての**八幡大神**は**大仏殿の前**の現在**池**のある辺りにございまして、**平重盛**の南都攻め——これも、前述のように、その背後の勢力である百済と新羅の対立によるものでした〈本邦初公開〉——で焼失した後に、この「法華堂＝三月堂」の前の手向山に**再建**されて**手向山八幡**となったものだったのです。八2〕の近くに存在）という場所にあったものが、この部屋の衝立の裏に移されて来ていたのです。但し、アナタ、前述のように、抑

東大寺の建立というのが**光明子**〔架空〕の**発願**だったのであり、**大仏造像**の方すらもが、実は、**孝謙女**

帝〔これ又、架空〕が**皇太子**〔**阿倍内親王**〕の頃からの**願望**だったのでございまして、もしアナタが正史『**続日本紀**』を、アカデミズムと違ってちゃんと自分の目でお読みになられましたならば、決して全てのアカデミズムがステレオタイプでワンパターンに宣うような**聖武の発願などではなく**〔一二4〕、その先入観は**正史上で偽造**されたものであったということがアナタにもよくお判りになることでしょう。序―3はアナタ必見です）。元々、この神像が通常山門にいる筋肉マンの「金剛力士＝仁王」像だとはとても思えませんので、多分、本来**金鐘道場**にこれとは別にあったものは、**当時の仏教先進地**でもございました**豊国**経由で入って来ていた**新羅**、しかも**豊前**を拠点といたします**今来の秦氏系の神像X**だった可能性が高かったのです（八2）。ということで、アナタ、右の豊国宇佐の**杜女**の入京にも十分ご注目下さい（奈良天皇家と当時の豊国は共に新羅系。しかもアナタ、残っております戸籍によりましても、豊国には今来の渡来人が殊の外多かった処――しかも仏教先進地――なのですから）。

他方、**国分尼寺**への流れにつきましても、私こと古代探偵の探索では、何とアナタ、初めは（本来は）この同じ

「**金鐘寺となった寺の一院**」に過ぎなかった　**C阿弥陀堂**

から始まっていたという点も見られまして、その後、天平13年〔**741年**〕3月には**法華滅罪之寺**（国分**尼寺**）と称され（『**続日本紀**』）、天平19年〔**747年**〕頃迄には現在の**法華寺**と称されていたのです。

そういたしますと、本当（真相）はアナタ、正史の言うような**次のB**①の不比等邸からの流れなどでは全くなく、精々が**その次のB②**（**及び**、**更に後述における同じB②のレベル**）**の不比等邸からこそ**「**国分尼寺への流れ**」**というものは始まっていた**と見なければいけなかったのです（と言うことで**正史における次のB**

①からというのは架空だったのです。本来のスタートは、前述の**A系列の方に属するCの阿弥陀堂**から考えなければいけなかったのですから。スタートは実は同じだった。それを正史が光明子の捏造に合わせて改竄してしまっていた)。そして、その流れの途中にこそ、

長屋王が天皇

であったという(理由は前述、序3―3)、アカデミズムにとりましては暴露されては全てが狂ってしまうくらい恐ろしい理由、つまり古代史の真実(**ブラックボックス**の神髄)が隠されていたのです。

先ずは、「**アカデミズム**」の今までの間違った正史の考えによる、**B法華寺**(**皇后宮**)へ至る流れ(但し、B②は私の考えですので、アカデミズムのものではございません)と、それに対するその直ぐ後に付け足しました私の批判(カッコ内)というものを見てまいりたいと思いますが、

B①　平城宮の東部に接した**不比等邸**

(〔前行のB①からスタートしたとする正史上の記載への批判〕但しアナタ、これは次の**木簡**出土前の、今では**否定**されてしまった悲しいアカデミズムの**古い考え方**における**Bコース**における**出発地点**に過ぎなかったのです。しかも、そもそもが、前述のように藤原邸などからではなく金鐘寺レベルでの阿弥陀堂からの出発でしたのでB①は不存在)

↓

(**B②**　**二条大路出土の木簡**〔別述〕により判明いたしました左京三条二坊の　**長屋王邸**)

↓

B③　再び、**不比等邸**(第二回目)

（〔前行のB③の「再び」という正史上の記載への批判〕 この「**旧皇后宮為ニ宮寺一**」＝**旧**（もとの）皇后宮を宮寺とした」の意味を、私こと「古代探偵」は、木簡出土前のアカデミズムの考えの様に、天平元年〔七二九〕八月十日の立后の**初めから**不比等邸B①に皇后宮があり、「**再びそこに戻った**」とするのではなく、本来〔歴史改竄の前には〕**三条二坊の長屋王邸跡B②の方にこそ** 抑（そもそも） **最初から皇后宮というものがあった**〔その理由は長屋王の父も、その父の兄弟も、更には長屋王自身も又本来は**天皇**でしたから、その妃も②にいたのです。前述及び後述の中国史の『新唐書』又然り。しかもアナタ、ここはB系列の一部とは申せ、そのスタートは、A系列の一僧院たる阿弥陀堂にまで遡るものでした〕ものを、天平十七年〔七四五〕五月十一日に聖武天皇が都を平城京に戻した時点から、つまり**B③レベルの時点**に至り〔**B**①のレベルにおける存在は、先述のように出土した木簡に照らし 抑（そもそも）架空でしたので〕、「嘗て立后前に住んでいた処＝但し、そのときそこは皇后宮などではなく**単なる**嫁入り前の独身時代の**実家**に過ぎなかった＝不比等邸」を宮寺ということにしてしまったのに**過ぎなかった**のだ、という様に考えておりますので——。但し、こういう理解は『続日本紀』の文面に負（お）んぶに抱（だ）っこの能力しかない、光明子「命（いのち）」のイレズミを心にまで入れているかのような通説の暗記オンリーの人達〈コーちゃんファンのアカデミズム〉にはちょっと理解が難しいかもネ）

↓

B④ 名称が**法華寺**となる（批判——これは「法華寺への流れ」の途中での捏造）

というように（**B**①、**B**③、**B**④の本文）通説では考えられており（但し、**B**②は、光明子は架空であり、そこには長屋王の妻の皇后宮があったとの前提の私の仮説であり、右の各カッコ内は私の各批判（コメント）ですのでご注意下さい）、そういたしますとアナタ、それと、先程の**A福寿寺**（**現三月堂**付近。**上院地区**）**ルートとの関係**というものにつきましても（更にはA系列のC**阿弥陀堂**からB系列へと至る流れ〔乗り換え〕との関連も）、後述のように暗記能力に優れた**アカデミズム**では優等生のように露ほども疑おうとはせず**不明確**なままなのです。

それではアナタ、次に私の考えを申し上げますと、何故、**B②長屋王邸**（跡）――少し複雑ですので、ここで、今までのご説明を再要約致しておきますと、アカデミズムの方では右の「**B①→B②**」と、文字通り時を経て再度同じ場所へ皇后宮が移ったとするのに対し、私こと「古代探偵」の方では、物言わぬ考古学的なこの**木簡**などを有力証拠の一つと致しまして、抑（そもそも）阿弥陀堂からの流れを含むここ**B②**の**長屋王邸跡**からこそ、**国分尼寺**へと至る本来の**皇后宮**というものの流れが**スタート**したのだ（消された**B②→スタート**）と見ております。ですから、その前の**B**の流れにおける最初の**B①**レベルでの藤原邸の存在は史上での「後世の全くの捏造」だった（後付けされた）と考えるのです。そしてそれは**長屋王**（含む、その父とその兄弟）がそもそも「**天皇**であったのでそれを隠す」ためだったのでして（序―3―3）、当然、本来は「**それ等の妃のX**」が**皇后**だった、だからこそ**そこには木簡**の言うように**皇后宮と推測されたものが認められる**のだという（**皇后宮＝長屋王邸**）、実に素直な考えとは申せ、正史『**続日本紀**（しょくにほんぎ）』の文面を真っ向から否定する凄いこと！を、この千二百年も地中に眠っていた人の手による捏造不可能な小木簡が、「小さなダイナマイト」としてアナタと私を目覚めさせ証明してくれていたのですよ――

なんかに、本来ある筈のないとアカデミズムから考えられておりました**皇后宮**があったと言えるのでしょうか？　そして何故正史はそれを**隠して**しまったのでしょうか？　そこにこそ私こと古代探偵が発見いたしました「重大な歴史の真相」が隠されていたのです。

それこそ**高市皇子**（たけちのみこ）（新羅王子の**金霜林**・**『唐書』**の**総持**がモデルで、この人も「桓武焚書」の平安紀で大改竄されてしまう前は天皇そのものでした。一五2）の**子**の、この

長屋王も又、当時は天皇そのもの

だったのでして、だからこそ、その**皇后某**（**X**（エックス））がそこにいた（そこ②に皇后宮があった）から、つまり、と言うことになりますと、これも又光明子の方は後に作られた**架空の人**だったということの立派な反対証拠の一つに間接的に繋がって来るのです（〔テキスト〕7—4—20、P249下。同25—1—1、P1011下。同31—2—1、P1074上。同5—2—1、P179下。同32—2—2、P1091上、P1092下）。

そういたしますと、次に、私の立場では、当然

光明皇后（七〇一—七六〇年六月七日。架空）の**真相**（**モデル＝X**（エックス））

とは「一体誰のこと」であったのかということまで追求しなければいけなくなってまいりますが、この点一言で申しますと、実際は天皇であった**長屋王の皇后**（**妻**）であった正史上（形式上）では「**某X**（エックス）**＝草壁皇子の女**（むすめ）の

吉備内親王（きびのひめみこ）

に**相当する人**（同じく、序—3—3）、又は、その**周辺者**（複数）」であったという可能性が濃厚に浮上してまいります（この人が夫を皇太子並みの「**殿下**」の敬称で表現していたという重大なことにつき、序—3—3は必見。この人は〔テキスト〕P1107の新羅王子**金良琳**こと**文武天皇の妹**で**天武の孫**という日本史上でもウルトラ級の女性だったのです。それなのに何故か生年すら不詳で、七二九年に膳夫王（かしわで）、桑田王、葛木王、鉤取王と共に

自害（アラ！）。複数いた**聖徳太子のモデル**と同じように。テキスト12―2、P507～509、同12―4、P533～535）。

又、別の見方（アプローチ）からも、助命されたという**藤原朝臣長娥子**（妾。架空の正史上では**不比等の二女**に相当する女＝**光明子の姉妹！**）辺りも、**消されたXの候補**としては少し臭い（有力）存在だったのです（結果として私と類似の結論に至る請田正幸氏は、イ、その時期、ロ、位階〔従三位〕、ハ、名前〔長娥子の幼名が安宿媛だったと考えればよい〕などからは矛盾が見られないとしてズバリ「**光明子＝長娥子**」説をとっておられます。これも一つの卓見です――ですからアナタ、このような疑問を持つのはアマチュアだけではなかったのです）。そしてこのことは、道鏡と桓武により大幅に改竄（**桓武焚書**）されてしまいます前の正史では、新羅系の

高市皇子が**天皇**だったのであり、その子の**長屋王**も同じく**天皇**（但し、実質上の肩書きは、六六三年以来、代々**占領新羅軍提督**〔評レベルであったときの「軍政＋民政」の長官〕でした）であったのだと考えさえすれば、「そこ長屋王邸に**長屋王妃の皇后宮**が存在していた」という私こと「古代探偵」のウルトラ考えは、長屋王邸から出土致しました木簡の記載の解読とも、又、私こと古代探偵の右の推理とも、古代史の辻褄は極自然にピッタリと合って参ります。

しかも、正にアナタ、それだけには留まらず、『**新唐書**』によれば

「**天智死、子天武立。死、子総持立**」

となっておりまして（傍点筆者――この中国史の総持の名からヒントを得て真実の高市を抹殺して天武の次、且つ、その妻として作られました、持統天皇！などという漢風諡号が、後世の正史改竄〔焚書〕の際、合わせて百済系貴族の淡海三船〔七二二―七八五年〕らによって作られ命名されておりましたことに、聡明なアナタは直ぐにお気付きになられた筈です）、「**天武の子が総持で天皇となった**」となっており、私こと古代探

偵の立場では「**総持＝高市皇子**」なのですから（テキスト付録3、P1107）、**天武の子が高市天皇**だったということとも、これ又ドンピシャだったのです（ウワァー、スゲエ！　但し、この点、アカデミズムは、朝鮮史との照合を怠り、「高市＝朝鮮半島名では総持」ということに気が付かないで、困ったことにこの総持が持統なのだと安易に「お茶漬け」のように済ましてしまっているようなのですが）。尚、この前半に記してございます「**天武は天智の子**」であるということに付きましては「**日本書**」に付き七4、「**朝鮮史**」**との比較**に付き七6、テキスト23—2—6、P942必見。アナタ、**目から鱗**でしょ。

ですから、アナタ、当然、「**長屋王の変**」自体——豈計らんや、**長屋王の妻**の右の**光明子のモデル**たる「**某X＝吉備内親王**」は何と！**無罪**とされ、鼓吹の使用禁止以外は**勅令**により**通例**の**葬儀**までもがちゃんと行われました——も、更には「**大津皇子の変**」も、同じく**捏造された架空**のもの（テキスト24—1、P1001上～24—3—1、P1005上必見）だったのです（父**高市皇子**は勿論のこと、その子の**長屋王**に**相当致します**、**天武系・新羅系の天皇の**「**追い落とし**」という百済系のクーデターの当初の萌が、その実体として既にそこには垣間見られたのです）。このように、アカデミズムがとうの昔に見失ってしまっておりました「光明皇后の正体」という点をも含め、これ又、私こと古代探偵の本邦初、又は二番目の公開です（古代ミステリー上の「**被害者X**の**公式**」を解け！）。若い衆、後を頼みます。

以上の「福寿寺**A**」と「法華寺**B**」とに関しします史料に見られます**二つの流れ**、光明子が架空だと考えます特に後者の**B**の流れは大変判り難く複雑ですので、くどいようですが、もう一度アナタへのサービスのためここに一見**ホワイトボックス**（表面上の歴史）になっているとは申せ、その**AB**の中身を纏めて整理しておきましょう。

先ず一つ目の**「福寿寺」**を含むところの**流れ「A」の分析**と致しましては、前述の様に、

A①　金鐘山坊

〔「智努王を造山房司長官とする〔**続日本紀**。神亀五年〈七二八〉十一月三日〕」。但し、この山坊がこういう名で呼ばれるようになりましたのは、もっと後の天平十年〔**七三八**〕頃からという考えが有力です〕

から

A②　金鐘寺

〔実はアナタ、**持統七年**〔**六九三**〕九月十日頃より既にこの名が見られます。このことを推測させるのは「天平十八年〔七四六〕『**具注暦**』〔**正倉院文書**〕への三月十五日における書入れである〔**天下仁王経大講会、但金鐘寺者、浄御原天皇御時九丈灌十二丈撞立而大会**〕という記載〔傍点筆者〕が見られますことにより、**天武**の為に持統〔に相当する人〕が仁王会を行っていたことが判るからなのです〕

となり、**この寺**と天平十年〔**七三八**〕頃に

皇后職

〔**皇后宮職写経所**というものの由来は、神亀四年〔七二七〕頃の聖武夫人の**光明子**〔とされた人。以下同じ〕**邸**における**写経事業**に始まり、天平元年〔七二九〕光明子立后に際し、これが**皇后宮職**

写経所となり、ここに至る途中で同所の**写経司**の**一時的写経所**としての**福寿寺**が独立し、これが後述の様に**二分化**し、一つは**海竜王寺**〈**元**、**不比等**——に相当する人。以下同じ——**邸**。**通説**で申します光明皇后宮の**東北隅**にあったことから隅院（すみのいん）・隅寺（すみでら）・**角寺**（すみでら）とも称されました。「天平七年＝七三五年」に唐から帰った**玄昉**（げんぼう）がここに住しております〉の**前身**であるこの角寺への流れを辿ることになり、**他の**二分の一の福寿寺部分の方につきましては、次に述べます様に、天平十四年〔七四二〕八月〔又は、前年〕の金光明寺の成立により、同寺に**移管**されて発展的に**解消**したと言われております。「福寿寺→角寺」と「福寿寺→金光明寺」

との**二者**（つまり、**金鐘寺**と**皇后職**——但し、発願者は「聖武」と「光明子に相当する**X**という人」ということで、両者異にいたします——）によって造営が始まりましたところの

A③　福寿寺

〔天平十一年〔**七三九**〕七月十二日「**皇后宮職移案**」、同十三年〔七四一〕十月十九日「**福寿寺写経所解**」〕

というものが、天平十四年〔七四二〕に至り**統合**されて〔金鐘寺の方に重点あり〕

A④　大養徳国・金光明寺

〔天平十四年〔**七四二**〕八月〔又はその前年〕〕

となり、そして遂に、**東之大寺**を経て

A⑤　東大寺

（天平十九年〔**七四七**〕「**東大寺写経所解**」「**近江国坂田郡司解婢売買券**」）

となっていった

ということ（**A①～A⑤**）が判って来るのです。前述の様に、皇后宮の東北隅に位置しておりました不比等邸跡の部分が**角寺**（すみでら）から**海竜王寺**となり、通説で言う**光明皇后宮**（角寺を含む）の**写経所**が「一時」**福寿寺**と言われていたからなのでしょうか？

他方、**もう一つ**の大変問題のある**B**の「**法華寺と長屋王邸**」とを含みます、**正史上では改竄されてこうなってしまいました**可能性が多分にございました、その改竄前の**ブラックボックス**（**隠された歴史**）の中身の**重大な**「**B**」の「**裏の真相**」と「**捏造された表の流れ**」の**分析**と致しましては、再度ここで、より詳しく**藤原氏の暗躍**やその周辺文献をも加えながら、歴史の必然の流れの復習として、今までの「骸骨の踊り」に少々肉を付けてご説明申し上げておきましょう。

B①　霊亀二年（**七一六**）に聖武天皇となる前の若い十六歳の**首**（おびと）**皇子**と「正式名**藤三女**こと**藤原安宿媛**（あすかべひめ）こと**架空の光明子**」（前述の吉備内親王の他、**長屋王の妾**の**藤原長我子の姉妹**辺りも**X**の一つのモデルとなり得るのです）とが結婚した時に、藤三女がそれ迄住んでいたのだとされてしまいました父の右大臣の　**不比等邸**。

B②　天平元年〔**七二九**〕八月五日に「天平」と改元され、同月十日に藤三女（に相当する人）が光明**皇后となった**（**とされた**）**時にその人が住んでいた**という**左京三条二坊の　長屋王邸**（但し、アナタ、これは、もし光明子が存在していたとする正史による流れに従い考えますと、「木に竹を接いだ」様で説明不可能とも申せます大変可笑しいことなってしまうのです。後世に長屋王邸跡から、科学的な考古学の発掘により**木簡**が発見されるなどということは、歴史改竄者であった当時のテクノクラートの藤原氏の意の儘に動いた人文分野の史たちには、そんな「捨てちまったゴミの中から千三百年後に真相が飛び出して来る」などということは夢にも思ってもみませんでしたので——「夢の又夢」）。

因みに、この辺りの不可解な事情につきご説明いたしますと、この年の二月十日には「**長屋王の変**」が起き、十二日には**長屋王が自尽**し（させられ）、光明子**立后**への「障害＝長屋王＝目の上のタンコブ」が取り除かれたからこそこの**臣下**の藤原氏の女の歴史的には**ウルトラCとも申せます　立后**　が可能となったのです。

それにアナタ、この立后の直ぐ五日前の同年（七二九年、神亀六年）八月五日からの右の「**天平**」への、態とらしいその**改元のカラクリ**、つまりその前の六月二十日に献上されたという**亀の背の文字の**「**天王貴平知百年**」ということ（亀を捕らえました河内国古市郡の**無位賀茂子虫**が献じ、これを藤原不比等の四男の**左京職**麻呂が取り次ぎました。正にアナタ、子供が見ましてもこれは藤原氏の**ヤラセ**——大人のおもちゃレベル——そのものですよね）からの**天平**への改元（このとき右の**無位**であった子虫は、何とアナタ！　破格の**従六位上**〔正四位以下には上・下もございますので、少なくとも**十等**

級近くもの昇進と思われます）を授けられた〔八月五日〕だけでなく、これは芽出度（めでた）い〔藤原氏にとって〕ということで、絁（あしぎぬ）〔太糸で織った粗製の絹布〕、〔真〕綿、〔麻〕布の他大税〔貸付用の稲〕二千束など色々な物まで賜っております――藤原氏とタッグを組んだヨイショ仲間のこの**ウソツキ野郎め！**）ということ（『**続日本紀**』同日）のその裏面に秘められていた意味にも、時間の関係で触れませんがご注意下さい（因みに、天平宝字二年〔七五八〕二月二十七日に大和の城下（しきのもと）郡の**神山**（かみやま）――三輪山は城上郡なので、この文はちょっと不審です――に奇妙な**藤の木**が生じ、この根元に虫が「**王大則并天下人此内任太平守昊命**＝臣下が天下を守り、王の大きな法則に心を合わせている。内政をこの人に任せれば天命は太平なり」などという**十六文字**を彫り出した〔虫は漢字を知らないので人が彫ったのにナ〕ということで、孝謙女帝はその「藤の木」から当時の宰相の**藤原仲麻呂**へと**強引に結び付けて**ヨイショしておりますが、これも前述の「亀の背の文字」の捏造と同様に、裏に控えた藤原氏がよく使う子供騙し――子供のおもちゃレベル――の同じパターンの見え透いたテクニックの一つだったのです）。

しかも、前述の様に、亀の背の文字による天平への改元（**七二九**）のその**五日後**の八月十日には、それにピッタリ合わせるかのように「**安宿媛**（あすかべひめ）と言われた**藤原夫人**（ぶにん）が**立后**し、嘗て**姉の宮子**のときに生前の**長屋王が猛反対**して揉（も）めた（神亀元年、**七二四年**二月六日。所謂（いわゆる）、**長屋王大夫人事件**）**大夫人**（だいぶにん）や皇（こう）**太夫人**（たいぶにん）どころか、アナタ、それを更に一足飛びに飛び越して、日本女性のウルトラ・トップの**ファーストレディー**たる**光明皇后**」にまでなってしまっているのです。

では、何故こんなに無理をしてまでも、どうしても藤原氏が**そうせざるを得なかったのか？**　と言うその理由（わけ）は、もしもアナタ、このままではやがて**聖武天皇**と**県犬養宿禰広刀自**（あがたのいぬかいのすくねひろとじ）（？――七六二。因みに、この人は、正史がなにかと煙たがって隠したがる**井上内親王のその母**という超重要な人物でもございました）との間の聖武天皇の**唯一**のこのとき**存世**しておりました**皇子**（男子）であった**安積親王**（七二八—七四四。序—2）が**皇太子**となり、やがては**天皇**となってしまいますので、それをどうしても阻止し、それによって藤原一門が弾き飛ばされてしまわない為にも、この世に安積という存在がある限りは、その**橘氏系**（**アンシャンレジーム系**）に**対抗**するための唯一の方策といたしましても

藤原氏にとっては絶対に光明子の立后というものが必要

とされていたからなのです（と申しますのも、神亀四年〔七二七〕閏九月二十九日に光明子と聖武の間に生まれた最初の皇子である基王を、生まれてから一か月経った十一月二日に、早くも前例がないのに立太子〔幼児の皇太子〕させたのですが、翌年九月十三日に死亡してしまい、藤原氏の野望が早くも挫折してしまったから焦ったのです〔しかもアナタ、この年〈七二八〉には県犬養広刀自との間に右の安積親王がうまれておりますし〕。因みに、このことに起因してか、翌年〔七二九〕の二月十日には「長屋王の変」が生じ〔生じさせ〕、長屋王を十二日に自殺させ、吉備内親王〔草壁の女＝皇后Xの一人〕やその子等は自尽して〔させて〕しまったのです）。

豈に図らんや、やがて、この皇子が天平十六年閏一月十三日に何者か（多分、藤原氏——一番利益の帰するところに真犯人アリの定石）により**暗殺**されてしまいました時には、嗚呼、可哀ソウニモ御歳弱冠十七歳でした。安積（朝香）＝安積＝安曇（アヅマ）＝斗刀米（朝鮮）＝温海＝渥美＝安土。お時間がおありになる方は、是非現地に行かれ、あのなだらかな丘の上の彼の人の「**和束の墓**」（恭仁京の北東約五キロメートル。相楽郡和束町）を見上げて、大伴宿禰**家持**（安羅伽耶・新羅系）が彼の人の為に作った

「あしひきの山さへ光り、咲く花の散りぬるごとき吾ご王かも」第四七七番を含む、**あの物悲しい葬送**の**万葉集**第四七五番から第四八〇番迄を静かにお嘯き下さい。きっと彼の人の無実の魂もあの世で救われることでしょう。

と申しますのも、そのことに加えまして、もし光明子が皇后になれば、その**自分の子**が皇太子（次期天皇）になれるだけではなく（更に又、皇后のままで政務を執ることすらも可能でした）、皇后の地位にございます光明皇后**自分自身**の皇位継承（藤原氏の女の光明天皇の実現）すらも可能となるからなのです。だからこそアナタ、

過去に、皇族ですらない臣下の女でも皇后になったことがあったのだという16仁徳（オオサザキ）大王妃の葛城長柄襲津彦（曽豆比古。四世紀末—五世紀前半）の女の磐（伊波）之媛の【架空の大前例】を、正史日本紀上に有無を言わさず強引に作為して創り出してしまう（歴史改竄）と同時に、**光明子を皇后に冊立する詔**の中でも**先例としてのそのこと（右の仁徳の皇后の例）を しつっこく引用し**（何とわざとらしいことか！）、反対意見を「シャット・ユア・マウス＝口を閉じよ！」と封じてしまうことが必須だったからなのです。**前例万能主義**の宮中の「**有職故実**」（これは後世のものですが）中心の中で、**偽の前例を捏造**してまで権力を嵩に着て自家一門の欲望を処理して皇后を出してしまうとは、藤原氏の何と厚顔破廉恥なことよ！　だからこそまるで天罰（天誅）であるかのように四族トップが皆天然痘で憤死してしまったのだ！　テキスト5—2—2、P183上他はアナタ必見です。

因みにアナタ、右のような前例を創り出してしまいますと、歴史の真相では、仁徳〈讃〉は金官伽羅史や百済史の分析によりますと**女**でしたから（別述）、その配偶者の「**石の日売**」と称する人（如何にも男っぽい名前を、史は日本紀の「作史＝偽造」の際に付けて「今気が付いてくれるか、今気が付いてくれるか」

とアナタに親切にも暗示し続けてくれていたのです。そこで裕次郎の夜霧の「替え歌」を一曲。♪史（ふひと）よ～、今日～も、有～り～が～とぉう♪）は、実は**男**だったのでして、そのモデルは「金官7吹希王（チカ、エチキ。四二一―四五一年）」＝「金官6坐知王（ザチ、ソチエ。四〇七―四二一年。葛城襲津彦（ソツ）のモデル）の子＝**秦弓月君**（ユヅキ）」のことだったということにコスモポリタン史学におきましてはなってまいります（テキスト付録8、P1116）。

B③　**天平十七年**〔**七四五**〕五月十一日に都を聖武天皇が平城京に戻した時、再び　**不比等邸**を**皇后宮**とし、

（「新羅王子**金霜林**＝『**唐書**（とうじょ）』の**総持**＝高市皇子のモデル＝**高市天皇**」とその子の「**長屋王**＝天皇」と、「それ等の**妃の某**＝皇后」などを奈良朝の正史から**全て抹殺**して、その代わりに**光明子**などという、藤原グループにとって大変都合の良い**全く新しい人間を捏造**して全体をカバーして作り出してしまいました正史におきましては、口が裂けても「そこが初めて」だとは言えず、ここ**不比等邸**を**二度目の皇后宮だとせざるを得なかった**のです）

そして、そこを**宮寺**とし（藤原邸→皇后宮→宮寺）、更には、

B④　**天平十九年**〔**七四七**〕頃迄には、ここが**法華寺**と呼ばれる様になっていたとされ（光明子をモデルとしたと言われておりますこの寺の、例の**十一面観音のモデル**の真相〔法華寺と光明子とを結び付けるための後人の「努力＝アフター・ケア」が水泡に帰してしまったこと〕につきアナタ、前述の序3―5のロングサイズの壇林ちゃんへ戻って必見です）、

そして、最後に

B⑤　天平勝宝元年〔**七四九**〕七月の時点に至って

ここ**法華寺**に**国分尼寺**の位置付けがなされております（『**続日本紀**』）

（その直前の**閏五月十日**に、聖武天皇は何と！　アナタが中学校で修学旅行の前にオリエンテーションで日本史を習ったときからの先入観とは全く**逆**に、前述の様に「**仏教から神道に戻れ**」というアンチ**仏教の詔勅**〔八2。序—3—3〕を出し〔アラ?〕、そのため陰の〔表の?〕**キングメーカーの藤原氏の逆鱗**に触れ、同年**閏五月二十三日**に至り、聖武天皇は**薬師寺に幽閉！**され〔アララ！〕、**七月二日**には「孝謙＝安倍内親王」が聖武から譲位を受けたとされてその結果聖武は**強制退位**させられ、**安倍が天皇に即位**し〔更にアララ！〕、年号すらも**天平感宝**から**天平勝宝**へと中国の真似をして目まぐるしく改元されてしまいましたとさ。テキスト31—2—1、P1074下、P1075上）。

一つの糸を手繰ってまいりますと、右の藤原（陰謀）家の手の平で踊るようなB①～B⑤という**国分尼寺**へのB系列の流れも浮かび上がってくるのでして、アカデミズムには、右のAの**福寿寺**の流れとBの**法華寺**の流れ（このBの中に挟まれております**長屋王邸**こそが、光明子の実在如何によっては、アナタの謎の解明の最大のキー・ポイントの一つだったのです）とのこの**二つの流れ**〔**因果**〕**の整合性**をもキチンと説明しなければならない宿題が、そんなに古くはない奈良時代のこととは申せ、アカデミズムには義務として課せられていたのです（つまり、「**国分**「**尼**」**寺へと至る道**」は、Aの**福寿寺**の流れだったのか、それとも正史上光明子〔架空〕で脚色され尽してしまっておりましたところに、考古学上ポッと長屋王邸というものが浮かび上がって参りまして、正史に矛盾〔これは困ったナと〕を生じさせてしまいましたＢの藤原氏の**法華寺**の流れだったのか、又、右の福寿寺と法華寺とのその**両者の関係**は如何？　更には、それ等とは全く別〔Ｂのスタートが抑Ａの金鐘寺の**阿弥陀堂**からの流れだったのではなかったのか？　など〕の**第三の流れ**〔Ｃ〕をも含めまして）。

では、**桓武焚書**でのこのような正史の大改竄に全く気付かず、勝者の作った正史を相変わらず正しいと信じている**石頭**の**一国歴史主義**の**アカデミズム**は、この「**Ａ**（**Ｃをも含む**）**Ｂ**二つの寺」の謎の流れの**矛盾**（私こと「古代探偵」からの新たなる問題提起）でございます**ＡＢＣの接点**を、何処に見い出し、そしてそれをどう組み立てて解決し、その**整合性**というものを求めていくのでしょうか？　アナタの、アカデミズムに惑わされない、学閥のボスの意向に囚われない、物事の理非を見分けるアマチュアとしての「**眼力**」こそが、今ここで試されているのです。

今まで、恐縮ながら、止むを得ず長々とアナタを混乱させせながら（申し訳ございません）ご説明してまいりましたが、私こと「古代探偵」の様に、**ＡＢの少なからざる齟齬**のその解釈の解決につきましては、抑、

藤原不比等と光明皇后が　共に　架空の存在

で、後世の平安朝に至る過程で捏造されたものであり、存在していたとされる**その当時にはこの二人はこの世には存在していなかった**のだと素直に考え、それに合わせて、周辺部をも含め歴史を全て書き替え（修正し、整理し）て**元の姿に戻して**やりさえすれば、アナタ、これ等は**一発で一挙抜本的に止揚**（アウフヘーベ

ン）出来てしまうのです。

となりますと、その「各々の実在」は兎も角と致しましても、真偽の史料に各名前が散見致します「**不比等邸**・**角寺**・海竜王寺・**長屋王邸**・光明皇后職写経所・**法華寺**」等の**光明子捏造**に寄与した形になっております当時における前述の**B**グループからの流れが、同じく前述のもう一つの「金鐘山坊・**金鐘寺**（含む、**阿弥陀堂**）・**福寿寺**」の**A**グループの流れと、**天平十三年**〔**七四一**〕（それが三月二十四日とするもの『**続日本紀**』や「聖武天皇、諸国に国分寺建立の願文勅書銅版を造る」との銘の正倉院所蔵の『**東大寺金銅碑文**』。又、それが同年二月十四日とするものが『**類聚三代格**』『**東大寺要録**』『**政治要領**』）、更には、それが**翌天平十四年**〔**七四二**〕（と申しますのも、未だこの頃に至っても、六月三日に「福寿寺写一切経所」などという文書が見られるからなのです。**正倉院文書**）頃との前後する幾つかの文書がございますが、**大凡この頃**には、兎も角、結果的にこの

AB二つの流れが集約され、**D**「**金光明四天王護国の寺**」と「**法華滅罪の寺**」

と今日の姿に正式になった形になっていっているからなのです。

さて、以上でアナタのの眉間に皺が出来るようなお話を終わりにいたしますが（無、お疲れになられたことでしょうし）、**元明**、**元正**などの**架空の女帝**の登場などというトリックのためにも、『**不改常典**』などというマジックの種を藤原氏がどうしても必要としたことにつきまして、具体的に前述致しました（序3—4）。もし、この怪し気な、天智が作った（と正史ですらも伝聞でそう——反証が難しく——されております）『不改常典』などという怪し気なものが**遡って**（これは、早い話が**誰が見ましても明らかに後世の藤原氏の一族による偽造**ですので）**存在しなかった**（このマジックの種は無かった）と致しますと、**奈良朝での真の天**

皇系図は、アナタ、どの様な姿になっていたのでしょうか（やっぱりアナタ、素直に考えますと、早い話が**女帝は不存在**　だったのです。お待ちどう様でした、アカデミズムのステレオタイプの固い石頭（いしあたま）はさておき、トンボのような複眼思考でご覧になりますと、アナタにもブラックボックスの中身が、ここに漸（ようや）く見えて参りましたよ）。

と言うことはアナタ、一言で申し上げますと、通説には反するのですが、少くとも　**全国の国分寺・国分尼寺の総本山**は、沿革的には（当時は）、アナタが教科書で習った様な**東大寺**などでは決してなく、その**前身**たるこの**金鐘寺**（**福寿寺と合体した**）の方だったというところまでは少なくとも言えるのでして（その証拠に**大仏**が造られましたのも、正に、**当時いまだ「金鐘寺——金さんの寺——レベル」だったときの場所内**（エリア）・だった！からなのです。教科書を書き替えてよ。東大寺ではなくて、スタートは同じ場所ではあるけれど、まだその寺が金鐘寺（金さんの寺）と名乗っていたときだったのだからさ）、それ以外には考えられず、その**全国の国分寺・国分尼寺のネットワーク**は、ここをキー・ステーションとして始まったものだったのです（**国分寺**は、元・**丸山**西斜面の**金鐘寺**と一体となった**三月堂**（**上院地区**）から、**国分尼寺**も**金鐘寺**と一体となった**阿弥陀堂**（**上院地区**）から（序3—5）。そして、もしそうだといたしますと、「**そこ**（**三月堂、阿弥陀堂**）**から食**（は）**み出しました法華寺**」というやっかいな存在（瘤取り爺さんの瘤）は、結果的に見ますと、**歴史の真相と長屋王邸の存在の抹殺の囮**（おとり）**として**、**捏造文献との解釈上の整合性の担保として使われた小道具**に過ぎなかったのだということが判る、つまり、或る何らかの寺自体はそこに存在しておりましても、「光明子という固有名詞に関わる寺」としては架空そのものだったのです）。アナタ、知ってた？　私こと古代探偵以外の誰もが一言もそうは言ってはくれていないのだけど（**法華寺＝歴史改竄小道具説**）。

序―4　天「武」天皇のモデルとは？

――ナント！　アナタ、新羅の文（もん）「武（む）」王こと金多遂（きんたすい）がその正体

以上の様に、**奈良朝の天皇とは日本列島を占領軍提督（軍政＋民政＋行政＝郡督（こほりのかみ））として支配した新羅の王子**たちだったのです（テキスト5―1―1、P175、23―2―3、P934、P1107、本一五序必見）。

このような私こと「古代探偵」の考えは、今のアナタにはとても信じられないことでしょうし、それも止むを得ません。しかし、「一国歴史主義」ではなくグローバルに国際的に見ますと、何時（いず）れこれが通説となるのは最早時間の問題だと私は確信しておりますが、更に、今のアナタの目がもっと飛び出るであろうエッ！と驚きの古代史を申し上げますと、その一人の**王子**であった**金多遂**（きんたすい）（**法敏**（ほうびん））は後に本国に帰国し**新羅30文武王**自体ともなっており、この新羅に帰国した人をモデルとして現行（平安）日本書紀上とその前の奈良紀上では、アナタにもお馴染みの、アノ超有名な**40天武天皇**こと**大海人皇子**という人物が**作られて**いたのです（テキスト5―5―1、P203、P1107。同25―1―1、P1010下、同23―2―4、P936下他。尚「文武→天武」につき、「文→〔父→人〕→大→〔一＋大〕→天」これはパロディー）。

因みに、この新羅30**文武王**（六六一―六八一）は**結核**を煩（わずら）っていたと申しますので、若い金多遂（法敏）王子の頃に日本列島に来たことがある（日本の正史の「**孝徳紀**」大化五年〔**六四九**〕にはこの点の渡来の明記がちゃんとございます。序3―3。一五7）**だけではなく**、少なくとも**晩年**も温暖で新鮮な生野菜や魚介類も豊富な**占領下の日本列島で養生**し、そして、ここ**日本列島で薨（こう）じていた**のです（テキスト25―1―2～3、P

1009〜1013、その中で特にP1012上はアナタ必見です）。この**若い頃の文武王**（皇子であった頃の天武天皇のモデル）の**日本での現地妻**であり、**高市皇子**（モデルは金霜林）**の母**でもございました宗像君徳善の**女**（むすめ）の**阿麻古**（あまご）（**尼子**）が、**若くして死んでしまった**（高市が**十八歳**の時。「**法隆寺四十八体仏**」の中の一つの銘。一五7〜9、一二9、一三10。テキスト5―5―2、P205上〜208上）のも、夫であった文武王のこの病が移った可能性が大だったのです（まるで小説みたい！）。

そういたしますと、当時**日本でも最大級の石室**が造られました（石室長、**二一・八**メートル。それに対し**石舞台**古墳ですらも**一九・一**メートル。又、アノ**五条野**〔**見瀬**〕**丸山**古墳ですらも〔各説ございますが〕**二〇・〇八**メートルに過ぎません。別述）、この**海の正倉院**たる「**宮地嶽**（みやぢだけ）**神社古墳**」（**元の宗像神社**。金多遂〔文武王〕の**日本人妻の実家**。テキスト5―4―1、P204上）（序三―3）は、と言うことで、この**新羅文武王の海外**（**日本**）**での陵**の一つでもあったのです。こんなことは、今のアナタには信じられないでしょうが――。ですからアナタ、現・宗像神社に伝わる謎の「**不言様**（おいわずさま）**のこと**」とは、沖ノ島の秘儀をしゃべらないなどというアカデミズムの言うそんな単純な薄っぺらな生易しいことでは全くなく、本来この**宮地獄神社こそが宗像の本宮**であったということであり（もしアナタが地理好きの中学生であれば、現地を一見すればお判りになるように、津波を一発で被る地の現在の宗像神社は後世のダミー――それに「ウルルン島ルート」での伯耆からの遷移〔別述〕）、そして抹殺されてしまいます前のここの祭神が「安羅＝倭」系の出雲〔共に「半島→山陰ルート」で渡来〕の大国主系の国神（くにつかみ）（大伴氏＝公孫氏）だったこと、更には、**安曇水軍の司令官の宗像君の女**（**アマゴ**）**が**、**新羅占領軍王子**（**提督**）**の金多遂たる天武天皇と結婚して総持たる高市皇子を生んでいた**ことなど、この神社が後世に生き残るためには決して口外してはいけない――口が裂けても言えない「王様の耳」――私こと「古代探偵」が掴んだ古代史の真相である「藤原氏や百済系天皇家に配慮しての禁忌（タブー）」のことを指していたのです（了解〈ガッテン〉）。一国歴史主義にどっぷり骨の髄まで漬かった井の中の蛙のアカデミズムや「日本紀・命」「古事記・命」の単細胞レベルの暗記主義者の一見歴史齧り風のジャーナリストには、このことは半永久的にお判りにはなりますまいが——。

又、この「文武王＝金多遂」の死が伝染性のある、特に古代エリート階級では恐ろしい「不治の病」の結核での死であったがために、本国新羅の王都の王家の陵には当然入れず（——だからだったのか）、今から思えば特別に滅菌のためだったのでしょうか、日本か本国で**火葬**に付されてしまうとともに（ですからこの人だけ火葬という点ではやっぱりちょっと浮いた存在だったのです）、しかも何とアナタ、陸上ではなく慶州の東南東の**海中の大王巌**に容器に**密封**し埋葬され、その名目上も**龍**になってその灰が倭軍・日本軍の侵入を防ぐ（**双塔の感恩寺**〈かんおんじ〉につき、一二4、**5は必見**）ためだなどとされてしまっていたのでした（その真相は、日本列島を支配して活躍している占領軍提督たる我が子の王子（天皇）たちを、本国に届けられました文武王の灰（霊）が、遠く本国から見守る——当時の人々の知識では、新羅の旧国名でもございます「太陽」の復活たる「冬至の日の出」の線の延長上（つまり、慶州石窟庵の釈迦如来〈奈良の大仏の旧モデル。序—2〉↓藤原京〈新益京〉・平城京〈後に、大仏がここの金鐘寺に造られる〉↓伊勢神宮〈一六4、P1022〉〉と同方位と信じられておりましたので——ためでもあったのです）。

ですからアナタ、これにもう少し中間点を加えて申し上げますと、ここは

王都慶州↓吐含山〈とがんざん〉の**石窟庵**（ここの石仏が**蟹満寺の釈迦如来**を経由して**奈良大仏の旧モデル**のモデルともなっております。序2）**↓大王巌の水中陵↓丹後**（与謝〈よさ〉＝忍〈おし〉＝**加悦**〈かや〉**＝伽耶**）**↓元伊勢↓大江山↓伊勢神宮**」

と、**東西一直線**（**冬至ライン**）上の或る点に、つまり当時信じられておりましたその復活の「**宗教ルート**」

上に全てが位置しておりますよ（テキスト8—4—3、P323—324）。

更に、この文武王は、何とアナタ、態々（わざわざ）

「西の方式」

で葬儀をするようにとの「一見不可解な**遺言**」を残しておりますが（と言うのは、新羅の西は滅亡した敵国**百済**だからなのです）、これは日本にいて、つまり、本来、日本から見て「**新羅本国の方式**」でと素直に書かれていたもの（だから西の方式）を、又はそう書かれるべきであったものを、**外国**（**日本列島**）で**養生して薨じたことがバレるのを恐れた新羅の正史**（『**新羅本紀**』）**がそこだけ**「**西の**」に改竄してしまっていたからだったのです（正直だよね。王様は）。

これらのことは、日本側におきましても、パラレルに**天武天皇病弱説**というものがございますことからも、又頷けることだったのでして、そうであるからこそアナタ、このことのSEXYな間接証拠といたしましては、正史の上でも鎌足の女（むすめ）の**五百重娘**（いおへのおとめ）（藤原夫人（ぶにん））は、姉の**氷上娘**（ひがみのおとめ）と共にこの天武に嫁いで**新田部皇子**（にいたべ）までも儲けておりながら、何と！　後に病弱の夫の天武から離れて、**異母兄弟の藤原不比等**と**不義！**を犯してまでも男女情交関係を持つに至り、更にその間に**京家**の祖となる**藤原麻呂**まで生んでいたのです（『**尊卑分脈**』——但し、室町時代に成立）。ナール程。そうだったのか、この不倫、納得（それとも、これは「新羅系」と「百済代弁者」との間を取り持つための系図偽造だったのでしょうか！）。

この点からも日本と朝鮮の双方の彼此（かし）の二人の王を巡る「文武王＝天武天皇＝**病弱**」という共通のキーワードが見事に導き出されて来るのです。

私こと古代探偵の「『**日本紀**』『**続日本紀**』**フィクション説**」（**天武天皇のモデルは新羅文武王**。**七４⑥の日本書**）の考えに立ちますと、何故彼らがこのような、通常では考えられない「**不敬罪且つ重婚罪**」を犯してしまったのかということも、その内容には右のように真実が隠されていたとは申せ、これは**系図合体**による**歴史偽造**の結果だったからなのでして、そもそもインチキだったのだ（物語だったノダ。但し、百済王**永継**（ようきよう）の「藤原**内麻呂→桓武**天皇」という瘤付き・バツイチの妖艶女（エロ）の「乗り換え再婚」の結果の方は本当でしたが——。序—5）と考えればよかったのです。

では、白鳳・奈良朝レベルでの天皇家が新羅王家であったことの日本書紀の作者からアナタへの暗示を1つ申し上げておきますと、所謂（いわゆる）**「壬申の乱」**（これも日本が**唐・新羅の共同占領**から**新羅の単独占領**に変わったことをモデルとして作られた架空の出来事の一つでしたが……〔後述〕）で、天武天皇（大海人）側が、天智大王・弘文大王側との敵味方を識別するために乱の中で使用したとされております、

「以毎人令金＝夜中の暗闇では人毎に金（かね）と言はしむ」（**天武紀**元年〔672年〕7月5日）

とございますその「**合言葉**（あいことば）**＝暗号**」の持つ意味合いこそが特に問題だったのでございまして、何故それが**新羅王室の姓そのものを表わす**「**金**（こむ）」などと言う言葉になっていたのか（これ又、金さん）、そして日本書紀の作者が何故そういうストーリーをアナタのために態々（わざわざ）綴って残しておいてくれたのか（これは奈良紀レベルからあったものでしょうが、平安時代では変えたくても既に奈良時代の人々の間で広くこの合言葉のことが会釈（えしやく）されており、変えることが最早出来なかったからだったのです）、ということに如実に暗示されていたのです。そしてこのことは私こと古代探偵の考えとは何等の齟齬も生じては来ないどころか正に右のようにドンピシャだったのです。

更にアナタ、**飛鳥京跡**（**Ⅲ期**の建物）から「**大花下**」と記した**木簡**が出土しておりますが、これが**冠位**（かうぶりくらゐ）を**二十六階**（しな）に増加・変名いたしました「**天皇命**（みことのり）**大皇弟宣**」では「**大錦下**」とされ、「**花**（か）**→錦**（きむ）」と変えられておりまして（「**天智紀**」三年〔六六四〕二月九日）、これは私こと「古代探偵」の見立てでは新羅

占領軍の仕業だったからでして、「錦＝きむ＝金」として、これ又、支配下の日本列島での今後の叙位に、ズバリ、**新羅王室の姓**と同一の音価を用いたものと考えるのです（これも又、京山の金さん）。

そして、更にアナタを驚かせて申し訳ないのですが、奈良朝末期も近づいた770年頃に至り、奈良朝転覆のクーデターにほぼ成功した

平安朝の天皇の素性とは　**百済王という姓を持つ百済の王族の亡命民！**

たちだったのです（天皇＝百済の亡命民）。

とは申しましても、実はアナタ、後に平安朝の前頃になってから、それ迄は主として九州の**日向**（**東郷・西郷・南郷・北郷**）や出羽の**山奥**（序―4）などの鄙の地で亡命民として迫害を避け隠れる様にして**賤民クラス**の生活にすら甘んじておりました百済王族の亡命民であったにも拘わらず（テキスト1―2―2、P41）、亡命のときの663年前後にまで、**百年から百五十年近くも遡及**して、亡命当時から**百済王**や**百済王**や**百済宿禰**や**百済公**や**百済連**や**百済朝臣**などという各種の貴族（支配者）としての姓が与えられていたのだと正史上**されてしまっていた**のです（姓の改竄の不可解な謎につき、七4、一一5）。因みに、私事で恐縮ですが、私の父方の本家の天台宗の寺には「62村上天皇（在位九四六―九六七年）から今日まで繋がっている藤井家の系図」が現存しておりますので、仮にもしそれが本当だといたしますと、私の父方は百済王系だったということになり、他方、母方は新羅系（一八3など別述）だったということになり、私は百済と新羅の両者の混血ということになってまいります。ところで私の耳垢は、右は乾燥（弥生人系）で左は湿潤（縄文人系）ですので、ここにも又別の意味での混血が私の中には見られることになります――凄い混血（だから……）。このように、一見同じように見える日本人でも、色々な血が混ざっているのです。

ここでアナタは、このとき「男も女も区別せず下賜された」とされております同一の姓（かばね）が、主として何故正史上にこんなにも「偽造・挿入しやすい」単純極まりない**抽象名詞的な王**（**コニキシ・オホキミ**など＝百済＋姓（かばね））という姓に過ぎなかったのか、しかも従来の伝統ある**臣**（おみ）、**連**（むらじ）、**君**（きみ）、**造**（みやつこ）、**直**（あたい）などとは全く異なった

奇妙なニュー・フェイス　の　コニキシ

などという「百済における王の呼称ベッタリの姓」が何故（なぜ）ここに至り、今までの何百年もの倭及び日本の長い伝統を破るかのように――しかも木に竹を接ぐかのように――「急に登場」して来てしまったのか、という不可解極まりないことに、アナタは静かに心に手を当て虚心坦懐により注意を払うべきだったのです。そして、その答えは唯一つ、

百済王（コニキシ）、即　平安朝の天皇の母体

そのものだったから、他と矛盾を来（きた）さない遡及が作史上是が非でも必要とされたのだ、ということだったのです。通説は鈍感だよネ。発想の乏しい良い大学を出ただけの「偏差値坊や」の秀才による暗記の積み重ねだから、「ファー」という溜息（ためいき）が出てしまうけど、これも偏差値主義――役人主義――万能の日本社会では仕方がないか。暗記と日々の仕事のメモだけでは精々が鸚鵡（おうむ）と同じくそのレベルの文化（役人と同じ）なのだけどネ。これは頭の悪い劣等生の「ハテナ坊や」こと私こと「古代探偵」からの嘆き節。

序―５　平安朝の「王朝文学」は百済亡命民によって作られていた！

――『源氏物語』の作者の紫式部の中にも百済王の血が流れていた！

そして、**平安朝**の**百済系天皇**は、当然のことですが、異国（日本）で頼れる（寝首を掻かれない）のは、どこの国でも同族のみなのですから、支配者の一族を増やすことにこれ務め、多くの**百済王**（くだらのこにきし）の**姓**（かばね）を持つ**同族の女**（これ又、前述のように、男の場合と同様に、後に正史上百済**敗戦**及び**亡命時の六六〇年前後のレベルにまで遡及**して、この様な「**抽象名詞レベルの幼稚極まりない姓**（かばね）」が与えられたことにしてしまっていたのですが）等と結婚し（テキスト１―２―３、P45。同１―２―４、P48）、桓武天皇を例にとりましても**大田**（おおた）**親王**や**駿河**（するが）**内親王**や**善原内親王**など、正史上ですら数多くの**百済人の血の入った天皇の子**である**親王・内親王**という皇族を産ませていたのです。何とアナタ、

桓武は、**百済王**（こにきし）の姓を持つ女だけでも**八人**！も妻としておりますよ。アナタ知ってた？　と言うことでテキスト付録６、P1112、1113はアナタ必見です。ですからアナタ、多くなり過ぎて国家財政的に困窮し、52**嵯峨**（さが）天皇の代では**卑しい**（と称する＝実は、これこそが**外来の隠れた本系**〈**主流**〉だったのですが）**女**（蚕系）によるその子孫に**源**（げん）姓を、56**清和**（せいわ）天皇の代ではその子孫に**平**（へい）姓を与えて**臣籍**（しんせき）に下しております（そしてアナタ、この姓の人々こそが、これからアナタにその証拠を示してご丁寧に申し上げますように、やがて**平安王朝文学**の**キーパーソン**となって登場して来るのです。八４）。

そして、この辺りからは、百済系の**平安天皇家**は、**藤原**（比自体＝昌寧伽耶〈但し、旧辰〈秦・鮮〉韓人〉。序2。テキスト4―1―1、P163―167）四家のうちの「**式家**」（秦氏系）や「**南家**」（朴氏系）とは別れを告げ、

百済（飛鳥戸）宿禰

（嵯峨天皇の弘仁3年〔812年〕に至り、何故かこの氏は「**飛鳥戸→百済宿禰**」と天皇の許可を得て改姓して〔本性を現わしてきて――自信を持ってきて〕おります。この**部**とは、本来は朝廷に隷属していた職能集団のことです。序2）

系の人々の血の色濃く入り込んでおります、**摂政・関白**を数多く出しております**藤原**「**北家**」（後の**近衛家**など。アナタ、昭和のゾルゲ事件の近衛秀麿総理、平成の細川護熙総理などの文化的には上品なのですが時代の波に翻弄され、どことなくか弱かったこの二人の貴族の出自の首相もこの**藤原北家**の末裔ですゾ――ここまで繋がって〔しぶとく生き延びて〕いたノダ）と、ここから今日に至る迄の**千二百年もの長い長いタッグ**を組むことになるのです（**天皇家＋「式家・南家」から、天皇家＋北家へのチェンジ**）。

それに関しましては、**近つ**飛鳥（河内）の「**飛鳥戸神社**」の祭神である、百済が高句麗に滅ぼされたときの百済21**蓋鹵王**（455～475年。23**顕宗**大王〔**弟**〕と24**仁賢**大王〔**兄**〕のその二人の**父**である**市辺押羽皇子**の**モデル**。テキスト21―1―2、P887、P1104必見。又、江田船山古墳出土の銘刀のこの百済王名の記載にもご注意）の**王子**で、遙か昔、日本列島へ亡命して参りました人に

昆支という百済人

（右の23**顕宗**大王の**モデル**。テキストP1104。この人は日本史上超重要な人物です。このコンキという名は、古くは**人名**自体ではなく単なる**称号**であった可能性もあながち否定は出来ないのですが〔コニキシ・コキシに近いので＝名無しの百済王子〕、一応、ここでは人名としておきます〔因みに、白村江の後のコニ

キシと、それより二百年近く前のこのコンキとは違っておりまして、この古い頃は〔王＝コニキシ・コキシ〕という**抽象名詞**が**固有名詞化**して、渡来後**人名**となったのかもしれないからです〕。この点のこの後の解明はアナタに托します）がおりました。

この子孫の**百済**（**飛鳥戸・安宿戸**）**宿禰奈止**（**奈登・奈杼**）**丸**の女で**北家**の藤原**内麻呂**（七七五―八二六）と始めに結婚し**冬嗣**（**初代の民間人摂政**）を産んだ後（ですからアナタ、百済宿禰の女が嫁いだこの内麻呂の屋敷〔「**兵部省卿宅政所**」の木簡が出土したので判明しました〕の厩の宿直に、何と、**百済人**が仕えておりましたこともそれは当然のことだったのです〔その証拠は同所出土の「**御厨宿直百済身麻呂**」の木簡〕）、更にこの百済の女は**桓武天皇**とも**再婚**しその**女孺**ともなりました**百済王　永継**（ながつぐ）のことなのですが、この人などがその出自の代表格です（それにアナタ、この人は凄い女性ですよね〔テキスト1―2―3、P47。1―2―4、P49。本一四9〕。何故かと申しますと、今風に申しますならば、天皇の臣下の内麻呂と結婚し「お手付き、瘤つき、且つ、バツイチ」で三拍子揃っていながら、その後日本の王たる**天皇の妻**ともなっているのですから。きっと、面食いの桓武天皇がクラクラする程、才能がありよっぽど妖艶な容姿・ボディの女性だったのでしょうかしら〔序―4。尚、アナタ、**紫式部と百済**との関係につきP162〕。

それにこの百済王家の血を引くこの永継の父の右の出雲掾で**朝集使**の右の**百済宿禰奈止丸**こそ、南家の頭目の**藤原仲麻呂打倒**〔７６４年〕の**参謀**という重要な人物だったのですからこのことはとても意味深だったのです（北家に女をやっておいて、自らはライバルの南家を打倒）。

つまりアナタ、私こと古代探偵がそこ〔正史上〕に見えてまいりますことをコスモポリタンに一言で申しますと、その結果から見ますと、アカデミズムの言っていることとは全然異なり、

藤原仲麻呂の乱とは、**百済宿禰**一族と藤原**北家**とが組んで**南家**を滅亡に追い込んだ争いだったということでもあったのです（南家の終焉ここに有り。敵をやっつけると、今度は藤原氏同族間での争いが長く続くことになります〔平安末になりましても、保元の乱〈一一五六年。藤原頼長vs忠道〉や平治の乱〈一一五九年。藤原信西（しんぜい）vs信頼〉にもその性質が見られます〕。このようにアナタ、**藤原四家**は仲が悪かったどころか、実はアナタ、通説に反し今のアナタには信じられないでしょうが、元々**同族などではなかった**のです。その真相は、史（ふひと）により正史上に作られた渡来人を主とした**合成四家**！に過ぎなかったノダ（藤原氏合成説――朝鮮史との照合による、これ又本邦初公開）。

又、人臣の**摂政**の初代（と一般に言われてはおりますが、これは「**摂二行天下之政一**＝天下の政を摂行せよ」との「**応天門の変**」〔閏三月十日〕に際しての**太政大臣**への**勅**〔貞観八年・**八六六年**、八月十九日〕によるものですので、正確に申しますと、**後世の摂政**とは少し異なるもの〔私の定義は正確だネ〕だったとは申せ）が同年に摂政になった**藤原良房**（よしふさ）でした。

尚、この頃の〔社会現象〕につき、この時代のアナタのご理解のために必要な限度で一言申し上げておきますと、この三年後の**貞観十一年・八六九年**に**陸奥**（**東北**）**大地震**が起きております〔**海水城下、溺死者一千余人**〕。この**多賀城**での冠水の災難を含めまして、この〔貞観の二十年弱の間〕には、**富士山**二回、**鶴見山**（別府）、**鳥海山**、**阿蘇山**、**開聞岳**が次々と噴火しておりますので（『**日本三代実録**』清和天皇条及び『**寒川**（さむかわ）**神社記録**』。因みに、古代からの大陸からの渡海民にとり、鳥海山の時折の噴火は最高の羅針盤（コンパス）となったことでしょう。その証拠に、アナタ、海に近い**三崎峠**〔山形県遊佐町〕からは、日本列島中央部には見られない**殷**の時代〔同時出土の**縄文後期**乃至は**晩期**の**土器**から**BC一〇〇〇年**頃――三〇〇〇年前――と判明いたしました〕の**内反**（うちぞ）**り青銅刀子**（とうす）〔二九センチメートル〕が発見され、古い**縄文時代**からの**日本海交流**が証明されております〔凄い！　殷人と倭種との古い時代での関連について別述〕。尚、右の貞観の噴火の際、この鳥海山から「**十許丈**」〔一〇〜一五メートル位か〕もの**二匹の大蛇**が海口へと流れてまいりました〔『**日本三代実録**』貞観十三年・八七一年四月八日噴火。九6、大蛇〕——因みにアナタ、この本の原稿中の右の鳥海山の噴火と大蛇の点などは、右東日本大震災の起こります前から準備されていたものです——出版社に聞いてみて）、この千余年前の貞観時代の例を顧（かえり）みますれば、今日から数十年間は**地震**のみならず**火山の噴火**にもアナタだけでなく日本中が十分気を付けなければいけないことを歴史が教えてくれていたのです（案の定、この本の校正中に木曽の御嶽山の噴火が起きました）。それにアナタ、今回の平成二十三年（二〇一一）三月十一日の**東日本大地震の直ぐ前**に右の**九州**の**新燃岳**（しんもえだけ）が噴火しましたが、この**貞観の大地震の直ぐ前**にも、同じく**九州**の**鶴見山**が噴火しておりますので、この千百四十年前との、**日本列島での東西**（**東北と九州**）で**の連動**という類似のパターンがとても不気味です（しかも、百十余年前の明治二十九年の三陸海岸の大地震では、何故かアナタ鮪（まぐろ）の大漁が続き、従来の年より遅くまで鰯（いわし）がとれ、地震の後は烏賊（いか）の豊漁が見られましたが、この**烏賊の点は今回の平成二十三年でも全く同様**だったからなのです）。

自然界では二十年間などアッと言う瞬間なのですから。それにアナタ、歴史的な**自然の因果**の分析からは、地球・太陽（日食）・月（月食、又、満月か新月か）・**木星**（**大歳**（おほどし）——紀では天皇の代が改まる毎に**即位元年**〔例外、天武〕の末〔十二月〕に**この星の次**（やど）**る干支**を記しております。そこでアナタ、本来は〈「紀」とは何であったのか〉と申しますと、歳星〔木星の漢名〕のその軌道を一周する期間のことでして「十二年」を言いますので、干支〔十干十二支、又はこの組み合わせ〕で年月日を表す史官にとりましては、これを記すことこそが本来の姿でもあったからなのです——主として朝鮮と列島か）・金星（太白（たはく））の各位置関係につきましても、これらの以上の数グループが、「**直列**」かそれとも「**直交**」かということも、引力・マグマ・**地**

磁気の発光・それによる水蒸気による**地震雲**・**FM波**の妨害・**海水の満ち干**との関係で見逃せない課題の一つなのです)(地震・噴火も、「**人史学**」〔テキスト P1097〜1099〕を見習って、**総合政策**でやらなくっちゃネ。鯰だけに頼るのではなく)。

さて、お話を藤原北家の人々のことに戻しましょう。

「この世をば　わが世とぞ思う望月の　かけたることの　なしと思えば」

と**摂関政治**の絶頂を歌いましたこの**北家**の流れを汲む**藤原道長**、又、その子の末法思想にビビって**宇治の平等院**を建てました**関白頼道**などにつきましては、アナタもよく修学旅行でご存じのことと存じますが、これら**母方に百済王子の昆支の流れ**を汲む藤原氏の嫡流たる「**氏の長者**」の中にも、この様に**百済宿禰系の女の子孫**である藤原氏のトップの**良房**、**基経ら**を通して、「**百済王家の血**」というものが正史上でも確実に、且つ、色濃く日本中へ流れ込んでいたことまでアナタはご存じだったでしょうか? この本にはそういうアナタの新発見も沢山あるのです。是非、この後もお読みを! この後もご贔屓に!

そして、その**百済の血を引くこれ等の人々が花を咲かせました**のが、何を隠そう

「**平安朝の王朝文学**」

そのものだったのです。アナタは学校ではこんなことは決して教わらなかったので意外でしょうが、私こと古代探偵が先ずその二、三の具体的な証拠を挙げておきますと、詳しくは後でゆっくり申し上げますが、

「**源氏物語**」(テキスト1―2―4、P49、同9―4―1、P379上下、同2―6―3、P114下)の**光源氏**のモデルの**源融**(げんゆう)

――この作者の**紫式部**と**百済王族の血**につき、後述(同じ序―5のP162、八4)は必見――

「**枕草紙**」の作者の、高句麗系の氏と同一の氏の**清原氏**の女の**清少納言**

「**伊勢物語**」の作者（テキスト23—5—20、P987。同1—2—4、P48）の、百済王系（父・**光仁天皇**こと百済王**文鏡**）と百済**王**系（母・**高野新笠**）の**両者**（**おおきみ＋コニキシ＝ダブル百済**）の**混血**とも申せます**桓武天皇**の、その子孫（つまり、母は桓武天皇の女の**伊都内親王**。本人も、平城天皇の子の**阿保親王の子**）でございました

「世の中に　たえて桜のなかりせば　春の心はのどけからまし」という名歌の**在原業平**（つまり、これは母方で言うと桓武の孫であり、父方で言うと桓武の曾孫に当たります。八4、P49。八二五—八八〇年。**不退寺**〔不退転法輪寺〕は彼が寺としたので別名**業平寺**とも言われております。又、この頃訪れる人も増えていると言われております、在原業平が晩年に隠棲したと伝えられております京都洛西の十輪寺〔大原野〕も、そういたしますと百済に縁の寺——今はそれから千二百年も経って、欲張り・貪欲な文学歴女〔私の作ったナウい言葉＝「文学＋歴史」女〕のアナタにも、その点は忘れ去られてしまっておりますが——であったということになります。尚、一八前文。但しアナタ、「輪」の付く寺〔法輪〕を造り、「輪」の付く寺〔十輪〕に隠棲した〔リンから始まってリンで終わった〕別名**ドンファン在原**も、同じ「リン」でも倫〔倫理〕の方には少し欠けた一生であったようですがネ。正にアナタ、この平安朝のこの頃は「**百済系であらずんば人にあらず**」のこの世の春だったので〔「弘仁私記」序。八3〕、百済系エリートのドンファンたちは、羽目を外しても支配者故に皆許されたのです。だからだったのか！　アノ驕る平家と同じように〔武士〈一七9〉ではない貴族の平氏〈一七8〉の方は百済王系だった。この二つの平氏をちゃんと区別出来なければ、アナタ「ダメよ〜ダメダメ」〕）、

次に「**六歌仙**」の前述の

「君にめでて　をれるばかりぞ女郎花(おみなえし)　われおちにきと　人にかたるな」や

「天っ風　雲のかよひぢ　吹きとじよ　をとめの姿しばしとどめむ」や

「花の色は　霞(かすみ)にこめてみせずとも　かをだにぬすめ　春の山かぜ」（上手い！）の

名歌を今日まで残しております百済宿禰(すくね)系の、前述の**永継**と**桓武天皇**との間の**孫**である**僧正遍照**(そうじょうへんじょう)（良(よし)岑宗貞(みねむねさだ)。テキスト1―2―3、P47。同1―2―4、P49。本八4。八一六―八九〇年。又、この宗貞の子が**素性法師**(そせい)です）

等も皆、**満州の北扶余にその出自**を持つ**遊牧民の作りました百済の王室の血を引いた人々**だったからなのです（日本列島で全開、百済遊牧民の血――これはアナタ、全て、**正史**によりましてもそうなのです。よーくお読み下さい。今迄そうは思っていなかったアナタ、そして国文学には詳しくとも古代史に疎(うと)い〔つまり、ハテナ思考の出来ない、歴史の方は通説の暗記レベルで済ませてしまってこと足れりとしている〕高校の古文の先生も、これからは反省してよネ）。

因みに、百済系の業平も遍照も何故か**東歌**(あずまうた)と関係があり、これらの人々が東国に下り集めて来たと考えられます歌が『**万葉集**』巻十四には多く見られます。平安朝の、それも

十一世紀後半（末）に　**菅原道真**(すがわらのみちざね)　が**現万葉集二十巻を成立**

させたとき、それ以前のこれらの東歌も取り入れられたからだったのです（アナタ、アカデミズムの言う**大伴家持**(おおとものやかもち)は、残念ながら、自家〔旧「安羅＝倭」系〕の歌を中心といたしました**第一次**〔**完成途中**〕**の一編纂者・一歌詠みに過ぎなかった**のです）。何故、平安朝になってから完成されたのかが判るのかというその理由を一言だけここで申し上げておきますと、そこには**奈良朝**の「**馬**」ではなく**平安朝**の「**駒**」の用例が

数多く見られますことが、そのことの動かし難い証拠の一つだったのです（一〇4の万葉の題詞）。と言うことで、やはり**万葉集の完成は平安朝の十一世紀後半**だったのであり、そしてその編者は大伴家持ではなく**菅原道真**だったのです（と言う訳で㋢23—4—3～5、P954～960はアナタ必見なのです）。アカデミズムは多分内心では「駒で困ったナ！」とブツブツ言ってるよ。この点も教科書を早く書き替えてヨ。

因みに、二〇一四年を含め三回もスケートの世界選手権で金メダルを獲りましたスーパースターの**浅田真央**という女性がおられますが、この人の名と同じ**浅田**（**麻田**にも作ります）という姓も、実は百済が660年に滅亡して日本列島に亡命して参りました**答本**（**タホ**）**春初**（百済での官位は16品官の2番目という高位の王子クラスの達率の位の貴族）の子の**陽春**（兵法者）が**麻田連**という姓を神亀元年（724年）5月に聖武天皇から賜ったものだったのです。そしてこの人の

「韓人の　衣染むとふ（といふ）紫の　情に染みて　思ほゆるかも」

――辛人之　衣染云　紫之　情尓染而　所念鴨――

という**大伴旅人餞宴の歌**（天平二年、七三〇年十一月）の目にも鮮やかな紫を歌った万葉集の秀歌（第569番）も、この百済人2世の大典（4等官の上位）の麻田連陽春の作品です（一〇4）。百済からの**帰化人の子**の作品とは思えないほど上手な日本の和歌ですよね。次に申し上げます**山上憶良**もこのとき陽春に続いて唱和（万葉集八八六番より六首）いたしました、十八歳の**大伴君熊凝**の死を悼むこの陽春の短歌二首（万葉集八八〇番、八八一番）もアナタの涙を誘うこの百済人の秀作です。

同じくスケートの選手を見てみますと、「氷上の女優」と言われ、同じく銀盤で活躍いたしました**村主章枝**という女性がおられましたが、この**村主**（すぐる・勝・むらぬし）と同じ姓は古くは**主村**・**主寸**にも

作り、**古代朝鮮語**の「**族長＝村主＝勝**」（これは六世紀に**新羅**「**州郡制**」の州の長官である「**軍主**」の下におかれた官職と同じ名でもございました）そのものに由来する姓でもあったのです（八2）。

そう言えば世界のテニスで活躍する超有名な**錦織圭**選手がおられますが、アナタもご承知のように、これと同じ**錦織**という姓につきましてもこの本の初めの方で前述いたしました（百済13近肖古王の子孫につき、序2）。

因みに、万葉集の

「風まじり　雨ふる夜の　雨まじり　雪ふる夜は　すべもなく　寒くしあれば――」や

「世間を　憂しと恥しと思へども　飛び立ちかねつ　鳥にしあらねば」（その気持ち、よく判るよネ！）

という『**貧窮問答歌**』、それに

「瓜食めば　子どもおもほゆ　栗食めば　ましてしのはゆ――」

――この「子ども」とは、何とアナタ、高校の先生は真面目で単細胞だからそうは教えられない（思考が浅い）んだけど、教室で教えているような子供のことなんかではなく、実は「情婦」のことだったのだ！「瓜が甘いので愛人にも食わせたい」だなんて！　子供に託つけて騙しやがって。この憎いエロ男のオグラ野郎、角にも置けないよナ！（但し、初心な筈の？私だけは何故か高校の頃ちゃんとマセてこう正しく読んだぜ。センコー満点くれたか？）――

「銀も金も玉も何せむに　まされる宝　子に如かめやも」（グッと来るよネ！）

等でアナタにもお馴染みで、私も高校の頃から**大伴旅人**や**石川啄木**や**西行**の三人と共に大好きな歌人の一人でございます、留学時に遣唐少録の位を賜ったこの**山上憶良**（山於億良）も、実は、**百済からの渡来人**の、古くは典薬寮に属し天皇の脈を診て進薬を掌りました、**侍医・憶仁**（おくに。「**待醫百済人億仁病之臨死**」

天武紀十五年〔六八六〕五月九日）の子の2世だったのです（テキスト23―5―23、P992上）。

ズバリ申し上げまして、アナタはそうは思いたくないのでしょうが、やはり、私こと古代探偵が素直な心で見ますと、このように誰が見ましても

「万葉集」は朝鮮の血が生み出したもの

だったのです（テキスト23―5―1、P961〜他）。**遊牧民の文化、即、平安朝の王朝文化**とも言えたのです。それにアナタ、前述のように万葉集が出来ましたのも、実は平安朝の**十一世紀**になってから、その祖先が、朝鮮半島の屈火原（クアボル）（桑原、尉山（ウルサン）。テキスト4―2―1、P168必見）出身の**菅原道真**（すがわらのみちざね）（「菅原＝金原氏」）によってですし（テキスト23―4―5、P957、23―4―4、P955はアナタ必見です）。歴史学も国文学も、どのジャンルでも、通説（アカデミズム）は明治百年沈滞して新鮮味がなく遅れてるよね。私の刺激で活路を見出せますか。ナ。

更にアナタ、ここでアナタが今まで想像だにしなかったであろう、取って置きのお話を、私こと古代探偵が本邦初公開でアナタにだけそっと耳打ちいたしましょう。これだけは知らないと損をいたしますよ。この本を大枚叩（はた）いてお求めいただきました価値もここにございます。兎も角、今までの数多くの一国歴史主義の国文学者たちが誰一人として気が付かなかった、本邦初公開のその出自に関しますコスモポリタンな目玉の「紫式部論」なのですから。

光源氏のモデルが**百済系**の**源融**であったと先述いたしましたが、彼の有名なその**『源氏物語』**——**世界最古**の宮廷貴族の美しくも哀れな長編恋愛小説。おフランスのものよりも四百年も早い——自体を書いたとされておりますす作者の**紫式部**（むらさきしきぶ）（夫の宣孝（のりたか）の死後、**藤原道長**の女の**彰子**（しょうし）〔**一条天皇**の皇后〕に仕え、その間宮廷の生活を冷静に鑑察する眼を養いました）自身も又、アナタはエッ！と思われるかもしれませんが、実は

アナタ、正史によりましても

「百済王家の血筋」

の人だったということになるのです。ですからアナタ、早い話が、

百済系の作者（**女**）が**百済系のモデル**（**人＝男**）を参考にして書いたのが、正にこの**世界初の長編恋愛**

小説の「源氏物語」

というものだったのです（初めて私が解いた、**ダブル百済**だった源氏物語の真相）。

と申します私こと「古代探偵」が本邦初公開で探し求めましたその真相の根拠はと申しますと、藤原**北家**の**冬嗣**（ふゆつぐ）の六男**良門**から五世の孫の**為時**がこの紫式部の**父**（**受領**（ずりょう）――任国に行って政務を執る国司）であり、同じく冬嗣の長男**長良**の六世の孫が紫式部の**母**だったからなのです。そして、「その二人の接点（切り札）の**冬嗣**とは歴史上一体どういう位置にいた人だったのか」と申しますと、何とアナタ！　これこそが何を隠そう

藤原**内麻呂**と**百済宿禰**系の**永継**（ようきよう）（ながつぐ）との間に生まれた**子**だったからなのです（アチャー！）。

しかもアナタ、コスモポリタンに史実（東アジア史）を少し遡ってここに加えて見てみますと、高句麗20**長寿王**に京城（ソウル）を追われ、「百済王家の血統を守る」ために**倭に渡来**させられました、百済21**蓋鹵王**の子の22**文周王**（24**仁賢**大王の**モデル**）の**弟**の百済王子の**昆支**（コンキ）（河内、近つ飛鳥の**飛鳥戸**（あすかべ）**神社**の祭神。23**顕宗**大王の**モデル**）の、その子孫の**百済**（**飛鳥戸**）**宿禰奈止丸**（なしまる）の**子**（女（むすめ））が、前述のように、この桓武もクラクラしてバツ1でも結婚したくらい妖艶な百済王（コニキシ）たる**永継**だったからなのです（テキスト1―2―4、P49上はアナタ必見です。同21―1―2、P887―889。同付録1、P

1104、付録5、P1111）。

因みに、百済王の子孫のこの**永継**は、右のように**藤原内麻呂**との間に**冬嗣**を生んでから、何とアナタ、日本の王様である**桓武天皇**とまでも**バツイチ**でありながら**再婚**しているのですから驚きです。アナタ、前述でご紹介した「天つ風～」の六歌仙の**僧正遍照**も、この百済系の**永継の孫**（**良岑朝臣安世の子**）だったのです（テキスト1―2―4、P49上）。ですからアナタ、結果として

「百済王家の血は日本の天皇家の中に平安文学として共に生き残っていた」

とさえ言えるのです（凄い大発見！）。

このように、私こと「古代探偵」の考えが、アナタの学校の先生の教えとはあまりにも掛け離れていたので驚かれたでしょうが、**紫式部の中にも百済王家の血が間違いなく脈々と波打っていた**のです（尚、『源氏物語』と『日本紀』との関係についての、アカデミズムのM女史とNHKのトンチンカンにつきましても、七4はアナタ必見です）。

ということでアナタ、以上具体的に見てまいりましたように、

平安朝の王朝文学は百済の血が作り出した

と言っても決して過言ではなかったのです。如何ですアナタ、私こと古代探偵の、本邦初公開の平安朝につきましての「**コスモポリタン国文学**」の講義は。「お代は見てのお帰り」ですので、よろしかったらどうぞ。

因みにアナタ、渡来系と申しますと、平安後期の『**栄華**（**花**）**物語**』――藤原道長の栄華を主として描いた史書――の作者とされております**赤染衛門**（九五七～一〇四一年頃。父の時用の官名の衛門尉から名付けられたと言われておりますので、アルバイトが忙しくて普段あまりよく勉強されない〔一夜漬けの〕国文科の学生さんも一見間違ってしまうのですが、より深く考えますと、母が始め**平兼盛**に嫁いだため、**実父**は

この兼盛の方だったのですが）の**義父**の赤染氏という姓は**燕国の公孫淵**（**卑彌呼の実家！**テキスト付録12、P1121）の後裔（**常世連**（とこよのむらじ））とされておりますよ。尚、実父の方の公家の**平氏**は、**高棟王**（たかむね）からの**百済王**（コニキシ）系です（別述）。ですからアナタ、この人も父が仮令（たとい）どちらにいたしましても渡来系であったことには間違いなかったのです。

この様に、遡りますと、日本人であるアナタは、皆、実に「**国際性が豊かな祖先**」を持っていたのです。そして、それを又誇りに思うべきなのです。

――この「コスモポリタン国文学」の続きは、本書の終わりに近い第18章をご覧になりますと、そこには多分、更にアナタの心がワクワクするであろう他人に言うのも憚られるような、戦前ですと間違いなく憲兵殿に**不敬罪**でしょっぴかれて監獄にぶち込まれてしまう恐れもあるような、子供にはとてもとても見せられない**凄くエロいお話**が書かれておりますので、本書を大枚叩いて買って下さったアナタは、是非本書を終わりまでお楽しみいただかないと、アナタ損をいたしますよ。だからといってアナタ、呉々（くれぐれ）も今先にそこだけを読まないようにして下さいネ（ここ「序―5」は中高生がお読みになっても構わない**マトモなお話**、第18章の方は本来でしたら書店での**立ち読み禁止**の「**袋綴じ**」の**エロ読本**のサービス付録レベルの扱いとなっておりますので）――

序―6　新しい騎馬民族征服王朝説へアナタを誘（いざな）います

ということでアナタ、**百済系の平安朝**は勿論のこと、その前の**新羅系の白鳳・奈良朝**も、そのどちらに致しましても満州・朝鮮半島の**遊牧騎馬民族**の文化を持った人々やその子孫たちが、天皇は勿論のこと貴族（姓（かばね）のある者。支配者）としてこの日本列島を支配し（後世の十六世紀中頃に至っての全国八十四もの主な

戦国大名——土着の百姓を除く、大名とそのガードマン〔家臣＝私兵〕たる武士——たち〔形を変えた支配者〕も、遡れば皆この人々の日本化していた子孫たちだったのです——歴史は繋がっていた）、そしてそこで花咲かせた王朝でございましたので、私は、この様な**渡来人の王朝**（**天皇家**）**の考え**に、「**新**（しん）**・騎馬民族**（きばみんぞく）**征服**（せいふく）**王朝説**」——ここ序のサブタイトルと致しましては、そこへ至る私こと古代探偵独自の、**通説**（**アカデミズム**）**とは全く異なる方法論**をアナタにお示し致します為に「**仮説と史実の結合**」——と少し遠慮勝ちに名付けさせていただきました次第でございます。

では、これからごゆっくりと、次の第一章から私こと古代探偵と共に、日本列島での**百済亡命政権の樹立こそが平安朝**であり、又、その前の**奈良朝とは白村江の役の後の新羅の占領軍による政権**だったのだ、つまり「**奈良↓平安**」という時代の変化は、アナタが高校で教わった日本史（単なる延長）とは全く異なり、驚くべきことに「**新羅↓百済**」という**日本における天皇家たる為政者**（**支配者**）**の出自の大きな国際**（コスモポリタン）**的な変化・断絶**に他ならなかったのだ（そして、この時から千二百年も経ちました「**明治維新**」も又、百済と新羅との戦いだったという点につきましては、実は全く同様でした。本一九。歴史の「輪廻」の面白さ）、という「奈良↓平安↓戦国↓明治」へと歴史の底辺では連綿として繋がっている、主として大きな「二つの楽しみ」を追究いたします、私こと「古代探偵」による古代の旅への誘（いざな）いを、この本の終わりまで十二分にお楽しみ下さい。

序―1　慶州・石窟庵釈迦如来像（東大寺の旧大仏の新羅でのモデル）

序―2　石窟庵の真下にある新羅４昔脱解王の墓（倭の東北一千里の多婆那〔丹波〕生まれ）

序―3　恭仁京・旧国分寺の現・蟹満寺釈迦如来像（東大寺の旧大仏のモデル）

序―4　東大寺の現（新しい）大仏

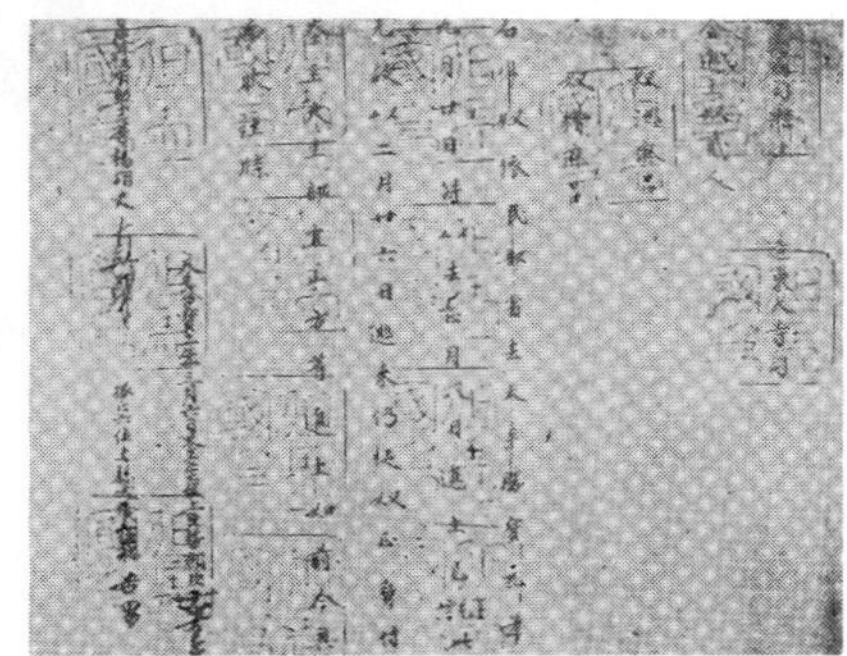

序―5　但馬国司牒（正倉院文書）。奴婢の脱走者の送還（巨額の国費の浪費の情況証拠）

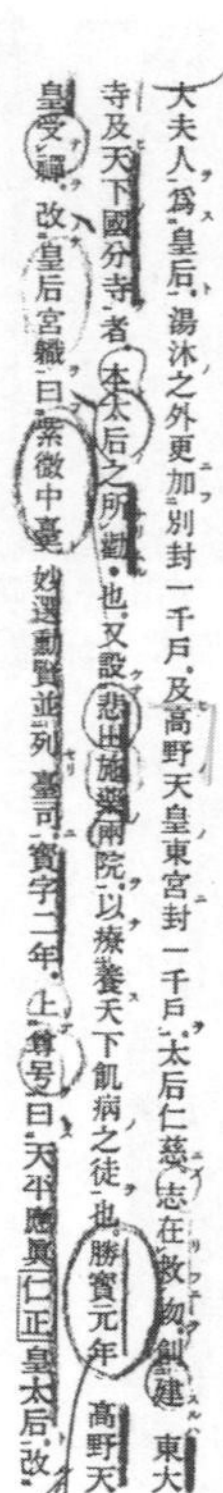
大夫人為皇后湯沐之外更加別封一千戸及高野天皇東宮封一千戸太后仁慈志在救物創建東大
寺及天下國分寺者本太后之所勸也又設悲田施藥兩院以療養天下飢病之徒也勝寶元年高野天
皇受禪改皇后宮職曰紫微中臺妙選勳賢並列臺司寶字二年上尊号曰天平應眞仁正皇太后改

序—6　東大寺・大仏の発願は光明子

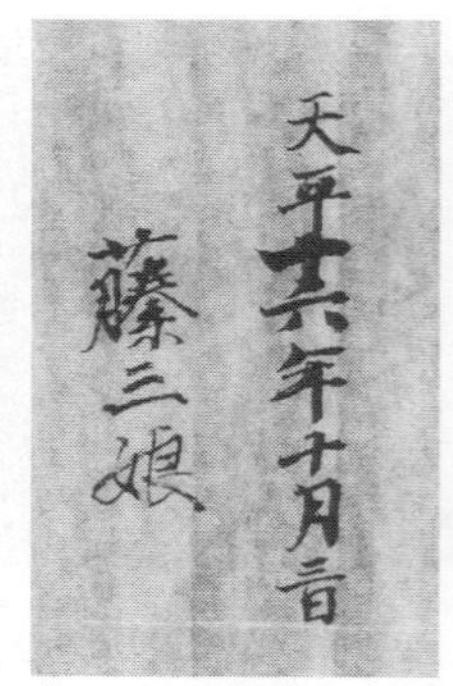

序—7　正倉院　光明皇后署名「藤三娘」(これが女の字？)

序—8　高句麗中原碑

序—10　法華寺の十一面観音（右手が長い）

序—9　高句麗中原碑

序—11　出石神社

序—12　椿に囲まれた天日矛の墓（出石神社境内）

序―13　吉野金峯山寺の開祖・役小角＝神変大菩薩＝百済王子役（渡来したコニキシの演）

序―14　竹林寺の行基墓「役行者→義淵→行基→空海」の流れ

序―16「長屋親王宮」

序―15　長屋王墓

序―17　皇南大塚（慶州）金製高杯

序―18　慶州の新羅王陵群

序—19　赤漆文欟木御厨子（レガリア1）

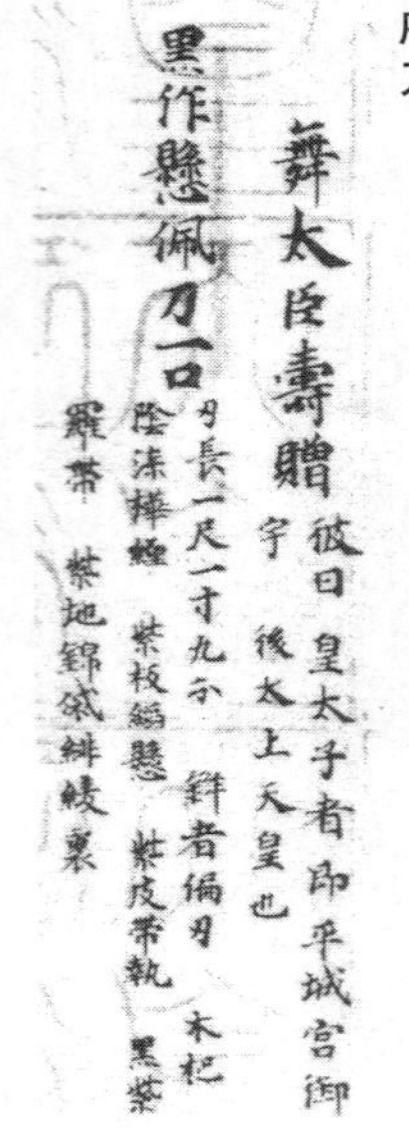

舞太臣壽贈 彼曰 皇太子者即平城宮御宇 後太上天皇也

黒作懸佩刀一口 刃長一尺一寸九分 鋒者偏刃 木把 陰漆捧幢 紫板絹懸 紫皮帯執 黒紫羅帯 紫地錦裹緋綾裹

序—20　黒作懸佩刀（レガリア2）

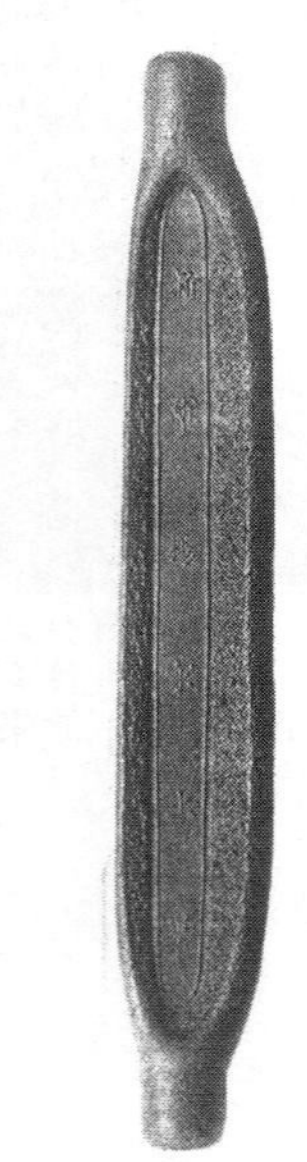

序—21　正倉院上墨「新羅楊家」と当時の敵国の陽刻がある

者，匍匐而前。地多女少男。頗有文字，俗敬佛
錦帽，百姓皆椎髻，無冠帶。婦人衣純色裙，長腰
枝，以明貴賤等級。衣服之制，頗類新羅。

序—22『旧唐書』「倭の衣服は新羅そのもの」だから削除された『国家珍宝帳』

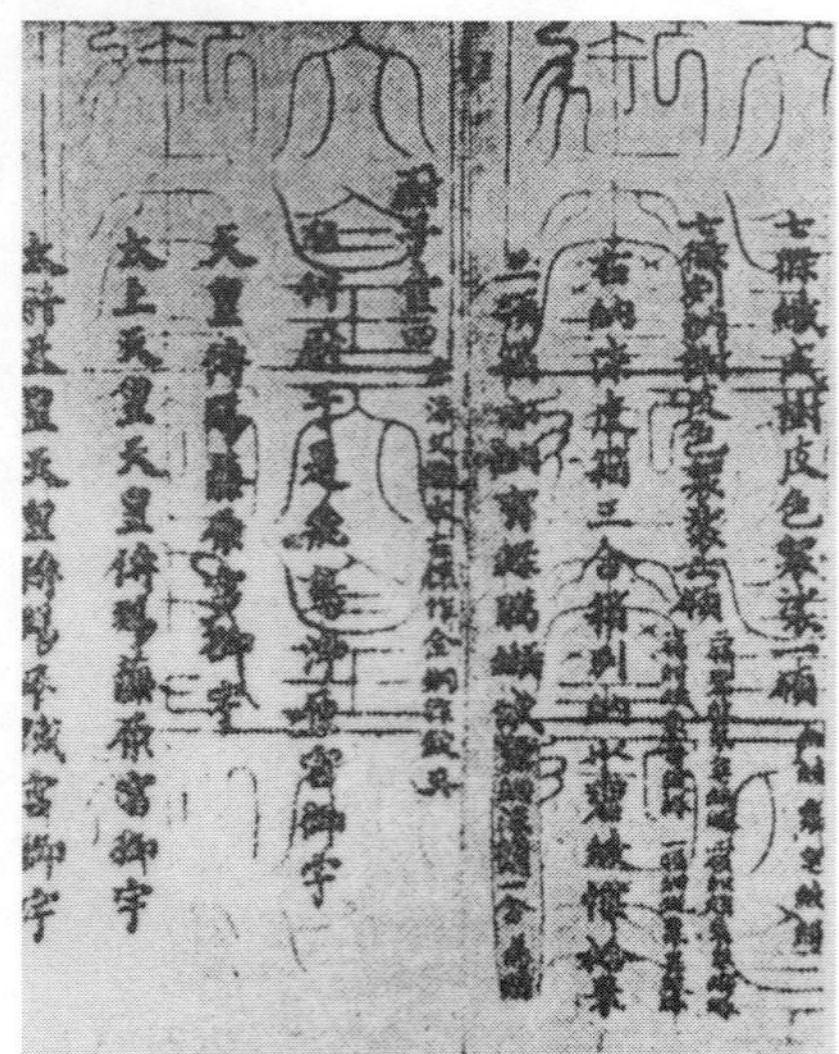

序—23『国家珍宝帳』の継ぎ目（天皇文書の変造）

序—24　新羅文武王大王巌（海中）

序—25　新羅文武王大王巌（絵）

序—26　東大寺法華堂不空羂索観音

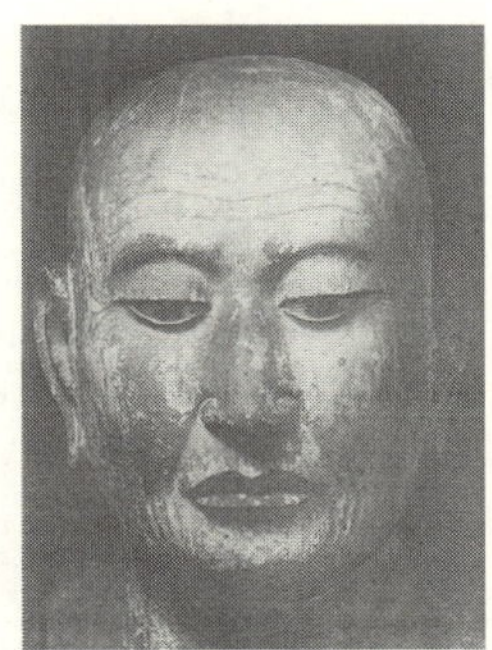
序—27　良弁僧正（道鏡はその弟子）

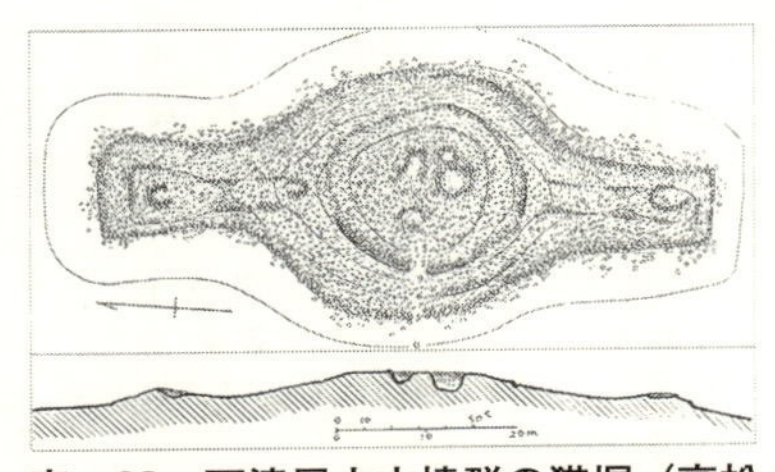
序—28　石清尾山古墳群の猫塚（高松市）

序—29　百済王子昆支を祭った飛鳥戸神社（羽曳野市）祭神の飛鳥戸宿禰が百済宿禰となる

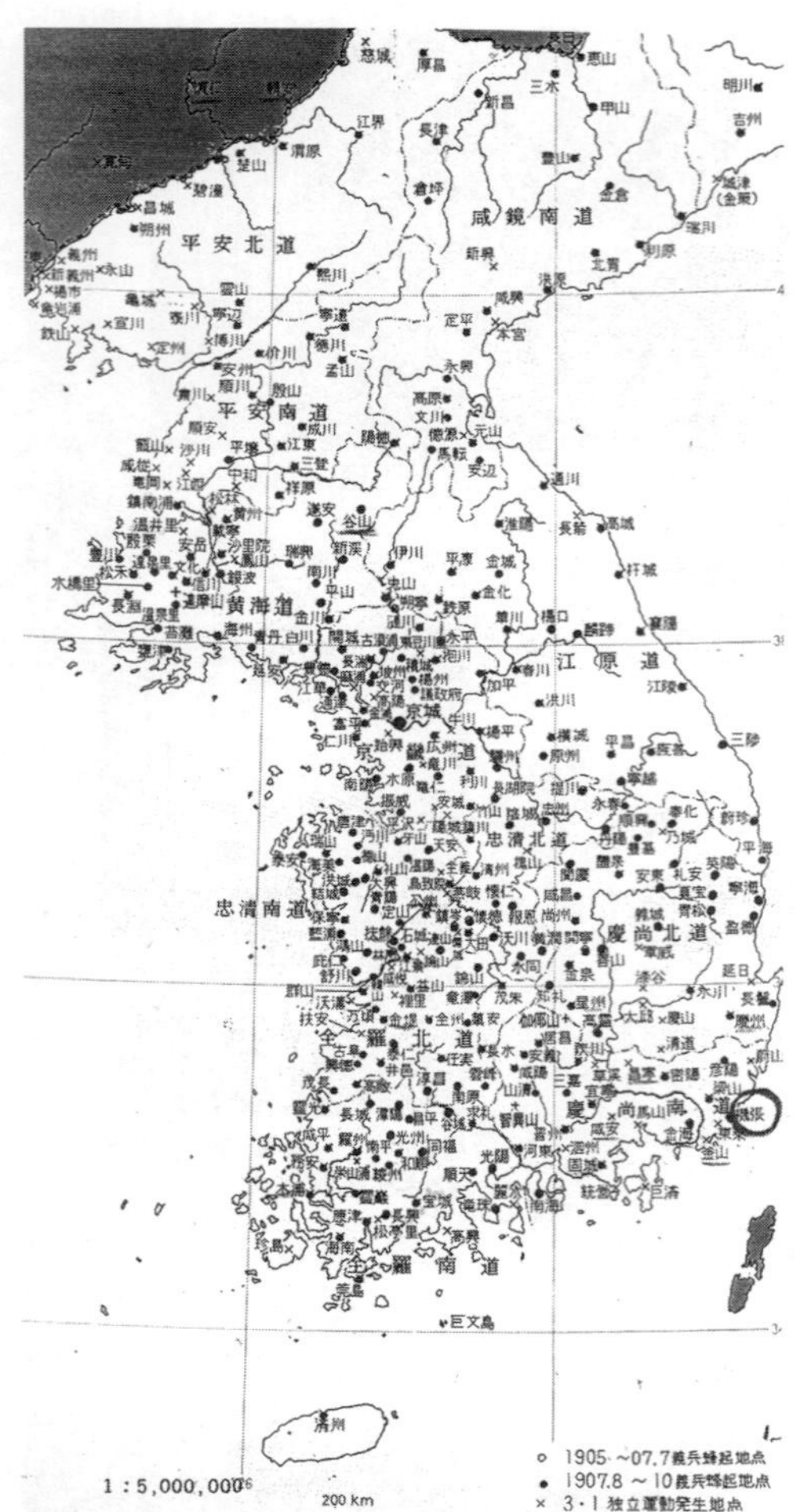

序―30　朝鮮半島（地方の中心都市図）
右下の○印は「息長＝キジャン＝機張」で
神功皇后の出身地

自寶字二年至延暦十年。卌四年廿卷。前年勒成奏上。但却起文武天皇元年歳次丁酉。盡寶字元年丁酉。
惣六十一年。所有曹案卅卷。語多米鹽。事亦疎漏。前朝詔故中納言從三位石川朝臣名足。刑部卿從四位下
淡海眞人三船。刑部大輔從五位上當麻眞人永嗣等。分帙修撰。以繼前紀。而因循舊案。竟无刊正。其所上
者唯廿九卷而已。寶字元年之紀。全亡不存。臣等搜故實於司存。詢前聞於舊老。綴叙殘簡。補緝缺文。雅
論英猷。義關貽謀者。惣而載之。細語常事。理非書策者。並從略諸。凡所刊削廿卷。并前九十五年卌卷。

序―31　『日本後紀』（延暦16年3月13日）に記された道鏡、光仁、桓武による『続日本紀』の焚書を示した部分

序―32　青班石鼈合子（正倉院）

序―33　正倉院

序―34　満州・半島・列島（この地図の真ん中が満州の渤海国）

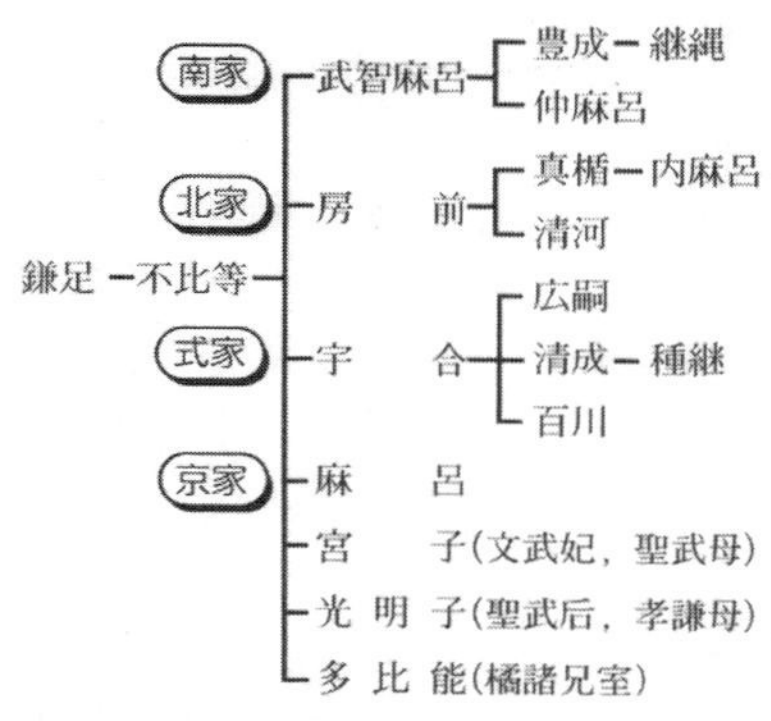

序―35　藤原四家（実は合成）

第一章　倭・濊とは何か？　任那の真相に迫る

――そのことは任那の真鏡大師に聞け！
――任那（nim-naj ＝神＋魚）――コスモポリタンなその伝来
――楽浪郡・帯方郡は朝鮮半島には無かった
――古代史と怨霊

本日は、私こと「古代探偵」をお招き頂きまして有難うございます。只今、過分なご紹介に預かりました弁護士の藤井でございます。日本で唯一人、**古代裁判所**で**古代の無実の罪の人**の**弁護**と**再審**とを専門に引き受けさせていただいております元裁判官の藤井でございます。では、本日は内容が盛沢山ですので、早速始めたいと思います。

先ず、私が何故この様な、「皆様とは大変異なった**古代の無実の罪の人を救う弁護士**という考え」に至ったのかという**方法論**について、どうしても始めにアナタにお話しておきたいと存じます。

1―1　勝者の書かせた国家の正史を疑う

それには、先ず、**古代弁護人**といたしましては、常に何事にも「**何か可笑**(おか)**しいナ**」「**ハテナ？**」という素直な態度――但し、そこには人には見せぬ強い執念を秘めた――で、**国家の正史**（勝者の書かせた歴史）に**疑って接するクセ**をつけます。

1―2　伽耶と倭の甲冑の共通性

そして、**童心**に戻り、先入観を排し、アカデミズムの**今までの正史オンリーの歴史の不自然さを剥ぎ取って裸にして「仮説」を立ててみます**（葉を落とした冬の裸木にして）。つまり、仮令（たとい）少し苦しかろうともきつかろうとも、他人（ひと）より集中的に仕事をして一秒でもその（「趣味＝古代史」と心中する）ための時間を作り出し（その趣味に、極端に申しますと命を懸け）、又、お金も少しは貯めて、それがここから遙かに遠く離れた朝鮮や満州の**古墳**であろうとも、将又（はたまた）日本の深山幽谷の**神社**であろうとも、どんなに遠くても常に女房と二人で**必ず現地に行ってその場（スポット）にこの両足で確（しっか）り立ち、自分の目でよーく「観察」し**、もしそれが古墳（古代人の墓）であるならば、

そこの草葉の陰に眠る無実の罪の古代人の怨霊と一対一で、古墳の玄室に通じる羨道（せんどう）である「黄泉（よみ）の国」の入り口の羨門（せんもん）――ここが魂振り（たま）（復活）と魂鎮め（永遠の死）との境界――で正座して面会し、その古代の美女の薄化粧した頬（ほほ）のような巨石の岩肌の所々ピンク掛かった青黴（かび）と、薄暗い黄色い霧で湿った辺り一面に漂う古代の重圧と、このミッション（作戦）への私の責任とを心の底でひしひしと感じながら、「彼の人」の言い分を心を開かせて話させ弁護人としてよく聞き、「彼の人」の今までの歴史には現れなかった胸の内の真実の悔しさを見極めて、検察官として真犯人の告発をも検討するため、

キョロキョロして五感の、否、第六感を含めての全ての**「洞察力」**を働かせます。そして、その古代人の死者の魂（亡霊）が**真実**を語っているのかどうか、**その全てを失って最早嘘をつく必要の微塵もないその白骨化してしまった髑髏（しゃれこうべ）としての魂の「心の目」をじっと見詰めます**。

そんな**予審**の結果、つまり、それ等の「古代人の怨霊の持つ震えるような執念」のあらゆる個別の観察の結果を**帰納（きのう）・集約**して、予審判事としてより自分の**仮説**としての**その古代人の無罪・冤罪の可能性に確信が**得られましたならば（テキスト23―1、P928下）、今度はそれを仮説から**「原理・原則」にまで高め**、それを「自分の持つ執念」の**中核**に移し替え、そして更にそれを他の古代史の論点へも広くドンドン**「勇気と情熱と責任」**――実証するための証拠――とを持って**演繹（えんえき）**して**「古代の時間の流れ」**の中に我が身を置いて処理していって、**今までのアカデミズムの勝者の歴史との不自然さを歴史の暗闇の中からはっきり白々（しろじろ）と浮き上がらせて「比較考量」していく**ということで（古代人の執念の救済）、その気の遠くなるような**決してごまかしの利かない自分への畳み掛けるような長い長い闘い**の繰り返しということになります（テキスト23―1、P926上。本一8）。

この様に、**アナタに今は見えない幽玄――能の美学如き浅いものではなく、無実の死者の怨霊そのものの叫び――のものの中から何かを常に新しく作り出す**アナタの**「創造力」**が「今こそ」古代史では特に問われているのです。アナタは勘違いされているようですが、古代史にはそれ以外――暗記など――は全く必要ないのです。と申しますのも、実は、そこには**何も無い**のではなく、必ずやよく見れば**幽（かす）かな痕跡**（これを幽玄と名付けます）が残されているからなのです。それを名探偵のように見つけ出すことこそがポイントだからなのです。このことは、親方日の丸の偉い人の言うことの鸚鵡返しの、功名心はあっても敗者の無念の怨霊を救済するという心配りへの執念の乏しかったアカデミズムに、今までボケッとしていてそれが見えていなかっただけのお話なのです。

――こういう発想が私に生じた理由の一つといたしまして、今振り返れば、若き十代の末、三田の図書館で接していたく感激し、居ても立ってもいられず、その秋、大学の祭りの休みを利用し、独り夕暮れどきの大和の二上山の麓の当麻寺を訪れるその切っ掛けともなりました折口信夫の『死者の書』との出会いが、今も心の中に沸々と鮮やかに甦ってまいります（『全集』第二十四巻）――

と言うことで、私のアナタへの本日のお話は、一言で申し上げますと、**古代人**（一見、無実の**敗者**。例えばニギハヤヒのような）の**汚名挽回**を求めての**敗者復活戦**、つまり――I shall return――の**「仮説と史実の結合」**への自分の**創造性を求めての幽玄の中の旅　＝　無実への執念のさ迷い**とでも申せましょうか（坂口安吾の決意につき、本一九）。そしてこれは、アマチュアからアカデミズムへの史上初めての本格的な叛逆の狼煙（のろし）（マイノリティの古代の無実の罪の人々に代わって〔代理人弁護士としての〕多数派への復讐＝必殺仕事人）とでも申せましょうか（天才の暗記から愚才の直感（インスピレーション）へ）。

ただ、この様に、一言でそう申しますと、抽象的でとても難しく聞こえますので、先ず、誰でも最初に通過しなければいけません、その［具体的な大切な命題＝必須の通過儀礼］を一つだけ取り上げて、アナタにお話することから始めたいと存じます。それはなにも難しいことではなく、抑（そもそも）、

「倭・濊〔倭種〕とは何か」

という、一見頗（すこぶ）る平凡なのですが、最も古くて新しい、しかも疎（おろそ）かにされている**必須**の命題なのです（九13はアナタ必見です。全ての「起承転結」の流れの最初の問題提起の部分は、小説でも論文でも学生の日々のレポートであっても一番重要なところです――この　部分にその人のユニークな個性が見られない小説は

「顔なし男＝妖怪レベル」でその存在価値すらもないと言えます）。

では先ず、アナタと共に敵（アカデミズム）の白い天守閣（象牙の白い巨塔）を目指して、焦らずに――急がば回れで――徐々に一歩又一歩と外堀を埋めて近付き、この重要な**永遠のテーマ**を攻略してまいりましょう（**情況証拠**の活用によって）。

先ずは、この**図1―1（朝鮮半島での倭系の甲冑の分布）**をご覧下さい。例えば、よーく見ますと「下の左から2番目」の朝鮮の**陜川（ハプチヨン）・玉田**（**多羅（タラ）国**）のものがよく判りますが、朝鮮半島南部の**伽耶（かや）**出土のヨロイは、**横長**の鉄板の短冊が鋲で留めてございます。ところが、朝鮮半島のそれより**北部**から出土するヨロイは、**縦長**の鉄板で造ってございますものが多く見られるのです。これは「南部」から出ているものなのですが、「下の右端」の朝鮮の**金海（キメ）・良洞里（リヨウドウリ）**（**金官伽羅（きんかんから）国**）のものが、今申し上げました縦長の「中部・北部」のものの形をよく表わしております。

それに対し、肝腎な私達の祖先の**古代の倭のヨロイ**は如何（どう）なのかと申しますと、何と！　先程見た**朝鮮南部の伽耶のものと同じ**、**横長**の鉄板が主なのです（古くは**皮（かわ）**留め、そして**鋲（びょう）**留め）。特に古墳時代**中期**に至りますと、それまで前期に多かった**中国・朝鮮半島製の革綴りの縦長**のもの（**竪矧（はぎ）板革綴短甲・方形板革綴短甲**）から**倭製**の**鋲留め**（中葉）の**横長地板**のものへと変わってまいりまして（五世紀代）、これが**五世紀後半**まで維持されることになります（八岐大蛇と甲を射抜く鉄の鏃（やじり）につき、一四2、一九）。

この点「短甲」の日本列島での流れを、考古学上の大切な点ですのでもう少し丁寧に復習しておきますと、

①弥生時代の　**木製**

②古墳時代に入り四世紀の　**漆塗りの　革製**

③材料が革から　**鉄板**　に変わり　**縦矧板**(たてはぎいた)　**革綴**
④**方形板**　**革綴**
⑤五世紀前半に至り　**横長長方形板**　**革綴**
⑥**三角板**　**革綴**
⑦**横板**　**革綴**
⑧五世紀中頃より　**横矧板**　**鋲留**（朝鮮・満州からの**鉄板鋲留**や**金メッキ**の技術の導入――五世紀からのヤマト朝廷を介さないダイレクトな加耶・遊牧民の東国への波状的な大量渡来が見られます）
⑨五世紀終わりから六世紀にかけましては、**騎馬戦用**に馬上でも可動的な本格的な　**小さな鉄の小札**(こざね)を革で縅(おど)しました　挂甲(けいこう)（掛け鎧）

へと変化しておりますので（大塚初重氏。但し、⑧のカッコ内の後半は筆者）、アナタの近くのご存じのその古墳から出土いたしました武具を資料館等でご覧になって右のメルクマール（物差し）に当て嵌めてみますと、その相対的な位置（例えば、列島での出土を新しい順に申しましても、世田谷の七鈴鏡を出土いたしました御岳山(みたけさん)古墳は鋲留めが認められますので右の⑧の五世紀第２四半期〔これこそが「半島→列島の東国」へというダイレクトな侵入〈又は、亡命〉の貴重な証拠の一つだったということを、仮に一国歴史主義の視野の狭い全て中央のフィルターを通して見なければ気が済まない［権威主義］アカデミズムが気が付かなかったといたしましても、アナタだけは気が付いてあげなければいけなかったのです〕、その近くの野毛(のげ)大塚古墳の第一主体は⑤、大阪府の紫金山古墳や山梨県の甲斐銚子塚古墳は③、天理市の「中平□年」の公孫氏〔卑彌呼の実家〕の銘刀を出土いたしました東大寺山古墳〔九11〕は②など）がアナタにも即座にお判りになられる筈です。

1―3　「伽耶（任那）の復権」を目指して

対馬海峡を挟んでのこの様な両者の共通性や太鼓の両面のように「打てば響く」ような文化の連動、これは一体何故(どうして)なんだろう？　始めはそういう小さなことを一つの「ヒント」と致しまして、ひょっとして、通説には反するのだけれど、

「古代の南朝鮮一帯というものは、倭そのものであったのではなかったのか？」

という、この時点ではまだ茫洋(ぼうよう)とした「**仮説**」を立ててみます（「**伽耶の復権**」**を目指して**――後にはアナタ、それどころか紀元前の或る時点では半島全体が倭・濊人の領域であったことが中国史からも判ってまいりますが。お楽しみに！）。

1―4　前方後円墳や巴形銅器の半島との共通性

そして、この点についての、他のそういう**観察**の結果得られた証拠を幾つも幾つも重ねて参ります。例えば**図1―3**（**朝鮮半島の前方後円墳の分布**）をご覧下さい。少し時間はズレますが、朝鮮西南部には何と！倭に独特の墓の形であると古来から言われて参りました、アナタにもお馴染みのアノ「**前方後円墳**」――それも北九州系の――が沢山見られるのです（一八3）。これは一体どうしてなのでしょうか？

更に、一つ戻って**図1―2**（**海を越えた物の移動**）の方をご覧下さい。図表の左側真中辺ですが、南鮮の**金海(キメ)・大成洞**からは、これ又倭に特有とも言われております家紋（「**足の数**」による）にも準じます「**巴形(ともえ)銅器**」すらも出土しております。

1—5 「朝鮮」と言う言葉は半島とは何ら関係が無かった

以上は誰にでも判る考古学的には初歩的な直接証拠なのですが、次に**中国や朝鮮の文献史料**の方も見て参りましょう。少数説にとって「証拠こそ命」なのですから。資料（テキスト1—3—3、P57上）をご覧下さい。卑彌呼でアナタもよくご存知の**『魏書』**倭人条を「アカデミズムよりも、より**字句に正確**に鋭い法律家（古代裁判官）が分析」致しますと、アナタがご自分の目でよーく読みませんとちょっとそこ迄は気が付きにくい点（ですから、今までのアカデミズムは皆、この点は呑気にフリーパスして気が付きませんでした）なのですが、

「**従郡至倭……到其北岸狗邪韓国　＝　倭に至るに……其北岸　狗邪韓国に至る**」

となっており、つまりアナタ、早い話が、「**其ノ**」**が指すのは倭のこと**ですので、そこには

「**倭の**（**内部の**）**北岸である　狗邪韓国**」

という表現がハッキリと用いられておりましたことが判ってまいりまして、そういたしますと「**朝鮮半島南端の狗邪韓国が倭そのものであった！**」のだという、今まで多くのアカデミズム（一部の目を付けていたアカデミズムにつき後述）は勿論のこと、アマチュアも私こと「古代探偵」以外の誰もが魏書の文面の文法を精緻に分析せず只アバウトにしか気が付いていなかったことが、実はこの中国史の方には明白に記載されていたことによりアナタにも判って来る筈なのです（本六）。

——このことは、別の面から考えましても、実は考古学上からも裏付けされておりまして、嘗てこの狗邪韓国のございました金海の大成洞古墳群の大型木槨墓（三世紀中葉）からは、何と**日本列島産の威信財**（権力の威光を示す豪華な装飾大刀・馬具など）が、更に少し時代が下りました同13号墳（四世紀初）

からは、これ又日本列島産の石製品十六点と巴形銅器（この起源につき、テキスト5—3—6、P200〜202）が、同39号墳（四世紀中葉）からは筒型銅器（これの起源は金官の方が先だという人もおられますが、私によれば「金官＝倭」ですのでどちらでも同じことなのです）までも二点が、同1号墳（四世紀後葉）からも筒型銅器が八点も出土しており（朴天秀氏）、列島産の物は勿論のこと巴形銅器（この祖型は南海産大型巻貝のスイジガイ）や筒型銅器（槍の石突きが音を出す杖頭）も本来日本列島固有のものだったからなのです。しかも、それらが三〇〇年から四〇〇年頃までの比較的長きにわたり**四世紀**の朝鮮半島の**金官伽羅**の地で幅広く見られるということは、アナタ、一体何を意味していたのでしょうか（**伽耶＝倭**）。更に最近は朝鮮半島からも六世紀前半の埴輪すらもが出土しております（金山里方台形古墳。全羅南道咸平〔Hamp'yong〕。ここは、北九州系の前方後円墳〔月桂洞古墳〕のある光州の西南西約三五kmで、栄山江河口の木浦の北北東約三二km。一7）——

右の文献と考古学上の根拠だけでもう証拠は十分な筈なのですが、それでは、他のお隣の中国の史書ではどうなっているのかという点に付きましても更に念のため見ておきますと、実はアナタ、何と他によりましてもそのこと（右の「伽耶＝倭」）は全く同様に裏付けられていたのでございまして、次のように三世紀から五世紀以降におきましても、

「**韓有三種。一曰馬韓、二曰辰韓、三曰弁辰**」（『**後漢書**』東夷、**韓条**——編者范曄死亡四四五年）

「**馬韓は、南は倭と接す**」（『同』）

「**弁辰は、南は倭と接す**」（『同』）

「**弁辰のトクロ国は、倭と界を接す**」（『**魏書**』**韓条**——編者陳寿死亡二九七年）

「**新羅、南は倭と接す**」（『**翰苑**』——張楚金撰の唐代の書——**新羅条**）

等（傍点筆者）と他のほとんどの中国の史書でも朝鮮南部に**弁韓・辰韓・馬韓**と「**地続きで倭というものが存在**」していたと述べておりまして（弁辰も韓ですし、しかもアナタ、それ以前の遙か昔、中国史上に「韓」という表現が半島に出現する前に中国史に見られます民族は、満州側の咸鏡山脈辺りや蓋馬（ケーマ）高原辺りの貊（ハク）と半島中部東岸の大白（テーベク）山脈辺りを占めておりました「濊（ワイ）」（倭種）のみでした。特に紀元前四、三世紀の中国の戦国時代の頃には——半島の紀元前の主役は長い間濊〔倭〕人だった！）、これ等のことを総合致しますと、既にこのレベルにおきましても中国史は

　弁韓人と辰韓人とはその人種も地域も一体で混在（**混血**）

していてその両者は**区別出来なかった**のだ（だからこそ中国史からはちゃんと分けないで「**弁＋辰＝弁辰**」などと表現されていたのだ！）と正直に白状していたのに等しかったのです。このように、**文明の発達した唐代の書**（公の記録）ですら、これら私こと「古代探偵」の考えを追認・確認してくれていたのです（但し、アカデミズムの思考回路の方はここ迄でストップ）。実は、アナタ、このことはとても重要なことだったでございまして、更に一歩、右のように中国史が韓の範疇に入れております「弁＋辰」の分析を先へと進めますと、この「**弁辰＝弁韓人＋辰韓人**」というアバウトな漠然とした概念の中にこそ、実は混血・包摂されて存在しておりました、その一構成部分たる

　弁韓（べんかん）人　こそが実は　倭の正体そのもの

であったのだ（その実体は濊人の南下）ということが判って来るからなのです（**弁人＝弁帽人＝倭人**）。となりますと、それは一体どういうことなのかと申しますと、つまり、ここで大切なことは、

　弁帽（べんぼう）を被（かぶ）った古（いにしえ）への「弁韓（カル）＝伽羅（カル）＝伽耶＝倭」人（倭種）というものが
　中世以降の「朝鮮史」の正史におきましては　完全に抹殺され今日までそのまま封印

されて来てしまっていた、だからこそ誰もアカデミズムは気が付かなかったのだということなのでございまして（朝鮮の正史ではない**『三国遺事（いじ）』**の方には、この点**「伽耶」**のことの記述がちゃんと残されているのですが――つまり「伽耶とは何か」という定義の追及が不足していたのです）、日本のアカデミズムも朝鮮史に遠慮してか、それともよく知らなかったためか、アマチュアの私こと古代探偵の様にもう一歩力強く踏み込んだ、且つ、史実に忠実な鋭い分析（自信のある主張――濊〔倭〕人こそが朝鮮半島の紀元前からの主役だったということ）が出来なかったのです。

　実はアナタ、**古代朝鮮語の分析**の方から考えてみましてもこのことは明白なことだったのでして、その一つを捉えてみましても、そもそも**弁韓の「弁＝ベン」という字**は、言語上も古代朝鮮語の**訓（くん）読みで「カル」**そのものでした、つまり**「弁＝カル」**そのものでしたので（本邦初公開。序2）、本来**弁韓とは「弁＝伽羅（カラ）」諸国そのもの**を字句の上ですらも表わしてくれていた（同一であった）ことに気が付かなければいけなかった――古くに中国人がよく意味もわからず、単に「伽羅＝カラ」に「韓＝カラ」の字を当て嵌めてしまった間違いからこの千年の「悲劇＝矛盾」（倭・濊人の存在が消されてしまったこと）は始まっていたのです。今それを私が正しましょう。しかも「干（カン）→楽浪（カウラ）→韓（カン）」と繋がっておりました――のです（よって、「伽羅＝倭」）。

　しかもアナタ、それに加えまして「**カル・コル**＝**冠（かんむり）**の訓（くん）＝骨の音（おん）」でもあり、更にアナタ、驚くなかれ後世の**『周書』高麗条**や**『魏書』高句麗条**を見てみますと、「**カラ＝弁帽＝折風＝蘇骨**（**古朝鮮語**の〔**Kas＝冠＝笠**〕の音訳）」でございますので、この中国史の〔倭人の概念〕の中には、**弁帽を被（かぶ）った高句麗・濊系の民の、或る時点での「朝鮮半島の南下・混血」ということ**までもが、そこには合わせて表現されていた（つまり**辰〔鮮〕王朝＋濊人の南下**）という凄いことまでもが言語上からも判って来るからなのです（又、弁とは朝鮮の「官帽の端が尖ったもの」だという人もおられます。半島南部に留まり、渡海出来ず長く吹き溜まっていた遊牧民）。ですから**笠**という今日までアナタが日本語として使用しておられます言葉は、その**語源**にまで遡って考えますと、少くとも嘗ては**高句麗語**が搬入されたものでもあったのです（だからこそアナタ、その証拠といたしまして、「御笠連。高麗の人、従五位下、高庄子自り出づ」〔新撰姓氏録、左京諸蕃――御笠連の旧姓は高。神亀元年〈七二四〉五月に高正勝が、二月四日に即位したばかりの聖武帝より三笠連〈御笠連〉の氏姓を賜っております『続日本紀』〕とございます。高句麗人が「笠」の名を異境での自分の姓に選んでいるのです。ですからアナタのお子さんの大好きな「**笠地蔵**」のお話＝「**伽羅**地蔵」のお話は、朝鮮でのお話がそのオリジンだったのです。「伽羅＝笠」だった〔正に唐笠〕のでこのお地蔵様はちゃんと雪を防ぐ菅笠を被っていたのです）。

尚、それに加えまして、ここで〔日本とは遠い満州の高句麗との関係〕につきもっと申し上げますと、何とアナタ、日本の

「一」「二」「三」「四」「五」「六」「七」「八」「九」「十」**の数詞**

と、**高句麗語**の**地名**に残る「三」「五」「七」「十」とが、高句麗の本貫の満州・朝鮮半島では疾うに何処かへ消え失せてしまっているにも拘わらず、何故か遙かなるここ

倭の地に、**京都の**「**貴族語のレベル**」**におきまして**、**今日まで見事にその全部が残っていた奇跡**

とでも申せます共通性につき、テキスト17―5、P753下は、アナタ、必見です。これは**天皇家・公家の言葉**として。

因みに、同じ日本の数詞でも

「一」「二」「三」「四」「五」「六」「七」「八」「九」「十」

の方は、**弥生時代の水耕民**が、当時（**漢**の**武帝**の将軍や貧乏人の子沢山で膨張した**漢族**に追われる以前）は、

そこに住んでおりました**揚子江の中流・下流域**から渡来・亡命して日本列島の主として**百姓レベルの弥生人**の中に広く残した数詞だった――日本における**数詞の二系列性**の起源の発見とその考証――のです。これは**百姓の言葉**として。ですから、アナタ、今日遙か中国の西南部の国境近くにまで追われてしまっております、例えば**「傈僳族＝リス族」**等の**中国少数民族の数詞**とも、何と！この我が国の弥生の農耕民の**イチ・ニ・サン……**は**全く（略(ほぼ)）同一**なのです。テキスト29―4―2、P1055上はアナタ必見です。ということはつまり、今日のその結果から考えますと、右の

「ひ・ふ・み」は、嘗ては日本の**支配者の遊牧民系（天皇、姓(かばね)を持つ貴族、大名）**の数詞だったのであり、

「イチ・ニ・サン」の方は、**被支配者の水耕民系（百姓、弥生人の後裔）**の数詞だったとも言えるのです。そして、この「イチ・ニ・サン」の子孫たちの方は、江戸時代に至っても、農民として、仮令(たとい)大名が変わっても（移動しても）**その土地に半永久的に縛りつけられたまま**明治期を迎え、初めて土地から開放され、姓も与えられることになった（この点、朝鮮の被差別部落民の**白丁(ベクチョン)**も、大日本帝国の植民地となってから**一九〇九年**に戸籍を作成するに際し初めて**姓**が与えられ本貫（男系の祖先の戸籍）を持つことが出来たのです（ですから大多数の朝鮮人の本貫はそう古いものではなかったのです）。大日本帝国の強力な政策によって、両班支配下で永年苦しみが続いた白丁の身分から初めて解放されたのです――つまり、日本の外圧により初めて平等になれたのです（感謝してよ！　大多数の朝鮮人）。その後、**日韓併合**により朝鮮人が皆日本人となるのは一九一〇年からです。ですからここからは最早「植民地」ではなくなることが出来て、朝鮮人の全員が大日本帝国の民として平等になれた）のです（尚、伊勢神宮に「隠された弥生民（百姓）のシンボル（象徴）の神」のサルタヒコとその人民についての一六4、P997は必見）。

ということで、この「倭の正体」についてのお話は、素直に考えてみれば誰が見ても極く当たり前のことだったのです（テキスト9―9―4、P415上、2―8―6、P142下メモ、P442上、P421下）。こんな当たり前のこと（古くは「濊＝倭」、新しくは「任那＝伽耶＝倭」ということ）にアナタとアカデミズムが今まで気が付かなかっただけの話なのです。

そう致しますと、アナタ、実に面白いことが古代史上判って参りまして、話はちょいと一足飛びに少し難しくなりますが、**丹後**半島の**浦島太郎**（**浦島子**＝**9開化**大王の子の**彦坐**系）の子孫の**日下氏**は、「**旱**＝**下**＝**卞**＝**ビュン**＝**弁**＝**カル**（訓読み）」だったのですから（『**三国史記**』「新羅本紀」始祖赫居居西干一九年正月）、朝鮮半島西南部の「**伽羅**」の**多島海の漁民**の出自ということを浦島太郎の「その**日下**という名そのもの」が明確に示していてくれたのです（**12景行**大王〔日本紀のモデルは百済16「**辰斯**王＝七支刀の〈倭王旨〉」で同一人〕の**陪従**に**旱部君**らの祖**大屋田子**という人が見えます〔ですからこのことは、百済＋金官〈倭〉の連合ということをも示しておりました〕『**肥前国風土記**』松浦郡賀周里〔旧霞〕条）。だからアナタ、**開化大王も伽耶の人**、つまりその真相では半島の倭人だったということにもなって来るのです。この開化の曽祖父の**孝安**大王は「〈倭＝金官〉**6金勢漢王**がモデル＝そして、**天日矛**のモデル」でもございました（テキスト付録1、P1104、同9―9―4、P412。本一〇3）。

つまり、**浦島太郎**（丹波の彦坐命と同族）は「**日下氏＝伽羅の人＝半島の倭人**」「**9開化大王＝任那連邦の王**」ということで（序2）、そもそも「日本書紀」のこの

丹後（**浦島子**と同族の**丹波道主**をも含めまして）でのお話の**モデル**は、**朝鮮半島南西部**での出来事だったということなのです（ですからアナタ、癸未〔みずのとひつじ。五〇三年〕銘の**人物画像鏡銘**の**日十大王**についての、一四8は必見です――ここが判りませんと古代史は何も判りません）。

因みにアナタ、古代におきましては、この日下の下は「**下＝本**」で同じことだったのであり（**柿本**〔**下**〕**人麿**につき、テキストに別述）、ズバリ「**早**（ベン）＝**日下**（くさか）＝**日本**（ひのもと）」そのものをアナタに表わしていたのでして、その証拠に、遣唐大使の**藤原朝臣清河**（房前の四子。後に、名を引っ繰り返し**河清**に改めてしまいました）に対し長安の唐の**玄宗皇帝**が与えた詩の中では、何と！

日本のことを　**日下**

とズバリ！書いておりますよ（これは凄い！　ですからアナタ、と言うことは、日本列島部分の東部の、当時は「**日高見＝日下**〔**日本**〕」という、「**プロト日本＝倭国**」とすらも**全く別の国**〔これは後の「**日本**」とも、平安朝の途中に坂上田村麻呂らが征服し**吸収支配**するまでは**全く別の国**だったのです〕から、新羅占領軍が倭国〔プロト日本国〕を占領し、その占領地の日本列島の主として東北以外の部分に〔主として西半分〕新たに今日に至る**日本と名付けた国**を建国致しました際に、この**東国**〔奈良朝以前の古い時代での線引きでは**常陸国行方郡**（ひたちのくになめかたぐん）より**以北**は、抑（そもそも）**外国でした**〕**の国名**〔**日の本＝日の下**（もと）**＝日高見**（ひたかみ）**＝北上**（きたかみ）**＝氷上**（ひかみ）**＝日上**（ひかみ）**＝常陸**（ひたち）〕を**盗取しての**「〔**日本**〕**の建国**」ということが行われていた〔新しく建国された国なのに、恰（あたか）も今までと同一国であるかのように、そして唐の目を誤魔化す〔国土を没収されない工夫〕かのように〕ということがアナタにも判って来るのです。九13。倭〔プロト日本〕から日本へと移行するに際しての**国名の盗用**＝この国名は昔からの扶桑の別名ですよと。但し、右の日下という表現は漢詩の上ですので、国名というよりは「太陽の昇る中国から見て東方の国」という広いレベル＝「扶桑の国」に近い意味でしょうが）。

——その証拠の一つといたしまして、倭武（やまとたける）天皇が現原（あらはら）に幸（いでま）し四（よも）を望み……郷体甚愛（くにがたいとめづら）し……行細（なめかた）と言うべし（『風土記』「行方郡条」）とございました、「四方を望み＝国見」とは「村立て」巡行叙事のことでございましたので、この現原の「アラ」は新しく大王によって「顕（あら）はされた」、つまりここへの初めての神の降臨を示す丘（新しい領地）であることをアナタに示していてくれたこと（早い話が、ここ「行方郡以北＝倭の外＝日高見国」をこの国見の時から新たに大和朝廷の領土としたことを、少し呪術的〔古代歌謡的〕に表わしてくれていた大切な史料だったのです。アナタ、それを「文学＋歴史」で深読みしなくっちゃ）を、決してアナタは見逃してはいけなかったのです――

そんな「改竄し尽くしされてしまった正史」からは、アナタが幾ら見てもハッキリとは見えて来ないこんなに大切なブラックボックスの中身（東北＝外国）を、このことは意味していてくれていたのです。

ですからアナタ、平安朝の坂上田村麻呂の東北に対する**征夷大将軍**とは、ここ（当時はまだ国境グレーゾーン――抑、古代では国境などという概念はありませんでしたが）では、正に、**征「夷＝異国」大将軍ということを表わしていた**のだとそのまま素直に考えれば良かったのです（テキスト17―1―1、P708下）。その証拠に、何とアナタ、**水戸光圀公**の『**大日本史**』を見ますと、「**蝦夷**」は日本とは別の**外国**の分類！の中にちゃんと（正確且つ厳密に）入れられておりますよ。何故なのでしょうか？テキスト17―2―3、P738―745はアナタ必見です。

アナタも、ステレオタイプでワンパターン（何処で切っても同一の金太郎飴のように）のアカデミズムの歴史（正史＝ただでさえ胡散臭い勝者によって書かれた歴史〔それはつまり、古事記や日本紀〕）を、試験に出るからと指導教授の言うが儘に只丸暗記して事足れりと満足しているだけではなく、これからは私こと「古代の無実の罪の人々を救う弁護士」たる「古代探偵」の様に、書き換えられた古代史の偽装をハッキリと見破り（偽装破壊し）、再審の裁判の為にその本質を見極める正眼をカーッ！と見開き、

①「**プロト日本＝倭**」と、

②今日に至る「**日本**」そのものと、

③「**本来の日の下＝日高見国＝蝦夷国＝沿海州と列島東北部に跨る穢国・濊国＝太陽の国**」（後述の一5。尚、**蝦夷**とは抑、その**部族の自称**だったのであり、その通り日本海の対岸の古高句麗語で「**太陽＝解**」を意味していたのです（石原慎太郎の「太陽族」！）。ですからこれは「**蝦夷（弓人）＝太陽族＝日高（下）人＝日下人＝昪人＝弁人＝弁人**」と、その凡てが繋がっていたのです〔テキスト17―1―1、P709上下、15―10―4、P676下。尚、17―4―1、P745も必見です〕。因みに、古代に全国で太陽を測定いたしました日置氏〔アナタのお近くの土地にも、その「ヘキ」の地名が残っているでしょ〕は、その名が太陽の中にいるとされていた「ヒキがえる＝蟾蜍＝ヘキ蝦蟇」のみならず正史にも「日置造。高麗国人、伊利須使主の後」〔「新撰姓氏録」左京諸蕃下、大和国、摂津国、河内国の各諸蕃地〕とございますので「後期北扶余王国〈前期は伯氏〉＝後期高句麗」の「穢氏＝蝦夷」の出自へと遡る人であったことが判って来るのです〔これで高句麗系の日置すらも蝦夷と繋がった〕）

（更には、朝鮮半島北部におきまして「濊人＝倭人」でもあったという中国史上での表現につき、「倭の内乱＝濊人の内乱」と公孫氏との関係の九9は、アナタ必見なのです）

の右の①②③の**異質の三者**を、今迄のアカデミズムの様に、安易に十把一絡げにその**時代**もその**領域**も**特定せず**、ただ無定見且つ単細胞に、荒々しく一つの連続した**日本国**などとして括ってしまうのではなく（旧唐書が言うように**倭と日本とは全く違うのだから**）、アナタはチャンとその三者を大人として区別してその古代史のブラックボックスの中を見てあげて下さいね。古くから独立国だった、前述の②の**日本とは全く別**の③の東日本の**日高見国**の名誉挽回――或る意味では当事者適格の回復＝無罪の立証――のためにも！ その理解のためにも、前述の①の倭から②日本へ至る具体的な「**藤井遷都モデル**」（九13）も必ず見てね。

同様にアナタ、今は信じられないでしょうが、**浦島太郎**のみならず、あの桃から生まれた**桃太郎**のお話（テキスト15―12―2、P690）すらもが又これと同様だったのでして、これ等は新羅の正史（「**新羅本紀**」）では倭の東北一千里の**多婆那国**からやって来たとされております**新羅**（と申しましてもアナタ、この当時はまだ時代的に新羅は不成立ですのでこれは金官加羅〔古への倭〕か辰韓〔弁辰〕レベルでの話に過ぎませんでしたが）の**昔氏**の4**脱解王**の頃の「**金官加羅＝朝鮮半島の倭**」でのお話だったのです（一八３）。

又、更にアナタ、日本神話上の**竜宮**の場所につきましても、実は、これは先程の浦島のケースとは逆に、アナタの今いらっしゃる**日本列島**そのもの（エッ！）のことだったのです（しかもアナタ、この「**浦**」は古朝鮮語の訓読みで正に「**カラ＝伽羅**」そのものでもございましたし！ テキスト10―1―2、P422下、同9―5、P389上。「浦」島太郎は「伽耶」島太郎）。

更に更にアナタ、**田道間**（**但馬**）**守**が11垂仁大王の命を受け探しに行った**非時香菓**（香菓＝箇倶能未。「**垂仁紀**」九〇年二月。昔の**菓子**とは水分の多い**果実**のことでした＝だから水菓子）とは、アナタもご承知の様に、抑この人の名に纏わる謎を一言で解き明かしますと、

「**タジマ・ナ＝橘＝密柑**」

のことだったのでして（アア、そうか！）、そう致しますとこれは**温暖な日本列島には古くからあり**（『**魏書**』倭人条を篤とご覧じよ）、寒冷な朝鮮半島部には**ミカン**は当時は育たなかったのですから（「耽羅＝済州島」につきましてはこれがございまして、ですからこの地が倭であったことになります。後述）、このお話の**スタートの地**は、そもそもが寒冷だった**朝鮮半島部分の倭**でのことだったことが判って来るのです。後に**外圧**（時として**高句麗**〔5世紀代〕、時として**新羅**〔6世紀代〕）による**海峡国家倭の縮小**という過程で**渡来人**（実は、これはそのアカデミズムによる命名自体が、「**帰化人**」よりは少しはましだとは申せ頗る不十分だった

のでして、他の地から来た人とは申せ、「**朝鮮半島部の倭人**」自体の日本列島部分への「**渡来＝内部移動＝左遷による転勤レベル**」ということに過ぎなかったのでした＝**国内移動**）によりこのお話がここ日本列島に持ち込まれてしまいましたので、**スタートとゴール**の地とが**アベコベ**になってしまっていたのです（位相の証明。アナタに相手の立場に立った**水平思考**が必要）。

ですから、『日本書紀』の記述の中で「日本での出来事」であったと当然の事として記され、アナタも文言上、今迄は何ら不思議とは感じず、そう無能なアカデミズムから思い込まされてまいりましたこれ等の多くのことにつきましても、実は、その**真相**の大部分は、**５６２年**迄、少くとも

５３２年迄は**朝鮮半島南部の伽耶諸国**（**弁韓＝倭人連合＝任那連邦**）**での出来事**であったのであり、それは、それ迄は主として盟主を担って参りました**金官加羅**（倭）か**安羅**（倭）を中心として生起した出来事が、地名や人名等の固有名詞を『**風土記**』（序2）や『**万葉集**』（一〇４）や『**新撰姓氏録**』（七４）等の、これら「**歴史**（**正史**）**の偽造補助**の目的で作られました小道具」（**偽造補助具**）に合わせまして、**日本列島で新たに作為**されて作られました地名や倭固有の氏族名に**置き換えられて**しまって記されていたのだと（人名についての一例を見ましてもアナタ、実は、驚かないで下さい、

「鞍作**多須奈**（たすな）＝蘇我**馬子**（うまこ）＝**有明子**（うめいし）＝**遣隋使**の小野**妹子**（いもこ）＝蘇**因高**（いんこう）＝徳斉法師（とくさい）」が　**皆同一人！**だったのです。エッ！　**馬子**（うま）**と妹子**（いも）**が同一人**だなんて！〔九州の母なる海の**有明海**〈そのヒントは**吉野ヶ里遺跡**の存在〉＝つまり、ここは朝鮮半島からの古代の或る時期の入口たる表玄関だった〕。一一7。〔テキスト〕付録8、P1117、同12―4、P535下はアナタ必見。この驚きは、これ又、本邦初公開です）、アナタは素直、且つ、**コスモポリタン**に、今までの発想を変えこのような**日本書紀の改竄**を見抜かなければ、古代史の真相は何時まで経っても何万年もアナタの頭の中で白い霧に包まれたままで、一向に晴れてはくれない筈なのです。

では、この［**田道間守**の逸話の時代が一体**何時**(いつ)頃の時代を反映した出来事だったのか］と申しますと、私のコスモポリタンな考えでは、現行の日本書紀を作った平安朝の百済系テクノクラートが、**百済史を台本**として**垂仁大王**のモデルを母国百済**14近仇首王**(きんきゅうしゅ)（三七五―三八四年）と設定しておりますので（[テキスト]付録5、P1104）、そこから逆にこのお話の出来た時代を逆算して推測致しますと（相対的比較。別述）、本来**北扶余**の**伯**(はく)**族**の絶世の美女と言われておりました**召西奴**(ショウセイヌ)（ソソノ）と**温祚**(オンソ)の母子（[テキスト]付録11、P1102、[本]九11、一七5）がより寒い北方の満州から、単に寒い**ソウル**の**漢江**の地まで南下してまいりまして、召西奴が**馬韓**の**酋長**(シト)に**色目を使い媚びて**（**身を任せて**）**土地を分けてもらい**、そこに王都を建てて子を守り百済の前身の**伯済**(はくさい)を建国した

（ソウルの**石村洞**(セキソン)の**北方系の積石塚古墳**。写真1―12、[本]一7。一七5。テキストの集安の高句麗大王陵の口絵説明文。但し、それ以前は漢江**北**の**漢陽**〔尉礼忽。**河北尉礼城**〕が**プレ王都**であった可能性が大なのです〔全て漢江の南という考えも有力〕。[テキスト]付録11、P1120はアナタ必見です。南漢山城への遷都は始祖温祚王の十四年とされております〔「百済本紀」。但し、年代は加上〕。それまでは王母、**召西奴**が実質王の時代でした――この石村洞は後に高句麗自体が南下したときのものとの考えもございます。私が現地を一見しましても、高句麗のものとソックリだからなのです）

四世紀の頃のお話だったということになって参ります（一七5）。暖かい日本列島の倭には、前述のように古くから**密柑**（橘）はちゃんとあったのですから（一四9「七支刀」）。

ですから、お話を又元へ戻しますが、魏書等の中国史では、前述の様に、**狗邪**(クヤ)**韓国**は、例えその国名の中に「**韓**(カン)」という名が含まれてはおりましても（因みに、**古代朝鮮語**の**訓**では「**狗邪**(クヤ)**＝ク＝大**」であり、且つ、

「韓（カン）＝干（カン）＝大」でもございました。そういたしますと、つまり倭の「狗邪韓国＝大大国＝大大邑」ということになってまいりますよ——ですからアナタ、「到」が使われていたのです（後述）、先程見て参りました様に、この国が「倭人の国」だと中国の魏書がハッキリとそう言ってくれておりますことが判りますし（前述）、更に、嘗て朝鮮の人の書き纏（まと）めた史書の方を見てみましてもこの点全く魏書と同様だったのでして、その別の一例をここでも申し上げておきますと、次の資料の同じ頁の テキスト 1—3—3、P57の下ですけれども、

「朝鮮半島南端の釜山（プサン）地方は古くからの言い伝えでは、元は日本に属していた」
（『**続文献備考**（ぞくぶんけんびこう）』四裔考、東夷の条。同 テキスト P57下）

とさえ、言ってくれているからなのでございます（と言うことで、当然、気候〔暖流〕の関係でこの頃蜜柑があった可能性もございます**耽羅**〔**毛羅**〕**国**〔**済州島**〕は、前述のように中国史側から見まして、**倭の一部**と認識されていたとも言えるのです——ですからアナタ、「倭の三処女」が来て、地より湧出した三神〔良乙那、高乙那、夫乙那〕と結婚し国を作ったと言われております耽羅は、新羅に朝貢するまでは倭領そのものだったのです）。

そして、この「**釜山**（プサン）**＝浦上**（ポサン）」という場所こそが古代史の「倭と朝鮮との関係」におきましては正に**キー・ポイント**の地だったのでございまして、何故かと申しますと、ここプサンは「**倭の大乱**」の生じた**浦上**（うらがみ）**八国**そのものであったことを「**生きる化石**」である地名として今日に至るまでアナタに表わしていてくれていたからなのです（九9。その点につき、テキスト 10—1—2、P419下〜423下はアナタ必見です）。昔の朝鮮の人は、明治以降の「臍の曲がった」朝鮮人（だとすると若い朝鮮の女性は目や鼻よりもヘソの整形手術の方こそが必要だよネ）とは違って、日本に対してこんなに有難いことを正直に言ってくれていたのです。

この様に、アナタやアカデミズムが何らの疑問も抱かずに今日使っております「韓＝朝鮮」とか「朝鮮＝

半島」とか、「楽浪郡・帯方郡＝半島」という発想――実は幻想――は、古代におきましては、次に（又は、別述）述べます様に、実は全くの**インチキ**そのものだったのでございまして（文学部の歴史学の教授達のずり落ちる定義のユルフン〔弛（ゆる）い褌（ふんどし）〕には仮令（たとい）女子学生の前でなくても困りものです――相撲の途中でも股が見えそうになり「マッタ！」がかかりますし、アソコ〔TAMA・SAO〕を見せた方は負け（アウト）のルールです）、この言葉に、特に日本の若いアナタ、この今日的な先入観に短絡して「古代の真相」を惑わされてはいけませんよ。少なくとも古代の或る時期の半島中部から**南鮮の大部分**はこの様に**倭そのもの**だったのであり（それよりもっと古い時期には全半島が濊のみ）、つまり、早い話が中国史や朝鮮史によりましても

「**倭とは対馬海峡を挟んだ**［**海峡国家**］**そのものであった**」

ということが明白だったからなのです（より古くは半島のみか？）。素直な心で、先入観を持たないで古代史を出土品（弥生時代から続く朝鮮半島南部と北九州の**支石墓の共通性**〔又、少し異質ですが縄文の死んだ胎児の伏甕との関係も〕。アナタもよくご存知の**須玖（すぐ）岡本遺跡**の中心墓など――甕棺と特殊器台との関係につき、九13）、更には前述の文献などからコスモポリタンに総合して見ますと、それ以外には考えられないではありませんか。そしてしかも、この様に朝鮮半島南部と列島の一部とは古い或る時代には**その言語すらも共通**だったのです（**古代の朝鮮語＝古代の倭語＝それは海峡語。南鮮と今日の関西との**「**高低アクセント**」**の共通性**はその名残り〔証拠〕です。テキスト23―5―21、P988下。同17―5、P754下、同23―5―25、P994上。京言葉の「オーキニ」の二種の高低アクセントにご注意）。

本日の最初に、アナタに、科学の発明のみならず歴史でも「**ハテナ？**」や「**想像力**」による今までにないものの「**創造**」ということが特に大切なんだというお話を致しました。そのとき、伽耶と倭のヨロイの鉄板の短冊及びその「**綴じ方**」が三種あり、それが**縦**か**横**か**三角**かということ（朝鮮半島出土の「**三角**」鉄板の

鎧(よろい)――これも又、実は**倭に特有**のものだったからなのです――につき、朝鮮の**多羅**(たら)の陝川(ハプチョン)の玉田古墳、**安**(あ)**羅**(ら)の咸安(ハマン)の道項里古墳、**金官加羅**(きんかんから)の東の**東萊伽耶**(とうらい)の福泉洞古墳などからも出土しております）に基づく私の**直感**をお話致しましたが、これ等のこととも チャンと整合性を持って来るどころか、逆に、そもそもこれ等が出土した部分の朝鮮が、古代には「**海峡国家倭**そのものの**北半分**であった朝鮮半島部分」だったということになって来るのですから（「倭＝伽耶」ですので、残りの倭の南半分は今アナタのいらっしゃる海に浮かぶ日本列島（西半分）部分ということになって参ります。但し、東国は前述及び後述のように、相当後まで外来勢力の群雄割拠のカオスの状況でした）、初めに提起致しました**私の**「**切り口**」、つまり、嘗ては「南部朝鮮と列島が同じ倭であった」という**仮説**は、正に、ドンピシャリで正しかったということになってまいります。

ところでアナタ、先程もちょっと触れましたが、「**朝鮮という言葉の定義**」に付きましても、中国史をよく読み込みますと、実は、私のテキストにも十分説明してございます様に、古くは「**朝鮮**」**という中国史上の言葉**、例えば、**三千余年**も前の**殷**(いん)・**周代**(しゅう)の**箕子朝鮮**(キ)、更には**二千余年**も前の**漢代**(かん)の**衛氏朝鮮**(エイ)などというものが、実は、朝鮮と言うその言葉とは裏腹に、朝鮮半島からは凡そ(およ)関係のない、遙か遠く掛け離れた「**満洲や遼東半島**(りょうとう)」の地を指していたことが明白だったのでして（その原因の一つといたしまして、そのモノサシとなる「**遼河**の故意による移動」という点に、定義が弛褌(ユルフン)の軽率文学部卒のアカデミズムが騙されてしまっていたことにつき、後述。又、箕子朝鮮（**姓は子**(し)**のみ**）も、「①**周都**→②遼西の**昌黎**(しょうれい)→③**孤竹城**(こちく)→④義県医無呂(いむろ)→⑤遼河の**海上**」と**満州内のみでの遷移**であり、これ又**朝鮮半島とは一切関係なく**、**高麗**(こうらい)の15**粛宗王**〔顒〕代〔一〇九五～一一〇五年〕に至り――これは、なんとアナタ、箕子朝鮮がこの世に出てから、二千年も経ってから――平壌外免山の上に祠を造ってから強引にそうしてしまったからに過ぎなかったのです。日本のアカデミズムと同様に、今だに歴史音痴の一般の朝鮮人はそう信じ込まされてているのですが、この時点でのインチキによる、殷人の子胥餘〔須臾〕の墓のトンデモナイ場所！での）、これは

現代の朝鮮半島とは地理的に何ら関係が無い地域

を指していたことが判って参ります〔殷最後の紂王の叔父〔父又は母の弟〕であった子胥餘。漢の恵帝〔在位BC一九四―一八六年〕のとき九百年続いた箕子朝鮮四一世の箕準は衛満に追放されてしまいました。因みにアナタ、序ながら、古くBC四世紀頃に宋の国都睢陽〔河南省商邱〕の東北の蒙沢〔大沼〕のはずれの殷の賢臣の箕子の墓を見下ろす丘の斜面には「荘子」――私が十代の終わりの高校生の頃、特にこの中の「雑篇」の列禦寇〔第三十二〕と「内篇」の逍遙遊〔第一〕にいたく感銘し「座右の書」に加えたことがございました――の家がございました。箕子朝鮮につき、一八7。又、朝鮮半島を南下し「辰王＝鮮王」となったことに付き、別途第六章）。

ではアナタ、この右の**古い時代の朝鮮人**が〔今はどうなっているのか〕と申しますと、その実情には凄まじいものがございまして、漢などに満州の山中に追われて篭り、やがて更に追われ遙か**沿海州**などの辺境人となり、後に**沃沮**（ヨゾ＝蝦夷）・**粛慎**（シュシン）とも呼ばれ**置溝婁**と化してしまっていたのです（アア、可哀そうに！――但し、見栄っ張りの韓国ドラマは、こんなこと格好悪いので曖気にも出しませんが）。このことは

古代満州語で「朝鮮」とこの「粛慎（邑婁）」とが同音

であった――中国人はよく知っていてこの同音の漢字を使った――ことからも明らかなことだったのです〔古朝鮮族＝粛慎＝邑婁〔粛慎→挹婁「挹婁、古粛慎」〈後漢書挹婁条〉〕＝**沃沮**＝置溝婁〔北沃沮＝置溝婁〈後

1

漢書〉」)。ですから二千年前、三千年前の中国史に現れておりました古(いにし)への朝鮮人〈古朝鮮人(コチョソン)〉の子孫たちは、今、悲しいかな満州の隅や沿海州、更には、アナタ、何と！ **渡海してここ日本列島東北部以北**にまで追われて（ですからアナタ、その動かぬ証拠といたしまして

「古朝鮮語の**サシ**＝**砦**＝アイヌ語」「中世朝鮮語の**ナイ**〈nai〉＝川＝アイヌ語」

などの**古朝鮮語とアイヌ語との驚く程の共通性の謎**もこう私こと「古代探偵」のように考えてまいりますと、初めて〈本邦初公開〉一発でアナタにも解けて来る筈です〈そういたしますと、アナタ「**佐渡嶋北**(さどのしま)……**有**二**粛慎人**(みしはせのひと)一、**乗**二**一船舶**(ひとふね)一**而淹留**(とどまる)」〈欽明紀五年・五四四・十二月〉とございますこれらの**六世紀**の粛慎の人々も、古(いにし)へに遡りますと、実は辺境に追われ変わり果てた**古朝鮮人**の成れの果ての哀れな姿の一態様だったのです＝ですからアナタ、これはコスモポリタンに見ますと、古朝鮮人と後の単なる今日へ繋がる朝鮮人〈実は民族が全く異なります〉との異郷〈列島の佐渡〉での合体・邂逅でもあったのです〉」。[テキスト]21—5—2、P902下。同10—1—5、P428。同23—5—2、P963上。同13—1—2、P546上。ですからアナタ、**古**モンゴロイドの「**樺太**アイヌ」とは異なり、「**北海道**アイヌ」は**新**モンゴロイドの**ツングース**で**古朝鮮人とも人種的に同一**だったのです。[テキスト]29—4—1、P1051〜1052下必見)、密(ひそ)やかにこんな沿海州の僻地や日本の北海道や東北の片隅でまで追っ立てを食い、古朝鮮人は現地に溶け込んで〈混血して〉今日まで生き長らえて来ていたのです（このように沿海州の**置溝婁**(ちがる)〈**チコーロー**〉と津軽半島の**津軽**(つかる)、ロシアの**ウスリースク**と下北半島の**恐山**(おそれざん)の**宇**(う)**曽利山**(そり)〈**宇曽利湖**〉とは、中学生でもその音(おん)の共通性から即座にお判りになるように、日本海〈湖＝[テキスト]表紙参照〉を挟んで古代の或る時期には、正にアナタ、遠くに追われた**古朝鮮人を中核とした同一民族圏**を形成していた〈ここにも又、もう一つの**北の海峡国家**有り！〉ことが判って来るのです。[本]六。更にアナタ、証明を加えますと、後世ヤマト朝廷と戦いました東北の**悪路王**(オロ)と**掲妻**(ユーロー)とも古くは音が同じですので〈七5〉、

或る時点におきましては、沿海州と東北とは同じ一族乃至は民族が混血していたことを示していたのです。これらは皆本邦初公開。このように、**日本列島の北方**には、何とアナタ、今の朝鮮半島の人々とは何ら関係ない**古朝鮮人の子孫**たちが今日まで生き延びていたのです――だからアナタ、ツングースのように頬骨（ほほぼね）・顴骨（かんこつ）（鰓（えら））の張った（祖先代々皮を歯で噛（か）んで鞣（なめ）すので）その容貌はソックリで**遺伝子解析**しないと区別出来ません――だからこそ韓国の若い女性も本能的に美容整形で細顔（小顔）にしたがるのだ）。

今度は、歴史の「いろは」についてですが、では朝鮮**半島**を指す「**今日の朝鮮**」という言葉が一体**いつ頃から認められる**ものなのかと申しますと、何とアナタ！　中世の高麗（コウライ）の更に後の、**李（リ）氏朝鮮**（**一三九二―一八九七年**）**の一五世紀直前の一三九三年**（後述、明史）**からの**「**朝鮮**」**という言葉**（韓国のＴＶドラマ女医「**チャングム**」の頃か？　だとすると精々（せいぜい）四、五百年！）**に起因**するものに過ぎなかったのだ（だからアナタ、「朝鮮という概念」は、こんなにも新しかったのだ。その中国史における証拠は「高麗李成桂……自立……更其国号曰朝鮮」『明史』太祖洪武二十五年）、ということにアナタがお気付きにならなければいけなかったのです。先ず始めにこれ等の**定義**を、仮令（たとい）アナタが法律家でなくても、ここで確（しつか）りとご認識しておいて下さい（強いて申しますと、今から二千年余前のＢＣ三七年の伝・高句麗建国のころの古朝鮮族の幾つかの中心の一つは、確かに満州の入り口の**寛甸**辺りにもございましたが――。一九）。

この様に

「**朝鮮**」「**朝鮮人**」**と言う言葉は、実は、長い間、**
現在韓国や北朝鮮という国家がある「朝鮮半島とは縁（えん）も縁（ゆかり）もない言葉」

だったのです（先入観は禁物！「殷」以前からのこの民（子氏＝所謂（いわゆる）箕〈奇〉子朝鮮）の、やがて古朝鮮（コチヨソン）、粛慎（スシン）、置溝婁（チコーロー）、沃沮（ヨソ）、蝦夷（エゾ）へと変化（ですから「古朝鮮＝蝦夷」だった！）してまいります民族の「追って立て」（流れ）に付き、別述も参考）。この言葉が、歴史と民族とを知らない暗記主義オンリーの偏差値坊やの今日のアカデミズム——文学部出身の定義がアバウトな歴史文献学者——により一人歩きして、アナタを、そして祖述主義のアカデミズムを、「韓」「朝鮮」についての**定義の不十分さ**により、「楽浪や帯方という概念」が朝鮮半島内のことだ（つまり、一例として帯方郡がソウルだ）などというウルトラ・ナンセンスなことをも含めまして、何の疑問さえも覚えず、初めから誤らせてしまった歴史の大きな誤り（大罪）がここには隠されていたのです。序ながら、今日の国際的な英文の Korea の語源すらも、日本の平安・鎌倉時代に半島に存在し、元の手先となって二回も日本に攻めてまいりました「高麗」国に由来するものだったのです。これ又、古くはなかったのです。

古朝鮮の位置につき、その証拠を見てみますと、

「朝鮮……三水合為冽水」（『史記』中の裴駰の「史記集解」）

とございまして、ではその冽水とは、

「列水在遼東」（『後漢書』郡国志）

と満州のその当時の遼東に在ったのであり、しかも、

「列水……西至黏蟬入海」（『漢書』地理志）

とございますように（「黏蟬の碑」につき別述）、これは本渓を通って黏蟬で遼東湾（楽浪海＝渤海）に注ぎます太子河に他なかなかったことが判って来るからなのです（山形明郷氏）。これにて歴史音痴の朝鮮人と日本のインチキアカデミズムの考えは木端微塵に玉砕。古朝鮮が平壌（楽浪郡）や京城（帯方郡）だなんてチャンチャラ。御愁傷様。明日からは教科書変えてよね。やっぱり古朝鮮は中国史によっても、このように満州だったのだから（後述）。

因みに、実は、古への構成メンバーに**倭人を含んで**おりましたところの古への辰（鮮）国から分かれました三韓の盟主たる**馬韓**（三韓の盟主としてここの辰〔鮮〕王が治める）・**弁辰**自体（この中の「**弁＝カル**」という集団は、前述のように、後の「**任那連邦＝伽耶連合＝海峡国家の倭人連合**」そのもののことだったのです。この辰王が任那を統治したことの証拠は、中国が認定した馬韓王の長い称号〔優呼＝美称〕の中〔特にその末尾〕に「……臣雲遣支報　安邪踧支濆　臣離児不例　拘邪秦支廉之号」〔これは陳寿『三国志』の内の『魏書』東夷伝韓条馬韓〕とございまして、もしこの末尾を『遼史』〔耶律羽之纂、頌之三〕のように「珂洛秦弁支廉＝拘邪〈すべ〉しらす」と読むことが出来〔スブ＝統ぶ〕、そして「安邪踧支濆臣離＝安耶人〔シト〕聖」と読むことが出来ますならば「安羅〔倭〕王が治める伽耶の本家筋の辰〔鮮〕王」の表現とも考えられるからなのです〔テキスト9―1―5、P337上必見〕）につきましても、これ等は全体的により古くに**朝鮮半島を満州の遼東辺りから徐々に南下**して来ていたのです。その一例を、時間は前後いたしますが次に申し上げます。その南下の途中の

①**全州**の**比自**→南鮮の**昌寧伽耶**の**比自火**。

②**多利**につきましても、陜父（ニギハヤヒ）の一族の高句麗から北朝鮮の妙高山へ（後述）、そして多羅（陜川）から**上・下哆唎**より**下哆唎**への南下縮小（→列島の河内の哮峰）、更には、

③馬韓への北扶余からの**伯族の南下**（百済本紀）、そして百済の建国。

④　又、古への辰国から分かれました馬韓王として三韓を統治いたしました（前述）辰（鮮）王が満州から朝鮮半島へ南下してまいりましたことの証拠として、遼東半島の先端に十二世紀の初めでも馬韓島（現・長興島）が存在していてここに嘗て馬韓領があったこと（『金史』の分析、亡・山形明郷氏――中国二十四史の解釈で地理的に信用出来る日本人は有史以来この人のみ）、そして中国史による

満州での百済の領有地の存在（テキスト「はじめに」P5下『宋書』東夷、『梁書』百済系他）。しかも、「楽浪（カウラ）＝カラ＝韓」で、その南下をも示していたからなのです。

⑤**今来（いまき）の秦氏の北扶余より辰韓への南下**は、**蔚珍（ウルチン）**（「ウルルン島→伯耆ルート」での宗形神の出発地）の北西約八ｋｍの「**下塘＝ハダン＝波旦（ハタン）＝海曲（バタ）pataI＝秦（バタ）**」**の碑**（一九）が証明しております（遠海面徳新里。一二3。一九）。それにアナタ、

⑥**三韓**に分かれる前の紀元前の朝鮮半島の馬韓の一部の、後の百（伯）済のところの**月支（げっし）**（**目支**）国に居住していた**辰王（しんおう）**（**鮮王**。これは**韓族**ではなく、満州から西朝鮮湾を渡って南下してまいりました**騎馬民**でした（別途）。テキスト9―3―9、P376下）

は、正に中国史が言うように、**北扶余**などからの「**流移の人**」の氷山の水上突出部だったのであり（本六）、この一族らを含め、時間をかけながら、特に⑤は半島東部を南下し、その南部に吹き溜まり、やがて**倭**に至り、特に⑤と⑥はそこで「**今来の秦氏**」の一部と化していたのです（実は「**秦＝辰（しん）**」「**辰（しん）＝鮮（しん）**」でもあったのだ。と言うことはつまりアナタ、実はアカデミズムの言っている**秦氏**の出自は、中国の「**秦帝国**」とは全く**無関係**だったのです）。

そして、秦韓・新羅（この構成員の一部には**今来（いまき）の秦氏**を含みます）が、今アナタに申し上げましたように北方遊牧民の**扶余の出自**（少くとも王家の混血）の要素を含んでおりましたことは（一四4。九10）、高句麗の支配から**六世紀**の初めに独立してから新しく**斯羅**（新羅＝**サナ**）と名付けました（尚、七4。日本での「早苗（さなえ）」さん。「真田（さなだ）」さん。天誅・承知のサナちゃんも？）その名自体の分析からも判ることだったのです（ですからアナタ、天智大王が崩御（十二月三日）した同じ年の「天智十年（六七一）紀」是歳条に見られます「**鼎（かなえ）鳴る＝銅鐸が騒がせる**」との表現は、実は、「カナへ＝サナへ」を意味（暗示）しており、こ

1

の裏の意味である「**銅鐸鳴る**（さなえ）」という鳴り物〔軍器〕入りの不可解な表現の中にこそ、「**日本列島を新羅**（サナ）〔**加那**（カナ）〕**が占領し＝そしてこの年に天智が崩御した**」ということ〔新羅占領軍の東国の官牧の王子クラスの支配民の墓でございました**武蔵府中熊野神社古墳**〈日本最大の新羅石工（せつく）の「切り石造り」の上円下方墳〉に付き、別途〕の、その作者からアナタへの奈良日本紀レベルから存在しておりました「暗号＝伏線＝メッセージ」が含まれていたと見るべきだったのです。因みに、「天智が崩御した同じ月の十一日」のところに、何故か後に出てまいります古代の謎の一つでございます「吉野（えしの）の鮎（あゆ）」の童謡（わざうた）〔新羅軍による唐軍排除〕が掲載されております。一二7）。

ですからアナタ、当初の**新羅**を表します**斯**（sʌi＝**サ**）**盧**（nʌi＝**ナ**）又はそれに**伐**（par＝**パル**）を加えましたその名（「**新羅本紀**」の冒頭の「**徐那伐＝Sai—nai—pʌr＝サナパル・セナバル**」という国名）は、**新**（sai＝**サ**）**扶余**（pʌr・pur＝**プル**）や**東**（sai・sʌj＝**サ**）**扶余**（pur＝**プル**＝pʌlk＝パル＝光明）を表す言葉とも**同一**でもあったことにもご注意下さい（だから、東扶余と新扶余とは同じ意味且つ扶余族の南下の証拠でもあったのです。しかもアナタ、スゴイことに「濊＝sʌj＝東」で新羅の古名の「sʌj-nʌj＝東方・東土」とも一致し、且つ、日本紀の豊葦原中国の「葦＝sʌj＝濊」なのですから、これらにより濊〔倭種〕の南下と新羅の古名と日本列島の元初の名すらもが一致してしまったのです。アジア初公開）。

この**徐那伐**（セバル）・**徐伐羅**（ソバル）（本来は**鉄・王都**を指す古朝鮮語が語源です〔ソ＝鉄〕。テキスト15—3—11、P629下必見）が日本列島へ入り、やがて「**R・L**」の**発音が苦手**な日本人（テキスト23—5—21、P989下）により**ルが脱落**し（セバル→セバ）、「**セバ＝周防**（すほう）**＝諏訪**（すわ）」の国（山口県、長野県の一部）となっていたことが判るのです。

——ところがアナタ、大和の**葛城**（カルラキ）地方では、正にその名の通り、「**伽羅来**（カルラキ）」の渡来人（朝鮮半島部分から来た倭人）ばかりだったからなのでしょうか、実に面白いことにここの人々だけは、何と！その**逆**の現象が見られまして、何故か日本人の不得意な「**ル**」**の音**の方へと**逆に**一八〇度変化して、その言葉が「日本列島に昔からあった言語」であるにも拘わらず（それとも、実は逆で、本来はこれらは外来語だったのかナ?）、「ねずみ→ネ**ル**ミ」「みず→ミ**ル**」（因みに、シッキムの先住民〔焼畑、父系、外婚、一妻多夫〕に残っているレプチャ語〔母音七音〕では「海＝ミル」）「すずり→ス**ル**リ」「ひだり→ヒ**ラ**リ」（御所市史）となってしまい、**他とは逆**なのですが……。紀元後、今の畿内人の支配者層の主軸となった人々と同じ**高低アクセント**の「倭人＝伽耶人」でも（テキスト23—5—25、P994上）、半島の倭人と列島の倭人とでは、この様に「ラ行」の発音との親近性には本質的に大きな差異が認められるのです（七4）

——

ところでアナタ、**北倭系**（テキスト9—4—2、P380、384下、同9—4—4、P46下）**の渡来の人々が比較的多く住み着き**（**土着いたし**）**ました地域**では相変わらず**原語セバル**のまま**R音を脱落させないで**残して、但し、少し形（音価）を変えつつも、

「**背振**（佐賀、福岡）＝佐布里（愛知）＝佐布里（福井）＝**早良**（熊本、静岡）＝草羅（朝鮮半島）＝**早良**（福岡）＝椹島（静岡）＝椹谷（岐阜）＝薔原（大阪）＝匝羅（朝鮮半島）＝**酒匂**（神奈川）＝佐川（高知）＝栄和（埼玉）＝世羅（広島）＝下蚊屋（＝下伽耶、鳥取）」

等と変化してゆき（九10）、**王都**（**金城・京城**）を表わします**古朝鮮語の**「**セバル**」「**ソバル**」がこれら**日本全土の地名**の中に含まれていた（更には、第一次〈高句麗〉、第二次〈新羅〉の外圧により、朝鮮半島から渡来〈移住〉して来た**六世紀**の「伽耶＝倭」の新しい人々がこんなにも沢山**列島全土に広まって**いった——更には、後の「新羅の日本占領」を後世にまで伝える物言わぬ生きた——証拠）という可能性も強く推測且

つ証明出来るのです（町村合併で類似名になったものは当然除きますし、又、「**地名＝生きる化石**」の漢字に囚われないで、アナタは目を瞑ってそのアナタの土地のローマ字の**音**だけを**歴史の心**で聞いてみて下さい）。

——鉄民の八岐大蛇の本貫の「卒本＝ゾルボン」（卒本扶余）も、遡れば古朝鮮語の「ソホル＝鉄」の訛ったものであり同系であった（ズバリ鉄民！）ことにつき、テキスト15—3—11、P629下。尚、同16—2、P700上。本一九章——

と申しますのも、アナタもご承知のように、既に今を去る千三百年前の和銅六年〔七一三〕のレベルで、既に

「**制。畿内七道諸国　郡郷名着二好字一**」

と『**風土記**』（解レベル）の編纂を命じたと**同じ頃**に（序2）、諸国の**郡**・**郷名**を「**好きな字**」に中央政府は国家命令を出してまで改めさせて、そのオリジナルな真相の由来——半島の出自——に後世遡りにくくさせてしまっているからなのです（今日の**朝鮮での漢字地名**の**ハングル化**と全く同じ思想です〔別述〕。国につきましても、木国→紀伊国、上毛野国→上野国と同様です——このように、朝鮮でも列島でも、それなりに「さりとては」の理由があって「地名隠し」が行われていたのです）。早い話が「渡来系の要因に基づいていた**地名の隠蔽工作＝和風化**」だったのです——平安朝〔日本化〕はその完成。

又、満州・朝鮮半島東部の今は忘れられた「倭人＝瓦人」を含む祖先の一つでもございました**濊貊の部族**につきましても、実は古代中国音で **Kuat—mo** と表わされており、これが倭国の正史上でも**同一民族**ということで「**貊＝狛＝Koma＝コマ＝高句麗**（「**欽明紀**」十四年八月七日）

と表わされ（金元龍氏。更に中国史によりましても高句麗の母国の扶余は「濊族の地」とされております。民族的に了解！）、そして先程の新羅の古名の「徐那伐＝徐伐＝所夫里」といいますのも、抑が、そこに渡来支配いたしました**民族名**の**濊**（sai＝サ）**貊**（pak＝パク）からの**借字そのもの**だった（梁桂東氏）ということも十分考えられるからなのです。そう致しますと、アナタ、ここでも**王都をソバル**（**金城・京城**）と名乗った新羅の王家レベルの主流の**出自**というものが、当初呼ばれたその名の由来からも、抑、少くとも「**貊＝高句麗**」**との混血**（**遊牧民**）であったこと（つまり、正に、中国史の読んで字の如く**流浪の人**）をも示していてくれていたのです（中国史によりましてもこの点同様でして、「**魏の毋丘倹が高**（**句**）**麗を伐ったとき、王の位宮**（**10山上王**、一九七～二二七年）**は沃沮**（**ヨゾ＝エゾ**）**の地**（**咸鏡南道**）**に逃げ、王は戻りましたがそこに残留した高句麗人が南下してプロト新羅**（**つまり辰韓の一部**）**を作った**」（『**隋書**』新羅条）ともズバリ凄いことを記してくれておりますよ（歴史地理的に了解！）。これで完璧。カッコ内筆者）。しかもその後の五世紀に至りましては、新羅が約七十年間も高句麗に占領されておりましたし（別述）、その占領の末期には、扶余が高句麗に降っており（四九四年）、そこからは「高句麗の母国扶余（濊を含む）＋高句麗」というセットでの文化が朝鮮半島に入り込んでおります（その人々が日本列島を占領＝奈良朝）。

この様に、「**今来の秦氏一つ捉えましても北夫余から半島東岸を南下した**」人々だったのであり、そしてそれらの人々と倭との関係におきましては、金官に留まらされておりました過程で、そこでの当時の支配者でもございました金官（倭）とここでも再び混血し、やがて「葛城襲津彦＝金官6坐知王がそのモデル」により列島へと同行されて来ていた（このことがアナタ、日本紀上では一代ずれて「秦弓月君＝金官7吹希王」の民を率いての渡来と表わされていたのです。テキスト付録8、P1117必見）、ということの証拠は、アナタ、この日本にも朝鮮半島にもチャンとございまして、そのナイス・エビデンスの一つは、「**秦忌寸**（はたのいみき）。**神饒速日命**（にぎはやひのみこと）**の後**（すゑ）**なり**」（『**新撰姓氏録**』山城国**神別**）（「諸蕃」の方ではない。後述の松尾大社のところ参照）という他とは体系上全く整合せず、アカデミズムからは一見不可解なので長い間無視されて研究対象から放置されまいりました奇妙なこの一文の中にこそ、平安朝の大改竄で、秦氏自身の「**差し金**」（正に蒔いた金の力）により「秦氏の出自が隠され」（**満州**〈北扶余〉・**朝鮮**からの渡来→これが**中国秦**からの亡命・渡来へと化ける〔朝鮮の中国化〕）てしまった後にも、奇跡的に秦氏（但し今来）が**北方系の満州・朝鮮の出自**であった（後述）のだという真実が一部残されてしまっていた、アナタが決してこのことを見逃してはいけない、仮令（たとい）極小とは申せ貴重この上ない小粒のダイヤモンドの光（ヒラメキ）のような一握りの暗示が存在していたことを、私こと「古代探偵」は見逃さず発見出来たのです。

しかもアナタ、右の文献に加えまして、〔今来の秦氏の朝鮮半島東岸の南下の**考古学的証拠**〕と致しましては、慶尚北道**蔚珍郡**（ウルチン）（ウツウツ郡）には、前述のようにチャンと「**波旦**（ハタン）**の碑**」がございます（本一二3、一六4、P1041。テキスト4—2—1、P168、3—4—1、P160上。現在でもそこには行政区画として、**下**（ハ）**塘里**（タンリ）が残っておりますよ〔しかもアナタ、更にこのことは、定着地点でこの一族が用いました京都「**太秦**（うづまさ）**＝珍正**（うづまさ）」の**秦氏の朝鮮での故郷**〈**本貫**〉の「**蔚**（ウツ）**＝珍**（ウツ）」という地名をも示しており——その出自を隠すために「宝物がウヅと積まれて」なんてごまかして——、アナタも今日これらによりこのことを再確認出来るのです。宗形神〈プロト宗像神〉の「蔚珍→伯耆」という伝来ルートにもご注目。別述〕。尚、**村主**（すぐり）につき、序5。今来の秦氏の北扶余からの南下につき、本邦初公開）。

そして、更にアナタ、この点、私こと「古代探偵」が東洋史全体をコスモポリタンに広く見渡してみますと、この中国領内の高句麗の桓仁から北朝鮮の清川江上流の平壌の東北東約百二〇kmの妙高山へ降りた（前述）と伝えられております右の「ニギハヤヒ（天火明命）の満州でのモデルが北扶余の陜父」――朱蒙の高句麗建国に貢献した鉄民の「南＝赤」部の酋長の一人。剣（但しアナタ、日本紀の神話上では、このお話の出自が判らないように銅剣とごまかされてしまっております。以下同じ）の出た八岐大蛇のモデルは人でした（八岐大蛇＝歴史上の人物説）。列島に入り物部氏の祖となります――だったということが判って来るからなのです（テキストP1120。本一九。この八岐大蛇に相当する人物の存在の証拠をアナタがお捜しになるのなら、そのヒントが『三国史記』「高句麗本紀」始祖東明聖王条に隠されておりますので、そこをご覧下さい）。

それに加えまして、京都太秦の地に今はございます、景教（キリスト教ネストリウス派）系の匂いの濃いと言われております秦氏の広隆寺（秦公寺。秦河勝の法号「広隆」を寺号としたので、このように広隆寺と呼ばれたのです）の近くにございます、特異な三柱〔神〕鳥居で、古代史の好きなアナタは既によくご存知の元糺（これは賀茂の大神の糺――罪を厳しく問い尋ねる――〔の森〕に対してよりオリジナルなここの元糺を意味していたのです〔テキスト17―6―3、P762必見〕。そう致しますとアナタ、このことの意味するところは歴史的にどういうことなのでしょうか？　更に丹後〔籠神社の境内社の、下鴨神社の「葵祭り」の元祖でもある「藤祭り」の真名井神社〕まで遡る？）の

木嶋坐天照御魂神社

の境内には「**蚕の社＝養蚕神社**」や半ば破壊された古墳（誰の？）もございます（それにアナタ、直ぐ近くに大酒〔大辟・大僻・大避〕神社〔荒＝裂＝秦氏による嵯峨野の開墾〕もございますし、京都にいらしたら国宝第一号の弥勒のある広隆寺だけでなく、必ずここ〔直ぐ近くの〕古代史のマル秘スポットにも寄って

みて下さいネ）。しかも、ここの三つ鳥居の各辺の**直角**方向①②③には、

①秦　**泰澄**（たいちょう）の開いた　**愛宕山**

②秦　**忌寸**（いみき）　**都理**（とり）の　**松尾大神**（まつのお）の**松尾山**

③秦公（きみ）　**伊侶具**（いろぐ）が　**荷田春満**（かだのあずままろ）（本一九）の祖先の荷田氏から古くに「奪い取った」**伏見稲荷**〔その証拠に、**幽閉**された形で生かさず殺さずで、祟らないように今日まで祭られている**大八嶋社**（おおやしましゃ）の姿を見よ。七5）の　**稲荷山**

が鎮座しておりますことから考えましても、誰が見ましても「この三つ鳥居の神社と秦氏との関係」は一見して明白、否定は出来ないのです。

但しアナタ、この木嶋社の本来の祭神は、ナント、「**ニギハヤヒ＝天火明命**（あめのほあかりのみこと）」との口伝が地元には根強く残って——秦氏と満州の物部氏（共に北扶余系）との接点がこんなところにも隠されていたノダ——おりますので（『神祇志料』）。因みにアナタ、もしニギハヤヒが、①天照国照彦＝アマテルクニテルヒコと、②天火明＝アメノホアカリと、③櫛玉饒速日尊＝クシダマニギハヤヒノミコトとの三柱〔神〕に分析出来るといたしますと、ここの三角形に配置された「三柱（みはしら）鳥居」と大和の三輪山の麓の大神（おほみは）神社の現摂社でこの北方の巻向川に近い〔その又北方に穴師（あなし）神社〈安羅・安那（アナ）の天日矛系か、それとも多羅の大生氏・物部氏系か〉あり〕檜原（ひはら）神社〔旧笠縫村。アマテラスが「三輪山＝御室嶺（みむろのみね）」上宮（うえのみや）に祭られることになるその前〈先行神〉のニギハヤヒが祭神——それより古くは山自体がご神体でした〕の並行に並んだ「三ツ鳥居」とは、共に三柱〔神〕の三つの鳥居ということで、古くは両者に何らかの深い関連があり、しかもアナタ、古くからの口伝では双方の祭神が共に「物部系のニギハヤヒ＝大国魂」であったということとも見事に繋がってまいります。と言うことでアナタ、山背の木嶋社も大和の大神社〔その摂社の右の檜原社をも含む〕も、共に本来の

「消された祭神はニギハヤヒ」だった！　それが抹殺されてしまった！　これ又、本邦初公開のサービス）、アナタ、尚更なのです（やっぱり**今来の秦氏は**、改竄され尽くしました右の「新撰姓氏録」からもポロッと漏れて出て来ましたように、満州の**北扶余から主として朝鮮半島東部を南下して金官加羅**〔半島の倭〕を経由〔暫く留まり混血し〕して列島の**豊日国**〔九州北東部〕へ、そして、**八岐大蛇**の日本での舞台とされてしまいました**出雲**へとやって来ていたノダ。テキスト17—1—5、P717—721はアナタ必見です）。

ところでアナタ、物部氏の大神でございましたニギハヤヒ大神を、この日本に於いてこの世から抹消した主役が一体誰であったのかと申しますと、実は、それは巨大な財力（米と水と鉄）を持ち女を藤原氏に嫁がせることに熱心だったこの太秦の秦氏だったのです（本一九）。このことを大陸の出自まで遡ってコスモポリタンに私こと「古代探偵」のロイグラで東洋史全体を俯瞰して考えますと、初めてそこに実に面白いことが見られまして、これは、自国を滅ぼされました北扶余人（今来の秦氏）による、滅ぼした相手である高句麗の赤（上）部（鎧を射抜く錬鉄の鏃を造りました鉄民の陝父——ヲロチ化されてしまいました八岐大蛇の大陸でのモデル＝物部氏とその神）に対する亡命地日本列島に於ける「意趣返し」でもあったのです（北扶余 vs 高句麗という戦い）。こんなことアカデミズムは百年間は気が付かないでしょうが——。

『新撰姓氏録』山城国神別には「今木連。上に同じ」とあり、この氏は山城国宇治郡今木（万葉集1795番「今木の嶺。宇治市朝日山）に居住しておりました神魂命系の氏で、右の「上に同じ」とは、今は失われた原本には「神饒速日命七世孫大売大布乃命（『旧事紀』天孫本紀の大咩布命のことか）の後」とございました筈ですので、姓氏録の改竄によって物部・ニギハヤヒ系の今木（今来）氏の今木金弓、物部石弓、物部金弓連らが消されてしまった痕跡が、私こと「古代探偵」が眼光紙背に徹して見てみますと、ここに見事に残されておりましたことが浮き出てまいりますと共に、更には、ここ山背の地に古くはニギハヤヒ大神が鎮座しておりましたこと（三つ鳥居の木嶋社の伝承のように）が京でも十分推測出来るからなのです（ミッション――消された人々を発掘せよ）。

因みにアナタ、**藤原**（**中臣**）**神道のマジック**にこの千二百年間も洗脳され続けて参りました、今のアナタとアカデミズムには想像もし難いことでしょうが、当初の**奈良日本紀上では、東征した神武大王は、「天日矛＋ニギハヤヒ」をモデルとして作り出されていた**ということ（公孫氏・卑彌呼系の「**安羅＝倭**」王　プラス　**物部氏の祖**）（テキスト15―3―1、P609上）や、一国歴史主義の「井の中の蛙」のアカデミズムからは想像も絶するであろうあの**八岐大蛇**の**満州でのモデル**とは、少しは前にも触れましたが、高句麗の初代王の朱蒙に、**桓仁**（含、その南の**寛甸**）で**錬鉄技術**を制圧されて奪われてしまった、**沸流**（**プルル**）**国**（**松譲**〔**ソンヤン**〕**国**）の酋長が三人もいた大部族の**鉄民の頭**（前述の**陝父**）の「**松譲王**＝**多勿侯**＝**赤部**＝**南部**＝**上部**＝南下した**沸流百済**＝**物部氏の祖**」のことだったこと（テキスト15―3―1、P623下、625上、627上、P1120系図）等はアナタ必見です。

更にアナタ、アカデミズムが、それを私が一言いいますと顔を顰めるであろうコスモポリタン性を加えて、アカデミズムの息の根を止めるまでトコトン追い討ちを掛けてまいりましょう。それに、先述（序2）の東大寺の大仏の**当初のモデル**ともなりました**新羅系**の**釈迦如来像**のございます**蟠満寺**（紙幡寺。序2）の辺りの**木津川**のことを、古くはそこに住む人々が何故か**輪韓川**（倭の韓の川。しかも又の名は**泉川**。泉＝イズミ＝**和泉**＝ワセン＝**倭の朝鮮**――何故、「泉＝イズミ」だけではなく「和泉」でも同じイズミと言うのかは、このように**渡来人**の立場の思考を介することにより、アナタは初めてそのパズルのような謎が解明が出来てくるのです――）とも申しました（テキスト19―2―2、P863上。本七5）ことに加え、この辺りには古くには**大狛**

郷が置かれており、近い世の行政区画名につきましても、これが合併して山城町となる前には**上狛町**やズバリ読んで字の如しの**高麗村**すらもございましたし、現在でも木津川右岸には**上狛**、左岸には**下狛**の地名が残され――山背と高句麗との接点、古へのここに有り――ております。そして、それのみならず、上狛には**高麗廃寺跡**すらもございまして、この

「山城の狛のわたりの瓜つくり」

の謂れの「わたり」という言葉につきましても（九13、北陸ルート。一六4、P998、渡来神）、これが日本各地で

「亘り（渡来）→小谷→ウタギ→愛宕」

等と音韻変化して今日に至っております（ですから、アナタ、本来は愛宕という字名や**愛宕神社**の「ワタリ→アタゴ」はダイレクトに**渡来**〔**外来**〕**の神又は人そのもの**を表わす語だったのです〔当時は殆ど全てが外来ですが〕。これ又〔全国の愛宕の語源の外来性〕、本邦初公開です）ことからアナタにもお判りになります様に、「ここ狛村の人々が古くに高句麗からやって来た」ということを、「生きた化石」である「亘り」や「狛」の地名や右の「伝承歌」などが、更には「日本の正史」――「高麗人……置二山背国一」（欽明紀二十六年〔五六五〕五月）――からも、私が言葉で言う前にアナタに十分に示してくれておりましたことが判るのです（因みに、延暦十三年〔七九四〕十一月八日「山背→山城」と新号を制す『日本紀略』）。

この様に、共に**北扶余**から分かれてやってまいりました**高句麗人**や**百済人**とも、この**山背**の地は古くからこんなにも縁が深かったのです（古くはここへ**北**〔北陸――琵琶湖〕から入ったか、又**南**〔大和・摂津――大和川・淀〈大〉川〉から入ったかは別と致しまして。但し、六世紀に至っても、**高句麗人**が北の**越**から南下して琵琶湖、宇治川、木津川経由で**山代**〔六世紀にはこの漢字の表記です〕の**相楽館**〔精華町山田――

こんな裏手に**外交館**が、何故？　これは**消された古代の若狭・北陸ルート**が、六世紀頃までは**山背**への**表玄関**だった（朝鮮半島と関係していた）からなのです。つまりアナタ、その証拠といたしまして、ここ木津川の相楽郡大狛郷の泉橋〈橘〉寺の少し西〈約三百メートル辺り〉には、古北陸道の泉河の渡しである「狛の渡し」がございますので）へ入っております〔欽明紀三十一年〈五七〇〉四月二日、敏達紀二年〈五七三〉五月三日、**同三年**〈五七四〉五月五日。尚、一七3、剣菱型古墳〕。

又、**品陀和気**〔**応神大王**〕が**近淡海国**へ行幸した際に、前述の旧大仏のモデルのございますこの**木幡村**で**丸邇**〔春日氏――因みに、春日大社〈七5〉は**中臣氏**の社であり、藤原四家のうちの「**式家の実体＝秦氏**」だったのです〕の比布礼能**意富美**の女、**宮主矢河枝比売**にお会いになりましたが、その際に御歌をお詠みになられたその歌の中に、どうした訳か、アナタ、**都奴賀能迦邇**〔**角鹿の蟹**〕が出てまいりますのも〔『**古事記**』応神条矢河枝比売〕、これは古代からの**北陸と山背との深い関係**がそこに暗示されていたと、アナタは見抜くべきだったのです。因みに、この二人の間の子が**宇遅能和紀郎子**〔**仁徳**大王の異母兄弟。**倭の五王の「珍」**。同母妹に仁徳皇后の「**矢田＝秦**」**皇女**がおられます〕とされていたのです）。

辰韓・新羅経由で古くに南下して参りました**今来の秦氏**とは勿論のこと、後世の六六三年の白村江の役の後の**占領新羅軍**とも、ここ山背の地は深い関係がございました（相楽〔ソフリ〕もそのときの名残りか――そう致しますと、アナタ、**列島の略全部に満州・朝鮮系の渡来人が溢れていた！**　ということにもなります。支配者〔国造・郡司〕レベルでは）。私こと「古代探偵」の**古**へを愛する心（視野）は、他の方とは「ちょいとスケールの大きさが違う」のかも！　エッ！　アナタは私に追い着けないって？　そうなのです、私はアナタより十年早く生まれ過ぎた（常にアナタより十年先を見ている）歴史界における**孤独（高）の人ドン・キホーテ**（テキスト32―2―3、P1095上）なのかも？

更に、アナタ、**言語学**的な証拠から見ましても、そして共に同じ**アルタイ系**だとは申しましても、更にその中での遠近を分類いたしますと、**語末の母音が消えて**しまいます（これを**閉音節**と言います）**新羅語**や現在の**北朝鮮語**に対し、**満州語**や**ツングース語**や「**扶余語**」――扶余は濊族の地に建国されました――では、**語末の母音が残る**（これを**開音節**と言います。これは**地名**に保存されている**古**（いにしえ）**への音**を証拠としておりますので間違いございません）という大きな相違が見られまして（犬飼隆氏）、その区別によりますと、**日本語**も、お隣の朝鮮半島をピョンと飛び越して、**より遠い満州の「扶余」と全く同じ**

（尚、扶余からの分かれた古代の**高句麗の数詞**が今日まで日本に残されておりました奇跡につき、一5、テキスト17―5、P753下は、アナタ必見です。「扶余＝高句麗」が濊族〔倭種〕の地に建国されたので、既にこの時から倭と濊とは繋がっていたのです）

であったというアナタにも誰にも信じられないようなことも、天皇家の祖先についての私のような立場に立った場合、大変説得力を持つその証拠の一つと十分なり得るからなのです（早い話が、**北扶余**から**人**〔**天皇家の祖先**――更に、この出自は遙か中央アジアの**月氏のサカ**にまで遡ります。別述〕がダイレクトに来たからそこの支配層にその言葉が残っただけのことだったノダ。言語の近親性がそこには見られるのです）。

相も変わらず一国歴史主義の微温湯（ぬるまゆ）に浸かりっぱなしで、出ると寒いので風邪を引くのが嫌だから、インフルエンザの予防と称し「この日本の五右衛門風呂から」出ようとはしない勇気のない、精神的に痩せ細った老躯アカデミズムでは、平安朝天皇家の「扶余からの南下」すら判らず、そして未（いま）だに日朝で改竄されてしまう前の嘗てのそれらの氏族の**本貫**についての朝鮮史の分析が足らず、しかも自分の頭でハテナ？と考えようとしないから、特にその「濊＝倭」であったことと**倭人**（**北倭**）**の満州・朝鮮半島からの南下**という超重要なこの二つのダイナミックな動きにすらも十分には気が付いていない有様なのです（それではアナタに反論です。今から千八百年以上も前に**鮮卑**の君長の**檀石廆**（カイ）に捕えられ漁労に従事させられました**満州**の**倭人千余家**〔少なくとも七千人以上。九11などに別述——しかもアナタ、范曄（はんよう）〔三九八～四四五〕は後漢書鮮卑条で「東撃倭人国」としており、ここ満州に「倭人の国があった」とはっきりと明言しておりますよ。どうしてくれます〕はそれまでは一体何処（どこ）にいて、その後何処に行ってしまったというのでしょうか？　エッ！　手品のように消えちゃっただって？〕。そんなこと、中学生でも馬鹿じゃない限り判ることでしょ。実はアナタ、前述・後述のように、高句麗や百済の母国である北扶余が建国されたとき、『後漢書』夫餘国条などの中国史によればその建国の地は本来「濊族の地」だったのであり、その時点において既に濊人はその構成民となっていたことが判るのです（既にこのときから「濊人＝倭人」が満州に登場していたのです。驚き！）。

1―6　真鏡大師宝月凌空塔碑

以上のように、アナタの心の中にも、段々とアナタの祖先でもある倭人についてのアカデミズムに対する仄かな疑問（否、大いなる疑問）が湧いて来たことかと存じます。

では次に、実は倭の問題とは**表裏一体**で意味深でございます「**任那の問題**」に愈々（いよいよ）入ってまいりましょう。朝鮮史の側では一貫して「**任那**（ミマナ）」或いは「**任那日本府**」という言葉自体や表現を生理的に頑（かたく）なに否定し、これは日本で「日本書紀」上で偽造されたものだから全くの架空のものだとの主張が有力です。勿論、この冠の「**日本**」という国名自体につきましては新しく、少くとも六六三年以降、多分、**六七二年**以降の**天武天皇**の**大宝律令**（たいほうりつりょう）の頃から使われたものに過ぎませんし、対外的な**唐**に対しての「日本」という言葉の使用は、更にその後の**七〇二年文武天皇**からですので（日本国号の使用と壬申の乱と評（こほり）につき、本一一2）、この日本紀上の日本という形容（修飾）自体には確かに問題があることは間違いありませんので、これに惑わされてはいけないことは日本史の側でも当然です（平安朝の百済系の天皇家の作りました現行の日本書紀では、**プロト日本であった倭の存在は抹殺**され、この様に**全てが**「**日本**」**と統一**されて形容されてしまっておりました。これに**日本のアカデミズム**が見事に騙されてしまいましたのが、中国の史官が日本からの上申に基づいて作った『**新唐書**』だったのです。九13。旧唐書の方はセーフ）。

しかし、「任那という**領域**の存在そのものの否定」という点につきましては、古代における**倭の定義**そのものを、**後の朝鮮史が儒教思想のフィルターで読み誤って古代へまで遡って歪めてしまった**から生じたことだったのでして（この点、今だに**縮み志向で弱腰で草食系**の日本のアカデミズムの秀才坊やちゃんの朝鮮史への**付和雷同・迎合**も全く同様で、これ又困ったものです＝まるで草食系どころかお姐みたい）、このことは次にアナタに申し上げます様に、アナタ、朝鮮の現地の**金石文**自体が、第一に「**任那の存在**」と更には、第二に、実は、それを含めまして、私こと古代探偵の言うように「**任那が倭**」であったという本当に**凄い**（朝鮮史にとっては恐ろしい）**ことまでもハッキリと認めている**ことからも、誰が何と言おうと任那自体の存在は明らかで動かし難いことだったのです。

では次に、朝鮮にある、そのことを完璧に証明してくれております朝鮮半島内唯一（満州では高句麗好開土王碑も任那のことを明記しております）の**大切な考古学上の完璧な物的証拠**を確りと見て参りましょう。先ずはその次の写真1—9をご覧下さい（テキスト18—5—4、P802上下、803下）。朝鮮の　**鳳林廃寺**（九山門の一つ。慶尚南道の**進永**と**昌原**の間の**鳳林洞**。ここは実は「**伽耶諸国**（**古への倭**）**のど真ん中**」とも言えるところだったのでして、古への**安羅**の王都**咸安**の外港——安羅の外航（海洋）航路の軍船はここに係留されておりました——であった**斗豆米**（斗刀米）の北3～4kmのところの旧・昌原郡上南面鳳林里にございました。これは、ナントアナタ！　日本の北九州の**倭**の**安曇**水軍の朝鮮半島での本貫だった所なのです〔九14、九9〕。この「**アヅミ**」「**アヅマ**」という言葉〔更に、それと共に「**ホダカ＝穂〈許(ホ)〉高**」という言葉も〕が、**人**とその**神**の移動と共に、半島から**北九州**を経て**信州・東国**などの日本列島全域に広がって参ります〔安曇平野、安積(あそか(アヅミ))、穂高神社、穂高連峰、更には「関東＝アヅマ・アヅミ」のビックリ説〕。本邦初公開〕

のこの焼址に残されておりました

『**真鏡大師宝月凌空塔碑**(シンキョウタイシホウゲツリョウクウトウ)』通称『**真鏡大師頌徳碑**(シンキョウタイシショウトク)』

（新羅、景明王七年、九二三年四月一日。高さ五尺七寸。撰、崔仁渷——こちらの碑の方が、ナントアナタ、**朝鮮の正史**『**三国史記**』〔仁宗二十三年、『旧三国史』は今日亡〕なんかよりも**二百年以上古い**んですよ！　参ったか！）

には、ズバリ

「**大師の諱(いみな)は審希(しんき)、俗姓新金(しんきん)氏と言い、その祖先は　任那(みまな)　の王族であった**」

と記されておりまして、新興新羅が半島を統一してから、恣意的に朝鮮半島から抹殺されてしまいましたこの「任那＝古(いにし)への倭」という名は、この、前述のように、**朝鮮の正史よりも何百年も古い嘘をつかない**考古学的な右の金石文の証拠の中にちゃんと〔ドデカンと〕生き残っていてくれたのです〔因みに、このことに深く関連しておりました「ドラビダ語＝神の魚」や百済武寧王妃の倭人の哆唎夫人の「双魚紋」線刻の銅盃につき、テキスト18―5―4、P802。「ブランデス・ライン＝太平洋上の逆語族ライン」につき、同9―5、P389上は、より深くコスモポリタンに古代史を学ぼうとするアナタには必見です＝「コスモポリタン古代学」の勧め。**完璧**だね〕。

古代朝鮮語での分析によりますと、金官や韓国などの名は「**官(かん)＝韓(かん)＝**（**訓(くん)読みで**）**大＝王**」ということを意味しておりましたが、そういたしますと、その金官という国名の中に含まれます「**官**」の訓の意味の通り、先ずは**金官金氏**（**金氏**）**が金氏の王**だったのであり、嘗ては**任那王**そのものであった旨が**同時**に明記されていたことになって来るからなのです（凄い！　この碑は日本統治下の京城総督府博物館に陳列され、現在は**京城・景福宮**屋外に安置してございます。日本にとって、「古代の真相＝**倭が海峡に跨る国家**であったこと」を示す**至宝**が、真実よりもプライド最優先の昔からの**事大主義**〔強くなった中国にオベッカ、弱くなった日本に恩を忘れてエバル——何れ、金目当てで強かな中国様に袖にされ振られて孤立したら日本に泣き付いて来るかもよ。過去に例アリ。こないだ、債務超過で世界中から見放され国全体がＩＭＦの管理下（国家の奴隷状態）に置かれたときに、この哀れな泣き付いて来た韓国を助けたのは世界中で日本のみでしたよね——もう忘れたか。それから今日の復興を見たんだよね〕に官民共に深く染まった朝鮮アカデミズムとりましては、厄介もののゴミ扱い？されております。アナタ、いらしたら是非この「古への倭のパワースポット」をザ・ファーストで見てネ！　隠されちゃう前に）。

　このことは、新しい**慶州金氏**（**新興の新羅**）が金官伽羅との戦いに**五三二年**に勝って以来、古い**金官金氏**（**倭人の盟主＝釜山・金海＝浦上八国の盟主**）の「**姓**」**を奪い取って**しまい、後世その代わりにその金官（それまで「金王」だった盟主の）金氏に対し、新興の新羅が「私の方が本来の金氏であったことにしたので、これからはアンタの方は同じ金氏でも「**新しい金氏＝新金**」さんとしなさい」ということで新金を押し付け（実はこのことは、単に朝鮮における釜山金氏の否定だけに止まらず、悲しいかな朝鮮半島における双魚紋の「伽耶＝倭」王家の存在の否定の始まりにも繋がることでもございました——ですからアナタ、倭の否定は遙か一五〇〇年前のこの時の朝鮮から既に始まっていたとも言えるのです。千五百年の宿怨！のスタートここに在り）、その結果、半ば強引に**新金**などという珍奇な姓を与えられたことにされてしまったので、古来の**正統派の「朝鮮で最も古い金氏の族譜**(ちょくぼ)」を持つ「**金氏＝蘇**(そ)**氏**(そ)」王家（**列島での蘇我氏**）と致しましては、強力な新興新羅政権（成り上がりの金氏）の下で一族が生きるためには仕方無く「**新しい金氏**(そ)」などという祖先様に対して大変申し訳の無い屈辱的な不本意・不名誉な名に甘んじざるを得なかったことが、この碑から一発でアナタに読み解けて来る筈です（一四４。列島での新〔荒(あら)〕金氏(がね)も同じ）。怨念の籠ったこの碑を見て、怒れ、金海(キメ)・釜山(ポサン)の古(いにし)への倭人の金官金氏よ！　日本の蘇我氏よ！

有り体に一言で申しますならば、同じ倭人でありながら、成り上がりの

分家（新羅）が本家（金官＝倭の半島部分）を吸収したのに過ぎなかったのです（これ又、本邦初公開）。新興の慶州金氏が旧来の名門の一番古い金氏のチョクボを持つ金官金氏（「任那連合＝倭」の盟主）を兄弟喧嘩の末支配下に置いた（つまり、新しい〔若い〕弟が兄(あに)やんに勝ってしまった）ということに過ぎなかったのです（序３―５）。

アナタ、中国史も新羅王家の金姓の出どころにつきましては胡散臭さを感じておりまして、その証拠に

「**括地志曰、新羅王姓金氏、其失所出未之詳也**」（『翰苑』新羅条）

――括地志曰く、新羅王の姓は金氏。其失の出ずる所、未だ之を詳(つまびらか)にせざるなり――

と、この新羅の金姓は「何処から来たのか判らない。馬の骨なのだから詳に出来ない」のだとハッキリと証言してくれておりましたよ。有難や（金官〔倭〕から奪ったものだったからこれは当然のことだったノダ。これでアナタ、新羅金姓のインチキはこの金石文により確定的に決まりです）。

だからこそアナタ、五三二年の金官滅亡の時も、新羅は金官（倭）に対してだけはあまり乱暴な態度は必然的にとれず、礼をもって対処してくれたのです。それもその筈、**相手は元・ご本家**（アメリカに対しての英国）だったのですから。

それに、この大師の「**真鏡**」という名の意味するところは、又、実に意味深でございまして、極東アジアや日本におきましては、古来「**鏡とは歴史そのもののこと**」を言ったのですから（例、「**大鏡**」「**増鏡**」「**吾妻鏡**」……）、この真**鏡**大師と命名した人の心中には、この人は「**真の歴史を表わしている人**」、つまり、姓を奪った慶州金氏に対しての、「**正統の人**」だったのだという朝鮮半島における正しい金氏への認識（誇り・自負）が秘められていたことに、アナタは炯眼を持って気付いてやらなければいけなかったのです（但し、より古くは、民族学的により元初的に考えますと、カガミは「蛇目＝蛇身」に起因していたものと考えます。吉野裕子氏）。ですからアナタ、本来「**真の金氏**」を名乗れるのは、新興の新羅の**慶州金氏**などではなく、朝鮮半島で最も古い「**釜山＝浦上**」の**金官**（**倭**）の**金氏**であったところの**我々**（**倭人**）**の祖先**であるゾ、とこの碑は主張していたのだゾ。

お話を戻しましょう。先程「**釜山は倭そのもの**」であったという朝鮮の人の書き残した有難い史書のお話が出て参りましたよね（一5）。正に、古代には全くその通りだったのです。

しかも、何と！　アナタ、驚くなかれこの**任那王家の子孫**の碑文の中には「**興武大王**」というとっても大切なその祖先の名前までもが登場してまいります（「**遠祖　興武大王**」）。ではアナタ、それが如何して重要なのかと申しますと、この人と彼の**毗曇の乱**（「**大化の改新**」**のモデル**）の主役の

新羅の**金庾信**将軍

（五九五～六七三年。この将軍の**妻は新羅29太祖武烈王金春秋の妹**です。他方、新羅の**金春秋王の妻の文明婦人はこの金庾信将軍の末妹**（テキスト6―1―1、P213）です――これは、一見アカデミズムは気が付かないようなのですが、征服された前王の一族の女が、代々征服した新王家の一族に妃として入る普遍

1

的な例（パターン）でもあったのです。しかも、何とアナタ、この真鏡太師の祖先の興武王こと金庾信は、今のアナタにはとても信じることが出来ないでしょうが、日本の正史上では**中臣・藤原鎌足のモデル**（テキスト付録3、P1107**必見**）ともなっております）

とは**同一人**だったからでございまして（興武大王＝金庾信。九世紀前半に至り、この様に臣下でありながら**興武「大王」**と追尊されました。新羅にとってこの金官金氏の子孫（鎌足のモデル）はこんなに重要な人だったということが判るのです。新羅では超重要な人物だった。但し、その翻訳の日本（倭）では架空の人）、この新羅古代史のキー・ポイントの人すらも、この**任那の出自**の大師の祖先の一人として、この碑文の中にパンパカパーンと登場！して来ていたからなのです。この人は正に**金官**加羅王の**直系**そのもの子孫だった――だとすると鎌足は先祖返りだった！――のでして（**金官伽羅王・金氏＝任那王**）、しかもそれだけではありませんで、この人は金官伽羅国最後10代**仇衡**（キユウガイ）**（亥）王の曾孫**（ひまご）で（七3）、新羅が倭（六六三年白村江の役）と百済（六六〇年）を倒したときの、アナタもよくご存知の新羅の大将軍でもあったからなのです（尚、「大化の改新」のモデル（翻訳）でございました647年の新羅**毗曇の乱**（ひどん）につき、一三2必見）。

ところでアナタ、この「任那の語」（みまな）は、他にも中国史に、**倭王武**が「**百済のために高句麗を伐ってくれ**」と南朝の**宋の皇帝**に、当時の「**百済の後見人**」**としての倭王**が頼みました（別述）内容――対高句麗戦多国籍軍司令官への任命要求（府官制と人制につき、仁藤敦史氏）――を含む**上表文**（尚、テキスト2―7―3、P120下～128下。特にP124上は必見）に対し、四七八年に

「**倭…任那…六国諸軍事安東大将軍倭王**」（『**宋書**』倭国伝）

に除す（百済については要求しましたが外されました――アカデミズムの注目は、悲しいかな（貧弱かな）この点のみなのです）とございますが、宋は、右の**倭の上表の点**につきましては、**国内の乱れ**などでそれど

ころではなく、この時外国を伐つ余裕などは全くございませんでした。だからこそアナタ、百済のために**倭が他人の為に一肌脱いで自ら対高句麗戦へと動かざるを得なかった**のです（一7必見）。因みに、他の五王につきましても同様でして、済が宋から四五一年に、武も右以外に四七八年に、斉からは四七九年に、梁からは五〇二年に、任那について倭国王ないしは倭王、都督〔軍事権を持つ〕倭として冊封されております（自称は除いております――アカデミズムが見失ってしまっておりました、この倭の嘗ての本貫であった地の「任那王」〔軍事・行政〕の方への任命こそが、古代史ではとても重要ポイントのメルクマールだったのです）。

更に、目を転じれば、朝鮮史の方にも、

「**臣本　任那　加良人名字　頭**」（『**三国史記**』巻46列伝6**強首**。29太祖武烈王代六五四―六六一年）

――臣は元　任那加良　の人で名前を頭（藤）と申します――

ともございます（藤さんとは誰？　唐さんか？　父さんか？――ひょっとして唐氏とも書かれておりました藤〔原〕氏の出自〔別述〕がちょっと気に懸かります。別述）。

ところで、『日本書紀』の垂仁二年紀以外の日本の史料を見てみましても、

「**吉田連…任那国　奏曰…塩乗津彦…松樹君…宰…為　吉**」（『**新撰姓氏録**』左京皇別下）

と**吉氏**が嘗て**任那で活躍した人**だったこと、そして、その後に列島の奈良京の**田**村里河に住んでおりましたので、神亀元年（七二四年）に至り聖武天皇から**吉田連**の姓が与えられたこと（**吉＋田**）等が判って参りまして（一八4。日本の吉田さんこと朝鮮の吉さんの出自がここに見られます）、そう致しますと、ここから

「**塩乗津彦＝君・塩乗**」**が任那　宰**　であったこと、そして、

日本紀の作者の史が謎懸けして作名したこの**名の同音性**（**コムシホリ＝コムシュロ**）からもその**任那王**が「金官（半島の倭）初代**金首露王**（AD三〇〇年くらい）＝**8孝元大王のモデル**」

で同一人だったということも、アナタがコスモポリタンに見ることが出来れば判って参ります（テキスト付録8、P1116）。

又、

「**地惣任那**」（太宰府天満宮所蔵の『**翰苑**（かんえん）』巻30蕃部　新羅条本文）

――**地は任那を惣**（あらわ）**す**（**惣**（す）**ぶ**）――

として、この言葉（見出し）の注釈の中には「**任那**」のみならずその近くに「**卞辰**（ベン）」等の文字（日下）すらも出て来ております（**卞辰亦廿四国**）。そして、更にそれに続く肝腎な部分といたしまして

「**斉書云……今訊新羅耆老云、加羅・任那昔為新羅所滅、其故地**」（『同』）

――斉書に曰く……今新羅の耆老（きろう）に訊ぬるに云う、加羅・任那は昔新羅の滅ぼす所となる。其の故地――

と注釈にございますように、老人に訊ねたところ、昔任那を新羅が滅ぼした、つまり、任那という国（連邦）の存在（滅ぼされる前に任那が存在していたこと）を中国の史料が明確に肯定してくれていたのです（凄い！これでアナタ、奪った後で史上から抹殺してしまいました朝鮮史の嘘八百は、完全に木端微塵に粉砕されてしまいましたよ。これ又、私のお手柄――断頭台の露と消えてしまっていた古代の無罪の朝鮮の倭人の復活）。そして、「……任那・加羅・慕韓之地也」とその注は続くのです。　唐の時代に作られました中国史の穏健で調査のよく行き届いた『**通典**（つうてん）』にも

「**襲加羅　任那　諸国滅之並三韓之地**」（巻之一百八十五の中の新羅条）

――加羅任那諸国を襲いこれを滅ぼした――

と、その中にも「加羅**任那**」という語が見られます。

更に、朝鮮史を見ましても

「因號初来下纜渡頭村曰　主浦村」（**『三国遺事』**「駕洛国記」）

——金官伽羅初代首露王妃の渡来人のインド（又はインドシナ）の**アユダ国**の**許黄玉**が初めて上陸した渡頭村を**主浦村**とし——

とございまして、任那というズバリの漢字はここには使われてはいないとは申せ、よく分析いたしますと、何とアナタ！　この「**主浦**」とは**古代朝鮮語の訓**で「**ニムナ＝mim-nae**」ですので、正に、これも「**任那**」そのものを表していてくれたのです（主浦＝任那だった！）。因みに、前述の様にこの**金首露王**をモデル（テキスト16—1、P698下）にして日本紀の8**孝元大王**という人物が作られておりました（そして、更に、この「**任那＝古への倭**」**王家の紋**は「**シュメール→インド**（十六王朝の**アユダ国**＝右の金首露王妃の**許黄玉の母国**）」などと伝わってまいりました**海洋民**の「**双魚紋**」だったのです（テキスト18—5—4、P798上～803下、同18—4、P791上、同2—7—1、P118上。因みに、私こと「古代探偵」は本邦初公開で、このことを今もアナタに象徴しておりますものが、古くに外国でそれが鴟尾へと化し、更にアナタの住んでおられる城下町を見下ろしているお城の天守閣の上の「鯱」となっていたことを見抜いていたのです。では、何で屋根の上に魚なんかが？　防火？」）。正にアナタ、**『山海経』**の「**朝鮮天毒**」——朝鮮のインド——これ又、そのものズバリでしょ。ですから共に安羅（倭）系の九州の**西都原**や継体大王（大伴語がモデル）の**今城塚古墳**からも、ちゃんとこの双魚紋が出土！しておりますのもコスモポリタンに見ますと、これ又当然のことに過ぎなかったのです——一国歴史主義のアカデミズムの方、この双魚紋の意味するところが判るカナ、判んねえだろうナ）。

——因みにアナタ、ちょっと難しく（ハイレベルに）なって恐縮に存じますが、マアお聞き下さい。ここでの右の「許黄玉と古事記・日本紀との接点」について、もう一歩深くお調べになりたいと思っておられるアナタの為にもう少しだけ述べておきたいと存じます。その場合、ここがポイントだったのですが、古代では鬱(ウツ)の略字が蔚(ウツ)（ウル）でしたので、そこから地名・人命・神名の分析を考えてまいりますと、アユダ国から来て金官（倭）初代王（金首露＝8孝元大王〔和風諡号の国牽(くにくる)＝朝鮮半島から国を列島へ持って来た王の意味・暗示〕のモデル）の王妃となりました許黄玉（前述の鬱色謎〔内色許売〕のモデル）の中には蔚珍(ウルチン)（ウツウツ——ここは「鬱陵島(ウルルン)→竹島〔独島と呼ばれている〕→隠岐(お)→出雲・安来」というより古い宗形神の海上渡来ルート〔一六4、P1039必見〕の出発点でして、四世紀後半に任那〔倭〕が最大であった頃〔北は鳥嶺〕の北限ともほぼ同じ緯度に位置しており、この鳥嶺とほぼ同緯度の北方には、ちゃんとここにも、何と！　伽耶山〔六七八メートル。忠清南道。礼山(イエサン)郡。唐津(タンジン)の南二〇km〕という名の山が今でもございまして、南下する前〔又は、縮小する前〕のここでの伽耶〔任那連邦＝伽耶連合〕の存在を「生きた化石〔山名〕」である固有名詞として今のものより遥か北方にアナタに示してくれておりました）を北扶余から半島南下の途中での本貫といたしました今来の秦氏との関係（別述）が考えられますと共に、インド（テキスト18—7—2、P829下）のハタ氏（婆陀氏）の血がその中に混じっていた（別述）可能性もございますし（そういたしますと、これは「朝鮮天毒」への里帰りとでもいうことになってまいります。テキスト18—9、P836～840「伽耶とインドの共通性」参照）、又、この9開化大王の「妃」も、大王自身の「母」と同じく許氏の出と見てとれますし（テキスト16—1—1、P698上）、更に、この大王の皇子の一人がアノ10崇神大王でございまして、その和風諡号をズバリ御間(ミマ)（任那）城(キ)入彦(イリヒコ)と言ったのですから（古くの大王は、出身乳母(うば)〔姥〕系の名や地名を採って大王名として命名しておりました）、正にアナタ、そこには、母〔伊香色謎(いかがしこめ)〕の本貫の任那から〔皇后をズバリ御間(みま)城姫・御真(みま)津比売と申しましたよ〕この列島に入って来た（渡来し、そして「任那＝倭」を初めて海峡国家にした）大王ということをも、その名から正史を作った史が、余りにも横暴な藤原氏に対し少し嫌気がさし、良心に基づいてチラリと本音を示してくれていたのです（アナタ、この歴史の女神の一瞬の「チラリズム＝純白なパンティ」を見逃したらアウト）。又、開化大王のもう一人の皇子の彦坐王（浦島太郎と伽耶との関係につき、テキスト9—9—4、P415上は必見です）は、実は彦湯産隅王とは同一人だったのでございまして（つまり、IMASU＝UMUSU）、この人は正史上丹波道主王の父ともなっております（「垂仁紀」五年十月割注、古事記「開化条」につきテキスト3—1—1、P153）——

さて、このように**伽耶が倭そのもの**でございましたことは、実はアナタ、中国史朝鮮史のみならず、次のように日本の**正史**上ですらもそう言ってくれていたのですから、『日本書紀』を何べんも読まないでも少なくとも一回でも目を通したアナタであれば、こんな重要なことに気が付かなければいけなかったのです（だからこれが判らなかった今までのアカデミズムは、一回も「自分の目」で日本紀の原典を読んでいなかった——又は、読んだけど寝不足だったのでうっかりスルーパスしてしまっていた——ということがバレてしまったノダ）。ではそのアカデミズムが知らなくて赤っ恥をかいてしまい、そして私こと「古代探偵」が気が付きましたその証拠とは一体何だったのかと申しますと、或る人の流言とは申せ、先ずは、

「**哆唎国守穂積臣　押山、受二百済之賄一矣**」（「**継体紀**」六年〔五一二〕十二月）

という表現（任那の哆唎王＝オシヤマ）が認められ

（前述のように、9開化大王の母の**欝色謎**〔内色許売＝8孝元大王〈モデルは「金官＝倭」初代金首露王〉の皇后〕は、右の**穂積臣遠祖欝色雄**〔色許男〕——何とアナタ！『先代旧事本紀』はこの人を**ニギハヤヒ五世の孫**とします——の妹〔『神皇正統録』上。これは『古事記』や『先代旧事本紀』とは異なります〕です。更にアナタ、後の百済武寧王妃もこの穂積臣の女です〔別述〕。と言うことは、この物部系〔別述〕

の「任那＝倭」王が、列島の倭王（正史上）にも百済王（考古学上）にもこの時双方に妃を出していた！凄い！　大発見！」）、

又、そのことに関しましては、次に、

「百済本記云、　委意斯移麻　岐彌」

（「同」七年六月分註。但し、この注が百済本紀によるものではなく「百済三逸史」の一つである百済本記によるものであることが気掛かりです。三逸史のうちの『百済新撰』のインチキにつきご興味のおありになる方は、これ又本邦初公開の指摘でございました、テキスト17―2―2、P732上～733下、同21―1、P889下～891上は必見です。この倭に渡来いたしました百済25武寧王（嶋王＝斯麻王＝斯麻ちゃん。30敏達大王と物部尾輿のモデル）の真相を知りませんと、必ずやアナタが棺桶に入られるときに、アカデミズムと共に沈没し後悔いたしますよ――後悔（航海）先に立たず）

ともあり（倭人＝押山＝意斯移麻＝オシヤマ）、そういたしますとその両者から例の**任那四県を割譲**いたしましたこの**哆唎王の穂積押山がズバリ「委（やまと）＝倭」人**であると態々**百済史**がハッキリとそう言ってくれている（スゴイ！）のですから（とは言え、本来、**物部**系（穂積氏が物部系でございますことは「記―神武条」「姓氏―左京神別上」「紀―崇神紀七年八月十日、垂仁紀二十年三月」。但し、別伝も有り、「記―孝元条」「紀―開化条」）金官人（任那人）なのですから、このことは私のコスモポリタンな立場に立つならば当然のこととは申せ――しかも百済王家（伯族）と物部氏（穢族）は、本来北扶余レベルでは同系（天皇系図の「三段跳び」での偽造のところで別述））、この二つからアナタ帰納して、素直に

任那の一つの「哆唎＝多羅（この当時は下哆唎のことです）」**が嘗ては倭そのものだった**ということ（つまり、**任那＝倭**。しかも物部系――そこ（倭）から百済王妃が来ていた）を読み取ってやら

1

なければいけなかったのです（このことはアナタ、別の証拠から見ましても、**下哆唎**は、**久麻那利**（雄略紀二十一年分註「**日本旧記云…**」）の別邑ということですので、その頃は任那の熊津（熊川）の対岸の**巨済島**の「（**買**）**珍伊県＝tori＝哆唎＝明珍里**」であり、そういたしますと、**上哆唎**の方はその西北方地域である**馬山**から**泗川**（**牟妻**）の沿岸部ということになるのでして、そして**牟妻・娑陀**と西に連なる地帯が、所謂「**四県**」ということであり、だからこそこの頃外圧を受け任那方面への南下を狙っておりました**百済**が、正に「**近連＝百済**」＝**近くに百済と連る**」と主張して**割譲を要求**して来たのです。ですからこれは、別の面では「多羅＝哆唎」の移動・南下の証明でもございました）。このように

任那の哆唎の王　は　倭の物部系の穂積臣押山だったのだ！

（よって、「**任那＝倭**」ということが、今ここに私こと「古代探偵」によって証明された！　QED）。

しかもアナタ、この問題はそれだけには留まりませんで、穂積臣の**穂**の字は、実は「**穂＝ホ＝許**」でもございまして、と言うことは、この任那の盟主の金首露王のところに、前述の**許黄玉**がインドないしはインドシナ（又は、四川ルート経由で）の**アユダ国**（コーサラ国＝許国）から王女として嫁いで来ているのですから（『**三国遺事**』）、この**王妃の姓**が**許氏**だったのであり、正に**穂氏**そのもの（兄の**許宝玉**の一族の出自）であったのだという凄いことまでも判って来るからなのです（半島の倭人の**穂積氏の出自**がインドの許氏の混血だと判ったゾ！　物部氏＝遠くはインドの余〔アグリー系〕でもあった！）。

これで任那（倭）の哆唎王の穂（許）積氏を介して金官（倭）王妃の許黄玉と倭大王妃の鬱色謎（内色許売）とが繋がって来たゾ！　倭と金官のドッキングは、本邦初公開の快挙ナリ。

更にアナタ、そのことに加えまして、金官初代金首露王（孝元大王のモデル）とインド・アユダ国からま

いりまして王妃となりました許黄玉との間の第一子が居登王（9開化大王のモデル）であり、「第二子には王后の姓をとって許氏と名乗らせ」ており、ここ本来の倭王家からも「許＝穂」氏ということを介しまして、南部朝鮮の伽耶の地で北扶余系の民の出自である物部氏（ニギハヤヒ系の穢族）とも繋がっていたことまでもが判って来るのです（凄い！）。

しかもアナタ、この任那の倭の哆唎の穂積氏（前述「継体紀」）から、百済**25武寧王**（五〇一～五二三）。先程の斯麻ちゃん＝30敏達大王のモデル＝物部尾輿のモデル）**妃**が出ておりましたことは、百済の二回目の王都であった**熊津**（**公州**）から出土いたしました考古学的な第一級の証拠でございます王妃の**銀釧の銘**が このことを完璧に証明してくれておりましたよ（別述）。

倭人の物部氏から百済王妃が！　しかもアナタ、**百済王・王妃の棺は倭の高野槇**！　それは何故？

因みにアナタ、**安羅**が滅んだ金官に代わって五三二年から五六二年まで任那（倭）連邦の**盟主**を務めましたことは、正史日本紀上にも

「**別以三安羅日本府河内直、通二計新羅一、深責之**」（**欽明紀**（五四一）二年七月）

――別に**安羅**の**日本府**の**河内直**の計を**新羅に通す**を以て、深く責め罵る――

という文言等が暗示してくれていたのです（残されていたたった一言からでも、全体の動きを把握し、常に行間を読め！　因みに、右の「日本」という語が後代の挿入でございましたことにつきましては、別述。九3等）。

さて、これ等を総合し帰納致しますとアナタ、既にくどい程証明いたしましたのでお判りの様に、凄いことが判って参りまして、地理的には朝鮮半島南部が

「任那＝倭」

そのものであったということは、先程の殆どの中国史からも明白なことだったですし、更にその序(ついで)に、私の仮説のいう様に

「その倭の場所の王家」が**「任那＝金官」**でつまり**「倭」の半島部分**でもあった――しかも、その任那の一つの多利国の王の素性が物部氏であった――のだという**今迄アカデミズムの誰もが何千年も思いも及ばなかったことまでもが**、**これ等の碑文などの内容の分析が完璧に証明して**くれていたことが判るのです。

――因みに、日本紀の記載の分析と古代の朝鮮地名によりましても三七〇年頃（百済・新羅が実質成立した四世紀半ば）以降におきましては、任那（倭――以下同じ）の北のライン、つまり任那の北限は北緯三六度の半ばを遙かに越えます（七五分辺り）「鳥嶺山」（忠清北道と慶尚北道との境。一〇一七メートル）の辺りでして（ですからアナタ、この辺りには今日でも倭の支配の痕跡を示す地名が数多く残されております）、それ以南の朝鮮半島の南端までの範囲が最大（但し、その前の紀元前は、抑(そもそも)、半島全体が濊・倭の領域でした）だった頃の任那だったのです（アナタ、より詳しい一四9は必見。尚、四七五年以降の縮小した任那の範囲につきましては[テキスト]付録13、P1112～1113の朝鮮半島図は必見です）――

という訳でアナタ、後世の**高麗(コウライ)朝鮮**や中世の**李(リ)氏朝鮮**などが、朝鮮の正史上ではその**真相（伽耶＝倭）**を面子上からも躍起になって**抹殺**してしまっておりましたので、その祖先の歴史の真相の隠蔽(いんぺい)に甘んじて、その改竄以降今日まで千年以上安心しておりました朝鮮の史官にとりましては、この**真鏡大師の碑**は本来決して表には出てはいけない、いつまでも隅の方に密(ひそ)やかに隠し続けて暈(ぼか)しておかなければいけなかった、実に

「アナ恐ろしや」の**悪夢の碑文**だったのです（倭に新羅が占領されたことを記しておりました後述の考古学史料の広開土王の碑も同じ）。

この様に、**双魚紋**の**任那王家**、つまり私の主張する**海峡国家**「**倭**」の**朝鮮半島部分**の「**倭王家＝金官加羅**そのもの＝金官**金氏＝倭王**」、且つ、日本書紀上のこれと「同族の人物と致しましての**蘇我氏・金我氏・菅氏・木**（モク）氏・**紀氏**」などという**武内宿禰**（ですから、その**モデル**は金官5**伊尸品王**＝**木協**〔劦〕**満致**。テキスト付録8、P1116）の子孫というものの存在を、ニューハーフのように自信の無い日朝のアカデミズムがガタガタどう言おうと、このように人の手による改竄不能な朝鮮の**金石文**などがチャンとアナタに証明していてくれていたのです（遼東半島の**公孫氏**の出自の「**卑彌呼・壱与＝安羅＝大伴氏＝多治比氏＝　東　漢　氏＝阿那氏＝穴氏＝お城の石積み**〔築城の名手の大名の藤堂氏もこの一派〕**の穴太衆＝天日矛系**」につき別述）。と言うことで、任那（倭）の復活（興）、ここ我に在り！　古代弁護士遂に証明セリ！

1—7　朝鮮史では消されてしまった「任那」と「伽耶」

更にアナタ、もう少し改竄不能な金石文の証拠を追究して参りましょう。少し戻りまして**写真1—7**（**広開土王碑**）をご覧下さい。これは四一四年に長寿王により高句麗で建てられました約千八百字もの**高句麗の**『**国岡上広開土境平安好太王碑**』（九1）——このフルネームの王名の分析は、国岡上は陵墓の地、広開土境は其一代の経略の功、好太王は美称、平安は別称（梁書、晋書では安。北扶余系〔高句麗も百済も同じこの出自〕による「平安京」との命名はここから採った？）か幼名ということになります——というアナタもよくご存知の第一級の史料なのですが、その碑文の**第Ⅱ面**、右から2番目**9行目**（終わりから2行目）をご覧下さい。この四〇〇年頃の碑にすらも、そこには

「任那＝ミマナ＝ニムナ」

という文字がチャンと刻まれておりまして、その存在を証明してくれております古い史料なのです。更に、この碑によりますと、何とアナタ、

三九一年（辛卯）に、倭は百済・新羅を臣民と為した

という（この上なく何とも有り難い）お言葉までもが示されております（紙の上の朝鮮史では、後に発見されるこの碑の存在には全く気付かず、中世にこの史的事実を鮮（あざや）かに抹殺・隠蔽（いんぺい）し、そして忘れてしまいケロリと安心し切ってしまっておりましたよ。インチキ史官が、能天気にも）。

この「高句麗の碑文」も先程の「任那の碑文」に加えて、朝鮮半島の歴史を**総合的**に考察しなければいけなかったことを表わしていたのです。ということで、ここで両金石文を元として、アカデミズムの通説では今までここまで読み切れなかった、その他のことからも判って参ります、この**四〇〇年**頃の、所謂**「謎の五世紀」というものの実像**についての朝鮮半島を巡る**東アジアの国際情勢**を、一言、ここで序（ついで）に、これ又本邦初公開でアナタにご説明しておきましょう（アカデミズムの作った自信のない給食不足の腹ペコの欠食児童のように力の入らない教科書では、アカデミズムの先生の言うことの暗記抜群の「偏差値坊や」のお坊っちゃん達は、勇み足を恐れてここまでもう一歩核心にまで「エイヤッ」て私こと劣等「ハテナ?坊や」のように読み込むことが出来ず、女のようにウジウジしてこの点は余り触れてくれてはおりませんので）。

倭＝任那連邦（**盟主は金官加羅**）は、当時生まれて間もない

「伯済（バクチエ）」（「音読み」）北扶余**伯（ハク）族**が**西朝鮮湾を済（わた）って**建てた国）＝**百済**（**訓読みでクタラ・大国**）」

という国家の**15枕流王**（三八四—三八五。実質は百済三代目）」が死んだ時に（三八五年）、**太子**の**阿花**が未だ幼少だったこともありまして、**王弟**の**辰斯（しんし）**を**倭の意思**で百済王として担ぎ出したのですが、倭は、何と、

この自ら担ぎ出しました**16辰斯王**を意のまま操り殺すことすらも自由に出来たのです（因みに、倭の**日本武尊命**（小碓）の**モデル**の百済王子の**訓解**もこの頃の人です。テキスト18―6―10、P823上下。但し、この従前のテキストを右（**日本武尊＝小碓＝訓解**）のように訂正いたしますとともに、倭の**成務大王のモデル**を百済の**阿花王**と訂正いたします）。

アナタがもう少しハテナ？のお気持ちを持ってお勉強されますと判って来ることなのですが、正にこの**倭王となる王孫の頃**の百済の**辰「斯」王**と、百済の実質初代王である13**近肖古王**（三四六―三七五）が倭に贈った現在石上神宮にございます**泰和四年**（**三六九**）造の「**七支刀**」（一四9、P108）に刻まれた**倭王「旨」とは　同一人のこと**だったのです（在位三八五―三九二年。つまり「**斯＝旨＝し**」。そしてこの王は日本書紀の**12景行**大王の**モデル**となった百済王でした。一四9、テキスト18―6―1、P804上～866下、同18―6―6～7、P815下～819下、同付録5、P1110）。この辰斯王の死の点に付きましては、朝鮮史の文面上でも正にその通りになっておりまして、「**狗**（大きい）**原**（原・火とは古代朝鮮語で**国**のこと）＝旧・狗邪原＝**狗邪韓国＝金官伽羅国**（**倭国の二分の一である朝鮮半島部分**）の暗示」での不可解な行方不明の後、この百済王が三九二年十一月に死んでしまったと表わされております（真相は、百済の地域からこの百済王が「朝鮮半島部分の倭」である伽耶諸国の一つ、それも多分、倭によって倭の当時の盟主（任那）である金官国へ5伊尸品王の**養子**として連れて行かれていってしまったことを指しているものと思われます（因みに、何度もアナタに申し上げておりますように、武内宿禰のモデルがこの伊尸品王なのです）。一四8、**買地券**としての「**七支刀**」）。

又、その後の東アジアの国際情勢に付きましても、中国の宋が頼りにならないため、**倭が主導権**を持つという相も変わらず従前と同様な倭と百済との力関係（つまり、百済の倭への服従）が見られまして、倭はそれまで**倭への人質**として連れて来られていた王子〔百済史である「**百済本紀**」阿花王六年、三九七年条の方に、その旨ちゃんと明記されておりますのでこの点は間違いありません〕の「**腆支**（てんき）＝映（えい）＝**直支**（ちょくし）〔この表現は**百済記**による〕」を**倭軍が護衛**して内乱中で不安定でした百済本国へ**戻させ**、そして、**18腆支王**〔四〇五—四二〇年〕として**即位**させたりもしておりますくらいなのです〔その前に倭王武が**宋**に対し、**百済のために高句麗を伐ってくれ**と、外交文書〔上表文〕で依頼しておりますことは、アカデミズムに対し常に疑問をお持ちの歴史好きのアナタなら十分お察しいただけることと存じます。本一6などに別述。ところでアナタ、「**倭の五王**」**の武の上表文のポイント**は、アカデミズムが目を奪われております、どういう位を貰ったのかなどという官立大学出の権威主義者が関心を持つ「**叙位**」のことなどでは全くなく、実は大切な**この朝鮮半島における倭の主導権**〔**特に軍の指導権＝都督**〕**という大きな点**を見過ごしてしまってはアウトだったのです。アカデミズムの、変なところを付和雷同で皆ボスに従って同一に見ているくせに、肝心な点について「ハテナ？」と考えない論語のような**祖述主義**のワンパターンの弊害〔皆一列に並んでお手て繋いで——「赤信号皆で渡れば恐くない」と——仲良く赤色社会主義的平等に〈可哀相な徒競走だけが早い子の「存在感＝プライド」に配慮しないで＝教諭が馬鹿だから出来ないで〉ゴールする〈「男女混ぜこぜ名簿」の不便さ然り——早く戻せよ！〉、又、「父兄会」を女性差別だと称して名前だけ「父母会」などと変えただけで事足れりとしている、薄っぺらのノータリンの伝統無視の日教組的な形式的平等主義的発想によるドボン〈見落とし〉がここに如実に現れておりますよ〕。

又、この**即位の四〇五年**という年は大変重要な年でございまして、**腆支王**〔**仲哀大王**の**モデル**。日本紀上では応神大王の父〕の妻の**八須**（はっしゅ）〔**ヤス**〕**夫人**〔**神功**（じんぐう）**皇后**の**モデル**で朝鮮半島南部の**伽耶**の「**機張**（きじゃん）**＝息長**（きじゃん）**＝オキナガ**」〔人的には、当時、**安羅**系〕の出身の**女王**〕が**金官5伊尸品王**〔**武内宿禰**の**モデル**〕との間で

不義の子（日本紀。七3）とも申せます　百済王**15久爾辛**（**応神大王**のモデル）を産んでいるからなのです（七1。テキスト付録1、P1104。付録5、P1110。因みに、金官5伊尸品王の名に含まれております「**尸**」とは、「**屍＝しかばね**」という意味だけではなく、「**形代＝依りしろ＝祝**」（『礼記』祭統第二十五）という意味もございますので、この場合「**伊尸品王＝武内宿禰＝覡＝男巫**」ということをもその名が表わしてくれていたのです。神を呼び出すために「則命二武内宿禰一令レ撫レ琴」（神功皇后摂政前紀〈仲哀天皇九年三月〉）――即ち武内宿禰に命して琴撫かしむ――。正史ともこの金官王の名はズバリですね。名は体を表わす）。

この点につきましての朝鮮史によりますと**腆支が倭から百済に戻って王となった**こと（つまり、倭ではこの世から消えてしまった筈のこと）が、これをモデルとした倭の方の正史では一体如何表現されているのかという点をを見てみますと、何とこれ又朝鮮史とピッタリでして、「**仲哀の死＝仲哀が消えた**」と表現されております（**日本紀**）と共に、更に何故か倭の方ではこの人の「**喪に伏した**」――つまり、誰からもその死が判らなかった――との不可解な表現がされておりまして、日朝双方の史書の齟齬（モデル引用の改竄の差異）を最小限に留め、「**百済王と王子**」**をモデルとして平安朝の日本書紀のライターが**「**倭の大王＝天皇**」**を創り出してしまったことのカラクリ**が決してバレない様にと、現行（平安）日本書紀ではチャンと細かな工夫が、随処にその為の改竄により凝らされておりますよ（日本書紀とそれに遅れた朝鮮の『**三国史記**』「百済本記」との先後関係については別述。又、日本書紀の改竄と朝鮮史の改竄に付きましても別述）。

この様に、アナタ、嘗ての朝鮮半島南部に「**任那という名の下に連合した地域グループ**」、つまり「**任那連邦＝伽耶連合＝倭人**（**濊人**）**連合**」という強力な**海洋商業国家・海賊国家**の結合体がチャンと存在しており、しかも、**扶余伯族**が京城（ソウル）の**石村洞**又は漢江北——全て南との考えも有力——の**尉礼忽**（一5。一七5。テキスト口絵、集安の高句麗・太王陵の説明。同付録11、P1120）へ南下して**建国間もない**（それから五十年も経っていない）**赤ちゃん国家の百済王の生命**さえ、この半島南半分に広く主導権を持っておりました当時の「任那＝倭」が「意のままに操（あやつ）ることが出来る力を持っていた」のだということに付きましては、今日の私の考えをシカトする日本のみならず朝鮮のアカデミズムが何と言おうと、後に改竄されてしまった文章で綴られた高句麗の正史などよりも遙かに信用性のある、その又歴史の元に位置しておりました、**宋書**や一級史料の金石文たる**高句麗の碑文**やそれにピッタリ整合する限りでの**百済の正史**自体が、**謎の五世紀**におけます「**倭による百済や新羅の占領**」「**倭による百済王の暗殺・首のすげ替え**」「**倭王の百済擁護の宋への依頼**」「**百済王子を倭の人質として要求して派遣させた**」等という、アカデミズムがそこ迄踏み込めず鈍かった点をハッキリと認めてくれておりますので、これは間違い無いことだったのです（日中朝にこのようなズバリの証拠があるのだからネ——日本のアカデミズムが勉強不足で判らないものですから、明治百年「謎の五世紀」などと名付け勝手に逃げ口上を言って逃げ回っておりました謎が、漸くこれでズバリ解けたゾ！）。

この時代における「百済より任那の優越性」という点は、歴史を遡りますと、辰（鮮）王朝の系譜におきましては、遙か古代中国の中山国（鮮虞＝伯人＝胡）が北へ逃げ、匈奴と混血し東胡となり、その一部が鮮卑と化し（「鮮卑者、亦東胡之支他」『後漢書』巻九十鮮卑列伝八十）、更にその一部の伯が逃亡者として北扶余前期王朝（高句麗も借史して前期は同じ伯族）を構成いたしましたが、ここから高句麗・百済が分化した際のその歴史に表れない「本家」（これこそがプロト辰〔鮮〕王家）たるこの王朝の人々が、満州から朝鮮半島部に南下し辰王朝（拠点は馬韓に置いて辰〔鮮〕王は古（いにしえ）への辰〔鮮〕国であった三韓と任那とを支配〔『魏書』韓条。本六。尚、別述『後漢書』〕）を経て任那（半島の倭）に入った（前述）、と言うことはつまり**伯済**（**百済**）**より任那**（**半島の倭**）**の方が正統な辰**（**鮮**）**王家**（**本家からの流れ**）だったのだと考えさえすれば、その全てについて納得(ガッテン)が出来るのです。

早い話が、半島の百済王家も列島の百済王(コニキシ)も、当時（少なくとも平安朝初期）まではこのこと（亜流王家〔扶余隆の墓誌、本六〕たる百済王家より上位の辰〔鮮〕王の存在）について十分認識しており、そうだからこそ朝鮮の百済史でも日本の平安日本紀でも任那（とそこに南下して亡命して入った正統の辰〔鮮〕王家）というものの存在は抹殺されてしまったのです（正統辰〔鮮〕王家の隠蔽。本邦初公開）。

ところでアナタ、これ等のことは、ずっと遅く日本書紀よりも**四百年**も遅れた、日本でいえば平安朝の末頃になって作られ（それも、後五十年位で鎌倉時代〔**平清盛**が安芸守(あきのかみ)となった頃〈一一四六年〉だったと考えますと、アナタにはよりピンと来ることでしょう。**中尊寺**の**金色堂**〈**一一二四年**〉の二十年位後です〕だという**高麗**(こうらい)17仁宗王二年〔一一四五年〕に金富軾等により編纂刊行されました）、その後も李朝等でも朝鮮人の両班(りゃんばん)の面子(めんつ)により、**原型を留めないくらいに改竄に改竄が加えられて**しまっております（この点も日本書紀の改竄と全く同様です）**朝鮮の正史**（今残っております朝鮮の正史は、こんなにも遅く作られたもので、逆に

日本の『日本書紀』をも実質参考にして〔チラリと横目で見ながら〕作られていた

ものに過ぎなかったのですが……。この「**逆の**」トリックに歴史オタクのアナタも私も注意しなくっちゃネ）である**『三国史記』「百済本紀」**においては、「任那の存在」も「その任那（倭）による百済の支配」というこんな金石文や自らの歴史文言すらもが明言する明白なことを、オロカにも「その当時はこの碑文の存

在にすら気が付かず」、判りっこないと知らぬ顔の半兵衛を決め込んで高を括って、自国史を勝手に都合の良い様に改竄し、白々しくも

完璧に近くまで「任那」「伽耶」を抹消してしまってウソをついてすまし顔で今日に至っていたのです（しかし、このように改竄不可能な考古学上の証拠が続々と出て参りまして〔つまり、私こと古代探偵がこのような色々な材料を並べることにより表舞台に出して参りまして〕、逆に朝鮮人の国史の方こそ、その改竄が明白となってしまい、私こと日本の古代探偵の前に墓穴を掘って降参してしまったのダ！）。だから、無知なので朝鮮史というだけで金科玉条のように有難がっているアカデミズムの人々、反省してよね。これは主として中世以降の**儒教的な**発想に基づく**メンツの問題（事大主義）**からの歴史改竄だったのでしょうか？

朝鮮民族固有の**カプサイシン（唐辛子）**による**準・覚醒剤中毒**患者（**キムチ中毒症**＝英語表現での**火病**〔**hwabyung＝ファビヨン**〕者）の「**逆切れ**」等の情緒的な浅知恵（追放された大統領の李承晩が力づく〔武力〕で奪って作った竹島〔彼らは独島と呼んでいますが〕の嘘を、物心ついた頃から歌まで作って教えられて信じ込んでしまった馬鹿な朝鮮人）はこの様にエキサイトしていても直ぐ敗れるのダ！

ですから、アナタ、今日——この本の執筆当時——韓国のメディアと日本のオバチャン達を賑わしております**朝鮮人**の「**女優・俳優・タレント・歌手**」等の**自殺者**（人口比で十万人当たりの自殺者が**世界一**の**二十一人余**）が目立ちますのも、これは一般に言われております様な**インターネットの弊害**（プライバシーの侵害）などだけでは決してなく、**私こと古代探偵**の「歴史的な分析」によりますれば、もっともっとその根は深い・・・・・ところにございまして、この**国民固有病**たる「**火病＝ファビアン**」にこそ、その朝鮮人の資質の**永**

久改善不可能な原因が潜んでいたのです。これ等の原因は、全て、**李氏朝鮮が中世に初めて日本から輸入した唐辛子（Capsicum ニンニクと共にキムチの必須の材料）**に起因していたのです（二〇〇五年刊行の㋢23―4―2、P954上で既に指摘）。

胎児の時から**覚醒剤**的な作用を促進いたします**カプサイシン**が多量に体内に入り込んでしまうのですから、脳がその様に産まれる前から胎内で汚れて反応してしまい、もう「どうしようもない」状態なのです（一四6、P900）。後からでは最早手遅れになってしまっているのです（アナタ、五百年以上も親から子へと民族全体に微弱ながらもこの覚醒剤の中毒症状が脳内で続いているのですから。そしてこれは戦前の結核のような朝鮮人の国民病の一つなのですから、もうそろそろ自分の平常からの準・躁鬱状態に自ら気が付かなくっちゃ。他人〔日本〕のことばかり攻撃しないで。このごろは南朝鮮も豊かになり、庶民は貧しくて米は食べられず雑穀を食べおかずが薬物を主としたキムチしかなかった**李朝**の過酷な**両班の搾取に喘ぐ支配下**の農奴のような昔とは違うのだから。と言うことで、これは他人事ではなく、**在日朝鮮人**のみならずそれと全く同じような顔をして区別の付かない日本人のキムチ中毒の電車に乗ってもニンニク臭い無粋な「韓流追っかけオバチャン」も気を付けてよね。でも、考えてみれば、オバチャンならもう子供を産まない、又はもう産めないから関係無いかもネ）。

ところで、アナタ、朝鮮民族の本質の歴史的な分析はこのくらいにいたしまして、右の広開土王の碑文の**第Ⅱ面9行目**によりますと、それより更に重要なことが記載さておりまして、**5世紀の始め**の広開土王10年（401年）には

高句麗が、倭を追って朝鮮半島を南下し「加羅」まで迫った

のだということも明記されております。つまり、その当時、四〇〇年頃、ここ朝鮮半島の南端まで遊牧騎馬民族が、半島を相当北上して入っておりました「倭人を追って」南下して来て征服していたことは（高句麗が四〇七年に「倭を破った」からこそ〔碑文〕、四二七年に至り、より冷害のより少ない平壌に南下出来、ここに冬期厳寒地の集安からの遷都の夢が漸く叶った〔完了した〕のです）、またこのことは別なこのような考古学的な証拠からも間違い無いことだったのです。同時代の遊牧系のオルドス式青銅の銅鍑（どうふく）が金海市（キメ）などの半島の南端の古墳の木槨・木棺墳から出土していることからもこのことは証明されております（本六）。高句麗の新羅・伽耶の占領、そしてその遊牧民の南下の結果の金海を中心とする洛東江流域のそれ迄の伽耶（倭）の王族（プロト〔高句麗軍と混血する前の〕大成洞古墳の人々）の日本海の渡海、つまり、「伽耶（倭）主体部の列島部分の倭への亡命」による南朝鮮の半島部分の拠点の放棄・追っ立てということを意味していたのです（これこそが所謂「伽耶の空白」と言われているものの真相だったのです）。となりますとアナタ、次の問題といたしまして、右の倭人の亡命は兎も角といたしましても、後述致します様に、その遊牧民の「高句麗人はこのとき列島に逃げた伽耶人（弁辰人＝卞（べん）人＝日下氏＝半島の倭人）を追って対馬海峡を渡り切ったのか？」又「渡ることが出来たのか？」ということが、実は大問題となって来るのです（本六）。

結論から申しますと、幸いなことにこの時は一部の水軍の勢力の日本列島の各地への渡海だけに留まりました。馬を馬冑（ばちゅう）（紀ノ川の大谷古墳出土）等の鎧（よろい）で固めた重装備の騎馬軍団や重戦車は、このときは、如何に海が平穏なときがあったとはいえ、大量には簡単に渡海出来なかったからなのです（六章）。

さてアナタ、以上の様な第一章の始めからここに至る観察の結果、全ての証拠を重ねて帰納し、日本や朝鮮史の文言とは逆に、「やっぱり**倭の定義**についての私の**仮説**は正しかったらしい」ということが段々と強まって参りまして、私の心の中で、やっぱり

古代の「伽耶は倭そのもの」「任那は倭そのもの」「金官伽羅・安羅は倭そのもの」

であった、しかもアナタ、それだけには留まらず

「**その伽耶人自体の南下は勿論のこと、それを含む弁辰も馬韓も辰韓（つまり三韓）すらもが（その前の濊も同じく）、本来その各構成員は古くに満州・朝鮮半島を北方から南下して来ていた**」

のだ（前述）、つまり、その一例といたしまして、そんなに古い時代ではなくても、少くとも**壇石庬**（だんせきかい）に捕えられたレベルの**倭人**（**北倭**）の末裔（朝鮮半島東岸の**濊**（わい）をも含む本質は実はここに有り）の**満州からの朝鮮半島への南下**ということが益々動かし難いこととなり、これを**仮説の実証**としての一つの「**原理**」「**原則**」にまで高め（一2）、「アカデミズムの通説とは全く異なる私の考えの基礎」が段々と固まって来たのです。

私こと古代探偵の考えは、「**朝鮮南部に倭の植民地が一時的にちょっとだけあった**」などというアカデミズムの通説に毛の生えた程度の、遠慮しがちな処女に産毛の生えた女のような優柔不断な不十分な考えではなく、**各種の濊人・倭人**たちは満州から時間をかけて力強く南下して移動して来て、その**名称を様々に変え**ながら、長い年月**朝鮮半島南端に渡海出来ずに吹き溜まって**足踏みしていたのであり（これらの南下した人々も広い意味での**古**（いにし）**への辰**（しん）〔**鮮**〕王朝の一部。本六）、実は、朝鮮の正史ではない『**三国遺事**』「**駕洛国記**」が、図らずも倭人に繋がる**金官金氏の王系図とその歴史**をハッキリと今日示してくれておりますように、南朝鮮の**金官**伽羅や**安羅**や**高霊**（こうれい）伽耶や**星州**（せいしゅう）伽耶などの

朝鮮の伽耶諸国の「集合体」自体が、古（いにし）**への倭・濊そのものである「弁**（カラ）**の国」「日下**（くさか）**の国」「卞の国」「卞**（ビュン）**の国」「弁**（ベン）**韓」（これらは皆同一の国の表現）を構成していた**

のだということなのです（北濊・南倭が主体）。

「倭の遙かなる南下」というアナタのロマンスの延長として、古くには半島でも列島でも、

特にその中の日本列島部分では、六六三年の新羅占領による支配に至るまでの倭国レベルにおきましては、倭の主体部の直接の支配の及ばないところ（主として東国、東北、北海道）は、朝鮮半島、満州、沿海州、南方諸島などの各在地勢力が幾重にも渡来し、日本列島の古来の秦王国の弥生の水耕民の上に（より先住の縄文民は他（より北方や高地や島嶼）へ追いやられてしまい）、又は棲み分けして群雄割拠しておりまして、実は、

「伽耶も濊・倭もそのときは海峡を挟み区別・国境などというものは一切なかった」

のだというのがその当時の日本列島の偽らざる真相だったのです（この**モザイク文様**こそ倭の実体・本質だったノダ）。

他方、**朝鮮半島部**におきましても、［広開土王の碑文のいう**倭による百済支配の真相**］とは、より具体的に一言で申しますと、先述の様に「倭＝金官伽羅」王の「5伊尸品王＝武内宿禰のモデル＝木協満致」が、生後間もない、兄貴分の**高句麗の侵攻に怯えて不安定な状態**で倭を頼っていた脆弱な**百済を占領し実効支配**しておりまして（このときは、譬えて言えば「乳母＝ウバ＝金官・倭」、「赤チャン＝伯済・百済」とでも申せましょうか。前述の「倭の五王」の中国への後見人的な「**上表文**」がその動かぬ証拠の一つだったのです）、これは**金官（倭）王が百済王となれる素性の者までも（多分）百済の女に産ませていた**状態にあったということ（日本紀）を示していたのです。応神の母（神功）が安羅系であったことは、その又母が天日矛の六世の孫のカツラギタカヌカヒメだったことからも判るのです。ですから、アナタは朝鮮の歴史も倭の歴史も共に「ハテナ?」と疑ってかからなければいけなかったのです（アカデミズムの言うことを暗記ば

かりしている受験オンリーの頭の良い偏差値坊やには、幾ら勉強しても到底このことはお判りにはならないでしょうが——)。

因みに、アナタは、今そこ迄はお気付きになっておられないでしょうが、今日、韓国政府の頭の切れる歴史テクノクラート(文部官僚と国立大学)が、文盲をなくするための**ハングルの普及**などという名目に隠れて、朝鮮半島の「**地名**」の表現も**全て漢字からハングルのアルファベット**(表音文字)に全て変えてしまいましたのも、これは漢字のままでおりますと、何れその古代からのその漢字の微妙な音・訓の「**地名の音価の分析**」の違い(変化)の研究が進み

「古代における倭の支配」の痕跡が確実に判明

されてしまうこと——特に河口の木浦から始まる**栄山江**流域(後世の**前方後円墳**が多く見られます)に顕著(現に、近年、半島西岸に近く、しかも栄山江から約一〇kmの咸平の金山里方台形古墳から六世紀後半の埴輪の破片が発見。一4に別述。と言うことは、つまり、正に「倭=任那」ということか?)。又、三七〇年頃の「任那=倭人」の北限〔一四9、16、17〕でございました鳥嶺から半径百キロメートル以内でも、このことを示す「生きた化石」でございますハングルでごまかしてしまう前の地名は、今日でも五十箇所以上もございますよ。では、これは何か?ということは、「コスモポリタン古代学」の謎を引き継いで下さるアナタへの大きな宿題といたしましょう——を予見し、そしてそれを恐れ、懸念して、将来に向かってのその深慮とメンツに基づく手早い作為だったのですゾ(これは歴史の真相の事大主義による抹殺だ。テキスト9—9—4、P413下メモ他)。自称、先見性のある私こと古代探偵は、朝鮮半島における朝鮮人の小心者のヘッポコ役人による「**倭・濊の歴史**」の**永久抹殺**を決して見逃さないし許しもしないヨ。

それにアナタ、**金官加羅（半島の倭）**の6代から9代までの**王名**（6**葛城襲津彦**（かつらぎのそつひこ）、7**秦弓月君**（はたのゆづきがきみ）、8**允恭**（いんぎょう）**大王**、9**雄略大王**の各**モデル**〔テキスト付録8、P1117必見です〕）が、中国式風に**音**（おん）で読みましても、夫れ夫れ（そぞ）、

⑥**ザチ**、⑦**チカ**、⑧**ナツ**、⑨**カチ**

――6**坐知**（金叱＝**ザチ**＝ソチエ）――7**叱嘉**（**チカ**＝エチキ）――8**銍知**（金銍＝**ナツ**）

――9**鉗知**（金鉗＝**カチ**）――（『**三国遺事**』「駕洛国記」テキスト付録8、P1117は必見です）

などという風に何となく**R音**（中間の舌）も入らず大陸的ではなく（七代王「チカ」に付き、七3）、和風のお手玉をポンポンするようなアイウエオという母音の「端的な腔内の角々（かどかど）を通る舌全体の動き」――前上・後上・後下・前下など（上記アイウエオとは順不同）――による響きであることも、**彼等と我々が古**（いにし）**へには同族であった**ことの理由の一つに付け加えておきましょう。

因みにアナタ、アカデミズムの中にもこの点についての認識が不十分な人を時々見かけるのですが、この高麗僧の普覚国尊一然（一二〇六―一二八九）により、その晩年に撰せられ、出版前に弟子の無極混丘によって補充されました『三国遺事』の中の「駕洛国記」は朝鮮史籍の中では最古のものだったのでして、大庚二年〔一〇六七〕に当時知金州事の地位にあった金良鎰によって撰せられたものだったのです（駕洛国記の撰者につき、金海の『駕洛国太祖陵崇善殿碑』）。ですからこれは「高句麗本紀」「新羅本紀」「百済本紀」等が収められておりますアナタにも有名な朝鮮の正史『三国史記』よりも、何と！六十九年も古かったのです。その朝鮮で一番古かったこの史書の中にこそ「金官伽羅＝倭」（後述、第一章）の歴史が記されていたのです（アナタ、知ってた?）。ここで若い方が誤解なさらないように少しより丁寧に、アカデミズムでも、大学院生が忙しい東洋史の教授の下請けで書いているような本では気が付いていないようなのでアナタに申し

上げておきますと、『三国遺事』自体は正史『三国史記』よりも新しいものなのですが、その「遺事」の中の「駕洛国記」の部分につきましては、正史よりも七十年近くも古く、現存いたしますものの中では朝鮮最古の史籍だったということになって来るのです（「エッ！　そーなの！」とセミプロもこのことを知らない人が多かったよ——目から鱗とはこのことか！）

又、**『魏書』**の東夷条では確かに形式上・文面上は「韓」「辰韓」「弁韓」と分けて記載しているにも拘わらず、よく読みますとその主たるところは**人物も民俗も倭人と実によく似ている**ことばかりですので、正に一見して、その内容からも素直に「**三韓＝倭・濊**」であると言わざるを得なかったのです（アナタ、ちゃんと各事項を指差しながら倭との共通性を比較して読んだことある？）

1―8　「伽耶・金官ハ倭デアル」ことの演繹

さて、今度はですね、その様にして

「**伽耶・金官ハ倭デアル**」という「自分だけが到達した（今のところ未だ）**孤独なモノサシ**（原理）」で、アカデミズム（通説）とは「**切り口を変えて**」、このことをその他の全ての内外の歴史事象にまで、性急（せっかち）な私こと「古代探偵」が**演繹**して波及させて見て参りました結果（一2、P1）、或る程度の**確信**がそこに芽生えますと同時に、次にそれを更に「**預言**（よげん）」として**宣言にまで高め発信**致します。そうした「古代史の論点の全てにも及ぶ**四〇〇もの問題提起と預言**」とを、**私の考えによる天皇系図を時系の縦糸**のモノサシとし、そこで**生起した各事件**を**横糸**のポイント（論点）として**体系的**に纏めましたものが、正に、私の本日**テキスト**としてこの講演で用いております、

今日（こんにち）**の話題社**　刊の拙著　**『天皇系図の分析について——古代の東アジア』**（ISBN978-4-87565-557-2）

なのでございます（ですから、この講演の反訳本のこの本の中での「テキスト（テキスト）」という表示は、前述のように、この本ではなく、別の右の拙著の『天皇系図の分析について』の方での出典箇所を表わしておりますので、もう一歩より深くこれらの問題をじっくりお考えになりたい方は、是非、参考書としてこちらの方も手に取ってご参照いただきたいと存じます）。

では、以上で「倭とは何か」という必須の命題――通過儀礼――を終了いたしたいと存じます。

やっぱり「任那＝伽耶＝倭」だった！　そして更に、倭と朝鮮半島東岸の濊とは、共に古くは同じ「倭種」であったのです（後述）。

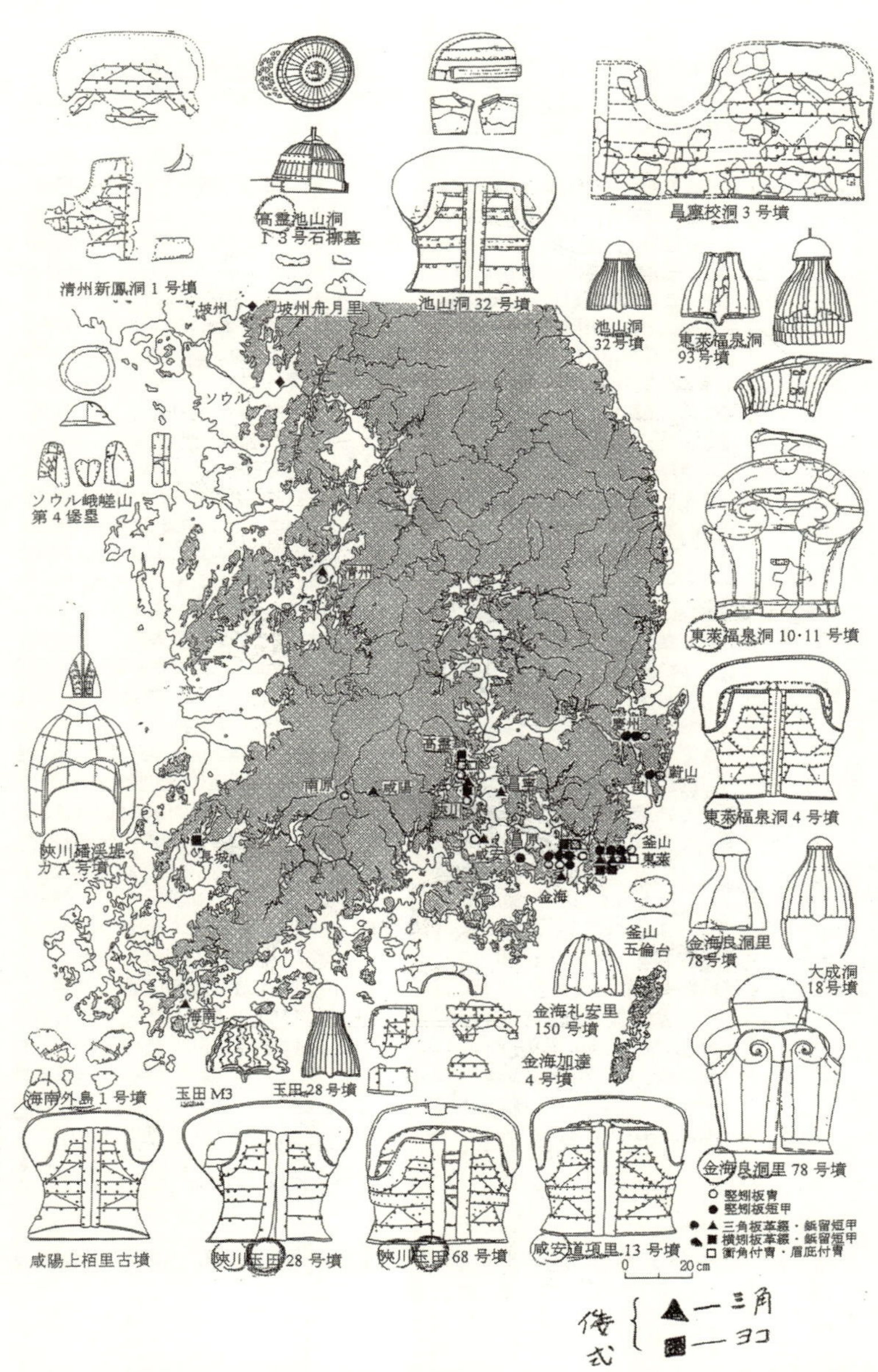

1—1　朝鮮半島での倭系の甲冑の分布（図 1—1 ～ 3　東潮『倭と伽倻の国際環境』吉川弘文館）

	加耶における倭および倭系遺物
装身具	鏃形石製品(金海大成洞13・18)，石釧(慶州月城路29)，紡錘車形石製品(大成洞18)，翡翠勾玉(慶州月城路13，天馬塚，皇南大塚北墳，金鈴塚，瑞鳳塚，飾履塚，皇吾里33東槨・西槨，皇吾洞４，皇吾洞98－３北槨・南槨，皇吾里54甲塚，皇南洞110，仁旺洞Ｃ３，仁旺洞Ｃ４，普門里，皇吾里５，皇吾里54乙塚，皇吾里１南槨，仁旺洞19Ｄ槨・Ｅ槨・Ｆ槨，味鄒王陵Ａ31槨，梁山夫婦塚，大邱達西55，昌寧校洞７，桂南里２，陜川玉田28，大成洞18)
土　器	土師器(月城路31，釜山華明洞，釜山朝島，福泉洞，東萊貝塚，金海府院洞，金海礼安里，金海水佳里，鎮海龍院洞，馬山県洞８)，須恵器(松鶴洞１)
銅製品	銅鏃(昌原三東洞)，巴形銅器(大成洞２・13・23)，倭鏡(三東洞，大成洞)，筒形銅器(福泉洞38・42・60・64・71・73，大成洞１・２・11・15・18・39，良洞里304・340・447，伝咸安沙道里)
甲　冑	方形板革綴短甲(福泉洞64)，長方板革綴短甲(東萊蓮山洞８)，三角板革綴短甲(福泉洞４，金海杜谷72，咸安道項里13，陜川玉田68，海南外島１)，三角板鋲留短甲(金海加達４，伝蓮山洞，蓮山洞８，咸陽上栢里，昌寧校洞３，清州新鳳洞Ｂ－１)，横矧板鋲留短甲(福泉洞112，玉田28，高霊池山洞32，長城晩舞里)，頸甲Ｂ(池山洞32，蓮山洞８，加達４，新鳳洞Ｂ－１)，衝角付冑(五倫台，衆生院１，池山洞32)，眉庇付冑(杜谷43，伝蓮山洞，池山洞Ｉ－３)

	倭における加耶および加耶系遺物
装身具	冠帽(福井二本松山，滋賀鴨稲荷山)，飾履(鴨稲荷山)，耳飾(物見櫓，宮崎下北方，兵庫宮山，奈良新沢109・割塚，鴨稲荷山，福井天神山７)
土器	東萊・金海(大阪八尾南，大阪野中，大阪水源地，大阪久米田，奈良坪井，南山４，和歌山楠見，福井三生野)，咸安(愛媛猿ヶ谷２，大阪久宝寺北，奈良布留)，高霊(熊本物見櫓，福岡池浦，愛媛唐子台80，島根森ヶ曽根，大阪西小山，滋賀入江内湖，岐阜遊塚)，泗川(長崎恵比須山，福岡池ノ上，物見櫓ほか)
鉄製品	斧状鉄板(福岡西新，福岡花鋒２，福岡滝ヶ下)，鉄鋌(鹿児島岡崎１，福岡割畑１，大分下山，岡山窪木薬師，愛媛出作，香川久米池，兵庫行者塚，大阪野中，奈良南山４，奈良大和６，京都八幡大塚，和歌山丸山，滋賀新開１，愛知伊勢山，東京氷川神社北方，千葉南二重堀24)，鋳造鍬耒(鹿児島伝双子塚，長崎古里，福岡沖ノ島，広島地蔵堂山，岡山金蔵山，鳥取里仁33，愛媛出作，大阪森，奈良兵家６，和歌山鳴滝６，三重わき塚１，静岡寺谷６，長野鍛冶久保)，鉄製柄付手斧(大阪紫金山，滋賀北谷11，山梨大丸山)，鉄製叉鍬(大阪紫金山)，環頭大刀(奈良於)，鍛冶具(福岡池ノ上，行者塚)
馬具	馬冑(和歌山大谷)，轡(福岡塚堂，行者塚，大阪長持山)，歩揺付飾金具(大阪伝丸山)，蛇行状鉄器(福岡手光南２，奈良団栗山，滋賀新開１)
甲冑	竪矧板革綴短甲(山梨大丸山)

1—2　海を越えた物の移動（前掲書、東潮・田中俊明 1988、定森秀夫 1994、東 1999、朴天秀 2004、高久健二 2004）

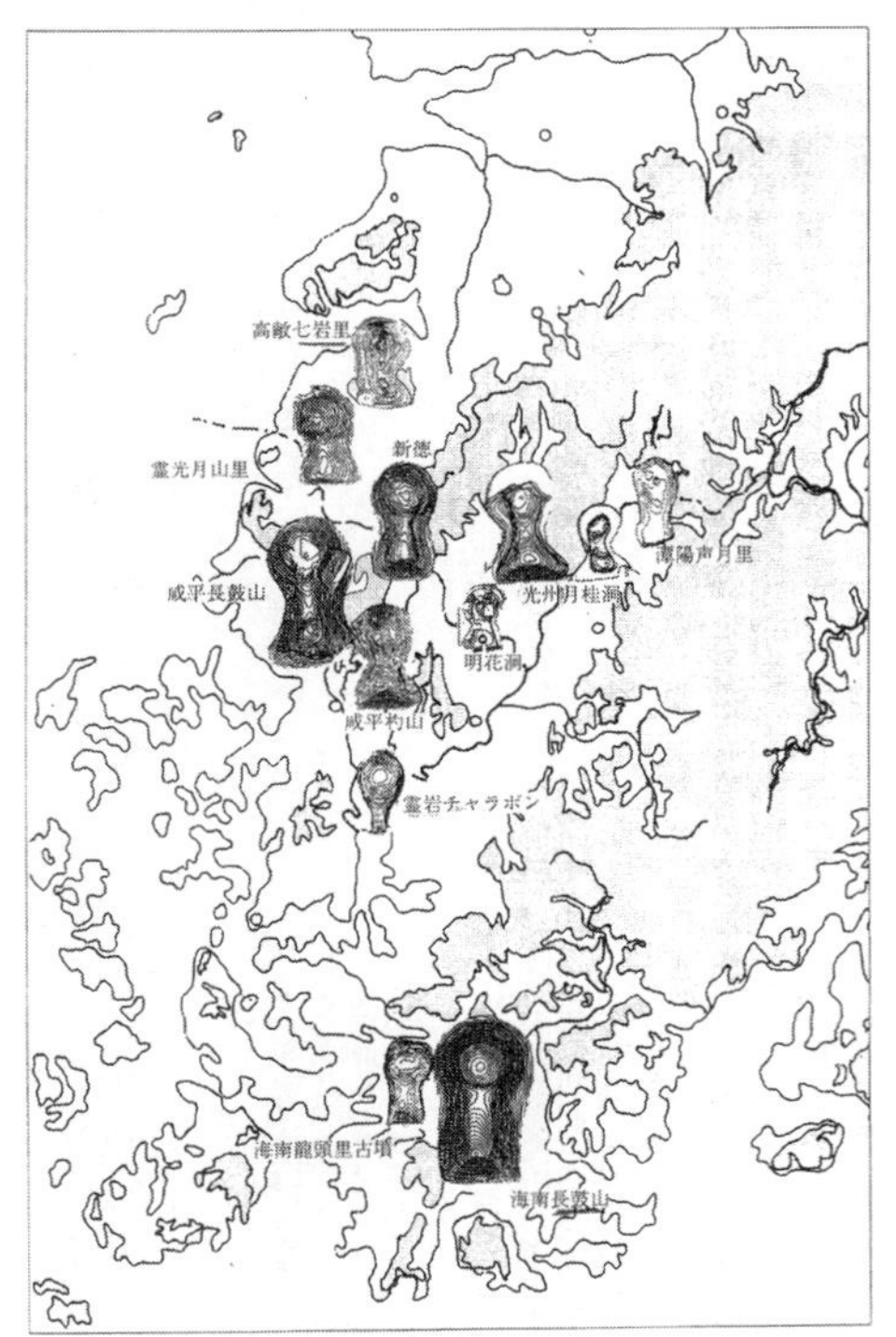

1—3　朝鮮半島の前方後円墳の分布（前掲書、林永珍、東潮）

1—4　甲冑（池山洞）

1—5　銅鍑（遊牧民の南下）

1—6　巴形銅器

1—7　広開土王碑

第Ⅰ面

惟昔始祖鄒牟王之創基也出自北夫餘天帝之子母河伯女郎剖卵降世生而有聖□□□□□命駕
巡幸南下路由夫餘奄利大水王臨津言曰我是皇天之子母河伯女郎鄒牟王爲我連葭浮龜應聲卽爲
連葭浮龜然後造渡於沸流谷忽本西城山上而建都焉不樂世位天遣黃龍來下迎王王於忽本東岡履
龍首昇天顧命世子儒留王以道興治大朱留王紹承基業遝至十七世孫國罡上廣開土境平安好太王
二九登祚号爲永樂太王恩澤洽于皇天威武振被四海掃除□□庶寧其業國富民殷五穀豊熟昊天不
弔卅有九宴駕棄國以甲寅年九月廿九日乙酉遷就山陵於是立碑銘記勳績以示後世焉其辭曰
永樂五年歲在乙未王以稗麗不□□人躬率往討過富山負山至鹽水上破其三部洛六七百營牛馬群
羊不可稱數於是旋駕因過襄平道東來□城力城北豐五備海遊觀土境田獵而還百殘新羅舊是屬民
由來朝貢而倭以辛卯年來渡□破百殘□□新羅以爲臣民以六年丙申王躬率□軍討伐殘國軍□□
南攻取壹八城臼模盧城各模盧城幹氐利□□□城閣弥城牟盧城弥沙城□舍蔦城阿旦城古利城□
利城雜珍城奧利城勾牟城古須耶羅城莫□□□□城□而耶羅□瑑城於利城農賣城豆奴城沸□□

第Ⅱ面

利城弥鄒城也利城太山韓城掃加城敦拔城□□□城婁賣城散那城那旦城細城牟婁城于婁城蘇灰
城燕婁城析支利城巖門□城味城□□□□□利城就鄒城□拔城古牟婁城閏奴城貫奴城彡穰
城□□城儒□盧城仇天城□□□□□其國城殘不服義敢出百戰王威赫怒渡阿利水遣刾迫城□□
侵穴□便圍城而殘主困逼獻□男女生口一千人細布千匹跪王自誓從今以後永爲奴客太王恩赦先
迷之愆錄其後順之誠於是得五十八城村七百將殘主弟幷大臣十人旋師還都八年戊戌教遣偏師觀
帛愼土谷因便抄得莫□羅城加太羅谷男女三百餘人自此以來朝貢論事九年己亥百殘違誓與倭和
通王巡下平穰而新羅遣使白王云倭人滿其國境潰破城池以奴客爲民歸王請命太王恩慈稱其忠誠
□遣使還告以□計十年庚子教遣步騎五萬往救新羅從男居城至新羅城倭滿其中官軍方至倭賊退
□倭背急追至任那加羅從拔城城卽歸服安羅人戍兵□新羅城□城倭□倭潰城大
□□盡更□□安羅人戍兵滿□□□□其□□□□□□□□□言

第Ⅲ面

□□□□□□□□□□□□□□□興□□□□□□□□□辭□□□□□□□□□□□□□□潰
□□□安羅人戍兵昔新羅寐錦未有身來論事□國罡上廣開土境好太王□□□寐錦□□□勾
□□□朝貢十四年甲辰而倭不軌侵入帶方界□□□□石城□連船□□王躬率□□從平穰
□□□鋒相遇王幢要截盪刺倭寇潰敗斬殺無數十七年丁未教遣步騎五萬□□□□□□□□□師
□□合戰斬殺蕩盡所獲鎧鉀一萬餘領軍資器械不可稱數還破沙溝城婁城□住城□□□□□那

1―8　金庾信（興武大王）

1―9　真鏡大師宝月凌空塔碑

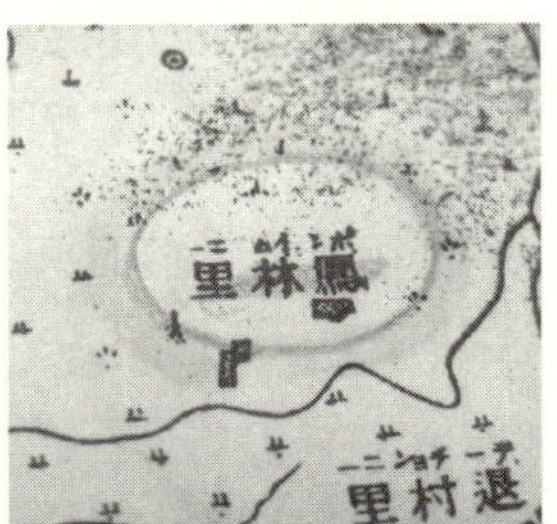

1―10　真鏡大師の碑のあった「鳳林里」（朝鮮総督府陸地測量部発行地図）

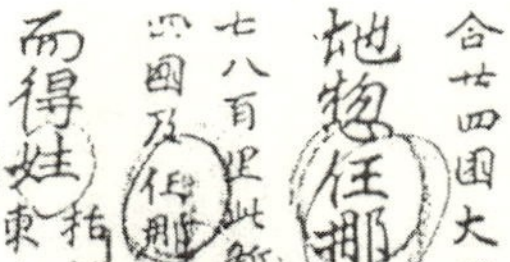

1―11　『翰苑』蕃夷部新羅条に引く括地志（新羅金姓の出自は未詳）

1—12　石村洞

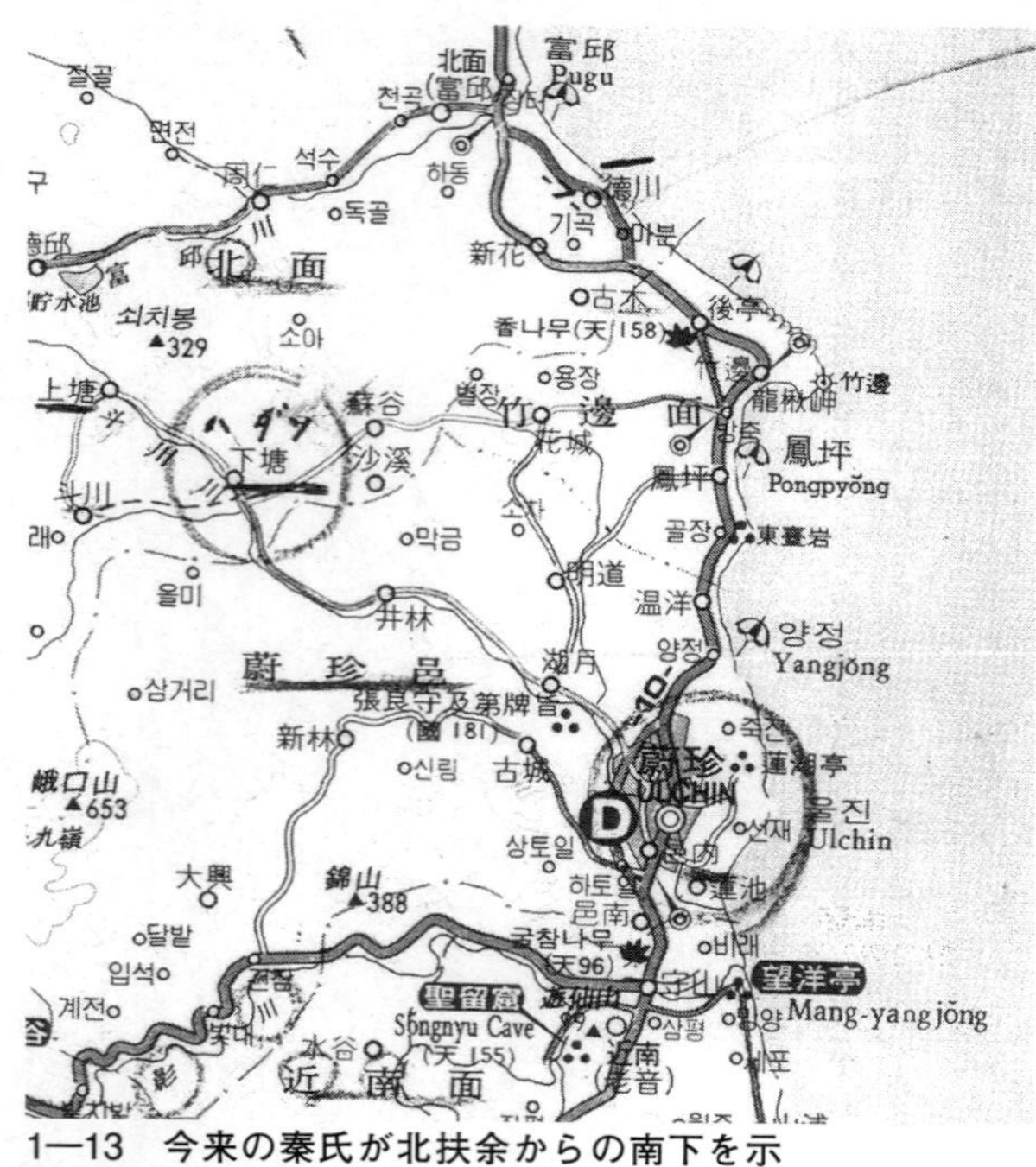

1—13　今来の秦氏が北扶余からの南下を示す蔚珍邑の下塘（ハダン＝波旦）の碑

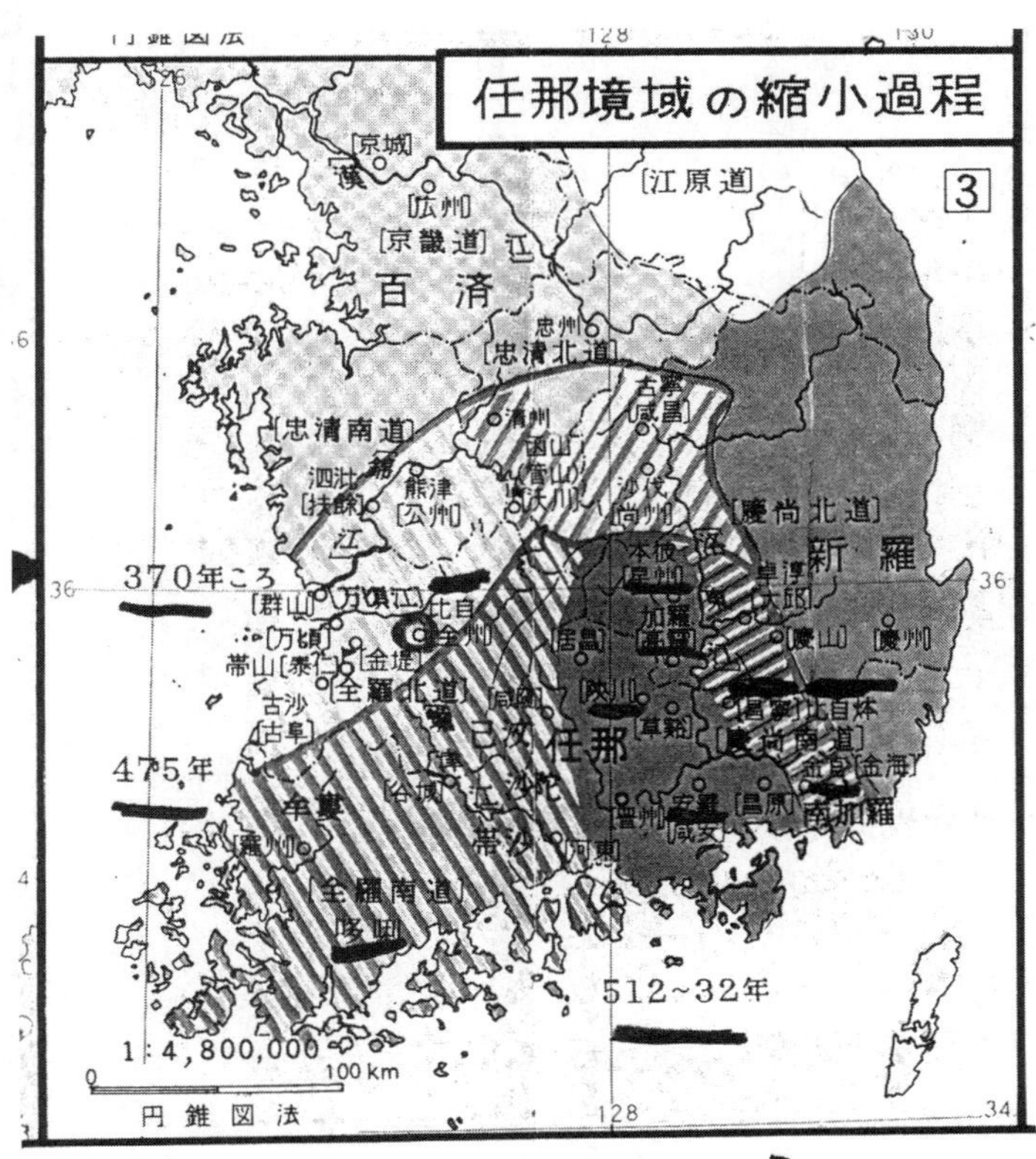

1―14　任那（私の考えでは古への「倭＝濊」そのものの末裔の正体）境域の縮小過程（平凡社『アジア歴史地図』）

第二章 「切り口」を思い付く

ところでアナタ、よくよく考えてみますと、こういう**執念**に基づく**私の方法論**（「**執念→閃き→仮説→観察→検証→原理原則**」（そしてそれの繰返しとしての）→**演繹**）という思考方法は、実は「**自然科学の方法論と全く同じ**」ものだったのです。このことをもう少し具体的にアナタに申し上げておきましょう。

2—1　無用の用と「万有引力の法則」

今まで何万年もの間、人類は**リンゴ**というものをただ「食べ物」としてだけ認識して参りましたので、木から落ちると皆が「さあ喰おう」と目をギラつかせて飛び付いて齧(かじ)ってそれで**ジ・エンド**（**終わり**）だったのでした。

しかし、或るとき、その人がお金持ちで満腹だったためかどうかは判りませんが、**先入観なし**にこのリンゴというものを、初めて食べ物としてではなく一つの客観的な食いたくない「**物体**」——無用の用——として突き放して冷静に、且つ、ボヤッとして対象物から少し距離をおいて「アバウト」に**観察**することが出来た人がおりまして、ここでその人の**脳内物質による閃き**により、初めて**質量を有するものには**「**引力**」が**ある**のだという原理が発見されたのです。

もうアナタも十分ご承知の、これは**ニュートンの**「**万有引力の法則**」ですよね（因みにこの人は、意外なことに経済官僚〔偽造防止にコインの縁にギザギザを付けさせたり〕だったのであり、又「株取り引き」の大家でもあったそうです――加藤義夫氏の話）。

2―2　想像力と創造力

この様に、現象自体は何万年も昔からアナタの目の前にチャンとぶら下がっていたのですが、アナタが余り頭が良過ぎ（前例の暗記が出来過ぎ）て、素直に新しく「切り口＝閃き」を変えて「**ハテナ？**」と見ること（柔軟な、且つ、「対象＝従来の定説」から一定の距離を置いた思考＝だからアカデミズムとアナタがドップリと浸かった受験勉強とは正反対）が出来なかったが故に、アナタはそこにある**真理**を今迄（人類誕生以来）見ることが出来なかったのです。

――今まで、明治以降でも一五〇年近くも経って、論点はほぼ全て出尽くしているのですが、それらを新しい「体系」（「倭＝任那」「新羅による占領」「平安クーデター」など）で統一的・戦略的に帰納してマトメられるかどうかという点にかかっているのです――

ですから「ハテナ？」「何故だろう？」という強い執念に導かれた「**切り口**」から発する**創造性**の方が、今遅ればせながらオールドガールとオールドボーイの団塊のシルバー世代に暇とお金（年金）が出来て青春、否、旧春旅行をやり直し、大学の受験勉強の延長の如くに、アカデミズムの学説を暇に飽かして一所懸命に**暗記**して消化して覚えて並び替えること、所謂世で言う「頭の良くなる＝受験の**偏差値坊やにもう一度なる**」こと（但し、科目を日本史に絞り込んで＝歴女・歴男）ということに喜んでいる自己満足よりも、本来、**真理の探究**にはとても大切なことだったのです。若い学徒（ヤングソルジャー）よ！　いざ出陣！

自然科学の方法論、つまり「ノーベル賞の発見」も、全てこの「ハテナ？」から始まる**想像力**（ソーゾー力①）とそれに裏打ちされた**創造力**（ソーゾー力②）とによって新しい発見が生まれ、そして更なる次の新しい「ハテナ?」③へと繋がっていくというオムニバスだったのですから。本当は、一般に頭が良いと世の中で言われております「暗記坊や」より、これは「引かれ者（私こと劣等生）の小唄」かもしれませんが、多少頭は鈍くても執念のある「ハテナ坊や」の方が上等だったのです。それは、アナタの脳の閃きの場所（右後ろの奥の方――ウソ）が異なるからなのです。

2―3　「学説展望」とエンピツ倒し

実は、今まで誰もがあまり気が付かなかったことなのですが、「自然科学」のみならず、この「**人文科学の歴史**」**にこそ本来これと全く同じことが必要**だったのでして、『**論語**』**の祖述**の様に、又、今迄の大学の**受験勉強**の様に、アナタが所謂、権威者と言われている人の説から

「**コピーとハサミとノリ**」とで作った、そのダイジェストの自惚れの美しい**サブノート**を一夜漬けで一所懸命暗記して、翌日、今度は自らがそのスピーカーになり「俺は歴史をやっているよ」と、アナタは歴史の偏差値を高めるためだけの、つまり「**前の日に暗記してきた他人の考えの更なる他人への強要**（スピーカー）」という受験勉強の延長としての自己満足のレベルで止まっていてはいけなかったのです（アナタが死しても、そこには「サブノート＝悲しい自己満足の宝物（メモリアル）」という物体が形骸として残るだけ。お棺に入れたらそれすらも消えちゃうよ）。たとえその御婦人方の聴衆が子羊、否、太っている場合には子豚（御免）、時として三段腹の巨豚（更に御免）の様に大人しくとも。

忙しいアナタに、僅かにあと何年残されているかも判らない「**棺桶**までの貴重なお宝（時間）」を、今偉

いといわれているらしい先生の暗記、しかもその結果生まれましたその泉のような「美しいサブノート」をマトメて書かれました本の形をした物でも、それも、そのインクの染みの間からは何らの「アナタの新しい自説」の主張も湧いてこず（出来ず）、端的に申し上げて、**他人の学説展望**（つまり、本の書き方〔論じ方〕の「イロハ」である起承転結さえも知らず、只他人の説をコピーして引用して並べるだけの切り貼り能力、しかもそこに紹介レベルにチョットだけ毛の生えた「**エンピツ倒し**」程度の自説をプラスするだけ——悲しいかな、アマチュアの本の**10分の9**は「俺について来い」という凄まじい気魄の「売り」が少しも感じられない、無能のアカデミズムに対してさえ「遠慮しいしい」の上品過ぎるこの僕(しもべ)レベル。私のようなアマチュア〔利かん坊＝naughty boy〕の特権である激しい執念の微塵も感じられない、単なる知識の羅列。紙の無駄・金の無駄——）等をしている人（これでは**古代史の整理屋さん**＝古い「切り口」のままな人は「**顔なし男**」。泉どころか乾いた唐(から)〔空〕っ紙）に付合っている暇は私には全くなく、アナタは「アナタの発想」で、**アマチュアとしての誇り**をもって、仮令(たとい)私こと古代探偵のように朝鮮人や日本人から平成のドン・キホーテと言われ忌み嫌われ罵られようとも「**打倒アカデミズムの百万人と雖も我行かんの精神**」に燃え、**自由に古代の中を彼(か)の荘子(そうじ)のように屎尿(しじょう)の中を逍遙遊し楽しんで**頂きたいと思うからなのでございます——逍遙(こころまかせ)の遊(あそび)（何ものにも束縛されることのない絶対に自由な人間の生き方）。

　そうしないと、アナタは、何時かアマチュアだか**学者のミニチュアとしての**〝**金魚の糞**〟だか判らなくなって**自己を埋没**させて酸欠で死んでしまいますよ（死ぬまで学習の好きな「頭(あたま)なし人間」——新しい発想への執念の無い人）。そんな並べることだけが大好きな「学説展望」オンリー——自己主張がなければ、いくら並べても無駄——の「**平目(ひらめ)の人**」（魚のヒラメの目の様に、折角目が二つあっても単に「上ばかり」見ている思考の人）は、**誇り高き独眼流アマチュア・クラブ**からは早速破門です。是非、そういう人は、虎ノ門辺りのオフィスビル（例えば虎ノ門ヒルズ）の中の、近くの**虎の威**（霞が関）を何時でも利用出来て便利この上ない学者の赤（アカ）チャンのミニチュア・クラブに用意された、「カーボン・コピー専用コーナー」の併設された喫茶室の方へとお移り下さい。

第三章　My ancient history（マイ　古代史）

この様に、通説の概略を一応マスターした後に、常に自分の**強い執念に導かれた仮説**だけを信じて、「ハテナ?・」「ハテナ?・」と３０年以上も**観察**して参りました結論が、本日これから皆様にお話する様な、アカデミズムからも、そしてアナタからも「**トンデモない！**」と言われるであろう「**私の古代史＝My ancient history**」、つまり**マイ古代史**なのでございます（「**自我作古**＝我より古(いにし)へを成す」の心意気で、各人、**マイ古代史を持て！**」）。

4

第四章　自然科学と同じ方法論で古代を突き進め！

——仮説（執念）・観察・検証・帰納・原理・演繹

と申しますのも、自分のことで誠に恐縮に存じますが、嘗て、私は高校時代、所謂受験校で歴史、特に日本史は学年で1、2を争ったこともございました。ですから、十代の終わりの頃、既に、一応、通説と言われるものは十分理解していたと考えても良いと思います（それから最早五十年余）。

そして、**司法試験**にも受かり、やがて30歳を過ぎた頃から、生活にも余裕が出来、**裁判官**になりましてからも、**日本全国の古墳**や**深山幽谷の神社**の今は**「隠され（消され）てしまった真の祭神」**を探究し彷徨いながら（七5）、その近くの**鄙びた温泉**を回ったりする様になりまして（若い頃、三木清の『人生論ノート』「孤独について」を読み、「孤独は山になく、街にある」「東洋人の世界は昼でも夜でもなく薄明の世界である」「孤独は最も深い愛に根差している」などの小さな一言一言にいたく感銘し）、歩き疲れた或る晩秋の黄昏どき、枯れ葉の浮いた露天風呂に独り浸って白い浮雲を見上げながら古代のことを考えておりましても、常に頭の中では「何かこれは可笑しいナ」ということばかりが占め、それ以来、三十有余年、先程申し上げました様に

「自然科学」と全く同じ「ハテナ？」「ハテナ？」という手法

を貫き通して **My ancient history（マイ古代史）**の切り口で古代を見て参りました結果、**「どうしても通説**

の後追い（理解とその暗記）だけでは、もう私の強い執念からして到底我慢出来なくなり」（愈々、本業？〔を扨置いての新たなる本業？　前述、序の前文〕の古代史のスタートと相成りまして）、遂に堪忍袋の緒が切れ、この様に**通説とは全く異なった**、日本人からも、又、朝鮮人からも**ブーイング**が出そうな、「独り漂白する浮雲」のように孤独で淋し気なこの『天皇系図の分析について――古代の東アジア』という本日の講演のテキストの考えに辿り着いたという次第でございます。

――そのハテナ？への古代におけるスタートのアナタへのヒントの一つを申し上げますと、**A国史見在社**（日本書紀などの**正史六国史には見えている古い由緒のある神社**であるにも拘わらず、何故か？後の平安朝になって作られました**B延喜神名式**には載ってはいない〔そこでは抹殺されてしまった神々の〕神社――それも古社が多いというのに――何とアナタ！　それが六十一ヶ国に亘り**三百九十一所**もございますよ）というものの存在でして、この敵（アカデミズムのバイブルたる正史）の持つ右の**AB**二つの武器の**齟齬**（割れ目・切れ目・矛盾）に、アナタが勇気を持って手を突っ込んで、痛みに耐えてでも掻き回し、「ハテナ？」とその感触を探求し攻めることから始められては如何でしょうか？　又、更なるヒントを加えるといたしますと、**国家の公式系譜**でございます『新撰姓氏録』の「神別」の人々の**大改竄**（七4はアナタ必見です。これが今日に伝わっております）と、この消えた（消された）右の国史見在社Aの神々を奉る人々との関係で、そこから逆にこの矛盾をお調べになられては如何でしょうか？それにこの神々の延喜式Bは、奈良朝の**新羅系**から一八〇度替わってしまった平安朝の**百済系**天皇家により、慌ててバタバタと作られたものですし――

4―1　コンフォート・ゾーンを超えよ

少し前置きが長くなってしまい恐縮だったのですが、どうしても最初に、

「私がどうしてこんなにも通説とは異なるアカデミズムから見ると奇異とすら思える（発狂したとすら思われる）様な古代史（発狂古代史）に立ち至ったのか」

ということと、そして、それに加え、それは正に

「自然科学と全く同じ発明・発見のハテナ？の思考方法」によった結果、必然的にこうなってしまったのだ

という科学的なことを、先ず、アナタにどうしても御理解して頂きたいと思ったからなのでございます。

――そう言えば、私事で恐縮に存じますが、私の母方の祖父の森慶造（「国民新聞」副社長。そのときの社長は徳富蘇峰）が、大正から昭和にかけまして仕事外で、持っていた今日の国宝の雪舟の『天橋立図』を売ってまで資料を蒐集し、大学は理財科出身でありながらこの常識を逸脱した禅宗への熱心さ（執念）は、正に狂気の沙汰としか思われないのですが（御蔭で戦火で焼失する前に全国から蒐集出来ました）、これにより、禅宗研究では必須の書と今日でも言われております『白隠和尚全集』『沢庵和尚全集』、それに『日本禅宗年表』、聖徳太子以降近世に至るまでの芸術（美術）家五百人以上を一五四一頁にまとめました『近古藝苑叢談』、『禅問法語集』などその他数多くの書を認（したた）めることが出来、戦前の文部省から、当時は今と違って恩給までついた「文学博士号」をくれると言われましたときに、師の福沢諭吉の真似をしてそれを断ってしまいましたが（勿体ない）、それらを書いたときの筆名を「森大狂」と申しました――祖父も孫も「狂」の素質あり？――但し、世の中に気違いが気違いを見て「代（あいつ）は気違

いだ」と言うこと程有り触れていることはありませんが。尚、私の出自についてですが、父方が百済王(コニキシ)系であったことにつき、序―4。母方の祖母が新羅系・秦氏系であったことにつき、一八3――

そして、このことは私の様な**自然科学的な方法論**で後に続いて下さる古代史のアマチュアが、もしいらっしゃったならば、その方々にも、歴史とは決して暗記などの、今迄多くの人々がやって来た様な、所謂「頭が良」いと言われている人たちの、**心地は良いが詰らなく醜い自己満足**のもの（偏差値教育の賜物・延長）ではなく、やればやる程アナタの「**古代への夢と情熱が無限に膨らむ**」本当に楽しいもの、そんな「**創造力**」**に富んだ頭の柔らかい古代史**に一日も早くなって欲しいと心から念願しているからでもございます（たとえ頭が良くても頭の固い人――クールで執念の乏しい人――は置いてきぼりダネ）。

ですから「**歴史学界**」の構造改革のみならず、同時に、「**アナタの頭の中**」の構造改革自体も必要だったのです（ということは、だから自分一人でも今夜からでも出来るよ）。

今、正に、古代史におきましても

「**comfort zone**（コンフォート・ゾーン）**を超えよ**」

との**心意気**(こころいき)（羽根飾、風見鶏、weather cock――エドモンド・ロスタン版「シラノ・ド・ベルジュラック」の末尾＝辰野隆他訳）が、アナタに求められているのです（安全な（嵐を受けにくい温室の中に閉じ籠った）、人々の考えの単なる羅列に過ぎない「学説展望」のエンピツ倒し程度の理由付けからの脱却――それも自らの今までの「体系」を引っ繰り返してしまうような烈しいもの）。

4―2　仮説（執念）↓観察↓検証↓帰納↓原理↓演繹

以上、第一章から第四章まで「**倭とは何か**」という大変重要なテーマでありながら、アカデミズム（暗記オンリー）におきましても大変疎(おろそ)かにされておりますことを材料と致しまして、私の
「**仮説（執念）、観察、検証、帰納、原理、演繹**」
という**古代裁判所**の　**裁判官**　兼　**検察官**　兼　**弁護人**　としての一人三役の多忙な頭の中での流れ作業（この各三者の史実の解明にも自然科学と同じ「**ハテナの方法論**」が**必須**なんだということ）に付いてお話させて頂きました。

ところでアナタ、ここが特に大切な点なのですが、何故私が先程「仮説」のところで「執念」という語を用いたのかということなのでして、と申しますのも、勝者の書いた（書かせた）正史「日本書紀」や準正史「古事記」などの歴史書は――古今東西を問わず――端(はな)からインチキですから、その単なるシンパによる検証というアカデミズムのような上品で消極的な草食系な態度だけでは甚だ不十分極まりないのであり、その長い間に凝り固まってしまった嘘（澱(おり)）を見破り取り除く非常に力強い「ダイソン」のようなエネルギー、つまり執念の力（念力）というものが無ければ何一つ本質的には始まらないからなのです――執念は力なり。

尚、私こと古代探偵が二〇〇四年春に本邦初公開で称(とな)えさせていただきました「**人史学の確立**」――「**人史**」とは、欧米でよく言う「**自然史**」に対しますその残り全てについての**新たな綜合歴史学**（**人間が今まで歩いて来た道の全ての綜合検証**）の概念を言います（人史 vs 自然史）。その方法論の確立――につき、

テキストP1097〜1099は、アナタ必見です。少し哲学的になりますが、アナタがこれから**歴史の迷路**に入り込む前に、**必ず羅針盤**としてこれをお読み下さい。

では、次の第五章は「目次」と「各章の要約」部分がアナタに一発でお判りになる企画ですから、飛ばして第六章にお進み下さっても構いません。

第五章　新しい騎馬民族征服説を構成する論点全一覧コーナー

さて、前置きが大変長くなってしまいました、早速、本論に入って参ります。本日は「**新**」つまり「**新しい騎馬民族征服王朝説**」というタイトルでお話させて頂きます。

では、先ずこれからお話し致しします全ての内容につきましての、大きく分けたテーマである「**論点**」を確認したいと存じますので、次の項目をご覧ください。

［論点1］新しい古代史を構築するための新しい方法論（第二章Ｐ254・第三章Ｐ259・第四章Ｐ260）

［論点2］倭・濊とは何か？　任那の真相に迫る（第一章Ｐ174）

［論点3］「民族の追っ立て」「徙民（しみん）政策」と新理論の確立（第六章Ｐ281）

［論点4］「新・騎馬民族征服王朝説」とは何か（序Ｐ15）

［論点5］日本書紀の12回もの改竄（第七章Ｐ334）

（イ）倭の正体は**伽耶**そのもの
（ロ）**高句麗広開土王碑**に見える「倭」「任那」「伽羅」
（ハ）天皇陵は**ウソ**
（ニ）**箸墓**の前方部の**捏造**
（ホ）仁徳天皇は**女**だった
（ヘ）日本書紀の**12回**もの改竄——古事記の位置が初めて見えて来た！
（ト）「新撰姓氏録」をアナタは信じてはいけない
（チ）藤原氏による**神々**と**神社**の**乗っ取り**
（リ）天武天皇の「**帝記**」「**上古諸事**」の記定（**681年**）の**モデル**は、その暦上は二年前（実は同一年）の新羅30
文武王の「**国史大改刪**」（**679年**）の、「**朝鮮**（**新羅**）**史→日本史**」という**翻訳**に過ぎなかったことを見抜け！
（ヌ）中国史では**天智と天武は親子**だった（新唐書）。それは何故（どうして）？

［論点6］奈良朝の天皇家（新羅王子）と平安朝の天皇家（亡命百済王）とは、
同じ王朝ではなかった（第八章P478）

（イ）都**督**府と都**護**
（ロ）白鳳・奈良朝の天皇は**新羅王子**
（ハ）聖武天皇の「**神道へ戻れ！**」との**反仏教宣言の詔勅**は何故（どうして）出されたのか？
——伊勢神宮の**伊勢太神宮寺**を巡る**仏教**と**神道**との攻防（かけひき）（神仏論争）

5

(ニ) **平安朝**とは百済王(クダラノコニキシ)による**日本列島における**「**百済亡命政権の樹立**」

(ホ) 桓武天皇は公害の祟り！により（大仏公害の証拠は五百立(いほだて)神社）長岡京に遷都させた

[論点7] 卑彌呼は公孫氏（第九章 P510）

(イ) **ムサシ**（埼玉）**ムナザシ**（東京）**サネサシ**（横浜＝真嶺刺(ねさし)〔記〕＝相模(さがむ)）は、**古代朝鮮語**で皆同じく「**中央砦**」という意味なので、それが何故こんな東国の鄙の地の狭いところで、且つ、当時は過疎の大部分が大河が氾濫する沼地の縁(ふち)（より古くの**縄文海進**の頃は海岸）に、しかも**3つも**並んでいたのか

(ロ) **倭国**（任那）連邦は「**海峡国家**」であった

(ハ) 朝鮮半島部の倭の少なくとも一部と韓は地続きであった

(ニ) 朝鮮の**金石文**に残されていた任那の存在（「**任那＝金官伽羅＝倭**」ということの証明）

（**真鏡(シンキヨウ)大師の碑**に記された「新羅の大将軍の**金庾信(キンユシン)**の祖先の新金氏の祖先は**任那の王族**」だった）

(ホ) 「**倭の五王**」の正体とは（「倭の五王」の武＝雄略大王＝**金官9鉗知(カチ)王＝紀生磐(きのおいは)**）

(ヘ) 「**倭の大乱**」——韓・濊（倭）彊盛。郡懸不能制（本七2、九8）——とは**満州・朝鮮**におけるたったの**6、7年間の戦い**に過ぎなかった（魏書の新解釈）

(ト) **卑彌呼は満州・遼東半島の公孫氏の女(ムスメ)**（晋書・魏書）——晋書の「其(その)」が目に入らなかったアカデミズムの取り返しのつかない大チョンボ

(チ) **到と至**の分析による「**第一邪馬臺国**」の位置の確定

（**日向・西都原(さいとばる)**。そして**卑彌呼の戦死と壱与の東行**——対馬→**出雲**（古代の半島からの上陸地点の一つ）→**吉備**→大和・纏向（**第二邪馬臺国の建国**））

（「**水行十日陸行一月**」についての**新説**──中国人もビックリの**カッコ内反転読み説**とは何か？）

──魏書の「**及び**（and）読み」「**又は**（or）読み」に対する世界初公開の「**つまり**（equal）読み」とは？──

（リ）**三角縁神獣鏡**は卑弥呼の鏡では全くなかった（京大派も真っ青！）
（それは**漢式鏡**の「**方格規矩鏡＝ＴＬＶ鏡**」か**内行花文鏡**に相当──正にそれは**庄内式土器**の時代

（ヌ）邪馬臺国（**ヤーヴァ・ドヴィーパ**）のアジアでの遥かなる移動を辿る（**輪廻の旅**）──卑弥呼に流れるフェニキア人の血

（ル）邪馬**臺**国か邪馬**壱**国かの論争への国際法的な一発での決着

（ヲ）**伊勢**の弥生の先神の「**サルタヒコ神**」の抹殺と皇祖神の**アマテラス**（天照大神）の創作

（ワ）**日本と倭**との区別（「**新唐書**」と「**旧唐書**」の分析）すら阿呆なアカデミズムには出来ていない

（カ）**天皇**と**大王**の区別（新羅文武王陵碑、唐高宗、飛鳥浄御原令、木簡）すら通説は出来ていない

（ヨ）明日香の「**酒船石北方遺跡**」の**石亀**は、**天皇**のレストハウスの**水洗トイレの便器！**

[論点8]　海峡国家　倭の縮小と「大和三山の歌」の秘密（第一〇章 P687）

（イ）新羅による**五三二年**の**金官加羅**（**倭の盟主**）の**滅亡**

（ロ）新羅による**五六二年**の**安羅**（**次の倭の盟主**）の**滅亡**（但し、下「多利＝多羅」に移動した倭の物部氏系の**穂積氏**（許氏）は後世まで残ります）

（ハ）万葉集「**大和三山の歌**」に含まれていた**謎**──「**磐井の乱**」のモデルは**朝鮮半島**での出来事

[論点9]「白村江の役」の直後、日本列島は唐・新羅に占領されていた（第一一章P712）

（イ）**開府儀同三司**（大宰府）

（ロ）「白村江の役」の後の**唐・新羅による日本列島占領**（六六三年九月十三日〜翌年二月九日までの正史の**欠史**の意味するところは何か？）

（ハ）実は、**朝鮮式山城**は、倭の**敗戦**後に**唐・新羅占領軍**により百済亡命者を使役してその技術により築かれた（だから一見百済的。そして、何故か占領軍政庁たる**国衙の直上**に造られていた山城）

（ニ）**唐の皇帝の占領軍の使者**が来たときの倭国の首都は**北九州**

（ホ）遣隋使の小野**妹子**の正体は、**倭王蘇我稲目の王子**であった頃の**馬子＝鞍作多須奈**だった！

（ヘ）京都太秦の**広隆寺**の**弥勒菩薩**（**整形美人**）の正体は**新羅**の**弥勒菩薩**そのもの――新羅王子の念持仏

[論点10] 架空の「壬申の乱」の真相（第一二章P754）

（イ）**遣唐使の廃止**は何故起きたのか？

（ロ）唐と新羅の戦争の開始（**674年**）

（ハ）**壬申年之役**の正体 ――役の意味――

（ニ）九州・**観世音寺**の木材が奈良・**法隆寺**へ移されたのは何故か？

（ホ）**統一新羅の仏教文化**（**双塔伽藍**、**九重塔**、**軒丸瓦**の**三十個の珠文**、**壇上積基壇**、**方形柱座礎石**など）の日本での普及が**本薬師寺**（双塔の例）や**法隆寺**（双塔の一つが**金堂**（金人＝王＝天皇）へ展開）に見られるのは何故か？

（ヘ）**妖言**(オヨツレゴト)の謎

（ト）**「み吉野の鮎(あゆ)」の童謡(わざうた)**の謎が解けた！　――それにより「壬申の乱」の謎も解けた！

（チ）**持統女帝は架空**の人（テキスト8―4―2、P316下〜322上）

（リ）**「瀬田唐(から)橋」**のモデルは**新羅王都慶州の月城**の南の**「月精橋(げっせいきょう)」「日精橋(にっせいきょう)」**

（ヌ）天智大王の**「近江京」**は、やっぱり**架空の都**（幻の都）だった

――仮令(たとい)、宮はあっても京はなかった。つまり宮と京との定義がアカデミズムは不十分

（ル）現法隆寺は**新しかった**（古い様式の復古――平城京か早くても藤原京の頃から）――一部再建論

［論点11］「大化の改新」は新羅史の「毗曇の乱」の翻訳そのものだった（第一三章P830）

（イ）「大化の改新」と新羅「毗曇の乱」とは「**人**」「**内容**」「**時**」のその**全てが共通**

（ロ）**顓頊暦**(センギョク)（**寅**(とら)）と**現行暦**（**酉**(とり)）がキーワード（元嘉暦と儀鳳・麟徳暦）

（ハ）「改新の詔(みことのり)」の内容は**実現不可能**（72年後の「**養老令**」の**丁**を**町**と時代を遡ってしてしまった〔人単位を土地単位とした〕だけの安易で理不尽な後付けでの偽造。「郡――民政行政区画――字始用」も、実は五十六年も後の七〇二年の「大宝令」頒布から。というような「大化の改新」のお話が実際に作られたのは少なくとも奈良朝になってからのことだった！「645年＋72年＝717年」）

［論点12］「ワカタケルの剣」の辛亥年は四七一年ではなかった（第一四章 P860）

（イ）**天皇系図**の**分析**とその**原本**（天皇系図**合成の経緯**の跡を探り、**原天皇系図**に**復元**すること）

（ロ）天皇系図の元となった「百済王系図」における改竄・合成

（ハ）同じく「新羅王系図」における改竄・合成

（ニ）新羅史に見る卑彌呼の年代の一運加上（六十年古くしている）

（ホ）**高句麗**王系図（テキスト付録4、P1108、1109）の「B系列」の**旧・王妃家**の末裔の**清原氏**に至る迄の日本列島での**姓**の変化（**背奈→高麗→高倉→清原**）

（ヘ）**新羅の高句麗占領軍**を「**倭の五王**」の**武**が**解放**したこと（「**武＝雄略大王**」のモデルは**金官9銍知王**で、日本紀では**紀生磐**と表現されていた。テキスト口絵）

（ト）東アジア史の「モノサシ」となっていた**遼河**の七〇〇キロメートルもの東への移動（歴史の混乱）

（チ）**買地券**（次のa～d、fに関しますこの**意図**に付きましては、後に述べますところをご参照下さい）

【a】**墨田八幡宮**の「**人物画像鏡**」（**503年**）の〈意図〉するところは何か？

【b】**石上神宮**の「**七支刀**」（**369年**）の〈意図〉するところは何か？

【c】熊本の**江田船山古墳出土**の「**鉄刀銘**」（**475年**より少し前）の「**鹵**」とは誰？ それは、実は、日本の学者が皆言うようなワカタケルでは全くなく**百済21蓋鹵王**（**慶・ケイ・ケーロ・カフロ**）のことだった

【d】アナタにも有名な**稲荷山古墳**出土の「**ワカタケルの剣**」（四七一年）の**捏造**（しかも、そのアカデミズムの解読の**臣**は**直**の明白な間違い――但し、干支一運下げて五三一年だと伽耶の須恵器の年代とも一致し武蔵騒乱（五三四年）とも整合する。

【e】**伽耶の植民市**であった**東国**は、大和朝廷には大部分がその当時は直接帰属してはいなかった

【f】百済聖王明が倭へ「**仏教一式**」を贈って来たこと（**538年**）の〈意図〉は**深遠**

（リ）古代の朝鮮半島の大部分は、中国史の分析によっても倭（濊）種の領域(エリア)であったことが判る
——「胡（中山国の白人）→東胡（満州の朝鮮）→鮮卑→拓跋→魏（倭人の条の卑彌呼で有名）」へと至る極東での大きな民族の追っ立て——

[論点13] 高松塚は誰によって何故暴(あば)かれたのか？（第一五章 P958）

（イ）白鳳・奈良朝の**天皇**のモデルは**新羅王子**

（ロ）**高松塚古墳**とその被葬者である**高市皇子**(たけち)

（**新羅の象徴**たる「**玄武＝亀**」の顔が何故**削られ**ていたのか！）

（女性が「**領布(ひれ)＝肩巾**」を付けていない**時期**は何時なのか！）

（何故、**白骨**になってから**死体の首**が**引き抜かれ**ていたのか！）

（ハ）そして、その墓（高松塚など）が何故、後世、**平安朝**に至り**暴かれ**てしまったのか？

（ニ）**高市皇子**(たけち)が亡くなった**母**（**尼子(あまご)＝阿麻古(アマゴ)**）の冥福のために造った「**丙寅**(ひのえとら)（ヘイイン）」**の紀年銘**のウェストの細い典型的な**新羅仏**の「**弥勒菩薩半跏思惟像**」を巡る謎

[論点14] 日本書紀の作られた「真の目的」とは一体何？（第一六章 P986）

（イ）神武大王の即位（BC660年）が架空だということの証拠は「**暦**」そのものの中に既に隠されていた！

（ロ）**辛酉(しんゆう)革命**（**讖緯(しんい)説**）とは？

（ハ）伊勢神宮を造るに際しプロト天照大神（アマテル）を**男から女へと変えてしまった理由(わけ)**

（ニ）アマテラスの「**伊勢**の内宮の鏡」より**古かった**「**紀伊**（和歌山）の鏡」

――和歌山市秋月の**日前(ひのくま)・国懸(くにかかす)**神宮（そこは**旧(プロト)・伊太祁曽(いたきそ)神社**〔**天日矛(あめのひぼこ)**〕の地）の鏡

（ホ）平安日本紀の主たる目的は「プロト日本国たる倭国」の抹消と「白鳳・奈良朝の日本国が新羅占領軍が建てた国」であったことの抹消と「平安天皇家が百済王(コニキシ)」だったことの隠蔽の三つだった（尚、奈良日本紀レベルでの目的は前二者まで）

（ヘ）卑母の親王を**臣籍(しんせき)**に下す（嵯峨天皇→**源氏**、清和天皇→**平氏**）（八4〜6、一七6〜8）

（ト）**天武**天皇が中国史の「**別倭**」の**サルタヒコ神を海の底に追い出し**、そこに母国**新羅**の「**神宮**」をモデルにして「**日本**」**初の神宮**である**アマテラスの伊勢神宮**を造る

（チ）「三種の神器」から**鏡が消えて**しまった理由

（リ）「**月神**信仰」から「**日神**信仰」への民俗学的な変化

[論点15] 新たなる騎馬民族征服王朝説の確立（第一七章P1064）

（イ）**高句麗の新羅占領**（集安の**広開土王碑文**、半島唯一の忠州の**中原高句麗碑文**、**高松塚**の壁画）

（ロ）満州の遊牧民の**拓跋(タクバツ)氏**の「**ちょんまげ**」と日本の**源(ゲン)**姓（唐も漢民族ではなく夷狄と言われていた鮮卑の拓跋氏の建てた国）

（ハ）**伯(ハク)族**が**西朝鮮湾**を**渡(わた)**（**済**）って作った国なので、**音(おん)**読みで「**伯済(バクチュ)**＝**百済(ハクサイ)**」と言った（「**クンナラ**＝**大国**＝**クダラ**」は**訓(くん)**読み）

――中山国（白狄・鮮虞）→**貊(バク)**（白夷・北支）→扶余（満州）→高句麗→百済（半島）→平安天皇家（列島）、

というコスモポリタンな伯族の「民族の追っ立て」に気付け！

（ニ）**新羅の高句麗占領軍**を「**倭の五王**」の**武**（**雄略**大王）が追い出し**解放**する。よって
「麻立干（マルハン）（ma-la-han）→**王**」「殉死→**埴輪**」「廟→**神宮**」
「国号鶏林（ツゲ・トキ）・**迎日**（ヨンイル）（トチ）→**新羅**（シルラ・シラ）」「**諡**（し）**号**始まる」

（ホ）平安朝が**新・騎馬民族征服王朝**と言える理由（わけ）

（ヘ）**武士道**と**新羅ホモ花郎**

（ト）ユダヤ人（失われた十二支族）はバクトリア以降、チベット高地を東行して四川盆地（蜀）へと下り羌氏となり、嘉陵江（西漢水＝西羌水）に至り漢民族と化していった

[論点16] 渡来人と平安文学（第一八章 P1106）

[論点17] エッ！　八岐大蛇のモデルは満州にあった！（第一九章 P1127）

5

以下、本書の大筋を一望にお判りいただけるダイジェスト（各章の冒頭に太字で置いてございます）を繋げたものを挙げておきますので、ご用とお急ぎの方はどうぞお読みになりその全体像をここでお掴み下さい。

［論点5］『日本書紀』に記されている古代の天皇の「モデル」は、皆、朝鮮史の大王であった。

しかも、そのベースとなった朝鮮史の古い頃の百済王・新羅王自体の「モデル」も、又、実は、百済・新羅以外に存在していたのである。だから、平安朝より前の全ての「天皇陵」はウソであった。鎌倉時代までに『日本書紀』が12回も改竄されていることに気が付かなければ、アナタは古代史が何も判らないのと同じなのである。（第七章）

［論点6］白鳳・奈良時代の天皇とは、663年の「白村江の役」の後、日本列島を提督として占領支配した新羅の王子達だったのであり、平安時代の天皇とは、日本列島への亡命中の百済王（クダラノコニキシ）が藤原百川らの藤原式家の協力を得て、聖武天皇の薬師寺（薬師寺宮）への幽閉（749年）、更には、その子の井上皇后の廃后（772年3月2日）、更にその井上の子の他戸（オサベ）皇太子の廃太子（同年5月27日）、そして、その母子の両者の五条没官（もっかん）の宅（やかた）への幽閉（773年）とそこでの暗殺（775年）による『宮廷クーデター』の成功により、日本列島に百済亡命政権を打ち立てた百済の王子達だったのである。藤原式家が滅んだ後は、平安天皇家は今度は藤原北家（摂関家＝後の近衛（このえ）家などの五摂家）とタッグを組んで末長くこの日本国を運営してゆくことになるのである（近衛文麿首相も、この北家の末裔で、摂政関白を継承する「五摂家」の一つの近衛家の第三十代当主であり、その後の細川護熙（もりひろ）首相も同じく近衛家の出であった）。因みに、北家の支配が確立した後は、今度は北家内部での陰湿な戦い（足の引っ張り合い――正に清少納言や紫式部の頃がそれ）と化す

るのである。（第八章）

[論点7] そもそも、倭国（任那連邦＝伽耶連合）とは、日本列島と朝鮮半島に跨る「海峡国家」だったのであり、そのメンバーの伽耶の各国その他が日本海を挟んだその両方に無秩序に領土（植民市）を持っていた（東日本にも）。その倭国の532年迄の盟主は、魏書の狗邪韓国の後裔の金官伽羅国（「倭の五王」）はここの王＝後の蘇我氏・紀氏・木氏・武内宿禰系）だったのであり、その後562年迄は　遼東半島の公孫氏の女の卑彌呼　の末裔である安羅国（後の大伴氏・東漢氏・息長氏・多治比氏・天日矛系）が海峡国家の倭の盟主を務めた。但し、5世紀に高句麗が朝鮮半島を伽耶まで南下して来た時（その証拠は、安羅の末伊山古墳から高句麗と同じ馬冑・馬甲が出土していること、広開土王碑その他の伽耶諸国からの出土品からも判る）には一時、倭の一部（主要部）は日本列島での拠点を九州より畿内へとシフトさせ、以後、特に主たる王陵を九州からより遠い（より安全な）畿内にも造らせている。古くに東行して来ていた邪馬臺国系の壱与の流れの大和と、新しく東征して来たこの「伽耶＝倭」（北扶余の出自の今来の秦氏を含む）系の河内との支配者の交代と、河内平野での巨大古墳の出現は、このことを裏付けている（その前の3世紀には、伊勢のサルタヒコ〔古来の秦氏〕を祖神とする「秦王国＝別倭＝夷倭」に対する支配者が、東行した右の邪馬臺国の壱与へと交代していた――更にここ伊勢の祭神も、七世紀に至りサルタヒコから新羅占領軍提督たる天武・文武らによって新しく創り出されたアマテラスに取って替わられてしまっていた）。（第九章）

[論点8] 562年以降は、倭は新羅に追われ、日本列島のみに縮小せざるを得なくなり、九州よりも畿内に主たる拠点を移して存在していた（「大和三山」の万葉歌の謎）。（第一〇章）

［論点9］しかし、663年に「白村江の役」で唐・新羅連合軍に百済と共に倭が敗れる——これは、他方、嘗て「新羅と組んだ安羅」が五三二年に金官伽羅を滅ぼしたことに対しての復讐・意趣返し（新羅の将軍の金庾信は金官王家の末裔）という面もあったのである——と同時に、日本列島は唐・新羅に占領され（安羅系は東国に逃亡）、唐の名目上の司令部（都督府）が那ノ津ないしは太宰府、その他の日本の要所に置かれ、本国の司令による新羅軍提督（新羅王子たる日本の天皇）の命令により亡命百済人の技術者を使役し、列島内各国の国府の直近の山上に朝鮮式山城が築かれ、占領軍は毎日夜間は国衙（こくが）の直ぐ上の山上にあるその山城に引上げ、倭人や亡命百済人のゲリラの襲撃から身を守ったのであった。（第一一章）

［論点10］この後、674年に至り、唐の劉仁軌が新羅を伐ち、新羅本国が唐と本格的な戦争を開始するに及び（その前の六七二年には郭務悰の日本列島からの撤退、又戦争後の唐の朝鮮半島からの撤退の決定もあり、この郭務悰の撤退前後から日本列島内でも唐と新羅との様々な「確執＝力関係（パワーバランス）の変化」が生じた）、日本列島では目の上の瘤（たんこぶ）が取れた新羅がここぞとばかり唐を排除し、「共同占領から新羅の単独占領に変わった」軍事的な動きが、所謂「壬申の乱」（672年）の真相（奈良紀における裏のモデル——本邦初公開）なのであった。（第一二章）

［論点11］勿論、その前の所謂「大化の改新」（645年）というものは、当時の天皇家の母国の新羅の「毗（ヒ）曇（ドン）の乱」（647年）のそのままの翻訳に過ぎず、「全く架空」の出来事であった（毗曇＝入鹿）。（第一三章）

5

［論点12］新羅も４世紀に成立した「新興国家」に過ぎず（百済の実質初代王は13近肖古王３４６～３７５年。新羅の実質初代王は17奈勿王３５６～４０２年）、この四世紀半（なか）ば以前の王系図は、扶余や金官加羅の王系図の「盗用」によるもので、「奈良」日本書紀や「平安」日本書紀は、渡来民たる天皇家によって共にこれら各改竄された朝鮮の王系図に基づいて作られていたので、この時点で既に朝鮮の偽造史の上に乗っかって更なる日本の偽造史が作られていた、ということになるのである（日朝でのダブル偽造と買地券の謎に迫る）。東国へは大和朝廷の直接統治が大部分ずっと後世に至るまで及んではいなかった（武蔵国造の乱が証明）。「ワカタケルの剣」が仮に真正だとしても、少なくとも干支一運後のこの騒乱（五三四年）の頃のもの（五三一年＝辛亥）。だから大和朝廷は笠原直使主の方を助け、新・武蔵国造の使主一族の埼玉古墳群は栄え、上毛野君の七輿山古墳群は衰退した（因果の証明ここにアリ）。（第一四章）

［論点13］私の考えでは、現行の日本書紀の天皇は朝鮮史・満州史の王をモデルとして、それらの亡命民（但し、列島においては最終の勝者）の天皇家により「歴史物語」として作られているので（日本書紀フィクション説――伊勢神宮の創立）、その朝鮮・満州のモデルとなった王（天皇）が実際に倭（半島、列島）の地に渡来しているかどうかは一切関係がなく、（１）実際来ている人も、（２）そうでない人も、又、（３）新たにノベル（物語）上だけで作られている全く架空の人もいる。つまり、これは一言で言えば「オペラの台本の世界」（［テキスト］23―2―3、Ｐ933）の問題に過ぎなかったのである。「42文武天皇＝新羅王子金良彬（きむりようひん）」からは確実な天皇である（［テキスト］序章（４）、［本］序―3―3）。では、それらと朝鮮・満州との関連につき、ここでは墳墓等の問題を中心に述べてみることにする。（第一五章）

［論点14］平安日本書紀の主たる目的は、「倭国＝プロト日本国」の抹消と「白鳳・奈良朝の日本国が新羅占領軍が建てた国」であったことの抹消と「天皇家の渡来の事実」の隠蔽であった（尚、奈良日本紀での目的は前二者まで）。そのためには、先ずは奈良朝では新羅占領軍（天皇）によりそれ以前の歴史を消すために伊勢神宮の創立が行われ、次の平安朝では百済王（コニキシ）（天皇）による日本書紀の更なる大改竄が行われた。というのも、平安朝の百済系天皇家の朝鮮での「母なる国」が既に滅び去り、最早二度と再び大陸の本貫の地へは戻れなくなってしまったため、民族意識としての国史のメイン・テーマを、如何にしてもここ日本列島で自生した「天孫降臨」且つ太古から変わらぬ王系である「万世一系」にせざるを得なかったからなのである。（第一六章）

［論点15］さて、新羅は5世紀代には少くとも70年間は高句麗の占領下にあり（だから王は称せなく麻立干と言っていた）、この時スキタイ風の遊牧民の「純金の文化」を継承しているし、百済も元々その出自は遊牧民の扶余伯族の末裔の建てた国であるので（伯が「海＝西朝鮮湾」を済る＝百済）、そう致しますと、新羅占領下の白鳳・奈良朝も、又、日本に「亡命百済政権」が樹立されました平安朝も、共に実質「日本は遊牧民の文化に支配されていた」ということにもなり、この意味において私のこの渡来王朝（天皇家）の考えを『新・騎馬民族征服王朝説』と呼んでも差支えないと思料する次第である。そして、それらを前提として、次に「武士の発生」の真相についても、国際的（コスモポリタン）に捉えなければいけなかったのである。（第一七章）

第六章　「民族の追っ立て」「徙民（しみん）政策」と新理論の確立

——奈良朝での「徙民政策」（主として東国での建郡）は何故必要だったのか？

戦後、一九四八年頃から、東大の**江上波夫**（えがみなみお）教授が座談会（昭和二十三年〔一九四八〕五月四日のお茶の水の「小さな喫茶店」での石田英一郎〔司会、民族学〕、江上波夫、岡正雄、八幡一郎の四名の対談討論会からスタートし、同二十四年に『民族学研究』に掲載されました）などで「**騎馬民族征服説**」——後に、「東北アジア騎馬民族系王朝の日本征服・統一国家樹立説」と呼ばれることになります（平成三年）——というものを打ち立てましたが、この当初のお考えを一言で申しますと、「大陸から遊牧騎馬民が船で大量に渡って来て、ドドッと日本列島を占領し天皇となった」という、当時と致しましてはとてもセンセーショナルな——早い話が、**天皇の祖先**が**朝鮮人**か**満州人**であったという——考えを発表されました。

その後、一九七四年ぐらいまでの間に少しずつこの理論を**修正**していき、初期の渡来人の数はたとえ少くとも、「子孫レベル」での人馬の数は数代で増大し、それは可能であったとし、更に、その考えに加えまして、高句麗で死んだ百済最後の**31義慈王**の子で嘗て太子であった一九二〇年洛陽で発見（但し、この碑自体は「高句麗の故地＝満州東部」に存在していたものが持ち去られたものでした）されました「**扶余隆**（プヨユン）**の墓誌**」——**隆……百済辰朝の人なり**（百済王（コニキシ）の子孫の淡海三船と百済の皇太子のこの隆〔弘文天皇のモデル〕との関係につき、一三2。又、七支刀との関連では一四9）——の分析から、**倭**と**百済**と**高句麗**（この碑文中の「**河**

孫」とは、高句麗の始神の一つの広開土王の碑〔第一面「**母河伯女郎**」〕に記されております**河伯**の子孫を示すからです）の**母国**――高句麗と百済の母国――としての「**辰王朝**」（正しくは鮮王朝――辰の本字は鮮なので〔テキスト9―3―9、P376下。本六〕。藤井）というものを肯定するに至りました（馬韓人復自立為辰王〔『後漢書』韓条〕）。

6―1　古への朝鮮・満州は濊人・倭人の世界

この「辰（鮮）王と満州、朝鮮半島との関係」につきましては――これは三韓に分化する前からの王朝であり、後の馬韓の月支国辺りに拠点がございました（但し、注意すべきことは、今日、日朝のアカデミズムから言われておりますすす馬韓の領域とは異なり、その頃はより北方にございました。馬韓の南下自体につき、一5などに中国史の分析アリ）――、アナタにとって一見してこのように大変判り難い点も多いと思われますので、この辺について後漢書（中国史料）を中心として、もう少し丁寧に証拠を見てまいりますと、

「**馬韓の南は倭と接している……辰韓の北は濊貊（「濊＝倭」につき、後述「魏書」）と接している……弁辰の南も又倭と接している……韓の地は古への辰（鮮）国の領土であった……馬韓が最強で、三韓は共に馬韓種族を立て辰（鮮）王として目（月）支国を都として三韓の全てを支配していた……弁辰（鮮）の人たちは辰（鮮）韓人と入り雑って住んでいる……昔、朝鮮王準が衛満に破れたので自分の家臣数千人と海上へと逃れ、遼東湾、西朝鮮湾（場合により江華湾も）を渡って辰（鮮）王の馬韓を襲い（編纂者范曄の推測）降伏させ、自立して韓王となったが、その子孫が滅びてしまうと、馬韓が又自立して辰（鮮）王となった**」

というようになっております（カッコ内・ルビ筆者）。

と言うことは、右の後漢書が正しいといたしますと、その当時（朝鮮王準が満州乃至は朝鮮半島北部に入って来る前）は、「馬韓（その中の月支国には辰〔鮮〕王がおりました）の南には倭が、辰（鮮）韓の北にも濊（倭種）が、そして弁辰（鮮）の南にも倭が、しかもその弁辰（鮮）自体の中にすらも倭人が混在していた」というのですから、この中国史を一言で申し上げますと、朝鮮半島の馬韓（辰〔鮮〕王）と辰（鮮）韓とは、その北も南も倭人か倭種かに「取り囲まれて」存在していた（今日の定説より北部にあった三韓は倭・濊の包囲網の中にいた）のだということが判明してまいりますよ。ですから倭・濊こそが古への朝鮮半島のみならず満州でも主役だったと中国史は言ってくれていたのです。更に、今から二千年も前の満州の倭種につき、

「東夷の薉貊の君南閭ら二十八万人が降伏したので蒼海郡を設けた」（『漢書』武帝紀元朔二年〔BC一二八〕）

「玄菟・楽浪（満州）の二郡は武帝のとき置かれ、いずれも朝鮮・薉貉・高句麗などの蛮夷であった」（『同』武帝地理志）

「楽浪（満州）の海の彼方に倭人がおり百余国に分かれていた」（『同』）

――これらの①薉・濊は古への満州の倭種、②伭は中国南方の倭種、③倭は半島・列島の倭種（但し、周に暢草を献じた倭人は長江。そして、檀石槐に捕らえられた倭国〔漢書の方の原文は汙国。後漢書では倭国〕は、この時点では満州に存在）。コスモポリタンに幅広く考えればよかったのです。

アナタ、今迄アカデミズムの誰もが教科書で教えてくれなかった「この結果＝大陸での倭種の存在」は驚きでしょ。このように［二千年近く前の朝鮮半島］は、中国史によりましても「北の方も南の方も倭人で溢れ返っていた」というのですから。そして更に驚くべきことは、何とアナタ、これは半島北部のみならず満

州におきましても言えることでして、その証拠を更に深くその他について見てまいりますと、中国史によりましても、「夫餘国の領域は二千里四方で、本来は濊族の地である」（『後漢書』夫餘条）、「夫餘の文字には『濊王之印』と記されていて、古城があって濊城と呼ばれるのは、この国が元「濊貊（わいはく）の地域」であったからであろう。そして夫餘王は自ら中国からの亡命者であると言っており、それは理由がありそうなことだ」（『魏書』夫餘条）とされており（そうすると正に「扶余王＝濊王＝倭種」だった）、又、扶余の出の高句麗の祖の東明（BC三九—BC一九在位）は貉（かく）・貊（はく）・濊（わい）などの部族と共同して建国し、そしてその後、ここが漢の玄菟郡に属していたことまで判ってまいりまして、一国歴史レベルのアカデミズムや今のアナタからは信じられないことかもしれませんが、「高句麗史が扶余史の焼き直し」であることから逆算して辿りましても、「扶余・高句麗の構成部族」に、その建国レベルから既に「濊＝倭」が入っていたという恐ろしい程凄い大発見までも、私こと「古代探偵」によりまして判明して来てしまうからなのです。このように、これらのアナタを含む日本人の一部の北方系の祖先は、時代と共に満州そして半島から徐々に南下して来ていたのです（倭人や韓の概念の相対性・流動性の証明）。そういたしますとアナタ、後世の南方の朝鮮半島と言うところに限って整理いたしましても「辰（鮮）王の馬韓・辰（鮮）韓」と「倭・濊・倭種」とのその二つが主として支配していた領域であったとも言えたのです。このことは今迄のアナタの朝鮮半島における倭人の消極的な概念（定義）をガラリと変え、今迄の概念を払拭してしまう程凄いエネルギーを秘めておりますでしょ。これこそが私こと「古代探偵」のこの講演におけます本邦初公開の大発見の一つ（目玉）でもあったのです。満州は勿論のこと朝鮮半島時代におけますその本貫での「倭人の復権」ここに有り（「いょー、大統領！　待ってました」って誰か言っておくれよ。これは明治百年以来の大発見なんだからね。賞状や記念の時計なんかは仮令（たとい）くれるって言っても辞退するからサ。気持ちだけで十分なんだからサ。とは言っても賞金だけは女

6

房との老後の生活のため内証で素直にひっそりと頂くけど……）。

以上からは、馬韓王そして馬韓を継承した伯（百）済王は、扶余系の辰（鮮）王朝の直系だったということになって来る、つまり、北扶余建国（扶余の東明王〔在位BC九七〜一九〕が貉（かく）・貊（はく）、濊と連合していたこと）の構成民たる「濊人＝倭種」は当然のこととして、その流れの百済太子の右の隆は辰（鮮）朝人の子孫の一部であり、且つ、河孫（河伯の子孫）でもあったのだと中国史は言っていたことがアナタにも判ってくるからなのです（但し、更にその本家の直系〔倭人〕は、実は、「任那＝倭」にまでも南下して入っていたことにつき、別述）。

ここで頗（すこぶ）る重大な命題なのですが、抑（そもそも）、東夷の中で倭人だけが何故か古代の中国人から倭族に「人」が付けられて尊称に近いもの？になっていたのかという理由（ワケ）をここで見てまいりますと、遡りますと「倭人は殷人——私の考えでは漢字を作ったインダスの亡命民——の末裔」そのものだった（テキスト9—3—1〜3、P343上—359上、同9—9—3、P411必見）からなのでありまして、その証拠はと申しますと（以下、漢字につき白川静氏プラス）、この民族にとって本源的な言葉や文字の由来を見ましても、「文」という字は「殷人はこれを先祖の名の上に冠して美称」としているのですが、その文とは、何と！文身（いれずみ）のことを示しており（この点、何故か倭人の「倭＝委」も全く同様でして、古くは文身を表しておりました——筆者注。テキスト2—6—1、P110下、同2—2—3、P72下、同9—1—6、P339下、同9—9—2、P409上、同10—3—2、P493下、狗奴国）、そしてその習俗は太平洋沿海地域に今日でも広く見られると共に、過去も同様であったからなのです。

文身は主として胸部に入れ——だから胸形（むなかた）——、その形も「V」「X」「心」字形など様々であり、そのXの表す「凶」という意味は何かと言えば「驚きの胸のざわめき」を示したもので、ここに側身形「勹＝人」

を加えた「匈」の字はこれが胸の本字であり、更に、文を要素に持つ「彦＝彥」は、男子顔面の文身で身分のある男子の称、「顔」はその文身のある人の面を言ったからだったのです。又、殷では男のみならず王の后（きさき）を「祖丁の奭妣己」のように呼んだのですが、この「奭」とは両乳を中心に加えられた「女の文身」を示す言葉でもあったのです（ホウ！）。古くは越人は断髪文身で夷狄の俗であると言われておりましたが（ということで、これも南方経由でインダスとの関係あり――筆者注）、殷人の本号である「商」――殷とは周人が呼んだ名で、殷人の自称は商でしたから――の淵源は、正にアナタ、文身の道具である針、すなわち「辛」を器上に立てた形から来ていたからなのです（辛→商）。このように白川氏（そこでに引用の傅斯年氏）によれば「殷は元々その夷系の一部族」であったことが、今日でもその言語や字そのものからも判って来るのです（因みに、徐〔アグリー＝中山国の白夷の畲（シャ）〕も殷六族の一つでした）。ここにも、遙か遠く殷代（三千四百年も前）に遡って東夷の「倭（わ）・濊（わい）・佤（わ）・越（うお）・魏（うゐ）」の各種と「殷人・商人」との関連性が「委＝倭＝文身」ということを媒介とすることにより、本邦初公開で繋がってくることになるのです（殷〔文の人〕→箕子朝鮮→東胡→倭〔委の人〕）。このポイントは「人」ではなく「倭の委（イレズミ）」の中に隠されていたのです）。

6―2 「高句麗＝渤海＝百済＝倭」は兄弟だった

もう少しアナタに近い時代に具体的に絞って考えてみましょう。ところでアナタ、私の考えるところによりますと、［日本と高句麗・百済との関係］につき、初代渤海王の大氏の**大祚栄**（六九八―七一九年）は、百済と同じ北扶余から分かれました**高句麗人**であり、その子の**渤海郡王**の**武芸**（七一九―七三七年）が日本に送ってまいりました『国書』では、どうした訳か

「奕葉重レ光。本枝百世」

——代々栄光を重ね、日本と渤海（高句麗）とは祖先より百代にも及んでおります——の**間柄**（同族）ですと言って来ております（『続日本紀』聖武、神亀五年〔七二八〕正月十七日——実はアナタ、信じられないでしょうが、この文書は国外からの或る意図が隠された秘密命令（シークレットミッション）でもあったのです）。

　この点は無事クーデターの成就した後の平安朝に至り桓武天皇らによって改竄し尽くされてしまいました「現行＝最終」に近い日本の正史の怪し気な「呟き＝ツイート」でも同様でして、それは右の従前の動きにピッタリ合わせておりまして、

「**橘ハ、己（おの）ガ枝枝生（な）レドモ、玉ニ貫（ぬ）ク時、同ジ緒（を）ニ貫（ぬ）ク**」（「天智紀」十年〔六七一〕正月十七日、**童謡**（わざうた）訳文）

として（傍点を付けました両史料の「枝」の共通性にご注意）、**百済と倭は**「**同じ緒**」「**同じ枝**」で**繋がっていた**（**同族**なんだ）と——百済クーデターの正当性と同族性を後付けで——**白状**してくれていたからなのです（原文の万葉仮名は、[ステキ]23—5—11、P977下をご参照下さい）。百済は、前述のように、北扶余（濊・穢）から分かれた国ですし、高句麗も同様に北扶余から分かれ（そしてその歴史も盗み）、滅んでから**高氏が大氏**として渤海を建てておりますし、今クーデターを起こそうとしておりますやがて日本の平安天皇家となる人々も又、私こと「古代探偵」の考えによりますれば、次の平安朝は**百済の亡命民**の建てた王朝でございますので、そういたしますと

「**渤海＝高句麗＝百済＝日本**」は、正にアナタ、**同じ枝に成る実で兄弟**

だと言っていた（「辰＝鮮」王家の直系だった）ことが判って来るのです（驚き！）。

——この渤海国書が届きましたときの奈良朝はまだ新羅系天皇家でしたので、愈々（いよいよ）動き始めました、この**渤海の裏からの秘密命令・支援による出羽からの百済クーデター**が決して悟られないようにと、この

ように或る者だけにその真の意味（意図）が判る「**謎懸け＝暗号**」で指令の連絡をよこしていたのです（凄い！）。この点を解読すれば、「渤海＋百済王（コニキシ）」で日本での百済革命がこの七二八年からスタートしていたということナノダ！――

右の「高句麗＝百済＝（平安朝の）日本」の三者は元々同族の出であった（一〇4。更には一七5の遊牧騎馬民族の「流れ＝系譜」と京都でのその復活）という江上氏の考えに更に加えまして、私にも、私独特の考えに基づき、古（いにしえ）への「馬韓人・辰韓人・弁韓人」という半島で中国人により一般に「韓」と表現されていた人々が、抑（そもそも）、嘗ては広い意味での「倭人（わ）」「濊人（わい）＝穢人（わい）」「佤人（わ）」（「**倭人＝濊人**」であったことの証拠につき『魏書』公孫氏条。又、元朔元年（BC128年）濊君（ワイ）南閭が二八万人！を率いて遼東郡に服属し、又（濊が後の高句麗の王都桓仁の地にもこの頃いた――八岐大蛇の祖先か――という重要なことにつき別述）、漢武帝はその地を蒼海郡（江原道、江陵（カンヌン）――後述、このポイントは大切）とした『後漢書』濊条他。更には、東沃沮の北に北沃沮があり、これを置溝婁（チコーロー）と言った『同』沃沮条、『魏書』東沃沮条。そしてアナタ、この植民市がこれ又海を渡った海峡国家の津軽（つがる）（置溝婁＝津軽。ロシアのウスリースク＝下北半島の宇曽利（うそり）山湖＝恐（おそれ）山。別途――実はこれが倭とは別国であった古くのプロト日高見国（行方（なめかた）郡以北））のことだったことが、私の中国史の分析などから判って来るのです。しかもアナタ、別述のように古（いにしえ）への桓仁の「濊が鉄民」であった（中国史）といたしますと、この八岐大蛇の末裔と後の東北の蝦夷（担当は東北の物部）の蕨手刀（鉄刀）の民の出自とも繋がってまいります）そのもの（同一族＝その人々の朝鮮半島南下）であったのだと（本一九「八岐大蛇」）、つまり中国史の分析から古くは、「後漢書時代に入り桓帝・霊帝の時代（146―189）の末期（尚、この時点につき、『後漢書』「韓条」

の方を見ますと、霊帝（167—189）の末年と、より特定されております）に「韓や濊」が強盛になり楽浪郡県は制御不能となり多くの民が韓の諸国へ流入した……建安年間（196—220）に公孫康（卑彌呼の弟）が二〇五年頃に帯方郡を建て……公孫模（卑彌呼の甥）が「韓・濊」を攻撃した……漢・濊の地に流浪していた元郡県に統治されていた旧民が少しずつ出て来るようになり、その後は「韓・倭」は——何とアナタ！　ここで文面の「濊」は、何時の間にか「倭」にコロッと変わってしまっておりますよ（つまり中国史では「濊＝倭」だったと言ってくれていたのです〔これ又私の凄い大発見！　しかも次に述べますように、本来「韓はプロト伽羅」のことだったからなのです。「韓と濊」＝「プロト伽羅と倭」〕）——帯方郡（満州）に属するようになった」（『魏書』「韓条」。カッコ内、注・傍点筆者。以後、これらの倭人・倭種の今日に至る南下にご注意下さい）。

6—3　「韓人＝倭人」「濊人＝倭人」で公孫氏に服従

ということからも

「**韓人**（プロト伽羅人）＝**干人**＝**于人**＝**汙人**（三国「魏書」鮮卑条）＝**倭人**」のみならず「**濊人＝倭人**」（濊君と二八万人も）で、且つ、「濊人＝倭人」はこのとき遼東の公孫氏（卑彌呼の実家）に服従していたのだ！という、これら今のアナタにはウルトラ信じられないであろうようなことが、私こと「古代探偵」による『魏書』「韓条」等の記載の分析から右のように判明するに至りまして（テキスト9—3—1、P343、同9—3—9、P374—376。尚、だからこそ、その証拠の一つといたしまして、国名の中に韓と中国人が形容詞を付けて呼んでいた

狗邪韓国が倭国内にあり倭人の国

であったことにつき、本一5はアナタ必見です。このように、今日より北方にあった頃の「プロト伽羅＝カラ」に、古くに中国人が「カラ＝韓」の字を当て嵌めてしまっていたこと（倭・濊人の存在が消えてしまった）が抑(そもそも)間違いの元（スタート）だったのです。しかも「干(カラ)→楽浪(カウラ)→韓(カラ)」でもあり、中国史は韓（倭・濊）の遼東からの南下をも示していてくれたのです。一五）、これらの人々が（濊や穢も含む）**満州**（檀石槐に襲われたのも倭人「国」と記してありますよ。後漢書鮮卑条。魏書「汙(お)国」）**から朝鮮半島を南下し、後にその王家が南倭と混血し「任那連邦＝倭」を形成**したという考えに基づき、結果としては同じく「**辰(しん)（鮮(せん)）王朝**」（正に、遙か昔の**古朝鮮**の亡命人の正統の系譜を引く王朝）というもの（因みに、中国史に見える「辰王」に付きましては「辰王治月支国（『魏書』東夷・韓条）＝辰王は月支国に宮廷を置いて統治している」とございます（一四6、P890、涓水）。更にこの王家は任那にも下って入ります）の存在を**肯定**するに至りました（と申しますのも、前述のように中国では**辰の本字は鮮**ですので、「**辰王朝＝鮮王朝**」でもございましたことに、アナタはもっと早く本邦初公開の私のように気が付かなければいけなかったのです。テキスト9―3―9、P376下必見）。

尚、「朝鮮王準が身近に仕える宮人たちを率いて逃れ、海に出て韓人（つまり、濊人・倭人・瓦人・プロト伽羅人）の地域に入り、そこに住みつき自ら韓王と称した」こと（実はアナタ、これから以後、中国の史官は朝鮮半島の民に初めて「韓」の形容詞を付けるようになったのです――それ迄の住民の実体は倭種（プロト伽耶）だった。ということが判ってまいりますと、アナタ、「韓という概念」は、後世のように朝鮮人の民族名とはこの時点から既に一切無関係だったのです。了解(ガッテン)）に付き『魏書』「同」（尚、右の「濊＝倭」という点に付きましては前述の『同』公孫氏条）、このとき又、準とは違い元の国に留り相変わらず逃亡しなかった準の子などが満州の朝鮮国に留まり、こちらの方も父の風聞を受け右へ倣えして、姓を「韓氏」と詐（いつわ）ったこと及び逃亡した王の準の方は海外の国〔湾を済（わた）ったところ〕を支配し、元の朝鮮国とは以後一切往来しなかったことに付きましては『魏書』「同」に引用の『魏略』に記されております通りです〔満州から朝鮮半島の付け根への朝鮮王の逃亡＝辰王朝と辰〔鮮〕王〕。

ですからアナタ、満州の本国の韓氏（子）と朝鮮半島の近くへと行った韓氏〔亡命した父〕とは国際私法的な同一性は全く無く、敢えて申しますと、ちょっとばかり（一人分程）血が繋がっていたというに過ぎなかったのです。この「魏書」「魏略」に言う、こういう〔満州・半島を股に掛けた「倭人・濊人・瓦人」を巡ります流動的なコスモポリタンな分析〕は、日本広し、且つ、天武天皇の「日本」建国以来今日まで千三百余年と言えども、私こと「古代探偵」のみの本邦、否、東北アジア初公開の快挙だったのです〔コスモポリタン派の勝利、一国歴史主義の負け――そのポイントは「濊＝倭」であったことの大発見と「韓＝倭」そして「任那＝倭」「韓＝プロト伽耶」という満州における各定義の確定の大成功にあったのです。だから誰か私にトンデモ大賞をおくれよ〕。

6―4　静かな騎馬民族征服王朝説

お話を戻しますが、しかし私は、若い頃、右の当初の江上氏の文字になったその「座談の発表」の結果を読み、右の主張の派手さ――日本列島の武力による占領――に比べて内容も単純で、且つ、客観的な**証拠**も当初は今以上に格段に乏しかったことから、朝鮮半島ではいざしらず〔先程、**写真1―7の高句麗広開土王の碑文**〔Ⅱ面。終わりから二行目「**追至任那加羅**」〕で見ました様に**5世紀**レベルには高句麗の遊牧騎馬民族が**倭を追って南下**し、**半島の南端の伽耶までは占領**致しました〔一7。そして高句麗が四〇一年、四〇五年、四〇八年など〈広開土王十年、十四年、十七年など。広開土王の王名の分析につき一6〉に**倭と戦った**

り破ったりしたからこそ、**集安**から**平壌**に**四二七年**に王都そのものを南下〈**出城**(でじろ)としてのレベルではもっと早くからでしたが〉させることが出来たこと〕。又、釜山の大成洞**29号木槨墓**〔これは**三世紀後葉**のもの。但し、これと同じ場所で上下重複いたします**39号**は**四世紀の後葉**のそれより約百年後のものです〕、大成洞**47号**などからの**銅鍑**(どうふく)〔後述、金海大成洞29号、47号墳、良洞里235号墳など。満州吉林省**帽児山**や**高句麗の旧王都**の**集安**出土品ともこれは類似しております。又、前述の一7〕の出土〕、日本列島レベルにおきましては果してそうなのかナ？　と、ズーッと**疑問**を抱き続けておりました〔但し、「倭人のコスモポリタン性」という点につきましては、前述のように、当初から私と江上氏は多分に共通性がございました〕。

そこで、私こと「古代探偵」は常にハテナ？　ハテナ？　と考えながら、日本列島のみならず朝鮮半島や満州の高句麗〔現・中国領〕、百済、新羅、伽耶の遺跡を無心になって、女房と一緒に歩き回っておりますうちに、何とアナタ！　それとは全く別な、ごく身近なところ――平安朝・奈良朝という単純なこと――にこそ「アカデミズムが今まで考えてもいなかった色々なこと」が存在しております〔隠されている＝草葉の陰で日の目を見ないでいる＝古代史の無実の罪の人がそこにはいる〕ことに気が付くに至りまして〔灯台もと暗し〕、独りでにこれからアナタにお話し致します様な、江上氏とは全く発想の異なります「**新たな**」**騎馬民族征服説**という考えに辿り着いた〔そして、そこから新たな古代史のスタートを切った〕次第でございます〔殷と箕子朝鮮と辰〔鮮〕王朝との、アナタと古代東洋史にとってとても重要なこの三者の関係につき、一四9は必ずご参照下さい〕。

そしてこれはアナタ、江上氏とは全く別のアプローチからなのですが、「**任那**〔**連邦**〕**＝倭**」という点は江上氏も私もこの点は同一の様です〔但し、「**任那**」**の定義**〔中味〕をキッカリと決めました私と、通説の上に乗っかっただけの少し曖昧さを含んだ中途半端で不十分なままの江上氏のお考えとは全く異なりますので、この点特にご注意下さい——私は果たして今後、江上説を超えることが出来るのでしょうか？　私がこのようにはっきりと明確に「倭人の概念」について断定いたしますと、それでは不都合な今のアカデミズムからは風当たりが強い（又は、こんなものアマチュアの「戯言（ざれごと）＝世迷いごと」に過ぎないのだとして無視（シカト）される）でしょうが、これはそうはドッコイの定義ガッチリの何処（どこ）へ出しても恥ずかしくないフェアプレー且つファインプレーだったのです）。

しかし私は、渡来人に征服されたのではなく、より正確に申し上げるならば、元々が、

倭とは「海峡国家」

を形成していたのであり（発想の転換。早い話がアナタ、今日までアカデミズムから、不用意（不勉強）に十把ひとっからげで「朝鮮からの渡来人」と言われて来た人々の大部分が、実は外国人などではなく朝鮮半島部の同じ倭人（つまり同国人）だったのです）、それが五三二年に至り、倭の盟主である金官伽羅が、次いで五六二年には、金官から盟主を代わった安羅・高霊伽耶も金官の分家筋の新興の新羅に滅ぼされるとともに、

朝鮮半島部における倭（任那連邦）は滅んでしまった

（ですから以後の倭は満州からも半島からも消え、初めて**日本列島のみに縮小**して存在）という考えをとっております。**両者の止揚**（この五六二年の時点では、**征服**されたのではなく——白村江の役の時とは違って——その**縮小**に過ぎなかった）。

——更にこれ以前の遠い時代には、馬韓（遼東レベルでの百済。テキスト「はじめに」P5上下、他）に滅ぼされ、遼東半島付近にもその当時に紛れもなくおりました一部の濊・倭（この地域におけるそれまでの「濊人＝倭人」の存在の証拠は『魏書』韓条、公孫氏条他）が朝鮮半島へと逃亡南下するということで

もございました（別述）――

これは一言で申しますと、江上先生の初期のピュアなお考えの様な、古くに大陸の遊牧民の大軍が渡海しての日本列島で**ダイナミック**な大戦争を展開して**先住民**（弥生人、縄文人。この詳しい**分析**も本来は必須なのですが、アナタ、アカデミズムは悲しい哉、粗雑にも十把ひとっからげで凡そアバウトなのです。嗚呼。テキスト29―4―1、P1051の「日本人の真の成立」は必見）を征服・屈服させ大王になったという動的で派手な「**一見誰でも――子供でも――判り易い**」「**ゲームのような単純な考え**」につきましては、その後今日に至るまで相変わらずアマチュアから見ましても考古学的にはどう見ても**証拠不十分**でして、今日存在致します各種の証拠、各地に当時残されました文化の痕跡から客観的に認められますことは、あくまでもこの様なダイナミックな一挙抜本的な大侵攻とは一線を画しました、それとは**対照的**な、**静かな時間をかけた**、**且つ複雑な征服**、つまり**実質的**に政治と文化との変遷の跡を時間を追って丁寧にフォローして分析いたしました場合に、早い話が、時代はそれよりも何百年も下がるとは申せ、

「7世紀の唐・新羅との戦争（白村江の役）の結果、故国を失い大陸・半島から亡命して来た扶余・高句麗・百済系の遊牧民が、日本列島の各地（鄙の地）で分散して100年もの雌伏・忍従の末、遊牧民特有の狡猾でズルい知恵（大仏建立、国分寺の建築などの天皇家への「浪費＝兵糧攻め」作戦）を巡らせ、征服者である新羅系天皇家を没落させる陰謀を八世紀後半に成功させ、天皇家を乗っ取り（買地券と仏教につき、一四9、スパイの道琳につきP926）漸くここ日本列島に「或る程度純粋な北方遊牧騎馬民の文化をもった天皇家を樹立させる」ことに漕ぎ付けることが出来た」

のだという結論（**静的**に把握）に至ったのでございます（江上、藤井の両説の違いは、同じ騎馬民族征服説という名を冠しておりましても、お忙しいアナタのために一言で要約して申し上げますと、江上〔動的〕vs 藤井〔静的〕、且つ、両者は全く「異質な発想〈ハテナ？――私の方が少し高度で複雑か〉に基づくものであったということになってまいります。これ又、本邦初公開）。これこそ正に、これからアナタに色々な証拠を引いて、判り易く本日の講演の中で十分にご説明いたしますように、**共に天智大王の孫**とされております**道鏡と光仁天皇**（**百済王文鏡がモデル**）との**2人の兄弟のコンビ**（『**公卿補任**』『**本朝皇胤紹運録**』）により**794年**の「**平安朝の成立**」への礎が築かれたということがこれだったのです（ということで、アナタ、ハタと気が付いてみれば、この考え〔テーマ――新騎馬民族征服説〕は「**平安朝とは何か**」という、実に頗る**単純**な、アナタの足元にゴロンと神社の鰹木のように転がっていたことに集約されてしまうようなことだったのです）。

6―5　外国民族のモザイク文様だった日本列島

因みに、その背景に隠されておりました、大切な点ですがアカデミズムが見失いがちな日本列島におけるその「**民族のモザイク模様**」ということにつき「時の流れを遡り日本列島を水平思考」して個別的に見て参りますと、北九州や東日本などの一部の地方へ、嘗ての或る時期における、扶余人・高句麗人・鮮卑・沿海州人などの大陸の遊牧民のグループや伽耶などの小さな侵入が幾つも見られまして、そのアナタにも有名な、正史上に見られます「大陸や半島への入口」でございました北九州での一例といたしましては、

怡土県主らの祖の五十跡手は高麗の

（他では原籍は**新羅**や**韓国**となっております）

意呂山（おろやま）

〔これは朝鮮の**蔚山**（ウルサン）のことでして〔オロ＝ウル〕、ここを流れます**太和江**〔**ヤマト川**。「大化＝大和（やまと）〈新羅語では同音〉＝28真徳王二年〈六四八〉の「**太和＝大和**」**の年号**から、六六三年以降の日本列島占領後にその日本の地に建設し、運営を始め〈肇（はじ）め〉た新たな国に、占領新羅軍が或る時期に「**大和**」と命名したのです。因みに、大と太は通音でして、中国で「太」とするところを**新羅**では「**大**」とすることが多く、この年号が載っております朝鮮の正史『**三国史記**』「三国年表」下では、その通り「点」のない「**大和**」としております〕の直ぐ上流が「**屈火原**＝屈阦＝クワボル＝**桑原**（くわばら）」〔又「大化＝大和」につき、一三5〕で、何とアナタ、ここが**菅原道真**（すがわらのみちざね）**の本貫**だったのです〔と申しますのは、菅原道真の象徴でございました祟（たた）りの**雷**を恐れての「**くわばら・くわばら**」の語源は、実はここ本貫の地名に起因したものだったのです〈そうだったのか！〉。詳しくお知りになりたい方は是非テキスト4—2—1、P167をご参照下さい。そして、ここには現在も**飛鳥山**（アンスク）という地名すらございますよ〈アレレ！〉。それに、アナタ、**朝鮮語**でも「**飛鳥**」の読みは全く同じ「**アンスク**」だったのです〕。更には、神功皇后の朝鮮語読みでの**息長**（おきなが）〔**キジャン**〕**氏**の本貫の**機張浦**（キジャン）は、当然、古（いにし）への任那の範囲内でございますこの蔚山の南三〇キロメートルにちゃんとございます。テキスト4—3—1、P169。尚、あの怪し化な**朱鳥元年**（あけみどり）〔**六八六**〕七月二十日から**四十一年加上**して**六四五年**と定められてしまいました年号〔テキスト6—3—6、P225下〕の右の「**大化**」**につきましての訓はハジメラルル**の意〔『**日本書紀通釈**』〕で、私こと古代探偵の考え〔捏造した「大化の改新」のところにもって来た年号＝改革を始める・国を肇（はじ）める〕に、アナタもうピッタリでしょ〕

に天（あめ）**より降り来し日桙**（ひぼこ）**の苗裔**（すえ）**他**

（『**筑前国風土記**』**逸文**＝『**釈日本紀**』巻十。尚、正史の「仲哀紀」八年正月四日にもこの五十跡手は登場しております）

とございますように、北九州の**糸島**（いと）（現在は半島――例の四六・五センチメートルもの日本列島最大の彷製内行花文鏡の鏡片を含め、計三九面、その内、「新～後漢」鏡は三五面〔方格規矩鏡三二面を含む〕も出土いたしました巫女の墓でございます後述の**平原遺跡**（ひらばる）は、正にこの半島〔糸島半島〕の付け根付近に位置しております。別述のように、［金印の読み方］が「漢ノ委ノ奴ノ国王」などでは全くなく、「漢ノ委」まで〔ここでストップ〕に過ぎなかった〔つまり単なる倭国だった〕ことの理由は、中国では「何の何」というときの漢字の用法では一切「の」を送らないことからも、又、国名をホップ、ステップ、ジャンプと三段跳びに表現する例が無いことからも〔ステップまで〕、アカデミズムの誤りは一見して明らかだったのでして〔更にこの委の字は、古くは中国史では、地域を限らず広く「文身をする人＝委人」又は「矮人＝小さい人」としても使われておりました〈別述〉。しかも古くは委人は中国の西南方〈四川の方の西南夷〉にすらも、又、東方〈東夷〉にもいたのです〕、ですから金印の読みは「漢の倭国」そのものまでだったのです〔但し、もし仮に「委奴」〈イト〉と読んで独立の地名としての意味が「奴」という表現の中に含まれていたといたしますと、このことはその地名からも、右の大鏡の出土した「委奴＝伊都＝伊覩＝怡土」ということで、卑彌呼〈安羅〉系の「平原遺跡の太陽に向かって股を広げて眠る巫女」とも関連していたことになるのかもしれませんが――今のところその考えにつきましては保留しておきたいと思います〕）の『**魏書**』倭人条に見られます

　伊都国王は、かつて朝鮮半島から渡来していた　**天日矛**（あめのひぼこ）　**と同一の一族**だったのです。つまりアナタ、これがどういうことを表わしているのかと申しますと、私こと古代探偵の体

系により、この頃の「伊都国王の素性」につき、更に一歩踏み込んでアカデミズムの三歩先で申しますと、これらの人々は朝鮮半島の「**安羅人＝倭人**」だった（西都原の米良の九7をご参照下さい。又、北九州の怡土郡の良人郷、那珂郡の良人郷〔和名類聚抄〕。ですから右の朝日の昇る**日向峠**に開いた股を向けて、**破壊**されました**巨大鏡**と共に眠っている**平原遺跡**〔前原町〕の**女王**も、同じく「**安羅＝卑彌呼・壱与**」系の**日**〔**太陽**〕**の巫女**〔大日孁女＝この孁の字の中に含まれます三つの「口」は「器＝サイ」を表しておりまして、これを列して**雨乞いを祈る大王クラスの女王・巫祝**〕だったのです。この平原遺跡も渡来系の**庄内式**土器の時代〔二一〇―二九〇年〕に近く、その時期のこの**平原一号墓**〔二二〇―二五〇年〕からは、前述のように、卑彌呼の時代の鏡である**方格規矩鏡**や**内行花文鏡**はちゃんと**出土している**のにも拘わらず、時代的に見て卑彌呼の鏡では有り得ない**三角縁神獣鏡**〔**ニセ卑彌呼鏡**〕なんぞは、当然のことながら一面も**出土していない**という当然過ぎることから考えましても、右の「三角縁――」という鏡が、卑彌呼の時代の鏡といたしましては、時代も異なる**インチキ鏡**であったことがアマチュアの目からも一見明白だったのです。後述七2の**卑彌呼の鏡**はアナタ必見です）ということになるのです（尚、時代は下りますが天日矛と同体とも考えられます「垂仁紀」の**阿羅斯等**〔阿羅＝安羅＝安耶＝文〈東漢人、西文人〉。シト・シチ＝酋長。阿羅王〕――敦賀市の**気比神宮**の境内摂社でございます**角鹿神社**や能登の**久麻加夫都阿良加志比古神社**〔これも「安羅＝倭」だね〕などの祭神――が**大伽羅**〔「任那連邦＝倭」の盟主＝但し、安羅＋高句麗系の混血〕の王子であり得ました時期は、五三二年から五六二年〔この人の渡来は、安羅〈倭〉が半島で滅んだ時の列島への亡命亡命を表わしていたのです。序―2〕までの間のどこかだったのです）。

このような、①といたしましては、**気候が寒冷化**した時などの**対馬海流**や**リマン海流**（**含、反流**）を熟知した人々の**食料**を求めての南下・渡海・ポイント的な侵略・占領は、歴史上今まで幾度となく、否、数限りなく全国的にあったことでしょうし（一四9。九13）、その一部は土着し、単身赴任した侵略軍の男は、当然そこ（列島の倭か東の日高見国）の先住民の女と混血しております。九13。この点、草木の「色々な種」を持って列島を訪れました——実はアナタ、これは「反語」的な表現だったのでして、母国の朝鮮が製銅・製鉄のための炭にするために松の木などを伐採して禿山になっており、渡来した列島の草木の緑が余りにも豊かであったがために、このように表現されたのでした——**韓国**（からくに）**イタテ神**も同様だったのです。

6—6　民族の追っ立て——徙（し）民政策

その**民族の「追っ立て」**（私の好きな言葉の一つです——暗記による〇×式答案の単なる**結果**〔到達地点〕ではなく、その**過程**〔心太（ところてん）突き式・billiards（たまつき）式動き・理由＝その過程（プロセス）・経過〕を**重視**）の右の①の一例といたしましては、

イ　満州の**北扶余**（濊貊）が二八五（一説二七五）年に**鮮卑**（「鮮＝辰」につき、一八7）に滅ぼされ依慮王は自殺し子弟は東に走り沃沮の地に入る（晋帝の威力によって命脈を保ちましたが、最終的には扶余は高句麗〔配下の勿吉（もっきつ）〕に四九四年に滅ぼされてしまいます〔高句麗本紀、文咨王三年。ここから扶余は史上には見えなくなってしまいますので〕）↓

ロ　朝鮮半島東岸の**濊**（わい）の地を経由して北扶余と鮮卑が混血した一部が南下↓

ハ　釜山東部の**東來**の盛土の見られない尾根上（尾根そのものをそのまま利用して、盛り土などせずに単にそこに穴を掘った一番古い形の墓）の古い**福泉洞古墳**（ふくせんどう）か、又は早期の**銅鍑**出土の**金海**の三世紀後葉の**大成洞**29号木槨墓↓

ニ　日本海の**越**（こし）（古くは福井県から山形県までの北日本の大変広い領域＝**日本海を越えて来た処**を広く

指す古代の渡来人の話した言葉。尚、序2。ニギハヤヒの東行ルートの積石塚古墳）↓

ホ　後述の長野県松本市の**弘法山前方後方墳**（他方、越前から琵琶湖へ南下し**三世紀初め**の**神郷亀塚古墳**から**東海地方**への［前方後方墳の大陸からの伝播のルート］もございました。「**前方後方墳は南下した**」「**何処から?**」「大陸・半島から?」など——そのとき、その一部は信濃川〔上流は千曲川〕を遡行し、信濃から山越えで深く上毛野や甲斐にまでも入って来ております）へという流れも十分考えられるのです。

又、**②といたしましては**、紀元後、それも主として四世紀以降に半島から連れて来られた北方遊牧民の**捕虜**の日本列島の各僻地への**強制入植**もあったことでしょう。

例えば、それ等右の①②の一例と致しましては、［高句麗・扶余系］について見てみましても、前述の長野県**松本市**の**AD300年**頃の**弘法山**（前方後方墳）は、**前者**①の直接の北からの**侵入**の流れだったでしょうし、又、それに対し、それより遅れた東京都**狛江市**の**AD400～450年**頃の狛江**亀塚**（前方後円墳）は、「高句麗広開土王碑文の内容」とパラレルに考えましても、列島部分の当時の倭の中心部（河内の拠点）経由で、それ迄半島、九州、畿内と連行されて来た高句麗人の**捕虜**が、今度は東国（**東山道**）の山道経由で再び入植させられ（又は、食うための先住の同胞を頼っての入植・移動だったのか）土着した**半強制移動**の**後者**②の間接的な流れだったでしょう（この頃は船の海道である**東海道**はまだ整備されていなかったので**東山道**から陸路を徒歩でトボトボと山越えして遥々入植させられて来ていたのです）。

その証拠は、この狛（高句麗）江（この狛江の西北方約六キロメートルの神大寺の南の現・虎柏神社〔ここは旧狛江郷佐須村〕も、元は虎狛神社〔木偏の柏ではなく犬偏が古い姿＝狛。祭神は大歳。真相はニギハヤヒ系〕でした『虎狛神社之碑』）の亀塚古墳出土の木炭槨（上下二枚）の中から、大阪河内の西塚古墳（八尾市――ここは古くから物部系のニギハヤヒの拠点の一つ）出土の神人歌舞画像鏡と同笵鏡が出土しているのみならず、この亀塚自体から出土した飾り金具の素晴らしい馬（グリフィンか?）、朱鳥、神人（レスラーか？　力士か?）の毛彫りの文様は、正にアナタ、**高句麗の古墳の壁画と瓜二つ**だからなのです（文化の移動＝人の移動）。

この狛江の亀塚は、嘗て「**四足頭尾**」（『**武蔵名勝図会**』）とも表現されておりましたので、もしかすると古くは大陸に起源をもつ**四隅突出型方墳**（私は、時期によりましては、コスモポリタンに大陸と比較いたしまして［アカデミズムに反して］、敢えて「――方型墓」などと区別して言わず場合によっては古墳への流れの一つとしてその初期の分類の中に入れてしまったりもしております。元々、古墳と墳丘墓などという時期による［それも地方により区々なのに］区別が恣意的だからなのです）か、それとも、これ又早期にその思想が輸入（又は持参）されました北方起源の前方後円墳に先行して全国に存在（別途）しておりました**前方後方墳が少し崩れたもの**だった可能性すらもございます。

この様に、古代の東日本一つとりましても、

任意①か**強制**②かは別と致しまして、忘れられた**渡来人の溜り場としての小拠点**が**無数**にあったのです。例えば、私の分析では、次に申し上げますように、七世紀以降におきましても、その二つがこんなに近くにございましても、同じ八高線沿線の或る時期の高麗川（日高）地域は、読んで字の如く高句麗系でしたし、直ぐその北の都幾川地域は、新羅の古名「トキ＝ツゲ」がそうですので、ここはその命名からもその徙民は新羅系でした。ですから、統一国家が出来ました頃には、相当集約化が進んでいたとは申せ、これら東国・東北のこれらの発生の原因となった

無政府状態の群（①＋②＋α）**の統合・集合**

ということこそが、アナタもご存知の様に、奈良時代に入ると中央政府の必須の統治政策としての「**徙民政策**」が必然的に幾つも見られることになるのです（一四9）。

——古くは倭（任那＝伽耶）が対馬海峡を挟んだ海峡国家であり、日本列島と朝鮮半島の双方に各植民市を持っておりましたことに付きましては十分別述いたしましたが、それ以外の半島・列島相互を結ぶ情況証拠といたしましては、高霊伽耶（慶尚南道）系の、須恵器とは明らかに異なる要素（形態・胎土・焼成・色調）を持つ陶質土器としての長頸壺一つ例に取ってみましても、西小山古墳（大阪府岬町。五世紀中葉）、吉武遺跡（福岡市。六世紀前半）、福居古墳（富山市。六世紀中葉）他と、これ以外でも北は山形県から南は熊本県に至るまで、しかも百年余（この期間の日本列島にピッタリ呼応するかのような倭の製品の朝鮮半島の伽耶での出土〔つまり相互交流〕につき、別途）にもわたる期間の土器が、それもこのように日本列島各所から出土しているということ（定森秀夫氏他。尚、右の中で倭が「海峡国家」であったことに付きましては筆者独自の考えです）を挙げておきましょう——

では次に、その具体的な後世のヒントを、アカデミズム（敵）のバイブルによる正史及びその周辺部から（だからこの戦いは同じ土俵でのフェアプレー）、私こと古代探偵が白村江の役（六六三年八月二十七日～二十八日。天智二年紀、『旧唐書』劉仁軌条他）の後の新羅による占領の頃にまで遡って、無色透明且つ無能なので（又は物臭だったので）、レフリーぶって当たらず触らずで中立を装わざるを得なかった今までの無味乾燥なアカデミズムの説く透明人間のような歴史に加え、アナタがより判り易いように、私こと古代探偵が一つ二つ拾って丁寧にフォローして、マイ・カラー（My collar）によって個性的に色付けを強調して、より生き生きさせたMy historyを次に見ていくことに致しましょう。

そういたしますと、先ず、かような私独自の色メガネ（ロイグラ）で見た、より古代が識別し易い「**色付き・の歴史**」といたしましての、

a「復以二**百済**百姓男女四百余人一、居二于**近江国神前郡**一」（「天智紀」四年〔**六六五**〕二月。「白村江の役」の**新羅による占領**から**二年六か月後**のこと）

——**百済**百姓男女四百人を近江国（あふみのくに）**神前郡**（かむさきのこほり）に居く——

b「是冬……以二**百済**男女二千余人一、居二于**東国**一」（「天智紀」五年〔**六六六**〕是冬。この時期は「白村江の役」の**新羅による占領**から**三年四か月ぐらい後**のこと。テキスト7—4—6、P272）

——是の冬、**百済**の男女二千余人東国へ居く——

そして、

c「男女七百余人遷二居**近江国蒲生郡**一」（「天智紀」八年〔**六六九**〕是歳条。「白村江の役」の**新羅による占領**から**五～六年後**のこと）

——**百済人**七百余人を**蒲生郡**（かまふのこほり）（琵琶湖東岸）へ移住させた——

というこれらのことは（一二7の、国文学のお好きなアナタにも有名な、額田王（おおきみ）の右のcの蒲生野での**万葉集の不倫歌の捏造**のところは必見）、今日残っておりますアナタの前にございます現行の正史**平安日本紀**では、この点の**理由**が物の見事に**消され**（又は、**変えられて**）てしまっておりまして、誰が見ても無難な「無色透明」の何らの個性も無い「顔無し男」の形にされてしまってはおりますが、ここに私こと古代探偵が、アナタへのヒントといたしまして本邦初公開でこの男にマイ・カラーでハンサムな**歴史の色付け**をいたしますと（右の蒲野辺りから奥〔東南方〕へ、中世に至りましてからの、忍びの「甲賀＝百済」「伊賀＝新羅」と対応か）、占領新羅軍が、敗戦で日本列島に亡命して来た**百済人のエリート**たちを、本国と交通・交流し

にくい、より内陸部に幽閉・隔離し、序に辺境をも開拓させた（一石二鳥——初期の**徙民政策**。後述）と
いうことが当時のその**真相**としてポッカリと浮かび上がってまいります（又、日本紀の右ｂの「天智五年紀」
の直前の文言では、ａｂの百済人の移動は、恰も天智の「**近江遷都**〈六六七、天智六年三月〉への伏線」
であるかのように鼠を小道具に使ってこの**架空の遷都**の誤った暗示をアナタに与えようとしたりして、涙ぐ
ましい努力を繰り返してはおりますが——）。その百済系の子孫たちがずっと後に至り、平安朝に入り**解放**
され自由人となって王権を奪い取ってからその地の近江に造りました**名残り**が、一見して明らかな**石塔寺**の
百済風の三重の石塔やその近くの湖東に今日まで存在いたします、ズバリその名を冠しました**百済寺**（くだ
らでら）そのものだったのです（ナール程、その時間差の理由に了解）。

そして、その人々の動きにつきましても、「六六三年の新羅の占領から百済クーデターで顛覆するに至る
まで」の、日本の正史上から消されてしまったその**歴史の因果**の流れを、次に、アナタの今いらっしゃる地
域との関連のございます「**建郡**」というマイ・カラーで着色いたしました統治の視点から、更に、そこで行
われました**徙民実辺策**（ところでアナタ、この意味すらも良く自分の頭で吟味しないで、しかも「**徒**」の字
を書き「**徒民**」と読ませている——人を国内を歩かせて移動させる形態だから徒の字なのだとでも、深く考
えず先入観でウッカリ勝手に思ってしまったからなのでしょうか——実に恥ずかしいアカデミズムもおられ
ますが〔この旁の上の部分は、本来「**土**」ではなく「**止**」ですので〕、これは正しくはないのです。こんな
簡単な漢字一つとりましても、この人は某有名大学を出ていながら、先入観に囚われ自分の頭でハテナ？と
考えないから、中国での漢字の意味一つさえも何一つ判ってはいなかった証拠なのです。元々が「**定義**」**が**
アバウト〔鈍感〕な**文学部**〔史学科〕出身の歴史学者なので、こんな人が教壇に立っていても恥ずかしいけ
ど仕方がないか……アナタの本もそうかもよ。因みに、中国での主として「徙民」による羌人から漢人への

驚くべき変貌につき、八6は必見）という視点から、今日に残る「生きた歴史の化石」でございます地名を中心としてこの問題を次に見てまいりましょう。

1　**武蔵国**飯能（はんのう）の「**高麗郡**（こま）」

（『**続日本紀**』霊亀2年〔**716年**〕5月16日。『**倭名類聚抄**』。この建郡の目的は、本国高句麗の滅亡の668年以降、新羅系天皇家の下での**被**支配者となってしまった新羅の**敵国**の東国七国の**高句麗人**の亡命者たちの**集中管理**のための統合目的でした。後述13。ここ**飯能**（はんのう）が高麗郡の建郡当時の中心地でして、この地名は、正に「**飯＝ハン＝韓**」「**能**（ノウ）**＝よし**」の地ということを、今日に至るもズバリ表わしてくれていたのです）

――日本列島での亡命高句麗人のセンターでもございました（九7、天下大将軍）この**高麗郡**は、奈良時代（七一六年）から存在し、明治二十九年（一八八七年）入間郡に編入されるに及び、**千二百年**近くも存続したこの誇り高き**郡名**は**消滅**してしまいました（嗚呼（アア）、空しい！　長い間ご苦労様）。更にアナタ、昭和三十年（一九五五）に至り**高麗村**と**高麗川村**とが合併し**日高町**となってしまい、高麗（高句麗）という**名**も遂にここ日本では永久**消滅**してしまったのです。残念この上ない（朝鮮の故郷の抹殺）。ああ無常！　祖先の母なる出自の地の痕跡の抹殺。しかしアナタ、その名の分析からは、相変わらずちゃんと「**日本の中の高句麗町＝日高**」とも読めますよ。**高句麗人の誇り**（**Pride**）につき、アナタ後述の、亡命高句麗王家の日本人との結婚まで五百年もかかったこと（エッ！）は必見です――

2

武蔵国志木の「**新羅郡**」

（『**続日本紀**』天平宝字2年〔**758年**〕8月24日〔本一六〕。後の**新座郡**（爾比久良――和光市に**新倉**今もあり。延喜式「新倉郡」）志木郷〔現・和光市白子〕『**倭名類聚抄**』そして今日の**新座市**（「しんざ」とも読める）。これは**支配者**がそれ迄とは百済クーデターの政変で一転して天皇家が**百済系**と変わってしまい、主として高句麗系の福信などの建言によって建郡され、今まで日本列島の支配者であった**新羅系**の七十四人〔僧三十三人、尼二人、男十九人、女二十一人〕が、今度は被支配者レベルに落とされてしまって、関東の**未開地の開墾**という**強制労働**のために強制派遣させられてしまったということだったのでした。後述14。建郡後にも七六〇年に一三一人、八七〇年に五人が移住させられております。尚、新羅郡が新座郡と和風化〔非朝鮮化〕されてしまいましたのは平安初期で、正にアナタ、この百済革命の成功の時とパラレルに新羅の名前も消されてしまっておりますよ）

（以上の右の1と2との四十年の間で生じました**支配者の変更**、つまり「パワーバランスの移動」という重大なこと〔つまり後述の13と14との間での変化〕に、アナタご注意！）

――それにアナタ、何故、武蔵野には槻（欅）が多いのでしょうか。それは槻が新羅の王室を象徴する木だったからなのでして（槻製の天皇のレガリアにつき、序―3―3）、アナタ、国木田独歩の『武蔵野』の文庫本を襟を立てたコートのポケットに突っ込んで、落ち葉の敷き詰められた晩秋の平林寺を独り寂しく歩いて下さいネ。学生さんのグループで行って、枯れ葉の上に敷いた新聞紙の上の輪読も良いでしょうね（私はやったよ、二十の頃――あるびよんくらぶ）。百済革命の後に、関東ロームと小石だらけの荒地に追い遣られて入植した新羅人の苦難の跡を辿りながら――

3　**下野国**寒川郡の「**新羅郷**＝**真木郷**」
（こんな良い「真木＝立派な木」なんていう名前、手前味噌で付けちゃって！　モー。と申し上げますのも、古代では「真木＝神の依り代の木＝神木」のことでしたので〔その証拠は「真木立山湯見降者＝真木立つ山ゆ　見降せば〈国見〉」「万葉集913番」車持朝臣千年〕）

4　**陸奥国**柴田郡の「**新羅郷**」
（『**日本後紀**』『和名類聚抄』。アナタ、こんなところにも新羅人が入植し新羅郷が作られておりました。現・富岡村。因みに、同郡にはその名残りの駒橋郷すらもございます〔『同』〕）
――尚、ここから遠く離れた土地のことですが、同じく『和名類聚抄』にございます丹後国加佐郡の志楽郷（現・舞鶴市東舞鶴）も、実はアナタ、古くは「新羅＝シンラ＝シラ＝シラギ」郷そのものであったのです――

更には、

5　**相模国**の**高座**「古くは、たかくら＝**たか**〈**高**〉**くら**〈**句麗**〉」**郡**
（宝亀2年〔771年〕3月「**沙彌慈窓経師貢進文**」。嘗て、ここに**高句麗人の拠点**があったことが、地名として復活を果たしたことの名残りでもございました。大磯→高座）

因みに、大変面白い謎を秘めた奇妙な動きが見られますのが、九州の次に申し上げる

6　大隅国始羅郡

（『倭名類聚抄』）、ところが、ここは漢字の旁部分が「合→台」つまり「始→始」と誤って（とされて）→何時の間にか「始良郡（これが中世まで続く）」となり→そして、新羅郡（十六世紀「天正の検地」）とされていたことがあったという実に不可解な動きが史書上には見られるのです（九6、狗奴国参照）。実を申しますと、アナタ、遠い遠い太古の昔から、海を黒潮に乗ってアウトリガーでフィリピンを経由して北上してまいりました

ジャワ海のネグロイド系の「シラヒース＝日の出」族の人々がこの語源だったのでして、これは古くは（元々は——今は忘れられた）「始羅＝シラ」の方が本来正しかったとも言えるのです（九6の狗奴国の「長脛彦＝卑彌弓呼」。九4⑦、インドシナの「文郎国」参照）。尚、これに関し『塵袋』の黒頭につき、テキスト9—7—2、P399上の部分へ新版で補充予定の「黒潮の道」は必見。又、テキスト7—4—49、P275下（新版で補充予定の、北部九州などから南九州に派遣されました秦氏の屯田兵と混血テキスト7—4—49、P273下—275上、19—2—3、P863—865。但し、男は皆虐殺）してしまう（させられる）前のオーストロネシア語族（黒人）の隼人と原人と（九州各地から入植して来た屯田兵に全滅させられてしまいましたピュアーなプロト隼人の怨み＝放生会での鎮魂＝大分県の古表・古要両神社の傀儡相撲の最後の勝者の小さな黒人）につきましても、アナタ、必見です）。

——このように嘗て、仮に、定説の「あひら」の立場によりますと、古くに「始羅」であったもの

が、近世に「姶＝始」と混同され「始良郡」などと書かれるようになってしまいましたが、それを明治政府の中枢でございます薩摩（別述、一九）が「シラ＝シラギ」の朝鮮風ではまずいというので姶良に戻し、今日ではそのように呼ばれております（『和名類聚抄』の「大隅国姶良郡」「熊毛郡阿枚郷」「薩摩国日置郡合良」。尚、吾平の表示も見られまして、有名な「イワレヒコ＝神武大王」の父のウガヤ（本伽耶）フキアエズを祭った吾平山上陵）。又、これらと他所における『和名類聚抄』の「かはら」が「合良（薩摩・日置郡）＝川原（伊賀）＝甲良（近江・犬上郡）などとも表示されておりますことにもアナタご注意下さい。尚、右の［「シラ」か「アヒラ」か］という点を巡りましては、右のシラヒースと同じ南洋の黒人系でも、フィリピンのネグリートのアエタ族が黒潮に乗って北上して定住し、そこから「アエラ」という名前が発生したと考えることも、あながち沿革的には否定は出来ないのです（シラヒースにつき別述）――

等の**建郡**（新しく郡を作る）などが皆そうしたことと関連し、そのことを反映していたことをアナタは決して見逃してはいけなかったのです（テキスト23―5―10、P976下メモ）。

平安朝になって百済系天皇家によって、政治や文化に残っていた前占領者の

「新羅の匂い」が悉く抹殺

されてしまいましても、地名（『**倭名類聚抄**』）だけはこの様に「**生きる化石**」として、こんなにもしぶとく今日迄その地方に生き残ってくれていたのです（古き地名よ！　よく頑張ったよね。だから**地名は大切**だネ！　歴史の基本だよ。だから郵政・総務などの中央官僚の発想による**大字・小字名の抹殺**――歴史の「生き証人」の抹殺――による無味乾燥な住居表示の強制「○○町○丁目○番○号」なんぞは（「**生きる化石**」**の抹殺**）、文化を知らない、受験で有利だからと日本史を取らなかった能率中心のヘッポコ役人たる「偏差値坊や」の、

野蛮な国民の歴史・文化破壊の強制そのものだったのだ。連中は反文化的な国賊レベルの人間なのだ。○○大に入るまでは頭は通称良かったらしいけど〔悪いこと〈文化大逆罪〉を犯したのだから、その公務員の退職金は遡って没収しろ〕。何で**国民の「褌担ぎ」**である**木っ端役人**の税金で家族一同生活している〔させてもらっている〕分際で、そんなこと〔審議会を隠れ蓑として〕決めることが出来ようか。思い上がりも甚だしい。ご主人様〔国民〕の生活の歴史を何と心得ている！　**紺屋**町、**肴**町、**神明**町、**志家**町、**住吉**町、**天神**町、**若園**町など〔盛岡市の例〕は小さくても今後努消すなよ。尚、役人の母ちゃんが税金で買った「ズロース」につき、テキスト30—2—1、P1063上を是非見てね）。

では、この点につきまして、**もう少し細かく**渡来人を——**支配者側と被支配者側とに区別**——して**色付け**し、時の政権の変化に応じ少し時代を遡りまして、私こと古代探偵が鋭く分析しながら（本邦初公開の「奈良朝における**徙民政策**の**分析**」の始まり、始まりィ！）正史を見て参りますと、次の様にアナタが今まで想像もしなかった面白いことがより具体的にガタガタ見えて参りますよ。では再び「白村江の役」の頃に戻りましょう。

6—2　**六六六年**（天智称制五年）是冬、**百済の男女二千余人**を**関東**に移住（これは新羅占領軍による百済人の東国への追放を意味しておりました——大変だよ。テクテク　東山道の山道を）

6—3　**六八四年**（天武十三年）五月十四日、**百済の帰化僧尼及び俗人男女合わせて二十三人**を**武蔵国**に移住させる（右の6—2と同じで、中央から気の遠くなるような遠い荒地への追放でした）。

7　**687年**（持統称制元年）3月15日、**高句麗人五十六人**を**常陸**へ（これは当時の新羅系政権下での**被支配者たる高句麗人**の今まで**国外**であったところ〔**行方郡**（なめかた）以北は嘗て**日高見国**でした。別述〕への強制移送ということになります）。この人々がやがて、**先渡来の濊人**などと合わさり筑波山周辺の**物部氏**（北扶余・高句麗の**解**・**穢**系の出自の「鉱山民＝ハイテク技術者の**山師**）へと化す（当時の長江中・下流域から亡命して、先程の濊人より先に先住しておりました弥生の水耕民との上下関係による混血＝**歌垣**（かがい）の残置）とともに、東北へも時代と共に広がって参ります（屯田や亡命）。

8　**同年**同月22日、**新羅人十四人**を**下毛野**へ（これは**支配者として**の新羅人の配置変えのための派遣ということになります）

8—2　**同年**四月十日、**新羅の僧尼百姓男女二十二人**を**武蔵国**へ移住させる（これは百済人・高句麗人に対する監視人としての新羅人の派遣でした）。

8—3　**六八八年**（持統称制二年）五月八日、**百済の有力者の敬須徳那利**（きょうすとくなり）を**甲斐国**へ移住させる（これは百済人の東国の未開地〔甲府盆地などの干拓＝後の富士川の**禹**（う）**ノ瀬**の掘削など〈甲府盆地の水を切る・落とす＝農地化。兵庫県北部の天日矛による出石盆地の干拓と同じ〉のスタート。テキスト新版参照〕への追放でした）。

9　**689年**（持統称制3年）4月8日、**新羅人**を**下毛野**（しもつけぬ）へ（これも同様に**支配者**の配置変えのための移動ということになります。「草壁＝**日並**」皇子薨去とキトラ古墳につき、一五）。その流れの一つが改竄出来ない**金石文**の証拠でして、唐の年号での**永昌元年**（**己丑**、持統三年、**六八九**——唐の命令により、このとき（神文王九年）新羅もこの永昌の年号を使用しておりました（だから）。後述）に

「**那須国造　韋提　に評督を賜う**」

（追大壱の位階を持ち文武四年〔庚子、七〇〇〕に「殄＝死亡」とこの碑文にございますが、これは、**新羅人**を支配民としての**那須国の軍政**〔**評**〕の**長**〔評督〕に任命したということでした〔**軍政**レベルの表示である「**評**」につき、テキスト7—4—19、P248。「那須国造碑」は一五二字。尚、「壬申の乱」の真相につき、一二1。下野薬師寺につき、序3—5。キトラ古墳につき、一五9〕。しかもこの碑は、何とアナタ、碑文の文法の分析などからも**新羅人によって書かれていたことまでもが判ってまいりました**〔斉藤忠氏〕。ですからアナタ、右の**永昌という外国の紀年**を使い日本の紀年を用いなかった謎が、私こと古代探偵の完璧な推理により、これで判明したのです。やっぱりこの碑を建てたのは新羅人〔占領軍〕の官牧の管理者だったのです。

ということで、この碑文を見てみますと、当然この中には「**日本の万葉仮名の元**」ともなりました、朝鮮の万葉仮名である**吏読**〔テキスト23—5—1、P961。一七3〕がアナタ、ちゃんと見られるのです〔**庚子年辰節殄**の「**節＝ティピ＝とき**」**殄りぬ**、が正にそうだったのです。そしてこれは「丙戌……漢城下後部小兄文節自西北歩之〈高句麗城壁石〉の「節」とも又同じだったのです——嘗て新羅は高句麗の占領下にあった＝遊牧文化の南下〕）。

後に、**七七二年**（宝亀三年）三月二日に呪で人を殺害する事件で**井上皇后が廃され**、そして、同年

五月二十七日に皇太子他戸親王が井上内親王（私の考えでは天皇）と共に大逆を図ったことにより皇太子を廃され庶人とされた後（因みに、翌七七三年〔宝亀四〕十月十九日には、二人共大和宇智郡に幽閉されてしまいます）、

下野の民八百七十人が国に逆らい陸奥国に逃げた（『続日本紀』光仁。同年十月十一日）（アナタ、ここでのポイントはこの逃亡者が、他のケースと違い**何系の人々だか正史上には全く記されていなかった？**という頗る**不可解**な点なのです）とされておりますのも、この新羅系の入植者が、中央での百済クーデターの結果〈今後は〉被支配民に落とされてしまうことを畏れ、且つ、その人々の中央でのシンボルでもあった光仁天皇の皇后の井上内親王（私の考えでは或る時点まで井上は「天皇」そのものでした）すらもが**廃后**にされてしまったという**中央での政権の大転換**にショックを受けたことに遠因を発しての素早い行動だったのです（この時、誰が何故して逃げたのかということにつき、後述16はアナタ必見です）。

アナタ、更にこの考古学的証拠である碑文からは、**日本紀の年号がインチキ**だったということの重大な証拠までもが読みとれてしまうのです。と申しますのも、この碑文が永昌紀年（元年は持統三年、六八九年。万葉集が言うように、仮に朱鳥が延長していたといたしますと朱鳥四年に相当します）という、何故か日本の紀年号を用いず唐の則天武后の元号（この年は中宗の嗣聖六年。尚、この武后をモデルの一人として作られました光明子につき、前述の序3―5）を用いておりますのは、これが渡来人の**新羅人によって建てられ**記されたこと（一七3。又、評督〔新羅軍の軍事支配の証拠〕を賜った持統三年〔六八九〕には中国の「**永昌元年己丑**」の年号と**干支**の双方を用いておりますのは、この年に新羅を出発して**渡来**して来たから、その年の中国・新羅の年号を知ってい

たからだったのでして、その後十一年して文武四年〔七〇〇〕に**死亡**〔殞〕したときには、何とアナタ、同じ碑の中で今度は中国の年号が使われず単に「**庚子年**（かのえね）」と**干支のみ**しか記載していないというこのアンバランス〔しかも、今度は、日本列島にいるのに、そしてその**直ぐ近くに国の役所**〈**国衙**（こくが）〉すらあり、ちょっと「今年何年（なにどし）？」とお隣に聞いてカンニングさえすれば判ることなのに、その時の「**年号**」**が記されてはいない**というアンバランス〕は、正にこの時は中央から遠隔地にいて中国・母国新羅の年号を知ることが出来なかったということと、それに加えまして、更に大切なことは、抑（そもそも）そのときは「日本にまだ年号なんぞが無かった」からだったと、私こと「古代探偵」の様に考えれば、その全てが一発で氷解してしまうのです。これは「**景初四年鏡**」を巡る問題と全く同じパターンだったのです。テキスト9―1―4、P334上。本九12。更に私こと「古代探偵」がより深読みいたしますれば、ひょっとするとアナタ、この那須国造碑の永昌年号はズバリ「新羅そのものの年号」を表現していた可能性が大だからなのです〔前述、唐に命じられて使用。P311の徙民政策9〕。と申しますのも、28真徳王〔勝曼〕元年〔六四七〕七月に新羅が元号を「太和」と改めたところ、早速翌六四八年三月に唐から「新羅は大朝〔唐〕に臣として仕えているのに、どうして別な年号を称しているのか」と言われ、邯帙許（かんちつきょ）が「まだ唐から暦を頒ち与えてくれたことが無かったから23法興王〔五一四～〕以来勝手に年号を使っていたのです。大朝のご命令があれば従います」と答えて難を免れたことがあり、以後、唐に従っていたことが考えられ、その唐は六八九年に「永昌」と年号を変えておりますので新羅もこれに従って永昌としていたことが十分予測され正にその通りだったからなのです。そしてその碑文を虎の威を借る新羅占領軍は誇らしげに敗者の東国の日本人たちに見せびらかしたと思われるからなのです〔新羅の年号だった那須国造碑の年号！〕）や朱鳥の年号に不安定さが見られますことなどを別にいたしましても、早い話がアナタ、**日本の年号が少なくとも大宝元年（七〇二）に至るまで未成熟**であったのだということを示す実に良い証拠（ナイスエビデンス）だったのです。但し、アナタ、日本国とは異なりますその前の「**プロト日本国＝倭国**」の年号の方は別だったのでして、六六三年以前に九州を中心として

「**継体**（五一七年―）」や「**善記**（五二二年―）」などの**倭年号**と今日言われておりますものがちゃんと存在しておりましたが（テキスト11―5、P499。朱鳥年号の不可解さにつき、同23―2―4、P938上）、これらもその後の12回にも及ぶ正史日本紀の改竄（テキスト23―2―1、P929。本七4）の中で、先ずは、新日本国を作った新羅占領軍たる**白鳳・奈良朝の天皇家**（尚、序3―5）によって唐に対する思惑（テキスト七章、P227―297、他）その他から消され（平時の独自の年号の使用は、中国皇帝の否定、つまり宗主国への反乱と同等と見なされ、その国に対して兵を差し向けられても仕方ありませんでした）、更には次の日本列島で百済亡命政権を樹立いたしました**平安朝の百済王**（こにきし）**の天皇家**からも、現行平安紀の「万世一系」「天孫降臨」の一大基本思想に反しますので、その前の王朝の「**倭の年号＝倭国の存在自体**」が**封印**され、かようにして今日まで日の目を見ずに至っていたからなのです（その間を繋ぐ**新羅の日本列島占領**と**新日本国の建国**という、アナタの教科書には一言も書かれてはいないとても大切な二つのことに、もしアナタがここでハテナ?とお気付きになりさえすれば、「**継体**」や「**善記**」等という年号を**私年号**などと安易に位置付けて敢て日陰者にしてしまわなくても、**プロト日本であった倭国の頃の正式な年号**だったのだと堂々と胸を張って考えれば、それで良かっただけの話なのです——これで私こと古代探偵は、「年

号の無実の罪」を、草葉の陰から一つ救うことが出来たゾ）。

10 **690年**（持統称制4年）2月25日、**新羅人許満ら十二人**を**武蔵国**へ（これも又**支配者**の配置変えのための移動ということになります。ですからアナタ、奈良時代に**奈良七大寺の封戸**が**武蔵**に何故した訳か非常に多かったのは、抑、奈良朝の天皇家が新羅占領軍であったということの間接的証拠の一つでもあったのです。加えて中央政府による「**徙民実辺策**」にもご注意下さい。テキスト11—3、P495下。しかもアナタ、この二週間前の十一日には、新羅本国から詮吉、北助知ら**中堅の役人**が**五十人**も来ておりますよ。この帰化したうちの十二人もが、何とアナタ！東国へ派遣されたのです。何故でしょう?）

——武蔵府中熊野神社古墳が東国の官牧（軍馬の生産）を管理いたします総領（大宰。テキスト7—4—27、P255下、同7—11、P291～292、同13—3、P551）の占領新羅軍王子の日本最大の上円下方墳でございましたことは、豪華な複室の切石積石室を持つのみならず、それまでこの地方では河原石を積み上げた程度の石室しか見られないエリアだったにも拘わらず、突然、そこにガラリと最先端の固い切石だけを使用——石工の工事が大変——した当時としましての凄い古墳が突然出現し、従来の系譜との断絶がそこにはっきりと見られますことがその証拠の一つともなっていたのです——

11 **七一一年**（和銅四年）三月九日に**上野国**の片岡、緑野、甘良の三郡の内から**三百戸**を割いて**多胡郡**を作り、**羊**（後述、佐陀智・才智）という**人物**（「**多胡碑**」。別述の一三5は必見）に、この郡の支配権を与えております。しかし、この羊太夫のいたという所で、且つ、この碑のある**吉井**というエリアには、後世に至るまで、**新羅人**が多く住んでいたということからも、この**羊が新羅人**であった可能性が高く（「羊＝羣（クルマ）」につき別述）、そう致しますと、この多胡郡の建郡は、これ又**東国における支配者としての新羅人の一大拠点の構築**ということを意味していたのです（これは私こと「古代探偵」の本邦初公開です。しかもアナタ、この百年以上も前の推古九年〔六〇一〕九月八日の正史には、新羅の**間諜**（うかみ）（斥侯）の**迦摩多**（かまた）が対馬で捕まり、何故か？遙か遠くのここ東山道の奥地の**上野に流刑**になっております（**『日本紀』**）。鎌田さん、蒲田さんは新羅系？）。この様に、**上毛**（かみつけぬ）も又古くから半島や新羅とは深い縁（えにし）があったのです（その証拠に、アナタ、その後のことですが、九州の「**宗像神社＝元は宮地嶽神社**」の**沖ノ島遺跡**からは、新羅王都**慶州**出土のものと**同一の雲珠**が出土しており〔序―3―3アナタ必見〕、これと類似のものが、更にここ群馬県高崎市の**綿貫**（わたぬき）**観音山古墳**からも出土しております。或る時期に存在いたしました「新羅慶州→沖ノ島→宮地嶽→高崎」のルート）。尚、**藤原宮**出土の木簡の「**百済連**（むらじ）**羊**」の百済氏にも、アナタ要注意ですし、更には、百済氏とは別系と思われます「行基（別途）の父である高志連羊（羊＝才智（さいち）「大僧正舎利瓶記」・佐陀智（さだち）「行基菩薩伝」）が関係いたします和泉国の高石神社の祭神にもご注意。これは大和・神別の「天押日命十一世孫大伴室屋大連公」と同系（安羅・公孫氏）だったのかもしれません『新撰姓氏録』大和国神別――と申しますのも、「〇〇日――」と付く人名・神名は大伴氏系・公孫氏系の神々レベル（又は人）に何故か比較的多く見られますので〔卑彌呼の弟である「公孫康＝日臣（ひのおみ）＝道臣（みちのおみ）＝大伴氏の祖」につき、テキスト付録12、P1121。又、扶余王名の「――解」「――日」につき、同9―1―2、P332上下など別述〕。

この羊の任命は七〇八年（和銅元年）以降の**秩父の銅**の産地の支配のため、**東山道**の拠点を強化するための日本の中央政府及び新羅本国政府の当然の重点施策の一つでもあったのです。

――径五〇センチメートル、七条の凸帯を持ち、高さ一一〇センチメートルもの**円筒埴輪**を出土したことで有名な**六世紀初頭**の**七輿山古墳**（多胡郡が出来る前は、ここは**緑野郡**西部でした〔一四9。武蔵騒乱と七輿山古墳〕。現藤岡市）の近くの七輿山**宗永寺**に口碑として伝わり江戸時代に『**羊太夫栄枯記**』となりました「羊太夫伝承」によりますと、多胡郡司の**羊太夫**は讒言により**朝敵**とみなされ征討軍を送られ養老五年（七二一）に**八束山**（別名・城山。吉井三山の一つ。四五三メートル）で**殺されて**しまったとされておりますが、問題はその際に**金色の蝶**（新羅の王姓は**金**です）と化し、やがて鴟とも化して「**池村**」を目指して飛び去ったとされておりますことなのです。この池村とは、**多胡碑**（和銅四年〔七一一〕建立）の立つ藤岡市**吉井町**（**新羅人**の多くいた処）**大字**　**池**　字御門のことですから、正にアナタ、**新羅人の郡司**が、**支配者の天皇家が百済系に変わったがため攻められてしまった**というズバリの図式になっております（又は、その年代――が正しいといたしますと――から考えまして、その前の前哨戦としての地方での　新羅 vs 百済　の争いだったのか？　それとも他の理由での内乱か？）。因みに、**秩父**山中に逃げ延びたという伝承（『七輿山宗永寺略記』）も伝わっており、又、**秩父にも羊太夫の伝承**が色濃く残っておりますことからも、その真相は、当時の都からのメインルートでございました**東山道**から見てより遠方の秩父の山中で**銅山**（七〇八年〔元明〕一月十一日、武蔵国秩父郡が和銅を献上したので慶雲五年に年号を**和銅**と改元〔『続日本紀』〕）を経営しておりました同じ**新羅系**の技術者の**秦氏**が多くおりましたところ（新羅系のアジール）に一族が逃げ込んだものと思われます（因みに、秩父の入り口の金鑽神社の名の「サナ」と新羅の古い国名サナ〔本一5、一六、六⑪〕との密接な関係につき、別述のところは必見）――

――ところでアナタ、実は右の江戸時代になって文書化されましたこの伝承の台本は、ナント！この羊太夫が死んだとされる七二一年から一八七年も前の五三四年の「武蔵国造の乱」の際に、小杵に加担した上毛野君小熊が朝廷軍に敗れて征圧され、その結果この古墳のございます上野国旧緑野郡に朝廷直轄の屯倉（みやけ）が置かれてしまったときの出来事が伝えられていた可能性も大だったのです（一四9は必見）――

11―2　**七一四年**（元明、和銅七年）十月二日、尾張、上野、信濃、越後国等の民**二百戸**を移動させ、出羽柵戸（でわのきのへ）として配置する（『**続日本紀**』）。これは主として**百済・高句麗**系の民を**出羽柵**の**屯田兵**（**守備隊＋開墾百姓**）として――もしからしたら希望により！――配置したことを示していたのです。このことの伏線にご注意）。

12　**七一五年**（元明、和銅八年）五月三十日、相模、上総、常陸、上野、武蔵、下野の富民一千戸を**陸奥国**に配置する（『**続日本紀**』。これも又主として**百済・高句麗**系の比較的財力の豊かな民を外様（とざま）として遠方の**陸奥国**に**屯田兵**として配置したことを示しております）。

――このように、常に朝鮮半島の民は東国・東北へトコロテンのように送り込まれていたのです――

12―2　**七一五年**（元明）七月二十七日（九月二十七日より元正が譲位を受け**霊亀**と改元。しかしアナタ、『**旧唐書**』の方では、**白亀**となっております。アナタ、異なる唐への申告には要注意）**尾張国**

人席田邇近及び**新羅人七十四家**を**美濃国**へ移し、**席田郡**を設置（『**続日本紀**』）。これは、美濃の**東山道**の要地〔畿内と東国とを結ぶメインルート上の要地〕に支配者・監視人としての新羅人を送り込んで交差点で各出自の異なる民族の移動の交通・情報の整理をさせたということになります。後述14の「新羅→賀羅」への氏の変更は必見）。

13

716年（霊亀2年）5月16日、**高句麗人1799人**を**武蔵国**へ。先程の**高麗郡の建郡**（これは新羅系政権下における、**被支配者たる高句麗人**の集中管理〔コントロール〕と**荒地開墾**のための強制移送ということになります。前述1と同じ）

ここで、ちょっと余談となりますが、異国に亡命した後でも「郷に入りては郷に従」おうとはせずに、アナタが驚く程の**血統の純粋さの保持**に頑固なまでにこだわっている**高句麗**の人々の証拠を一つお見せしておきましょう。

先程の13（1も同じです）におけます東国七ヶ国の高句麗人千七百九十九人をも集めて建郡されました高麗郡（ここは一時日本列島における「**亡命高句麗人のセンター**」でもございました〔その前のセンターは相模の**大磯**にございまして、そこの**高来神社**は勿論のこと〈高来＝高句麗から来た〉、**箱根**〈ハコニ＝「**函**」のことを**古高句麗語**では**ハコニ**と申しました――函南の地名〉**神社**や**伊豆山神社**の神々も皆、権限化されますが元々は同じ**高句麗系**でした。後に神仏習合で権現と化します〕）の**郡長**たる**高麗王若光**の子孫は、母国高句麗が六六八年に滅んで日本列島に亡命してから**五百年**も後の二十七代目の大宮寺豊純（仁治三年、一二四二年三月四日没）の代になって、初めて**駿河の源氏**――**新羅**系。テキスト23―5―8、P970他――の女（岩木僧都道暁の女）である**日本人と結婚**していることが判ります（高麗神社蔵「**高麗家系譜一巻**」及び「高麗神社と高麗郷」。それまでは「是迄高麗従来之興二親族重臣一計縁組仕来処＝それまでは親族と重臣とのみ縁組」とございます。前述1）。ということは、亡命渡来からそれまでの**五百年間**も高句麗人の親戚か重臣としか結婚して来なかったということなのです（つまり、この五百年間はこの高句麗人は形式的〔表面上〕な日本人に過ぎなかったのです）。後世にも武蔵七党の「丹党」に高麗五郎経家の名が見られます。かようにしてあらゆる渡来系は時代の経過とともに日本列島に吸収同化していってしまって日本人となっていったことが判るのです（丹党は高句麗系だった。因みに「丹(たん)＝赤」色は扶余・百済系国家の本貫半島での旗の色でもございました）。

このように故国を遠く離れた異郷の亡命先ですらも、王家の血の濃さ——外部者(よそもの)の排除——は渡来人の間（内部）では異常なまでも頑固に守られ続けて来ていたのです（尚、実はアナタ、この点は兄弟国である平安天皇家の**百済王**(こにきし)系も同様かそれ以上でして〔但し、正史の外形上からは、そのことがアナタとアホンダラのアカデミズムには一切見えなかっただけの話なのですが〕、平安天皇家の血の濃さ〔百済系の天皇の妻の多くとその間の子の多さ〕に付き、一七6、P131）。

そして次に、「そんなことが何故**可能**であったのか」ということが特に大切だったのでして、それは正に、東国以東が各勢力の渡来から相当長い間、少なくとも奈良、平安の初めぐらいまでは、「高句麗」「百済」「新羅」「伽耶」「濊(わい)＝穢(かい)＝古代朝鮮語で太陽(カイ)（蝦夷(カイ)）＝日高見(ひたかみ)（北上(きたかみ)、常陸(ひたち)、日立(ひたち)、氷上(ひかみ)、日の本、日下(くさか)、昪(べん)、卞(べん)、弁(カル)は皆同じ）＝蝦夷(えぞ)。テキスト17—3—2、P742下、P744下」

（私こと「古代探偵」が本邦初公開で申し上げますことは、初めてこれをお聞きになったアナタには少し判り難いかもしれませんが、お勉強が進むにつれて、何れ判ってまいりますことといたしまして、①

濊（わい）・**穢**（かい）が古くに大陸の沿海州から日本海を渡り**蝦夷**（かい）（中国語　クイ）・**加伊**（かい）（**熱田神宮絵詞**の表示、テキスト17―2―3、P738上）となった。テキスト15―10―4、P674上、同17―1―1、P727上、同17―1―3、P712上。尚、大陸を追われた北扶余の**依羅王**が沿海州から朝鮮半島を南下し**倭人**を定めて王となったことにつき、同2―6―1、P109上）。更に②「**北沃沮**（キタヨクソ）（**沃沮**（ヨゾ）＝**エゾ**＝**enju**＝**エンジュ**＝**人**につきましては、テキスト17―2―1、P728上）＝**置溝婁**（チーコーロー）（**ちがる**）＝**津軽**（つがる）」（よって、津軽（つがる）＝蝦夷（えぞ））。加うるに③「ロシアの**ウスリースク**＝下北半島の**宇曽利山**（うそり）＝**恐山**（おそれ）」（ウスリー＝オソレ＝恐）（テキスト17―4―1、P745下、748下）などの①②③の各地名こそが、先入観に囚われず東北アジアをコスモポリタンに考えますと、このことの物言わぬ化石としての人の手によっては動かぬ証拠だったことをアナタは発見出来る筈です。本一八3。尚、**古朝鮮人**の今日の姿（古（いにしえ）への日本列島東北部への逃亡＝言語の共通性）につき前述、一5。又、北海道の「日の本」も）

などの大陸・半島での出自を同じくする一定集団の夫々（それぞれ）の**準・治外法権**的な**群雄割拠**状態とも言える「**日本の中の外国**」状態が定着以来相変わらず――触らぬ神に祟りなしで――東国では続いていたこと（民族自治区の存在。丁度、現在のレッドチャイナ（赤色・国家中央集権的資本主義の、今日列強の一員となった中国）での「ウイグル族自治区」のような。時代と共に段々と金持ちになった（武力に自信を持った）中央政府が支配を強めていくパターンをアナタに考えていただきますと判り易いです（東国＝ウイグル説）。そして（それより以遠＝北関東・東北＝外国説）（別述））を示していたのです（これ又、本邦初公開）。

さて、このように「外国に等しかった東国の実情」の分析から、移住、徙民政策の点に再び戻しましょう。

――この右の**13**と次の**14**との間には正史には記されていない（又は、抹殺されてしまいました）、実に重要な**支配者**の実質的な**交替**（**新羅系→百済系**）がございました。アナタ、ここからは頭をそのように

「切り替え」てお読み下さい――

14　**七五八年**（天平宝字二年）、新羅郡（前述本章２）。実は白鳳・奈良朝で**新羅の出自**だと明示又は黙示で了承していた氏人が、突然、奈良後半のここに至り、本当は**伽耶の出自**だったということに**変えるという**動きが出てまいりましたことは（出自を「**新羅→伽耶**」と変更）、アナタ、これは一体何を意味していたのでしょうか。その流れの正史上の証拠の一例を次にアナタにお示しいたしますと、嘗て、

「尾張国人……席田君邇近及新羅人七十四家、貫于美濃国。始建二席田郡一焉」

（**『続日本紀』**和銅八年〔**七一五年**。尚、霊亀元年は九月二日元正即位からです〕七月二十七日、元明。本六）

とあり、このトップの席田郡を建てた**席田氏**が**新羅系**でございましたことが推測されますが（前述12―2）、何とアナタ、この一族のトップの美濃国席田郡の**大領**の**子人**（ねひと）や**吾志**らが、右の四十余年後のここに至り、

六世の祖先の乎留和・斯知（**シチ＝シト＝族長**。他の例、ツヌガ〔敦賀〕アラ〔安羅〕シト〔人・酋長〕）**の出自である賀羅国の国号によって賀羅造の氏・姓を上申し、それを賜っております**
こと（**『続日本紀』**天平宝字二年〔**七五八**〕十月二十八日、淳仁。カッコ内筆者）

は、今までの**奈良朝**では**新羅系**（統一新羅により吸収されてしまったので止むを得ず）で通していた人たちが、ここに至り**急に伽耶系に変え出したこと**（その要因）、乃至は白鳳・奈良朝の新羅系天皇家に迎合しそれまでは一見新羅系の同族風を称しておりました人々が、時代の流れが非新羅系

（百済系）に傾くのを狡猾に察知し、つまり

「百済革命」の成就に迎合し、本来の正しい出自である伽耶（倭）系を標榜し始めた

という蓋然性も強く、そう考えられなくもないからなのです（では七一五年と七五八年の間に、アナタ一体［何が起こった］というのでしょうか？　因みにこの「莚＝筵＝蓆」は竹・蒿・藺・蒲などで作られ、今は道端で乞食が敷いて座っておりますが、古くは「**王座＝巫座**」の象徴でもございました）。

「新羅人加羅布古伊等六人配二美濃国一」（**『日本後紀』**弘仁五年〔**八一四**〕八月四日）

とございますので、ここには**加羅を名に含んだ新羅人**がいたことが判るとともに、席田郡の**唐**（正に「カラ＝韓」）ということころには**猿投神社**があり、これは**延喜神名帳**の**韓明神**のこと（やっぱり唐は韓だった。しかも「サナ＝新羅」）ですので、この地が嘗て**新羅人によって開墾**されて来たエリアであったことが判るのです（美濃と新羅との関係——大海人の湯沐令に対する「而先発二当郡兵一＝先づ当郡の兵を発せ」〔天武紀元年〈六七二〉六月二十二日〕という告示）。

しかもアナタ、不思議なことに、ここがどうした訳か平安朝の百済系天皇の代になりましてから祟り出したことは

「席田郡有二妖巫一。其霊転行暗瞰レ心。一種滋蔓。民被二毒害一」（**『日本文徳天皇実録』**仁寿二年〔**八五二**〕二月二十五日）

——席田郡に妖巫が蔓延り、その霊が転行して暗に心を瞰る。一種滋蔓して民はその霊害毒を被っている——

という百済系天皇家の平安朝になってから六十年余も経ってからでも（ですからアナタは、日本紀・

続日本紀だけではなく、その続きの「六国史」の後半のこの「文徳」実録や「三代」実録も抜かりなくチェックしてネ。そこにも古代のお宝がザクザク眠っているのだから）、このように**新羅・伽羅**系（非百済系）の一団は、その地の官民を執念深く（無実の怨念から）脅かして祟り続けていたということが判るのです。アナタ、このように、嘗てここ日本列島の東西の最重要地である岐阜の郡に、新羅王族が派遣されていたときがあって、今もそこがブスブスと不完全燃焼で祟っているというのです。

14—2　**７６０年**（天平宝字４年）４月２８日、**新羅人一三一人**を**武蔵国**へ（『続日本紀』）。これは**今までとは違い**〔逆に〕、今度は「百済クーデター」後の**百済系政権下**での出来事ですので、**新羅人が被支配者レベルに落とされ**、荒地開墾のため中央から東国の鄙の地へ強制移送させられたということになってまいります）

15　**七六六年**（天平神護二年）五月八日、**上野国**に住む**新羅人**の**子午足**（こうまたり）**ら百九十三人**に**吉井連**（よしい）の姓を下賜（『**続日本紀**』称徳天皇。吉井さんは新羅人だった）（これは、遠方では侮（あなど）れない力〔財力〕を持つ人々には出自に係わりなく便宜上姓を与え、手懐（てなず）かせたとは申せ、これも実質は14と同様で新羅人の強制移住の延長の一態様だったのです〔尚、一三6、多胡碑の「羊」〕。ですからアナタ、同じ関東でもこれとは国が異なりますが、後の**八四五年**〔承和十二年〕三月二十三日、男衾（おぶすま）郡〔この郡の八郷の一つの榎津郷〈江南町——寺内廃寺アリ〉辺りが、次に申し上げます壬生氏の入植開拓地でした〕前大領**壬生吉志福正**（みぶきしふくまさ）（任那系）に**武蔵国分寺の七重塔**の再建を許したというのも、その出自を超えた渡来人の巨額な財力の利用がその目的だったのです〔『**続日本後紀**』仁明、承和十二年〈八四五〉三月二十三日〕。その数年前に、才能の無い二人の子の生涯の調庸〔税〕を父福正が代わって払っております〔但し、徭は除く〕『類聚三代格』承和八年〔八四一〕五月七日〕。——しかし、新羅・伽耶とこの地域との関係は、考古学的な証拠からは、古く五世紀初頭にまで遡る可能性が高かったのです。と申しますのも、**稲荷山古墳**（**藤岡市白石**）の陪塚からは**五世紀初頭の伽耶・新羅系**の**鴨型土器**が出土しているからなのです。その頃から既に朝鮮半島南部の**新羅**又はその**母国**でもございました**金官伽羅**（**半島の倭**）からの波状的な**集団移住**の痕跡が認められるからなのです。その関連で申しますと、**五世紀に征新羅将軍田道**（たぢ。竹葉瀬の弟。止美連の祖）が新羅を伐ち「**四の邑の人民**」を虜えて帰国（「仁徳紀」五十三年五月）しております。この田道は**百済**で**止美邑**の**呉女**（**韓女**。一五9、**阿麻古**を参照）を娶って**持君**（車持君「射狭——この名がムサシの地名〈埼玉ムサシ、東京ムナザシ、横浜サネサシ。九章〉と関係か？——の末裔」や久麻麻致支弥〔百済本記——任那の日本県邑に逃入して百済の戸籍から漏れている百済人を三、四世に遡って本国に送還するために継体大王に派遣された人〕や倉持君とも関連〔くるまもち＝くらもち＝クラマチ。これ又、本邦初公開〕を生ませております〔『新撰姓氏録』河内国皇別〕。因みにアナタ、**百済系**の**平底短頸瓶**（徳利形）が出現いたしますのは、それよりもずっと後のことになります——

16 **七七二年**（宝亀三年）三月二日に新羅系の井上皇后が廃后にされ、五月二十七日には他戸が廃太子とされてしまいますと（『続日本紀』）、アラ不思議！　それらが伝わりました後の十月十一日には、

下野の八百七十人が反乱を起こして陸奥へ逃げ込んだという記載が見られますのも（前述9の中『続日本紀』）、この地域を渡来以来それ迄**実効支配**しておりました、嘗て**那須国造碑**を建てた**新羅系の民**の子孫たちが、この中央での**反新羅**の大きな動き（クーデター）に敏感に反応しての動きだったのです（本来、中央に政変が起こりますと、中央政府が**三関**(さんげん)（愛発(あらち)、不破(ふわ)、鈴鹿(すずか)）を締めましたのも、実はアナタ、こういう**中央での情報（政変など）が地方へ漏れ、地方から中央に攻めて来たりして、騒乱に巻き込まれるのを防ぐため**のものでした〔関の役割――逆方向だったノダ。本邦初公開〕。ここは中央を遠く離れた遠い東山道の先とは申せ、新しい**百済系天皇の中央軍**の軍備が整って進軍し到達する前に、その必要性に駆られて何らかの理由で素早く先手を打って大規模な北への逃亡を図ったから生じたことだったのです――こういうこともございましたので平安朝での坂上田村麻呂の「蝦夷征圧」は必然だったのです）。

17

八二〇年（弘仁十一年）二月十四日「**配二遠江駿河両国一新羅人七百人反叛**」（『**日本紀略**』他）（豈(あに)図(はか)らんや、正に私の考えを証明するかのように、**新羅人が反乱**を起こしまして、これも新しい平安朝での百済系天皇（朝廷）に対しての**新羅系の巻返しの反動**の一つだったのです。そして、これが歴史上特に大切でございましたことは、ここで敗れた人達がこれから地方で次々に連綿として起こってまいります動乱（前述の14のところで序(つい)でに記しました八五二年の席田郡の妖巫の不可解な動きも同様でその底流では連鎖していたのです」に水面下で繋がっておりましたことでして（テキスト、7―4―50、P275―278）アナタ、この遠江・駿河での**新羅系の反乱**は、仮令(たとい)正史からは抹殺されてしまっておりましても、小さくても決して忘れてはいけない、今後の長く続く、日本全国を巻き込む

動乱〔テキスト7—4—50、P275〜278〕**のスタート**とも言える古代史上の重要事件の一つだったからなのです。号砲一発）。——この後も八七〇年（貞観十二年）九月十五日には新羅人五人武蔵へ、五人を上総へ、瓦職人潤清・長焉・真正ら十人を陸奥へ（『日本三代実録』清和）——

6—7　雄略大王の九州から関東までの統治は絵空事

この様に、私の偏向ロイグラを通して見てみますと、百済クーデターが最早動かし難いものとなり、ほぼ確定致しました**750年**頃（完全に完了致しますのは、実は、もう少し後の**770年**頃の光仁天皇即位の頃からと考えます）から後（上記14より後）は、今度は、一転して

新羅系は被支配者レベル扱いに**格下げ**されてしまって未開地に追放・配置されてしまっていたのです（ですから高麗建郡と新羅建郡は、同じ「建郡」とはいえ、上記1と2との間にございました民族の「**ドンデン返し＝深い深い目に見えない溝**」にアナタご注意下さい）。だから、私のようなfighterとは違って、ボケッと史書をただ暗記しているだけの草食系の秀才学者は有害人なのだ。そこに私のように**色付け**して、**新羅による日本列島占領**（白村江の役）の「前と後」とで、又、**百済クーデター成功**（平安朝の黎明）の「前と後」とで、一見平坦に見えます歴史の道の凸凹をロイグラ（サングラス）かけて、アナタ心眼で斜めから光線を当てて「斜視＝ロンパリ」で見抜かねばネ。

序でながら、同じ様に日本書紀の方の北方の当時の地名に関しましても、チョット気になる点がございますので道草を食って見ておきましょう。**阿倍臣**（ここでは何故か名を欠く）が**蝦夷**を討ちました結果、「**可下以二後方羊蹄一為中政所上焉**」（斉明紀〔659年〕3月）

「——シリヘシを以て、政所とすべし」

としたとあり、これに対し、北海道に今日「**後方羊蹄**」という同じポイント地名がございますことを前提として、阿倍引田（と思われます）比羅夫が、このとき「北海道まで行き」そこの蝦夷を討ったのだ、などと考える一部のアカデミズムがおりますが、これ等の人は近代史すらも知らなかったということになります（**ブリヤートの原郷**につきましてのアカデミズムのトンチンカンと同じように。テキスト9—4—2、P381）。と申しますのは、この地名は北海道開拓使庁の松浦武四郎が、その千二百年後の**明治初年**になって或る地点を特定し、そこを「**後方羊蹄＝後志**」と名付けたものに過ぎなかったからなのです。確かに、アイヌ語の普通名詞では広く「**シリベシ＝shiribet＝大河**」で、**尻別川**という川も北海道にはあり、現地でそう呼ぶ慣行もあったとは申せ、この点（抽象・一般と特定との相違）、要注意だったのです（程度問題かもしれませんが）。ですから、何を言いたいのかと申しますと、この斉明紀の頃安倍氏の**討った**（又は**交易**——その真相は、言葉の通じぬ**異民族**間の**沈黙貿易**レベルだった——した）とされておりますこの地点とは、実は北海道などではなく本州の青森県の**岩木川の河口**であった可能性も、又は、場合によりましては更に南の**関東・東北**地方であった可能性すらも否定は出来ないからなのです。何故なら、蝦夷を討ったと申しましても、アナタこの頃の**西日本**ですらも、未だ、

中国地方には**蝦夷がいた**

と正史日本書紀が自ら記していた状態だったからなのです。

因みに、後により詳しく説明いたしますが、

a　**熊本江田・船山古墳**出土の**銘刀**（これは百済系の大陸の象嵌です）の「**鹵**」とは、アカデミズムが

皆ステレオタイプに付和雷同で言っております様に**ワカタケル**の「**ル**」のことなどでは全くなく、実は、これはズバリ**百済21蓋鹵(ケロ)王**の「**鹵**(ロ)」の**中国式の1字表現**を表わしていたものに過ぎなかった（だからこれは抑(そもそも)百済製だった）のですし（一四9②、テキスト21―1―1、P885下、887下はアナタ必見です）、他方、

b　アナタにも有名な**埼玉**(さきたま)の**稲荷山**(いなりやま)**古墳**出土の**ワカタケルの銘剣**の方も、これ又同一墳墓内の出土の地点（**中心部**の**主体槨**はいずこへ？）や、その当時の東国の国際情勢（考古学上の出土物から見た中央〔大和〕ではなく伽耶・北陸の方とのダイレクトな繋がり。一四9）などから考えましても、もしこれが伽耶製ではないといたしますと（これが伽耶製ですとその当時の象嵌技術的には有り得なくもなく、又、干支一運後の五三一年ですと別なのですが――）、これ又少くとも現行日本紀の大王・天皇系図の完成（七4）を見た平安期以降の、その系図を同じように模して刻した**捏造品**だったのでして（本一四9③以下。テキスト21―5―2、P903～907、及び新版での補充部分）、

そう致しますとアナタ、とてもとてもヤマト朝廷の「**倭王武**」たる**雄略大王のモデル**（**金官伽羅9鉗知**(カチ)**王＝紀生磐**(きのおいは)）が、当時（**500年前後頃**）の日本列島の**九州から関東まで統治**していたなどと言うアカデミズムへの付和雷同は**絵空事**も甚だしいと言わざるを得なくなってしまうからなのです（右一四9「買地券」のところ。この右のab2点の考えにつきましても**日本人で唯一人私こと古代探偵だけ**が、アカデミズムに対しあの孤高を保った**ドンキホーテ**のように本邦初公開で**叛旗を翻**し続けております〔私は自称「日本のドン・キホーテ」〕。但し、何時(いつ)れそれ程遠くない時期に、アカデミズムは無駄な抵抗を止め、私ことドン・キホー

テの右のａｂのコスモポリタン考古学の考えの方が通説となって学界を支配いたしますヨ。**地方史の実態**を素人のように知らず、或る大家が鉄剣銘を「**直**（あたひ）→**臣**（おみ）」としてしまったことに引っ張られっぱなしの、アホンダラの**アカデミズム**の大きな最早取り返しのつかない間違い〔**大罪**〕〔この剣銘の読みは　**直**（あたひ）　**が正しい**〕をも含めまして)。

――因みに、東国につきましては、後の九〇〇年頃の「就馬（しゅうば）の党」や藤原玄明（はるあき）や平将門などの日本列島の大動乱との関連に付き、テキスト7―4―50、Ｐ276下は必見。コスモポリタンに見れるよ――

さて、話を戻しまして、では、その私の言うところの、遊牧民族による静かな日本**列島**征服、つまり**平安朝に至る**「**百済クーデター**」ということの理由につきましては、アカデミズムとの死闘という困難を十分承知の上で、これからも一つ一つの**状況**（**間接**）**証拠**を「**多角的な面**」からアナタに丁寧にご提示しながら、お時間の許す限りお話を展開して参りたいと存じますので、もう暫く我慢して私とお付き合い下さい。そういたしますと、アナタの頭の中の「古代史を巡る白い霧」が段々と、そして最終章では一発で晴れて参りますので、どうかお楽しみに！

6—1　亀塚古墳（発掘時）

6—3　弘法山古墳

6—2　亀塚古墳（家に囲まれた現在）

6—4　高麗王若光廟

6—5　金海（金官伽羅）大成洞（左：29号3世紀、右39号4世紀）

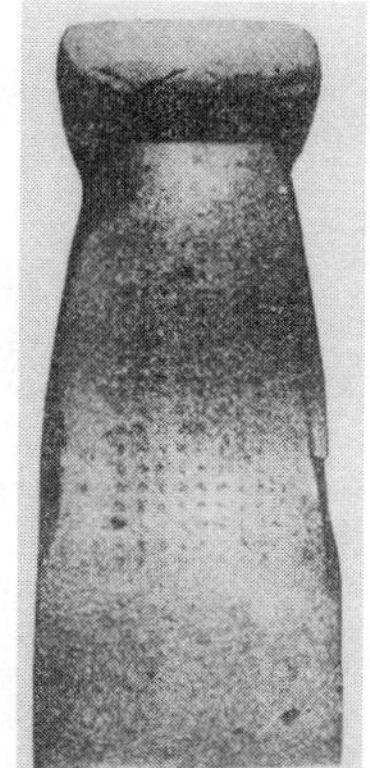

6—6　那須国造碑

永昌元年己丑四月飛鳥浄御原大宮那須国造
追大壹那須直韋提評督被賜歳次康子年正月
二壬子日辰節殄故意斯麻呂等立碑銘偲云尓
仰惟殞公廣氏尊胤国家棟梁一世之中重被貮
照一命之期連見再甦砕骨挑髄豈報前恩是以
曽子之家无有嬌子仲尼之門无有罵者行孝之
子不改其語銘夏尭心澄神照乾六月童子意香
助坤作徒之大合言喩字故無翼長飛无根更固

6—7　那須国造碑に見える朝鮮の吏読（万葉仮名の祖）
「節＝ティピ＝とき」と新羅の年号「永昌」

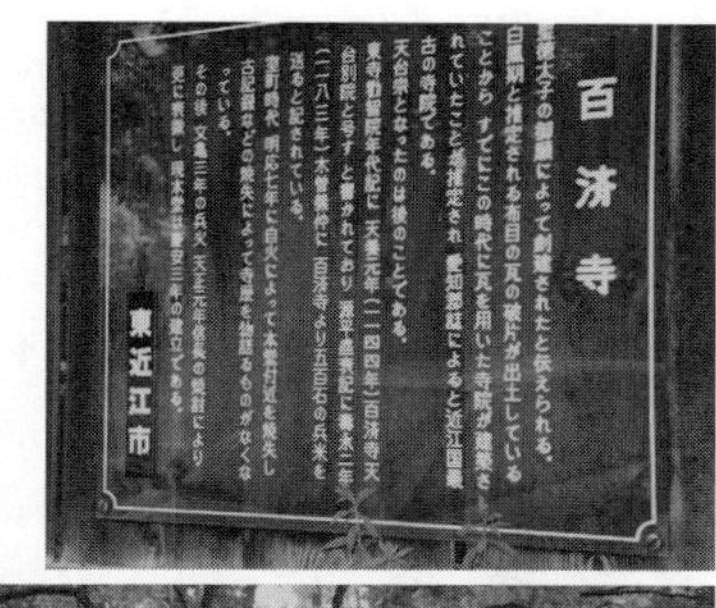

6—8　石塔寺（百済式三重石塔）

6—9　百済寺（ひゃくさいじ、近江）

第七章　日本書紀の12回もの改竄

――日本書紀の天皇のモデルは朝鮮史の王であった

――それを隠すための12回もの「日本書紀」の改竄を知らなければ、アナタは古代史が何も判らない

――魏から卑彌呼がもらった鏡は「漢式鏡」だった

――捏造された箸墓の「前方部」の謎を解く

――仁徳大王は女だった！

――『姓氏録』も大改竄が行われていた

――神々の改竄

それでは第五章の論点に沿いましてお話し致します。先ず、その中のアラビア数字1の「日本書記の12回もの改竄」という［論点5］の下での

（イ）倭の正体は**伽耶**そのもの
（ロ）**高句麗広開土王碑**に見える「倭」「任那」「伽羅」
（ハ）天皇陵は**ウソ**
（ニ）**箸墓**の前**方**部の**捏造**
（ホ）仁徳天皇は**女**だった
（ヘ）日本書紀の**12回**もの改竄――古事記の位置が初めて見えて来た！
（ト）「新撰姓氏録」をアナタは信じてはいけない
（チ）藤原氏による**神々**と**神社**の**乗っ取り**
（リ）天武天皇の「**帝記**」「**上古諸事**」の記定（**681年**）の**モデル**は、その暦上は二年前（実は同一年）の新羅30文武王の「**国史大改刪**」（**679年**）の、「**朝鮮**（**新羅**）**史→日本史**」という**翻訳**に過ぎなかったことを見抜け！
（ヌ）中国史では**天智と天武は親子**だった（**新唐書**）。それは何故（どうして）？

等の、今のアナタには信じ難い幾つかの「小論点」につき、きちっと証拠を引いて説明して参りたいと存じますが、その前にこの【**論点5**】の全体の要点を読み上げておきます。

『日本書紀』に記されている古代の天皇の「モデル」は、皆、朝鮮史の大王であった。
しかも、そのベースとなった朝鮮史の古い頃の百済王・新羅王自体の「モデル」も、又、実は、百済・新羅以外に存在していたのである。だから、平安朝より前の全ての「天皇陵」はウソであった。鎌倉時

代までに『日本書紀』が12回も改竄されていることに気が付かなければ、アナタは古代史が何も判らないのと同じなのである。

7—1　天皇陵はウソ

では、先ず、初めに「天皇陵はウソ」であったというところから入ってまいります。

ところで、**日本の天皇陵の中で**「**一番大きい**」ものは何だかご承知ですよね？　アナタは如何ですか？

そうです、大阪の河内（かわち）にございます「**仁徳天皇陵**」ですね。これは**大仙**（ダイセン）**陵**と呼ばれているものです。

では、**写真7—1**（**仁徳天皇陵**）をご覧下さい。これがその今の仁徳天皇陵です。長さは500メートル近くあります。これはよく教科書の口絵にも「**秦の始皇帝の陵**」や「**エジプトのクフ王のピラミッド**」等と比較されて載っております。ところがアナタ、この教科書の表現には問題がございまして、この天皇の墓は空から見て平面図上広いというだけに過ぎず、実は、この陵はお煎餅の様にペッタンコなのです。

では、本当に一番巨大な、つまり、**日本で一番**「**土木工事量**」**が多く造るのが大変だった巨大天皇陵**とは一体何だったのでしょうか？

写真7—4（**応神天皇陵**）の方をご覧下さい。これは「**応神天皇陵**」であり、**誉田御廟山**（コンダゴビヨウヤマ）古墳とも言われ、実は、この**ムックラ**とした森が日本で「**一番巨大な**」天皇陵だったのです。

——但しアナタ、アナタは右のお話のように、今アナタに見えている古墳の**土盛り部分**に気を取られ過ぎている傾向がございませんか？　敢えて強調して言うならば、ひょっとすると、今アナタに見えていない米作の**生産性を高めるために必須のアイテム**でございます、旱（ひでり）に備えて多くの**灌漑用の**「**溜め池**」や物を運搬する「**水路**」を掘ることの方こそが、どちらかと言うと当時は**主体**（メイン）だったのであり（特に平地での濠の無い古墳などについては）、その**オマケ**の**残土処理場**の結果が**古墳**という形になったのに過ぎなかったものも少なからずあったのだ（拡大生産のための公共土木工事の結果の産物——日雇い賃金の支払いという民の生活の安定をも含め。アナタもよくご存じの巨大古墳の具体例について後述）との**発想の転換**がもし出来るといたしますと、アカデミズムの今までの全ての人々が、無意識的に古墳というものが、それを**唯一の目的とする権威の象徴**であるという観点から分析しておりましたことが、機能的見地からは肩透かしの透かしっ屁を食って軽く往なされてしまうことになってしまいますよ（平地レベルでの古墳の築造は、地方乃至は中央の王権にとりまして、「権威＋民の安定」という一挙両得。アナタの「水平思考」の必要性。本邦初公開）——

しかし、アナタ、不思議なことに、史上最も巨大なこの伝・応神天皇陵が造られましたことが、今日のアナタの前の**正史**「**日本書紀**」**には一言も出てこない！**——つまり異なる王系の造作だった——のみならず、更に加うるに決定的なことは、テキストP867の上段の終わりの方に書いてございます様に、この古墳は広域に亘りますため、科学的に見ましても、その基盤の西側を「**氾濫原**」とし、東側を「**丘陵**」とするという**異質の地形**の上に跨って存在しておりまして、古墳築造以降のその西側の脆弱な基盤の**地滑り**による「**地層のズレ**」を科学的にボーリングして物理的に確めましたところ、何と！　この墓が**ＡＤ５００年**頃造られていたことが判明致しました。

ところでアナタ、アナタが暗記しております正史日本書紀では、応神天皇は**４００年**頃の大王だとされておりますので（アカデミズムの数式〔270～313年〕＋120年〔干支二運〕＝390～432年）、この陵と通説のアカデミズムの申します応神天皇とでは「**１００年間もの食い違い**」が生じてしまっておりまして、このこと一発だけでも、日本紀という書面上の記載の大王よりも**百年**も新しかったこの**日本一巨大な天皇陵を巡る日本紀のウソ**（**応神陵＝応神大王の墓**）**がバレて**しまっていたのです。ですから、これは応神大王ではない**他の人**のものだったのか、それとも**日本書紀の天皇系図の方がウソ**だったのか、間違いなくそのどちらか、又はその両方だったということに通常の頭脳の持ち主の誰が見ても落ち着く筈です（となりますと、これは五〇〇年頃実在した一体誰の陵だったのでしょうか？　又、応神陵の方は女性の墓であった可能性が大であったことにつき、別述）。

しかもアナタ、この仁徳は果たして正史日本紀の言う通り応神の子だったのかという「謎は更に謎を呼び」まして、**『古事記』歌謡**がその明文で示す様に、もし「**ホムダノヒノミコ＝おおさざぎ**」ということになりますと、この**応神大王**（ホムダ）**とその次の仁徳大王**（オホサザギ）**とは元々同一人**だったということにもなってしまいます。と申しますその理由は、**『古事記』**の歌謡レベルにおきましては

「**本牟多能　比能美古　意富佐邪岐　＝　品陀(ほむだ)の日(ひ)の御子大雀(みこおほさざぎ)**」（**国主(くず)**の奏歌47番）

となっておりまして、よって、通説の立場における人名の固定（**人定**）にこれを当て嵌めてみますと、理論必然的に「品陀皇子(みこ)たる大雀」つまり、多少語弊があるとは申せ、よりアナタに判り易く申しますと、その文面は同じではございましても、その解釈（切れるところ）は

A　品陀の「皇子(ひのみこ)たる大雀」（応神の子の仁徳）

ではなく

B　「品陀（という名）の皇子(ひのみこ)」たる大雀（応神皇子＝仁徳）

ということで「**応神＝仁徳**」**B**ということになってこざるを得なくなってしまうからなのです（テキスト18—3—1、P783下。尚、私の「コスモポリタンな立場」ではどうなるかということのその証拠は、本七3の朝鮮史）。

この様に古事記の歌謡の記載をその通り純真な子供のように**正確**に読みますと、アナタにもこのことから一見明白な様に、**「応神の子が仁徳」Aだなどとは、この歌の何処を探しましても一言も書いてはいなかった**ということに、中学生が見ましてもなってくるからなのです（歌までも流石に史の改竄（歌までも「応神の子が仁徳＝A＝〈父〉15応神大王、次〈子〉16仁徳大王」と、一人の人格を二分してしまうことまで）が及ばなかったノダ）。アナタ、そして、アカデミズムの方々、これどうしてくれます？

それにアナタ、その内容の方を見てみましても、又然りでして、その一例を挙げますと、古事記の**仁徳条**（河内）の高速船の「**枯野伝説**」は、同じことが日本紀の方では何と！**応神**条（伊豆――古代には大木が多かった）の方に見えますことも（後述〔七1のラストを見よ〕の「鮪＝志毘」の暗殺にもご注意）、更には仁徳条の黒比売（記）と応神条の兄媛（紀）からも、もし通説（一国歴史主義）の人定の立場に立ちましても、その内容（枯野・黒比売・兄媛）の方の分析からは、正史上でも、実は「**応神＝仁徳同一人説**」だったということを裏付けてくれていたとも言えるのです（因みに、私こと「古代探偵」の国際的視野に立つ体系上では、今のアナタには信じられないでしょうが、通説のそれとは全く次元が異なり、「朝鮮史と一体」として考えてまいりますと、次のように

a「応神のモデル＝**百済15久尓辛王**」、

b「仁徳のモデル＝その**久尓辛王**の**女**で**金官**（朝鮮半島部の倭）**7吹希王**〔**秦弓月**君と同一人〕の**妃**となって嫁いで行った**仁徳**＝倭の五王の**讃**〔女〕」

ということで、このabの二人は**親子**〔但し「日本紀＝父と**男の子**」「私＝父と**女**」〕**であるために当然時代が重なっているとは申せ、その台本となりました朝鮮史上では本来は全くの別人**〔特に男女の点すらも

異なっておりますし」だったということになってまいります。テキスト付録1、P1104他。本七3の原典必見）。

しかもアナタ、**応神記**（**百済国主照古王**〔6近肖古王〕……**阿智吉師**……**亦貢上横刀及大鏡**。……**名和邇吉師**。**即論語十巻、千文字一巻**）が言う『**論語**』については、十巻は多過ぎると共に、更に『**千字文**』（この点、紀の方には「論語」「千字文」の記載は無く、更にアナタ、「大鏡」「横刀」が来たことの記述すらもありません。ハテナ？　これは時代を含め嘘だったからか、又は、もし中国史と照合すると年代の加上がバレてしまうから、用心深く利口にも中国様提出用の外交文書日本紀の方には記さなかったのです）の貢進に付きましても、作者の周興嗣は六世紀の人物（～五二〇年。梁の武帝〔在位五〇二～五四九年〕のときに作った「天地玄黄宇宙洪荒……」から始まります）ですので（この四〇〇年頃にはまだ出来てはおりません――古事記の作者の方、残念でした）、そういたしますと応神大王は日本紀に記してございます年代よりも少なくとも干支一運以上後の人であったのか？ということにもなってまいりますよ（もしそうですと、考古学上〔ボーリングの点〕からも、又、正史の記載上〔可笑しい千字文の点〕からも、応神〔前述のアカデミズムの日本紀による応神の年代「270年〈庚寅〉～313〈癸酉〉」＋120年＝390年～433年〕は可笑しく、これ又、少なくともその百年以上後の人、より正確には五〇〇年頃の人でなければ客観的情勢と整合しなくなってしまいます）。そうしますとアナタ、少なくとも応神に関する日本紀の嘘は、ここに確定を見てしまうことになるのです。

更にアナタ、その証拠を加えましょう。

①この大王の出自をアカデミズムが特定しております誉田（元はホムダ）とは、後述（本七3）のよう

に巴絵・鞆絵のことでして、鞆とは左の臂に弓の弦が触れるのを防ぎ、又、弦の表面に描いた模様で、巴形を幾つか集めて一つの円形にしたものであり、二つの巴を合わせた「二つ巴」は金海の金官（倭）金首露王（8孝元大王のモデル）陵の正門の大扉に今日でも緑の地に大きく赤青二色で描かれており、このことと合わせますと、応神がここの出身であることを暗示もしていたのです（アナタがもしここへ行らしたら、必ずこの入り口の大門の巴紋と内部の或る門の上部のシュメール、インドと遙かなる海を渡ってこの列島にまでもまいりました双魚紋とを見て下さいネ〔そしてこの双魚紋が、更には九州西都原、摂津今城塚〈継体陵〉へと至ってまいります〕。因みに、朝鮮では、後世には、この巴紋は乾坤〔天地・陰陽〕であるということにされてしまってはおりますが、より古くはそうではなく、実はこれには目があり絡み合う二匹の地震〔大地〕の神の鯰だったのです〔別述〕）。

②又、その名の元ともなりましたこの誉田の廟は、元は、恵我藻伏の岡の陵（誉田陵）の後円部頂上に29欽明大王（モデルは百済24東城王と物部荒山）が新羅に滅ぼされました任那（半島の倭）の再興を祈念して南向きの神廟形式の小社殿を建てましたことに始まっており（『誉田宗廟縁起』）、現在は後円部南一丁のところに永承六年〔一〇五一〕に後冷泉天皇の勅命により造られ今日までそこに鎮座しておりますが、もしこの伝承が正しければ、日本最古級の八幡宮でございますこの誉田八幡宮（羽曳野市古市町誉田）の社紋も、なんとアナタ！何故したことか右の金官伽羅（倭）の王紋と同じ巴なのです（そのものズバリでしょ。面白いでしょ）。

③更に証拠を加えますと、この神社の境内に明治四十年〔一九〇七〕に合祀されました当宗神社の祭神は、応神大王の妃でございます品陀真若王（尾張連の祖と同じ血が入っております）の女の仲津媛（「大鷦鷯＝仁徳＝倭の五王の讃＝金官7吹希王妃」の母）でして、この人は当宗直（五世紀初頭ご

ろ渡来）の祖ともされております（『河内国式神私考』所引の「或る記に曰う」）。

④加うるに、この当宗氏は「後漢献帝四世孫、山陽公の後（『新撰姓氏録』河内諸蕃。尚、左京諸蕃上も同じ。『坂上系図』別本。『大蔵氏系図』）とされておりますが、この「後漢」の「漢＝アヤ」とは、坂上氏と同じく朝鮮の倭の任那の「安耶＝安羅」でございますことは今日アマチュアにおきましては通説ですので、ここにも、コスモポリタン史学によりますと、「倭の五王」とその前後の大王が任那の出自であったことがその伝承の中にちゃんと示されていたことが判ってくるのです（「天皇系図の接合」につき、テキスト付録1、P1104—1105をご覧になりますと一発でよく判ります）。

そして、私の考えでは、この日本一の巨墳である**誉田**（**コンダ＝ホムダ**）**御廟山古墳**（伝・応神陵）か、それともこの西方の**大仙陵古墳**（伝・仁徳陵）か（前者の可能性の方が大か？　但し、神社の屋根の点からは、前者は女ということになり、後者が有力です）、そのどちらかが**500年**頃の倭の最高の実力者「**雄略大王＝倭王武**」の日本列島部分での**寿陵**（じゅりょう）（生前から作っておく墓）ということになってまいります（年代もピッタリ！　本七3、九13、一〇2。テキスト18—3—1、P783下メモ必見。因みに、当時の**倭は海を挟んだ**「**海峡国家**」だったのですから、後述いたしますように朝鮮半島部での倭王武の寿陵は**高霊**（こうれい）**伽耶**の**池山**（ちさん）**洞古墳群**の中の一つだったのです。より詳しいその特定は、一〇2、七3。この尾根上に素晴らしい巨大な山陵（円墳）がポコポコと並ぶ高霊伽耶にこれからいらっしゃる方は、必ずここを読んでからにして下さいネ。尚、卑彌呼の朝鮮の安羅や九州の西都原の「寿陵」につき、七2も必見）。そのオリエンテーションとしても是非！

序（つい）でながら、もう一つだけでも証拠をアナタのために引いておきましょう。それは、前述の「枯野伝説」が、記では仁徳条に、紀では応神条に出てまいりまして両者で矛盾を呈しておりましたが、同じ様な矛盾は他にも色々とございました。と申しますのも、「重臣の子が大王・皇太子と女を巡って争い殺されてしまう」というものがそれでして、太子（ひつぎのみこ）の頃の武烈大王が平群真鳥臣（まとりおみ）の子の鮪（しび）と物部麁鹿火大連（あらかひのおほむらじ）の娘の影媛を巡って「妻争い」をし、それに完敗した結果、太子は大伴金村に命じて乃楽山で臣下の鮪を戮（ころ）してしまいました（「武烈即位前紀」引用の仁賢紀十一年八月と「柯寻比謎阿婆例＝影媛あはれ」の歌謡）。ところで、他方、顕宗大王となる前の弘計（こけ）（袁祁（をけ））と平群臣之祖志毘との間で菟田首（うだのおびと）等の娘の大魚（おほうお）（をふを）を巡って争いをし、志毘が殺されてしまいましたが（「清寧記」と歌謡）、この一方の男の方は「鮪（しび）＝志毘（しび）」でこの二人が同一人でございますことは一見明白ですから――頭隠して尻隠さず――、ここにも同じような矛盾（「顕宗→武烈」、つまり「記→紀」へ（又は逆）という物語の摩（す）り替え（移動））が正史上明白に見られるからなのです。つまりアナタ、このことから、古くは「記と紀とは別ルートで作られていたことが明らかになったのですが、更にその内容を相互に照合することが出来ないその間には何らかのバリアーのある状況」に置かれていた（時間差か？　水平距離なのか？――但し、後に両者の整合（1でも0でもなく⓵となる））ということも如実にアナタに証明してくれていたのです（七4「日本紀の12回もの改竄」必見）。以上で「応神陵の嘘」は一件落着。

7―2　箸墓（し）（箸墓（はし）は間違い）の前方部の捏造

さて次に、**「昼は人が造り、夜は神が造った」**と日本書紀に記されております**女王たる巫女**の巨大な墓について見て参りましょう。

しかしアナタ、その前に、この［巨大な巫女の墓が出現に至るまでの、弥生時代末期から古墳時代初期までの、次の(イ)〜(ヘ)の背景にございます**国際情勢**］について、お時間の関係でキーワードを並べるだけで恐縮に存じますが、その現象と背景をオリエンテーションとして見ておくことがアナタがこれからこの巨大な巫女の墓を、つまり**古墳時代の黎明**をコスモポリタンにご理解していただくに際しまして、とても大切なことですので、もう暫くお付き合いいただきたいと存じます。

後述の「**庄内式土器**が出現した頃」（少し時間を前後に緩く考えまして）、(イ)日本列島では**銅鐸**や**高地性集落が消え**ておりまして（山上の緊急避難用の防禦の**出城**（でじろ）が消えたということは、**本拠の平地の集落**自体が**消滅**したということを意味しております。特に、その後の**土器との連続性**が認められない場合には尚更なのです）、これは元々**庄内式土器**というものが「畿内から九州へやって来た」のだとアカデミズムのボスからは（若手は反論出来ず）言われておりましたが、抑（そもそも）それはやっぱり**大間違い**だったのでありまして、広い視野に立ち、畿内中心の先入観を排除して広く**コスモポリタン**に考えますと、これが国内の移転などという単純な図式に留まるものではなく、何とアナタ！外国の**満州・朝鮮より渡来した**「**新しい武器**」**を伴った人々が列島各地にもたらしたもの**（土器）と考えなければいけなかったのです(ロ)又アナタ、出雲の斐伊川（ひい）〔簸川〕の近くの**西谷3号墳**などの**四隅突出型方墳**〔私はこの時期のものは、前述のように、敢えて**弥生**「**墳丘墓**」などと言って名称〈形式〉で古墳と区別することは――特殊な場合を除いて――原則としていたしません。原則としてこの講演中同じです〕が**出現**する**直前**に、出雲・吉備ではこの侵入のため、(ハ)弥生から連綿として用いられてまいりました**青銅祭器**が突然**消滅**しております）。

更に証拠を加えますと、(ニ)**卑彌呼と同時代**とも申せます北九州の**平原一号墳**（ひらばる）（**庄内式土器**の時代。前述）から出土しておりますのは正に**方格規矩鏡**や**内行花文鏡**なのであり、「邪馬臺国畿内説」の一派が根拠（バイブル）としております**三角縁神獣鏡**などは、残念！なことにここからは一面も出て来ていないからなのです。ということでもはやこちらの証拠は十分ですので、この神獣鏡に「**ニセ卑彌呼鏡**」との簡明なオフィシャル称号を、

7

私ことハテナ坊やから授与するとともに、この**怪獣鏡**を「アマチュア学会」から如何わしい怪し気なニセ証拠として永久追放することに決定いたします。異議無し！　了解！　これで第一号議案は可決されました。

(ホ)又、この庄内式と丁度同じ頃、**箆被のある鉄鏃**を持った人々（北九州の**津古生掛古墳**や千葉の**神門４号墳**。別述）が列島——海路で千葉までも——に入り、各地で**弥生の先住民をこの新しい武器により追放**してしまったのです（右の四隅突出型が大陸からやってまいりまして、列島に上陸するに際しましては、中国地方の**江川**を遡って**三次盆地**にまでも入っております〔海の近くには既成勢力がいて、当初は自分達の数も少なく、山奥へと河川を遡及せざるを得なかったからなのでした〕ことは、当初、**卑彌呼**が**緑川**を遡って、九州山地に分け入り、そして山越えで**西都原**に至っておりますことと〔第９章〕、同じ大陸から異境の地へ新しく来た人々の上陸ということでは、少し時代差があるとは申せ、**共通性**を感じさせます）。

これら(イ)〜(ホ)（後の(ヘ)をも含む）のその裏にある「民族の追っ立て」につきましての中国史の方を、時間及び地域につき少し広いスパンで見てみますと、とても重大なことがそこには記述されていたのでございまして、ズバリ、

「**恒霊之末、韓・濊彊盛。郡懸不能制**」（『**魏書**』韓条）

——後漢に入り、恒帝・霊帝の時代（一四七〜一八九年）の末期になると**韓人**や**濊人**が強盛になり**楽浪郡**とその所属県による制御が出来なくなったため、**多くの住民は韓人の諸国に流入**した（南下した）（実はアナタ、ここにこそ「倭の大乱」の原因の一部と「濊＝倭」でもあったという重大な二つのことまでもが中国史に見えていたことに気が付きませんと、アナタは完全にアウトだったのです。九9、九11必見）

——

とございますことが、その見逃せない要因の一つを示しておりまして、この**二世紀後半**から末にかけまして

強くなった「**韓人**」「**濊人＝倭人＝仮人**」の一部が朝鮮半島を南下し、それに押し出された人々（**民族の「追っ立て**」）とその北方（大陸・半島）系の倭人・韓人の一部すらもが半島南部どころか、余勢を駆って海を渡りこの**列島**にまでも入って来ていたのです（しかもアナタ、別述のように中国史では「濊人＝倭人」「韓人＝倭人」でもあった〔魏書・韓条〕のですから、今までのアカデミズムの読み込みが浅く、こんな重要なことに気が付かなかっただけの話で、よく読めばちゃんと古くからこのことを証明してくれていたのです。テキスト9—3—9、P374上～376下）。(ヘ)**特殊器台**（やがてこれが**円筒埴輪**へとなってまいります）というものも、この頃時を同じくして出現しております（岡山・**楯築**など。後に「**吉備→大和纏向**」というその**モチーフ・材料**の更なる移動〔つまり人の移動〕が考古学上も認められるのです）。

これらこの頃大陸・半島から渡来した**プレ古墳人**が、列島の伊勢の祭祀センターのサルタヒコを祖神と仰ぐ弥生の水耕民たちを追い出し、又、その人々を下層民として支配し、朝鮮・満州から渡来した右の人々が日本列島でこれから古墳時代を築いていくことへの橋渡し役——ですからその神のサルタヒコは「繋ぎ役＝案内人」レベルに甘んじる形で生かさず殺さずで祭られていたのです（一六章）——を果たしたとも言えるのです（前方後円墳のみならず、それ以前の弥生末期からの、前述の**四隅突出型方墳**(ロ)につきましても、その**起源**は遠く遙かな**満州**に見られたのです。時代は下りますが、**鴨緑江**流域北岸の**集安**の高句麗の「**将軍塚**」につき、私たち夫婦が行って現地で確認いたしましたことにつきテキスト「口絵」説明）。

やがて、建安年間（一九六～二二〇年）に至り、遼東半島の半中国人の公孫**康**が**帯方郡**を建て（**二〇五年**頃と思われます）、公孫**模**（公孫**康**の子で、**淵**や**壱与**の**兄弟**。テキスト付録12、P1121）らに「**韓人と濊人**」を**攻撃させ**、その結果「**韓人と倭人**」！**もこの郡に属する**ようになったと記されております（『魏書』。九11。尚、そういたしますと、右の二つの文面の比較から、必然的に——小学生が計算しましても——同一の「韓＋濊」

マイナス同一の「韓＋倭」＝零となる筈ですので、よって、中国史上では「**濊人＝倭人**」！であったということになってしまいますよ。凄い！　この私が世界で初めて発見したこの大いなる小学生でも判る引き算による**カラクリ**！）。この辺りが、公孫**度**の**女**であった**卑彌呼**（右の**模**の**伯母**。**康の姉**。**壱与の養母**。「**男弟＝恭**」の**姉**）の「満州→朝鮮半島」という安羅への南下と、更には「**倭の大乱**」（テキスト10―1―1～5、P417上～428上。だからこそ倭の大乱は本来主として**朝鮮半島での出来事**だったのです）に際しての列島の九州**西都原への亡命**（九章）に関係していたのです。

このようにアナタ、早い話が、

「**古墳時代の到来**」**は外来的な人的要因――朝鮮における「倭の大乱」――を抜きにしては語れなかった**筈だったのです（本邦初公開）。

さて、このように次のお話の原因に深く拘わってまいります、「初期の古墳人＝**プロト古墳人**」の満州・朝鮮半島での出自ということについてはこのくらいにいたしまして、では次に、愈々アナタもお待ちかねのこの日本列島での「巨大な巫女の墓」のお話へと入ってまいりたいと存じます。

では、アナタ、**写真7―10**（**箸墓**）をご覧下さい。これは奈良の桜井の**大神神社**の近くの**箸墓**です。**倭迹迹日百襲姫**という舌を噛みそうな名の人が「**箸**で女陰を突いて死んだ」ので、箸墓と言われたのだと日本書紀（崇神天皇条）には面白可笑しく、特にアナタが一度聞いたら印象深くて決して忘れられないような話がそこには記されております。

しかしアナタは、先ずその「箸が話の主役であること」の前に、抑この「お墓の**名前**」自体の謂れに付

いて注意を払わなければいけなかったのですが、実は、このお墓は

本来は　箸墓　などとは呼ばれてはいなかった！

のです。

と申しますのも、私こと「古代探偵」が探りを入れましたところによりますと、本来のその**漢字の「崩し字」**が**箸**という字ととても**よく似て**おりましたので、これを知ってか知らずか悪乗りして相当古い時点（記紀の作成時点）のことでしょうが、何時の時点からかその崩し字の本来の漢字の一字のその中の一部（パーツ）である

「**ヒ**」という**部分が抜け落ちて**しまい**箸**（**はし**）**という字と混同**されてしまっておりましたことをいいことに、これ幸いと「**卑彌呼を神功皇后にもって行こう**」とする**日本書紀**の作者の史官に、物の見事にこの「思い込み」が利用されエロ物語化されてしまっていたのですが、古くは、この墓は

卑彌呼や壱与が鬼道——道教的——に用いた「**箸＝易のメトギ**」の墓、つまり**占いの巫女の箸墓**のことを言っていたに過ぎなかったのです（と申しますのも、日本紀の作者は、後世の『**三国史記**』「百済本紀」での「**乙亥＝三七五年＝近肖古王薨**」と同じことを先行の『**日本書紀**』の方では**干支二運**〔**百二十年**〕**加上**してしまっておりまして、**同じ干支**〔**乙亥**〕を使って「**神功皇后紀五十五年＝乙亥＝二五五年＝肖古王薨**」として、このように涙ぐましいインチキへの努力をして、如何にも「**神功皇后を卑彌呼に当てて古く見せよう見せよう**とするカラクリ」に固執しております。因みに、こんな簡単なカラクリすらも見抜けずに騙されて、実際「**神功＝卑彌呼**」説に走ってしまい日本紀と心中してしまいました**一国歴史主義**〔つまり、日

本紀がごまかした**肖古王**が、実は「**近**」の付いた新しい**近肖古王**のことだということ〈近ちゃんだったこと〉すら見抜けなかったアホンダラの、ひと頃TVで流行った言葉で言うならば「**愚かモノー！**」の無責任男〉のアカデミズムのロートルのトンチンカンもおられましたよ。こんなことは一度聞けば中学生でも判るような恥ずかしいことですがね。アマチュアのアナタは、呉々もこんなアカデミズムの大家の苗字に**笠**や**市**のつく**K・S氏**や**I・K氏**のようなポカはしないで下さいね。実は、これ又、我慢出来なくなって言ってしまいますと笠井新也氏と市村其三郎氏）。

この本来の漢字の表示では

巫女を示す墓

だったのです。つまり、日本紀がアナタを誤導した「は＋し＝箸（はし）」墓などでは決してなく、これは本来占いに用います「**箸（し）＝メトギ**」を表わすところの単なる「箸（し）墓」に過ぎなかったたったのダ。「箸」の字から↓中のパーツの「ヒ」の部分が抜け↓「箸（はし）」へ（箸↓箸）。これも**本邦初公開**。嘘の上塗りで、平安テクノクラートによって正史日本紀上に所謂「**箸墓（はしはか）伝説**」等という食わせ物が面白可笑しく作られてしまっておりまして——これを題材に推理小説を書いた現代の有名作家もおりTVでも受けました——今まで真面目なアナタに一所懸命誤った学習をさせ物の見事に惑わして来ていたのです（因みに、だからアナタ、**古事記**の方には、中国様がフッフッフとお笑いになってしまわれるような「箸撞（レ）陰而薨……謂（二）箸墓（一）也＝箸で女陰（ほと）を撞（つ）いて薨（かみさ）りましぬ……箸墓（はしのみはか）と謂ふ」〔崇神紀十年九月九日。因みに、記の方では活玉依毗売の話として載っておりますよ。記に詳しい「三輪（みわ）〈三勾〉山伝説」と、紀で初めてエロく脚色されてしまいました「箸墓伝説」との紀における融合が明白です。そういたしますと、この点からも、矢張り記の方が「量子コンピュータ理論」〈別述〉における1ではなく0〈より根源〉に位置していたことが、ここからも朧（おぼろげ）気ながら判って来るのです」などという面白エロい？女神の箸墓伝説などというものではございませんですよ。では、これは何故（どう）して？）。この儘ですと、この勝負はアナタの負け、古（いにし）への日本書紀の作者の勝ちーィ。

因みに、『日本書紀』という名においてこの六国史の最初の日本国の正史というものが完成致しましたのは、奈良朝の七二〇年なんかでは決してなく、その内容・形式から考えましても、その**百年以上も後の平安朝**の、しかも**八三四年以降**になってからだったのですよ（七4⑧）。それで了解。アナタ知ってた？　この平安朝での大改竄の真実。

日本書紀の完成が実は平安朝だった

ということを（ところでアナタ、「**万葉集**」の完成も同じく平安朝の菅原道真からだったのです。その証拠の奈良朝の**馬**と平安朝の**駒**との混在につき、序―5）。

さて、余りこの箸墓と巫女の「メトギ」のことについて、私こと「古代探偵」以外に言及している人が**世界で一人もいない**ものですから（だって、みんな自分の心眼で見てハテナ？と考えないんだもん）、もう少しこの点をアナタのために具体的に説明させて頂きますと、この箸とは、抑（そもそも）、占いの具の**筮**（めとぎ）のことを申しまして、**卑彌呼**が**鬼道**（**プロト道教**）で**蓍秋**（めとはぎ・蓍・鉄掃帚）**の直立した茎50本**を用いたことに由来していたのです。後世にはこれを**竹**で作るようになり、これが今日**易者**が持っているアナタもよくご存知の**筮竹**（ぜいちく）へと変わってしまったのです（アア、そうか）。

その証拠に、アナタ、ここ**纏向**（まきむく）**遺跡**の同一方向に並んだ建物群の遺構が出土した**太田北微高地**の大型（大きい物は径4m）土抗の中からは、朱塗りの大型高杯、黒漆塗りの盤、儀仗等と共に、何とアナタ！

「**箸状の細棒**」

がチャンとここから出土しておりますよ。では、これは一体何だったのでしょうか？　当時の三国『魏書』によりますと、一般の倭人は「手づかみ」で物を食べておりましたし。しかもアナタ、ここは神殿・祭殿の跡だとも言われておりますよ。アカデミズムでは創造性に乏しく、ハテナ？のままでこの点も放置しっぱなしなのですよ。ですから矢張り、ここには「**箸（き・し）→箸（はし）**」の証拠がちゃんと眠っていたのであり、後世、如何にも尤もらしくアカデミズムの一部から唱えられております様な、中学生レベルの低思考の、傍で土製の埴輪を造っていたから「土師（はじ）→ハシ→箸」という名が残ったのだ等という、日本の文学部出身なのに**漢字への愛の乏しい**無味乾燥且つ軽薄な形式的なこじつけ主義では、安易過ぎて不十分だったのです。日本人なんだから格好つけた横文字だけではなく、もっと漢字を「深く愛して長ーく愛して」大切にしてよネ。この「**メトギ**」の点はアカデミズムの頭の良い（箸の）「**偏差値坊や**」の負けーい。私こと低能「**ハテナ坊や**」の古代弁護士の勝ちーい。ですからアナタ、**須佐之男**（すさのを）が上流から流れて来た箸を見て**肥の河上**（ひ）に上り、**櫛名田比売**（くしなだひめ）に会い、**八岐大蛇**（ヤマタノヲロチ）から救うお話（『**古事記**』。九13、一九）の「箸」も、これも単なる「食器としての箸」などでは決してなく、これも本来神を祭る**斎串**（いわいぐし）のことだったのです（ですからアナタ、このお話は、後述のように、**朝鮮半島北部**と言うか満州の寛甸（コワンテイエン）にまで遡るものだったのです。それに地元の「出雲国風土記」にはその片鱗さえ見えないのは何故（どうして）？　主として19章）。しかもアナタ、朝鮮の箸は砒素での毒殺を恐れて銀製ですから（色が黒ずみます）。

因みに、卑彌呼が魏へ正始4年（243年）に二度目に遣使したときの正使の名が、何とアナタ、伊聲**耆**（いせき）と申しまして（この耆に**竹冠**が付きますと、正に右の**箸**（し）**＝メトギという字**になります）、数ある同音の漢字の中から珍しく且つ神聖なこの「耆（き・し）」の字というものを、中国外務省の人がこの野蛮な東夷の王の使者（卑彌呼の配下の郡王レベル）ごときの名の発音に態々（わざわざ）当て嵌めてつけてくれましたのも、この人は卑彌呼と同じく**笠を使う鬼道**（プロト道教。別述）と縁のある人物——卑彌呼の宗教性を補佐する人——だったとの認識がその服装や会話（単語）から中国側にあったからこそだったに違いありません。因みに、後世の日本紀上では、この字は「耆老＝おきなひと」（持統紀元年〔687年〕8月6日）という風にも用いられております（律令下では六十六歳以上。納税義務なし）。

ここで、**資料7—25（箸墓と日本書紀の原文）**の方をご覧下さい。今回はここで日本国の古代の正史の『日本書紀』の原文をチョット覗いておき、日本人の殆ど、つまりアナタやアカデミズムが今まで長い間誤解しておりましたので、その**法的**な性格につき、老婆心ながら私こと**古代弁護士**からご説明しておきましょう。この古い頃の**国の正史**というものの性格は、多少先述いたしましたが、本来、**宗主国（外交上のボス）の中国様にご提出する**「**外交文書レベル**」のものだという国際法的なことにもポイントがあったのでございまして（七3、一六1）、当然、ここ（岩波版）に例として出しましたものは新しい時代の活字版なのですが、左半分の様に

中国人の外交官吏様がお読みになれます様に**全文**が「**漢文**」として書かれております。そして、そうであるが故に、当然古事記（0）と日本紀（1）とは同じ漢文表現でございましても、「古事記」の様な中国外務省の官僚が読めないような**口誦的**な文体や**平易**な文字・漢語（所謂**変態漢文**＝半分グレた漢文＝倭製漢文）などではなく、気取って舶載書を模倣し、チャイナブランド物を身に付け（例えて申しますと、今日の日本の一見成金風の、自分では気が付かない、「精神の醜い」可哀そうな西洋ブランド（〇〇万円という正札）をギンギラさせて一人悦に入っている、しかし見えないその洋服の下は三段腹のご婦人方のように……三十余年も前のブランドの話で恐縮ですが、銀座四丁目の老舗のMデ

パートで売っていたダンヒルの大理石の十万円のライターの原材料の価格は、当時、下町の下請製造工場の「T製作所」にお聞きしましたところ、たったの五百円とのことでした……私のようにユニクロにしなよ）、よって**漢文的潤色**を随所に施し、中国（宗主国）様に対し洋服の下の短足が背伸びしてタキシードを着たようにカッコ付け、又、醜女がウインクして媚を売るようなことを必要としていたのです（そうか、それで「記」「紀」の間には「そういう違い」があったということが判ったノダ――少なくとも対外・体内の違いはあったノダ）。

と申しますのも、文書や服装如きの形式が劣っているというだけで、それだけで中華を気取っている古代中国政府から蛮民とみなされてしまい、より低い扱いを受けたからなのです（だから、「**漢字を捨ててハングルを拾った**」、まともに漢字も書けず読めない今の朝鮮人は、中国文化〔漢字文化〕からは、そのうち〔金が取れなくなったら〕――心底から軽蔑され――蛮民扱いされる？のも知らないで。可哀そう――何時までも「永遠」の従属民）。日本での『**冠位十二階**』の制定（伝・聖徳太子制定。六〇三年）も、アカデミズムはそこ迄の言及が充分とは言えないのですが、これを国際法的に見ますと、その直接的な契機（必要性）は、**対国内の礼的秩序の整備**のみならず、**対宗主国の中国様**への関係（メンツ）からだったのです（その後の「天武十三年＝六八四年」の、何故か？継体大王〔「安羅伽耶＝倭」系〕以降の大王・天皇の近親の子孫などに授けられました『**八色（やくさ）の姓（かばね）**』すらも、その八つの内の真人、朝臣、宿禰、忌寸などの六つしか実際には賜姓されませんでした。この様に頗る「形式的＝それともこの時点では架空？」だったことがこのことの一面を証明してくれていたのです）。このことが**対中国問題**であったことの証拠として良い例をアナタにもう一つお示ししておきますと、嘗て、**北魏**の使者が**南斉**で昇殿出来なかったことがございましたが、その理由が**平服**を少し正しただけで儀式に臨んだから礼を欠いたからだということでした。

次に、同じ**資料7―25**の左半分は正調漢文、そして右半分は読者（アナタ）の勉強用に、この日本書紀の本を編集した今日の著者がアナタへサービスした「書き下し文」とその上段部は「注釈」です。ここにはこの墓の、子供が読んで一見尤もらしい謂れのエロ話が書いてございますので、お家に帰られたらゆっくりと「漢文」の方でも「書き下し」の方でもどちらでも結構ですのでお好きな方を読み下さい。

では、もう一度、写真7―10に戻り、その航空写真の方をご覧下さい。この神懸（かみがか）った280mもの女王の墓の偉容がアナタにお判りになることと存じます。もう少し右の方の山すそには**大神**（オホミハ）**神社**がございます。この写真の古墳と後の山との間がアナタも歩かれたであろう、年々増えてまいります、重量級の御婦人方のダイエットに好評な「闇夜の場末のネオンサイン」の如く新設されたウスッペラな万葉碑がアナタを迎えて下さる「**山の辺**（べ）**の道**」です。

さて、この箸墓の形は誰が見ましても「**○＋□**」で典型的な**前方後円墳**ですよね。その当時（後述）、通説のみならず**私以外の日本人の全員**が口を揃えて、皆ステレオタイプに（実は、深く自分の頭で考えようともせず付和雷同に）そう言っているのです。

しかし、**私こと古代探偵だけは一貫して反対**しておりまして、実は、これは

「**当初は円部のみ**」

が造られ、**方部**の方は、**後世**と申しましてもそれでも相当古い**奈良湖**（**大和湖**）**を干拓**（当時の**湖水面**は標**高42m**位もございました）したり、川から**大溝**で田に灌漑用の水を引いたりした**上古の時代**でしょうが（後述）、人口増加に対処するため、

巻向（まきむく）**一帯で水耕地拡大・生産性向上のため、溜池や運河**（**兼用水路**）**を掘削し、その際の残土の処理場に困り、これを積み上げて追加・捏造された「巨大な泥細工＝残土捨て山」**（**箸墓方部泥細工説**）

に過ぎなかったからなのです（これは当初この古墳が他と異なり平地にあったこその宿命でもございました。と申しましても、当初からございました円墳の部分は、その地形から見ましても丘陵の端を利用して成型したものだったでしょうか）。

——このことは二〇〇四年三月の時点での[テキスト]10—5、P448下や、それ以後の私の講演でもズーッと指摘し続けております。早い者（私）勝ちーい。因みにアナタ、それ（円部先行）に加えて、この頃ようやく**卑彌呼**の「**鬼道＝道教**」ということにつきましてもアカデミズムとマスコミで言われ出してまいりましたが、これすらも私は既に右の二〇〇四年時点の[テキスト]9—3—6、P365下で、早くも「**鬼道＝プロト道教**」との鋭い指摘をさせていただいておりますよ。エヘン・プイプイ！——

ですからアナタ、この方部が加えられましたとき、この後に申し上げます**南大溝**と重なるこの墓の濠（ごう）の部分は埋められてしまったのです。このことはとても大切なことだったのでして、当時、今は地中に埋まっておりますこの南大溝がございましたので、古墳が初めに**出来たときは円墳だけだったの**か、又は、それに毛の生えた程度（今の方部程は大きくなく、しかも精々が**祭場**の小さな「**低い方形の造り出し＝方型部**」程度がその一部に付いていただけ）だったということが私には証明できたからなのです（有難や！　隠されていた〔一見、表からは見えない〕これこそが神秘の溝（ワレメ）——赤地図を見よ！〔ちょっとエロっぽい赤い破れ（わ）目〕）。

では、私こと古代探偵なりのその理由を簡単に申し上げておきましょう。くどいようですが、これは他の**日本中の古墳、しかも前方後円墳の年代確定に必須**の問題でありながら（これがもし、当初**円墳**であったなら「アカデミズムの物差し」はボキボキボキ！の悲劇で右へ倣（なら）えの全てが狂ってしまうという重大な運命にございますよ）、日本ではハッキリとそう言い切っている人がこの古代探偵たる**私以外にはいない**ものですから（前述、二〇〇四年春レベルより、テキストや講演で公開（オープン））、仕方なく「トンデモ本」だとアカデミズムやインテリを気取ったジャーナリズムや自分の頭で考えないアマチュアからは無視（シカト）され馬鹿にされながらも——。

それは、私こと古代探偵が実際に現地を見るのみならず、「**陵墓参考地**」という宮内庁が管理する本来人が入ってはいけない古墳の中に、柵を乗り越えて侵入し（隅の方に「墓守りの小屋」があるので、そう致しますと〔それが広大な敷地の隅の方にチョコンとあるだけなのですが〕この講演時の法律では**刑法130条「住居侵入罪」**で**3年以下の懲役**又は10万円以下の罰金か、仮令（たとい）私の様に腕の良い！アルバイト的ではない！本物の「現代弁護士が、私こと古代弁護士の弁護に付いてくれた」と致しましても、少くとも私は「**軽犯罪法違反**」1条32号、刑法16条、17条で、**30日未満の拘留**又は金千円以上**1万円以下の科料**の罪は免れますまい）、ということで私が、住居侵入の罪を犯して弁護士としての職を賭してまで禁足の現地に入り確認致しましたところ（真似をしてはダメだよ。前科が付くとアナタの**本籍地**の市町村役場の「**前科人名簿**」に載って——一部交通事件は別——しまい、暇な村役人たちがお昼の弁当の時間に内証で大声で話題にし、アナタは明日からもう故郷に帰れなくなってしまい、そしてアナタの自慢のお孫さんが悲しむからね）と、嘗ての地元の宮内庁の下請けの教育委員会や研究所等の調査結果との両者を総合し分析致しますと、次のことが明白に判って来るからなのです。

イ　**後円部**（初めからある部分——Aといいます）には**特殊器台（きだい）型埴輪**（時代的には**庄内式**〔別述の九州「平原遺跡」と同時代〕かそれ**以前**。**大溝**の南溝から出土した土器は大和の前期土器の標準における**纏向（まきむく）式**ですのでこれとは時代が近い）や**特殊壺（つぼ）型埴輪**が見られるのに対し、**前方部**（追加工事された部分――Bといいます）にはそれがなく、且つ、時代が遅れた**壺形土師器**（**庄内式末期**）が見られるに過ぎず、時代の絶対的な特定は兎も角といたしましても、少なくとも同一であるべきAとBの**両者のその築造の時期には考古学上「明白な相当のズレ」**が見られること（庄内式**以前**と庄内式**末期**ということで**全く異なる時期に両者は築造**されたことが判ります）。

――但し、この**方部**から出土いたしました**二重口縁壺**が**布留式**土器のその前の**庄内式**土器の中に**も見られない**ということで**四世紀中頃**のものとされ、「［箸墓全体］の築造」までもこの時期まで時代を下げてしまう（関川尚功氏他。但し、アカデミズムの中には、この同じ物を逆に二世紀のものだとする石野博信氏もおられます。アナタ、同じアカデミズムでも二世紀も違うんですよ。どっちが本当？　アカデミズムも一歩歩いただけでずり落ちる程結構緩褌だネ）ということは、こと前方部に関しましては一理あるとは申せ、これ又「〇と□とが同時に造られた」（筈である）のだという**先入観**（幻想）に基づいた**美しき誤解**（誤導）からだったのでして、先人たるボスの考えのそれに引き摺られ、右の四世紀後半という考えも、先に造られておりました「〇部」の古さを見失った（無視した）考えでもあったのです（関川さん、アト一歩）。後述及び九12。尚、アカデミズムは、近頃の地元の桜井教育委員会の調査の結果により、箸墓出土の土器は布留0式だという特定で一致しているようなのですが、仮令そんな名称の形式的なことで一致を見たと致しましても、肝腎な［夫々のその名の範疇の土器の年代の幅］について、各人区々で「二百年近くも差」があるというのではお話になりませんよ。それではそれは何のための特定だったのでしょうか？　お互いの自派の考えの形式的な正当化のため？　それにアナタ、纏向勝山古墳（九12）出土の木製葬祭具が年輪紀年法では二世紀末（一九九年±α）とされ、又、桜井茶臼山古墳の高野槇の木棺は橿考研の年輪紀年法による調査では一五六年（一二六年＋三〇層前後）、更にＣ14年代法ではＡＤ４８―９６とされたようなのですが、一般に炭素14年代測定の方では、桃の種のような固い殻の物などではなく、土に埋まっていた（これはくびれ部の堀の跡より出土）物は、周りの土質などの成分が溶け込み、実年代よりも古く出る傾向が一般的にございますので（別述）、これを「鬼の首」を取ったようにあまりに重視して、はしゃぎ過ぎておりますと、後で全てが一発でひっくり返ってしまい、その後の日々は、毎日人気の無い夜道を人目を憚るように項垂れて帰ることになってしまうかもよ——

——因みにアナタ、纏向遺跡から東西に結ぶ四棟（後に三棟に訂正）の大型建物を含む建物遺跡が見つかり、その三つ（Ａ～Ｄの内Ａは不存在が判明しましたのでＢＣＤ——これは箸墓自体についての右の「円部Ａ」「方部Ｂ」との表現とは異なる又別の表現なので、アナタ混同しないようにご注意下さい）の内の最大のものＤが出雲大社の構造に似ており建物の中に柱がございますのも、これこそがメインの神殿だったのであり、「壱与＝安羅（倭）＝公孫氏＝大伴氏＝日臣・道臣系」の「半島→出雲→吉備→大和纏向」というルートでの移動そのものを、この考古学的な発掘は明白に証明してくれていたのです（但しアナタ、この内の「Ｃを伊勢に短絡させて結び付けてしまう」軽薄なアカデミズムは困りものです。大きなＤの神殿の裏（西）の、この少し小さめの棟持ち柱のある建物Ｃなんぞは、実は単なる食糧倉庫に過ぎなかったのであり、この米倉Ｃが「伊勢神宮本殿とその形が似ております」のもこれは至極当然過ぎる取るに足らない中学生でも判ることだったのでして（Ｄの神様のための贄としての穀倉）、その理由は、伊勢は弥生水耕民（米作）の神のサルタヒコを抹殺して新羅占領軍提督たる天武天皇がそこに造った（第一六章全部参照）神だったからであり、その名残りは正に米作を表します「内宮本宮の本来のモデル＝御稲御倉（みしねのみくら）」そのものでございまして（一六4、P997）、ですからアナタ、その伊勢の原型と纒向Cの形とが両者同一であること（伊勢が穀物神）がそのこと（私の考え）を完璧に証明する明白な物的証拠となってくれていたことにアナタはお気付きにならなければいけなかったのです。アナタも折角伊勢内宮へいらしたら、正宮の直ぐ手前をちょっと表参道から左へ入って、このことの素晴らしい証拠をご自分の目でしかとご確認して下さいね。ですからこの纒向の小さめの米倉C――米倉を先入観の不勉強で神殿と誤解してしまって――と伊勢神宮を、「日本紀・古事記バイブル派」のシッタカ・マスコミディレクターを巻き込んで、思慮浅くもダイレクトに結び付けてしまいましたNHKの番組こそ、恥ずかしい早とちりのトンデモ説だったのです。アナタ、自分の心で「ハテナ？」と考えないでアカデミズムのインチキを盲信してしまっては、最早それは「三角縁神獣鏡卑彌呼鏡説」信奉と同様にオカルト宗教レベルになり下がってしまいますよ――

アナタ、もうこれだけで本来その証拠はアナタには十分過ぎる筈なのですが、更には、

ロ

葺石（ふきいし）が**後円部**Aにのみ分厚く見られるのに対し、前方部Bには頂部でも、**葺石**も**敷石**も見られない（但し、宮内庁の管理の及ばなかった北側の江戸時代（後述）の大池の底には見られます――これは、円部のございます上流方向の高所より自然災害の洪水などの際に流されて来てそこに留まったものである可能性すらもございますし、又、後の「方部B造営」の際に、多少北斜面等に川原石を貼り付けたことの痕跡（但し工法が異なったので崩れ落ち易かった）だったのかもしれません）という**チグハグ**なこと（因みに、私が不法に侵入して確認致しましたのは、守衛に「オイコラ」と誰何（すいか）さ

れるのを恐れての滞在時間との関係で、この前方部Bの西側斜面のみです）。

ハ　前方部Bの築段が「**4段**」であるのに対し後円部Aは「**5段**」であり、両者に**ズレ**があることは**同時築造としては不可解**（前期古墳の後円部は、普通は3段が一体築成であるにも拘わらずです）（後円部墳頂の円丘や前方部墳頂も壇であるとして段の一つとは見なさないで、円部四段、方部三段と赤色立体地図から考えることも可能ですが、共に円部と方部の段が合わないという点はどちらにしましても同じなのです）。しかもアナタ、周囲の地形図にも**円部の周濠のアウトライン**の痕跡が辛うじて**認められる**のに対し、方部の方にはそれが見られないこと（これで更に決まり）。

ニ　因みに、北側（写真では左側）の「**溜め池**」が**江戸時代**に造られたものであることは、「括れ部分」に斜めに横切る農道と池から出土する遺物とから明白であり、この池は少くとも築造時の濠とは関係ないこと（後述のトのＡＢの間の「**ズレ**」の説明参照）。

ホ　後円部Ａから前方部Ｂへと行く**側面**（**尾根筋**と言った方がアナタにはピンと来るかもしれません）の造りが、蒲鉾を斜めにサッと一刀で切ったような「**塗り込め式**」でＡＢの連結が**杜撰**であり（そこで私こと古代探偵は、この箸墓の特異な形を、幼稚園の「**スベリ台型**」連結部と名付けたいと存じます）、後円部Ａの**段を形成した造り方とは一貫性がなく**、両者の築造の**均衡が取れていないこと**（これ又**同時に造ってはいない証拠**として、所謂「**赤地図**」ご覧下されば、その稜線はアナタにも一見して明白な筈です）

へ

一般に**前期**の前方後円墳（A＋B）は**自然丘陵を利用**しているものが多いのに対し、これは、前述のように円部は別（前述）といたしましても方部は集落と同じ平地の中にドデカンと存在しており、且つ、大集落にも近接しているという巨大古墳とは申せ他と比べての**不自然**さが見られること（ということで、初めはあくまでも吉備経由で朝鮮から渡来した**Aのみの伽耶**〔**安羅＝倭**〕系〔**壱与・卑彌呼系**〕**の円墳**として造られたもの——養母の卑彌呼の寿陵でございました日向西都原の男狭穂塚古墳の円部と同じように当初は円墳のみ——だったのでして、方部Bの方は大和の盆地の**運河・溜池の残土処理**のために、更に中国の晋から使者が持ち帰った天地合祀の最新の思想〔後述〕に基づき、それより少し遅れてその報告（レポート）に基づき**後世**に盛られて整備されて造られていたノダゾ〔時間差整形古墳〕。実はアナタ、これと同じ後世に残土により墓が捏造されてしまった良い例は、決して稀ではなく、考古学上には幾つもございまして、これは円墳の例なのですが、その一つは仁徳大王〔実は女帝。讃〕の弟の伝・**菟道稚郎子**（うじのわけいらつこ）〔**珍**〕**の墓**〔宇治市菟道丸山〕と称する**円丘**で、近江から平城京に木材を運ぶ宇治川ルートの**宇治津の貯木場を掘った残土**の処理で、明治以前のどの時代かに築かれてしまったものに過ぎなかったからなのです〔『**延喜式**』では単に「宇治郡ニ在り」とあるのみなのに、明治二十二年〈一八八九〉に至りここの新造の土饅頭に治定されてしまいました。明治の捏造の杜撰さ〈別述〉ここに極まれり〕。更にズバリ前方後円墳の整形につき後述）。

ト　それにアナタ、更に私の考えには、先程勿体ぶってストリップの踊り子（近頃は特に場末（ばすえ）では三段腹の外人の大年増（ベテラン）が多いとのことですが）の如くチラチラさせましたように、**考古学**上も完璧な整合性を示す「隠し玉」の良い証拠がございまして、それが何かと申しますと、纏向でも最古レベルの**纏向石塚**（いしづか）古墳と**纏向勝山**（かつやま）古墳と**纏向矢塚**（やづか）古墳の三地点の間の三角巾（バタフライ）（踊り子の「前＝陰部」張り）。三角。蝶の羽形。butterfly）地帯（現、纏向小学校）におきまして、**大溝**（おおみぞ）の**北溝**と**南溝**とが合流しておりますが（その直ぐ南の南溝の北部には**集水マス**すらも見られます）、その「**南溝**」の**当時の水源**が何処であったのかを私こと古代探偵が探してみますと、それは遙か南方の**箸墓の南**を流れる**巻向川**（まきむく）にまで遡れるのでして、当時はそこから**取水**してその水路が流れて来ておりました（そして、ここ溝の合流地点から箸墓の大池のところまでその推定水路の痕跡は辿れるのです）。しかもアナタ、何と！　そのままその先へと延長してみますと、その**推定水路**は箸墓の**前方部の下**（**底**）の部分を南南東から北北西へと斜めに**横切る形**で（赤地図の陥没〔に一致〕を見よ！）、地形の高低（標高）を利用して**当時の原等高線**に配慮して通っていたのです。つまり、この大溝は**前方部と後円部の間**で**後円部の西側を巻いて**巻向川から水を引いていたからなのです

（しかもアナタ、箸墓の円部Aと方部Bとの間を斜めに横切る道〔前述二〕の部分にご注目下さい。この部分の「**赤地図**」（写真7—11）をよーくご覧いただきますと、ここを境といたしまして、**僅かな歪み**が生じていることにアナタはお気付きになられることでしょうが、この破れ目（わ）〔陥没〕こそが単なる江戸時代辺りの**農道**が出来たことによる百姓〔人間〕の歩行の重力に耐えられず、その周辺が侵蝕されたという原因だけではなく、その根本の原因は、より深い**古**（いにし）**への地面**におけますその下に隠されていた**地下水脈**（巻向川から引いた古代の大溝を埋めた跡＝正にこれこそが赤道（あかみち））の**成せる業**でもあったのです。本邦初公開。因みに、**纏向石塚**（いしづか）古墳と**纏向矢塚**（やづか）古墳の直

ぐ南に接した流水の跡がある**太田微低地**は古いものなのですが、更に南南東に遙か離れ箸墓の北側のこの南溝を横切る形の河筋は、**後世の氾濫**の時からの新しいものに過ぎませんので、アナタ、これを当時からの川筋と認定して入れてしまってはいけませんよ）。

そう致しますと箸墓の前方部Bはこの大溝が何らかの事情で**使われなくなった後**に造られて拡大したことが判り、更にこの大溝が掘られた**時期**は大溝の第3層から大和土器の標式で申します**纏向1式土器**が出土しておりますことから、この時期であることが判ると共に、逆にアナタ、矢張り**箸墓の前方部Bは纏向1式の時期には存在しなかった**のだという凄いこと（年代差）までもが、その反射的効果として明白に判って来てしまうからなのです（前方部Bのものは庄内式末期。前述イ）。つまり、前方部は早くとも纏向**2式**の終りか、**3式**（実はこの基準も少しアヤフヤなのですが）のとき**以降**に造られていたことになるのです（これ又、**本邦初公開**）。

更にアナタ、纏向型より少し遅れた箸中山型の前方後円墳（三世紀後半）のものとは申せ、纏向石塚（この周濠の形態すらも、円部の周りでは二三メートルもあるのに対し方部端では四メートルしかございません）からそう遠くない同じ前方後円墳でありながら**東田大塚古塚**（ひがんだ）には、何と！**周濠が円部にのみにしかなく、方部には全くない**という可笑しな（奇異な）ことも、

箸墓も本来は円墳のみであったということをアナタに暗示していてくれていたのです（スゴイ！　更に完璧）。

――アナタ、遅ればせながら（テキスト10―5、P448下の刊行は二〇〇五年六月、原稿渡しは前年の二〇〇四年四月です）、アカデミズムの大御所たちも、近年箸墓の「方部」につきましては、後

世に追加築造されたものであるということを止むを得ず認め始めており私に一歩又一歩と近づいてまいりましたよ。山尾幸久氏、石野博信氏（共に、アマチュアの私の目に付いた市販本では二〇一二年一月）など。と言うことでアナタ、「アカデミズムが愈々アマチュアの軍門に降る日」がやって来たのだ！　だから今日という日は、私こと「古代探偵」にとって家中で赤飯を炊いて祝う晴れ（ハレ）の日ナノダ！（尚、卑彌呼と公孫氏につき、九11）——

因みに、纏向石塚古墳の周濠も古く、**纏向1式期**に削掘されたものです。**石塚**の後円部と**箸墓**の**後円部**は**同じ古さの纏向1式期**に造られていたのです（同じ時期）。

尚、ここで、かような時間差整形古墳の例と致しましては、**円墳**が完成してから相当期間が経過してから、新たに**方部**が造られ前方後円墳とされてしまいました例（○→○＋□）は決して希有なことではございませんで、チャンとこの日本に幾つも存在しておりまして、それは時代は少し下がりますが、**王山古墳**（群馬県前橋市総社町）や**若宮八幡古墳**（同県高崎市）がその例なのでございます（アナタ、そのことのご参考といたしましては、**朝鮮では後になって祖先の墓を立派にする風習**がございますが〔新羅・聖徳王陵など〕、これはその思想をその子孫たちが列島で受け継いでいた——両方とも祖先は同じ——ことの一例〔証拠〕でもあったのです）。

——又、変則的な時間差での造られ方をいたしました他のケースもございまして、例えば東急東横線の近くの多摩川台古墳群（大田区）の亀甲山古墳の直ぐ西北隣りの古墳に付きましても、第二号墳が初め方墳として造られ（墳形不明との考えもございます）、その後第一号墳が円墳として造られ、その際その流行に乗って「第二号と第一号の二つを合わせて一つの前方後円墳を形成」しておりますことが判明いたしまして、そういたしますと、このように単に最終的な（現在の）外形だけを見てアカデミズムやアナタが「古墳の形」の分類や時代を決め込んでしまうこと（特に内部が未発掘の場合）自体が、大変危険を伴うことであることが判って来るのです。そして、右の二号・一号合体墳や少し上流の宝莱山(ほうらいやま)古墳には、どことなく後世に若挟・北陸へ入り込んでまいりました大陸・半島の匂いのプンプンいたします剣菱(けんびし)形の要素も認められなくもありません（一七1）。因みに、その群内の右の宝莱山古墳は四世紀の前方後円墳で大変古いものです（一番古い古墳は浅間神社〔及び同古墳。東急東横線で削られております〕近くのAD三〇〇年頃の扇塚で、今は大きなマンションの下となって消されてしまい――ああ無情――そのことを示す名残りの昭和二年の碑が富士見坂の道路脇に移転され哀れを忍んで立っております）。これらのことは後述（一四9他）のように、中央の大和朝廷の力が東国のこの他に及ぶよりもその遙か以前に伽耶（倭）系の人々が直接（大和を通さないでダイレクトに）ここへ入植しておりましたことを端的に示してくれていたのです。更にアナタ、大王家のお膝元の畿内での伝・倭彦命の墓すらも、方墳であったものが江戸から明治にかけて行われました「修復整備」の美名の下に改造され立派な前方後円墳にへと整形手術されてしまっておりましたよ（尚、東国、関東の多摩川台古墳群二号〔方墳〕、一号〔円墳〕における「方墳＋円墳＝前方後円墳」の時間差整形古墳のケースに付き、前述及び(テキスト)18—3—2、P785に新版で補充予定）――

しかもアナタ、この様な単なる円墳Aから前方後円墳（A＋B）への方部Bの捏造（つまり、アナタ、この頭がピーマン〔中身が空(カラ)〕のアカデミズムの作為の重大なポイント〔狙い〕は、実は、その**築造の時代を遅らせてしまう**というトンデモナイことにございました）は、後述の**朝鮮の安羅**（**倭**）から日本列島へ渡来後の「**卑彌呼の**

墓」でもございました（そしてアナタ、古代の王陵の殆どは「**寿陵**（じゅりょう）＝生前造り」だったのです）九州・日向の**西都原**の**男狭穂塚古墳**（おさほづか）（テキスト10—3—1、P437下）の**方部**Bの後世の**捏造**の場合（これ又そのポイントは、正に**安羅・伽耶系の円墳**から後述の前方後円墳にしてしまって**時代を遅らせ自分たちの当時の学説に都合の良いように合わせるため**〔目的〕でした（ヒドイ！）。嘗て、ここ前方部には**可愛塚神社**（えのづか）があり、且つ、精々が**細い土手状の高まり**がございました程度でした）と、時代は異なるとは申せ、これ又全く**同様のパターン**だったのです（しかもアナタ、この日向・男狭穂塚の**方部B捏造の時期**は、アナタ、極めて新しく、それも近代のそれも**大正以降！**になってからの「低い**祭壇状**であった右の方形の囲い」の上へ、**巨大な盛り土のゼネコン工事をして嵩上げ**してしまうことによる、当時の学者の**帝大ボス**のイニシャル・**K・K**〔失礼ながら、執筆時もう直ぐ前期高齢者になる堪え性（こらえしょう）のない私こと古代探偵が我慢出来ず、そのダブルKの本名を――不気味なアメリカの火星人のような出で立（い）ちの白人の秘密結社クー・クラックス・クラン〈KKK〉の日本支部長に間違われては気の毒ですので――ついうっかり「お洩（も）らし」してしまいますと、その名を**黒板勝美**（くろいたかつみ）と申しました〕の考えに合わせた「補修に名を借りた古墳の**築造・偽造**」に過ぎなかったのですよ）。これは正に**アカデミズムの犯罪**（**大罪**）以外の何ものでもございません。アナタが西都原に行かれたら、是非よーくご覧になって下さい（柵があって入れませんが、決して箸墓での私の様に乗り越えて入ってはいけません――でも、私はここでもキョロキョロしても偶々（たまたま）番人がいなかったので、性懲りもなく柵を乗り越えて墓の中へと古代の霊に「どうぞ」と誘われご招待を受けて、堪えきれずに入ってしまった〔古代人の同意が推定出来るから犯罪不成立か？〕けれど……）。

――尚、①久留米の九州最古の方墳と言われております**祇園山古墳**（ぎおんやま）や、②小郡市の**津古生掛古墳**（つこしょうがけ）（鉄鏃の**篦被**（のかつぎ）**＝定角式**がポイント（前述㋭）。この古墳からの出土の鏃は、何とアナタ！　全てこの種。身を厚く重くし〔命中率の向上〕、鏃被を造ることにより**鏃身が矢柄にめり込まず**相手への貫徹力が格段に増すこの**大陸系の新渡来の技術**により、これを持った人々は日本列島を以後次々と制覇してまいりました。この時代のものは、他では千葉県市原市の**神門4号墳**、大阪府の**野中アリ山古墳**など）や、③唐津市の**久里双水古墳**（古いバラの木の地下の**土**留めがポイント。これはC14の分析などから考えましても、より古い時代のものである可能性がございます〔内倉武久氏〕）も、公孫氏の女の卑彌呼などの大陸からの渡来文化との関係ではこれと同じくらい要注意なのです――

この点、同じ位古い時代の奈良の**桜井茶臼山古墳**と中国史とを照合致しますと、これ又私こと古代探偵の新発見でございますが、日本列島でのこの今日に至る「**前方後円墳の起源**」というものがアナタにもハッキリと見えて参ります。

と申しますのも、**卑彌呼の養女**であった女王の**壱与**（卑彌呼の弟の**公孫康**〔二〇四―二二一年〕の女〔二六六年に**晋**に遣使〕）の使節が大和纏向から**武帝**泰始2年（266年）11月に古代中国の**西晋**を訪ねました、正にその同じ年の同じ頃（「十一月巳卯、**倭人**来献方物」と記されました『**晋書**』の、その直ぐ、しかも同じ文章の同じ行の後に続けて）の文章に、

「**并圜丘、方丘於南、北郊、二至之祀合於二郊**」（『同』）

とございまして、正にここに

「**環丘と方丘とを合して天地を合祀した**」

と記されていたからなのです。ですから、これを**中国で見分した壱与の使者**が故国の倭に戻り、**中国**での墓の**流行**が

「南＝○形＝円」と「北＝□形＝方」の南北天地の合体
（つまり、この両者のセットで**母なる地球**（マザーランド）そのものを表わしておりました）を意味しますところの「これが中国で流行（はやり）の所謂**前方後円墳ですよ**」と**報告**した（この報告が正確だったかどうかは別といたしましても）ことに始まっていたのです（近頃は、二〇〇五年に私が発表いたしましたこのような考え〔**前方後円墳＝晋**をお手本とした卑彌呼の宗女**壱与**の「**天＋地**」〕を採る古代史研究家〔の本〕も段々と増えてまいりました。テキスト9—9—1、P407上メモ——アナタ、タンタカタ—♪　ここで重大事件の発表です！　アカデミズムの重鎮のＩ氏〔石野博信氏。同氏につき別述〕も、近時、〔**前方後円墳のルーツ**〕は「**中国・北部朝鮮**」だなどと言い出してまいりまして〔校正初期〕、私の考えに地理的にも更に一歩近づいてまいりましたよ〔そこに私は、愈々（いよいよ）「一国歴史主義」からの脱却の芽生えを見た！〕。アカデミズムがオラの方さにじり寄って来ただ。こんりゃー大事件サ。ドンスベエ——）。

　ということになりますと、大和纏向で箸墓に方部が加えられ、更に前方後円墳というものが造られる様になったのは、九州日向（ひなた）の西都原の卑彌呼の頃（この頃はまだ巨大円墳。参考、方墳の前原遺跡や祇園山古墳）ではなく、少なくとも

　その次の女王のこの**壱与**が**大和へ東遷し列島での「第二の邪馬臺国」ともいえますのもの（纏向王朝）をここ纏向で建国した後**のことだったのであり、且つ**中国晋へ派遣した使者の帰国した267年以降**ということにもなって参ります——もし仮に箸墓が**当初**から**前方後円墳**であったといたしますと（前述のように、中国のこの晋様の考えによって、方部がこのとき以後に加えられた可能性が大なのですが、もし仮に同時に造られていたといたしましても）、当然このことからも、三世紀のそれも壱与の使いが晋より帰りました**二六七年以降**ということになっ

てまいりますし、又、**後方部**出土の新しい**土器**でございます**二重口縁壺**（箸墓についての前述イ）の年代をもここに重ね合わせて考えますと、箸墓は**四世紀中頃**ということになってしまいますよ。九12。どちらにしろ可笑しいのです。

それにアナタ、アカデミズムのように、三角縁云々と**中国の鏡**に気を取られるだけではなく、中国皇帝から下賜された**印章**の方につきましても、アマチュアのアナタはもっと多角的に注意を払わなければいけなかったのです。と申しますのも、**国際法的**に見ましても**晋は魏の権臣**（けんしん）（**権力を持った家来**）**の司馬炎が魏から王位を「禅譲」されて建てた国**なのですから、両国家は、国際法的にも**形式上同一性**を保っておりますことからも、

壱与の場合には「親魏委王」の金印を一度返して、晋の成立した二六五年以降（遣使は二六六年）に再び今度は「親晋委王」という印が与えられそれが大和纏向に埋まっているものと、私こと「古代探偵」は歴史的な必然としてそう推測しております（九11）。アカデミズムよ！　だから時代的・理論的に証拠をどんなに考えてみましても

大和の場合には「魏印」なんぞは何処を探したって出てきっこないのにナ（偽造なら別ダガ――又、卑彌呼が貰った金印を、纏向まで持って参りました壱与が、着いて直ぐに埋めてしまった〔だから返せなかった〕のならその可能性もございますが）。この点を明治以来リードしたアカデミズムは、仮令（たとい）、帝国大出の頭の良い（筈の）方々とは申しましても、一国歴史主義から抜け出せず国際性に乏しく、この点はアマチュアから見ましても、魏と晋との政治的に同一かどうかの区別すらも出来ていない「ギイン、ギイン」と言っている国内偏向アカデミズムは馬鹿（バカア）じゃないの！

ところでアナタ、それに加えて、卑彌呼が魏から下賜された鏡だって、魏が成立して**間も無い頃**のことなので、仮令(たとい)気前良く魏がくれた魏の鏡ではございましても、その**様式**はあくまでも**前代**の

漢式　の　方格規矩鏡　や　内行花文鏡

レベルであって（何とアナタ！　これは**北九州**で集中的に出土。前述の**平原一号墓**出土の右のこれらの鏡につき、アナタ[本]六は必見です。と申しますのも、卑彌呼の時代のものでございますこの庄内式の時のこれらの鏡が、何と**畿内からは一つも出土していない**！のですから、これは驚き！　これだけでも決まりであることは、もし小学生が裁判官であっても、これは「判示」出来るレベルのことだったのです）、**三角縁神獣鏡**（これは**京都府の椿井大塚山古墳**などが中心(センター)なんかでは**決してない**——だからこれを主たる根拠としておりました古(いにしえ)への**京都派**の「邪馬臺国　**畿内**　発生説」はそれだけでも**一発でアウト**なんだ——ということに早くアナタも気が付かなきゃ、邪馬臺国畿内発生説のアカデミズムとそれに付和雷同の自分の頭で考える能力のない、学界の大ボスの腰巾着として**大本営発表**だけに頼る（その鸚鵡(おうむ)返しの）数多くの「記者クラブ」に入り浸(びた)りの——座って日本書紀を日夜暗記ばかりしている——軽薄一流マスコミ文化部の井の中の蛙の「知ったか坊や」と共にジャボンと沈没し、**後世の笑い者**になってしまうよ！　アマチュアからこの点注意しといてやらなきゃ。と言うことで、九12はアナタ必見。

さて、古墳の形のお話に戻しますが、流行に敏感なハイカラ趣味の女王の**壱与**が、**中国の流行**を即座に取り入れて「前**方**＋後**円**」墳の方に纏向王朝といたしましては**統一規格**の墨付きを与えたのです（早い話が、この墓型の全国への強制は、女王の統治に文明の光り輝く憧れの、お「虎＝中華(シナ)」様〔チェ〈ユ〉ンコウ＝これは支那人の下層民への蔑称なので、アナタは使ってはいけません〕の威を借りて未開の倭の地で「威張(エバ)

ル為ニ」利用したという単純な動機からだったのダ――これまで列島では前方後方墳・方墳に対し特に優劣に関係なかったこのニューフェイスの前方後円墳というものが、ここで初めて前方後方墳より**一歩先んじた**もの、つまり後世のアカデミズムにこちら（前方後円）の方が優位だと誤解させてしまったのだ――）。これ又私こと古代探偵による本邦初公開でございまして、これでこの前方後円墳の起源（これ又、**半外圧**だったこと）の論争はパーフェクトに解決ダヨナ（但し、この公共工事（生産性向上のための灌漑用水路を掘った残土の積み上げ＝古墳）の**堀の外形**（延）のラインの決定には、弥生の**銅鐸王国**以来の数多くの水耕民の**古来**（ふるき）**の秦氏**（**秦王国**）の統治上、又、工事人夫の提供（労働力の確保）上の協力を仰ぐヨイショのため、その神でもございました**銅鐸型のサルタヒコ神の取り入れ**ということ（**三者の思想の合体**）も加わっておりましたことにつき、テキス9―9―1、P406上も必見です＝〇＋□＋△（濠））。

但し、大和へ東行した邪馬臺国の女王の壱与に報告されたと思われます、この『**晋書**』に記載されておりました「環＋方」、つまり「〇＋□」という**中国での墓の流行**につきましては、中国大陸でのように単純に**平面図**（又は、古くからの上下）**的**にのみ〇＋□と考えて、これが前方後円墳の起源だと見る上述の私の仮説とは**又別**に、更なる**新しい**「**切り口**」――「**円部＝人を埋める**」「**方部＝祭祀の場**」という意味付け。その起源（オリジン）も**半島・大陸**にまで遡りそうです――からも私こと「古代探偵」は考えることが可能だったのです。

と申しますのも、古い頃の古墳の形態を、単なる外形の写真のみならず、その内容たる祭祀形式の図面上からも、もう一歩深く「ハテナ？」の思考で上空から別の切り口（発想）で切り込んで、具（つぶさ）に観察致してみますと、何とアナタ、

①**桜井茶臼山古墳**（奈良県。4世紀中葉以前の**玉杖**（玉杖は間違いで正しくは**王杖**。別述）が出土いたしました大王墓）の後**円部**頭頂の**方形墳的封土遺構**という**屋上屋型**の古墳、

②**メスリ山古墳**（桜井市高田）の後**円部**の竪穴式石室上の**埴輪**（円筒埴輪の最大口径は一・三一メートル）による**二重の方形囲繞**、
③**西殿塚古墳**（衾田陵、天理市中山町）の後円部中央の**方形壇**上部、
④伝・**日葉酢媛**（**垂仁大王妃**）**陵**（奈良市）、
⑤伝・**崇神大王陵**（天理市）の**円墳**頂の**方形の遺構**、更には、
⑥**室大墓**（大字室字宮山。四〇〇―四五〇年）の東方約四〇〇メートルにございます**室みやす塚**（御所市大字室字ミヤス）の頂部の**円筒埴輪**が**方形状**に、しかもアナタ、**二重に囲んである遺構**など、

つまり

「**円部**（**埋葬部**）**の上にもう一つの方形**（**祭祀部**）**が乗っかって**」おりまして（**おんぶにだっこ型**）、これは右の『**晋書**』の「**環十方**」という考えが前述の様な前方後円墳についての**水平方向**に見た場合の起源などだけではなく、更に別に後世の**上円下方墳**（□の上に○を重ねるという**上下方向**）型へとも、上下が逆とはいえ（兎も角「天＋地＝宇宙」という考えそのもの「墓＋祭場＝前方後円墳」）繋がっていて一定の起源となっていた可能性もあると考える私（ハテナ坊や）の別の仮説も、強ち不可能ではない（そして更には、両思想――前者の「○型（埋葬）＋□型（祭祀）」の水平の連続と、後者の「死者を埋めた○部の上に悪霊から守るために□の祭祀区画を造る」という上下の連続――の複合体ということすらも想定が可能です）様に思われるからなのです。皆さんも、右の各古墳に一度は行ってみたくなるでしょ。

因みに、後世のものとは申せ、最近発掘されました日本最大と思われます**武蔵府中熊野神社古墳**がござい

ます（アナタもよくご存じの明日香の破壊された**石舞台古墳**につきましては、今のところ未だ「上円下方」か「上方下方」か「上八角下方＝王墓――石舞台はだから壊された」かのその三者の区別すら全くつきませんので）。右の東京都下の**熊野神社**の直ぐ裏（というか境内）の古墳は、年代も七六〇―七七〇年頃のもので、これは正にズバリ**白村江の役**（**六六三年**）**の直ぐ後**のことですし、しかもアナタ、その工法を仔細に見てみますと、玄室の切石がずれない様に石に「切込み」を入れ石に段が付く「**切組**（きりぐみ）」工法で、これは当時固い石の細工が一番発達していた**新羅の工法**そのものだと思われますので、この**日本で最大の上円下方墳**は、東国の官牧（軍馬）を管轄する**新羅占領軍の総領**（**司令官**）**の墓**だったのです（テキスト7―11、P292上）。更にアナタ、福島県の**野地久保**（のじくぼ）**古墳**（白河市）も同じく上円下方墳ですので、これ又、新羅占領軍が六六三年以降に東国での**軍馬**の調達の為に置いた**官牧**の官人の古墳だったのです。更にアナタ、明日香の真弓丘の東斜面の牽牛（けんご）子（し）塚古墳（伝・斉明天皇陵。八角石積み塚）の見事な「切り石」も、終末期のものとは申せ、間違いなく当時の新羅の最新の技術による石工の手によるものでした。その直ぐ近くの約二〇メートル南東の越塚御門（こしつかごもん）古墳（伝・大田皇女（おほたのひめみこ）墓）も又、同じ明日香の、アナタもよくご存じの終末期の横口式石槨（かく）の蓋石と底石の「鬼の爼（まないた）」と「鬼の雪隠（せっちん）」の組み合わせも同様でしょう。やっぱりこれも新羅王子・王女のものだったのです。

さて、話は変わりますが、私こと古代探偵は、明日香村の「**石舞台古墳＝新羅占領軍の天武天皇陵**」との、アナタが必ずやウルトラ**トンデモナイ**と思われるであろう考えも、一概にはその可能性を否定し、一笑に付することは必ずしも出来ないと考えております。

と申しますのも、アナタ、右の石舞台古墳につきましては、江戸時代末期までは「**天武天皇を仮に葬り奉りし古趾**」という一風変わった伝承も地元には残っておりまして（暁鐘成の『**西国三十三所名所図会**』嘉永元年、一八四八年。私の立場では、これはその死因が恐しい伝染病死であったがために、新羅本国への帰国と本国での埋葬が王室からは許されず、九州の妻の実家がございます**宮地嶽神社古墳**に埋葬されるまでの**殯**（あらき）〔もがり＝荒城〕がここ飛鳥に置かれていたことの名残りだったのです）、この水田の中に玄室の天井石だけが現れておりました陵が狐が女に化けてその上で踊っていたという「**狐塚**」とも呼ばれておりました。**本居宣長**の『**菅笠**（すげがさ）**日記**』には、何とアナタ、「**推古**天皇の**岩屋**」という伝承が紹介されておりますくらいでして、江戸末期に至りましてすらも、特定はこのように頗（すこぶ）るアヤフヤの有様だったのですよ。序（つい）でながら、近つ飛鳥の伝・敏達大王の**磯長**（しなが）中尾陵すらも、五〇〇年頃までしか埋められておりません円筒埴輪が出土しておりますので、これがとても六世紀後半頃（五八五年頃）薨去した人の墓とは思われず、これ又八十〜九十年はズレているのです（不確定極まりない状態の明治での慌て追認治定→今日の確定）。アナタ、これでも信じる？　こんなに**非科学的**な宮内省（庁）の天皇陵の治定。因みに、アナタもご関心の「**馬子**の墓ではないか？」という今日に至る考えは、**津川長道**の『**卯花日記**』（文政十二年、一八二九）に、『**大和志**』がこれを「**荒墓**」と言っていることに加え、「**推古紀**」三十四年（六二六）三月二十四日の「（**馬子**）**大臣薨**。**仍葬**㆓于**桃原墓**（ももはらのはか）㆒」を引いて、そのような伝承の存在を記してございます（『**扶桑略記**』には、没年七十六歳とございます）。

――石舞台古墳（七世紀前半という）の場合には、その周辺を考古学的証拠から包囲して迫って見てみますと、次のような特殊性が判ってまいります。つまり、従前からその南部にございました群集墳七基（六世紀後半。私は「石舞台周辺破壊墳」と名付けました）は、石舞台の外堤に接触する部分は削られて破壊されてしまっているのみならず、その群集墳の全ての各上部も水平方向に削られ、且つ、天井石は石室内に落とし込まれてしまったままになっておりますことから考えますと、それまでとは全く異な

7

ったより強大な権力を持った支配者（別民族）が突然新たにそこに現れ、それまでその明日香の地にあった前支配者（倭王家に繋がる人々）の群集墳を破壊してまでこの石舞台の古墳というものを建造していたことが判って来るからなのです。それにアナタ、この石舞台古墳には同時代（アカデミズムの言うような七世紀前半のもの）の他のものには見られない極めて特殊な「**貼石付きの周濠**」というものが見られますことからも、アカデミズムが言うような右の時代よりズレがあり、それより前か後であった可能性が大であり、もし強度を増すためにこの方式が使用されたより後世のものであったと仮定し、私こと「古代探偵」の立場に立って「ハテナ？」と考えますと、これが新羅占領軍提督（天皇）であった「天武天皇＝新羅文武王＝金多遂」の列島における二つの陵（含む、寿陵）のうちの一つ（もう一つは九州の妻の尼子の女の実家の宮地嶽古墳）であった可能性が大となって来るからなのです（別途）――

更にアナタ、ここで聞き捨てならないことは、右の大字上居（じょうご）にございます「**テッポウ塚**」というところが　**天武天皇の火葬地**であったという言い伝えすらも、現地には色濃く今日まで残っておりますことから考えましても（天武の殯（もがり）〔荒城（あらき）〕や陵がここ石舞台か九州の宮地嶽だったのかもしれませんし、火葬の点すらも未だその真相は信疑不明ですので）、そして、ここ上居の**上宮寺**の場所が、**細川谷古墳群**の西端部の丘陵頂部に近い斜面で破壊されておりました**上居49号墳**（六〇〇年頃、東西14メートル、南北10メートル、高さ2メートルの小丘状に墳丘が残されており、本来の石室は12メートル級であったことが推測され、ここからは**組合式家形石棺**の破片すらもが出土しております〔ここも何故か破壊されていた！〕。ここは前述の巨大石室の石舞台古墳を真下に**見下ろし**、冬野川〔とうの川＝唐ノ川＝韓ノ川〕を挟んで此頃ピラミッド墳として脚光を浴びております**都塚（みやこづか）古墳**と南北で対峙しておりますことからも、これはあながち無視出来ない考えなのです。ひょっとすると、この石舞台は倭王蘇我馬子の陵であった可能性が有力だとは申せ、やっぱり、これ又、後に百済系に破壊された

石舞台古墳　が　**天武天皇陵**

だったのかもよ（遠つ飛鳥でのダブル破壊は何故？）。アナタや地元の方、調べてみて（テキスト12―4―4、P535下）。

この明日香の「石舞台＝天武陵」寿陵（生前墓）という考えは、悲しい哉、今のところ、アマチュアを含めまして日本中の誰一人として支持してくれてはおりませんが――。

唯、私の心の奥底に何か「ハテナ？」とこの墓の死者の魂の声のようなものが、何処からともなく湧き出し、聞こえて来て引っ掛かる点がございますのは、もし明日香村**上居**（じょうご）（「**浄御＝きよみ**」（じょうご）と同一音にもご注意〔因みに、入鹿神社とその場所の「小網（しょうこう）＝上居（じょうご）」の類似につき、一〇3の「大和三山の歌」は必見〕。このように、ここが伝・天武・持統の宮である天武二年〔六七三〕から藤原遷都〔持統八年、六九四〕までの**飛鳥**（あすか）〈**浄御**（きよみ）〉**原宮**（はらのみや）と同音の地名だからなのです）の石舞台を**見下ろす**山の端の**上宮寺**（じょうぐうじ）（仏生山上宮皇院。テキスト12―4、P535下）やこの**特異な破壊された古墳**が存在する同じ場所（エリア）が、もし上宮と名は付いておりましても、上宮太子（聖徳太子）とは一切関係のない寺であったこと（聖徳太子架空などで）が判りますと、アナタにはとんでもないと思われるかもしれませんが、この石舞台古墳たる伝・蘇我**馬子**（これは**小野妹子**と**同一人**。エッ！　**蘇因高**の正体、一一7――中国様にちゃんと姓は「蘇我」ですと申し上げたのですが、例によって中国方式によって一字姓の「蘇」と慣行通り付けられたのです）の墓が、「**倭王**」**馬子の陵**であった可能性（この可能性が高いのですが）は勿論、**天武天皇**や**推古大王**に相当する人の陵の可能性すらも現実味

を帯びてくるからなのです。この天武天皇のモデルは新羅文武王こと金多遂。**だからこそ**平安朝になってから、百済系天皇家によりこの墓が**暴かれ**てしまって、今日まで何故かそのまま放置されたままだったのです――仮に「寿陵＝不要となった」ではなかったといたしましても。因みにアナタ、明治十四年（一八八一）に京都・高山寺で『**阿不幾乃山陵記**』が発見されるまでは、天武天皇の陵は、あの巨大（三一八メートル、玄室と羨道は三〇メートル以上で我が国最大級。**剣菱形**古墳につき別述）な、外形が後日整形され変えられてしまった可能性もございます、**五条野**（**見瀬**）**丸山古墳**（橿原市五条野町・大軽町）だと治定されていたくらいアバウトだったのですから（因みに、この古墳の東南東二・五km（〇・六里）に石舞台はございます）。尚、**巨勢氏**の首長墓とされております**條ウル神古墳**（御所市、六世紀後半）の石室も約七メートルで石舞台古墳（明日香村）クラスですので要注意です。

――アカデミズムの「石舞台＝馬子」墓説に対し、より後世のこの私の「石舞台＝天武」陵可能性説につきましても、近時、小山田遺跡（菖蒲池古墳東方約一五〇メートル）などが同じ明日香から発掘され、日本紀の記載が今激しく揺れ動いており、この石舞台の評価につきましても、今までの鶴の一声での一発固定よりも、多様性が求められるようになりつつあり、この流れは私の幅広い考えにも合致してくるのです――

因みに、地方をよく見渡しましても、ちょっと気が付かない石室の巨大な（長い）大王クラスの墓はございまして、特にアナタ、造山古墳（この山上に奇妙にも放置されている刳り貫き式の四角な石棺（風呂桶型）はエジプトのクフ王とも同型）、作山古墳両巨墳の中間に位置します備中国分寺跡の東方三百メートル余のこうもり塚（全長約一〇〇メートル。尚、九14）は六世紀後半のものとしては巨大で一九・四メートル（玄室長だけでも七・七メートル）もあり、右の石舞台古墳に匹敵いたします墓なのです（但し、追葬墳）。そこからは刳り貫き式家形石棺のみならず素晴らしい装飾を施しました亀甲形陶棺までも出土しております。これは安羅が五六二年に滅んだときに伽耶の鉄民（桃太郎のオリジナルなモデルの一つ。テキスト15―12―2、P690～692必見）と共に朝鮮からここ吉備へ亡命（そしてその地を支配・共存）してまいりましたことの証拠――このことは正史の改竄により抹殺――の一つだったのです（九13）。

さて、この様に、「○＋□」という思想につき、水平に並べるか、それとも上下に重ねるか、更には○の上に方形祭壇部を造るか（前述①～⑥）につきましては、そのどちらに致しましても、右の**桜井茶臼山古墳**は、とても重要な古墳でございまして、前方部が捏造されました**箸墓**などよりも、より強く**卑彌呼の宗女**の**壱与**の頃の大王墓と繋がっていたことが判るからなのです（箸墓なんかよりも**桜井茶臼山古墳**の方が、この東南東三百メートルの大字外山字宮の谷にございます**宗像神社**〔元、少し南の**鳥見山**の中腹に鎮座。祭神の**市杵島**〈**厳島**〉**姫**＝海女神の**弁財天**＝**フェニキア系・アビシニア**〈**エブス**＝**エビス**〉系の海洋民〈九7、九13〉たる**卑弥呼一族の投影**。九章〕の存在を考えますと、安羅〔倭〕〔**穴師**の地名の「アナ」はその**安那・安耶**の名残り＝琵琶湖畔の石積みの穴太衆の祖先も〕の女王**壱与時代レベルの王墓**であった可能性が高くなって参ります）。

因みにアナタ、日本の考古学のトップクラスの権威で、私こと考古学の門外漢の古代探偵も尊敬申し上げておりました、畿内での**考古学**の近寄り難い**メッカ**でございます**憧**れの**橿考研**に副所長でおられました例の**I氏**よ、**邪馬臺国大和説**を唱えながらも

「**卑彌呼**の**出身**はこことは**別**だ」

との軌道修正に踏み切り、こちらに近づいてまいりましたのは、アカデミズムの立場としては大変勇気ある

7

素直な一歩であったと評価いたしますが、それならもう一歩（どうせ嘗ての仲間からは裏切りなのですから）踏み込んでいただいて正直に、海外の**遼東・朝鮮**からでも、国内の**九州**からでも、この直前の**吉備**からでもいいですから、女王だけでなく

邪馬臺国　自体　も他から「大和へ移転して来た」

のだとまで言って欲しかったのですが――。

――やっぱり我慢出来なくなって言っちゃいますと、アカデミズムにとって裏切り者？の右の謎の勇気あるI氏の正体は、先程も別件でご登場いただきました石野信博氏と申しまして、この人は「**始めは円墳だった箸墓のスカート部分の後の付加**」という点につきましても、どこで見たのか近時、私の古くからの本邦初公開の考え（二〇〇五年刊のテキスト10―5、P448下）とベッタリと少し気味悪いくらい**同一**にまで躙り寄って近づいて来て下さっておりますよ。古代史の世界におきましては、アマチュアの身であり冷や飯喰いで、とてもとても若い女性からモテなかったこの年増爺のこの私にも、頭の上に愈々薄日が差して（実は毛が少なくなってツルツル光って）まいりまして、待ちに待ったアカデミズム階級ご出身の高貴の有難い！恋人の出現ですゾエ（サアー大変、片想いでなくなってしまって、どないしよう）。更にアナタ、このI氏は、私にとりましては更に又お利口さんでして、「**前方後円墳の起源は中国か朝鮮北部だ！**」とまでも（前述のように）、コスモポリタンに近時お漏らししておりますよ（有難や有難や～♪）。本当に有難う。又「**大和纒向と遼東半島の公孫氏との深い縁**」ということにつきましても、別のアカデミズムが、我々アマチュアに、漸く夜霧の中を音も立てずに何時の間にか忍び寄るように（夜這いするかのように）近づいてまいりましたことにつき、前述――

邪馬臺国の大和纏向への移動とその年代とが、卑彌呼ではなくその宗女（養女）たる

壱与の時代

であったことは、アマチュアレベルから見ましても最早明白なことだったのであり、それにアナタ、今日**出土している証拠**を客観的に冷静に見ますと、**纏向遺跡の年代が京都派アカデミズムグループの発表より百年は下がってしまう**（**遅れる**）**可能性**も、もしかすると否定出来ないからなのです（痘痕も靨としか見えない軽率な夢見「マスコミ坊や」を**騙**くらかして巻き込んでの、毎日の紙面・TV画面上での大大的なお祭り騒ぎ、否、「盆踊りの宗教行事」では困ります。若いアナタや学者達よ、早くこの

三角縁神獣鏡「命」の幻

に神頼みのように唯一頑迷固陋にしがみつく、学閥のゴッドファーザー達が、最早「**裸の王様**」に過ぎなかったことに気が付いて、見っともないので、風邪を引く前に、その干からびた鯵の干物の様な老躯のヌードに、シャツと猿股かパンツ〔それが**ご婦人**でしたなら**シュミーズとズロース**ないしは**尿漏れパッド**のセット〕を穿かせてあげて下さい。お年によりましては、特大の**リハビリパンツ**〔特注長時間用メッシュ素材〕もサービスでご用意いたしましょう）。

7―3　仁徳天皇は百済の久邇辛王の女

時間の関係もございますので先を急ぎます。

次に、

仁徳天皇が女性

であったという将又今のアナタには信じられないであろうことを、私こと古代探偵が**朝鮮史**の証拠を引きな

がら解読して参りましょう。これ又、今生きている日本人の本では、**唯一私一人**がそう言っております。

古代朝鮮の**『三国遺事』**に引用の**『駕洛国記』**の「**吹希王**」の条(くだり)によりますと、

王妃　進思角干　女　仁徳

——金官加羅国7吹希王(フキ)（叱嘉＝チカ＝エキチ＝ユヅキ＝秦弓月君(ゆづきがきみ)のモデル。その証拠はテキスト**21—5—1、P900上必見）（421〜451年）の妃は、百済19久爾辛王（420〜427年）の女(むすめ)の仁徳である——**

とございます様に（テキスト3—4—1、P159上、一7、七1）、この朝鮮史には

仁徳天皇は百済の「19久爾辛王(クニシン)の女(むすめ)」

だと明白に記されておりますが、そもそもこの**百済の久爾辛王**自身が、実は、金官（倭）**5伊尸品王と神功皇后（八須夫人）**との間の**不義の子**なのでした。

そして、それに続きまして

生　王子　銍知(ナツ)

——王妃仁徳は金官加羅国8銍知王(ナツ)（金銍）（451〜492年）を産んだ——

ということが特に重要だったのでして、朝鮮史上ではこの仁徳は銍知王の**母**でもあり（だから女。テキスト付録8、P1117）、この銍知王は日本紀上の「**紀小弓(きのおゆみ)＝19允恭(いんぎょう)大王**のモデル」と表現されていた人だったのです。因みに、この8銍知王の**子**が**9鉗知王(カチ)**でございまして、この人は日本紀上の「**紀生磐(きのおいは)**、つまり**21雄略大王＝倭の五王の武(ぶ)**」そのもののモデルでもあったのです（テキスト口絵参照。しかもアナタ、前出［一6］の様にこの**雄略大王**は朝鮮の金石文によれば新羅の金官の出自の**金庾信(キンユシン)将軍の祖先**でもあったのです。このようにコスモポリタンに考えてまいりますと、この「金庾信＝中臣鎌足のモデル」は、遡りますと、抑(そもそも)、倭王家の血筋で

もあったことになるのです。ですからアナタ、倭国の王位継承資格有り〔本邦初公開〕。だからこそ新羅の「毗雲の乱」の翻訳史でございます「大化の改新」の主役として、日本紀を作史した史たちはこの人〔鎌足〕を必然的にメインメンバーとして形を変えて登場させていたのです）。つまり、逆に言えば、この**仁徳女帝とは**、新羅を高句麗の占領から解放してやった「**倭の五王**」**の武**（**雄略大王**）**の祖母**に当たる人だったのです（驚き！　これ又本邦初公開。これで——私こと古代探偵の仲人（なこうど）により——アナタの頭の中で、朝鮮史と日本史とが見事に切れ間なく繋がってまいりましたでしょ。私は「現代と古代との仲人」）。

朝鮮の正史たる『三国**史記**』の方にはこのことの記載が全く無く、正史ではない『三国**遺事**』の方にだけ**加耶の存在自体**の具体的な記述と**伽耶**（**倭**）**連合の盟主たる金官加羅国の詳細な王系図**の記載とがございますことは、頗（すこぶ）る重大なことだったのでございまして、この「遺事」を書いた**高麗（こうらい）僧の一然**が、当時、それ程儒教に汚されず、メンツに拘（こだわ）らずに歴史的に良い真相を素直に書いてくれていた、ということをアナタに示していてくれたのです（一日一然）。

ですから、**金官**系図と**日本紀**の系図とを、**コスモポリタン歴史学**によって私が両年代につき重ね合わせてみますと、

百済武寧王妃の**哆唎（タリ）大夫人**は「倭の五王の武＝**雄略**大王＝金官伽羅の**鉗（カチ）**知王＝紀生磐（きのおいは）」の**子**であったという、アカデミズムのみならずアナタの目が飛び出すようなことになり（これ又、本邦初公開＝倭王武の女（むすめ）が百済王妃）、つまり、**元々百済の血**が流れておりました、この**仁徳**女帝の**曾孫**（ひまご）（乃至はそのレベル）ということにもなってまいります（テキスト付録8、P1117。ですからアナタ、**この時代は人も領土も地政学上**「**倭＝百済**」**として一体**だったと考えた方がよかったのです。その方がより真相に近かった。穂〔許（ホ）〕積

氏や物部氏系の出自につき別述)。

アナタ、何を隠そう、この「倭＝金官」**9鉗知(カチ)王**たる「「倭の五王」の武の陵(はか)」には、前述の様に、当時の**倭国が対馬海峡を跨ぐ海峡国家**だったことに鑑みまして、朝鮮(本貫＝ハナ)と列島(第二の故郷＝ツル)とに**二つ**ございまして、先ずは[日本列島]にございますものが、何を隠そう先程のアノ河内の「**大仙(だいせん)陵＝伝・仁徳大王陵**」か、同じく500年頃の「**誉田御廟山(こんだごびょうやま)古墳＝伝・応神大王陵**」か、その二つの巨大古墳の内の一つだったのでして(後者は女性の墓である可能性もあり、前者の可能性が大。**雄略大王陵はここだった!**)、そして次に[朝鮮半島部分]にございますものはと申しますと、

倭王「**武**」の陵は**高霊伽耶**の「**池山洞**」古墳群最大の47号墳と思われます「**錦林(キンリン)王陵**」辺り――この王陵の中には何と!北方系遊牧民の埋葬方法である**殉死葬**の小石槨が二十二もございますし、その近くの44号墳(同じく殉葬槨が三十二)か、又は45号墳かのこれ等の内の一つもその可能性は大で、この日鮮に二つの墓(**寿陵**を含む。共に、横穴式で後に他の大王にも再利用されております)があったのです。これ又、私の**本邦初公開**の重要ディスカバリーなのでございます(一〇2、七1。因みに、その**祖母**レベルに当たる**仁徳女帝**に相当する人〈金官伽羅〈倭〉第七代吹希王**妃**〈『三国遺事』〉。テキスト5―2―2、P180、同3―4―1、P59〉〉**の陵**は「**遠つ飛鳥＝大和**」の**女王の墓**と言われております、これだけは同群内でも他よりちょっと古い**方墳**の**新沢(にいざわ)千塚126号墳**だった可能性が、考古学的に女性用の日本列島における最高級の出土物が驚く程多量に発見されておりますことから考えますと、高かったと思われます〔新沢千塚126号墳＝仁徳という王女の陵〕。九14)――

だったのです。

さて、大分コスモポリタンな考え方に導かれて脱線（道草）してしまいましたので〔応神大王と仁徳の話〕に戻しましょう。ポイントはホムダというキー・ワードにあったのです。それにアナタ、前述（七1）のように**柄**(とも)とは弓を射るとき左臂(ひじ)に付けるもので、弦が肩に触れるのを防ぐと共に、弦と柄との接触で音を高く鳴らすことをも荷う、表面に**巴**(ともえ)**の紋様**を画いた「**円い皮袋**」のことでありまして（この巴紋は金官伽羅〔倭〕の初代王である**金首露王**〔8孝元大王のモデル〕の**金海**(キメ)**の王宮の門**〔釜山(プサン)＝浦上(ポサン)〈プサン・ウラガミ〉の近く〕に、今日のアナタがいらっしゃいましても大きく**朱と緑**とで記されております様に、朝鮮ではこれは**天**〔**乾**(けん)〕と**地**〔**坤**(こん)〕を表わすものと今日言われておりますが、そして今日の朝鮮人は忘れてしまっているようなのですが、実はアナタ、より古く東洋では、**モンゴルやチベットの国旗・国章**、**大韓民国の国旗**〔これも同等〕にございます様に、よく見ますと**小さな**「**目のある**」**二匹の鯰**(ナマズ)――**地震の神**〔**ミャンマ衆＝ビルマ族＝弥生民**〕――の組合せの「**二つ巴**」が正しかったのですが）、その別名を**褒武多**(ホムダ)とも申しました（このことは、**応神が金官の王子**だったことを示すものでもあったのです）。ところでアナタ、「**ホムダの日の御子**(みこ)**オホササギ**」という表現（『**古事記**』歌謡）は、一見して間違いやすいのですが、よく考えますと、詳しく前述（七1）致しました様に、決して「応神の子の仁徳＝久尓辛の子の仁徳」などと言ってくれている訳では全くなく、そしてそれが日本紀上ではただ単に

「ホムダ皇子＝仁徳」と同格

で言っていたのに過ぎなかったことになり（**歌謡の意味**の分析やこの言葉の「**切る処**」の見方の違いから。テキスト18―3―1、P783）、そういたしますとアナタ、本来、そこ（通説）からは、この「誉田御廟山古墳が応神陵であること」も、更には「応神の子が仁徳であること」も一切この古事記の表現からは導き出されては

来ない筈であるのみならず、逆にここからは（通説の立場に立つならば）、日本の正史からは

「仁徳＝応神　同一人」

であったという、通説の人定を暗記しておりますアナタからは、必ず、予想も付かない程トンデモナイと言われてしまうこと（自己矛盾）が必然的に導き出されて来てしまう筈なのです（九6）。通説は「ハテ、困ったナ（正にこれはアウトだ）」と言ってるよ（私の考えなら別（セーフ）なのだけどサ）。

――因みに、右の「ミャンマ衆＝ビルマ族＝弥生民」と鯰（ナマズ）についてですが、要石（かなめいし）のある鹿島神宮の、その南方の房総半島南部の安房国の風俗は閩越（ビンエツ）（福建省やその周辺）と似ている（平安末期成立の『本朝続文粋（もんずい）』巻六奏状〔学者の官爵の申請文が中心〕）とございますので、この神宮の「地震の要石（なまずいし）＝ナマ衆（ズ）石＝ミャンマ衆（しゅう）石」の伝承（ミャマ衆→ナマズ）も東南アジアから「黒潮の道」を通って四国の阿波経由で安房まで伝わって来ております可能性が大だったのです――

そこでアナタ、この様に日本書紀や古事記などの「史書の形式的な文面」は全く当てにはなりませんので（それに、このように抑（そもそも）朝鮮史では本来の**仁徳は女**ですし）、全く別の視点から、つまり「古墳のスケールが日本一の土木工事量」であることや「朝鮮半島にまで及ぶその大王のスケールの偉大さ」やその「同時代性」「中国からの始祖王的な評価＝武という称号」等の**実質的な理由**などから、私は、巨大な大仙陵又はこの誉田御廟山古墳こそが、当時の少なくとも半島南半分と列島西半分で一番力を持っていて朝鮮半島で500年頃に

占領高句麗軍を北の平壌（ピョンヤン）にまで追い払って新羅をその占領から解放

して**実質的な独立を助けてやる実力を当時は十分持っておりました**「**倭の五王**」の一人の「**武＝雄略大王**」（その朝鮮史における同一人のモデルは「**金官伽羅9鉗知王**（カチ）〔429～521年〕＝**紀生磐**（きのおいわ）」（因みに、その

玄孫が新羅の**金庾信**将軍だったのです」。テキスト付録8、P1117）の**列島部分における寿陵**であったと考えることが、これら諸般の情況に鑑み、より相応しいものと思われ（朝鮮半島部分の倭王武の墓は、前述の様に、**高霊伽耶池山洞47号辺りの**「**錦林王陵**」墳か、その45号墳か、44号墳（32個の殉葬槨）かの、その一つが相応しい）、しかも、この**ホムダ**という形容が、前述の様に「**武具の名**」に由来していることからも、この名が冠せられた伝承のある古墳の主が、**海軍**で**南鮮の金官**（**倭**）**の基地**から高句麗支配地などの北を制圧（「**海北**」を平らげたという正史の表現は、あなたが一国歴史主義のアカデミズムのように間違い易いのですが、抑これは**列島から出航したのではなかった**のです）して（倭が幾ら新羅・百済からの上申を仲介してお願いしても中国様が一向に動いてはくれなかったので、侠気のある「倭＝金官」王の武は自ら出陣）

高句麗軍の追放

を敢行し完了したという特に武勇に優れた者であったことが内外によく知れ渡っていたからこそ、その名を「**武**」と、常に蛮族を見下す中国南朝の皇帝としては、珍しくも一大奮発して名付けてくれたのですから（しかも、中国では**王朝の始祖王を**「**武**」と呼びます。倭の雄略もこの中国での例の始祖王と同等という意味を込めましてそれに相応しいと考えてくれたからこそ、あの何時も中華思想から南蛮・北狄・東夷・西戎に対し獣偏などの**卑字**を付けるケチな中国様が、特別サービスでウルトラ級の**武**の字を大奮発してサービスしてくれたのでしょう）、

伝仁徳陵、又は、伝応神陵は、倭王「武」のもの

であったと考えることが最も相応しかったのです（本七1、七3、一〇2、九13。と言うことで、アナタ、ここに中国の『**梁書**』の「倭の五王」の武と『**日本書紀**』の雄略大王（モデルは紀生磐）と朝鮮の『**三国遺事**』の金官のカチ王との、その三者の接合による解明にも、私こと古代探偵が初メテ成功セリ！）。但し、これ

は寿陵でしたので、その後の何人かの大王にもこれ等の巨大陵は当然利用されております〔横穴式墓の宿命〔本来の役割〕たる**追葬**。ですからそのこと〔複葬〕によく注意を払って慎重に掘って下さい。尚、朝鮮では後世に**古墳**が一般人の**姥捨山**（おばすて）としても利用され、老人のための食糧の余裕が無いため、老人を閉じ込めその入り口を巨石で封をしてしまったような時期もございました。ですから棺の外の後世の人骨にもご注意。朝鮮の史家は、知っていてもこんなこと書かないで〔儒教思想からは、生き残るためとは申せ、老いたる父母を捨てるなどということは建前としても恥ずかしいことですので〕抹殺してしまうのですが——更科郡の姥捨山もその朝鮮からの流れ。オリジン発見！）。

さて、少し道草を喰ってしまいましたが、それでは何故、**朝鮮の王女の朝鮮史上でも「仁徳」と呼ばれた王女**が、日本列島における日本書紀という**創作・歴史物語**の上では「同名なのですが**男の大王**とされて**登場**して来てしまったのか？　何故、これらのような矛盾を生じてしまったのか？」というその大きな謎のハテナ？の理由（ワケ）につきましては、これ又とても重要な問題なのですが、時間の関係がございますので一言だけここで申し上げておきますと、後世の奈良朝において、藤原（中臣）氏と言う朝鮮渡来の一官僚（本来、朝鮮の少し高級な馬の骨）たる

臣下の女（むすめ）に過ぎない**光明子の立后**（皇后になること）**の前例の捏造の必要性**

ということや、又、平安朝への移行期のドサクサ（百済革命完成前期）における、素直に考えても、とてもとても本来その子が天皇などになれることなどの有り得ない

下級貴族の蕃（ばん）**系**（**百済系**）**の卑しい出自の人**（**高野新笠**（たかのにいがさ））**を母とする山部**（やまべ）**親王の桓武天皇への即位**のためなどとも、一見アナタからは関係がなさそうに見えるこの二つのことは、実は密接に地下で関連（リンク）して

おりまして、何度も申し上げておりますが、**平安**日本紀**改竄上**のとても大切な点ですので、私の**テキスト**（拙著『**天皇系図の分析について―古代の東アジア**』今日の話題社。二〇〇五年刊。今迄もそうですが、単にこの本〔講演〕で「テキスト＝テキスト」と申します時はこれを指しております）の先程の**仁徳が女性**であったこと（テキスト5―2、P177、5―3、P185、19―3、P872、19―4、P872等）に関する各部分を、是非ゆっくりと拾いながら十分にお読み頂きアナタにご納得していただきたいと存じます。

7―4　日本書紀の12回もの改竄

次に、実は、この点もとても重要な点で、この本（講演）のメインイベントの一つでもございます、日本の古代の正史である

「**日本書紀**」**が鎌倉時代迄に**「**12回も改竄**」

されていたということ――つまり、通説（アカデミズムとその僕レベルのマスコミ、アマチュア）の様に「**日本書紀バイブル**（**神聖不可侵**）**説**」「**アンタッチャブル説**」ということで、一回も改竄の手が触れられなかった不変の聖なる正史が一つあったなどという一見「お利口さん的な頑迷固陋で実に馬鹿馬鹿しい歴史知らずの単純過ぎる考え」（これをお経のように暗記して唱える不勉強なマスコミ文化部の**一見**「**シッタカ・ジャーナリスト**」が一番「始末に悪い＝誤った**害毒**を全国の市民に広く垂れ流す」のですが）では決してなく、大きく分けましても

「**天皇家の出身母体が伽耶、新羅、百済と変わる度に、その王朝により日本書紀は改竄されていた**」

のだという経験則からも歴史上当然過ぎること――についてお話したいと存じます（これは、後述の『新撰姓氏録』の改竄というよりも、ズバリ**偽造**と言ってしまう方が正しいという問題〔七4〕とも**不可分一体**で

関係しておりました。ここでは、偏差値受験型の権威暗記主義――暗記だけは得意でハテナを考える能力に乏しい――とは対極にございます、アナタの国際広域「水平ハテナ思考」の必要性が試されております）。

これは大きく分けますと、先ず**六世紀前半**には少なくとも**口伝**による、今では忘れ去られました芸能レベルの一言で申しますと神楽（かぐら）的な「幻の国史」が存在しておりましたが、それは代々口伝ですので時が経つと必然的に消えてしまう運命にございました。その後文字が入って来てからの有形のものにつきましては、先ず海峡国家から列島のみに追われていた倭の国名を日本に変えさせてしまいました**白鳳・奈良朝**の占領軍の**新羅系**天皇家が、倭に代えてそこに

「日本」という国を　新しく建国

すると共に、

①それ迄の日本列島に存在しておりました古くからの、芸能に近い口伝乃至は特殊な文字で残っておりました倭（**伽耶**）**の歴史を朝鮮古代史と同様に抹殺し**（又は利用し）、**伽耶**（半島の**倭**＝新羅の兄弟国）**や本国の新羅王**系図を台本として**翻訳**して、

②奈良　日本書紀　というものを新たに作り出し、次に、**平安朝**に至りまして、クーデターで政権を奪い取った**亡命百済政権**である**百済系**天皇家の**百済王**（くだらのこにきし）たちが、それを更に再び**大改竄**して母国の**百済王**系図を台本として**翻訳**し直して加え（奈良朝のものと同様に王名も翻訳――淡海三船が漢風化を担当）、

③平安　日本書紀　というものに作り変えてしまい、そして**その百済王系図を基にして、年代的に足りない**（**②**と同じく、**そのスタートを遥かに遠いBC六六〇年までの縄文時代に遡らせてしまいましたので**）**部分には止むを得ず**（**又は、それらの子孫の豪族たちとの国政運営上の日々の「便宜＝方便」の**

ための妥協からも）新羅・伽耶（倭）の王系図をも止むを得ず加えて作られた天皇系図による平安日本紀というその最後のものが、今日までアナタの目の前に至っていたに過ぎなかったのだという訳だったのです（アカデミズムのようにそんな単純じゃなかったのです）。ということで正史の改竄は**大きく分けましても①②③の3つ**に分けられたのです（より詳しくは、次に述べます様に**12回**もあり、その中では平安朝までで、朝鮮**半島**と日本**列島**における、**併存**又は**重なって**おりました、更には史たちによって**新たに作られ**ました他の王朝を全て「**万世一系**」**のテーマで縦に直結**にするなどして〔テキスト〕付録1、P1104、1105〕「**九つもの異なる大王系図**」**が合体**されて作られていったのですが——。一四2、一六2）。

抑（そもそも）日本紀という**名前**につきましては、その**改竄**の問題と共に、今となりましてはとても難しい問題がございますが〔テキスト〕1—3—2、P53〜55）、近時のちょっと可笑しなアカデミズムの具体的な例を先ず一つ引いてから、アナタにお話を始めることにいたしましょう。

先のNHKテレビテキスト「一〇〇分de名著」の『**紫式部　源氏物語**』（二〇一二年発行、P22）の中で、J大学教授のM女史（テレビに出たときの盛岡・草紙（そうし）堂の「**南部紫根染**（しこんぞめ）」の高そうな紫の着物姿は素敵だったけれど——テーマの紫式部にあやかったのカナ。心憎い〔源氏の時代における古語の意味は「奥床しい（おくゆかしい）」程の女心——褒（ほ）めて〔後で〕貶（けな）すは世の習い）は、『**紫式部日記**』〔夫の孝宣（たかのり）に死別し上東門院に仕えた頃の日記〕に出てまいります「**日本紀**」**の定義**につきまして、『日本書紀』から『日本三代実録』までの**六つの正史**、つまり「**六国史**」の**全て**だなどと、その中の**注**で記しておりますが、実は、これは「紀」の題一般に惑わされた大間違いだったのであり、読んで字の如く本来の、一番初めの『**日本紀**』だけを言っていたからなのです。

これは次に、私こと古代探偵兼古代検察官が証拠を引いて、その疑惑についてアナタに十分に申し上げますように、「**12回もの日本紀の改竄**」ということを専門外の不勉強で**全く知らなかった**ことによるオーソリティの暗記中心の「アカデミズムの悲劇」――乃至（ないし）は他の分野（ジャンル）の軽い気持ちでの「ちょい借り」の悲劇――とでも申せましょうか（七4）。次の私の説明をお読み下されば、その内容までもは別といたしましても、少なくとも**何回かの改竄**自体につきましては、中学生でもお判りになる筈の、後述の、凄く大きく分けましても

「**日本紀**（**編年体**）→**日本書**（総合史書・**紀伝体**を目指す）→**日本書紀**（**中途半端な妥協**）」**という変遷**の歴史的事実（ダイジェストにつきP395の①～⑨）を彼女（このインテリ御婦人M）は全くご存じなかったし、又、唯我独尊で知ろうともしなかったからなのです（つまり、極楽トンボだった――この方が「提灯（ちょうちん）ブルマー」を穿いて校庭をピョンピョン飛び跳ねていらした中学生の頃の純真さに戻って、自分の学問への真摯な姿勢を考え直して欲しいものです）。平安時代に完成される前の初めから何回かまでのものは、正式には『**日本紀**』と言われ、又、だからこそ、**その名のママ**でこれらの王朝の日記や随筆にも引用されていたのです（「死んでいる＝ハテナ？の欠けた」今や脳内が老化したアカデミズム。因みにアナタ、**紫式部**の中に流れている**百済王家**（**百済宿禰**）**の血**につき、本邦初公開の序―5は必見のお楽しみです）。

ではここで、その12回にも及びました日本紀の改竄の要点とその主たる証拠・根拠だけでも、私こと古代探偵が次に**時系列**的にマトメておきましょう。より詳しくお知りになりたければ、ご自分で次の各史書（①～⑨）に明記・引用致しました、一つ一つの関連いたしますその史料の**原典**にお当たりになってご努力（お勉強）して頂きたいと存じます。そして、血の出るようなアカデミズムとの殲滅の戦いと、**誤魔化しの絶対**

不可能な「自分との戦い」を乗り越え、次の私の考え（問題提起）を血祭りに上げてでも、アナタがより先へ先へと時代をお進み下さることを切に切に希（こいねが）っております。

一言で申しますと、私こと「古代探偵」の考えは、通説には反しますが、抑（そもそも）、**『古事記』と『日本書紀』には、**本来（沿革的には）それぞれ、幾つかに分かれた種本がございました（そのうちの古事記の方はと申しますと、その元は六世紀前半の「古い形の口伝」がこの流れだったのあり、その古事記としての流れの後半は、改竄された他方の流れの日本紀の内容——特に帝紀——とは矛盾を生じてしまったため、これは余計（みそつかす）なものとして世に一時埋もれてしまったのですが（後に再利用）、何らかの折にその後に写本が現れ（漏れ）た形になって脚光を浴びることになってしまったのです——そして更に江戸時代に至り、本居宣長が宣伝拡大した）。それがアナタ、このように最終的には**百済系天皇家**の大改竄により**その基は同じものだった**（万世一系）という風に、つまり、本来「記」と「紀」とは、その大王・天皇のモデルが、沿革的にも時代的にも作者（史）も異なり別々でございましたので**全く異なって**おりましたが、その**両者の大王・天皇系図の一体化という整合性**が、強引にも後述の平安朝の**⑧日本書紀**レベル——最終レベル——で**萬多親王**により図られてしまった（だから、萬多親王は困（こま）った人だ）

ということだったのです（このことを超現代的に申しますと、量子力学に基づく「量子コンピュータ」の量子ビットの0と1との「重ね合わせ」①のように、0でもあり、又、時として1でもあるように、優柔不断でファジーな状態、とでも言えましょうか。又、別の身近な表現で申しますと、「貼った」と思ったら又「剥がれる」、どっちにも区別出来る「3M（スリーエム）の付箋説」とでも申せましょうか）。そう**両者の関係を幽霊**のように——或るときは**別**、又（また）或るときは**同一**（**又は黒子**）と——或る程度アバウト（ファジー＝Fuzzy）に考えることにより、初めてアナタは、後述いたしますように①もし正史**『日本書紀』には先行して存在していたならばあった筈の『古事記』の記載の引用が一切ない**ということの不可解さと、②**古事記が編纂**されたとされておりました時代の**正史『続日本紀』**に目を通しましても、こんな国家の大事な一大事業であるにも拘わらず、**その作成自体のことにつきましては何ら触れられてはいない**という大きな二つの奇妙さ（謎）についてのご理解が出来てくる筈です（止揚＝アウフヘーベン）。

　ですからアナタ、客観的に空の上から見ますと、今までの先入観にこだわっていたアナタには不可解かもしれませんが、記紀が元々一つだったのかそれとも別々だったかは（そのビットが0か1かは）、その時点時点によって異なっていたと言えるのであり（Φ）、アカデミズムの立場に立つ限り、今となってはそれは判らないというのが正解となる筈なのです。早い話がアナタ、「記」と「紀」とをアカデミズムのように最初から同一であるとか、又逆に、別であるとか、そんな単純に二者択一に考えてはっきり分けはいけなかったのです。アメーバのように夫々（それぞれ）が形を変えて時代と共に動いて来たのです。丁度、内助の功のように。だからこそアナタ、その一つの証拠といたしまして、③実に不思議なことに『古事記』は勿論のこと、『日本書紀』の編者の方にも**太安万侶**は含まれて（表示は、中国宗主国様にバレないように、時として**安万侶**、**安麿**、**安満呂**などと巧みに少しニュアンスを変えてはおりますが）いたのです（**安万侶が両方の編者**であったことを知らなくて、エッ！と思われましたアナタは、テキスト23―2―1、P930下、同21―9、P898下を必ずご覧下さい）。アナタはこれらの証拠からどのようにお考えになりますでしょうか？　早い話がアナタ、

　「記」（0）と「紀」（1）とは**本来別々**のもので且つ時間差で登場して来たのですが、「万世一系」の必要性から**段々と同一化**され（0か1からΦへ）ていって「紀」（この場合には『日本書紀』＝1）が完成に近くなった段階では、

最早下書き（乃至は前王朝の史料）レベルであった「記＝0」の方（特にその原本）は**不都合**なものとしてその**役割**を終え**捨て**られてしまった（「崩年干支＝チューインガム」を加えて利用された部分は別）、つまり正史との矛盾を恐れての**門外不出**とされててしまった、ということだったのです。こうファジーに考えて来なかったので、アカデミズムもアナタも、今まで長い間、暗闇の中から牛さえ出すことが出来なかった（光が見えてこなかった）のです。私の発明した黎明色のＬＥＤで明るくなって牛の輪郭が朧気ながら見えて来たネ。

さて、この問題は、アナタ、先入観に凝り固まったアカデミズムが十分に手を付けていないアンタッチャブル（神聖不可侵）な古代史の最後の砦、譬えて言えば「攻略不可能なヒマラヤの聖なる最高峰」を目指す登山隊（量子コンピュータ部隊）とでも申すべきものですので、本業オンリーのアカデミズムとは異なり、他に多忙な本業（アルバイト）（弁護士）を持つアマチュア（私）が、仮令（たとい）、寝ないで頑張ったところで、必ずや多少（又は、多大）前後の矛盾を来すことになるでしょうが、そんなこと決して恐れずに、駄々を捏ねる「利かん坊」のように、アマチュアの私こと「古代探偵」兼、この場合「古代検察官」が小異を捨ててドラスティックに、勇気を持って頑張って、その　**日本紀の12回以上にもわたった改竄**　という、アカデミズムは今もって無視（シカト）する避けて通れないこの歴史一大事業についての説明を、ドシドシ疑問を提起して始めることにいたしましょう。「イヨー、待ってました！　大統領！」。アナタ、「古代追及検察官の次なる告発！」に乞うご期待！

とは申しましても、次に申し上げますこと（0と1の各発生から量子ビットの⦶となり、やがて1となって落ち付くこと＝Fazzy（ファジー）〔あいまい〕な理論）は、あまりにも多岐に亘る「**人史学**」（テキストP1097）による総合力の結果ですので、結論の**項目**と**年代**だけでも最初にオリエンテーションするところから始めましょう。これからアナタにお話しいたしますこのような方法論は、今後の古代史の流れを一変させるであろう「恐ろしく巨大な渦――怪獣ゴジラ」に化ける可能性を秘めております。

アナタがもし、古代史を始められたばかりの方でしたら、「複雑怪奇」とも申せますこの迷路に嵌まり込みますと、富士山麓（量子ビットの森）の青木ヶ原に迷い込んだように**生きては帰れません**ので、このオリエンの①～⑨の項目以外はお忘れになって先へ進んでいただいても構いません（但し、この①よりも前に、六世紀前半より前〔文字の渡来する前〕までは、今は抹殺されてしまっております主として口伝による〔プレ①〕国史――書かれざる歴史――がございましたことも、アナタゆめお忘れにならないで下さい）。では、どうか軽いお気持ちでドンドン読み進めていっていただきたいと存じます。

①「**大宝日本紀**」　七〇二年以前
②「**原・古事記**」　七一二年
③「**和銅日本紀**」　七一四年
④「**養老日本紀**」　七二〇年
④―**2**　**訂正**「**養老日本紀**」（④に続いて）
⑤「**古事記**」　七三八年
⑥「**日本書**」　七四八年
⑦「**日本書**」　七六〇年
⑦―**2**「**日本書**」　七六六年
⑧「**日本書紀**」　八三四年以降
⑨「釈日本紀」による**訂正**（鎌倉中期）

（但し、①より前の⑩天武による「**帝記・上古諸事**」の記定〔六八一〕とは、新羅史〔六七九〕のダイレクトな翻訳そのものに過ぎませんでしたので、これをアナタは我が国でのこととしてカウントしてはいけません）

では、先が長いですので、早速オリエンテーションはこのくらいにして始めましょう。愈々、アナタが今まで**教科書では見たことのないような（0）と（1）との絡みつく「超統一紐の理論」による驚きの古代史**の開幕です。

①「**大宝日本紀**」（大宝2年、文武天皇、**702年**以前。②と同じく飯豊を大王とするもの――角刺神社「**仁寿鏡**」――文保（一三一七年が元年です。花園帝、執権北条高時の頃）までの記述あり。この「鏡＝歴史書」にアナタがご注目いたしますと、正史には無い（正史から消されてしまった）歴史改竄の小さな残照（これは**矛盾に満ちた片鱗**ではございますが――）がここに見られるのです――には

「**天武十年舎人親王。并太朝臣安満呂。日本紀撰卅巻。元正天皇御宇**」（天武十年〔六八一〕）

「**大宝二。日本記修。元正天皇御宇。舎親人王。安麿等。奉勅撰之。始道国師於諸国**」（七〇二年）

とございますものがこれに当たります（ここ大宝二年レベルですらも「撰」「編」ではなくもう既に「修」の字が使われておりますことにアナタこの点からはご注意下さい〈理論的には、大宝二年の前に撰があった筈ですので〈もしアカデミズムの言うように国家と言えるものがそこにあったならば、国家であれば必ずそこにございますこととして、後述の「記」（0）の系譜か「紀」（1）の系譜かは別といたしましても、六世紀前半には少なくとも口伝によるその原型とも言える何らかの「幻の国史」＝とは言え「母国の朝鮮・満州の各国から持ち寄った歴史」によったものが作られていた筈なのです。応神紀九年四月

7

の「探湯」につき後述〉、天武十年——六八一年のは新羅史の翻訳ですが——の「日本紀」〈この問題点につき、後述〉を**修正**したとでもいうことなのでしょうか？　傍点・ルビは筆者〉。そして、何故かこれらの伝承はこの様に年号と天皇の名とが**不安定**なのです。因みに、この仁寿とは、新羅29太祖武烈王金春秋の第2子の**金仁問**〔629～694年〕——この王子は674年には一時唐により**新羅王**にさえも冊封されております——の字の**仁寿**と同名なのが気になりますし、又、これは平安朝の**年号**〔こちらの方の読みは**仁寿**。文徳帝。八五一年四月二十八日～八五四年十一月三十日〕でもございます〉。

この大宝二年とその前の何ものかはその内容から考えましても別名「**原・旧事紀＝日本旧記**」と言われるものと**同一**だったのであり、その内容は当初は（後に改竄されてしまいますが）、その当時の国際情勢から考えましても、以前から伝わっておりました**百済本記と金官（倭）史**とを台本としてより古く（朝鮮の伽耶レベルであった倭の頃）から作られていたものである（テキスト14—2—1、P559下）と共に、何故か**飯豊青皇女**（モデルは金官〔倭〕王女）を**天皇**（但し、これは顕宗の妹とします）としております特色がございます（陵の場所につき別述）。

又、**この年（702年）**の4月13日には、

詔す諸国の「国造を務める氏」を定め、其の名を『国造記』に具す（『続日本紀』**文武**天皇）

等と（国造記＝旧事紀の一部。後述）、このことはアナタがご覧になっても日本の正史にちゃんと記されております様に、この頃併行して**地方史の改竄**——**提出**させられたというのは、早い話が、渡来し土着した**地方豪族の持つ自家の史書**（七〇二年以前に**口誦**を記述させたものを含む）の外来性を**焚書**するためだったのです——にすらも着手し（七5。鹿島神宮とその真の祭神）、この結果もこのときの**大王紀に加えられて**おりますので、このアナタにも明白な有力な状況証拠からも、遅くとも大宝二年〔七〇二〕

の文武の頃には或る国史（地方史をも含む）の編纂（偽造・変造・改竄）が行われておりましたことは、ほぼ間違いなく十分推認出来ることだったのです。

ところがアナタ、このとき**具**（つぶさ）**に載せられた**と正史・続日本紀に記されましたように、この編纂のときのバックボーンとなっております**実質的な国造記**というものが、平安初期に改竄されてしまうその前の**プロト『先代旧事本紀』**（さきつよのふることふみ）の中の「**国造本紀**」（くにのみやつこのふみ）へとストレートに繋がっておりましたので（このことは全国の**国造のリストとの**照合によりその**同一性**が十分に証明されております——この国造本紀を全く外して、日本の古代の国造を論ぜられるアカデミズムは皆無の筈です〔中国史〈この頃の国造の数〉や後の「和名類聚抄」への流れに付きましてもそれと全く同様だからなのです〕。**だからプロト旧事紀がこのレベルでは正史の台本**とまでなっていたのだ！）、ということ（これか、又は次の②のプロト古事記は、六世紀前半の「幻の国史」からの流れだった可能性が大なのです）からもこの

大宝2年レベル以前におけます「**原・旧事紀の存在そのもの**」**が正史により認められる**（そういたしますとアナタ、日本紀を認める人〔アカデミズムの全て〕は、同時にその反射的効果として**必然的にその主要な材料ともなっておりました、先行したプロト旧事紀の存在をも認めざるを得なくなって来る**筈です〔もしそうでないとアカデミズムは、今日以降は、女子供のように好きなところのみお好み焼きを「**撮み食い**」（つま）ばかりしている〈好き嫌いのあるアカデミズムの負け〉との汚名を永久に被（こうむ）ってしまうことにもなりますよ〕）と共に、この様に当初におきましては、

「**旧事本紀が決して偽書などではなかった**」どころか「**正史の台本の重要な一部にすらなっていた**」——後でこのことは隠されてしまいますが——ということもアナタに十分判っていただける筈です（このように正史における「国造のお話」は旧事紀〔その屋台骨〕におんぶにだっこだったのです。テキスト12—

3―4、P531下。21―6、P922上。これで一つ、古代の無実の罪の人を救った〔復権させた〕ゾ)。私こと「古代探偵」による「**旧事紀の復権**」、その古代の神の物部氏の「**ニギハヤヒの復権**」ここにあり！エイエイ・オー！

(マトメ) 以上、ここ①で私は、先代旧事本紀というものの流れが、矢っ張り全ての日本の正史のスタートの根底に今も残っていたこと、つまり「**先代旧事本紀の復権**」を国造本紀に基づきここに宣言・確認いたしました。そして「帝紀」と並んで登場いたします「旧辞」「本辞」「先代旧辞」などと表現されるものが「古事記」の一部の材料ともなっていたという点でも繋がって(一部生きて)もおりました。

②原(プロト)・古事記(和銅5年、元明天皇、**712年**正月二十八日――但し、「詔……撰録……旧辞」は前年九月十八日〔記序〕)

「**和銅五年上奏日本紀**」(『**扶桑略記**』後述――忍海飯豊青尊(おしぬみいいひどよのあをのみこと)〔顕宗紀五年正月の自称〕を天皇とするもの。『皇胤紹運録』や『水鏡』も同じ。日本紀では何故かこの点抹殺)

太安万侶(おほのやすまろ)と**稗田阿礼**(ひえだのあれ)が中国史の「**書**」である「**紀伝体**」を目指して担当致しましたものがこれでした(テキスト21―3、P892下)。ポイントは、嘗ては朝鮮半島の倭の主要構成国の一つでもございました、**咸安**(ハマン)を王都と致します卑彌呼の末裔の**安羅**(**倭**)**史**と**百済史**とが取り入れられ

(ですからアナタ、このとき安羅系の倭人の血も混じった**太**(おほ)**氏**〔但し、この氏にも大陸での出自にまで遡りますと、二つの異なる流れがございました。別述〕によって、安羅系の人々の祖先でもございます「**26継体大王＝大伴談**(かたり)がモデル」「**27安閑大王＝大伴金村**(かなむら)**＝安羅王安**がモデル」「**28宣化大王＝大伴歌**(うた)が

モデル」の三人の安羅（倭）王が列島の正史上大王として取り入れられたのです。場合により、これは同系列（②→⑤→⑥）の内での⑥**日本書**レベル（七四八年）での可能性もございます。後述。そして、別述のように、この**大伴金村の子**の**磐**こそが、実は**朝鮮半島**で五二七年に安羅と新羅とが組んで金官（当時の倭の盟主）に反抗いたしました所謂「磐井の乱」の**磐井のモデル**となっていたのです。本邦初公開――因みに、序でながら、ここから五年後の五三二年には金官（倭）が新羅に滅亡させられ、その二年後の五三四年には、その余波を日本列島の東国の各伽耶の植民市が受けて、その一つである武蔵騒乱（武蔵国造の乱）へと（コスモポリタンに見ますと）発展していったのです（別述））、古代的な**歌謡調**のものが中心であったこの史書の中の

歌謡の部分の万葉仮名の漢字の表現音が「**呉音から漢音へ**」**変更**

されたのです（やはり五七調か七五調だったのでしょうか。ところでアナタ、この歌謡こそ、前述のように六世紀前半以前からの口伝による「幻の国史」から伝わって来た名残り（流れ・中心）であった可能性も大なのです）。だからこそ**稗田阿礼**と称する人の（一六4、P1022、伊勢神宮）**暗誦**（**歌謡**が中心でしたのでこう**暗誦**という表現がされたのです。更に「暗誦」には別の深い意図も隠されておりました（後述））と称します行為――アナタ、何のために阿礼に**暗記**させたのかと申しますと（後述⑤参照）、勿論、それはその原本に**都合の悪い部分**があり、それを**焚書**するためだったのです（単純明快）――が必要とされたのです（更に、**音と訓を交えた和文体の漢字**――固有名詞などは日本語の音を表わす漢字を用いる――のこの原・古事記を、音と訓のどちらで発声するかの**区別**をするための**注**をも付けなければなりませんでした。但しこれは、これがより「漢文」化されました後述の**和銅七年紀**③レベルでのことだったのかもしれません）。

平田篤胤は『**釈日本紀**』所引の『**私記**』の分析により、「**和銅日本紀は漢字混じりの仮名日本紀であった**」としております（ここでの仮名とはアナタ、一体**どんな仮名**だったのでしょうか？　**カナ**と**カンナ**〔**神字**〕とは異なるのでは？　後述の③も参照）。そして、これがもし、仮に、この和銅「**五年**」のもの、つまりこの②を表わしていたのだといたしますと（これは**七年**の③の可能性も多分にあり）、何とアナタ、平田の言うことと「**古事記＝変態漢文**」という事実とも今日あるものがピッタリ一致してまいりますよ。そして更に、その元が抹殺されてしまった『**秀真政伝紀＝ほつまつたゑ**』のその又**元本**のような、古代にはよく見られます**歌謡調**（或本は**五七調**のものです）であった可能性すらも大だったのです（歴史を伝承しましたので）。ですからアナタ、歌謡調の**プロト秀真伝**の意義の再認識の要アリ。

ということで阿礼は漢字を**呉音**（例「城＝**ジョウ**」「男女＝**ナンニョ**」「都祁＝**ツゲ**」と**漢音**（例「城＝**ゼイ**」「男女＝**ダンジョ**」「都祁＝**トキ**」）の**両方で読める外国人**であった可能性が高かったのです（呉音にも漢音にも通じていた――だから）。

――しかしアナタ、ここには大きな疑問（ハテナ？）が隠されておりまして、前述のように、もし②『**古事記**』**序**（和銅五年、七一二）の言うように、単に「諸家のもたる**帝紀**および**本辞**の**偽りを削り**」「**実を定める**」のであるとするならば、なにも回りくどい暗誦などをさせずに、早速「**新しく定め**」**てしまえさえすればそれでスカッと済む**ことではありませんか。では、そうしなかった真の理由とは一体何故だったのでしょう？　実はアナタ、これこそが豪族たちに内証で天皇家の出自を**焚書**するためだったのです（もし、そのこと〔歴史改竄作業〕を正直にオープンにしてしまったら、歴史焚書を宮中の奥で深く静かに目論む天皇家の逆鱗に触れてしまうからだったのでしょう。旧辞との関連？）。多分そうとしか考えられませんよね（証拠隠滅）。何故か触っちゃいけない理由がそこにはあったのでしょうか。このように、この「古事記の序」の文言自体が、実はアナタ、眼光紙背に徹すれば歴史の改竄の謎をプンプンとアナタに匂わせていてくれたのです（私こと「古代探偵」は、ここの一寸とした偽造の「きな臭い匂い」をも決して見逃しませんよ。尚、後述④―2の説明）――

――この「呉音→漢音」という再修正は（北方音の中国様仕様化でもございました）、これを嚆矢といたしまして桓武焚書に合わせて、もっとずーっと後世の延暦十一年（七九二）頃にもより本格的に行われておりました可能性が大だったのでした（『日本紀略』『日本後記』『類聚国史』。七4のA「氏族志」参照。後述）。このように私の①～⑨の12回の正史日本紀の改竄・焚書の大きな流れは、基本的な大筋についてだけ述べたものであり、それから千三百年も経過いたしました今日では、最早証拠も乏しく詳しい復元は頗る難しいのですが、実際にはこれよりさらに重層的・多角的で複雑であったものと思われます――

――ところでアナタ、このプロト古事記②というものが、何故、大王・天皇の年齢（宝算）を大字（壱、弐、参の古体）で、此天皇御年伍拾漆歳（孝元）、天皇御歳壹佰陸拾捌歳（崇神）、天皇御歳壹佰貳拾肆歳（雄略）などと記して他とは大いに異なって一際目立っていたのかということにも、この謎の解明への大きな糸口の一つが隠されているものと、私こと「古代探偵」は睨んでおります（この頃の古事記習作説。本一四。右の崇神を例にとってそのことを一言でご説明いたしますと、この「百六十八歳」という正史日本紀とは「異なる紀年＝崩年干支註記」も、酉年から始まる新しい暦の下に神武元年を大幅に遡らせて、と言うことで日本紀の大王の紀年を「引き伸ばす」役割（チユーインガム）がここに明白に見られますことからも、「0→①→1」におけるますその途中での古事記の重要な仕事の一端が、ここにもちらりと覗いていたことにアナタは気が付かなければいけなかったのです）――

抑（そもそも）、この阿礼が**渡来人**かその子孫でございましたことは、その名の「礼」の音にラリルレロの「R」音が入っておりますことからも明白だったのです（それに、阿礼（あれ）とは古代では「**生れ**（あ）」を意味し（神の来臨＝御阿礼（み））、**神の降臨**を示しておりましたので、稗田阿礼はそのネーミングから申しましても**中臣神道**の意を承った**神事を行う覡**でもあったのです。このように「舎人」という文面からは男とも思われますが、しかし阿礼の出自は鎮魂祭に滑稽な仕事で奉仕する猿女を献上しておりました天之宇受売（あめのうずめ）（天鈿女――紀）の子孫の猿女氏の後裔でございますので、実質的にはこれがプロの女であっても決して可笑しくはないのです）。と申しますのも、当時の列島の倭人は「**ラリルレロ**」の発音がとても苦手でして（一5）、発音しようとすると舌が回らず（舌足らず）「**タチツテト**」になってしまったからなのです。その一例といたしまして、遙か近東のシュメールから極東の朝鮮までの八千キロメートルもの間「牛＝**ウル**」という音価を維持してもそのまま伝わってまいりましたものが、たったその四〇分の一の二百キロメートルの**対馬海峡**を渡って列島に入った途端、ルの発音の苦手な人たちによって「牛＝**ウツ・ウシ**」と今日の「ウシ」に変化させられてしまったのです――**今来の秦氏**が持って来たときは、正に「**ウツ**」となってしまっていた！。

ですからアナタ、日本で今日でもよく見られます人名の**太郎**、**一郎**、**次郎**、**三郎**などという「ラリルレロ」の入った「――郎」の名前が残されておりますことも、本来は朝鮮半島の「**新羅の弥勒信仰の花**（か）**郎**（ろう）」が、白鳳・奈良朝の日本占領軍の新羅王子や貴族として**日本を支配**したときからのその**文化の名残り**の一つだったのです（ステキ23―5―3、P964下）。

又、序でながら、他方、日本人の名に多い「孝」や「隆」や「豊」も、古へにおきまして、既に36孝徳大王のモデルが百済王子の「孝」、39弘文大王のモデルが同「隆」、38天智天皇のモデルの二分の一が同「余・豊璋＝豊」であり、このように「大王・天皇＝百済王子」という高貴な人々の本貫の朝鮮半島での「名」がそうであったことに起因して、百済革命後初めのうちはその系統の貴族たちだけに付けられたものでしたが、やがてこれが少なからず後世に一般に影響を及ぼしていったのです（テキスト付録1、P1105）。

ところでアナタ、正史たる**『続日本紀』**には、先に（八年も前に）出来ておりました筈の**「古事記」が何故全く引用されていなかった**のでしょうか？　これは凄い疑問の一つなのですよ！　そして更に、その疑問は深まってまいりまして、抑、正史『続日本紀』には、何故、**古事記の撰録自体の記述すらもが全く見られなかった**のでしょうか。この点の本章（第7章）で述べます変化につきましては、「記」と「紀」とが共に最初から終わりまで**国家編纂**で且つ**別のもの**だった万古不易の一つあったものとするアカデミズムの立場では到底説明がつきませんよ（しかもアナタ、アカデミズムはアバウトにも同じ古事記でも②と⑤との区別は出来ておりません）。私こと「古代探偵」のように、元々「記」も「紀」も**同一**のものの（「幻の国史」①で説明）、その過程（支配者の変更）におけるその内容の変更（離合集散＝内容が流動する、又はさせられたもの＝日本紀の始めの天地（乾坤）開闢のように混沌としたFuzzyなもの）だった（①）、ただそれが平安朝での国家意思の最終完成に至るまでの途中から、何かの要因で百済系の天皇の「万世一系」「天孫降臨」の大きな基本思想に都合の悪い部分のみが分化されクリーニングされて（片方（0）が隅に置かれ（隠され＝捨て去られ）て）しまった（又は、より具体的には、それまでの日本紀への年代加上のために途中から「崩年干支」を加筆された②旧・古事記が併行利用された）と考えれば、いとも簡単にこれらの疑問をクリアー出来てしまうのにネ（これも一つの正論）。序ですが、更に人の名前について申し上げますと、**花さん**や、**花子さん**の「**ハナ**」という名は古朝鮮語の「一」の意味でして、古くは渡来人がその**長女**につけた名前（男だったら長男は一郎・太郎）だったのでして（テキスト23―2―5、P941上）、又、「**ツル**」とは「二」でこれ又「**第二の故郷**」ということで、渡来人が渡来して住み着いたその異境の場所に**都留**（山梨県。熊本県〔玉名市や人吉盆地の多良木町〕他につき九7）などと命名したものだったのです（何故か日本全国に拡散してるよね。「**鶴**」も同様です。ですから地名の音価に、当時は渡来人しか発音出来ない「ル」音が入っていたのです。テキスト23―5―8、P972下）。尚、**早苗**という女の子の名前も、当初の古代に遡りますと、これ又同様でございまして「**斯盧**＝sai-na＝サナ＝**新羅**」に由来していたのです（早苗ちゃんは新羅ちゃん。一5、六）。

奥州の「前九年の役」などで活躍いたしました**源義家の弟**の**新羅三郎義光**（テキスト23―5―8、P970下、971上。7―4―7、P237下。7―4―3、P233）の名の中にも、既にこの当時にこの「郎」の字が入っておりますが、更に、このことは、同じく**武士の源氏**が、遡りますと、抑、同じ源姓なので紛らわしいとは言え、祖先が臣籍に下った源姓の貴族なぞで全くはなく、遡れば**新羅の花郎の出自**だったということの動かぬ証拠の一つでもあったのです（テキスト23―5―3、P964。一八3。金太郎）。

因みにアナタ、と申しますのも、**a**平安朝の**百済王**を**母**とした天皇の子で母が卑しい（外形上は蛮系）身分の子を**臣籍**に下して付けましたところの貴族の**源姓**と、**b**後世に出現してまいりました**武士の源氏の源姓**とは、実は、アカデミズムの説明に一八〇度反し、「同じ源」でもこの二つは**全く別のもの**だったのでございまして、後述のように、後者は新羅が**九三五年**に**高麗**に滅ぼされたときに**全新羅水軍**（**一万人余**とも言われております）が朝鮮半島で「**神隠し**」にあって**行方不明**になってしまいましたが（テキスト

23—5—7、P970上)、この人々やその子孫が主として日本列島の**東国**などのつい先日までは**陸からは通えぬ漁村**(**陸の孤島**)や**島嶼**や**山奥**など(b坂田**金太郎**につき、一八3は必見。テキスト23—5—10、P976下)の鄙の地に住み着き、長い忍従の末、やがて本来の武力を磨き**ガードマン**として雇われ、境界紛争が多発いたしました荘園や貴族に取り入れられるようになり、段々と**武士へと化していった**のです(そして金持ち(成り金、勢力もメジャー)になり、京都の**貧乏公家**(a)からの「**a系図の前半分の買い取り**」(**出自偽造**)による、**臣籍に下された天皇の一族**(a)と**上級武士**(b)との形の上での**同姓化**(この場合**源姓化・平姓化**——後背効果の権威付けを狙った当初は形式的同姓化に過ぎなかったものを、やがて巧みに実質的〈血統的〉同姓化へということにまで変えてしまった欺罔(ぎもう)マシーンのシステムここに我発見せり——つまり、外人が日本人として「生まれ変わる」〈土着であったことになる=つまりアナタ、**b**が「**天孫降臨**」をお経のように唱える平安天皇家**a**の部下の仲間に入る〉システムとしての系図売買のパターン——「新羅人〈亡命民・含「安羅=平家」などの旧伽耶人〉↓日本人としての**武士の源氏と平家の成立**」ここに源あり——〕してしまうことの嚆矢。本一七9と一八3は必見。これ又私こと古代探偵の本邦初公開)。

——日本列島の「百済=天皇家」の下の「新羅=武士」としての復権(但し、その更なるドンデン返しが「100後小松天皇は新羅系の足利義満の実子」。テキスト27—1—1〜2、P1035〜1039必見)という、どちらが上か下かは時代毎に別として、常に日本列島の支配者に見られます不可思議とも言えます二重構造(バランス・システム)——

このように、アナタが常日頃何気なく口に出している「ラリルレロ」のラ行音のついた人の名前や地名からでも、アナタがそこに立ち止まって子供のように「ハテナ?」と考えさえすれば、その朝鮮半島や満州での歴史が突然アナタの目の前に３Ｄ(スリーディー)のように浮かんで来る筈です。だから**名前**や**地名**は「**生きる歴史の証人**」なのです。

この②「和銅**五年上奏日本紀**」も右の①の大宝日本紀と同じく、何故か謎の**飯豊**(いひどよ)（伽耶〔倭〕の王女）を**天皇**としており（一六4、Ｐ1044）、且つ、ナントアナタ、これ（七一二年のもの）も古事記ではなく何故か七二〇年のものと同じく「**日本紀**」！と呼ばれております（見よ！　アナタ、『**扶桑略紀**』〔前述及び『**紹運録**』〕を。和銅五年元明。因みに、この点『**水鏡**』も二十四代を**飯豊天皇**としております。テキスト21―3、Ｐ892下必見――ということはアナタ逆に申しますと、**古事記**さえも或るときには「**日本紀の顔**」！をしていたとき〔0→量子ビットの⓪→1という流れの途中〕があったのだ〔**怪人二面相**〕――）

（和銅日本紀　その1、五年紀）（一八1）

――これが後述（一四2）の**A・C・Dの天皇系図**を基本(ベース)として、そこに**B・D・Eの天皇系図**を加えました（テキスト付録1、Ｐ1104必見）、「**今日現存**いたしております**日本紀の当初の母体**＝この時期の**古事記**」の流れであったとの考えも形式上の「時代の整合性」という点をちょっと置いておきますと可能かとも思われます（後に、紀年を全て消されてしまった。0→1）。ですからアナタ、古事記の方は、時代が編纂時に**近い**（新しい）大王・天皇は単に**系譜**（**王位の継承の順**）を記す程度（順番のみ）の所謂(いわゆる)「骸骨(ガイコツ)の裸踊り」レベルに留められていたのです（本邦初公開）――

（**マトメ**）以上、ここ②では「**安羅**（**倭**）・**百済**」系への内容の流れを見ていただきました。

③**和銅・日本紀**（元明天皇・和銅7年2月10日、**714年**）

紀(きの)**朝臣清人**(きよと)（**新羅系の金官人**〔**倭人**〕）や**三宅臣藤麻呂**（**卑彌呼系の安羅**〔**倭**〕**人・天日矛系**）が担当

とされております。正史『**続日本紀**』にいうところの

「**令レ撰二国史一**」——国史を撰修させた——

とはこのこと③を指していたのであり（『**仁寿鏡**』にも同年「**撰国史**」と同じような明文あり）、当然、始めはこの**編集長の紀氏**（**木**氏＝**金**氏＝**蘇**氏＝元半島の倭人・倭王）が持っていたところの祖先たる（別述）金海の**金官**（古への**倭**）**史**が中心であったものが（倭人の**本家**の朝鮮での本貫の**金官**金氏の歴史）、後に日本占領軍の母国の**新羅史**を中心としたものへと吸収され書き換えられ（新羅＝倭人の**分家**の**慶州**金氏の歴史）、**漢文**には**和訓**

（同じ和銅日本紀の流れとは申せこれは前述②〔和銅五年のもの〕よりも**中国化**〔**漢文化**〕が進む——一六—1の「日本紀の**二つ**の真の役割。その一つが「中国様」用——とともに、その内容も編纂過程で**新羅史のウェイト**が格段に高まるなど**純漢文調**——この二年間に漢文作文の進歩アリ〔これは単なる②の**漢文化＋α**だったのか？〕——となり、抑**その漢字の読みのために万葉仮名**〔その元が、大王・天皇が母国で使っていた朝鮮の吏読であったこと〈万葉仮名の祖＝朝鮮の吏読〉につき、テキスト23—5—1、P961はアナタ必見〕というものが使用されたのでした）

が施されました。その底流には、このように前述①の大宝の『**日本旧記**』を一応のを台本としつつも、②をベースに、前述のように**純漢文化**という要素も合わせ持って改竄されたものがこれに当たります（①↓〔②〕↓③の流れ）。

この史書で用いられました**暦**につきましては、これ以前もそうなのですが、

　　寅歳から始まる古くからの**顓頊暦法**、

つまり、南朝の**宋**で443年に作られ445年から施行され**百済**でも使われておりまして、**百済経由**で

古くから**倭**（**金官伽羅**も古への半島の**倭**でございましたので、その歴史も同じだったのです＝古代の倭はこの暦）にも入って（その証拠でございます、正史の記載の真っ赤な**ウソ**が、一発の考古学の物でバレてしまいました近つ飛鳥での「**具注暦**」の出土につき、後述の④はアナタ必見です）おりました**元嘉暦法**が変わらず使われておりました（**古い暦**）（**和銅日本紀　その2、七年紀**）

但し、先程の①の『**仁寿鏡**』では、この③と次の④との**間**の**霊亀元年**〔**七一五・治九**〕の元正天皇のところにも、何とアナタ！

「**勅一品舎人親王并従四位下大納言安麿等撰日本記**」

というアベックの記載が見られます（この「漢と倭」を対比した史書には、「レ点・返り点」はございません——尚、この［レ点・返り点がない］のは何故なのでしょう。と申しますのは、これは誰か**中国かぶれの存在**によって書かれましたことを示していたのです。又ここでは「**撰**」の字にご注意下さい。この様に、作られたとされております年代すらも当時から不安定だったのです。それにアナタ、後述の『**弘仁私記**』にもご注意下さい）。

（**マトメ**）以上、ここ③では②の**漢文化**と「**安羅**（**倭**）→**金官**（**倭**）・**新羅**」系への内容の流れを見ていただきました。正史ではこの次辺りから「**日本紀**」**らしい名前**が段々と登場してまいります。

④**養老・日本紀**（養老4年五月、元正天皇、**720年**＝アカデミズムの言うところの、たった**一発**のみ！の正史『**日本書紀**』はこれだけ！なのですよ——けちなアカデミズム）

舎人親王と**太安麻呂**が担当（何回目かでしたから『**釈日本紀**』所引の『**弘仁私記**』にございます「**更撰**」は当然のことだったのです。テキスト23—2—1、P930下）。全文漢文。『**帝記**』と『**上古諸事**』とが台本だったとアカデミズムは言っております。但し、これら実際（内容）の執筆者は、何とアナタ、**四十年も前**の台本のときの中臣連**大嶋**と平群臣**子首**となっておりました。天武紀十年（六八一）三月十七日「**令レ記二定 帝紀 及上古 諸事一**。**大嶋・子首、親 執レ筆以 録焉**」。しかしアナタ、これが実は、新羅文武王（天武天皇のモデル）の調露の新羅史大改竄の翻訳、つまり時を遡ってのその引用・猿真似（倭風化）に過ぎなかったことにつき、後述P418は必見です——つまり**四十年前**のこれは、実は**架空**だったのです。

「**先レ是、一品舎人親王奉レ勅、修二日本紀一。至レ是功成上。紀卅巻系図一巻**」

（『**続日本紀**』同年5月21日）

——**これより先**（これは先行の③かそれとも②か、その他か）舎人親王（モデルは**新羅王子**の**金阿用**）が勅を奉りて「**日本紀**」を**修す**。ここ（養老四年）に至り功成り、紀三十巻系図一巻なり——（①→〔③〕→④の流れ。尚、前述の①仁寿鏡）（テキスト12—3—4、P531、本一四1）。

そのときの大王系図などの本質は、**舎人親王**が占領軍の**新羅王子**そのもの（天皇。序—3—3）でしたので、必然的に**新羅史の翻訳**でした（しかもアナタ、**舎人親王**は『**唐書**』の新羅の**阿用**とも同一人を表わしておりました。テキスト付録3、P1107、同7、P1115）。そして、ここでのポイントは**酉歳**から始まるその当時の**現行暦法**が使われていることなのです。ということはつまり、唐から新羅に入りました**麟徳暦法**を文武王の儀鳳3年〔674年〕に**新羅**で改良致しました**酉から始まります**この**儀鳳暦法**（**新しい暦**）で書かれているのです（一三2。この時の**天皇が新羅の王子**だったからこそ、アナタ、**新羅と同じ暦**〔新羅の占領下＝これが正に**行政の同一性**を暗示、否、明示）**で初期の日本の正史が書かれていたのです**。これでアナタも私も、納得(ガッテン)！）。

但し、この正史**養老**日本紀の構成を私こと「古代探偵」が右に照らして分析致しますと、アナタ甚だその内容も形式もお化けのように不可解極まりなかったのでございまして、と申しますのも、ここでは

古い時代の「**1神武～20安康**（**又は17履中**）」の**一一〇〇年間**前後が**この**（**新しい**）**麟徳暦・儀鳳暦**（**酉**――日(ひ)読み〔こよみ〕の酉(とり)）

で書かれておりながら、しかし、それに対し、

より後世の**新しい時代**の「**21雄略**（**又は雄略紀の前史**〔**大泊瀬(おほはつせ)皇子**〕**たる20安康**）**～41持統**」の方の**二三〇年間**ぐらいはと申しますと、逆に、前述の（**古い**）**百済**経由で**古くに倭に入って**来ておりました先行する和銅日本紀②③と同じ**顓頊暦・元嘉暦**（**寅(とら)**）のまま（小川清彦氏。昭和二十一年）で書かれている（つまり**正史の後半**のこの部分は**改竄が不十分**で出来なかった）

――しかも森博氏による内容の分析によりますと、［倭人の倭文の原文の漢訳の仕方」に「1神武～19允恭、20安康」までは「倭人の癖（倭習――場合により新羅的〔筆者加筆〕）」が見られ（しかも呉音系の仮名も混ざっている）、ところが「21雄略～40天武」の歌謡や訓注は、七世紀～八世紀初頭の「唐代北方音＝正格漢文」で正確に記されておりますその内容の明白な違いからも、又別のメルクマールでのこの断絶（史の出自の違い→王朝の違い。この点も筆者加筆）は証明出来るから

なのです――

という実に可笑(おか)しな矛盾が露呈しております（新しいところには、逆に古い老齢の**寅**が生き延びていた）。

と言うことはつまりアナタ、その以前に、この

④とは**暦が異なる**ものの存在が**仮説**として予想されますことからも（この様に、歴史はアカデミズムのような単なる暗記ではなく「ハテナ?」の理由こそがとても大切だったのです）、必然的に、**その前に暦法の異なる**前述の③の**和銅日本紀**（**その2、七年紀**）の存在（正史の古いところにも新しいところにも、その意味で**寅**の存在が生きていた）ということが浮かび上がって来るからなのです（しかも、21雄略以降が正格漢文という更なる不思議！　つまり暦の改竄は古い時代のみ完了。新しい漢文化は新しい時代のみの完了というチグハグ）。

この**紀年法の動揺**ということの証拠も、アナタのお勉強のために必要なのですが、お時間の関係でもう一つだけ正史に見られます実例を加えておきましょう。

「六年…十一月…是月、築二倭国高安……」（**「天智紀」**六年十一月）

とありますが、この点別の正史では

「修二上二理高安城一」（割注）**天智天皇五年築城也**」（**『続日本紀（しょくにほんぎ）』** **文武**二年八月二十日）

とございまして、「天智紀」ではこの点の**干支が一年引き下げられ**（新しくされ）ズレてしまっておりまして（逆に言えば、続紀（しょくき）では一年繰り上げ（古くされ）。尚、この点についての大海人皇子と額田王との**不倫の歌**の一二7のところも見よ）、このことがアナタ、一体何を意味しているのかと申しますと、日本**紀作成**の頃と**続**日本紀に**補注**した頃（後者）とでは、正にそこに「**紀年法の差異**」が見られまして、これによって生じた**一年の差**だったのか、それとも、正に、つまりそれはアナタ、現行平安紀（養老四年紀、先程の④）に対し、その前にやはり「**旧紀**」とでもいうべき何か（つまり右の暦の異なった③があり、紀年法がそれとはそこから既に異なってしまっていたことによる**一年の差**だったのか、ということを示す、聖典（バイブル）たる**正史相互の矛盾**から自らボロが出てしまっているという、私こと「古代探偵」にとりましてはなかなか良い（笑いの止まらない堪らない程嬉しい）証拠だったのです（「**豊前国戸籍**」（仲津郡丁里。大宝二年〈七〇二〉）に見えます**人名**と**十二支**との**一年の齟齬**（岸俊男氏）も、正にアナタ、そのことを示していたのです）。私こと古代探偵は、たといアマチュアとは申せ、曲がりなりにも嘗ては裁判官であり法律家の端くれですので、このような小さくても大切な矛盾（③と④との**暦の寅と酉との動物の差異**）は、**ハテナ？の証拠**として決して見逃すような甘いことは出来ない性格だからなのです。やっぱり、

７１２年の**原・古事記**②と、ガラリと変わって古代設計の基本思想の全く異なる**酉年**から始まる暦で書かれたこの**７２０年養老日本紀**④とのその　**中間**　には、**寅年**から始まる**旧来の古い暦**で書かれた（**寅がまだ生きていたところの**）**７１４年和銅日本紀**③というものの存在が、やっぱり（私の仮説の通り）**隠されていなければならなかった**のだという「**日本紀フィクション説**」の私こと古代探偵にとりましては**夢の様な仮説**（②→③→④）が成り立つ（これ又、堪らなく幸せ）のです（テキスト23―2―1、P930上、6―2、P214、215はアナタ必見）。これは湯川博士の原子核の「**中間子**」（②と④との中間の③に相当）の存在を予測した古代史のノーベル理論物理学（否、ノーベル古代学）賞か（人文系の古代史としてはユニークな「仮説→実証」の方法論につき第4章）。

もう一つ、［中学生でも判る**正史の暦のインチキ**の明白な証拠」を、この本を奇特にも大枚を叩いてお買い下さったアナタにサービスしてここでお示ししておきましょう。

「**始用㆓元嘉暦㆒**。**次用㆓儀鳳暦㆒**」（『**日本三代実録**』清和天皇。貞観三年〔八六一〕六月十六日）

――**持統称制四年**〔**六九〇**〕**十一月十一日に初めて唐の元嘉暦**（**寅の暦**）**を用い、次に儀鳳暦**

（酉の暦）を行った――

と正史上されておりますにも拘わらず、ナント、アナタ！

　それより前の持統三年〔**六八九**〕には、既に**元嘉暦**（例の古い**寅**の暦）**が間違い無く王都で使用**されておりましたことが――私の立場では当然のこととは申せ――判ってまいりまして、となりますとアナタ、つまり、この**正史**の記載が実は「**真っ赤な嘘**」であったということ（例えて言えば、これはアカデミズムの秀才〔偏差値〕坊やが、「おしゃぶり」と共に飯事（ままごと）遊びで後生大事に抱っこしていた**正史**の**神聖木偶（デク）人形**の**ピノキオ**の高いお鼻がポキンと音を立てて折れた瞬間でもあったのです。おー痛そう！　おー可哀想に！）の完璧な証拠である、径約十ｃｍに加工されてしまっていた**木片**に記された「**具注暦**（ぐちゅうれき）」が**石神**（いしがみ）**遺跡**（明日香村飛鳥）から出土してしまったからなのです（正史〔を信じる人〕の面子丸潰れ。どうしてくれます。アア恥ずかしい）。だからアナタ、これが楽しみで、アカデミズムをおちょくるアマチュアの歴史（「おちょくり日本史」[本]一九）は面白くって止められないノダ！　中毒になるノダ！　つまり、この現存最古の具注暦の木片の示します

　暦日は、何とアナタ！　寅から始まる元嘉暦とピッタリ一致！

しているではありませんか（ところでアナタ、ご存じの通り、日本の暦ではこの**元嘉暦**だけが「毎月の朔日を決める」のに**平均の朔望日**を用いているという特質がございます〔**平朔**――大月と小月が交互に来て、十三ヶ月か十五ヶ月で大大となる方法を採ります――。因みに、「**定朔**――日本では元嘉暦の後の暦は全てこの定朔です」では**実際の長さ**を用いております〕）。この様に、**古い頃から**日本列島に入っておりました、五世紀の南北朝の宋の**何承天**（かしょうてん）が元嘉二十年〔四四三〕に作った**寅の暦**が、中国の**南朝から百済を経由**して朝鮮半島部の「プロト日本＝倭」に既に（右の正史により早くに）**入っていたこと**（「大

7

化の改新」の暦法についてのテキスト6―2、P214―215はアナタ必見です）、つまりこのことを**正史が何食わぬ澄まし顔でシャーシャーと抹殺**してしまっていたこと（そして、それに加え思慮の浅いアカデミズムが、罪深くも、それに右へ倣（なら）えして、今日までの古代の証拠隠滅に加担してしまっていたこと――共犯）を、この物言わぬ改竄不可能な物的な考古学上の証拠がちゃんとアナタに**完璧**なまでに証明してくれていたのです。中学生だってこんな証拠を見せ付けられれば一発で判ることですよね。それなのに、何故アカデミズムの○○大学を出てよい年（老人・老婆）をした大人たちが、こんな**単純な暦のインチキ**すらも見抜けなかったのでしょうか。これはアナタ、一見デカそうに見える秀才風頭の中がピーマン（のように空（から））で自分で考えない「**アカデミズムには永久に解けない日本史の七不思議**」とでも申しましょうか。尚、古代暦につきましては一二7の、私こと「古代探偵」が**壬申の乱の謎**に迫る「**み吉野（えしの）の鮎**」もアナタ必見です。

（**マトメ**）以上、ここ④でアナタには、内容の新羅史化と共に、特に「**暦（こよみ）の変化**」という観点から、「**正史の改竄**」とその両者の関係というノーベ（メ）ル賞級?の中間史の新発見を中心に見ていただきました。この考えウィ（oui＝私）スキ（好き）ー。

④―2　訂正養老日本紀

奈良時代の正にこの当時に、同じ**臣下**の藤原氏の出身の**光明子の立后ということの古い前例を歴史上に作り出す**ためにも、前述（七3）のように、より古い時代に**臣下**の**葛城襲津彦（かつらぎのそつひこ）**の**女（むすめ）**の**磐之媛（いわのひめ）**を**仁徳大王**（**本来は女**）の**皇后**に改竄して――だからこそ女ドッチの結婚――、どうしてもこの様な**臣下の女の立后**の**偽**

してまで**の前例（先例）**を作り出す必要が藤原氏にはございました。その結果（その前提として）、正史を改竄

女帝の仁徳の方は男

に変えられた上で磐の媛と結婚したとされてしまったのです（女に青髭がプラス！　ゾリゾリ！　これは後述の⑦—2の「日本書」で行われました伊勢神宮の理論武装のための**アマテルの性転換（男→女）とは逆方向**です）。

この点、正史日本紀は、後世の改竄では、大王のモデルとなった新羅王の下で、**それ迄の日本紀の大王のモデルであった百済王（天武十年紀**〔六八一〕で、そこには虚偽が加えられているという理由から天武により削られてしまいました『**本辞**――これは翻訳〔P396⑩、後述⑧〕』では、そうなっていた筈なのです。前述②の説明）をモデルとした大王は、そこでは**臣下**レベルに落とされるか、又は**消されて**しまいました。例えば、**安羅（倭）**を滅ぼした新羅**真興王**をモデルにした大王（現行平安日本紀では消され、百済王をモデルとした「欽明・敏達・用明あたり」の大王に**差し替え**られてしまっております）の下で、**百済聖王明**をモデルとして作られた**物部守屋**（もりや）が殺されて（消されて）しまう等です（**物部守屋**のモデルとなった百済王**26聖王明**は、確（たしか）に朝鮮半島で新羅に五五四年に殺されておりますよ。テキスト12—2—1、P508、同P1150、P1111）。因みに、このとき百済の聖王明は日本紀の**用明大王**の諡号のモデルともなっておりました（アナタ、淡海三船からのヒントは、この「明」が共通）。

（マトメ）以上、ここ**④—2**では、今までとは少し逆の揺さ振りを見ていただきました。それにしてもこの世には、勝者の書いた正史を馬鹿信じて**仁徳**を**男**帝と信じてしまって疑わない一国歴史主義の偏差値（暗記）坊やのシッタカ馬鹿マスコミがマア何と多いことか！　そんな偽宣伝マンの存

在自体が害なんだから、今なら間に合う退職金割り増しの早期勧奨退職制度で、もう（さっさと）郷里（田舎）に引っ込みなよ！　シッタカ馬鹿マスコミの害人（ガイ）（日本人ではない）は蟄居せよ！

⑤古事記（天平10年、**738年**）
大伴道足（おおともみたり）が担当。

『公式令集解』（くしきげ）所引の「**天平十年**に**『古記』**が成立」

とあるものがズバリこれに当たります（古記＝古事記〔形式的ですが、紀――天皇の話となっていない〕）。これは④の二つ前の②の「**和銅5年文書**」（七一二年。**原古事記**（プロト）を**台本**として作られた――つまりアナタ、アカデミズムは馬鹿の一つ憶えで⑤と②を区別出来ず、私の考えは複雑ですので、ここまでを復習の意味でマトメて一言で申しますと、**安羅**（**倭**）**史**と**百済史**とが基になっていた②を、その後**金官**（**倭**）**史**に**新羅史**が加えられ（安羅・百済史が取り入れられました②プロト古事記と、金官・新羅史が加えられましたこの⑤古事記との内容の相違にアナタはご注意下さい＝実は、同じ古事記系列の中での内容の逆転現象とも言うべきものがここで起きていたのです）、更に一応幼稚ながら**漢文化**されて③となり、次に更に、新羅系の人々により**新羅史を強化**した④へとガラリと改竄されてしまったものを、再び右の③の旧辞を基としつつ⑤の**古事記**というものが作られていた（但し、この時点でも日本紀と異なり「旧辞＝日本旧記＝プロト旧事本紀」を或る程度中心として）ということに時系列的にはなるのです（古事記の台本の一部に先代旧辞本紀〔本辞、旧辞〕があったことは、その名からも「旧→古」「辞→事」ということで「古事」記へとも繋がっており、又、『職員令集解』には、何とアナタ！「旧事記」のことを「古事記」と記してあることからもこのことは頷かれることだったのです。そしてこの時点では、何とアナタ、漢訳仏教の要素すらもが混在して来ております)。そして次の⑥以降の「**日本書**」へと更に進んでいくことになります——ものと思われます(ですから②→〔③〕→⑤という流れだったのです)(テキスト11—3、P495下。4—5—1、P173下)。

又、「形式」やその「材料」について、多少不正確とは申せ一言で申し上げますと、古事記の「神の代」の上巻は殆どプロト先代旧辞(さきつよのふること)(神話・歌謡・氏族志など。本辞・旧辞。この部分は変態漢文。神話の新作加入につき一六3の「暦」)、「人と神との接点」の中巻と「人の代」の下巻とは帝皇日継(すめらみことのひつぎ)(先帝との続柄・名・宮の処・業績・在位・子女・享年・陵処など。帝紀・先紀)とプロト先代旧辞との照合により、又は帝皇日継のみ(この中巻〔初(はじ)め的・情緒的・呪術的要素が強い〕・下巻〔人間社会的になる〕の部分は整然とした漢文)で作成されていたとでも申せましょうか(②からの流れとして先代旧辞がポイント。その内容は「旧辞〔記〕＝古事〔記〕」だった)。

因みに、古事記と日本紀の記載の大きな内容の流れを比較致しますと、リニューアルされた**古事記⑤は新羅・伽耶(古への倭＝プロト日本)に対しより好意的な内容**と言えます。と言うことは、平安朝で消された**奈良朝の正史の残照**(③④とこの⑤と次の⑥レベルの中に)**が古事記の中には多分に(どうしても)残っていた(しまっていた)**ということなのです(これ又、本邦初公開)。

ここで原(プロト)・古事記②及び古事記⑤の「序」の役割から見えてまいりますものにつき、とても大切なことですのでちょっとだけ触れておきましょう。その序文に沿って申しますと、「諸々の家がそれまで持っていた帝紀と本辞」のうちの、出させた帝紀は今の大王家でございます新羅占領軍の天武が自ら撰録し直し、旧辞の方は探し出して前者と整合しない点は改竄して省き、残りを取り入れようと試みたのです。天武はその正史改竄の前提作業として、a稗田阿礼に、右の大王家がここで新たに定めさせた「過去の大王の日継ぎ」と、b同じく集めさせた「過去の種々の出来事たる旧辞」のうちで右の大王日継ぎ（a）と矛盾しない範囲でのものとを誦習させたのですが、正史の大改竄自体は大仕事でしたので未完に終わってしまったのでした（但し、私の考えではこのときの天武の命令は、元来新羅史の文武王紀の翻訳そのものだったのですから〔別述④での説明など〕、当然そのときの倭では不存在だったということになるのです）。そしてやがて元明の世を迎え、和銅四年〔七一一〕九月十八日に安万侶に勅して「阿礼が以前に誦習した旧辞（b）と帝紀（a）に、例の「崩年干支」（チューインガム）とを加えたものを撰録させて新たに作られた」のが和銅五年〔七一二〕の「原(プロト)・古事記＝②和銅五年上奏日本紀（扶桑略記）＝アカデミズムの立場では現行古事記」であったということに、その序文による流れからはなってまいります。ということで、今日の古事記（アカデミズムでは七一二年。私は七三八年⑤、だから七二〇年の日本紀④に古事記撰録の記載がなかったのは私の考えからは当然——時代が一八年後——だったノダ）の「序」と言われておりますものは、実は②原(プロト)・古事記（プロト古事記を認めないアカデミズムは同一と考えておりますので当然七一二年。私はこの方は七一二年）レベルから既に内部史料として存在しており、そのときの「序」を引用（七一二年→七三八年）し且つ訂正もして⑤古事記に再使用したものであった可能性が高かった、そしてこのレベルで日本紀との矛盾をなくした帝紀を日本紀の方に採用した（だからアナタ、ここで一応古事記〔旧辞の系譜〕の役割は終わったのです）と考えれば整合性が取れるのです（つまり②にしろ⑤にしろ、この古事記の「序」に記されておりました作業は、「0〔記・本辞・旧辞〕＋〔紀・帝紀〕→Φ(ファジー)→1〔日本書紀〕へというフル改竄〔全過程〕の中での、大王の「在位」と「代数」とをチューインガムのように伸ばし、その上で「木に竹を接ぐかのように崩年干支を大字で加入した0＋1」から⓵へと変化させていくときの作業〔それが正しく「崩年干支」の加入＝外からは見にくい〈批判されにくい〉形での伸ばしたチューインガムの舌の下や歯の隙間への挿入〕の初期の取っ掛かりでもあったのです。そして新作神話の加入。一六4、P1022）。

――この「**②原・古事記→⑤古事記**」という「0系統」の流れが、「時代の整合性」という点をひとまず置いておきまして、現行日本紀（1系統）との「**王位継承順序の同一性**」ということに着眼して考えてみますと、既に此頃の**現行**日本紀（1系統）の素朴な**台本**（又は**プロト台本**――秘密資料レベル）の**成立**（但し、チューインガム付き）ということ（⓵への嚆矢）を暗示していた可能性も大だったのです（一四2。**本邦初公開**）――

――因みにアナタ、「古事記」の方（これが作られた頃）には、太古からの天皇家の神廟（の筈）でございます伊勢神宮についての史料が殆ど見られないのは何故なのでしょうか？　これは可笑しい！　だから本当は別の史料の流用だったノダ――

――兎も角アナタ、この古事記⑤の「序文」の中のたった十行前後の中だけから拾いましても、「帝紀」vs「本辞」、「帝紀」vs「旧辞」、「帝皇日継」vs「先代旧辞」、「先紀」vs「旧辞」と、かような至極の色とりどりの宝石のような概念のオンパレードが見られるのです。その定義の確定だけでも草臥れてしまいます。逆に言えば、太朝臣安萬侶（に相当する人）は、アナタや私に対し、恰も挑戦するかのように、こんなにもこの短い「序文」の一部の中に、このように似たような言葉を並べ、謎を鏤めるが如く呟いていてくれていたのです。千年後の「お前らにこの謎が解けるかい？」とばかりに（しかしアナタ、難しく考えずに単純に「先代旧辞＝旧辞＝本辞」だったと考えてしまえば、実は事は簡単だよね。そうするとメインは「帝紀」と「旧辞」の二つしかないもの）――

ここでは**紀伝体**（**総合史書**）を目指して「**書**」としようとしましたが、次のように失敗に終わってしまいました……（残念）。

⑥日本書（天平20年、**748年**）

橘諸兄（たちばなもろえ）が担当。

『正倉院文書』の中に「**帝紀二巻日本書**」とございますもの（この二巻のうち一巻は**新羅の帝紀**（**帝王本紀**）が台本だったのであり、もう一巻は同じく朝鮮の**金官・安羅**（**古への倭**）におけます**帝紀**が台本となっていたのです）がそれに該当します。「**新唐書**」に引用されておりますこの頃の天皇家の系図がこの⑥なのでして、ですからアナタ、「**天武**天皇は**天智**大王の**子**」つまり

「**天智と天武は親子**」

だとされておりました（テキスト23―2―6、P942上、本序―3―5、七6）。

しかしアナタ、私こと「古代探偵」の立場ではこれは至極当然のことだったのでございまして、と申しますのも、当時の奈良朝の天皇家とは、白鳳以来、日本の**新羅占領軍**の提督（天皇）でございましたので、その本国の王系図（**新羅の帝紀**）を、固有名詞も倭風に変換して翻訳して日本列島の歴史を作っており、ですからそれに従って天武天皇（新羅**文武王**＝金多遂）は天智大王（新羅**太祖武烈王**）の「**子**」とするもので（テキスト付録3、P1107必見）、完成域に達しました新羅系の**奈良日本紀がモデル**とした「この頃の**新羅史の内容**」**とピッタリ一致**しておりまして（序4）、これ又私こと古代探偵のコスモポリタン

に考えます「日本紀フィクション説」を補強してくれていたのです。

——もしもアナタ、序—3—4の『**不改常典**』というものが存在していたと**仮定**いたしますと、この新羅系の天皇家によって作られました⑥日本書（奈良日本紀）では**天智**（**武烈王**）と**天武**（**文武王**）とは**親子**であり（モデルになった新羅史によれば、正に父子です）、そこにこの規定に従って天皇位の「**嫡子継承**」がちゃんと行われていたのですから、その意味では私こと古代探偵の考えは、そのような場合（不改常典がその当時存在していたとの**仮定**の下）でも尚更ドンピシャリだったのです。こちらの考えは、矢張り、万能・普遍だね——

このとき、前述の②で触れましたように「大伴氏＝**安羅**（**倭**）**王**」系の

継体・安閑・宣化

という別に嘗て朝鮮の咸安に王都が存在しておりました三人の嘗ての倭の大王が、伽耶系の出身の人々（大伴氏（公孫氏）・多治比氏（同じく安羅系））の政治力により日本の新しい天皇系図上に**安羅**（**倭**）**史**が中心であった『**旧辞**』に基づいて——しかも**系図延長**のためにこれらが必要でもございましたので——加えられ（因みにアナタ、**記**は**旧辞**——これこそが、実はアナタ、**隠された全ての原典**だったのかもよ——、**紀**は**上古諸事**（但し、実は、この方は単なる**天武**の**新羅史の翻訳**に過ぎなかったことにつき、別述）を中心として、そこに両者とも**帝王本紀**（これは「旧事紀」の形（パターン）であった）を土台として作られたという見方も出来なくもありません）、更にここで**因幡**（いなば）**の素兎**（しろうさぎ）の「**ソロモン王**」をモデルとした**大物主**（おおものぬし）（**オーモン**）**神話**も加えられます（**大物主＝公孫氏＝卑彌呼系＝安羅系＝大伴氏系**）。

これは、ジャワの伝説の「ネズミ鹿」を北方アジアでも整合性を持たせるように「兎」に姿を変えさせ

て（**当時の本貫の近くの満州の玄菟**（げんと）〔**くろうさぎ**〕**郡の存在にご注意**）**日本の神話に登場**させたのです（場合によりこれは、前述②のように、継体等の安羅（倭）三王――この中の安羅王安の子の磐が半島で五二七年に新羅と組んで「磐井の乱」を起こしました〔この余波が五三二年の半島での「金官＝倭」の滅亡、五三四年の列島東国での「武蔵争乱」なのでした〕――の插入と同じく、同じ系列〈②→〈③〉→⑤→⑥〉の②**原・古事記**レベル〔七一二年〕の段階で既に入っていた可能性もございます）。**ジャワ海と邪馬臺国と安羅と公孫氏と卑彌呼**との関係につき、九14⑥⑪。**遼東半島の公孫氏**の卑彌呼の祖父の**域王**が日本神話の**大物主・オーモノヌシのモデル**であったことにつき、テキスト9―6―1、P390。同付録12、P1121。アナタ、於褒婀娜武智（おほあなむち）の名（神代紀上＝巻第一、第八段一書（あるふみ）〔第二〕＝日本紀の神話の段は、こんなに複雑な構成になっているのですよ。ここだけでのご参考です）の中にも、何と、半島へと南下したときの本貫でございました「アナ＝アヤ＝婀娜＝安耶＝安羅＝倭」が隠されておりましたよ。

因みにアナタ、兎を神レベルとする神話は土師氏（はじうじ）の特徴なのですが、この土師氏は安羅（倭）系であり、同族の大江氏（後の大枝氏）として毛利元就へとも繋がり、同じ安羅（倭）系の菅原氏（後に天応元年〔七八一〕、延暦元年〔七八二〕に土師より菅原・秋篠などへ改氏姓）は、野見宿禰を介して大枝氏の末裔の天神様ことクワバラクワバラ（テキスト4―2―1、P167下～169下）の菅原道真へと繋がっていたのです。

これ又、本邦初公開。

この⑥の文書の**編纂者の諸兄**（もろえ）（葛城王＝伽羅の王子）**の子**の**橘奈良麻呂**（この父子は任那の「吉（きち）＝橘（きつ）」氏の出自）は、乱（七五七年）を起こして敗れ（序3）、やがて新興官僚の同じ朝鮮半島の旧昌寧伽耶からの渡来系の藤原氏は益々力をつけてゆくのです。実は、この**実質新羅**（**任那**）**王子**だった橘奈良麻呂の乱こそが日本における「**古代豪族制**」の**終焉**（百済系の世への愈々（いよいよ）の幕開け）そのものを意味していたのでした。そして、正史の名を「——書」と致します（ということで、これは②→〔③〕→⑤→⑥という流れだったのです）。

——以上、途中ですが、①からここ⑥までの作史の「前半の五十年間」の出来事を、このことを初めて知って驚いているアナタの整理のために、その流れだけでも一目で判るようにマトメておきますと、

七一二年②→（七一四年③）→七三八年⑤→七四八年⑥→

七〇二年以前①→（七一四年③）→七二〇年④→

という紀系の①（③）④〔量子ビット1〕と記系の②（③）⑤⑥〔量子ビット0〕とが、理由はともあれ、ここまでは**異質**な勢力により各時間差をもって**並行**して行われて来た宮廷（異なる宮廷か、異なる王朝）の奥での各々の「**隠れた流れ作業**」であったということがアナタにも多少はお判りになられたことと存じます（性質の差につき後述⑧日本書紀その他）——

（**マトメ**）以上、ここ⑥では「**新羅・安羅**」系の内容への流れを見ていただきました。

⑦**日本書**（天平宝字4年、**760年**）

——この**紀伝体**にすべき「**書**」の列伝の**準備**が、何を隠そうアナタ、後述の奈良朝末期から平安朝初期にかけましての『**氏族志**』から『**姓氏録**』に至る流れだったのです（やがて『**新撰——**』で、この時の奮闘むなしく、内容が**百済系**に**大改竄**され、**このときのものが消されてしまう運命**にあるのですが……

この時はそれをも知らずに……）——**唐にかぶれた**（**唐人などの血もその一部に混じっていた**）**新興官僚**（テクノクラート）**藤原氏の中の南家**（**辰韓・新羅の朴氏**（**ナガ族**）**と同族**）**の藤原仲麻呂**（仲満・仲万呂・仲丸・恵美押勝（えみおしかつ）。七一六—七六四年）が担当。ということで、ここで**中臣神道**のほぼ完了も加わり、それ迄の仲麻呂の祖先の中臣**鎌足**（カマソ）のモデルが、新羅・旧金官加羅（倭）の金庾信だったものを、大陸でのハッキリとしたモデルは見当たりませんが、どうやら**唐人**又は**唐系百済人**らしい音（おん）の似ている「**郭務悰**（カムソ）」などという正体不明の人物を加えて「**藤=唐——鎌足**」（ヒントとなった「**唐ノ務悰**」の表示は、天智十年（六七一）部分の『**善隣国宝記**』を見てネ）と「2人1役」としてしまっております（**郭務悰**（カマソ）**→鎌足**（カマソ））。この辺りからは段々と時間の経過とともに、今日の日本紀におきましてアナタにも随所にご覧になれます様に、全体的には

反　新羅・親　百済

の傾向が強くなって参ります（百済クーデターの進行に合わせまして。尚、**光仁の父**の**施基皇子**の**捏造**につき、序—3—3はアナタ必見です）。そして、いよいよ合理的な（呪術的ではない——完成した中臣（藤原）神道に基づいての=**祭政一致**）**律令官僚体制**の**スタート**となるのです。この様に「**中臣鎌足のモデル=金庾信+郭務悰**（カマソ）」と、**新羅人と百済人の二者を合体して一人に改竄**してしまいます今日に残っております、アナタもよくご存知（受験暗記している）の平安日本紀編纂におけます代表的なメルクマールの**合成人間**へ至る方法論、つまり「仲丸（仲麻呂）が鼻糞丸めてマン（ル）メン人」の基礎がこの頃より作られて参ります（テキスト付録3、P1107。本一三3）。

（**マトメ**）以上、ここ⑦では、段々と本格化してまいりました「**百済**」系の内容への**第二次**の揺さ振り（その強化）を見ていただきました。

7

⑦―2日本書（天平神護2年、**766年**）

道鏡・光仁天皇の二人の**兄弟**による焚書、及び光仁の子の**桓武**による古い歴史の焚書（このことの証拠として、その後、文化人からなどのように表わされているかと申しますと

北畠親房の**『神皇正統記』**が指摘するところの**桓武焚書**が正にこれだったのです。八3）。ここでは**新羅王子の天皇**（序―3―3に本邦初公開、アナタ必見）（**消された天皇**、高市、舎人、長屋王など）に代えて、**持統、元明**などの

捏造した何人かの女帝（**サンドイッチの具**）**を挿入する前提**

作業（思想統一）と致しまして**アマテルを女**にしてしまった（伊勢神宮のアマテラスにつき一六4、P1022。尚、消された新羅皇子の天皇につき、前述の序―3―3）等（天皇中心思想の強化〔一八1〕を加えたものでして〔これは前述の④―**2の訂正養老日本紀**で行われた仁徳大王の性転換〈女→男〉とは逆です〕）、

「**天智のモデル＝新羅王の金春秋＋百済仮王の余豊章**」

と、これ又、前述のように**新羅系**に自分たちの祖先である**百済系**を**二者合体**させて天皇系図作成に**百済王系図を加味**して作り変えてしまっております。ですからアナタ、**アマテルを男から女のアマテラスへ**と国家神道上の理由から性転換してしまう（一四4、一六4）のもこの⑦―2からなのです。

百済王（コニキシ）たちにより**百済史が全体的に挿入**され大王・天皇のモデルとされて（変えられて、且つ、**百済の友好国が殊の外強調**されて）参ります。これは**新羅**系の**奈良**日本紀から**百済**系の**平安**日本紀への、文面上での**スムーズな移行**に是が非でも必要だということで、全篇に流れます基本的なバックグラウンド

ミュージック（思想）として必要とされ企図されたものだったのです。それがアナタ、いまだに大きな歴史の背後のうねりに気が付かず、これ（文面）に騙されて何の「ハテナ？」の疑問すら抱かず、ズーッと遥か前から一貫して倭・日本が「**親百済だった**」のだと信じ込まされて（正史の文面の暗記のみの人）、その趣旨に従って奴隷のように日本紀を**反訳**し続けてまいりました貧脳で哀れな日韓のアカデミズムちゃんは困りものです。この様に、このとき光仁天皇（文鏡）の兄弟である**僧侶**の**道鏡**が焚書に関与したので『**古事記**』という形で今日残っているものの中に、⑤に加えこのときから**仏教用語**（仏教漢文）が入って来てしまっていたのです（そうだったのか！　特に「1神武〜19允恭、21雄略」紀。④養老四年日本紀のところを見よ）——ですからアナタ、古事記はまだこのときでも、このレベルでは影は薄くとも（0から限りなく1に近づかされて来てしまっていたとは申せ）裏舞台では息も絶え絶えに生きていたのです。

（**マトメ**）以上、ここ⑦—2では「**百済**」系の内容がより**強化**されてまいります点を見ていただきました。

⑧**日本書紀**（承和〔八三四年〕以降〔後述Gの八一九年の姓氏録補正以降〕）。ナント！　アナタ、エッ！と驚かないで下さい。アナタが学校の先生から教わった奈良時代どころではなく、**平安朝に入って**、**それも四十年も経った**承和〔**834年**〕以降に、この「——**書紀**」という名で**今日に至る**、**アナタにもお馴染**（なじみ）**の名前のものの最終の内容**が**確定的**に定まってまいります（「紀伝体の列伝部分」の代わりを意図した「新撰姓氏録」の補正が**終わり**ますのが後述の八一九年ですので、必然的に「「書紀」自体の内容の実質的完成」も早くともそれ以降ということになってまいります。序—2）。持統天皇まで記載（因

みに、古事記の方は推古大王までです――両方女帝までなのは何故？　その理由は？　その後の大王系図が繋げにくくなったから？）。

――しかも、この『**日本書紀**』という形式的な名自体につきましては、ナントアナタ！　正史上では**平城天皇**の大同元年（**八〇六**）八月十日の『**日本後紀**』において（初めて？）見られるに過ぎないのです。実質的には（大同日本書紀に改訂を加えたものは）更に十数年も後。アナタ知ってた？

こんな後なんダヨ！――

両親とも百済直系の**万多**（まんた）**親王**――父は**桓武**ですから**百済王**（コニキシ）系の直系ですし、母は**北家**の藤原鷲取の女の小屎ですので、こちらも**百済宿禰系**で、このキーマンは「父方も母方も百済派の正統なサラブレッドの皇子」だったのです。延暦二十三年（八〇四）に「**茨田→萬多**」と改めております（七八八―八三〇年）――が担当いたしました（何とアナタ！　だからこそこの人は、後述の新撰姓氏録〈中国史の列伝・諸侯篇に相当〉すら！もこれ又都合良く両方〈本紀と列伝〉とも担当。驚き！　――つまりこれは、日本書の一部ということで、それ〈書〉に挿入するために本来「新撰姓氏録」は作られたものだったのですが、日本の史（ふひと）の力不足で完成を見なかった〈全体と一体としての整合性を持った形での日本書紀への挿入が出来なかった〉ということだったのです）。

ここからはとても大切なことなのですが、平安朝に入りますと「反百済系出身の豪族は、最早何も言えない」という力関係となり、今度は百済系天皇家は堂々と、この歴史改竄の謎が何百年も解けない様に（ですからアカデミズムとアナタも今までこのマジックが解けなかったのだ。ザマー見ろ！ウスラ馬鹿）との工夫――この前の**嵯峨**帝の**弘仁**年間に⑤**古事記**の大王・天皇系図（帝紀a＋旧辞）を、**百済系**の⑦**日本書**（七二〇年④養老日本紀＝帝紀b＋上古諸事〈但し、天武十年〈六八一〉紀に見えます「上古の諸事」を記させたというのは、別述のように、この点は新羅史の「文武王紀」の翻訳に過ぎず、列島での作業は架空であったことに、アナタご注意下さい」）のそれと**整合させて後者に合わせて**しまっております。**そうだからこそ今日、記紀共にその大王・天皇系図が帝紀bと見事に一致**して（しまって）いる（つまり「記」系〔0系〕のaと、「紀」系〔1系〕のbとの調整が行われた）のです（**この時点から初めて記紀は百済系で全篇が統一され「一心同体」となった**〔「記」の天皇系aと「紀」の同bから何れ新しい題名の「書紀」の名の下の天皇系図cへ向かう〕とでも申せましょうか〔正に①となったのです〕。目から鱗）――から、更に「勝てば官軍」で調子に悪乗りして歴史を執拗に弄り、**天智と天武の関係**につきましても、**天智大王のモデル**を、

百済史の**余豊璋**（弟）と太子**扶余隆**（兄）の兄弟の　**年齢を逆　にしたモデル**を作り出し（これは**木劦**〔**羅**〕**斤資**〔蘇我氏初代**蘇我石川**のモデル〕と**木満致**〔「金官〈倭〉五代伊尸品王＝**武内宿禰**」のモデル〕の金官〔半島の倭〕史の翻訳の際に「**親子を逆**」にしてしまって、後世のアカデミズムの貧脳では最早全く刃が立たなく、ここから先は「真実へ辿れなく」してしまいました改竄のケースと全く同じ。別述）、天智のモデルである**余豊璋**の方を**年長**とし、

天智と天武の二人の関係を「**親子から兄弟へ**」と変えてしまいます（**二人の年齢**への疑問につき、序―3―3は、アナタ見逃してはいけませんよ）。

そして、日本書紀を奈良朝の**新羅・伽耶**系のプロト「**氏族志**」から、**百済**系出自の人々を**中心**として、その**祖先神**をも含めまして中臣神道の体系で抜本的に作り変え、この後、直ぐにより詳しくその証拠を引いてアナタにお話し申し上げます、**神々**と**全ての氏族の出自**とを**百済系体系の神道**と矛盾を来さないように整備し終えた、古代貴族（支配者階級）の**フーズフー**たる「**本系**」等や「**新撰姓氏録**」（８１４年）

と**連動**して**整合**させてしまい、今日（作成時）の「政権強化」を目的とした史書（これに対し、古事記は古代の流れを只淡々と記述しております）にしてしまいます（後述）。そして、ここで**新羅**（「**プロト日本**」であった「**倭＝伽耶**」を含みます）**の匂いを一切消して**しまうのです（万世一系のために——同じ流れにつき、序—3）。

ここに至りその正史の名が、前述のように、初めて今日アナタの目の前にございます様な

「——**書紀**」

という名（日本書紀——**紀伝体であるべき日本書の中の**（「**書**」**としての完成が不可能だったので、編年体レベルに留まってしまいました**）**本紀部分**——）の「**編年体**」の史書（どちらかと言うと、前述のようにプロト日本でございました**倭**や**新羅**のニュアンスが当時色濃く残っておりました『原・古事記』②と『古事記』⑤の方はミニチュアながら「**紀伝体**」（**ミニチュア総合史書**）に近い（ちゃんこ鍋）です——これが以後平安朝にまで共に（原本も）大改竄されてしまいます**正史の原典**だったのでしょうか？——。この**性格の差**（これもアカデミズムが今まで全く気が付かなかった**記紀作成に至る過程**で「**二系列**」となっていた時期もあった〈通常のコンピュータのビットの0と1の二面性〉ということについての大切なポイントの一つだったのです。乞う！アナタの新たなる検証を）にもアナタご注意下さい。後述）に変えられ確定するのです。

ここに至りまして、今日アナタが手に取って見ておられる日本国の正史と称する『**日本書紀**』という名の歴史書の実質的な**完成**が初めて（やっと）見られたのです。何とアナタ、ここまで④**養老四年**（**七二〇**）より少なくとも新撰姓氏録の完成（八一九年）まで約**百年**もかかりまして（お判りかな。アカデミズム

7

を暗記だけして歴史をやっているアナタを相手にして、アー草臥(くたび)れた）。

――但しアナタ、この現行の日本書紀には伊勢の「斎王」の名が見られないのは何故なのでしょうか？

当然、古くの斎王の存在も後から偽造して加えたものだったからなのです――

（マトメ）以上、ここ⑧では、日本の正史が百済系天皇家により完全に「**百済**」系の内容として**確定・固定**され、そして「これが今日に至っていた」と共に、ここの⑧**レベル**に至る過程におきまして**古事記**の大王・天皇系図と**日本書**のそれとが**合わされ（同一とされ）**てしまっていた（ということでこの後、古事記は用無し――但し、神話と大字の「崩年干支」は利用――となります）、だからアカデミズムは、仮令(たとい)、記紀を表面上いくら比較いたしましても今日に至るまでこの混血児（量子ビット⑪）の謎がチンプンカンプンで（0か1かだけにつき常にさ迷い）、私こと「古代探偵」のようにはスッキリとは解けなかったのだということが、アナタにもこれでよーく判っていただけた筈なのです（私こと古代探偵は、ファジーな「量子ビット理論」により――科学の力を借り――このアカデミズムが停滞しておりました「古事記」と「日本紀」の両者の謎を解くことが出来たのです）。

⑨その他、鎌倉時代中期の**占部懐賢**(うらべかねかた)**（兼方・やすたか）**による小さな改竄**（釈日本紀）**
高句麗(コマ)（狛(コマ)）→**高麗**(コマ)

――**父**の**兼文**が日本書紀の神代巻を講述したものを台本といたしまして、**子**の**兼方**（**対馬嶋**(つしまじま)等に一族がいて**亀筮の術**に長じた一族（『新撰亀相記』。尚、『新撰姓氏録』には古い表示の津島〈大陸からの津ノ島〉との表示も見えます）。「卜部＝占部」「兼方＝懐賢」。**鎌倉中期**・生没年不詳）が「日本紀私記」などを参考にして編纂しました**注釈書**の『**釈日本紀**』に合わせて、**日本書紀**の**本文**を**変更**してしまったのではないかとの指適が一部に有力になされております。この点、念のためアナタに申し上げますと、必ずしもそうではないのですが、**王建**による**高麗**（コウライ）の建国は延喜十八年〔**九一八**〕ですので、その頃この表現に**書き換えられ**ていたといたしますと、右以降のことだったという考えにも一見理由がありそうにも思えます（勿論、高句麗（コウクリ）〔高句麗（コマ）〕と高麗は時代も場所も異なりますよ）。ところがアナタ、ここで更にアナタが注意いたしませんといけないことは、高句麗自体が22安蔵王（高安、興安。五一九～五三一年）の二年（五二〇年）のとき、既に梁の武帝の冊封を受けて高麗王になったときに国名を「高麗国」に変え、そしてその際に驪を麗へとも変えておりますので（馬が隠れて犬〔狼＝句〕だけ残る）、日本紀の作者は既にこのことを知っており、ですから、当初より「高麗」と表現していた可能性も高かったのです。私が見付けましたそれを裏付けます中国側のナイス証拠といたしましては

「**普通元年**〔六二〇〕**二月癸丑、以高麗王世子安為、遼東将軍高麗王**」（『梁書』武帝紀。傍点・カッコは筆者）

とあるからなのです。そして、ここから国名を変えたことの証拠は、その二年前（五一八）の『魏書』列伝高句驪条のレベルにおきましては、未だその同一の王が旧来の儘の「高句驪王」と表示されていたからなのです（ここまでの高句驪の略称が『漢書』以降「句驪」でした）――（**マトメ**）以上、①から⑨まで「**日本紀の12回にもわたる改竄**」の跡を、私こと**古代検察官**はアナタと共に最新の「量子コンピュータ」の量子ビットの理論を用いまして**検証**してまいりました。

かように致しまして、皆さんが教科書で習った「**ナニヲ**書イタカ日本書紀」と覚えた**720年**（**養老4年**）の「日本書紀」とは、㋢23―2―1、P930上の（テキストと本書とで異なる部分は、本書の方を優先いたします）、つまり本書で前述の本節の①～⑧迄の**10回**にも及ぶ主要な変遷の内のたった**の4番目**の**④の養老日本紀のこと**に過ぎなかったのです（一八1）（その後の内容の実質的な改竄につきましては、前述。『日本書』以降の『皇代記』↓『扶桑略記』↓『水鏡』という流れにもご注意）。

しかも、実はアナタ、その正史上唯一とされる④の更に前にも、今申し上げました様に712年（和銅5年）と714年（和銅7年）の2つもの「**和銅日本紀**」、つまり、②（その1）、③（その2）といわれるものが、更にその前にも702年（大宝2年）**以前**の「**大宝日本紀**」①というもの、更に古くは口伝による六世紀前半の今は「幻の国史」すらもが形式上は存在していたのです。

そして、この題名の**日本書紀**の「**書紀**」という今日見られます字すらもアナタ、確実なところは、これも後世の**平安朝の⑧レベル**の**八三四年以降**になってから**初めて**加えられた（形式上、八〇六年から）ものなのでした。ですから、平安朝に入りましても、**紫式部**も**清少納言**すらもが古い頃のものは「**日本紀**」と呼んでおりますヨ（そのことに関しての、『紫式部日記』のNHKの凡ミスにつき、七4）。

ということで、今迄、時によりましては、私はアナタに、アカデミズムや学校の教科書の様に「日本**書紀**＝にほん**しょき**」等と申し上げて参りましたが、実は、その**正式な名**は当時は「日本**紀**＝にほん**き**」だけだったのでして、これからは私もこの本の中で「**日本紀**」と**正しく**呼んで参ります。歴史を教える学校の先生方も早くこのように正しく呼んで欲しいものです（別述のように、古い頃は「天皇（すめらみこと）↓**大王**（おほきみ）」「皇后（きさき）↓**大**（おほ）**后**（きさき）」「日本（にほん）↓**倭**（わ）」と一刻も早く**教科書を変えるべし**。九3、九4）。

ところで、ここでのキーポイントでもございます［**紀とは何か**］ということにつき、アナタに分かり易くもう少し正確に申しますと、「**天皇の系図**を中心として、その出来事を記したもの＝帝紀」でして、欲張って背伸びしてこれを中国の様に、これをも含むその国の「**歴史百科大辞典**」たる**書**のレベルにまで高めようとして「**風土記**」や「豪族（諸侯）たちの歴史（伝記）＝奈良朝での**旧姓氏録**に相当するもの」も自分達に都合の良い様に捏造して加えて改竄して、中国様風な典型的な

総合史書（**紀伝体**＝「**本紀**（**大王の紀伝**）」＋「**列伝**（**人々の記伝**）」＋「**志**（**国家の記録**）」＋「**表**」）にまで**背伸び**して高めようとした試みが**日本**「**書**」**への目論見**だったのでございまして（定義。紀伝体とは個人の伝記を中心としたもので「本紀＝大王の伝記」や「列伝＝臣下の伝記」などの主として紀伝（紀と伝）で構成したもの。後世には「本紀」「表」「書」「世家」「列伝」で構成されている『史記』のことを紀伝体と呼んでおります）、右のうちの**天平１２年**（**７４８年**）**の日本書**⑥から後の⑦―2までの「――書」と付いたものが一応これに当たる（目指したもの）ことになります。しかし、新羅に関する全てを消去し、**百済系の香り**（調味料）を急いで全編に振りかけました俄作りの料理の「姓氏録」や「風土記」を吸収し、中国の史書を真似して唐書とか魏書とか後漢書と同じ**紀伝体**の「書のレベル」のちゃんこ鍋にマトメて背伸びいたしますことは、到底日本の文部官僚の史の中国猿真似の俄仕込みの調理の能力では力不足で不可能だということにテクノクラートの一人である或る史人がハタと気付きまして（ギブアップして。これはその時代から考えまして仲麻呂の息のかかった一派でしょう）、それにアナタ、そのように作り上げました歴史の裏には、**実質王朝の交替**という――今までのアカデミズムが complete に見逃しておりました――大きな渦も隠れておりましたし、それ（「書」レベルに格上げすること）を中止し、一歩引いて諸侯の改竄は天皇紀に

付随して出てまいります最小限度に留め〔正史との合体は無理なので、諸侯のこと〔列伝〕は**新しく大改竄**して作り直す予定の正史以外の付属文書、つまり次に述べます**『新撰姓氏録』**の方にお任せし〕、そこでアナタ、中国にもない

「書でもなければ紀でもない」という

——強いて言えば**「書の中の紀の部分」**〔或る写本の中にはそれを**匂わせる表示**すらもございますよ〕——ところの**「書紀」**等という**大変珍奇な名前**の年度毎の**編年体**レベルの史書に落ち着いてしまったのです〔但しアナタ、この点アバウトに教えております高校の先生も見受けられますので、ここでアナタが誤解し混同なさらないようにより更に正確にこの点を申し上げておきますと、**中国の正史**は、**「書＝紀伝体」**とは申しましても、その中の「列伝」〔臣下〕などではない**「本紀」**〔**皇帝**〕そのものの中〔部分〕におきましては、**「編年体」**〔年代毎に記載〕が採用されているということにご注意下さい。つまり早い話が、**中国でも倭・日本でも、皇帝・大王・天皇の記録のところは編年体**なのです——誤解しないでね〕。それがアナタの目の前に今日まで伝わっております**現行の**「**日本書紀**」⑧〔テキ23—2—1、P930上〕なのでした〔ですからアナタ、今日単独〔**消化不良**〕で『風土記』や『姓氏録』というものが「腸の中に滓（かす）」として残されてしまっていたのです〔風土記・新撰姓氏録腸の中の滓説〕。この「瓦斯（ガス）の素」をレントゲンでよく見なければ判らないからネ。了解〕。但し、**『後漢書』**を撰した范蔚宗〔宋〕は、帝王のことを叙して「**書紀**」〔紀の書〕と言っており、臣下のものを「**書列伝**」〔列伝の書〕といっております。

という訳で、アナタと通説のいう720年の**養老日本紀**④の**前**にも、この様に幾つもの**大宝**と**和銅**の日本紀①③乃至は②③というものがございましたこと、又、**平安朝**になってから「**記**」**と**「**紀**」**の大王・天皇系図は、何故か両者が全く同一に揃えられて**しまったこと〔0＋1→①→1〕につきましては、これでアナタ

にも十分ご理解頂けたことと存じますので、ここ〔テキスト〕23―2―1のP930をお家に帰ってからゆっくりとご覧（本書の方が一歩進んでおりますので、それと矛盾しない限度で）頂けるとよりご理解が深まることと存じます。

アマチュアの私がここまで**創造力**を働かせ、長い間血の滲む様な努力をして**正史**を、仮令（たとい）少し不正確とは申せ、容易（たやす）くその変遷につき分析してこのようにアナタに目に見える形で問題提起しましても、アカデミズムとその「金魚の糞」レベルのアマチュア（アカデミズム模倣・暗記レベルのミニチュアの老人クラブの方々）は、痩せ我慢して、この斬新な若者の様なこの「ハテナ老人」の考えをシカトし、且つ今日も私こと「古代探偵」の足をひっつこく引っぱり続けております。**『日本書紀』『続（しょく）日本紀』**をどうやら暗記し、受験勉強の延長戦でその分析に一生を捧げて来た「象牙の塔」のアカデミズムにとりましても、私のように考えますと、これ又自分の研究が根底からその**全てが一夜にして反古（ほご）**になって一発で覆ってご破算になってしまうのですから、この**私こと古代探偵の考えを認める**ということは「内心では、やっぱりそうかもナ？とちょっとは――時々、黄昏どきになると良心的になって――思いつつも」それはそれは世が明けて現実を考えますと**空恐ろしく**て、とてもとても表には出せないことなのです。ロートルの頑固な先生のお考えを損ね、文化庁の予算やスポンサーによりやっと出版出来るボスの論文集からも爪弾きされ書く場を失い、且つ、失業して喰いはぐれ、住宅ローンが払えなくなってしまいますからネ。そこで純真なアマチュアのアナタをも巻き込んで知らぬ存ぜぬで（知らぬ顔の半兵衛を決め込み）――「日本紀の改竄など一切なかった」そして「三角縁神獣鏡こそが卑彌呼の鏡だ」などとポンコツの宗教のような考えに悪乗りして――、若くても老人のように勇気なく生きるために保身を計っているというのが老いも若きもアカデミズムのお粗末な現状なのです。ナラバ、マア、仕方ないか。日本の学問（象牙の塔）の進歩はそのレベル。でも、もしそんな陳腐な沢庵石

7

が頭上になければ、若い人の思考は爆発的に進歩するのにナ。「日本紀バイブル説」「古事記バイブル説」の盲信者に、それがアカデミズムであろうと、またアナタの様なアマチュア（学者の金魚の糞＝何時もその尻の穴にこびりついてヒラヒラ泳いでいる）であろうと、はたまたシッタカ・ジャーナリズムであろうと、その様な石部金吉(いしべきんきち)氏にとりましては、百年一日(いちじつ)の如しでございまして歴史の明日はないのです（おかわいそうに——井の中の蛙の自己満足だけで——もうすぐ来るあの世からのお迎えまで）。

因みに、殆ど全てのアカデミズムが、と言っていい程**ミス**を犯しておりますことなので、アナタも誤解しない様に老婆心ながら再び申し上げておきますが（前述の**養老日本紀**④の説明参照）、その日本紀作成（通説では720年）よりずっと以前の、更にこの702年以前の①よりもずっと古い、680年前後の、中臣連**大嶋**(おほしま)と平群臣**子首**(こびと)が親(みずか)ら筆を執ったのだと正史上に記されております

天武天皇の「**帝記、上古諸事**」**の記定**（「**令レ記ニ定帝紀及上古諸事。大嶋・子首、親執レ筆以録焉**」「天武紀」10年、**681年三月十七日**）

というプ・レ・**日本紀**とも言うべきものにつきましては、アカデミズムの中には、これこそが**稗田阿礼の誦読本の対象**であったなどという早とちりの人（S氏）すらもいるくらいですし、又これが一番初めの日本紀の作成作業だったなどと言う人（そして「これを元明が引き継いだ」と古事記の「序」に騙されてしまった人）もおられるのですが、残念でした。この**モデル**は、実は、その正に二年前の天武天皇の母国の

新羅の**30文武王**（天武天皇のモデル）の**調露**（**唐の年号と同じ**）**元年**（**679年。天武8年**）の新羅本国での

「国史大（𠫓）改刱在調露元年巳卯(ママ)」

そのもののこと（『**三国遺事**』文虎王法敏篇。注記。この巳は己の誤り。つまり原文の巳卯は「己卯」の間違いでして、この「己」は「十干十二支」のうちの「十干」の甲　乙　丙　丁　戊　の次の「己」が正しかったのであり〔この「甲～癸」の十干を「木火土金水」の五行に配し、更に各々を右の振り仮名のように「陽＝兄、陰＝弟」に分け〕、そして「十二支」の子丑寅卯巽巳の「巳＝蛇」の動物如き〔後世には獣を配すようになりましたので〕が、前〔十干レベル〕にしゃしゃり出ることなど有り得ないことだからなのです。ですからアナタ、巳卯は本来、己卯〔六七七年〕でなければならなかったのです。但し、アカデミズムの中には、既に訂正されたもの〔巳→己〕を、先人の一人の間違った「原文孫引き」の上に只乗りした手抜きか、又は不勉強の愚かさからか、何の断りもなく恰も「原文であった」かの如くシャーシャーと原文として「己卯」と表示している軽薄野郎のアカデミズムも見かけますので〔巳とすべきです〕、篤とご用心を！　アナタのお持ちの朝鮮史の本も、ひょっとするとそうかもよ？　だって、そこいらでよく大家〔？〕と称する人の本の中でも、このようなデリカシーに欠ける出鱈目を見かけるもの。素人が判らないと思って馬鹿にしやがって！　又、アカデミズムは「厺＝云」としており、「阿道〔我道・阿頭〕基羅」のところの注釈や新羅「文武王紀」十九年八月を引いて「天王寺＝四天王寺」であり、又、この年に創建されたと言うのですが、それでは「**改竄**」とは合いません。矢張り、これは国史の大改竄のことを本来は言っていたのです。「云」ではなく「大」の誤字だった）だったのでして〔テキスト14—1、P556下〕、この天武紀の記述は、国政担当者を日本人に変えて作り上げましたその**単なる新羅史の翻訳**に過ぎません——しかも右の**二年のズレ**は、実はアナタ、**干支紀年法**を**異**にしていて**同一年**のことだったからなのです——でしたので（一国歴史主義のアナタとアカデミズムの悲劇がここに見られます）、右の枝番号を含めて日本紀の①～⑧の12回の作成・改竄のスタートとして、その通説で申します古事記のその**三十一年**も前のこの史書をそれらの変遷の研究の**対象グループ**に入れて、つまりこの「プレ日本紀」とも言われております「**帝記・上古諸事**」というものをそのまま信じて対象にしてしまってはいけなかったのです（前述のように、大きく申しますと、この「帝紀＋上古諸事」という新羅史の翻訳（特に帝紀）したものが、後の日本紀へと流れて行き、「帝紀＋旧辞」というもの（特に旧辞）が、後の古事記への流れとなってまいります〔旧＝古。後述の「マトメ」参照〕。しかもアナタ、私の考えでは、その**40天武天皇**自体の正史作成の際の**モデル**は、この**新羅史を新羅本国で大改竄**してしまった**新羅・30文武王**こと**王子の頃**と少なくとも**晩年**〔別述〕には日本に再渡来したこともございました**金多遂**〔**法敏**〕**そのもの**だったのですから〔天武天皇のモデル＝渡来した王子の頃の新羅文武王〕、この点も私こと古代探偵の考えでは日本紀上と新羅本紀上での両者の行動パターンが相対的に**全く同一**でピッタリとして微動だにしないのです。アナタ、文武王とこの天武天皇のところだけは、朝鮮史も日本史〔上代は別として〕も、何故だか奇妙なことに正史が「**上下二巻**」に分けられて作られているのです。本当に不思議ですよね。だから矢張り基本は形式すらもその殆どが翻訳そのものだったことが判るのダ――「壬申の乱」の架空性につき一二章必見）。

因みに、日本の支配者・貴族を記録致しました古代の**人事録**（**フーズフー**）につきましても（序3―5。尚、一五6）、前述――日本レベルの「**――紀**」から、中国様のような普遍的な「**――書**」にしようとする「**背伸び**」の流れの中で、その「書」の一部となるべく「**列伝**」**の準備行為**としてのフーズフーの完成のために――の様に、ここでアナタが決して忘れてはならないことといたしまして、奈良朝から平安朝へとその**境を跨ぎ**（**百済クーデター**は730～770年。それは主として**橘氏の支援を奪われてしまった後の聖武天皇の時代**、つまり**光明子**〔**架空**〕**を含む藤原氏の傀儡に過ぎなくなってしまった聖武天皇の時代**が中心でした）、

つまり右の正史の分類の

「**新羅・伽耶**（③からの）→**百済**（⑦⑧辺りから）」

（更にその前は**安羅**（**倭**）・**百済**系（少なくとも②から）でしたが）という**大変更・大改竄**に合わせて申しますと、右の⑦**の日本紀**（七六〇年）と⑧**の日本書紀**（八三四年以降）の間辺での怪しい、正史上ちょっと気を付ければ誰にでも見えます次のような具体的な政治上の蠢き（**A～G**）となって現れております。

A「氏族志」

（天平宝字五年（**七六一**）より始まり同八年（**七六四**）には早くも**中止**――**藤原仲麻呂**の企画した**唐・新羅・伽耶**系のもの（**アンチ百済**）が中心でしたので、これには当然、此の頃メキメキと力を付けてまいりました**百済系からストップ**がかかりました（百済王（コニキシ）敬福の次の動きにも、アナタご注目下さい））

このように『**氏族志**』（アナタ、ここでの最重要ポイントは、前述の⑥（七四八年）、⑦（七八〇年）の『**日本書**』の構成部分とすべく「**列伝**」の作成――本当は、ここ（正史内）に入れ込んでしまいたかったのに――が、この「**氏族志**」の作業そのものだったということに気が付くべきだったのです（「書」の未完の本紀以外の、特に列伝部分）。それに気が付かないアカデミズムは遅れているよネ。まだ「**氏族志**→**姓氏録**」**という一連の流れ**についての**位置付け**がフラフラして定まらず、どうしていいのかすらも判らないらしいのだから、仕方ないか）は、天平宝字の末（天平宝字五年（七六一）『**新撰姓氏録**』序）、時所引の「延喜本系」）に、これ又宗主国の**唐の真似**をして撰び始めたのですが（『**中臣氏系図**』**難**に逢って頓挫してしまったのです（この時難とは、主として天平宝字八年（七六四）九月の**藤原仲**

麻呂の乱（この結果、仲麻呂は近江国で慚死。七六四年）及び同年十月、高野天皇（阿倍、孝謙）の命により和気王、山村王、外衛大将**百済王**（コニキシ）**敬福**（テキスト付録6、P1112―1113、百済王氏系図）ら兵数百人が中宮院を囲んだことに発する「**淳仁天皇廃位強制事件**」（以後の百済王敬福の躍進の凄まじさを、アナタ見よ！）を指しております）。

この辺りの七四九年の**聖武天皇の幽閉**、七六一年の**仲麻呂の乱**、同年の**淳仁廃位**、七六二年の**孝謙上皇**の「**皇権分離の宣命**」（序―3―3）などの巨大な国家の変化のうねりに、アナタご注目下さい。

因みに、国家が総力をあげて本格的に漢音（北方唐音）の使用に変わり、漢音の『日本後紀』が整備されますのは、平安時代も近い延暦十一年（七九二）、同十二年（七九三）（『類聚国史』）頃からなのでして、その証拠を見てまいりますと、

「**勅。明経之徒**（アト）**。不**レ**事習**レ**音。発声誦読。既至**二**訛謬**一**。宣**レ**熟**二**―習漢音**一」（『日本紀略』延暦十一年（七九二）閏十一月二十日。尚、七4の②原・古事記、③和銅日本紀

――明経道学生に呉音（古くに伝わった倭音・対馬音――仏教用語に多く残る）を止めさせ漢音（正音・大唐音）を学ばせる――

とあることからも判るのです。

←

B「**神別記**」**十巻**（遅くとも弘仁の頃（元年は**八一〇年**）『**弘仁私記**』序）

←

C「**帝王系図**」（桓武焚書『**弘仁私記**』序）

←

D「**本系帳**」（延暦一八年（**七九九**）八月、期限を設定し開始～同二十五年（八〇六）三月桓武天皇の死により**未完成**（『**新撰姓氏録**』序））

←

E「**姓氏録**」（**私の仮説**——この「新」の付かない第一（元）編纂のものは、後に抹殺の悲運）

←

F「**新撰姓氏録**」

（弘仁六年（**八一五**）七月二十日。**皇別・神別・諸藩**、**千百八十二氏**、**全三十巻・目録一巻**（但し、今日は「**抄録本**」だけが存在）。萬多（まんだ）親王（前述の⑧「**日本書紀**」をも**担当**。しかもアナタ、後述のこの修正Gすらもこの同じ人が担当。だからこそアナタ、黒幕たる彼にはその**両者の内容**〈**天皇系図**〉を**見比べながら合わせて同一にしてしまう操作**が可能だったのです〈書紀＋姓氏録＋修正〉。これ又、了解）、藤原園人（そのひと）、藤原緒嗣（おつぐ）ら上表（『**上新撰姓氏録表**』）。但し『**日本紀略**』の方には「**奉**レ**勅撰**二**姓氏録**一。**至**レ**是而成**。**上表曰云々**」と記し、これはその**前年**の**弘仁五年**（**八一四**）**六月一日上表**のことだとするのに対し、何とアナタ！　正にその日の正史の方には**何ら上表の記載が見られず**（アララ！）、ただ「**直**二**勘系所**一**書手三人**。**准労叙**レ**階有**レ**差**。**一等二階**。**二等一階**」（『**日本後紀**』嵯峨、同年八月四日）との単なる何らかに対しての**ライターへの労**（ねぎら）いの叙階の記載があるのみなのです。何故？　因みに、しかも何とアナタ！　この辺りの正史『日本後紀』の二十四巻（弘仁五年〈八一四〉の三月～六月分）は**全欠史**となっており（アレ！）、当然この**新撰姓氏録の完成**したであろう**六月一日**もこの**欠史**の中に含まれ（霧の中）、これらの重要な出来事が**正史上には一切存在してはいなくて不明**なのです。これ又何故？　しかも**二つ**もの天皇への**上表**が続いてあったのは何故（どうして）？　可笑しい。ハテナ、ハテナ？）

G「姓氏録の再検討・補正」

←〔「**勘本系使中務卿萬多親王。中納言藤原朝臣緒嗣等奏曰。伏拠二旧記一判二定訛謬一者。許レ之**」弘仁十年〔**八一九**〕四月三日〔『**日本紀略**』傍点筆者〕

――勘本系使萬多親王(まんだのみこ)〔Fにも参加〕らが**旧記**に拠りて訛謬(がびゅう)〔間違い〕を改定することを願い許される〔アナタ、この旧記とは一体何？　ひょっとして、これが私が発掘した右の幻の、「新撰」のつかない**E**の幻の「姓氏録」そのもの〈プロト姓氏録〉だったりして？　それとも先行した氏族志？神別記？　旧辞？ともかく前述のプロト・フーズフーであることは間違いありません〕――

ということは、上表後四～五年経ってすらも！　まだアナタ、「百済系の色彩に直すこと」が不十分で**未完成**だったということになります。ではこれは一体〔何時出来ていた〕というのでしょうか？しかもアナタ正史が氏族志やこの姓氏録の大改竄を踏まえて〔これらを台本として引用して〕『**日本書紀**』**という名**〔『書』が不可能と判って〕に落ち着きますのは〔ですからアナタ、その書紀の**中身の完成**も、理論的に考えまして**その頃以降**！となる筈なのです〕、アナタ驚くなかれ、豈図(あに)らんや、これよりもっと後の　**承和**〔**八三四年**〕**以降**　のことだったのです〔前述⑧**日本書紀**に対応〕。ですからアナタ、その真相は、**通説で言う日本紀の成立の七二〇年**から、何とマア、更に**百十四年**！**も経った**、それもアナタ、**平安朝**に入ってからも**四十年以上**も経ってからこの今日に至るアナタの前の**日本書紀**という名の日本の古代を記したバイブルたる**正史**は実質的には**完成**していたのです〔⑧日本書紀の完成ここに有り！〕。このように

『日本書紀』の完成は平安朝だった！

アンタ、知ってた？　この私の古代史を引っ繰り返す凄い大発見！　因みに『**風土記**』という**用語**〔改竄に次ぐ改竄に気が付かなくて、単に「**新・旧**」などと**分けているだけ**のアカデミズムが多いのだけど〕の完成すらもが、この遅れに遅れました正史の確定より更に遅れました、所謂アカデミズムの言う『**古風土記**』〔元明、和銅六年、**七一三年着手**〕から**二百年以上**も経った**九二〇〜九三〇年頃**〔延長年間——共に延長戦！〕の、これ又相当**平安朝**に食い込んでからのことだったのです〔序—2。日本書紀の完成はアカデミズムが言うより百年以上後、風土記の完成もアカデミズムが言うより二百年以上後だった。アカデミズム明きMEKURA説。これ又、古代史の大発見！アンタ、知ってた？　こんな重大なこと！〕

以上の様に、何故か？　こんなにも目まぐるしい変化（**新羅系→百済系**）が、その内容の**古代の氏族**の**公式な系譜書**の変遷過程にございまして、だからこそアナタ、**５０年もの間定めることも撰進も儘なりませんでした**（「帝王系図」と桓武焚書につき、テキスト1—2—1、P42下。①から⑫までの12回もの日本書紀改竄。又、本章前述）。

しかしアナタ、ここでアナタは、チョット立ち止まって心に手を当てて素直に考えてもみて下さい。そもそも、もしこの平安朝に完成いたしました今日の日本書紀の記述が仮に正しいと致しまして（これは実は、私こと「古代探偵」の立場から見ますと真っ赤な**ウソ**なのですが）、それによりますと、

①その台本ともなりましたこの「平安フーズフー＝Who's Who in the Heian era」の遙か**四百年近くも以前**の例と致しまして、磯城川の畔で「**探湯**」（**盟神探湯・誓湯**）をさせ、**甘美内宿禰**が敗け**武内宿**

禰が勝つ（「**応神紀**」9年4月）ということもございましたし（大王の行う占卜とは、実はアナタ、高校の先生レベルでさえも古代の実態を知らず誤解している人が多いのですが、私の古代の分析によりますと、「古代の王の決まった意志を神を利用して馬鹿な〔迷信深い〕周囲の人々を納得させるための儀式」に過ぎなかったのでして〔知能の落差を利用〕、実はその占い自体によって判断するものなどでは決して決してなかったのですよ。アナタ、努々お間違いなされませんように。古代だって「大王になれるような者のブレインの頭は、古代的ではなくこのようにクールで冷めていた」のです）

（因みに、私の古代史の大系におきましては〔以下の説明でも同じ〕、右の**武内宿禰**のモデルは、**木**〔**紀**〕**満致**であり、且つ、三七一年に高句麗の故国原王を殺した〔テキスト口絵〕**金官伽羅**〔**倭**〕の第五代の**伊尸品王**〔三四六―四〇七年。妃は**神功皇后のモデル**の**八須夫人**〕そのもの〔**同一人**〕だったのでして、この王は、百済実質初代の**13近肖古王**〔三四六―三七五年〕より、高句麗の広開土王の碑〔四一四年〕が建立されるその約五十年も前の**三六九年**に作成された「**七支刀**」を、**三七二年**に受け取った倭王〔金官伽羅王。**応神**大王の**実父**。一七。テキスト3―8―2、P130、付録8、P1116〕でありながら〔中国の『宋書』と「**倭の五王**」のところも参照〕**朝鮮史でも日本史でも共に消されて忘れ去られた存在**だったのです）、

更にはアナタ、

②**味橿丘**の**辞禍戸碑**で「**盟神探湯**」を行って氏姓を正して氏姓自ら**定まった**〔**自レ是之後、氏姓自定、更無二詐人一**＝是より後、氏姓自づから定まりて、更に詐る人無し）筈だったのです（「**允恭紀**」

4年（**415年**）9月28日。因みに、この**19允恭大王のモデル**は**金官**（**倭**）8**銍知王**（四五一—四九二年）で、この人は日本紀上では**紀小弓**と**同一人**だったのです）、又、

③**継体**紀24年（**530年**）9月にも「**誓湯**」が行われ（**26継体大王のモデル**は、安羅（倭）王であった**大伴談**（**語**）でした）、又、私の倭の大王の朝鮮史との比定は別といたしましても、この様に今日まで何百年も**常に連綿として**「**正統**」**の確認**が行われ続けて参りましたことが記されております（因みに、「**27安閑**大王＝大伴**金村**＝安羅王**安**」の子の「**磐**」こそが、アナタ何を隠そう、新羅と内通して（南下する高句麗に対抗するための新羅の呼び掛けに応じて——本邦初公開）金官（倭の盟主）に対し朝鮮半島内部の倭で「**磐井の乱**」を起こしました安羅（倭国連邦のナンバー2の国）王の**磐井のモデル**となった人だったのです。本一〇）。

④近くにおきましても「**八色之姓**」（天武紀十三年（**六八四**）十月一日）

——しかも、古代の氏族の秩序を定めた歴史がそこに記されておりますところの『**新撰姓氏録**』の「**序**」（八一五年）に、この重要な八色之姓のことが、何とアナタ、**一言も言及されていない！** というう不可解極まりないところに、『**新撰——**』**という幽霊**の正体（正にそこへ至る**直前の王統の断絶**）というものが如実に現われておりました（一七6。——幽霊の正体見たり！）——

が制定され、それに続きまして、

⑤「**十八氏の墓記上進**」（持統紀五年（**六九一**）八月十三日）も古くに行われており（写本によっては「纂

記」。その内容は共に「家伝＝その氏族の歴史」）、これらは皆同じ一貫した支配者の思想固めのためによる流れだったのです（ここで更なる**焚書**をして完璧にし、前王朝の新羅系の息の根を止め、前王朝から新羅色を一掃し、最後の駄目押しを出すために各豪族の家伝を**上進**させたものだったのです。更に後述、八〇〇年の頃に至っての丹生祝氏の例）。

さてアナタ、もしそうであるとするならば、ここに至る今迄右の奈良・平安紳士録以前に**３００年以上にも渡り、特に六世紀前半の「幻の国史」からでも、少なくとも一五〇年近くもの間右のように連綿として（ほぼ休みなく）この国のトップの自称万世一系の天皇家は、部下であり、且つ、支配者の一員である貴族の氏姓（素性＝出自）の確定作業を行って来ていた筈**なのですから、何もアナタ、奈良朝から**平安**朝にかけてのこの**たった５０年足らず**（七六一～八一五年）の短い間（しかもこれは、正に**七六〇年の⑦日本書と八三四年以降の⑧日本書紀との僅かな間**）でこんなにもゴタゴタ、バタバタする必要など全く無かった筈なのです。アナタそう思いませんか。

だからこそ、ここに至り、この**百済系の平安天皇家**が、自らを含め**歴史の大改竄**を行い（**道鏡、光仁、桓武焚書**）、主として**天皇家と同じ**ような出自の**蕃系**（**朝鮮系**）に**姓**（かばね）を与え**貴族**にしてしまった結果現れて来てしまいました**綻**（ほころ）び（矛盾）に対しての苦しい**弁明**が、次々と必要となってしまったのです。今度は、その苦い弁明の幾つかを最後の詰め（王手！）の証拠としてアナタのために次に挙げておきましょう。

「**勅。倭漢惣歴帝譜図、天御中主尊標為始祖。…高麗王。漢高祖命等**一。…**接**二**其後**一。
倭漢雑糅（ざつじゅう）**…敢垢**（けがし）二**天宗**一。**愚民迷執。輙**（たやすく）**謂実録。…事覚**（あらわる）**之日。必処**（しょせん）二**重科**一」
（『日本後紀』大同4年〔809年2月5日〕**51平城天皇**の『**勅書**』）

――勅すらく、倭・漢の惣歴帝の譜図、天御中主尊の標を始祖と為す。…高麗王・漢高祖の命等の如きに至っては、其の後裔に接ぐ。倭漢は雑糅して敢えて天宗を垢し、愚民は迷執して輙く実録と謂う…事覚わるの日、必ず重科に処せん（正にアナタ、右のDとFとの間！）――

更に、次の、

「万方の庶民、高貴の枝葉に陳り、三韓の蕃賓日本の神胤と称す。時移り人易り、知りて言ふもの罕なり」

（**『新撰姓氏録　序』**弘仁6年、815年7月20日。尚、**『日本紀略』**は前年6月1日とする。前述）というのも、その一例を申しますれば、自らの「**新羅系→百済系**」への**国史大改竄**の自業自得の当然の結果とは申せ、又同様に苦しい弁明に明け暮れているのです（このFで何を今更という感じ）。

と言うことは、早い話が、これ等の右の古くから正史日本紀上に見られます①～⑤のことごとは、実はアナタ、嘗てこの　**平安天皇家とは全く別の天皇**（**大王**）**家**　の祖先が、

列島の倭においてではなく、**南鮮の本貫の倭**であった**金官伽羅**や**安羅**

などの地で行って来た（テキスト付録1、P1104）**氏姓を正す**出来事（の翻訳）に過ぎなかったのだ（歴史のそのままの流用だった）と考えれば、その全ての辻褄がスッキリ合って来るのです（今、右の①～⑤に、アナタのこれからのお勉強のご参考までに、私の古代史の大系によるモデルを記しましたが、語弊を恐れずに端的に判り易く申しますと、前述の①②は「**金官＝倭**」（アナタ、前述の様に、①の「**武内宿禰**＝モデルは金官第五代の**伊尸品王**＝木協**満致**」でしたネ。テキスト付録8、P1116）、③は「**安羅＝倭**」（テキスト付録1、P1104）、④⑤は**新日本国の占領新羅軍**によるものであったと、このようにこれら①～⑤は皆、今日に伝わる平安日本紀や新撰姓氏録を平安朝で作った**百済系天皇家の行ったもので全くはなかった**（前王朝又は前々王朝が主として朝鮮

半島などでやったことだった」からなのです。やっぱり！）。

又、仮に一歩譲って、ここ日本列島でのことだったと致しましても、この様に奈良朝末から平安朝初にかけて［支配者クラスの名簿（フーズフー）がなかなか定まらなかった］ということは、早い話が、その完成前の「その何処（どこ）かで［**新羅**系天皇家**→百済**系天皇家］という日本の**支配者の実質上の交替**（天皇の系図の両者の大きな**谷間・断絶**）があった――今はその隙間（ブラックホール）は隠されてしまいましたが」ため**正史が完成しなかった**からこそだった（テキスト序―1）のだと、**私こと古代探偵の様に、アナタも**先入観を払って生まれたときの裸の子に戻り**素直**に考えれば、このことはそれなりに実によく理解出来て来るのです（④⑤は前者たる広い意味での伽耶・新羅系によるものだった）。

ですからアナタ、**唐**を見習って**氏族志**からスタートいたしました**姓氏録**の作成すらもが、遅々として進展しなかったのもそのため（当然。だから、初期の正史作成について見てみましても、六八一年（帝記・上古諸事。但しこれは、前述のように新羅史の翻訳に過ぎず〈列島では架空〉問題がございました）から七二〇年（日本紀）までですら、四十年間もかかっている日本国の大仕事であったにも拘わらず、**その編纂の経緯を正史は正直に記せなかった**のです――記したら抑（そもそも）王朝の断絶がダイレクトにバレてしまうからネ）だったのです（別述）。アナタ、何せ正史が⑧**『日本書紀』という名**に定まるのも、前述のようにこの**後**の**八三四年**からのこと（初めの七二〇年からは**百十四年も後**――これ又、本邦初公開――、仮にアカデミズムが言うスタートである六八一年からでは**百五十三年も後のこと**）なのですからネ。

それに何と、アナタ**『風土記』**という語の**初見**すらもが、前述のように平安朝の延喜十四年（**九一四**）四月二十八日なのです。**三善清行**。序―2。**『日本書紀』**も、前述のように、**八三四年**からでした。このように**共に平安朝から**だったノダ。教科書もこれからは、アカデミズムと教科書会社とは**共謀共同正犯**の「**嘘付**

き」だと学生・生徒・PTAから罵られないように、明日からでも直ぐに、日本紀や古事記の実質完成の年やその正式な名称を書き直さなきゃネ。風土記につきましても**新旧**だなんて女のようにウロウロ**逃げ**ていないでサ。こんなこと何時までもしていると教科書会社のピカピカ禿頭の会長さんに提灯ブルマー穿かせちゃうゾ！

この**『新撰姓氏録』**の編纂も、右の**『風土記』**の編纂のスタートと同じく、地方から国への上申書である「**解**(かい)」状による上進から始まったことが判ると共に（この上申の原本は、本来「**何某氏解　申氏新撰　本系帳　事**」という文言から始まっておりました）、この正史である「**――書**」**の一部**にしよう（取り込もう）とした**『新撰姓氏録』**の**台本**が、この様にその前の各氏族の**『本系帳**(ほんけいちょう)**』**（前述）と**『家記**(かき)**』**（後述）によるものであったことはアナタ明白だったのであり、又、この『本系帳』上進につきましても、その**勅**をよく見まして私こと古代探偵が慎重に分析いたしますと

「**令レ載ニ始祖及　別祖　等名**」

とありますので、原本には**別祖**の名も記されておりましたが、その一方で、

「**勿レ列ニ枝流并継嗣歴名**」

ともございましたので（共に、傍点筆者）、国家への上申に際し、その原本には何故(どう)した訳か？「**枝流・継嗣**は記させてはいなかった＝空白で上申させた」ことが判るのです（**『日本後紀』**桓武延暦18年〔**799年**〕12年29月。このとき〃**来年**〔延暦19の年〕8月30日**以前**に進了せよ〃と命じております）。

実は、この**枝流・継嗣の記載の割愛上申**という点にこそ、**桓武焚書のキー・ポイント**とも言えるものが隠されていることを、漸(よう)く私こと古代探偵は、アカデミズムを差し置いて僭越ながら初めて掘り起こすことに成功したのです。流石鋭い！

つまり、このことを「鉄道の貨車の操作場」に例え〔一六1、日本紀の改竄の目的参照〕、アナタに判り易いように比喩的にご説明いたしますと〔序3―4『不改常典』〕、数多くの支線を改竄し、全てを都合よく**本線たる百済系の平安天皇家の神々**にどこかでその氏族の祖先を繋ぎ直してしまうと共に、その個々の氏族(うじぞく)の系図改竄の際、この提出させた「**別祖**」を台本として平安天皇家（百済系）に都合よく勝手に利用して**改竄**し、更に、本線とは矛盾（脱線）を生じさせないために、意図的に「**空白**」で上申させました**枝流**」に、作成時に至る新たに作り出した枝流を天皇家がこれ又勝手に挿入し、そして藤原氏の**中臣神道の神を中心とした神々の体系**の中にその氏族の祖先の神々も末裔も見事にピッタリと合わせ（組み込んで入れてやり）、日本全国の**貴族**〔**姓(かばね)のある者**〕の**整合性**を図った（これが正に藤原神道の本質だった）ということだったのです（その一例と致しまして、この本来百済王(コニキシ)の道鏡の出と正史上言われております**弓削(ゆげ)**氏の一族を見てみましても、そのルーツは、

①**ニギハヤヒ**・物部氏系（前述の**道鏡**やその弟の**弓削浄人**〔序2〕はこの扶余百済系の一族）、
②**高魂(たかみむすび)**（高句麗系の**高木神**或いは魏の使者の高句麗人張政の投影〔別述〕）・天**日鷲**翔矢(あめのひわしかけるや)系、
③**地祇(ちぎ)**の爾伎都麻(にきつま)系

などという様に、結果的には三流に分けられてしまっております（その中の一つにはコスモポリタンな真相――扶余系――が）。アナタもご存知の**道鏡**自体も（ということは弟の**弓削浄人**も）、**天智大王の孫**、或いは**物部守屋(もりや)の孫**などという様に、二つの共に重要な考えがございますくらいなのです）。これ又、この「**操作場**」**的思考**は私こと古代探偵の**本邦初公開**です。

だからこそアナタ、このとき前述のように『**家記**』をも差し出すことを命じていたのでした（その証拠は『**丹生祝氏文(にうはぶりうぢぶみ)**』翌延暦19年〔八〇〇〕9月16日）。これで完璧！　当然、既に七〇二年以前に『**旧辞**』

や『**墓記**』すらも国へ提出させられて、その時点以降、当時の白鳳・奈良朝の新羅系天皇家の行った**系図捏造**（**従来の系図の抹殺**に加えまして）の参考にされてしまってもいたのです（前述の①大宝～④養老）。

　これ等を平安朝の、それも延暦18年（799年）の**もう直ぐ9世紀**も始まろうという時点になってから提出させたものを**基**にして（つまり、以前のものから大改竄されて（して）しまった――そうでなければ、このように、従前応神以来この300年間に何回も何回も国へ提出させたものの内の争いのある者〔その部分〕の「簡易な確定」だけで最早数年もあれば、当時の頭の良い〔筈の〕テクノクラートにとっては充分な筈だったからなのです）、この平安朝の支配者（貴族）の「フーズフー」たる

『新撰姓氏録』と称すこの書は、**新たにそれ迄の古代史を抹殺**（**全くリニューアル**）して、

新羅系から百済系に作り変えられていた

こと（だからこそ、その名も正直に「**新撰**」だったノダ）がこれでアナタにもよーくお判りになられた筈です（合点。となるとアナタ、平安百済系天皇家には都合が悪かった古くからの旧・姓氏録などに相当いたします「**プロト・フーズフー**」、つまり**プロト姓氏録**〔これは、前述の八一五年、八一九年の**F・G**の中にうっかり紛れ込んでしまっていた、その旧記の文言、つまり幻の**E**そのものであったことの可能性が大〕は、抹殺後は一体どうなってしまったの？　アナタお暇ならそのはみ出した部分を探してみて！　京都冷泉(れいぜい)家の蔵〔文庫〕の奥や古本屋から、反逆者(ヘソマガリ)が残したそれらの消された筈の史書の写本か原稿の片鱗が生き残っていて、反古(ほご)としてひょっこり見つかるカモ？　それがもしかして、既にこのように世に現れてしまっておりましたので、いくらアナタが捜しても見つかりっこない、この『古事記』――但し、勿論アナタ、今日に伝わっておりますの⑤古事記ではなく、**改竄**されてしまうその**前**の②の大王の年齢(よわい)を「大字」で記載した少し不思議な七一二年の「**原(プロト)・古事記＝古記**」〔和銅五年日本紀〕の原稿のことなのですが――に添付されて

いたであろう単純な大王・天皇系図〔部分――神話部分を除く〕こそがそれだったりして！　**要・発想の転換**）

少しお話は遡りますが、朝鮮半島での出自の全く異なりますこの「二つの流れ」の対立は、時代背後の勢力の動静の分析からもその様に言えることだったのでして、その当時（過渡期）における**グループダイナミックス**の一つの流れといたしましては、先ずは、**天武**派と**天智**派が争った前述の古代史のキーポイントとも申せます前述の「**氷上川継事件**」（天応二年、七八二）が挙げられますが（序2）、その後も、同様の色合いのグループのアナタにも有名な対立（場合により水面下での）の典型的な例といたしまして、

「**新羅系**の渡来民のグループと　藤原**式**家・**南**家」とが支持した　**平城上皇**――**平城**京（**回帰**）派の下に集まった氏族と

「**百済系**の渡来民のグループと　藤原**北**家」とが支持した　**嵯峨天皇**――**長岡・平安**京（**推進**）派の下に集まった氏族（今来の秦氏の中の時の有力者A〔日和見の非式家系の秦氏――後に主流となる〕など）との争い、つまり大同5年（８１０年）９月１０日（その直後の、この年の９月１９日より弘仁の年号となって〔８２４年1月4日迄続く〕まいります）の**式**家の「**薬子の変**」で、薬子（平城上皇が天皇在位中に尚侍となって寵愛を受けました。序3―5）が毒を仰いで死に（この薬子は、延暦四年〔七八五〕に暗殺された**造長岡京使**の藤原**式**家の**種継**〔宇合の孫。百川の甥。母は新羅系の**秦氏**の**秦忌寸朝元**の**女**〕の**女**です〔本一九――但し、女の薬子の方は回帰派であることにご注意〕。又、嘗てこの６０年程前の７６４年に同じく乱を起こして滅びました藤原仲麻呂は**南**家のボスでした。元々の**出自が歴史の**「**方便**」**で作られました怪しげな藤原四家**〔実は、朝鮮の秦〈ハダ＝羽田〉さん、朴〈榎＝ナガ〉さんや中国の唐〈藤〉さんなど

の、この直ぐ後に述べます「フーズフー」改竄による中臣家〈喩えて言えば下宿屋〉の庇の下へ雨宿りしての「紛れ込み＝滑り込み＝架空の『大化の改新』とその後内政に功績があったとして鎌子〈足〉の六六九年の藤原賜姓＝朝鮮人が中臣系の家の下宿人となり雑居」。ですから、更に後に、何故か「家主の本家筋の意美麻呂らだけが藤原氏から分かれて本来の中臣氏にカムバックする＝そして六九八年に不比等の系流だけが藤原朝臣を氏姓とする」という、子供でも判る単純な離合集散のカラクリ〈結果として、北朝鮮のスパイのように大家を「背面乗り」して追い出してしまう〉が、ここには仕込まれていたのです――然も権力を持った外人の藤原氏のやりそうなことだ。神、神社のみならず自らの出自までも。母屋と離れを分ける塩爺〈塩川正十郎〉的な表現をすれば「中臣という大家」を寄生木たる藤原ごときがちょいと利用して実質母屋を分捕ってしまった〉でしたが、少なくともここで**南家**に続き**式家**の主流〈亜流の方の秦氏Bを含む〉もここで没落してしまいました〉、この政争に最終決着が着き〈**新羅系**の一派の**一掃**の完了〉、勝利した**百済派**の**嵯峨天皇**の治世の**814年**に至り〈**撰進**。上表は翌815年〉、前述のように、ようやっとこの**新撰姓氏録**と称する「新しいという名」を冠しました、それ迄のもの〈**プロト「氏族志」**＝幻の「氏族志」〉を

大改竄して作られました**日本の支配者の名簿**（フーズフー）の**完成**〈正史の一部とせんとしたもの〉を見ることが出来たのだということからも頷けるからなのです。と言う訳で、ここからの日本国は、千年以上にも亘り、**藤原四家**〈元々、**別々の出自の四氏族**〈敢えて申しますと、**秦氏**〈新羅系天皇家を見限った式家A〉、**百済**系〈北家＝摂関家〉、**唐**系〈南家〉〈**唐務悰**〉、**伽耶**系〈新羅・金庾信〉〈昌寧伽耶＝比自火〉などにつき別述〉の合体でしたが。一九〉の内の**北**家〈今日の近衛家など――主流の秦氏Aはこの藤原北家に末永く女を嫁がせることになります〉の独壇場〈我が世の春〉となってまいります〈日和った秦氏Aの方は正解でした。ユダヤ人のように常に分派を繰り返して誰かが生き残ります。この続きは一九章をご参照下

さい)。

——さて、以上を持ちまして、私こと**古代検察官**による六〇ページ余にも及びました、藤原氏を被告人(首謀者・犯人)といたしまして特定いたしました**正史・偽造変造罪**の「**古代告発状**」(七4)を引用した**歴史に対する罪**の**古代法廷**におけます**冒頭陳述**を終わりたいと存じます。傍聴人のアナタ、初めて聞くことばかりで、目を白黒させて大変でしたよネ——

7—5　神々の乗っ取り

次に、古代史の改竄のみならず、この権勢を極めました藤原氏(中臣氏)の構築した**中臣神道理論**による神社の

神々の乗っ取り

という点などについて、時間の関係もございますので、東京の近くの茨城、それに奈良、京都の各々1、2の相互に藤原氏と密接に関連致しております古代史ファンのアナタにも超有名な必見の神社の乗っ取りと捏造に絞って見て参りたいと存じます。アナタ、そこには、人々は**権力**を持ちますと、その自然の成り行きと致しまして、**祭神**(=祖先)も**神社**そのものも乗っ取ってしまう(古代レベルでの名誉の取得——今でいう財界人の叙勲の欲しさ)という典型的な習性が見受けられるのです。この藤原氏などもその例外ではございませんよ(尚、法隆寺などの仏の偽造につき、一二4)。

先ずはその手始めといたしまして、茨城県の霞ヶ浦の入口にございます「**鹿島神宮**」についてですが、ここは、今日ではここのご祭神は**藤原氏の氏神**となってしまっており、その神は「日本紀」上、出雲での天皇

家への「**国譲り**」を成功させた立役者の**武甕槌大神**（タケミカヅチ）とされてしまって――だからこの部分の出雲神話は、藤原氏の時代になってから藤原氏によって作られ、日本紀に挿入され新しかったことのナイス根拠だった――はおりますが、その昔の本来の姿は、**日本紀上で物の見事に消され**てしまっております**ニギハヤヒ大神**系の**石上布都大神**（イソノカミフツ）（この神も、後述のように、春日大神へ入っております）とされていたことがその地域性から考えましても明白だったのでございまして（『**先代旧事本紀**』**陰陽本紀**（メヲオノモトツフミ））、実は、ここの祭神は新興（成り上がり）官僚の藤原氏のペイペイの氏神なんかでは全くなく、元々**物部氏の氏神**（『古語拾遺』フツヌシ。『続日本後紀』承和二年〔八三五〕三月、物部小事（おごと）大連）だったのです（テキスト3―3、P157下、『**旧事紀**』陰陽本紀。因みに、**旧事紀のその本質的部分が正確**なことは、正史日本紀にはなく「**国造本紀**」にのみございます　**国造**（くにのみやつこ）**の記載**を見れば、中学生でも一発で判ることだったのですよ。アカデミズムは棺桶に入るまで日本紀の暗記に忙しくて余力が無く、本当は旧事紀の方までは読んでいなかったんだナ。アレ！　恥ずかしいナ　バレちまったゾ。しかもアナタ、この鹿島神宮〔常陸（ひたち）〕と利根川を挟んで対座しております**香取神宮**〔下総（しもふさ）。「**神階＝位階**」を授けられた「天皇の臣下」としてのこれらの「神宮」は、式内社では**伊勢大神宮**（これは、天皇が位階を持たないのとパラレルに、神階を持ったことはございません。**天皇と同格**で他の神社とは**別格**だからなのです）を除くとこの二つのみです〕の祭神も又、本来は何と！**物部氏**の神でした――となるとアナタ、日本で当時たった二つしかなかったトップクラスの「両神宮」は、古くは共に**物部氏**や**多氏**〔但し、多氏には二つの異なる流れがございました〕の神社だったのダ。多氏（おほ）、恐る（おそ）べし〔より古くは九州からの直接の入植――東国の装飾古墳や次に述べます大生神社の近くの多生古墳群など――だったのでしょうか？〕。尚、右の「**先代旧事本紀**」の**一部正当性**につき、本章の①大宝日本紀のところに記載いたしました**七〇二年**の『**国造記**』〔続日本紀」のところ参照)。

このことは、その他、次に述べます様に**『常陸国風土記』**(信太郡高来の里の条など)からも明らかだったのであり(前述P157下)、藤原氏は近くの**多氏**(物部氏も多氏の一部も、共にその真相では、祖先が満州や朝鮮半島レベルではニギハヤヒとも繋がっていた〔後述、ニギハヤヒが多羅の陜川経由で南下〕という考えも有力でございます)の、**「大生神社」の上物を乗っ取って**(**スカウトして**)**「鹿島神宮」というものを新たに造ってしまっていた**のです(前述P158上、写真7―19〔テキスト21―4、P898下に新版で補充予定〕。尚、テキスト4―1―1、P163下、6―3―5、P223上)(今日でもこのご本家の大生神社は質素で厳として旧来からございますよ。アナタ、ここへも是非行ってみて両方を見較べてネ)。

この**多**(**大生**)**神社**は、元々は多氏の主流が、渡来後の中心地であった奈良盆地の真中(大和国中)の十市郡の**三角屋根が三つ並んだ**特異な形の「**多坐**弥志理都比古神社=**多神社**(多坐=朝鮮の多羅におられた)」から真相の「**大神=ニギハヤヒ**」(この神の出自は満州の高句麗から半島の多羅の陜川を経て陜父が南下したものでした)を勧請して建てた神社だったのです(前述のように古くに土着した多氏の一派の多くの古墳がこの神社の近くに残っております=前述の**多生古墳群**)。ですからこの**大生神社**は古くから地元ではチャンと「**元鹿島**」とたっぷりとその由来が正確に呼ばれていると共に、他方、藤原氏がこの神を乗っ取って祭神を変えてしまって近くに造った後の「物真似」して造られた**現・鹿島神宮**の方は、「**春日風**(**藤原風**)**鹿島**」と皮肉を込めて優雅に今日まで千年以上も呼ばれ続けて来ていたのです。現地の人々に感謝! 今でも千余年前のこととは申せ、「中央(大和朝廷)からの落下傘部隊=藤原進駐軍GHQは許さないゾ!」って代々語り継がれて来た、ということなのか! こういう考えは、社殿を少し**菱形**に傾いで造って、一見外部からは判らないように中央に抵抗している面従腹背の**吉備津神社本殿**〔岡山市**吉備津**〕みたい〔テキスト12—1、P505下。因みにアナタ、ここからそう遠くはない一キロ程のところにこれと並んでおります**吉備津彦神社**〔岡山市**一宮**〕の方ではございませんよ。似た名前ですが間違った方には行かないで下さい。でも序に両方ともお参りには行ってお賽銭あげて下さいネ〕。

このように、鼻持ちならない新興貴族の藤原氏は、権力を用い**神社**を乗っ取って、更に、**ご祭神**までも変えてしまったこの鹿島神宮のその神に加え、河内の**恩智神社**〔現在は「オンジ」と呼ぶ。これ又、「元春日」と言われております。明治以前は奈良春日大社の猿楽は恩智神社の猿楽が出張しなければ行われなかったくらいでした。八尾市恩智。又は、**枚岡神社**〔春日大社の第四殿に、後述のように、ここの祭神の藤原氏の祖先を持って来て、天児屋〈根〉と姫神の夫婦とを祭っております。東大阪市出雲井町。ですから、こちら枚岡の方でも「元春日平岡大社」などと呼ばれておりますくらいなのですよ。因みに、ここ枚岡での武甕槌と斎主大神の合祀は光仁天皇の宝亀九年〔七七八〕からです——何故かこのレベルでは、場所柄、物部氏とも近い裏の匂いを感じさせます〈その証拠といたしましては、前述の恩智は、物部竺志連公が「奄知蘰連等の祖」とされ、その名の同一性と九州物部との関連が見られることなのです〉。だとするとフツヌシの方は本来のここ河内の神だったのか。石切剣箭社〈ニギハヤヒとウマシマヂの父子が祭神〉も近くにあることですし。但しアナタ、この枚岡社における武甕槌〈紀〉と布都〈記〉も同一の神か、又、更には両神とも多分後世の付会だったのでして、と申しますのも「京畿七道諸神進レ階及新叙。惣二百六十七社……河内国……枚岡天児屋根……枚岡比咩」〈『日本三代実録』清和、天安三年〔八五九〕正月二十七日。因みにこの年の年号が貞観となるのは四月十五日からですから〉となっており、右によりますと平安朝の九世紀に至りましてもまだ武甕槌と布都の二神の姿はそこ〈正史〉には見えず、天児屋根と枚岡比咩の夫婦二神だけとなっているからなのです）〕の神に（テキスト3―3、P157下）、このように、他の藤原氏の祖神を二柱（はしら）加えた四柱の神々を強引に持って参りまして（更にアナタ、その建設地の奈良**春日山**の古くからの**地主神**（ぢぬしがみ）は**摂社**にまで追いやってしまって＝つまり、「ここは良い土地だ」とその土地を乗っ取ってしまって。因みに、九州の宗像神社の旧摂社の神が本来何であったか――それは、現摂社の宮地嶽神社の神だった――ということにつき、序―3―3）、帝都奈良の春日の地に、アナタも修学旅行で行かれたと存じますが、金をかけた、と言っても権力と権威とを笠に着て寄進させるように仕向けました、無数〔三千？〕の青錆びた釣灯籠でアナタにも有名な「**春日大社**」という藤原氏の氏神様の総本家とも申せますものを新しく創って（捏造して）しまって（これと同じパターンの**空海**による仏教の**高野山**開発プロジェクトのためのそこの地主神でございました**丹生都比売神社**（にうつひめ）の乗っ取りにつき、一五9も必ずご参照下さい）おります（因みに、**ユダヤ人**も神を一柱（はしら）二柱と数えます）。

以上の流れをアナタの頭の整理のために一言でマトメておきますと、この**鹿島神宮**へ、そして**春日大社**へと至ります**神々の改竄**の流れは、

①**多神社**（オホ）（大和国十市郡（といち）、正面からは隠された〔朝鮮にまで遡りますと、多羅の陜川に南下した〕**ニギハヤヒ大神**と接点あり）

←

②**大生神社**（オフ）（行方郡（なめかた）潮来町（いたこ）**大生**）

←

ここから藤原（中臣）氏が関与してまいります。

←

③**鹿島神宮**（ちょっと行政区画を変えただけで鹿島郡へ、更に主神も**タケミカヅチ**に変える＝**乗っ取り**）

香取神宮（ここからは「物部＝石上」系の経津主（ふつぬし）を持って来ております）

←

④**春日神社**（神様の通過〔お旅処——の一例〕の途中の関西の**大和**（やまと）**高原**の山添村春日他）

←

恩智神社（↓枚岡）・**枚岡神社**（↓春日）からの藤原氏の祖先の「別の神＝アメノコヤネなど」もこの流れに加わらせられてまいります〔前述〕。

←

⑤**春日大社**（大和。**タケミカヅチ**、フツ、アメノコヤネ夫婦——現在の春日の神々の完成）

ということになります〔「鹿島社↓春日社」につきましては、藤原氏の絶頂を記してございます『大鏡』も同旨でこのように自白してくれておりますから間違いありませんよ。ですからアナタ、今そこに**在るもの**〔**神**〕**だけ**に目を奪われるナ！　努力して見えないもの〔幽玄〕を探せ！　そして、それが君の若さなのだから！〕。

序（つい）でながら、一般的に何の疑問も抱かずに**秦氏の神**とされております真っ赤な連続鳥居でアナタもよくご存じの、近頃では中国人の観光客もをワンサカ押しかけてまいります京都の**伏見稲荷大社**でさえも、

①国学の**荷田春満**（かだのあずままろ）（秦氏が**米蔵の番人**〔その証拠に、よく見ますと本殿に向かって左の狐が「**米庫の鍵**」を銜（くわ）えておりますよ〕としてここに赴任してまいりまして、やがてそのガードマンたる秦氏がそこの神〔ご主人様〕を奪い取ってしまいますそれ以前からこの**稲荷山**に**地主神**として住んでおりました**竜頭太**（りゅうとうた）の流れを汲む「**大八嶋**（おおやしま）**社**＝**竈殿**（かまどの）」〔大八嶋社＝大倭社〕、入口右横の**東丸**（あずままろ）**神社**が本来の神社）

の祖先の**荷田氏**（この春満〔一六六九―一七三六〕とその弟子の賀茂新宮の禰宜の家の出の賀茂真淵〔一六九七―一七六九〕が本格的に研究を始めてから古事記が表舞台に出ることが出来たのです。伏見稲荷と古事記との関連性がココにあった。本邦初公開。一九「国学の流れ」を見よ）から、

←

②**秦氏が乗っ取った社**でした（岡田精司氏。後述及び一六4、P1023）。

又、このような乗っ取りは何も珍しいことではなく、同様な「神々の簒奪」は、同じ京都の商売のうまい**下鴨神社**が、それも朝廷の思惑から（特に下鴨社は**秦氏**――アナタ、ここにも出てきたよ秦氏。賀茂氏より後から渡来した秦氏が乗っ取った――との結合から）、**上賀茂神社**（遙祭殿である本殿の背後北北西三キロメートルの**神山**（こうやま）がご神体の旧鎮座地。ここでは**細殿**の**立砂**（たてずな）〔本来は塩か〕とテッペンの緑の**松葉**こそがキーポイントですよ。この「円錐形」の砂山〔円錐は本来蛇のトグロ＝蛇の体内〕をフリーパスして見逃してはアナタはアウト――うーんと古くはここの祭神が蛇であり、そのトグロを巻いた姿の微憑でもあった〔古への大神神社も同じ〕のです）**から分かれて造られ**ましたのもそう古いことはでなく、こちらは**早くとも奈良中期**の天平十年〔七三七〕から**天平神護元年**〔**七六五**〕の間に過ぎなかったのです〔天平の末〔七四九〕から七五〇年の間という考えもございます。と言うことでアナタ、下鴨社の宣伝の巧さ〔商売がうまく、後から出来たのに「**賀茂下上二社**」などと自分を先に表現するように仕向けて、このことの世間への売り込みに見事成功しておりますよ〕とは逆に新しかったノダ〕。

これもアナタ、この「分離の背景」を、ハテナ？と分析してみますと、その当時「**上賀茂社＝天皇系**」と「**下鴨社＝上皇**（**太上天皇**）・**摂関家系**」という対立があり、しかもこの両神社、特に**下鴨系**は**百済・高句麗**とも縁が深く、ですから、アナタ、**奈良朝では禁止**されておりました**武器を持って集まる祭**〔『続日本紀』文

武二年〈六九八〉三月二十一日の「**騎射の禁止**」。大宝二年〈七〇二〉四月三日の「**仗を執って騎射を禁ず**」）が、**平安朝**になりますと（正確には、その前の**長岡京**遷都より）、何とアナタ、一八〇度一変してしまいまして、それが禁止されるどころか、更にナントアナタ！　許されるどころかその神自体が**国家の最高神**へとトンデモ大変身（大出世）してしまったというアッと驚く為五郎も、奈良朝と平安朝とで**新羅**系の世（天皇）から**百済**系の世（天皇）へと変わったからだと、私こと「古代探偵」のようにそう単純にその背景を考えさえすれば、その全てが素直にスッキリと繋がって来るのです。アカデミズムには千三百年間も「一国歴史主**義**」且つ「万世一系」の催眠術にかかりっぱなしで、この**カモの上下社を巡る不可解な大きな謎**が全く見えなかったという盲目の**悲劇**がここにはあったのです。

更にこの重大な神々の分析をより詳しく進めてまいりましょう。ところでアナタ、そのより古かった方の本来の**上**賀茂神社についてすらも、更に古くに目を移して見てみますと、**加茂氏**が、

葛城

（「**カルラギ**＝渡来した朝鮮（人）の伽羅の砦」の意味。大国主命（公孫氏）と胸形の多紀理毘売（共に安羅系。もう一人の子が、ナント！アナタ、鬱陵島〈竹島〉に祭られていた下照比売＝壱与の投影。一六4、P1038）の間——朝鮮からの窓口である山陰の出雲・安来と同じく北九州の宗像の一族との結合を表わしております——に生まれた子（記）である阿遅鉏高日子根（紀では耜。風土記では須枳。「出雲国風土記」の仁多郡三沢郷や神戸郡高岸〈高屋、高椅、高崖〉郷の何故か「哭いてばかりいる神」にご注意。舞台は山陰）こそがこのオリジンの迦毛大御神の正体だったのでして、この神は葛城の賀茂（神亀三年、七二六年より「鴨→賀茂」）に坐すとされており、これは高鴨神社（御所市鴨神）のこととさ

れております〔そういたしますと、この神の渡来ルートも、「満州〈遼東〉→朝鮮→出雲〈安羅〉→葛城→山背」というコスモポリタンになってまいります〕）から

岡田鴨神社

（京都府相楽郡加茂町〔小字鴨村〕。**聖武**天皇の**岡田離宮**もこの社の近くにございました〔『**山城志**』〕。又、この**岡田**という土地につきましては『**山城国風土記**』**逸文**の「**久我神社**」創立伝承と**賀茂建角身命**の部分とを参照。更に「**葛城→ここ岡田**〔**久我国**〕**→伏見→京都・北区**」という**賀茂氏の畿内に至ってからの移動経路**も判ってまいります――しかもアナタ、**上賀茂社**の**別雷**は、古くは**下鴨**〔**御祖**〕社の祭神と同じく「**ニギハヤヒ＝天火明**」であったという古伝すらもございます〔『**元伊勢籠神社御由緒略記**』。丹後→葛城〕〔尚、京都の**木嶋坐神社**の**祭神**が**ニギハヤヒ**であるとの口伝につき、本一五。他に別述〕。近くに「木津川＝泉川＝和泉川＝和の朝鮮川」がちゃんと流れております〔この氾濫により再三の変遷を経ております〕。ここに架かる恭仁大橋の東約五〇〇メートル。一5）を経て、ここ**山背の国**の**賀茂**（鴨＝カモ＝高麗＝**狛**。一5参照）に来て、そこにいた神の名を奪って（抹殺して）**自己の名前をその地名に付けて**居座ってしまう**その前からいたところの「地主神的な神様」が一体何であったのか**と申しますと、それは今の**奈良社**（**奈良刀自**を祀る〔**片山御子社**〕――今の**摂社**）の上流八〇mの船島の無社殿神地である

奈良殿神

（この地主神に対し、征服した加茂神の内部において、特に奈良中期に上賀茂社〔当時はまだ「上」はついていなかった筈です〕から分離して初めて造られました「**下鴨社の本来の祭神**」が、**井戸の井筒の上**〔又は「**於**」とは鴨川の辺りのこと〕に祀られ「**文明の乱**」〔文明二年、一四七〇年〕に焼失した、

鴨川と高野川合流地の東側にございましたこの神でした。**出雲井ノ於ノ神**。これは**a角身**〔後から作られました下社は、上社に対抗してより目上の上社の祭神の祖父と母とを後から祭って、その名の通り**御祖神社**と称して新しい儒教思想的な存在感をタップリ演出しております〕と**b玉依**と**c伊賀古夜**〔伽耶〕**日売**のabc三神で**三身社**〔**三井社**〕とも呼ばれております〔『**釈日本紀**』巻九所引の『**山城国風土記**』逸文〕。**唐崎社**。**御手洗社**もこれと同じ。因みに、伊勢の**アマテル**が女とされてしまう**前**の、男アマテルだった頃の妻の**瀬織津姫**〔テキスト25―1―7、P1021、同15―10―6、P681〕が、実はアナタ、ここ御手洗社〔ここでは美味しい元祖**みたらし団子**も売ってるよ。是非ここで一服して団子を味わって下さいネ〕の祭神でもあったのです――となると瀬織津姫も渡来神だった)

や、

片山神・片岡社（母神）

などだったのでございまして、これが右の**今来の加茂の神**の中に**融合・吸収**されてしまっていた可能性（『**日本三代実録**』の分析）も否定出来ないのです（そして、この渡来神が**葛城山の峯**からまいりましたことの地理的な証拠は、当時、葛野河から今日の**桂川**となったのだということにもしアナタがお気付きになれば、万人も同様に判る筈です（カヅヌ→カツラ）。これで完璧。尚、『**山城国風土記**』**逸文**。因みに、この賀茂川と高野川の合流する**河合いの地**の下社の摂社**河合神社**（**鴨川合神**）の神官の家で、「行川の流れは絶えずして。しかも元の水にはあらず――」の『**方丈記**』（一二一三年作）で有名な作者の**鴨長明**は生まれました）。

この様に、どの神社も千年以上の間には「移転」や「乗っ取り」や「政治的な理由」等でその祭神は**少なくとも三回**は変わってしまっている

と見ても差支えはなく、その今は**摂社**や**末社**に追われてしまっている神々にも、アナタは事前によく調べ、

その表には出て来ない神々の「複雑な過去の経緯・経歴」に深く注意を払わなければいけなかったのでして（その古代の重要な一例として、北九州の宮地嶽神社→宗像神社。別述。更にその前の遷移が「半島→竹島・鬱陵島→鳥取・宗形→九州・宗像」）、そうでなければ**無実の罪**で抹殺された嘗ての神々（国史見在社とその氏族）の魂は、決して草葉の陰から永遠に浮かばれては来ないからなのです（私こと「古代探偵」は古代の無実の罪の人も救う弁護士なのダ。そして、これは古代を愛する者の当然の常識(つとめ)なのダ）。

この世から一切を抹殺してしまうと却(かえ)って祟(たた)って恐しいと考えた古代の人々は、0か1（通常のコンピュータ的）ではなく或る程度のファジー（いい加減）なバランス感覚（量子コンピュータ的＝①）を持っており――だから古代人の心の方が現代人より進んでいて余裕（広さ）があった――まして、そこの神を奪って乗っ取っても**摂社**や**末社**として一段下位に置いて土竜(もぐら)叩きのように頭を押さえて**幽閉**しながらも「**生かさず殺さず**」にして小賢(こざか)しく長く生かしていたのです（先程の、秦氏に奪われてしまいました**伏見稲荷大社**の境内社の**大八嶋社**の、ぐるりとその全てを**塀**で囲われ出入りすることすら出来ない幽閉された「窒息しそうな異様さ」は、アナタ行かれたら必見ですゾ。今日でもそこを乗っ取った秦氏の伏見稲荷の神主が、本来の神（乗っ取られた大八嶋神）の逆襲（祟り）を恐れてか、何故か、明治時代の兵隊さんのような厳(いかめ)しい制服を着た**守衛(ガードマン)付き**！で「**奪った先神**」をおっかなびっくり定時に拝んで回っている異様さをアナタ見なきゃ損々(そんそん)――この私のお話に気が付いてガードマン付きをやめちゃうと困るのでその前に必ず見てネ。それではアナタ、急がなくちゃ。**Hurry up！**）。

次に、アナタも**天神様**でよくご存じの**菅原道真**の京都**北野天満宮**の神々の変化につきましても、現地に立って、私こと「古代探偵」のように落ち着きなく境内の摂社末社を隈無くグルリと巡り、よくよくキョロキヨロ見回しますと、これ又「神々の変遷」という点は他とも全く同様であったことが顕著に見えてまいりまして、私こと「古代探偵」は、その変遷と重複につき、次のように

①承和三年〔**八三六**〕二月一日の**地主神社**（『**続日本後紀**』）（現在の**第一摂社**）、

←②**末社**の**老松**(おいまつ)**社**、

←③天慶(てんぎょう)五年〔**九四二**〕に**多治比**(たじひ)**文子**（大伴氏と同じ「倭＝安羅」系）（アヤコ＝**安耶子**(アヤコ)＝倭王ノ子を暗示）という**巫女**が**右京七条の自宅**に**菅原公の怨霊**を祀り、これが初代の**文子**(あやこ)**天満宮**だったのでして（現在の**末社**〔菅原氏の出自が安羅〈倭〉であったことにつき別述〕。これが天暦元年〔**九四七**〕に**現地**へ、更に**西の京**に移され、明治六年〔**一八七三**〕に**この場所**に遷座されました）、

←④最後に、右の文子神と同時に天暦二年〔**九四八**〕に**ここ**に菅原公（その朝鮮半島での**本貫**が「**屈阿**(クア)**火**(ボル)＝**蔚山**(ウルサン)」であったことにつき、テキスト4―2―1、P167下～P168下はアナタ必見）を祀ったのが、抑(そもそも)北野天満宮の第一歩だった

という流れを考えており〔道真の追放は国政メンバーからの旧安羅〈倭〉系の排除であった〕、アナタもこの様に考えなければならなかったのです（だから再び言う、今そこに**在る神だけ**に目を奪われてはいけないノダ！　古代の神々は何だったんだ！）。

以上、ここまで、アナタと共に、主として藤原氏などによる「**歴史**」の改竄と「**支配者**」の改竄と「**神々**」

の改竄とその乗っ取りの三つについて、上品ぶって度胸が無く敵を作らない当たらず障らずの教科書では決してアナタへは教えてはくれない藤原氏のダーティーな面のその幾つかの例を見て参りました（吉備津神社の神々の変遷につき、一一7）。

因みに、先程の鹿島神宮にございます朝廷と戦った**蝦夷**（えぞ）の「**悪路王**（あくろおう）**＝高丸**（たかまる）」の巨大な**丸い凄い形相**の首から上の社宝の像は、アナタ、一見の価値がありますよ。

更にアナタ、そこから約七〇キロメートル北の那珂川近くの桂（かつら）村**高久**（たかく）の**鹿島太神社**には

「**悪路王頭形　久敗朽今新彩飾　安坐常州高久村　安塚　之社中云　元禄癸酉六年　源光圀**（みつくに）**印**」

と、延暦年間（七八二―八〇六年）に**坂上田村麻呂**が下野！**達谷窟**（たつやくつ）（テキスト17―5―1、P755）で賊将の高丸（悪路王）を誅し（古くは陸奥へ行くのにこの**那珂川**に沿って遡り、**黒磯**辺りから**白河**へと北上いたしましたルートもございました）、途中この地で軍を休め首級を本社前西北百メートルの**休塚**（やすみづか）（**安塚**――真っ赤な瑪瑙が出土）に埋め（テキスト17―6―4、P764、同17―6―1、P757上）、そしてその**ミイラ**の首から上の模型（高さ五十センチメートル）を当社に社宝として奉納したのですが、年月が経過し、これが朽ちてしまったので、一六九三年に水戸光圀公（黄門様）が修理したという記録と、大きなギョロギョロ目をカッと見開いた恐ろしい形相の頭形（同一人がモデルでも鹿島神宮の像のモンゴルの朝青龍（あさしょうりゅう）？のようなプックリした丸顔ではなくより人間らしい？形です）とが残されております。

天皇家にとりましては、この騙して殺してしまった悪路王――**悪路王**（オロ）と**挹婁**（ユーロー）とは古代では大陸で**同音**でしたので（両方とも古朝鮮語で「オーロ＝örun＝主」ですので、共に自らの名に「主たる部族」「主人＝人」だという誇りの名称を付けていたのです）、沿海州の一族とこの列島東北の一族とは同族乃至は混血を示し

ていたのです（一5）——の怨霊が、余程恐ろしかったんですね。**平安天皇家の蝦夷（カイ＝外国）のアクロ王との「負け戦」を隠すための正史の恐ろしい程の空白部分の多さ**が、このことをちゃんとアナタに証明しておりますよ（『**日本後紀**』。テキスト17—8、P768下）。桂村にいらしたら必ずこの**ミイラの成れの果て**の、一見、三島由紀夫をよりバセドー風なギョロ目にしたような、悪路王のとてもハンサムな？（エッ？）像（首から上）を見てネ。お願い！

では、ここいらで一服入れまして、よりポピュラーな話題といたしまして、今度は神社の屋根の形の特色に目を向けておきましょう。近頃はアナタもうご存じのように、「**屋根の形**」を見ればアナタはその祭神が「**男か女か**」一発で判るという問題です。

原則として神社の屋根の端の三角に先端が尖がった**千木が垂直**（**外削ぎ**）に切ってあるのが**男神**、そして**水平**（**内削ぎ**。古くはこちらは**氷木**とも申しました）が**女神**、又、屋根の上の「魚の鰹」がゴロンとなった様な形の**鰹木**の数が**奇数が男神**、**偶数が女神**でありまして、これと異なる場合には後世の建替えの時に間違ったか、それとも、そもそもその「**神々が改竄**」されてしまっていたことの大変良い証拠だったのです（四章）。このことは誰でも一見して直ぐに判ることですから、アナタが神社へおいでになられたら、遠くからでも本殿の高い屋根はアナタが最初に鳥居を潜ったときから森の上に覗いて見えて参りますので、先ず気を付けてハテナ？と見て、「一、二、三……」と指を折って数えてみて下さい。

日本の神社では、元々そこの地にいた**地主神**などの「**奪われた元の神様＝先渡来民の神**」は、**廻りの**「**摂社・末社**」**に密やかに追われた形**で「押さえ付け」「囲われ」ながらも、「祟らない」様にと辛うじてバランスをとって、前述のように優柔不断に安楽死直前の姿で「生かさず殺さず」のファジーな姿（㊤）で残されて参りました。そして摂社・末社に追われた神々は、星霜移り時は去り朽ち果ててしまいましても、時の政府にとりましては、本来非摘出子で政治的には「可愛くない子」でしたので、お金が無いからと（その通り飢饉なども多く――食べる方が先ですから）再建もされずに、やがて、人々から忘れ去られ消えゆく運命に古（いにし）へより立たされて来たのです（可哀そうに。アーメン）。

アナタ、口の旨い宣伝（商売）上手な神社が何と言おうと、今、**そこに在るものだけ**に目を奪われてはいけません。**消された神々**（**古代の無実の罪の人々の祭っていた神々**）**の探索**こそが古代の真の支配者（とその神）を知る、アマチュアのピュアーな自由なる発想にのみ許されましたアナタの「唯一の夢の追い方」（特権＝ダイゴミ）なのですからネ（テキストP1099下「人史学の確立」――そして消された国史見〔現〕在社の救済）。さあ、神々の「夢追い歌」を歌おう！　鬯（ちょう）（暢）草（そう）を醸（かも）した「夢追い酒」を呷（あお）りながら！

7―6　天智と天武は親子（新唐書）

では、私こと**古代検察官**からの、六世紀前半の「伽耶＝任那＝朝鮮半島での倭」系の、今は消された「幻の国史」から始まりましたこの「**神々を探索せよ！**」の密命（ミッション）はこれくらいにいたしまして、次に、日本紀の改竄でアナタにも判り易い決定的な事を一つだけお話しておきます。資料7―22（テキスト23―2―4、P935下）の『**新唐書**』をご覧下さい。それは**天智大王**（オホキミ）と**天武天皇**（スメラミコト）は、実は、或る正史上では兄弟ではなく、**親子だったとき**も――時代によっては――あったのだという驚くべきことなのです（右テキストP925下、同6―3―5、P223下、本七4⑥日本書）。

では、そこに至ります前に、巻末付録「日本紀改竄の代表的パターン」（テキスト付録3、P1107左頁）の方をご覧下さい。後に「大化の改新」（【**論点11**】）のところでも申し上げます様に（一三3）、平安時代に百済系天皇家によって日本紀の天皇系図が大幅に書換えられてしまうその前の白鳳・奈良時代の占領新羅軍の天皇家の作りました「新羅・加耶系の日本紀の天皇系図」上におきましては、**新羅史や伽耶（倭）史にモデル**をとりまして、

天智大王のモデルは**新羅29太祖武烈王（金春秋）ただ一人**

だったのであり、そして

天武天皇のモデルも**その子**の**新羅30文武王**

とされていたのでございまして、正しくはこの二人の関係は、**モデルとなりました母国の新羅史の通り「親子」**となっていたのです。

ですから、「**親子**」との記載のございます正史である**天平12年（748年）日本書⑥**を（七4）、日本は宗主国の中国様に**準・外交文書（箸墓について、七2）**として提出致しましたので――先程の資料7―22（テキスト23―2―4、P935下）（新唐書）をご覧になって下さい――『**新唐書**』の「**日本伝**」には、正にその通り

「天智　死　子　天武　立　＝　天智が死んで「子」の天武が天皇となった」

のだとハッキリと**親子**だと記されていたのです。コスモポリタンに考えますと、朝鮮史でも中国史でもこの「二人は親子」だと言ってくれていたのです（凄いことです。知らぬは亭主とアナタと日本人ばかりナリ）。さあアナタ、この点につき、アカデミズムの秀才どもはどの様にこの私こと古代探偵に対し反論して来るのでしょうか？　アナタ、アカデミズムからの穴（しり＝尻）の穴の曲がった屁理屈を受けて立つのが楽しみですね。ゾクゾクしますよね。多分「唐のバカが間違えたのだ」とでも言うのでしょうネ。加えて、「新羅占領軍？　エッ！　そんなこと知らねネエナー」「アンタ夢でも見てんのかい」とでも言うのでしょうか。

右のような**日本紀の改竄**ということが判らないと、この点は、どんなにその学者がT大やK大などの国立の良い大学を出てよく勉強して偏差値が高くても、柔軟な「内外への水平思考」が出来ないので歴史の真相を「読み切れない」のです（『源氏物語』とNHKにつき、七4）。私のように考えませんと、今迄の一生をかけた努力は無駄骨に終わりますので「お可哀そうに」とでも言う他ありませんナ（嗚呼（ああ）、アンチ・コスモポリタンの悲劇！ここに在り）。ご愁傷様。

7—1　仁徳陵

7—2　仁徳陵

7—4　応神陵

7—3　崇神陵

7—7　熊野神社古墳（日本最大の上円下方墳）

7—5　高久鹿島神社の悪路王のミイラ模型（徳川光圀が修理）

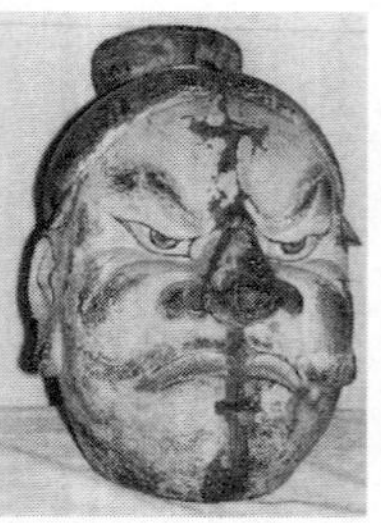

7—6　悪路王首像

7—8　熊野神社

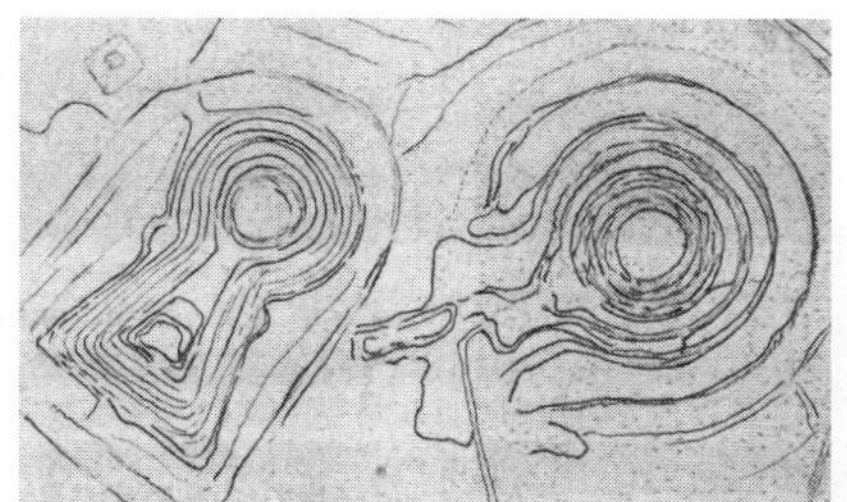

7—9　左：女狭穂塚古墳、右：男狭穂塚古墳（卑彌呼の寿陵——見たとおり元は巨大円墳）

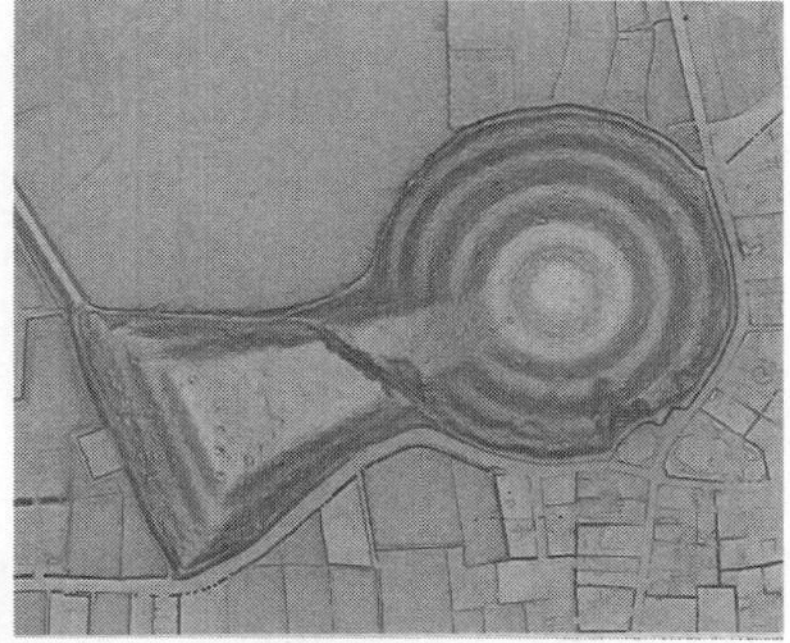

7—11　箸墓古墳赤色立体地図

7—10　箸墓古墳（壱与の寿陵——これも元は円墳）

7—12　大溝

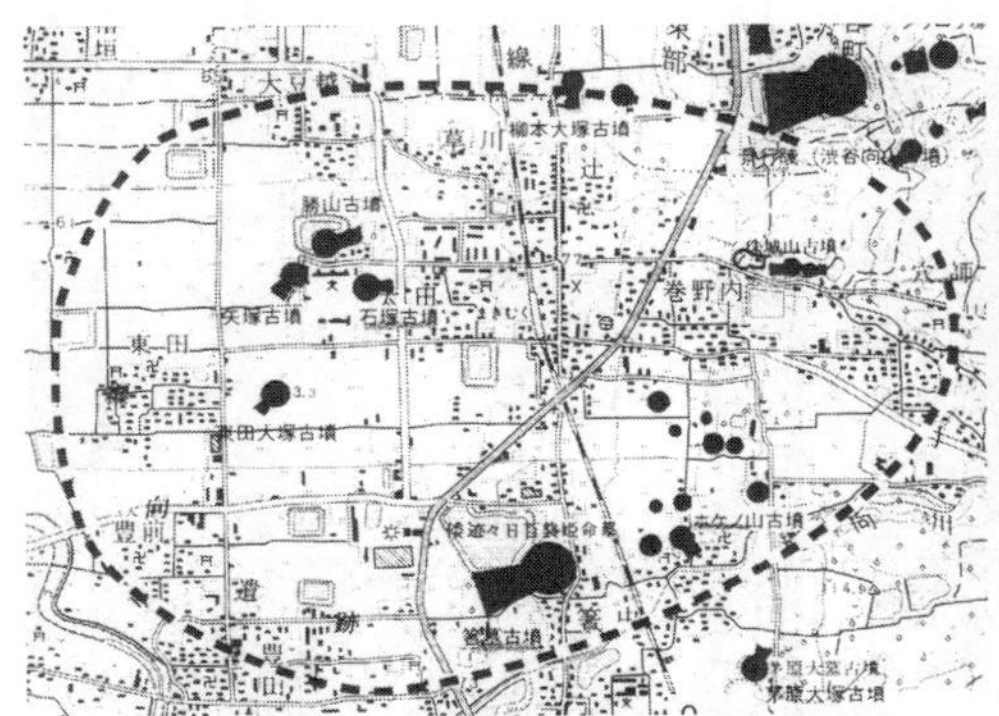

7—13　纒向地図（大溝の南溝は箸墓の南の巻向川から分かれて石塚へと流れていた）

7—14　纒向石塚古墳

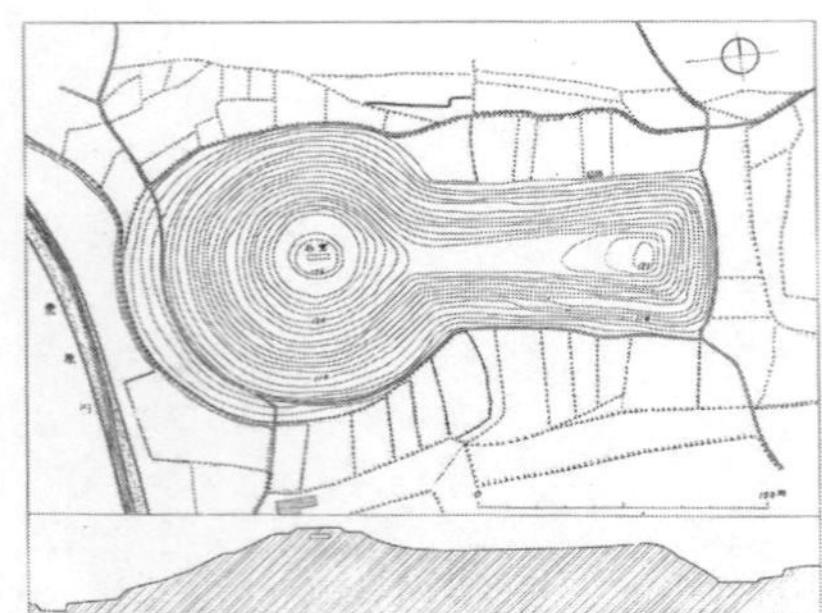

7—15　桜井茶臼山古墳

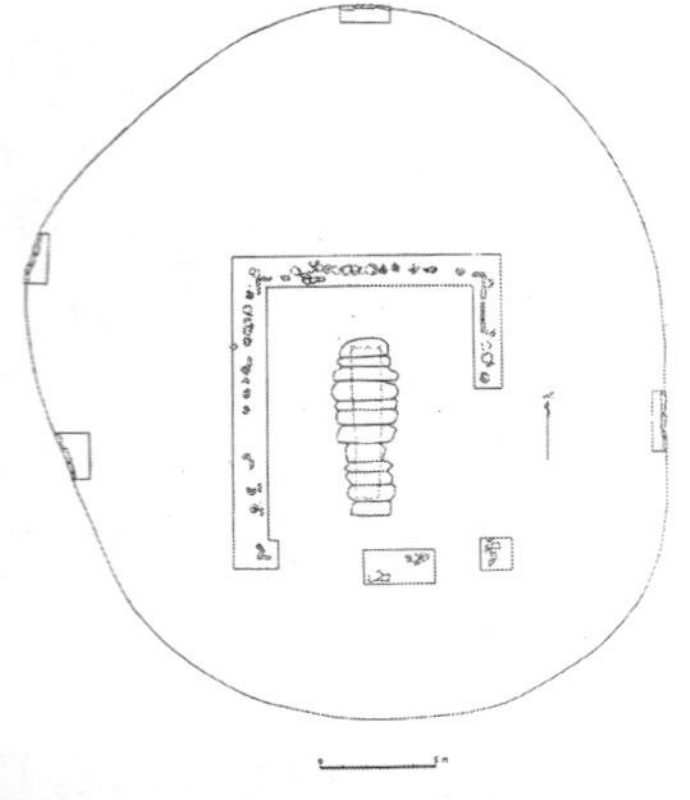

7—16　桜井茶臼山古墳墳頂部

7—17　メスリ山古墳（桜井市）の円部上の方形囲繞

7—18　新沢千塚 126 号墳（仁徳女帝の墓？）

7—19　大生神社

7—20　鹿島神宮

7—21　秦氏に乗っ取られた伏見稲荷の境内の地主神だった大八嶋社の幽閉形

「天智死子天武立総持。咸亨元年遣使賀平高麗」（『新唐書』日本伝）
——天智が死んで子の天武が立って天皇となった。天武が死んで子の総持が立って高宗の咸亨元年（六七〇）日本は遣使して来た。

因みに、文武天皇と聖武天皇との関係についても考えてみますと、『新唐書』の方におきましては

「文武死、子阿用立、死、子聖武立、改元日　白亀　開元初」
——文武が死んで、子の阿用が立って天皇となった。阿用が死んで子の聖武（続日本紀では文武の子となっている）が立って天皇となった。改元して白亀と称した。

7—22　『新唐書』「天智が死んで子の天武」

7—23　具注暦（日本紀のウソを完璧に証明）

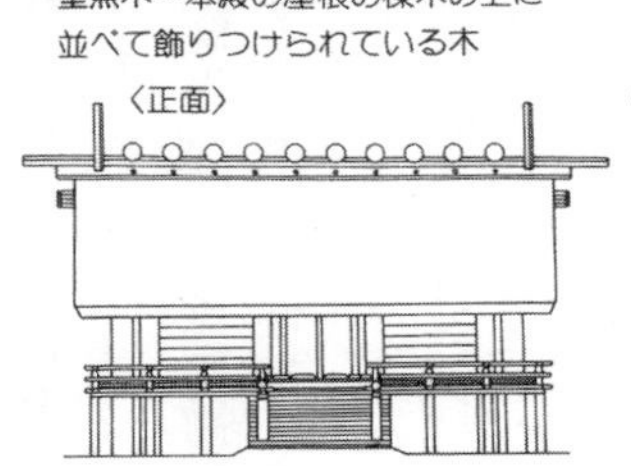

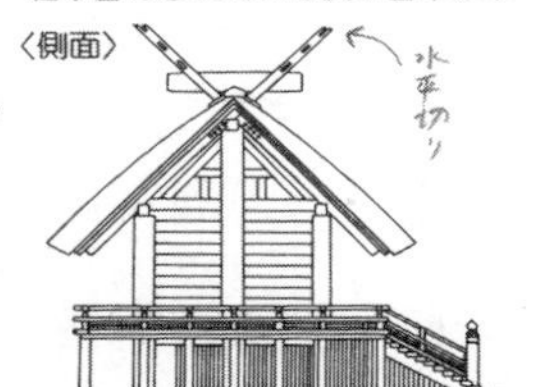

7—24　神社の千木と堅魚木

[一]アヅキナシ→八八頁注二一。
二　和名抄に山城国相楽郡祝園(波布曾乃)郷がある。今、京都府相楽郡精華町祝園(ほうその)。これはFafurisono→Fafurusono→Fafussono→Fafusonoという変化を経たもの。ハフルは、もと放擲の意。死体を投げすてる場所をいうのであろう。紀では敵を斬りハフリし故にと言っているが、そのハフルももとは同義。
三　→九四頁注六。
四　頭を地につけて罪を謝すること。
五　→補注5-一三。
六　山城国綴喜郡河原村(今、京都府綴喜郡田辺町河原付近)。仁徳即位前紀に考羅済(かわらのわたり)とあり、それについて応神記には、鉤をもって大山守命の沈んだ処を探ると、甲にかかって訶和羅(かわら)と鳴ったのでその地名としたという起源説話をのせている。ここもカワラは擬音語で、甲を脱ぐときにカラカラという音がしたという意に解することもできる。甲を古くカワラといったと解する説もあるが、確証はない。
七　記に久須婆之度(くすばのわたり)とある。屎のソは甲類でスと交替しやすいので、kusobakama が kusuba となるのは自然である。樟葉は、和名抄に河内国交野郡葛葉(久須波)郷があり、継体元年正月条に樟葉宮、続紀、和銅四年正月条に河内国交野郡楠葉駅、安康記に玖須婆之河が見える。今の大阪府枚方市楠葉。
八　記伝はワギと訓んで、延喜神名式に見える山城国相楽郡の和伎坐天乃夫支売神社(今、京都府相楽郡山城町平尾所在の涌森の涌出宮)の地とする。
九　この文章は前との続きが自然でない。異なる資料を接続させた際の不手際か。以下の話は記では活玉依毘売の話として載っているが、本条の前半に当る部分が詳しく、ミワの地名の起源説話になっていて、後半の部分が欠けている。

天に逆ひて[一]無道し。王室を傾けたてまつらむとす。故、義兵を擧げて、汝が逆ふるを討たむとす。是、天皇の命なり」といふ。是に、各先に射ることを爭ふ。武埴安彦、先づ彦國葺を射るに、中つること得ず。後に彦國葺、埴安彦を射つ。胸に中てて殺しつ。其の軍衆脅えて退ぐ。則ち追ひて河の北に破りつ。而して首を斬ること半に過ぎたり。屍骨多に溢れたり。故、其の處を號けて、[二]羽振苑と曰ふ。亦、其の卒怖ぢ走げて、屎、[三]褌より漏ちたり。乃ち甲を脱きて逃ぐ。得免るまじきことを知りて、[四]叩頭みて曰はく、「[五]我君」といふ。故、時人、其の甲を脱きし處を號けて、[六]伽和羅と曰ふ。褌より屎ちし處を屎褌と曰ふ。今、[七]樟葉と謂ふは訛れるなり。又、叩頭みし處を號けて、[八]我君と曰ふ。叩頭、此をば迺務と云ふ。

[九]是の後に、[一〇]倭迹迹日百襲姫命、[一一]大物主神の妻と爲る。然れども其の神常に晝は見えずして、夜のみ來す。[一二]倭迹迹姫命、夫に語りて曰はく、「君常に晝は見えたまはねば、分明に其の尊顔を視ること得ず。願はくは暫留りたまへ。明旦に、仰ぎて美麗しき威儀を觀たてまつらむと欲ふ」といふ。大神對へて曰はく、「[一三]言理灼然なり。吾明旦に汝が[一四]櫛笥に入りて居らむ。願はくは吾が形にな驚きましそ」[一五]とのたまふ。爰に倭迹迹姫命、心の裏に密に異ぶ。明くるを待ちて櫛笥を見れば、遂に美麗しき小蛇有り。其の長さ大さ衣紐の如し。則ち驚きて叫啼ぶ。時に大神恥ぢて、忽に人の形と化りたまふ。其の妻に謂りて曰はく、「汝、忍びずして吾に羞せつ。吾還

7—25　『日本書紀』（岩波書店『日本古典文学大系』）

本条は記の如き三輪山伝説と、箸墓の伝説とを結合して構成したものか。この説話の意味→補注5-四。

一〇 →二三〇頁注二五。

一一 →二三九頁注二五。

一二 この名は、ヤマトトトビヒメのビヒがつまってヤマトトトビメとなったものであろう。

一三 道理が明らかであるの意。イヤチコのイヤは、イヨイヨの意。チコは、チカ(近)と同源。はっきり、よくわかる意。

一四 櫛を入れるはこ。

一五 マコトニは熱本の訓。遂は、極端の意で、この訓が生れたものか。

一六 ホミはフミと同じ。○とロとはしばしば交替することがある。

一七 記に「至美和山而留神社」とある。奈良県桜井市の三輪山。御諸山→一三〇頁注四。

一八 どすんとすわった。ツキは衝キと同じ。ウは、古い上二段活用動詞居(ウ)の終止形。ヰ・ヰ・ウ・ウル・ウレ・ヰと活用した語。これが後にヰ・ヰ・ヰル・ヰル・ヰレ・ヰヨと活用の仕方が変化した。ウの例は万葉一九三三に「立つとも坐(う)とも君がまにまに」と使われている。

一九 和名抄に大和国城上郡大市(於保以知)郷がある。今の奈良県桜井市の北部。

二〇 天武元年七月条に箸陵とある。今、桜井市箸中に箸墓(はしはか)と呼ばれる前方後円墳があり、全長二七五メートル、後円部の径一五〇メートルで、葺石が多い。

二一 奈良県北葛城郡の二上山の北側の山。→二四二頁注一一。

二二 列を作って手から手へ渡して。播磨風土記、揖保郡立野条にも「連立人衆運伝、上川礫作墓山」とある。

りて汝に羞せむ」とのたまふ。仍りて大虚を踐みて御諸山に登ります。爰に倭迹迹姫命仰ぎ見て、悔いて急居。急居、此をば菟岐于と云ふ。則ち箸に陰を撞きて薨りましぬ。乃ち大市に葬りまつる。故、時人、其の墓を號けて、箸墓と謂ふ。是の墓は、日は人作り、夜は神作る。故、大坂山の石を運びて造る。則ち山より墓に至るまでに、人民相踵ぎて、手遞傳にして運ぶ。時人歌して曰はく、

逆レ天無道。欲レ傾二王室一。故擧二義兵一、欲レ討二汝逆一。是天皇之命也。於是、各爭二先射一。武埴安彦、先射二彦國葺一、不レ得レ中。後彦國葺、射二埴安彦一。中レ胸而殺焉。其軍衆脅退。則追破二於河北一。而斬レ首過レ半。屍骨多溢。故號二其處一、曰二羽振苑一。亦其卒怖走、屎漏二于褌一。乃脫レ甲而逃之。知レ不レ得レ免、叩頭曰、我君。故時人號二其脫レ甲處一、曰二伽和羅一。褌屎處曰二屎褌一。今謂二樟葉一訛也。又號二叩頭之處一、曰二我君一。叩頭、此云二迺務一。是後、倭迹迹日百襲姫命、爲二大物主神之妻一。然其神常晝不レ見、而夜來矣。倭迹迹姫命語レ夫曰、君常晝不レ見者、分明不レ得レ視二其尊顏一。願暫留之。明旦仰欲レ覲二美麗之威儀一。大神對曰、言理灼然。吾明旦入二汝櫛笥一而居。願無レ驚二吾形一。爰倭迹迹姫命、心裏密異之。待レ明以見二櫛笥一、遂有二美麗小蛇一。其長大如二衣紐一。則驚之叫啼。時大神有恥、忽化二人形一。謂二其妻一曰、汝不レ忍令レ羞レ吾。吾還令レ羞レ汝。仍踐二大虛一、登二于御諸山一。爰倭迹迹姫命仰見、而悔之急居。急居、此云二菟岐于一。則箸撞レ陰而薨。乃葬二於大市一。故時人號二其墓一、謂二箸墓一也。是墓者、日也人作、夜也神作。故運二大坂山石一而造。則自レ山至二于墓一、人民相踵、以手遞傳而運焉。時人歌之曰、

第八章　奈良朝の天皇家（新羅王子）と平安朝の天皇家（亡命百済王）とは、同じ王朝ではなかった

——聖武天皇の薬師寺への幽閉！の意味するところ

——百済革命の成功

奈良朝の天皇と平安朝の天皇とは同じではなかったという［論点6］につき、

（イ）**都督府**と**都護**

（ロ）白鳳・奈良朝の天皇は**新羅王子**

（ハ）聖武天皇の「**神道へ戻れ！**」との**反仏教宣言の詔勅**は何故(どうして)出されたのか？

　　——伊勢神宮の**伊勢太神宮寺**を巡る**仏教**と**神道**との攻防(かけひき)（神仏論争）

（ニ）**平安朝**とは百済王(クダラノコニキシ)による**日本列島における**「**百済亡命政権の樹立**」

（ホ）桓武天皇は公害の祟り！により（大仏公害の証拠は五百立(いほだて)神社）長岡京に遷都させたということに入って参りましょう。［論点6］の全体の要点は次の通りです。

白鳳・奈良時代の天皇とは、663年の「白村江の役」の後、日本列島を提督として占領支配した新羅の王子達だったのであり、平安時代の天皇とは、日本列島への亡命中の百済王(クダラノコニキシ)が藤原百川らの藤原式家の協

力を得て、聖武天皇の薬師寺（薬師寺宮）への幽閉（749年）、更には、その子の井上皇后の廃后（772年3月2日）、更にその井上の子の他戸皇太子の廃太子（同年5月27日）、そして、その母子の両者の五条没官の宅への幽閉（773年）とそこでの暗殺（775年）による『宮廷クーデター』の成功により、日本列島に百済亡命政権を打ち立てた百済の王子達だったのである。藤原式家が滅んだ後は、平安天皇家は今度は藤原北家（摂関家＝後の近衛家などの五摂家）とタッグを組んで末長くこの日本国を運営してゆくことになるのである（近衛文麿首相も、この北家の末裔で、摂政関白を継承する「五摂家」の一つの近衛家の第三十代当主であり、その後の細川護煕首相も同じく近衛家の出であった）。因みに、北家の支配が確立した後は、今度は北家内部での陰湿な戦い（足の引っ張り合い――正に清少納言や紫式部の頃がそれ）と化するのである。

8―1　唐の日本列島占領と開府儀同三司

663年の「白村江の役」というのは、唐・新羅の連合軍と戦った倭・百済の連合軍が朝鮮半島で敗れたという国際紛争でした（但し、その実体は、よく見ますと外国勢力と組んだ百済の**内乱**の様相を呈していたのですが――）。

その後、実はアナタ、通説に反して

「直ちに日本列島が唐・新羅によって占領されてしまっていた」

のです。そのことは、今も北九州に残る「**太宰府＝都府楼**」という〔その名前自体〕がそのことをアナタにダイレクトに証明していてくれていたのです（例えば、**天智紀四年**〔**六六五**〕九月二十三日〔上桂国……至于筑紫〕、同**六年**〔六六七〕十一月九日〔筑紫**都督**府〕、同**七年**〔六六八〕七月〔筑紫**率**〕、同**十年**〔六七一〕

十一月十日〔筑紫**大宰府**（おほきみこともちのつかさ）〕、**天武紀元年**（六七二）五月十三日〔郭務悰等罷帰（まかりかへりぬ）〕などの**正史の解読**の中にこそ、実はアナタ、この珠玉のような答えが用意されていたのです。一—1〜8、一—2はアナタ必見です)。

何故ならば、この**都府楼**とは、実は中国の**占領軍**政府の**都督府**（この頃は**平壌**の安東**都護府**〔唐は広大な全土を**六つ**に分けてこの軍政府を置きました〕の下にございまして、**都督府**は、**百済**には**熊津**などに**五つ**、**高句麗**には**九つ**、**新羅**には**鶏林**に、**倭**〔日本〕には**筑紫**〔**天智紀四年**＝六六五年九月二十三日の右の記載の**戦時国際法的な解釈**により当然に判ることなのですが〕などに置かれました。テキスト7—11、P292上など）の**楼**観（物見の高殿）の略の「**都・府・楼**」に由来した言葉だったからなのであり、この司令部が置かれしました**軍都**というのは、中国皇帝から「**開府儀同三司**（かいふぎどうさんし）」という資格を与えられた者のみが開くことが出来た軍の組織でございまして、主として

敗戦国の「**占領地**」

に置かれた役所だったからなのです。これがアナタ、新羅・日本では**軍政**を含んだ**評**（こほり）から、やがて**民政・行政オンリー**の**郡**（こほり）へと変化して行ったのです（因みに、新羅占領軍もその母国では「州の長官」を言い、五〇六年に「軍主」、六六一年に「摠管（そうかん）」、七八五年に「都督」とその名称を変えております）。ここを正史はごまかしてスルーパスしていたのです。つまり、後の［評から郡への変化］とは、実はアナタ、伏せた盆の中の賽子（サイコロ）をが見通せないボンクラなアカデミズムの通説に反して、唐の支配からの独立というウルトラ重大なことを意味しておりました**質的**変化だったことを見逃すナ！　そもそも、ここが歴史学者の悲劇の始まりだったのだ！　もし時間がございますれば、この点、後の「**論点5及び6**」でより詳しく述べたいと存じ

ますので是非そちらもご参照下さい（一一2～3、一二2など）。

8―2　聖武の「大仏公害」告発と薬師寺への幽閉

次に、私の考えでは日本の**新羅系天皇**の実質トリ（真打ち）を飾りました**聖武天皇**について考えて参りましょう。私のこの話を聞きますと、アナタには今迄教科書で教わったことと全然違った「聖武天皇の一見奇異とも思える姿＝その行動」が浮かび上がって来る筈です。そこで、ここでは、アナタが多分ご存じない、教科書には書いてない、私こと古代探偵が掴み（つか）ましたチョット変わったお話をしておきたいと存じます。では、驚かないで下さいよ。

一般に**聖武天皇**は、

大仏を完成させた人　とか、又、「**三宝（仏・法・僧）の奴**（ヤツコ）」

だとか言われております様に、特に**仏教の信心の篤い天皇**であったと全てのアカデミズムが猫も杓子も例外なくステレオタイプにそう言っております。しかも、そうであるからこそ彼は**大仏を造った**のだと。東大寺とタイアップした『**正倉院展**』等を観に行かれたアナタも、その古くからの「藤原氏の宣伝＝洗脳」に乗っかってしまい、きっとその通りだと無批判に頷かれ「ワー、素敵！」とその宝物に目を見張られたことでしょう。でも、実は、そもそもそれは**大きな間違い**だったのです（本序）。古代探偵が本業！の私も、仮令（たとい）アルバイト？とは申せ、法律家の端くれですので、そう言うからにはそのことを一発で覆す**完璧な証拠**をここでアナタにお見せしなければなりません。

と言うことで、その証拠として**図8―1**（テキスト31―2―1、P1074下）の閏（アト）5月10日のところをご覧下さい。

そこで聖武は何と！　**詔勅**（しょうちょく）（天皇の命令）を出してまで

「仏教一辺倒を改めて神道に戻れ！」

と正史『**続日本紀**』の上で声高に**神道回帰**を国中に叫んでいるではないですか！　アレッ！　**逆だ**。日本の全ての人々とアカデミズムとが今までアナタに言っていたこととは**全く逆**だ。それは何故（どうして）？　これは一体どっちを信じたらいいのだ！　更にアナタ、別の詔勅では、「暑いのは**宇佐八幡の神罰**（たたり）なんだ」と、神様の祟りだとすら言い切っているのです（序—3—3。尚、宣明につき、序—3）。聖武天皇は、猫も杓子も仏教一辺倒なので「神様が怒っておられる」とまで言い切っているのですよ。それなのに何故アカデミズムは？？？　これは私こと「古代探偵」にとって、決して無視することの出来ない重要な証拠なのです。ゾクッとする程凄い証拠でしょ？　アカデミズムが青くなる証拠でしょ？　この点は、今迄、アナタも、そしてアカデミズムの、それもほんの一部の人しか気付かなかった大切な点ですので、このことの証拠をもう少し詳しく法律家らしく、では直接原典に当たって厳格に見て参ることに致しましょう。

図8—2（**聖武幽閉を記した正史の**「**続日本紀**」）は、日本国の二番目の正史でございます「六国史（リッコクシ）」の一つの『**続日本紀**（しょくにほんぎ）』の天平21年、いや、この749年の年号は既に4月14日より**天平感宝元年**に改元されてしまっておりましたので、その部分をご覧下さい。

ところで、その前に一言申し上げておきますが、実はアナタもご承知のように、この辺りは「天平——」という様に年号がクルクルと変わり、それだけでも**歴史的**〈**改竄の匂い**〉**がプンプン**と致します時代なのです。と申しますのも、729年から765年迄のそう長くはない三十六年間——正にこれは百済革命の爛熟の期間（即ち、国史大改竄が殊の他集中的に見られます、為政者にとりましては、気が付かれては大変不都合な期間）に該当しております——を見てみましても、何とアナタ、「天平」と付く年号が**天平**、天平**感宝**、天平**勝宝**、天平**宝字**、天平**神護**と何と5回も変わっておりまして、最後の「天平**神護**」とその名の半分が重

8

なっております「**神護景雲**」という年号も加えますと6回も変わったことになります（その真相は、宗主国の中国に提出いたしますその国の国史文面上からも、日本国内の歴史改竄について、中国の外交官吏を騙し易かったからだったのです。目眩（めくらまし）としての改元だった。序―3―5）。しかもアナタ、この間の天皇を分析致しますと、私の考えでは、この聖武の後は（実は、この前もそうなんですが）**架空の女帝孝謙**、途中で不可解にも**廃帝**とされてしまった淳仁、**架空の女帝**称徳（重祚）（テキスト32―2―2、P1090）という風に**捏造された天皇**の意味深長な配列がオンパレードでチャント続いておりますよ（それで初めて判ったゾ。私こと「ハテナ？坊や」に。この変な年号の謎が！）。

さて、本題に戻ります。このちょっと汚い私の字の書き込みの部分で恐縮なのですが、**749年閏（アト）5月10日**のところをご覧下さい。これがその**聖武勅令の原文**（**漢文**）でございまして、お忙しいアナタに代わり、そのポイントを現代語に訳して申し上げますと、

「**政事にあやまちがあるように思える。神が咎（とが）を残したのは、実に朕（チン）自身に由来する。過去を改める術（すべ）を求め、心から朕の身にあるあやまちを改めたい**」

と、この様にハッキリと**仏教反対**だ、**仏教は間違い**だった、だから**神道に戻るのだ**！と国家の元首が国家最高の**天皇命令**まで出してそう言い切っている（テキスト31―2―1、P1074。本序―3―5、序―3―3）ではありませんか！

それにアナタ、抑（そもそも）この点が特に重要だったにも拘わらずアカデミズムがあまり強調していないので、アナタはこの点十分ご存じなかったのではないかと思いますが（悪乗りしているお寺やコマーシャリズム）、

もともと大仏の建立を発意したのは聖武天皇自身などでは決してなく、実際は光明皇后その人自身だった

のですから、このことは尚更重要となって参ります（序—3『続日本紀』を見よ）。これは実はアナタ、藤原氏と、藤原氏が作り上げた「**架空の光明皇后**に相当する人（女）」とによる、**国費を政敵に浪費させる**ための唆（そそのか）しという**百済革命の予備的作業**（今日の刑法第七十八条の**内乱予備罪**に相当）だったのです）。

しかもアナタ、この大仏建立におけますもう一つの歴史的に重要な点は、正に、明治の初めの「**廃仏毀釈**」まで、ここから1400余年も続く**神仏混合の走り**がここに見られるという点にもあったのです（序3—1）。

と申しますのも、一言で申しますと、これはアナタ、早い話が「**神＋仏**」ということなのですが、このスタートは、**宇佐神宮の神**（**神官**）に統率されました「**冶金（やきん）集団**」の**水銀工**が、それまで日本列島では困難を極めていた東大寺の**大仏の塗金**の難題を「**アマルガム工法**」で解決するために、天平勝宝元年（七四九）十二月二十七日の「八幡大神に品位を奉った」という格好を付けた宣命に基づき（導かれ）、九州からやってまいりましたこと（**大神朝臣杜女（おほみはのあそみもりめ）**）を嚆矢としていたからなのです。これが後に東大寺境内の守護神となった**手向山（たむけやま）八幡**でして、やがて神仏習合へと至る実質的な**嚆矢**ともいえるものが、正にこれだったのです（序3—5）。それに加え、**プラスα**といたしまして、九州**香春（かわら）**での**採銅**と宇佐八幡宮からの**銅の差し入れ**もございました（因みに、東大寺の伝承によりますと、大仏用の水銀が伊勢神宮のございます伊勢国の大中臣からも献上されていることが判ります——伊勢と神道との関係につき一六章）。実は、このことの重要な伏線と致しまして、既にそれ以前の養老4年（720年）に、宇佐八幡宮の託宣により南九州の**隼人の征討**を行いました頃から（宇佐八幡宮の近くの**古表（こひょう）神社**の傀儡（くぐつ）の相撲神事の黒人・白人の勝敗〈最後に**小さな黒人**〈海**人＝住吉神**〉**が勝つ**〉にアナタご注意下さい。テキスト7—4—49、P275上、同19—2—3、P863下）、既に「**統一新羅の仏教文化**」そのものである**弥勒（みろく）信仰**の流れを汲む**豊国奇巫（あやしきかむなぎ）**、**豊国法師**は、同じ新羅系であった奈良朝の天皇家と地下の鉱脈では繋がっていたから、これは当然の歴史の流れでもあったのです。それに、「**神**

仏一体」の神社に付属した寺である**八幡神宮寺**（後に至り、神と仏で主客が逆転し仏の方が強くなります）たる**弥勒寺**の建立が天平15年（743年）ですので（因みに、『**永弘文書**』によりますと、その前の天平十年〔七三八〕五月十五日に豊前弥勒寺〈何故、弥勒なのか？〉を八幡宮境内地に移したという記録もございます）、大仏以前からのこれらの伏線をアナタは注意深く観察して決して見逃してはいけなかったのです。

又、更に良いその証拠がここにはございまして、より古く我が国の仏教受容に付いて崇仏派と排仏派が対立致しましたとき（一〇4）、**排仏派**（と今日正史上ではされてしまっております。テキスト18―1―1、P770―771）の**物部守屋**が、何とアナタ、

「**速急棄流乎豊国也**」――**速急に（仏像を）豊国に送り返すべきだ**――

（『**日本国現報善悪霊異記**』巻上、敏達天皇代）

と主張いたしておりますが、この言葉中にも**豊国**（**豊日別**）**を経由**してこの大陸の仏像が入って参りました相当強力なルートがここには存在しておりましたことが示されており、この地域（と申しますのも、この辺りは奈良朝の初めでさえ、ここの住民の**93％**が自ら**辰韓・新羅の出自**を主張致しております**秦部**や**勝**の姓（序4）などの渡来人によって占められていたからなのです〔大宝2年702年正倉院文書の『**豊前国戸籍**』〕）への**朝鮮仏教**の導入は、地方史であったために正史にはよく現れてはおりませんが畿内より実は早く、既に**5世紀から6世紀**の頃から見られまして、ここ豊国は、当時は日本での**仏教先進地帯**だったのであり（序3）、それ故に**神仏習合につきましても畿内よりも早かった**とさえ言い得るのです（但しアナタ、仏教先進地はなにも豊国だけではなく、その考古学的な証拠によりましても、東国上毛野国の**山ノ上碑**〔六八一年〕は若い放光寺僧が母のために建てておりますし、**金井沢碑**〔七二六年〕も**仏教入信**のものであることからも、東国〔共に群馬県です〕も中央の天皇家の国家鎮護の仏教に負けず劣らず、支配層レベルの地方民に仏教が根付

いていたとも言えるのです。更にアナタ、この点、少し不思議に思われるかもしれませんが、一見、国津神系の原郷とされております出雲でさえも、仏教の先進地だったのでして、その証拠に、「壬辰年〔持統六年〈六九二〉〕五月出雲国若倭部臣徳太理為父母作奉菩薩」という鰐淵寺〔出雲大社東北約六km、平田市〕の観音台座に陰刻された銘が残されているからなのです。因みに、この陰刻は「出雲」の名の最も古い例とも言われております）。

ですからアナタ、歴史は、偉い（と言われている）人の書いたテキストの暗記だけではなく、常に「**ハテナ？**」というアナタ自身の**心の目**、つまり「**消された歴史」の真相を見極めてやろうと思う目力と情熱・執念**とを、特にアマチュアのアナタは持つことが大切だったのです（ここがアナタ、記憶に自信があるが故に、それに胡坐を掻いている大学の秀才**偏差値坊や**と、何時もキョロキョロして落ち付きのない私こと低能**ハテナ？坊や**との違いなのです）。

実はアナタ、こんなに力強く激しい**聖武の「反仏教宣言」**は、

大仏建立の**銅公害**、**水銀化合物（アマルガム）公害で、当時５００人以上の工人がバタバタ死んで**ゆき、この辺り一面、現在の奈良の大仏の回りは、**草木も枯れて人も住めない程の阿鼻叫喚の悲惨な状態**になってしまっていたという事情が背後にあったものと思われます（足尾銅山、渡良瀬川、田中正造代議士／又、熊本の水俣病、等。だからこそアナタ、この祟りにより後にここから逃げ出すための**長岡京への遷都**が止むを得ず**必要**になってしまったのです〔尚、この長岡遷都のとき、正史からはものの見事に抹殺されてしまっておりますので、アナタがよーく注意しないとお気付きにならない点なのですが〈「元亨釈書」等につき、テキスト17―7―1、P765、同17―4―2、P750下はご興味のある方必見〉後述のように、何故か蝦夷が畿内の近くまで攻めてまいりました〕）。

そう言うからには、その証拠といたしまして、後世の長岡京へ逃げた（延暦三年〔七八四〕）主たる要因についての情況証拠として、

「**疾疫……告二天下諸国一……男女老少……咸令上レ念二誦摩訶般若波羅密一……文武百官……常必念誦**」

（『**続日本紀**』光仁宝亀五年〔七七四〕四月十一日）

――流行病（正にこの**公害**を指す）……天下の諸国に布告して、男女や老少を問わず……皆『摩訶般若波羅密』を……文武の百官たちも……常に必ず念じ誦せよ――

というナイス証拠を挙げておきましょう（因みにアナタ、この同じ年三月五日には、**百済王理伯**が右京大夫に、**百済王武鏡**が例の出羽守となっており、更に翌六年〔七七五〕正月十六日には**百済王玄鏡**が従五位下の**殿上人**となっている反面、同年四月二十七日には親子ですので年齢の異なる「**井上内親王と他戸王の母子が並卒（死）した＝同じ日に暗殺された**」となっております――百済の出世とその背後での新羅の没落・抹殺を見よ！　そして、それは何故か？）。

更にアナタ、前述の五百人の工匠の死ということにつき、アナタにもよく見えるそのバッチリした更なる証拠を加えておきましょう。**五百立神社**（五百余所社）が大仏殿（金堂）の南の中門の西南百二、三十メートル、西塔跡の東百二、三十メートルにございますが（地図ではこの場所が「五百立山」とも記されております。今度は、アナタが東大寺にいらしたら必ずここにお立ち寄り下さいね。再度この為だけに行かれる価値も、歴史的には十分でございますよ。特に環境庁の役人は全員見てネ。この小さいけど大切な神社を見逃したら、アナタは折角東大寺へいらしても歴女・歴男としてはアウトです）、ここの縁起には、何とアナタ！　正直に大仏殿建造に従事しておりました

工匠五百余人が、工事完成後に羅漢（聖者）となって天に昇ってしまった

つまり死んでしまったと記されておりまして（『東大寺縁起絵詞』『東大寺大仏縁起絵巻』）、そのためにこの神社が造られた――つまりアナタ、早い話が、この五百立とは、五百人もの柱（神・仏）となった公害の犠牲者の霊の鎮魂だったのだ――と言われておりますが、この東大寺境内の一角に、何故か通行人から隠れるように、又、何かを隠すかのようにひっそりと怯えるように存在しておりましたこれこそが、精銅や**水銀十金**（アマルガム）（この大仏の場合）による**公害病**による死亡ということを意味してくれていた最良証拠（ナイス・エビデンス）だったのです。こんな物的証拠が現存しておりましても、それでもアナタは、私こと古代探偵のこの本邦初公開の凄いアイディアがトンデモ説だとお思いになりますでしょうか？

もしトンデモ説ではないと致しますとアナタ、

聖武天皇とは、日本の「**公害告発者の第一号**」とも言える人だったのです。ですから五百立神社は今日の万人必見なのです。嘗て修学旅行で行かれた方も又行ってみてね。環境大臣も。この右の「**公害＝**（当時の人々の考えでは）**神の祟り＝疾疫**」も、アカデミズムは、杉山二郎氏を除きまして一言も申しませんが、実は、この公害からの逃避も後の**長岡京遷都の重要な一因**ともなっていたのです（勿論、それに加え、前述のように、**蝦夷の高丸**（たかまる）**の攻勢や奥州から駿河の清見**（きよみ）**が浦、場合によりましては鈴鹿山脈までの南下・攻撃**、その他「序」で述べましたような「隠された大きな理由」、つまりそれに加えて、新羅系寺院の多かった南都の柵（しがらみ）からの逃避・脱出という面もございましたが、これら中央政府に不都合な点は、前述〔序―2〕のように正史上に何とも**見事な欠史**がちゃんとございまして、不明部分が大変多くなっております）。

さて、『**大和物語**』（やまと）の猿沢の池への**采女の入水**（うねめ）（じゅすい）（150段）と同じテーマでありながら『**謡曲**』の方の采女の入水は、前者とは趣を少し異にし、「**妙法蓮華経**」による采女の成仏ということと、それに加えまして（ここが肝腎な点なのですが）**古くに藤原氏が春日の森へ「植林した」**ということの2つにポイントが見られ、この様にお手本（台本）とのアンバランス（遊離）が目立ちますのも、前述の様に奈良朝の大仏鋳造の頃の**銅公害や黄金付着のためのアマルガムの水銀公害で、５００人もの工人が死ぬと共に**

この辺一帯が長年に渡り草木も生えない恐ろしい禿山になってしまったことが「**神の祟りだ**」と一般に長い間伝えられておりましたことへの、後世の理性的な仏教界からの修正・懺悔の動きとも見られますと共に、且つ、この頃、聖武天皇に大仏を造らせました影の実力者で藤原神道を完成させせました

藤原氏とその末裔が、その神への罪の意識からか、後世に春日の禿山一帯に一所懸命「植林」し、そして——春日大社を疫病（実は公害）から守るためにも——その木を切ってはいけない、立ち入っては死んでしまうのでいけない、**切ったら神が祟る**という言い伝え（よってアナタ、春日大社の周辺には、このときより今日までのものとは申せ、所謂、**原始林？**と言われておりますものが残っております）が中世に至りましても辛うじてまだ残っており、そしてより後世に古い伝承を調べていてこのことにハタと気付いた（目覚めた）若き（？）謡曲の作者（その下書きを作ったスタッフを含む）が、この重大なことを如何(どう)しても後世に伝えたいと思い、当時におきましても能の大スポンサーでもある京の藤原摂関家の目を免れるため、苦肉の策として『大和物語』などという舞台の上の仮の姿を借り、そこに巧みに「史実を挿入」して加え、それに懺悔の気持ちをも込めてこのことを匂わせていたのではないかと、私は勝手に本邦初公開でそう思い込んでおります（若い作家の目覚め——だなんて、何やらヘタな小説が書けそう……）。

さて、最後の切り札として次の正史の分析もアナタにお話ししておきましょう。それは「桓武天皇と公害」というテーマです。桓武に対し右大臣以下参議以上の官人が共に奏上して言うには

「**忍二曽閔之小孝一。以二社稷一為二重任一。仍除二凶服一以充二神祇一**」（桓武『続日本紀』延暦元年〔七八二〕七月二十九日）

――孝子として有名な曽参（そうしん）、閔損（びんそん）（共に孔子の弟子）のように小さな自分だけの孝を尽くすこと（仏を崇める小細工）を忍んで（服喪を止めて）、社稷のため凶服を除いて重く信任できる神祇を宛てにする以外にはございません――

これに対し天皇は「**一依二来奏一** ――全て上奏の通りとしよう（そうせい）――」として神祇を重視したのです。これも聖武の考えを継承した桓武の「仏教＝公害」との訣別だったのです。そして、その流れで延暦三年〔七八四〕正月十六日に至り「藤原朝臣種継並為中納言」とし長岡京（乙訓郡）への遷都――公害で汚れた平城京よりの脱出・逃亡――が加速することになるのです。この意味では桓武も又仏教（公害）告発のキーマンであったと位置付けることが出来るのです（聖武が決定、桓武が実行。その意味では公害〔神の祟り〕から逃れるためには百済も新羅もなかったのです）。

ここでアナタ、ちょっと寄り道をして、アナタには意外に思えるかもしれませんが、これはとても大切なことですので、**神道**と**仏教**との両勢力間の、振り子の様な奈良中期から今日に至る「揺れ＝駆引き」について、それもしかも日本の神社・神道の中枢中のその又中枢（大本山！）とも申せます**伊勢神宮**を中心に、そのサンプルを抽出し鋭い分析を加えながら見てまいりたいと存じます。

（1）先ずは、伊勢神宮という最高神の領域に、何と！「**丈六の仏**」が造られ、**伊勢太神宮寺**が設けられましたが――「エッ！　アノ伊勢神宮にお寺！　とこれすらご存知ない方がおられます――（**『続**

日本紀』天平神護二年〔七六六〕称徳。これは親仏教の流れです）、

（2）今度は逆に異常風雨が**伊勢月読神の祟り**だとされ、右の神宮寺が**度会郡**から**飯高郡**へと伊勢神宮から**遠ざけ**排除された（『**続日本紀**』宝亀三年〔七七二〕光仁。これは反仏教の流れです）のみならず、

（3）更に遠くへ移されてしまっております（『**続日本紀**』宝亀十一年〔七八〇〕光仁。これ又、反仏教の流れです。そして、桓武天皇は**新羅系の奈良南都の仏教旧派との訣別**〔本邦初公開〕をも含め**平安京**へと至る北へと遷都を順次敢行致します）。

（4）しかし、平安末になりますと、所謂「**本地垂迹思想**＝神を仏の垂迹・化身に過ぎないとする仏教優位の考え」が支配力をもって参りますが（これは親仏教の流れです）、

（5）今度はそれを否定し、「**神＝皇天**」と「**仏＝西天真人**」とを本来**異なる**ものとして**対置**致します神への復帰を目指す動きも出て来るのです（『**宝基本記**』。これは反仏教の流れです）とは言えその後も長い間仏教優位が続き、全国の神仏合体の神宮寺では坊主が神社部分をも取り仕切りますが、今度は、

（6）明治新政府の時代に至り国家目的のためガラリと変わり、**神仏分離**により神道完全優位の激しい**廃仏毀釈**の波が全国土を襲い、**仏教が一切排除**されてしまいましたことは、アナタもご先祖から伝わる地元のお寺の仏像の破壊等（お寺の古くからの鬱蒼とした見事な杉並木が二束三文で商人に払い下げられ売られてしまう――北の天台寺――など）について良くご存じの通りだと存じます（これは読んで字の如く反仏教の流れです）。

このように、大仏開眼から千二百年以上今日に到るまで、神と仏との間では、こんな風に、宗教哲学の神仏両者の激しい「駆け引き」により左右に揺れ続けて来ていたのです（これは、一言で表現致しますと、ア

カデミズムには、あまりこのような一貫した体系的な分析が見られないのですが、私こと「古代探偵」の講演等で夙に唱えております、**神と仏との間の力関係**による、宗教思想の根本に起因いたします「**神と仏との運命的な振り子理論**」――相反する二者の一体としての共存――とでも申しましょうか（ちょっと西田幾多郎の『善の研究』の「絶対矛盾的自己同一」的みたいかナ）。「このような一つの神社に目を付けた一貫した目的による長期間に亘る集約・マトメ」は本邦初公開かとも思われます。尚、**天武・文武**天皇による**伊勢神宮創設**の証拠につき、その切り札としての本一六章、特に一六4、P1022、又、テキスト25―1―7～8、P1018下～1023上はアナタ必見です）。

さて、聖武天皇の頃に時間を戻しましょう。ところがです、再び、先程の**図8―1**（テキスト31―2―1、P1075上）をご覧下さい。このために**大変なこと**が起きてしまったのです。何とこの「仏教を止めて神道に戻れ」との**反仏教の聖武の天皇命令**が出された（5月10日）直後の、しかも何とアナタ！それから**2週間もしない5月23日**に至り（今度は**図8―2**の続日本紀の方に戻って下さい）、**藤原氏**（実は、この氏族は、本来、国内外の「**四族の合体**」の得体の知れない〔馬の骨〕一族でしたが――これも私こと「古代探偵」の本邦初公開です。**藤原氏朝鮮の**「**馬の骨**」**説**）や**光明皇后**（これ又架空）や**百済人**の僧・**良弁**など、この流れを取り仕切る人々の逆鱗に触れ（この752年大仏開眼供養のとき東大寺別当の位におりましたこの**良弁**こそが、実は、東大寺建立の**裏の百済人の仕掛け人**〔**黒幕**〕でして、東大寺の前身である**金鐘山房**〔728年建立〕へ、新派の指導理念である**華厳経**を持ち込んだそのときからの実質的な**東大寺建立**〔つまり**国費浪費＝百済革命プラン＝兵糧攻め**〕の黒幕・参謀として動いていた人だったのです）、突然、「**天皇遷**二**御薬師寺宮**一**為**二**御在所**一」（『**続日本紀**』同月同日）

という正史が自らそう言う様に、ナントアナタ、早い話が、

聖武天皇は「薬師寺に幽閉」！

されてしまったのです（アリャー。そして、ここ天皇の所在を薬師寺宮とし、直ぐ後に述べますように、「アレヨアレヨ」という間に、表の顔〔天皇〕を付け替えてしまいます——そしてこれは、二十四年後の七七三年十月十九日の娘の井上内親王の幽閉ともこの事件は間違いなく繋がっていたのです〔聖武の幽閉とその女（むすめ）の井上の幽閉〕)。

ここは特にアナタに、偏差値（暗記能力）ではなく、「**ハテナ？**」の切り口が要求されるところなのです——小説よりも面白いでしょ（ですから[テキスト]31—2—1、P1075上は必見ですよ）。

元々、聖武天皇は、前述（序—3—5）の様に東大寺建立や大仏造像につきましても、実は、正史『**続日本紀**』上ですらも、ちゃんとまともに読めば少くとも**積極的ではなかった**ことが判るのですから、実はこれは当然のこと（アナタやアカデミズムにもちゃんと正史を手を抜かないで読み込みさえすればこのことは予見出来たことですよ）だったのですが、この日本の最高責任者たる「**聖武天皇幽閉事件**」という**亡命百済王**（コニキシ）と**藤原氏**が仕掛けました、その実質は**反逆**にも等しい**大事件**は、愈々（いよいよ）、**730年**頃から徐々に始まって**770年**頃に一応完了することになっております**奈良朝の天皇家の転覆**を目指す兵糧攻めによる「**百済のクーデター**」というもの——右の「天平——」という変な年号が繰り返されます期間——が、正にこの頃佳境に入りかけ、藤原氏にとって目の上のタン瘤でもございましたアンシャン・レジューム派の**長屋王の排除にも成功**し（実は、**長屋王**が**天皇**そのものであった証拠の木簡につき、序—3—3、序—3—5）、同じくその流れのライバル**橘氏の排除の陰謀**につきましても或る程度の目安が付き、ヒタヒタと「**藤原氏＋秦氏＋百済系天皇家**」というその怪し気な三者の**シンジケート**により

新羅系天皇家を転覆させ、日本列島に「百済亡命政権」を樹立し、日本を支配するという静かな脅威が、その背後にヒシヒシと迫っていたことを示す、アナタが決して見逃してはいけない重要な且つ大きな証拠(シグナル)の一つだったからなのです。

そして、次の7月2日に至り、何かの圧力がかかっての当然の一連の動きといたしまして、聖武からの**強制譲位**までもが行われ、そしてアナタ、ここにおきまして、愈々(いよいよ)パンパカパーン♪　例の怪しげな「**38天智**が定め**44元明**が用いた」ということにされてしまっております**インチキ**の臭いがプンプンいたします『**不改常典**(かはるまじきつねののり)』(序―3―4で十分に前述)などというものが登場してまいりまして、それを「**46孝謙**が即位に当たって利用した＝実は、ここで本当は初めて登場した(前述)」ということ(私に言わせれば、これは「歴史のボロの継ぎ接ぎ(は)の安易な繕い(つくろい)」程度にしか過ぎなかったのですが――)に正史上ではなってしまっているのです(『**続日本紀**』同月同日。だから、これ等の女帝は正史の文面上に作られただけの**皆架空の存在**だったのだ)。

因みに、天平13年(741年)2月には**東大寺の前身**の**金鐘寺**(こむしょう)が大和国**金光明四天王護国ノ寺**(こんこうみょう)となり、このときその動きの裏の中心におりましたのが、又してもこの百済僧たる**良弁**その人だったのでございまして、その百済クーデターのキーマンのこの名がここで史上初めて文献上に登場してアナタの目に留まることになるのです(同年7月『**正倉院文書**』)。

8―3　桓武焚書を指摘した『神皇正統記』

さて、今日は、沢山おります百済クーデターの仕掛け人のうちのキーマンとなるたった一人(良弁)についてしかお話し出来ませんでしたが、時間の関係で先を急ぎまして、この様にして一応の「**新羅系の天皇家**

の排除」に成功した、次の平安朝という時代に一足飛びに入ってしまいたいと存じます。

次の平安朝という時代は、一言で申しますと、

百済王（クダラノコニキシ）が天皇となった！

時代であったのだという、これ又アナタが初めて聞かれて目を白黒させてビックリするであろうことについて、アナタもよくご存じの「博識の先人たちの書物」を紐解かせていただきながら、私こと古代探偵がサルタヒコのように道案内を仰せつかわせていただきますので、私と共に次に見て参ることに致しましょう。

先ず本書巻末付録「百済王（コニキシ）氏系図」（テキスト1―2―2、P41下）をご覧下さい。ここでの百済王の「**王**」という字の読み方は単に**オウ**ではなく、**コニキシ**と読みますが、これは嘗（かつ）ての

本国の百済王家の「王号」が、そのままの音価で日本の天皇から姓（カバネ）の一種とされ、そして与えられた

という極めて珍しく、且つ、不可解極まりない日本の古代貴族の称号だったからのです（何で朝鮮の王号なんかがダイレクトに姓なんかに？）。因みにアナタ、これは**コニシキ**ではなく、**コニキシ**ですからネ！　アナタ、元お相撲さんの**小錦（こにしき）関**と間違えないで下さいよ。プロでも講演で、草臥れたためか（善意に解釈いたしまして）コニキシをコニシキなどと口が走ってしまう人も時として見かけますから。時間の関係で飛ばしますので、このコニキシについてはテキスト1―2―2、P41下に出て参ります『**続日本紀**』、中国の『**北史**』『**通典**』等を引いて判り易く説明しておりますところを後でご自分でよく読んでおいて下さい。

図8―7（**神皇正統記、弘仁私記序**）（テキスト1―2―2、P42下）をご覧下さい。アナタもよくご存知の南朝の忠臣たるアノ**北畠親房（きたばたけちかふさ）**が、次の様なこんな凄い事をアナタに言い残してくれているのです（古（いにし）への先人の「素晴らしき遺言（ゆいごん）」ここにあり！）。

「**むかし日本は三韓と同種なりと云事（いうこと）の有（あり）し、**

彼書を桓武の御代に焼き捨てられしなり」（『**神皇正統記**』第十六代、十五世、応神天皇条）のだというのです（前出、天平神護の『日本書』七４）。ここには**桓武天皇の「歴史焚書」**（七４）のことが実に明確に記されておりますし（三韓とは百済・新羅・高句麗を指します――同注）、更に、百済系の平安貴族の中枢が書いた記録におきましても、正にアナタ、それにピッタリと合わせるかのように、嘗て、**自分達以外**では、

「**新羅人や高句麗人や民間人が帝王となった**」（『**弘仁私記**』序）

ことがあった旨の驚くべきことまでもが記されていたのです（**実はアナタ、ここでの民間人とは、自分たちの天皇〔氏の上〕が蛮系の百済系であるとは畏れ多くて口が裂けてもストレートに書けなかったので、これは正に消去法**〔小学生でも判る算数式で申し上げますと、

「**三韓〈新羅＋高句麗＋百済〉－〈新羅＋高句麗〉＝民間人（弘仁私記の言う）＝百済**」

だったとアナタでも簡単に、且つ正確にこの**答え**である天皇家である**百済人**にまで到達することが出来ます**よ〕で考えますと、婉曲ながら、自分たち平安貴族そのものである亡命百済人が天皇になったことを指しておりました**）。この**弘仁**時代（８１０～８２４年）の**文書**では、畏れ多くも畏み畏み、このように

　朝鮮人が天皇になった！

のだとハッキリと言っていたのです（但し、飽くまでも朝鮮の支配階級がです。下々は関係ありません。スゲエ！　やっぱり百済革命そのものの宣言だ！　江上波夫氏の言うような古い時代〔六章〕には無理だったといたしましても、少なくとも平安朝はそうだったのだ〔勿論、私の考えでは支配者の出自の国が違うとは申せ奈良朝すらも〕）。当時は今と違い、天皇の周りの貴族たちが皆百済人（蛮系――朝鮮系――）で固められていたので、そういうことを言うのにそんなに抵抗を感じさせないムードが上流社会にはあったからなの

でしょう（「百済にあらずんば人にあらず」。業平寺につき、序―5）。

そういたしますと平安朝とは同族の異境での合体、つまり百済の大祖先の北扶余建国時にそこに存在していた（本六、九11）「濊人＝倭種＝北倭」（中国史による）とここ日本列島での千年来の再会というべきシナリオが成り立つのです（凄い！歴史の奇遇ここにアリ。正に事実は小説より奇ナリ！だったのです）。

ではここで、これに関する「**フーズフー**上に見られます百済革命への流れの要点」を、次の（1）から（11）というように「人事の点」から私こと古代探偵が一言でマトメておきましょう。

（1）天平9年（**737**）9月28日……**白壁王**（**光仁**）**無位**→突然、**従四位下**（**殿上人**）へ（本当カイナ？　この高速エレベーターでのUP）、そして

（2）神護景雲4年（**770**）8月4日……**式家、藤原百川**が「**偽宣命**」を作り（『**日本紀略**』）、これによって**白壁**（**光仁**）が**皇太子**となることが出来た（「偽宣命」につき、序―3―3）。よって、次に、それから二か月も経たない

（3）**同年10月1日**……**光仁天皇として即位**（アレアレ）が出来まして、そして

（4）宝亀元年（**770**）11月6日……**聖武の子**の**井上内親王**（ゐがみのひめみこ）がこの**光仁天皇**の**皇后**になる（この**妥協**――そして、**次の天皇**につきましては、翌宝亀二年〔七七一〕一月二十三日にこの同じ新羅系の**井上皇后の子の他戸**を**皇太子**とするというバーター取引による**交互即位**の約束〔しかし、これはやはり一見乗ってしまっては危うい**空手形**（から）でした〕――で傾きかけた新羅系天皇家を**更に騙**（だま）**し**てしまったのです）。しかし更に

（5）宝亀3年（**772**）3月2日に至り……光仁の姉・**難波内親王呪殺**というこじつけで**井上廃后**。

（6）**同年5月27日**……**井上**と共に**大逆**に参加したというこれ又**こじつけ**で**他戸廃太子**（やっぱりアナタ、次の他戸天皇への道〔皇太子〕は、藤原氏に仕掛けられた一瞬の見せかけだけの糠喜びの予想通りの空手形、つまり百済系が新羅系に出した不渡り手形だった）

（7）宝亀4年（**773**）10月19日……**井上・他戸**の二人を大和宇智へ**幽閉**（アラアラ——二十四年前の七四九年五月二十三日の父の聖武幽閉と全く同じだよ！）

（8）宝亀6年（**775**）4月27日……**井上・他戸**を**没官の宅**で、共に同時に**暗殺**（これで新羅系〔天武系〕の人々の王権からの追放の完了、つまり百済革命の人的側面における実質完了）、そして、晴れて百済系の老プリンスとして

（9）**781年4月3日**……**桓武天皇即位**

（10）**同年6月18日**……不可解にも土左流罪の**道鏡の弟の弓削浄人**、その子の**広方・広田・広津**の罪が許される（序—2）（何故なのか？）

（11）因みに、延暦一九年（**八〇〇**）七月二十三日になって……**七七五年**に山部（桓武）によって暗殺された右の**聖武**の長女の**故井上廃后**（前述〔（5）〕、七七二年）の**皇后位が、これ以上無実の罪で崇ると恐ろしいので百済系により復され**（**追復**）ました（やっぱりアナタ、巫蠱（ふこ）大逆は、式家の**藤原百川**の画策した百済系天皇実現のための恐ろしい**大逆・大陰謀**によるところの**冤罪**そのものだったことを、このことは「後出しジャンケン」ではあっても証明してくれていたのです。序—2。ですからアナタ、是年〔八〇〇年〕、豈図（あにはか）らんや、元興寺の南門前に井上内親王の霊を祀る御霊社が造られております〔『璉城寺記』〕）

8

実はアナタ、平安朝における**正史の改竄**につきましては、アカデミズムの方からもそのものズバリの貴重な問題提起がなされておりまして、それが何かと申しますと、『**続日本紀**』が**式家の藤原種継暗殺事件**や桓武天皇の同母弟の**早良廃太子**（共に延暦四年〔七八五〕）に関わる詳細な記事を　**掲載しない理由**　を巡ってのことについてなのです。それを次にご紹介いたしますと、

（1）後年の歴史改竄で、早良の怨霊に苦しめられた**桓武**天皇が『続日本紀』からこれらの自分やクーデター側の行った歴史改竄に都合の悪い記事をチェックして**削除**してしまいましたが、

（2）今度は、これを良しとしない種継の娘の**薬子**が記事を**復活**し（ここ「元の続日本紀」には、実は、井上が皇后どころか彼女が**天皇そのもの！**であったこと、そして、**そうだからこそ、その子の非百済系の天武系の他戸が皇太子になれた**のだというごく素直で自然なこと——後半の他戸「皇太子」の点は今の正史上でも同じです——のその二つ〔母が天皇、子が皇太子〕が素直なセットで記されていたからなのです）、

（3）しかし薬子が没落いたしますと、桓武の子の**嵯峨**天皇が**再び**これらの記事を**削除**してしまったからなのだ

というのです（中西康裕氏。但し、右の（2）の中のカッコ内だけは、そこに筆者〔私〕の「ハテナ？」の考えをプラスしたものです）。

私こと古代探偵が『**日本紀略**』の記載やその当時のグループダイナミックス的分析の結果と照らし合わせて考えてみましても、この「揺れ」は実に当を得た鋭い提言（正論）だったと言えると思います（この様に考えて参りますと、更にアナタ、白壁親王たる後の光仁天皇の神護景雲四年〔七七〇〕という正史上の**即位の時期**すらもが、実に怪しくなって参ります。**少くとも五年後の宝亀六年〔七七五〕の井上皇后〔本来、天**

皇でしたので——前述）**の暗殺までは即位が出来なかった**ものと考えるのが、それ迄の経緯からしましても自然の流れであったと、私こと古代探偵は睨んでおります。テキスト1—2—2、P41上他必見。本八3、一三2）。

8—4　百済王（コニキシ）の女（むすめ）が桓武と九人も結婚！

更に、お話はドンドン小気味よい程核心に迫って参ります。次に、付録「百済王（コニキシ）氏系図」（王宮の美女は何と！　百済人ばかりなり。テキスト1—2—3、P45—49は必見中の必見です）をご覧下さい。アナタ、ワクワクして楽しみでしょ。たまらないでしょ。それもその筈、

渡来した**百済王**（キング）の子孫の
百済王（コニキシ）**の姓**（カバネ）を持つ**女**（むすめ）が、何とアナタ、**50桓武天皇と9人も結婚！**

しておりまして（ウワー！　ウラヤマヒー　十人近くもの外人女と）、その内の2人の百済王（コニキシ）（女ですよ）は、日本国の正史上ですらも**大田親王**（百済王**教仁**が母）や**駿河内親王**（母は百済王**貞香**（じょうきょう））を産んでおります（テキスト1—2—3、P46上。付録6、P1112—1113）。

更に、桓武の子の**52嵯峨**天皇の後宮にも（テキスト同P47下）、又、**54仁明**（にんみょう）天皇の後宮にも（テキスト1—2—3、P48上）**百済王**（コニキシ）（**女**）が数多く入っておりまして、そして、上記の**3天皇**だけでも合計

親王3人、内親王4人もの**百済王の血の混った皇子・皇女**

を、この様に日本の正史上ですらも産んでいた（輩出していた）のです（これではアナタ、このときの日本の皇室は、今日の国際私法上ですらも正に百済の皇室そのものですよね。了解（ガッテン）！）。

更に加えて、アナタ、そこには右の様に**百済王**（コニキシ）の姓を持つ女のみならず**百済宿禰**（すくね）の姓を持つ女（例えば

定継（じょうきょう）＝藤原摂関家の始祖的な女。実はアナタ、この国際私法上の百済人は、信じられないでしょうが**紫式部の祖先**でもございました（序―5は必見）や『**新撰姓氏録**』で**蕃**（ばん）**系**に区分されております**百済辰孫**（しんそん）**王系**の百済系の**葛井藤子**（ふじいふじこ）などの女達までもこれと同様だったのでして（テキスト9―4―1、P46下、同P47上、同P48下）、そういたしますと、その数は相当に上りますし、それに、何とアナタ、右の百済系の紫式部の書きました

『**源氏物語**』の**光源氏**のモデルの**源融**（みなもとのとおる）（テキスト9―4―1、P379下。モデルは藤原道長ではない）

や、又、

『**伊勢物語**』のモデルの六歌仙の**在原業平**（ありわらのなりひら）

や、同じく

六歌仙の**僧正遍照**（そうじょうへんじょう）

等までもが、皆、**天皇と百済王**（コニキシ）（**女**）**との間**の**百済王家**（**遊牧民**）**の血**を引く**天皇の子**や**その子孫達**だったのです（一七6～9）。アナタ、知ってた？　乙女のようなトキメキとこの驚き？

恐るべきことにアナタ、こんなにも多くの**百済亡命民の女**が天皇と結婚して、**百済人との混血の天皇の子**をこんなにも沢山（しかもこんなウルトラ・エリートの**文化人**までもを）平安朝の日本の天皇家の中に産んでいたのです。これは何故（どうして）なのでしょうか？　アナタやアカデミズムはこのことをどうご説明なさるのでしょうか？　そして、この様に平安朝の物語や和歌などの「**平安文学**」も、その殆どがこれらの**百済人の血**が入った男女によって作られ（これらの作品は、少なくとも**母系**で言えば**百済人**がいなければ、この世に出て来ることは出来なかった！とすら言えるのですから）、そして後世（今日まで）千年以上も、これらの文学は正に日本の代表的なウルトラ古典として語り継がれて残されていたのです（序―5）。ですから、一言で

申し上げて

「**平安王朝の雅**（みやび）**は百済人が作り出したもの**」

だったのです。今回、もし時間があれば、最後にこの点にも、又百済王の姓を持つ人々にも具体的に触れたいと存じます（本一八もこの序章部分に加え必見です）。

8—5　百済王の女が生んだ天皇の子

では、付録「百済王（コニキシ）氏系図」（テキスト付録6、P1112—1113。女性名の下の各「アスタリスク＝＊マーク」）をご覧下さい。私こと古代探偵の作りましたこの「**百済王**（コニキシ）**の系図**」が、今日、日本で**一番詳しく且つ判り易くキマっている**のではないかと自負しております（2005年6月テキスト刊行当時）。これは皆、**天皇と結婚した百済人の女たちとその間に産まれた皇子たち**を、その主要な全てがアナタに一発で判るように天皇との関係で系図化したものです。実はアナタ、

古代史の謎解きの出発点

は、正に**ここ**（女）にこそ隠されていたことを見抜かなければいけなかったのです。「国文学なら、その名の通り一国歴史主義でもいいのだ」「本来、それが読んで字の如く国文学の正しい姿なのだ」などと勝手に誤解（自己満足）してこと足れりとしております頭の良い（筈の）国文学者たちが、いい年して今日のように平安貴族の雅（みやび）（**宮び＝宮廷風**）にいかれて論文を書いたり文法を趣味的に弄（いじく）っているだけでは、それは**歴史的には自己満足の盲目な赤ちゃん**レベルの、学問の名が「聞くも恥ずかしい」レベルに過ぎなかったのです（だから、今までの国文学者は盲目の人。一歩譲っても「開き盲」）。実は、ここに着眼して「何故か？」と考えが及ばない限り、アナタが仮令（たとい）良い大学を出てアナタの偏差値が如何に高くとも、暗記だけでは**平安**

朝の本質（百済亡命政権の樹立）はアナタには一寸先も見えては来ない筈なのです。

8―6　臣籍に降ろした皇族の「源姓」の大陸での起源

ところで**52嵯峨**天皇は百済系同族で身を固めるため、何と！　アナタ、たった一人の天皇で**后妃を29人！**も持ち、その結果、**親王・内親王が80余人！**と増え過ぎてしまい、これでは国家が財政的にも耐えられません（テキスト9―4―1、P379）。ナント羨ましい限り！　ゴクン――実はアナタ、正直なところ、これでなければ**天皇の男系は維持出来ない**のが現実なのです。ですから幼い頃から日教組に赤く汚染されて自分では気が付いていない哀れな自己満足人権派のジェンダーフリーというカタカナ用語にイカれた馬鹿女・男どもが、アカ新聞〈朝日〉とスクラムを組んで綺麗ごとを言ってのさばっている「マルキスボーイ（じじい）」「マルキスガール（ばばあ）」がマスコミを支配しているこの国では、それは難しいノダ！　汝、国賊〔これは朝日マークのためにあるような言葉〕朝日を叩け！　明日から朝日を買うな！　百済王（コニキシ）のように朝日を兵糧攻めにしろ！　因みに、アナタに部数の下落した「水に落ちた犬〔朝日〕を叩く」と誤解されないように念の為申し上げておきますと、この本の原稿を出版社にお渡ししたのは、平成二十六年八月に世間をアッと驚かせました〔私の立場ではそれは当然過ぎることで遅きに失したのですが〕所謂朝日新聞の女のように優柔不断で鵺（ぬえ）のような言語明瞭意味不明〔まるで元総理の竹下節のような〕の「表面繕い――つまり不本意な態度がミエミエの責任回避――謝罪」の、そのずっと前の、まだ朝日がバリバリの「受験生マザーの聖典」のような時のことですので……。嗚呼、風前の燈火（ともしび）、哀れなる哉（かな）男系の天皇よ！　これがテレビや新聞などのマスコミが愚かな赤色エセ市民〔隠れアカ〕に乗っ取られてしまった厳しい今日の日本の現実なノダ！　許せ、この哀れな手も足も出せない非力の浮き艸（くさ）たる吾を！）。

――但し、有能な女性起業家の育成の大切さは認めるけれど。ですからアナタ、男だろうが女だろうが、その個人が「有能であるかどうか」という「合理性」こそがそこでの基準（メルクマール）となるべきなのです。そうでなければ、逆に有能な女性に失礼ですよ。お上（権力）に頼る法律（女性活躍推進法）による「数合わせ」の民間への強制などは、能無し三等ピンク官僚の姑息な手段です。そしてその赤新聞のアジテーション（唆（そそのか）し）に乗る阿呆で未熟な政治家。もしこの世の女性が全て優秀であったならば、仮令（たとい）この世が「アマゾネス」であっても私は一向に拘泥しませんよ――

そこで止むを得ずそれ等の内の母の出自の卑しい者（蛮系）の身分の者を皇族から**臣籍**に降ろし、**源姓**を与えたのですが、何と！　そのことの**モデル**が百済系の平安天皇家と同じく

遊牧民たる大陸・満州の鮮卑の拓跋（たくばつ）氏

に既にあったこと、しかもアナタ、何と！　両者とも臣下に降ろした者達に全く大陸での場合と

同じ「源（げん）」という姓

を与えているのです（アリャー）。しかもアナタ、この漢民族から**北狄**（北の野蛮人）とされた鮮卑の拓跋氏こそが、実は「咲く花の匂うが如く」のアノ「**大唐帝国**」を建国したのです。この点も日本は**唐**（の祖先）を師と仰ぎ**見習った**のでしょうか。唐のみならず**隋**（遣隋使の小野妹子がまいりました）や**北魏**（魏書には卑彌呼が出てまいります）すらも、建てたのはこのように**漢民族ではなく鮮卑だった**のですよ。あんまりエバルなよ、真の歴史上たいしたことの出来なかった歴史詐欺師的な中国人の中の単なる「貧乏人の子沢山」に過ぎなかった「漢（かん）＝羌（きゃん）」民族――漢人の正体――よ。このように**漢**（**羌**）民族（羌（きゃん）ちゃん）のまともな王朝と言ってもいいものは、精々が**宋**（**北宋**）と**明**くらいしかないんじゃないのか（別述）。

次に、その懐疑の一例といたしまして、まずは古代の周（特に古公亶父（ここうたんぽ）より以前、つまり后稷〔棄〕～公

8

叔祖類までの十二代）が不存在であった理由といたしましては、a禹以降の夏殷周の系図を見てみましても、殷人は生まれた日をもって名付ける（白虎通）とございますように、此の頃は王名の中に十干の名（例、甲・乙・丙・癸）を用いておりまして、夏もこの点は同様な筈なのですが、夏も一人を除き、又周にもそれが一人も見られず（しかしアナタ、『史記』によればこれら黄帝、顓頊、嚳、堯、舜の「五帝」は「姫姓」で同じ氏族の筈なのです。だから周は異質の存在だったのだ。本一七7）、又、b後になって『史記』は「姜嫄を以て高辛氏帝嚳（但し、この王すら先帝顓頊の一族ではなく天資の優秀ということで選ばれている人だったのです）の元妃となし（姜嫄は帝の死後とは申せ稷〔后稷〕を生み、これが周の遠祖となったとしております。『詩経』生民）、殷の先祖を生んだ簡狄は帝嚳の次妃」などとしてしまっておりますが、このようにこれは周人がその祖先をよく見せようとして考え付いたもの（擬制的血縁者）であることが明々白々だからなのです（内藤虎次郎氏。カッコ内は筆者注）。このように何故周の王名には同族の筈なのに夏殷とは違って十干が用いられていなかった（新しかった）のでしょうか？　それにアナタ、私の中国史の理解によりますと、cオルドス辺りの先住の匈奴の夏后氏の夏は「オリエント史」のダイレクトな翻訳に過ぎず（テキスト9—3—3、P350上～359上、同9—3—4、P361）、d殷すらもインダス文字から殷字（プロト漢字）を作った亡命インダス人の歴史そのものだったのであり（テキスト9—3—1・2、P343上～350上）、eそしてこの周（実体は西方の姫氏＋「殷の頃生贄の奴隷であった羌」の歴史すらも、このように少なくとも半分は架空でした。しかもアナタ、f羌人（漢人）の出自につきましては、テキスト9—3—6、P356～372上（特にP370上下）で述べましたように、私こと古代探偵が「世界初公開」でその確認に成功いたしましたが、その方法論は、特に同P376下で述べておりますように、ズバリ漢王朝の出身地が「西漢水＝西羌水」だったということを橋頭堡として、「漢人の出自」が、有色のスファラディ・ユダヤの「失われたイスラエル十二支族」の一部がバクトリア（大夏。BC一三九年トカラ人により滅亡）から或る時期に東行しワハーン回廊、小パミール、フンザを通り、匈奴とインド各王朝の迫害の及ばない（右テキストP356上の「イスラム」を「インド各王朝」と訂正）チベット高原を経て四川に降りてまいりました往にし方の「羌人・氐人」であったという万人の驚くべきこと（そして後漢の頃、氐羌は涼に移って先に低地に降りていた漢人と雑居しその子孫は増えていった）を発見いたしました点にございまして、これはアナタ必見です（「蜀＝四川」に降りてまいりました頃の「プロト漢人＝羌・氐」の風貌は鄧小平に似ていたものと思われます。別述）。

又、gヒゲ（髭・髯・鬚）の濃い、一見セム系とも見紛う、ツングースではあり得ない漢王は勿論、その前の秦王の出自につき、更には羌・氐が「五胡十六国」の頃に至り、幾重にも亘る徙民実辺策（本六）も加わり、最終的に完全に「漢人」として一本に同化してしまったこと（九12、TLV鏡）につきましても別述。アナタ、もういい年して目覚めなくっちゃ。「支那大好き」のカマトト乙女か、赤新聞の朝日レベルの歴史認識の幻想から。

このようにこの日本と満州での源姓の一致は、果して偶然だったのでしょうか？（一七6～8）。

8—7　天皇の菩提寺「京都泉涌寺」の不可解な謎

さて次に、そのことに関し、**天皇家の菩提寺**とも言われております京都・平安京の近くの**泉涌寺**の不可解な謎についても、私こと古代探偵と致しましては、どうしてもこのことにチョットだけでも触れておかない訳には参りません。

では、**写真8—6**をご覧下さい（テキスト25—1—10、P1025上、25—1—4、P1015上）。ここに**お位牌**があり祀られているのは、何とアナタ、百年も前に天皇になった

「**兄**」と称する**天智天皇の子孫の天皇だけが　１００年も経ってから　祀られ**ておりまして、その１００年間の白鳳・奈良朝に天皇であった

「**弟**」と称する**天武天皇の子孫達はここ泉涌寺には一切祀られてはいない**のです。これは一体何故(どうして)なのでしょう？　アナタはどうお考えですか。可笑(おか)しいですよね。不可解でしょう？

こんなところにも

奈良朝と平安朝との異質な断絶、

更に、私こと古代探偵が、**王朝交替**の考えにより一歩踏み込んで申しますと、一見アナタには連続している様に見えておりますが、

「**奈良朝の天皇は新羅系**」であり「**平安朝の天皇は百済系**」だったのであり、両者は全く本貫を異にし「水と油」の関係のように**異質**であったということの隠された実に良い証拠(ナイス・エビデンス)が、ここ両者の接点である京の泉涌寺に着目すれば、今日でもダイレクトにアナタを始め何人であっても見ることが出来るのです（是非いらしてネ。この**百済系専用――御用達(おかかえ)――の天皇家の菩提寺**にも）。

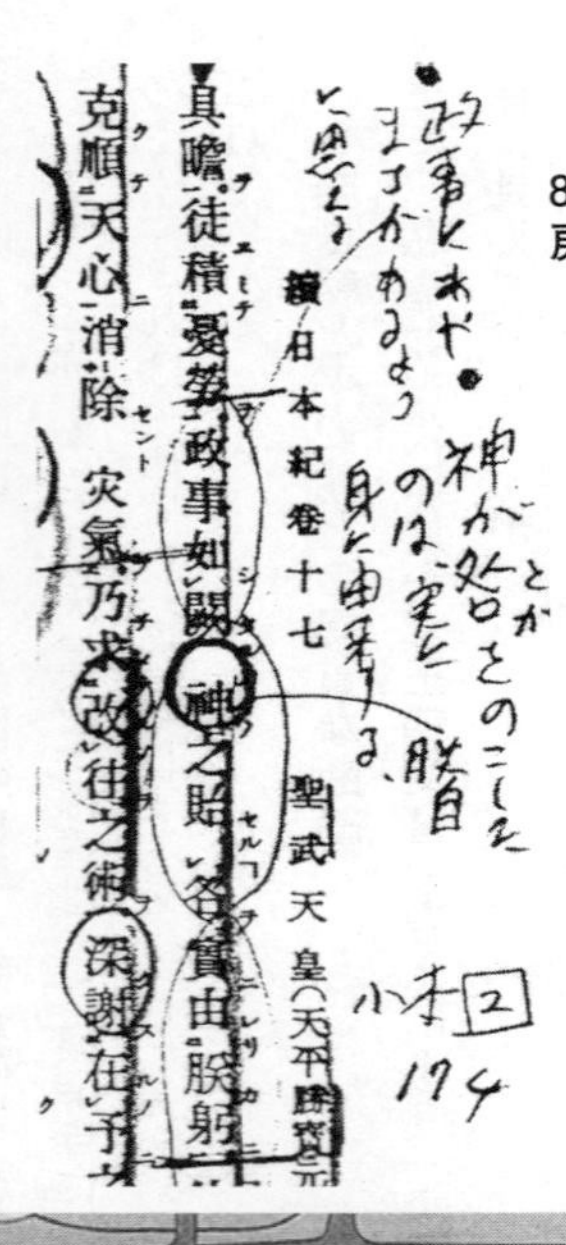
続日本紀巻十七　聖武天皇（天平勝宝元

具瞻。徒積憂労。政事如闕。神之貽咎。實由朕躬。

克順天心。消除災氣。乃求改往之術。深謝在予。

8—1　聖武による「神道へ戻れ」という命令（続日本紀）

下。○丙辰。天皇遷御薬師寺宮為御在所。○壬戌。中納言正

錦中小吹負之男。○秋七月甲午。皇太子受禅即位於大極殿。

8—2　聖武幽閉の記述（続日本紀）

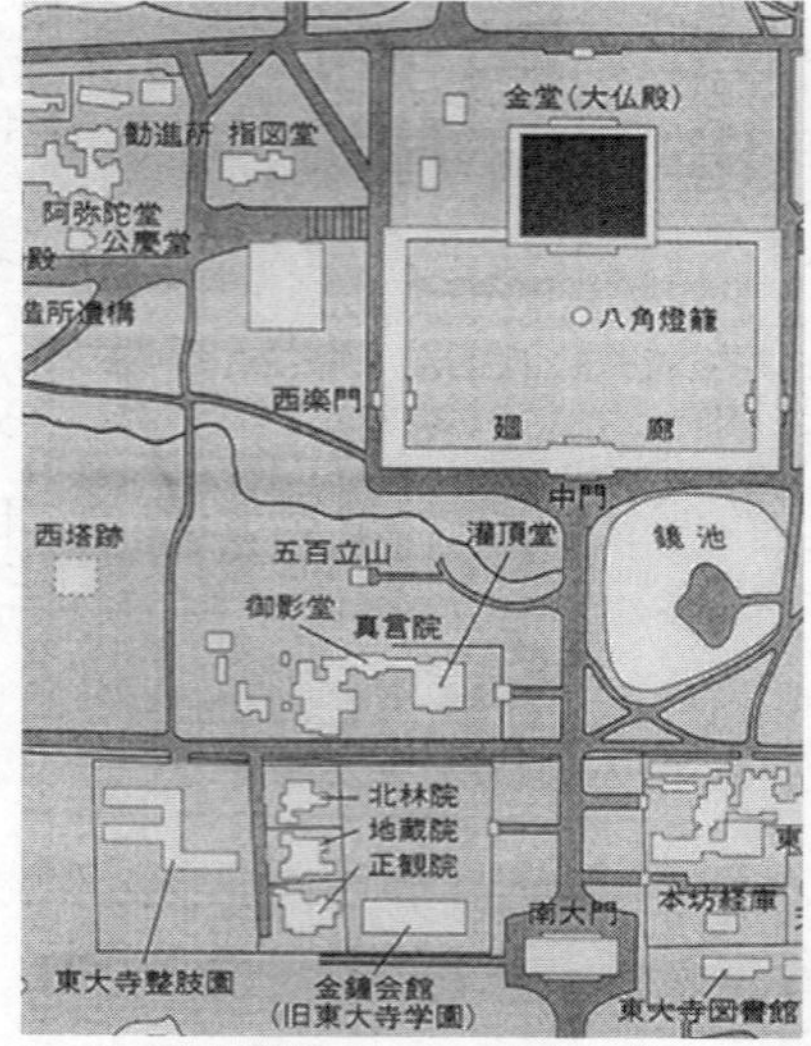

8—3　東大寺境内にひっそりと佇む五百立神社（五百柱の公害の犠牲者を祭る）

8

8—4　宇佐神宮

8—5　香春神社

8—6　泉涌寺

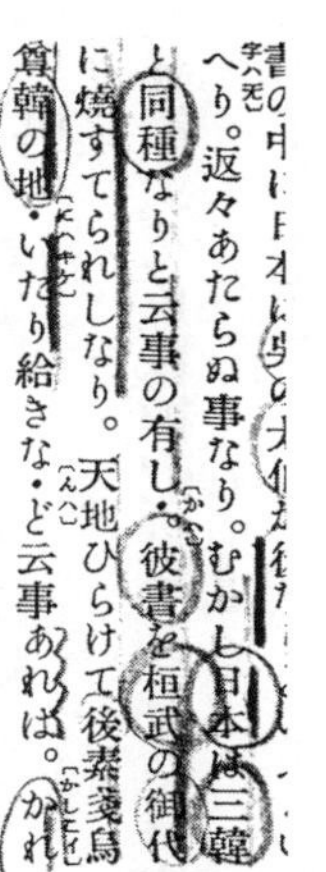
書の中に日本は呉の太伯が後
へり。返々あたらぬ事なり。むかし日本は三韓
と同種なりと云事の有し、彼書を桓武の御代
に焼すてられしなり。天地ひらけて後素戔烏
尊韓の地・いたり給きな・ど云事あれは。かれ

8—7　北畠親房『神皇正統記』「むかし日本は三韓と同種」「桓武の御代に焼すてられし」

第九章　卑彌呼は公孫氏

——倭（倭国＝任那連邦）とは何か？　「倭と伽耶」は同じだった

——天皇（スメラミコト）と大王（オオキミ）、
倭と日本と大和（ヤマト）の三者の区別の必要

——倭から日本への「藤井遷都モデル」①〜④

——邪馬臺国への九州ルートを探る（「藤井探索ルート」をドライブしてみては？）

——卑彌呼は公孫氏（公孫氏の鏡の謎）

——卑彌呼が魏から貰った鏡は漢式鏡（三角縁神獣鏡ではなく特注鏡ですら
もなかった——三角縁神獣鏡のインチキ）

——邪馬臺国の遙かなるアジアでの彷徨（その東西への「輪廻」の流れを追って）

——中国の『法顕伝』からアナタが解くジャワ海の耶馬提国の謎！

では次に［**論点7**］の**卑彌呼は公孫氏**という点に入って参りましょう。

ここでの「**小論点**」と致しましては、「私の方法論」のところで詳述致しました「**倭**」**とは何か?**というものも（本一2〜8）含めまして、

（イ）**ムサシ**（埼玉）**ムナザシ**（東京）**サネサシ**（横浜＝真嶺刺〔記〕＝相模）は、**古代朝鮮語**で皆同じく「**中央砦**」という意味なので、それが何故こんな東国の鄙の地の狭いところで、且つ、当時は過疎の大部分が大河が氾濫する沼地の縁（より古くの**縄文海進**の頃は海岸）に、しかも**3つも**並んでいたのか

（ロ）**倭国**（任那）連邦は「**海峡国家**」であった

（ハ）朝鮮半島部の倭の少なくとも一部と韓は地続きであった

（ニ）朝鮮の**金石文**に残されていた任那の存在（「**任那＝金官伽羅＝倭**」ということの証明）

（**真鏡大師の碑**に記された「新羅の大将軍の**金庾信**の祖先の新金氏の祖先は**任那の王族**」だった）

（ホ）「**倭の五王**」の正体とは（「倭の五王」の武＝雄略大王＝**金官9鉗知王＝紀生磐**）

（ヘ）「**倭の大乱**」――韓・濊（倭）彊盛。郡縣不能制（七2、九8）――とは**満州・朝鮮**におけるたったの**6、7年間の戦い**に過ぎなかった（魏書の新解釈）

（ト）**卑彌呼は満州・遼東半島の公孫氏の女**（晋書・魏書）――晋書の「其」が目に入らなかったアカデミズムの取り返しのつかない大チョンボ

（チ）到と至の分析による「第一邪馬臺国」の位置の確定

（**日向・西都原**。そして**卑彌呼の戦死**と**壱与の東行**――対馬→**出雲**〔古代の半島からの上陸地点の一つ〕→**吉備**→大和・纏向〔**第二邪馬臺国の建国**〕）

（「**水行十日陸行一月**」についての**新説**――中国人もビックリの**カッコ内反転読み説**とは何か？）
――魏書の「**及び**（and）読み」「**又は**（or）読み」に対する世界初公開の「**つまり**（equal）読み」とは？――

（リ）**三角縁神獣鏡**は卑彌呼の鏡では全くなかった（京大派も真っ青！）
（それは**漢式鏡**の「**方格規矩鏡＝TLV鏡**」か**内行花文鏡**に相当――正にそれは**庄内式土器**の時代）

（ヌ）邪馬臺国（**ヤーヴァ・ドヴィーパ**）のアジアでの遙かなる移動を辿る（**輪廻の旅**）――卑彌呼に流れるフェニキア人の血

（ル）邪馬**臺**国か邪馬**壱**国かの論争への国際法的な一発での決着

（ヲ）**伊勢**の弥生の先神の「**サルタヒコ神**」の抹殺と皇祖神の**アマテラス**（天照大神）の創作

（ワ）**日本と倭**との区別（「**新唐書**」と「**旧唐書**」の分析）すら阿呆なアカデミズムには出来ていない

（カ）**天皇**と**大王**の区別（新羅文武王陵碑、唐高宗、飛鳥浄御原令、木簡）すら通説は出来ていない

（ヨ）明日香の「**酒船石北方遺跡**」の**石亀**は、**天皇**のレストハウスの**水洗トイレの便器！**

等が考えられます。では、**[論点7]** の全体の要点は次の通りです。

そもそも、**倭国**（**任那連邦＝伽耶連合**）とは、**日本列島と朝鮮半島に跨る**「**海峡国家**」だったのであり、そのメンバーの伽耶の各国その他が**日本海を挟んだその両方に無秩序に領土**（**植民市**）**を持っていた**（**東日本にも**）。**その倭国の532年迄の盟主は、魏書の狗邪韓国の後裔の金官伽羅国**（「**倭の五王**」**はここの王＝後の蘇我氏・紀氏・木氏・武内宿禰系**）**だったのであり、その後562年迄は遼東半島の公孫氏の女の卑彌呼の末裔である安羅国**（**後の大伴氏・東漢氏・息長氏・多治比氏・天日矛系**）**が海峡国家の倭の盟**

主を務めた。但し、5世紀に高句麗が朝鮮半島を伽耶まで南下して来た時（その証拠は、安羅の末伊山(マルイサン)古墳から高句麗と同じ馬冑・馬甲が出土していること、広開土王碑その他の伽耶諸国からの出土品からも判る）には一時、倭の一部（主要部）は日本列島での拠点を九州より畿内へとシフトさせ、以後、特に主たる王陵を九州からより遠い（より安全な）畿内にも造らせている。古くに東行して来ていた邪馬臺国系の壱与の流れの大和と、新しく東征して来たこの「伽耶＝倭」（北扶余の出自の今来(いまき)の秦氏を含む）系の河内との支配者の交代と、河内平野での巨大古墳の出現は、このことを裏付けている（その前の3世紀には、伊勢のサルタヒコ〔古来(ふるき)の秦氏〕を祖神とする「秦王国＝別倭＝夷倭」に対する支配者が、東行した右の邪馬臺国の壱与へと交代していた――更にここ伊勢の祭神も、七世紀に至りサルタヒコから新羅占領軍提督たる天武・文武らによって新しく創り出されたアマテラスに取って替わられてしまっていた）。

9―1　高句麗による七〇年間もの新羅占領

更に、これ等に付加致しまして**［論点15］**では（一七、1―4）、**新羅が高句麗に五世紀に約70年間も占領**されていたこと（高句麗の**新羅**占領につきましては、別述の「烟(えん)」の制度の継承〔序―3―2〕以外にも、考古学的な証拠〔一部前述〕を見てみましても、新羅軍の装備が**五世紀前半頃より蒙古鉢形冑と挂甲**という**騎馬系**のものに変わるとともに、鏃(やじり)も**平根式鉄鏃**に変化しており、更にアナタ、王都慶州の**皇南大塚北墳**〔五世紀半〕は**王妃**の陵ですが、そこから**高句麗**などの北方遊牧民からもたらされました**Y字形髪飾り**や**太環耳飾り**が出土しているのみならず、**冠帽**や**飾履**も高句麗的な**鳥翼形立飾り**に変わっているからなのです。新羅の正史が、面子の点からどうこの高句麗による占領のことを正史上抹消しようと、これでアナタ決まりです）、つまりそこ新羅には「遊牧騎馬民の文化の継承」と「高句麗王家との混血」ということがハッキリと認められるのです。

ですから、ということはアナタ、一体何を意味しているのかと申しますと、早い話が、**新羅軍占領下の日本の白鳳・奈良朝というものも**、「**間接的**」**ながら遊牧民の天皇家**の支配する時代であったということにも繋がってくるのです（高句麗→新羅→日本）。

但し、朝鮮の正史『**三国史記**』「**新羅本紀**」には、新羅が「倭」と戦ったことは記されておりましても（テキスト18—6—7、P818下）、新羅が「高句麗」と戦いその結果敗れて「**高句麗によって新羅が七十余年も占領**」されて王家が**混血**状態となってしまったという不名誉なこと（**広開土王碑**。一7。それに、**中原高句麗碑**。序—1。これらの考古学の史料に、朝鮮の正史のライターは当然のことながら、当時は石碑の存在に**気が付かなかった**（当時の知識では止むを得なかったとは申せ、非科学的だった我田引水）のです）には全然触れられておりません。形式的には同じ朝鮮人同志とは申せ、実質基本的な**民族が異なっている**ということに加え（**北倭**と**南倭**の違いに相当）、長い間他人に占領されておりましたことは、後に朝鮮半島に統一国家を樹立いたしました誇り高き新羅にとりましては、儒教の調味料からもこの上なく不名誉なことでしたので、**朝鮮半島部における**「**伽耶＝倭**」**の抹殺**と同じく、正史上でもこの占領された点は後世に完璧に**抹殺**されてしまっていたのです（そこで今回、私こと古代探偵が、世界初公開でその長い間新羅史上では忘れられておりました**高句麗の**「**新羅占領**」と「**倭＝伽耶**」**の存在**という重大な二つの点に光を当ててここに復活させてみます。だからこそアナタ、その後の「倭の五王」の**武**（**雄略**＝金官9**カチ王**＝金官王妃の**仁徳の孫**（テキスト3—4—1、P159上。同5—2—1、P180下、同付録8、P1117）＝**紀生磐**（きのおいは）のモデル）による新羅の高句麗からの**解放**ということが生じていたのです（因果アリ）。その結果は**神宮**に付いて本一四4。**キトラ古墳**に付いて一五6はアナタ必見です。この点を正史・新羅本紀におきましては今日まで知らぬ存ぜぬで見事に抹殺・封印された儘だったのです。序―1）。

9―2　「日本」という概念は何時から使ってよいか？

又、実は、「**日本**」という概念は**白鳳・奈良時代以降**にしかアナタは使ってはいけなかったのだということ〔対外的には**唐**に対し**702年**〔**文武**天皇〕から。一6〕につきましては、後程、改めて申し上げたいと存じます（九13）。

9―3　新羅文武王の「天皇大帝」

次に、アカデミズムも漸く、今日、つまり明治百三十年余にもなってから、私こと古代探偵などに刺激されたのか、否、アマチュアの私の声は小さいですから、自ら居たたまれなくなって！反省した結果なのでしょうが（その定義を煩く言ったテキスト『天皇系図の分析について――古代の東アジア』〔今日の話題社刊〕の跋文の日付は**二〇〇四年**三月となっておりますし、それ以外でも**講演会**・研究会などでの私の発言、つまり**論争の勝敗**を決しますその**理由**〔それが多数説であるなどという理由にならない理由は別といたしましても〕**のその又前提**ともなっております**大切**な「**用語の定義の重要性**」についての確認の必要性への発言は、**十五年**以上前から今日に至るまで一貫しております）、やっと「**倭と日本**」「**天皇と大王**」をアカデミズムは**区別**するように段々とお利口さん（とは言え、このことは素より子供が考えても当たり前のお話だったのですが）にはなって参りましたが、まだまだアカデミズム（大新聞・テレビを含むマスメディアも）が書いたり言ったりしたものを見ましても、それはほんの一部に過ぎず甚だ不十分ですので、これからの世を背負って立つ若い人々が誤導を受け間違えないように、辛抱強く、従前と同じ様にこの講演の随処でも**苦言**

を呈し訴え続けてまいりたいと存じます。

　さて、ではアナタ、その「**天皇**」という称号が一体**何時**（いつ）、**何処**（どこ）で使われたものだったのか、アナタは何時から「天皇」という言葉を使って良かったのかという問題にも少々メスを入れておきたいと存じます。

　アカデミズムは、初心者に基本を教える「教科書」でさえもこの点に関し実にいい加減でして、学問の名に値せず、「**倭と日本**」**をゴチャマゼ**にして（区別を知らないためか）、国際法のみならず国内法の律令上からも**天武天皇**の頃の**7世紀後半**から成立したに過ぎない「**日本国という名**」を、初代の大王とされる「**日本**の神武天皇は…」等と甚だ時代的錯誤で（今日国家的な感覚で）不正確な、より古い遙か彼方の時代（正史によりますとBC六六〇年の**縄文時代**に相当）から使ってしまっているという**アナクロニズム**に無頓着で気が付いていないのみならず（別述）、他方「**天皇**（スメラミコト）**という称号**」の方につきましても、同じく**国法上**、後述の**天武天皇**の**7世紀後半**からしか使用してはいけなかった（その前は、仮に「**大王**（オホキミ）」等と天皇号とは区別して言うべきだったのですが。本章九3）にも拘らず、同じく「**神武**天皇は…」「**崇神**天皇は…」等と天皇という称号が誰が（小学生が）見ましても全くなかった遙か昔（Long long ago）のレベル（これ又、正史によりますとBC六六〇年の**縄文時代**に相当）から、不用意、安易、且つ、不正確に古い時代にまで遡って天皇号を使用してしまっており、しかも、その通り生徒・学生の試験の解答にまでこの用語を強制的に「崇神天皇」等と書かせても何とも思わないという、アナタに、古くから「天皇」の称号を持つ人がいたのだという**誤った先入観**を、その用語一つからも小さい時から植えつけてしまっていたのみならず**混乱**・**誤解**を招かせてしまっておりまして、この様に

　　定義がアバウト

な**文学部**史学科出身の見るに耐えないアカデミズム、教授、教師は、アナクロニズムの先鋒も甚だしく**大変**

罪深い存在（アバウト過ぎて**教師失格**）だと言わざるを得ないのです。中学生でも判るよネ（**用語くらい正確に使え**よ、学校の先生は幼稚園児じゃないんだからさ！）。

　対外的に**天皇号について考えてみましても同じ**ことだったのでして、日朝についてコスモポリタンに申しますと、先ず、［**新羅**］では本国の

　新羅30文武王が「**天皇大帝**」

という称号を用いております（この言葉は道教の最高神の称号で、これは天皇とも同じ言葉だったのです。因みに、卑彌呼の鬼道と道教との同一性につき、九11必見）。これに付きましては、**図9―5 善徳王**（**六三二―六四七**）**陵出土の**『**慶州新羅文武王陵之碑**』（テキスト14―2―1、P560下。同25―1―2、P1012上）をご覧下さい。そしてこの文武王の墓は陸上だけではなく（陸上のものは、この王が当時といたしましては恐ろしい伝染病死（別述）であったがために、形式のみのものに過ぎませんでした）、王都・慶州の東南東の日本海岸の**大王巌**（図序―24、25 水中の蓋石の下の骨壺――**焼いて**灰にして更に**海の中**に沈めている。**何故？**）にもございますので、ご注意下さい（序―4）。この**水中陵**――実はアナタこの真相は、この王は、日本で、且つ**結核**で死んだため、当時の祟り（伝染）を恐れ、死体を新羅に戻して陸上の慶州の王陵群には葬られることが許されなかったからなのです（序―4、序―3―3）――と**感恩寺**（**双塔式伽藍**）（一二5）と**利見台の龍**との**三つ**が日本軍の攻撃から新羅を守っているとされております（実はアナタ、派遣した**新羅王子たる日本の天皇**を、この**奈良の方**を向いた新羅の東海岸から末永く見守るためでもあったのですが――それ以前の王都皇龍寺の九層の塔も、その一番要でございました第一層は、日本からの災難を防ぐためのものでした「三国遺事」善徳女帝五年（六三六）。この新羅の王都の「天皇」の碑の建立は息子の31神文王元年（681年）の頃なのですが、文武王の在位が661年からですので、その**660年**代頃から**新羅王が天皇**

号を使っていた可能性がございます。

実は、**「中国」**におきましてもこの頃この**天皇号**は、**唐の高宗**により（同じ頃の**674年**）用いられておりまして（テキスト13—2、P548下）、その「上表」と共に——暦法を中国様の唐と同じくいたします——「自国の歴史」をも事実上提出しなければならない**属国**（冊封を受ける部下）である倭や、時代によりましては日本が宗主国の唐より前や同時にこの王号を使えるということは、**国際法上**有り得ないことだったのです（一般用語ですら、倭国の架空のナントカ太子が気張って**「天子」**等と書いて隋の煬帝（ヨウダイ）の怒りを買いましたっけ（大業3年、607年）——日本紀の架空・装飾（ごまかし））。

但し、この点、新羅の方はチョット別だったのでして、それは何故（どうして）なのかと申しますと、この頃**新羅は唐と戦争**をしており（ですから、この時だけは**国際法上**も、新羅は、正に唐の**冊封体制の「枠外」**におりました。つまり、法的にも唐の属国ではなかったため独自の暦も称号も当時流行っていた道教の思想により使用してよかったからなのです。テキスト13—2、P549上）、しかも、やがて新羅は大唐帝国に対し実質的に**勝利**さえ収め（唐の朝鮮半島からの撤退及び列島部からの**唐の退却**＝これこそが、実はアナタ、**「壬申の乱」**の**背後に隠されていた真相**（**モデル**）だったのです。一二3は、アナタ見なきゃ損！）更には、**676年**には**朝鮮半島を統一**さえしてしまっているのですから尚のことだったのです。だからこそ、この時、**新羅の文武王だけ**は「天皇号」を大唐に遠慮せず自ら白昼から堂々と使えたのです（都督を置かれた敗戦国である日本のレベルではとてもとても無理だったノダ）。

この点の日本と新羅とのこのような国際法的な違いをアナタはハッキリと認識しなければいけません。ですから、この時、もし仮に日本で天皇号を使えたと致しましたならば、それは**ウソ**か、又はその**天皇は新羅人**そのものだった！

ということにもなり、そう致しますと私こと古代探偵の考えにピッタリ合ってしまうことになって参りますよ（コリヤ、ナイス）。

つまり、そこに「**新羅**の**皇帝**の下の新羅王子の**日本**の**天皇**という二段階の序列＝ダブルキングシップ（Double kingship）が形成されていたことの確かな証拠ともなるのです（**皇帝**〔上〕→**天皇**〔下〕）。その一例といたしまして、偽ユダヤ人のアシュケナージ・ユダヤについての突厥の阿史那（アシナ）氏の下のスキタイ（サカ）につき、テキスト10―6―7、P463下～465、同9―2、P342、同9―3―3、P257下、同9―3―7、P371下は、白人のユダヤ人の真相（出自）追求の方は必見です。このカザール（ハザール）人に歴史的に触れられることに白人のユダヤ人（偽ユダヤ）は非常に嫌がります（これに対し、旧約の方のユダヤ人は明らかに有色のセム系です。白人などではありません）。アナタ、何故（どうして）なのでしょうか？　それはアナタ、この白人のユダヤ人が偽ユダヤ（後世の偽ユダヤ教徒）であったことがここを調べてまいりますと一発でバレてしまうからなのです！　アリャー、偽ユダヤにとっては恐ろしや。そうだったのか。アナタ、知らなかったでしょ。ここでエッ！と思われた方、アーサー・ケストラー著『The Thirteenth Tribe』＝第十三支族（本来の旧約聖書のユダヤ十二支族には入らない新しい人々という意味）は、アナタ必読です。ここには、ユダヤ人とは一体誰なのか？　偽ユダヤ人のカザール王国の謎について解かれております――ところで、「表現の自由」の保護に人一倍厳しい筈のアノ民主主義の代表格のアメリカでさえも、この真相の追及は、アメリカの支配者層の白人たる（偽）ユダヤ人の逆鱗に触れ、何と！この本は発禁処分になってしまったのです。エッ！　だとするとアナタ、このことによりアメリカの民主主義も「ユダヤ人――しかも偽ユダヤ――の利益に反しない限り」という冠を被った似非（エセ）民主主義に過ぎなかったこと（アメリカの大いなる偽善）が、全世界に白日の下に晒されてしまったのです。という意味では、中国（レッドチャイナ）の「共産党の利益に反しない限り」という隠された形容詞のついた人権規定（憲法）も、一見民主主義の代表風のアメリカも、実は、真実を鋭く見透かす私の色メガネ（ログイラ）で見てみますと、両方共どっこいどっこいの良い勝負だったということが判って来てしまうのです。

「二重王権」のことから話を戻しますが、奈良日本紀上での天皇のこのときのモデルは新羅王だったのであり、私の様に**日本で初めて天皇を称したことになっている「天武天皇」のモデルが、同じく朝鮮で初めて天皇を称することが可能だった新羅「文武王」と同一人**だったと考える立場からは（テキスト付録1、3、P1105、1107）、正に、両者全く矛盾ないどころか全く**同一**でありそのモデルと気味が悪いくらいドンピシャリだったのです（アナタ、列島の天武も朝鮮の文武も両者共に**漢風諡号**に「**武**」が付けられておりますが、東アジアでの慣行では、これは**始祖王**に付けられることが多いのです。共に自国では始祖王扱いで諡号が付けられていた！）。

では、**図9—5**（テキスト14—2—1、P561上）に戻って下さい。私達の「**日本**」を見てみますと『**飛鳥浄御原令**（あすかきよみがはらりょう）』「**公式令**（くしきりょう）**・儀制令**」（**天武10年、681年撰。施行は**持統3年、**689年。令のみ**）から「**天皇号**」というものが形式上は確立されております。その証拠は考古学的にもちゃんとございまして、飛鳥池遺跡の南北溝（これは天武～持統の頃）から出土いたしました「天皇聚□（露ヵ）弘寅□」――天皇露（あつ）を聚めて弘（これは庚（かのえ）の間違い。その理由は、庚を類似の康と勘違いしてしまった〔コウ↓同音の弘と記入〕）寅（とら）。持統四年〔六九〇年。謎の朱鳥〈六八六〉の年号の四年後〕――という木簡（この木簡と一緒に出土したものは天武朝のものが中心でした）の存在です（文献上も考古学上もこれにて最早私こと古代探偵の考えは完璧）。

（因みに、ここで**飛鳥**という土地についての「ハテナ？」の疑問点につき、序でながらチョットだけ「藤井古代史」といたしましては触れておかなければなりません重要なことがございます。それは、アカデミズムが645年の「**大化の改新**」で蘇我入鹿が殺された**皇極**大王の時代の明日香村**岡**の**伝・飛鳥板蓋宮跡**〔飛鳥古京跡〕だと言っている所〔九13〕からは、今のところいくら掘っても掘っても**灰が出土しておりません**ので〔正史上白雉6年。**斉明**大王元年、六五五年、是冬に**火災**で焼け、更には**後飛鳥岡本宮**も又翌六五六年に**火災**に遭っている筈なのに、アアソレナノニソレナノニ♪　その跡が全く見られないのです〕、ですからアナタ、これは明白に**ウソ**だと判ってしまうのです〔そういたしますと、その上部に存在する筈だとされております**天武**の**飛鳥浄御原宮**〈六七二年〉の存在〈所謂、**Ⅲ期**の掘っ立て柱の巨大建物〉すらも、これ又豆腐の上の建物で、同じくドミノ式にパアか？〕。ということは、「**日本紀**がウソ」なのか、それとも「この**場所**がウソ」なのか、そのどちらか、又は、場合によってはその「**両方がウソ**であった」ことは間違いありません——これ又、アリャー！）

（その証拠といたしまして、アナタ、私の考えにピッタリするように、元々、正史をも含めまして史料上には、アナタが仮令目を皿のようにして探しましても、飛鳥なんかに王宮がございましたことを示す「**飛鳥京**」という明確な言葉は**一切見られず**〔お暇なら、探してみなよ〕、精々「**古京**」や「**倭京**」というレベルの**抽象名**〔正確にはそこが何処だかも判らないごまかしの用語〕しか残されてはいないことが、このことを明瞭に証明してくれていたのです。アカデミズムの考え〔正史日本紀に盲目的にベッタリの暗記オンリーの脳無し人間の赤ちゃん——創造性・発展性が少しも見られない——の考え〕におきましては、この点今日に至るも、考古学上特定の宮名の比定は未だ確定的には定まらず、不十分この上ない有様なのです。アナタが飛鳥に行って、偉い引率の先生に騙されて、アア無常！）

ですから、この様に、この点につきましてのアカデミズムは、考古学上も歴史文献学（歴史学）上も共にこの古(いにし)への王都といわれております都（実は、仮の都に過ぎず、近くには大寺が建っていたとは申せ、この真神(まがみ)（狼）が原一帯は初めは精々墓地か別荘レベルに過ぎなかったのでした――ということで、私こと「古代探偵」がこの世でただ一人問題提起いたしました、アナタもアカデミズムもそんなことは不可能だと思っていらっしゃる「石舞台古墳＝天武天皇陵」（寿陵＝生前墓）説の読まなきゃ損々の考えにつきましても。勿論、倭王の馬子の陵説も大切です。別述）についての詰めが甘かったと言わざるを得なかったのです（ハムサンドのハム（灰）が無ければただのスライスした食パンに過ぎないことは、幼稚園児でも気が付いて、「ママー、このパン、ハムが入ってないよ！」と怪訝な顔付きで叫ぶ筈ですがネ。園児(それ)以下の鈍さのアカデミズムのおぼっちゃんとお嬢ちゃん――オールドを省く）。

9―4　天皇の諡号は大宝律令の「公式令」から

因みに、亡くなった天皇に追号（諡号(しごう)＝おくり名）する様になりましたのも、実は、正史が正しければ「大宝律令」（701年8月3日）の「公(く)式令」からでございまして（テキスト14―2―1、P561上）（これ又、前述のように教科書の訂正が必要です）、文武天皇（軽＝珂瑠＝伽羅皇子。文武天皇のモデルは新羅王子の金良淋ですので（テキスト付録3、P1107必見）、この場合は正に読んで字の如く、ズバリ名実共に「韓(カラ)＝朝鮮の皇子」そのものでその実質とピッタリ一致していたのです）がその最初だったのです（テキスト5―1―1、P176下――そうなりますと、教科書もそれまで（1神武～41持統）は、少し長ったらしくなるとは申せ、和風諡号で大王名を書かなければ、漢風「天皇」諡号というものはそれまでは史上不存在なのですから、それはいくら簡単な単語で教え易いからとは言っても「学問の詐欺紛い」だった——よく学者としての良心の呵責を感じないよね——ということになってしまうのです。早く気が付いてよ！　教科書会社の会長さん。「罰として提灯ブルマーのお世話」（又出た！）にならないうちに）。

ということで、天皇号の使い方にも、アカデミズムの史学者の多くが**文学部**出身者なので、定義（概念）の詰めが安易（不十分であることに全く気がつかないで使っている）で止むを得ない（つまり、学生の教え方にはそもそも限界がある——だから甘く見てやらなくてはならない）とは申せ、プロ？のアカデミズムにはもう少し「この正史を作った**勝者の史官の嘘**に対しての」デリカシー（細かい疑いの発見——私こと「古代弁護士」のような、敗者に対しての思い遣り）が必要とされるのです（「学校の先生の**全員嘘つき説**」）。乞う、今後の改善。

尚、ここで序（ついで）に申し上げておきますと、大王・天皇の「正妻の称号」の方につきましても、律令制下の名称は**天皇**（スメラミコト）の正妻が**皇后**（キサキ）なのですが、そうなりますとアナタ、天皇と号す以前の**大王**（オホキミ）と言われておりました頃は、皇后とは表現せずにその大王とパラレルに**大后**（オホキサキ）とでも言うのが、学問的良心からはより適切で整合性がある（夫婦セットでのアナタへのプレゼンは本邦初公開か？）ものと私こと古代探偵は考えます（七４）。アナタ如何（どう）？

9—5　邪馬臺国か邪馬壱国か？

さて、大分お時間も進んで参りましたので、愈々（いよいよ）お待ち兼ねの「**邪馬臺国の位置**」の問題についての、私が「**人史学**」（テキストP1097—1099）に基づいてつとに唱えております、「**コスモポリタン古代学**」による解明のお話

へと入っていきたいと存じますが、アナタ、一寸（ちょっと）待ってちょうだい。ただその前に、その「名称」が果たして

邪馬　臺（タイ）　国なのか、それとも邪馬　壱（イツ）　国なのか

という「卑彌呼の国の名前」の呼び方の確定（定義）の争いにも少し触れて、ここで早めに解決してしまってケリを付けておきましょう。実は、この問題は、今日の井の中のアカデミズムのように日本の国中だけで幾らアナタがキョロキョロ見渡して侃々諤々（かんかんがくがく）いたしましても、この答えは絶対に見出せる筈などなかったのです。アナタにコスモポリタンに**東アジア全体を鳥瞰する目**がなければ解けなかったのです。

という訳で、テキスト（テキスト15―6―1、P640―643、特にテキストP641上）をご覧下さい。時間がございませんので、ご自分でお読み頂きたいと存じます。ただ一言だけここで申し上げておきますと、押せ押せのお時間の関係で止むを得ず固有名詞の羅列になってしまい誠に恐縮に存じますが（詳しくは後述の九章参照）、**邪馬臺国の極東での母国**でございます**インドネシア**のジャワ海域の『**プトレマイオスの地理学**』による「**イアヴアディウ＝Ιαβαδιου**」、後のサンスクリット語での「**大麦の島＝Yava-dvîpa＝ヤーヴァ・ドヴィーヴァ（パ）**」（インド『**ラーマーヤナ**』による。テキスト9―7―2、P398下。**ジャワ海を中心**とした**ボルネオ島**の**パンジェルマシン**（**文郎馬神**――この名前は中国史とも関連してまいります大切な名前ですので忘れないで下さい）、**スマトラ島**の**ジャンピ**、**パレンバン**、そして**ジャワ島**の**マドゥラ**（マズラ）島などを含む海域）という**金の国**（後には「**大麦の国**」）（**赤土国**）のこと（九14）を、後の**5世紀**の寛治の国中国の『**法顕（ほっけん）伝**』又は『**仏国記**』――**法顕**は長安を弘始元年己亥（三九九。北宋本など諸版本は皆「弘始二年」につくりますが、己亥は三九九で弘始元年が正しかったのです）にスタートし、六年もかかって**天竺**（インド）に至り、そこに六年も留まり、帰路ですら三年もかかり青州に戻ってまいりました（四一四年）。何とアナタ、**十五年も**

の長旅でした――（414年）では

『耶婆提国』（スマトラ・パレンバン。九14）

と表現されておりますが（「**名　耶婆提〔Ye-po-ti〕**」）、より古くに**中国人**がこの固有名詞を**翻訳**して**漢字表現**にするに際しまして、この

「**ヤーヴァ・ドヴィーパ**」というインド人や東南アジア人の現地での発音の中の「**ドウ＝ダイ**」という部分に重点を置いてその音を表わすのに　**臺**　の漢字を嵌めたのか、それとも「ド」の次の「**ヴィー＝イ**」の点の音を強く感じてそこに　**壱**　の漢字を嵌めて表現しようとしたのかという、これは単なる**中国外務省？の外国の地名に対するその時々の表示の翻訳技術上の問題**に過ぎなかったのでございまして、中国人が嵌めた固有名詞の漢字についてのこの日本読みでのヤマ**タイ**コクか、それともヤマ**イッ**コクかというアカデミズム等の論争は、私に言わせれば、同一のものを他方向から見た殆ど取るに足りない次元の低い**不毛の論争**だったのであり、強いて申しますならば、中国人の翻訳官の耳の「カラスの勝手」の問題に過ぎなかったのです（「カラスの勝手」論）。

さて、以上の様にどちらでも良かった「邪馬（ヤバ）　臺（タイ）」か「邪馬（ヤバ）　壱（イ）」か、という正にヤバイ（国の）論争に、古代を国際的（コスモポリタン）観点から見まして、**日本で唯一私こと古代探偵**が直ちに決着（止揚＝アウフヘーベン）させまして先へ進むことに致しましょう。尚、テキスト、特に[テキスト]P398、399も必ず目を通しておいて下さい（邪馬臺国のコスモポリタン性につき九14）。

9―6　卑彌呼を殺したナガ族の長脛彦のインドでの出自

では早速、今度は、アナタが一番関心を持っておられます［**日本列島における邪馬臺国の位置**］について、

アナタと共に探索して参りましょう。

図9―24（テキスト2―2―1、P67―73）をご覧下さい。ここでの大切なポイントと致しまして、中国史である

「**魏書**」の文面は　**到と至**　の用字法を大変　**厳密に区別**して使用しておりますことが判っておりまして（テキスト2―2―1、P67下）、その原則によりますと、前述（一5、P2）の様に、**到で表現されております**「**最終到達地点**」は、

①「**倭の部分**」の**其北岸**である**朝鮮半島**部分の**倭の**「**狗邪（クヤ＝カヤ）韓国**」と

②**日本列島**部分の倭の**九州北部**の「**伊都国**（イト）」

のそのたったの**2つ**しかございません。その他は全て「**中間地点**」に過ぎない　**至**　で表された国々に過ぎませんでした。ということは、必然的に、

「**水行十日**」**及び**「**陸行一月**」

という魏書の文面（「及び」読み）も、後述する様に、当然ながら

伊都国からは　放射状

に説明していた（そして、ここが全ての列島内での国々へのスタート地点でした。ここイトから放射の糸が伸びていた！）という風に当然考えなければいけなかったことが判ってまいりまして（テキスト2―2―1、P71下、**放射状説**。それ以外は、仮令（たとい）高学歴でも文字が読めない人と同じでアウト）、そう致しますと、先ず結果から先に申しますと、**邪馬臺国の位置**につきましては**伊都国より九州西岸を南へ水行十日し**（海路で**熊本の緑川**（みどりかわ）**河口に当時より近かった佐俣**（さまた）辺りで上陸。季節や日によっては風が使えませんし、又、潮の流れもあり、後の奈良時代でさえも、別述のように、平城京から太宰府まで平穏な内海の海路でさえも一カ月もか

かっております。又、平安朝の紀貫之の『**土佐日記**』の時代に至りましても、**海路**の旅というものは、風待ち、**潮待ち**、**天候**待ちで相当長く各湊での滞在を余儀なくされておりますので、実際航行致しますと、**潮流**をうまく使いましてもこの位かかったものと思われます）、その後その上陸地点から**陸行一月**して**至・邪馬臺国**の「**女王之所都**」、つまり、**宮崎県の西都原**に至るということが判明して参ります。

と申しますのも、アナタ、当時の古代の日本列島は**風土病**である**日本住血吸虫**（肝臓ジストマ・肺臓ジストマ——甲府盆地などの**古代の沼**の干拓地。富士川の禹ノ瀬の掘鑿〔別述〕による農地化）、**恙虫**（リケッチャー——秋田山間部他の全国）、**マラリヤ原虫**（江戸時代までは日本全土の蚊の住む暖かい部分。**山伏**を呼んで祈祷すると、間歇性なので〔本来祈らなくても〕治った。つまりお金だけ山伏〔当時の民間の医者〕に取られた。**オコリ**）、**白血病ウイルス**（**縄文人**が持って来て九州五島列島、東北でも飛島その他の島嶼に今日でも残っている）、野生の兎の死体に触ると死ぬ**野兎病**、**巨大蛭**、**ムカデ**等の毒虫で溢れかえっており、ですから外部者でその免疫力の無い又は弱い旅人は、乾燥した「**尾根道**」**でなくてはとても通行は不可**だったからなのです（それに、太古から、風雨も烈しく起伏も多く難儀する、どちらの地域にも属さない**国境の稜線**に限りましては、「**尾根道自由通行権**」とでも申しましょうか、一種の「**アジール通行権**」とも申せます「**事実たる慣習**」が、その法理が形成されます遙か気の遠くなるような以前〔Long long ago〕の太古から認められていたからなのです。これ又、本邦初公開——後世のものですが、斎王が伊勢斎宮に赴きますときに、国ノ堺、神ノ堺に至る度に禊を行いましたのも、単なる塞の神〔異境の邪霊の侵入を防ぐ神〕への儀礼に留まらず、境界そのものが古くは神域でありアジールございましたことの痕跡でもあったことをアナタに示してくれていたのです）。

この風土病の点は外国でも同じでして、中国の雲南省南端に位置しております**景洪**を入口と致します、アナタも観光でいらっしゃったことがあるであろう**西双版納**（シーサンパンナ）の盆地は、嘗ては**マラリア**等の「**瘴癘の地＝風土病の地**」とされ、長い間人が住めなかった時もございまして、盆地間の交通路は主として事実上**尾根道**を辿らざるを得ませんでしたし、一般に**焼畑民**が高地を移動して生活しておりましたのも、同じくこれは見慣れない土地の主として谷や湿地の未知の風土病を避ける為の古代の知恵でもあったからなのです。又、**蛭**（ヒル）に付きましても、今日でも中国奥地の**巴坡**辺りの**独龍江**から**ミャンマー**へ抜ける山地では、雨の日など数十ｃｍもの距離を人を目掛けて「**蛭が飛んで来て**」喰い付き、堅く巻いた**ゲートルの中にまで**も入り込んで来て血を吸う程獰猛だそうです。巾も一ｍｍ以下のものから一ｃｍ以上のものまでいるそうです。次に、**大蛇**（オロチ）に付きましても、一昔前の日本でも**鳥海山**が**貞観**の時代に噴火致しましたときに、長さ、何とアナタ、「**十許丈**」（十～十五メートルくらいか）もの二匹の大蛇が海口へと流れて来たそうですし（正史の『**日本三代実録**』貞観十三年・**八七一年**四月八日**噴火**。正史への記載は五月十六日に至ってから。別述）、今日でも**ミャンマー**の奥地の人は、**幅一メートルもの大蛇の皮**を、生活必需品の塩やマッチと交換するために持って中国奥地にまで入って来るとのことです。

毒虫も含め、古代の日本列島もこれと近い状態にあったものと考えてよさそうです。と申しますのも、日本列島での弥生人の水耕でも蛭は重大な問題でして、このことは**伊勢神宮の神田**（伊勢市楠部町）について、「**この田には蛭すまず**」、だから良い地だ（『**儀式帳**』）ということで、この**五十鈴川**の水を引いてここで神へ供える御料米を作った旨の記載が残されているくらいだからなのです（だから五十鈴川の地に最終的には神宮が選ばれたのです）。アナタ、身近な寄生虫（医師会会長の武見太郎の出世はここから始まった）をはじめ風土病の恐ろしさを現代と同じ様に捉えてはいけませんよ（東京の「目黒寄生虫館」に行って見てネ。私が六十数年前に旧ビルに行った頃に比べ、この頃は訪れる外人のノースリーブの若い女も多いようだけど。

古代の一番古くの東海道も、何故か態々（わざわざ）風雨が強く上下の起伏も多い女子供にとって難渋の尾根道を辿り、天狗の下駄で有名な小田原の**最乗寺**へと下って参りましたし）。

さて、この探索ルート上の上陸地点である**有明海**の**宇土**（うと）の辺りから、**緑川**を遡行して入った中流の先程の**佐俣**（さまた）という場所に付きまして、その女王通過の幽（かす）かな根拠の一つを申し上げておきますと、邪馬臺国の「**邪**」の読みが、古くはよりこの時代に今より近い『**古事記**』仁徳大王条における用法によりますと「久漏**邪**夜能＝くろ**ざ**やの」と表現されておりますし、又『**同**』清寧条よりましても「伊**邪**本和気＝い**ざ**ほわけ」と表現されておりますので（七3）、そう致しますとその当時のこの字の日本列島での音価としましては「**邪＝サ・ザ**」に近かったということになり、よって

「**邪馬臺**（やまたい）**＝邪マタ＝サ〈ザ〉マタ＝佐俣**（さまた）」

ということで（より古くは正確には、本来は当時の**満州人**〈**魏人**〉の**漢字音**の用例によるべきなのでしょうが——）、正に**邪馬臺国**の陸路での**入り口**部分の**佐俣**に残された生きる「**地名の化石**」へと繋がってもいたからなのです（尾根探索コース。九6以下。ここから上陸し緑川を離れて入山する場合は、雁俣山〈一三一五メートル〉、京丈山〈一四七三メートル〉、国見岳〈一七三九メートル〉というルートを辿り、乃至は佐俣からそのまま緑川を遡行し津留で上陸してから、内大臣、椎矢峠、国見岳というルートも考えられます。この点は大切ですので、後述九7で詳しく）。

それにアナタ、伊都国から邪馬台国までのコースの途中の九州中部から先の**南西部**沿岸域は、その当時は**第三**の「**陸路**でなければ通れなかったという理由」を東アジア的な観点から次に考えてみましょう。

実はアナタ、**肥国**（こま）（ここも**北倭**に属した倭人のエリア。肥前＋肥後。或る時期には「肥（こま）＝高句麗（こま）＝狛（こま）」の日本列島の一部

占領部隊の支配エリア〔植民市。後の**高良大社**と申しましたその名〈**高来＝高句麗来**〉——大磯の高来神社が「**高麗寺→**高麗神社**→** 高来 神社」と変えられてしまったのと全く同じパターンだったのです〉はその当時の名残り〕だったのです）の南端より南、正確には**球磨**（**人吉**）**盆地への入口**の**八代**辺り以南の九州島とは、本来海洋民系の魏書の**狗奴国**（王は魏書の**卑彌弓呼**で、コスモポリタンに見ますと、後にこの**南洋系**の民族は朝鮮半島に入り**朴氏**と化します「**倭人＝瓢公＝新羅始祖である赫居世**」の**長脛**〔**髄**＝主要な部分〕**彦**〔ということでこの名はナガ族の酋長を表わしておりました〕のモデル〔尚、本六の大隅国の郡名の「始羅→始良」にもご注意下さい〕。**南倭**。これは古くへ遡ると、その出自は後述のインド・ナーガランドの**ナガ族**〔**蛇族**。一四4、テキスト10—6—1、P431上。詳しくは後述〕。**琉球**の**尚氏**。後に更に深く大陸へ入って〈追われて〉**鑌鉄**〔はがね・剪刀〕の**契丹**の牛トーテム〔元々がインド系でしたから牛なのです〕の**蕭氏**とも化して参ります）が古くから

九州南部から「**沖縄を含む南西諸島**」**の海上交通権を支配**しておりましたところでしたので（『**山海経**』の「**朝鮮天毒**」の末裔。テキスト9—9—2、P409下）、朝鮮半島の安羅より日本列島の九州へ渡って（逃亡して）参りました公孫氏の卑弥呼の一族（**日臣**・**道臣**のモデルの**卑弥呼の弟**の一人〔もう一人の方は「**男弟**」となる公孫**恭**。テキスト付録11、P1121〕である公孫**康**〔二〇四—二二一〕の末裔の**大伴氏**——この点は今は正史上消されてしまっておりますが、大隅正八幡や石体社の本来の祭神でございますその裏に隠されております卑彌呼の姿にご注意下さい）はこの時、北部九州から列島で

も**安耶**系の海洋民の古くからの植民市（同じアジアとは申せ、遙かアデン湾のDjibouti(ジブチ)に本貫を持つ海洋の交易民が〔この点につき、九14②のエビスの本貫や弁財天の出自はアナタ必見〕、**ジャワ海時代**から**志布志湾**(しぶし)〔遷移する前の古くの有明海の名は東南部九州のここのことか。鹿児島県側に今日**有明**(ありあけ)町あり――但し、新しい町名か?〕に入植。九11、「**穀壁**(こくへき)」。尚、この湾の鹿児島県側の安楽川の左岸には、「**安良**」「**安楽**(あんらく)」という卑彌呼の朝鮮半島での出自を表す地名がちゃんと今日まで残されておりましたよ）の中心であった**西都原**へ行く（入る）のに、**九州西南部の沿岸を通ることが出来ず**、よって前述のようにその手前の九州中部からは止むを得ず**陸へ上がり**、このように**緑**(みどり)**川**を遡航し、**険しい山岳のアジールルートしか通行出来なかった**（低地はマラリア等の風土病の存在に加えまして）ということだったのです。

因みに、右の狗邪国のナガ族に対します**卑彌呼**の方の出自は、インドの**アーリア人**（白人系）の「**コーサラ国**（インド許氏。朝鮮の許氏へとも繋がっております――山海経。「三国遺事」駕洛国記〔金首露王妃許黄玉、神女〕）＝**アユダ国**＝インドシナの**チャンパ国**（チャム人）」系の出自です。満州（遼東）に入ってからは**北倭**と化し**朝鮮半島**（**安羅**）**を南下**して列島に入って参ります。対するこの**ナガ族**の**ナガスネヒコ**の方の出自は、同じインド系と申しましてもインドの**シスナガ王朝系のドラヴィダ系**（**有色系**）で**インダス人の下の被支配民**（**カースト**）の出自で、本来古くからアジア大陸の**東岸**と**島嶼部分**（**花綵**(かさい)**列島**）を海流に乗り（鉱山開発〔含、麦の収穫〕しながら）海上を北上して参りました**南倭系**の人々だったのです（自由に航行もしておりました――倭に中国鏡を運んだ人々もこの海上民の子孫か。九14⑨、P667の東鯷人。同頁の東冶県〔福建省福州や後漢の後半の郡治では浙江省紹興市〕の東〔アナタ、石垣島も那覇も奄美も鹿児島も、つまり琉球諸島の薩南諸島もこの範囲に入ります〕にいるという二十数か国の人々〔正に倭人と同位置。『後漢書』。この東鯷人二十余国とは、その位置・方位から考えまして、中国史から見た共に「南倭レベルであった頃の卑彌呼の先祖やライバルのナガ族」を包括した言葉だったことに気が付かなければいけなかったのです」)。

　ここでアナタのために、正史上では**神武大王**（イワレヒコ＝若御毛沼（わかみけぬ））の兄の**五瀬命**を殺したとされておりますこの**長脛彦の出自**について、遙か古代の**インド**にまで遡ってこのナガスネヒコの祖先（後の朝鮮の「朴（パク）氏＝榎（えのき）氏」）についてのお浚（さら）いをしておきましょう。と申しますのも、このナガ族のことをあまり説明している本が今日見当らないからなのです。知れば日本人との驚くべき共通性にアナタは目を丸くする筈です。

　有色の**インド・ナガ族**は、**アッサム**の東部の**ナガ山地**に白人のアーリアのインダス人に追われてしまいました（テキスト9―9―2、P408上の『エリュトゥラー海案内記』）。本来**モンゴロイド系**の古いインドの住民です。「ナンガ＝Nanga＝裸身」。アンガーミ（Angâmi）・ナーガなどが有力部族です。**酋長**を**父**と呼びます（家長制）。この部族は平等性が強いのが特色です。日本軍がビルマやインドを支配していた白人のイギリス軍と「インド独立」のために――このことをアナタはユメ忘れてはいけませんよ――戦ったインパール作戦の激戦地でもございましたインド北東部の**コヒマ村**などは九百戸。**堅固に築城**し、**射撃窓**と**美しい彫刻を施した木の門を有する石壁**で囲んでおります。信号は**太鼓**で行います（これらは又、日本のお城みたい。特にアナタ、「ドンドン」と太鼓で知らせることは）。「**鶏占い**」をいたします（シャモなどの闘鶏の地方有り）。木製の人形に死者の毛髪を植え付けるのは**人形の髪に魂を宿らせる**ためです（魂を女の生命（いのち）たる黒髪に宿す日本人形の元祖）。土葬（これ又明治まで同じ）。首狩りした**首には**、**収穫時に新粉**を塗って祈ります（現代のミャンマー人〔ミャンマー衆＝ニャンマズ＝ナマズ「常食」人＝東鯷人＝地震の人＝鯰（なまず）石――嘗ては海岸に近かったプロト鹿島神宮の古への聖地の地震とも関連いたします要石など——を持って、同じ弥生人の祖先でも、当時のa長江流域から来た人ではなく、bその更に南の「照葉樹林帯の東亜半月弧」の河川の下流であるインドシナの河川流域から渡来した弥生の水耕民＝漢書・呉条、後漢書、魏都賦「左思」で言うところの**東鯷人**＝住にし方の中国から見た花綵列島・日本列島の**鯰人**を称した語。九14。鯷＝オオナマズ、又、鰋〈なまず〉と同意か。鯰の中国名は鮎〈デン・ネン〉。房州と越人との関係に付き別述〉の現代女性にも見られます「丸い形の米の粉」の顔の化粧みたい）。リンガやドルメン・メンヒルを建てます（墓石。尚、北九州糸島半島の周船寺のドルメン）。**積石塚**を作ります。短い黒色の袴の前の**皮袋には子安貝**などの**呪符**がついています（印籠や根付）。**竹の冠には鳥の尾の羽**を挿します（貴族の冠の鳥の産毛。尚、これは後世の高句麗、百済などの騎馬民の影響でしょうが、冠の左右二本の緌〔老懸〕の馬の緒〔ほおすけ〕も古くは毛や鳥の羽毛からも作られていたとも言われております〔別述〕）。**文身**は勿論のこと、**鉄漿**〔お歯黒〕さえもいたします。**棚田**を得意といたしますが、**漁猟**や狩猟も行います——今日でもこれらは皆日本に「生きる化石」として残っていますね。そういう意味ではアナタ、右のインパール作戦は「日本人の先祖（の地）返り」でもあったのです。ワシはこれこそが言いたかったのだ（これ又、本邦初公開）。

　この海流に乗って北上してまいりましたナガ族が、九州南部で**卑彌呼を殺した**ことにつき、九13はアナタ必見です。両者は抑がこのように遠いインドの本貫の時代から、前述のように二千年近くも不倶載天の敵として支配民（白色のアーリア）、被支配民（有色のナガ）という関係で対立していたからです（後のチャンドラグプタ、ビンビサーラらのカニシカの「奴隷王朝」は、もしかしてこの「ドラヴィダ人＝追われたインダス人〔混血〕」の復活の狼煙であったのかもしれません〔テキスト18—5—4、P800下〕）。更に双方の出自を辿りますとより遠くのオリエントにまで遡ることが出来る人々だったのです〔テキスト2—2—2、P69上〜70下、同9―7―2、P397―398。本書でも九14の「邪馬臺国のアジアでの遙かなる彷徨」は、アナタ必見です）。

さて、お話を卑彌呼を殺したナガ族の出自から邪馬臺国への「九州のルート」のことへ戻します。

因みに、その佐俣の地名に加えまして、ここ佐俣からそれ程遠方ではない、つまり北北西に30～40kmしか離れておりません、アナタもよくご存知の熊本県玉名郡菊水町の**清原**古墳群の**江田**（えた）**・船山**（ふなやま）**古墳**からは、卑彌呼の実家が**3世紀**頃下賜したと思われます「**公孫氏の鏡**」が出土しておりますよ（九11必見）。何故（どうして）なのでしょうか？（古代中国の**穀璧**の方につきましては、九11）。アナタが「卑彌呼＝公孫氏」を証明するためには「**穀璧と鏡と鉄刀**」の三点セットが特に大切です。

9―7　卑彌呼探索の九州山岳ドライブの旅

折角ですから、その「魏書」の**原文の方**にも少し触れておきましょう。**図9―24**の**木版刷り**の方の「**魏書**」をご覧下さい。これが中国の原典です。今の**2ケ所の**「**到**」には判り易い様に私が丸印を付けておきました。この木版の方は奇麗なのですが、句読点が無いとアナタがご自分ではこの漢文が読み辛（づら）いと思いまして、私の書込みで少し、否、大分汚れていて恐縮なのですが、**図9―25「句読点を付けた活字版」**をご用意致しました。

今の「水行十日陸行一月」の部分を記した文言は、魏書の原文の「※」の上のところに記載されております。今後、アナタが古代史の本をお読みになる時に、この魏書は何回も出て参りますので、この原文を保存しておいて頂ければ、これがその全文ですので役に立ちますし、又、ご理解がより一層深まることと存じます。

ところで、ここで今までのアカデミズムから少し発想を切り替えて「全く新しい**別の切り口**」でも考えてみたいと存じます。アナタ、もし仮に、この**魏書の文面**を

「**水行十日**」
又は
「**陸行一月**」

と**選択的・併行的**に表示してあった（一つのディベートといたしまして）、つまりこの間に「**又は**」**を挿入**して読むこと（これを「**又は〔or〕読み**」と名付けます）も又可能だと致しますと、その場合全く別の私の考えにも辿り着きます（これより更にユニークな後述の**第三**の「**中間部カッコ読み**」の「水行（十日陸行）一月」という読み方、つまり「**水行すれば一月、陸行すれば十日**」という分析〔これを「**つまり＝イコール読み**」と名付けます〕にもご注意下さい。テキスト2―2―2、P70下）。

ここからは、先程の考えとは理由を異にして恐縮なのですが、今のように一つの新説への柔軟な頭へ切り替えての問題提起のディベートとしてお考え下さい。その「又は読み」の考えでは、先ず［**海路**で**十日**の行程］とは糸島（伊都国）から九州を取り巻く海を**西回り**で（何故なら、**関門海峡**というものは、12景行大王に相当する大王の頃に九州の**遠賀**（おんが）**物部氏による自然力の利用！などにより開鑿**（かいさく）される迄は**通航不可**だったからなのです。テキスト15―11―1～3、P682―688**必見**）、そして当時の東アジアでは、中国史上での記載の旅程の表現上では**1日の行程は50km**と定められておりましたので（九10。又、当時は水行が可能な場合は、兵（へい）站（たん）作戦上からもその記載が要求されていたからなのです）、そう致しますと、中国史官の観念上では（実際に魏の使いは伊都国までしか行ってはおりませんので、それ以降はここからの放射状の部分の国々を含めまして、全て**伝聞**に過ぎない［ここに問題アリ］のですが――）、**全航路の10日間**の沿海コースは**約500**

ｋｍ（50km × 10 日）ということに中国の法規上なり（前述の「水行＋陸行」の場合とは異なり）、反対勢力がおりましたので、薩摩・大隅の両半島を、少し陸から遠ざかりながら（その場合、各湊（みなと）に寄るよりもよりその部分では多少直線的な、又は気候によっては多少危険な大円的ルートになります）沖合を時間をかけて——但し、実際の航行は困難だったものと思われます——反時計回りに回り、順調の場合約**１０日**間前後かかって宮崎県の**西都原**付近へ上陸出来たのでした（当時の宮崎付近は、相当「**海進**（かいしん）」もございましたし。因みに、ヨーロッパのアカデミズムは、**ＢＣ三三〇〇年**頃の「**アイスマン**」の時代の「**気候—花粉**」につき、「**縄文海進**」を考慮せず〔よく知らず〕、**今日のアルプスの状況**を基にしてその行動の分析を決定するという大きなミス〔アイスマンの誤解〕を犯しております〔別述、九14〕）（但し、前述のように承平四年〔九三四〕十二月二十一日に**紀貫之**が**土佐**を出立してから、天候や海賊への警戒があったにしろ、平安朝の当時でさえ海路で**京**へ着く迄に**五十五日**もかかっております。又、平安時代末期の**平清盛**も、瀬戸内航行だけなのですが、時刻によって**潮流**が激しく変わりますので〔東からと西からの潮流の激しくぶつかる点が古代交通のポイントでもあった**吉備の児島**でした〕、厳島神社まで一週間もかかっております。又、奈良朝では平城京から太宰府まで一カ月近くかかっております。因みにアナタ、逆にこれはとても意外なことなのですが、倭人〔弥生人〕の当時いた**原郷**の東端の**揚子江**の河口から九州まで、**海流**と**風**にうまく乗りさえすれば**たったの一日**で来られるのです〔ですからアナタ、小さな船さえあれば短期に弥生人のボートピープルの大量渡航の可能性がございました。それで大量に来られたのです〕。この意外なアンバランスさにアナタ注目——これが歴史のコスモポリタンのハテナ？の面白さ）。

又、次に、続きまして別ルートでの「**陸路**のみで**１ケ月**の行程」の方を見て参りますと、先ずは**糸島**（当時は半島ではなく、その昔の名の通り島）から先ず対岸の九州へと渡り、主として

九州山地の背骨の「尾根」の上下クネクネした小径を全行程約**1ケ月**もかけて、数十日も経つと行く手の全てを遮ってしまう身の丈以上の蔓や藪を山刀で切り開きながら、**強力**（ごうりき）が体重に近い重い荷（魏からの**下賜物**など）を担いで「道なき道」を辛抱強く、後半は主として現在の**宮崎県と熊本県の県境**としての**尾根道のアジール・ルート**（前述）を踏破して行くことになります。その「**陸行ルート**」での具体的な全行程をもう少し詳しくアナタに申し上げますと、その周辺の民との力関係から、先ず、**背振山地**を山越えで**鳥栖**（とす）へと至り、**久留米**からは**川舟**を利用し**筑後川**を東へ３０ｋｍ程遡行し、ここから先につきましては、次のような**A**と**B**の**２つの山へ入り南下するルート**の存在が考えられます。

A　**第1ルート**は大分・福岡両県境の**浮羽町**（うきは）の**夜明ダム**辺りから再び上陸（岸）してどんどん山中を**南下**し、熊本県**高森町草部**の**草部吉見神社**（くさかべよしみ）の辺りから先は、宮崎県西臼杵郡高千穂町の神楽で有名な**高千穂神社**（たかちほ）近くを通って行くルートです。

（**a**この草部吉見神社の祭神の**健磐竜**（たていわたつ）〔「亘り（わた）＝渡来」の人であり、今までにない新しい知識――フェニキア系・安羅系か――で阿蘇山の**カルデラ湖**〈沼〉を、北の阿蘇谷と南の南郷谷の間で掘削し、その水を白川に流してそこに**巨大な農地**を生み出し、現地の**阿蘇津比咩**〈女神がポイント――この正体如何？〉を娶った神。一の宮町の**阿蘇神社**や高森町のこの草部吉見神社などの古くは阿蘇一帯の大神〉の存在という、中央の歴史中心のアナタが見落とし易いことの中に、**日向・西都原**の卑彌呼の**祭都**――ここは中国史による倭の南端ともドンピシャリ――と北九州の**政都**である**伊都**の**一大率**（いたれ）〔イワレ＝磐余〉とを**古代の尾根ルートで結ぶ接点**を証明する証拠の女神がちゃんと残されておりましたことを、私こと「古代探偵」は遂に発見したのです〔阿蘇津比咩が解く古代の卑彌呼ルート〕。bしかもこのルートは古くは後述の**亀田式土器のルート**でもあり、cそして更に古くは**阿蘇山産出の黒曜石ルート**すらもこの周辺には存在しておりまして、d九州の脊梁山脈の山麓に今日まで数多く残されておりました「夜神楽ルート」につき、後述の本節P551の民俗学的情況証拠もアナタ必見です。この様にアナタ、この**九州脊梁山脈**の山中には、今はもうアナタから「**忘れられた古代ルート**」とも言えます、メインのアジールたる尾根ルートが存在していたのです。右のその名を冠したこの神社の草部吉見命〔国龍神〕は、当地では相当な力を持った神でして、その女の当地阿蘇の名を冠する阿蘇津姫〔卑彌呼の投影〕を阿蘇神社〔肥後一之宮〕の祭神の右の健磐龍命（たていわたつ）〔「本来はカルデラ湖の水を磐削く（いわさ）＝磐立つ＝灌漑」した外来神。『阿蘇家伝』神宮上巻鎮座ノ条、『肥後国誌』〕に嫁がせており、この夫の磐龍の系譜では自らが1神武大王の子の神八井耳〔2綏靖の兄弟〕の子と位置付けられているからなのです〔『類聚国史』延暦十三年三月条、『阿蘇宮由来略』などを元に〕〕

（因みにアナタ、北の入り口である右の伊都国に置かれました「**自女王国以北、特置一大率、検察諸君**」〔『**魏書**』倭人条〕の「**一大率＝一人の大率**（テサル）」の「**率＝sʌl＝サル**」とは、①古朝鮮語で「**官＝位＝sʌl**」のことだったのであり、これは時代の下りました後の百済の「**大率**」「**恩率**」という官名として残っているものとも同じでして、②更に「職の訓＝pja-sʌl」とも**通音**で、且つ、③これは**高句麗**の中央十二官位の内の五、意俟**奢**、十、褥**奢**及び地方官位の褥薩の「**奢**」「**薩**」〔『**周書**』高麗条〕が先程の「**率**」**とは共通語**ですし、④「**伽耶＝倭**」におきましても「**次有殺奚**」〔『**魏書**』**弁辰**条〕の「**殺**」も同様でしたので、これら①〜④に鑑み、この官名が**大陸的な起源**のものであると共に、邪馬臺国がその出自でございます朝鮮・満州――卑彌呼のこの直前の実家は**遼東半島**の**公孫氏**ですし、卑彌呼の南下後の朝鮮半島での拠点は**安羅**の**咸安**ですので――と深い繋がりがあったことが、卑彌呼が北九州に置いた官であるこの一大率の名自体からも明白に判明して来るのです〔朝鮮半島から渡って来たコスモポリタンな九州の「大率＝長官」〕）

B

第2ルートと致しましては、筑後川を右の**夜明ダム**より更に東に上流へと遡上し、大分県**日田市**辺りに至り**大山川**を南に遡上し、**松原ダム**、**亀石山**（又は玖珠盆地よりこの山へ）より大分・熊本県境を**涌蓋山**、**猟師岳**、**岩井川**、、**祖母山**へ、そしてここからは宮崎・熊本県境を**津留**（**ツル**が古代朝鮮語での**第二の故郷**の意味であったことにつき、七4）、**国見岳**（一〇八八m）、**草部**（「**ケサカ＝日下部＝ケ**（**日**）〔万葉集九十番の軽太郎女こと衣通王の歌の［**気長久＝日長く＝けながく**］成奴に用例あり〕**サカ**（**下・本・坂**）」＝**日本＝日下＝早＝弁韓＝倭**」につき、一5）という尾根ルートを辿り、この辺りで**A**の**第1ルート**とも**合流**し、やがて、次に述べます様に、**国見岳**（一七三九m。前述の同名の山ではありません）の山頂で、海路で来て有明海から**緑川**を遡行して佐股から山へ入り、東から来る前述の「水行十日**及び**（**and**）陸行一月」の通説読みのコースのところで申し上げました**後半**のコースとも**合流**し、最後には、後世の**米良ノ荘**から東へ**西都原古墳群**のところに下って来るということになって参ります（古くはアナタ、ここ米良の地には、正に、卑彌呼の渡来を暗示するかのような**勘**「**女来＝メラ**」**峠**という峠もございましたし、又、**市野宮大明神**の氏子にも同じ姓の勘**女来**加右エ門という人もおられました〔やっぱり古くは「**女が来た**」の伝承のちゃんと残る女来の地だったのです。実はアナタ、日本中の海岸に残る「**メラ**」の音価の地名も、「**女来＝弁財天**と化した**卑彌呼**」〈本来仏教系とも思われます弁財天は、卑彌呼と同じく安羅系の市杵島姫に擬され社名を厳島神社と改称されたものもございましたのも、正に古来よりそれなりの謂れがあったからだったのです〉の安羅・海人系〈フェニキア系。後述〉の一族の**渡来**そしてその後の**亡命**・**来訪**・その神の流竄」を示していたのです。例えば、紀伊半島西岸だけをサッとフォローいたしましても、和歌山県の女良古墳〈円墳。海南市下津町大崎＝旧海草郡下津町女良〉は、その西方約一・五kmにちゃんと弁天島がセットでございます。そして、その約二四km南方には小浦〈日高町。但し読みはオウラ〉もございますし。更にその南の田辺市には芳養湾に面して目良の地名があり、その直ぐ隣りの同市元町には「古目良遺跡」すらもございますよ。因みに、先程の女良古墳の南南西一・五kmには蜜柑を船で江戸に運んで大儲けした紀伊国屋文左衛門船出の地がございます。千葉県の布良、福井県の和布、静岡県の妻良にもご注意〕。ですからこの女来は、**卑彌呼が峠を越えてここへやって来たこと**——夢があるでしょ——の遠い昔の名残りでもあったのです。しかもアナタ、後述の小川の辺りは古くから「**児湯＝子湯＝越ゆ**」**郡**と言われておりましたし。**越**という地名につき、テキスト23—5—4、P966下。同9—7—2、P398。同15—6—1、P641。「コシ＝越＝**コユ**＝児湯」という名は、後述のジャワ海の**耶馬提国**、中国の**越国**、朝鮮の安羅の**クシムラ**〈**レ**〉、三分割されてしまう前の日本海側の巨大エリアであった頃の**越**にまでも遡ります）。

そして日田市と言えば、漢代の篆書で「長宜（子）孫」との金文字が読み取れます、特に**女性の王者**にとりましては手放し難いと思われるくらい美しく素晴らしい後漢代の「**金銀錯嵌珠龍文鉄鏡**」「**金銀錯鐵帯鉤**」（帯止め）という逸品（貴重な鉄）がこの「卑彌呼ルート」上の**久津媛**伝説の残る**五世紀**の**ダンワラ古墳**（日田市日高町）及びその近傍から出土しております（しかもアナタ、これがウルトラ凄い鏡だったことの証拠といたしまして、中国の史料では、

「**御物有尺二寸金錯鉄鏡一枚、皇后雑用物純銀錯七寸鉄鏡四枚……**」〔『**曹操集譯注**』「上雑物疎」〕。

魏を建国いたしました**武帝**の所持品の調書。傍点筆者〕

とございますこと〔後藤英彦氏〕をアナタにご紹介しておきましょう。この日田の「**金銀の鉄鏡**」は、中国皇帝たる武帝の日用品の「**金の鉄鏡**」と皇后の日用品の「**銀の鉄鏡**」とのその二つを合わせた、更に更に特異な〔珍しい〕金銀鏡だったからなのです。こんなにスゴイ！**魏の王室並みの鏡**が、何故したわけかこの九州の鄙の地の**卑彌呼ルート**上にはちゃんと眠っていたのですから〔下賜の品の一つか〕。ハテナ？　邪馬臺国畿内説に立つ**京都学派の神器**である色気の無い銅一色の**三角縁神獣鏡**なんぞは、このハイカラな金銀の鉄鏡の前に出たら、瞬時に色失せて恥ずかしくなって表になんか出て来られません「引き籠り症」になってしまうこと請合いですよ〕）。この見事な鏡は久津媛（世襲）の一族への**伝世品**だったのです。しかもアナタ、ここは**邪馬臺国**への山のルートの**入り口**なのですし、この地の女系王権でございます酋長の久津媛の祖先は、実は**卑彌呼・壱与の投影**そのものでもあったのです（それの証拠は、『**豊後風土記**』には「**神から人に化した＝久津媛が既に死んでいるのでその子孫が対応した**」と比喩的に表現されていることからも、その**巫女性**と**世襲制**とが推測出来るからなのです）。又アナタ、この『豊後風土記』が、何故かここ**日田**（古くはその読みはヒューガではなく**日向→日田**〔ですから古くは、この尾根ルートの端の辺りも本来神話で言う「**韓国に向かう日向**」の**一つ**でもあったのです〕）**から書き始め**られておりますことは、ここが**古代の要地**（正に、外来神が来た場合の、先来神の**サルタヒコ**の**八衢**そのもの）であったことが判りますとともに、その**巻頭**に前述の**久津媛が登場**してくること、更にはここの信仰の中心の要処である**会所山**という山が、古くから**遠見岳**とも言われておりますので、これは、その名の通り古代から**狼煙**を見るための山だったからなのでして（その証拠に、この国には「**烽五所**」有りと後世の右の『風土記』にもございます）、これは、ここから**南の山中に向かって入る**「**邪**

馬臺国ルート」の一つがあったため（その通信手段）という状況証拠の一つとして加えておきましょう（「**伊都**→**背振山**→**基山**→**小郡**（おごおり）→**浮羽**→**日田**→**尾根ルートの山頂**→**西都原**」という**古代の狼煙**（のろし）**ルート**——ですからこのルートの探索は、古代の狼煙台〔狼の糞を燃やす〕の痕跡を探ることが一つのポイントでもございます。アナタにお願い。古代の狼の糞のDNA分析を急いで！）。尚、アナタ、今申し上げましたように、西都原が日向だっただけではなくここ邪馬臺国への入口の日田も右の「韓国（からくに）へと向かう地点」の**日向**だったことは時代がそれから五百年も下りました奈良時代でさえも正史に「**承和九年**〔**八四二**〕**八月廿九日**……**太宰府言**。**豊後国言**。……**中井王私宅有日向郷**」（『**続日本後紀**』仁明。傍点筆者）とございました証拠（但し今日ではこれが「日向（ひなた）郷→日田（ひた）郷」＝「《ひなた》－《な》＝《ひた》」と訂正され、そして日田という漢字が使われしまっておりましたので、アナタと水平思考の出来ないアカデミズムは、「ここが卑彌呼ルートの北の入り口の「日向」であったこと」に今まで長い間気付いてはくれなかったのです）からも明白だったのです。

この1739mの国見岳は上益城（かみますき）郡**矢部町**と八代郡**泉町**と東臼杵郡**椎葉村**（しいばそん）の**三つの境**。しかもアナタ、ここ椎葉は、古代ファンのアナタが決して見逃してはいけない古代の重要地点だったのでして、奇しくもここ椎葉村は、ここから東流し日向市**美々津**（みみづ）（伝、**神武大王出発地**。白村江の後で敗北の後、**百済王**（コニキシ）**の亡命**いたしました**東郷**・**西郷**もこの流域です。**南郷**、**北郷**も含めまして、後述）に至る**耳川**（みみ）（それに、ミミとは遊牧系の王号です。一〇4の「大和三山の歌」の耳成山）と、南流し目的といたします**西都原**（**卑彌呼の祭都**）に至る**一ツ瀬川**の**源流**地域近くでもございます。そして、この国見岳から東北方一二km余の国見峠のところからは、**高千穂神社**から延岡に至る**五ヶ瀬川**すらも流れておりますよ。ですからアナタ、一見、ここ山の奥又奥のアノ「**稗搗き節**（ひえつ）」**の椎葉**——鄙の地——とは、ハッとアナタがお気が付きになってみれば、中部九州の日向灘へ至る**三つもの水上交通路**（海へ至る道）が通じていたという**古代には凄い要地**（ハイウェイのサービスエリア＝道の駅そのもの）だったのでございます。

アナタ何度も申しますように、古代交通の要は「**尾根道と水路**」の二つだったのですからネ。

このような、今日一見「深山幽谷の椎葉をキーステーションとする古代ルート」の考えは、**本邦初公開**です（「庭の山椒の木ぃー」の稗搗節のアジールルートは、よく味わえば意味深だったのです。後述）。私こと古代探偵にはもう十分な体力がありませんので、山好きの健脚の歴男歴女のアナタ、調べて見て！　この**尾根道ルートＡＢ**とほぼ併行いたしました、次に申し上げます歩くことのちょっと無理な方のための**谷筋のドライブ**もよいかもよ。山岳ドライブの好きなアナタ、四駆かスポーツカーで調べて見て！

私こと「古代探偵」が、生きている間に是非車で踏破してみたいと思っております――理想的な――二泊三日の**卑彌呼探索の九州横断且つ縦断の山のドライブの旅**、つまり「**米良**（めら）（**女来**）**越え**」「**椎葉**（しいば）**越え**」での、九州「**邪馬臺国への尾根道コース**」を、ここでこの本をお買い下さったアナタにだけ、そっと内証で活字のガイドマップ付きでお教え致しましょう（これを今後は邪馬臺国への「**藤井探索ルート**」――略して「藤井ルート」――とお呼び下さい。取り敢えず地図の上で指さしてみて！）。

一日目のルート　このドライブにおける［探索プラン］によりますと、飛行機で**羽田**から**熊本**へ、空港でレンタカーを借り、**八代**から国道二一九号線で球磨川を遡り**人吉**（ひとよし）**盆地**（後述の**免田**（めんだ）**式土器**出土）、**湯前**（アナタ、実はここに凄い証拠が残っておりまして、ここから東へ米良や西都原へと抜ける横谷峠への球磨川支流の名は、アナタ何と！「**都川**＝ミヤコ川＝**卑彌呼の満州語**（中国での当時の倭国の宗主国である**魏の王家は満洲**

の鮮卑だからなのです」での**表音はビャコ川**＝ですから**卑彌呼川**そのものズバリですので」と言うんですよ〈テキスト10―4、P441―444はアナタ必見。同じ盆地の免田町の才園古墳からは三世紀の鍍金鏡〈金鍍金風にした神獣鏡。径一一・七cm。この鍍金風にした痕跡の残るものは日本で三例のみのウルトラ貴重品です〉が出土しておりますが、これはその時代の同時性と地域性から考えましても、ナガスネヒコが西都原の卑彌呼を襲って殺したときに奪って来たものの一つであった可能性もあながち否定は出来ないのです。ひょっとして、一般に船載鏡と言われるもののその多くは、実はこのような「塗り金（ぬりきん）」〈ピカピカしていても単に金を溶かして塗っただけなので商人から買ってから暫くすると直ぐに剥げてしまうので、化学反応による「金鍍金＝メッキ」とは異なるもの〉だったのでしょうか——これ又、本邦初公開でのキンキラの問題提起〉。実はアナタ、**都（ミヤコ）**〈**卑彌呼（ビャコ）**〉**という言葉の日本での語源古くはここにあり。**北九州行橋（ゆくはし）〈古くは美夜古（みやこ）と呼ばれておりました〉のところに今日まで生きる化石として残っておりました古くからの言葉の「**都郡（みやこのこほり）**」の都も実は卑彌呼の名と同じ「響き＝音価」だったのです〉、**横谷**〈この「人吉→西都原」の二一九号のコースは、歴史的にとても重要でして、前述の沖縄海域に本拠を持つインド系海洋民〈南倭の一つ〉でございました**狗奴国王**の「**ナガ族＝蛇族＝朴（バク）氏**」の**長脛彦（ナガスネヒコ）**が、海上民から「卑彌呼亡命」の情報を得て、**二四七、八年にこの山越えで日向の邪馬臺国の卑彌呼を**、先述いたしましたようなインドでの遠い先祖の借りを返すかのように、義経（よしつね）の「鵯越（ひよどりご）え」よろしく**不意討ちで襲って殺した際に使用いたしました九州横断ルート**だったからなのです〈このとき養母の卑彌呼が殺されてしまいましたので、仕方なくこの北倭系の宗女〈養女＝卑彌呼の姪。テキスト付録12、P1121〉**壱与**は一時、当時の海峡国家**任那**〈**倭**〉の**中心**でございました**対馬**〈**正に地理的にも中心**〉に避難します。この間に先程の南倭のナガスネヒコの方は、抜け駆け的に列島の中央を目指して日向から海路で攻め上り**難波の日下江**（くさかえ）に到り、上陸し、邪馬臺国の壱与の渡来よりも**先に**畿内〈生駒山〉に入ります――そして、正史上の、つまりフィクション化されました日本紀の物語上では、神武大王やその兄の五瀬命をここ大阪湾〈湖〉の**日下江**で迎え撃ったことになっております――）。尚、この九州南部の横断は、後述の「景行紀」のコースとも一部重なります）、そして**米良荘**を経て**西都原**へ（一泊目。時間の関係で、ここにございます**卑彌呼の日本列島部分での寿陵**〔生前墓〕である**男狭穂塚古墳**（おさほ）〔実は当時は**径百余歩**〈魏書〉の**方部のない　巨大円墳**　でした〕等へ寄るのは残念ですが又別の機会と致します）。ここがアナタ、魏書の**「到」の伊都国**からの卑彌呼コースの**終着点**だったのです（尚、当然のことながら、今日の行程の半分〔八代↓西米良〕である熊本県側の部分の行程は、今回の「卑彌呼ルート」とは直接関係がございません。翌日の早朝の出発地点の西都原まで行くために必要とした熊本空港からの行程にしか過ぎません）。明日の二日目の早朝はここから逆に少し戻った上で北方へスタートいたします。では、ワクワクする気持ちを抑え、明日が早いので早めにお休み下さい。

二日目のルート　日の出と同時に前日遡って来た国道二一九号線を再び西へ戻り、**米良大橋**を渡った**八重**（はえ）から三九号線へと入り、**銀鏡**（しろみ）（後述のこれ又美しい**白銅**の**前漢鏡**有り。**銀鏡**神社）へ寄り（ということでアナタ、この「卑彌呼ルート」の山へ入るところ〔大分県の日田〕と、山から出るところ〔宮崎県の銀鏡〕には、共に、女性が好む中国のそれはそれは美しい鏡が今日まで奇跡的に残されておりましたよ――ということで、ご婦人方も是非この旅にご参加下さい。見なきゃ損々！）、又、二一九号へと戻って、**越野橋**を渡ったら三一六号を北へ向かい、**小川**（後述）の**米良**（めら）**神社**へ、二一九号（米良街道）へ**戻り**、**村所**の**西米良村役場**（資料館）へ、そしてここから二六五号へ入り、一ツ瀬川を北上し、**上米良**、そして**山之口**

〔ここ標高五〇〇メートル位の山之口という一ツ瀬川〔下流は西都原〕のところは、アナタ、このドライブコースの中でも**最重要地点**の一つでございまして、と申しますのも、卑彌呼の尾根〔アジール〕ルートが市房山から東へ折れて石堂山〔一五四七メートル〕、烏帽子山〔一一二六メートル〕、棚倉峠、そして例の赤髭山〔九〇二メートル。銀鏡(しろみ)のところ〕へと東へ向かって下りて来るルートとの正に**接点**となっているところだからなのです〔又アナタ、少し気になりますことは、この一ツ瀬川岸の山之口から東へ堺谷〈その名の通り古くは両地域の境だった——だから卑彌呼の一族はここを通って来られた——のです〉を遡行してから右の石堂山を経てから東へ行く尾根道ルートの南を併行いたします車の通行可能な林道は、巍々乎(ぎぎこ)と形容するのが相応しい右の石堂山の南を越えて、小川越尾線〈三一六号〉を南下し〈この途中にも、直線距離で東へ約八キロメートルも離れましたところにも「山之口谷」という同名の谷がございますし、この山之口谷から約八キロメートル小川川を南に下ったダム湖の北、つまり米良神社南方約四キロメートルの地点にも、又、「山之口」という地名が見られます〉、そして小川の米良神社のところへと降りてまいりますし、この三一六号線の途中の石堂山と烏帽子山の間の虹の滝のところから日平峠を東へ越えて、銀鏡川沿いの西都南郷線〈三九号〉を南へ下ってまいりますと先程の銀鏡神社のところに今度は上流から至るという、正しく古代のキーポイントの場所でも、ここ一ツ瀬川の山之口はあったからなのです——つまりアナタ、この広域に亘ります山之口というエリアの「山＝ヤマ」とは、単なる普通名詞の山里の「山」ではなく、正にアナタ、「邪馬(やま)＝邪馬臺・壱」の名残りそのものでもあったのです。更に後述〕。アナタは必ずこの地点〔山之口〕では車をお降りになって、散策しキョロキョロして、**何かの痕跡**を是非見つけて下さい。だからこそ、正にここの名がアジールルートから邪馬臺国への「**山**〔邪馬(ヤマ)〕**へ之**(の)**入口**」を示していてくれたのです。因みに、後述の東郷から西郷へ入るところにも「山の口」が、五ヶ瀬川から北郷への入り口にも「山口原」が、更には北郷から西郷への入り口にも「山口」がございまして、このようにこの宮崎県一帯は大陸との関係で謎〔東西南北＋朝鮮語の「郷」。後述〕が大変多いところなのです。このように、これらの地名の「山」は、私のフィールドワーク的なアプローチからは「単なる山」ではなかった可能性が高かったのです）、

大河内辺りから左折し西行し、板谷川、矢立川と遡行し、**矢立**、**湯山峠**（「古代の卑彌呼の頃の尾根コース」と**市房山**の北方四kmのこの地点でアナタ接触）、この峠に立ってから又元へと折り返して下り、二六五号へと戻り、再びこの「山骨ルート」を北上し、**飯干峠**（一一二六m）、**大河内**、**椎葉の下福良**（資料館）の辺りで泊（二泊目。**耳川**上流の辺り）。

三日目のルート（A）　前日のコースから分かれ、西へ逸れて一四二号を**日向椎葉湖**に沿って西行し、**尾向小学校**の処から耳川の**尾前渓谷**を北へ遡行する大変ハードな（四駆が必要か）森林コースで（事前の通行許可が必要か）、**不土野**、**椎矢峠**（「古代の卑彌呼の頃の尾根コース」と**国見岳**〔前述、九6〕の北方五kmのこの地点でアナタ、又接触。ここは卑彌呼の尾根コースの方で申しますと三方山〔一五七八m〕と高岳〔一五六三m〕の間です）を越え、**広河原谷**、**内大臣**、**津留**（つる）、**佐股**（「ヤマタ→ザマタ」への変化。九6）、**御船インターチェンジ**から九州自動車道を北上し、出発点の**熊本空港**へ。但しアナタ、もし、三日目の上椎葉ダムから出発致しますコースの「林道（と思われます）経由椎矢峠越え」が、ハードだったり、又通行許可証が必要だったりしてアナタには無理な場合には（事前にご確認下さい）、残念ですが止むを得ませんので、

（B）　ここ二日目の宿泊地点の**下福良**からそのまま前日通ってまいりました二六五号の延長として十根川（この十根も古くは刀彌（とね）で老女〔卑彌呼〕・山賊の長を表していてくれたのです）に沿って北上し、**下福良**、

国見峠へ、ここからは五ヶ瀬川（古代史のポイントである**高千穂神社**や延岡はこの**下流**にございます）を下り、**馬見原**からは二一六号線を西行し、**緑川**ダム（魏使の代理人は有明海の**宇土**(うど)からこの**緑川**を遡行して西都原へ至りました）、**佐股**（前出、「邪馬臺(ヤマタ)→ザマタ」の名残り）、**御船インターチェンジ**より九州自動車道に入るというコースを辿ります。

そして、その日の内の便で熊本空港から羽田へ戻るという東京発二泊三日の卑彌呼コースの旅、ということになります。ところでアナタ、この「藤井探索ルート」のドライブは如何でしたか？

尚、アナタ、この様な**山岳ルート**は、アナタが「ハテナ？　本当かいナ？」と半信半疑で思われるような決して奇異なことなんかではなかったのです。では、その証拠の一例と致しまして、今から約五百年前に実際にございましたことの伝承ですが、**菊池武運**の弟の**重房**が武運の子の重為を奉じて、熊本県（肥国）の阿蘇山の**菊池**から南へはるばる宮崎県（日向国）の**この米良**へと、九州中央部を横断且つ脊梁を縦断し、入山した際のルートも、何故か古(いにし)への卑彌呼の場合と同様に、態々(わざわざ)この「厳しい山岳ルート」を辿っておりまして、そのときには次のように

「**隅府**(わいふ)（菊池）→矢野（二一六号）→五ヶ瀬（五〇三号）→飯干峠→七ッ山→諸塚（三二七号）→**西郷**（三八八号）→田代→水清谷(みずしだけ)→小又吐→**南郷**→神門(みかど)（三九号）→**渡川神社**(どかわ)→五郎ヶ越→征矢板（貫）→**銀鏡**(しろみ)→**米良**」

という行程で入山したとされておりますことも（児玉章夫氏）、この中世の時代に至りましては、最早日本住血吸虫などの風土病・巨大吸血ヒル・毒ムカデ・ツツガ虫・マラリア等も少なくなっているので、必ずしも尾根道でなくても良かったとは申せ（それに、前述のように、国境の尾根道には、古代には一種の**アジー**

ルとして他所者（よそもの）〔通過者〕にも**自由通行権**が認められておりましたこと〔逃亡ルート〕の残照がございました）、古（いにし）への「卑彌呼ルート」を考える場合の、アナタが決して見逃してはいけない大切な前例（エビデンス）の一つとして、アナタはこの**中世に至っての山岳ルート**も素直に参考にしなければならなかったのです。

　因みに、右の**南郷**（小丸川）や**西郷**（耳川）、それにこの菊池氏の亡命ルートからはちょっと離れますが**北郷**（五十鈴川）や**東郷**（耳川）も、後世の六六三年の白村江の役の後の**百済王族の亡命地**でもございました（中央〔黄〕・東〔青、左〕・西〔白・右〕・南〔赤、前、上〕・北〔黒、後、下〕と「扶余・高句麗・百済」の夫々（それぞれ）に共通〔ですから、この三国の歴史は各前者のコピーでした〕の本貫におけます五部制の名残り〔その集団のままでの人々の遷移〕が、ここ異国におきましてもちゃんとその村〔郷〕名からも〔しかもその中の一つの南郷町内ですらも、よく見ますと東町、西町、南町、中村町、町外ですが直ぐ北の下方〈この下は高句麗では北のことです。下部＝北部〉がございます〕今日でも根強く〔全国各地で〕見られ推測出来ますのは驚きです――その団結力の強さ〔日本の他所の、つまりこういうネーミングによるアナタのお近くの地名・字名にもご注意。ですからアナタ、その伝統は、ここにおきましても「扶余→高句麗→百済→日本」と受け継がれて来ていたことが、それから千三百五十年以上今日に至るまでこの狭い鄙の地域に凝集していた「生きた歴史の証人」とも申せます地名からも判って来るのです。このように東西南北と中央〈これは日向灘の美々津から遡上してまいります「耳川（ミミ）＝王川」の一番奥まった正に安全の地で、狭いのに「中」のつく地名が殊の外多い――中山、中八重神社、中尾、中瀬、中崎、中小屋など――古代朝鮮語で「諸（モロ）＝村」と付けられた諸塚村（もろつかそん）のことだと思われます。そして更にこの上流がキーポイントの例の民謡の椎葉村（しいばそん）なのです〉とがちゃんとアナタの前に存在しておりましたよ〕）。そして、ここ深山にこそ誰も今まで気が付かなかった

古代の遊牧系との接点！

が隠されていたのです（高麗神社につき別述）。加うるに、この東郷、西郷などという地名そして人名に付けられました「**郷**」という字も、アナタがコスモポリタンに古代史を考えますときには特に大切でして、古代・中世の朝鮮人が、中国の「中央の言葉＝**中華語**＝漢語」に対して**謙**（へりくだ）って自国のものを表現するときの形容として「郷＝**方言**＝地方の言葉」と**事大主義**により好んで**自虐的**に自ら使いました言葉でしたので、その朝鮮からの渡来民の全国各地での名残りだった（そうすると日本中に渡来民の定着地の「――郷」が溢れていた！）ことが判るのです――村・巴ではなく郷ですので。「**漢詩**」に対しての朝鮮の言語の詩歌の「**郷歌**（ヒヨンビル）」という自らの表現がその良い例でもあったのです。[テキスト]23―4―2、P952上、同23―4―4、P957上、同23―5―1、P962上、同23―5―2、P963上。尚、朝鮮人の事大主義につき、[本]一四6、P893は必見です。

因みに、正史「日本紀」との関係で申しますと、右の私こと古代探偵の古代ドライブの前半（一日目）の、八代から球磨川を遡行し、人吉盆地から山を越えて米良荘へと入るコースは、前述のように、日本紀の12景行大王（後世の史官の全くの作為でなければ、景行に相当する或る地方史の登場人物が反映）の「**子湯**（こゆ）→**夷守**（ひなもり）（但、これは小林市と思われますが、少し南に偏り過ぎていて行程に疑問がございます）→**熊県**（くまのあがた）→**八代県**」という九州東岸から西岸への横断の主として国道二一九号線の西行コース（「**景行紀**」十七年）の、**逆**・を辿っている形になります（これは、このルートが古代からの重要横断路の一つだったことを示しておりました）。

お話を「卑彌呼ルート」自体に戻しますが、この九州の中部山地を南北に通ります古代ルートの存在を補強いたします、アナタへの取って置きの一つのヒント（証拠＝隠し玉）といたしましては、先程も少し触れましたが、球磨（くま）郡免田町（免田事件で有名）などで多出いたします弥生後期の**重弧文**の**免田式土器**（めんだしきどき）（肩には**平行沈線模様**、その下に**重弧文**を描く、首が長く、胸が張り出し、丸底であるため安定感に欠ける九州独特とも言える土器）というものがございますが、この分布の範囲が丁度**北部**は熊本県の山鹿（やまが）地方から、**南部**は鹿児島県の桜島まで見られますので、**卑彌呼出現の前夜**に、正にこのような**免田式土器に代表されるプレ卑彌呼通商圏**とでも申せますものが、九州中部のこの**卑彌呼ルート**を中心として認められるということは考古学上も特に重要なことだったのです（「**免田土器文化圏**」の存在と卑彌呼とのリンクにより、私こと古代探偵の新発見の未知のルートはより説得力を増してまいりました。尚、更により古くのこの通商圏を示す阿蘇山産出の**黒曜石ルート**の重要性につきましては、前述九7。九州中部山岳地帯には、今は忘れられたこんな素晴らしい古代のメインルートが、一つならず幾つも幾つもアナタの前に眠っていたのです。エイヤアッ！って行ってみてヨ）。

――ですからアナタ、この点は民俗学の点からも証拠がございまして、高千穂神社などの「夜神楽」（徹宵神楽・霜月神楽・冬神楽）は卑彌呼南下の国境尾根上のアジール・ルート（交易ルート）上の山麓部に連なって今日まで点々として存在しておりまして、これこそは山神の鎮め、つまり「荒神＝安羅神」（これを東米良の銀鏡神社で申しますと地主神の宿神三宝荒神と西之宮大明神）たる「卑彌呼の霊の鎮め」こそがその当初の古い姿だったことを暗示していたのです（因みに、古（いにしえ）への「朝鮮→列島」ルート〔ウルルン島経由〕の終点〔大山（だいせん）、別述〕でございました因幡地方〔鳥取県〕におきましては、明治になって「荒神」が皆「須佐之男」に変えられてしまい〔鳥取市、岩美郡、八頭郡、気高郡における国神・出雲系神々二四八柱のうち一六三柱は須佐之男となっております〈鳥取県神社誌〉。変えられてしまった点につき荻原直正氏〕、この時点で長らく伝えられてまいりました「荒神＝アラ神＝安羅神＝卑彌呼・壱与＝弁天」は消されてしまったのです。荒神哀レ！　若いアナタ、消された朝鮮の神々を復活させなきゃ）。かようにいたしまして、考古学上のみならず民俗学上も、私こと「古代探偵」の考えはその理由が認められるのです——

このコースの途中の前述の**高千穂神社**（宮崎県臼杵郡高千穂町。前述の椎葉からの五ヶ瀬川がこの近くを流れております）辺りから後の尾根コースの［南半分］の部分を、何分（なにぶん）こういう発想自体本邦初公開ですので、もしかしてこの卑彌呼の部下たちが歩いたであろうこの**古代山岳尾根道ルート**自体を地元の「歩こう会」で行かれるかもしれない若く健脚のアナタのために、更にもう少し詳しく「尾根ルート」上の目安を申し上げておきますと、

熊本・宮崎両県境の先程の**国見岳**（１７３９ｍ）から、**五勇山**（１６６２ｍ）、**烏帽子岳**・（１６９２ｍ）、物哀しい古代的なメロディーの「庭の山椒（サンシュ）（正しくは山茱萸（さんしゅゆ））の木ぃーの♪」の「**稗撞節**（ひえつきぶし）」**の椎葉**（前述の耳川の諸塚村の上流）を越え、

御池、銚子笠・（１４８９ｍ）、不土野峠、小崎峠、**江代山**（**津野岳**、１６０７ｍ。『**日向国風土記**』逸文の「**吐濃**（つのの）**峰**」。日向灘に面した児湯郡都農（つのう）郷の**都農**（つの）**神社**の祭神の「大巳貴（おおなむち）＝大国主＝公孫域（ヨク）＝**卑彌呼の祖父**」が古くはこの山に祀られておりました**吐乃**（つのの）**大明神**。但し、尾鈴山（一四〇五ｍ）への途中の**尾鈴神社**のご祭神は、何とアナタ、神話上では**卑彌呼の養父**（テキスト15—8—5、Ｐ658。同15—8—1・2、Ｐ645—652はアナタその全てが必見）に相当する位置の**ニギハヤヒ**（**陝父**）なのですよ（こんなところにも満州系の神々〈それを奉ずる人々〉の侵入の痕跡が——。因みに、この尾鈴神社の約四〇ｋｍ北の北方町の五ヶ瀬川の南には、ちょっと珍しい名の「速日の峰〈二子山〉」という山がございまして、この山の名の上に「饒」の字を付けますとニギハヤヒともなってまいります）、**市房山**（１７２１ｍ。古くからの霊峰で信仰の山。ここの山頂にアナタが立ちますと、晴れた日には西の霧島・雲仙の山々と東は太平洋すらも望めます素晴らしい山とのことなので九州の人は是非いらして往（い）にし方（え）に卑彌呼の使者が見

たのと同じ光景を眺めて下さい）、ここからは**東**へ宮崎県側に下りまして山之口（前述）、境谷、**石堂山**（1547m）、**烏帽子山**（1125m）、棚倉峠、**赤髭山**（951m。神話の**磐長媛**と赤鬚山とにつき、この後直ぐをご参照下さい）、米良湖、児湯（越）郡、**西米良邑**（ここ米良荘の西米良から西方二〇kmが球磨〔人吉〕盆地の**多良木**〔**多羅**〈**ニギハヤヒ大神**の南下の経過地の朝鮮の**陜川**〉**来**〈の人々の里〉〕、東方四〇kmが日向の前述の都農神社の**都農**）、そして**西都原**の中心の**妻**へと下るという行程になります。尚、重ねて申し上げますが、右の国見岳（1489m）から後のコースは、前述の魏書の行程を通説の「海＋（and）陸」と読む場合のルート、藤井・旧説の「海**又は**（or）陸」と読むルート及び「第三の読み方」である藤井・新説の漢文の「**カッコ内反転読み＝つまり**（equal）**読み**」ルートの、各々後半部の「陸行ルート」とも、その**三つが全て途中から重なって**参ります（それで、ここでどうしても詳しくご紹介せざるを得なかったのです）。

日本紀の神話のニニギ命が笠狭の海で**大山祇神**の女のうちの**木花咲耶媛**のみ**妻**とし、頑健であったが醜かった**磐長媛**を袖にしてしまったがために、磐長媛は深淵に身を投じて死んでしまったとされているのですが、先程の米良の里には、何と、この媛が、何故か**一ツ瀬川**（この川は、下流では卑彌呼の寿陵である**男狭穂塚古墳**のある**西都原古墳群**の近くの「**都方＝妻**」のところをちゃんと流れております）を遡って米良山中へと入り、今日の穂北の笹の元から**竜房山**（近くに**銀鏡**の地名がございます。**銀鏡神社**の美しい**前漢鏡の白銅**〔白鑞＝白目か？〕**神鏡**の写真〔通称、大明鏡。写真9—22〕と卑彌呼との関連につき、九12はアナタ必見です）を経て、更に山深い前述の**小川の部落**（小川川の上流。前述の赤鬚山の西南麓で米良神社がございます）に出て、そこに留まり田を作り、豊かな収穫を見て「**ヨネニシ、ヨネニシ**」（**米良し**）と喜んだので、この辺りの一体が米良——本来は、前述のように「女来＝女が来た＝メラ」でした——と言われたという口伝が伝わっており（やがて時の経過と共に、この「**メラ**」という地名は、前述のように、表現する漢字こそ違え〔伊豆の**妻良**(めら)・房州の**布良**(めら)・紀州の**女良**その他の女浦など。一〇3〕、その同じ「音価」は、卑弥呼・壱与の基盤でございました「**安羅＝倭**」**系の水軍の拡散・亡命**にともない〔安羅系の宗像三女神の市杵島姫〕、後に**女神**の「**弁財天**〔中国の七福神〕＝弁天〔インドの梵天の妃〕＝エビス＝夷＝**エブス**〔この女神の本来のスタート地点は遙かなる「アビシニア＝エチオピア」本九③〕〔江ノ島など〕へ変容を遂げる〔卑弥呼の「鬼道＝**プレ道教**＝北極星」と仏教との融合〕と共に、**日本列島全海域**に遷移いたします＝前述、和歌山の「女良と弁天」。能登にも）、**小川神社**の札棟（宝永二年、一七〇五）にも古伝として磐長媛が小川の地に入られたことが記してございますので、これらは、少なくとも魏使の代行者の出発地点でございました**一大率**(いたれ)のいる遙かなる北九州の**伊都**（卑弥呼と同族の安羅系の**天日矛**の末裔〔又は祖先〕の王の代々支配していた**怡土**(いと)**の県主**の地。六6——これも出発地点の証拠の一つ）へ、山へ山へと向かう（戻る）メインルート（逆コースでは神が山から里へ降りるルート）が神話の時代の古くからここに存在しておりましたことを示す**民俗学的な情況証拠**の一つとなっていたのです。

瀬戸内航路（つまり朝鮮半島と難波を結ぶルート）の要処である**芸予海峡**を支配いたしました先程の**大三**(おおみ)**島**(しま)の大神(おおかみ)（大山祇）が、古くは**安羅**（**倭**、**卑弥呼**）系でございましたことは、この大神の名が**和多志**(わたし)（**渡来の**）**大神**となっており（但しアナタ、『**伊予国風土記**』**逸文**では、同じ外来神でございましても「仁徳大王の頃**百済**から渡来した」と、これらの史料を作成〔改竄〕した平安天皇家と同じ百済系だとされてしまっております）、且つ、**吾田国主事勝国勝長狭命**(あたのこくしゆことかつくにかつながさのみこと)と、**安娜**(だ)（**耶**(や)）という形容がその中には付いており（吾田＝安羅＝安耶）、更にこの大神の妻の方を見ましても、**鹿屋**(かや)（**伽耶**(かや)）**野**(ぬ)（**乃**(の)）**比売**（伽耶ノ姫。別名、**野椎**(ぬづち)。この女神と大神との二人の子の中には、例の金属神の**足名椎**(あしなづち)、**手名椎**(てなづち)〔ヤマタノヲロチ〈一九章〉の犠牲になりかけた女の親の夫婦。武蔵の氷川神社の摂社——当初は本社そのものでした——の祭神。椎＝槌。金属神〕」もおりますよ）と、満州や朝鮮半島の鉄民の出自を暗示いたします名が含まれていたこと、そしてアナタ、この神社を見下ろす山が**安神山**と「安＝アン」がその名に入っている安の神の山であったことからも、これらをアナタが少し注意深く観察されましたらお判りになったのです（そうしますと、安芸〔国・郡・郷——和名類聚抄〕も、安芸国造〔旧事本紀〕も、皆古くは「安来」だった。だから後世の安羅系〔別述〕の毛利氏とも地縁が……）。それにアナタ、次に申し上げます**瓊瓊杵**（神武大王の祖先）と結婚いたしましたこの大神の娘の名の**木花咲耶媛**（もう一方の娘の名が、醜いからとニニギに追い返された先程の**石〔磐〕長媛**です）も、その別名を木花**開耶**（**開耶**、**伽耶**）媛、神**阿多**（**阿娜＝阿耶**）津媛、**豊吾田**（**阿娜**）津媛、**神吾田鹿葦**津姫（皆同一神）などと申しまして、そこにもちゃんと「**伽耶＝カヤ**」のみならずその中には「**安耶＝アヤ＝阿娜**」ということ（荒神の正体）までもが隠されておりまして（出雲の地名「中海の南の出雲郷＝アダカヤ」との共通性にもご注意。因みに、同名の出雲大社南方の明治になって荒木〔簸川郡〕と茅原〔和名類聚抄の草原か。飯石郡。古くは「いびし」〕とが合併し荒茅村となった方につきましても、その前の「アラ来」と「カヤ原」、それに同じ出雲風土記上の「アダカヤ」ヌシ〔主〕タキキ〔来〕比売〔安羅の主で多伎にやって来られた比売〕の名にも要ご注目。尚、九13も必見）、この神話の作者の史の紙背に隠した努力の跡であるその意図（シグナル）をアナタの眼光は読み取ってやらなければいけなかったのです（九11）。天孫ニニギの天降りも、ここ日向での神阿多都比売＝木花佐久夜〔開耶＝伽耶〕毘売」との目合からでしたし。因みにアナタ、伊豆の一宮の**三嶋大社**〔三島市〕、**大山阿夫利神社**〔伊勢原市。**酒解神**として祀る〕など「三島」と名の付く全国の神社は、この大山祇を勧請したものです。これは嘗て、**安羅**（**邪馬臺国＝倭**）**が滅んでその水軍が日本列島全国に拡散・逃亡**したこと——これ又、神々の流竄（荒神哀れ！）——の名残りをアナタに示していてくれたのです（弁財天の全国への拡散も同じ。別述）。**宗像**神社（元は**宮地嶽**神社――その前には鳥取へ渡来の宗形神）、**大山祇**神社、**厳島**神社、**吉備津**神社（これらは皆、何故か、ちゃんと**安羅の壱与の東行ルート**沿いにございます）は、このように**隠された古**（いにし）**への真の祭神**（安羅系の姫神たち）を介して「邪馬臺国＝公孫氏＝卑彌呼＝安羅」系の神々というその底流で皆繋がっていたのです。

さて、お話を戻しますが、卑彌呼の渡来の際の北九州からの尾根道の**アジール**の陸行ルートは、この媛が奥山へ分け入ったのとは逆に、九州山地の脊梁（せきりよう）の市房山辺りから東へとルートをとり、この里へと降りて来ていたのです（この二人の女性〔実は**同一人格・神格**〕の方向〔下り＝亡命、上り＝上京〕は違ってもそのルート自体は同じだったのです）。更には、宮崎県にこの**磐長媛**（時代は下りますが、卑彌呼と同族の安羅系の末裔でございます倭王の**磐井**の「磐＝岩＝倭」――**大伴金村の子の磐**がモデル――を暗示。別述。因みに、米良街道〔二一九号〕の岩井谷トンネルのところから北へ岩井谷川が遡行しており、その先には岩井谷という地名も残っております）を祭る神社がございまして、その女を祭る神社の名が、何とアナタ、**大将軍神社**（地元では**デシヨゴン**――杤木弁みたい――と発音しております）と申しますのも、古くは、これは戦いの全てを占う**女総司令官**たる**女王卑彌呼**の伝承でもあったのです。因みに、少なくともアナタ、この神は古くは**朝鮮からの渡来の神**であったことは間違いのないことだったのでして、何故なら、**朝鮮半島**では今日でもアナタがいらしてみてもお判りのように**道祖神**のことを**大将軍**とも言っているからなのです。播磨国の旧飾磨（しかま）郡花田村の**熟皮**（**カワヲシ＝ニヒリ＝皮革の鞣**（なめし））の渡来の一族（**姫路の白鞣**）が祀る、**聖**（ひじり）**神社**が合体させられました神社も、同じく**大将軍神社**と申しました。これらは共に渡来系――渡来人と武具の短甲と皮とにつき、別途――だったのです。因みに、西武池袋線の高麗（こま）駅前の広場の大きな**朝鮮ポール**にも、「**天下大将軍**」「**地下女将軍**」の字が記されており、その巨大な魔除けの二つの柱（長丞（チャンスン））がアナタを歓迎してくれております。特に梅の花の季節（二月初旬）の天気の良い日に、この駅から高句麗人の開墾した高麗川左岸の巨大な**巾着田**（入口に「高麗本郷」の信号板アリ）を経由して、**高麗王若光の墓**に参り、そして**高麗神社**へと——必ずアナタが坂口安吾の『安吾新日本地理』（最終章一九「高麗神社の祭の笛」必見）の文庫本を持って——散策する半日コースが、起伏も少なく、シルバーへの私のお勧めコースの一つです（序に徙民政策による高麗郡の建部につき、本六も必見です）。

更にアナタ、この神は卑彌呼の「プロト鬼道＝道教」との深い関係すら認められまして、**道教**で大将軍は「**金星＝太伯**」**の精**を申しまして、戦争・軍事も司る神だからなのです（正に大将軍）。これがやがて**方角の神**（金〔太白〕の精とされ、三年ずつ同じ方位に留まり十二年で四方位へ動く＝「三年塞がり」とも申しました。一周十二年で元に戻ります）となり、迷信の「**方違え**」——物忌みなどと同じく陰陽道の一部で、陰陽五行説により陰陽師が行いました禁忌——として平安朝から今日に至っていたのです。

ここで記紀と宮崎県の神（神社）との見逃せない関係について見てまいりましょう。塩土老翁（紀）・塩椎神（記。記の方ではまだ金属神レベルの名残り有り）を祭る野島神社（宮崎市大字内海。明治五年よりこの名に改称。境内に南方系の赤秀の大樹あり）は、地元では白髪大明神とも呼ばれており、「この神の神話の内容上の役割」を分析しますと「亀」と同位の存在として描かれておりますこと（塩土＝亀）や、しかも「亀＝新羅の象徴」でもあり、そしてそれが「白髪」とさえ言われて伝わっていることをも考え合わせますと（全体として主体が新羅神そのもの）、この部分の神話の基本は、新羅系の奈良日本紀レベルの今日のものより素朴なときから既に存在しており、それが後に平安紀で今日の姿に整合され「ウガヤに繋がる系譜」に改竄されてしまったものと考えるべきだったからなのです。と申しますのも、この神話では、その塩土（亀）

の仲介の結果、初めて山幸彦こと火遠理命（ほをり）はワタ（海＝パタ）ツミの女のトヨタマヒメと結ばれ、その間に皇室の初代の神武（イワレ）の父のウガヤが生まれるという設定となっておりますことからも（九11）、奈良日本紀作成段階における主として今来の秦氏（パタ＝海＝渡海民）の関与が想定され、それを基にして平安日本紀ではそれに「上書き」されて今日の姿になったものと考えられるからなのです。

さて、ここで再び邪馬臺国のお話に戻り三国**『魏書』**の**「水行十日陸行一月」**の解釈を、アナタのために一言でマトメておきましょう。

・通説　A「水行十日　＋（and）陸行一月」
・少数説　B「水行十日　又は（or）陸行一月」（藤井・旧説）
・第三の有力説　C「水行（十日　陸行）一月」「水行一月（つまり＝equal）陸行十日」（藤井・新説）

つまり**①水行一月**（同じことを**予備的**に明記いたしますと、**②陸行すれば十日**）

この、もし可能であれば今までの歴史を一変させるであろうABをより一歩進化させましたこの**C説の①＝②**の**「つまり説」**につきましては、こういう漢文の途中へ①「水行一月」と**同じ行程**の「陸行十日」を説明的に**重ねて予備的に挿入**する場合に、**カッコの表記のない**（日本人が読む場合に、説明としての上中下、二、一などの記号はございますが）中国の原文漢文をスラスラ自然に上から下へと流れるように「読み下し」で読んでいる中国人に一見して直ぐに判り易い様に、その挿入部分のみの形容部分を**態（わざ）と「ひっくり返して」**、つまり、水行の次に予備の陸行をそのまま重ねて**「水行（陸行十日）一月」**としてしまっては後半部分の前後に**「十日一月」**と二つの数字が続いて並んでしまい混同してしまうので、**同じ行程を**②「陸行すれば十日」という意味で挿入する場合には、その部分を態（わざ）とひっくり返して十日と一月という二つの「数詞が重なってしまうのを避ける」ために、その部分を引っくり返して**敢えて十日**の方を先にして「**十日陸行**」（日本語では、この部分はカッコ書きが可能なので「陸行すれば十日＝陸行十日」とその順にそのまま表わして挿入すれば済むのですが、**漢文ではこの「　」という表示自体が無い**ので、仕方なく）という形で挿入して、そこでは態と「**数字を先に**持ってきて、それまで読んで来たアナタをハッ！とそこで驚かせて注意を喚起し、間違いないように「**水行**（**十日陸行**）**一月**」というように親切に特殊な例外として表現してくれたもの」だったのだ、そしてそれを日本のアカデミズムの先達の誰かが「普通の読み方で＝変なところで切って」読んでしまったから、それ以来右へ倣えで皆誤解してしまったのだと、私ことハテナ坊やの「古代探偵」は、**大胆な新仮説を史上初めて**考え付いた次第でございます。

――中国におけますその類似の例といたしましては、「四川」という現在の中国の蜀地名は、古くから「川陝四路」と宋代には一般に呼ばれておりまして、それを省略して「渋谷地下街→しぶちか」「二子玉川→にこたま」「武蔵小杉→むさこ」のように呼んだときに「川四」ではなく、それを逆にして「四川」としたとも言われているからなのです（陳舜臣氏の紹介。勿論この点につきましては岷・巴・雒・瀘の四江からの由来であるとの地理的な考えもございますが）。このように「省略するときに用語をひっくり返して使う例」があるのでしたら、「挿入するときにもひっくり返す用例」があっても決して可笑しくはないからなのです。九14。ここでも「何故逆にしたのか?」ということがポイントだったのです。又、中国ではこういう工夫はよく見られることでして、熟語の例なのですが「毀誉褒貶」の場合、「けなす（悪口）・ほめる（ほめ言葉）＝キヨ」の次に、同じ意味の積み重ねをして「キヨ・ヘンホウ＝悪・良・悪・良」とはせず、敢えて、次に続く語句を逆にして「ほめること・けなすこと＝ホウヘン」を続けて「キヨ・ホウヘン＝悪・〈良・良〉・悪」と今日のアナタに至る形にし、この方がアナタ、続けて読んでいる人にその意味がより判り易くなると考えての特別な工夫がされているということもあるからなのです。つまりアナタ、ここでも又、一見奇妙に思えましても［何故逆にしたのか?］という理由が抑ポイントだったのです。因みに、於美阿志神社の謎につき、一六4、P1048必見――

ということで早い話がアナタ「**伊都〜西都**」間は、**海上のハイウェイ**なら**一月**、**陸上のクネクネした尾根の国境のアジール・ルート**なら**十日**が**物理的**にも最適なのですから――（古代の漢文に詳しいアナタ、もっと良い説があればご教示下さい）。

この私こと古代探偵の新説たる**C説**（①ｏｒ②）の

①「**水行一月**」

という魏書の表現を見てまいりますと、**伊都国**の糸島半島（当時は島〔糸＝伊都〕）辺りから出発し、「**反時計回り**」に（何故ならアナタ、「**関門＝馬関**」**海峡**は、地形的にも、又、潮流の関係からも当時の船とその技量では**通航不可**でしたので。この点につき、九6、テキスト15―11―1〜3、P682―688上の遠賀物部氏による馬関海峡の掘削〔鑿金〕から初めて通航が可能となりましたことにつきましてはアナタ必見です）九州沿岸を**西に巡って**海上を行きますと、「**風待ち**」「**潮待ち**」「**海賊追討**」等で平均で**約一ケ月**かかり

（但し、この①の「水行一月」の説明文は、あくまでも中国様に上申する建前上の、つまり中国使から見ますと「**伝聞**によるルート報告」に過ぎませんでしたので〔卑彌呼が魏に対して「倭の盟主」たることを主張する為の**見栄**が相当含まれてもおりましたので〕、実際には、前述の様に、九州西南部から沖縄にかけましては、もう一方の雄である**南倭**のインド系ナガ族の「**卑彌弓呼**〔『**魏書**』〕＝**長髄彦**＝**狗奴**

王〔狗王〕」がいて、この九州西南岸の**沿岸の通航**は**この時**は**不可能**だったのです〔魏の使者は、威張っていても臆病ですので実際には伊都国から先〈南〉の野蛮・未開の地へは恐ろしくて行けませんでしたので、この使者に対し多少の**嘘をついてもバレる心配は全くなかった**からなのです〕。そして、そうだからこそ、アナタ、次に申し上げます様な**途中の九州中部からはこの部分を避け**、**その前に上陸してしまって陸ルート**を採らざるを得ず、それならばと**始めから**「**陸ルートのみ**」で行った場合、つまり、②「**十日陸行＝陸行十日**」の表現が、何とアナタ、先ず北のスタート地点の伊都（島）の「**志登**（しと）**神社→阿蘇神社→草部吉見**（くさかべよしみ）**神社→高千穂神社→銀鏡**（しろみ）**神社→西都原の都萬**（つま）**神社**〔**邪馬臺国の祭都**〕」へと至る、古代史ファンのアナタをワクワクさせるこの奇しくも**古代の神社**〔**神々**〕**を点々と繋いでいる**「**アジールの尾根コース**」**を行かざるを得なかったルート**だったのです。スタートの旧怡土郡唯一の式内社で旧糸島水道のポイントに位置いたします志登神社〔前原町志登〕のところは、神話上「海人の国から山彦こと火火出見〔紀〕が帰った後を追って来た〔朝鮮から？〕豊玉姫が上陸したところ」とされておりますし〔神社の南の支石墓（ドルメン）の「上石＝岩鏡」についての現地に伝わる海神の話。因みにこの糸島半島〈旧島〉西部の芥屋（けや）〈伽耶〉の大門の東海岸に沿ったところに鏡岩という巨岩があり、この岩の上に舞い降りた数人の天女の一人が下界の俗謡であった禁制の歌を歌ってしまったので羽衣が石と化してしまい天上へ再び戻れなくなってこの国に留まった天女伝説というものが残されております――対岸の朝鮮半島の伽耶の駕洛国史の古記にも残されておりました「神女」渡来伝承〈別述九11〉と対比いたしましても、何やらこれは意味深ですよね〕、この付近には朝鮮経由でより古くに伝来の支石墓（ドルメン）もあり〔ドルメンは半島西南部にも多く見られますが、時期によりましては直接南方より列島に伝播したものも考えられます。このドルメンにつきましては更に九14「邪馬臺国の遙かなるアジアでの彷徨」①必見」、又西方の加付里（かふり）は古代朝鮮語で「大きな村」という意味であり、更には志麻郡には韓良郡（から）〔和名類聚抄〕すらもあるくらいで、ここは朝鮮からの入り口としてこんなふさわしいところは九州広しと雖も他に見当たらないくらいだからなのです）、

又アナタ、次に右の

②「**陸行十日**」

の方によりますと、陸上を川と国境（くにざかい）の**尾根道**（**アジール通行権**）とを利用して、「**魏から下賜された重い荷**」を強力（ごうりき）が背負って行くと平均で**十日**位かかるということだったのでして、この

新しい「カッコ内反転説」①＝②

は、「**古代の神々の宿る邪馬臺国への脊梁（せきりょう）ルート**」の新発見であると共に、それなりに**合理的**な考えだったのです（ハテナ？坊やの「自惚れ」で恐縮なのですが！）。

と言うことで、これらアナタが**史上で初めて接しました**「**中国人もビックリ！**」の**想定外のウルトラ・アイディアの魏書**「**つまり＝イコール**」**読み**も、私こと「古代探偵」こと「ハテナ坊や」の本邦、否世界初公開なのです（乞う、アナタそして九州の方々のご教示とご批判！）。

9—8　「倭の大乱」はたったの七年間

さてお話を中国人もビックリの「つまり読み」から次のテーマに進めたいと存じますが、右の魏書の「水行十日陸行一月」についてのA「及び」とB「又は」とC「第三＝つまり」①＝②の、三つのうちのそのどの読み方に致しましても（特にアナタ、私こと「古代探偵」のみが本邦初でその可能性を指摘致しました、**前述の第三のC説のカッコ読みの**「**水行**〔**十日　陸行**〕**一月**」、つまり「本文の①**水行では一月**、

挿入部分の②**陸行では十日**」というユニークな「**カッコ内ひっくり返し読み**」つまり「**カッコ内反転説**」「**つまり＝イコール読み**」〔九7〕という**新説**にも今後十分ご配慮を！）、今のアナタにはとても信じられないでしょうが、私の考えでは、そもそも

卑弥呼はその前に満州・朝鮮から日本列島へ渡来して来ていた！

のです。

これに反し、近年に至りましても、アカデミズムとその僕(しもべ)のアマチュアは相変わらず器量が狭く、精々、邪馬臺国は九州か大和か、若しくは九州から大和への遷移があったのかというレベルの飽くまでも「国内のコップの中の嵐」に留まっております。と言うことでアナタ、卑彌呼女王の邪馬臺国は畿内自生でも九州自生でもなかったのです。では、それは何故(どうして)なのかと申しますと、抑(そもそも)卑彌呼出現の前提ともなりました「**倭の大乱**」というもの自体の**発生した主たる場所**が大問題だったのでして（ここでも又、その「倭」という**定義の不十分さ**がポイントでして、この点がアカデミズムが今日の「暗愚の悲劇」へと至る分水嶺となってしまっておりました）、アカデミズムは明治以来の「**一国歴史主義**」の井の中の蛙(かわず)の考えに相変わらず囚(とら)われ、**日本列島の中だけ**の事象（「西だ東だ」「何処だ何処だ」とお祭り騒ぎをしておりました）だという「縄張りの既成概念（先入観）の島国根性」から一歩も抜け出せない視野の狭い哀れな存在だからなのです（卑彌呼の時代に近い三世紀中葉の朝鮮半島南部の**防禦的高地集落**といたしましては**達城遺跡**(タルソン)〔大邱市(テグ)〕、それより早いものと致しましては**梁山貝塚**(ヤンサン)〔梁山郡〕や**鳳凰台遺跡**(ポンファン)〔金海市(キメ)〕その他がこれに相当し、**こちらの**

半島の方が主で、実はアナタ、**列島の方は従**〔オマケ〕に過ぎなかったのです〔別述〕。この点、一国歴史主義のアカデミズムに対し、コスモポリタンのアマチュアから猛省を促しておきましょう）。

更にアナタ、それに加えて大切な「倭の大乱」の**期間**につきましても**アカデミズムは重大なミス**を犯してしまっております。**図9—26**（**活字版の魏書**）をご覧下さい。私こと古代探偵の考えを申しますと、左上段の後半の「**住七八十年倭国乱**」とございます所が正にそうだったのですが。しかもこの魏書の文面の「**住七八十年**」は、どう読みましてもその**前**の男王の統治の「**以亦男子為王**」**から繋がっておりました文章**でして、**それ**（『**漢書**』「地理志」の**倭人**。ＡＤ五七年の倭国王師升等の**遣使**乃至は**男子為王**の在位）から「**住七八十年経ってから**」**この乱が起きた**とアナタは読むべきだったのです（誰が最初にそう読んだのかというその無責任なアカデミズムの名を私は知りませんが、誰が今読みましても、そこでは決して「七八十年**間**」などとはなってはおらず、しかもアナタ、その「乱の期間」自体につきましても、よく見ましてもそこでは単に

「**相攻伐歴年**」**とのみ**

としかなってはおらず、このように魏書自体の文面すらも、そんなに長く「七、八十年も戦っていた」などとは何処を探しましても一言も言ってはいなかったのです。アリャ！ 素直に読めば、「歴年」のみですよ）。ですからアナタ、つまり「**七八十年**」という語句は、仮に通説に従いましても、**必ずしも**「**その後の語句である**〔**倭国乱**〕**の期間への形容**」**などと捉える必要は全くなかった**のです。可笑しな話ですよね——これ又、イグ・ノーベル賞級の大発見。アカデミズムよ、原典を目を開いて、頼むからちゃんと直接自分の頭で読んでみてよ。私のようなアマチュアが読んでもそうなのだから。これで決まりです。プロだったら金返せ！しかもアナタ、極め付け（切り札）は、この点三国志の（以下同じ）『**魏書**』の**台本**（アンチヨコ）ともなりました魚カン（ギョ）の書きました『**魏略**（ぎりゃく）』の方をよーく確認致しますと、何と、「**霊帝光和中**（れいていこうわ）」（178年2月6日～184年1月31日）

とハッキリとその期間すらも明示されておりました（原典の方がそうなっていたのですからネ——これで更にもうどうしようもないくらい完璧）。そう致しますと「**倭の大乱**」が長くてもたったの**足掛け7年**に過ぎなかったことが確定的に判って来るからなのです（その「歴年＝たった七年」だった）。ですからアナタ、私こと古代探偵の調査では「倭の大乱」はアカデミズムの言うところのたったの**10分の1**に過ぎなかったのです（これ又、おっと合点承知之助！　東大寺山古墳出土の太刀の銘で有名な一八四年一月三十一日〜一八八年二月十五日の「**中平**」年号は、このようにこの「**光和**」年号の直ぐ次の年号です。九11。又、卑彌呼の宗教（卑彌呼教と呼びます）に関連いたします道教に纏わる「黄巾の乱」につきP590)。それはテキスト（テキスト10—1—1、P418下、419下）に書いてございますので、ご自分でお家に帰られましたらゆっくりとご覧になっておいて下さい。この点も、既に、この私の様な考えが比較的少かった今から十年以上前の**平成13年**に出版されました他の人の書かれた本の中で「この私の考え（文書）」が紹介され、そこには私の名も記されて**引用**されておりました。

9—9　「濊＝倭」の証拠は「魏書」韓条の中にあった！

更に、その「**倭の大乱**」についての、次の様なより具体的に更に一歩突っ込んだ内容についての究明も又、実は、こういう考えは**私こと古代探偵が日本で初めて**（テキストは2005年）であると思料致しますが、前述の様に、主として**日本列島**で起きた事などでは全くなく、東アジア各国の歴史とその文化とを**国際法**的な**視野**から鳥瞰して眺めてみましても、倭の大乱を、**抽象的**で**無色透明**なレベルまでしか無能なので捉えられておりませんでしたアカデミズムの貧弱でアバウトな表現とは異なり、自信を持って私こと「古代探偵」が**より具体的に**東洋史の中に力強く一歩踏み込んで、この「倭の大乱」の「半島南半分＝任那の範囲」で生

じましたことを（更にはそのことの原因ともなりました北方からの余波につきましても後述）、一言で申しますと、

朝鮮半島南部の各国が水軍を持つ「任那（ミマナ）連邦＝倭（ワ）連合」内部
（倭の内部での、主として金官加羅（きんかんから）（浦上（ホジヨー）＝カラサシ八国）と安羅（アラ）との間）
で起きた「貿易・水軍」国家同士の「鉄を巡る3年戦争」

として朝鮮史の方にも表されていたのです（何故なら、この**鉄こそが当時は「任那＝倭連邦」の存立の生命**だったことは、高校生が魏書を一見しても明らかなことだからなのです）。

――尚、アナタ、正史の**『三国史記』「新羅本紀」**（奈解尼師今十四年〔二〇九〕条）の方ではこの右の真実の発覚を恐れ**「安羅」を隠し単に「加羅」（ママ）**（因みに、ここでアナタ、「伽羅」（新羅史原典では上述のように「加」」と「伽耶」との国号の違いに触れておきますと、朝鮮の正史でございます『三国史記』では随意に使用しているようですが、一般には伽耶（ヤ）は各国内ないしは加羅諸国内で国号に使用され、伽羅（ラ）は対外的に国際国号として使用されていた傾向があるようです）**とのみしか表現**しておりませんでしたので（しかもアナタ、正史でありながら、次に申し上げる**「列伝」**の要約を載せる程度に過ぎませんでした）、ですから**朝鮮の事大主義**のアカデミズムも**日本の一国歴史主義**の近視眼のアカデミズムも、日朝共に目が節穴で、この「倭の大乱」の真相の解明に――情けないことに今まで千年以上かかっても――至ることが出来なかったのです。ところがアナタ、私こと古代探偵が面倒でしたが念のため右の朝鮮史の**「列伝」**の方にも目を通しましたところ、アラ何と！**「列伝八勿稽子（こつけいし）**（ムルケジャ）

伝」の方には「浦上八国が共謀して**阿羅国**を伐った」「**阿羅**の使者がやって来て救援を願い出た」と、抽象的にアバウトに暈(ぼ)かした単なる伽耶などという表現とは一八〇度異なり、はっきりとこのように新羅10奈解尼師今（一九六—二〇三）のところに「アラ」と特定して明記してございましたので「**倭の大乱**」というものが朝鮮半島での「**浦上八国と安羅**の戦争」——朝鮮レベルでの蘇我氏と大伴氏の戦い——であったことに私こと古代探偵は幸運にも気が付いたという次第でございます（これは凄い大発見なのです。アカデミズムよ、美味しいところだけの摘まみ食いの手抜きはダメよ。頭の良い偏差値坊やとはいえ、貧乏人の子沢山のように好き嫌い無く皆残さないで——そして良く噛んで〔咀嚼して〕——努力してなんでもよく食べて消化〔その真相を理解〕しなくっちゃ。他称秀才なんだから）——

この点、より深く調べたい方は、是非次のテキスト一〇章のP417以下（同10—1—2、P421上、423上。10—1—3、P424下、P425上）をお読み下さい。本邦初公開の考えが、アナタを盛大な拍手をもってお迎えいたしております。「**倭・倭人**」につきましては、アナタが今迄、今日の近代的な概念としての国境を先入観として考え、且つ、戦後「**縮み志向**」のアカデミズムの度胸の無い、且つ、ステレオタイプの洗脳も加わり、倭人の活躍の場（外延）をおとなしく日本列島のみとしか考えていなかったからその真相——この**安羅**（**倭**）と**浦上八国**（**倭**）との戦争（倭人の大乱の本質）、及びそのの**結果**、後述のように**卑彌呼は朝鮮半島から日本列島に亡命・渡来せざるを得なくなった**ということ——を全く見誤ってしまっていて解明出来なかったのです（ですからアナタ、**卑彌呼**の「親**魏**(しんぎ)委王(わおう)」の金印が日本列島には無く仮令(たとい)**朝鮮半島**の**倭**の部分の安羅や多羅や金官伽羅から出土いたしましても、これは何ら不思議ではなかったのです。更に、養女の**壱与**の方につきましては、アナタ、アカデミズムの考えに反するとは申せ、その**時代**と**中国**の**国内事情**から考えまして、アナタは又々「エッ！」とおっしゃるかもしれませんが、これは「魏印」などではなく「**晋**(しん)**印**」であった可能性の方が大なのです（九11、七2等）。了見も狭くアカデミズムの、何が何でも「魏とヒミコ」「魏とヒミコ」と叫べば良いと馬鹿の一つ覚えで思っているノータリンのワンパターンは、何処をどう切っても老いも若きも金太郎飴で情けないバカデミズムです。勿論、当時は本貫であった朝鮮の分国の列島でも本国での争いに呼応して、そこからの分派の渡海民による連繋した海岸部の山上での小競合い（**高地性集落**）は当然生じてはおりますが（別述）、あくまでもその**メインは本貫の朝鮮半島**の方での**伽耶本国での戦い**だったのです（任那の領域は三七〇年頃でさえもビックなことに半島の南端から真中の鳥嶺辺りまでもございました——その前は更に広かった）。ですからアナタ、この様に「倭の大乱」とは一言で申しますと、半島北部からの余波に影響された（「玉突き（ビリヤード）＝民族の追っ立て」による）「**伽耶（かや）の大乱**」「**狗邪（くや）の大乱**」とでも、今からでも遅くありませんので教科書では言い直すべきだったのです（早急に「倭→伽耶」との訂正の要あり）。

そして、この主として朝鮮半島（震源地）での「倭の大乱」の要因は、中国史によりますと、ちゃんと更に大陸への入り口の満州での出来事として次のように記されていたのですが（七2必見）、それが一国歴史主義のアカデミズムの先入観とアナタの視野が狭く、コスモポリタンな見方が出来なかった（悲劇）がために、朝鮮半島における「**濊（ワイ）＝倭（ワ）**」という倭の本質に関します頗（すこぶ）る重大なウルトラ・メルクマール（『魏書』韓条。九11必見）にすら一切気が付かず、今日まで千八百年以上もの間「倭＝濊」という倭人の本質が満州にまで遡ります真実を見ることが出来ず一日中昼寝のしっぱなしで無駄に寝惚けた時間を過ごして来てしまったというお粗末なお話に過ぎなかったのです。そして、そのズバリの証拠こそが次の文面だったのです。

「**恒霊之末、韓濊彊盛。郡懸不能制**」（三国志『魏書』韓条）

——倭の大乱の実態といたしまして、後漢に入り恒帝・霊帝の時代（一四七～一八九——正にズバリアナタ、卑彌呼の時代ともこれは重なっております）の末期になると韓（カン）人や濊（ワイ）人が強盛になったため、最早中国（公孫氏――卑彌呼の実家）、つまり楽浪郡（アカデミズムは未だに気が付いていないのですが、帯方郡と共に朝鮮半島部ではなく「満州内」にございました）とその下の所属県とによる制御が出来ない状態になり、混乱が生じたため多くの住民がより南の韓人の諸国（馬韓・辰韓・弁辰）に流入した（南下した）。何とアナタ、この「韓と濊」とが、中国史上の表現では、何時の間にか「韓と倭」とに自動的に変わって！しまっておりましたこと（『魏書』韓条の一八九年頃と二〇四、五年以降についての表現の相違）により、実は中国史上では「濊（わい）＝倭（わ）」で、同一か少なくとも共に広義の倭種であったのだという東洋史上におきましては極めて重大なことを、私こと「古代探偵」が、この事件から百年も経っておりません三〇〇年頃撰述された中国史の分析から、本邦初公開で物の見事に証明（発見）いたしましたことにつきましては、別述（九11はアナタ必見）。又、このことの朝鮮半島中南部での余波につき、前述の『新羅本紀』列伝八勿稽子条。つまりアナタ、ウルトラ重要なことですのでもう一度マトメておきますと、「倭の大乱」は朝鮮史では前述の『三国史記』の「新羅本紀」と「列伝八勿稽子」とに、そして中国史の方では同じことが右の『魏書』に形を変えて記されていたことが、もしアカデミズムとアナタが眼光紙背に徹して読みさえすれば判った筈だったのです（アマチュアのコスモポリタンな分析の勝利！）――

――ここで遡って私が「倭種」と同体としている濊（わい）について、本邦初公開でアナタが忘れてしまっているであろう遠い遠い古い時代の中国史をお浚いしておきましょう。①BC一二八年、濊の南閭（なんろ）が二八万人を率いて前漢の遼東郡に服属（何と！　今から二一〇〇年も前に「濊＝倭種」の信じられない程の大量の人口の満州での存在あり）。②AD一二一年には後漢が濊貊を討っております。③一八八年、濊が強くなり後漢の郡県は制御不能となってしまいました（これは公孫氏が帯方郡を置くよりもずっと以前のことです）。④二四五年、魏は濊が（高）句麗に臣属したので叛いたとして討った。⑤二四六年、魏は濊貊を討った。⑥二四七年に魏は、濊不耐侯に「不耐濊王」を授け、濊王は一般の濊人と共に住んでいるとされております。⑦二六一年、濊人、魏に入貢する（この時代は卑彌呼の生存中です）。以上「濊人の古（いにし）へからの存在とその南下」にご注意下さい——

更にアナタ、驚くべきことはそれだけには留まりませんで、右の朝鮮半島での「倭の大乱」の肝腎な時期そのものにつきましても、

「恒霊の末」（一八九年頃、右の『魏書』）

と

「霊帝光和中」（一七八～一八四年魏書の台本（アンチヨコ）ともなった『魏略』。魏郎中魚豢（京兆の人）により晋の武帝太康年間（二八〇年二月十八日～二九〇年一月二十七日）に撰せられたものです。魏略につきましては、アカデミズムの一部も、「略」なんていう字が入っているので深く考えずに誤解しているようなのですが（それともやっぱり不勉強で知らないからか）、これは実は、魏の正史！そのものでもあったのであり、だから正史に対する日本紀略のようなものではなかった（へェー！）。そういたしますと、当然、その時期から考えましても、満州の倭人国が鮮卑の檀石槐に光和元年（一七八）に襲われ、倭人千余家が捕らわれてしまったという満州での動き（徙民政策）も、コスモポリタンに見ますと、必ずやその「倭（濊）の大乱」の遠因の一つともなっていたことがわかってまいります（九11）——

ということで（共に三世紀末。魏書＋魏略）、その「倭の大乱」の時も場所（先述）も私こと「古代探偵」の考えとピッタリ両者が一致しておりまして（尚、大略（ほぼ）同様の『後漢書』（撰者范曄（はんよう）、四四五年死）「韓条」の方につきましてはここでは申し上げませんので本六を必見）、それはそれは恐ろしい（テリブルな）程に

私の考えの基礎は微動だにしないのです。これ（「濊＝倭」の方程式の証明とその南下との二つの証明）でこれ又、誰が見ましても明治以降アカデミズムには百年以上解けなかったことですので、文化勲章どころかノーベル賞（場合により――このインテリの筈のアカデミズムのシカトの態度は「お笑い」ですから――イグ・ノーベル古代学賞でもマア良いかナ）級？ですよネ。古代からアカデミズムを悩まし続けてまいりましたこの最難問も、私こと「古代探偵」によりましてこれにて一件落着です。めでたしめでたし。ハテサテ、振り返って見ますと、この答え（アカデミズムの偉い学者が今まで何度読んでも浅はかにも素通り(フリーパス)してしまっていた「濊人＝倭人」〔倭種の上位概念〕といったことに光を当てたこと）は、卑彌呼が記載してあるアナタに有名な魏書でも、それは倭人条の方ではなく、そのお隣り（その前に記載）の**韓条**の方にあったのです。アカデミズムとアナタ、キョロキョロして、付和雷同のワンパターーン（金太郎飴）ではなくお隣の「韓(ハン)さん」の方もちょいとは見てよネ（更に古くは、その実質は「韓＝倭」でもあったのですから、このことは、実は当然のことでもあったのだけど。テキスト9―4―9、P374上～376下、他に別述）。

さて、お待たせ致しました、アナタ「倭の大乱」――半島北部での「濊の大乱」とその朝鮮半島の南下（そして次に述べます卑彌呼の渡来と併行しての「濊人＝倭人」〈北倭〉の列島への渡来）ということのバック――は見事にクリアーいたしましたので、愈々(いよいよ)、その結果とも申せます**コスモポリタンな朝鮮史・中国史**に基づきます

卑彌呼の渡来

というアナタがお待ち兼ねのウルトラ重要な問題に入ってしまいましょう。アナタとアカデミズムは今まで全く気が付かなかったのですが、私こと「古代探偵」の考えでは、これ（彼女の渡来）が右の朝鮮半島での

9

「倭の大乱」と大いに関係していたからなのです。

と申しますのも、私こと古代探偵のこの時の「東アジアの国際情勢」の分析によりますと、「濊＝韓」人の南下（民族の追っ立て）の結果**倭の連盟内部で分裂**が生じ、朝鮮半島での「**安羅＝倭**」が一時滅びそうになってしまい、先行してその当時安羅の王都**咸安**（ハマン）にいた連盟の象徴たる女王**卑彌呼**は、**危険を感じて直ちに日本列島部分の倭の分国の、一部の人々が先住しておりました日向**（ヒナタ）**の西都原**（さいとばる）**に亡**命致しましたが、本国朝鮮半島の方では、その後、新羅となる前のその一部であった**秦韓**（卑彌呼とも満州における遠い祖先を同じくいたします「辰王朝＝鮮王朝」の末裔）がこの時には援助してくれまして、**浦上八国**（**狗邪韓国**の後の**金官加羅国＝浦上**（ホジョー）（**釜山**（ポサン））**八国**。一5）の兵の内**6千人**を捕えてくれましたので（『**三国史記**』「新羅本紀」他。テキスト10—1—2、P419、423）、辛うじて倭人のメンバーであった朝鮮半島部分の安羅の国家自体は、女王が亡命していなくなってしまった（朝鮮史レベルでは王女の列島への渡海により「国に光が失われた」と表現。別述）とは申せ、それ以降も存続出来ることになったたのです（安羅（倭）の本格的な異地域での「二国体制」始まる）。但し、それ以降の朝鮮での安羅の存在は、一段ランクを落とされました

倭の盟主金官国の「**戍兵**（ジュ）**＝守備隊＝ガードマン**」**としてのレベル**（**ナンバー2**）でのみ生き残ることが許されたのです（アナタ、**広開土王碑文**の、倭が高句麗を攻めて来たときの「**安羅人戍兵**」という表現こそが、このことを明白に証明してくれておりました〔この証拠により完璧〕。不審に思われる方は**図1—7広開土王碑の第Ⅱ面9行、10行**をもう一度ご覧下さい）。これ以後、五三二年迄の長い間、原則としてこの**金官国**が**任那**（**倭**）**連邦の盟主**を務めることになります。

この様に、このとき

邪馬臺国の女王とその中枢は朝鮮の伽耶の中の安羅から九州（**西都原**）**へと亡命**

して来てしまっていたのです（「安羅＝倭」の「**斗豆米**（アヅミ）＝**斗刀米**（アデミ）＝**安曇**（あづみ）」**水軍**の力によりまして（一6、**真鏡大師碑**）〔本〕一6、九14⑬⑭）。となりますとアナタ、「鰐と兎の日本神話」の意味は、「白兎（しろうさぎ）（玄菟・郡）＝満州の公孫氏の大物主＝卑彌呼の父か祖父」レベルの一族の渡海ということになり（一二1の「出雲の国譲り」のモデル）、そうすると渡海を請け負った「鰐鮫（わにざめ）＝この安羅の斗豆米水軍」ということを日本紀の作者はアナタへ暗示（シグナル且つ挑戦）してくれたことにもなるのです。

その安羅（倭）の移動の考古学的な証拠といたしましては、少し時代はずれますが、金官伽羅の本拠である**金海**（キメ）の**大成洞**周辺から

蓋付きの安羅の　火焔形　透孔土器

が出土しているからなのです（一一—一号咸安系土器）。このことは又、安羅の特異な文化が「安羅→金官→対馬→近畿」という当時のルートを辿ったことの証拠の一つでもあったのです。ですからアナタ、

畿内からの**五世紀**の　**火焔形　透孔高杯**

の出土ということもこの右のルートの存在を証明してくれていたのです（そんな証拠もあったのだ）。〔テキスト〕2—1—3、P65下。そして更に、右のコースの**途中**の**吉備**からも何とアナタ、「**火焔**」**の穴の意匠類似**の装飾土器（須恵器。岡山県総社市法連出土）が出ておりますので、これらの人々が吉備を経由して来ていたことも判ってまいります。更に、右の土器の火焔模様（穴）にそっくりではなくとも、備中国の**宮山**、大和国纏向の**箸墓**（尚、箸墓の土器からは吉備の砂が出ております）その他からも出土しております「**三角形が上を向いた形の穴**」が開けられた土器（この機能が巨大円筒どうしを繋ぎ止める単なる紐通しの穴というだけではなく）が日本列島のより古い時代に見られますのも、どちらが先かはここでは別といたしまして（「○↓△」か「△↓○」か）、安羅も列島も共に海を挟んだ海峡国家「倭」の一部（一員）でございましたので、

これらは**同じ思想に起因**するものだったと考えてもよかったのです。九14⑮。これらこそが、アナタが絶対に見逃してはいけなかった後世の五三二年に「任那連邦＝倭」の盟主の金官伽羅（倭名は蘇我氏）が新羅に滅ぼされた後、咸安に王都を持っていた卑彌呼の末裔（倭名は大伴氏――この一族は後の朝鮮での「磐井の乱」にまで繋がっておりました）の**安羅**が、その海峡国家の朝鮮での本国で**盟主**になったことを推認する貴重な考古学的な証拠の一つだったのです（九13、倭の移動）。

――因みに、考古学と言えば、この安羅を象徴いたします土器に付けられました○（火炎）のマークは、遡りますと中国の大汶口文化（山東省莒県陵陽河）の陶文に見られます「◎＝火（日）焔」に、極東アジアにおける遠い由来があったものと考えます（世界初公開。紋の形自体につき、孟世凱氏。尚、邪馬臺国の東遷の山東半島⑨、九14）。私の考えでは、これは卑彌呼の弟の満州の燕王の公孫康（二〇四―二二一年）が、何故日本紀上では日臣（大伴氏の祖。テキスト付録12、P1121の「公孫氏系図」）と称せられていたかということもちゃんとこの点で繋がっていたのです。又、序ながら、此頃の陶文は、当時（BC二五〇〇年）の中国が「一年二倍暦」を採っていたことを表してもおりました（○、旧二月と八月に年二回これが発見されました陵陽河の遺跡の真東の嶺から昇る太陽ということ。尚、稲作の「山東→廟島→遼東」ルートにつき、九14⑩）。しかも、その後の卑彌呼の頃の日本列島でも又、魏書によればそれと同じ思想（二倍暦）を継承していたことが判るのです（古くから続いていた二倍暦。テキスト23―5―7、P982下～984下。一四5必見）――

9―10　呪いのついた鏡

女王卑彌呼のおりました邪馬臺国の「**女王之所都＝女王の都する処＝祭都**」は、宮崎県の**西都原**にございましたが（アナタ、西都が祭都だったと、ダジャレでもって憶えて下さい！）、外交・貿易用の「**軍都・**

行政都」の**郡**(こほり)は、あくまでも母国の大陸とも交通が便利で軍事上重要な北九州の**伊都国**に**一大率**(イタレ)（女王一族の親族ないしは長官。この**イタレ**が平安日本紀の作者が「**イワレ王＝イワレヒコ＝神武の字**(あざな)」を作成し命名する際の一つのヒントともなっておりました）を置いて統治していたのです（「率(サル)」につき別述、九7）。

又、**魏から下賜**されました例の**銅鏡百枚**（これは魏の鏡ではあっても**後漢式**（風）鏡であったことにつき、後述、九12）につきましても、実は、この**北九州**の辺りに置いておりました。それは何故(どうして)なのかと申しますと、「**プロト鬼道＝道教**」との関係（呪術性）からや、又、この鏡が満州の実家の**公孫氏一族を恭**(きょう)**を除き皆殺しにした宗主国の魏国**から与えられました、言わば卑彌呼にとっては「**呪いのついた鏡**」でもあったからでして（公孫氏系図。テキスト付録12、P1112）、倭人連合の盟主の邪馬臺国を支えている諸侯の意見もあり、とてもとても宗教的な象徴(シンボル)たる卑弥呼の都する**祭都**の**西都原**の「**ツマ＝**（**太陽の**）**妻＝都万**」には置くことなど出来ず、北九州の**外港**の**伊都国レベル**に留めておくか（後述の**後漢式**（風）鏡の主として**九州北部**からの出土〔九12〕がこのことを考古学的にも証明しておりました。**平原遺跡**に付き、別述）、又は、下賜の際の魏王の指示もあり、早々と連邦の構成小国の北九州辺りの諸侯（主たる）へ配ってしまったと言うのが実情だったのでした（九12）。ですからこれが北九州から出土しておりますことは当然のことだったのです（畿内には無し）。そうなりますと、大和纏向の方は、シンボルなしの王都？ということになって来るよね。

又、日本列島での邪馬臺国が**日向**(ひなた)の地であり、ですからこそ**日向灘**(ひゅうがなだ)を挟んで**四国**と向かい合っておりましたことにつきましても、魏書の文面ともこの私こと古代探偵の考えとはピッタリと整合することなのでして、魏書をご覧になって頂きますと、そこには、チャンと

「**国　東　渡海千余里　復有国、皆　倭種**」（『**魏書**』。撰者陳寿、二九七年死）

――女王国の東、渡海千余里にして又国があり、これも又「倭種」である――

とございます（九13）。当時の中国の「海上千里」は、前述の様に約５０ｋｍですので（当時の中国での1日の航海の行程。九7）、これは九州東岸の「日向国＝襲ノ国＝蘇ノ国＝金ノ国」（古くは宮崎県＋鹿児島県）の北部から見た東方海上の四国西岸のことを指していたのです。この頃にはまだ、更により東方の遠方には畿内を中心と致しましたサルタヒコ（プロト伊勢の祭神）を祖神と致します弥生の水耕民（この民は、邪馬臺国の北倭の倭人とは又別の、それより先行しておりました中倭の倭人のグループ＝別倭）の国々がございました（中国史による「別倭、夷倭」との表現はこの中倭のことです。これは「古来の秦氏＝弥生の水耕民」の国だったのです）。この中倭たる弥生の人々の象徴が、平時（祭のとき以外）はその本貫の地である雲南の銅鼓と同じ様に、豊作のための地霊の力を付けるために半年間埋めておかれた銅鐸でした。ですからアナタ、アカデミズムの全てが誤解してしまっておりますように「危機が訪れたから」急遽埋めてしまったのでは全くなかったのです（大量の出雲の埋蔵銅鐸も又然り――だから相変わらず一国歴史主義のアカデミズムは本末転倒）。その逆でした――これ又本邦初公開。自分の頭で考えないマスコミも付和雷同。尚、私が二〇〇五年六月に初めて唱えました、渡来経路別による南倭、北倭、中倭の「三つの倭」の区別につき、テキスト9―4―3、Ｐ383下～387は必見です。

又、更に別の大業4年（６０８年）頃に至っての中国史を見てみましてもこのことは同様なのでして、

又至竹斯国、又東至秦王国。其人同於華夏……自竹斯国以東、皆附庸於俀（『隋書』〔撰者魏徴、六四三年死〕俀(タイ)国伝）

――**筑紫国に行き、又東して秦王国に至る。その国の人は中国人と同じである。……筑紫国より以東の諸国は全て俀国に属している**――

と七世紀に撰述の中国史にございまして（これは筑紫国を中心に列島全体を見ている――つまり正に中枢が九州にあった――こと、そしてその東方の秦王国も中枢にある九州のこの俀国に属していたということにご注意下さい）、これが当時、九州を中心に見て、より東方の**畿内に中倭を中心とした弥生人のセンター**がございました先述した「**秦王国**」（後に渡来いたしました**天武**と**文武**がここの**サルタヒコ**の秦王国を抹殺して作った**伊勢神宮**につき、アナタ一六4、P1022は必見です）であった可能性が大きかったのです。そして、隋書の「本紀」では「倭」に作りますが、その「志・伝」におきましては「俀(タイ)」に作っておりますので、ということで

この「俀(ねじけ)」は「倭」の**別字体**であり**同義**であったと考えられます（尚、この点のアナタへのご参考として、〔**俀**＝**倭**(ねじけ)＝**佞**〈俗字〉〕〔**消奈行文**(せなぎようもん)〈因みにこの人を**新羅人**だといたします私の高校時代の恩師でございます文化勲章の中西進氏のお考えは**間違い**だったのでして、どう見ましてもこの人は**高句麗人**か又は北扶余・高句麗系百済人の子孫だったのです。別述〉作、**佞人(ねじけびと)を謗(そし)れる歌**『万葉集』3836番他〕〔佞人＝ねじけびと＝ああも言い、こうも言う人＝旋毛(つむじ)曲がり＝臍(へそ)曲がり。又、コビひと、カダひと〕〔ということは、これは［倭人＝佞人］への皮肉を込めて歌ったものだったのか?〕ということを挙げておきましょう）。

尚、この秦王国とは**音訳**致しますと「**ツウワ**」ともなり、九州の直ぐ東の**周芳**(すほう)（山口県。古代朝鮮語で「雞林＝鳩林＝始林＝斯盧＝新羅＝**徐**(ソ)〔**sʌi＝サ**〕**伐羅**(バル)〔**パル＝pʌr**〕」。全体で**ソナパル**。徐耶伐・徐那伐・諏(す)訪(わ)・周防(すほう)・背振(せぶり)・相良(さがら)・讃良(さがら)・佐々良(ささら)・更荒。前述、一5。この中のパルについてより分析してみますと「伐(パル)＝火・原・羅・夫里≒**夫餘**(ブル)＝**沸流**」。ソバル＝王都）はこの名残りとも考えられなくもなく、よってこのことは**夫餘**(ふよ)**の南下**をも指すとともに、**金讃神社**(かなさな)（埼玉県児玉郡神川村。貞観四年〔八六二〕六月四日、清和

天皇。**武蔵金佐奈神を官社とする**（『**日本三代実録**』）。因みに、貞観年間は天変地異が多く、例の陸奥大地震は十一年（八六九）五月二十六日であり、このとき**富士山**も同六年の大噴火と十二年の噴火、別府の**鶴見山**は九年、**鳥海山**は十三年、**阿蘇山**と**開聞岳**が十六年と、このように次々と噴火しておりますので、今から二十年間の日本は歴史的に見ても要注意なのです。地球物理学も大切ですが、歴史から教訓を学べ！）の「**サナ**」とは、古代朝鮮語で「**sʌj＋nʌj**」で正にアナタ、「**斯盧＝新羅**」のことを指していたのであり、そういたしますと、この神社は後の新羅占領下における「**金氏の新羅**」**の神社**、つまり「金属神の新羅神社」又は「金氏の新羅神社」だったということになってまいります――新羅占領軍の関東支配の証拠（別述の日本最大の上円下方墳である武蔵府中熊野神社古墳。尚、後の明日香村の「切り石」の牽牛子塚古墳にもご注意）、又、地理学的に考えまして、九州内部の東側の**秦人の多くいた**（八2）という**古代の豊前国**の「**プロト宇佐の矢幡宮のある綾幡郷**＝現築上郡椎田町」（二神が合体する前のプロト宇佐にご注意）と考えられなくもありません（そしてこれはアナタ、「**今来**」**の秦氏**の「**扶餘→南鮮→豊国・出雲**」という南下・東行の移動を示してもいたのです。一5、一四4）。

9―11　卑彌呼は「公孫氏の女」

さて、お話を邪馬臺国のことに再び戻しますが、以上によって、朝鮮からの渡来（亡命）致しました**邪馬臺国の位置**が**九州・西都原**であることが確立出来ましたが、次に、抑

卑彌呼という女王が**遼東半島の燕王**の「**公孫氏の出自の女**」であったという（九13）、アナタが益々目を丸くされる、更なる東洋史上重大なことにつきましても私こと

9

古代探偵と共に次に見て参ることに致しましょう。

では、そのダイレクトな第一級史料としての証拠である**図9―34**の中国の**『晋書』**のテキスト原文（テキ9―1―1、P328上下）をアナタの目で直接ご覧になって下さい。

「旧以男子為王　漢末　倭人乱　攻伐不定　乃立女子為王　名曰卑彌呼。
宣帝之平公孫氏也　其　女王遣使至帯方朝見」（『晋書』四夷伝・倭人条）

――倭人の国は元男子を以って王としていたが、後漢の末に**倭人が乱**を起こし攻伐して決着が付かなかった為に（注意！ここは「**倭国**」という**領域**とはなっておりません、あくまでも**移動**が可能な〔現に移動しております〕**人単位**の表現の「**倭人**」となっております〔この点、魏書の冒頭も「倭人ハ……」となっております。因みに「倭国」という項目すら原文にはございません。アカデミズムよ、よく目を見開いて原文を直に読んでよ。読者を誤導するナ。この点アナタ、呉々も誤解されませんように〕。それに実は当時の**朝鮮半島**は少くとも**西朝鮮湾辺り**迄は「**倭人＝韓人**」**の領域**でした。九8～9、一〇1～3。尚「濊人＝倭人」という重要なことにつき別途）、女子を王とし、この王はその名を**卑彌呼**と申しまして、その出自は西晋の宣帝（司馬懿＝仲達、179～251年）に平定された**公孫氏の娘**だったのです。そして　**その女**　が遣使して**帯方郡**に来て朝見致しました――

となっておりまして（実は、倭人が乱を起こしたとなってはおりましても、その**原因**となった**理由**も又、一体**誰**に対してなのかもそのことの記載がなく、且つ、そこが**半島**か**列島**かの**場所**の特定すらもここにはございません。ですからここは偏にアナタの創造力にかかっていたのです。これに悪乗りいたしまして、古へよりアカデミズムは自分達に都合の良いように我田引水で勝手にこの日本列島のことだったのだ〔それに違いない〕と先入観で解釈し、誠に非科学的だったのです〔正に「**一国歴史主義の千年の悲劇・弊害ここに極**

まれり」とでも申せましょうか）」、この様に「女王はその名を**卑彌呼**」と言い、「西晋の宣帝が**公孫氏を平定した**」という**その直ぐ後**に続き、そして、次の点が正にアナタ、肝心な点だったのでして、原文は**「その＝其」「女」が遣使して来た**のだとハッキリと言っておりまして、この様に、その中国史の明文自体からも、ダイレクトに

卑彌呼が宣帝に平げられた「公孫氏のその女」

そのものであったことが一見明白に判って来るからなのです（この宣帝とは、劉備に臣事して共に蜀漢を建てた諸葛孔明〔一八一～二三四年〕とよく戦い、「死せる孔明仲達を走らす」でアナタにも有名な仲達こと司馬懿〔一七九～二五一年〕のことです。アア、知ってる！）。そして、その女性が晋に遣使して来たというのです。それなのになんで目が開いている筈のアカデミズムにそれが見えなかった（判らなかった）のでしょうか。

しかも、アナタ、ここで更に加えなければならない特に肝心なことは、正にその「**遣使の時期**」**そのものの方**でございまして、卑彌呼の実家の**公孫氏**が魏によって**滅ぼされた**「**その翌年**」の**239年**には、**間髪を入れずに卑弥呼は遠い魏の帯方郡にまで遣使**して来ているのです（通説では対馬海峡を渡ってまで。一四9など）。ここでアナタにとって特に大切なことは、アナタ、そのとき既に何故？かその**ルートが出来ていたのか？**ということだったのです（テキスト9―5、P389下、10―2、P435上）。

と申しますのも、このことはとても重要なことだったのでして、他のことと比較してみましても、この約**百年も後**の**4世紀**の時点に至ってですらも、半島を南下して参りました朝鮮の百済**実質**初代王の**13近肖古王**（扶余王の**依羅**〔『**魏書**』扶余条〕がモデル。日本紀の**10崇神**のモデルでもございます〔ハックニシラス・スメラミコト〕。テキスト付録2、P1106）は、南下して拠点を作りましたソウルのプロト**石村洞**（一5、一7、P、

一七5。初めての「百済建国の土地の石村＝イワレ」という名が気になります→イワレヒコ。何故なら、現行平安日本紀の作者は百済人だったからなのです）辺りから「倭人の**南鮮**での本国」への行程を全く知らず（それまでの宋書上表文などに見えます倭による南鮮からの朝鮮半島の**北征**は、主として**海路**からが中心でしたので、高句麗から逃亡するようにして初めて南下してまいりました**陸の民**の**伯済**（ハクサイ）は、まだこの頃は独自の**海軍**〔プラス航海術のノウハウ〕を十分には持ってはいなかったからなのです――**西朝鮮湾**だけは金を払って〔騙して？〕渡海いたしましたが。これ又、平安〔百済系〕日本紀のワニ〔鮫＝渡し船の業者〕を騙した因幡の素菟（しろうさぎ）〔前述〕のように）、そこで倭王へ、更なる追っ手である高句麗の伯済への圧力もあり、**倭（伽耶）の支配域の中**（朝鮮半島中部）に南下するに際しまして「**七支刀**」等の贈り物（**買地券**。後述）を送るときも、この伯済の南方で、当時伽耶北方の**大邱**（テグ）にございました**卓淳**（トクジュン）**国王**に、**半島南端の倭**への道筋を尋ねましても、故意か過失か、つれなくも「知らない」と言われてしまったくらいだったからなのです（一四9「七支刀」）。それなのに、アアそれなのにそれなのに、何故……そんなそれより更に百年も！昔のお互いに道もよく判らなかったときに、間髪を入れずに、卑彌呼の公式な使者は、日本列島〔アカデミズムの考え〕から海峡を渡って朝鮮半島を経由〔通過〕してその付け根の更にその先の**帯方郡**〔通説のソウルは間違い〕にまでも行くことが可能だったのでしょうか！　信じ難い！ことです！（七世紀から九世紀の遣唐使すらも一九回のうち入唐出来たのは一六回に過ぎませんでした）

それに加え、そのＣＩＡ的な情報収集能力とその分析とその迅速な判断と果敢なる実行（海兵隊の派遣）の**タイミングの余りの良さ**を考え合わせますならば、上の『晋書』の原文の「魏に滅ぼされた」「**其**」という表現が実に「ダイナミックに生きて来る」とアナタはお考えになる方がよっぽど自然なのではないでしょうか（卑彌呼はこのとき何処にいたのでしょうか。満州か半島か列島か？）。

それに何とアナタ！　抑その原史を本当に読めば、この『**晋書**』では、「**倭の大乱**」も「**卑彌呼**」も「遼東の**公孫氏**」のことすらもが、その記載の位置の皆その**全てが何と！**「**倭人ノ条**」**の中**に記されておりまして（エッ！　公孫氏も！　卑彌呼も！　何故？　この頃の中国史は卑彌呼の出自を知っていたからなのでしょうか？　しかもアナタ、前述のように、誰に対しての乱であったのか、又何処においてこの乱が生起したのかすらもここには記されてはおりませんでした。倭人の問題ではございましても）、と言うことはつまり、素直に見ますと、これらは、中国史では**倭人のグループの中**での**グループ・ダイナミクス**の人の移動の問題として必然的に捉えられておりますよ（**文身**の点につき、テキスト15―8―5、P660上。そのときの卑弥呼は**北倭**の出）。これは一体何故なのでしょう。実は、それは、取りも直さず、その当時、未だ**倭人**や後の**伽耶の人々**が**遼東半島**の近くの**西朝鮮湾辺りの朝鮮半島の北方**にも**少なからずいた**から（そして、その辺りにも当然その拠点があったから）に他ならなかったのです（別述「倭人（濊人を含む）＝伽耶人」のその後の朝鮮半島の**南下**。満州の倭人を千余家（七千人。別述）も捕らえた鮮卑の壇石槐にもご注意下さい。九11。又、話は少し変わりますが、私こと古代探偵のように〔山陰の四隅突出型墳丘墓の起源〕がプレ高句麗にあると考えますと〔後の高句麗時代の中国領の将軍塚。より古くは北朝鮮の鴨緑江中流の楚山郡雲坪里積石塚など。別述〕、それを持った人々の「弥生末期＝プレ古墳」時代の渡海ということも十分考えて頭に入れておくべきなのです）。

私こと古代探偵が満州、半島、列島の各国を女房と一緒に歩き巡り、更にはその関係各国の正史・神話を**コスモポリタン**に総合的・広域的に見て分析した推理の結果によりますと（コスモポリタン考古学）、今のアナタにはそのことは絶対に（少なくともアト三十年くらいは）信じられないでしょうが、驚くべきことに、何と！

卑彌呼（遼東半島の「**公孫度王＝事代主**のモデル」の**女**）**と**
神武大王（**高句麗**王子**罽須・扶余王尉仇台二世**がモデル）　**とは**
満州（**中国**）**史における日本紀のモデルとなった歴史**におきましては　**夫婦**
となっていた――つまり卑彌呼と神武とは夫婦だった――のであり（公孫氏と高句麗との婚姻についての重要な証拠としての『**北史**』百済条「後漢の遼東太守の公孫度は娘を仇台に妻せた。ここに仇台の国は強国となった」、『**隋書**』百済条「東明の子孫の仇台は……始め帯方郡の故地に国を建てた。……公孫度は娘を仇台の妻とした。仇台の勢力は次第に盛んとなり、東夷の中の強国となった」。尚、『**魏書**』扶餘条、公孫度伝、『**三国史記**』「百済本紀」始祖温祚条の各**原典**は皆その点右と同じですので、念のため一度アナタの目で確りと原典をお確かめ下さい。テキスト15―8―2、P647上。ですから同付録12、P1121の「公孫氏系図」はアナタ必見。因みにアナタ、韓国の先年流行ったテレビドラマの『**朱蒙**（チュモン・ツム・スム）』の主役は、高句麗の初代王ですが、この朱蒙の**母**の絶世の美女の**柳花**と後妻の**召西奴**と北扶余から独立して高句麗を建国したこの初代王の朱蒙本人、そして百済初代王の**温祚**（一5）とのそれぞれの**相関関係**につきましては、テキスト付録11、P1120をご覧下されば、高句麗史と魏書との重大な違いすらも含めましてアナタに一発でご理解いただけますよ）、更にアナタ、こんなことでは驚かないで下さい、実は

公孫康（**卑彌呼の弟＝日臣＝道臣＝大伴氏の祖**）と
武織姫（**神武の妹**）の関係も、これ又右の二人と　**交叉婚**（**襷掛け婚**）

だったといえるのです（つまりアナタ、中国史とコスモポリタンに照合いたしますと、日本紀のモデルとなりました**卑彌呼の**「**弟**」**と神武の**「**妹**」**とが**、**つまりその兄弟同士でも結婚**していたということになるのです。テキスト15―8―1、P649下はアナタ必見）。ですからアナタ、そうなりますとその

公孫康の女（むすめ）が、卑彌呼の**宗女**（養女）となる**壱与**（いよ）——卑彌呼から見ると**姪**（めい）——だったのでして、卑彌呼の死後、大和纒向（まきむく）へ邪馬臺国を九州から**吉備**経由で移し、そこでこの二世女王が**二六六年**に**晋**（しん）へ遣使していたのです。つまり、「日本**列島**の古代史（正史）」と「朝鮮**半島**の古代史」と「**満州**の曠野（あらの）の中国の古代史」とのその三つを、私こと古代探偵が**総合地政学部の教授**といたしまして上空からコスモポリタンに俯瞰して一言で申しますと、何とアナタ、邪馬臺国の二世女王の**「壱与の母は、神武の妹の武織姫」**だった！　そして**「壱与の父は、卑彌呼の弟の公孫康」**で**「大伴氏の祖の日臣・道臣のモデル」**でもあった！

というウルトラビックリなことまで判って来てしまうのです（テキスト15—8—2、P650上『魏書』『通典』、同15—8—1、P648下、649下。凄いことでしょ。通説を只暗記していた今のアナタにはとてもとても百年間は信じられないでしょうが、**朝鮮史・満州史と列島史を総合**いたします〔人間総合史学＝**人史学**＝テキストP1097〜1099〕と、私こと「古代探偵」にはそれ以外には考えられないのです。ところがアナタ、アカデミズムの**一国歴史主義**の赤ちゃんのおしゃぶりレベルの発想の貧弱な遅れた頭では、少なくともアト二十年間〔一世代——今の院生が教授になるまで〕は、私こと古代探偵の右のような考えに追い着くことは難しいでしょう。ですから、この一歩は芥川龍之介に言わせると百歩に相当するのです〔一歩の百歩〕。これ又、本邦初公開）。ですからアナタ、大和の纒向に邪馬臺国を東遷させた二代目の公孫氏の出自の女王**壱与の**「**母**」の国籍は、**国際私法**的には必然的に**北扶余人**か**高句麗人**だったということになってまいります（となりますと卑彌呼の中には「濊人＝倭人」の血も元々混血——小説が書けそう）。「テキストの相関図」（付録12、P1121）をご覧になっていただければ、この点についての複雑且つ難解なアナタの謎が**一発で解け**ますよ。

アナタ、大切な点ですので、くどい様ですがこの**卑彌呼は公孫氏の女**だったという点をもう一度「ハテナ？」

の原点に立ち戻りまして一言おさらいしておきましょう。この様に、

「名曰　卑彌呼　宣帝之平公孫氏也　其・女王遣使朝見」

とされ、右の中国の『晋書』の原文を子供のように素直に、且つ、正確に読むならば、**卑彌呼**には「**其＝その**」とチャンと**凄い！**「**指示代名詞**」がそこには付けられており、しかも「**其**」で**受けておりますのは、間違い無く**「**その前の公孫氏**」**以外には考えられない**からなのです。と言うことは、**卑彌呼**は間違い無く、その**文面**及びその**年代**から考えましても、ドンピシャリで

「宣帝に平らげられた遼東半島の公孫氏（公孫度(たく)王）の女(むすめ)」

だったということになってまいりまして（二〇〇五年刊行テキスト15―10―6、P681上メモ、9―6―1、P390下、10―6―2、P452上、15―8―1、P646下、6―4―6、P328上下）、そして又、如何に漢文音痴の私でも**それ以外には考えられない**からなのです。何人(なんびと)であっても、もし仮にアナタが中学生であったと致しましても、右の『晋書』の漢文の原文は、私こと古代探偵の考え以外には読み様がない！　ではありませんか。

ところがアナタ、アマチュアがそう言うと、昔は鼻でせせら笑っておりましたアカデミズムも近頃、遅蒔きながらアマチュアに影響され、**公孫氏と卑彌呼とのコスモポリタンな関係**にやっと気が付き（目覚め）始め、最早そのことを認めなくては通過できない状況に至り、ムニャムニャ理屈をつけては「列車に遅れまい」と軌道修正し始めて来ております（山尾幸久氏。二〇一二年一月刊行物他。又、大庭脩氏をはじめその他の方々。アマチュアの皆様、これこそが、長い間お待たせいたしました、「**アカデミズムがアマチュアの軍門に降る日**」の、愈々(いよいよ)の到来だったのです（アマチュアの勝利！　尚、**箸墓の方部の追加・偽造**につき、七2）。

しかもアナタ、それに加え、その重要な**情況証拠**と致しまして、**旧・日向(ひなた)国**領域内、つまり私こと古代探

偵の考えでの当時邪馬臺国の領域（日向＝宮崎県＋鹿児島県――**大隅正八幡宮**の旧境内の卑彌呼の伝承のある社(やしろ)にもアナタご注意。別述）内でございました那珂郡今町（**串間市**）からは、ちゃんと

粟粒文(ぞくりゅうもん)のある「**穀璧**(こくへき)」

すらも出土しておりまして（九6。隣の志布志湾〔鹿児島県側〕には、卑彌呼の朝鮮半島での**出自国**〔**安羅**＝アラ＝アンラ＝アシラ〕を表します**安良**や**安楽**というそのものズバリの地名が、今日までもその物言わぬ化石の証拠といたしまして残されておりますよ）、これは古代中国の皇帝が諸王侯、つまりこれは**公孫氏の一族に下賜した舶来品**だったからなのです。

と申しますのも、この頃、**満州**でも王の葬儀の葬具として**玉匣**が用いられておりまして、

「**公孫淵**（在位227~238年。この人は**卑彌呼の甥**――筆者注。テキスト P1121）が誅に伏したとき**玄菟郡**の倉には**玉匣**一具があった」「いま**夫餘国**の倉庫には**玉璧**(へき)と**珪瓚**などが収納……」（『**魏書**』夫餘条）（因みに、餘と余とは同じです）

とズバリ表現されていたからなのです。ということは、公孫氏の女の卑彌呼は、遼東半島の父（公孫度）等の親族の死の際に中国から嘗て与えられ又は受け継ぎました、その**王家の魂**たる（正統性を表します）生命の次に大切な、ただでさえ壊れ易い石（玉）で出来た至宝の**穀璧**を、真綿にでも包んで木箱に入れ、最大限の注意を払って、満州の遼東から安羅**咸安**(ハマン)へ（ですから、ここで**卑彌呼**の頃の「親**魏**委王」の金印が出土しても決して可笑しくはなかったのです〔七9、九11〕。尚、大和での出土は、前述のように〔その年代から考えまして〕、理論的には**壱与**の頃の「親**晋**委王」でしょうが〔九9等、別述〕）、更に海を越えて南九州までの長い道程を肌身離さず携えて逃亡して来ていたということが（亡命先の鄙(ひな)の地の酋長や原住民を、仮令(たとい)卑彌呼が女でありましても、軽く見られずに「倭人連合の象徴」として舶来の中華の威力を示し無条件に平伏

させ束ねるための実に有難い**呪具**——水戸黄門のご印籠——の一つとして。又、卑彌呼がこの脊梁ルートをやってまいりましたことの民俗的な証拠といたしましては、「宮山ニ至リ、神木ノ前ニ立、祭山神、伐其樫木、葉ヲ以テ包ミ帰ル、之ヲ里俗神女迎、御前迎トモ称ス」（『肥後国誌』所引「社記」）というように、卑彌呼ルート上に当たる阿蘇神社の祭祀の「女の山（だから邪馬。別述）神の祭り」についての記事中に「神女を迎える神事」というのが見えておりますのもなかなか意味深であることを挙げておきましょう（朝鮮史の岩〈磐船〉に乗って渡来してしまった「神女」とも比較せよ。後述。九州に女土蜘蛛や女酋が多い理由(わけ)は？）、これでアナタも十分お判りになって頂けた筈です（因みに、**江田船山古墳**出土の「**公孫氏の鏡**」に付き、前述の九6はアナタ必見です）。

——又、この地域に関します神話の「大山津見神之女、名神阿多都比売＝木花之佐久夜毘売」（この姉が、例の日向の石長比売、別述）や、その子の「海幸彦＝火照命」は「隼人阿多君之祖」（古事記、割注）とされておりますが、これらは「阿多＝阿娜(あだ)＝阿耶＝安羅（倭）」で、この神の名は古くは安羅から渡来した公孫氏の女の卑彌呼が「日向（宮崎県＋鹿児島県）の吾田の長屋の笠狭碕へ入った」ということをアナタにダイレクトに暗示してくれていたからなのです（九7）——

しかも、加えて、アカデミズムではこの点殆ど触れられてはございませんが（今までシカトしておりましたので）、**卑彌呼（～247、8年）が倭人の王として君臨した在位期間**というものも、又**重要ポイント**だったのでして、その殆どが、母国たる満州・遼東半島の実家の**燕(えん)王**でもございました**公孫氏域(ヨク)王→度(タク)王→康(コウ)王→恭(キヨウ)王→淵(エン)王**（238年亡）テキスト付録12、P1121にスッキリ整理）一族の**189～238年迄の遼東半島支配の50年間とこれは正に不思議なくらいピッタリと重なって来る**（光背効果の威力）ではありませんか！

しかしアナタ、より不思議なことは、多くの東洋史の学者には、前述のこの「晋書」のたった一字の「**其**」

という「**超**（ウルトラ）**重要な文字**」すらもが全く目に入らない点なのです。若くても老眼だから見えないのでしょうか？　それとも、勉強をして本を読み過ぎて**緑内障**（あおそこひ）が進んで、その部分だけがポッカリ「空白」が出て読めないことに気が付かないか、又は薄々知っていながら、実は自分の今までの考えと整合性（交通整理）が取れなくなり学者としての身が危なくなるのでそう読みたくはないから無理してそう読まないのでしょうか（これは皮肉）？　これは、学問の徒といたしましては実に奇ッ怪なことなのですが……。アナタには、私こと古代探偵とは別の読み方が果たして出来るでしょうか？　もう一度ここで原点に立ち止まって、寝る前にチョットだけでも心に手を当てて、アナタの「**歴史家としての良心**」に従って、**一期一会**の精神で素直に考え直してみて下さい（雑草レベルの、何時もアカデミズムに鼻でせせら笑われている引かれ者の小唄のアマチュアだって、時々はこんなにも良い事（卑彌呼＝公孫氏の女）を言うんだよ）。因みに、その原典そのものの文言の方をアナタが確り（しっかり）と確認したいなら、『**晋書**』（列伝第六十七、四夷）の倭人条（わじんのくだり）をご参照下さい。

序（つい）でながら、「公孫氏が滅んだこと」と「女王の遺使」とが**リンク**しておりましたことを濃厚に匂わせておりますものが、晋書の原文を分析いたしますと「他にも」多数見られまして（私のような少数精鋭トンデモ説にとりましては、証拠が多い程その説得力を増しますので）、その一つをご紹介いたしますと、次の

「**至魏景初三年（239）公孫淵　誅後、卑彌呼　遣使朝貢**」（『**晋書**』東夷伝倭条）

という文面も（傍点、カッコは筆者）、ここでは前者（公孫氏）と後者（卑彌呼）が完全に明白に**関連**（リンク）（両者は私に言わせますと同族なのですからこれは当然のことなのですが――）していたからこそ、この様に**公孫氏の死**と**卑彌呼の遺使**の両者が「**続いて並んだ、しかも同じ文脈の中**」に**連続してこのことが表現**されたものと思われるのです（探せば色々あったのだ――これで完璧）。

因みに、アナタにも教科書でお馴染みの『**魏書**』における**卑彌呼の遺使**を**景初2年**（**238**）とする表現

は完全な**誤り**なのでして、この『**晋書**』の通り、これはその**翌年**の**同3年**（**239**）の方が正しかったのです（もしそうでなければ、後述のような景初4年鏡の問題が生じる余地など全くないではありませんか。又、司馬懿が公孫氏の都の襄平を落とすのが景初二年八月であることから考えましても、遣使は三年六月と見るべきなのです）。このようにこの右に私が引きました右の『晋書』は、他の中国史と較べましてもこの頃の記事は**信用性**がより**高い**とさえ言い得るのです（一四5）。アカデミズムとアナタの大好きな三国志魏書倭人条よりも正しかったこの晋書。

　さて、話題は前述（九6）の江田船山古墳出土の**公孫氏**に関連する**鏡**のお話に変わりますが、

「**公□氏作竟四夷……**」

と57文字もの長銘文を記しました「**神人車馬画像鏡**」（径約22・4cm）が、通説で言うところの「ワカタケ**ル**の剣」（世界中でこの私のみは、「百済21蓋**鹵**王〈四五五―四七五〉説」を称えてドン・キホーテをしております。一四9。この中に「羣」の字あり、一三6、多胡碑）で有名な熊本県の**江田船山古墳**から偶然にも出土しておりますが、これはその時代や該当名から考えましても、この当時のことと致しましては、「公」の後の1字の「□」は「孫」としか読み様がなく、そう致しますと、正にこれは、中国史によれば、当時、**西朝鮮湾**辺りにおりました**倭人を伐ってその上に君臨**したとされております

「**公□氏＝公孫氏**」

以外には無いということになり、遼東半島で**燕王を自称**しておりました**卑彌呼の実家**（テキスト付録12、P1121）の

　公孫氏が造って倭人（**つまり、そのシャッポに収まる女の卑彌呼**）**に下賜した鏡**

であったと考えます私の立場からは、これ又私こと古代探偵が見過ごすことの出来ない大変重要な鏡だった

ということになって参ります（ここにも、北倭の「倭人」と「満州の遼東」と「列島」との三者の見事な**コスモポリタン**な連携（コラボレーション）が見られたのです。九13）。

――卑彌呼の**神道**「**鬼道＝道教**」**起源説**につき、テキスト9―13―6、P365下、本七2、七1は必見です――

この様に、**200年前後の建安年間に、倭人を帯方郡の支配下に入れた公孫氏が造った鏡**が、百済21**蓋鹵**（キル）王（455～475年）の銘（くどいようですが通説が言う様なワカタケ「**ル**」では絶対にナイヨ）のある大刀が出土したのと全く同じこの**江田の船山古墳**からも出土しているのですからネ（一四9）。ですからアナタ、この古墳は、卑彌呼の実家の公孫氏のことも百済のことも、アナタの考え方さえ変われば一石二鳥でコスモポリタンに楽しめますので是非いらしてね。高速九州道を菊水で降りてからたったの三kmの近さなのですから。

更にアナタ、これと**セット**でどうしてもアナタに考えていただかなければいけないもう一つの大切なものといたしまして、

後漢の「**中平□年**」の銘が象嵌（ぞうがん）されている**環頭鉄刀**

（アナタが写真を一見すれば明白なように、この刀には反りがございますので、アカデミズムの老いも若きもが**大刀**（だいとう）だと付和雷同で言う〔しかもその形すらも確かめずに孫引きで〕のは間違いなのでして、これは**太刀**（たち）と言わなくてはいけなかったのです〔大の中にちゃんと**点**を打ってネ〕。尚、「七支刀」の項参照）がございますが〔銅製環頭部は倭製です。本九13〕、この中平年号とは**一八四―一八九年**ですので（この**中平元年**〔**一八四**〕に「黄老の道」を奉じて**太平道**と称して黄巾を付けた十三万人の徒が『**黄巾の乱**』（こうきん）を起こしており、この思想が実家の公孫氏を通じ**卑彌呼**にまで入っております。**プロト鬼道**。**仙人教**。**道教**〈アナタ、「鬼道＝道教」であったことは古代中国史では常識でして、その証拠に陳寿〈西晋、二三三―二九七年〉が卑彌

呼のことを書きました〈倭人条〉同じ魏書の中で「道教のことを鬼道」と表現していること〈張魯条〉からも間違いなかったのです。心配ご無用〕。因みにアナタ、道教と卑彌呼との関係につきましては前述の序―3―1、七2)、これも卑彌呼の父の遼東太守の公孫度が、後漢末、中平六年(一八九)に**襄平**(**遼陽**)で独立し、鉄を押さえ、ここを満州一の人口三十万、戸数四万戸もの王都にまで育て、この中平の末年に**公孫氏から下賜されたこの太刀**を卑彌呼が朝鮮経由で日本列島に後生大事に抱えて持参し、やがてこの**レガリア**を壱与が養母の卑彌呼から受け継ぎ、九州の**西都原**から**大和**にまで後生大事に持ってまいりまして、更にそこで色々な人々の手を経て、**約百五十年後**に、卑彌呼家たる遼東の燕王の下賜したレガリアがその効能が薄れ(支配者の出自が変わり〔政権交代〕最早有り難くも何ともなくなってしまったため)ここ**東大寺山古墳**(天理市和爾町。石上神宮の北方の東大寺山丘陵に位置。そこから出土しました短甲からの年代につき、一2)に埋められたということになるのです(「**鏡**と**刀**と**璧**」の**三身一体**の証拠が、私こと古代探偵によって出揃い、これでアナタ、**卑彌呼が公孫氏の女**であったということの**考古学的な証拠**は最早完璧な筈です。更に**文献上**も先述の私が発見いたしました『**晋書**』倭人条や『**魏書**』韓条の明文という動かし難い中国様の証拠〔味方〕もございますし)。

但しアナタ、先程のこの刀の点には、中国側から、この太刀は刃の部分も倭製であり「中平」は呉の工人が倭で造ったとき「**太平**」(二五六―二五八年)とすべきものを**中平**と誤記した(現代中国の歴史家・孫機氏)という指摘もなされております(もしこれが正しいといたしますと、刀のことではなく鏡についてなのですが「景初四年〔二四〇〕鏡」の問題と同じパターンとなります。テキスト9―1―4、P334上、九2)。

と言うことで、この太平という時点について考えてみますと、出土したこの古墳が造られました時代(古墳前期)とも合っておりますので、先出の中国の孫機氏のお考えは一見ナカナカ意味深ではございますが、レガリアとして満州、九州、畿内へと持ち歩かれ、大和でも珍重された後に四百年代に入り、そこでの**支配者に交替**が見られ、旧支配者（壱与の一族）の威光が衰えてから埋められてしまったのだと考えますと、年代的にもそれ程の**矛盾はない**し、その方がかえって自然なのです。しかもアナタ、見方を変えますと、このタイムラグこそが、逆に卑彌呼の一族がこれを後生大事に持って満州、朝鮮半島、日本列島と**長い旅**をしてまいりましたことの証拠ともなっていたのです（**タイムラグ＝渡来の証拠**）。ですから、何も無理して「一国歴史主義者」のように国内にだけこだわり、作製に近い年代に**態々**ピントを合わせる必要は全くもってなかったのです（歴史を志す者は、常に「水平思考」でコスモポリタンでなきゃネ）。

又、巻末付録「**公孫氏系図**（**卑彌呼の実家**）」がございますのでこれをご覧頂きますと、

卑彌呼が公孫度王（**189～204年**）**の女**

であったことが判りますと共に、**卑彌呼**の**弟の公孫康王**（**～221年**。日本紀の大伴氏の始祖の「**日＝道**」**臣**のモデル）**の女**が卑彌呼の次に女王となり**266年**に**晋に**遣使致しました

宗女（**養女**）**の壱与**

であったということまでもが判ってまいりますのみならず、卑彌呼を補佐したとされる魏書上の「**男弟**」が**公孫氏の 恭王**（卑彌呼の弟）

のことであった

（卑彌呼が安羅経由で通過してまいりました朝鮮史の方の痕跡の洞察から、この「公孫**恭**＝卑彌呼の**男弟**」と「卑彌呼**自体**」に相当致します同一人とを、私こと「古代探偵」が探し出してみましたところ、朝鮮では正史から抹殺された**賀洛国**（**南鮮の倭**）史の**古記**――朝鮮では一番古い史料「駕洛国記」上の更に古記――により、金官①**金首露王**（在位四十二―百九十九年。この人は8**孝元**大王のモデル。テキスト付録1、

P1104。同付録8、P1116〕の**王子**の**居登王**〔在位一九九―二五九年。この人は9**開化**大王のモデル〕の**弟**の**仙見王子**として、又、その姉の**卑彌呼**の方はと申しますと、雲に乗って朝鮮半島を去ってしまった〔**与神女乗雲離去**〕〔同朝鮮古史〕とされております〔李鐘琦氏〕、「**妙見王女＝神女**」として**投影**されていたことが判明して来るのです〔私のコスモポリタンな卑彌呼神女「妙見」説。九7〕。このように**卑彌呼**は朝鮮では**妙見様**と化して今日まで残っておりました――〔阿蘇神社の祭祀の「神女」につき前述〕この妙見こと北辰菩薩は、北斗七星を神化したもので道教ともちゃんと接点がございましたよ。又、新羅8阿達羅王の四年〔一五七〕、細烏女〔くわしうめ＝許氏の女か〕が東海の辺で岩の上に乗ったら夫の延烏郎のときと同じく日本へ運んで行かれてしまった〔亦上其巖。巖負帰如前〈日本〉〕、そのとき〔そのため〕新羅では太陽と月の光が消えてしまった〔是時新羅日月無光〕というお話〔『三国遺事』「延烏郎・細烏女」〕も、時代の近さから、私こと古代探偵はその候補の一つに挙げておきましょう。因みに、夫のときの文には「一云一魚＝岩は一匹の魚ともいう」との注釈が挿入されております〕

という今まで誰もが思い付かなかったようなことまでもが判って参ります（～228年。但し、中国史では、この恭は**渡海の年に死んだ**ことになってしまっております。南鮮・倭へ行ってしまい満州では行方不明になったからでしょう――因みに、これは「**有男弟佐治国**」の政治的補佐の『**男弟**』**A**の方でして、又別に卑彌呼の**近侍**（御側御用人）をしておりました「**唯有男子一人、給飲食伝辞**」（共に『**魏書**』倭人条）の『**男子一人**』**B**の方ではございませんのでアナタ、魏書の原文に当たってお読みになるときは呉れぐれも混同されないようにご注意下さい――）。

しかもアナタ、実は、この**公孫氏と倭との関係**を根拠付ける最も大切な証拠というものが、**倭人条**の方ではなく、何と！　同書のそのお隣りの**韓条**の方にございますことを私こと「古代探偵」は発見いたしま

して（アナタ、これを見失ってはそれこそ大変‼）、それは何かと申しますと、

「**建安年間**（**196～220年頃**）**に公孫康**（**卑彌呼の別の弟の一人**——筆者注。テキスト付録12、P1121）**は屯有県以南の辺鄙な土地を分割して帯方郡**（西朝鮮湾の北方から遼東半島の一部〔ですから朝鮮半島部とは全く関係がありません〕——筆者注）**を作り、公孫模**（**康の子。卑彌呼の甥、壱与の兄弟**——筆者注）**等を送って韓と濊を伐たせた。**

……これ以降、倭と韓は帯方郡の配下に入った」（『**魏書**』韓条）

とございますもの、やっぱり倭の主体は大陸だったのでして（七2）、**この頃の倭**（**濊**〔**カイ**〕**と倭とは、この様に中国史からは全く同じ**（凄い！）様にとらえられているのですが〔**濊＝倭**〕、一歩譲りましてこの二つが**同じにしろ**、はたまた**別にしろ**、兎も角）は、遼東半島（公孫氏の燕王国の王都は**遼陽・襄平**でした）の公孫氏とは大変深い関係があったのみならず、何と！　その両者の戦いの結果、

倭　は公孫氏の支配下に入った（『**同**』）！

のだと中国史が明白に宣言してくれておりますので、後で南下して来た**任那連邦の倭人**たちは（その頃その近くにいたので、否、近くにいたからこそ）、勝ったその支配者の燕王に直ちに願い出て、文化の進んだ半中華国の**支配国**のその**女**（つまり、**公孫康の姉の卑彌呼**）を、

「**倭人**（後の**海峡国家群**と化した**伽耶連合・任那連邦**）**の盟主**（シャッポ＝冠）」

として、つまり

古への「**辰**（**鮮**）**王朝**」の末裔（本六）の**馬韓王**（**倭王**）として（王都は**月支国**）戴いた

という私ことと古代探偵とこの「**晋書**」の考えとの**一致**は、当時の**国際法的な常識**に照らしましても、又、右の**中国史**と照らし合わせましても、これは極く自然なことだったとアナタはお思いになられませんでしょう

か。

アリャ！　そう致しますと、当時の**国際状況**から考えましても、その近くの、多分、遼東の公孫氏に近い**西朝鮮湾**の北部辺りにも、前述の様に、必然的に**倭人**（**後に南下して伽耶人となる倭人の一部を含む**＝**「辰〔鮮〕王朝」の末裔と同族**。本六）**が沢山おりませんと辻褄が合いません**し（九9）、正に、私に言わしめれば、

〔倭人の中枢〕すらもがこの時はこの辺り（**西朝鮮湾及び更にその北方部**）**にあった**のだという一国歴史主義のアカデミズムのエリートからはとても百年は信じてもらえないようなことを示していてくれたのです。アナタ、そのズバリの証拠は、光和元年〔一七八〕鮮卑の檀石槐が「東撃倭人国、得千余家、徙置秦水上、令捕魚以助糧食」というように撃ち、千余家（前述の公孫氏の王都襄平では「三十万人で四万戸」ですから、一戸は約七人となります。これは古代の日本でも近い数字です）、つまり倭人七千人を得て烏侯秦水（老哈河。内蒙古自治区に近い西拉木倫河の南を流れる共に西遼河の支流。こんなにも大陸の奥なのですよ！）で魚を網で捕らせて食糧とした（五世紀に宋で范曄によって作られた『後漢書』鮮卑条。尚、「倭〔濊〕の大乱」の遠因につき、九9必見）とございますことからも、此頃（何と二世紀！）満州の或る地方に倭人の国がちゃんと存在しており！しかも、少なくともそこに倭人が七千人（7×1000戸。「戸＝家」として）もいた（捕まった）ことが中国史の分析からも明白に判って来るからなのです。この倭人の数はアナタ、アカデミズムが何と言おうと決して見逃せない凄い数字ですよネ（一5）。しかもそれにアナタ、その場所すらも今から千八百年以上も前の「朝鮮半島の更にその北の満州にあった倭人国」（何とアナタ！「東撃倭人国」と明文でありますので、中国史は今から約千八百年も前にこの満州に「倭人国」が厳然としてあったと言ってくれていたノダ。それを明治以来百四十年余、アカデミズムは唯一人としてこの

原文を自分の目（頭）で読んでいなかったことがバレてしまったノダ。アマチュアから言われるなんて、これはとっても恥ずかしいことだよネ。アカデミズムは坊主になれ）でのことだったと中国史はっきり言ってくれているのですから！　驚き！　この［檀石槐が襲った満州の倭人の国の倭人］とは、中国史が言うように「濊人＝倭人＝倭種」と考えますと、古代の朝鮮半島の中部・北部の東海岸の地図上に主として大きなエリアで見えておりました濊人の、そこに南下して来る「その前の国」のことを指していたのだと考えれば、その全てに整合性が見られることになるのです。納得（ガッテン）。

倭人と卑彌呼との関係は今日流に判り易く申しますれば、卑彌呼はアメリカ、オーストラリア等の嘗ての英連邦の女王たるエリザベスに相当する**元首**の位置付け（土地所有権は女王に所属）にあった（君臨すれども統治せず＝祭祀のみ）、つまりインド、更には遠く遙かなフェニキアにまで遡ります「**双魚紋**」をシンボルといたします**任那**（**倭**）**連邦の象徴女王たる卑弥呼**の存在（誕生の瞬間）とでも申せましょうか（ですから、倭人の象徴として当時「満州・半島・列島に分散しておりました倭人」を束ねるためにも、特に未開であった列島では「穀壁」や「レガリアとしての太刀」や「公孫氏銘の鏡」という中国様のレガリアが特に大切にされたのです——尚、卑彌呼の祖先であるフェニキア人につき、九14④と⑪必見）。

しかも、当然、南下後の当時の倭人エリアは、**西朝鮮湾**などの朝鮮半島の一部（任那の範囲の、三七〇年頃の北限は、半島中部に近い鳥嶺。一七9）のみならず、**半島南部**、そして広く**日本列島**の一部までもが含まれて（含、東部）おりました（ですからアナタ、アカデミズムがフリーパスしていることなので重ねて申しますが、先述のように卑彌呼の代の、「親**魏**委王」の金印の出土は、朝鮮半島の安羅などの**伽耶**諸国（倭）か九州**西都原**からの出土でしょうし、**壱与**の代になってからの「親**晋**委王」の印だとすれば、その年代の整合性からも、**大和の纏向**で出土する筈だと私こと「古代探偵」は睨んでおります。尚、前述、七2、九9）。

因みに、北夫餘から南下した佟佳河（とうかこう）の高句麗人は、古代中国人から**貊**（はく）（この人々は北扶余の建国民でもございました）とも呼ばれておりましたが、この貊と朝鮮半島の咸鏡南道南部及び江原道の東海岸の魏の時代の正始5年、244年頃の東濊（とうわい）（倭人の別種。何とアナタ、当時**こんなところにも倭種〔北倭〕がいたの**ですぞ！）の位置にもご注意下さい（東濊＝高麗に臣属していた**嶺東の濊**〔**『魏書』**東夷伝濊条〕）。

又、この東濊の濊につきましては「濊貊の略称」としての濊と考えて頂いて構いません（濊（ワイ）と穢（カイ）と貊（ハク）と倭（ワ）とをコスモポリタンに見わたしてみますと、それらはこのように関連しておりました）。

以上を総合いたしますと、やはり私こと古代探偵が本邦初公開で申しますように「濊＝倭」ということだったのです。更にこの「濊人＝倭人」が北扶余（高句麗も同じで百済や平安天皇家の祖先）建国のときからのその構成民であったという驚くべき中国史の明文につき、[本]六は必ず参照しないとアナタ大損をします（「倭人の時空を超えた大いなる輪廻」がここにも見られましたよ）。

さて、お話を公孫氏に戻しますが、お家へ帰られましたら、テキスト（[テキスト]9―7―2、P399）、「原典」（九11『魏書』）、「卑彌呼の系図」（[テキスト]付録12「公孫氏系図」P1121）のこの三者をアナタはじっくりと交互にご覧になって下さい。そして、この、**私がこの世で初めて**考えつきました

魏書の「卑彌呼の男弟が　公孫恭（キヨウ）」

であったという点につきましては、既に、朝日新聞におられた**内倉武久氏**（うちくらたけひさ）がお書きになられた、アカデミズムに勇気を持って鋭く切り込む**『卑彌呼と神武が明かす古代』**（ミネルヴァ書房）等の本の中でも紹介して下さっております（但し、内倉氏は、年代との関係で私のこの考えには、そのユニークさは認めても疑問を呈されておられます）ので、是非こちらも合わせてご覧下さい。

9—12　三角縁神獣鏡はヘンチクリンな鏡

さて、ここで、伝統的（古典的）に**邪馬臺国畿内説**を唱えている所謂**京都学派**と言われております人々を始めと致します関西系のアカデミズムが、古墳時代前期最大級（全長２００ｍ）の前方後円墳である**椿井**（つばい）**・大塚山古墳**（京都府相良郡山城町、木津川右岸）等から大量に出土（３６面３２個）しております「**三角縁**（さんかくぶち）**神獣鏡**（しんじゅうきょう）」こそが、卑彌呼が**北朝の魏**から下賜されました「**銅鏡百枚**」であり、ここからの**同笵鏡のネットワーク**に基づき、だからこそ　**畿内こそが邪馬臺国の発生の地**　であると勝手に思い込み、声を大にして軽率な（とも思われます）取り巻きたるマスコミ連中をも巻込んで永年来ドンチャン騒ぎして主張してまいりましたが（しかし此の頃は先を見るＮＨＫの変節も見られますよ）、実は、この三角縁神獣鏡説はアマチュアの方から見ましても全く根拠の無い、最早宗教レベルに近い程の**ナンセンス**であったことが明白だったのであり（こちらのアカデミズムの大家方こそ、今となってはトンデモ説）、逆に、この鏡が**北朝の魏のライバルの**「**南朝の呉の職人が、しかも**「**倭の領域内**」**で造った鏡**」に過ぎなかったのだということは、私こと古代探偵が言うまでもなく3歳の子供でも判る単純なことだったのです。

では、その**証拠**はと申しますと、

（1）「**三角縁神獣鏡**」**が中国では出土していないこと**（但し、やや思想的に似ている鏡が二面有りとの報告もございます）

（2）**これと似ている**「**平縁神獣鏡**」**や**「**三角縁画像鏡**」**が中国南朝の呉の鏡であること**

（3）**鏡の「至東海」の銘は、その文面から故郷の呉から東方**（列島か朝鮮）**へ来た工人が造っていることを示していること**（以上、王仲殊氏）

（4）**魏の王都の官工房の鏡造職人が、もし魏で造った鏡であれば、「景初４年」などという魏には存在もしない紀年銘**（この鏡は三角縁龍虎鏡か）**を記載する筈など全く無いこと**

等から明白なことであったのです。この決定的な（4）に加え、更に後述の（5）なども加わります。

特に、右の（4）の「**景初４年**」という点は特に大切な点（これと同じパターンにつき「**那須国造碑**」本六は必見です）ですので、アナタの理論武装のためにもう少し証拠を補足しておきましょう（テキスト9―1―4、P334上）。

魏の**明帝**が**景初３年**（**２３９年**、卑弥呼の遣使の頃）の**正月初１日**に死亡し、直ちに**斉王芳**が帝位に就き、**詔書**を出して**景初３年１２月**の次に急遽「**後１２月＝閏１２月**」というものを加え、ですから、早い話がこの年は1年が「**合計１３月分**」となり、その翌年を「**正始元年**（**２４０年**）」としてしまいました（『**魏書**』明帝紀・少帝〔斉王芳〕紀）ので、この鏡を与えたと関西系アカデミズムが称しております魏の本国の王の直属の官吏（**官工房**の役人）が**存在もしない４年**などと間違えた年号の鏡を造る筈など**絶対に有り得なかったからなのです**（九11「中平銘刀」）。アナタ、この一発で全てが決まりです（京都学派はお可哀相に今は青葱のように**真っ青**――の筈。昼間表を歩けますかな?）。

ですから、この**三角縁神獣鏡**を根拠に、関西系のアカデミズムのゴッドファーザー達の一部が、明治以来相（あい）も変わらず古臭い「**邪馬臺国＝畿内発生説**」を、天孫降臨の如く、万世一系の如く、千秋一日の如く唱え、例えアナタ、如何にその「悲鳴」が大きく、戦前同様「大本営発表」を疑いもせず鵜呑みにする官庁御用達の「記者クラブ」の軽率マスコミを通じて日本国中に谺（こだま）が響こうとも、これはアマチュア・レベルから見ましても、一見して全く説得力を持たない**ナンセンス**（滑稽）だったのです（もう終わり――だのに何故？　頭の良い筈の大学教授がたちが、ボス〔ドン〕に逆らわずに生きる〔食う〕ために止むを得ない卑屈な処世術だとは申せ、こんな単純な付和雷同の**頭がピーマン**〔空っぽ〕のミスを？）。悪足掻き（わるあがき）の「裸の王様」は一体誰なんだ！

（5）しかも、科学的根拠の方から見てみましても、後漢鏡やそれ等の彷製鏡の材料の銅に含まれます「**鉛同位体比の分析**」からも、中国南部の鉛の同位体比と類似しております（尚、同じ頃、**但馬**〔**丹波（タムバ）＝東倭（トンワ）**〕の**物部氏**も南朝の**晋**へ朝献していたことにご注意下さい〔「東倭重訳納貢」『晋書』宣帝記、正始元年〈二四〇〉正月――実はアナタ、この東倭（トンワ）の鏡にこそ、卑彌呼の鏡とは関係の無い南朝の工人が列島で造った三角縁神獣鏡の謎が含まれておりましたことに付き、アナタ、テキスト9―1―1、P329下は必見。又、同15―4―1、P631上〕。嗚呼（アア）そうだったのか、これで二つの鏡の謎が初めて解けた！　但し、西晋自体の成立は二六五年に武帝司馬炎からとなっております。又、正に、この「東倭」の記載は、厖大な晋書の冒頭に近いところです。中華書局の漢字本で一三頁目〔メインはこちら〕。因みに、倭人の条の卑彌呼の記載でアナタにも有名な方は、ずっとずっと後の、しかもこのような皇帝の本紀の中ではなく、やっと巻九十七、列伝、第六十七で二五三六頁目に至っての記載に過ぎなかったのです〔こちらはど田舎扱い〕。因みに、ここで関連して、その材料について大変気になりますことは、出雲荒神谷（こうじんだに）出土の多量の銅剣の材料が中国のものだったということなのです〔但しそのデザインは朝鮮南部のものでした。この二者の違いの謎をアナタならどうお解きになりますか？　それは、中国から輸入された材料で朝鮮半島で造られたものが、そこの朝鮮人の渡来によって日本列島にもたらされた「卑彌呼の半島での拠点たる安羅＝倭」と考えればよかったのです〕）。

そうなりますと私こと古代探偵の立場からは、更に次のことが肝要になって参りまして、**卑彌呼が魏から下賜**された**銅鏡百枚**は、たとえ魏の時代に造られた鏡ではございましても、それは**三角縁神獣鏡**などでは決して**なく**――前述のように、この東倭が中国の南朝から与えられました鏡（景初三年〔二三九〕鏡。正（まさ）しく当時の東倭〔広い意味でのタンバ〕領域方面にございました神原神社古墳〔島根県加茂町〕のもの）他こそが三角縁神獣鏡などだったのでした。これ又、本邦初公開――、

「**後漢式（風）鏡＝作られたのは確かに魏代になってからなのですが、鏡式自体は前代の漢代のままの鏡＝いわゆる『方格規矩鏡（ホウカクキクキョウ）＝TL・V鏡（テレビ）』（『内行花文鏡（ナイコウカモンキョウ）』も含む）等がこれに相当**」

（今までの「三分割」の考古学の古い定義とは少し違って、これは新しい定義です）だったのでございまして（九12。七2）、**この時代**にピッタリの「**後漢式のTLV鏡**の出土の場所」を見てみますと、九州の魏使が到達した**伊都国**のあった同じ糸島郡の平原（ひらばる）町の、太陽の昇る日向（ひむか）峠に向かって股を開いた**巫女**の霊が眠る**平原（ひらばる）遺跡**（この意味での後漢式〔風〕鏡が何とアナタ！　**37面**――**庄内式土器の年代**に対応いたします鏡は、**北九州**のこの**方格規矩鏡**や**内行花文鏡**や**虺竜（きりゅう）鏡**以外にはなかったのだ！――、日本列島**最大級**を含め

大形国産鏡5面出土）等であり、正にここ

　北部九州こそが　当時の列島部分の　倭の中心

であったということの完璧に近い証拠――右の**庄内式時代の後漢式（風）鏡**の他にはこの**平原遺跡**からは、**三角縁神獣鏡なんぞというヘンチクリンな鏡は一面たりとも出土していない**んだゾ！　よく見よ！　この現実を寝惚けてなんかいないで、よく目を開いて見よ！　言っておくが、何事にもミスを恐れ正確さを重視いたします役人的な「**偏差値（記憶）坊や**」よりも、仮令（たとい）間違っても私こと「**ハテナ坊や**」のほうが、その頭の中の**味噌は上等**なのだ！――だと言っても良かったからなのです（78面もの出土。ところでアナタ、祭都の西都原にこの**呪いの後漢式鏡**が置けなかった理由（わけ）につき、前述九10）。

　因みに、この鏡は鈕（ちゅう）の周囲に「**□＝方格**」がめぐり、更にその外に「T・L＝**矩**（く）＝T・┘」＝ともに定規」、更にその外側の円に接してその内側に前述の矩（く）の一つの┘と共に交互に「V＝**規**（き）＝V＝コンパス」、そして「周辺部に**ギザギザ三角模様**」などが配置されております。大学院生が下請で書いた（であろう）アカデミズムの少し古い本の中には、この説明に右記とは異なる一目明白な恥ずかしい間違い（それは単に「T＝定規」「L＝コンパス」「V＝まわりの波紋様」だなどとする、今となりましては大変間違った――説明が一段ズレた――古い考え）が見られるのもございます（正解は、前述のように、TとL（Lの形としては┘なのでご注意）の二つとも矩（く）で両方とも定規、Vが規でコンパス）のでアナタご注意下さい。と言うことでこの方格規矩（きく）鏡を、「TLV＝テレビ」鏡と覚えるとアナタなかなか忘れられませんよ――但しアナタ、ここで要注意で確認しておきませんといけませんことは、このアカデミズムのアルファベットの順の「TL・V」という表示の順では、漢字表現の「キク＝規矩」鏡とはならず（漢字表現の順とは異なってしまい）、漢字表現とは順序が逆の「クキ鏡＝矩規」（TL＝ク、V＝キ）――茎和布（くきわかめ）じゃないんだけど――）となってしまっておりますので、漢字に合わせますとこのアルファベット表記はちょっと可笑しくちぐはぐなのですがネ（鋭い！　流石古代探偵！　アカデミズムよ、定義・用語は厳格に！　アナタ、判るかナー？　判んねーだろうナー）。

ですから、古代中国の「**庖犠**と**女媧**」の意匠というもの――「**二つの男女の蛇神**」**＝蟲＝䖵＝巳＝禺**（**カツシト**）**＝禹**――が、実は**オリエントのシュメールからの渡来**であったことをアナタに示しておりました（連山、帰臓、周易も同様です）。これ又、古代中国の**モノマネの嚆矢**の一つ。スマートフォンの「アップル」などのデザインの盗用などは、何も今始まったことではなかったのです（中国二千年の物真似。旧約聖書のユダヤ人みたい（別述））。古代からの歴史を見てまいりましても中国人は**金になることなら何でもやる国民性**なのです。それにアナタ、この国民は「**四つ足**」**は机以外は何でも食べ**、「**二つ足**」**は親以外は何でも食べてしまう国民**ですし（一四6、P898必見）。［中国五千年の盗取の歴史の証拠］、既にここ古代中国のTLV鏡にアリ。ここに、我発見セリ！テキスト9―3―2、P335上下は、アナタ**見ないと損**をしますよ。

ところでアナタ、驚くべきことに「**漢字**」すらもが、実は**殷人**（**インダス亡命民**）**から後世に羌**（**漢**）**人が盗んで**作ったものであったことにつき、本九14、テキスト23―1、P926―927、同9―3―1、P355下も、本邦初公開でアナタ必見です。又、羌人・氐人から漢人への中国における巧みな「衣更え＝戸籍クリーニング＝化け＝脱皮」も見逃してはいけません（特に、二回目は五胡十六国の頃。八6、臣籍の源姓のところ参照）。

尚、九州で一番古い、遅くとも**三世紀末**までの前期の**方墳**（但し、二十四、五メートルの各辺の中央部がややふくらんでおります。少し特殊。高さ約六メートル）である**祇園山古墳**（久留米市御井町高良山二九八ノ八、二九九ノ二一八。九州縦貫道の下）の**一号甕棺**からは、主名（**吾作明…**）・副銘（**善同出丹…**）を持つ古い三分割で言うところの**後漢鏡**の**半円方形帯鏡**片や**成人女性の人骨**が出土しており（墳頂には赤く塗った

巨大な箱式石棺もございまして、何とアナタ！　この古墳の中には**六十二基**もの埋葬施設――大陸の遊牧系の殉死も含まれていた――が設けられておりました）ますが、この墓も大陸との関係で将来に含み（物部氏〔沸流＝扶余〕系の「ニギハヤヒ＝高句麗の陜父」一族の先ずは九州への渡来の痕跡か！）を残した決して侮れない古墳の一つだったのです（テキスト10―3―1、P438上）。

　これでもう卑彌呼とその鏡についての証拠は十分な筈なのですが、更に、アナタのためにもう一つ、アカデミズムの高い鼻を一発で木端微塵に砕いてしまいますようなとても重要なことを、具体的に見て参りましてその息の根を止めてしまいましょう。それは平成6年に**太田南5号墳**（京都府北部。私は古くに二回女房と共に訪れておりますが、現在は仮令アナタが行かれても、半分削り取られた高い崖〔何れこれは崩れちゃうね〕の上ですので泥が崩れて登るのは難しいでしょう。登る人、ひっくり返らないでネ。流石の私も止めたいくらいだもの）で見つかった**青龍3年**（**235年**）銘の**方格規矩四神鏡**（**TLV鏡**）の存在がそのことの決定的なポイントだったのでして（尚、アナタ、同じく遣使の前の**鳥居塚古墳**〔山梨県三珠町〕の**赤烏元年**〔**二三八**〕の**呉鏡**も、これ又三角縁神獣鏡なんかではありませんでしたよ）、それは何故かと申しますと、そう思いたいアナタと金太郎飴（何処を切っても同じ）のアカデミズムには誠にお気の毒な話なのですが、この鏡の存在ということ自体が、卑彌呼に下賜された鏡がアカデミズムが言うような

　卑彌呼のための「**特鋳鏡**」（特別な鏡）などでは決して決して**なかった**

（つまり、「卑彌呼のためだけに魏王が態々造ってくれた鏡」なんかでは決してなかったノダ――アナタの片思いでそう思う〔思いたい〕のは勝手なのですが。しかもアナタ、右の太田南5号墳の鏡自体は「踏み返し鏡」であった可能性が高かったのです）のだということを**証明**してくれていたからなのです。仮令船載であったとしても、上記の青龍3年の**TLV鏡**というものが、**卑彌呼**の遺使（景初3年、239年）の翌年であ

9

る帯方郡の役人の答礼訪問のときに卑彌呼に下賜された正始元年（２４０年）という年の、更に**その四、五年も前に、既に一般的に造られ、魏の王庫にストックされていた多くの**諸侯・諸王への分配用・贈答用の鏡の中の**「銅鏡百個」**の内の**一つに過ぎなかった**のだという可能性が大となって来てしまったからなのです（舶載そしてその後の複製）。ですからアナタ、そう致しますと、**『全唐文』**（唐代の公文書を集めたもの）の「昔、魏ハ倭国ニ酬（はなむけ）スルニ、**銅鏡ノ鉗**（満足させる・喜ばせる）**文ヲ詠止メ**」の解釈から、**「特鋳鏡**だったとし、だからこそ三角縁神獣鏡は中国にはなくてもよかったのだ」などという益々**邪馬臺国畿内発生**の考えとヨイショし誤導いたします一部のアカデミズム（「万葉集」は平安朝に菅原道真が編纂したという考え〔別述〕などで私が尊敬申し上げる山口博氏の説は、一見古文に詳しく専門外の人にはアンタッチャブルで一見鋭そうなのですが、実は「木を見て森を見ざる」のナンセンスな「赤ちゃんのおしゃぶり」のような、又、参謀の幼稚な図上プランのような思い付きの考えに過ぎなかったのです。ところでアナタ、山口氏への批判はさて置き、特鋳鏡説に固執いたしますアカデミズムに対しまして申し上げたいことは、単に〈**239年－235年**（**鏡**）**＝4年**〉で、**卑彌呼の遣使を全く知らないその四年も前の鏡**なのに、それが「まだ見ぬ将来来る予定（も未定）の卑彌呼お嬢様のために」造って準備しておいてくれた特鋳鏡だなんて（チャンチャラ！ナンセンス）、この引き算は小学生でも、否、この頃は幼稚園児でも判るレベルですよね。それが〇〇大学出でさえもこのことが判らないどころかその大学の先生でもこんな簡単な小学生の「引き算」が出来ないというのですから、最早考古学会（のボス）も「世も末＝末法」もいいとこ（此頃は大学生でも簡単な割り算が出来ないとか。タイムマシンがあれば別）。トホホ。

と言うことで

卑彌呼に下賜された鏡とは、**三角縁神獣鏡**などでは決してなく、所謂**漢式**（**後漢風**）**鏡**だったのであり、且つ、通説の言う様な**特鋳鏡**ですらもなかったのです。北九州から宮崎西都原の邪馬臺国への「山岳ルート」上にございます旧西米良村の**銀鏡**（しろみ）**神社**のご神体の白銅製で「**大明**」の字の鋳出のある漢式の「**方格四乳葉文鏡**」は、紀元前一世紀頃の**前漢鏡**（九7）とはいえ、大変美しいデザインの鏡――葉文鏡は皆良いネ(^_^)――ですので、女性である卑彌呼がプライベートの伝家の宝鏡を遼東から大切に持って来たのかもしれませんよ。尚、この**銀鏡という地名と神話の磐長媛**につき、アナタ、前述九7を是非ご参照下さい。

さて、三角縁神獣鏡という「卑彌呼インチキ鏡」のことで日本中が、もう後には引けない浅はかな学界とシッタカマスコミとに永年**掻き回され**「**宗教のように**」**惑わされて**来た弊害から話を本題に戻しますが（早く非を認めて謝りなよ！　アレアレ、日和見の狡いNHKはもう軌道修正を始めたよ＝京大派からの訣別・離婚・見限り）、以上の様に、三角縁神獣鏡がアマチュアから一発でアッケラカンと否定されてしまいましたので（椿井大塚山古墳を花道に老役者は退場）、ということは、本に戻りますと、取りも直さず、アナタ、

初めは邪馬臺国というものは大和なんかにはなかった

という**原点**に戻って来てしまうのです（一五6）。尤も、前述の様に、私こと古代探偵の考えでは、卑彌呼の**宗女の壱与**が、後に**吉備**経由（そこの勢力の助力を受け。その証拠は、**吉備の砂礫**の成分がマキムクの埴輪からも出土していること。九13）で、九州日向の**西都原**から、

今日の奈良の**纒向石塚**（まきむくいしづか）古墳、**纒向勝山**（まきむくかつやま）古墳（七2。ここの円濠外縁から出土いたしました**三世紀後半**の鍛治に使う大切な**鞴羽口**（ふいごはぐち）が、

九州の**博多遺跡**のものと同型でございますことは、アナタ、**邪馬臺国の「九州→纏向」という東への移動のルート**をちゃんと根拠付けてくれておりましたよ。九14⑮)、

矢塚(ヤヅカ)古墳、**東田大塚**(ひがんだおおつか)古墳(大臣級の壱与かその子孫の部下の墓)、

ホケノ山古墳(時代は少し下がりますが吉備からの東行の証拠につき、九13)、

箸墓(はしはか)古墳(当初は**円**墳であった**壱与**の寿陵――もし**当初**から方部も備わった**前方後円墳**であったといたしますと、その方部から出土いたしました土器からも、この墓はずっと後の**四世紀中頃**の造作とみなければいけなくなってしまいます。そのことにつき、七2はアナタ必見です。円部と方部での**百年近くもの差**は、アナタどうしてくれます!)、

桜井茶臼山(ちゃうすやま)古墳(これ又、壱与かその子孫、又は分派の**王陵**の可能性が大。**玉杖**――本来は王杖――の出土)、

黒塚古墳、**ノムギ塚**古墳(これは**3世紀後半**の**前方後方墳**)

――尚、アナタ、**学問的良心**からは、右のこれらの各古墳の中には、**壱与**がここ纏向で「日本列島での**第二の邪馬臺国**」を建国しましてから「四世紀中頃」までの間の**大王陵**も当然含まれている可能性が高いものと思われます。と申しますのも、アナタ、**考古学的な出土物の客観的な分析**からは、そのような修正が必要とされるからなのです。「**カーボン14**」での測定はインチキが罷り通っておりますので(つまりクルミ殻・桃核は丈夫で周りの物質からの影響が少ないのですが、メルクマールとなるべき土器に付着している炭化物には土壌の成分が浸透しておりますので古く出る傾向が高い〔新井宏氏・中村俊夫氏他〕ので)、こんなに早い年代(前述)は、実は眉唾物だったのです。それなのに古い方に他も合わせちゃうなんて、アカデミズムも子供騙しレベルだよね。よっぽどお上からの研究費補助が欲しかった

のかネ。中国と同じたかり根性。アア、学問の名が聞いて恥ずかしい！　これでは東北の座散乱木（ざざらぎ）・馬場壇（ばだん）・高森遺跡などでの旧石器の、文化庁某課長一派御用達（どころかその人自体による御墨付の下賜）の捏造と似たり寄ったりの発想じゃないか。マア、旧石器の方は「故意犯」だけど、この纏向の方は、善解（裁判の実務用語で善意による解釈）しても「認識ある過失」（ちょっと悪質なうっかり過失）ではあるよね――

等の当時のメインの古墳がこんなにも沢山見られます「**大和・粟殿村（オホドノ）＝纏向**」辺り（ここも明治の初めは、何故か海から細長く続く大阪湾岸の**堺県**の端に属しておりました。このことは、古くは朝鮮半島へ行く（戻る）**外港**（丁度、安羅の咸安の外港である「斗豆米（アヅミ）＝阿曇」へのように）を持っていた――海外の本貫（故郷）の朝鮮・満州へ向かって開かれていた――**古（いにし）への三輪纏向王権**（壱与の王朝）ということを示していたのです（出自は大陸なのですから）。古代の「**堺・三輪道**」というハイウェイの存在を暗示）及びその周辺へと**東行**して参りまして入っ来ておりますので（テキスト9―1―4、P335上）、

邪馬臺国の中枢が、卑彌呼の死後に　宗女壱与　と共に九州から畿内に入っている（朝鮮→九州→大和）（九州で素環頭鉄刀が二八（福岡二一、佐賀九、長崎一）も出土しておりながら、途中の中国地方でも六に過ぎず、更にその首都とアカデミズムが称します畿内に至りましては、何とアナタ、お粗末貧弱どころか〇！なのです。証拠は完璧）ということ自体は間違いありませんが（前出、九州型鞴羽口など）、**元々、倭人の邪馬臺国連合（後の任那（みまな）連邦）が、元の京大派の言うように、ここ畿内なんかで発生したものなんかでは全くなかった**ということなのです。

では最後に、一般に世間では**鏡**の問題（**方格規矩四神鏡か三角縁神獣鏡か**などで、これも右のように既に

「ハテナ?」のアマチュアの間では決着済みなのですが）に気を取られ、それ程は注目を浴びてはおりませんが、「魏書の文面」の記載との関係ではそれよりも**もっと重要**なことでして、**邪馬臺国畿内発生説論者を可哀相なくらい完璧なまでノックアウト**してしまう「凄い隠し玉の証拠」がございますので、最後にこれをアナタにお示しし本件において一丁上がりといたしましょう（パンパカパーン♪　愈々(いよいよ)、満を持して真打ち登場！）。それは、彼の有名なアカデミズム坊やの馬鹿の一つ覚えである「銅鏡百枚」の同じ魏書の直ぐ前の文章に記してございます

「**五尺刀**」

の点にアナタは注目しなければいけなかったということだったのです。つまり

「**特賜汝……五尺刀二口……悉可以示汝国中人、使知国家哀汝**」（『**魏書**』東夷伝倭人条）

——汝に……五尺刀（当時の魏の五尺は一・二メートル）二口……を与える。それらの全てを倭国の人々に示し、魏の国が汝を哀(いつく)しんでいることを知らしめよ——

というものでして、この五尺刀は**中国製且つ鉄製**（銅のみではこの長さではポキンと折れてしまいます）なのですが、

卑彌呼の時代の畿内からは、この魏製の鉄刀の出土は無く、北九州にしか見られない

（前述のように、一メートル超クラスのものは、**九州で素環頭鉄刀が二八**〈福岡二一、佐賀九、長崎一〉も出土しておりながら、中国地方でも六に過ぎず、**畿内**に至りましては、何と、これ又お粗末の**〇**(ゼロ)！なのです。アララ）ということが特に重要だったのです（因みに「地下の正倉院」とも称せられております北九州の宮地獄神社古墳〈巨大石室長二三メートル、別述。昔はこの神社は宗像大社の摂社でした。真相は、より古く宗像神がまだ伯耆におりここに来る〈別述〉前はこちらの方こそ本宮でした〉からは、後世のものですが長

さ二メートルもの金銅装頭椎大刀（国宝）が出ております）。早い話がアナタ、仮に、アカデミズムとそれの提灯持ちの嘗てのNHKのような低能マスコミがお祭り騒ぎをしております「取るに足りない鏡＝三角縁神獣インチキ鏡」なんぞのことは別といたしましても、この「鉄刀」の方で**勝負は既の疾うに着いて**しまっていた（畿内の**河内・大和**からはこの「五尺刀」の出土も〇）のです。この点、畿内説のアカデミズムには、卑怯にも、この不利は赤子が見ても一見明白ですので、インチキの「三角縁神獣鏡」なんぞは全面にドシドシ出して全国のマスコミにアピールして、戦後だけでも七十年余、文化庁の研究費確保に便所でのように力んでシャーシャー（いや、ウンウン）としてごまかしている癖に、逆にこの五尺刀のことになりますと内に秘めてあまり積極的にマスコミに知らせて表に出そうとはしない**アンフェアーさ**が認められるのです。ズルイぞ！　これがアナタ、頭が良いと世間で言われている〇〇大学出のアカデミズムの小学校からの目から鼻へ抜けるような秀才「暗記坊や」のコソコソした実態だったのだ（まるでコソ泥そのものみたい。何と！情けない人達であることよ。いい年した大人が）。若い院生よ、目覚めて勇気を持ってポンコツのボスに反旗を翻せ！　チョイ悪どころか、自称不良老人の俺について来い！　手遅れになってボスと共にタイタニックのように心中（又は、苦し紛れの目立たない軌道修正――何時の間にか変わっている）して若い君が一生を棒に振ってしまわないためにも。

9―13　邪馬臺国の九州から大和への移動（シフト）

以上、邪馬臺国についてお話を致しましたが、元々**倭が日本海を挟んだ**「**海峡国家**」であり、古くの或る時期には南朝鮮の方に主体部の「倭＝任那」が厳然と存在していた（中心は対馬）ということに加え（前述一5、6、P4～7）、次に、アカデミズムが教科書でも用語上不用意に用いております「**倭と日本とを混同**

してはいけない」のだということに中国史を引きながら入って参りたいと存じます。結論から申しますと、中国史に見られます

倭（**プロト日本**）と**日本**　との混乱は、或る意味では「**時間差**」の問題に過ぎなかったとも言えたのです。

と申しますのも、**図9—39**（旧唐書原典）の左右を見比べて下さい。

『**新唐書**』日本伝では**日本だけ**しか中国史が記してはおりませんが、何とアナタ！『**旧唐書**』の方では、チャンと「**倭国と日本国とを分けて2つの国**」として区別して記してくれているではありませんか！　これは一体何故(どうして)なのでしょうか？　その理由がある筈です。時間の関係で先を急ぎますので、お家へ帰ってからご自分でこの部分のテキストをお読み頂きたいのですが、このことは第一章の「倭とは何か？　任那の真相に迫る」と共にとても大切な点ですので、私こと古代探偵が両者の違いを一言だけですがここでアナタに申し上げておきますと、先ず日本国につきましては、

旧唐書（五代の**九四五年成立**）の方は　「**日本が倭の地を併合した**」

とし（一三2）、これに対し、

新唐書（宋の**一〇六〇年成立**）の方では　「**倭が日本を吸収した**」

となっておりまして（一6、倭の抹消）、両者の言葉通りでは「**吸収の方向**」**が全く180度逆**になっているのです（アレレ）。

二者択一ではなく、何故、中国史にこの様に「**混同**」が生じてしまっていたのか？という理由、つまり、ここでは、抑(そもそも)、

「**倭**」と「**日本**」の**定義**

がとても大事なことだったですので（早い話が、**同じ「倭」の文字**をもって表現されておりましても、通説に何らの疑問も今まで差し挟まなかったアナタには驚きでしょうが、**旧**唐書の方の倭はズバリ「**伽耶**」を、**新**唐書の方の倭はズバリ「**新羅占領軍**」を指していたのです）私こと古代探偵なりにもう少し具体的に申し上げますと、ズバリ、それは、先ずは、実はアナタ、**旧唐書の「倭」**と**新唐書の「倭」**とは**内容が一八〇度異なって**おりまして（と申しますのも、百余年後に成った**新唐書**が「**偽謬＝誤り**」を「**黜出＝補正**」しており、**内容をここで変更**〔**改竄**〕してしまっておりましたので、この時の嘉祐五年〔**一〇六〇年**。旧唐書から約百十五年も経過した**宋代の新唐書**〕の「**現状での倭**」**を中心**に史官がその正否を考えてしまっていたからだったのです）、ですからアナタ、

時代の頗る隔たった両書に「同じ」倭という用語が記されておりましても、

この二つは決して同一ではなく、

つまり**旧**唐書での「**併合された倭**」とは、**海峡国家の倭**（**金官＋安羅＋α**）である**プレ日本国**のことを指しており、他方、後世の**新**唐書の方での**倭**（**併合を主体的に行った倭**）とは、六六三年の「白村江の役」の後、**占領軍の新羅**が日本列島で新しく倭の地に**建国**した**今日に続く**今のアナタや私の所属いたしておりますこの「**日本国＝新日本国**」のことを指していたと考えれば、新・旧両唐書の表面上の矛盾は少くとも解消・止揚され、その間に**矛盾は全く無かった**ことになるのです（この止揚、これ又、私こと「古代探偵」の本邦初公開です）。この点アカデミズムの考えでは、ジジでしたら未来永劫アヤフヤな「フニャフニャちんちのお化け」のママなのです。ババでしたら中学生の提灯ブルマーを穿いていたときのママ（否、ババ）なのです。そのアカデミズムがパパ（ジジ）の場合には、緩褌を締め直して下さい。もしママ（ババ）の場合には、今はブルマーからズロースと変わったその幅の広目のゴム紐をその三段腹に食い込む程ギュッとお締め直し下さ

い。

閑話休題。因みに、この場合の新唐書の方に記載されておりました「吸収された日本」こそ、「日本」と表示されてはおりますものの、これは古くからの広開土王の碑にも出て参ります倭（**プロト日本**）のことだったのであり、旧唐書の方での「併合された倭」と表現されていたものと同じプロト日本のことだったのです（この「**日本が倭の地を併合した**」という旧唐書の言い方の方が、そのままの用語といたしましては史実に近く、アナタが読まれても「その字の通りで分り易かった＝この方が**正しかった**」のです）。

要約致しますと、やはり「長い間**海峡国家**であった**旧唐書の倭**（**プロト日本**）は、**新羅**（**後に列島に日本国を建国する主体**）**に六六三年に敗れて滅んで**しまっていた」のです（嗚呼、哀しい哉！　哀れなる倭の末路）。言葉を変えて形式的に申し上げますと、新唐書はその**逆だった**のです（故意犯ではなかったとしても、過失による偽造犯に近かったのです）。ですから、アナタが古代史で今迄慣れ親しんでまいりました慣用語で申しますと、もし**新唐書**を中心に考えますと、「**倭が日本を吸収した**」という文面の初めの「倭」の方は「**日本**」と、同じく**新唐書**の吸収された後半の「日本」の方は嘗ての「**倭**」と、各々**読み変え**、

「**旧唐書で使われているのと同じ意味に差し戻して**」から

若いアナタは内容の変造されてしまった新唐書における文面を考えてやらなければいけなかったのです（アカデミズムのボスが、この点につきどうわめこうが。このようにアナタ、そう私こと「古代探偵」のように考えますと、二つの中国史は決して矛盾などしてはいけなかったにも拘わらず、アカデミズムがそのように用語の定義の分析が十分に出来なかっただけの話なのです＝「倭→日本」への移行という私こと古代探偵の考えを、有難いことに、正にこの二つの中国の史書が助っ人として証明してくれていたのです。もう完璧）。

次に、新唐書の官吏が誤解して矛盾した記載をしてしまった**理由**の最大の嚆矢とも言えますものが、

日本列島内において「**倭＝邪馬臺国**」（後述②）というものが移動していたから（**九州・日向→大和**）ということに他ならなかったからなのです。次に申し上げますように、これ（②の移動）もその証拠の一つだったのです。歴史的事実と致しましては、前述のように、基本的にはその文字の上では

日本が倭を吸収したという『旧唐書』の方が正しかった

のですが、それに加えまして、後述の①②③④の様に、**倭**（**プロト日本＝任那連邦**）（③といいます）は、後に**日本国**を建国致します**新羅占領軍**の作った**日本**（④といいます）に六六三年に**滅ぼされて**しまった、つまり**吸収**されてしまっていからだったのです（この様な①～④のダイナミックな考えを、後述のように「**藤井遷都モデル**」と称することにいたします）。

更に申しますと、その前の卑弥呼系の倭国（②といいます。大伴氏、多氏、倭漢氏）の王都につきましても、先程申し上げました様に、歴史上「**朝鮮→九州→大和**」という風に東方へ遷移して**亡命**して来ていたというこれらの特殊性をアナタは見破らなければいけなかったのです（つまり、大和纏向へのダイレクトな天孫降臨などでは全くなかった）。

又、朝鮮半島で新羅に追われ532年及び562年以降は主要部分を「**朝鮮→九州**」と逃げるように遷移させて参りました（この532年の金官（倭）滅亡の前触れの一つが、527年に実は朝鮮半島で起きた「磐井の乱」だったのでして、その余波がその二年後の五三四年に遠く離れておりました日本列島の東国での「武蔵国造の反乱」でもございました＝自由新天地の東国と伽耶（本国・本貫）とはこのように古くからコスモポリタンにリンクしていたからなのです）、先程の③のレベルの倭国（任那連邦。当初の盟主は金官伽羅。蘇我氏、紀氏）につきましても、日本列島を新羅系の④が663年以降占領し、その③の倭を滅ぼしてしまうと共に、そこに全く新しく**日本国④というものを建国**し、**新羅王子**の提督がそこ（列島）の**天皇**となり、

その新しい王都を694年に藤原京に造りましたので（占領後暫くの間は、〔1〕難波と〔2〕原生林を拓いたところの「真神〔狼〕が原」とも当時まで言われておりました〔九3〕大和国中の遠つ飛鳥との2つが、臨時の王都〔敢て申しますと軍都と政都との分担〕となっておりました）、どちらかと言うと、この頃までは、今日の飛鳥観光の中心部と目されておりますところより、石舞台古墳以南の、今は寂れておりますが、吉野へ行く（万一のときに逃亡する）芋峠側の中宮太子との縁がございます旧坂田尼寺（テキスト12―4、P535）や飛鳥坐神社の嘗てのご祭神が今はここに祭ってございます加夜奈留美命神社（テキスト10―6―2、P452上）等のあった稲淵（稲渕）や栢森の奥飛鳥・南飛鳥（九14は必見）の方が、一時的な防禦には安全のため、より早くから臨時の都として開けていたのです。

その証拠に、ここは峠越えで明日香に抜ける飛鳥の古い神奈備でございました、今日でも小字の名として残っております古へのミハ山の続きの朝風峠（現・平田峠）に名をとって「朝風千軒」とも言われ（ミハ山につきましては「天武紀」十五年七月五日〔アカデミズムの言う私年号の朱鳥は七月二十日からですので、この五日は未だ年号のない天武十五年レベルです。朱雉が大倭国から献じられたための改元でした『扶桑略記』に見えます「飛鳥四社」、『延喜神名式』の「飛鳥坐神四座」はここミハ山にございまして〔岸俊男氏〕、そして平安初期の天長六年〔八二九〕までの「三諸の神奈備山」はここでございましたが〔その証拠は『万葉集』324番の神岳。山部赤人〕、『日本紀略』によりますと、その後、鳥形山の現・飛鳥坐神社の地に遷したことになっております。序でながら、この鳥形山の近くに飛鳥寺がございましたことから、飛鳥寺の山号が鳥形山飛鳥寺と呼ばれたのです）、古へには大変賑わっておりました――今は寂れ果てて長閑ではございますので、明日香から吉野へ越える芋峠の方に（南方に）行かれたことのございますアナタには直ぐには信じられないでしょうが――ことは間違いありません。参考、福山の「草戸千軒」。アナタ、ここの南淵請安の墓や竜福寺のございます大字稲淵の里は、古くは今来郡の中心だったところでして、その証拠に今来の渡来人たちが多くそこに住んだため山林を伐採し過ぎて、その結果飛鳥川の河床が荒れてしまい、そこで稲淵での草木の伐採が禁じられてしまったこともあったくらいでして、その当時は渡来人で殷賑を極めていたのです。しかしアナタ、今はその面影すらもなく安閑とした田園の風景があるのみなのです（神さびた感じの緑豊かな葛城山麓とちょっと似ていますよね）。今は地上には何も見えない、この南明日香の地下に眠るお宝に、アナタは気を付けよ！。そして、日本占領軍の新羅王子たちによって、

新羅の「九州五京の制」（六八五年）

をお手本として正式な首都である**藤原京**（**王宮が中央**に位置していることが**中国とは全く異なります**。後述）が7世紀末に出来た後も、この遠つ飛鳥は吉野行幸（これは万一のときの東国への逃亡の練習も兼ねておりました。これ又、本邦初公開。その通りに大海人皇子が実践）などの「**別荘地**レベル＝**道の駅**」として後世にまで末長く残ることになります。

これに関しましてアナタが決して忘れてはいけないことは、当時この硬い花崗岩を加工する技術は新羅にしかなく、これによって造られた天皇のレストハウスにあった

酒船石北方遺跡　が　**天皇専用の水洗便所の　便器**（オマル）

でございましたことにつき、テキスト7―4―32、P260下。

と申しますのも、天皇は右の**亀形石**の中に**木下駄**を履いて（又は、そのような足の台に乗って）その亀の便器で用を済ませ、使用後は亀形石より上部の容量約二〇〇リットル入りの**船形**（**小判形**）の深さ二〇センチメートルの石槽の下から八センチメートルのところにある径四センチメートルの穴（よって、底より穴の下部までは六センチメートル）に詰めた**木栓**を抜き、**約一四〇リットルの水**（$200L \times \frac{20-6}{20} = 140L$）を流

したのです。アナタ、今日の我々の水洗トイレも、後ろに水のタンクがあり、亀の手で囲んだ亀の縁のような円形の便座に座り、用が済むとレバーを動かして後のタンクの水を流すという点では、この今から約千三百年も前の酒船石北方遺跡で見られるこの水洗トイレのノウハウ（基本設計）と全く同じですので驚かされてしまいますよネ。

　この遺跡につきましては、アカデミズムは、征服者側の作った正史日本紀を無条件に馬鹿の一つ憶えで信じてお経のように暗記し、「**嶺の上の両つの槻の樹の辺に観を起つ。號けて両槻宮とす。亦は天宮と曰ふ**」（「**斉明紀**」二年〔**六五六**〕是歳条）というもののことだったと申しますが、仮にもしそうであるといたしますと、これはズバリ**新羅系の宮**を示していたことにもなってしまうのです。何故ならばアナタ、**槻**（けやき）は、**赤漆文欟木厨子**（序―3―3）が**天皇のレガリア**であったのと同様、これも**新羅のシンボル**そのものでもあったからなのです（飛鳥寺のところの「槻の広場」も同様）。

　序にアナタ、耳寄りなニュースをお聞かせいたしましょう。因みにアナタ、丘の上の「酒船石」自体の怪し気で不可解な文様の右の刻陰は、今日の名に「酒」という字が入って（残されて）おりますのでつい誤解されてしまうのですが、これは酒とは一切関係なく、その型からは、どう見ても菜種油を搾る石臼以外には考えられません。と言うことで、これは当時専売特許で造った油を寺に「燈明用」にしこたま売りつけて長者となった渡来人某が、この打出の小槌たる特許の機械（仕組み＝船＝石桶）に感謝の酒を供えて祭りを行ったことから、その名残で、この名（酒を供えた船〔石桶〕）が付けられていたのです。ですからアナタ、素直に考えれば、これは謎でもなんでもなかったのです（ナーンダ。人騒がせなノータリンの白痴的アカデミズム）。きっと此頃のアカデミズムは、既に金持ちのボンボンが多くなり、古へとは違って「蛍の光」や「窓の雪」や「灯明の下」ではなく、蛍光灯やＬＥＤ電球のスタンドの下で勉強するから、単細胞で、つまり性質上そのアカデミズムたるプロは、何事も勉強しすぎて「深くても狭い」知識の運命にあるので、こんな一見明白で単純な隣接領域の分野（菜種油搾り装置）すらも思い付かなかったのだ。この勝負は、私のように仮令（たとい）「浅くて広い」知識しかなくても、その直感（インスピレーション）で「天皇の便器（オマル）」にまで辿り着くことが出来たアマチュアのトンデモハテナ坊やの勝ちーィ。

又、この酒船石北方遺跡と密接不可分に関連いたします**四天王寺の亀**につき、本一二5、更には「**天寿国曼荼羅繍帳**」の**亀**につき、一二4はアナタ必見ですゾ。ここには古代史の重大な謎が秘められておりました。ここで求められますのは、アナタの**感性**というかロマンチック？な怨霊的な**オリジナリティ**そのものだったのです（皆、新羅と関係）。

このことは、時間の関係で充分アナタにお話し出来ないのが残念なのですが、コスモポリタンに、新羅王都慶州の「**雁鴨池**（がんおうち）」、大和の「**藤ノ木古墳**」それに難波の四天王寺の「**亀井堂**」などの考古学的な遺物の文化の流れを注意深く比較分析し総合してみましても、このような私こと古代探偵の

「**酒船石北方遺跡の石亀＝天皇の水洗トイレの便器**」

という前述のようなユニーク過ぎる結論（ポイントは亀の頭と臀との逆さの位置関係の発見により）が明白に導き出されて来るのです（本邦初公開）。

さてお話を首都の移動のことに戻しまして、次に③以降（③の倭国と④の日本の二つ）の王都の移動だけを取り上げてみましても、任那（伽耶）連合③の**倭の王都が**、「**朝鮮の金官**（**金海**）→**安羅**（**咸安**）→**列島の北九州**（**那ノ津**）→**河内**」**へと動いており**（九9、安羅の**火焔式土器**の各所での出土がその証拠）、そして、後世の**694年**に至ってからのことだとは申せ、**新羅占領軍④により藤原京という新しい**「**日本国の王都が、**

畿内・大和に新羅王都の慶州の条里制に範をとり建てられた」――誰か、**新羅王都慶州**の「**京**」と「**宮**」とこの**新益京**とを**比較**してみてご覧。後述のように一発で判るよ――というこれ等のことも、中国史が長い間倭と日本との「混同」を来たしてしまっておりましたこと（後世に付加されました中国史における「**注**」の部分の検討をも加えまして）の理由の一つに加えておきましょう（尚、**日本**という**国号**自体は702年から**文武**天皇が唐に対して使用いたしました。テキスト14―2―1下、同1―3―2、P55下、及び一6、九1）。この**①から④へ至る分析**を、便宜上、私の名を冠して誠に僭越なのですが、アカデミズム今までがこのような分析を怠ってまいりましたので、

「**倭から日本に至る　藤井遷都モデル①～④**」

と呼ばせていただきたいと存じます。尚、「**倭**」**自体の定義の確定**につきましては、一2～8を必ずお読み下さい。

さて、右の藤原京についてですが、アナタ、何故ここが当時「**新益**（あらまし）**の都**」（**しんやくのきょう**）と名付けられたのかということも氷解する筈です（それにアナタ、**学界のボス**〔**喜田貞吉氏**。明治四年〈一八七一〉～昭和十四年〈一九三九〉〕が言い出した、**歴史的な根拠が全くございません**「**藤原京**」など言う**名**〔尚、藤原**宮**の方は日本紀上に存在しておりますので、この点「京と宮」とを努（ゆめ）混同なさらないで下さい――正確には、新益京の中の藤原宮〕に、その後のアカデミズムのオールメンバーが金魚の糞のようにこれに何らの疑問すらも挟まずに従って、今日を迎えているという、呆れて物も言えないようなアカデミズムの為体（ていたらく）――喜田の喜劇――がそこまで尾を曳いて存在していたのです――同じことは、中国の古典を知り過ぎたアカデミズムのS氏〔言っちゃいますと末永雅雄氏〕が漢代の玉杖との関係で五十年も前に「**玉**（ギョク）**杖**」と命名したまま今日に至っておりますが、古墳出土のものは、よくよく比較いたしますと、漢代の玉杖なんぞとは形

態、用途とも異なっており、このボスの命名は、今私こと「古代探偵」が考えますと、勝手なトンチンカンだったのでして、これは単純に「**王杖**（おう）」と呼べばそれでよかっただけの話だったのです〔と言う意味では末永氏も又パンツ一丁の裸の王様――あの世で嚔（くしやみ）して風邪引くなよ〕――。乙女のような純真さが、アアー、恥ずかしや。早く正式名「新益京」〔「持統紀」六年〈六九二〉一月十二日「**天皇観**二**新益京路**一」や「同」五年〈六九一〉十月二十七日「**鎮**二**祭新益京**一」〕に教科書を戻してよ。因みに、「**烟**」につき、序―3―2の**新羅の占領**の証拠はアナタ必見です）。そしてこのことはつまり、所謂（いわゆる）**藤原京**というものが、決して自分の頭で「ハテナ?」と考えないアカデミズムが「馬鹿の一つ覚え」でステレオタイプに言う様な、中国の**唐の長安城**（太極宮が北に位置）や**洛陽城**の「**複都制**」（唐で申しますと、首都の長安と陪都の洛陽）をお手本としたものでは**なかった**（これに関します後述の文言の挿入は、朝鮮の新羅から目を逸らせるための百済系による正史の小細工による改竄だった）ことは、アナタがご自分の目でこの藤原京の現地に立ってキョロキョロ見渡せば、これは中学生でも判ることだったのでして（とするとアナタ、アカデミズムの発掘調査は、中学生の修学旅行以下のレベルだったの?）、と申しますのも、その〔都の中の王宮の位置〕が、中国の「**北闕型**（ほつけつ）」ではなく、**条坊制の中心部に王宮が位置**するという「**中央宮闕型**」であったことが明白だったことから判って来ることだからなのです（ですからアナタ、天武天皇が「**凡都城宮室、非一処、必造**二**両参**一。**故先欲**レ**都**二**難波**一」〔「**天武十二年〈六八三〉**紀」十二月十七日〕――凡（およ）そ都城（みやこ）・宮室（おほみや）、一処（ひとところ）に非（あら）ず、必ず両参（ふたところみところ）造（つく）らむ。故（かれ）、先（ま）ず難波（なには）に都（みやこ）つくらむと欲（おも）ふ――と申したとされておりますものも、本来は、これは大唐のことなどでは全くなく〔後にそのように改竄〕、当時は天皇の出身地の、お隣りの**新羅**王都**慶州**の**中央宮闕型**のことを言っておりましたことが明白だったのです〔だってアナタ、それを受け継いだ奥さんの持統はちゃんとそのまま「**真ん中**」に造ったもの。一二4。尚、後述、法隆寺は新しかった〕。

――一部のアカデミズムのように、憧れの中国様におけるモデルが見つからなかったため、実在の中国の都城のモデルではなく、その形（中央宮闕型）や大きさ（方九里）から古への long long ago の『**周礼**』考工記匠人営国条の理想に基づいた**理念先行型**だ（小澤毅氏）などと深遠に考え過ぎなくても、ちょいと極近頃の「身近なお隣の**新羅さんの王都**を真似た」とさえ考えれば、それで十分だったのです（多分、彼は「遠視の人」だったので、遠くの中国様の古い時代はよく見えても近くの朝鮮の近くの時代ごときは見えなかったのかもよ――これも小中華思想。つまり早い話が、近時に至りましても、持統天皇を取り上げましたNHK「歴史秘話ヒストリア」〔二〇一五年六月十日放映〕のように、藤原京の千七百年近くも前の遥か昔の中国の理想である右の周礼など持ち出すまでもなかったのです〔これは校正中に右の放送で触れたので、私も一言加筆せざるを得なくなったのです〕。しかもアナタ、この『周礼』の天官、地官、春官、夏官、秋官、冬官の「六官の制」などというものは、その各属官は天官のみでも三九七八人に達し、全部で二万四千人に近い莫大な数になり、その各官の巨細に亘る職務規定などと言うものは、実現性に頗る乏しく史料価値が疑われている有様だからなのです〔と言うことで、ポンコツ且つガセネタを出して来たアカデミズムとNHK――恥を知れ！〕。加うるにアナタ、この新益京が極めて特殊でございましたことは、皇居（宮）と官衙（京）との間が、その後の中国様を真似ました平城京や平安京に比べましても、非常に広く開き過ぎており、つまり宮の外側つまり「宮」以外の周りの「京」の域との間に堀がございますのみならず、その又外側に広い外周帯すらもが設けられており（堀＋外周帯）、少なくとも六〇メートル余ものスペースが宮の周りに見られます構造となっていたからなのです（内堀有り）。これは思想的には**王権が確立し宮室と都城との初めての分離の宣言**がそこに見られると共に、新羅占領軍の提督（天皇）といたしましては、万一の時の何らかの内部反乱やゲリラの攻撃を恐れての住居たる宮の周りの広い内堀の備えでもあったのです。このことは、新羅占領軍が築きました朝鮮山城についての私こと「古代探偵」の発想（一―5）と完璧に整合いたしますよ――

この頃の中国での北闕型ではない例を強いて申しますならば、嘗ての**北魏洛陽城**の**内城**と似ているとでも申せましょうか。因みに、ですからアナタ、次の平城京では、準備や根回しも十分出来ましてアカデミズムの言う様に、この方はちゃんとアカデミズムのご贔屓の中国様をお手本として見習った「**北闕型**」を採って形を猿真似し、その長辺短辺の長さを共にそのままちゃんとその（中国様の）**二分の一**としておりますよ。この様に、矢張り「**藤原京**だけは何故か**特殊**だった――それは、天皇の母国の**新羅本国の王都の思想をそのまま模倣**して造られていたから――」のだということを、アナタは決してアカデミズムの様に、朝鮮との地理を無視してピョンと遠くへ飛び越した、中国様ベッタリの先入観の赤〔紅〕い眼差しの片思いで、うっとりしていてウッカリ見逃してしまってはいけなかったのです。

前にも少し触れましたが、更に私の考えを強力にプッシュしてくれる有力な新羅に於ける考古学的な証拠を、アナタのために加えておきましょう。月城（南）に対する城東洞遺跡（月城の北、北川の南）の王宮は、三国遺事の北宮（七六七年）や三国史記の新宮（七一七年も同じ）と言われ、この両者（北の北宮と南の月城）を含む慶州の金城京は二十四のブロックの条坊制に分かれ（西尾孝昌氏引用の伊武炳氏の図他）、しかもこれ又中国（隋・唐）とは異なり、その王宮は北ではなくやや中央寄りにちゃんとございますよ。やっぱり新益（藤原）京のモデルは、アカデミズムの全てがワンパターンで宣(のたま)っているような片想いの中国様では全くなく、何故か私の言うように敵国の筈の新羅にあったのです（中央宮闕型。歴史文盲のアカデミズムは早くアマチュアに対して潔く負けを認めて降参して尻叩きの刑に服しなさいよ）。

では、もう一度、〔紀元後の千年間〕ぐらいに限り、この「**藤井遷都モデル①〜④**」により日本列島の**支配者の動向**を一言でマトメて、私こと古代探偵の考えを申し上げましょう（但し、ここでアナタは阿呆なアカデミズムが未だ気が付かない、類似しております流動性ある「**②の倭人**」と「**③の倭国**」とを厳格に**区別**しなければならないことにも、又十分ご留意下さい。一5の「倭と日本の分析」も必見）。

その（次の①の弥生人）前の人々（プレ①の人々）につきましても、（a）インドネシアの大スンダ列島から北上いたしました寒冷地適応性の無い古モンゴロイドの縄文人（それ以外にも、インドネシアのリアンブア鍾乳洞にはホモサピエンス以外のグループでございました身長一メートルの「フローレンス原人」〔「魏書」の人長三、四尺の侏儒国の人〕もおりました）の、ベージリアンが水没（ベーリング海峡の出現）しアラスカ・北米・南米へ渡海出来ず、進行をストップさせられたため、津軽・大平山元で世界最古の無紋式土器――移動しなく（出来なく）なり土器も大型化したため、やがて（無紋を卒業して）滑り止めとして縄目（なわめ）（縄文）を付けたのです。これこそが世界の土器の誕生だったのです（世界初公開）――を発明した（出来た）人々（古モンゴロイドの仲間といたしましては、今は極北方面にまで追われてしまいました「ニブフ＝スメルンクル＝ギリャーク」「オロッコ＝ウェッタ＝土蜘蛛」「樺太アイヌ」の仲間。テキスト29―4―1・2、P1051〜1057）の列島への渡来。そして次に、（b）「寒冷地適応性の具わった」新モンゴロイド（ツングースの「北海道アイヌ」、縄文中期の「蛇の不死」「三本足の半蛙人間」を神とし、砂漠や空気の澄んだ高原で「大きな月を抱く小さな月」――蛙や月の怨霊的再生――に気が付いた人々〔井戸尻遺跡。別述〕、より後世の複数の男に求婚されたため入水（じゅすい）してしまいました青衿（くび）の麻の衣――古代人は全ての色にもその「霊力＝呪力」〔白からその色にする神の力〕を感じておりまして、この青染料には「青の色を出す不思議な霊力」が備わっており、それの呪力の体現者としての青があり、その青の衿を身に付けている人〔素衣ではなく〕は神に近い特殊な霊能力のある人、つまりその民族の何らかの神の嫁〈テキスト10―6―7、P461、467〉である巫女と考えられていたのです。だからこそ言い寄られてもその女は身体を男たちに許す訳にはいかなかったのです〈神の嫁として＝男に応ずることは神に対するタブーを犯すことになるからなのです〉。ですからアナタ、色一つとりましても、色の変化・着色は単なる「元素による化学反応」だなどとアッサリ理性的に考えてしまう近代人の今のアナタとはその心理構造が全く異なっていることを理解してあげなければ、古代人の心は何時まで経っても読み解けない〈近代人がその古代人の呪力〈怨霊〉の世界のレベル〈一〇4〉まで学力を下げる＝逆に、古代人のそのレベルまで心の豊かさ〈不思議に思う素直な心〉を近代人が引き上げなければならないのです〈一〇4〉――を着ておりました優しい勝鹿の真間手児名〈高橋虫麻呂「万葉集」1807番。尚、山部赤人の同431番「手児名＝人妻」との違いにご注意〉のその祖先など〉の渡来もございました〈手児名巫女説の理由付け〉。しかし、これらの縄文人は、やがて渡来した弥生人の持ってまいりました結核に対する免疫力が全く無く、平地やその接触域では絶滅させられてしまったのです〈縄文人の平均寿命は、何と！三十二歳ぐらいだった。因みにアナタ、今から百何十年か前の明治人すら五十歳〉。そのことを十分にご理解いただいた上で、そしてアナタ、更にその次の時代の①～④へとお進み下さい〈右にちょっとだけでも触れましたが、日本人は、アカデミズムの言うような、縄文人・弥生人などと、そんな単純極まりない十把一絡げで括れるような人々では決して決してなかったのです。それに近頃、新旧モンゴロイドの区別も無く「縄文人は胴長で北方型だった」などという分析能力の欠如したアカデミズムも見られます。アカデミズムよ、手抜きをするナ！　自分達のご祖先様のことなんだから真剣に向き合え！　そして命〈魂〉を懸けて分析せよ！〉。

①弥生の農耕民。BC3世紀に秦帝国が滅び**前漢**の**武帝**の将軍に追われて、この頃以降特に大量に**揚子江中・**

下流域（テキスト9―4―3、P386下）から日本列島に渡来した「ボートピープル」の**水耕民**。

先ほどから①と言っておりますのがこれで、この人々は「**今日の雲南の銅鼓の流れを汲む銅鐸の民**」でして、**漢**（**羌**）（この点、**漢人の正体というものが、古くにチベットから降りてまいりました羌・氏**〔**これが核**〕**から分かれ、貧乏人の子沢山で人口が増え、他の民族を次々に吸収して成長**して作られました**仮想的な疑似民族**に過ぎなかったということにつき、テキスト**9―3―3、P350―359**は、**世界初公開**でアナタ必見です）の**膨張**（**貧乏人の子沢山**）**政策**及び何回にも亘る漢（羌）族に対する徙民政策も加わり、その余波を受け今日の様に雲南・貴州の山奥にまで追われてしまうその**前の佤族**、**倭族**などをはじめとして、**彝族**、**侗族**などの30余もの、殆ど全ての今日の西南・中南・東南地区の中国の辺境にまで追われてしまっております少数民族を含む祖先たちがこれに当たります。当然その中には、漢人から蛮族と呼ばれてしまいました、漢人がそこに来る前の先住者でございました**楚・越**（**共に発音は「wo＝倭」**）の地域におりました**苗**族や**壮**族も、更には他の地域のそれ等苗や壮の同族も共に含まれることになります（北方オルドス辺りでの古代中国の真の先住民は北狄の匈奴――ですから殷の**獯鬻**、周の**玁狁**とは同族）。

早い話が、①とは、伊勢の**サルタヒコ**を祖神とする畿内の**弥生人**のことなのです。

かようにいたしまして中国史（魏書）でいうところのの「**別倭**」は、「**揚子江中・下流からの押し出され↓日本列島への亡命**」という2段階、3段階ものアジアでの**東行**を経て列島に至ったのです。因みに、伊勢神宮の**アマテラス**というものが、④の新羅の勢力（天武・文武）により先住神の**サルタヒコ**を追い出してそこにその元神である男神アマテルを参考にして作られてしまいましたことについての、一六4、P1022は必見です。

そして、この「弥生人＝当時の長江流域からの亡命水耕民」であったことの証拠は、雲南の**滇王国**の青銅器の彫金の**羽飾りの帽子を被り舟を漕ぐ人**と、弥生時代の**角田遺跡**（鳥取県淀江町）出土の**羽飾りと思われる物を頭に付け舟を漕ぐ人**との共通性が挙げられ、嘗ては**揚子江流域**にいた（**暢（鬯）草**を周に献じた**倭人**も、正に**嘗てはここ長江におりました**のでそこでその献上が出来て記録に残ったのです。実はアナタ、更にその前は、これらの人々は**四川**の方の**西南夷**レベル――古くはこんなところにも佤人・倭種がいたんだ――としても古代中国史上では表現されておりました）人々が、気候の**寒冷化**による**牧畜民の南下**、その人々が齎した疫病、その後の**漢の武帝による迫害**等の幾重にも及ぶ要因から**難民**として亡命渡海して清涼な日本列島へやって来ていたのです（満州からの「濊人＝倭人」の半島経由での南下につき別述）。縄文・弥生の長い長い時代を含めまして、

「デデムシ・マイマイ・カタツムリ・ツブリ・ナメクジ」

と色々と五つの名でもって食料になる「デンデン虫＝エスカルゴ」を表現した渡来人の中で（テキスト29―4―2、P1054上）、多分この①の人々は**「デデ・ムシ＝橙色の角を出す虫＝デンデン虫」**と表現した**割に新しく渡来した**弥生の水耕民（**一番古い人々**はこれを**「ナメクジ」**と表現いたしましたが、この人々は今は**極寒の地**にまで追われてしまっております、**寒冷地適応**の済んでいない人種の**古モンゴロイド**（前述）の人々でした）だったと思われます（右の橙について一言申し添えます。赤味を帯びた黄色。みかん科の常緑小高木の実の色。冬黄色となり翌夏緑と化す（古代人でなくても、アラ不思議！）。これは縄文中期の「満ち欠ける月」や「脱皮する蛇」と同じく霊的に永遠の生命――あの世とこの世との循環システム――の象徴の一つ。今日でも正月の餅上や飾りに付ける、インドシナ（古くは長江中下流）からハレの日の餅の文化と共に伝わった縁起物）。

日本列島各地での、初期にはこの①の

ボートピープルの弥生の水耕民と先住の**縄文人**との「**棲み分け**」による**混住**が見られたのです（水耕用の弥生人〔水を被っても水面まで稲が伸びるインドシナ半島の**沼稲**(しょうとう)などを持って渡来〕の**低湿地帯**と、それ以外の縄文人の主として**広葉樹林帯**という当初の分化）。

当時、この**弥生人の方の中心**（**センター**）が日本列島におきましては畿内にございまして、これが『**隋書**』にいう「竹斯（筑紫）から又東へ行くとある、**華夏人**（中国人）とよく似ている人々——亜流の中国人」と記されました、東行した邪馬臺国の壱与②や「任那連邦＝伽耶＝海峡国家の倭」③が列島中央に侵入して来るその**前**の、畿内を中心とした伊勢のサルタヒコを祖神とした**秦王国**のトップの支配者（この人たち①も、その**前の先住民**でございました**縄文人**を結核を武器に段々と山へ追い遣ってしまっておりました。民族の「追っ立て」）のことだったのです（九10）。最後にこの①のサルタヒコ神の運命は、④の新羅占領軍提督たる天皇（特に天武、文武）により伊勢の地に幽閉され、又、伊勢の地を追われ、伊勢の裏舞台（幽玄の裏社会）と海中とに閉じ込められてしまいましたこと（サルタヒコの抹消と「アマテル＝アマテラス」の性転換）につき、アナタ一六章は全章が必見でございまして、もしアナタがここをお読みにならないと、折角この本のために大枚を叩いて下さったことが無駄になり大いに損をいたしますよ。

②卑彌呼の邪馬臺国（**3世紀**の**古い時代**の**安羅**(あら)〈**漢**(あや)〉伽耶）系の**倭人**

〈**遼東**〈**公孫氏の女**〉〉→**馬韓**〈**月支国**(アシタ)。**古**(いにしえ)**への辰**(しん)〈鮮〉**王朝**——三韓に分化する前の王朝——の拠点。本六〉

→朝鮮の安羅の王都**咸安**(ハマン)→九州の糸島→尾根のアジールルート→**西都原**→そして宗女・**壱与**の代になっての**吉備**経由で大和の**巻向**への移動〔マトメますと「満州→朝鮮→列島」という移動、つまり「**朝鮮→九州→対島**〈**一時避難**〉→**吉備**〈経由〉→**畿内**」〕という列島内の**3段階**での**東行**。又はウルルン島コース〉

9

③**任那連邦**（ミマナ）系としての**倭**（盟主としては**金官**（蘇我氏など）と**安羅**（大伴氏など））（各々**532年**と**562年**に**新羅**に順次滅ぼされ、**朝鮮→北九州・那ノ津**（**荒ノ津**（あら））**→河内**（かわち）（但し、王都が北九州にあったときでもから、死者の魂の眠る**大王陵だけ**はより早い時期から半島からより遠方の**安全地帯**であるここ**河内に建設**）へという**東行**。その人的証拠の一つが

桑原・佐糜（さび）**・高宮**（たかみや）**・忍海**（おしぬみ）という**朝鮮半島の**「**倭＝伽耶**」**の任那の四邑の姓の鉄民**（サヒ＝鉄）などの「**北九州→広島→近つ飛鳥→遠つ飛鳥**」という全国への**地名遷移**

でした（テキスト15―10―3、P672上、5―3―5、P199下、他）。

更にアナタ、同じく人の移動による今迄私こと「古代探偵」以外の多くの先人が考察してまいりました**地名**自体の**遷移**（又は、歴史偽造の作為の結果）によるダイレクトなものと致しましても、先ずは日本列島渡来後、又は、「倭③」の東方亡命の**出発**地点のそれ程広くはない「**北九州エリア**」におけます例につき、アイウエオ順にして申しますと、

朝倉、池田、小田、笠置、春日、葛城、川原、基山（き）、「高山＝香山」、巨勢、曽我、筑紫、鷹取、常磐、羽田、平群、御笠、三輪、御井、山田、吉井、

そしてそれが**五百キロメートル**も**東**へ離れました取り敢えずの**終点**の、同じくこれ又それ程広くはない「**奈良盆地東南部周辺エリア**」における、

朝倉、池田、織田、香久山、川原、葛城、笠置、春日、「紀伊＝キ」、巨勢、高取、筑紫、常盤、羽田、三笠、三輪、山田、吉井、

という様になっておりまして、この様な類似、否、アナタ、彼此（かし）で**同名の地名そのもののやや**「**狭い地域**」

におけるこの様な**不思議な密集現象**は、アナタが両者の地図をお較べになって指差してみて、そうすれば子供でさえも一発でお判りになることなのですが、これは正に**歴史と地名の作為の必然**だったのであり（氏族が「**氏の上**」と共に移動し、又はさせられた）決して偶然の賜物なんかではなかったのですよ（**徙民政策**も参照。本六八）

④**663年**以降に**占領新羅軍が倭を乗っ取って**（**旧唐書**では、この点チャント正直にズバリ「**倭を併合した**」となっておりますよ。前述のテキスト2―1―5、P1016下）日本列島で作られた国であるところの**新・日本国**に到る。

（占領初期の北九州・太宰府の**都督府**→**難波**（軍都）→**遠つ飛鳥**の**大和の甘檮丘**（斉明紀五年）の近くの仮の都（政都）→朝鮮の**新羅**慶州の**条里制**をお手本として造られました（前述）遠つ飛鳥の**大和三山の間の中央宮闕型の藤原京**（**新益京**）→そして、その次には、今度はより本格的な中国の**唐**の**長安**をモデルとし、丁度その二分の一の大きさといたしました奈良の**北闕型の平城京**へという東行。このとき、新しい国名である「**日本**」**という名**は、当時まだ異国でございました東方の**日高見**（列島東部の日下・日元・日本）国が使っており、これは対中国様でもカモフラージュ出来て良い（便利）と、ここから盗んで付けられた名前でもあったのです）

という様に、AD年代以降奈良時代迄の**約700年間**に限りましても、私こと古代探偵の調査の結果、万世一系とは程遠く、少くともこれ等の①②③④の、つまり①弥生人の**秦王国**、②**邪馬臺国**、③「任那連邦」「伽耶連合」として海峡に跨る国家の**倭国**（**プロト日本国**――その盟主は、金官伽羅と安羅）、④新羅占領軍の作った**新日本国**という少なくとも　**４つの主人公の異なる倭人・倭国の王朝グループ**が**順々**に、又は**並行**してこの日本列島の主として**西半分**に**渡来**し（東国は古代から相変わらず大陸・半島各国の植民市のカオス状態）、厳然とそこに存在していたと共に、以上の様に夫々がその王都を**東遷**させていたという経緯があったのです（だから中国史、特に新唐書も誤ってしまったのです）。以上では①～④の「それぞれの中」での各遷都についてまで見てまいりました。

（１）ですからアナタ、その④の動かぬ証拠の幾つかといたしまして、大阪（摂津）が**倭**（**プロト日本**）の**外港**だった時の名残り（**生きた証拠の化石**である**地名**）を、アナタが今日まで辛うじて生き残ってまいりました地名だけから見てみましても、先ず、東横掘川の古名である**安曇江**（あずみえ）があり（**聖武紀**天平十六年〔七四四〕二月条「**幸**二**安曇江**一」。**孝徳紀**白雉四年〔六五三〕五月条「**僧旻法師臥**二**病老安曇寺**一」）、この**安曇が倭**（**安羅**）**の嘗ての水軍の司令官の名**であったことからもその様に言えるのです（本貫は朝鮮半島の安羅の外港の「斗豆米（アヅミ）＝斗刀米（アデミ）」）。

そしてこれがアナタ、今日の「**安堂橋通り**」の地名としても残っていたのです（つまり「安曇（あづみ）＝アド＝アンドン＝安堂（あんどう）」で正にズバリでしょ！）。

更に、住吉大神の倭（安羅）系の**三女神**や**大伴**（おおとも）**三津**（みつ）（**御津**）の存在からもこのことは窺われることだったのです（大伴氏＝安羅王＝倭王＝**日臣**〔**道臣**〕＝**公孫淵**＝**卑彌呼の弟**〔但し、魏書で「男弟」と言われているのは別の弟の**恭**のことです〕）。

（２）次に、その後、倭が**新羅占領軍**によって六六三年の白村江の役の後占領され「**日本国**」というもの（『**新唐書**』）が建てられました時の摂津が**外港**でございました時の名残りが、当時の主要な河港の一つでございました「**大江の渡し**」のあった**天満川**の**渡辺村**でございまして、ここが何故「**新羅江**」と呼ばれていたのか？

更には新羅系天皇家の第一の御寺でございました東大寺の荘園がここにもございまして、それが正に「**新羅江庄**」！とまで呼ばれておりましたことからも、**占領者が新羅**——東大寺も新羅系天皇の御寺そのもの（前述）——であったことをアナタに暗示してくれていたのです（しかも、ここには渡辺橋もございました）。

（3）又、先程の渡辺村より南方の洲に「**新羅洲**」も見られ（『**浪華古図**』）、ここにある**白洲岬**は名前のみならず嘗て新羅船が着いた「**新羅岬**」であるとの口伝すらも今日までそこに残されておりますことからも、これも正しく新羅の名残りそのものであったのです（こんなに狭い土地に**新羅洲崎**、**志羅ケ池**、**新羅岬**とこんなに多いのは何故？）。

（4）因みに、**南渡辺**の人々が坐摩神を祀りました**坐摩**〔ざま〕**神社**（この坐摩神も、次の白木神も、大阪城築城の際に移転し、その後も転々といたしておりました）に嘗て合祀されておりました神が何とアナタ、**北渡辺**の**新羅江**の人々が祀りました**白木神**でして、これも現在は坐摩神社の**境内末社**となっております**白木神社**（浪速町西三丁目）だったのです（**白木＝新羅＝坐摩**〔**＝座間？**〕）。

この様に「浪速＝大阪」の**古くからの地名**（**生きる化石**）を、私こと「古代探偵」が「どっこいしょっ」と起承転結で今日掘り起こしてみましても、アナタにも、後の為政者により抹殺され消されてしまいました、つまり百済系による正史の平安紀や風土記の大改竄で物の見事に**抹殺**され消されてしまいました筈の④の**新羅占領の頃**前後の**古代の倭**・**日本**の**外港**（又は**首都**）たる難波の姿が、今、アナタの目の前にこれらの地名から、私の発明したタイムマシーンによって鮮明な姿で甦って来るのです。

これ等の多くは、残念ながら既に正史日本紀の文面上からは、何回にも及ぶ改竄（七4、テキスト23—2—1、P929上～933上）の途中で消されてしまっておりますので、「日本紀バイブル派」の信心の厚い（老人の新陳代謝が止まり、古い垢が幾重にも重なってしまった）正に読んで字の如し〔名は体を表すにピッタリ〕のアカデミズムからは、この私こと古代探偵の推理のような歴史の流れに素直な「新鮮(フレッシュ)な考え」が全く見えて来なかったのですが、更にアナタ、その裏に隠された驚愕の真相を、次に加えてご説明いたしますと、②と③の「間」には、視力の弱体化したアカデミズムからは全くその射程距離に入ってはまいりません**ニギハヤヒ**を祖神と致します

物部氏

の**満州から朝鮮半島東岸経由での渡来**、先ずは北九州の六ヶ岳(むつ)（ここの「古くは倉師大明神(くらじ)＝剣(つるぎ)神社」は筑紫物部が祭った神社〔高倉下(たかくらじ)はニギハヤヒの子〕ですし、又、ニギハヤヒを祭る天照神社〔宮田町〕は弦(つる)田(た)物部の地に今でもございますよ）へ、そして日本列島の「**肥**(コマ)（**高句麗**、**熊本**(コマ)）への南下→**丹波**(タバナ)（**但馬**・**東倭**）」という**東行**ということも（別述）、神話上だけではなくチャント**史実**としてございました。**八十物部**(やそもののべ)の全国の分布も今日まで残るその証拠の一つだったのです（因みに、以上見てまいりましたように、物部の色の濃いここ古代の北九州の旧早良郡には、奈良朝まで天日矛の末裔の三宅連や早良勝(すぐり)が郡の大領、小領となって務めておりましたので〔「観世音寺早良奴婢進入状」〕、ここにも「物部・ニギハヤヒ」系と「安羅・卑彌呼・天日矛」系との接点が見られるのです〔「ニギハヤヒ＝天日矛」についての九州での神々の接点と後述の但馬レベルでの融合〕）。その物部氏の大陸での出自はと申しますと、後期北扶余王朝の王家の「**沸流**(ふりゅう)**百済**」だったのでして（因みに、ちょっとアナタが素直に考えてみれば「扶余＝沸流」で両者の音は同じだったことが判る筈です）、この民は**穢**(ワイ)・**濊**(ワイ)系の**後期高句麗王朝**を構成した**チュルク系**の**錬鉄民**（**桓仁**又はその南の「**赤部**＝**南部**(プルラ)＝**上部**＝灌奴部(カンヌ)＝貫奴部(カンヌ)〔桓仁(カンニン)ノ部〕」には、3名も**大人**・**部長**がいたという大部族でした――この名残りで中国史は扶余・高句麗建国の地は「濊人の土地」だったと言ってくれていたのです）の投影でもございました**八岐大蛇**(やまたのおろち)**の一族**＝**オロ族**＝**松譲王**(しょうじょうおう)＝**多勿侯**(たこつこう)（今日の**寛甸**(コワンテイエン)**県**の北半分。[本]一九

必見。ナントアナタ、韓国の古代ドラマの「朱蒙」の部下の**陜父**(キョツボ)などが、満州での**八岐大蛇**の遠いモデルだったのです。渡来後、但馬でその物部氏の子孫が後に渡来の天日矛と結婚→タジマモリ→三宅連（安羅系ここに「ニギハヤヒ＋天日矛＝一体化」ということの数少ない痕跡の一つが残されておりましたよ）と化します。因みに、物部氏が、実はアナタ、正史上で作為されました「**崇仏排仏論争**」の**排仏派**なんかでは全くなく、かえって**物部氏**の方こそが「**仏教の保守本流**」を示しておりましたことにつきましては（一〇4。だから日本紀上のこのお話の主役の聖徳太子は偽造）、アナタがもし考古学上の河内の巨大な**渋川廃寺**（龍華寺。八尾市渋川）の存在をお考えになれば（テキスト18―1―1、P771上、同18―1―3、P777）、実は、これは子供でも一発で明らかなことだったのです（この寺の創建瓦の軒丸瓦は素弁八葉で弁間には珠文を配し弁には綾線がございまして、同種のものが豊浦寺（明日香村）から出土しておりますことからも、この渋川廃寺の創建が七世紀前半であることが判り、中部河内では最古クラスであることが明らかだからなのです。このように私こと「古代探偵」により正史のフィクションの矛盾は一発でアウト――**敗者物部氏の復活**（**無実の証明**＝逆のダミーの主役(スター)でございました聖徳太子の偽造ここに浮き彫り））。そして、ここは又筑紫(ちくし)物部が東遷し大和川を遡行してまいりました定着地点でもございました「跡部郷（阿斗＝阿都）」がございました。

序(つい)でながら、物部氏のみならず、③の蘇我氏も又、「南朝鮮→九州→畿内」と東遷してまいりまして河内に定着いたしましたところが、同じ河内の佐備川の左岸の富田林市龍泉の**龍泉寺**だったことにつきましてはテキスト12―2―6、P519・520は必見です。尚、正史『日本三代実録』陽成、元慶(がんぎょう)元年（八七七）十二月二十七日「**始祖大臣竹内宿祢男宗我石川**。**生**二於河内国石川別業一。**故以**二石川一**為**レ**名**。**賜**二**宗我大家**一**為居**」という記載がございますが、これは蘇我氏が「**金官伽羅**→**九州**→**河内**→**葛城**（「**葛城県**(あがた)**は元臣**(もとやつかれ)**が本居**(うぶすな)」と言って**馬子**が**割譲**を求めた「推古紀」三十二年十月一日）→遠つ飛鳥（大和）」と移ってまいりましたうちの、その途中の近つ飛鳥（河内）でのこと（滞在）を示しておりましたナイス情況証拠の一つでもあったのです（尚、一四9、一〇4）。更にアナタ、「倭王＝金官王＝蘇我氏」の朝鮮半島部の本貫からの亡命と日本列島での東行の証拠に付きましては、大庭寺遺跡（大阪府）の窯出土の初期の須恵器が金官伽羅辺りからの渡来人（私の考えでは半島の倭人）が造ったものであることが判明いたしましたが、これも「**金官＝蘇我**」氏の畿内への東行を示していてくれた証拠の一つだったと見るべきだったのです。

そして更に加えまして、**天日矛**（安羅王＝倭王）の**琵琶湖**周辺への東行と日本海回りでの**但馬・出石**への定着（**出石**の地を潟から盆地へと変えて干拓。先述のように但馬へ先入しておりました**物部氏との結合**＝「**ニギハヤヒ＋天日矛**」ここに有り〔ニギハヤヒと天日矛との接点は早くも九州の旧早良郡レベルで見られましたことにつき前述〕＝「物部氏＋大伴氏」。但し、記と紀とでその婚姻に一代ズレがございます〔どちらが本来の姿？〕）。しかし面白いことに、タジマモリは、記と紀では一見その系図を異にするのですが、紀での「天日槍→田道間守」におきましても、又、記での「天日矛→多遅麻毛里」でも、共に四代目ということでは同じに落ち着いているのです）ということ（そのルートは、実は日本紀の記載の順序とは真逆の「時計回り」でしたので、アナタ呉々もこの点ご注意下さい）も忘れてはならなかったのです。

さて、歴史上消された大王たちのお話はさておき、先程「**卑彌呼は公孫氏の女**」というところで申し上げました様に、②の倭国たる邪馬臺国（その流れの安羅国自体は後の**五六二年**まで金官国の**戍兵**〔傭兵レベル〕のときを含めまして半島部にも残ります）の女王は、朝鮮の安羅の王都咸安から所謂「**倭の大乱**」（178～184年）の際に、九州の**日向国**（古くは「宮崎県＋鹿児島県」。日田）の**西都原**（現・宮崎県）へと「**穀璧**」と「**公孫氏の神人車馬画像鏡**」と「**中平銘刀**」との**三つのレガリア**を後生大事に持って（九11）亡命し、そこで**日本列島におけるヤーヴァ・ドヴィーパ（邪馬臺国――第一の）を再建**したのはいいのですが（尚、後漢式鏡〔九12〕の銅鏡百枚は列島に亡命してから魏から下賜されたものでした）、古く、少なくともインドシナ・レベルからは対立しておりましたインド・**ナーガ**ランド系の**海洋民**の**ナガ族**（**蛇族**。ナガ族――台湾レベルでは「百歩蛇」族――の**インドでの出自**につき、九7に詳しいのでアナタそこを必見）**である**日本紀上の**長髄彦**（ナガスネヒコ）（**瓢**（パク）**公**、後に朝鮮南部で朝鮮史上の**朴**（パク）**氏**・**榎**（えのき）**氏**（ホウとエノキで訓が同じ）・**赫**（パク）**氏**〔パクとパクで音が同じ〕と化します〔**南倭**〕。沖縄では仲曽根氏、仲間氏。民俗学的な分析によるその名残りの一つと致しまして、「朴（パク）氏＝ナガ氏」の拠点であった沖縄の**御嶽**（うたき）に相当致します**済州島**〔12世紀迄に**耽羅**（たんら）〈タムラ＝田村〉という独立国でして、ここには日本から**青衣の三女人**が来て国を作ったという口伝が残っております〕の民間信仰の巫女の**堂**（タン）を囲む木々は、何故かこの「**榎＝朴**」が多いのです。ここから朴と命名か？）

に、同じく**インド・アンガ国**系（九14）、又は**インド**「**アユダ国＝コーサラ国**」系の出自を持つ倭人（この一族は一度満州・遼東にまで入って**北倭**と化す）のこの女王の**卑彌呼**が、**２４７、８年頃**に**殺されて**しまったがために（九14）、止むを得ず「**宗女＝養女**」の**壱与**が、一時、緊急避難として**対馬**（「任那」の海人〔海洋民〕の古くからの本拠）又は同じく**壱岐**（**原ノ辻**）へと亡命し、更に、その亡命先から時機を得て**日本海ルート**により東行し**山陰**に上陸し、更に南下し**吉備**を経由し（そこでの伝説上の人物〔神〕の**温羅**（うら）の音価は壱与の出自の**安羅**（あら）そのものを表示しておりました。テキスト15―12―2、P692下、伽耶からの鉄民の**桃太郎伝説**）、そこでそこの勢力と連合（実は出雲も吉備も元々は〔朝鮮半島では〕同じ「安羅＝倭」の出自でしたからこのことは当然の成り行きでもございました。朝鮮での斗刀米（アデミ）した上、大和**纏向**へ向かって東行致します。

ですから、因みにアナタ、その名残りで

出雲郷（いずも）のことを、何故か！　現地では古くから「**アダカヤ**」（現在の行政的には**アダカエ**）と呼んでおりますが、これは正に、或るときの出雲が**安羅**（**那**（ナ）**＝娜**（ダ））**伽耶**の植民地（市）つまり安羅（倭）の神の地だったからであり、ということは、**そこを安羅**（あら）**の伽耶**（かや）**と言っていた**頃の名残りであり、且つ、それのみならず出雲大社の南の「**荒木・荒木川**」という固有名詞すらも、ここが嘗ては**安羅来**の人々の土地そのものであったことを表わしていてくれていたのです。しかも、神門（かむと）郡多伎郷（たきのさと）には阿陀加夜怒志多伎吉比売（あだかやぬしたきき）がおり（『出雲国風土記』）、この女神は安羅からここ多伎に来た（多伎吉（来））神を表しており、そういたしますと、この父神が「大穴持命＝公孫度」ですので、その子の「阿陀加夜怒志多伎吉比売＝卑彌呼」ということにもなり私のコスモポリタンな立場ではこの点ピッタリなのです。又、意宇（おう）郡の方には阿太（た）加夜神社もございますよ（『同』後述）。そして「**荒茅**（あらかや）」という地名も、同じくズバリ、前述のように、その読みの如くの古（いにし）への**安羅伽耶**人の集落を表わしていたのです（勿論、新たに開墾する「斎種の田＝荒城田＝アラキ（柵）田＝標（しめ）を巡らせた神の空間＝神田」という場合もございますこと（万葉集1110番）も十分存じておりますし、地名の合併（荒茅村）に付きましては九7に別述）。それにアナタ、荒木の直ぐ南に「**古志**（こし）**＝久斯**（クシ）**＝屈自**（クジ）」という地名すらもがチャンとございますよ（九14⑧⑨⑯）。**継体紀**二十三年四月是月と**同**二十四年九月の「**久斯牟羅**（クシムラ）**＝屈自邑**（クジムラ）**＝馬山**」は、これは**安羅**の**外港**でして、近くに「**斗豆米**（アヅミ）**＝安曇**（あづみ）」もございました）。更にアナタ、〈出雲が全て伽耶〉でございましたことの証拠は、前述のように出雲の西部の加夜（かや）社（神門郡）の祭神は阿太加夜努志多伎吉比売（あたかやぬしたぎき）であり（雲陽誌）、この神名を分析いたしますと、文字通り安羅伽耶の主のタギキ比売であり、又、（半島から）多伎に吉（来）た比売であり、更にはこのタギは宗像神社（元の本社は宮地嶽神社、そしてその前は伯耆の宗形社）の宗像三女神の中の多紀理（たぎり）姫か多岐都（たぎつ）姫の「タギ」自体をアナタに暗示してくれていたのであり、次にアナタ、出雲の東部の前述の阿多加夜神社（『出雲国風土記』意宇郡条）の祭神も右の加夜社と同じ何故か女神であり、この女神という点は古くは「大穴持命＝公孫域か公孫度」の「女＝卑彌呼」を祭っていたことを示していたのです。このように出雲は——西部も東部も——古くは全部が——このように出雲は西部も東部も安羅（倭）系の植民市だった時期があった（出雲等の山陰に見られます四隅突出型墳丘墓の起源が、古く満州の鴨緑江流域に見られますこと！につき別述。弥生末期から関連があった大陸と出雲）ことを今日の神々と神社の存在とでアナタに証明してくれていたのです（これ又、本邦初公開）。更に、地名等について気になるところが、阿利神社（山陰本線南、国道184号西）、茅原荒神社、古志町（神戸川左岸）、茅原などと尽きないからです。地元のアナタ、もっと「アラ」の付くものを調べてみて！　更に加えますと、出雲の直ぐ東のお隣の伯耆国日野郡にもちゃんと阿太（あだ）郷がございますよ（『和名類聚抄』——伯耆の宗形神）。

——このように出雲大社は、本来朝鮮の安羅（倭＝プロト日本）の人々のズバリ信奉する神社（アンチ平安天皇家だったから抹殺・幽閉されてしまった）だったのです——

さて、お話を戻しますが、右のような王の「**復立**」の証拠は、マキムクの**特殊器台型埴輪**の成分から**吉備の砂礫**が検出されましたことにより（九12）、この連合のことが実証されました。尚、この**特殊器台型埴輪**の基になりました**巨大円筒器台型土器**というものの用途が、本来**生贄（いけにえ）や死者をここに入れ、鴟（とび）や鴉（からす）に穴から突っつかせ、内臓を引っ張り出させ、それを食べさせて「鳥に穢（けが）れを清めて貰った」**——死者の魂が空へ昇る（帰る）——ことにつき、アナタ、

[テキスト]10—6—1、P449上、同10—3—1、P437上、又後述のチベットの例は必見です。これ又、二〇〇五年に出しました拙著テキストが本邦初公開です。その情況証拠（図9—11参考）といたしましては、特殊器台というものが吉備では、（a）立坂型（楯築弥生墳丘墓、里宮大塚〔前方後方型弥生墳丘墓、真備町〕）、（b）向木見型（鯉喰神社弥生墳丘墓、倉敷市）、（c）宮山型（宮山弥生墳丘墓、総社市）等と変化しておりますが、宮山の墳丘墓付近で出土いたしました宮山型特殊器台（高さ九四・五センチメートル、口縁部三八センチメートル、裾部四三センチメートル。外面には赤色顔料が塗付）が、何とアナタ、この中に死体を入れて棺桶代わり！に使用されておりましたことが判明いたしまして、もしその特殊器台をそのまま縦にして古墳に立てさえすれば、正に死体を鳥に食べさせ魂が鳥と共に空へ昇ることにもなるからなのです（後述のチベット仏教による「鳥葬」とそのチベット仏教哲学のところを参照）。因みに、これと同じ型のものが畿内の西殿塚古墳（天理市、三世紀末）、箸墓古墳（桜井市）からも出土しておりますので、吉備の勢力が、「死体又は生贄をこの円筒の土器に入れる文化・思想」を東遷し大和に持ち込んだことが（朝鮮の安羅と吉備との関係につき、[テキスト]9—9—1、P405下、406上）、私こと「古代探偵」の調査により、明白に判って来たのです（[テキスト]10—6—1、P449上必見）。更にアナタ、このことはアナタの意に反して、当時は普遍的とも言えること——元々がお棺だった。正に甕棺と同じ——だったのでして、丹後の加悦町の谷垣遺跡出土の特殊円筒も何と！お棺として用いられておりましたし、又、吉備とは一つ山を隔てました安来市の造山一号墳出土の円筒、同市向山遺跡の円筒（写真9—8。向山のものの透かし孔は最下段にあり方形で古い）も同じく円筒棺（全て、鳥に突っつかせる孔がございますよ）としてこれらは皆弥生の時代（松江市来美の四隅突出型方墳の中央大形土壙の上にも土器がございました——ひょっとするとこれは甕棺からの流れだったのでしょうか〔一5、支石墓〕。山陰の鼓形器台など）からの生贄供献の祭祀の「器」の流れを汲むものであったこ

とが判ってくるのです（尚「殉死と生贄の区別」は大切でして、これにつき右のテキスト10―6―1、P449上。又、人形埴輪や古代絵画の「刺青」と「自傷」との区別も同じく大切です（別述））。

因みにアナタ、日本列島の前述の巨大円筒器台型土器のところでも少し触れましたが、チベットでも同じように**死骸は鳥に食べさせる**のです。**チベットの鳥葬**の一例といたしましては、ラマ僧が「**人骨から作った笛**」を吹き、読経を済ませた後、**隠亡**（鳥葬場の人）が太刀や鉈で死者の腹を裁ち割り、腸を引き出し、肉と骨を分離させ、鉈で死骸の首と両手足（四肢）をバッサリと切り落とし、金槌で頭蓋骨をガンガン砕き脳味噌を流出させ、それを見ながら待っていた鷲や鴉に食わせるのです。そして、**死骸を食べた鳥は大空へと舞い上がり**、この恐ろしい儀式により初めて**死者の魂は清らかな天へと導かれることになる**のです。この様に、鳥という「**神の使者**」により死者の魂をあの世へと導かせる――魂のフルサトと考えられていた「神の棲む天上界」へと昇る唯一のルート（その生と死の循環）――のは、古代日本も現代チベットも同じだったのです（**ヤマトタケル**の**白鳥伝説**然り）。

さて、右の壱与の東行のその前の、弥生レベルでの吉備から先の**東行ルート**の**考古学**上の証拠につきましても、弥生時代後期になりますと、**西谷三号四隅突出型方墳**（出雲市）から二〇〇〇年頃の吉備の特殊器台が出土しておりますし（出雲↑↓吉備）、**分銅型土製品**の出土が吉備と河内の**亀井遺跡**（八尾市）、**鷹塚山**（枚方市）等に見られ、このように、既に**古墳前期への過渡期レベル**におきまして**吉備と河内との密接な交流のルート**が認められますと共に、更に、アナタ、一辺4・5mの珍しい「**六角形**」の竪穴式住居が、弥生時代後期の**大中遺跡**（播磨。加古川近く）と河内淀川の**山之上天堂遺跡**（枚方市）で、**ほぼ同時代のものが見つ**かっておりますと（吉備↑↓摂津）ことなどからも、又、古墳時代に入りましてからも、

三世紀の吉備の**宮山古墳**（総社市）→播磨の**綾部山三十九号墳**（たつの市）→**西条五十二号墳**（加古川市）→阿波の**萩原二号墳**（鳴門市。後述）→大和の**ホケノ古墳**

（時代は少し下がるとは申せ、「**吉備↔大和**」という関連が認められます。又、ここ**纒向**では**特異な積石木槨**〔石室内に柱を建て**板囲い**の部分を設けたもの。瀬戸内の香川県善通寺市の**王墓山古墳**は古墳時代の後期のものとは申せ、「積石」式で横穴式石室内に**石屋形**が見られ、木ではなく石なのですが、この類似した構造との関連が気になります。序2〕が見られますが、これらは朝鮮の「**伽耶＝倭**」**に多く見られる構造**であり、且つ、ここの**大壺**が四国の物ですので、似た構造の徳島県の古墳時代初期の積石塚である前述の**萩原一号墳**〔鳴門市大麻町〕辺りを経由して朝鮮から大和へと入って来ていたことが判るのです。序2。積石木槨の後世での更に東海地方との関連〔つまり伽耶と東海との関連〕にもご注意下さい）

へという様に、①**前方後円墳**、②**木槨内に木棺**を納めた二重構造（木槨木棺式）、③**画文帯神獣鏡**等の中国鏡の出土、という①②③の三点セットでの特徴の流れが**西から東へと見られる**こと、その他、前述の**吉備**の**特殊器台**の**出雲**での出土等、それ等を総合致しますと、そこには間違いなく

「**朝鮮半島→対馬→出雲→吉備→播磨→河内**」

という当時の文化と人々との移動という古代ルート（壱与の後半のルートと重なります）が考古学上も認められるのです。そして**木槨墓**が前述の様に、**朝鮮半島南部**の**慶尚南道**に多く見られるということからも、それらの証拠から素直に考えましても、この流れは**朝鮮半島**の安羅、金官等の「任那＝倭」連邦からの「**日本海→出雲→吉備**」「**朝鮮→阿波**」という流れの（宗像神の欝陵島からの伯耆への渡来をも含め）、その又**延長**だったのだとアカデミズムよりもう一歩強く見て差し支えなかったのです（九14。更に、吉備のものより古

い「桃太郎伝説」であるとも伝わっております「**大牛蟹と乙牛蟹**」の口碑が**大山の西麓**の日野川近くの**溝口**に残されている〔米子↓新見↓津山↓岡山〕こと〔テキスト15―1―9、P594下～595上、同15―2―2、P605下〈及びテキスト新版でのこれらの部分〉〕。又、正史日本紀上出雲での出来事であると記されております**八岐大蛇**を切った十握剣〔記〕・天蠅斫の剣〔紀〕〔因みに、切った大蛇の体内〈尾〉から得ました方の剣がこれとは別の三種の神器の一つの**草薙剣**を祀る「**石上布都魂神社**」〔テキスト15―12―1、P689下〕がそのお隣りの**吉備**にございますことなども「出雲↑↓吉備」という今は忘れられた古代の相互交流を表していたことの情況証拠に加えておきましょう（七2、一一7）。そして更に、

「**高霊伽耶の池山洞三十二号墳の大王冠**↓福井県の**二本松山古墳の冠**」

という**類似の意匠**の流れにつきましては（これは後世のものですが）、一七1、「カラーの表紙」及び図10―1、2必見です。更には、**敦賀**からの**琵琶湖**、**木津**への南下という少し東寄りのお隣りのルートも十分有り得たのです。

このように、〔出雲↓〕**吉備**からは**瀬戸内ルート**を辿り「**河内**の南の**紀伊国の紀ノ川**を東へ**遡行**」し〔神武レベルでは、熊野へ回った筈なのに「到吉野河之河尻」＝河口」更には、前述のような**敦賀**から**琵琶湖**、**木津**〔一5「狛のわたりの瓜つくり」〕へと南下してくるルートも十分考えられます）、奈良県に入り、**五条**辺りより北上し大和盆地をその西南より北東へと当時の**大和湖**（この当時の水面は**海抜47m**でした）の東南側の縁を進み、**大和・纏向の三輪山の麓**へと入り（又は、**淀川**〔澱川＝**大川**〕の遡行ということも考えられます）、そこで伊勢の**サルタヒコ**を祖神としていた、先渡来の前述の主として①**弥生人**〔**別倭・夷倭**〕のグループ〔祭都は**伊勢**〕を**抑え**、**征圧し**、そのサルタヒコの勢力を**東国へ追放**し〔サルタヒコの東日本への拡散。但し、サルタヒコ系〔弥生水耕民〕グループの**外交権**や**徴税権**こそ奪われますが、サルタヒコ神自体

は**伊勢**に変則的な形で残されます〔一六4、P1011〕）、大和盆地の東南の地に初期の**前方後円墳**を、前述の様に中国**晋**での**流行**（はやり）（七2）を真似て、巻向に幾つも作り、且つ、東海・北陸の周辺へ古くから先行して入植していた同族系の半島（伽耶）・大陸（満州）の分派の勢力の支持をも得て（北陸式・東海式土器の纏向での出土がその証拠です。本六）、そこ纏向の地で日本列島東行先での

「**第二の邪馬臺国連合**」とでも申すべき「**纏向王朝**（まきむく）」とでも呼ぶべきものを卑彌呼の宗女の**壱与の代に至り**――卑彌呼の代ではございません。年代が合いません――建てることが出来たということだったのです（前述のように、北陸や東海などの各地方の特色ある土器の出土がその「**復立**」という文面（次に述べますように、卑彌呼の「共立」との違いにご注目下さい）の証拠だったのです。この後の七世紀の新羅占領軍の天皇家④によるアマテラスのための「**①のサルタヒコ神の隠蔽＝伊勢神宮の創設**」につき、一六4、P1022は必見）。

ですから、魏の滅んだ翌年の**２６６年**（泰始2年）1月に倭人が朝献しておりますが（『**魏書**』「武帝本紀」）、そこ迄の**２４７年**から**２６６年**の**西晋**への遣使までには「**１９年も空白**」があること、『**魏書**』では卑彌呼を「**倭女王**」としているのに対し、この『**晋書**』では女王とはせず単に「**倭人**」としか表現していないこと等から考えますと、これは、実はアナタ、東行した邪馬臺国の女王の壱与一人のことではなく、３４７、８年頃に邪馬臺国を滅ぼし倭人の盟主たる地位を一時獲得し、**壱与**と共に**復立**されておりました（アナタ、よくご覧になりますと、その文面が義母の卑彌呼のときの「**共立**」とは異なる「**復立**」という表現となっておりますことに十分ご注意下さい。この二つの語の区別の出来ていないアカデミズムの長老〔U氏〕もおられますよ）**狗奴国**（クヤ）の**男王**の**卑彌弓呼**（ヒミクコ）の**流れを汲む**一族であった可能性すらも又、否定は出来ないと私は考えております。

この様にして、**写真7—10**（**箸墓**）の**航空写真**の箸墓は、卑彌呼の宗女の**壱与**の**寿陵**（ジュリョウ）（生前から造った墓）だったのです（但し、七2で十二分にアナタに前述致しました様に、改造されてしまう前の築造**当初**の箸墓は、九州**西都原**の養母の**卑彌呼の寿墓**である**男狭穂塚古墳**（おさほづか）と同様に「**円部のみ**」なのでした。七2）。

つまり、以上を一言で要約致しますと、

中国史の倭や日本の国名を巡る『旧唐書』や『新唐書』の混同・矛盾の原因は（それに『魏書』等での邪馬臺国への方位の混乱をも含めまして）、前述の様に、「倭国②＝邪馬臺国」というものが日本列島内を九州西都原から大和巻向へと「西から東へダイナミックに移行」したということ（**邪馬臺国の移動**）**等に、主として起因していたからなのだ**——それを中国史が何回もの訂正に際して、より正確にしようとして、却って間違えてしまった——ということに、アナタはもうそろそろ、この頃の動きを一国歴史主義から脱却してコスモポリタンに把握し、気が付かなければいけなかったのです（勿論右の②以外の①③④の移行もそうなのですが）。

それに、この「②の**邪馬臺国**の王都の遷移」に加えまして、その次の「③の**倭国**の王都が遷移」致しました様に——このことを端的に表しております現象は、**九州**で**五世紀初頭**に現れました**横穴式石室**というものが、何とアナタ、**畿内**では**五世紀の末**になってから初めて使用されておりまして、この約［一世紀もの差］は、**統一国家**というものがそこにが存在していたというアカデミズムの見解に対し、明らかに「**ノン**」と答えているからなのです（因みに「**ワカタケルの鉄刀＝雄略＝大和朝廷という統一国家の成立**」というオールアカデミズムの見解に対する「**ノン**」ということにも、詳しくアナタに他のところでご説明いたしますように、この同じ理由が当て嵌まるのです。一四9の買地券のところの②や③は、ということでアナタ必見です)。更には、より後世に至り663年以降には、実質、唐・新羅占領軍が作りました④の日本国という新しい国がその王都を占領地の都督のあった九州から畿内へ移させたということも(初めは仮の都であり、後には別荘ともなった大和の飛鳥古京へ、そしてそこから次に正式な都である「藤原の宮。(藤の下の井戸の原)京=藤井が原(仕掛人が「藤・原=ヒヂボル=比自火(ヒヂボル)=昌寧(ショウネイ)伽耶〈但し、ここは魏の時代には弁辰ではなく秦・韓に属しておりました。ですから、その由来には元々中国的要素も混在しておりました〉」の出自であったことを暗示))、中国史の混乱の一因に加えておきましょう(その証拠に、前述のように、国際法的に比較して見ましても、この

藤原京の条里制は、当時におきましては唐ではなく敵国新羅の王都の「慶州の条里制」がそのお手本となっておりました)。だからこそ

「新益(あらまし)の都(みやこ)=本国新羅が益々栄える都」

と、当初は正史上でも新羅の一字を取ってその名を冠して言われていたことも納得が出来るのです。しかし、何故(なぜ)か?この後、何時(いつ)の間にかこの名は使われなくなり、消え失(う)せて忘れ去られてしまったのです。

これらのことは少し判りにくいと思いますので、もう少し詳しく「中国史が「2つの倭」と「1つの日本」というその3つを混乱してしまった原因」につき、この本をお読み下さっているアナタがもし中学生であられても十分お判りいただけますように、マトメて一言で申し上げますと、より古くは、畿内の弥生人の秦王国①(別倭・夷倭)を、②の邪馬臺国系の勢力が、卑彌呼の死後、壱与が吉備の勢力と組んで東行して、三世紀にこれを征服・制圧して西日本に君臨し(平安紀上で初めて作られました「神武=イワレヒコ」のモデ

ルともなったその前の奈良紀での、消されたイワレヒコの前の王者「天日矛＝ニギハヤヒ」の東行もこの投影だったのです）、次に、朝鮮での**高句麗**や**新羅**の圧力を感じた**海峡国家たる③倭**（その当時の盟主は朝鮮半島の**金官**）の先行した東行軍が、古く前述の3世紀には既に西都原より先行して東行して来ておりました右の②邪馬臺国（壱与）系の末裔の勢力を大和・纏向（奈良盆地東南）の地で制圧し（よって、これ以後**大和から河内に大王陵の主体が段々移っていっております**）、そこに君臨して王都を建て、その後、半島で滅ぼされて六世紀に本格的に亡命して来た倭国③の本体が、大陸・半島に近い九州からより安全な遠い畿内の**河内**（大阪湾岸）等に、何時れの時点では王都自体も移しますが、少くともこの時点におきましては倭国の**大王陵につきましては河内に築造**していたのだということになります。この「倭の中央進出」は、畿内内部での**支配者の「大和②の人々→河内③の人々」という地理的な交代**と、考古学的にも「**③の人々**による河内平野での**巨大前方後円墳**の出現」という二つのことが明白にアナタに証明してくれていたのです（ですからアナタ、**500年**頃の**大仙陵古墳**か**誉田御廟山古墳**は、「**倭の五王**」の「**武＝雄略**」の列島における**寿陵**だった可能性が大なのです。七3、P29—30他。早く発掘してみようよ）。

ここで、くどい様ですが、数多（あまた）ございますアカデミズムは勿論アマチュアの本の中でも、この「**倭と日本とを同一視してはいけない**」という考えは余り触れられてはいないとても大切な点でございますので、上記の中の後半の**六世紀**頃からの「**③倭と④日本との王都の変遷**」ということに的を絞り、「**倭から日本に至る藤井遷都モデル**」に従い再々一言で、今度はもしアナタが小学生であっても判るように簡潔にマトメ（**イ～へ**）ておきますと次のようになります。

イ　532年迄は朝鮮半島の**金官加羅**（**倭**）国の**金海**（キメ）、

ロ　**それ以降562年迄**はそれに代わって盟主となった同じく朝鮮半島の**安羅**（**倭**）国の**咸安**（ハマン）で、その外港は馬山の「斗豆米（アヅミ）＝斗刀米（アデミ）＝安曇（あづみ）」でした（**高霊伽耶**については**池山洞**）、

ハ　**562年から663年**迄の百年間は、日本列島に**亡命**して来た**倭**（**安羅**）による九州の**博多**（**那ノ津**）

（半島から列島へ。以上のイ～ハは③の「**倭**」の**グループ**についての王都の遷移についてでした）、

次に

ニ　**663年**からは**唐・新羅合同占領軍**の軍都たる**都督**（ととく）の北九州の**太宰府**、**難波**、

ホ　そして所謂「**壬申の乱**」の後である**694年**からは、新羅単独占領軍が、母国**新羅**の王都**慶州**の**条里制**をモデルとして造った「新生**日本国**の**最初の正式な王都**」である**新益京**つまり**藤原京**（中国とは違い都の中央部に宮を配置しました。そこで遠つ飛鳥の宮というのは、陵墓の点は除いて、実はアナタ、それ迄の仮の王都と墓地に過ぎませんでした。だからこそアナタ、その「藤原京＝新益京」のその南方の「**聖なるライン**」上の**亀石**〔新羅の象徴の国家の守護たる**水神**・**蛇神**・**亀**〕が**見守る範囲**に、ちゃんとその当時の新羅王子・王女であった天皇・親王・内親王たちの**飛鳥の陵墓**が見事に直列して造られていたのです）、

ヘ　**710年**からは今度は**唐**を手本に**恒久の王都**を目指しました、都の北部に宮を配置いたしました型の**平城京**ということになって参ります。

（以上の後半のニ～ヘは④の「**日本**」の**グループ**における王都の遷移についてです）。

その後、国分寺・国分尼寺などの建設をも含め、日本④の国家財産の「**10分の9**」（**少なくとも二分の一**）もが、この講演の初め（序）に申し上げましたように、百済王（コニキシ）系の陰謀により浪費させられてしまい、つ

まり「**百済王**（コニキシ）＋　**藤原式**（しき）**家**」による**百済クーデター**により、兵糧攻めで**新羅系の日本④が水面下（アカデミズムは今迄気が付かなかったという意味で）で滅ぼされ**、ここに百済王（コニキシ）（男・女）による**百済亡命政権が日本列島で樹立**されましたのが、何を隠そう奈良朝の次の**平安朝**（同じ④の「日本」の中でも、政権の担当者〔天皇〕が新羅王子から**百済王**（コニキシ）へと変わっていたのです）なのでございましたことにつきましては、前述のように序の初めに結論としてＰ16で申し上げました通りなのです（ですからアナタ「奈良朝→平安朝」）という変化は、一言で申しますと、同一国家内の「支配者の交替」だったのです）。

9―14　邪馬臺国の遙かなるアジアでの彷徨

さて次に、少し遡りまして、ここでアナタが、更に更に目を白黒させて「アッと驚く為五郎」であろう右の**邪馬臺国**②自体の**アジア地域**（**トルコ以東は国際的にはアジアですヨ**）**における移動**という《とてつもなくスケールの大きな問題》につきまして、私こと古代探偵の殊の外大好きな

「**民族の追っ立て**」

という観点から、時間の関係で要点だけですが、チョットだけどうしても眺めておきたいと存じます。このことは今後の歴史の究明方法論としては勿論、日本列島に至った**邪馬臺国の出自**――途中のフェニキアなど――の理解にも是非必要（**必須**とすら申せます）ですので、アナタ目を白黒させないでお付き合い下さいネ。

倭人・倭種の大きな流れと致しましては、**安羅**、つまり**倭国連合**たる**邪馬臺国**（②の倭国）の**卑彌呼の祖先だけ**に限って見てみましても、この邪馬臺国は、実は、アナタも驚かれるかも知れませんが、そのスタートは、先ずは、今から**5300年も前**の**古**（いにし）**へのインド亜大陸**にまで**遡らなければ**ならなかったのです。では次に、そこのスタートまで遡って、それ以降の長い長い「輪廻の流れ」をコスモポリタンに見て参りまし

ょう。〈目ん玉ひん剥いて、耳の穴かっぽじって〉よーく聞いて下さい。邪馬臺国に至る「**民族の追っ立て**」の私の**大仮説**は、アジアの**近東**から**極東**まで広く見渡して分析致しますと、次の①～⑯の通りとなって参ります（この①～⑯を、私こと古代探偵の「**邪馬臺国アジア東行モデル——邪馬臺国へ至る遙かなる道**」と呼びます。本九5、テキスト9—7—2、P397下—400上、15—6—1、P640下—642）。

では次に、先ず①～⑯（この番号は、より後述の①～⑯の詳述とも対応しております）の項目と要旨（ダイジェスト）だけでもオリエンテーションとしてお示しするところから「邪馬臺国へ至る遙かなる道」についての気の遠くなるようなお話を始めましょう（年代は皆「その頃」ということです）。

①BC3300年 より古くに東方の海からインドへやって来ていた**インド・ムンダ人**（魚人間**オアンネス**）が、西方の**メソポタミア**へ移動し「**シュメール人**」と化します〈東アジア↓インド↓シュメール〉。

②BC2350年 **アッカド王**の**サルゴン**に追われたシュメール人が**インドへリターン**し「**インダス人**」と化し、そこでインダス文明を作り、後にBC1650年に至り侵入してまいりました**アーリア人**に追われ、BC1400年には中国へ移住し「**殷人**」と化し「殷字＝漢字」を作り出します〈シュメール↓インド↓殷〉。

③他のモルディブ、アラビア海、アデン海へと海洋を西へ進んだインダス人の一派（別派）は、**エブス**

と化し、ナイル川上流の**アビシニア**（エチオピア）から北上し、エジプトでBC1670年**アジアニック**の「**牧羊ヒクソス王朝**」を建てます（**上**エジプトの冠プラス**下**エジプトの冠＝二重（ダブル）王冠）〈インド→エチオピア→エジプト〉。

④そこを追われたヒクソスが「**フェニキア人**」（カルタゴ人もこの流れです）と化します〈エジプト→フェニキア〉。

⑤更に地中海沿岸の**アルヴァド**（**アトラス**）の地からも追われ、BC1000年以降に**オウド**で**インド16王朝**の「**コーサラ国**」を建てます（二度目のインドへのリターン）〈アルヴァド→インド〉。

⑥インド系**チャム人**が**インドネシア**で**邪馬臺国**の「**東アジアでの母国**」たる**ヤーヴァ・ドゥヴィーパ**（赤土国＝邪婆提＝文郎〈パンジェル〉馬神）を建国します（『プトレマイオスの地理書』『ラーマーヤマ』『法顕伝』）〈インド→インドネシア〉。

⑦AD二世紀以前にインドシナの、後のチャンパ国の地（ベトナム他）に同名の**文郎国**（**赤鬼国**）を建てます〈インドネシア→チャンパ〉。

⑧春秋時代に至り中国の「**越（ウォ）国＝越人**」と化します（「臥薪嘗胆」）〈インドシナ→中国南部〉。

⑨**楚人**によってＢＣ４７３年、**琅邪**の**第二の越**が滅ぼされます（『越絶書』）〈中国南部→中国中部へ北上〉。

⑩越の亡命民が**廟島群島**を島伝いに渡って逃げ**遼東半島**へと至ります（これは古くの朝鮮半島への「稲作の渡来ルート」の一つとも一部重なります）〈山東半島→遼東半島〉。

⑪そこでこの外来人が**半中国人**の**公孫氏**と化し（この燕王の支配地は嘗て渡って来た山東半島の一部にも及んでおります）、２２８年に**公孫度**（神話の事代主〔又は大物主命〕＝卑彌呼の父〔『魏(ウィ)書』公孫条〕）が自立し王と称し、２３７年に至りその孫の**公孫淵**（卑彌呼の甥＝壱与の兄弟）が**燕王**を称します。

⑫公孫氏が２０５年前後に自ら建てた**帯方郡**が、２００年前後に**倭**（**濊**）**人**を**支配下**に置き（『魏書』列伝公孫条）、公孫度の女の**卑彌呼**（『晋書』倭人条）は**倭人に乞われその盟主**（象徴）に担がれ、当時**辰**（**鮮**）**王朝**の本拠がそこにございました**馬韓**の**月支国**(アシタ)（「**古(いにし)への辰**〔**鮮**〕**国**」の中心）へとまいります〈遼東→馬韓〉。

⑬南下した**安羅**の王都**咸安**(ハマン)で、卑彌呼は「**倭の大乱＝安羅と浦上**(ほじょう)**八国との鉄を巡る争い**」（『三国史記』「新羅本紀」奈解尼師今条」、『同』「列伝」勿稽子(ムルケジャ)条）に遭遇し（倭の大乱）、安羅の国自体は**辰韓**に助けられて残りますが、女王の卑彌呼はその際日本列島の九州**西都原**に亡命してしまいます〈朝鮮半島→日本列島〉。

⑭**卑彌呼**は**狗奴国王**（**奴**＝この字は助詞に過ぎずカウントしませんのでアナタご注意＝敢えて申しますと「狗（く）は大の意」。因みに「金印」の倭ノ奴ノ国の「奴」も助詞に過ぎず、読んではいけません）の**卑彌弓呼**（ヒミククホ）（南倭のインド系**ナガ族**の**ナガスネヒコ**＝後に朝鮮に上陸した**朴氏**＝仲曽根氏）から球磨（人吉）盆地から米良（めら）の山越えで247、8年に奇襲を受けて**死亡**し、宗女（養子）の**壱与**は、命からがらに任那の本拠であった**対馬**に一時戻り緊急避難します（女王卑彌呼の寿陵が、**円墳**であった頃の西都原の「**男狭穂塚古墳**」でした）〈南九州→対馬〉。

⑮やがて力を蓄えた**壱与**は**出雲**、**吉備**を経由し**大和**へ東行し、纒向で経由地の吉備のみならず北陸や越後の勢力とも合体（出土した地方の土器が証明）し「**第二の邪馬臺国**」とも言うべきものを建て、当初は巨大**円墳**でございました寿陵の**箸墓**を造ります（『晋書』倭人条）〈対馬→吉備→大和纒向〉。

⑯朝鮮**本国の安羅国自体**も562年に**新羅**に滅ぼされ（『三国史記』「新羅本紀」）、列島に亡命し、先行した分派がおりました**飛鳥・檜隈**（ひのくま）の**越**（こし）（主として石舞台古墳よりも南）へ至り、やっと長かった遙かなるアジアでの彷徨の旅を終え安住の棲まいを得ることになるのです〈纒向→南飛鳥〉。

という、女王卑彌呼一族（公孫氏）の邪馬臺国の祖先の動き一つ取り上げましても、BC3300年からAD五三二年までの**4千年**近くの気の遠くなるような、途中でフェニキア④を介しましての**アジアでの彷徨**（民族の追っ立て）ということになります。では、以上では物足りない、よりよくお勉強されているアナタのために、このようなスケールの大きな古代のアジアの旅——巨大アウトリガーによる古代世界クルーズの旅——に、私こと「古代探偵」がナビゲーターを務めさせていただきますので、アナタと共に「邪馬臺国へ至る遙かなる道」探求に、さあ出帆いたしましょう（以上の①〜⑯のダイジェストと、次の詳述の①〜⑯は、そのまま数字が対応しております）。

①インド・ムンダ人がペルシャ湾を西北行しオアンネス（魚民＝鱗人間＝縄文系）としてシュメール人となります。

この人々は**漁民**でもございまして、これが後述の、メソポタミアで**シュメール人の祖先**ともなりました「**半魚半人のオアンネス**」（図9—40）とも一致いたしております（一—5「夜は船上」）。これは、その前はインド半島の南東、東インド諸島、マレー方面から、つまりインドより**東方の海**からより古くに来ておりました**インド最古の住民**（オーストロアジア語族）でして、その名のムーンダ Mûnda とは**村長**の意味です。その神々の**ジング・ボンガ** Sing-Bonga は太陽神ですので基本的には**太陽信仰**でした。**ドルメン**の下に**甕**を納める埋葬方法（このドルメンについての古代からの遙かなる何千年もの流れは、北九州糸島（伊都島）へと流れ着いて来ております。九7の「邪馬臺国への九州藤井探索ルート」上に見られますドルメンはこの接点でもあり必見です。ここにも輪廻あり）。**巨石柱**を村端に建てる。この民が**古代から集会で必ず踊る緩慢で優美な動作**とこの民の**単調なる口調の歌**が、**シュメール人が人類で最初に作ったと**記載されていた**音楽**の土台ともなっていたのです（世界初公開）。**父**から**息子**への相続で娘の取り分は無く**父系制**です。正直であり、子の名前には、遠くから村にやって来ていた「**マレビト**」の名をつけることもございました（呪術的にその霊力を得るためでした）。

この人々はインドからオマーン湾のマガン（現マスカット、オマーン）へ寄り、そして更に神々の集まる聖なる楽園（蜜の流れる川）と古くには（BC五〇〇〇年の縄文海進の頃。暖かだったので北へ向かいました）伝えられておりましたペルシア湾のデイルムン（バーレーン島、バーレーン。「シュメールとインドとの二つの海を繋ぐ地」との名の由来）経由でここシュメールの地へとやってまいりました（これ又、世界初公開）。この辺りがアナタ、旧約聖書の「エデンの園」のモデルだったのです。つまり、この楽園はここからユダヤ人が盗作して聖書上で創ったものに過ぎなかったのであり、これはシュメールのジウスドラ王やウトナピシュテム王の粘土板の話から「洪水伝説」を盗用して創ってしまったのと全く同じ手法（聖母マリアの伝承のモデルがバアルの死体をシールメマット山で発見されたアナトの嘆き物語〔ラス・シャムラ出土の粘土板〕だったことにつき㊫9―3―6、P366上必見。尚「ピエタの原像」のモデルが、テル・ジャイブ出土のオシリス神の死体を抱いた凍石製のイシス像やサルディニアのBC八～六世紀の死体を抱いたピエタ的青銅像だったことにつき、同9―4―2、P384上）だったのです。

因みにアナタ、後世のギリシア語の語彙の四分の一はヘブライ語を含む西セム語系であり、その同じくらいがエジプト語系である（マーティンバナール氏）ことからも、ヨーロッパ文明の祖と言われているローマ文明のその又祖でございましたギリシア文明というものへの近東（オリエント）の有色系の人々の影響は、アナタが考えておられる以上に遙かに大きいものだったのです（『黒いアテナイ』アナタ知ってた?）。ということでギリシア文明すらもが、実はアナタ、多分に有色人種系且つアジアニックから生まれたものだったのです（ギリシア文明のその又祖とも言えるシュメール文明と同じ――その頃から既にアジアニック――じゃないか!）。エバルなよ、人類学的には突然変異で出来た「白っ子」の白人よ！　縄文を見直せ！

アフガニスタンの**バタフシャン**の**ラピスラズリ**をインダス河を下ってアラビア海から運び、**メソポタミア地方**で**シュメール王国**を**BC3300年**に**建国**し、ここで**世界初の文字である楔形文字**を発明いたします（後に中国人がこの文字からの盗作により作りました漢字（正しくは殷字）につきましては、この後直ぐに詳しく証拠を引いて申し上げたいと存じます。尚、道家が理想の天子と崇める三皇の一人の黄帝（他の二人は伏義と神農）は、文字や音律を定めたとされておりますが、これもシュメールのアオンネスの行ったことの翻訳そのものだったのです）。この「**インド→シュメール**」と遷移した人々の更なるアジアでの起源につき、アナタ、テキ9―3―1、P345下は必見です。

少し話は変わりますが、ヨーロッパで1991年にドイツ人夫妻によって発見されました**BC3300年**のシュメール建国の正にその頃の「**ICEMAN　アイスマン**」も、インド亜大陸から何らかの理由により西に向かいました、この**元初のアジアニック**の当時世界でも最も冒険心に富んでおりました右の**シュメール人**（顔付きも**丸顔**で実によく似ておりますよ）が、ここより更に奥へ奥へと突き進み、**黒海**を回り**ボスポラス海峡**を渡り、**ドナウ河**を遡行し、イタリアとオーストリアの国境付近の**エッツタールアルプス**の三千メートル近くの山頂近くで現地人から追われて殺された人々の一人だった可能性も否定は出来ないのです（世界初公開）。この証明は、この本の校正中イタリアの研究者がピロリ菌のゲノムの解析からインドのものと類似との発表をしたことからも合点（凄いね、私の説）！　テキスト新版参照。その頃のメソポタミアは、今は砂漠の近東でも、その当時（BC三三〇〇年）は高さ百メートルもの堂々としたレバノン杉がニョキニョキと生えておりまして、花々には蜂が飛び交い蜜が流れ、その頃の『旧約聖書』の冒頭を見ましても、今（モーゼのシナイ山の人的な契約後の一神教・人格神）とは異なりユダヤ教が多神教のアニミズムの生贄を必要とする宗教（その証拠は旧約聖書自体にございまして、それはアブラハムは雄羊を子のイサクを殺す代わりに全焼の生贄として「主」に捧げたことなどです。創世記22）であったことが判るのです（テキスト9―3―5、P364下）。ああそれなのに、それなのに、ヨーロッパのバカデミズムは、当時の気候〔温度、花粉など〕について「**縄文海進**」のことを十分に考慮に入れていない**ミス**――アイスマンの行動予測の間違い――がございまして〔省略〕、だからアイスマンだってアイスイマセンと言っているよ。アナタ、大変面白いことに、このアイスマンは、同じ頃の日本の「縄文クッキー」と同じようなものを食べておりましたよ。これは何故？）。

実は、この世界最初のオリエントでのこの楔形文字の発明の歴史を、**漢人**の祖先の本来**西戎**（セイジュウ）**の出自**に過ぎなかった**羌**（キャン）〔**羊の人**〕・**氐**（ティ）〔**土の人**〕等の西方から追われて東行してチベット高地から下ってまいりまして古代の中国の地にやってまいりました（**羌がチベット高地を下って**農耕民の氐と化しました）**プロト中国人**（テキスト9―3―6、P367―368）が、後世に中国で**翻訳**して――この点、ユダヤ人も同様に翻訳（物真似）して『旧約聖書』の洪水伝説などに取り入れております（前述のシュメールのジウスドラ王、ウトナピシュテム王）――**漢人の歴史として取り込んで**しまい（詐称）、このオリエントで発生いたしました**楔形文字**（**尖った葦**（あし）**の先**で**粘土**に彫った少し長い形の二等辺三角形を組み合わせて一字にした文字）につきましても、恰も古代中国で発生した**漢字の元**である「**蝌蚪**（かと）＝オタマジャクシ＝古代篆字＝**鳥の足跡**」**文字**（アナタ、正にこの尖った三角形は砂漠〔砂浜〕の千鳥の足跡のようでしょ）であったということにして、**漢字を蒼頡**（そうけつ）（そうきつ）**が発明**したことにしてしまっていたのです（実は、このように漢字すらも、元々中国元初のものではなく、**インダスの亡命人が**「**殷人＝**

商人」**と化して**、**亡命先の中国**で作った**象形文字**且つ表意文字**たる殷字**が**オリジナル**でして、それから盗んだものだったのでした。テキスト23—1、P926、927メモ、同9—3—3、P350—359、同9—9—3、P410上、インダスとシュメールに付き同18—5—4、P800上「漢字の**元**となった**古代ロロ族**の『**紅岩文字**』」、「**インダス文字→殷字**」につき、同23—1、P927下。アナタ必見。本九12。これ又、私こと古代探偵の**本邦**、否、これ又**世界初公開**）。これは正に古代史のノーベル賞級発見か！　これを近時、国連総会で発表予定。但し、嘘つき中国はこの動議提出自体に拒否権発動の予定（提出自体には、実は、拒否権が及ばない筈なんだけど）。

近時、二〇一三年に至り、中国の庄橋墳遺跡（BC三三〇〇～同二〇〇〇年。揚子江・良渚文明期。浙江省平湖市）で発見されました漢字の原型といわれている象形文字である殷（BC一三五〇～同一一〇〇年＝オリエントでは中期バビロニアの頃）の甲骨文字よりも古い陶器・石器に記されておりました記号は旗・魚・虫を表している感じが読み取れるだけではなく、又、五画以内の六つの記号が並んでいるものもあり、このうちの二つは「人」のようにも読み取れるとの報道（産経新聞、平成二五年七月一一日引用の中国文物信息網・時事）がございましたが、小さいですがその写真の「書き写し」をよく見ますと、何とアナタ、この記号の幾つかは、正に

シュメール文字（**古バビロニアの絵文字**、**古拙楔形**（こせっせつけい）**文字レベル**）とそっくり！

ではありませんか（特に、この中の幾つかは、シュメール語の男〔頭〈シュメール＝切り落とした頭の横顔。殷＝頭の大きな人＝首〉、口、言葉〕・手〔但し、シュメール＝指を広げない。殷＝指を一杯に広げる。共に音は全く同じ「shu＝手（シュ）」は奇遇〕・女〔女陰〕・魚・麦〔來〕・神殿・雄牛・雌牛などとその一部はよく似ております）。そういたしますと、私こと古代探偵の右の考え（前述テキスト）

を、この中国の近時における新発見というものが、物の美事に根拠付けてくれておりましたことになるだけではなく、更にアナタ、この記号を刻した器が、実はそんなに古いものでは無かったのだということ、つまり庄橋墳の遺跡自体は良渚期の古いものではあっても、そこに埋まっていたこれらの器自体は、それ以降の少なくとも「殷代以降のもの」だったということも判って来てしまうのです。中国のアカデミズムは功を焦るあまり遺跡そのものの古さと、そこへの埋蔵物自体の古さとを混同・短絡し（同一視してしまい）、その慌てた発表には、相変わらずの一国歴史主義でコスモポリタンな科学性の欠如が見られるのです（中国の甘ちゃんの学問。我田引水の水は甘いのだが――）。そこで愈々「私の予言」の出番ということになりますが、この記号の列がより発展したものが将来発見され、それがもし

「主語―目的語―動詞」

という配列となっておりました場合には（これを作った民が中国人（欧米人と同じ順語族）などでは全くなく日本人と同じ逆語族の人々だった）、これはシュメール語（古モンゴロイド語の末裔）、日本語と同じように（共に珍しい膠着語なのですよ。前出テキスト参照）、殷代の古代の中国人も、今の中国人とは異なりこのシュメールの仲間だった（逆語族だった）という驚くべきことになってまいります（これ又、本邦初公開。漢字の元の殷字のオリジンが「古シュメール語→インダス語」だったということは、アナタ、間違いなくノーベル賞級の大発見に違いありません。世界のアカデミズムはアト三十年間は気が付かないでしょうが――ですから私はストックホルムでの十二月十日の授賞式には生きている間には出られませんが）。これは将来が面白くなりそう（因みに、この点に興味のおありになる方は、エジプトのヒエログリフと漢字の類似性につきましてのテキスト9―3―2、P349上必見）。

←

②次に、**アッカド**のサルゴン王に追われた**シュメール**人のBC2350年のインドへのリターン（海路と陸路での出戻り）が見られます。

シュメールから亡命した或る一派はインドに戻りここで初めて「インダス人」と化します（ステキ9—3—1～2、P346—350必見です）。このインダス人の一部は、更にBC1650年頃にミタンニ人やカッシト人等の**白人のアーリア人の侵入**（白人とは言え、当時は不潔であった遊牧民の**伝染病の感染**と**インダス河の流れの変化**による**塩害**などで人口が減少し全体が弱体化しました）を受け、やがてインド亜大陸を**追われ**、次の（1）（2）の二方向、つまり

（1）**陸路**（**ミャンマー→四川・蜀ルート**。このルートは、後に、**前漢**の武帝の命で**張騫**（チヨウケン）（BC114年没）が探しましたが、発見することが出来ませんでしたので「**幻の張騫ルート**」とも言われております。ジャングルの中の、インド・ビルマ（ミャンマー）から四川に至る所謂**蜀の竹ルート**。因みに、この「四川」という語は「川陝四路」を略すときにその語順を逆にして作られた言葉でした。九7「魏書」の読み方の新発見）と

（2）**海路**（**山東半島**へ上陸。このとき既に、インドの被差別民の**ナガ族**（別述）が船乗りとして、この**奴隷船のミッション**に参加しておりました）

というように**2派**に分かれ古代**中国**に**時間差**で亡命し（出発は遅かったのですが、海路のミッションの方が早く到着いたしました＝海は早いよ）、そこで**BC1400年に殷帝国を建設し殷人Ⅰ**（商人Ⅰ）と化すと共に（尚、ここからの民族の流れ、つまり「殷人→箕子朝鮮（又は、中山国伯夷）→北扶余（伯族）→濊人→倭人」という満州内における民族の「追っ立て」につき、一八6は必見）、この中国

の地で故国インダスの
　インダス文字から初めて**プロト漢字**たる**象形文字**と今日言われておりますものを作り出します。このとき**殷人Ⅱ**の方は**Ⅰより遅れてジャングルルートで蜀（四川）に到着**いたします。

このオリエントからの二派の流れは、日本神話上では**国常立**（くにとこたち）（**兄**）、**国狭槌**（くにさつち）（**弟**。一八1。テキスト9―3―2、P356下）の二人の話と化して伝来し具体化しておりますし、又、**面足神**（おもだる）が「**昆侖の神**（コンロン）」と呼ばれておりますことも、その暗示（証拠）だったのです。

又、このアーリア人侵入のとき、一部の有色乃至は混血のインダス人は白人のアーリア人から**インド**南部の**セイロン**（**スリランカ**）へと追われ、この人々が**ドラビダ族**と化し**タミール語**を今日に残し、それが**回遊**している**航海民**により**日本列島**にまでも伝えられております（尚、縄文人の航海性につき、拙著『**写楽の謎**』――平賀源内説――平成三年〔一九九一〕中央公論事業出版刊〔全四三九頁〕、P182参照）。この頃は縄文人の大海洋巡回性につき、私を除きまだ殆ど主張されてはおりませんでした。

更に、右のインド南部に追われた一派の中には（アナタ、**これこそ**が、**卑彌呼の祖先となった人々**のインド亜大陸からの長い長い彷徨の**再スタート**の始まりでもあったのです！）、**BC二三五〇年以降**に、**遅れて**インド洋を**モルヂブ**経由で西へ**再リターン**して（ですからアナタ、何と！　中国の**雲南**の**銅鼓**の**貯貝器**に入れる古代の財宝である**寶貝**（たから）は、古くは何故かここ**モルヂブ産**！でなければなりませんでした〔これは大きなハテナ?です。世界初公開――古代中国の宝貝がハナビラタカラ〈黄河中・下流の殷周の遺跡〉かキイロダカラ〈雲南の春秋末期から前漢の遺跡〉か、その他かということも又とても大切です。少し新しいものですが宋代の火葬墓からは、ズバリ！モルヂブ産のキイロダカラが出土しております〕。この様に、古代中国の**漢字**の「**寶**(たから)**＝貝**(かい)**＝財**」の元が、何故中国人とは一切無関係な中国外の「**モルヂブ→雲南**」という**インド・ルート上**の物に起因していたのでしょうか？　その証拠は、ベトナムのドンソン文化の祭器でございましたヘーガー一式銅鼓が、像の中には財布も刻まれておりますインドの如意樹〔世界樹、生命樹〕石像〔ベースナガル〕や、右のモルヂブ産の宝貝をその中に入れましたインドシナの一式鼓形貯貝器や、樹枝に五銖銭を付けました揺銭樹(ようせんじゅ)〔後漢墓出土〕等へともその思想が繋がっていたからなのです〔インド→インドシナ→中国。又はビルマルート〕。このように、やっぱりアナタ、そのプロト漢字〔殷字〕のポイントは**インダス**にあったのです＝これを見失ったらアウト〕、**西**に**アラビア海**〔インド洋〕を渡り**アデン海**から**アフリカ**の「**アビシニア＝アブス＝エビス＝エチオピア**」に入り〔日本古代海洋民の「**エビス＝夷**」も、実はここからこの遙かなる流れを汲んでおり**アラビア半島**辺りが**遠い起源**だったのです〔卑彌呼の九州渡来と志布志湾とアデンのジブチにつき、九6は必見〕。ですからアナタ、今日の形を変えた女神の**弁財天**も**海人・卑彌呼の投影**でもあったのです——全国各地の弁財天。これこそが、全国の水に関係するところ〔海岸・湖・池など〕にございます、追われた卑彌呼・壱与の一族の流浪の姿の一つだったのです。岩手の早池峰山の、暖かい地方の衣類である筈の貫頭衣を着ております瀬織津姫(せおりつひめ)や御白様(おしらさま)すらも神々の一部には見られ、これも同じ〔同体〕だったのです〕、更にナイル川上流で力を貯めてから**ナイル川下流**へ下降して参ります。

←

③この**エブス**が**上エジプト**より**ナイル川**を北上し〔下り〕エジプト「**第14王朝**」を滅ぼし、**上下エジプトを統一**し（**2つの王冠の合体がそのことを示す**）**ＢＣ１６７０年**に建てたのが、**エジプト**の「**異王**

朝＝ヘカウ・カスウト＝ヒクソス王朝」（アジアニックの「**牧羊ヒクソス人**」の**第15王朝**〔**BC1650～1542年**〕と言われたものだったのです。

BC1730年頃に**バアル信仰**を携えた**アジアニック**のデルタ東部への侵入が見られます。この頃の（1）**近東・中東アジア**での**民族の移動**と、（2）**アーリア人**の**インド亜大陸への侵入**と、（3）**エジプト**のアジアニックのこの**牧羊人のヒクソス王朝**の**成立**という（1）（2）（3）のこれら三者の**同時性と関連性**にご注目下さい。この（3）は、前述いたしましたように、遅れてインドから**モルヂブ**経由でインド洋を渡りアフリカの**アビシニア**へと入った**エブス**の一種だったのです。

アナタ、［**エビスの起源**］は、遡りますと実に遙か遠くのここにこそあったのです。このことの日本でのヒントは、後世の筑後川沿岸の**珍敷塚**（めずらしづか）**古墳**のあのエキゾチックな装飾壁画に秘められた暗号を**解読**すると浮き上がってまいりますよ——そのポイントはエジプトの遺跡に残されましたイスラエルの古名「イスロエアル」にございまして、現在、芥川賞を狙って私が小説化中です。エッ！　そして、このエジプトのヒクソスと再度メソポタミア周辺に来ていたインダス人（インドの船乗り）とは、共に次のエジプト「第16王朝」に追われ

↓

④この**追われたヒクソス**が**BC1570年**頃に地中海東岸で**フェニキア人**（日産の社長のカルロス・ゴーン氏も古へにフェニキアの首都のあったレバノンの出身。レバノンの国旗には、ちゃんと「縄文海進」の頃高さ百メートルにもなったというレバノン杉が描かれておりますよ。ゴーン氏のアノ顔はフェニキア人の顔？）と化します（エジプトのハトシェプスト女王の許可を得て鉱物と大麦とを求めてアフリカを一周した、後のチュニスの**カルタゴ人**も同族〔この頃から既に「地球の丸いこと」を知っ

9

ていたフェニキア人——これ又、本邦初公開）。更に右の**アルヴァド**（**アトラス**）**の地**をも追われ彷徨を重ね

↓

⑤**BC1000年**以降「**インド16王朝**」の**オウド**（このオウドとは先程の地中海岸の「フェニキア人の**アルワド**からの遷移者」を意味していたのです）の「**アヨーディア**（難攻不落の意味）＝**アユダ**」を首都とする**コーサラ国**（BC700～500年前後——このアユダ国から後に亡命してまいりまして、金官駕洛王妃となりました許黄玉にご注意）（九13。テキスト9—7—2、P398必見。尚、九6）と化します（BC二三五〇年③に次いで再度の帰国）。

しかし、この同じ近東からインドへの流れでございました**アンガ国**も**コーサラ国**も、共に後に強力な同じアーリア系の**マガダ国**に滅ばされ**吸収**されて**一体**となってインドでは混同・混血して、一部は東方へ逃亡してしまいます（テキスト9—7—2、P398上）。

↓

⑥そして、やがて、この流れは、**ニコバル島**や**モーケン諸島**（テキスト9—7—2、P398下）を経由して**邪馬臺国**の「**東アジア**」での**母国**（テキスト9—7—2、P139）と私こと古代探偵が位置付けております次の「**ヤーヴァ・ドヴィーパ＝Yava-dvîpa**」、つまり**インドネシア**の**ジャワ海**をとりまく一帯の**ジャワ文化**の**担い手**たるインド系の**チャム人**の

「**イアゥバディウ**（『**プトレマイオスの地理書**』による表示）＝**金の国＝大麦の国**」＝

「**ヤーヴァ・ドヴィーパ**（インドの叙事詩でBC3世紀から**AD200年**頃迄に成立した『**ラーマーヤナ**』による表示。図9—41、42）」＝

「**耶婆提**（Ye-po-ti）**国**（中国僧のインド・インドネシア等について記した僧の『**法顕伝**（ほっけん）』による表示。図9―43、本九5）」＝

「**文郎**（**パンジェル**）**馬神**（**マシン**）」（九5、P44）＝

「**ジャワ海**を広く取り巻くようにこの**連合体**を見た場合（当時の交通網は主として**海のみ**）のボルネオ島の**パンジェルマシン**、スマトラ島の**ジャンピ**、**パレンバン**（**三仏斉**、**室利仏逝**〔**唐代の義浄**の頃の表示〕、**シュリー＊ジャヤ**）、ジャワの**マズラ**、ボルネオ島とスマトラの間の**カリマタ諸島**」＝

隋の時代の「**赤土国**」（インドシナの次の⑦と「赤」が共通であることにご注意――位置は千キロメートル位離れますが、現在のあの辺りの交通・商業の中心地でございますマレー半島先端のシンガポールに当時は相当する、交易上も地政学上も重要な役割を荷っていた領域であったとアナタは置き代えて考えてもよいと思います）

へと至って参ります（右のこれらの羅列は皆同一国の表示です）。このヤーヴァ・ドゥヴィーパの「ヤーヴァ＝ヤーダヴア」とは、黒色の**ナガ族**（インダス系）をインドのマトゥラーで征服したアーリア人（白人）の**インド・ヤーダヴア族の名が語源**となっております。ここでは、**有色人のナガ族は白人たるアーリア人種の下位に従属**（そして一部は混血）しておりました（大伴氏〔大物氏〕とその配下の久米氏との関係へとも遥かに繋がってもおりました〔大伴＋久米（クメール）〕）。

ところでアナタ、数年前、インドネシアのバリ島の東の**ロンボク島**西ロンボク県のセコトン地区で住民が**金鉱**を見つけ、政府に無断で手作業で採掘していることのTV報道がございましたが、正にアナタ、**古代のインドネシア**は、やっぱり**プトレマイオス**が二千年前に**イアゥバディウ**と言った様に「**金の国**」そのものだったのです（アナタ、**先祖返り**でこのことを証明）。

（**カルデア人＋カッシュ人＋亡命シュメール人＝ヤーダヴァ族**）

だからこそアナタ、古への中国人には、この頃の記憶がまだ当時には残っておりまして、「当在会稽東冶東＝倭人は丁度中国の会稽郡東冶県（福建省福州辺り）の東方海上にいる」三国『魏書』（これは丁度今日の台湾・琉球に近いエリアを示しておりました）と紀元後になってからも信じ込まれていたのです（一〇3）。ですからアナタ、古くの邪馬臺国系の倭人（満州に入り北倭になる前の南倭＝広い意味での倭種（佤族を含む））は「中国の東南海上」にいた（この中国史がその証拠）のです（九6）。矢張り、南倭のヤーヴァ・ドヴィーパ＝耶婆提は中国史によりましても北上していたのです。このように、私こと「古代探偵」のように考えてまいりますと、初めて地理と文面上との齟齬についての整合性――中国史の文字は決して嘘を言ってはいなかったのだということ――が判ってまいりますよ（魏書のこんなところにも優良証拠が隠されておりまして、只、アナタ、一国歴史主義が専売特許の視野の狭い我が国の秀才アカデミズムが、今までボケッとしていてコスモポリタンに考える気が無かった（無気力だった）のでこのことに全く気が付かなかっただけのお粗末なお話だったのです＝アア無情（情なや））。

⑦**インドシナ半島**の「**文郎国**」←

ここベトナムの地の**チャンパ国**の地へ。**安南**の地。既に**2世紀**頃から存在。伝承では、BC七世紀初めに北ベトナムの異人（外来人）が幻術を使用して雒（雄）王となり紅河中流に文郎国を興し十八代続いた（一四世紀の『越史略』）。紅河中流のフングェン遺跡、ゴムン遺跡、ランカ墓地等がそうか）。やがて、文郎国の王女に求婚した蜀王がそれを拒否され、その孫が文郎国を倒し甌駱(アウラック)国を立てた。しかし、その安陽王(アンズオンヴオン)（ハノイの北邦の古螺城(コーロア)を造る）もBC三世紀末に趙佗(ちょうだ)の南越国（広東～広西）に滅ぼされ（一五世紀の『大越史記全書』）、そしてBC二世紀末からAD一〇世紀までこの国は中国に従属したとされております。

インド・アンガ国の王都の**チャンパー**という名がここに付けられているが故に、前述のように、コーサラ国とアンガ国がインドの地でマガダ国に吸収され滅ぼされる**前**に、共同してここにシンジケートを作り、それ等の一部が**インドネシア**から**インドシナ**へと移動し、**鉱山開発**、**香料**、**金**、**大麦**、**米**などを求めて、更にここインドシナ半島の地やアジア沿岸地域へ東行し植民地を運営していたものと考えます（『**山海経**(せんがい)』「海内経」に**朝鮮天毒**（**天竺**(てんじく)）との表現あり＝**朝鮮にもインド人がやって来ていた**のです〔この点、**ニグロイド系**の**本来の**〈**倭種と混血する前の**〉**隼人**の地の鹿児島にも**南沃沮人**がおり、又、フィリピン経由でシラヒース族もやって来ており〈このシラヒースの「シラ」が六6の大隅国姶良(しら)郡という用語に繋がっていたとも、又、同じフィリピンのアエタ族から来た「アエラ」が姶良郡という用語に繋がっていたとも考えられるのです〉〕、このように海は広く見えましても「**ジャワ海——鹿児島——咸鏡道の南沃祖**〈朝鮮北部〉」と古代の海上交通では、東アジアで南北に「潮の道＝黒潮」を介して繋がっていたのです。ですからアナタ、前述の魏書などによる「台湾・琉球辺りにいた倭人・倭種」の存在とは、広義の倭人と考えるなら、これも又正しい指摘だったのです〈＝倭種〉。アナタ、目から鱗でしょ〕。ここインドシナの国は、古くは中国史で**赤鬼国**〔インドネシアの前述の⑥と「赤」が共通であることにご注意〕とも表現）。

←
⑧**春秋時代**となり、この一族は**中国南部**の「**越国**(えつ)」と化し、ここのアナタにも有名な**勾践**(こうせん)が

「**臥薪嘗胆**」（呉王扶差の**嘗胆**の方〔苦い熊の胆をペロペロ〕はウソ）で**ＢＣ４７３年呉王**の**扶差**に勝ち中国大陸を**北上**します。実は、アナタ、何と「**呉**＝Ｗｏ（wú）＝倭人」「**越**＝Ｗｏ（yuè）＝倭人」で古くは共に**同音**だったのでございまして、これ等の**呉・越**の東夷は皆「**広義の倭・瓦人種**」――「瓦＝ワ・ラ」人と「倭＝ヰ＝ウィ」人、「Ｗｏ（wō）＝を」人との共通性――に属する人々だったのです（カッコ内は現代音。倭種で括れますこれらのことは、古代中国史をよく読めばアナタにもお判りになられた筈です。因みに沃祖の沃も「wò」ですし、魏も「wèi」ですよ）。その証拠に「越が滅んでから南で甌駱となった」という考え（類推、前述）があるのですが、アナタが注意深くこの字を見れば、立ち所にお判りになられるように「甌＝瓦＝佤＝倭＝ヰ（ウィ）」でワ族の分派をこの文字の一部分が表わしてくれておりましたので、これも一理あることだったのです（広義での、越＝倭。尚、九6、花綵列島の海上交通を支配していたナガ族）。しかも倭人とこれら中国の古代国家との関係は中国史によりましても次のように明白だったのでして、「**倭人は自ら太伯**（春秋呉の始祖）**の後裔**」と言っておりますし（『晋書』倭人条、『梁書』倭条）、又「**其の旧語を聞くに自ら太伯の後と謂う**」とあり（『翰苑』所引の『魏略』〔魏書の台本〕）、更には「**呉の始祖の太伯は文身断髪をした**」ともございました（『史記』呉太伯世家）ことからもそのことは判って来るのです。矢張り大変古くから倭人の或る一派は少なくとも会稽・東冶（県）（今日の福建省福州の東辺り）にも間違いなくおりコスモポリタンだったのです（凄い！）又、服わぬレジスタンス派の出雲大社、大神神社の古い時代の各「逆注連縄＝向かって左綯い」と「卑彌呼＝安羅」との関連につき、一六4、P1045。

⑨**戦国時代**（**ＢＣ４０３～ＢＣ２２１年**）**となり、楚が山東半島の琅邪にまで北上して**⑧の越が建てた
←

右の**第2の越をBC334年**に滅ぼしてしまいます（『**越絶書**』）。尚、公孫氏と安羅の土器の「火焔マーク」の由来につき、九9）

更にアナタ、「**楚**＝Ｗｏ＝倭人」もこれ又、実は**同音**だったのでありまして、アナタには信じられないでしょうが、この東夷の古い王者の**楚**すらも皆「**広義の倭・瓦人種**」だった！のです（となりますとアナタ、「越＝呉＝楚＝瓦＝倭＝濊」ということになり〔畲民は猺の一支で、畲猺と称し、傜、畲、呉、越は古代は同一系であった〈徐松石〉〕、皆広義の往にし方のアジア東方の**ワ人**グループの仲間ということで繋がってまいります）。このように古代の東アジアの東夷の世界には、至る処（特に海洋・沿岸・大河）に倭種が溢れていたのです（これ又、本邦初公開）。**広義の古代の倭人の信じられない程の広域分布**（中国の西南夷も含む）にアナタご注意下さい。これでアナタ、**魏書の言う倭**（又はその祖先）**が當てはこんなに南にあった**などという、何となく今思うとトンチンカンなアヤフヤさなども前述のように氷解しますよネ。

と申しますのも、前述に加えまして、「**夏后小康（ママ）之子、封於會稽**（これは、所謂、宋代の「紹興本」です。後の「元刊本」は明代の嘉靖八～十年・一五二九～一五三一年に補刊され、これによると、この字は「少」と補正されております）＝夏后（禹の国号であり人名ではございません）の六代皇帝の少康の庶子が**会稽**（アナタにもお酒で有名な**紹興**）に封ぜられたとき」（尚、『前漢書』地理志、粤（えつ）。因みに、この書の呉条には倭人の別の表現として「**東鯷人**（とうていじん）」という語も見受けられます。『後漢書』も同様です〔九6〕。となりますと、倭人＝東のミャンマ衆＝ナマズを神として食する人）や**當在會稽・東冶之東**＝（倭は）丁度、中国の会稽郡東冶県〈福建省**福州**〉の東方の海上にあったことになりますので。

9

ですからアナタ、呉も越も楚も倭も、これら東夷グループの共通点は**古くは皆「鉄＝銕」を重視する**（この点、本来西戎の出であった「羌＝漢人」は**銅**を重視し鉄の方は悪金と称しましたくらいなのです）**『倭種のグループ』**だったのです（テキスト17―1―7、P723～726）これ又本邦、否、世界初公開。

因みに、中国に初めて**錬鉄**の技術が入りましたのは、通説の言う様な西方の**秦**からではなく、この倭種の祖先である**楚**（東夷＝**東銕**＝東倭）へと入りました**インド・オリエント系の鉄の技術**だったのです。何故ならアナタ、東夷の「**金＋夷**」＝**銕**こそが**中国で一番古い鉄の字**だからなのです（但し、最初の頃は主として水酸化鉄の時代でした（諏訪の鉄鐸につきテキスト17―1―7、P723―725））。納得。この点のお勉強をして下さる方はテキスト17―1―7、P725下をご覧下さい。

←

⑩さて、滅ぼされた右の越（ｗｏ）は消えてしまったのではなく、実はアナタ、**廟島群島**を島伝いに伝わって海上へ逃げ、遙か昔の古代朝鮮半島への「**稲作の渡海伝播**」と同じルートでこの邪馬臺国の祖先の**倭種**（**越**＝ｗｏ）は**遼東半島へと上陸・亡命**いたしました（弥生の水耕民の神の**サルタヒコ**の「**サル**」は**古代朝鮮語**で「**米**」（尚、一六章のサルタヒコの伊勢）でもございました。ということでサルタヒコの祖先も古くに朝鮮半島を経由して日本列島へと渡来して来ていたことが判るのです。勿論、中倭・南倭ルートもございました。この点につきましては、テキスト9―4―3、P384下～386下必見です。尚、日本列島の「一年二倍暦」につき九9）

←

⑪やがて**遼東半島**で**半**中国人の**公孫氏**と化してまいります（亡命越人が公孫氏に化した（その出自であ

った〕ことも本邦初公開――ですからこそアナタ、何と公孫氏の支配地というものが、当時の歴史地図によりましても、嘗て渡って来た山東半島の一部の北部蓬莱〔遼東半島への出発地〕を中心にしたその周辺地域〔東は煙台から西は竜口を含む〕にまでも及んでおりますよ）。

古くから中国史上に公孫**喜**などの同族の名が見られます。この人々は倭・濊系とは申しましても、遠く前述のインド・アンガ国やインドシナ・チャンパ（文郎）国など**フェニキア系**の出自です（**アンガ国・コーサラ国**と**マガダ国**との**関係**につき、テキスト9―7―2、P397上下必見）。フェニキア系の東行は、後世の筑後川に近い**珍敷塚**などの壁画の解読からも窺われます（前述③のイスロエアル）。尚、卑彌呼の辿った跡と「双魚紋」につき、九11。

この公孫氏の**度**王が**AD228年**に**侯**として**自立**し、**237年**にはその孫の**淵**が**燕王**と称します。**卑彌呼**は、この**燕国の域王**（日本神話の**大物主**のモデル。テキスト付録12、P1120。同9―6―1、P390）の**子**の**度王**（**事代主**のモデル）の**女**（淵王の伯母）（この点、日本**紀**と古事**記**では――大物主と事代主辺りにつき――**一代のズレ**が認められます。この点に関しましての内外のコスモポリタンな比較の点では系図上に限っては**日本紀の方が正確**です）でした（**晋書**による）（尚、インドネシアのジャワ海の**ソローモン王の**「**ネズミ鹿**」の説話につき〔→因幡の素兎〕、**日本紀の12回もの改竄**の七4⑥日本書のところ必見）。

←

⑫**公孫氏**が建てた**帯方郡**が**200年**前後に**朝鮮半島部**の広義の東夷の同じ倭人系でございます「**倭人・濊人を支配下**」に置いた後（九11）、その**女**は遠い同族でもございました**倭人**（**半島＋列島**）の**盟主**（**象徴**）にと担がれ、**卑彌呼は辰**（**鮮**）**王**の嘗ておりました**馬韓**の**月支国**（**扶余系の古への辰**〔**鮮**〕

国〔これは馬・弁・辰の三韓に分かれる以前の半島の主要エリア。本六〕の中心）へ

←

⑬朝鮮半島の安羅での562年迄の王都咸安（その外港が、日本列島でのアヅミ・アヅマという倭の水軍の地名遷移の朝鮮における本貫でした馬山の隣の昌原の「斗豆米＝アヅミ＝斗刀米＝アデミ＝安曇（あづみ）」）が卑彌呼の南朝鮮にいた頃の本貫（九9）でした。そして五六二年までの海峡国家倭の安曇水軍の拠点でもございました（一6、九9）。この朝鮮の「アヅミの語源」を古くまで辿りますと、古代朝鮮語の「アチミ＝晨＝あした」から来ていることが判りまして（更に、「アシタ」などのアルタイ語にまでも行き着きます）、当時朝鮮半島・満州からの渡来人が人口の大部分を占めておりました列島の板東（ばんどう）（韓東（ハントン）――韓の東方の植民市＝関東）が「吾妻＝アヅマ＝安曇」と呼ばれるようになりましてから（因みに、鳥取の旧西伯郡尚徳村安曇は「アヅマ」と呼ばれておりました）、満州・朝鮮時代の名残りで、そのまま「鳥が鳴く＝朝――東国はより早く夜が明ける＝朝つ方（あさま）（この反対語が「夕（ゆう）つ方（ま）」）」という枕語が用いられていたのです（一〇4「大和三山の歌」の呪術性）。矢張りこの言葉の起源は朝鮮・アルタイ方面にあったのです。国文学者が長い間解けなかった「『鳥が鳴く吾妻（アヅマ）』の枕詞の謎」を、私こと法律家の「古代探偵」が、コスモポリタン古代学の立場に立って、初めて解き明かすことに成功したのだ！

この斗豆米から対馬ルート、又は「欝陵島→伯耆（宗形神社）」ルートで渡来（上陸）後、まずは九州の崎門山（さきとやま）の山頂（十六世紀の享禄年間に火災に遭い神体が下宮に移されました）へ定着（『防人日記』に所引の『筑前国風土記』逸文。「室木六獄（むろきむつがたけ）〔この六峰の一つは、何故か高祖山（たかそ）とも言われております意味深の山であることにアナタご注意を〕＝神興村（しんこう）」。鞍手郡〔とは言え、十六世紀の天正年間ま

ではここも宗像郡でした〈六ヶ嶽神社棟札〉〕――このように朝鮮から渡来後の最初のこの九州における鎮座地は、当然のことながら今日のような大津波で一発でひっくり返ってしまうような海岸部から大津波が上がって来てしまうようなところ――この旧田島村の大社〔宗像社＝田島社＝正にここは江戸時代には海濱とさえ呼ばれておりました〕は釣川〔宗像川＝田島川〕の近くにあり、「往昔此村は江海の浜」〔『筑前国続風土記拾遺』〕とさえございましたくらいでして、古くはここまで「入海」状態となっていたからなのです――ではありませんでした。常識だよね。テキスト18―5―2、P796上に新版で挿入予定。本一6、九9）いたしました宗像三女神を祀る安羅（倭）系の宗像族が、その後故あって（敗北して）東国（諏訪・科野）にまで逃亡し、そこに安曇や吾妻や穂高などのここ九州に縁のある言葉を残していたのです（宗像の由来は、初めは「身方＝海人族の胸の刺青＝身形＝胸形」郡が、やがて宗像郡となりました）。

安羅（**任那**）の「**久斯牟羅**」（**越邑**。**継体紀**二十三年〔五二九〕四月註、**一本云**）。この久斯は後の朝鮮の**屈自郡**――南朝鮮の亀旨峰＝記紀の天孫降臨のクシフルノタケのモデル」はここでした（テキスト口絵、同2―1―3、P64下、同23―5―3、P965上、同18―9、P600上は必見）――のことでして（後述の⑯の明日香村の檜隈の越や日向の越〔児湯〕にもご注意）、**昌原**の**斗豆米**と共に、安羅の外港である今日の**馬山**のことを指しておりました。「安羅＝倭」水軍の母港につき、九9はアナタ必見です。

←

⑭**朝鮮半島**での「**倭の大乱**」（九9）を経まして、安羅（倭）の女王の卑彌呼は、**九州**「**妻＝西都原**」の卑彌呼の寿陵である**男狭穂塚古墳の地**（「**児湯＝越ゆ**」の地。テキスト23―5―4、P966上。又、アツミ↓吾妻↓ア・ツマ〔都万神社アリ〕）へと亡命してまいります。しかし**247、8年**に卑彌呼が前述の

インド系海洋民の不倶戴天の敵の**ナガ族**（**ナガスネヒコ**＝この一族は後に、朝鮮半島に入り**朴**(パク)**氏**・**瓢公**〔倭人の一種＝南倭〕・**赫**(バク)**氏**と化します〔前述、九13〕。アナタ、何と！　これ等の人々もその出自から考えますと、前述のように、皆、広義の**倭種**の一つだったのです。**南倭のナガ**（**仲・中・長**）**族**の漢字に使われている南方系の姓——エッ！　**元総理**のアノ**脛**(すね)**の長い中曽根**(ナガスネ)氏・仲間氏・仲氏なども！　この子供でも判る元総理の〔**ナガスネ**〕という「ソ」ではなく「ス」のルビの表記は、これ又本邦初公開。ナガ族の**インドでの**卑彌呼の祖先とは不倶戴天の**出自**だったことにつき、テキスト2—1—2、P69～70下、本九6は必見です）に**卑彌呼**が**球磨**(くま)からの**米良**(めら)**の山越え**で**殺される**

←

⑮その結果、**3世紀半ば**には卑彌呼の宗女（養女）の**壱与**(いよ)が一時**任那の中心地**でございました**対馬島**（津・島——旧事紀による古い表現＝正に「津＝港」があり対(つい)になっている島）に亡命し、やがて**出雲**から**吉備**を経由して、そこの勢力と共同で**大和**(やまと)「**纒向**(まきむく)」の**箸墓**(はしはか)へと東行してまいります（初め——周辺部での運河、溜池等の掘塹の残土の処理に困り後方部を形成する前——は**円墳**に過ぎなかった〔七2。九13〕箸墓を造りますが、それより早い時期にはその周辺の**桜井茶臼山古墳**、**マキムク石塚古墳**、九州の**鞴羽口**の出た**纏向勝山古墳**〔九12〕なども造られていた可能性がございます）——この卑彌呼の後裔の「安羅＝倭」王家は、壱与のように暫く吉備に留った後に畿内へ〔七2。安羅〔倭〕が吉備を経由して畿内へ入りましたことにつきましては、六世紀後半〔安羅滅亡は五六二年〕の石室長が一九・四メートルもの備中「こうもり塚古墳」など〔七2〕がその名残りです。しかも、ここ吉備には日本中の〔石室の長さ〕が長い順から十の古墳のうち、何と三位こうもり塚、四位箭田大塚〔一九・一メートル〕、八位牟佐大塚〔一八メートル〕とその三つもが入っておりますことがその

亡命王朝移動の情況証拠の一つだった）――

←

⑯後世になって、**五六二年**以降に半島で安羅（あら）（倭）が**新羅**に滅ぼされてから亡命渡来して参りまして、そのとき列島には既に**先行した分派**がおりました同族の**東漢**（やまとのあや）（**安耶**（あや））**氏**や**大伴氏**が**遠つ飛鳥**南部の**オンドル**の**檜隈**（ひのくま）**の越**（こし）（これ又、前述⑬の朝鮮の安羅のクシ〔コシ〕村からの地名遷移）へとまいりますこのエリアの**新沢千塚古墳群**（にいざわせんづか）は倭王の墓。その中でも特に**126号方墳**（二二m×一一mの大きさに過ぎませんが、大王クラスの千五百点を越える女性の豪華な副葬品が出土）は、以前から亡命東行しておりました金官（倭）6吹希王妃の**仁徳女王の墓**の可能性が大だったのです。一〇2、七3、七1。本邦初公開。後の**観覚寺遺跡**（かんがくじ）、**ホラント遺跡**、**清水谷遺跡**（しみずだに）などの時代の前後する**朝鮮系**の**オンドル**も、その相当古いものをも含め、安耶（漢（アヤ））系の**倭人**の順次亡命・渡来した人々の末裔のものだった証拠なのです（ですからアナタ、**坂上田村麻呂**〔**漢**（あや）系＝**安耶**（あや）系＝**卑彌呼系**〕が**赤毛**であったという情況証拠も、その出自が**オリエント**にまで遡れるものだったことをアナタに示していたのです＝「赤毛のアン」ではなく、アヤ）。

さて、この様に致しまして、実はアナタ、「邪馬臺国へ至る道」というものは、インドでの**BC3300年頃**の**ムンダ人**のスタートから、日本列島でのこの**箸墓**に至るまでの――途中でフェニキア④を介しましての――その後**3500年間**にも及ぶ以上の①～⑯〔⑮〕迄の

溜息（ためいき）**の出る様な長い長い「民族の追っ立て＝彷徨」**

の末に、つまり気の遠くなる様なアジアにおける

東西への「輪廻」の流れ

を経まして（邪馬臺国が大和にまいりましてからでも、アナタ、今日までもう既に**千七百年も**経っておりますよ）、東アジアの片隅の日本列島の大和青垣の明日香の里で、このように「**フェニキア人の末裔**たる邪馬臺国の**卑彌呼**の祖先の一族の末裔」は、漸く長かった緊張から解き放たれ、ここで**安息**を得ることが出来たのです（飛鳥の島庄から南へ南淵請安の墓のございます稲淵へと至る辺りは、今は棚田が広がり安閑として寂れてはおりますが、嘗ては渡来人がその人口の殆どを占めておりました今来郡の中心地だったところなのです〔朝風千軒。九13〕。元は稲淵から平田へと通じます朝風峠〔現、平田峠〕辺りに立っており、今は稲淵の龍福寺〔南淵請安の墓よりも手前〕にございます「竹野王石塔」〔七五一年〕には、この朝風という地名がちゃんと刻んでございますのでその存在は間違いありません。そしてここ**奥**〔**南**〕**飛鳥**には、形を変えた**卑彌呼**や**壱与**の母子を祀っております**加夜奈留美神社**――ここまで追われる前は**飛鳥坐神社**〔と申しましても、現在地の鳥形山ではございませんで〈ここは前述のように後世の天長六年、八二九年になってからです『日本紀略』〉、本当の**飛鳥の神名備**でございました稲淵の少し下流の左岸の「**ミハ山**」〔二一三メートル。フグリ山の隣り〕か更に下流の**雷丘**に鎮座しておりました〕に祀られておりました――や**飛鳥川上坐宇須多伎比咩神社**〔古くは男の祭神でした〕などがございます。九13〕。

この**近東**で**イスラエルの文化**と混成した**フェニキア系の海洋文化**（前述の⑪など）は、後世幾重にも連綿として波のうねりのように船に乗ってここ極東にまで渡ってまいりまして、日本列島九州島の古代の入口である**筑後川**の近くに「**珍敷塚古墳**」や「**日ノ岡古墳**」等のアナタも必見の素晴らしいオリエント風（これらの古墳の文様はフェニキア④風――正しくは「フェニキア＋イスロエアル〔イスラエルの古名〕」風――だったのです）の**装飾古墳**を、**時代差**こそございますが、〈この祖先の女王を慕いその跡を追うかのように〉

伝えて来ております。そして、古への「安羅＝倭」の「卑彌呼＝公孫氏」や天日矛系の末裔が、**日本紀上**では**大伴氏・東漢氏・多治（墀）比氏・糸（絲）井氏**（絲井氏を大伴氏との関連についての後世の参考として、「上野国……甘楽郡人……絲井部袁胡……賜二姓大伴部一」〔『続日本紀』称徳、神護景雲三年〔七六九〕四月二十七日〕とございます。因みにこの辺りは「鏑〔川〕＝甘楽〔郡〕＝神流〔川〕＝韓」で、明治十一年〔一八七八〕までは皆甘楽郡としての同一領域に属しておりました）、**三宅氏、坂上氏**などと日本化して（一一4）今日にまで至っていたのです（テキスト付録12、P1121）。

9—1　前漢の頃の不耐（濊候）
（図１～４　平凡社『アジア歴史地図』）

9—2　後漢の頃の濊貊

9—3　５世紀の濊

9—4　中国南北朝（北魏と南宋）の頃の朝鮮半島

9

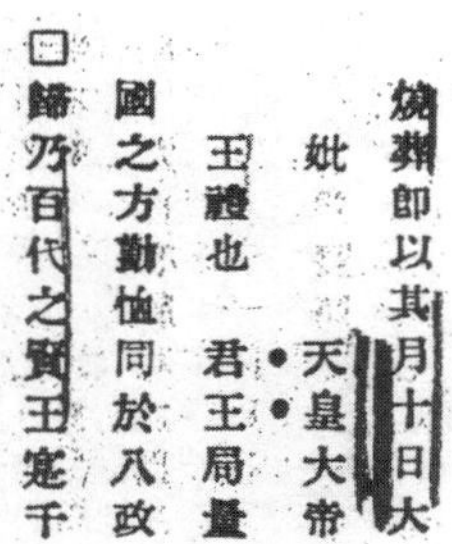

9—5　文武王陵碑文「天皇大帝」と見える

9—6　安羅独特の火焔（○）式土器

9—7　大成洞（金官）木槨墓出土土器。安羅独特の火焔（○）式土器が金海で出た（安羅が盟主になった証拠）

9—8　向山遺跡（島根安来市）円筒棺（鳥葬に使われていた可能性も有り）

9—9　王墓山古墳（善通寺市）の横穴式石室と石屋形（6世紀前半）

9—10　祇園山古墳

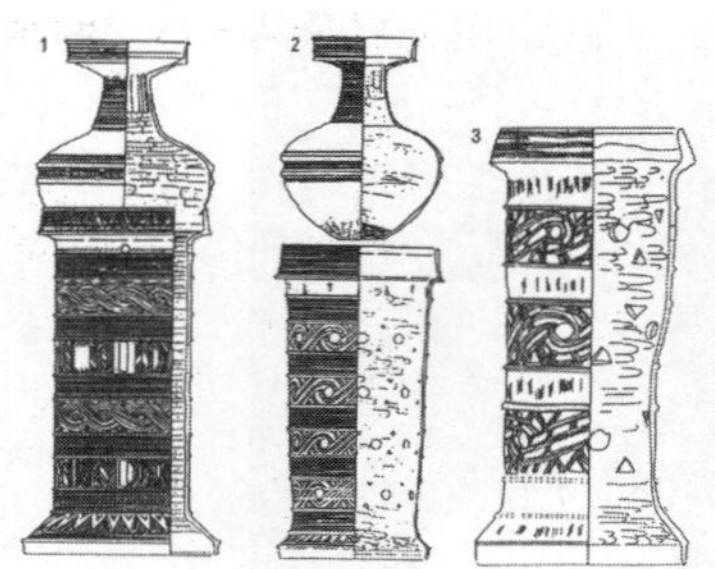
9—11　特殊器台型土器（1 立坂型、2 向木見型、3 都月型）

9—12　観覚寺遺跡（オンドル遺跡）

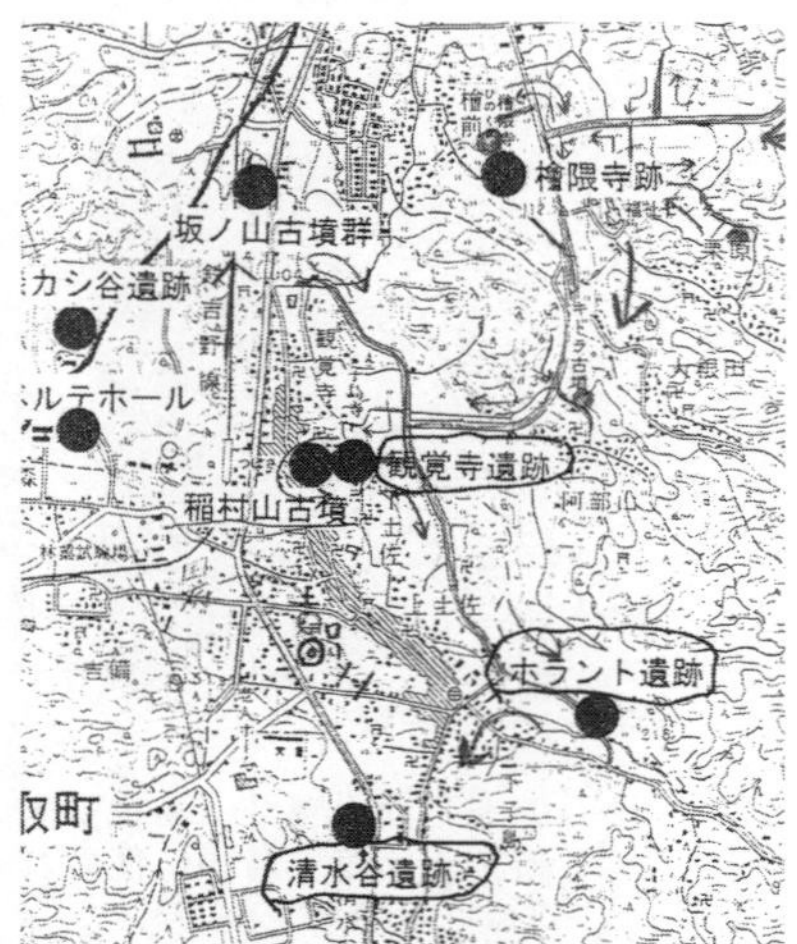

9—13　南飛鳥のオンドル遺跡の分布

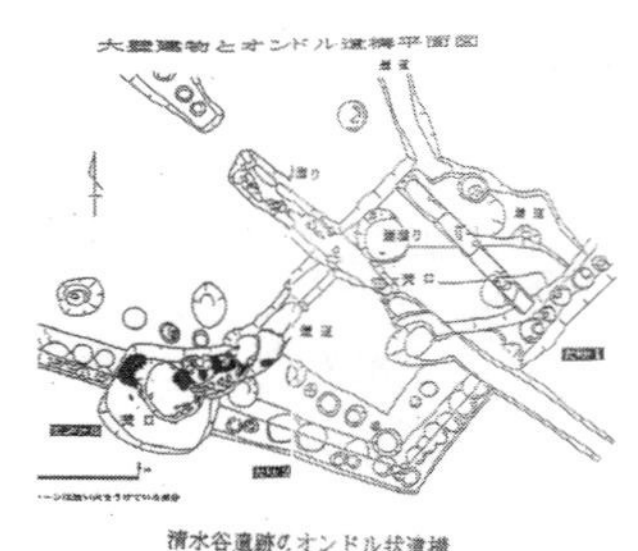

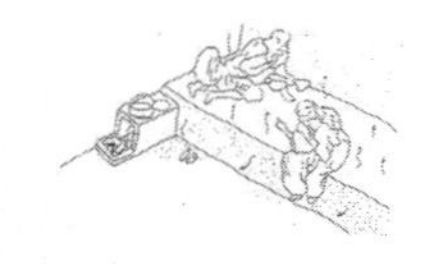

9—14　飛鳥板蓋宮（「ハム」＝２回焼けたところ）

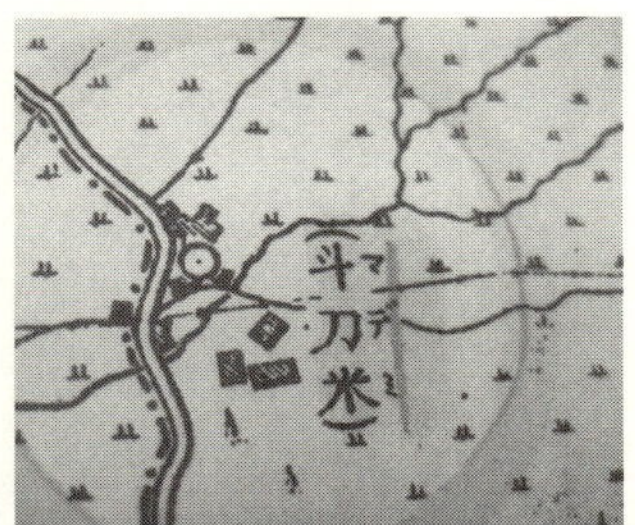

9―15　「斗刀米（アデミ）」（朝鮮総督府陸地測量部発行地図）安曇水軍の朝鮮での本貫

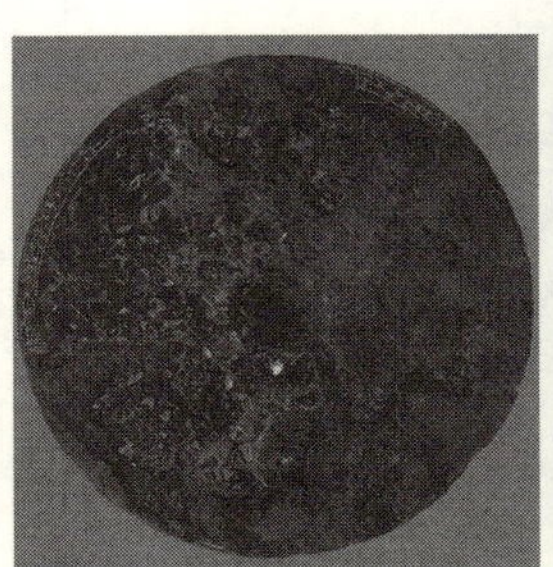

9―16　金銀錯嵌珠龍文鉄鏡。日田市ダンワラ古墳、当時の日田が日本一凄いところであったことをこの鏡が証明

9―17　金銀錯鉄帯鉤（帯留）。日田市刃連（ゆきい）町出土、漢代

9―18　高千穂神社

9―19　草部吉見神社の神幸式

公□氏作鏡四夷　多賀國家人民息
胡虜殄滅天下復　風雨時節五穀孰
長保二親得天力　傳告後世樂無咸
乘雲驅馳参駕四馬　遵從羣神宜孫子

9—20　江田船山古墳出土公孫氏の鏡

9—21　江田船山古墳出土　神人車馬画像鏡（卑彌呼が実家から持参した公孫氏の鏡）

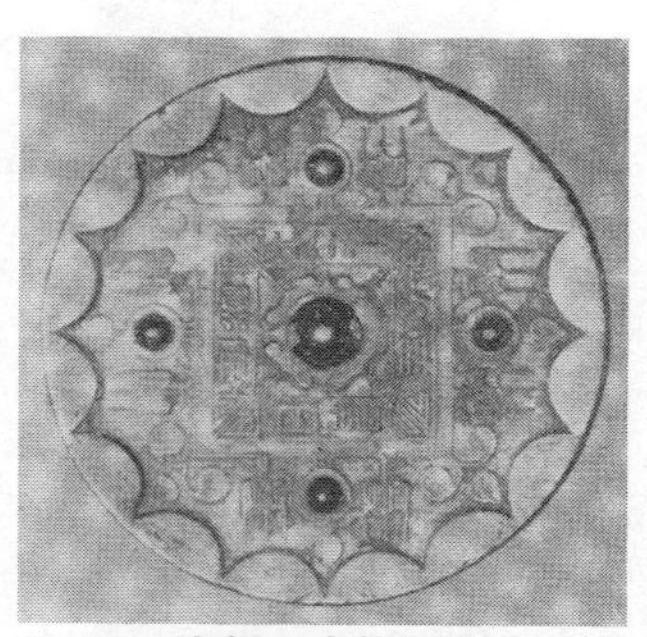

9—22　白銅の方格四乳葉文鏡（銀鏡神社。卑彌呼ルート上にあり）

9—23　卑彌呼が遼東の実家から持参したレガリアの穀璧

倭人在帶方東南大海之中依山島爲國邑舊百餘
國漢時有朝見者今使譯所通三十國從郡至倭
循海岸水行歷韓國乍南乍東到其北岸狗邪韓

盧國有四千餘戶濵山海居草木茂盛行不見前
人好捕魚鰒水無深淺皆沈沒取之東南陸行五
百里到伊都國官曰爾支副曰泄謨觚柄渠觚有
千餘戶世有王皆統屬女王國郡使往來常所駐

9—24　『魏書』「到」に注目

舊百　到奴　狗　狗
東南至奴國百里、官曰兕馬觚、副曰卑奴母離。
有二萬餘戶。東行至不彌國百里、官曰多模、副曰
卑奴母離。有千餘家。南至投馬國、水行二十日。
官曰彌彌、副曰彌彌那利。可五萬餘戶。
、副　南至邪馬壹（臺の誤）國、女王之所都、水行十日、
山險　陸行一月。官有伊支馬、次曰彌馬升、次曰馬獲支、
食海　次曰奴佳鞮。可七萬餘戶。自女王國以北、其戶數
道里可得略載、其餘旁國遠絕不可得詳。
官亦　次有斯馬國・次有已百支國・次有伊邪國・次有
叢林、都支國・次有彌奴國・次有好古都國・次有不呼國・

9—25　『魏書』「水行十日陸行一月」に注目

賜遺之物、詣女王不得差錯。
下戶與大人相逢道路、逡巡入草、傳辭說事、或
蹲或跪、兩手據地、爲之恭敬。對應聲曰噫、比如
然若。
其國本亦以男子爲王、住七八十年、倭國亂、相
攻伐歷年、乃共立一女子爲王、名曰卑彌呼、事鬼
道能惑衆、年已長大、無夫婿、有男弟佐治國、自
爲王以來、少有見者、以婢千人自侍、唯有男子一
人、給飲食傳辭、出入居處。宮室・樓觀・城柵嚴
設、常有人持兵守衛女王。

9—26　『魏書』「住七八十年」「共立」に注目

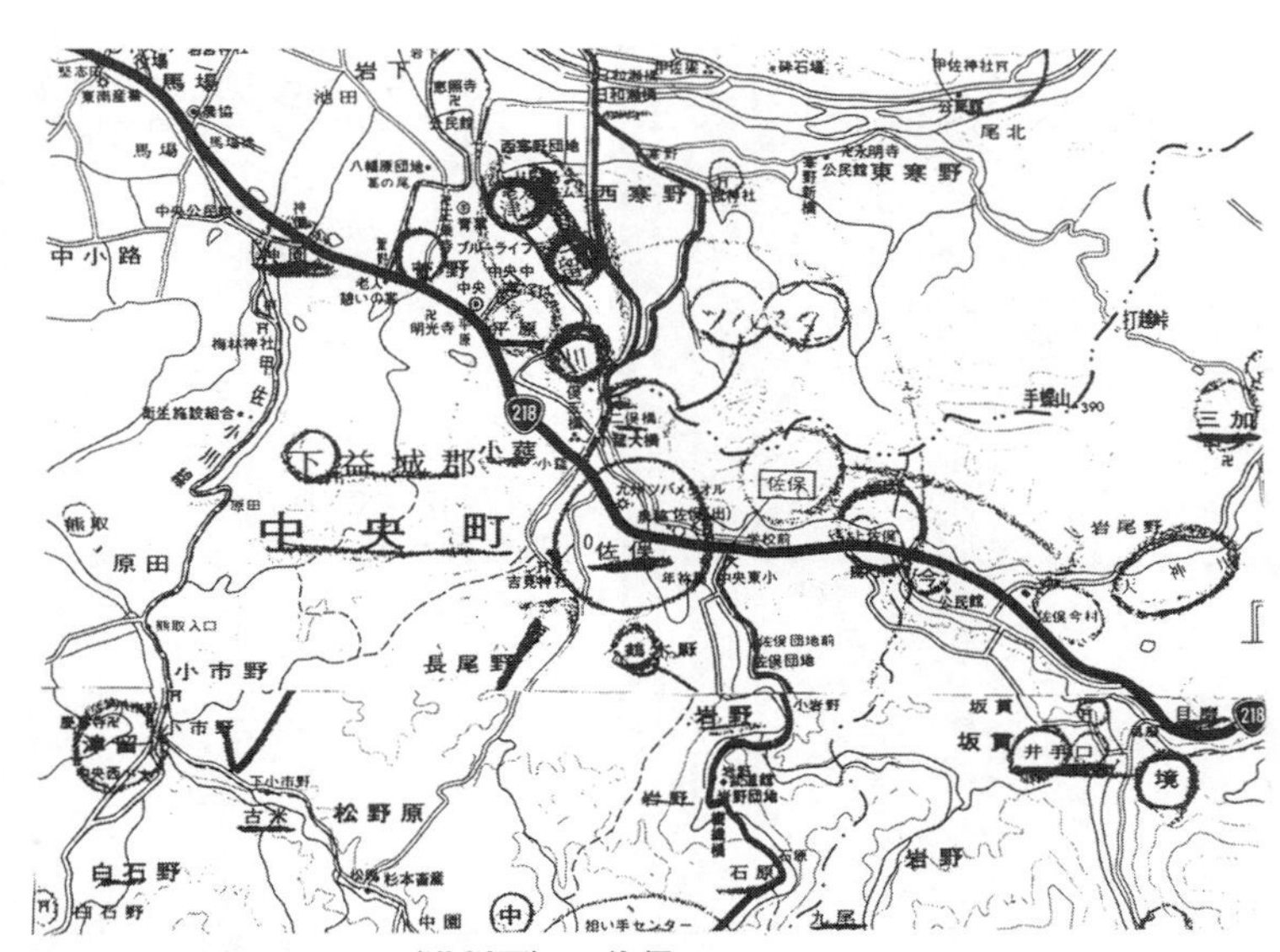

9—27　邪馬臺＝サマタ（満州語）＝佐俣

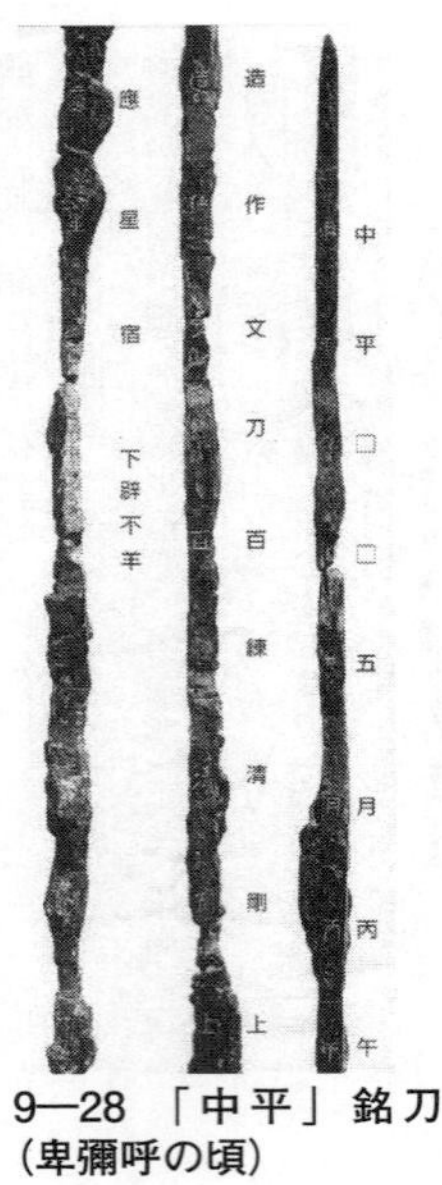

9―28 「中平」銘刀
(卑彌呼の頃)

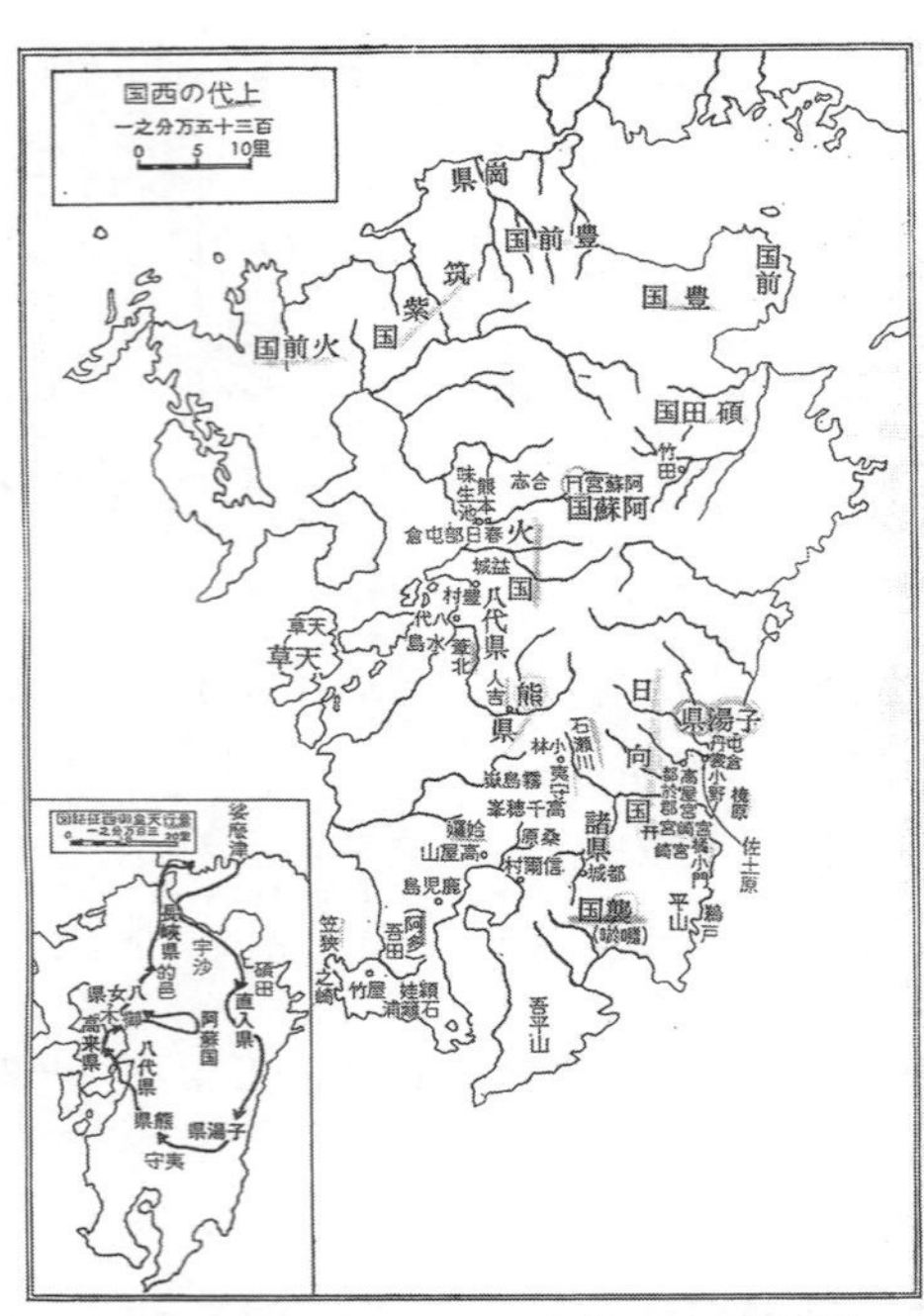

9―29 上代の九州の国々。
吉田東伍『大日本読史地図』
より

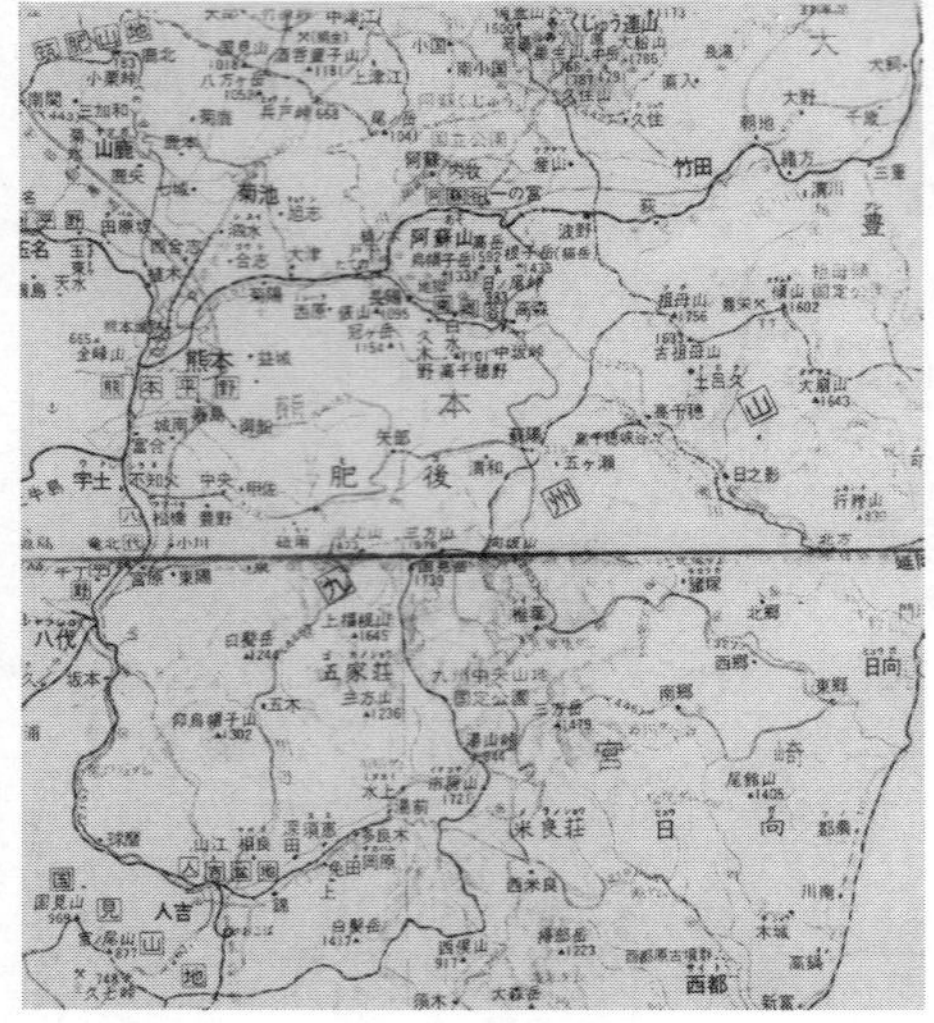

9―30 伊都国から
邪馬臺国への尾根の
アジールルート

9

9—31　大田南５号墳と青龍三年鏡

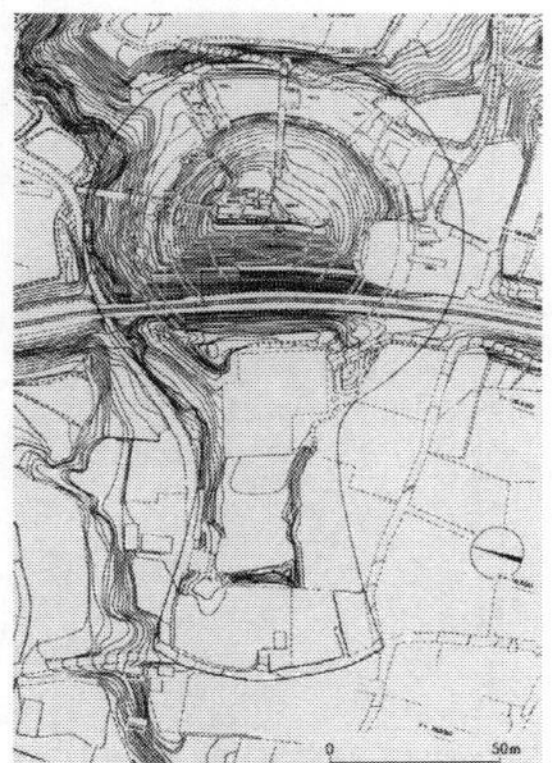

9—32　椿井大塚山古墳

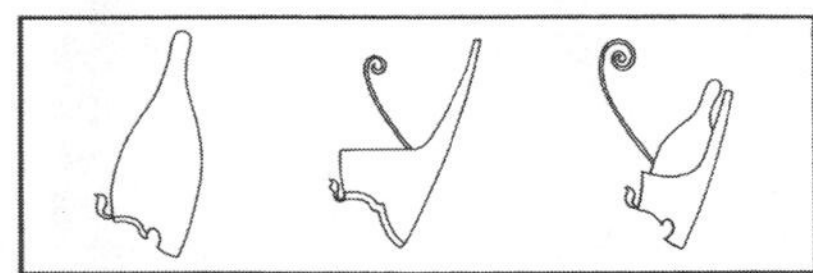

9—33　上下エジプトが合体した二重冠

晉書卷九十七　　二五三六

沒取魚，亦文身以厭水禽。計其道里，當會稽東冶之東。其男子衣以橫幅，但結束相連，略無縫綴。婦人衣如單被，穿其中央以貫頭，而皆被髮徒跣。其地溫暖，俗種禾稻紵麻而蠶桑織績。土無牛馬，有刀楯弓箭，以鐵爲鏃。有屋宇，父母兄弟臥息異處。食飲用俎豆。嫁娶不持錢帛，以衣迎之。死有棺無椁，封土爲冢。初喪，哭泣，不食肉。已葬，舉家入水澡浴自潔，以除不祥。其舉大事，輒灼骨以占吉凶。不知正歲四節，但計秋收之時以爲年紀。人多壽百年，或八九十。國多婦女，不淫不妒。無爭訟，犯輕罪者沒其妻孥，重者族滅其家。舊以男子爲主。漢末，倭人亂，攻伐不定，乃立女子爲王，名曰卑彌呼。

宣帝之平公孫氏也，其女王遣使至帶方朝見，其後貢聘不絕。及文帝作相，又數至。泰始初，遣使重譯入貢。

9—34　『晋書』（8 行目の「其ノ女王」を見落とすな！）

9—35　飛鳥川上坐宇須多岐比売命神社

9—36　加夜奈留美命神社

9—37　坂田尼寺跡

倭國者，古倭奴國也。去京師一萬四千里，在新羅東南大海中。依山島而居，東西五月行，南北三月行。世與中國通。其國，居無城郭，以木爲柵，以草爲屋。四面小島五十餘國，皆附屬焉。其王姓阿每氏，置一大率，檢察諸國，皆畏附之。設官有十二等。其訴訟者，匍匐而前。地多女少男。頗有文字，俗敬佛法。並皆跣足，以幅布蔽其前後。貴人戴錦帽，百姓皆椎髻，無冠帶。婦人衣純色裙，長腰襦，束髮於後，佩銀花，長八寸，左右各數枝，以明貴賤等級。衣服之制，頗類新羅。

貞觀五年，遣使獻方物。太宗矜其道遠，敕所司無令歲貢，又遣新州刺史高表仁持節往撫之。表仁無綏遠之才，與王子爭禮，不宣朝命而還。至二十二年，又附新羅奉表，以通起居。

日本國者，倭國之別種也。以其國在日邊，故以日本爲名。或曰：倭國自惡其名不雅，改爲日本。或云：日本舊小國，併倭國之地。其人入朝者，多自矜大，不以實對，故中國疑焉。又云：其國界東西南北各數千里，西界、南界咸至大海，東界、北界有大山爲限，山外卽毛人之國。

長安三年，其大臣朝臣眞人來貢方物。朝臣眞人者，猶中國戸部尙書，冠進德冠，其頂爲花，分而四散，身服紫袍，以帛爲腰帶。眞人好讀經史，解屬文，容止温雅。則天宴之於

9—39　倭国と日本国を区別している『旧唐書』

9—38　景初四年盤龍鏡（広峯15号墳）

銘文と釈文（左に「景初四年」と見える）

9—40　シュメールを建てたオアンネス（魚人間）

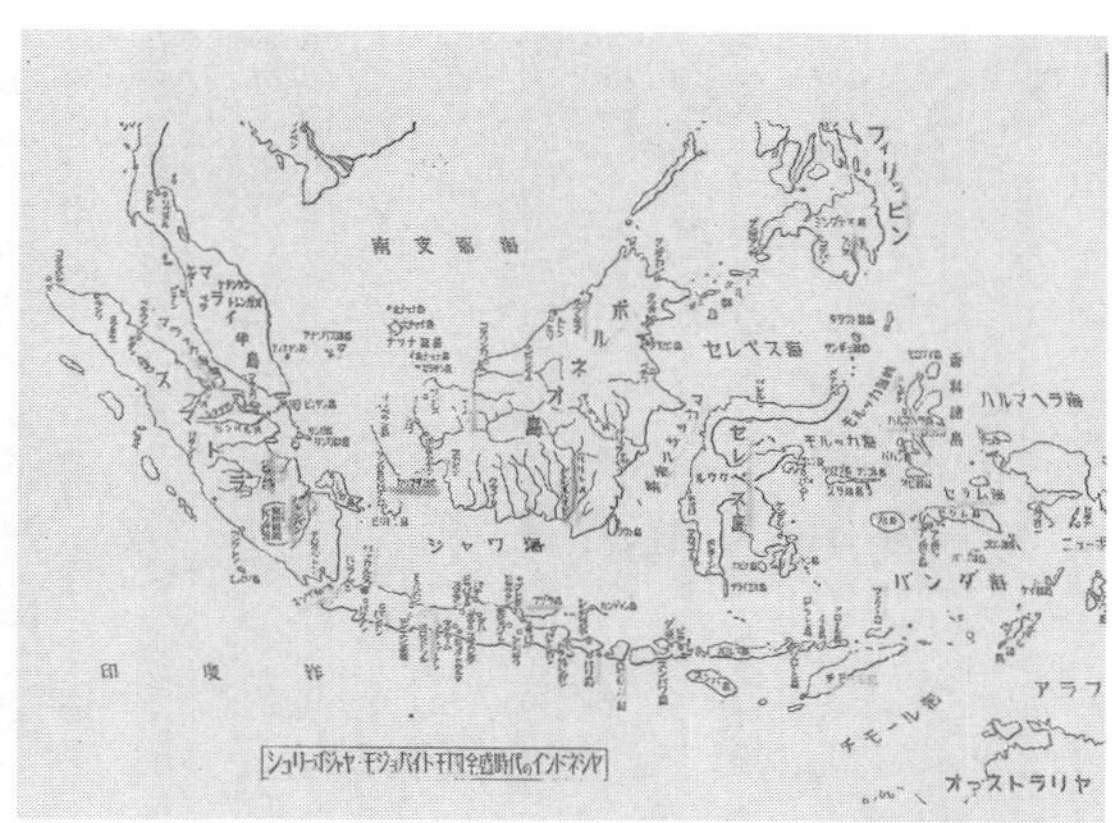

9—41　シュリーヰジャヤ・モジョパイト王国時代のインドネシア

9—42　プトレマイオス『地理学』ヤーヴァ・ドヴィーヴァ（中央下）

西還復望正而進若値伏石則無活路如是
九十日許乃到一國名耶婆提其國外道婆
羅門興盛佛法不足言停此國五月日復隨

9—43　『法顕伝』「耶婆提」が見える

9—44　ボロブドゥールの巨大アウトリガーと思われるレリーフ

とある。後漢末の學者なる高誘は後者に註を下して、
史皇倉頡。生而見鳥跡知著書。故曰史皇。或曰頡皇。
と言つてゐる。これは史皇と倉頡とを同一人物と見做してゐるのである。頡皇が蒼頡の異名であることは言ふまでもない。古代に於て、文字は史官の掌るところであるから、文字の創造者を史皇としたのは實に單純簡明なる命名法である。又文字が圖畫より轉じて言語を標示するものとな

好書者衆。而倉頡獨伝者。一也
（『荀子』「解蔽篇」戦国末、荀卿）

蒼頡作書
（『呂氏春秋』「審分覧」呂不韋）

史皇蒼頡。生而見鳥跡、知著書。
故曰史皇。或曰頡皇
（『淮南子』脩務訓への後漢末の高誘の註）―傍点筆者

倉頡多古字。俗師失其読
（『漢書』「芸文志」）

9—45　蒼頡がシュメールの鳥の足跡文字（楔形文字）を真似して漢字を作る

9—46　楔形文字（初めは漢字と同じ縦書きだった――漢字の方が真似？）

第一〇章　海峡国家　倭の縮小と「大和三山の歌」の秘密

――新羅による金官加羅（倭）と安羅（倭）の朝鮮半島での滅亡

――「住吉大社」の埴（はに）の謎と畝傍山（大阪と奈良を結ぶ消えた古代のライン）

次に**【論点8】**の「**海峡国家倭の縮小**」と「大和三山の歌」の秘密という点に入ってまいりますが、ここでの「小論点」は、

（イ）新羅による**五三二年**の**金官加羅（倭の盟主）**の**滅亡**

（ロ）新羅による**五六二年**の**安羅（次の倭の盟主）**の**滅亡**（但し、下「多利＝多羅」に移動した倭の物部氏系の**穂積（ほづみ）氏**〔許（ホ）氏〕は後世まで残ります）

（ハ）万葉集「**大和三山の歌**」に含まれていた**謎――**「**磐井（いはゐ）の乱**」のモデルは**朝鮮半島**での出来事

等です。**【論点8】**の全体の要点は次の通りです。

５６２年以降は、倭は新羅に追われ、日本列島のみに縮小せざるを得なくなり、九州よりも畿内に主たる拠点を移して存在していた（「大和三山」の万葉歌の謎）。

10—1　息長とは朝鮮半島の地名だった

新羅が532年に倭連邦の盟主であった魏書の**狗邪韓国**の末裔の**金官伽羅国を滅ぼし**（**金庾信**〔中臣鎌足のモデル〕の古への朝鮮での**実家**が滅んだことになります）、金官国（＝金大国）の主体部は**朝鮮半島から列島へと亡命**し、その伽耶系の倭王家は、日本紀上**蘇我氏**（**菅**氏・**訓読み**で**金賀**氏〔金＝蘇〕）・**紀氏**（**木氏・木協氏**。因みに「紀＝木」でございましたことは、紀氏が「木国造＝紀国造」と表示されますことからも通音だったことが判るのです）・**橘 氏**（**吉氏**・**吉田**氏＝橘氏）等と名を変えて列島において蘇っております（テキスト付録8、P1117。本一八4）。そして、朝鮮では金官に代わりそれ迄「倭連合＝任那連邦」の**ナンバー2**であった、例のあの独特の**尖がり帽子**の透かしマークの入りました**火焔土器**を出土致しました**安羅が盟主**となります（嘗ての公孫氏の女の卑彌呼は**遼東**半島からこの**安羅**を経由して**九州**に亡命・渡来致しました。そしてこの後世の安羅系の土器は**大和**からも出土しております）。卑彌呼亡命後、半島で滅ぶまでは、安羅は任那（倭）連邦の盟主の金官伽羅王に対し、ナンバーツーとして王妃を差し出しておりました（その証拠といたしましては、日本紀の**神功皇后**のモデルであった「**息長**〔**オキナガ**〕＝**機張**」〔釜山の北方約一二キロメートルの**東萊**の東方約一二キロメートルの東海岸〕の王女の**八須**夫人もその一人だったのです。このようにアナタ、**息長**とは、実は、**朝鮮半島の地名**――そしてそこを**本貫**とする人々の**列島への移動**と共にそこに**地名遷移**したもの――だったのです。**北陸**より**琵琶湖**周辺一帯〔米原市、野洲市〈天日矛の妻の名の「八須＝やす」又は「アカル」〉、草津市など〕にはこのことが今日まで顕著に残っております。その証拠は、安羅系〔正史は統一新羅後の考えに基づき、安羅を吸収した新羅系としてしまっております〕の天日槍が祭神〔垂仁紀三年〕だとされております鏡神社〔竜王町鏡。鏡村の谷の陶人〕を始めとして、苗村神社〔同町綾戸。吾名邑〈紀同上〉→なむら〕、安羅神社〔草津市穴村町〕、湖北の鉛練比古神社〔余呉町中之郷。ウラに鉛練古墳アリ」など——以上、琵琶湖東岸〔湖東〕・北岸〔湖北〕の右の全ての神社の一つ一つを潰すように女房と二人で回り確認しましたところ、矢張りその祭神は皆天日矛〔記〕でした）。

10—2　安羅も高霊伽耶も新羅に滅ぼされる

その後、**562年**に至り、今度は、王都**咸安**に**末伊山古墳**のございます卑彌呼の朝鮮半島における（元々、つまり卑彌呼以前の古くから、共にインド系の出自を持つ朴系と同時に朝鮮半島に入っていた可能性も大だったのです）末裔たる**安羅**も、更には**新羅と婚姻関係**を結んで一見安泰に見えておりました**高霊伽耶**さえも、同じく**新羅**に滅ぼされてしまいその全てが列島に亡命し（これは、安羅について言えば、女王の卑彌呼の亡命に次いで、**2回目**の国自体の日本列島への亡命でして、今回は金官をも含め**半島の倭国部分の全てが消滅**してしまったのです）、日本紀上ではこの安羅の卑彌呼の子孫が**大伴氏・東漢氏・多治比氏・糸井氏・戦国の毛利氏**等として蘇って来ております。

高霊伽耶に分家していた**池山洞**古墳の、同じく**倭王家**の子孫である「**駕洛国記**」上の**金官加羅19仇衡（亥）王＝道設智王**〈522〜532年〉の一派も、この年の9月には新羅**24真興王**に滅ぼされてしまいます（以前は、前述のように新羅から王妃を迎えてヨイショしたりして、その従順さを示す涙ぐましい程の努力をしていたのですが——）。

「**倭の五王**」の**武**（**雄略大王**＝**金官9鉗知王**がモデル）の半島部の墓である可能性の高い**池山洞47号墳**辺りの「**錦林王陵**」、45号墳及び44号墳と、列島部の大阪府の**大仙陵古墳**（**仁徳陵**）又は**誉田御廟山古墳**（**応神陵**）との、「雄略大王を巡る朝鮮と列島とでの関係」につきましては、本七3、九13を是非ご覧下さい。

10

10―3　青森県の「伝キリストの墓」の正体

この様に、少くともそれで迄の５００年余り、**海峡国家**でございました**インド海洋系の南倭**（**朝鮮天毒**〔山海経〕の子孫、ナガ族〔朴氏〕、遼東へ入る前の純粋な海洋系〔九14⑥、⑨〕であった頃の公孫氏の安羅など）と**満州系の北倭**（**扶余、濊**（ワイ）**・穢**（カイ）**系**、物部系、それに**辰**（しん）〔鮮〕**王朝**の子孫の系譜などを含む）との**混血**で成立しておりました「**半島＋列島**」の**任那連邦**であった**倭人の混血グループ集団**は、この6世紀に至り、初めてそれまでの長い間本貫であったアフター満州の朝鮮半島での領土・権益（大切なのは半島部における「**鉄**」の採掘権〔『**魏書**』〕及び軍事商事上の**港湾使用権**等を含む）を失い、**日本列島のみの分国での連合に縮小を余儀無くさせられて**しまいます。これは、同時に

古（いにし）**への馬韓を中心とした辰**（鮮）**王朝の半島における滅亡であり、日本列島におけるその復活**でもございました。但し、朝鮮半島西南部（「先程の北九州系の**前方後円墳**」の存在する**木浦**（モッポ）を河口と致します**栄山江**の流域等を含みます当時の**下多利**（アロシ）〔下・タリ＝**下・多羅**＝後多羅〕など）は、その後も相変わらず**百済**（百済も又、同じく辰〔鮮〕王朝の末裔を主張しております）**と婚姻関係**を結ぶこと等によりまして、辛うじて後世まで半島でも生き残ることが出来ました（だからこそ、列島とは時間差がございますが、今日まで栄山江の流域に造られた北九州系の**倭人**〔但し、**海峡人**だったからなのですが〕の**前方後円墳**が残されていたのです）。

と申しますのは、その前に、ここ**南朝鮮の倭**の構成国の伽耶（任那）の**下**（アロシ）**・タリ**国王こと物部氏系の**穂積押山君**（ホツミノオシヤマキミ）**の女**（ムスメ）が百済**25武寧王**（５０１～５２３年在位）の**妃**（**多利大夫人**）となって嫁いでおります（この証拠は熊津・公州に同王と王妃の陵があり、王妃の陵の方から出土いたしました**銀釧**（くしろ）**の銘**により王妃の

出自がタリ・タラであったこと、又この釧は出身地の哆唎において王妃のお抱えの職人が造っておりましたことが判明致しております。今日の韓国ではこのこと〔多利＝国名〕に気が付かず、釧の多利とは**人名**であるとしてしまい、真実を見失ってしまって〔倭との関係の真実の露見を恐れて、これは態とか？〕おります——しかもこの両者〔百済と物部〕は古くは同じ北扶余系の出自でもあったのですが）。因みに、列島の紀伊国名草郡能応村に武蔵村主多利丸という人名が見られ、意味深であるとともに（後述一四9）、しかも同郡には三間名干岐（正にズバリ、任那王という意味）という人すらも見られますよ（右同）。東国、特に武蔵と伽耶との関係につきご注意下さい。

この朝鮮の「**多島海**」——古くは卑彌呼の馬韓そして安羅までの満州からの南下の航路。新しくは遣隋使の航路——の辺りの**倭種**は、それ以降も（以前もですが）コスモポリタンの**漁民**を中心として末長く日本列島を含む海外に進出して来ておりまして、これ等の人々は海を渡り季節に応じて日本列島各地の、主として嘗ては陸からは行けなかった所謂「**陸の孤島**」に、「**白浜＝斯盧の浜**」を始めとして、「**メラ**」（本来は「**女来**」）。九7）「**アハ**（**アワ**）**＝安房＝淡**」「**ミツ・ミト＝三津＝三戸＝水戸**」等のその**同音**を**各同音異義の漢字**で今日表わされるところの**地名**や**島名**を残すと共に、竹串を芯とした筒状の本来の蒲鉾——まるで竹輪みたい——の材料としての「**グチ**」等の魚を追って日本列島周辺を回遊致しました（一5）。因みに、それから1500年も経った明治になってからでも、これ等人々の分派で、日本の瀬戸内の**淡路島**に住み着いておりました蛋民系の混血した子孫などは、逆に朝鮮の**蔚山**以北にまでも「**出買船＝なま船**」という全体として少し特殊な構造の船を出して、カレイやタコやアナゴ等を、船から曳いた「**生簀**」の戸を開閉し海水温を調節しながら、**生かしたまま**大阪まで運んで荷揚げしては高く売り捌いておりました（有酸素**クール宅急便**〔**船**〕の元祖）。

この様に**太古からの**「**海の商人**」である西南朝鮮（多島海）にその本貫を持つ漁師——漁師だけではなく海女にも（ここから日本中に散っていった宗像の海女など）、遡るとこの系譜が多く見られます——の魂は、連綿として日本列島各地の目立たぬ隅々の鄙の地などに今日まで生き続けて来ていたのです。古代中国の**鏡**を命懸けで荒海を渡り列島に運び込んで各地の王たちに高く売り付けたのも、こういう人達（海商）の祖先だったのかもしれません（商社の走り。哆唎大夫人の夫でございました百済**武寧王**の**木棺**に使用されておりました日本列島産の**高野槙**〔本来は木材の間に詰める**樹皮**の「**槙肌**」と共に**船材**にも使用しました〕も、当時は飛行機などはございませんのでこういう**海商人**の手を借りて海峡を渡り百済にまで輸入されたものだったのです）。戦前まで見られました日本の**海上の民**である**蛋民**も南方の海上民と混血したこの一つの流れでもあったのです（朝鮮人＋南海民）。広島県の海人は戦国末まで定住地が無く船で移動。この様にアナタ、実は**商人が古代日本を動かしていた**のだということに気が付きませんと、アナタは歴史を見る目が半分見えないのと同じ——今日のアナタの目が、グローバルな会社のバイリンガルを見ないで、予算と地方交付税とを恵んでくれる島国根性の内務官僚だけを観ているのと同じ——なのです（今日でもエネルギーの輸入は商社に頼っております）。

ですから**浦島太郎**（テキスト9—9—4、P412）の**日下氏**（弁辰の**弁氏**）の本貫が、朝鮮の**弁韓**（**伽耶**）——そして、そこへ北方から南下して来た遊牧系の**弁帽**を被った人々——の**多島海**でございましたことにつきましては、テキスト9—9—4、P413をご覧下さい。

又、抑、「**竜宮城**というものの場所」ですらもが、遠いところではなく、実は、アナタの今立っておられるここ**日本列島そのもの**（対馬、壱岐を含む）であったことにつき、テキスト同P414、又、朝鮮南西部の多島海の**安倍水軍の拠点**につきましての、本一八3もアナタ必見です。

先程の「**グチ**」という魚について、この点を文学に絡めて説明しているアカデミズムや小説家があまりに少ないので、止むを得ず私こと古代探偵の調査の結果を、ここでもう一言だけより詳しくご説明させて頂きます。これは別名「**にべ＝鰾＝鮸**」とも申しまして、古くはこの魚の鰾などから製します**膠**の別名「**鰾膠＝にべにかわ＝膠**」のことでございました。このベタベタと致しますニベが、言語・文学では「愛想」等の意に転じ、「**にべ無し**＝膠無し＝世辞なし＝愛想なし＝取り付く島が無い＝サラリとしている」という言葉となって今日までアナタの前の文学上に何千年も生きていてくれたのです。

この様に、「グチ」という魚が、東アジアでは古代から幅広い用途を持つ化学的な**粘着剤**の原料としても重宝されると共に（太古からの天然の接着剤は、主としてこの「鰾＝膠」と漆との二つでした）、「にべなし」という言葉でアナタの前にチャント生きていたのです（**グチ＝にべ**）。

――因みにアナタ、「くえ＝グチ＝石首魚（石持）」を追って伽耶又は新羅系の漁民がその季節毎に日本列島を周回していたお話をいたしましたが、和歌山県日高郡日高町阿尾では「クエ祭り（クエ押し）」という奇祭（三十キロもの重さのクエと酒樽を古くは「おこう＝荷い棒」に通して担いでクエを供進しようとする当番衆と、それを阻止せんとする若衆との間で激しい争いが繰り広げられまして、これは倭と新羅・伽耶両民族の戦いの名残りでもあったのです）が古くから行われてまいりました（嘗ては旧暦九月九日）が、その神社の名が、ナントアナタ！　ズバリ「白鬚神社＝新羅鬚神社」と申しましたのも、何かの偶然ではなかった筈です。ですからその南方三〇ｋｍには、アナタ、ちゃんと有名なリゾート地の白浜すらもございますし、これは正に歴史の必然ですらあったのです――

朝鮮では漁師が季節の魚を追って移動して行き、商店も呑み屋もそれと一緒に動いて行く、つまり、漁師の町ごと移って行く「**海市**」というものが戦前まで見られました（似たようなものの名残りが、今日の日本でも能登半島の**輪島**や**舳倉島**（へくらじま）で、季節によっては見られます。尚、縄文人につき、テキスト23―5―19、P983上）。これは**多島海**の漁師が、嘗てはグチ等の魚を追って日本の海を回遊し、「**白浜＝新羅浜**」等の名を**陸から行けない様な鄙の地**に季節の拠点として残していったことの一つの名残りでもあったのです。**和歌山**県白良（白）浜から東へ見てまいりましても、今日でも、**静岡**県下田市白浜、**千葉**県安房（あわ）白浜、同県匝瑳（そうさ）白浜、**宮城**県北上川新河口の白浜、**岩手**県大槌湾の白浜、同県宮古湾の白浜などなどとございます。古代から豊かな漁場でございました**三陸海岸**の嘗ての「**陸の孤島**」だけでも、前述のものも一部含めまして、今日幾つもこの名が見られます。何とアナタ、**十三！**も白浜が三陸だけにでもございますよ（朝鮮と岩手県の三陸との関係――言語にもご注意下さい）。

①この東北の地域には中世に入植したヨーロッパの白人のキリスト教宣教師の血も混入し、時々、日本人離れした西洋人風の容貌の人々（鼻の高い人）の出現も見られます、実にコスモポリタンな地域でもあったのです。因みにアナタ、青森県三戸郡新郷村戸来（へらい）〔ヘブライ？〕の、そう古いものではない一見ユダヤ風の「伝・キリストの墓」の土饅頭二つも、古くても精々この中世のときの一派が伝道のため（又は追われて）奥地にまで入って開墾したときからのものだったのです。又、僅かですが次のような可能性も考えられます。

②日本のリトアニアの在カウナス領事館の外交官（副領事）の杉原千畝（ちうね）が一九四〇年〔昭和十五年〕に日本本国政府の意向を無視してまで「日本通過ビザ」（シベリア鉄道でナホトカ辺りまで来て、更に列島の敦賀に上陸し、十日間日本に滞在した後加奈陀（カナダ）へ行くという内容でした）を発給して救われ、極東にまでやって来て沿海州から渡航した六千人ものポーランドからの逃亡ユダヤ人の、その中のほんの一握りの家族がこの東北の村に、恰（あたか）も平家の落人のように隠棲したものであった可能性すらも、今となり

ましては否定出来ないからなのです。

③更には、その前の大正時代のロシアのシベリアの収容所にいた栄養失調のポーランド人少年五〇〇人余が、当時は世界中の誰もが引き受けてくれず、日本だけが受け入れてくれて、彼らは日本滞在二年の後、健康を回復し帰国いたしましたが、その際その一部が入り込んでいて記録に残っていなかった可能性すらも否定は出来ないからなのです。ＤＮＡを較べてみてご覧よ！　どっちにしろスッキリするよ。

④古くはコーカソイドの東漸する象の鼻のような形の流れが、東北アジアの大陸部では沿海州まで見られます。

⑤又、一九三〇年代末に東条英機中将が満州の関東軍参謀長であったとき、ユダヤ人難民二万人がシベリア鉄道で満州国境にナチスの迫害から逃げて来ましたが、彼が「民族協和と八紘一宇」の精神によって入国を許可しましたので（このときドイツ政府からは当然強硬な抗議がございました）、ソ連がドイツにユダヤ人を送り返してしまうことが出来なくなってしまったのですが、そのことは何故か？ユダヤ人に貢献した人々の名を記した『ゴールデン・ブック』には掲載されていないのです（ストークス氏）。その東条は事後法によりA級戦犯として絞首刑（デス・バイハンギング）に処せられております。当時、白人のドイツやソ連などよりも、日本人の方がよっぽど人道的であったのに断頭台の露と消えてしまった黄色人種の東条を、私は同じ有色人種の日本人として誇りに思います。ユダヤ人の馬鹿間抜け！　何故この大恩人を救済しないで見殺しにした！　今からでも遅くないからその何十万人かのその子孫たちは彼の墓参りをせよ！　日本政府も彼の墓の前に「立て看板」を立て、ユダヤ人のツアーに補助を出せ！

⑥十三湖の北の神明宮（青森県北津軽郡市浦村）からは、大正十三年（一九二四）に甕棺在中の、何と！一・八～二一メートルもの巨人の人骨が発掘されておりますが、この巨人は縄文の三内丸山を滅ぼした、

北上した南方系の新モンゴロイドのオーストロネシア語族（少なくとも西日本にまでの北上は認められます）のラピタ人の子孫などか（テキスト29―4―1、P1052下、P1053上。尚、気候変動による寒冷化により三内丸山の南の小牧野遺跡のストーンサークルの縄文人が、群馬の月夜野遺跡に南下した可能性は、「炉の下の石の並べ方」の特徴ある共通性からも推測出来るからなのです〔本邦初公開〕）、それとも右の西方からのコーカソイド（白人）の子孫だったのか、それともそれ以外か、これ又再発掘してその長脛の人の人骨のDNAを調べてみる必要がございます（テキスト17―2―3、P737、同17―6―1、P756上、同17―4―1、P749上、同19―4、P866上他必見）。

もしその素材がピュアー・ジャパニーズ・オンリーだった乃至はキリストとは無関係であったとその謎が判ってしまいますと（①～⑥その他）、折角増えて来た秘境巡りの歴女などの「お客さん」がもうあんまりここ新郷村戸来にまでは来なくなってしまうかもネ。だから、観光資源としての「謎は謎のママ」で、キリストの墓としてずーっと残しておく方が良いかも？――一部本邦初公開。

10―4 「大和三山の歌」に秘められた謎

さて本題に戻りますが、上記の本章1節乃至3節の**倭の**「**朝鮮半島部分**」**における滅亡**という大きな**出来事**は、日本列島における天孫降臨を装う支配者の意向に忠実に合わせ、「**列島**」を**舞台**とする話に文言上**翻訳**・され**縮小**され、実はこれがあの有名な「**磐井の乱**」などとして正史・日本紀上などに**矮小・集約**された形で表現されていたのです（テキスト11―2―1、P480上―484下、同15―3―4、P616をご覧下さい――因みに、この**磐井の乱の磐井のモデル**は、日本紀上の「安羅＝倭」系の**大伴金村の子**の磐のことだったのです。別述）。

次に、それ等が「日本列島ではなく**朝鮮半島での争い**であった」ことの証拠に、その他の正史上の挿話も含めまして更にユニークな**本邦初公開**の私こと古代探偵の考えを、アナタもよくご存じの**万葉集**の次のABCDの**四つの歌**を用いて、その謎を、**歌の持つ本来の本質**に相応しく、忠実に、且つ古代**呪術的**に、そしてコスモポリタンに、国文学者も顔負けの、アナタにもビックリの方法論で解いて（文法の解釈ではなく、その万葉歌の持つ魂――呪術性――を解読して）ご覧に入れたいと存じます（これは解釈ではなく解読）。

先ずは、

「**大和三山**」の**香具山**と**耳梨山**とが**畝傍山**を巡って争ったという、例の**万葉集**の

A「**香具山**（かぐやま）は　**畝火**（うねび）を愛し（お）と**耳成**（みみなし）と相争ひき　神代（かみよ）よりかくなるらし
古昔（いにしへ）も然（しか）にあれこそ　うつせみも嬬（つま）をあらそふらしき」

という、アナタもよくご存じの合成人間・**中大兄**（天智大王）の「**万葉集・13番**」の歌も、実はアナタ、**朝鮮半島**におけます上記の様な**倭**（**伽耶＝畝傍山**――**倭の大神**でございました**住吉大社の埴**（はに）を採る山〔後述〕として投影――）を巡る**百済**（**耳成山**）と**新羅**（**天の香具山**）との**奪い合い**の争い、つまり

耳成山（みみなし）（これが**百済**を暗示）〈耳成（みみなし）＝耳鳴る＝弭（ゆはず）＝武器＝**耳**とは**遊牧民の王**の称号〉

と

天の香具山（あめのかぐやま）（これが**新羅**を暗示）〈**埴を採る山**（はに）＝聖なる神器（じんぎ）たる土器＝**鏡と等価**＝太陽信仰＝**農民**の国〉

との**朝鮮半島での国際紛争**を歌に託して、たおやかに（但し、この裏に**呪術性**が密んでおります）表現したものだったのです（テキスト12―2―5、P517上、P518。**レガリア**たる「鏡と剣」につき、一六5。又、「ミミ＝王号」につき、九7の日向の耳川――因みにアナタ、最難解〔万葉学者が今まで誰一人として解けなかった〕の「万葉集・9番」につき、私は古代の歌の呪術性という点からの解読に本邦初公開で成功いたしました。お暇なら個別に私までお尋ね下さい。それだけでも一冊の本が書けるかもよ）。

実は、万葉集が**奈良朝末期**の光仁天皇の頃に**大伴家持**（やかもち）によって纏められた、という通説への大いなる疑問がここにも表れておりまして（序5）、その一例を申しますと、**桓武**が**祭文**（祭祀のとき神霊に告げる文）の中で**天智**を「**太祖**」としているのに比べ、この**万葉歌**の**題詞**では、右のようにそっけなく「**中大兄…歌**」となっており、何故アナタ、「**中大兄皇子…御歌**」としなかったのでしょうか？ これは、一見して小さなことのようにも思われますが、この**題詞**の点一つ取り上げましても、この歌が**後世**に作られて加えられていたことのナイス証拠（エビデンス）の一つだったのです（菅原道真と万葉集につき、テキスト23—4—3、P954下〜956、同23—6、P995上〜997は、国文科のアナタ必見。又、別述、時代の異なります奈良朝の**馬**（うま）と平安朝の**駒**（こま）との併呑も同じです）。

更にアナタ、チョットこの歌より万葉集の後ろの方の位置に飛んではおりますので、これがこれらと一連の「同一グループ」の歌だとは一見気が付きにくいのですが、同じこの香具山に関します「万葉集・**28番**」の、「百人一首」をおやりになるアナタのお子さんもよくご存知の歌（『**新古今和歌集**』）の、その元歌ともなっておりました

B「春過ぎて　夏来たるらし**白妙**（しろたへ）の　衣（ころも）干したり　**天の香具山**」

という**持統天皇**の歌（新古今の「**推定**」にしてしまって技巧（文法）に走ってしまった駄作より、この**元歌**の「現に**目の前**で美しい乙女たちが作業している」というノビノビとしたこの万葉の歌の方がよっぽど良いよネ）の意味をも考え合わせますと、この「香具山＋白妙の衣（ころも）」ということで、**この元歌の山**と**白**とを殊（こと）更（さら）強調している表現は、その両者の強調と同時に、この「**白妙の衣＝雲の様に見える衣＝あやめの衣**（ころも）」を干しているこの**若い女**とは、正に、これは単に洗濯物を干している（アカデミズムの通説）のではなく、新羅から当時**新しい晒**（さら）**しの技術**を持って渡来致しましたところの、作業をしながらも楽しく誇らしげに「**さひ**

づらふ」「**あやめ＝韓女**（あやめ）」のことを意味していたのでございまして（紫につき、序5）、それ等が即、私には

「**白衣の民族＝新羅人**（しんらのひと）」

ということをも連想させてしまうからなのです（伊勢神宮の本宮入口で神とアナタの間を遮断いたしております**白色**の絹の**御幌**（みとばり）や、夜の遷御（せんぎょ）の式のときの神官たちの白妙の衣と新羅との関係につき、一六4、P1041）。

そして、それら問題提起の右の**ＡＢ**２つの歌の「落ち＝マトメ」につきましても、探せばちゃんとアナタやアカデミズムの気付かぬところに万葉集には用意されていたのでございまして、それは次の**反歌**である「**万葉集・14番**」の

Ｃ「**香具山と耳成山**とあひしとき　立ちて見に来し　**印南**（いなみ）国原」

という一見「デートの立ち合い人」みたいでちょっと何を言っているんだかピンと来ないじゃない、と一般にウスラ馬鹿のアカデミズムからもそう言われております天智大王の歌も、古代の人々の**呪術のフィルター**（アナタへのそのヒントは「**和歌の呪い**」（『**秀真政伝紀＝ほつまつたゑ**』第一章）東西の名と穂虫去る文。ここでのより古い時代のものですが、逆（さかさ）から読みましても全く同じ音（おん）の「**回り歌**」などはアナタ必見です。一八5）を通して見ますと、その**百済と新羅との朝鮮半島での争い**（**オマケの、実は救援軍レベル**〔**救国**（すくいのいくさ）――日本紀の実に正直なその名の通りの表現が、ちゃんとアナタに告白してくれておりましたよ〕に過ぎなかった**倭の参戦**という点に振り替えて申しますと、**663年**の「**白村江の役**」への参加・**敗戦**への責任）の際の

唐による国際紛争の仲裁

を歌ったもの――だからアナタ、国文学の世界だけで見ていてはダメなんだよ――だということが判って来るのです（**印南**。これが**唐**を暗示（唐の占領軍の備中の**吉備太宰**〈一一6〉は、**播磨**〈ハリマ＝**アリム**＝有

馬＝**百済**＝**訓でアリ**＝光明〉〈兵庫県加古川市や明石市などの**播磨平野**〉の**海上**も、又、**陸上**の**印南野**〈今日、稲美町の名あり〉**もこの唐の占領軍が管轄**しておりましたので」〔この印南の**阿菩大神の調停**〈**『播磨風土記』**〉や更には、**吉備大宰石川王の死**〈同〉、揖保郡広山里条〈竜野市〉、**天武紀**8年〈679〉3月9日。テキスト12―2―4、P517上、7―11、P291下、292上〕）。

この「**大神**」つまり「**大きな神**（**上＝役所**）」「**大きな支配者**」という語が、この様に「**大唐**」**のこと**を暗示していたからなのです（つまりアナタ、「神＝上＝**督**（**都督**）＝軍令長官」だったことにお気付きになられれば、即座にハタとお判りになる筈です。一―4、一―7）。

と申しますのも「白村江の役」の後の新羅文武王5年（665年）8月の、**唐**の勅使**劉仁願**の「**立会い**」の下での朝鮮の**熊津**（百済の二回目の王都――唐の占領軍により都督が置かれました。一―2）での「**新羅と百済**」との**白馬を裂いて犠牲にしてその血を啜った会盟**――盟約を守ることを**神々に誓う**ことなどをも含む――という**唐**（**お上**）**による大きな調停**が行われていたからなのです（印南国原＝大唐。唐史・朝鮮史の方もロンパリで見てよね）。

これ等が、アナタにこのように「呪術的な古代人の視野」で読んで頂きたかった**万葉集の三山の歌の裏に隠された雄大な**（**国際的な**）**意味**だったのです（でも、文学部の人たちだけでは、ここまで至るのはちょっと無理ダネ）。そして、次の、更にもう一つの、とても重要な**反歌**がそれにプラスして必須であったにも拘わらず、今までアカデミズムが無能でその真相が読めなかったが故に、チョットこれ又静か過ぎ、且つ、「場違いだよ」と、古代の歌謡を**呪術的**に読むことの出来ない（読むことの知らない）、つまり、文言・文法の暗記レベルでの解釈しか出来なかった哀れなアカデミズムの誰からもそう言われて女のように意気地無く逃げてしまっておりました

10

D「わたつみの　**豊旗雲**（とよはたぐも）に**入日**（いりひ）射し　今宵の月夜（つく）　**さやけ**かりこそ」

という「万葉集・**15番**」の天智大王の歌こそが、実はアナタ、

百済滅亡

と、その後の来たるべき

倭王（**斉明女帝**に相当する**大王**）の当時の**倭の王都**がございました**九州　朝倉**　での**処刑**

という二つのことを歌った重大なものだったのでございまして、ではそれは何故（どうして）なのかと、同様に呪術的に**古代朝鮮語**を介して解明して、私こと古代探偵が申し上げますと、ここでの夜への

入日＝落日（**暗示　イリ**＝入（いり）＝**尉礼**（ヰレイ）＝アリ＝アカル〔明かる〕＝**扶余**（バル）〔**光明**〈**訓**（くん）〉〕＝**百済**（バルヂェ）＝〔**所**（ソ）〕**夫**（フ）**里**（リ））

という語が（つまりアナタ、遡りますと、**北扶余から南下**した「**百姓**（バルヂエ）＝**伯姓**＝**扶余**（バル）**の人々**＝**百済**（バルチエ）」ということをも同時に**懸け詞**で表わされていた――歌っておりますのは皆朝鮮からのユーモアに富んだ〔一八章〕渡来人やその子孫たちでしたので、この意味は十分咀嚼しておりました――からなのです）、**百済の滅亡**と、そして共に敗れ**処刑**されました**それら百済や倭の王族**（**斉明女帝等**）**たちへの安らかな眠りへの希求**（「暗黒の世界への**入日**＝落日＝**死**」「**冥界に魂を奪われた**」

――その「「死の世界」へのイリの用例」の代表的なものといたしまして、「秋山の黄葉（もみじ）あはれとうらぶれて　**入りにし**妹は　待てど来まさず」〔万葉集1409番・雑（くさぐさ）の挽歌。この歌をその本の中で引用している堀辰雄の文庫本の『大和路・信濃路』「古墳」も短編だから見てね。私も若き頃、これに惹かれて独り寂しく倉敷までエル・グレコの「受胎告知」を見に行ってしまったもの〕が挙げられます。又、同種の内容の呪術的暗示のものといたしましては「秋山の黄葉を茂み迷ひぬる　妹を求めむ山道（やまぢ）知らずも」

〔柿本朝臣人麻呂。万葉集208番・挽歌〕もあり、更には、呪術的な冥界への「入り」の例といたしましては「……荒野に……入日なす隠りにしかば……」〔〈入日成　隠去之鹿歯〉同210番、同〕なども挙げておきましょう――

というこれら「**山中他界**〔**冥界**〕**観**」に加えまして「**豊旗雲**＝横に靡く雲＝**横たわる＝死**〔横死＝殺害〕」そしてそれが「**清明己曽**〔万葉仮名〕＝**さやけかりこそ**＝**死後も清冽**であって欲しいという**祈り・鎮魂**〕を暗示していたのだと、古代の全ての歌謡という歌謡（より古くは、歌のみならず「言葉＝言霊」自体も本来はそうだったでしょう。九13）に本質的に内在しておりました「**呪術性**」（一八7、「**怨霊と夜**」「**夜明け**」。又、九14、鶏が鳴く〔本来、新羅的発想の詞・枕詞でした〕＝怨霊が去る「あした＝朝」「吾妻」「朝つ方」――その対語が「夕つ方」の転訛＝出雲＝怨霊が何時も居座る夜の国＝根の国＝服はぬ神々の死の国――参照）という観点（朝 vs 夕）を理解して、アナタは今後は考え直さなければいけなかったからなのです（ですから、今後は、古代歌謡の代表たる万葉集につきましても、子供でも判る単純な「やまと心＝敷島の心」などという明治のめでたいウスラ馬鹿文化人〔と、それに百年余も追随しているのみの無能な女のような国文学アカデミズム〕の綺麗心だけでは不十分でして、アナタのオドロオドロしいドロドロした**呪術的解読**――祟ると恐ろしい神の言葉の理解――こそが必要とされ試されることになるのです。テキスト12―2―5、P518上。九13。尚、日本列島における百済対新羅のデスマッチにつき一〇2）。

因みに、アナタには思いもよらないことかもしれませんが、先程の歌のように、**畝傍山が古くからの倭**（それまでの邪馬臺国の卑彌呼・壱与の**公孫氏**の**安羅**。それに加えまして亡命後の「**金官伽羅**＝倭」王の**蘇我氏**についても同様です）**の象徴**でございましたことについて、愈々次に、日本列島部分に残されておりました「**切り札＝証拠**」の登場です。でも、アナタのご理解がそこまで及ぶかナ？

その最高の証拠(エビデンス)は、**難波の住吉大社**（本来、安羅・倭水軍の氏神）の「**埴使**(はにつかい)」が、例年二月と十一月の**祈年祭**、**新嘗祭**(にいなめ)の前に、これに使用する**赤**埴と**白**埴とで造った**天平瓮**(あめのひらか)（**八十平瓮**(やそひらか)）を造るために、古代から何故か態々(わざわざ)遠くのここ**大和の畝傍山**くんだりまで赴き、**雲梯**(うなで)の古代から**謎**（今は歴史の表面から消されてしまった）**の大神**の社とも言われております、

①雲名梯(うなで)**神社**

と、

②畝火山口(うねびやまぐち)**神社**

と**の**この**二つの神社の経由**で（つまり**必ず①②順**のルートで）**畝傍山頂から埴を採取**して来なければ、「朝鮮・九州・難波という海上のメインルート」を、古代から永年取り仕切ってまいりましたこの倭の**住吉大社**の重要な祭りが一切始まらなかったのだということに如実に示されていたのです（これ又、如何(どう)して？——古代の体外朝鮮ルート〔航路〕を支配した住吉大社の神が、古くは畝傍山だった時があった！　エッ、そんな！）。

因みに、この雲梯と申しますと、近くに**曽我川**が流れ、雲梯の北には**曽我**の部落、そしてその中には**古代の最大の謎**を秘めた伝・蘇我**馬子**創建（『**五郡神社記**』）の**宗我坐宗我都比古神社**(そがのそがつひこ)（橿原市曽我町鳥居ノ脇。近鉄大阪線、真菅駅近く。この駅名の中の「菅(すが)＝蘇我」にもご注意。近くに蘇我殿が訛ったソガドン塚もございます。ところでアナタ、この世にも**奇異**で他に類を見ない神殿の屋根の**三方**〔左右のみならず、ナント**正面にも**〕に**千木**を頂くこの様式を見よ！　三方から**幽閉**〔ですからこの神が行けるのは後〈逃亡〉のみ〕**された倭王の神の姿**を！　古代史の好きなアナタ、これは話の種にするためにも、行って見なきゃ損だよ。但し、これは**拝殿**の屋根の裏に隠れておりますので、その奥の**神殿**の横まで回りませんと、アナタよく見え

ませんよ。団体旅行で急いでいるからといって、柏手を打って記念写真を撮っただけでサッサとUターンして次へ行ってしまっては、この神社だけはダメなんだよ。私も念のため、何時もの癖で、正面の拝殿の裏にまで回って初めて「エッ！」「アレは何だ！」と気が付いたくらいだもの。他の全てにも言えることですが、ポイントは前に見えるアナタがよく写真に撮っている拝殿ではなく、その裏に隠されている神殿なんだからさ。老婆心ながら〔尚、「安羅＝倭」系の信濃の穂高神社の屋根の上の変に折れ曲がった癖のある横棒にもご注意〕がございますよ。又、近鉄大和八木駅の西方約五〇〇メートルの正蓮寺境内の入鹿神社（道路脇に「蘇我入鹿公御舊跡」の石柱アリ）にも入鹿が祭られておりまして、私が初めて気が付いたことなのですが、ここの町名が珍しい小綱（しょうこ）であり（所在は一三、一四番地辺り）、私こと「古代探偵」の考えでは、しょうこ→上居（じょうご）（石舞台を見下ろす丘の上）→上宮寺→「馬子＝聖徳太子のモデルの一人＝上宮」というように、ちゃんと繋がってまいりますので（七2などに別述。更にこのことは「上居（じょうご）＝浄御（じょうご）＝きよみ」ということで、大王の宮の名をも表しておりました）、ですから、こんなアカデミズムが見逃していた小さな地名の中にも、重大な古代の謎が秘められていたのです（やっぱり「地名〔大字、小字〕は生きた古代の化石」＝「時の権力者から古代史上抹殺され無念の涙のうちに人々から忘れ去られてしまった古代の無実の罪の人々の復権へのヒント」が隠されていたのです。見逃すなよ！　アナタの足で稼ぐフィールドワークの「草の根古代学」で）。

更にアナタ、少数説にとりましては、証拠は多い方がより説得力を増しますので加えますが、明日香村大字関字宇治田の治田（はるた）神社（豊浦神社、小治田（おはりだ）神社。石舞台古墳の北。岡寺の西四丁）は、『五郡神社記』所引の『旧記』によりますと、武内宿禰の曾孫の石川楯（たて）が創建に関し出て来ましたり、又、その祭神につきましても治田連の祖の9開化大王の子の彦坐（ひこいます）命（伴信友）、「大地主神＝大物主神」、素盞嗚命など新羅伽耶系の神々が色々と出てまいります謎の多い神社なのですが、ここの屋根の〔千木(ちぎ)の形と配置〕も又大変特殊でして、何とアナタ、右の宗我坐宗我都比古(そがにいますそがつひこ)神社と同じく正面にも千木が付けられている――神々の幽閉形――からなのです。しかもアナタ、面白いことに、この右の同じ珍しい形の千木の宗我社自体にも又、蘇我馬子が武内宿禰等を祭ったとございまして（『五郡神社記』）、両神社は「竹内宿禰＝金官（倭）5伊尸品王がモデル＝木協満致がモデル」（その子の宗我石川のモデルは金官〔倭〕6坐知王〔木羅斤資と同一人。正史では親子が逆とされてしまっておりますのでご注意〕）を介して関連が認められるからなのです。因みにアナタ、この治田神社の地が岡寺旧地でもございましたことは、ここには伽藍跡が二か所も見られ、しかも岡寺の代表瓦でございます葡萄唐草文軒平瓦や五葉複弁蓮華文軒丸瓦などが出土しておりますことからも明らかだったのです。このようにこの神社は、金官（倭）王でもございました蘇我氏とも又、後の新羅占領軍たる白鳳・奈良朝天皇家とも、「消された歴史」の何処かで関連しておりました、目立ちませんが実に謎の多いアナタが決して見逃してはいけない神社の一つだったのです。

雲名梯神社につきましては テキスト 12―2―4、P513上はアナタ必見。**川俣**神社――祭神は「**事代主**(ことしろぬし)〔延喜式神名帳・大和国高市郡筆頭〕＝公孫氏**度王**(たく)＝**卑彌呼**（安羅王＝倭王）の**父**」でした。

又、この畝火山口神社は、古くは**山腹→山頂**（文安、天正の間に遷座し少なくとも江戸中期はここ）→（昭和になって後から初めて作られた後発の**橿原神宮**〔神武大王を祭る〕であったにも拘わらず、これ〔初代大王の神社〕を山口社への参拝の人々が見下ろすのは畏れ多いということで、昭和十三年〔一九三八〕十二月の紀元二千六百年祭〔一九四〇〕を控えて）現在の**西麓**へ移転させられてしまいました（尚、アナタ、これと**同じパターン**は、これ又後造り〔治定〕の正史の初代**神武大王陵**を見下ろす位置に「こんな謂われ！のある部落がここにあるのは天皇の神聖さを汚すので相容れずよろしくない」などという理由で、嘗てこの畝傍山の東北面の上方にございました曰く因縁！のございます**洞の部落**も、大正六年（一九一七）から**宮内省の命令**で、何と！　この部落民の祖先の**墓ごと**（見える見えないのレベルではなく、墓までも、何故？）畝傍山の下の平地に**強制移住**させられてしまいました。テキスト12—2—5、P519上、新版予定メモ）。この山口神社の今の祭神は息長（機張）足姫（安羅）、表筒男（安羅）、豊受姫（古来の秦氏の神。一六4、P1022）＝これらは**倭王の神々のセット**とされております。

　このように、これは、今は消されてしまいましても、古へにはこの**畝傍山**が**倭の象徴**であったことを（勝者によりその歴史が改竄されてしまっているのに）、アナタに今だに示し続けていてくれた、正にナイス・エビデンスでもございました。ですから正史によりましても、ここ畝傍山の東に蘇我大王家は家（宮）を起てて城とし五十人もの健人（兵士）を置いていた（更起㆓家於畝傍山東㆒。穿㆑地為㆑城……五十兵士……健人（皇極紀三年十一月））のです。アナタ、先入観に凝り固まった盲目のアカデミズムが高校の教科書に引くように、甘檮岡の方の記載（上宮門・谷宮門（同））の文面の方だけに引き摺られて気を取られて、真実を見失ってはいけませんよ。加うるに右の宗我坐宗我都比古神社が曽我村の北にあり「入鹿宮」とさえ言われていたと記されておりましたくらいですので（日本輿地通志大和志）。今、これらの証拠をアナタがご覧になることにより、私こと古代探偵のこの考えに、多少なりとも今まで疑問をお感じになっておられましたアナタにとりましても、ドングリの背比べで三つ並んでおりました中で、この

　大和三山の内、**畝傍山こそが「倭＝伽耶」の象徴**であったのだということのご納得は、これで完璧に近くなられた筈です。「アナタ、隠された歴史を、今はそこには見えない証拠から繙いて見よ！」。そして**倭の象徴**でございました**畝傍山**と、そこに聳え立っておりました**倭王蘇我氏の王宮**（テキスト12—2—4、P512下～516下）に思いを馳せよ！　それが若い君の使命なのだ！

以上申し上げましたように、**朝鮮**からの**渡来人**、**亡命人**及びその**子孫**たちが作りました、これ等**ABCD**の「**4つの歌**」の向こうには、**自分たちの故郷・本貫である古代の朝鮮半島で起こった倭を巡る新羅と百済との雄大・雄壮・雄渾とも言える**「**ドラマ**」と「**呪術性**」とが、**一言に集約されて隠されていた**のだ、とアナタは慧眼をもって**古代人の心**――そしてその魂も――を解き明かしてやらなければいけなかったのです。神武大王（イワレヒコ）創作のために、**昭和になってから**、時の政府に付和雷同する最早宗教家としか言いようのない歴史アカデミズムと、歴史音痴の暗記オンリー主義の文部秀才官僚とにより、「歴史と宗教との混同」によって捏造されてしまいました、一見もっともらしく見えます多くの可笑(おか)しな偽の証拠（ここにある神武大王を祭るという「**橿原神宮**」などのインチキ）に、盲従し惑わされ振り回されておりましては、アナタ（含む、白痴マスメディア）に古代史の真相の解明は、何百年やっても覚束無(おぼつかな)い筈なのです。詳しくはテキストのこれ等の部分を是非お読み下さい。

後世、逆に、百済と新羅との「**大耶**(おおや)**の戦**」（641年）の時点におきましては（テキスト付録13、P1122、1123地図）、新羅が562年以降占領し領土として参りました洛東江以西の**旧・加羅諸国**（**任那＝倭**）の土地を、今度は百済に取り返されてしまうという、古代から繰り返されてまいりました「**伽耶**（**半島の倭の地**）という**玉**(ボール)**を巡る新羅**（**天の香具山**）**と百済**（**耳成山**）**の　テーブルテニス**」も、これ等のABCDの歌にはダブルで織り込まれて暗示されていたのかも知れませんネ。これと同じパターンのものとしましては、前述のように「**磐井**(いはゐ)**の乱**」の**真相**のみならず（尚、「**継体大王**（磐井の伯父）の死＝**磐井の乱**（舞台は朝鮮）」ということにつき、テキスト11―2―1、P480、482―483はアナタ必見です）、所謂(いわゆる)「**蘇我**

氏と物部氏の崇仏廃仏論争」ということ（モデルとなりました、新羅の仏教受容につき、一四9。又、嘗ての物部氏がアカデミズムの考えとは異なり、実は排仏派などではなかったことにつき、九13、一一10は必見）の**真相**（磐井・石井の**井**は、正に「**井＝倭**」でして、これは**襲名の倭**〔**ウィ**〕**王の名**そのもの〔**公孫氏の卑彌呼**の一族＝朝鮮半島の**安羅王**＝渡来後の**大伴氏**。九14⑭〕を表していたのです）までもが（テキスト18―1―1、P770。尚、八2）、共にこれ等は

朝鮮半島と日本列島に本貫が跨る人々（**倭人**）**の長い長い**「**大きな大きな地政学的なうねり**」が、文字の上で**単純化**され**要約**されて、**正史・日本紀上には象徴的な単発の日本での物語文学的なものと特化して記載**

されていたのに過ぎなかったのです。アナタ、騙されてはダメだよ。だから右のテキストは必見。

ところで右の「磐井の乱」の真相とは、大伴金村（27安閑大王のモデルで正に朝鮮史の安羅王安と同一人）の子の**磐**がこの磐井（の乱）のモデルでした（七4）。尚、この「磐井の乱」の〔意義――紀では五二七～五二八年の継体大王の世〕についてコスモポリタンに一言で本邦初公開で申しますと、

「**新羅22智證王、23法興王**」**と内通した安羅が**、**金官国**（**当時の倭の盟主**）**に反旗を翻した**

ということだったのです（五〇〇年智證王、五一四年法興王、五四〇年まで）。このように「倭＝任那連邦」の団結が弱まり、結局その後五年もしないうちに、同じく金官は「新羅と安羅との連合」に滅ぼされてしまい任那連邦は崩壊してしまうのです（五三二年。但し、もっと早く五二四年とも考えられなくもございません。そのパブロフの「条件反射」としての日本列島内での動きにつきましては、一四9③）。

アナタ、これからは、大学の文学部の、明るい教室での銀縁の眼鏡をピカリと光らせた、一見インテリ風の教授の言葉の魔術（詐術）に努騙（ゆめだま）され惑わされないで、そんな試験に出る「文法の形式」や「言葉の豆知

識」のこと――そんな綺麗事――などは実はどうでもいいから、これからはアナタの祖先たる**古代人の魂**、つまり

「おどろおどろしい古代の黄昏（たそがれ）の現場」

（古墳の死者の骸（むくろ）に通じる玄室たる生と死の境の「黄泉（よみ）の国」の入口）

に立って、**歌の本質である呪術性（言霊（ことだま）の恐ろしさ**――その典型が、当時既にその本来の恐しい意味が忘れ去られてしまっていたとは申せ、呪句（のろいのく）（神の言葉）でもございました古（いにし）への枕詞（まくらことば）、否、古く言葉が初めて出来ました元初の頃には、全ての「言葉＝言霊」（真間手児名の青衿（くび）の「青」という言霊の持つ呪力につき、九13必見））からダイレクトに「万葉人（びと）の真の魂」を解読して、**古代人の心**を理解してあげなくっちゃネ！

10

10—2　高霊伽倻の王陵群（池山洞）

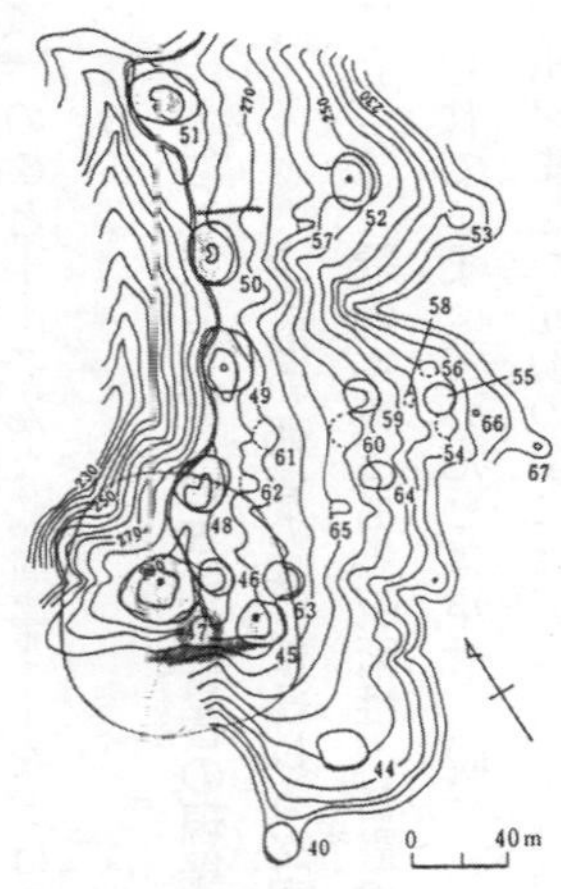

10—1　池山洞古墳

10—3　安羅伽倻・咸安末山（マリサン＝頭山）里古墳群の4号墳（旧34号）は朝鮮での卑彌呼の墓に後世の追葬がプラスされたもの

10—4　福泉洞古墳群(盛り土の無い古い形の尾根上の古墳)

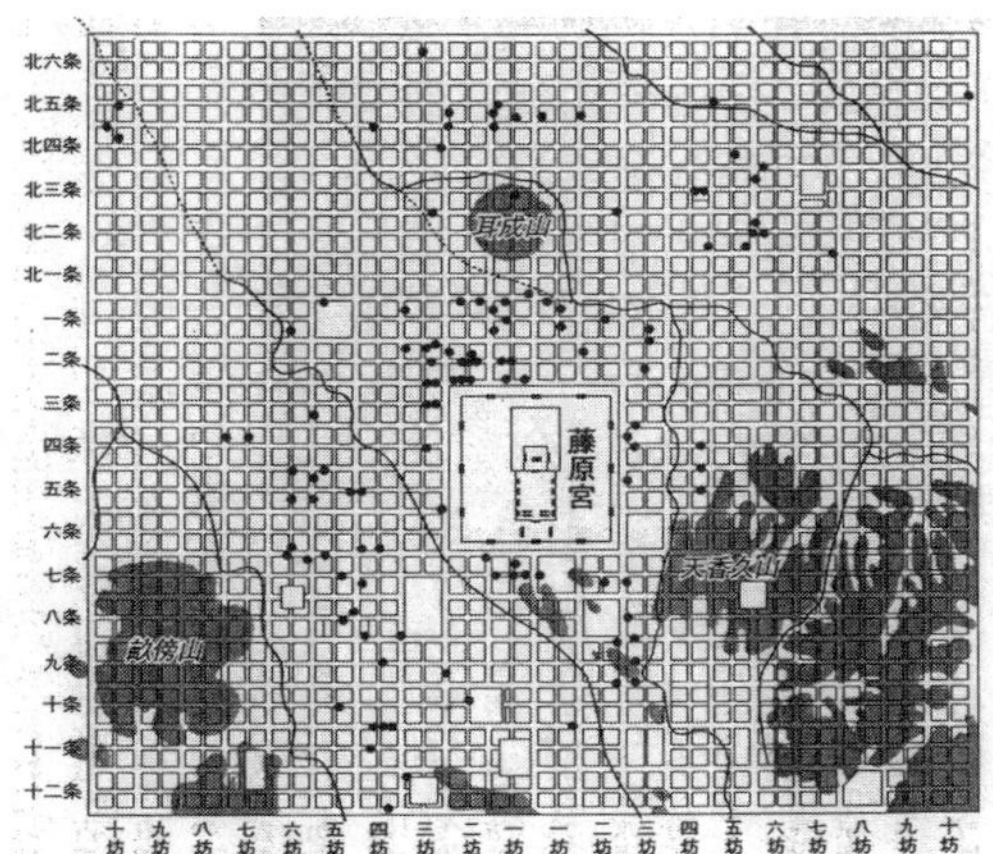

10—5　藤原京（中央宮闕型＝金城京・慶州と同じ）と大和三山の位置関係

10—6　藤原京跡

10—7　神武大王陵　使用前（左）と使用後（右）

第一一章　「白村江の役」の直後、日本列島は唐・新羅に占領されていた

――何故、大宰府に「都督」という名の中国の占領軍の役所が置かれていたのか？

――遣隋使・小野妹子の正体は、アノ倭の王子の蘇我馬子（有明子）だった！

次に、**［論点9］**の「**倭・百済**」と「**新羅・唐**」とが戦い、その結果**倭が敗れました**「**白村江の役**」の後、**日本列島は唐・新羅に直ちに占領**されていたのだ、という通説が予想だにしていなかった驚くべきことについて、アナタをちゃんと証拠に基づきまして、その結果にまで、僭越ながら私こと「古代探偵」が情熱と責任をもって導いて参りたいと存じますので（序3―1）、どうかお楽しみに。

（イ）**開府儀同三司**（大宰府）

（ロ）「白村江の役」の後の**唐・新羅による日本列島占領**（六六三年九月十三日～翌年二月九日までの正史の**欠史**の意味するところは何か？）

（ハ）実は、**朝鮮式山城**は、倭の**敗戦後**に**唐・新羅占領軍**により百済亡命者を使役してその技術により築かれた（だから一見百済的。そして、何故か占領軍政庁たる**国衙**（が）**の直上**に造られていた山城）

（ニ）**唐の皇帝の占領軍の使者**が来たときの倭国の首都は**北九州**

（ホ）遣隋使の小野**妹子**の正体は、**倭王蘇我稲目の王子**であった頃の**馬子＝鞍作多須奈**だった！

（ヘ）京都太秦の**広隆寺**の**弥勒菩薩**（みろく）（**整形美人**）の正体は**新羅**の弥勒菩薩そのもの――新羅王子の念持仏

［論点9］の全体の要点は次の通りです。

しかし、663年に「白村江の役」で唐・新羅連合軍に百済と共に倭が敗れる――これは、他方、嘗て「新羅と組んだ安羅」が五三二年に金官伽羅を滅ぼしたことに対しての復讐・意趣返し（新羅の将軍の金庾信は金官王家の末裔）という面もあったのである――と同時に、日本列島は唐・新羅に占領され（安羅系は東国に逃亡）、唐の名目上の司令部（都督府）が那ノ津ないしは太宰府、その他の日本の要所に置かれ、本国の司令による新羅軍提督（新羅王子たる日本の天皇）の命令により亡命百済人の技術者を使役し、列島内各国の国府の直近の山上に朝鮮式山城が築かれ、占領軍は毎日夜間は国衙（こくが）の直ぐ上の山上にあるその山城に引上げ、倭人や亡命百済人のゲリラの襲撃から身を守ったのであった。

11―1　天智四年紀が示す唐・新羅の日本列島占領

ところでアナタ、ここからの十一章、十二章、十三章分は、敢えて時代の流れと一部逆に、白村江の役（六六三年）、壬申の乱（六七二年）、大化の改新（六四五年）という順序で――後二者は日本紀上での架空（前者も半分架空）ですので、その理由の大前提をアナタにご理解いただくためにも――ご説明いたしたいと存じます。

［論点6］（八1）のところでも少し触れましたが、嘗ては**九州の那（な）ノ津**（**荒（あら）津**――単に海の荒津（灘）ではなく、神が怒りの託宣する祟（たた）りのときのアレミタマの鎮座している港〔一一7〕）か**大宰府（だざいふ）が時期により**

ましては倭国の首都であったことと（敗戦時の大王は正史上でも間違いなく九州・朝倉におりましたよ〔斉明紀七年〈六六一〉七月二十四日 崩（かむあが）り〕）、**日本列島が新羅に占領**されていた（これは**天智紀四年**〈六六五〉**九月二十三日**の記事〔「唐遣……上柱国〈勲位の最上階。唐六典〉劉徳高」〕の**戦時国際法的な解釈**から当然導き出される帰結だったのです。文学部出身の歴史学の教授たちの平和パーの頭脳の限界がここに見事に露呈されております）こと（平安朝で**大改竄**された百済系の**日本紀**では、右の**両方ともが完璧に否定・抹殺**されてしまっておりまして、アカデミズムやマスコミの「ウッカリ坊や」もこの点は同様でして、一度信じたその呪縛の繰り返しから生涯逃れられない可哀相な有様なのです＝これでは、仮令（たとい）偏差値は高くても、オウム真理教のオウム〔この場合は鳥〕と同等の繰り返しの頭に過ぎません）の証拠が、実は幾つもアナタの前にチャント存在していたのですが、暗記ばっかりして自分の頭で「ハテナ？」と考えない（又は、水平思考で考える能力が無い）から、アナタもアカデミズムも今までそのことに全く気が付かなかっただけの話なのです。何とも良い頭なのに勿体ない話です。

11―2　都督府の楼観＝都府楼

先ず、右の他の証拠の一つ目は、**唐**は

「（唐人）**百済鎮将劉仁願**……**遣熊津（ゆうしん）都督府**……於筑紫都督府（つくしのおほみこともちのつかさ）……。送……於筑紫都督府」

（天智紀6年〈667年〉十一月九日。傍点、カッコ内筆者）

という様に、百済の熊津から部下を派遣し**筑紫**に**軍命令**を伝えており、このように間違いなくここ筑紫に都督府が存在していたのみならず、

「**筑紫の都督が熊津の都督の下**（**出店レベル**）**に置かれていた**」

ということまでもがここから判り（一〇4、白馬の会盟）、この天智紀の文面こそが、具体的な**唯一の正史上における唐軍の占領下にございましたことの真相の現れ**（自白そのもの）だったのだというこの一瞬の真実の閃（ひらめ）きを（アナタ、この点にパラレルに対応いたします日本紀側の表現こそが、**天智紀十年**（六七一）十一月十日に——**四年ずらして**——時間差で見えております**筑紫　大宰府**（おほきみこともちのつかさ）という**用語**だったのです）、決してアナタは見逃してはいけなかったのです（筑紫都督府＝筑紫太宰府）。

日本紀は、この一連のごまかしのために（後世のアナタやボンクラアカデミズムをごまかすために）、それより五十年以上も前に、その布石として後述のように、この言葉が「敗戦時の中国の管理下の役所の名」であるという定義にも気が付かず——今も昔も定義に疎（おろそ）かな当時の史（ふひと）・今日の学者——、滑稽にも

「筑紫大宰奏上言」（「推古紀」17年（六〇九））——筑紫（ちくし）の大宰（おほみこともちのつかさ）、奏（まう）上し言（まう）さく——

などと記し、このレベルで既に「大宰の文字」の初見を作り出してしまっておりますよ（この間（六六三年白村江の役——アナタ、果たしてこの五十年も前に中国と戦争して負けて倭が占領されて開府儀同三司が置かれたことがありましたっけ？　それは小野妹子が隋から帰朝した頃のことだよね。そんなこと俺知らネーナー）の唐・新羅占領軍の下における初めての大宰を隠すための、時を遡った計画的な捏造（カラクリ）の証拠、我遂にここに見付けたり！）。

尚、点の無い「大」宰府とは八世紀初めに成立いたしました律令体制下の「役所」のことを主として申しますし、点の有る「太」宰府とは鎌倉以降の役所でございます鎮西奉行以降を言うと考えてもよいと思われます（栄西の『誓願寺盂蘭縁起』には「太」宰府と記されております。田村圓澄氏）。因みに現在の市名も「太」宰府市と点がございます（中世以降現在に至るまでの場所としての表示では「太」——以下この区別にご注意）。

　更にアナタ、前述の様に、

大宰府の「都・府・楼」

という今日残されております言葉の土台には、唐の支配下の**軍都**の「**都督府**(ととくふ)の**楼**(ろうかん)観（物見櫓(やぐら)）」という言葉が控えておりました（写真11―3、テキスト13―3、P551。**天武紀元年**（六七二）五月三十日の唐人だか百済人だかもはっきりいたしません**郭務悰という人物の帰国**が、実は事実上の**唐の撤兵**〔新羅は残る〕を示していたのです。そして更に、これこそがアナタ、別に詳しくアナタに述べますように、アナタもアカデミズムも〔その頭のママでは〕百年経っても理解出来ないであろう「**壬申の乱**」の**真相**でもあった！のです。一二2）。これを見逃したら、学者もアウト！　アナタもアウト！　仲良くアウト！

　しかもアナタ、平安時代に至りましても「都督府」というそのものズバリの言葉がダイレクトに使われておりましたナイス証拠(エビデンス)といたしましては、太宰府天満宮所有の大宰政庁の建物について、図（柱を赤点で示しております）やその尺度を共に記しました「都督府建按詳図」と冒頭に記されました書物――比都督府建按詳図物扶桑続翰苑巻中為記録……正徳二年壬辰歳（一七一二）三月三日司務別当大島居信仙――の存在だったのです。その奥書には平安朝の『扶桑続翰苑』に記述の源があると記されておりましたよ。ここにズバリ！　クリアーに中国の占領軍の軍部（評(こほり)）である役所の名が表示されておりましたよ。日本列島が唐と新羅の連合軍によって占領されていたという凄い！証拠が、ここ九州の天満宮の奥深くにちゃんと今日に至るも長い間密かに残っていてくれたのです。サンキュー！

11―3　開府儀同三司

　では次に、この「**都督府**」**とは一体何だったのか**と申しますと、先程も少しは触れましたように（八1はアナタ必見です。尚、新羅軍でも「軍主→摠管→都督」と変化させております）、宗主国の中国皇帝様から「開府儀同三司（かいふぎどうさんし）」という資格を与えられた者のみが開設出来た軍政の役所だったのです。これが評督（こほりのかみ）となり、やがてこの評（こほり）が民政の郡（こほり）へと新羅では変化していったのです（この内容の重大な質的変化をボンクラアカデミズムのように見逃すな！）。この点、日本でも何故か直ちに敵国である筈の新羅を真似して、同じ様に民政、且つ同音の「郡」へと変化させておりますよ（軍政→民政）。この打てば響くような内外の瞬時の対応は一体何故（どうして）だったのでしょうか？

11—4　大裏（だいり）、御所ノ内の地名が示す大宰府の王都

そう致しますとアナタ、この「都督＝評督」という言葉自体（特に「都督の略」「督＝かみ＝軍令の長」という言葉）が本来、つまり開設の当初は

「唐の占領下の中心となる軍の役所」

そのものを表していたということ（「大和三山の歌」の「印南国原＝阿菩大神（かみ）＝督（かみ）＝軍令長官」という暗示につき、テキスト7—11、P292上、本一〇4）を正直にアナタに物語っていてくれたです（アカデミズムなら、それくらい読みこなせよ！　この軍政の流れが評（こほり）という組織で、前述の様に、後に新羅の真似をして日本も全く同じ様に民政の郡（こほり）へと変化させてしまっております。「軍政→民政」が、不思議なくらいピタリ本国の新羅と列島とで時期的にも一致）。ですからアナタ、当然ここ北九州には六六三年当時には倭の首都・内裏（大王の住居）と「大宰府（おほみこともちのつかさ）＝遠（とお）の朝廷（みかど）」の宮殿との双方が重なってあり（だから「遠の」なんて言って誤魔化していたのだ——その証拠は後述）、そのことによってこそ「大宰府」というこの重大な名が今日まで温存されて来たのだ、という訳だったのです。

国家の正史が都合が悪いので、仮令(たとい)このことを抹殺してしまいましても、この太宰府の都府楼跡付近には、更にアナタ、ウルトラ重要な

「大裏(だいり)＝内裏(だいり)」

という、紙に書かれた歴史とは違いまして改竄が略(ほぼ)不可能に近い**地名**としての**小字名**すらが、このことの**「生きている化石＝生き証人」**（この証人の齢(よわい)は、何とアナタ！ ギネスブック登録の千五百五十歳にもなりますーーヨボヨボだけど古代法廷に出頭出来るかしら？）としてチャンと今日まで残されておりましたよ。更にアナタ、有力証拠を加えますと、ここ太宰府市観音寺の東側には、正にそのものズバリの**「御所ノ内」**という小字すらもございますよ。何故だ！ 益々怪しい！

11—5 「朝鮮式山城」の真の意義

ということになりますとアナタ、**「大野城(おおの)」**や**「高安城(たかやす)」**等の所謂**朝鮮式山城**と今日言われておりますものは、正史・日本紀や一国歴史主義者のアカデミズムがくどい程ステレオタイプに言っているように、「唐・新羅の侵略を食い止めた」という**防御側**の後の**天智大王**と称する人が造ったものなのでは全くなく、その**逆に**、本邦で今日生存している人といたしましては、私こと「古代探偵」だけがそう申し上げておりますように、**占領されてしまった後**に、**新羅軍**の**占領軍提督**たる**文武王**（**天武**天皇のモデル）又はその代行者が、夜間に忍び込んで侵入して寝首を掻きに参ります倭国や百済亡命人の玉砕覚悟の敗戦側の特攻隊の**ゲリラ**から身を守るために、**夜間だけ引き上げて篭るための臨時の山城**ーー夜だけでも安心してグッスリと寝られるようにーーとして、百済亡命人の**百済の技術者**を**奴隷並**に**使役**して造らせ、又は**従前**の古くからの**もの**を**改造**させたもの（後述の吉備の鬼ノ城は改造）だったのです（テキスト7—11、P294下）。そうであるが故にアナタ、

百済の技術が使われていたことに加え（ですから、技術だけを見ると、一見百済系であり〔このこと自体はその通りなのですが〕、そして、唐・新羅の進攻を阻止した天智が百済亡命人と協力して仲良くアベックで造ったものだなどと、アナタも浅はかな殆ど全てのアカデミズムのように誤解してしまったのです。九13）、何故か各山城の各々が**国衙**（こくが）（**国司の地方行政庁**）**の直近の山上に位置**していた——ここにこそ正に私こと古代探偵が発見したキーポイントが隠されていた——のです（前述の吉備の**鬼ノ城**（きじょう）など大多数。フィールドワークが大切。アナタ、行って見上げてご覧）。アナタ、古代の**フェニキア**も中世の**蒙古**も敵国の占領地では同様だったのでして、現地の土民のゲリラから身を守るため「**夜は船上**」で過ごしました（より古くはバビロニアにBC三三〇〇年に侵攻いたしました魚人間〔航海民・魚民〕の**オアンネス**〔九14①〕もそうでした）。そうだからこそ陸では圧倒的に強かったアノ蒙古軍すらも、海上ホテル〔船〕に泊まっていたがために、二回目の一二八一年の「**弘安の役**」では「台風＝神風」で**船**（**宿**）が破壊されたために負けてしまったのです。そうでなければ**朝鮮の高麗**（こうらい）と同様に、今頃日本は**蒙古**（**元**）**の植民地**になってしまっていましたヨ（アメリカの五十一番目の州どころか中国の一部——元「マルキス婆（ババア）」と「マルキス爺（ジジイ）」御用達のソ連（ロスケ）〔ロシア〕・中国（シナ）様命の「赤い人」たちと例の赤新聞〔A（あさ）〕は、この方が万々歳！か）。

それに、アナタ、更にその証拠がございまして、対朝鮮関係で戦略上（**地政学上**）一番危ないと言われております

若狭や琵琶湖

等に**何故これ等の山城が一切見られなかったのか**、という不思議さに、今迄一人のアカデミズムもアナタも全く気が付いてはくれなかったのです（単細胞だナア）。

因みに、ここ若狭琵琶湖ルートは、二十世紀の**大東亜戦争**の時、マッカーサー元帥すらも日本分断を狙っ

た**一番日本列島が狭い、守りに弱い危険な部分**だったのです。その証拠の一つと致しまして、それより古くから、朝鮮半島からの侵攻とはとても縁が深く、**鴨稲荷山古墳**（琵琶湖西岸の高島町。一七1）からは、時代は前後いたしますが、全国の数ある古墳の中でも有数の多さの**新羅系**（含、**伽耶系**）出土物が見られるのです（半島からの南下）。ここに見られます**伽耶の金銅冠**（表紙のモデル）**の文化**の南下の伝播のルートにつき、一七1。更にアナタ、平成二十五年八月に、この琵琶湖西岸にございますこの町の上御殿遺跡から紀元前四世紀（弥生中期）～紀元三世紀（古墳前期）の双環型「オルドス式銅剣」のものと思われます鋳型が出土したと発表されましたが、これも遼陽に都を置き満州と朝鮮半島北部を支配いたしました遼東半島の公孫氏（燕王）の女の卑彌呼（と高句麗王子罽須と）が満州から朝鮮半島へと移動し、やがてそのうちの卑彌呼一人が日本列島へと亡命いたします際に、レガリアたる玉璧、銘鏡、銘刀（別述）の「三点セット」と共に持参し、卑彌呼が殺された後、宗女壱与の別の一派が日本海ルート（マッカーサー侵攻予定ルート＝若狭ルート）で「当時任那の本拠がございました対馬→若狭→琵琶湖→纏向」と入ってまいりましたとき持ってきたものだった可能性もあったのです（このときの壱与の本隊の、これとは別ルートの一つが、その痕跡〔別述〕が十分見られます「対馬→安来→吉備→河内→紀ノ川遡行〔「到吉野河之河尻」時〕」と古事記が暗示――但しイワレヒコ東征のケース〕→奈良湖岸の纏向」だったのです）。

若狭琵琶湖ルート上にこの朝鮮式山城が見られなかったと言うことは、これ等の本格的な防御の朝鮮式山城は、**占領後**つまり新羅・唐軍が敗戦倭国軍のゲリラを相当程度鎮圧し、**一応の日本列島の中央部と西部との征服が完了し平穏がほぼ甦った後**に、唐・新羅によって狼煙台も兼ねて山上に造られたものでしたので、それで、今日見られる様に、「西日本、九州、対馬を経て朝鮮・中国の本国」へ至る当時の**平時の朝献ルート上**

にだけこれを造れば今後は**占領政策**上はそれで十分だった(「戦時の特殊ルート」上には最早不要＝つまり「唐――新羅――対馬――九州――畿内」という「中国の特命全権大使が偉そうに往復する東西メインルート」上の防御だけで十分だからなのでした)ということだったのです(ですから、百済系平安天皇家の面子から外国の〔新羅による〕占領を一切認めようとはしない今日の正史日本紀では、この点が完全に抹殺されてしまってはおりますので、正史日本紀を文学的に暗記だけして事足れりとしておりましたアカデミズムには今までこのことに全く気が付かなかったのですが、日本列島占領完了前の、既に百済滅亡後の**660年**から九州での倭国降伏の**663年**の**間**に**征圧**されてしまっておりました、**若狭や越前から琵琶湖を経て畿内へ侵入**して参ります最も**重要**且つ畿内への**最短・緊急**の古代の日朝ルート〔マッカーサールート〕上〔古代の**表玄関**。一七1〕におきましては、最早かような意味での**山城が不要**になってしまっていたという訳だったのです。これでその謎はスッキリ解けましたよ。池上彰流に表現すれば「そうだったのか！　朝鮮式山城のルートの不思議！」)。

そしてそのことはアナタ、よく見ますと、朝鮮式山城というものが、唐・新羅占領軍の本隊が初期に(倭の総司令部への「最後の侵攻」に際し＝最終決戦に備え)駐屯しておりました基地が後の大宰府(都督府)を取り囲むようにして変型ドーナツ状に十一(大野城、基肄城、鞠智城、高良山、帯隈山、おつぼ山など)も見られるということも(これ又、本邦初提案)、考古学的に私のこの考えを完璧に証明(強化)してくれていたのです。これ又、サンキュー！

11―6　正史の五か月もの欠史の意味するもの

実はアナタ、右に加えまして、倭の軍都を支配する都督は列島の要地に一つではなく、後述の百済や高句麗におけると同じように、幾つも置かれておりまして（正史上に見られます**吉備大宰**（**惣領**）の**石川王**（に相当する人）という貴重なサンプルもその一人だったのです。前述の万葉歌第14番。一〇4の「印南国原」。テキスト7—7、P283下）、敗戦国**百済には5つの都督**、同じく**高句麗の9つの都督**と共に、これ等百済・高句麗・倭の全ては**平壌**に置かれましたそのより上位の**安東の**「**都護**」の監督下にございました（**都護の下に都督**）。北狄の非漢民族の**鮮卑**の**李氏**によって建てられましたアナタもよくご存じの大帝国の**唐**自体も、その広大な支那の全土に「六つの都護」を置いて**紛争地・征服地**を支配し、そして、その下にこの太宰府や熊津等の様な多くの「都督」が置かれていたのです（アカデミズムも、一国歴史主義ではなく、宗主国の中国様の政策をも含めてパラレルに広い視野で見ることが出来なくっちゃネ）。ですから、このこと（占領された倭国の湮滅の証拠に、正史日本紀では、天智二年（六六三）**九月二十五日**（明日——百済亡命民の日本への出発——とあるので）から翌天智三年（**六六四**）**二月九日**までの、百済と倭が敗れて（百済の名が絶え）亡命民が日本に出発したその日から後のこの大事な大事な**占領開始後の記事**が、何とアナタ、**五か月間も欠史！**のまま今日まで放置されているのです（エーッ！　ホント！　そうサ、読んでみな。これこそがアナタ、道鏡・桓武による焚書（所謂、桓武焚書）の結果——完璧な証拠——だったのです。何でアカデミズムは今迄このウルトラ・ブランクを問題にしなかったの？　先入観っていうのは実に恐ろしいものなんだね）。

しかもアナタ、右の欠史後の正史の記載の始まりの部分についてですが、この天智三年二月九日のところに、兄の皇太子中大兄の即位は七年（六六八）正月の筈なのに、突然、その四年も前のここで「天皇」と明文で出て来てしまっている不可解さ（アララ）、そして、それのみならず弟の大海人についてすらも、八年（六六九）十月十五日に「東宮大皇弟」となって出て来ることになっているにも拘わらず、その五年半も前のここで早くも「大皇弟」などと、それとほぼ同格の称号で出てきてしまっている（尚、八年五月にも大皇弟の記述あり）というダブルの矛盾（不可解な正史の齟齬）があり、同じ日（前述、天智八年十月十五日）には中臣氏に「大織冠」と「大臣」の位を授与し、更に「藤原氏」を賜ったとあり、且つ、この賜姓すらも藤原家伝や延喜本系帳によれば、ここで藤原朝臣（あそみ）を賜ったのだと言っておりますが、実はこの朝臣も十五年後の天武十三年（六八四）十一月になってからのことだったからなのです。そして更に、ここで（天智三年（六六四）二月九日）で取って付けたように「冠位（かうぶりくらゐ）二十六階（しな）」などというものも――それまでの冠位十二階に代わり――突然理由もなく出現してくることにアナタ十分ご注意下さい（改竄後のスタートの矛盾露呈）。

11―7　蘇我馬子と小野妹子は同一人

前述の様に、660年に百済が滅んだとき（これは663年の倭の滅亡よりも以前のことですのでアナタご注意）から663年迄の間の数年間に、早くもこの唐・新羅占領軍が**日本列島の中央部**（**琵琶湖や中部地方**）を幾つかのルートに分かれて**北から南に南北ルートを突破・分断**し（敵地分断の形での侵攻は、敵の兵站分断の点からも古来戦略の常道でして、近くも米軍は沖縄本島の南北分断（昭和二十年四月三日）から占領を開始しております）、**畿内を占領**（九州北部の当時の倭の王都の占領だけは流石に一寸厄介でして、もっと後の663年に至ってから、北（玄界灘側）からと東（畿内・中国・瀬戸内側）からの**挟み撃ち**によりやっと倭が敗れたのでした――美作の中山（ちゅうざん）神社の伝承もその徴憑の一つ）してしまっておりましたことの、私こと古代探偵の見つけました証拠と致しましては、正史上にも、これ又たったの一言なのですが、目を開けて見れば「アナタここを読んでよ」とばかりチャント暗示（否、表示）されておりまして、それは**是歳（このとし）**（日本紀は怪しさを暈（ぼか）かすときは、何時（いつ）もこのように月日を明示しません）の

「**巨大な蝿の大群が巨坂**（信濃と美濃の国堺の**神坂峠**）**を飛び越えて西に向かった。**大きさは**十囲許**もあった。その高さは蒼天にまで至っていた。或いは**救軍**（朝鮮半島へ出陣したとは言え、百済救済軍）**が敗積れた怪**であったということを知った」

という**科野国の報告**（斉明紀6年〔660年〕是歳条）の中に、**古代朝鮮風**な**『讖緯説』**として**隠語**で、この年（敗戦の三年も前）にチャンと**大軍がここを通過して畿内に向かい伊勢**の多気郡の**麻積郷**〈**麻積神社**あり〉**に至った**、そしてそのことはズバリ、**敗戦**――唐軍への倭の敗北――の**予兆**でもあった（つまり、早い話が、**戦いに敗れて占領**された）のだということまでもが、アナタがよく読みますとその紙背に表現されておりましたことが明白に判って来るからなのです。凄い！　よくそこまで解読したね！

　と申しますのも、この蝿の大群のところに何故、付け足したかのように突拍子もなく右のこの「百済救済」のことが出てくるのでしょうか。本来、高校生が考えましても、蝿（国内）と外征軍（海外）とは何らの脈絡もない筈なのです。それが如何？　ここで「今でしょ！」は不思議でしょ？　このように、実は、よく見ますとこういう表現は正史上随処に見られまして、この朝鮮的な表現（ごまかし）にアナタ十分ご注意下さい。歌謡のみならず正史のこういうところ（本文）にも、実は古代の謎がチラッと覗いて、古代の女神がアナタに謎のwinkを送ってくれていたのです。これは、上司の命令で歴史を全面改竄（書き替え）せざるを得なかった下級の史のせめてもの良心の現われ（抵抗）だったとでも申せましょうか（その次にございます**白村江の敗戦の怪しい童謡**〔122番〕には、お時間の関係で触れられないのが残念なのですが、ここでほんの一言だけ申し上げておきますと、日本紀のこの部分を書いている史官が**「天皇の御狩り**〔**命令**＝派遣された**津臣傴僂**――このクツマとは「せむし」のことではなくて人名です。別述〕**が疎かだから植えても植えても雁**〔**新羅**〕**が食ってしまう**」という譬えで、**「天皇の対新羅対策の軟弱さを非難している歌**〔土橋寛氏〕

とでも言えましょう。もしそうだといたしますと、アナタ、当然この部分は、**平安朝**になってからの**百済系天皇家**による**加筆**〔新羅への攻めがヘボで弱かったからなのだ——倭の奴らが弱っちくてしょうがなくてサ——だから我が永遠の百済が滅んでしまったのだ、残念。という〕によるものだということが、私こと古代探偵によって千数百年経ってから初めてバレてしまったことになるのです。これ又、アタイは勲章ものダネ)。同様に、そのことが「巨大な他の或る謎の動き」へと連動を讖緯(しんい)的に暗示している一例といたしまして「**鼠(ねずみ)が難波から大和の都へ移動した**」〈これは正史がアナタに言外に何を暗示してくれていたのでしょうか？考えてみて！〉などの表現〔「**孝徳紀**」白雉五年〈六五四〉十二月八日〕もこれら全く同じことだったのです。

このような日本紀の随所に見られます**呪術性**を帯びた表現（一〇4）の意味することをアナタは決して見逃してはいけなかったのです（この科野(しなの)〔長野県〕からの報告の文面も、唐・新羅占領軍の**日本列島中央部への侵攻ルートの一つ**〔そしてこのことは**地政学**上最も当たり前——これは前述のように一三〇〇年後のマッカーサー進攻予定ルート〈琵琶湖ルートと東山道ルート〉と全く同じ——のことだったのですから〕をちゃんと表わしていてくれていたのです。コスモポリタンに見てよね）。平安日本紀上では、この童謡も本文の文言も、共に他と齟齬が出ないようにこのように**謎めいた隠語**でアナタが真相を解けないように物の見事にボカされてしまっておりましたが——。

６６０年に百済が唐に滅ぼされ、その**敗戦処理**のため唐の**西京**（**長安**）へ行っていた**倭の使者**と**唐の占領軍の先発隊**とが、１１月２４日に東京（洛陽のことです）を出発し日本列島に到着・帰国しております。この点アカデミズムには、こんな単純且つ当たり前のことが頭がピーマン（空っぽ）で見えない様なのですが、倭は敗戦国なのですから、倭を「奴隷レベルの国家」とするために**国際法上勝者の唐の皇帝の使者**が当然同行して来ておりました。

正に、ここにこそ、この問題のポイントが隠されておりまして、唐からの列島へのこの

戦勝国の皇帝の使者が、何故か「九州の　太宰府　までしか」やって来ていなかった！

ということを子供のように虚心坦懐に考えますと、ここ九州**太宰府**にこのとき嘗ての③の**倭**（**プロト日本国＝倭国**）**の王都**があり、且つ、当時、**倭の敗戦の責任者**（**大王**）もここにいたからなのだ（だからこそアナタ、当然のこととして**大王も**「**天皇崩**二**于朝倉宮**一」**とここの辺り**〔九州くんだり〕**で崩**（かむあがり）**して**いたのです〔正史もこの大王死亡の地だけは隠せなかった〕。斉明紀七年〔六六一〕七月二十四日）という**真相**を端的に表していてくれていたのです〔正史の言う畿内から九州朝倉への大王の出張どころではなかったのだ、つまり、このときの**倭の王都**は、抑（そもそも）が難波や飛鳥ではなく正にここ**北九州に元々からあったのだ！**〕。この点、アナタ、何と、日本紀上ではその**三年も後**の664年5月17日のこととされてしまってはおりますが、これは仮に正史に善意に解釈（こういう解釈を裁判所などの法の世界では「**善解**」と申します）いたしましても、倭や亡命民の反抗グループ等に対する唐の下請の新羅軍による**残党狩りが功を奏し**、**治安がほぼ回復**した後の**正式**な唐からの皇帝の使者の雄然として安定して気取った姿勢での来倭の王都への入場行進のことを言っていたに過ぎなかったのです（その**趣旨**を、後に狡賢（ずるがしこ）く**時間**までも少し変えてしまって、この時こそその時だったと正史は記してごまかして〔**タイム差**を誤魔化して〕しまっていたのです。しかもアナタ、可笑しなことはまだございました。それは天智三年〔六六四〕紀五月十七日に「**進**二**表函與**一**献物**」＝**表函**（ふみひつ）**と献物**（みつき）**とを進**（たてまつ）**る**」とございましてアナタもエッ！と思われるでしょうが、戦勝国が敗戦国に献物をする筈など有り得ない〔世界にその例が無い〕こと――ですからアナタ、もしそういう外形があったといたしましても、その箱の中身は、実は唐からの「**隷属命令書**」だったのです――は中学生でも判ることですよね〔**正史の偽造。解放命令→献物**〕。アカデミズムの方々、如何（いかが）？　頼むからお金はかからないのだから自分の頭（マイ・ブレイン）で考えてみ

11

てよ！）。

しかもアナタ、この点につきましては私が発見した極めつけの証拠がございまして、それは『善隣国宝記』所引の「海外国記」によりますと、

「日本鎮西築紫大将軍ノ牒……大唐ノ行軍摠管ノ使人、朝散大夫郭務悰……人非二公使一、不レ令レ入レ京」（天智三年）

——天智天皇の勅ではなく、単なる筑紫の長官の「牒」で（日本紀の方ではこの点「勅（みことのり）」となっておりますのに。これは可笑しい）、戦勝国の使者である郭務悰が「公使ではないから」という理由で（架空の人なので、中国史の方を見てもこんな公使は不存在なので好都合な理由）入京が認められなかった——

となっており、正史日本紀と場所もその内容も全く異なり入京していないのです。これは右のように「当時の倭の王都が筑紫にあり、倭の大王の斉明と称する人も正にそこにいた」からこそ敗戦の行事（国の明け渡し）がそこ筑紫で行われればそれで十分だったからと素直に考えさえすればそれでよかったのです。このように、私こと古代探偵の考えをこの「海外国記」が見事に理由付けしてくれていたことが判るのです（但し、この「海外国記」も根本的な命題についての倭の敗戦後の占領を隠してしまっている点では歴史偽造に一役）。

そして、その占領過程で生じたことで、私こと古代探偵が発見したことの一つ（もう一つは、別に申し上げます「若狭→畿内→九州」の侵攻ルート上にございます、当時は政庁（官・宮）も兼ねておりました**法隆寺の炎上**の点なのです）が、前述の661年辛酉（かのととり）7月24日の**斉明女帝**（**に相当する人**）の九州**朝倉宮**に於ける「**怪死＝唐の先発隊による処刑**」そのものだったのでして、このことは、既にこの**大王の即位**のときの日本紀の「**唐人、青油笠**」というアナタも一読して不可解この上ないこの記載（空中有二乗レ龍者一。貌似二

唐人」。着青油笠」――空中（おほぞらのなか）にして龍（たつ）（皇帝）に乗れる者有り。貌（かたち）、唐人（もろこしびと）に似たり（唐の占領軍）。青き油の笠を着て……（斉明紀元年〈六五五〉五月。カッコ内筆者）。真相は後の斉明七年（六六一）の斉明の死（処刑）の暗示・前触れでした。尚、同一年の『扶桑略記』における日本紀改竄・修正の意図につき後述）と、今回の大王の死亡のときの、これ又不可解な「**鬼、大笠**」という「**二つの笠の表現**」（**中国では**「**鬼＝死者**」）が、ちゃんと**セット**で、後世の正史（作者）はその

唐による倭の大王の処刑

のことをアナタにそのタイムテーブルに従い暗示（呪術的に表示）していてくれたのです（一〇4「大和三山の歌」の「印南」必見）。ここではアナタの眼光紙背が試されていたのです。戦勝国、且つ、嘗ての宗主国であった唐から中国皇帝陛下の名代としての**特命全権大使**が態々（わざわざ）来れば、その上命下服の冊封体制下では、その臣下でございます

倭王とその**使者**との「**王都での会見**」とその「**王城の明け渡し＝国**（**倭国**）**の明け渡し**」の二つの手続きとが、以下に文学（史書）がそうでなく記しておりましても、**必ずセット**でなされなければ（これは世界常識）、来倭した将軍は遠くから指を銜（くわ）えて見ているだけのことになってしまい**国際法**上からもこれは「子供の使い」も甚だしく可笑しいことになってしまうからなのです（文学部卒のアカデミズムであっても、歴史の解明には必要なのだから、少しはアンタとは異なるジャンルのこととは申せ、「世界の常識＝戦時国際法」という法律の分野の勉強もしてよね）。**倭の大王が当時九州にいた**からこそ唐の占領軍の使者は

九州まで来ればそれで十分

だったのです。こんなちょっと考えれば中学生でも判ることが、「井の中の蛙（かわず）」で自分の頭でハテナ？と考

えない（考えることの出来ない——大学入試までに暗記ばかりしている癖が付いてしまって「三つ子の魂百まで」でそれから抜け出せない）アカデミズムには、いくら勉強しても勉強しても判る筈などないのです。これ等のことは、とりも直さず**敗戦**当時の**倭の最終の首都**と**大本営**とが、共に防禦のため海岸から少し引いた北九州の**朝倉**辺りに置かれておりまして（その前〔敗戦が色濃くなる前〕は**博多＝荒津**）、そこで倭王が直接指揮を執っていたということを示していたのです。アナタの目の前にございます日本紀は、この点、見事にごまかしてしまっております（実はアナタ、このことは古くは、**隋**からの**小野妹子**の**帰国**のところにも、よーく分析いたしますと、これと全く同じような**九州の王都隠し**の〔遡った〕この苦し紛れな様子がちゃんと見られます。それに、真相隠しのカラクリはこれだけに留まりません。後の十二世紀後半に皇円によって書かれたと言われております『扶桑略記』斉明元年〔六五五〕五月の条では、この「着二青油笠一」の唐人に似た人は「時人言、蘇我豊原大臣〔蝦夷〕之霊也」と日本紀に全く無いことを加え〔カッコ内筆者〕、恰も蘇我氏の怨みであるかのように強調——唐・新羅による占領と斉明処刑の事実から話を逸らす隠蔽〔目眩〕——してはおりますものの、これは嘗ての藤原氏の日本紀改竄がバレないための差し金の名残の一つだったのでしょう〔、どうせここに挿入するのなら、蝦夷より、不意を突かれ暗殺され雨の中戸外で骸を粗末に扱われた入鹿の方こそが、その怨念は人一倍強かった筈なのにナ？〕）。私こと古代探偵はこの正史の隠蔽工作を決して見逃しませんよ。

先程、妹子に触れましたので、少しお話は遡りますが、実は、第二次遣隋使（推古十五年〔六〇七〕遣す。同十六年〔六〇八〕帰国）におきまして、正史は妹子を「**大唐＝もろこし**」に派遣したなどと抽象的——つまり暈し——に触れて（唐ではなく**隋**であることは、中学生でも百も承知なのですが）、これが遣隋使だか、将又（はたまた）、遣唐使だか、しかもその時期すらも次にアナタにより詳しく述べますようにアヤフヤにしてしまっておりますよ（怪しい＝これは何故なのでしょうか？　これは何らかの重大な理由がそこに隠されており、それと中国史との**齟齬**を暈（ぼか）す〔時や人の名等〕ため以上の何ものでもございませんでした）。

しかもアナタ、その前の推古八年（六〇〇）の倭王　姓　阿毎（アメ）　字　多利思比孤（タリシヒコ）　による「第一次」遣隋使（『隋書』——唐初に出来ました——隋、開皇二十年〔六〇〇〕これは推古八年の筈）の「**倭王以天為兄、以日為弟、天未明時出聴政、跏趺坐、日出便停理務**」と倭の使者が言ったということに対応する記載が正史日本紀の方には全く見られないのです。これは奇っ怪！　不可解！　しかも、倭が「**日出処天子、致二書日没処天子一、無レ恙**」と言ったことに対し、隋が「**蛮夷の書、無礼**」と言ったというアナタにも有名なこのことも、正史日本紀の方では、何とアナタ、推古十五年〔六〇七＝大業三年〕の「第二次」のときだったと言っている（に等しい——第一回目の記載が全く無いので）のですから。更にハテナ？　ハテナ？

では第一回目のときは一体何て言ったのかな？　第二回目の「天子云々」と同じことを第一回目も又言ったの？　ダブルで。そんなことないよね。可笑しいもの。このときは「早起き精進」のお利口さんだけだよね。しかもこれは誰が考えても——中学生がシナリオを考えても——二回目から言うようなセリフじゃないもの。アナタ、やっぱりどう見ても「天子云々」は、六〇〇年の中国の皇帝様に「お初（はつ）にお目にかかった」ときの、つまり正史では消されてしまった、初めて行った「第一回」の遣隋使のときのことだったのです（それを何故七年後に記載したのかな。アナタどう思う？　因みに、右の隋書は古いところは『後漢書』により、又、「魏略」「魏書」「宋書」「梁書」を参考にして新しいことも多く加え、唐初に出来たものですので〔魏徴〈五六〇〜六四三〉の撰〕、近いところは相当信憑性がございます）。

11

ところでアナタ、この『隋書』によりますと更に不可解なことは、俀王の妻は（ギョギョ！）鶏弥（きみ）と言い（エッ！　推古に妻が！　つまり推古は男ダッタと中国史ははっきりと言ってくれていたノダ！　やっぱり女帝は不存在！　ここでも――アナタ、どっちを信じる？　中国史と日本正史）、しかもアナタ、王の姓は阿毎（アメ）で、字は多利思比狐（タリシヒコ）って言ってるよ。エッ！　アナタ「ヒコって男」のことだよね！　更に倭王は阿輩（おほ）鶏弥（きみ）と称していたというのですから、これでは倭王が女である筈なぞないことは中学生でも寝惚けてても判ることだよね。やっぱりアナタ、私こと古代探偵が夙（つと）に申し上げておりますように、

・推古女帝の存在は真っ赤な嘘で架空

だったのです（女帝は皆架空。序―3―3。特に持統天皇が架空であったことにつき、一二8）。中国だってそう言っているもの。だからアナタ、この日本の正史の改竄がバレるのを恐れて、歴史を遡って六〇〇年には「実際に遣使していたにも拘わらず、しなかったことにしてしまって、正史は子供でも直ぐ判る嘘をついてまでも白（しら）を切り通していた」ことが判ってしまったノダ！　これで［正史の改竄］という点につき、俺との戦いにハッキリと勝負がついたゾ！　俺の勝ちだ！　私こと古代探偵ことドン・キホーテのような劣等「ハテナ坊や」の勝ちぃ！　それに全く気が付かなかった、又は気が付かない振りをして利口に――先師の考えが吹っ飛んでしまうので、その逆鱗に触れないように――秀才らしく安易にパスして立ち回って来た度胸の無い女形のようなアカデミズムことピカピカの秀才こと「偏差値坊や」（ニューハーフ）の負けぃ！

ところでアナタ、そのことに不可分一体に関連いたします［正史ともあろうものがそうした理由］とは「一体何だったのか？」とより深く探ってまいりますと、更に本邦初公開で、アナタも百年間は信じられないであろう超（ウルトラ）重要なことに次に触れてみなければならなくなってまいりますが、**中国名**の遺隋使の

蘇因高（そいんこう）の正体

とは**一体誰**のことだったのでしょうか？　誰のこと？　アナタは訝しく思うでしょうが、私こと古代探偵がズバリ勇気を持って切り込んで推理いたしますに、アナタ、日本人が誰一人今まで聞いたことが無いような凄ーい！内容ですので、これを聞いて決して「目を丸く」して！驚いて気絶してはいけませんよ、それは

倭王が「**蘇**（**古代朝鮮語の訓読みで正に金**）**我氏**」の**稲目**だった頃の、その**王子**の

小野妹子＝蘇我馬子

その人のことだったのです（**有相明了→有間子**（『**元興寺縁起**』所引の「**塔露盤銘**」に記された名。**有明子**（うめし）〈『**丈六光銘**』に記された名〉）こと**徳斉法師**（**崇峻紀三年是歳**）＝**鞍作多須奈**（「馬子＝多須奈」でもあることにつき、テキスト12—4、P535上下、同12—2—3、P512上（但し、上記各頁につき、新版では「稲目＝司馬達止」「馬子＝鞍作多須奈」との重要訂正がございます）はアナタ必見です。尚、石舞台古墳につき、七2。早い話が「**妹子＝馬子**」）。ですからこそアナタ、驚くなかれ、この一外交官如きの

妹子には国家最高位の**大徳冠**

までもが、何の疑いもなく当然のこととして素直に授けられておりますよ（「**小治田**（**推古**）**朝大徳冠妹子**」『**続日本紀**』和銅七年四月十五日条。**妹子**の子の**毛人**の子、つまり妹子の孫の**小野朝臣毛野薨**の記載の処（カッコ内著者））。私の考えでは、この人は**何れ倭王になる王家の人**、つまり倭の王子そのものだったのですから、私こと古代探偵の考えは、これは何らアナタが驚くべきことではなく、この私の指摘はむしろ**当然**過ぎることだったのです（**金氏＝蘇氏＝金官倭王家**）（「馬子＝福利（通事）＝妹子」同一人）。

　ところで、右のような中国史にあっても倭史にないような六〇〇年の外交って、アナタ有り得ると思う？「無いでしょ！」これこそ、後世、何らかの理由で中国史を十分読み込む暇もなく、急いで倭史の方だけを

改竄してしまったことの「早とちりの罪」で、中国史との矛盾の原因を示す実によい証拠の一つだったのです。ですからアナタ、①第一回遣隋使を正史は不記載にして（抹殺して）存在しなかったことにしてしまったり、②第二回目なのに第一回目のような振りの「挨拶」をしたことにしてしまったり（但し、この年の遣隋使を日本紀上消してしまい、それの代わりに新羅を撃ちに「泛海から往く」——これも二月の「新羅と任那の戦い」を参考に作られました作文に過ぎませんでしたが——などと巧みに対外移動の趣旨を変えて記載してしまっております〔狡いネ〕。これ又、コスモポリタンな私の分析の勝利）、又、③隋のことを大唐と書いてみたりして暈して誤魔化したのも（この六〇〇年、六〇七年のとき、隋の次の〔将来の中国の王朝が「唐」である〔唐という名になる〕ことなどは全く予想が付かなかった筈であるにも拘わらず、この時点で既に日本紀はここで「唐」とはっきり書いて誤魔化して、しかも、一見抽象名詞でもあるかのように「大唐」などとも言って煙幕を張ってズルをしておりますよ。ですからアナタ、タイムマシンがなければ判らない将来のことを正史日本紀がこの時点で既に記しておりますのは、早い話が、内容のみならずその作成も、少なくとも隋の次の大唐が出現してから後の日本紀の改竄であったことは、中学生でも火を見るよりも明らかなことだったのです）、これこそ全て、倭王蘇我氏（蘇因高＝蘇我馬子王子）の存在を隠すがための涙ぐましい歴史焚書の努力の賜物であったことを解明いたしますための中国史の方に残されておりました（正史上では、倭は第一回目は行かなかったのだという不作為にしてしまったから）ナイス証拠だったノダ！

次に、これらの遣隋使の派遣（帰国は別です）の両国の正史たる史書の矛盾をアナタどころが子供さんでも一目でお判りになりますように並べて比較してみますと、

隋——①六〇〇年〔開皇二十年〕②六〇七年〔大業三年〕③六一〇年〔同六年〕

紀——①推古十五年〔六〇七〕②同二十二年〔六一四〕

となっておりまして、それぞれの①と①、②と②は、何とアナタ！　日本紀では面白いことにパラレルに各七年以上も遣使の時点がズラされてしまっております。こんなにもの齟齬は前代未聞で珍しいですよね。これは何故(どうして)？　もう言わなくても、アナタが如何に鈍感でもその答えはアナタには十分お判りの筈ですよね！

私こと「ハテナ坊や」の古代探偵は、こんな素晴らしいコスモポリタンな中国史に見える凄い！証拠を、血税でやっている官立大学出の頭の良い（筈の）「偏差値坊や」のアカデミズムのずっと知らんぷりして後送りしてきた専門家とは違って、「今でしょ！」って絶対に見逃したりはしないよ。

更にアナタ、六・七世紀の、何故か？伝・**敏達**、**用明**、**推古**等の大王陵の集中致します**河内の磯長(しなが)谷**の奥——ここって穴場だよ——の**科長(しなが)神社**（太子町山田。級長津彦(しなつひこ)と科長戸辺(しながとべ)を祀る）の**脇**に隠れるように存在しております伝・**小野妹子（遣隋使）の墓**（志賀町の唐臼山古墳〔終末期円墳〕との説も有力）の周辺にも、**蘇我倉山田石川麻呂の墓**（太子町山田。**仏陀寺**の境内古墳）があり、**一須賀古墳群**の須賀とは正に**蘇我**そのものを表しておりましたし、又、富田林(とんだばやし)市竜原には**蘇我馬子建立**と伝えられる、倭王蘇我氏の朝鮮、九州、遠つ飛鳥への**東遷**（**亡命**）の途中地点でもございましたこの近つ飛鳥の超重要ポイントの**龍泉寺**（テキスト12—2—6、P519—520）等もございまして（龍とは、元々大王のことを表しておりましたし）、この辺の「**近つ**（**本来の**）**飛鳥**」一帯には、**抹殺されずに人々の口で千四百年余も根強く伝えられてまいりました大王家蘇我氏の伝承**が、今日に至るも、何故か色濃く残されて——だから、近つ飛鳥は隠された（消された）蘇我氏の奥つ城（死のエリア）そのものだった（これこそ永久に密封された隠された「近つ飛鳥」の秘密だった）——おりますよ（金官伽羅から東行した半島の倭の盟主だった**蘇我氏の足跡は**、**朝鮮での存在のみならず**、**渡来後の日本列島でのその経過地点でもございました「近つ飛鳥＝河内」からも、又「遠つ飛鳥＝畝傍山」**〔一〇章〕**からも朝鮮と列島のその後の他の各王権により消されて**しまっておりました。若いアナタ、消された歴史——無実の罪の人——を発掘せよ！　そしてこの辺りを歩いてみよ！　一人寂しく古代の真実〔夢〕を求めて両飛鳥の黄昏の中を彷徨ってみよ！）。

　アナタ、私こと古代探偵の探索がもし正しいといたしますと、倭王の名が動物名の「**馬子**」などと変えられ（歴史改竄され）てしまう前は、こんなにも良い名前（**有明子**、正に名君の尊称）そのものだったのだ！　早い話が、皆（蘇我氏も小野〔蘇因高〕も）、よくよく考えますと苗字の方はそのままでも「**蘇＝金**」で全く同一で、朝鮮での本家の**金さん**を表わし、名の方の「**馬子と有間子と有明子と妹子と因高**」の五者すらも、これ又考えてみれば全て同一人物——UMESHIとUMASHI。これで中国外務省は十分ごまかせるよね——を表していたのです。以上も、私こと低能ハテナ坊やこと古代探偵の「トンデモ説」の本邦初公開でした（アナタ、テキスト24—4、P535下必見）。

　だからこそアナタ、驚くなかれ（前述のように）、

　蘇我姓の**馬子の子**も「**蝦夷**」（蘇我蝦夷＝通事〔通訳〕の**鞍作福利**〔推古紀十六年〈六〇八〉九月五日〕と**同一人**）であり、又、中国名が**蘇**姓（小野）の**妹子**（**因高**）**の子**も「**毛人**」で、これ又**両方の子**が「エミシ」と「エミシ」で**全く共通**だった（蝦夷＝毛人）のです（スゴイ！でしょ。一5。**馬子の子も蝦夷、妹子の子も毛人。**これ又完璧！）。

　更にアナタ、このように考えてまいりますと、［この二人の関係］についてもう少し深く探りを入れてみますと、この小野氏の出自・本貫に纏わる疑問は次々に湧いてまいりまして、慶長十八年（一六一三）に山城の崇道天王社の山上より発見され、再び埋められ大正三年、再掘されました、**妹子の子の右の毛人の墓記**〔天武六年〔六七七〕十二月上旬葬〕での「**朝臣**」という姓になるのは、正史では七年も後の天武十三年〔**六八四**〕の「**八色の姓**」から（もしこの制度がこのときあったならばのお話なのですが——ひょっとして「八色の姓」

もウソだったのかも？）なのですから、その前の時点での「**臣**」とはこれは異なっておりますし、又、正史『**続日本紀**』和銅七年（七一四）四月条の毛人の男の**毛野薨伝**での位階は「**小錦中毛人**」となっていて、**愛宕郡**（実はアナタ、この言葉は、正にその朝鮮半島での出自に相応しく「**渡来の亘り**↓ウタリ↓オタリ↓小田切↓**小谷**・**愛宕**〔うたぎ〕↓あたご」と変容して来ております。一5）小野郷出土の墓誌の**大錦上**とも異なっており、更には、元々はこの一族は**小野姓単姓**などではなく、遡って「**雄略紀**」十三年八月によりますと、何故した訳か**春日小野臣**と**複姓**となっているのです。では何時どういう理由から単姓の小野臣になったのでしょうか（和珥〔爾〕臣↓春日臣、小野朝臣＝大春日朝臣＝同祖。和珥氏との関係は？）。

しかもアナタ、前述のように、後世の慶長十八年（一六一三）出土のときのことを記したものとは申せ、「**小野毛人之御位牌出シ候時之年号之事**」という墓誌付録文書（宝永二年〔一七〇五〕一月）の「小野氏系図」では、何と！アナタ、そのものズバリ「**妹子王**」！となっているではありませんか。アレ、これは何故？小野氏は皇族？　しかも天皇の孫？　元々がそうだったのでは？

そして、日本紀の怪しげな点は、日本紀は前述のように開皇二十年〔六〇〇〕の遣隋使（『隋書』俀国条）を隠してしまっていることも挙げておきましょう。これも何故？　それに加うるに、姓にも疑問が多く、一部前述のように、天武十三年〔六八四〕十一月に五十二氏に朝臣（八色の姓の第二）を下賜されているにも拘わらず、「丁丑年（六七七）」にこの牌が造られたときは、それよりも七年も前ですので、本来ここでは「臣」となっていなければいけなかった（本来ここで未だ朝臣ではなく、将来のことはタイムマシンがなければ書けない筈）のであり、又、前述のように、「続日本紀」で小錦中毛人とあるにも拘わらず牌では大錦上とあり怪しいのですが、この点もアカデミズムでは「贈位・改姓」の結果だと言ってあっさり逃げてしまっております。その上、この牌の表示にも大きな疑問があり、それは、六七七年（天武在位中）に造られて

11

いるのにも拘わらず、その天武を指すのに、何と！「**飛鳥浄御原宮治天下天皇**」という**過去の天皇**――おさめしし（過去）スメラミコト――**を指すかのような表現**が何故か（正直にも）そこには用いられているではありませんか。

更に疑問はまだまだございまして、前述の「小野毛人墓誌」（銅製・鍍金。「丁丑（ひのとうし）（六七七）天武六年〔この年を五年と間違っているアカデミズムも多く、うっかりするとアナタも引き摺られてドボンしてしまうよ〕没す」）が、アナタが思っているような死と同時に墓に埋められたものなどでは決してなく、各種情況証拠からも、少なくとも後世持統以降になってから「毛人の子の毛野によって追納された」ものであることが明らかになってまいりました――小野氏の墓誌すらも、実は年代をインチキしていた――ので、このときに何者かによって差し替えられてしまっていた可能性（これならそのとき素直に天武を過去の人とウッカリしてしまった表現ともピッタリ合うよネ）も少なからずあるからなのです（これ又、本邦初公開）。この毛人は「大政官――大卿」「大徳冠中納言」（天智三年〔六六四〕の冠位では第七等〔後の正四位〕）でありながら、正史からは殆ど窺（うかが）い知ることが出来ない不可解な人物でもあるのです。

これらの古代の名家小野氏（春日氏）に見られます**アヤフヤさ**は、私こと古代探偵が少々深読みするに、誰もが見落としてしまいがちなこの小さな証拠からも、

正史もこの**墓誌**すらも共に**後世の偽造**であったことが判明いたします（倭王の抹殺）とともに、当時の

倭王蘇我氏の王子の頃の「馬子＝妹子」が、中国に遣使の一員として派遣されていたという、ごく普通に世界の王家にありふれた出来事（王子の英才教育＝正道）を、正史は見苦しくも隠蔽してしまったのだということが、私こと古代探偵の探索によりここに**バレ**てしまったのです。

しかもアナタ、『善隣国宝記』所引の「経籍後伝記」によりますと、「小野臣因高は、書籍を求めるため隋へ行き、序に皇帝に会った」と記されておりますので、私が推測いたしますに、このとき例の『三経義疏』などを買ってまいりまして、これが聖徳太子「作」に化けたりしていった（だから消したのだ！）可能性も否定は出来ないのです。これも聖徳太子捏造の為だった。

——以上の重要ポイントは、**父**「**蘇我稲目＝司馬達止**」で二人は同一人、又、その**子**の「**蘇我馬子＝鞍作多須奈＝小野妹子＝蘇因高＝徳斉法師**」で、これ又皆同一人——

加えまして、この小野（蘇）氏一族の本貫が**近江国**（平安朝に大改竄されて作られました『**新撰姓氏録**』〔七4〕。『**延喜式**』の**小野神社**がここに存在）なのか、将又、**山城国**（墓誌出土地）なのかということすらもアヤフヤなのです（しかもアナタ、その山城国内ですらも、前述のように**愛宕郡**〔ここにも小野郷と小野神社が二社存在〈『**倭名類聚抄**』『**延喜式**』〉〕か、**宇治郡**〔ここにも小野郷が存在〕かすらも不明確でボカされてしまっていたのです）。アカデミズムは**居地**を転々と移したからだなどと言ってお茶を濁してはおりますが、この時代は居地は別といたしましても「**本貫・本籍**の方はそう簡単には動かせません」——戦前の日本ですらも仮令女でも戸主の本籍は簡単には動かせませんでした——から、それでは説明不十分の誹りを免れません（因みに、元倭王〔金官王〕の「蘇我氏＝小野氏」〔途中で**系図分離**〕のこの一族からは、アナタもよくご存知の万葉集の**小野老**、詩歌の**小野篁**〔この子の出羽郡司でございました良真の女が、繊細な歌風で平安前期の貞観の頃、仁明・文徳の後宮に仕えました、アノ、アナタにも有名な絶世の美女、**小野小町**です。ヘエー、そうだったのか——となると、その血は隠された倭王家の女だったんだ！〕、三蹟の**小野道風**などが出ております）。以上、右の疑問を提起しておきましょう。後は若いアナタにお任せ。

さて、お話を新羅占領軍のことに戻しましょう。ここでアナタにそのことの物証として、唐・新羅の日本占領の**考古学**的な証拠を挙げておきましょう。私こと「古代探偵」のこの講演のように、その全てが少数精鋭トンデモ説の立場にとりましては、権威者（ボス＝水戸黄門）の名前（印籠）だけ並べて（示して）その威を借りてフリーパスし付和雷同していればそれでこと足りるような（安全地帯）、つまりアカデミズムにおける、アマチュアの目から見ましても時代に「遅れに遅れた」理由にならない（**不合理**な）根拠づけである**虎の威を借る狐**の**光背効果**だけでは一般に不十分なのでして（ですから、よくアカデミズムが何の気なしに理由付けに使います「これは多数説である」などという表現は、実に滑稽であり、よくよく考えてみれば、単にその人が「仲良しグループ」の一員であると言っているだけのことに過ぎず、決して客観的合理性を持つ説得力有る理由だと言えない、笑止千万なことだからなのです――これは「赤信号皆で渡れば怖くない」の部類）、「**君**（**証拠**）**こそ我が生命**（いのち）**♪**」だからなのです。

それは、九州の**太宰府の政庁跡**の**発掘調査**の第Ⅰ期から第Ⅲ期迄の遺構（つまり地下六〇ｃｍのところの火災〔藤原純友の乱〈天慶四年、九四一〉に焼失しているので現在のものはこれ以降の再建〕にあった大宝令施行〔七〇三〕により太宰府が設置されたⅡ期、更にその下の掘立柱・瓦無しの白村江〔六六三〕の敗戦直後のⅠ期――これにより嘗てアカデミズムが言っていた現在の都府楼跡が天智の創建であったことは最早完全に否定。ＯＵＴ！　因みに、倭の九州の王都との関連では、遣隋使の帰国〔六〇八〕のときの隋使裴世清を応待した那珂川河口の比恵遺跡にご注目下さい）の内、**第Ⅰ期**の遺構（この期間ですら3回の重複が見られます）の

「**堀立柱**」、左右対称ではないので「**非朝堂院風の建物**」の**7世紀後半の初期**のものが（正にアナタ、「白村江の役」は7世紀後半の**663年**でこれとピッタリなのですよ）、それ迄の**倭**・

国の**博多**に置かれておりました「**那津官家**（なのつかんけ）」を**移設**して造られた**唐・新羅占領軍**（新日本国政府）の占領直後の**ＧＨＱ**の**軍都**そのものである**臨時の**「**都督府**」そのものだったからなのです（アナタ、前述〔一一2〕の正史の「天智六年紀」よりも**三年も前**にもその証拠がございまして、それは何かと言いますと、既に占領直後の**六六四年**頃には**筑紫大宰府**が存在していたという『**善隣国宝記**（ぜんりん）』引所の『**海外国記**』の「**天智三年**」〔六六四〕の〔称「筑紫太宰ノ辞」〕という記載〔前述〕がそれだったのです。こちらの方は正に**考古学とも時期がピッタリ！**――つまり、正史日本紀のここでは国家中枢の軍事的官衙である大宰府のことは奇怪にも全く見えず、Ｉ期を抹殺。何故？）。

　考古学的証拠と言えば、近時九州古賀市（正にアナタ、ここは旧粕屋（かすや）郡、しかもアノ宮地嶽神社古墳の南方）の船原（ふなばる）三号墳近くの逆Ｌ字形遺物埋納坑から出土（二〇一三年）いたしました王・王子クラスの支配者に見られます豪華絢爛たる金銅製馬具は、正に新羅王都慶州出土の飾り金具そのものですが（慶州→沖ノ島→宮地嶽神社→藤ノ木古墳→群馬というこの系統の意匠の流れにつき別述）、これとて私こと「古代探偵」のように新羅占領軍の提督たる王子（唐の九州の都督の下の）が本国から赴任して来たことのナイス証拠（エビデンス）だったとダイレクトに素直に考えさえすれば、アカデミズムのように、モタモタ、朝鮮と倭との両国に通じていた（二股をかけていた）大和朝廷から或る程度独立していた九州の豪族どもがいて――云々などと苦し紛れの屁理屈のようなダダを捏ねなくたって、その全てが単純明快に了解に至るのです（早くズバリ言っちゃいなよ。スッキリするからさ。心臓に悪いよ！　これは私の素直さの勝ちィ）。

　太宰府出土の忿怒相の鬼瓦は、新羅の獣面文鬼板川原を祖型としたものであることが明らかですから、これもその証拠の一つに加えておきましょう――九州の中央官庁の瓦が敵国の新羅系。これ又何故？

11

因みに、美作国の一ノ宮である**中山神社**（古くは**中参**〔『**延喜式**』『**梁塵秘抄**』『**今昔物語**』〕）。今日のご祭神は**鏡作・石凝姥**〔**鉱山民の酋長**〕・**天糠戸**）の神殿の左奥の崖の中腹の磐座に、弥生の**銅鐸の神**でございます**サルタヒコ**が、その名の通りの「**猿神社**」として（テキスト7―4―3、P232上）祀られておりますよ（紅色のフワフワした猿の人形を沢山吊しまして。『**今昔物語**』による二神のうちの「**中参**」は猿で**先住のサルタヒコ**、もう一神の「**高野**」（テキスト5―5―2、P207上）は**蛇**と言われておりますので、これは「**ナガ**スネヒコ〔**ナガ族**〕＝蛇族＝**新羅・朴氏**」〔占領新羅水軍〕のことを表わして〔暗示して〕いたのです）（尚、「高屋＝高野」につき、5―5―2、P207上メモ）。

しかも中山の神は、文武天皇慶雲四年（七〇七）五月に「白馬にまたがり童子の姿で現れ（『**中山神社縁起**』）、これを里人（原住民）の猟師・**有木**が見たと言われておりますので、小浜市の「**白石神社**」（テキスト7―4―3、P231下）と**内容**もその**時代**も正に新羅色でぴったりですよね（平安紀とは異なり、剣よりも鏡を重視いたしました奈良紀での神々でもございました。古代の吉備の**超重要**な氏族でございました**有木氏**につき、別述）。

更に、この中山神が現れましたところも「**鵜の羽川**」の上流の霧山ということでございますので、この点も「白石神社の近くの遠敷（古くの表示）川上流（音無川）の「**鵜ノ瀬**」からお水を取り寄せる」という伝承とも（テキスト7―4―3、P233下、「**東大寺**」**の二月堂のお水取り**）、「**鵜**」という点で何故か共通なのです。

やはり、ここ「山陰・山陽南下ルート」上の中国美作の**白馬にまたがった童子**は、越前若狭の「マッカーサールート」（別述）上の遠敷のケースと同じように、矢張り「**白＝シラ＝新羅**」**王子様の暗示**だったのでございまして、「娘をイケニエとして奉られていた中山神を、東国からやってきた男が計略をもって退治した」という内容は、先住の**弥生の今来の秦氏のサルタヒコ神**（紅い猿の人形）を、「中参＝**中国軍**」と「**高野**＝カウヤ＝**高屋**太夫＝**新羅王子**（**新羅軍**）・金霜林＝総持＝**高市皇子**のモデル」とが制圧したこと（日本列島占領）の暗示そのものだったのであり（テキスト5—5—2、P207上）、つまりこれは、**唐と新羅の合同の日本占領軍**が、ここ日本列島の先住の**サルタヒコ神**（この占領前後の「**倭国**」）を**支配**いたしましたこと（テキスト7—4—3、P231上）を見事に表わしていてくれていたことにアナタは気が付かなければいけなかったのです（一六4、P1022以下のプロト伊勢神宮の真の祭神を追い出してしまったことにつき必見）。

勿論、

「まがね（真金＝鉄）吹く**吉備の中山**。帯にせる細谷川の音のさやけき」（『**古今集**』一〇八二番）の「**中山**」とは、実はアナタ、今は本家だと国文学アカデミズムから言われております**備中と備前の境の中山**のことなどでは全くなく、古くはここ吉備より約五〇キロメートルも北方の**美作**の**中山神社の中山**のことを指していたのです。これは一見、後世に見られます「備中・中山　→　美作・中山」という神職の**北上**する移動によるものなどでは決してなく、う～んと古くは実はその**逆**だったのでして、安羅（倭）の「朝鮮の咸安**→**（九州又は隠岐）**→**出雲**→美作→吉備**」という、**鉄民**グループが**南下**して来た亡命ルート（プラス**犬・猿・雉子**につき、テキスト15—12—2、P691・692、同15—1—9、P594下、同12—1、P505上は必見です。又、土着しましたのが**大山**西麓の溝口［こちらの桃太郎伝説の方が岡山より古い］や**吉備**の**桃太郎**だったのです）を示していたのです（ちゅうざん→なかやま）。津山盆地西端の稼山山塊（粭。「鉄＝銑鉄＝鋳鉄」から由来した名か？）の南西部にございます吉備国（古くは北方のここも吉備）最古（我が国でも最古級）の**大蔵池南製鉄遺跡**（久米町）の存在がこのことを古くに遡って証明しております。そして正にアナタ、ここは鉄民の桃太郎（安羅伽耶系）の「半島→山陰（孝霊山）→山陽」と南下してまいりましたそのルート上（後述のテキスト）に位置しておりますし（そして、そこの荒神山や貴布弥神社境内の荒神社は安羅から来たことの名残りだったのでしょうか）。

ですからアナタ、アカデミズムに反し、この**枕詞**の文法的な側面なんかよりも、「伽耶の移動とそのルート」というその底の実質的な大きな流れを重視して考えてまいりますと、「**まがね**」とは、元々、安羅（倭）系の渡来鉄民の「**美作の鉄＝美しい神の刀**」に懸かる枕詞でございましても一向に差し支えなかったのです。その証拠に、この南下の途中に、八岐大蛇を切ったという伝承のある布都御魂（十握剣〔記〕＝蛇之麁正＝蛇の韓鋤の剣〔何故、朝鮮の名がここに？〕＝天蠅斫の剣〔以上紀〕＝天羽羽斬〔古語拾遺〕）を祭神といたしまして、吉備の神部の許（紀、一書）に鎮座しております石上布都魂神社（岡山県赤磐郡吉井町石上＝この場所も正に「風呂（古代の溶鉱炉のこと）谷」の大松山の中腹）もございますよ（九13）。

一般に古くは銅刀、その次は鉄刀との流れがございます。但し、アナタの予想に反し、現存する三種の神器の一つの切られた大蛇から出ました熱田の神剣は鉄剣ではなく、鎬のところが丸くふくらみ、魚の背骨の如く節立つ類例の稀な形態の白銅製の狭鋒銅剣と考えられます（後藤守一氏。そうであるといたしますと、日本正史上では「出雲のヤマタノヲロチの尾から出現した剣」も「切った剣」と同じく共に銅剣に過ぎなかったことになってしまいますが……この剣がもっと凄い剣〔例えば鉄のような〕でないと「カチン」とぶつかった時に須佐之男の佩いておりました銅の十拳剣の刃が毀けたりはしない筈なのですがね〔切二其尾一時、御刀之刃毀——記。アナタ如何？〕）。

消された歴史的な流れの**真相**は、実はアナタ、アカデミズムとは全く逆に「北方の美作の中山神社→先ず備中吉備津神社の今日は**摂社**に落とされてしまっております**旧**本宮（**飯山**に近いこれが**古くの正宮**）→そして今日の本宮」という北からの遷移だったのです。因みに、日本の有名な鹿島社、上鴨社、伏見社、北野社などのウルトラ級の神社に対しての新渡来者による「神々の乗っ取り」につき、七5。

尚、右の『古今集』1082番の歌とは類似の歌でございます、

「大君(おほきみ)の**三笠の山**の帯にせる細谷川の音の清(さや)けさ」（**『万葉集』**一一〇二番）

との異同にご注意下さい。

つまり、そのどちらが古いとも言えないこの二つの類似歌（に含まれます呪術的な伝承部分）の「異なる部分」の比較から読み取れますことは、「まがねふく吉備の中山」（『古今集』）＝「大君の三笠の山の（大王之御笠山之）」（『万葉集』）ということを暗示していたのであり、そういたしますと、この**万葉歌の三笠の山**とは、**奈良**の三笠の山のことなんかでは全くなく、元来、**九州太宰府の**「**三笠の山**」のことを歌ったものだったのですし、更に古い時代に遡りますと、ここで言う**大君**とは嘗て朝鮮から亡命してまいりました「**倭王**＝**安羅王**＝大伴氏」のことを指しておりましたので、ここ吉備の鉄山も、それまでは「倭＝安羅＝**有**(アリ)（**安羅**(アラ)）**木**（**来**）**氏**＝**温羅**(ウ(ア)ラ)＝浦(ウラ)＝カラ＝ポ」のものであったことを暗示していたのだともとれなくもないからなのです。アラキ＝荒城＝大王の殯(もがり)（喪上がり）。殯宮(ひんきゅう)の司。又は「アラミタマ＝アレミタマ」で神が神託を発する祟(たたり)の荒魂を伝える覡(かんなぎ)（一一1）。

因みにこの**有木**(あり(ら)き)**氏**（荒木氏）は、後世右の美作（和銅六年〔七一三〕までは備前国の一部）**中山神社**の**荷前祭主**(のさきさいしゅ)の一人でございました（もう一方は東内氏。尚、神主は中島氏）のみならず、南方の備中**吉備津神社**の**末社**の**有木神社**（旧・**賀陽**(かや)〔伽耶の名残り〕**郡**宮内字馬場の**有木山**。その名の中にその出自の伽耶を含みます**賀陽氏**は、この本宮の備中吉備津神社の**社家**でもございましたから）とも当然関係があり、且つ、隣国・備後国一の宮の**吉備津神社**（旧・福山市新市町(しんいちまち)）の**神主**すらも嘗て元禄の頃（十七世紀後半）まで務めておりました（そして、しかもアナタ、古くはその表示も正に**有鬼**(ありき)だったのですから、矢張り備中「鬼(き)ノ城」や「有木(ありき)＝安羅来＝鬼の**温羅**(うあら)＝実は**桃太郎系の鉄民**」の子孫ともちゃんと関係があったのです——しかし、

後の天皇家の交代でこの一族は鬼とされてしまいました。大江山の鉄民と同じように）。このように、やっぱりこの**賀陽は伽耶**そのものだったのであり、又、この**有鬼氏**は、実は古くは備前・備中・備後・美作と**吉備全体**に関係しておりました古代では大変重要な安羅（倭）系の**隠されたオール吉備の広域キーパーソン**だったのでして（吉備のアナタ、ここから先の有木氏を発掘してみて）、ここを辿ってまいりますと、大和纏向の**箸墓**（七２）に眠っているとの伝承が正史上にもございます、アノ「**倭迹迹日百襲姫**（紀）＝**夜麻登登母母曾毗売**（記）」――私の考えでは「九州→吉備→大和」と亡命してまいりました倭の女王**壱与**の投影――へともちゃんと繋がってまいります。

と申しますのは、実はアナタ、このヒントは古事記の「**孝霊記**」の中に隠されてございまして、右の百襲姫（国家巫女＝皇女）の**同母**（阿礼比売）兄弟に**大吉備津日子**が、又、**異母**（蠅伊呂杼）兄弟に**若日子建吉備津日子**（伊佐勢理毘古）がいるからなのです。更にアナタ、それだけに留まらず、右の若日子建吉備津日子の**同母**兄が**日子寤間**であり、この人は**針間の牛鹿臣の祖**となった人で（溝口の桃太郎より古い、名前に「牛」の付く人にご注意）、この人を「祭神＝祖先」として祀っておりますのが、何を隠そう、正にこの**有木神社**だったからなのです（アア！　これでやっと朝鮮の安羅と纏向とが史料上からも繋がった！）。

そして、それのみならず、考古学上の**特殊器台形土器**の「**吉備→大和**」という伝播、つまり安羅系の**邪馬臺国の壱与の**「**吉備を経由**」**しての大和纏向への東行**とも、この史料はちゃんと整合性を持って繋がって来るからなのです（考古学の裏打ち有り）。ですからアナタ、古事記のみならず、大和から遠く離れました吉備にも、**邪馬臺国東行の情況証拠**はちゃんと隠されていたのです（神話学＋歴史〔文献〕学＋考古学＝お見事　合点「人史学」）。

11―8　日本列島が占領された証拠

因みに、**テキストの第7章部分の「目次」**には、**唐・新羅により日本列島が占領されていたことの証拠**の項目を50以上挙げてございます（テキ第7章の目次）。将来の「新版」では、この具体的な個々の証拠の数につきましては100近くにまで増やす予定で既にその草稿も大部分完成しておりますので、もし私が生きておりましたらアナタ、数年後をお楽しみにお待ち下さい。時間の関係でこの章（第7章）を省きますが、大切な点ですのでテキストをお持ちの方は、お暇な折にこの目から鱗の**第7章の本文**（テキP227～297の約七〇ページ分）の方を、この目次を御覧になって興味を覚えましたところだけで結構ですので是非お読み頂きたいと存じます。必ずや、そこには更に新しい歴男・歴女のアナタが将来へ挑戦するためのヒントが隠されて（用意されて）いる筈です。

11―9　弥勒菩薩は整形美人（男）

さて、チョットここで歴史からは離れ、一息ついて［美術］の問題に入ってまいりましょう。新羅占領軍の証拠となる大切な問題が、ここ美術史上にも見事に隠されておりましたのでその点につき一言申上げておきます。ここでは中学生でも修学旅行でご存じの**京都・太秦（うづまさ）の広隆寺**の

「**弥勒菩薩**（**国宝1号**）」が、実は、**整形美人**（**男**）に過ぎなかったのだ（因みに、今日の朝鮮の若い女性の二人に一人は打算のため整形手術をしていると申します。別述）ということについて、**写真11―4、5**（**使用前・使用後の写真**）を見ながら、アナタのお話の種、つまり酒の肴の一つに加えて頂きたく、お話したいと存じます。

写真11―4は昔のお姿でちょっと小太りでウルトラマン的なお顔のままなのですが、写真11―5の方は「**明治になって削り直して**、少し細面(ほそおもて)に頬や鼻筋をスッキリさせ、**近代人好みにしてしまった**」今日のお姿だったのです（テキスト7―4―6、P237上）。そして、上半身は、嘗て着ていた薄絹も剥がされ、失礼にも御仏(みほとけ)は**全くのヌード**のお姿にされてしまったのです。「アラ恥ずかしや！」という悲鳴が今にもアナタの耳元にまで聞こえて来そうでしょ。

この様に、この仏は決して推古女帝の頃のお姿などでは全くなく、明治の近代人好みのスリムなお姿に**削り直され**整形し直されリメイクされてしまったものに過ぎなかったのです。だとすると広隆寺の説明は半分**詐欺**か！　「整形手術を済ませ、又、新羅からの朝鮮仏であったことをも見事に隠し通せましたので、国粋主義明治政府下におきましてもフリーパスでした」――ミス（or　ミスター）ユニバースの捏造――という立看板を正直に立て下さいね（ミス＝誤り）。疑うことの知らない中学の修学旅行の生徒さんを騙さない為にも。しかもアナタ、実は**広隆寺**というこのお寺自体の由来にも多くの疑問が隠されておりまして、この寺は嘗てはより東方の**北野神社**（北野天満宮の変遷、七5等、別述）辺りにあり、そこからここに移転して来ていたのです。その辺りの背後には創立の頃の謎（つまり、後述の、**統一新羅の弥勒信仰→聖徳太子の太子信仰へ**という重大な改竄ということ）も潜んでいた様です。今日他の寺と同様にステレオタイプに「聖徳太子＋秦河勝」によってこの寺が造られたと歴史が改竄されてしまっておりますが**その前の真の創建者**とは一体誰のこと（**占領軍**の**新羅王子**の念持仏）だったのでしょうか（一二4）。アナタのハテナ？がここでも試されているのです（**秦氏の大いなる恐るべき謎**につき、終章の本一九）。

又、写真11―6の顕微鏡の材料写真の様に、この仏は「**赤松**」で造られており（一部前述）、この頃の列島の御仏(みほとけ)は皆「**楠**」で造られておりますので（因みに、余り似ておりません同じ広隆寺のもう一つの国宝の**「泣き弥勒」**の方は、**同じ新羅仏**ですが**楠**で造られております）、これが朝鮮から持ち込まれた**朝鮮仏**であったことは誰が見ても一見して明白なことだったのです（アナタ、国宝一号と**瓜二つの新羅の仏像**とも比較してご覧下さい。一二5）。

しかも、アナタ、ここで大切なことは、この広隆寺の仏が造られた、その**思想的背景**そのものだったのです。そのことにつき、共食いを嫌い万年平和ボケの仲良しギルドのアカデミズムより一歩突き進んで考えてみますと、この弥勒菩薩は、正にその仏の名自体がアナタにズバリお示ししております通り、

統一新羅後の「弥勒信仰」

によるものだったのでして、仏教思想的にはこの仏は実はそんなに古い聖徳太子の頃（600年前後）に日本列島に存在していたものなどではとてもとてもなかった——聖徳太子とは繋がらない——、つまり、少くとも

「白村江の役」（663年）の後に

新羅占領軍の王族が異国（日本）での護身仏（護国仏）として朝鮮から持込んで来たもの

に過ぎなかったのです（という訳で、他の仏も皆、この魔術（マジック）に引き摺られて古くされてしまっていたのです）。

素直に見ますと、私こと古代探偵にはそれ以外には考えられませんもの（しかもアナタ、驚くなかれ、実は、後述の**法隆寺金堂の釈迦三尊すら**も——他にもございますが——思想的には恥ずかしいことに、これ又全くこれと同様〔少なくとも**後背銘**は**後**の完璧なる**贋作**〕だったのです。一二4。更にアナタ、東大寺の旧大仏すらもが、実は、驚くべきことに当初は今とは違い面長顔の弥勒だった！のですよ〔因みに、東大寺の「試みの大仏」が弥勒であったことがこのことを暗示していたこと〈早く、気付け！〉などにつき、別述〕）。

11―10　弥勒信仰から太子信仰への変化の理由(ワケ)

白鳳・奈良時代に、新羅占領軍により統一新羅後の「**弥勒信仰**」に基づき造られた数多くの日本中の仏像や寺を、今度は、平安時代に**桓武焚書**が行われ、古代からそれまでの歴史が大改竄されてから後に、百済亡命民の**百済王(クダラノコニキシ)であった平安天皇家**が、その前に先行した**新羅占領**の事実に関するあらゆる**歴史・文化・思想の抹殺**のためにも、そうであっては都合が悪いため、

その全ての思想背景を聖徳太子（架空の人。テキスト12章、Ｐ512以下）の「**太子信仰**」により造られた**御仏・仏教・寺であったことに都合よく変えてしまい**まして、「**全ての主要な寺の歴史**」というものが今日見られるように**改竄**されてしまっていたからなのです（そうだったのか。皆、平安天皇家の敵である新羅の臭いを消すための「ファブリーズ」だったのだ「(平安）日本紀ファブリーズ説」）。

因みに、**聖徳太子**の第一のモデルは百済**27威徳王**(いとく)（**昌**。五五四―五九八。物部**雄君**も同一人）だったのであり、平安日本紀の作者（改竄者）たる史(ふひと)たちは、ここから両者に共通である**聖徳太子の**「**徳**」**の名を持って来た**のでございまして、更に、この王の**諱**(いみな)の**昌**(しょう)からも**同じ音**の「**聖**(しょう)」をも持ってまいりまして、この**架空の人間**（但し、倭王の**蘇我馬子**等が列島での本来の**七人ものモデル**の事績の中核。テキスト12―2―1、Ｐ507上―508上）でございます

「**聖＋**〔**昌**〕」**徳太子**

という人物が創り出されていたのです（だから聖も徳も借り物のドレスだった）。そして、その時代すらもがピッタリ一致しておりますし、このときの**百済と新羅の戦い**を下地にして、アナタにもお馴染のアノ「**蘇**

我・物部の崇仏排仏戦争」などという架空の物語すらもが作られていたのです（「大和三山」の歌の謎につき、一〇４、この点をよりお勉強されたいと思っておられるアナタにとりましては、崇仏排仏論争の新羅でのモデルにつき、九13、一〇４、特にズバリ一四９は必見です）。ですから、前述のように、この時の**物部守屋のモデル**は、右の威徳王の**父**の百済**26聖王明**〔五二三―五五四〕そのもののことだったのでして、太子の**父**の**用明大王**のモデルでもあったのです。この彼此の王名の「**明**」を共通と致しますことで、漢風諡号を命名いたしましたＪＡＰＡＮ**淡海三船**がアナタにそのことを密かに暗示して謎を残していてくれていたことに、もうそろそろ千年以上も経ったアナタは気が付いてあげなければいけなかったのです（聖王明→用明）。ですから、**狗川**（忠州北道沃川邑）で**新羅**の伏兵に**殺されて**しまったこの**聖王明**が、平安紀の前の**奈良紀**におきましては、同じく日本紀上で敗れ、**蘇我氏**に**殺されて**しまった形になっております**物部守屋**のモデルともなっていた筈なのです（テキスト18―5―1、Ｐ791下―794上、同16―2、Ｐ699下、670上。尚、本一〇４）。この様に、仮に

「**日本紀の天皇とは、朝鮮史の王がそのモデル**」

であったという重大なことに（本序）、もしアナタが或る時ハタとお気付きになられたといたしましても（アカデミズムの朝寝坊坊やの到達は、多分早くても一世代後の今から二十年も後のことでしょうが）、次に「**日本紀の12回もの改竄**」（テキスト23―2―1、Ｐ929上―933上。本七４）という凄く重大な点――更には「**百済王→物部氏→天皇**」**という天皇名偽造・創造過程におけます三段跳び**というこれ又ウルトラ難解な点――にまでお気付きになりませんと（前述）、古代史は相変わらず漆黒の闇（暗黒物質）の中に何千年も留まったままなのであり、アナタにはその全貌すらもが全く見えていないのと同じなのです。お気の毒に＝「井の中の蛙」が外界を見ないで死んでしまうことになるのですからネ（ゴー

ルまでの三つのハードル）。

しかもアナタ、正史日本紀や続日本紀の**文面**のみならず、**芸術**すらも、更には、全ての重要な**寺の由来**すらもが、百済系の平安天皇家により「**聖徳太子＋某人（その寺の氏(うぢ)の上(かみ)）**」と変えられてしまっておりました。

因みに、聖徳太子の**磯長(しなが)陵**は**叡福寺**の境内の**上城(うえんじょ)古墳**だということに今日されてはおりますが、何とアナタ！　この場所がそうであると致します記録・史料は

十世紀を遡るものが、何処(どこ)を探しましても全く見当たらない

ことからも、仮に、私こと「古代探偵」の様に、上宮(じょうぐう)太子・厩戸皇子(うまやどのみこ)などと呼ばれた「**或る人**」が**存在**しておりましたことは間違いないといたしましても、当時、「**聖徳太子**などという立派な固有名詞の**名**を冠した日本紀の言うような太子」は全くの**架空**そのものだったのであり、良心に照らして考えましても、その名の太子の存在とプロト叡福寺の実在とは共に甚だ疑問だと言わざるを得ないのです（これ又、史学論争レベルどころか正真正銘の宗教論争レベル――だとすると、何時(いつ)から日本の歴史家は宗教家になり下がってしまったのか？　アカデミズムの悲劇のスタートここにアリ！）。

ですからアナタ、この広隆寺の新羅仏もその例に違わず、今日まで「**聖徳太子＋秦河勝(はたのかわかつ)**」というコンビの寺のお宝であったことにされてしまっていたのです。奈良の現存の寺の**オリジンな姿**の殆ど全てが「**統一新羅の仏教伽藍の思想**」に**基づく文化**によるものであったことに付き、一二4～5はアナタ必見です。

そしてアナタ、「この流れの一つ」でもございます「**橘寺**」から「**法隆寺**」、そして「**皇室**」へと数奇な運命を辿りました、右の**弥勒信仰**の解明に必須とも申せます主要な謎の一つでもございます

「**アマゴの銘仏**」の**作者とされる皇子(みこ)**が一体**誰**であったのか？

ということが、古代史上これまた非常に重要な点ですので、この証拠につきましてはテキスト5—5—1、2、P203—209をお読み頂きますと共に、後にお時間がございますれば【**論点13**】のことろで又触れてみたいと思います（一五9、一五10、次章一二9は必見）。

このみ仏は、上野「国立博物館」の敷地内の左奥の「**法隆寺館**」の1階右奥の薄暗い中に常設展示されておりまして（だから、何時行っても大丈夫）、アナタがこの謎を解いてくれるのを「今か今か」と、1300年近くもじっと長い長い眠りについて待っておられますよ（白馬の王子を待つ白雪姫。アナタも**白馬の王子となって**白雪姫に会いに行き、彼女の額（おでこ）に夜明けのキッスを！　そして二人で夜明けのコーヒーを！　新しい日本の歴史の**目覚め**のために！　今こそ「今でしょ！」と）。

11—1　小野神社（琵琶湖湖西）

11—2　鬼ノ城

11—3　都督府跡

11―4　広隆寺宝冠弥勒（整形前）

11―5　広隆寺宝冠弥勒（整形後）
（以前繕ってあった小指を京大生がまた折った）

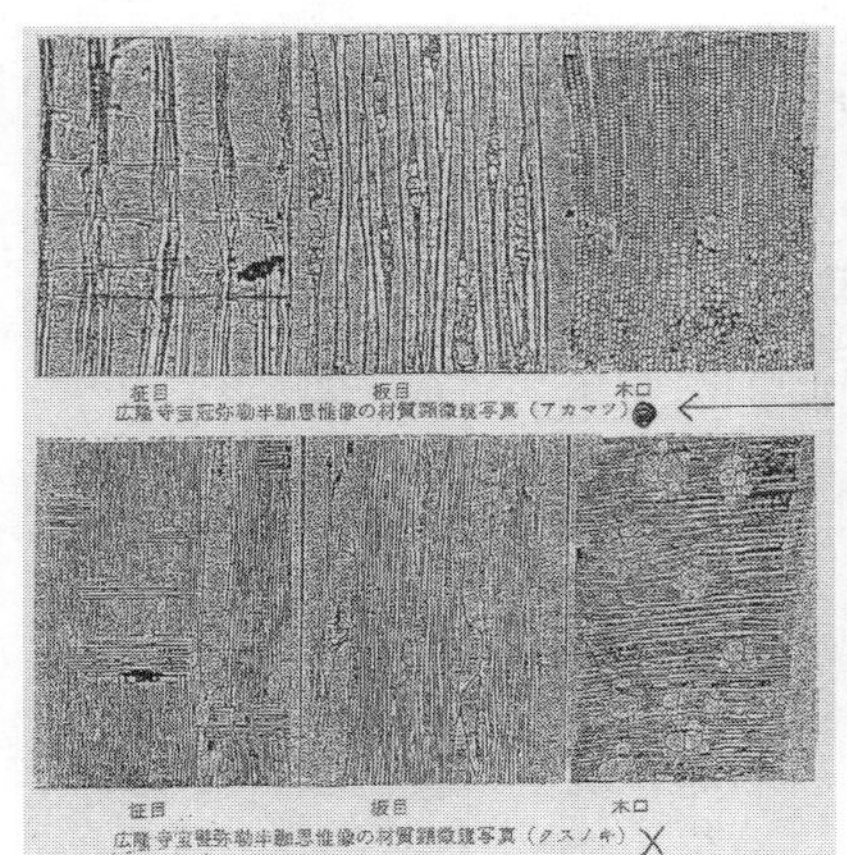

11―6
上:広隆寺宝冠弥勒菩薩半跏思惟像（国宝一号）の材質顕微鏡写真（アカマツ＝新羅仏）
下：広隆寺宝髻弥勒菩薩半跏思惟像の材質顕微鏡写真（クスノキ＝寺伝・新羅渡来）

11―7　弥勒菩薩の比較（右：広隆寺、左：韓国）

第一二章　架空の「壬申の乱」の真相

——唐・新羅の共同占領から新羅による単独占領へ

——弥勒信仰から太子信仰へ

——双塔伽藍（統一新羅の仏教文化）は何故日本列島に流入したのか？

——現法隆寺は新しかった（飛鳥時代どころか精々が奈良朝直前か初期）

——阿麻古（あまご）の銘の新羅仏に秘められていた謎を解け！

[論点10] の架空の「壬申の乱」の真相とは何であったのか？　それは、早い話が、唐・新羅の共同占領から新羅による単独占領へという変化だった、という今までの誰もが考えたこともなかったような大胆なお話に入ってまいりたいと存じます。

ここでの「**小論点**」は、

（イ）**遣唐使の廃止**は何故（どうして）起きたのか？

（ロ）唐と新羅の戦争の開始（**674年**）

（ハ）**壬申（みずのえさる）年之役（エダチ）**の正体　——役の意味——

（ニ）九州・観世音寺の木材が奈良・法隆寺へ移されたのは何故か？
（ホ）統一新羅の仏教文化（双塔伽藍、九重塔、軒丸瓦の三十個の珠文、壇上積基壇、方形柱座礎石など）の日本での普及が本薬師寺（双塔の例）や法隆寺（双塔の一つが金堂〔金人＝王＝天皇〕へ展開）に見られるのは何故か？
（ヘ）妖言の謎
（ト）「み吉野の鮎」の童謡の謎が解けた！　――それにより「壬申の乱」の謎も解けた！
（チ）持統女帝は架空の人（テキスト8―4―2、P316下～322上）
（リ）「瀬田唐橋」のモデルは新羅王都慶州の月城の南の「月精橋」「日精橋」
（ヌ）天智大王の「近江京」は、やっぱり架空の都（幻の都）だった
――仮令、宮はあっても京はなかった。つまり宮と京との定義がアカデミズムは不十分
（ル）現法隆寺は新しかった（古い様式の復古――平城京か早くても藤原京の頃から）――一部再建論
等です。例により［論点10］の全体の要点は次の通りです。

この後、674年に至り、唐の劉仁軌が新羅を伐ち、新羅本国が唐と本格的な戦争を開始するに及び（その前の六七二年には郭務悰の日本列島からの撤退、又戦争後の唐の朝鮮半島からの撤退の決定もあり、この郭務悰の撤退前後から日本列島内でも唐と新羅との様々な「確執＝力関係の変化」が生じた）、日本列島では目の上の瘤が取れた新羅がここぞとばかり唐を排除し、「共同占領から新羅の単独占領に変わった」軍事的な動きが、所謂「壬申の乱」（672年）の真相（奈良紀における裏のモデル――本邦初公開）なのであった。

この**「壬申の乱」**（**672年**）とは、正史日本紀上では天智大王の子の大友皇子（千二百年経って19世紀末の明治になってからこの皇子は39弘文天皇に昇進）と大海人皇子（天武天皇）との、主として琵琶湖周辺での戦いとされ、その後日本は**「天皇至上主義」**に変わることが出来たのだと一般にアカデミズムからは言われております（ですからアナタ、後述の様に、その天皇至上主義というものが日本紀のいう様なその27年も前の645年の「大化の改新」からなどではございませんことは、殆どのアカデミズムが近頃は漸く認めざるを得なくなって〔やっと乳離れして〕来ております）（「大化の改新」の虚構の証明。本一三）。

しかし、更に私こと古代探偵だけは、日本で唯一人、日本紀上のこの「壬申の乱」の存在そのものに付きましても、終始一貫して全くの**「架空」**そのものであったと主張しております。では、これ又、**二十年後に通説になる**こととは申せ、本邦初公開で、そのコスモポリタンな理由（わけ）について今からアナタにだけはきちっと証拠を引いてご証明いたしましょう。

12―1　犠牲（イケニエ）を「殴って焼いて殺す」はケルト人も同じ

一言で申しますと、前章で申し上げましたように、**日本列島は663年の「白村江の役」の後、唐と新羅の連合軍に直ちに占領され**ておりましたが（前述の天智紀四年〔六六五〕九月二十三日の解釈。本一一。このことが見えませんと、アナタはこれ以後の日本列島の古代史の一切に盲目となってしまい、今日の行き詰ったアカデミズムのように、明治百年一歩も先へは進めませんよ）、唐は他の場合と同様なのですが、名目のみの駐留でございまして、殆どの場合配下の国（**冊封体制下の属国**）の軍（この日本列島占領の場合は**新羅**――後のフビライの元寇のときの先兵は高麗（こうらい））に占領実務を任せ、今回も唐の将軍クラスの自称毛並みの良いらしい人たちは、太宰府辺りで優雅に髭でも撫でながら酒を飲み、その頃母国唐から輸入された梅の花でも眺めながら「花弁の散るのは雪の如く」等と洒落て漢詩を作って生活しておりました（唐の占領はまるでゼネコンの中間搾取のピンハネみたい）。大国たる中国は元来自分の手は汚さないのです（アナタ、中国本土ですらも、戦いの先兵には在監〔獄〕中の強盗殺人犯や非行少年レベルを配し、略奪や強姦を自由にさせ、侵略のスピードに加速度(いきおい)をつけさせておりました。古代から相も変わらず、中国とは「赤が治めようが白が治めようが」そういう野蛮な国なのです）。

アノ蒙古襲来のときも、正にアナタ、そうでございまして、実際に海を渡ってやって参りましたのは、中国人ではなく、主として**高麗**など従属国の**朝鮮**の兵と船でした。実は、私こと古代探偵の古い寺などの調査によりますと、その蒙古・朝鮮の兵たちは、そのときこの日本で実に身の毛もよだつような恐ろしい（テリブルな）ことを行っておりまして、北九州に上陸し、そこの

浜辺で、多くの日本人の女達を集め、その「掌(てのひら)に穴を開け」て、そこに縄を通して逃げられない様に数珠繋ぎにして、多くの高麗(こうらい)朝鮮の兵士たちが、同時にその日本の女達を代わる代わる何回も何回も強姦し犯した

のですから（チン料を貰う慰安婦どころじゃないよ）、このとき北九州一帯では相当多くの**混血児**が産まれてしまったと伝えられております（或る著名なN高僧の遺録）。

「**中国命(いのち)**」の**日教組**の**赤い先生**たちによって書かれ（又、教えられ）ました学校の教科書には、何故かこんなことは決して書かれておりませんので（わが日本国民は、敵に優しく味方には厳しい、なかなか良い国民なのダ——これは皮肉です）、アナタや大部分の日本人はこのことをよくご存じなかったかと思いますが、何と酷(むご)いことを大陸出身の中国人や朝鮮人はするものです。私こと古代探偵（ということで、ここでは**古代**

検察官も兼務）は決してこの事実を見逃しませんぞ。この怨みは未来永劫忘れませんぞ。七百年以上も前の悔しい思いをして苦しんだその女性（ひと）たちの怨霊に代わって、ここに時代は少し異なりますが、平安初期の**検非違使**（けびいし）（検事兼警察官）に対し刑事**告発**をいたします（新しい「律」の制度により、当然時効は廃止！）。

――ベトナム戦争の際のアメリカの代理部隊でもあった韓国首都ソウル防衛師団「猛虎部隊」の「ゴダイ集落における虐殺・輪姦事件」や同じく韓国の海兵隊第二旅団「青龍部隊」による「ハミの虐殺」（村山康之氏）を見よ！――

これと同じように、「白村江の役」のときも、実際、倭の残党やゲリラを征圧したり「東国へ追いやったり」「その監視」の実務・実践は、全て当時唐の属国であった朝鮮の**新羅軍**が役割分担して行っていたのです（新羅系ないしは新羅の東国進駐軍の一族が建立した、朝鮮語の新羅の吏読（いどう）が書かれておりました**那須国造碑**など参照。本六）。その征圧過程の具体的な一つの例が、「倭＝安羅」の水軍（その一族の神自体は満州・朝鮮から渡来し、それ迄は列島の北九州や対馬や出雲・伯耆が拠点であった）の神の**建**（タケ）**・御名方**（ミナカタ）（**ミナカタ＝宗**（ムナ）**像**（カタ））を戴く人々の、それまでは水蒸気爆発が頻繁で、それが神の祟りと恐れた当時の人々には通過が困難でございました（テキスト17—3—1、P738下）日本の**フォッサマグナより東方**の信州の「**諏訪大社**」エリア〔つまり、異次元の国土・世界〕へ――それ以遠につきましても、能登半島の鎌宮（かまのみや）諏訪神社（七尾線金丸（かねまる）駅北西約三百メートル。鎌祭が共通。社殿無し）などには建御名方が祭られております――の**幽閉**（**追放**。現地の人々にとりましては侵入）でもあったのです（その反動〔その亡命「安羅＝倭」の侵入軍との戦いに敗れ〕で、それまでそこ諏訪に、より早くに九州から日本海を海岸伝いに北上してまいりまして長い間君臨しておりました扶余・高句麗・**物部**系の、オドロオドロしい**守矢**（もり(れ)や）神長官家（じんちょうかんけ）〔そこには現在、生贄の**耳裂鹿**の剥製が展示〕の**御左口神**（みしゃくじ）〔ミサクチ――守矢家の庭に、古墳と小さな社（やしろ）が残されております。アナタ、**諏訪の四大**

社だけではなく、必ずこの**幽閉された従前の神様**の方にも寄って下さいネ。そしてここで、生贄の童女が縛られた柱〈正に人柱〉やその生贄を殴打するための杖も見てネ。お願い。嘗ての国会議員の「ぶってぶって〈をお願いした〉姫」ではないですが、「殴って焼いて殺す」は、ケルト人の犠牲（イケニエ）も、右の御左口神の習俗を受け継いだ諏訪大社も、共に遙か彼方より伝来いたしました、その元にまで遡れば、共に全く同じ世界普遍の流れだったのです。この点の㋢10―6―7、P462下はアナタ必見〉は北とへ追いやられてしまいます）。右の大地溝帯が古くに人々から恐れられておりましたその証拠は、異なるプレート上の二つの島が合体して日本列島となるその直前又は直後のより古い太古の姿が『書経』（「虞書」中「堯典」の初め）『後漢書』（東夷列伝「東方曰夷。嵎夷曰、暘谷、蓋日之所出也」「嵎夷、曰乃暘谷。巣山潜海」）などに「暘谷」と記されておりましたような「熱水が湧き出している」（『山海経』「海外東経」の「湯谷」）海峡の形をしていたからなのです（米田良三氏。但し「後漢書」は筆者加入。尚、地質構造の褶曲帯の走向につき貝塚爽平氏、又、フォッサマグナの深さの断面図につき立石雅昭氏）。

尚、この建御名方が東方へ逃亡いたしました「**出雲の国譲り**」の**モデル**も又、コスモポリタンに考えますと**八岐大蛇**のモデルと同じく（㋭九）**満州**で実際に生じた出来事だったのでして、**北扶余が東扶余へ国を遷移**いたしました時（ここでは東扶余の定義にご注意――因みに、この「北」扶余、「東」扶余というのは、その伝承が加わった「卒本」扶余〈高句麗＝中央〉から見ての旧朝鮮史〈伝承〉での表現だったものを、そのまま中国史が伝聞で採用してしまったもの〈ですからこの方位の本来の中心は高句麗〉と考えてもよいと思います〈更に、㋭一九のこの点の後述③や④の扶余中心の考えは、アナタ絶対に必見です〉。但し、この講演やテキストの中では、時としてこの方位が「中国様の当時の王都から見ての東か北か」と言っている部分〈後述〈同〉②〉もございますが……。尚、「南」扶余とは百済のことを指します。ですから実は、これらは皆、同一民族の南下〔移動＝玉突き＝民族の追っ立て〕だったとアナタを気が付かなければいけなかったのです〔辰王朝＝鮮王朝〕。ですから前述及び後述のように、ここで特に大切なことは、「扶余史」とそれを流用した「高句麗史」〔本一九「八岐大蛇の舞台」〕とでは、同じ「北」「東」という形容詞が使われておりましても、抑その場所が異なっていた〔地図上の位置が全く違っていた。と申しますのも、引用されました扶余の方が、引用した高句麗より北〈元々が松花江流域〉に位置しておりましたし、それを又中国史が引用し、ダブルでその方位性が間違ってズレてしまっていたからなのです。ですから④ではその基準点を③より北方に修正して考えなければならないことになります〕ことにアナタは気が付かなければ、その東洋史はアウトだということになるのです――これ又、本邦初公開〕のことが、その遠いモデルの一つともなっていたのです（**『魏書』夫余条**、**公孫度条**等を、アナタお勉強して下さいナ）。尚、更に、**玄**（**黒＝男**）**菟**――玄菟郡――と**素**（**白＝女**）**菟**（遼東、そして馬韓へ、更に安羅から列島へと南下してまいりました公孫氏の女＝卑彌呼）とその父（又は祖父）の大国主命（遼東の公孫域王がモデル）とに付き、テキスト付録12、P1121はアナタ必見です。

因みにアナタ、右のフォッサマグナの向こうの諏訪が、奈良朝の神亀元年〔七二四〕三月二十二日に至っても流配「中」の地とされておりますのも〔続日本紀、聖武〕、その過去のその地域の特殊性を引いていたからだったのです。

12―2　遣唐使廃止の真相

新羅は対百済関係の必要上で唐とは「仲良しタッグ」を組んでおりましたが、**674年**、つまり「壬申の乱」の**2年後**に至り、巨大な唐帝国の東アジアにおける野望（「朝鮮半島＝新羅」の征服）を見抜いて、愈々今度は自らも危ういという中国様（唐さん）の悪意に気付き、危機を感じ始めて、今迄の宗主国の中国様に反旗を翻し**本格的な「唐との自己防衛の戦争」を開始**致しました（テキスト7—4—5、P270下。テキストを674年と訂正する）。しかもアナタ、その正に二年前の**672年**には、後述のように**郭務悰**が日本列島から**撤退**し（この前後の唐の新羅に対する大敗につき「旧唐軍」「三国史記」）、そこで日本列島におきましてもパワーバランスが崩れ「空白」が生じ、当然その連合国占領軍（GHQ）内部の均衡が崩れ、新羅が実力で今迄の**名目上だけ**のひ弱な**唐の司令官を太宰府から排除**してしまい、よって、日本列島は**新羅の独占支配下**に変わってしまったのでした（このように壬申の乱の真相（唐新戦争）と遣唐使の廃止との二つは、実はアナタ、物の見事にリンクしていたのです）。このことは正史日本紀上の不可解な「**妖言**」や「**み吉野の鮎の童謡**」（テキスト24—3—3、P1006はアナタ必見です。本書後述の一二7）等として今迄正史の随所に暗示されていたにも拘わらず、ああそれなのにそれなのに、論語の学習のような**祖述**（**暗記**）**主義**の模範生のアカデミズムと、相変わらず大学受験**暗記主義**レベルの満足から一歩も脱却出来ない**形式的歴史学習者**のレッテルの貼られたアナタは、分析力が弱く今迄こんなことにはアンタッチャブル（否、知られざるノンタッチャブルと言う方が正解か）で気が付かなかっただけのお粗末なお話だったのです（一二6、7以下で判り易く分析）。実はこれこそが隠された

「壬申の乱」の真相

だったのです（これ又、私こと**古代探偵**の**本邦初公開**。ですからアナタ、万葉学者と称する人々が後生大事に全国持ち歩き、大和の「山ノ辺の道」辺りでもう尿漏れパッドの老人なのに甲高い声を張り上げて病院長回診よろしく引き連れたズロースを穿いた一群の超重量級のご年配の御婦人方——ダイエットには最高の旅——が地響きを立てて歩くその一番前で、気持ち良さそうに、且つ得意気にビブラートをきかせて歌う、自

己陶酔の天智と天武の**額田王**（ぬかたのおほきみ）の奪い合いのイチャツキの万葉歌や、天武と額田の「**二人揃って不倫の歌合戦**」！だなんて、アナタ、チャンチャラ)。

更に、その証拠としましては、一部は前述いたしましたが、次のものがございます。

「**郭務悰等罷帰**（まかりかへりぬ）」（**天武紀元年**〔六七二〕五月十二日。唐の**劉仁軌**が新羅を伐つ2年前のことです）

——唐の鎮将郭務悰（実質国政の支配者——鎌足の立場）が国際状況の変動により、筑紫**都督府**を**撤退**（**放棄**）し、その結果**占領政策**（一一2）は事実上**新羅が把握**してしまったのです——

今まで、アカデミズムやアナタが長い間**一国歴史主義**に陥っておりましたので、世界中で私ことコスモポリタンの「ハテナ坊や」の古代探偵だけにしか、この正史日本紀の「真の解読」が見えてはおりませんでしたこの宝石のような光が、アナタには一条も見えなかった悲劇がここにございました。これこそが所謂「**壬申の乱**」の**真相**（672～674年）だったのダよ（因みにアナタ、この出自不明の**郭務悰**（カマソ）を**モデル**にして日本紀上に作られました**中臣鎌足**（カマソ）の死も**六六九年**で、両者の「この世から消えた時期」が大変**近かった**ことも、私こと古代探偵がこのことを見抜く一つのポイントとなっていたのです。これ又「カマソ＝カマソ」。納得（ガッテン）！）。

更に更にアナタ、このように、内乱の真相は、正史の**原文**を見ますと一見して明らかだったのでして、そこには「**壬申年之役**」（**持統紀7年**〔693年〕9月16日。因みに、持統天皇が架空であった証拠につき、テキスト8—4—2、P316下～322上をご参照下さい。又、推古大王が架空であったことにつきましては、本一—7）との表現がなされていたからなのです。つまりこの「**エダチ＝役**」とは、古くからの用例では、本来「**外国・外人などの異民族との戦い**」を指す言葉だったのですから（後世の鎌倉時代に至りましてもこの点は全く同じでして、前述の本章冒頭の蒙古と人非人の高麗朝鮮人の「**文永の役**」「**弘仁の役**」又然り）、少くともこれが「単なる国内戦などではなかった」ということ——アカデミズムと教科書会社が、壬申の「**乱**」などという「正史の文面にすらも無い表現を発明」し勝手に何らの疑問すら感じずに（鈍感ダネ）言語として使用した**歴史的詐欺罪**がそこに介在しておりましたので、アナタも又、ハテナ?と考えないアカデミズムの純真無垢な若者も、今まで全くこのことに気が付かせてもらえなかったのです（だから**定義**は大切だよね。文学部出身のアカデミズムは甘いよね。「蛍来い」だ。これ又、本邦初公開）——を、正史日本紀の編纂者自らがその**慣例用語**の使用で素直にアナタに**自白**してくれていた（軽率にも馬脚を現わしてしまっていたことになります（テキスト8—4—2、P321下。それなのに後世のアカデミズムと教科書会社が共謀してそれを隠蔽してしまったことになります）。自己の前者（先生）のお考えの暗記を重視し、そこからしかスタートしない（出来ない）アカデミズム（その親分アカデミズムの子分である高校の先生たちも、通説の暗記を受験のためと称して生徒に試験で試す（強制する）のみの「鯨のヒゲのゼンマイ仕掛けの機械人形」——これなら無能者でも教師が勤まるよね）は、柔軟に「切り口」を切り替えることが出来ず、この点何やら固い頭で「古いお経」をグチャグチャ・ブツブツ（仏々）口籠って言ってはおりますが、この私こと古代探偵の切り口は、次に述べますように「**遣唐使中止**」の理由ともコスモポリタンに見事にバッチリと**リンク**しておりますので、共に**全く同じ理由**がドンピシャリ当て嵌まりまして、ここからも当然導き出せる結論でもあったのです。

と申しますのは、朝鮮半島では親分が唐と戦っているのですから、新羅占領下で**外交権**すらも持たない子分となった**敗戦国**の倭（新日本）なんぞが、どう転びましても「遣唐使など派遣出来る筈など無い」ではありませんか（後にこの点は正史がバレないように改竄）。こんなことは、仮令高校の「前日アンチョコベったり読みのデモシカ先生」が馬鹿で判らなくても、中学生でも自分の頭で考えれば判ることです（親亀（新羅〕子亀〔倭・新生日本〕論）。

それにアナタ、この間の日本と新羅との交流の何と多いことか！　白鳳時代という六百七十年から七百年くらいの三十年間の遣使を見てみましても、**日本**から新羅へはたったの**十回**、これに対し

敵国の**新羅**から日本へは何とアナタ、**二十五回と倍以上！**

にも及んでいるのです。ですから、**白鳳仏教への新羅の影響が甚大**だったのは、これは当然過ぎる結果だったのです。相変わらず唐（中国様）との関係だけに目を奪われております盲目の片想いのアカデミズムは、遠回しに、これ又ブツブツ（仏々）と「中国・仏教の影響、云々」と性懲りもなく寝言を言い続けてはおりますが、私こと「古代探偵」の様に、六百六十三年の「白村江の役」の後は、日本は新羅の占領下にあった、つまり

白鳳・奈良朝の天皇は、**新羅から派遣**されて来た**新羅王子の提督（軍政＋民政＝評（こほり）＝督（かみ））**が**本国からの司令**により動いていたのだと（アカデミズムよ、この軍政こそが「同じコホリ」でも郡になる前の評〔軍政＝占領軍〕の**実体**だったノダ――単なる延長ではなく、この二つの**質的**な違いに早く気が付いてよ）、当時の東アジアを巡る国際情勢を素直に考えさえすれば、その全てのモヤモヤが一発で吹き飛び氷解してしまう筈なのです。ですからアナタ、壬申の乱の六七二年からこの「評制度」を導入した朝廷は、対内的に今のこの国の「日本」という国号を右のことに呼応するかのように使い始めておりますよ（真の「新羅オンリー系日本」の独立ここに有り。対外的には、「日本」国号は文武天皇の七〇二年から対唐での使用です。一6――正に白鳳時代とは読んで字の如く「白＝新羅」のための時代だったのです）。

因みにアナタ、案の定、奇しくも**この間は遣唐使は一回も派遣されてはいない**のです。という理由で、当時敗戦国であった日本は、**国際法**的に見ますと、**外交権を新羅に奪われて**おり、「**大宗主国唐**の下の**小宗主**

国新羅のその又下の**第三段階の隷属国**」という風呂屋の三助(さんすけ)にランクされておりましたので〈日本三助論〉、**唐へ派遣などしたくても、とてもとても出来る筈などなかった**〈不可能だった〉というのがその実情だったのです。民主平等志向の歴史音痴の「赤い先生」、反省した？　この様に「内外のグローバルな事情」をトータルに考えなければ、この謎はアナタやアカデミズムの一国歴史主義者の「井の中の蛙」には一生解けない筈なのです。

実はアナタ、これは子供でも判る理由(こと)だったのです。これが「**遣唐使廃止の真相**」だったのです。**新羅による日本列島の占領**ということをアナタの頭に読み込めなければ〈アカデミズムの「祖述主義＝権威者(スーパーボス)の言ったことの代々鸚鵡(おうむ)返し」が麗しいとされ尊重されるようなこの世界では〉、この**遣唐使廃止**〈**中断**〉の隠された**真の理由**など**夢の又夢**で、到底読める筈などなかったのです。当然ですよ。

仮に一歩譲ってそうではなかったと致しましても、当時の国際情勢を空から具(つぶさ)に鳥瞰図的に見渡してみますと一見明白なことだったのでして、朝鮮半島を敵国且つ戦勝国でもございました新羅が領海を**実効支配**しておりましたので、当時の唐へのルート〈特に、朝鮮半島の南と西の沿岸を通るルート。二〇一四年に韓国の女大統領が情夫の鄭(ティ)ユンフェと会っていた〈みんな「火病」〈別述〉の怪しい関係〉？とき、フェリーのセウォル〈世越〉号が沈没——上は上で実「肉」弾をぶっぱなしていたら、下は下で空かしっ屁でして、現地でも指揮官がいなくて大混乱〈例えば高速救助艇の備えが折角あっても操縦者が不在だったとか、日本で言う海上保安庁〈海猿〉と海軍との潜水救難を巡る縄張り争いの結果の出動ストップとか〉——した正に「アノ辺り＝珍島(ジンド)」を通っておりました——人命を軽視し嘘を真顔で言う歴史に残る朝鮮の女ボス。この船名からも「越＝ウォル＝倭」が証明〉の**朝鮮半島沿岸の航行が新羅の了解が無ければ不可能**だった〈外交権を奪われた下っ端の三助たる日本の独自の外交——遣唐使とは、子供でも判るようにその本音を一言で申しますと、皇室の資金の荒稼ぎ〈つまり、皆が欲しがる有難い船来ブランド品の中国様からの下賜のお品の売却益の皮算用＝金儲け＝小遣い稼ぎ。実は、これこそが鄙の国が卑屈になってまで朝貢貿易することが止められない「属国の王様の唯一の楽しみ＝内職そのもの＝近時の北朝鮮三代王朝も然り」だったのです。アナタ知ってた？　この実情。アンチョコ主義がモットーなセンコーは気が付かないからこんな真相を教えてはくれてないんだよな〉――など甘い汁を吸うことなど認められなかった）からこのことは子供の目にも明白なことだったのです。

因みに、アナタ、その前の「**遣隋使**」（少くとも670年からの第2回より第4回迄の3回）とその後の初期の頃の「**遣唐使**」ですらもが、倭で建造されたあのチャチなレベルの技術の船と操舵術とでは黄海や東シナ海などの大海の直接の横断なんかは、少しでも天候が荒れ波が立ちますとともとても**困難**を極めましたので、「隋との対等外交＝恙(つつが)無きや」だとか「日本国による大唐帝国への派遣」などと日本の正史と教科書が一言で偉そうに威張ってそのように空(から)の嘘を申してはおりますのも（内弁慶）、その実を私こと古代探偵が贔屓目ではなく子細に点検いたしましたところ、

百済から後（**先**）は「**百済の船**」と百済の「**パイロット＝水先案内人**」により**中国まで航行**させてもらっていた（もっと早い話が、そこから先は便乗させて頂いていた、つまり倭・日本独自では行けなかったという真実）という「親亀の背中に子亀が乗って」という有様・実情だったからなのです（古い時代でも百済や新羅にオンブにダッコ――それをセンコーが知らせないから現代の人民ですらも判らない〔ちょっとこの点は北朝鮮みたい〕）。

それにアナタ、この頃の「大陸の文化の列島への橋渡しの陰の主役」は、実は遣唐使なんかではなく、**渤海**（百済と同じ遊牧民又は狩猟民の北扶余から出た**高句麗**(こう)の遺民が**高氏**(こう)を名乗って建てた国＝日本の**平安朝**

の天皇家とは同族なので、だからこそ『**渤海国書**』では**両国は**「**本枝**」つまり「**親子**」の**関係**などと明白に記されておりますよ〔本六など〕。アナタ、こんな完璧な天皇家の出自についての証拠〔外国の公文書〕があっても争いますか？――それでも争う馬鹿（バカデミズム）〔赤デミズム……いつもは垢、今回は赤かバカ〕がいる国からの使者の方だったのです。と申しますのも、これもアナタが「ハテナ？坊や」になって指を折ってちょっと数えてみれば子供でも判ることだったのでして、平均して**14年に1回の遣唐使**の派遣に比べ、**平均5年に1回渤海使**が来ております。しかも、その背後の問題についての私こと古代探偵の分析によりますと、地続きの渤海自体がほぼ**毎年一回唐に朝貢**してその最新の文化を吸収しておりまして、このことを考え合わせますと、正に、当時、

実質的には「**唐→渤海→日本**」**というルートこそが最新の大陸文化の輸入ルートだった**

ということにアカデミズムは早く目覚めなければならず、このことはとても重要だったのでして、小さいときから日教組の赤い先生（だからアカデミズム）に可愛がられ、抱き締められ、その色気で洗脳され、多くの日本の政治家・官僚のように、いまだにその「一生童貞坊や」はそのピンクの呪縛〔隠してはいるけれど〕から抜け出せず、片思いで唐（中国様）しか見ようとはせず、この中国が蛮族扱いする渤海のことなんかが全く見えないアナタと「中国命（レッドチャイナいのち）」のアカデミズムの目は節穴も同然だった、と言わざるを得なかったのです。私こと古代探偵はこの様に常に古代の東アジアを国際的（コスモポリタン）に考えておりますです。

では、最も適切なその証拠を具体的にもう一つアナタにお示ししておきましょう。現に日本で**貞観**――あの古代の**東北大地震**も、この同じ貞観の時代に生じました――3年（861年）に**採用**され、**翌862年**より江戸の貞享元年（**1684**）まで、何と！　**823年間**の長きに亘り使われてまいりました唐の「**宣明暦**（せんみょうれき）」という暦――日々の日本の文化活動の中心となったもの――も、これは遣唐使なんかではなくこ

の**渤海使**の**烏孝慎**（うこうしん）が日本へ齎（もたら）してくれたものだったからなのです（この点、単に「貞観**四年**（**八六二**）に**唐から輸入し**」などとしているアカデミズム〔鳴海風氏――新潮本〕は、二つも間違いを犯しておりまして、先ず一つ目は、正確には**渤海**からですので〔原産国は支那でも積出国は渤海ですから輸入先は渤海とすべきなのです〕これは少し不正確だったのです。しかもその二つ目は、その年代についてですが、確かに使用されましたのは八六二年ですが、日本へ**入った**「輸入そのもの」は、前述のようにその**前年**の**八六一年**からですので、これ又一年間違っておりました。ちょっと調べれば校閲出来たのにね）。この暦が日本では**８００年以上**も使われたのですから驚きですよね。

しかもアナタ、私こと古代探偵の立場では、このこと（又、この隠れた砂金密輸入ルート〔後述〕も）が特に重要だったのでして、この渤海使が初期によく海流（反流＝沿岸流）の必然で漂着した**出羽国**の**長官**（守（かみ））を、何故だか歴代の**百済王**（ノコニキシ）の一族（これ又、高句麗や右の渤海と同じく扶余の遊牧民の末裔）が相当のウェイトで数を押さえておりましたこと（長官〔守（かみ）〕だけでも『続日本紀』によりますと、百済王（コニキシ）文鏡〔光仁天皇のモデル。テキスト付録6、P1112〕が天平神護二年（七六六）五月十日より〔この出羽守の時期は、光仁が「アル中の振りをして潜っていた」とされる〈続紀〉「白壁沈む」の時期に当たり〈含み〉ます。序―3―3〕――但し、宝亀元年（七七〇）十月一日光仁即位〔正史による即位時点〕により百済王（コニキシ）文鏡が自ら天皇になったためちゃんと出羽守を辞めて〔消えて〕おります――、百済王武鏡〔光仁天皇の兄弟〕が宝亀五年（七七四）三月五日より。因みに、鉱山に関して申しますと、百済王玄鏡は宝亀八年（七七七）一月二十七日より、後に「銀山」で有名な石見守になっております）も（遡ると百済と渤海も同族です）、それに劣らず見逃せない重大なことだったのです。特に「**シベリアの沿海州のアムール河口辺り**（**又は北海道**）**からの砂金の輸入ルート**」（抑（そもそも）、満州の松花江（ソンホウチヤン）・嫩江（ネンチヤン）流域を囲む、**大小の興安嶺**（シンアンリン）**山脈**も又、西方の**阿爾**（アル）〔**勒**〕

泰山脈（タイ）も、アナタ、共にその言葉は現地語で「**金＝Gold**」という意味だったのですから）**による黄金の入手と、それによる大仏建立**――東大寺大仏の塗金の大部分、それも考えてみれば九割以上。正確には九一・四パーセント。

10436両－900両＝9536両　は、何とアナタ、実は**輸入品**（**密貿易**）によるものだった。つまり、年号を天平感宝と変えてまで大騒ぎしたのは、たったの一〇パーセントの僅かに過ぎなかった――本邦初公開（テキスト30―2―1、P1061上）。その出所の実に怪しい、年号まで変えた砂金に加えて、**百済亡命人からの、渤海経由での亡命百済王**（コニキシ）**に対する秘密援助による軍装備と兵の渡海も**。因みに、東北や北海道にも多くの金山があったとは申せ、これらが開発されましたのはずっと後世のことだからなのです。

12―3　「法隆寺一屋無餘（あまることなし）」は嘘

さて、この様に考えて参りますと、この［壬申の乱の真相］の時、日本列島でのグループダイナミックス的な分析からマトメてみますと、次の**A**と**B**との「**2つの勢力**」の対立がございましたことが、私こと「古代探偵」により暗闇の中から白々（しらじら）と浮上してまいります。つまり、

A　太宰府と畿内という列島の中枢に**名目上**駐留しておりました

「**少数の唐軍のエリート幹部クラス**」

（そして、それを支持する〔有り難がる〕日本国内の勢力、つまり、先ずは**3世紀後半**に東征した邪馬臺国の壱与の**支配下**に入り、次いで**532年**以降に新羅に追われた倭国の朝鮮半島部分の人々が本格的に日本列島部分に亡命してまいりまして、その際、従来からのように陵（みささぎ）のみならず、その主力が畿内の近つ飛鳥へまで東行〔河内の富田林市の**龍泉寺**など〕致しましてからは、その倭軍

〔金官王の末裔の蘇我氏や安羅王の末裔の大伴氏〕の**支配下**に組み入れられ、それ以来今日〔明治維新〕まで長い間**被支配民**、つまり**農民・農奴レベル**として移住の自由も儘ならず〔強制的な移封とて、後世に至るも支配層の大名家のみ〕不遇を託って参りました、**伊勢**の**サルタヒコ**〔抹殺される前の〕を**祖神**と致します所謂「**弥生の水耕民＝古来の秦氏＝中国史の別倭・夷倭**」等の自称・中国の「辰国＝秦国」「辰韓＝秦韓＝新羅」系と同族の出自と思い込んでいる〔込まされている〕日本列島の**先住民**〔と申しましても**縄文人より後**〕。一六4、P1012は必見）

（但し、この自称「**秦＝ハダ＝パタ＝海から来た人**」には、実は歴史上**新旧の二つのグループ**があったことにもご注意して下さい〔一九。一5〕。この弥生人の主体である**古来の秦氏**とは又別の、同じ海を渡って来た海氏とは申せ、**今来の秦氏**とは、**秦弓月君**〔**金官王＝倭王**〕に率いられて朝鮮半島から渡来したグループのことでございまして〔朝鮮半島の南部までは**尉珍**の**波旦の碑**経由での南下。一5〕、この人々の主流は南朝鮮で北扶余から南下した**北方遊牧民とも混血**しておりました伽耶系〔韓＝カラ＝本来は伽羅〕で、そのリーダーの**弓月君**〔日本紀上〕のモデルは金官・倭⑦**吹希王**〔**叱嘉・チカ・エチキ**＝その**王妃**は、何とアナタ！　**百済王久爾辛**の娘の**仁徳**。朝鮮史上〕でした〔テキスト3―4―1、P158上。同5―2―1、P182下〕。尚、この**弓月**と**叱嘉**、それに**弓月**と**百済**とは、この様に古代の**朝鮮語の音が共通**だったのです。何故？）

と、それに対し、

B　新羅本国の**密命**により、日本列島の出先機関では、朝鮮半島の支配を諦めて劣勢に立たされた唐軍を、この際全面排除して**独占占領**に移行しようとする

「**新羅軍**」

との間で小規模な戦闘（右のAとBとの小競り合い）が行われまして（唐の半島からの撤退につきましては、一二2）、この右のAグループとBグループとの戦闘の際（**672年**頃）、この当時拠点となった**旧・法隆寺（宮）**（＝若草伽藍か？）**等が焼失**してしまい、又は、より**古く**は新羅軍が列島占領完了後（**663年**頃以降、新しくは奈良朝初期までの間）に、この九州太宰府の**観世音寺**（創建につき、七二九年とか七四六年とか不明な点あり。更に不可解なのは、建立どころかその後の「食封停止」につき続日本紀大宝元年〔七〇一〕八月四日――プロト観世音寺が存在？）等の**木材**を緊急輸送し（この寺の**新羅仏**にもアナタご注意下さい。又、同じく九州大分県**臼杵市の磨崖仏**と**新羅の石工**（せっく）**の技術**も見逃せない新羅文化の浸透の一つです）、**法隆寺（宮）の一部**を**再建**乃至は**大補修**し、これを**臨時の官庁**として使用していたからなのです。

新羅軍の日本占領時（六六〇年〔六六三年日本建国〕）か、又はこの**壬申の乱**（六七二年）**の真相時**――つまり、その前の**唐・新羅**の日本列島への**侵入**時（越・北陸では660年、最終北九州は663年）か、それとも今回の**唐**の朝鮮半島からの**退散**時（672年。唐と新羅との本格的な戦争自体は、更にその2年後の674年からです）――**に焼失した法隆寺の一部再建・修繕**のためだったということが、〔何故、遠くの**九州**観世音寺の材木が態々（わざわざ）**奈良**の法隆寺に使われて遠距離補充されていたのか？〕という今まで私こと古代探偵以外の誰も解けなかった**大きな古代仏教史上の謎の正解**だったのです（新羅文化の維持）。

この法隆寺も後の平安朝になり、前述の京都**太秦の広隆寺・太秦寺・蜂岡寺**（元の紙屋川上流右岸〔西側〕の**北野廃寺**〔今の平野神社の辺り〕＝**葛野秦寺**（かどのうつまさでら）**（はたでら）**＝**葛野寺**のことでして、この寺は、古く創建時〔推古紀十一年〈六〇三〉十一月一日。但し、『広隆寺実録帳』の方では推古三十年〈六二二〉是歳といたします〕には**九条「河原里」**と**九条「荒見社里」**に跨がる地にございました〔『**広隆寺縁起**』。十二世紀に成立いたしました三善為康編「**朝野群載**」〈巻四以下は実務的模範的文例集が中心〉によりますと、この縁起が出来ましたのは承和五年〈八三八〉十二月十二日ということになっております」ものが、**平安遷都**〔七九四〕の際に〔但し、その前に狭くなったので現在地に移転したという伝承もございます〕現在地の**五条「荒蒔里」**に移ったとの伝承もございます〔現在の行政区画ではございませんので恐縮です〕）

と同様に、その例に違わず、統一新羅の**弥勒信仰**が**一切抹殺**され、古くに日本独自の**「太子信仰」**により建てられた聖徳太子縁の寺で「あったのだ」という風に時代を遡って（前述、推古紀——寺伝と二十年近い開きあり）カモフラージュ**されて**しまって今日に至っていたのです（因みに、この広隆の寺号は**秦河勝**の実名でございました**広隆**からとったものでして、寺号の初見は宝亀2年〔**771**〕で、これは百済革命が完成に近くなってからのことでございます）。だからこそ、天智紀八年（**六六九**）是冬、

　単に焼けたという「**災斑鳩寺**」、

次いで**翌**同九年（**六七〇**）四月の

　全焼したという「**災法隆寺一屋無餘**」

と、同じ正史上に**続けて二つもの内容の矛盾する焼失**についての記録がありながら、他方、［**八世紀初めに誰**によってこの寺が**再建**されたのか」という最も大切な記録すらもが、正史では抹殺（改竄）されて（せざるを得なくなって——為政者にとってはあくまでも古い縁起のままであってほしかったのだ）しまって見えては来ないのです（この一八〇度の温度差、アナタご注意下さい）。それはアナタ、一体何故だったのでしょうか？　そしてその**再建**につきましては、実は私が見つけた確かな且つ僅かな証拠の一つによりますと、隠れるかのように大人しく

　「施…鵤寺食封二百戸」（**『続日本紀』**聖武天平十年〔**七三六**〕**三月二十八日**）

と正史にございますので、この再建は奈良時代のこの頃になってからのことだったのです（但し、『**法隆寺伽藍縁起并流記資財帳**』には、「**四月十二日**」に平城宮御宇天皇〔聖武〕が無期限で納めたと記されております）。加うるに、建立につき七〇一年（七大寺年表）と七一〇年（東大寺王代記）、翌年五重塔須弥山造作（法隆寺伽藍縁起并流記資財帳）。どれが本当？

――やっぱりアナタが信じていた（私に言わせれば、騙されていた）法隆寺は、この頃になって捏造された「聖徳太子創建の神話」に合わせて、「太子の追慕」を意図して見事な復古様式で復古調に（時間を遡るかのようにして――だから盲目のアカデミズムさえも騙されてしまった）再建されたものだったのです（本一二4）――

私こと古代探偵は、この様に国内一寺院のことと言えども**アジアの動きと連動してコスモポリタン**に考えるのですが、残念なことに、歴史に疎い「日本紀バイブル信仰」レベルのナウくない坊さんたちは、仮令そ(たとい)れが「見習い坊主」ではなく有名なお寺のＴＶに出るような「高僧」でございましても、「正史の日本紀等を疑うことを乳児(あかご)のように知らず、ただなぞるだけで」且つ「仏のように素直な心――これは日頃の精進の賜物」で、読経の合間にもし多少の時間が出来ても、精々日本紀の文面を一所懸命に、これが歴史の勉強だと大きな勘違いをして受験生や俳優のように無批判に丸暗記するばかり（正に暗記坊や、否、ここでは坊主）でしたので、このことが今日に至るまで千年以上も私（ハテナ坊や）以外の誰にも気が付かなかった（又、法隆寺の偉い人は、実は「新しい」んだと薄々は本能的に感付いてはおりましても商売上言いたくはなかった）のです。アナタはそんなことないですよね（暗記中心のアマチュアほど、歴史の真相解明に害になる人間はいないからなのです。そんな人は、正に日本人ではなく正真正銘の害(がい)〔外〕人だよね）。

12—4　同じ止利仏師の作？　足の上げ方が左右逆なのに！

それにアナタ、ここまで読んでこられたアナタには、薄々ご察しのように、現・法隆寺の伽藍自体はそれ程**古いものではなかった！**のです（本一二4。この時、再建に**流用**されたパーツの**木材等**は別ですがね）。
又、**五重塔**に付きましても同様でして、塔中の**本塑像**の**服制**に着目いたしますと、それが**唐風**（**男像は筒袖**で完全な**袍**（ほう）（綿入れ）**姿**、**女像**も**裳**（も）（腰から下の衣）は衣の上に**胸高**につけ、**袍**をつけていたとも見られるからなのです。塔内の須弥山につき前述、七一一年）でございますことからも、その真相は、
法隆寺の塔自体の方につきましても、**奈良朝になってから**（**又は、それと近い時代に**）**造られていた**という可能性を、あながち私は否定出来ないからなのです（後述一二4。**双塔**の一方が**金堂**に変化した統一新羅の仏教思想）。
先程の法隆寺**全体の伽藍自体の古さ**への疑問につきましても、アナタの目に見える実質的な完全な証拠がチャントございまして、それは何故（どうして）かと申しますと、**東塔・西塔**という「**双塔伽藍**（そうとうがらん）**方式**」の思想の流入とその建造物というそこにドデカンとした存在そのもの自体の大きな流れが、正にその重要な証拠の一つとなっていてくれていたのです。と申しますのも、そもそも、そこには**仏教美術的**にも

統一新羅の仏教文化の流入

ということが明らかに見て取れるからなのであり、つまり、その証拠を、私こと古代探偵が本家の朝鮮にまでノコノコと女房と一緒に出かけて行って嗅ぎ回って、遡って探ってみましたところ、それは

慶州・**四天王寺**（**６７９年**）や東海岸・（現）慶州郡陽北面龍堂里の**感恩寺**（かんおん）→
藤原京の**本**（もと）**薬師寺**（**６９８年**）

という大きな国際的な流れに他ならなかったからなのです。又、その背後にある**仏教思想**自体につきましても、これは

　統一新羅（676年）後の「弥勒（梵語 Maitreya＝慈氏）信仰」

によるものだったのでして、ですからアナタ、何と！　斑鳩・**中宮寺**の**如意輪観音**も、その通称に反して**本来は弥勒**でしたし、更にはこの京都太秦・**広隆寺**の**弥勒菩薩**すらも、次に申し上げますようにピュアーな新羅仏そのものだったのです（新羅仏且つ弥勒）。と申しますのも、この寺に二つある弥勒のうち特にアナタにも有名な「**宝冠弥勒**」ではないもう一つの方の弥勒でございます所謂「**泣き弥勒＝宝髻弥勒**」は、寺伝によりましてもはっきりと**新羅**からの**献上**とされておりますよ。又、アナタにも有名な**国宝一号**の右の「**宝冠弥勒**」の方も、仮令、泣き弥勒のような寺伝が存在していなくとも、その実質を考えますと、これは**楠製**ではなく**赤松製**なのですから、その時代では間違いなく日本仏ではなく**新羅仏**だったのです。そういたしますと**広隆寺の両弥勒も中宮寺の如意輪観音の方もその三者は共に新羅仏**であったということになってまいります（それなのに「非新羅＝聖徳」カラーで塗り潰し）。このように、右の中宮寺にも、ちょっとだけ新羅仏であったことの「名前」の隠蔽（弥勒菩薩→如意輪観音）が見られましたよ（一一9）。

　因みに、大仏開眼と同じ年「天平勝宝四年、**七五二年**」に**薬師寺**の方には「**仏石足歌碑**」が建立されておりますが、この碑の中の「**後の仏**」とは**兜率天**（**弥勒の浄土**。但しアナタ、これは**阿弥陀仏**の**西方極楽浄土**とは異なります）から「**弥勒菩薩**の下生致します遙か後」のこと（**五十六億七千万年後**の世界）を示しておりまして、この時点におきまして既に、主題とは申せなくても**弥勒下生信仰**が考古学的にも見られますことは、アナタが決して見逃してはいけない当時の**薬師寺と将来仏たる弥勒との密接な関係**を示すものだったのです。つまりこれ又、一言で申しますならば、薬師寺に明白に見える　**新羅花郎の弥勒信仰の一面**　に他

ならなかったからなのです（後述Ｐ382と序―2も必見です）。

この様にアナタ、

「**双塔方式**」は、主として新羅が唐を朝鮮半島から追い出してから後に**独自の仏教文化**を創り出し、それが花開き、

その後に、それが**新羅の占領軍**により**日本列島にも幅広くもたらされ出現**させられました**新羅の仏教文化**自体の強力な後押しによるもの（日本における最も古い双塔式伽藍の本薬師寺の創建について見られます『今昔物語』『元亨釈書』の説話が、アナタがよーく比較いたしますと、新羅での四天王寺建立の縁起説話と酷似しておりますこと〔これ又、翻訳だった！〕にお気付きになりますが、これもその一つの情況証拠として挙げておきましょう。尚、一二5も必見）

に他ならなかったからなのです。

ですから、法隆寺の**釈迦三尊像**の一般に**アーカイック・スマイル**（archaic smile）と言われます**古拙の微笑み**も、もし仮に、これが**現伽藍完成後**（又は同時）に造られていたといたしますと（若草伽藍からの古仏の持ち込みですと、又話は別なのですが）、実はアナタ、仏教美術史の通説が言う様な**飛鳥時代**のものなのでは**全くなく**（アナタ、法隆寺の高級坊主の巧みな宣伝（法語）に騙されてはいけませんぜ）、それよりも**うーんと時代が下がった**、**新しい**白村江の役（663年）の後の**674年前後**に、法隆寺が**焼失**した**後**（多分）に造られました**北魏形式**に元（型）を取り「一見古く見せておりますもの」（所謂**擬古作**）に過ぎなかったのでして（因みに、同寺の当時の薬師如来坐像の銘文捏造の明白な証拠につき、後に詳述）、これは**統一新羅**の（**微笑み**）の**仏教文化**（そのお手本のコスモポリタンな代表的なものの証拠といたしましては、唇には古式の微笑を浮かべ、上瞼はやや腫れぼったい慶州**皇龍寺跡**出土の**三山冠**の「**菩薩頭部**」（高

さ八センチメートル）や慶州（元）南山山頂の**アギ仏**、そしてアナタも何時でもご覧になれる上野の国立博物館の**四十八体仏**（別述）の第一八〇号の「**観音菩薩立像**」など）**を加味**（**参考に**）して、一見**古く見せる**ように工夫して造られたものに過ぎなかったことに、アナタはもうそろそろハッ！と気付かなければいけなかったのです。それに釈迦三尊の台座の墨書銘の「法皇」（これは法王＋天皇）も後世のものであり、しかも聖徳は僧となった天子でもなく、「辛巳」は六八一年であり、「尻官」も「尼官」ですから、このインチキは明白だったのです。

——ところでアナタ、パンパカパーン♪　ここでとても耳寄りな更に凄いニュースです。諸君注目！　アカデミズムからは同じ**鞍作鳥**（**止利**）の作と言われております**飛鳥大仏**とこの**法隆寺**の**釈迦如来像**とでは、アナタが現地でよーく両者を観察いたしますと、何と！**左右の足の上げ方が逆**でして（アラ！）、前者は左足が上、後者は右足が上なのです（これで像銘末の「止利仏師造」はアウト！）。ハテハテこのチグハグは通常人でも理解不能です。この答えは、少なくともどちらかが**インチキ**（つまり異なる人の作）だったということでございまして、これも私こと「古代探偵」ことハテナ坊やによって、本邦で初めて鋭く観察され明らかにされたこと（第四章）だったのです。これに千年以上気が付かなかった仏教美術アカデミズムは、子供レベルの観察力で最早論外！　落第！——

その新羅仏の典型的な、関東の東京在住の方が直ぐにでも見られる一例を申し上げますと、アナタもよくご存じの有名な**深大寺**（調布市）のご本尊である、珍しい

瞼の上縁に沿って刻されました更なる一線が加わる

ことにより、初めてよりニコヤカな笑みを含んだ「特殊な目」——正に二重瞼——を持つことが可能となりました、東国では大変貴重な（アナタ、一見の価値あり）**新羅系の白鳳仏**たる**釈迦**如来像（但し、私が現地

の周辺を女房と二人で隈無く彷徨(さまよ)いながら確認いたしましたところからも、この仏は間違いなく本来〔古くは〕近くの**祇園寺**の**旧薬師堂**にございました御仏だったことが確認出来、明らかにこれは本来**薬師**如来だったのです〔やっぱり！　坊主による主役の偽造〈経歴詐称〉ここにもアリ。新羅仏の隠蔽ここにもあり〕。その証拠にアナタ、共に薬瓶は持っていないとは申せ、この仏は、正に一見して、前述の**大和の薬師寺のアノ超有名な黒光りした薬師三尊とソックリ**なお姿ではありませんか！　しかもアナタ、東大寺の旧大仏すらも「少し面長」でこれとよーく似ておりましたよ。これは何故だ！　序—2）を挙げておきましょう。アナタ、いらしたら名物の深大寺**蕎麦**ばかりパクついていないで、鬼太郎のお化け一族（グループ）の揃いの絵の前で記念写真ばっかりお互いに撮り合ったりしないで、そして「**ゲゲゲの鬼太郎**」の店の中でお友達の喜びそうなお土産グッズばかり探していないで、肝心要なこのお寺の**仏様の目**の方もじっくりと観察して来て下さいね。ただ、その独立した少し離れた場所が、探しにくいのと、夕方に行くとちょっと照明が暗いのが難点なのですが。

——因みにアナタ、**法隆寺**の**伝・橘婦人念持仏**の**阿弥陀三尊**は、よく注意して見ますと、特に右目の瞼の下（左目もそうなのでしょうが、少し掠(かす)れております）が二重(ふたえ)になっており特殊な微笑みを浮かべておりますので、これ又要注意の仏なのです。偽書「上宮聖徳法王帝説」の「亀」につき、後述——

ところでアナタ、お話を架空の聖徳太子のことに戻しますが、近つ飛鳥（河内）の**叡福寺**(えいふく)（大阪府太子町）にございます、平安朝に太子信仰が盛んになった頃に、**豆腐**の様な厚さの**瑪瑙**(めのう)**石の記文**の所謂「**未来記**」などと称する、子供が一見しても如何(いかが)わしいと判るもの（つまり、「太子の死後四百三十年後にこの石が発見されるので王と臣民は寺を建てよ」等と記された珍奇なもの）等は、正にアナタ、数多くの聖徳太子偽造を支える**後世**の最たる典型的な、太子の死後四百三十年経過した頃に**この寺**を建てたときに、その尤もらしい根拠付けのために「インチキ捏造された浅はかこの上ない小道具」の一つだったのです。こんな三歳の童(わらわ)でも判るような巫山戯(ふざけ)たもの作るから、信心深い？私こと古代探偵にすらその嘘(インチキ)が見破られうんざりさせてしまうのです（かわいそうに、史書の上〔机上〕で作られた聖徳太子様ですらも、「こんなものまで何故(どうして)作ってしまったの、私恥ずかしいわ」と言っているよ。馬鹿じゃないの？　この恥ずかしい、私が命名してあげた美味そうな**豆腐石**(とうふいし)――私、豆腐大好き）。**この寺**も**太子自身**もその**御廟**（**古墳**）と称するものすらも、正にその三者共に**平安朝以降の捏造**だった証拠につき、アナタ、テキスト12―2―1、P507は必見です。

勿論、仮にそうでなかったといたしましても、少なくとも先述の**法隆寺金堂の仏**たちの「**光背銘**」だけは、更により**後世に太子信仰が一般に栄えてから**「**追刻**」され**捏造**されたものだったことは、修学旅行の高校生ですら判ることだったのです（彫るのは簡単、語彙から馬脚）。――その証拠の具体的な一例といたしましては、法隆寺の**薬師如来像**の**光背裏面**の九十字の**銘文**では推古十五年〔**六〇七、七世紀初期**〕に完成した旨記してございますが、この像はどう見ましてもその造像技法からは**七世紀後半**のものですので、この**銘文の捏造**（と言うことは、この仏自体も**偽古作**）が明らかになってしまったからなのです（つまりアナタ、この仏は自分の年齢を少なくとも五十年、多ければ百年は鯖を読んで「古く」していたことになるのです。その実質的な理由は、当然のことながら七世紀前半には薬師信仰は未だ盛んではなく、又、「聖王」と称するのは没後の尊称であり、しかも**天皇号が天武から**であることからも、そこに三ヶ所も見られる天皇号は推古朝にはなかったことが明白で、これは中学生でも判ることだったからなのです。ということでアナタ、この光背裏の金石文の「丁卯＝推古十五年〔六〇七〕」も、「創建時の瓦の研究から矛盾は無いのだ」とアカデミズムは猫も杓子もステレオタイプでそう言っておりますが、この一見古い瓦は、焼ける前の若草伽藍のものを新法隆寺の創建に流用したに過ぎず、決してここから単に現法隆寺の建物の年代の古さへと短絡させてはいけなかったのです（性急なアカデミズム）。そういたしますとこの古い瓦は証拠にはなりませんので、やっぱりこの仏の銘は法隆寺再建時以降の捏造によるものだったことになってしまうのです。もうインチキの証明は誰が見ましてもうんざりする程これにて完璧。同寺の釈迦三尊の問題につきましては前述。釈迦も薬師も鍍金後に鐫刻されておりますので、少なくとも共に追刻は明白でインチキ！）――

ここで、**白鳳**の頃に建てられました**寺**が**新羅文化**そのものの具現であったという事に加え、他方、そこへ**入り込んだ僧**が反対側の**百済人**であったという、アカデミズムが気が付かないチョット気になることに、アナタの関心を向けさせていただきましょう――兵糧攻め作戦に関係。

七世紀末から八世紀前半に、僧**良弁**（序2他）の師でございました僧**義淵**（**この師弟の二人のセットが共に百済人**であったことにつき、序2はアナタ必見）が、**草壁皇子**（新羅王子で且つ天皇。序3―3）の**宮地**に建立したと言われております**岡寺**（明日香村岡。本来の寺は、今の境内の西方の**白鳳の瓦**が出土致しました辺りにございました。別述）が、**新羅**系の寺でございましたことの証明は、

岡寺の創建当時の軒瓦として出土致しました**葡萄唐草文軒平瓦**が「**統一新羅の仏教文化**」そのものであったことからも、この旧岡寺というものが、本来**占領新羅軍**の**白鳳天皇**（**大王**）家によって建立された寺を示しておりましたことが明白だったのですが（後述、上淀廃寺）、そういたしますと、ここにも又、「本来**新羅系**の寺」に「**百済**僧が入り込んで何かを画策する」という「例の怪し気な関係の同一パターン」が見られまして、これは東大寺の前身の**金鐘寺**の場合（序2他）と全く同じパターンだったからなのです。この

様に、この頃の［巨額資金を投入した全てのとも申せます国家的・歴史的・文化的事象］は、主として

「新羅（表面）＋百済（裏面での陰謀）」

というセットで動いていたことを国際的（コスモポリタン）にトンボ玉のような複眼で見て行きませんと、アナタにもアカデミズムにもその真相が解けない筈なのです。

ここにも又、本来、当時の天皇家の新羅系の寺に敵方の百済僧が潜り込むという、その後の出来事から「遡って」考えますと、不可解・不安定な要因を含む「同一パターン」が並列的に見て取れ、これは前述の様に、東大寺の前身の**金鐘寺**への**良弁**の場合と全く同じパターンだったのです。この辺りのカラクリ（**「新羅の寺」へ「百済僧」が潜り込む**――ということ）からも、結果的に見ますと、**「百済の兵糧攻め」**という大きな流れ（序―2、大仏、東大寺等）、つまり、**私こと「古代探偵」の仮説――百済クーデター――**への流れが、ひょっとしてアナタにも解けて来るのかも知れないのです。

振り返れば、大東亜戦争下の在京・在阪・在小倉・在長崎のキリスト教の教会の欧米人などの牧師の三分の二が**アメリカ等の連合国側のスパイ**でして、日本の軍用機が教会の上空を通過して行く度に、その数、種類、方角を逐一本国の放った隣国や近県の情報機関に暗号で打電乃至通話していたのと同様、これ等の新羅の寺に入った**百済僧**の**「本当の役割」**は、正に、敗戦滅亡国**百済のスパイ（手先＝間諜）**としての日本列島での**戦勝国新羅側の情報収集**とその**分析**とにあったからなのです。

更にはアナタ、この岡寺のご本尊の**如意輪観音坐像**（四・五八メートル）のその**胎内**に隠されておりました仏が一体何であったのかと申しますと、そこには何と！**弥勒半跏思惟（しい）（しゆい）**像が収められておりまして（同じ半跏思惟像でも、奈良朝以降は**太子信仰**のものとして**救世（ぐぜ）観音**や**如意輪観音坐像**が造られておりますが、少くともこの飛鳥・白鳳の頃におきましては、新羅の仏教文化の影響を色濃く受けた、それもズバリ

「**弥勒信仰**によるものが主流」だったのです。だからこれはズバリ私の考え（体系）とも適合！）、これも当時の**新羅**の**花郎**の**弥勒信仰**のストレートな名残りの一つだったのです。外から見えない仏のお腹の中までは為政者の歴史改竄の手は及ばず、ここに手付かずのお宝が眠っていたのです。次に、弥勒ではございませんが同じような例を見てまいりましょう。それは法隆寺の聖霊院（保安二年、一一二一年建立）にある本尊の勝鬘経讃像の胎内仏（これは古く奈良朝前期の作）は、蓬莱山の上に直立するニッコリ微笑む救世観音なのですが、これが何とアナタ、頭上に新羅仏の特徴でございます「三冠嶺」を明白に頂いておりまして、この聖徳太子を讃えた御(み)堂の本堂の胎内仏すらもがピュアな新羅仏であったということは、何を隠そう法隆寺自体も奈良朝初期前後に新羅系天皇家によって再建されましたときに新羅の仏教文化の影響が殊の外大であったということをアナタに物語っていてくれていたのです。尚、[テキスト]7―4―40、P267上の橘婦人厨子念持仏の左右の新羅系の小児(アギ)仏も同様です。

実はアナタ、歴史学のアカデミズムは、そこまではまだ気が付いてはいないようなのですが、

東大寺の大仏自体も、元来**弥勒信仰**（**慈氏　菩薩信仰**）**とは深い関係**にあったのです。そのことを推測させます情況証拠としましては、**笠置寺**(かさぎでら)（京都府相楽郡）の摩崖(まがい)の**弥勒大仏跡**や、そのコピーである室生寺の末寺の**大野寺**（奈良県宇陀郡）の宇陀川の対岸の**弥勒大仏**を挙げておきましょう。ひょっとするとアナタ、天皇家が新羅系（弥勒信仰）であったことや、東大寺の大仏の**台座の蓮の花の花弁に彫られた文様**の意味すること（その宗教思想）などから考えますと（後述）、思想的には**中国**みたいに、やっぱりこれは**当初**は正に、**弥勒の大仏様**だった！のかもよ――**東大寺の旧大仏　弥勒　説**は、驚きの私ことハテナ坊やによる本邦初公開）。

では次に、**東大寺の大仏の姿が本来**（**改造前**）**は弥勒**であったというそのことの私こと「古代探偵」の主張の証拠について、コスモポリタンに中国ご本家の北魏・北斉・隋・唐にまで、内外比較法的にその継受法（仏法）について遡ってもう少し丁寧に見てまいりましょう（序―2）。

抑（そもそも）、**華厳教**（五世紀初めに漢訳）によりますと、「釈迦」と「毘盧遮那仏（梵語名、ヴァイローチャナ・ブッダ＝太陽の光の仏陀）」とは一体化されており、この盧舎那仏は鳩摩羅什（くまらじゅう）訳の『**弥勒大成仏教**――釈迦の教えから漏れた人々を救う思想――』の「**転輪聖王　＋　弥勒**」の出現ということを「**聖武皇帝　＋　弥勒**」にパラレルに見立てて作られていた（聖武を転輪聖王に見立てた）という思想的背景がはっきりとそこに認められますこと――聖武の漢風諡号に何故この経典と同じく「**聖**」の字が入れられていたのかということと、正史が聖武を「**皇帝**の尊称」で呼びますのも、抑（そもそも）この理由からだったのです――と、次に、我が国におきましても、例の良弁（序―2）が東大寺建築のための用材を運搬いたしますため木津川の河床を掘削したところに建てました、前述の笠置寺（京都府相楽郡）の断崖に陰刻されました高さ十六メートルもございます石仏（大仏）が、正しくこの**弥勒**そのものだったからなのです。

これは元弘の兵火（一三三一）で一部を残して焼失してしまいましたが、これを承元三年（一二〇九）に模した大仏が大野川（室生寺への入口）沿いの大摩崖に残されておりますので（前述）、そのことが今日でも窺（うかが）えるのです（アナタ、例の女人高野（にょにんこうや）の室生寺にいらしたときには、**東大寺の大仏が弥勒**であったことの立派な間接証拠がここに存在していたのですから、アナタはここでちょっとバスや車を降りてでも必ず見て下さいネ）。このコピーの御蔭で、私の千三百年後の証明が出来たのですから。有ーり難や！有難や♪

かようにいたしまして、東大寺の前身でございました金鐘寺レベルにおいて造られました大仏は、統一新羅の仏教文化と同じく「金さんの弥勒」そのものだったのでございまして（それにアナタ、東大寺の「試みの大仏」と称せられておりました仏像は、何と、これ又弥勒仏！でした。但し、東大寺のこれは貞観様式の素木造（しらき）であり、「蟹満寺如来形坐像や原山薬師如来坐像」とはその表現技法が異なっております。序―3―5）、仮令（たとい）、後に表面上はアンチ弥勒の百済系王家により弥勒が陰に追いやられ、それが今日に至るも盧舎那仏だと公称されてはおりますが、私こと「古代探偵」のコスモポリタンな仏教思想からこのように見てまいりますと、当初はその実質は少なくとも**弥勒**であったということにならざるを得ないのです。お時間の関係からこれ以上詳しくは申し上げられませんが、大仏の「**大仏蓮弁線刻図**＝一葉が一つの宇宙」でございまして、これは弥勒下生が、先述の、東大寺が拠って立つ立場の華厳教に引き継がれたものと考えられることからも十二分に説得力があるからなのです（東大寺の大仏を新羅の弥勒信仰にまで結び付けて考えますのは、日本仏教界広しと雖（いえど）も、今日に至るもこのようなハテナの発想は一切見られず、私こと「古代探偵」が本邦初公開です。尚、序―2、本節P782も必見です）。

因みにアナタ、西に金堂、東に南北三塔を配します特殊な中心線を持つ、壁画でアナタにも有名な鳥取の上淀廃寺と韓国の弥勒寺（益山郡）とは、伽藍の配置等に類似性が認められますので、これが七世紀終わり頃の「上淀廃寺のモデルであった」可能性も有り得るのです（と言うことで上淀廃寺の単弁十二葉蓮華文軒丸瓦も旧岡寺と同じく新羅系（前述）は何故？）。

さて、新羅の仏教文化のダイレクトな日本列島への流入という点のお話を続けます。

しかも、アナタ、更にその後に

「その双塔式の塔の一つが発展的に金堂へと変わった」

ことを示す最良の証拠が、エッ？これが！とお思いになるでしょうが、何を隠そう、アナタの目の前にございます**今日の法隆寺そのものの「塔・金堂」方式**だったからなのです（同一境内での若草伽藍の四天王寺一直線方式より「塔・金堂」併列方式への変化）。

抑が、アナタがこのことのご理解を、より深くここで完璧にしていただくために、この**統一新羅**の**東西の「双塔」伽藍**の仏教思想の背景の**原理原則**にまで、コスモポリタンに探りを入れて考えてみますと、**釈迦が多宝如来に招かれて地中からやって来て並んで座る「二仏並座」**という**法華経**の考えがあり、何とアナタ！このことはアナタもよくご存知の新羅王都慶州の**仏国寺**の**双塔**が「**釈迦塔**」「**多宝塔**」という名で呼ばれておりましたことも、このことをダイレクトに裏付けるその確実な証拠の一つだったのです。

高句麗や百済での**塔（仏舎利＝釈迦牟尼**そのもの）を重視する伽藍に対し、この統一新羅では、

国家鎮護仏教

（**四囲の山岳**による防禦――ところでアナタ、ここでクエスチョン？　何故今日、アナタのお近くの［お寺の正式名］が「○○**山**○○**寺**」と言うのか考えてみたことがおありでしょうか？　これは元々［主として朝鮮での］、慶州の王都鎮護の四方を守るべく「**山岳仏教**」**から**「○○**山**○○寺」という呼び名が**発生**し［これは国境防御の例で、時代は下りますが、アナタもよくご存知の**仏典版木**の残る「**伽耶山海印寺**」などがそうだったのでして］、この［「山」の付く命名パターン］がそのまま**ダイレクトに朝鮮から日本列島に持ち込まれ**まして、河内のアノ丙寅銘仏［本一五10］のございます「**青竜山　野中寺**」など［別述］がその例だったのですが［その近くの西琳寺の縁起にある阿弥陀光背銘の「宝元五年……敬造」は新羅の私年号］、このように**占領新羅軍**が残しました**統一新羅の仏教伽藍文化**の足跡は、アナタが喩え周囲を態々キョロキョロ見渡さなくても、アナタの直ぐ近くの足元さえチョット見下せば、至

るところに実に数多くはっきりと見ることが出来たのです〔足元を見れば遠い新羅が見える！〕。お寺の「○○山○○寺」は中国のものとはちょっと政治的色合いを異にし、**統一**新羅からその色彩のプリズムを付けてやって来ていた――了解〕

の見地がより前面に出て、そのためどちらかというと**金堂**（こんどう）（**金人**（きんじん）**＝仏像＝国主＝王**）の方をより重視する伽藍をとりますが、新羅最大の寺院とも申せます特異な**一塔三金堂形式**（これ又「**釈迦１＜国王３**」の**王権重視**のアンバランスの寺）の王都の**皇龍寺**も、建築の優先順位と致しまして、**中金堂**に**大仏が完成**した後に、百済の工匠**阿非知**（阿非等――渡来人の名の漢字を日本語として読んだのが愛知（あいち）さん〔県名〕で、この人も百済人の子孫を推測させる名前です）らを招いて（塔については、当時百済の方が技術が進んでおりましたので）二百二十五尺（約八〇メートル）もの**九層の大木塔**を完成させております（**金堂が先＝国王が先**）。

　この点につき、当時の日本における伽藍の築造の方を見てみますと、**正史**によりましても、**新羅王が納めてくれた舎利**（寺院建築に必須な釈迦の魂）により**初めて寺を造る**ことが可能となりました大阪の**四天王寺**（一二―5）に例を取りますと、これ又**塔より先に金堂**が造られておりますことや（この時代の日本でも、どうした訳か！**新羅と同様に金堂が先**なのです――同じ思想）、又、日本での国家中枢の国家鎮護のための国**分寺**につき見てみましても

「**詔曰**。…**諸国仏像**。**宜三来年忌日必令二造了一**。**其仏殿兼使二造備一**。**如有二仏像并殿已造畢一者**。**亦造レ塔令レ会二忌日一**」（『**続日本紀**』孝謙女帝天平勝宝八歳〔**七五六**〕六月十日）

――**孝謙**天皇（大仏の造像が、実は聖武の発願などではなかったという重大な事につき、序3―5）が次の様に**詔**した…諸国の国分寺の**丈六仏像**の造作を促し調べさせた。来年の聖武上皇の一周忌には必ず仕上げさせよ。又、その「**仏殿＝金堂**」も合わせて造り備えさせよ。もし**仏像**と「**仏殿＝金**

堂＝金人の堂＝天皇の堂」を既に「**造り終えたならば**」、その国は又**塔**（これは**お釈迦様の化身たる堂・墓**）を造り忌日に間に合わせよ――

ともございますことに明白な様に、彼の有名な国分寺トップ・クラスの**東大寺**でさえアナタ、これ又天皇命令により、

塔より先に大仏と大仏殿（金堂＝聖武天皇と等価）とが造られて

おり、このように**塔（釈迦）が後回し**にされておりますことからも、如何した訳か新羅のみならずこの占領下の日本でも全く同様に、寺院建築の際、**金堂**――「**金人＝天皇**」のいる建物だから**金堂**（とその中の「仏像＝**金人＝天皇**」）――**を塔より優先**させるという**新羅国家の仏教原理**と全く同じものが、何故かそこに**ダイレクト**に働いてしまっていることが読み取れるからとても気になるのです（この点「評→こほり→郡」という「軍政→民政」という新羅での変化とも恐ろしい程直ぐに真似っこがピッタリと合っていますよネ）。この

新羅と日本列島とに打てば響くような完璧なまでの仏教思想の一致

が見られるということは、恐ろしいくらいですよね。このことはアナタ、一体何をアナタに示していてくれていたのでしょうか？　それに右の四天王寺のみならず飛鳥寺、法隆寺の若草伽藍も塔より先に金堂が造られておりますよ（宮本長二郎氏）。

と言うことになりますと、アナタ、**香久山の東北**の磐余で発見されました**吉備池廃寺**という寺跡（桜井市）が、日本紀の**百済大寺**（この寺は、正史上では架空の舒明大王［そのモデルは百済最終王の義慈王］に仮託して建てられた寺）に相当することが判ったのだと、日本中のアカデミズムは異口同音に金切り声でヒステリックにそうソプラノ合唱して騒いでおりますが、「私こと古代探偵の古代史の原理・原則」に照らしこの

伽藍をよくよく見てみますと、その点では正に「**東に金堂**（金人＝**天皇**）」「**西に塔**（**釈迦**＝仏舎利）」という**双塔方式**からの**派生**に過ぎませんので、これは明らかに統一新羅の仏教伽藍である**東西双塔方式の二つあるうちの一方の塔が、やがて釈迦から王権**（**天皇権**）**優位により**「**金人＝天皇**」**の住まい優位に変化・発展**したものだったのであり、これ又、現・**法隆寺**の伽藍と全く同じく、実はアナタ、**そんなに古いものではなく**（ですから、新羅王都**慶州**の**条坊制**をモデルに「**藤井の原**」に造られました〔藤原〕、当初の正式な名であった**新益京**（あらましのみやこ）〔新羅が益々栄える都＝**藤原京**。九13〕の**本**（もと）**薬師寺**なんかよりも、この塔の一つが「金人＝天皇＝金堂」へと変化した寺は、**より新しいもの**だったのです。その物的証拠といたしましては、前述一二4の法隆寺の五重塔内の塑像の「**唐風な筒袖**の時期」をご参照下さい。又、これは塔を重視して金堂などの堂を配置する高句麗、百済系の仏教思想に対し、統一新羅の仏教思想により出現いたしました双塔伽藍では、金堂を重視し中心に置きその周りに塔を配置しております〔新羅四天王寺〕）、これらは、皆六六三年以降の新羅占領軍の提督たる新羅王子クラスが、天皇として君臨し、**新羅**本国（母国）の仏教伽藍思想に基づきアドバイスを受け建てられ造られたものだったのです（後に、この思想自体が平安朝の百済系天皇家により完璧に近く「消されて」しまいますが）。アナタ、本薬師寺よりも現・法隆寺の建物の方が、アカデミズムの考えに反して新しかった！のです――「奈良朝の頃に作られていた！」。

　先程の、新羅王の協力によりその建立が初めて可能になったことを伝えておりました難波の**四天王寺**が、既に新羅王都の慶州に、日本のこの寺に先行して、しかも**同名の寺**がちゃんとございましたのみならず、先行した飛鳥にすら見られない四天王寺様式は慶州**皇竜寺址**にこそその原型を求めるべきだったことなどから考えましても（だからこの日本のものも「新羅王子＝天皇」が本国のものと同名の寺として造ったものだったのです）、当初は正史・日本紀の言う様な**新羅**の仏教文化による寺院であったと致しますと（前述）、あの

12

所謂法隆寺の**六七〇年**に焼失（天智九年紀）致しました「**若草伽藍**＝天智八年（六六九）紀の**斑鳩寺**」すらも、その**伽藍配置**や**同笵の単弁八葉蓮華文**の**軒丸瓦**等のこの**四天王寺との同一性**（同じ木型（瓦笵））から、紛れもなくこれ又

新羅系文化　を　受け継いだ寺

であったのだという凄い！事にもなって参ります（飛鳥寺とも同じ瓦笵）。勿論、現存法隆寺の**西院**伽藍の「金堂・五重塔方式」は、

統一新羅（**六七六年以降**）**後の仏教文化の**「**双塔方式**」**の**「**釈迦　＋　釈迦**」（**双生児の釈迦**）**から、**

「**塔　＋　金堂**」**つまり**「**釈迦　＋　天皇**（**金人**）」（**異母兄弟**）**へと発展・変容**

いたしましたものでございましたことは、**仏教哲学**上もこれ又当然のことだったのです。

仏像彫刻の最高峰とも申せますものは、元の浄土寺（旧山田寺）講堂にございました白鳳仏の薬師如来像（仏頭）であると私は思いますが、この寺（大化四年（六四八）に金堂が完成しますが塔講堂等の完成は天武十四年（六八五）です）も現法隆寺と全く同じ伽藍で、回廊も西院回廊と同じ単廊であり、しかもこれの方が法隆寺より古いと思われますので、これの方が先に「統一新羅の仏教文化」をダイレクトに継受したものだったことが判るのです（仏頭のモデルは新羅美人！）

アナタ、アカデミズムの様に平安朝で百済系天皇家により日本の歴史が大改竄（「**新羅占領の事実**」の隠蔽と「**平安朝が渡来の百済亡命政権**」であったことのその**二つの隠蔽**がその**主たる目的**でした）されてしまっております『**日本紀**』『**続日本紀**』に**盲従**（偏差値向上のためのお利口さんの大学受験の様な正史の日夜暗記ばかり）しておりますと、古代史の真相は何百年経ってもアナタには何一つ見えては来ないのですよ。

この七二〇年から今日までの千二百九十六年間のように。

以上申しました様に、アナタが見馴れたこのお寺の西院伽藍の中にこそ、**奈良朝の天皇家が新羅系**であったことを示すこんな素晴らしい数々のナイス・エビデンス（優良証拠）が隠されていた（私が見てもアナタが見ても、同じ現象の前に眠っていた）ことを私こと「古代探偵」は遂に大発見してしまったのです。この新発見に何か賞（ホービ）をおくれ（仮令（たとい）今回から新設した「トンデモ大賞」でも良いからサ）。

という訳で、

仏教思想的には、この法隆寺の伽藍配置は決して古いものなんかではなく、統一新羅の仏教思想に忠実に同一寺院内に「**塔＝仏陀＝舎利**」と「**金堂＝天皇＝金人（キンジン）**」という**２つの相容れない主体**（**２人のボス**）が存在することになり、そうだからこそアナタ、法隆寺の**中門には２つの入口**、つまり**２人のボスが専用に出入り**いたしますための「**二つの扉**」が必要とされ設けられていたに**過ぎなかった**のです（ですからアナタ、法隆寺の現行の西院伽藍の**復元図**を目を皿のようにして見てみますと、そこには先程の問題の中門の更に**外側**（南側）の**聖なる領域の外の囲いの入口**〔今日では消滅して埋まっております〕の**門**（仮に幻の**南門**とでも申せましょうか）のところは、最早ここは思惟的に高貴なお二人の方々〔**塔**の主人の**お釈迦様**ともう一方の金堂の主人の**金人**〈**天皇**〉様の二人だけ〕が通る専用の場所ではなく〔そのエリア外〕、つまりそこは**外部の下々（しもじも）**〔**我々**〕**が通るだけの門**に過ぎませんので、**ＶＩＰ専用**の右の中門とは全く異なりまして**横四本の柱**（偶数）で造られ、**通常の入口**の様に**真中**を自由に**通れる形**になっていて、先程の真中を塞がれた形の**中門**の**三木柱**（**奇数＝二人の各通路**）とは全く異なっていたのです。アナタ、目から鱗でしょう?・）。それが正しかったことは法隆寺自体が認めておりまして、「この門（中門）のように二戸の入口がある例は他に無いが、一戸は金堂へ、一戸は塔へ向かう入口」

と言い伝えられて来たそうです（高田良信氏）。私こと「古代探偵」の、片方は金人（天皇）用、もう片方は釈迦用との考えともこれはピッタリだよね。

　と言うことで、私がここでアナタに何を言いたかったのかと申しますと、中門の**真中の柱**に目をつけて、これは嘗て本が売れに売れまして、一時期流行り（今もか？）中高年の御婦人方のペットとも化しました或る有名な、本来はニーチェやキルケゴールがご専門の西洋哲学者の**U氏**（実はアナタ、これは本当は内証なのですが、この人の本名は世の噂では梅原猛氏と申すとかや）が主張する様な「単に真ん中に柱があるから――突っかえ棒」という様な物理的な直感による「**怨霊を閉じ込めるため**」の寺であった、等という一世を風靡いたしましたようなミステリアスなものなのでは決してなかったノダ（これは西洋哲学者より、私ことジャパン古代探偵たる弁護士の一本勝ちイ！）。若いご婦人はこの私のナウイ考えの方を支持してネ。但し、彼（U氏）の原点とも言うべき人生最初の書き下ろしであった『地獄の思想』は、当時大学生であった私の数少ない「座右の書」に即座に加えた程面白かったけれど（中公新書。昭和四十三年）。

　アナタがこの単純明解な**統一新羅の仏教原理**（金人の金堂と釈迦の塔）をお知りになっていれば、この2つ扉（真ん中に柱）のことなんかは至極当たり前なことに過ぎなかったのにナ。つまり、**統一新羅後**に、新羅占領軍提督たる天皇（新羅王子）によりこの法隆寺が復古調で建てられました、その当時は政庁兼寺（宮）でもございました**現法隆寺**の有機体としての**寺自体**（伽藍）は**そう古いものではなかった**のです（精々が奈良朝初期でしょう）。

　そういたしますと、前述の様に、その寺の**パーツ**たる**材料**の一部に入り込んでいた「焼失しなかった部分の**若草伽藍**の焼け残りの**木材**」や「**東院**」や「九州の**観世音寺**から移入した**木材**」「**仏像**などの**道具**」等は７００年頃よりも以前の古い飛鳥・白鳳の頃のものが仮令その中に紛れておりましても、それはそれでこういう理由により一向に構わなかったということなのでございます（古いものプラス復古調の新しいもの）。

このようにアナタ、正史の文面に反し、**このとき焼けたのは伽藍の中心部ではなく、僧坊や雑舎**などの**一部だけ**だったのです。それをこの新羅占領がバレるのを恐れた後の百済系の平安天皇家が

「**災二法隆寺一**。**一屋無レ餘**」「天智紀九年〈六七〇〉四月三十日」

――**法隆寺**に災けり。**一屋も**餘ること無し（A）

などと、単に先行した**若草伽藍**（こちらは一直線に並んだ四天王寺伽藍でした）のそれも**一部**が焼けた程度（B）であったものを、**正史日本紀を改竄し**「**全焼**」**という風にして、この統一新羅の仏教思想の匂いを悉く抹殺してしまった**のです（A）。ですからアナタ、正史上「**二回**＝その前年の六六九年の［是の冬、**斑鳩寺**に災けり］」（B）も焼失したことにして、その内容は勿論、名前や年代すらも故意にアヤフヤにされてしまっていたのです（君よ！　もし君が迷探偵であるならば、焼け跡を検証して燃えた法隆寺に隠されていた**トリック**を見抜け！　ひょっとして一回も全てが焼けていなかった――「風・水害・地震＋小火災」はあっても――りすらもして。ギョギョ！）。

つまり、単に、この**前年**の方の**斑鳩寺**の表現の「単に焼けた」という「**全焼ではない**」**方**（B）**が**、この様な今日の**考古学的な証拠**に照らしましても、**正しかった**のです。つまり、法隆寺論争の**ポイント**は、永年アカデミズムが正史の**文言**（一屋……無）（A）のそれもその一部に惑わされて言って来た様な、**単なる**「**再建か**」「**非再建か**」の単純な決着で安心して**終わり**（**the end**）にしてしまうのではなく（アカデミズムの巨匠たちのような、そんな簡単なことではなくより一歩進めて）、私こと「古代探偵」の様に更に、より正確に、且つ、より精緻に、

「**一部**　**再建か否か**」、場合により「**非　燃焼か**」（一部ボヤ。これはまず無いでしょうが）

という事にまで注目しなければ、実は不完全だったのです（**資材の流用**＝矢張り、本邦初公開の私のこの誰も気が付かなかった新羅占領軍によるという発想は、日本中のアカデミズムの人智が及ばないくらい凄いことだったノダ）。

しかも、その［再建の理由（ワケ）］は、本来若草伽藍のあったのは、当時の**等高線**を正確に復元いたしますと「**谷筋**に当たっており」ましたので、従前から時々生じておりました大雨の時の**洪水を避ける**為、今度こそはと**現・西院伽藍**のございます**高台へと移して一部再建**したものだったからなのです（だから移転したのか！　これでその理由（ワケ）も判ったぞ！）。その洪水（地質学的にも証明）の今も尚その名残りが、アナタもよく修学旅行でご存知の、例の**松尾芭蕉**の「柿食えば……」の句碑のございます低地部分の**鏡池**の辺りだったのです（だから水溜りが今もここに……納得。フィールドワークの現地主義の勝利）。そういう意味からいたしますと、この後世の芭蕉の碑すらも、私ことハテナ？の古代探偵に掛かりますと、貪欲にも謎解き——発想の転換——のキーポイント（切り札）の一つに組み込まれてしまうのです（焼けなくても、この理由の方が収まりが良いネ——ひつこいか）。

と言う訳でアナタ、「**若草**」の方から**飛鳥様式の瓦**——推古十五年（六〇七）の若草伽藍創建期のものか——が出土し、「**現**」**伽藍**自体の方にも**飛鳥様式**が見られるという、アナタとアカデミズムを今まで永年惑わしてまいりましたこの二つの**不可解な自己矛盾の謎**を巡るトリックにつきましても、木材等**焼けなかった部分の物を大部分再使用**した（「勿体（もったい）ない」との考えで）からだったと、「先入観を持たないで」アナタが子供のように有りの儘を見た素直な心で私のようにハテナと考えさえすればそれで良かった、つまりアウフヘーベン（止揚）出来るという極く単純なお話だったのです。

それでは次に、［何故、それだったら若草伽の**塔の心礎**だけが残された儘（まま）放置されていたのか」という更

12

なる謎につきましても、私こと「古代探偵」が次々に明快に解いて差し上げましょう（怪刀乱麻）。それは、現存のものはアナタ、誰しも若い頃修学旅行で見た通り**五重塔**ですよね。それに対し若草伽藍の方に残された跡は、よく見ますと**三重塔**のものでしょ（旧・三重塔 ≠ 現・五重塔）。ですからこれは

三重塔から五重塔へ変更になったが為に、「若草」の方の古い塔は最早不要になってしまったからだった（スポンサーもついて高い方も出来た）と考えれば、それ等の全てが**一発**で氷解し、私こと「古代探偵」の推理ともピッタリだったのです。という意味でこれからはこれを、従来からの単純素朴な区分に過ぎない「**再**建論」でも「**非**再建論」でもなく、強いて申しますならば、その寺の**パーツ**に着眼し、私こと「古代探偵」の第三の新見解、

『法隆寺　半再建論』

とでもアナタはお呼び下さい（これでアナタ、古代からのこの点を巡る謎は、私こと「古代探偵」が全てスッキリと止揚（アウフヘーベン）いたしましたヨ）。しかも、歴史的には、それ（この「**第三の考え**」）こそが科学的検証の結果、より正確だったからなのです。どう考えても、これらの証拠からはそれ以外は考えられませんもの。

更にアナタ、ここには解決しなければならない謎が残っておりまして、それは［若草伽藍の方は何故四天王寺方式だったのか］ということなのです。又、中宮寺の方すらも驚くべきことに又同じく四天王寺方式でした（アリャ！）。これは一体アナタに何を物語っているのでしょうか？　その答えは、実は、これらの寺も四天王寺と同じく「新羅の援助」によって造られた寺だったから（別述）なのです（これ又、本邦初公開）。

アナタ、更に更に不可思議なことは、現法隆寺のこの「意味深な中門から左右へ伸びる廻廊」は左右均等ではなく「東（金堂を囲う）方向が西（塔を囲う）方向より一間分多い」ことにアナタがもし「アレッ！」とお気付きになりますと、次にその理由を考えなければなりませんが、それはお寺が言うような「塔は高く

金堂は低いからバランスを取った」などという低レベルで幼稚なことでは全くなく、素直にこれは統一新羅の仏教思想である「釈迦＝塔＝西」よりも「天皇＝金人＝金堂＝東」が優位に立つので広くしたとの考えのダイレクトな表れであったと考えればそれでよかったのです。

又、「法隆寺の守護神」が龍田本宮と新宮であることも、ここと伊勢神宮との関係（別述、一六章）を考えますと、この辺りにもちゃんと「新羅の匂ひ」が色濃く漂っておりましたよ（法隆寺と伊勢神宮との連結！）。

ところでアナタ、紙に書かれた文字による後世の史書や、仮令（たとい）、形式的に一見硬い金石に刻まれたという体裁を装う金石文でございましても、「後世に歴史どころか神までも自分たちに都合の良いようにシャーシャーと偽造してしまった（本七5）主として**藤原氏**や百済系の**平安天皇家**」等によって**捏造・刻印**されました**「仏の後背」の文字**（うーんと**後世の用語**が、そこに恥かしげもなく刻印されておりますことは、アカデミズムが自説の正当性に固執し、保身のためにどう贔屓目に見ようが、それは中学生でも判る実にチグハグで可笑（おか）しなことだったのですが——）等に決して騙されてはいけなかったのです。

ということで、実は、通説に反し、現法隆寺は**半再建**だったのであり、且つ、この点も通説に反し、**現・法隆寺全体の完成というものは、藤原京の城殿（きどの）の本（もと）薬師寺なんかよりも「うーんと新しかった」**のです（驚き！の一語）。

ですから、「**法隆寺**の**金堂**の**釈迦如来仏**や**薬師如来仏**の**光背銘**」は、**後に**或る実存の**厩戸王**（うまやど）と言われたらしい皇子（みこ）が、**改竄された日本紀上**で架空の**聖徳太子**と命名された人物にまで高められ、又は、遅くとも**太子信仰レベルにまで発展いたしました後に**（相当後世になり）、太子追慕の念と公称して**「追刻」**

されたものに過ぎなかったのであり（「当時のもの」か「追刻」かは、今となりましては科学的には判別不可能の水掛け論です。但し、鍍金との関係で前述）、ですからこの**銘文**が科学的にも決して法隆寺自体や仏自体が「**造られた時点を示すような代物**（しろもの）**ではなかった**」のだということも、私こと古代探偵のこの考えと見事なまで一致しております。

――もしアナタがアカデミズムの新人（ニューフェイス）であるならば、「法隆寺に頼って（それを学問的に動かぬ基準として）飛鳥文化を説いて」ばかりおりますと、それは恋の熱病（やまい）に冒された片想いの盲目の愛に過ぎませんので、近い将来、学者としてのアナタの全ての生命・信用を一挙に失って破綻してしまいますよ。それでもいいのですか？　ここに私こと一見紳士風の不良老人から若いアカデミズムへ、真摯なる愛を込めて予言しておきましょう（老人より愛を込めて。００７（ダブルオーセブン））――

そういたしますと、聖徳太子が建立したとされております**中宮寺**（鵤（いかるが）尼寺・法興尼寺）に伝わる、アカデミズムの全員から例外なく［日本最古の刺繍］とまで言われております**「天寿国曼荼羅繍帳**（てんじゅこくまんだらしゅうちょう）**」**のその背に「間人部（はしひと）」との刺繍を加えられた**「亀のデザイン」**と、

明日香村の**酒船石北方遺跡**の**天皇の水洗トイレ**たる便器の**「亀形石の意匠」**（一二5、九13）なぞとが、アナタが一見しても明白なくらいに**瓜二つ**であることからも（他に更なるその「亀ちゃん」についての証拠を加えてみますと、半島と列島の間（ルート）に位置しております**壱岐**の**笹塚古墳**出土の渡来した**金銅製「亀形馬具」**も**瓜二つ**でして、これもやっぱり、少し古いものとは申せ、辰韓・新羅系のものということになってまいります）、私こと古代探偵が推測するに、この**亀**の刺繍（これは「浄土変相図」ですから曼荼羅ではありません。プロよ定義はしっかりと）は本来間違いなく**新羅王家**に関係した何か（象徴！）だったのであり、又、ここ**中宮寺**の如意輪観音（にょいりんかんのん）（テキスト7―4―6、P237）自体の素性も、その名に反しその通称の真相

は太秦(うづまさ)の広隆寺と同じく**統一新羅の仏教思想**である**弥勒信仰**によって造られました「**弥勒菩薩**」そのもの（つまり、太子信仰の否定）であったのです（それにアナタ、凄い証拠は、**中宮寺**以外にも**金堂の仏が弥勒**でございました主なものに**広隆寺**、**四天王寺**〔後述〕、**橘寺**までもがございまして、**伝・聖徳太子建立と伝わる七寺**のうち、何とアナタ！　**六寺**までもが〔アララ、七分の六もが〕、実はそう〔弥勒〕だったのです〔他に、**葛木寺**も勿論、弥勒ですよ。アナタ、これは正に驚きそのものでしょ〕）。これだけ私こと「古代探偵」が集めた証拠が整っておりましても、アカデミズムはまだ頑固に私こと古代探偵の〔新発見〕を否定する（果たして否定出来るものな）のでしょうか？　一二5。

　しかもアナタ、更にその証拠を加うるに、実は先程の繍帳の四百字の銘文が亀の背に「四字一組」で百個も嵌め込む形で入れられておりましたうちのトップクラスのメイン・ワードでございます「**天寿国**」というキーポイントの**語**自体にその最高の「切り札」が隠されておりまして、抑(そもそも)この天寿国とは「**弥勒**」**の浄土**を表す言葉（「現世」の救済の方はご存じお釈迦様〔如来の姿〕の役割。しかしこの言葉は西方・阿弥陀浄土〔現世〕の救済ではなく、五十六億七千万年後の「未来」を救う現修行中〔だからまだ菩薩の姿〕の弥勒の浄土）だった！（アレ！）のですから中宮寺の太子縁(ゆかり)のこの繍帳（描かれているのは正に「兜率天＝弥勒浄土」）すらも「新羅＝弥勒」という証拠に寄与すること尚更だったのです（アナタ、嘘だと思ったら中宮寺へいらしたときに「坊さん＝♂」〔イヤこれは失礼、「尼さん＝♀」でした〕に聞いてみてよ）。

　それにアナタ、実は〔先程の銘文〕が通常見られます造像銘のように一人称ではなく、第三者の視点で書かれたものであることは明らかですので、そうしますとこれは決して「造像時に書かれた造像銘」では全くなく、単なる所謂「縁起」とアカデミズムからも区別されるものに過ぎず、又、ここに33推古大王の和風諡号が記されている以上（これで化けの皮が剥がれたゾ）、これは少なくとも推古の死後の次の34舒明大王以降のものであることが明らかである（主として東野治之氏）ことからも、これ又中学生でも判る一見明白な子供騙しのインチキだったのです（造像銘と縁起を区別せよ——これ又定義がフニャチン）。ということは、法隆寺の仏のみならずこの繍帳の方も、これと合わせてパラレルに聖徳太子が捏造された人物であったことを推定する強力な証拠の一つにもなっていたのです（助っ人が増えた！）。

ですから

中宮寺自体も、本来は聖徳太子によって建てられた寺などでは全くなかった

筈であるのみならず、この「**新羅の象徴たる亀のデザイン**」からアナタの目をそらして隠してしまうがために（四天王寺を太子信仰により建てられた寺だと「**主旨変え**」させてしまったのと全く同じように）、後世の高揚した太子信仰の延長として、これ幸とこれに便乗（悪乗り）して『**上宮聖徳法王帝説**』等の誰が見ましても一見明白な**偽書**を如何にも尤もらしくこの世に作り出し（残片中の亀の背の銘文について記しており**嘘の上塗り**——聖徳太子の後背効果でこれを信じている低能アカデミズムやマスコミ坊や〔特に新米の女性記者が陥り易い穴〕もいるんだから、アカデミズムの美術史の先生の権威も地に落ちたものだ〔夢殿については太子の数々の説話が伝わっておりますが、夢殿は太子の死〈六二三年〉より、実は百年以上も経った天平十一年〈七三九〉に建立。矛盾！〕。これでは正に学問どころではなく通説の歴史は宗教そのものだ！「新興・法隆寺教」とでも名付けなさいよ。そして、アナタはこの信徒か？）、だからアナタ、この「——帝説」の中で態々右のように「**亀**についての説明」（小細工）にまで及ばなければならなかったのだという必要性がそこに生じてしまって来ていたのです。これは前述の聖徳太子捏造の小道具の一つでございましたアノ美味しそうな「豆腐石」のレベルほどは恥ずかしいものではないけどね（ここで、前述の伝・橘夫人念持仏の「阿弥陀三尊」も、新羅文化の重要な情況証拠の一つに加えておきましょう。——孰れ近い将来のアカデミズムにも判ることだけど〔でも、それでは遅かりし由良之介さ〕）。

しかしアナタ、寺全体ではなく、その材木は、前述の様に、嘗て**若草伽藍**焼失（又は「風・水害〔含、地震〕＋小焼失」）のとき焼け残ったものや、又、足りない一部は後世に九州の**観世音寺**等の古材を取寄せて補修等に使用――「新羅占領の事実」の抹殺と「法隆寺の新しさ」の隠蔽のために――していたものでしたので（坊主はそれに気が付いても言わなかった＝これは不作為による詐欺罪に等しい！）、その**素材**だけに目がいって、この「背後にございます大きな思想＝統一新羅の仏教思想」というところにまで不注意で目が行き届かなかったアカデミズムは、今迄**誰一人**としてこの**カラクリ**に、私ことアマチュアの古代探偵の様には気付かなかったのです（これでも専門家なのかいナ？　日本のアカデミズムは！　国公立の教師に「税金泥棒」とまでは言いたくはないんだけど――そんな上ばかり見ている「ヒラメのような助教授」もそこいらに時々いるよネ。教授の旅の宿の予約や切符を取ってあげるのみならず、同行して「教授、今日はお疲れですから肩をお揉みいたしましょう」などと出世の下心で擦り寄って来て、宿で按摩までしてやり、「こいつは実に愛(う)い奴(やつ)や」と言われたりして〔これは「按摩している」ではなく「胡麻を擂っている」と言いましょう。「麻」は共通ですが、加えられた按摩の「手」が嘘臭い(ミエミエ)のです〕、そんな明後日なところで余計なことにばかり気を使っている、一見敬老精神風の女のようなゴマスリ男め！）。

さて、このように「材料（パーツ）たる木材にしか眼が行かない＝**再利用**に気が付かない＝正に、木を見て森を見ざる」の現に建っているだけ（埋まっていた寺は別）の寺院建築に対して、近視眼的に無秩序に適用してしまうところの「**年輪紀年法**」というものの**危険な落とし穴**（**化物・魔物**）が隠されていたのです（世でよく見掛けることなのですが、制度自体はそう悪くはないのですが、運用者の頭が「悪い＝狭い＝ピーマン＝脳が空」ということナノダ）。でも私は、そんなアカデミズムの頭の穴（空堀）には同じようには落っこちないよ！　残念ながら、この老人は生まれつき少しヒネててシタタカだもの。

兎も角アナタ、一見お寺から賄賂をもらっているかの如き、その宣伝に便宜を図っているが如きアカデミズムは、法隆寺が「唐化される以前の様式」を伝えている――つまり、飛鳥文化の代表だとまで――と馬鹿の一つ覚えのように明治以来百年以上も言い続けて来たのですが、実はさに非ず、その真相は、私こと「古代探偵」の見立てによりますと、そのほんの一部の仏像などを除きますと（とは言え、これすらも、全体の統一的な捏造思想・プランに基づき、後世に古式に則って復古調に捏造されました仏像〔世人を欺くためにニセの光背銘までもご丁寧にサービス精神旺盛でプラスしてくれて〕に過ぎませんでしたが）、実はアナタ、法隆寺が、八世紀の初頭（奈良朝初期）か、精々が早くとも七世紀末（新羅占領下の「藤原＝新益」京の時代）からのものに過ぎなかった、うんと新しいものであったことに、アナタも私こと「古代探偵」のように常に「ハテナ？」と疑って掛かって、一刻も早く「目覚める」べきだったのです（一二3。アナタ、私のように良心に従い世に真実を言って、お寺の敵にまで回って坊主から憎まれて呪い殺される必要はございませんが、アカデミズムのように「お寺の宣伝マン＝本坊主ではなく正に茶坊主」――どっちが本物の坊主だい？――にまで成り下がってはアキマヘンエ）。

12―5　統一新羅の仏教文化の流入は何故？

更にアナタ、証拠はマダマダございまして（アカデミズムも真っ青）、極め付けは、この根本たる**統一新羅の仏教哲学による派生**は、単に今申上げました①古い時代の新羅にはなく、朝鮮三国時代にも見られず、しかも統一新羅に至り初めて出現し、且つ、この時代にはその殆どがこの方式の伽藍で占められております

「東西の双塔式伽藍」――そして、これはやがて金堂中心の思想へと繋がってまいります（前述）――についてだけに留まるものでは決してございませんで（ここで後から愈々次々真打ちの登場と相成ります）、実はこれはアナタが今日古都奈良などでご覧になれる**白鳳・奈良朝の仏教寺院の殆ど全て**に言えることなのでございまして、更に、その**統一新羅からの仏教文化の主要な流れ**とその重大な**証拠**の幾つかを次にお目にかけますと（その文化の流れを海外からの継続受〔仏〕法的に、次に「↓」で示してございます）、

② **「九層の塔」**（新羅の慈蔵法師が唐の五台山で文殊に学んでいる折に、神人に会し「国難を免れる法」を教えられたことによります〔国家鎮護仏教思想。この九層の一つ一つは日本などの東夷の諸国を表しておりました〕慶州・**皇竜寺**〔６４５年〕↓藤原京・**大官大寺**〔７０７年〕への渡来。この寺が飛鳥に移される前は、曽我川と葛城川〔両方とも蘇我氏と深い繋がりあり〕の間の**百済の邑**〔広陵町〕の**旧・百済大寺**〔字、寺内〕。但しアナタ、この寺の遺構は、その名に反して実は新羅の感応寺〈別述〉ともよく似ておりますがそれは何故か？　又、基壇一辺が三二メートルもの吉備池廃寺〈今日のアカデミズムの考えではこれが百済大寺だとされております。桜井市。前述。その瓦自体は六三〇年代～六四〇年代初頭とも言われております〉も九重塔だったのです）

③ **「軒丸瓦の周縁部の珠文」**（瓦当〔笵型に押し付けて造る部分〕の周縁上面の三十個内外の珠文の**数**が正に問題だったのです〔アナタ、丸い周りのポッツリをお暇な時に一、二、三…と統一新羅のと比べて数えてみて！　この周縁上の珠文は高句麗の瓦当に共通

との考えもございますが、兎も角、朝鮮渡来の意匠であることに間違いありません」。慶州長倉址〔六六三年〕・**四天王寺**〔679年〕↓柏原・**鳥坂寺**〔高井田廃寺。700年頃。金堂跡。但し、この金堂と珠文瓦とは、実は創建時のものではなく二次的なもの。共に創建時より後の珠文瓦との時期の一致が重要となります〕への渡来）

④「**壇上積・基壇**」（掘っ立て柱ではなく**石壇の上**にお寺が建っているのみならず、この化粧材やその積み方は玉石の上に凝灰岩切石の地覆石、羽目石、束石、葛石などが積まれたものです〔これを壇正積基壇と言う人もおられます〕。これは新羅の芬皇寺が中国の塼築基壇から工夫して花崗岩切石に変えたことが嚆矢とされております。旧・迎日郡〔怨霊が去る朝〈新羅の古名〉、現・慶州郡〕・**感恩寺**〔682年〕↓上記**鳥坂寺**〔但し、金堂の基壇は創建時のものではなく後世のものであることに注意。そしてこれは右③の特異な珠文瓦の時期にも一致。ここの寺の改造に気付け！〕や飛鳥・**川原寺**〔7世紀後半〕への渡来）

⑤「**方形柱座・礎石**」（柱の下の**四角**い礎石。慶州・**皇竜寺**〔643年～〕や**四天王寺**〔679年〕↓飛鳥・**川原寺**や藤原京**本薬師寺**〔698年〕への渡来。ところであまり皆が注目しない山奥の鄙の地（とはいえ、これも占領軍の日本縦断ルート上）の例を一つ取り上げてみましょう。白鳳期のアノ何とも美しく、写真や拓本ですらも、一度アナタが見たら忘れない――しかも断面図では縁がそり上がって珍しい――素晴らしいデザインの重弁菱型八弁の軒丸瓦を出土いたしました杉崎廃寺〔岐阜県の

飛騨・高山のその又北の吉川町杉崎〕の四面相の礎石すらもが、アナタ、紛れもない「統一新羅の仏教文化」の特色の一つでございます、この方形柱座・礎石の流れそのものだったのです。そしてこの寺も又、六六〇年当時の「唐・新羅軍の侵攻ルート上」にちゃんと位置しておりましたことが気掛かりです〔昔お世話になった御縁でここにお寺を――となったとか〕〕

等、これ等①〜⑤は皆、その「**統一新羅**」**後の仏教文化の流入そのものの徴憑**(ちょうひょう)であったのだと〔こんなにもこの裏〔楽屋〕には真打ちが沢山控えていたんだ！〕、**内外のコスモポリタンな比較法**〔**この場合は、比較仏法**――とは言え、フランス法ではありません〕**的理由**からも十分言えることだったのであり〔右の**月城**の東北の**皇竜寺**の「**九重の塔**」は7間4面で、何とアナタ、高さは「225東魏尺＝**80m**」もございました**大木塔**でした〔『**三国遺事**』〕。ですからアナタ、序(つい)でながら**出雲大社**に**巨大木造建物**〔江戸の寛文の頃の造替えでも「八丈＝**二四メートル**」、より古くでは「一六丈＝**四八メートル**」、**上古**には大木を束ねて継(つ)ぎ接(は)ぎして「三二丈＝**九六メートル**」もあった〈本居宣長『**玉勝間**(たまかつま)』「金輪造営図」〉といたしましても、巨木が沢山あった古代におきましては、この縄文以来の「継ぎ接ぎ」の技術で、これしきな九六メートルなど、今のアナタには驚きでしょうが当時は何ら不思議なことではなかったのです。三内丸山の巨柱を見よ！〕、朝鮮と列島とを広い視野で**比較考量**致しませんと、これらのことは気が付かない問題なのですが、実は、先入観なくアマチュアの私こと古代探偵の様に物事を素直に見さえすれば、アナタだけではなく誰にとりましてもこれは当たり前のことだったことに気が付く筈なのです〔京都太秦の**広隆寺**の国宝第一号が、実は**新羅**渡来の**朝鮮産**の**赤松**の弥勒菩薩だったことに付き、一一9。又、伝・聖徳太子創建の河内の羽曳野(はびきの)市の**野中寺**(やちゅうじ)

の**丙寅年**（へいいん）（六六六年＝天智五年）の**銘仏**も、その姿の元となっておりますものは、やはり別述のように**新羅系の弥勒菩薩**だったのですよ——これらは占領軍が母国から持って来たもの）。アナタ、これからはそういう国際的（コスモポリタン）な目で幅広く周りを見渡して下さいね。

この原理にここで初めて気が付かれたアナタは、これからは、それが「当たり前」だと思って奈良のお寺を今迄の様に見ないで下さいネ（序3—5）。奈良の殆どの寺は、

新羅方式の「壇上積基壇」の石造りの上にチャント皆建っておりますよ。これは、今でこそアナタは当たり前のことととして何とも思わないでしょうが、その当時は（この時代に戻って考えよ）、よく見られた**掘っ立て柱**などではなく（ちょっと前までは王宮すらも掘っ立て柱でした）こんな腐りにくくハイカラな、しかも単に切石のみではなく、より一段発展した近代的な壇上積みは、決して**当たり前のことではなかった**のです（目から鱗——因みに、神社でも吉備津神社の本殿の基壇は、何故か「亀腹」（新羅風のネーミング）と言われております。本一五6）。JAPANの歴史学のアカデミズムは、海外の仏教哲学の方の勉強がちと足りなかったのか？　これ等のアカデミズムの悲喜劇は、単なる「正史の権威者の（畏れ多くも）丸暗記」で満足している孔子様の祖述主義に範を取った**歴史学者の方法論の幼稚さ**（**間違い**）と、朝鮮まで至った**インド哲学についての勉強不足**と、はた又、**坊主の歴史知識**（精々、読経の合間の正史の日本書紀の**丸暗記**というエネルギーの浪費の、受験勉強目的型自己満足）の**浅さ**（**怠慢**）との、その全ての相乗作用のなせる業（わざ）（賜物？）だったのです。

又、白鳳・奈良朝では、何故かアナタ、**木造**の仏像が**少なく**なり、次の平安朝ではこの**木造**が**復活**致しますが、この間の奈良朝での**石材の仏**——特に硬い**花崗岩**に彫ったもの——には、当時の**統一新羅時代の最先端の石工**（せっく）**の技術**が顕著に見られますので、この「**木像の欠けた奈良の谷間**」**には新羅仏教石文化のダイレク**

トな**浸透**という点が実は存在していたのだという今までアカデミズムに見逃されていたことも付け加えておきたいと存じます。因みに、石工の中には、何と！「**秦司**(はだのつかさ)」と言う名の者すらも見られます――これぞ完璧な証拠――ので（**四神十二支浮彫の白石板――正倉院御物を見よ！**）、ここに**新羅系の秦氏の石工の活躍**が考古学上も考えられるからなのです。

次に、アナタもよくご存知の石仏の多く見られます豊国方面のものですが、

「**田川郡鹿春**(かはる)**神者　新羅国神自度到来**」（『**釈日本紀**』「**豊前国風土記逸文**」他）

とございますので、**豊国と新羅神や秦氏**（本一九）との間には古くから深い関係（これが実は、**東大寺の大仏建立**にも必要不可欠で影響しておりましたことにつき、前述、序3―5をご参照下さい）が認められるからなのです（『続日本後紀』仁明、承和四年（八三七）十二月十一日では「辛国＝新羅」と表現）。

先程、新羅の王都**慶州**の**四天王寺**からの仏教文化の移入ということを見てまいりましたが、日本の**大阪難波**のその「**四天王寺**の創建」という点につきこの点を考えてみましても、

（1）**日本紀**（**崇峻即位前紀**）（**五八七**）七月「**平レ乱之後、於二摂津国一、造二四天王寺一**」

――乱(みだれ)を平(しづ)めて後に摂津国にして、四天王寺を造る――とか、

（2）**推古紀元年**（**五九三**）是歳「**是歳、始造二四天王寺於難波荒陵一**」

――是歳(このとし)、始めて四天王寺を難波の荒陵(あらはか)に造る――や

（3）後世に作られたアノ怪し気(あやしげ)な、例の『**上宮聖徳太子伝補闕記**』など

が**どう言おうと**、私こと古代探偵が究明いたしました四天王寺に関する**確実な最古の記録**は、何とアナタ、

（4）**新羅が献上した金塔**(こがねのたふ)、**舎利**(しゃり)、**灌頂幡**(くわんぢやうのはた)**を四天王寺に納入した**

というところからこの寺の歴史は始まっていたのです（「**推古紀**」**三十一年**（**六二三**）七月。本一二4）。

ではそれは何故（どうして）なのかと申しますと、右の（1）～（3）の正史の記述に反しまして、アナタもよくご承知のように、素直に考えましても、**舎利**（釈迦の**骨**の代替物たるガラス・水晶）というものがなければ抑（そもそも）**正式なお寺というものは当時は造れません**ので、四天王寺は、実はこの（4）のとき**新羅王の協力により、初めて創建が可能**となったということが、誰の目にも明白に判って来るからなのでございます（但し、正史の年代には加上の問題がございます。別述。因みに、この荒陵〔「推古紀」元年是歳条〕のあったところは、単なる荒ではなく「摂津国西成郡安良郷」〔『倭名類聚抄』〕が置かれていたところですので、ここ〔本来は他の上町台地上の古墳など〕も同じく正に嘗て「安羅＝倭＝大伴氏」の拠点であった時があった〔近くに大伴――難波一帯の古い呼称――の御津（みつ）〈万葉集63番〉もございました〕ことが推測出来るのです）。ここでアナタ、心に手を当てハテナと考えてみてください。それでは何故、このとき**新羅王**が日本列島の大阪の四天王寺の建立にこれほどまでに協力してくれたのでしょうか。そして何故、新羅王の協力がなければ「新羅の王都と全く同名のこの四天王寺というこの寺」は出来なかったのでしょうか。そして何故、正史はその**創建を三十年も四十年も遡らせた**記述（（1）（2）などは言うに及ばず、実は（4）すらも年代加上）を必要とした（隠した）のでしょうか（敵国であったことがバレないように、新羅に攻められる前に位置付けた）。これ又、本邦初公開。しかもアナタ、上記に加えまして、更に大切なことは、

（5）この寺の後世の**金堂**（寺の中心）の**ご本尊**は、天智天皇の時代に安置されたとされてはおりますが、この四天王寺の仏は統一新羅の仏教文化と同じく弥勒信仰の中心たる、正に「**弥勒仏**」そのものだったからなのです（アリャ！）。やっぱりナ。

更にアナタ、その「新羅との関係」を補強いたします間接証拠をここでマトメておきますと、

①ここ**四天王寺**の「**亀井堂**」の**石亀の**　**水盤**　や、

②新羅本国の王都慶州の**月城**（王宮）の宮園地でございました**雁鴨池**にございます飛鳥の**酒船石北方遺跡**とそっくりの　**石槽**、それに

③新羅王家の**象徴**たる**亀**のモチーフ、更にアナタ、その極めつけは、

④当時の堅い**花崗岩**を処理出来る**石工**の技術（太祖武烈王金春秋などの**新羅王陵**を守る　**亀趺**〔亀の形に刻んだ**碑の台石**〕を見よ！ 本一五3）

が極東（と申しましても半島と列島）では、その当時は**新羅にしかなかった**ことなどを考え合わせますと、私こと古代探偵の推理は、強ち見当違いなどではなく、この**四天王寺**は、実は聖徳太子が造ったもの（右の正史の（1）「崇峻紀」などの言うところなど）では全くなく、やはり、当初は　**新羅占領軍の花郎**　であった新羅王子が、日本の**天皇**として、自らの信じる**花郎信仰**そのものである「**弥勒信仰**」によって（ですからアナタ、前述のように、ここ四天王寺の**創建時**の金堂の本尊は**弥勒**半跏像そのものだったし、新羅王が尽力してくれたのも他のためではなくこのため〔自らの王子たちのため〕だったのです。一二5）、実は**六六三年以降に造らせた寺**だったのだ（ですから、先程の正史の（4）の**唯一肝腎な**「**推古三十一年紀**」自体も、実はアナタ、その年代が**四十年以上も加上**され、その前の同（2）の「推古元年紀」に至りましては、これは内容も年代も**七十年加上**されたインチキであったことが判って来るのです）という結論に達せざるを得ないのです（これ又、本邦初公開。天皇の水洗トイレのオマルにつき テキスト7―4―32、P260、本九13、一五3）。

但し、ここでアナタに注意していただかなければいけない点は、右の**雁鴨池**や**四天王寺の亀井堂**などの**聖なる物としての水**（**聖水**）の使用（**祭祀**）の**亀石**（亀の**口**から出て来た水が小判形水槽に入ったものを**清めの儀式**に使う場合）と、飛鳥の**酒船石北方遺跡の石槽**のように、アナタも行って現地に立って見れば、小学

生でも一見して直ちにお判りのように、北以外の三方を丘で囲まれた静寂な現代の「道の駅」、つまり**天皇のレストハウス**の**水洗トイレの便器**（**おまる**）としての機能を持つこの**亀石**の使用の場合（上部の**小判形水槽**から**亀形石**へと亀の口から入り、使用後の**汚水**は亀の**尻尾**の方から下方へ排出）とでは、同じ亀形石とは申しましても、「亀形石と水を溜める石槽の関係（位置や接続の向き）」が**逆**であったり**異**なっていることにも、目を皿のようにしてアナタにご注意いただき、気が付いていただきたいと存じます。アナタ、流石（さすが）にここでは

　使用後の汚水は亀の**口**からではなく、ちゃんと**尻**（臀の穴）から、

より下方の排水口の方へと流れ出ておりますよ（ナールホド。この点は他とは違うね。これはアマチュアからの問題提起だとは申せ、メンツや先入観に囚われていないで、早く風化・乾燥してしまう前に物的証拠となる**回虫の卵**や**駆除剤のベニバナの花粉**などを調べてよ。「エッ！　マダだって！」。何タラタラやってんだよ。アンタラ、お上とつるんだアカデミズムにしか独占調査権はないんだからネ。我々アマチュアは、「アカデミズムの真実シカト」の隠蔽（サボタージュ）の鈍感さに隔靴搔痒なのさ。怒りとストレスが込み上げて来るネ——大王陵の発掘も同じ。オープンになるとインチキがバレて食いはぐれてしまうからね、そら恐ろしや。開けてビックリ玉手箱だからさ）。

　では**日本紀改竄**との関連でもう一つ、ちょっと難しくなりますが申し上げておきますと、そもそも**新羅**・**皇竜寺**の「**九重の塔**」というものが、**新羅**系天皇家が奈良朝に造った**奈良**日本紀での**大官大寺**（たいかんたいじ）（旧・**高市大寺**（たけちのおおでら））等のモデルとなっておりまして（その更に前には、百済系の**熊擬精舎**（くまごり）や**百済大寺**（くだらのおおでら））、次の**百済**系天皇家が平安朝に造り直してしまった**平安**日本紀では、このモデルが「同じ九重の塔」とは申しましても、今度は、新羅ではなく百済の最後の王都の近くの錦江の近くの**百済**・**弥勒寺**の「**九重の塔**」を意識してモデ

ルとして書き換えて趣旨替えしまっていた（「**舒明紀**」11年12月「**於百済川側、建九重塔**」）という風に、その**中味**（**故郷**への**思い**）の実質が改竄されてしまっていたのです（これが判らないから変なところに治定）。ですから、この日本の**平安日本紀**での「**百済川**」とは、書いている史の頭の中では、その名の通り**百済が滅んだときの故郷の王都、扶余・泗沘**の側を流れておりました母国の「**錦江**」をズバリ暗示して（イメージされて）いたのです。

この様に、それ迄の「仏教文化の基準の流れ」を一言でマトメておきますと、嘗ての日本列島における「中国の南朝系の**百済**」と「中国の**北**朝系の**高句麗**」のものとの**両**仏教文化の**流入**とその**混合**→**白鳳・奈良朝**の「北朝系の**新羅**」仏教文化での**統一**されたもの→

その上に、**平安朝**の「日本の風土化した在りし日の**百済**」系仏教文化の**融合**→

そして、更なるその後の**独自性の開花**

という様に「飛鳥→白鳳→奈良→平安」と、その時代時代に、中国と朝鮮からの舶来の仏教文化（含む、理論）に翻弄されながらも、そして先行した民間の土着の仏教文化とも融合（土俗化）しながらも、日本の仏教文化は連綿と今日まで続いて来ていたのです（因みにアナタ、この仏教における「**弥勒信仰**→**太子信仰**」という大改竄は、**平安紀**によるものですが〔これは日本列島の支配層の**新羅系**天皇→**百済系**天皇家へという変化にダイレクトに**対応**しておりました〕、実はアナタ、その前の**奈良紀**におきましても、これとは全く別の「**旧事本紀**の**ニギハヤヒ**→**日本紀**の**アマテラス**」という**神道における大改竄**が藤原氏の**中臣神道**により行われてしまっております〔倭国レベルでの**物部氏**→日本国レベルでの**中臣氏**への変化に対応〕）。

12

12—6　飛鳥寺の僧の妖言（オヨツレゴト）

唐軍排除を暗示する「**天武紀**」**4年**（675年）11月3日、同**3年**（674年）4月24日及び『**元亨釈書**』（天武**13年**（684年）条）の、これ又本邦初公開の**三者の関係**の分析——特に元亨釈書と他との比較こそポイント——から、その裏に隠されておりました真相を読み解かなければなりませんでした、例の

飛鳥寺の僧の妖言（オヨツレゴト）の謎

につきましては、何らかの重大な国家秘密を、居たたまれなくなって「王様の耳はロバのように長い」と叫んで発表しようとした「**僧の死**」と国家の「**箝口令**（かんこう）」とそれに従った人たちへの「ご褒美」との因果の関係で大変面白い問題を含んでおりますが、お時間の関係で先に参りますので、興味のおありになる方は、ご自分で必ず日本紀と元亨釈書との二書のその該当箇所（テキスト24—3—3、P1005下、P1006上）を比較しながらご覧いただきたいと存じます。

12—7　「み吉野の鮎」の童謡（わざうた）の謎が解けた！

次に、同じく、実は**唐軍排除**を暗示しております——これぞアナタ、「**壬申の乱**」の**真相**が表わされて（鏤（ちりば）められて）おりましたとても大切な——「**天智紀**」10年（671年）10月12日のところの

「**み吉野の鮎**」**の童謡**（わざうた）**の謎**

につきましても、「藻（も）の間で苦しんでいる「**鮎**とは一体誰」のことであったのか」ということを考えますと（実は、これは**幽閉された唐軍**を暗示しておりました）、とても面白い問題を含んでいる第一級史料であり、私こと古代探偵は、（僭越ながら）本質にズバリ入れず入り口で一見「カマトト処女」のようにオタオタして

いる国文学者をさしおき、本邦初公開で、**千五百五十年振り**にその謎を解き明かすことに成功してしまったのです。しかし、これは大変面白い話とは言え、歴史自体の問題ではございませんし、残念ながらお時間の関係で触れることが出来ませんので割愛致しますが、この謎の童謡にご興味のおありの方は、テキスト24—3—3、P1006、同32—2—2、P1090下を是非ご覧下さい。

とは申しましても、こんな重大なことにつきまして、それだけでは余りにも大枚を叩いてこの本を買って下さったアナタに失礼ですので、このとても大切な時期である「天智が**崩り**ましたとき」に正史に見られます「**童謡＝謎の歌**」（「**天智紀**」十年〔六七一〕十二月三日。一5、銅鐸鳴る〔サナ＝新羅〕）と私こと古代探偵の本邦初公開の**コスモポリタン**的に見た際のキーワードだけでも、**呪術的**な古代歌謡の**解読**として、時間の関係で、次に結論部分だけで恐縮ですがお示しいたしたいと存じますので、その後はご自分でゆっくりお勉強なさって下さい。

ではアノ「天智の死の歌」の解読を始めましょう。

「み吉野の**吉野の鮎**。鮎こそは島傍も**良き**。え苦しゑ。水葱の下芹の下吾は**苦しゑ**」（其一）

「**臣の子**の八重の紐解く。一重だにいまだ**解かねば**　**皇子**の紐**解く**」（其二）

これを結論のみ申しますと、

12

（其一）

吾（人間）――**唐兵**――苦しい（水葱の下、芹の下。窒息しそう）

鮎――――**新羅**――苦しくない（島傍も苦き）

（其二）

臣の子（「**おみの子**＝**近江**の子＝負けた**中大兄**＝パラレルに、負けた**唐兵**を暗示」。これは、天**智**側＝百済・高句麗・扶余系＝**余豊璋**）――**一重だに解かない**〈だから拘束中。不自由。脱衣していない〈パンツを穿いた猿〉＝愛し合えない〉――**幽閉・敗者**

皇子（「**大海人皇子**＝**新羅王子**」。これは、天**武**側＝新羅・金官系＝**金多遂**）――**八重を解いてしまった**〈だから自由。脱衣している〈パンツを脱いだ猿〉＝愛を睦める〉――**解放・勝利**

という私の呪術的且つ隠語的（この場合、性的）な古代歌謡に相応しい謎解きになります。そしてアナタ、この**大海人皇子**の「**自由の喜び＝勝利**」というものこそが、次の

「**よき人のよしとよく見てよし**と言ひし　**芳野よく見よ良き人よく見つ**」（**天武**天皇「万葉集」**第27番**）

という同じ吉野のウキウキいたしました「アア、フリーセックスが出来るゾ！」との表現に見られますパンツを脱ぐことが出来た猿（大海人）の**良い**歌に結実していたのだということを、私こと「古代探偵」は本邦初公開で発見いたしまして、このように「**日本紀**」と「**万葉集**」とは一見全く違うジャンルに属すとは申せ、

この「ヘンテコで一見不可解なこの**童謡**」と正史の「**本文**」とを、私こと「ハテナ坊や」がダブルに重ね合わせ、そこに秘められました裏の意味——古代の言葉には、このケースの場合、おおらかな「性の呪術」も隠されていたからなのです——をも眼光紙背に徹すで分析いたしますと、実はアナタ、「**同じ思想で補完し合っていた**」（共に相思相愛の**歴史の偽造仲間・共犯**であった——だから共謀共同正犯）のだという古代検察官としての私の発見が、アナタにもこれらの証拠により十分お判りになられたことと存じます。このような国文学を巡る大王（天智——崩御の歌）と天皇（天武——歓喜の歌）との「パンツ論争」は、お代は見てのお帰りとは申せ、アナタ如何でしたでしょうか。

このようにアナタ、「**吾**＝水田の泥田の中を這い廻って逃げる**敗者の唐兵**」を指しており、他方「スイスイ泳ぐ**吉野の鮎**＝**勝者の新羅軍**＝**大海人皇子**」（吉野からの脱出）を指しており、という訳でこの歌は正に

「**壬申の乱の真相**＝**唐・新羅の連合軍の日本の共同占領**から、新羅が唐と**戦争**を開始（及びその前の**予兆**）するに及び、名目のみの日本列島での唐軍を新羅軍が排除に成功して**新羅の単独占領**に変わったこと＝所謂（壬申の乱）で**新羅に幽閉されて身動きが出来なくなった鮎**（**唐軍**）」

「**大海人皇子＝新羅人**」

という重大なことを**比喩的**且つ**讖緯説的**に端的な歌の形でもって表わして（隠されて）いてくれた——**朝鮮表現**されていた——ことを見抜かなければ、アナタは頭の良い千年以上も前の日本紀の作者のテクノクラートのユーモアでの挑戦（パンツ論争）には勝てはしないのです（ですからこの歌では、**負けた**唐軍の方を、同じく負けた「臣の子＝**近江**の子＝**中大兄**」側に仮託して歌っていたのですよ）。

序でながら、実はアナタ、この「万葉集」第27番の「よき人の――」の歌にも「天智大王の**近江宮**というものすらが**架空**」（後述一二11）でございましたことの証拠が隠されておりまして、それはナントこの歌がアナタ！

「**明日**香清御原御宇天皇代（あす**か**のきよみはらのみやにあめしたしらしめしし**すめらみことのみよ**）」

の**部**とされ、且つ

「**天皇　御製歌**（**すめらみこと**の**おほみうた**）」

という**標**題となっておりますのは全くもって**不可解**なことだったのです。

と申しますのは、アナタ、ちょっと考えれば判りますように、これは大海人皇子の「**即位前**の吉野で作った**回想**」なのですから、あくまでもその時のその部といたしましては、本来は、

「**近江大津宮御宇天皇代**（あふみのおほつのみやにあめのしたしらしめししすめらみことのみよ）」

のこと（天智大王の代）とし、その標目の方も、**当時は天皇ではなくまだ皇子に過ぎなかった**のですから

「**大海人皇子　御歌**」

と**ならなければいけなかった筈**なのです（鋭い！）。

これは一体全体どうしたことなのでしょうか？　このように、後に百済系の平安天皇家が存在しなかった架空の「**近江宮**」や当時は不存在の天智天皇などというものを**捏**造して**正史に挿入**してしまいましたことの飛び切り凄い証拠が、この**万葉集の不可解な**「**代**（みよ）」と「**標目**」という小さな表現の中に、密かにちゃんと今まで時限爆弾のように長い間隠されていたことを、私こと地雷察知（サッチ）ャーの「古代探偵」は決して見逃さなかったのです（万葉集の本文の方だけをいくら見ていてもこの新事実は永久に判りっこありませんよ〔本

一二7〕。国文アカデミズムとその雛の院生が詰まらないと思っているその刺身の妻〔具〕の千切り大根〔代や標目〕の方も、アナタ確りと撮んで味わってあげなくっちゃ〔寒ッ！〕。そういえばアナタ、刺身だけ頬張っても、妻や醤油や山葵がなければ生臭くて味気ないでしょ。食えませんや〕。

このことを裏付けますその証拠の、更なる他との比較といたしましては、天智七年（**六六八年**。この「紀曰、天皇**七年丁卯**の夏五月五日……」という「**万葉集**」引用の「**日本紀**」の年代〔次に述べますように、これは間違い〕も、実はアナタ、これは**旧**日本紀の紀年法であったことを暗示しておりますところの「**丁卯**」〔この丁卯では年の干支を一年引き上げていた〈尚、本七4「続紀」の高安城築城も見よ〉ことになります〈六六八年↓六六七年〉。ですからアナタ、現行日本紀ではこれだと前年の天智**六年**のこととなってしまいますよ〕などではなく、本来現行の新〔平安〕日本紀におきましてはこの天智**七年**は「**戊辰**」でなければ可笑しい筈だったのでして、これこそが、この世に嘗て

干支の一年ズレた旧日本紀が存在していたことのナイス証拠

の一つでもあったことをアナタは決して見逃してはいけなかったのです〔つまりアナタ、一言で申せば現行日本紀で申しますと「天智七年＝**丁卯**＝六六**七年**」では可笑しく、これは「天智七年＝**戊辰**＝六六**八年**」とならなくてはいけなかった筈なのですから。鋭い！　益々感服〕。七4）の**蒲生野**での即位前の、アナタもよくご存じの、アノ**天武**の**額田王**に対する

「紫草のにほへる妹を憎くあらば　人妻ゆゑにわれ恋ひめやも」（「万葉集」第21番）

という**不倫の歌**の「**代**」や「**標目**」と**同じように**（**パラレルに**）**ならなければ本来いけなかった**（こちらの

方は何故かちゃんと「**皇太子**（ひつぎのみこ）〔**大皇弟**（ひつぎのみこ）〕**答御歌**」となっておりますよ——このときはまだ天皇じゃないのですから、前述のものもこれとパラレルに当然このようにならなければいけなかったのです。この両者のアンバランスを比較せよ）筈であったことが判るからなのです。

やっぱりアナタ、この歌は、後に**日本紀の改竄**（天智と天武を、新羅王をモデルとした「**親子**」から百済王・王子をモデルとした「**兄弟**」に変えてしまった。前述）に合わせて、後に**不倫**の弟の歌を捏造して、その、アナタへの目眩（めくらまし）として「**取って付けたもの**」だったのです。だからこそ、そこに矛盾が生じてしまっていたのです。

——それにアナタ、アノ、ラブラブの**額田王**の「あかねさす　紫野行き、標野（しめの）行き……」（『万葉集』20番）と、**大海人皇子**の「紫草のにほへる妹を憎（にく）くあらば　人妻ゆゑに……」（『万葉集』21番）のアベックのペアーの歌の**舞台**が一体何処（どこ）であったのかと申しますと、何とアナタ、それはその当時**百済亡命者が蟠踞**（ばんきょ）させられておりました**蒲生野**（がまふの）（滋賀県湖東）ではないですか！（本六章のａｂｃの「徙民政策」）この辺りには**百済寺**や**百済系の三重塔**（**石塔寺**）などもあり、この**歌**も右の**文化財**も、後に**百済系が復権**（亡命百済政権の樹立）いたしましてから百済系の人々によって胸を張って**挿入**されたものでございましたことがミエミエだということを、アナタに物語っていてくれたナイス・エビデンスだったのです——

12—8　持統紀の中国史による装飾（オンパレード）

次に、これ又重要な点なのですが、**持統天皇**という女帝が**架空**であったということの証拠につきましても、テキスト（テキスト8—4—2、P316—319）に、この部分の日本紀が、今日アカデミズムが歴史の勉強のために作ったサブノートのような、作史のテクノクラートの中国史の名文句の「**ノリとハサミ**」とによる**切り貼り**のオンパレードの記載に過ぎなかったということの分析を少し詳しくしてございますので、是非こちらもご覧いただきたいと存じます（これはキラビヤカな中国史の缶詰だった！）。

12―9　薬師寺の東塔の檫管に秘められた謎

では、次に**天武天皇**がこの皇后・**鸕野讃良皇女**（うののさららひめみこ）（後の**持統**天皇）のために建てることを企図致しました**薬師寺の東塔の相輪部**の「**檫管**（さつかん）**の基部西面**」（母国新羅の方向）に刻まれました

「**鋪金未遂――鋪金**（ほきん）**未ダ遂ゲザルニ――**」

という**銘文の奇妙な謎**の問題に迫って参りましょう。

この東塔の銘文は、**藤原京**の**本**（もと）**薬師寺**のものが、何故か？そのまま**平城京**に移転した**現・薬師寺**のものに・も・「**ほぼ同文でコピー**」されて刻まれていたという実に世にも不思議！な（それなりの意味があった）ものだったのですが（アナタの勉強のしどころ、ここに有り）、これにつきましては、**写真12―14**（**薬師寺の東塔檫銘**）をご覧下さい。私の考えでは、**日本紀上**の**40天武天皇**（672年〔但し、即位・在位は673～686年〕）の**モデル**は新羅**30文武王**（661～681年）そのものだったのであり（巻末付録系図「日本紀改竄の代表的パターン」テキスト付録3、P1107、「新羅王系図」テキスト付録6、P1115。本序―4）、この日本紀での**天武天皇のモデル**となった**新羅文武王**の**王子の時の名**が、何とアナタ！

「**法敏**（ほうびん）**＝金多遂**（キンタスイ）」

ですので、この薬師寺の白鳳遺構の**三重塔**「**九輪の檫**（はしら）**銘**」に刻まれておりました

「**金**　**未**（いま）**ダ**　**遂**（とげ）**ズ**」

という言葉は、「天武天皇のモデルである新羅文武王」が若い頃（又、別述のように、少なくともその晩年の**結核**の療養をも含めまして）日本列島に占領軍提督として渡来して来ていたときの、そのとき皆が呼んでいたズバリの**字名**（あざな）（ニックネーム）そのものでございます

「**金多遂**（キンタスイ）」

を表わしていたのだということ（多遂ちゃん）を、日本紀の作者がアナタに**暗示**、否、**半明示**していてくれたのです。この様に、前述の

「**日本の白鳳**（はくほう）**伽藍＝統一新羅後の仏教文化そのもの**」

であった（白（シラ）＝新羅（シラ））ということに加えまして、本薬師寺と薬師寺の両塔柱銘に同様に刻まれておりました「**金**（未）**タ**（多）**遂**」が、**天武天皇のモデル**でもございました**新羅文武王の本名**（**字**（あざな））**の金多遂と同一**であったことを暗示していたと**解読**出来ますことは、何を隠そう、それを**逆**（さかさ）に考えましても、嘗て**天武天皇のモデルである王子の頃**の「**金多遂＝文武王**」**が**、**新羅王の名代としての占領軍提督**（**天皇**）**として日本列島を占領**していた時期が存在していたことを表わしていたのです（尚、アナタ、新羅文武王が**結核**の治療で晩年温暖な日本列島で過ごし、そのままこの日本列島の地で死去したことにつき、序—4、一三10他は必見です）。

さて、そのことに関連致しましては、更により説得力ある重要な物的証拠がもう一つございます。それは何かと申しますと、**高屋**（たかや）**太夫**が若くして死亡した美しい**母・阿麻古**（あまご）（序3—3）のために態々（わざわざ）造らせました「**丙寅**（へいいん）」銘のある大変スマートでスリム（一見して**病弱**な）な半跏思惟の**新羅・弥勒菩薩像**を巡る、これ又、私こと古代探偵だけが本邦で**初めて気付きました謎**についてなのです。

では先ず、この**仏の銘**に見られます高屋太夫という人の「**父と母のレベル**」におけます**名**の

父「**天武天皇**（**大海人皇子**）＝**新羅・文武王**（先程の渡来時のときの王子としての名、**金多遂**）」と

母「**宗像君徳善の女の尼子**＝**阿麻古**（**仏の銘**）」

というポイントと、更に次に、その［二人の間に生まれ］ました**この銘仏を造った**と記されております「**子のレベル**」における**名**についてのポイント、つまり

子「**高市**（**高野＝タカヤ＝高屋**）**皇子**（日本紀）＝**高屋太夫**（**仏の銘**）」＝

「新羅王子の**金霜林＝総持**（**唐書**）」

ということにつきましての、その各々の関係につきましては、テキスト〔テキスト〕5－4－1、P203上～205上、5－4－2、P205上～208上と写真15－12はアナタ必見であり、この**阿麻古**銘の「**四十八体仏**」の一つに関しますこの様な考えは、私のテキストが**本邦初公開**（２００５年）で且つ原点（典）でございますので、是非この点はテキストの方にゆっくり目を通しておいて下さい（〔本〕一五1、7～10、一一10の「白雪姫と白馬の皇子」とのロマンスはアナタ全て必見）。

12－10　瀬田の唐橋のモデルは慶州の月浄橋

さて、この点も古代史上とても大切な点なのですが、**新羅占領**という点につきましては、時間の関係で次の二つの点につきましても、今日は結論のみを申し上げて先に進みたいと存じます。

「**近江京**――もしあったとしても本来は精々が宮レベル」の南方の水中（川中）から発見されました、当時の「**瀬田唐橋**」の、半島と列島における極めて珍しい特殊な構造を持つ**水面下の遺構**から、これが、ナント、アナタ、当時の

新羅王都・慶州の**半月城**――実は、城の名前の中にも倭が隠されておりました――の南の**南川**（**蚊川**）に掛けられておりました「**月浄橋**」（李朝では月**精**橋と言われておりました。但し、今日では消えてしまっております「**木造**」の**旧橋**の方です〔更にこの一九メートル下流にも**武烈王**の頃の**木橋**があったようですので、アナタ混同しないようにして下さい〕。『**三国遺事**』。「**蚊川橋＝楡橋**」か）の**極めて特殊な土木技術と全くそっくり**であった

ということの証拠は、両者の**水中部分の他に見られない特殊な土木構造**（月浄橋は上流からの**水流を力学的に分散**させるため、この木橋の**基礎**の上流側の**石組み**を**三角形**にするという最先端の特殊な構造だったのです）**を比較・分析**致しますれば、アナタにも、そして仮令小学生でさえも、ハッキリと一目でお気付きになられることと存じます（図12―20、21）。ところがアナタ、更なるその後の調査の結果、慶州では新発見がございまして、右に述べました七六〇年に作られました月浄橋は、前述のような木造橋ではなく、抑、**石橋**だったのであり、又、その上流七百メートルに中央南北大路に沿って三基の橋脚を持った石橋が発見され、これも同様に上流側が舟形をしておりまして、この方は同じく七六〇年に造られました日精橋（春陽橋）だということに今日なっております。

ともあれ、やっぱりこのとき**新羅の占領下**であったからこそ、日本紀の上では天智の**近江京**（**架空**）とされているところに、当時の**新羅の最新・最高の土木技術のノウハウ**（**三角形＝舟形**）**がダイレクトに入って来る**ことが出来たのだと考える方が、自然、且つ、素直なのです。これ等のことが、この当時の日本列島における文化レベルが、ダイレクトに「**日本＝新羅**」**そのもの**であったということを、どうしても私こと古代探偵にはプンプンと匂わせていたからなのです。

12—11　近江京は無かった

次に、アナタ、この天智大王の「近江京」というものすらもが（そしてその前にアナタ、大津京という呼び名すらもが、延暦十三年〔七九四——桓武がここ琵琶湖から山を一つ越えたところに長岡京から平安遷都した年〕に大津と改名されるまでは古津（ふるつ）と言われておりましたので、仮令アカデミズムや学校の先生が使っても、アナタは使ってはいけません）、そもそも架空の存在でございましたことは（その歴史の真相は、唐の命令により百済亡命王族が半島の遺民との接触をよりしにくくするために、より内陸部の近江の湖東の蒲生郡——前述の「不倫の歌」の舞台ですので、参照——など へ幽閉〔集団隔離〕されたという程度だったのです。本第六章）、右に加えまして、その湖南の大津の付近一帯、特にそこの「錦織（にしごおり）遺跡＝御所之内遺跡」（遺跡からの出土物が少なく、正確なその年代の確定は、本来〔今のところでは〕、アカデミズムがもし良心的でしたらテリブルで出来ない筈なのです。又、錦織の姓と百済渡来人につき、序—2）から南方向へ展開しております建物の考古学上の発掘の結果からも、それが

極めて臨時の建物に過ぎなかった

ことが判ってまいりましたことに加えまして、「東山道」「東海道」という国の大動脈そのものが正史上極めて一時的にしかこの近江京（宮）の南の右の「瀬田唐橋の処」を通ってはいなかった（しかもそのレベルは、後から架空のお話に合わせた程度とすらも言えるものでした。テキスト8—2、P306下及び同8—4—2、P319上につき、各新版で付加予定）こと等からも、これもちょっとアナタが頭を捻（ひね）って推理をすれば証明出来ることだったのです。しかもアナタ、天智天皇の当時の琵琶湖の汀線（みぎわライン）すらも判明していないからなのです。正

史上では遷都前年の「天智紀」五年（六六六）七月のところに「**大水**」とございますが、そのような台風や大雨の時には、湖畔の「津＝港」が水没したりして？　それにアナタ、「**京と呼べるための定義**」に必要な基盤目状の土地区画でございます「**条坊制**」すらもが考古学上いまだ不明——これは当然でして、藤原京で初めて成立しておりますので。ですから、これでは本来形式的にも実質的にも「京」とは呼べない筈なのですが？　しかもアナタ、この後の「藤原京の条坊制」ですら、アカデミズムは中国様に範を取ったものだと言ってはおりますが、来たかチョーさん待ってたホイ、そうはどっこい問屋がおろさず、「坊（大路〈〇〇条大路〉で区切られた区画）の集合体を条（〇条。坊の東西の配列）」としているのは、これ又中国風とは全く異なる宮都設計思想によるものだから——ですし、又、左右の「**京職**」による管理という点も近江では文献上にも認められていない、ここは真空地帯だからなのです。見よ！このアカデミズムの学問の名に値しない良心の断片さえも見られない杜撰(ずさん)さ——我田引水のおぞましさを！　尚、アナタ、近江京というその名前自体につきましても問題がございますが（「大津遷都」などといういい加減なアカデミズムの用語も、正にオネエがフニャチンでどっちつかずの中性子。精々が古津へ遷宮）、その点は今は扨置(さて)いておくことといたしましても、仮に一歩譲って「大王の住居」である近江宮はあったといたしましても、果たしてここに近江京という「**王宮＋官衙**」という組織体までの整備は、その周辺の地形やスペース（広さ）などの点から考えましても本当に存在し得たのでしょうか？　アナタも現地にいらっしゃって（フィールドワークの現場主義で）、駅から少し離れて、アノ狭くゴミゴミしたスペースに実際に立って見て下さい。諸般の情況からは、精々が「京」ではなく「宮」のレベルに過ぎない——相変わらず定義が不十分な文学部出身の史学アカデミズム——じゃないですか！　疑問が大なのです。正史だって天智紀六年三月十九日では近江(あふみ)の「都(みやこ)」とし、天武紀元年十一月二十四日では近江(あふみの)「京(みや)」とし（吉野鮎の童謡はこのときのものです。一二7）、持統紀六

12

年閏五月十五日では近江大津（あふみのおおつの）「宮（みや）」とし一定しておらず不安定なのです（京なのかい？　宮なのかい？）。この様にアナタ、歴史の解明には、優柔不断な偏差値エリート・ハーフの暗記よりも、やんちゃ坊主のハテナ？という一本独鈷の**想像力**（と言うか自己主張）の方がとても大切だったのです（近江に宮はあっても京はなかった！）。

尚、これ等の本書一一章や一二章で、お時間の関係からその触りだけ申上げました「**唐・新羅による日本列島の占領**」という、私こと古代探偵の考えは、将来へ向けて改訂中の私の『天皇系図の――』のテキストの次の版（新版）の中でも、現行版よりも多くの証拠を加えて、アナタのハテナ？の発想の少しでもお役に立てるようにして、アナタにご覧いただく予定でございます。

「**天智大王のモデル**」というものが、**奈良**朝に**新羅**系の天皇家が作った「**奈良**日本紀」から**平安**朝に**百済**系の天皇家が、その人（天皇のモデル）も時（天皇系図の継ぎ接ぎ（つぎはぎ））も神（姓氏録の改竄）も所も**大改竄**して作り変えてしまった「**平安**日本紀」へと、その正史上で一体どの様に具体的に変えられていってしまったのか（そのモデルの変化）、という古代史上アナタが決して見逃せない（見逃したらアウト！）とても大切なことにつきましては、巻末付録「日本紀改竄の代表的パターン」（テキスト付録3、P1107）の1頁分に、その古代史の最重要ポイントの一場合とも申せます「**大化の改新**」の部分を例に挙げて、綺麗に纏（まと）めてございます（天智系と天武系の謎を朝鮮史の立場から解明しております）系図を見ていただければ、アナタならずとも中学生でも**一発**でその私の難解な考えの全てが瞬時にご理解いただけますヨ。是非、ご覧アレ!!

と申しますのも、もしもアナタが、今ここで「これ」を一目見ておきませんと、これから先無駄な古代史の勉強に相当な時間を費やし、やがてアナタが棺桶に入るときが到来したときに至り「ああ、そうだったのか！」と、池上彰のようにハタと気が付きましても、最早（もはや）時既に遅しの夕暮れどきで、必ずやそれ迄の余りにも多くの時間の無駄遣いを大いに後悔いたしますヨ（本書とテキストは、その意味での**次世代の人のための古代史への早道ナビゲーター**でもあるのです）。

12―1　感恩寺双塔。慶州の四天王寺と共に日本の本薬師寺の双塔伽藍に影響を与えた

12―2　法隆寺

12―3　皇竜寺九重塔

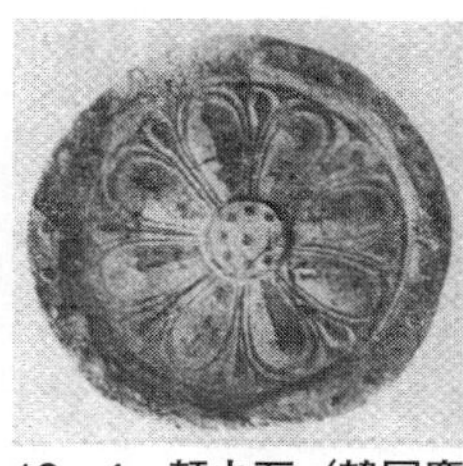
12—4　軒丸瓦（韓国慶州）

12—5　軒丸瓦と軒平瓦（高井田鳥坂寺）

12—6　壇上積基壇（高井田鳥坂寺）

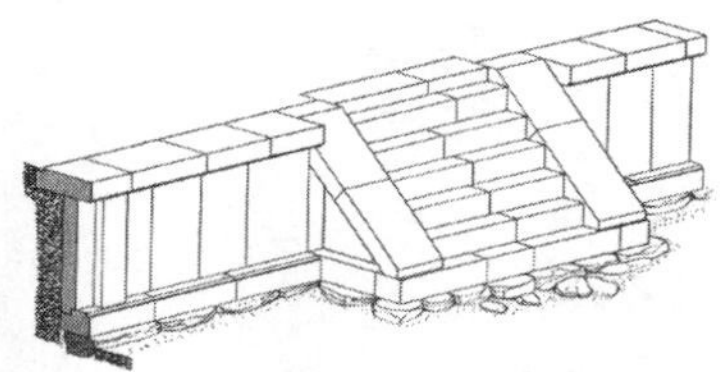
12—7　高井田鳥坂寺金堂基壇

12

12—8　韓国の弥勒寺址礎石（写真下）

12—9　方形柱座礎石（本薬師寺）

12—10　観世音寺（何故ここの木材が法隆寺へ？）

12—11　深大寺　白鳳釈迦如来（実は、元近くの祇園寺の旧薬師堂にあった薬師如来）

12—12　薬師寺　薬師三尊

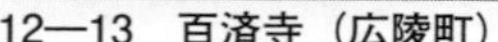

12—13　百済寺（広陵町）

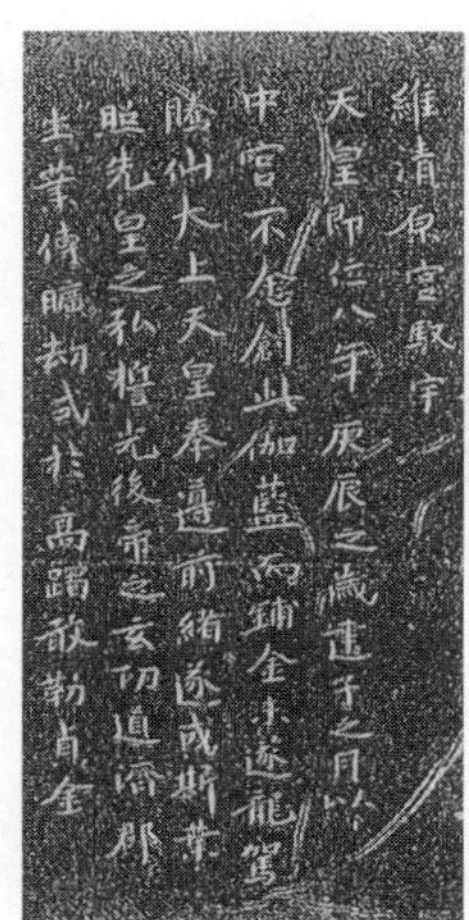
維清原宮馭宇
天皇即位八年庚辰之歳建子之月以
中宮不悆創此伽藍而鋪金未遂龍駕
騰仙大上天皇奉遵前緒遂成斯業
照先皇之弘誓光後帝之玄功道済郡
生業傳曠劫式於高躅敢勒貞金

12―14　薬師寺東塔檫管（「金未遂」銘がある）

12―15　大官大寺跡

卅一年秋七月、新羅遣二大使奈末智洗爾一、任那遣二達率奈末智一、並來朝。仍貢二佛像
一具及金塔幷舍利一。且大觀頂幡一具・小幡十二條。卽佛像居二於葛野秦寺一。以二餘舍
利金塔觀頂幡等一、皆納二于四天王寺一。是時、大唐學問者僧惠齊・惠光・及醫惠日・
福因等、並從二智洗爾等一來之。於是、惠日等共↓

12―16　新羅が献上した舎利によって四天王寺が出来た（推古紀31年。3行目）。広隆寺の仏も新羅の献上仏（2行目）。

12―17　法隆寺釈迦三尊像（足の上げ方が違う）

12

12―18　御左口（みさぐ）神一族の神長官裏古墳

12―19　神長官守矢史料館

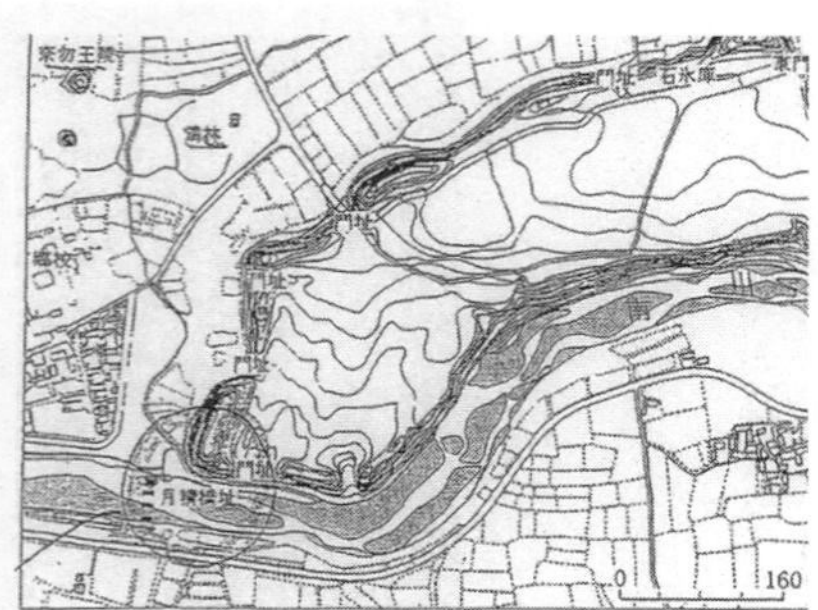

12―20　慶州月城南の月精橋（左下）

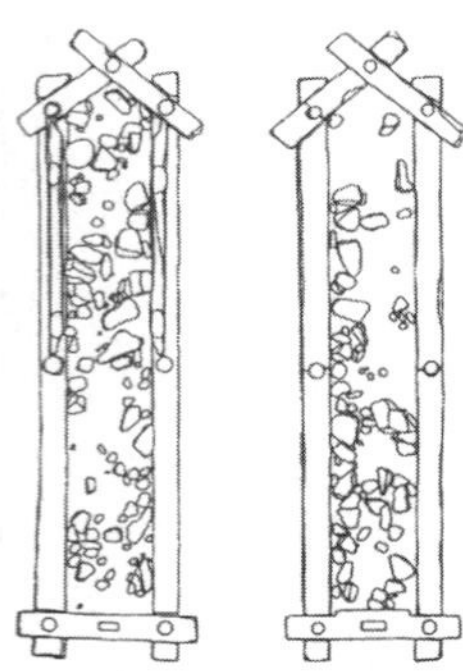

12―21　慶州月精橋遺跡の上流側を船形にした蚊川橋（近江の勢多橋第一橋脚に類似）

12―22　慶州の雁鴨池の石槽

12―24　四天王寺亀井堂

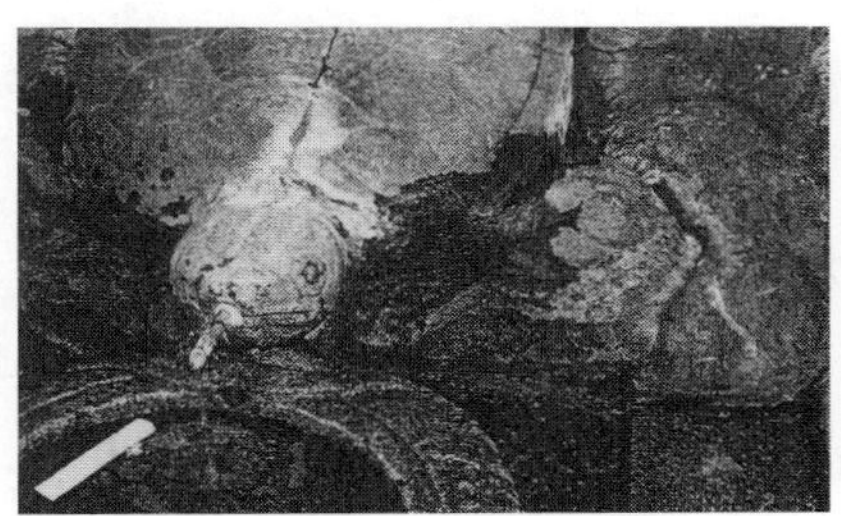

12―23　四天王寺亀井堂の亀形石

12―25　左：天寿国曼荼羅繍帳
右：笹塚古墳出土金銅馬具
（両方とも酒船石北方遺跡のものと手足の指の共通性が著しいのは何故？）

12―26　酒船石北方遺跡の亀形石（水洗トイレ）

12―27　酒船石北方遺跡（天皇のオマル）

第一三章「大化の改新」は新羅史の「毗曇の乱」の翻訳そのものだった

——人も内容も時も、その三つとも全く同じ

——「公地公民」が絵空事だったことの証拠

次に、驚くべきことに「**大化の改新**」とは**新羅**「**毗曇**（ヒドン）**の乱**」のズバリ翻訳そのものであったという［論点11］と致しましては

（イ）「大化の改新」と新羅「毗曇の乱」とは「**人**」「**内容**」「**時**」のその**全てが共通**

（ロ）**顓項暦**（センギョク）（**寅**（とら））と**現行暦**（**酉**（とり））がキーワード（元嘉暦と儀鳳・麟徳暦）

（ハ）「改新の詔（みことのり）」の内容は**実現不可能**（72年後の「**養老令**」の**丁**を**町**と時代を遡ってしてしまった〔人単位を土地単位とした〕だけの安易で理不尽な後付けでの偽造。「郡——民政行政区画——字始用」も、実は五十六年も後の七〇二年の「大宝令」頒布から。というような「大化の改新」のお話が実際に作られたのは少なくとも奈良朝になってからのことだった！「645年＋72年＝717年」）

等のポイントが考えられますが、先ずは、所謂「**大化の改新**」というものの内容そのものが、実はアナタ、

新羅史のズバリ、**ダイレクトな翻訳そのもの**であった、つまり日本におきましては**架空の存在**に過ぎなかったのだという、古代史の世界ではその識見の冷徹さをもって夙(つと)に世に聞こえております（エッ！　そんなこと知らないって?）私こと「古代探偵」の推理致します大前提からコスモポリタンに見て参りましょう。

ここでの【**論点11**】の全体の要点は、次の通りです。

勿論、その前の所謂「大化の改新」（６４５年）というものは、当時の天皇家の母国の新羅の「毗曇(ヒドン)の乱」（６４７年）のそのままの翻訳に過ぎず、「全く架空」の出来事であった（毗曇＝入鹿）。

13—1　必見の「日本書紀改竄の代表的パターン」

巻末付録「**日本書紀改竄の代表的パターン**」（テキスト付録3、P1107）をご覧下さい。

時間の関係で、ここではテキストの要点の部分の指示のみを簡潔に申し上げますので、興味のおありの方はお家へ帰られてからじっくりと、必ずこの新羅王系図と日本紀の天皇系図を対比した系図（テキスト付録3、P1107）と照合しながらお読み頂きたいと存じます。この図はとても**大切な資料**です。仮令(たとい)アナタが私の説明をお聴きにならなくても「大化の改新」の**日朝でのモデル**の点をも含め、その**全ての人間関係**がこれを見ただけで**一瞬**でお判りになります。騙されたと思って、本屋さんでテキストをお求めになって——この頁だけでもご覧になって下さい。

13—2　「大化の改新」は新羅毗曇の乱の超訳

ズバリ、私こと古代探偵の推理の結論を一言で申しますと、６４５年の「大化の改新」につきましては、

６４７年の**新羅の「毗曇(ひどん)の乱」の全くの焼直し（翻訳どころか超訳）**に過ぎなかったのです。

古代史がお好きなアナタには十分判り切ったこととは申せ、この反乱の内容を簡単におさらいしておきますと、**唐の太宗**の**「婦人を以て主と為す」**のは**野蛮**なのだから**「男の王にせよ」**という東夷の新羅に対しての中国様の見下した唆(そその)かし（『三国遺事』巻第三「塔像」第四、皇龍寺九層塔「今何時国以女為王。有徳而無威。故隣国謀之＝今汝の国は女性の善徳を王として、徳があるとしても威厳がないから隣国から侮りを受ける」のだと記されました、新羅慈蔵法師と神人との遣り取り）に端を発し、

――アナタ、それから**一三六五年**も経った二十一世紀の先日の**現代の韓国**でも、面白いことにこれと**よく似たパターン**が見られまして、二〇一二年十二月の大統領選でも与党の朴候補に対し、野党からは**「女性だからダメだ」**（その理由は、表面上では、独身で主婦の苦労を知らないからだと、多少変わってはおりますが……）とネガティブキャンペーン（セウォル号の件を考えますと、この批判はズバリ的中しておりました――情に流された女大統領(ボス)）が展開されましたよ。**マイナス面の儒教の害毒**がまだ朝鮮人の脳内はこびりついてしまっているようですがネ（イギリスのサッチャーを見よ！）。ところで、この選挙の結果及びその後の、その経緯の反動からか、戦後の復興期に日本に散々お世話になり「日本からの有償・無償の援助の資金」により極貧韓国から甦らせた（「漢江の奇跡」を呼んだ）お父さんの元大統領のことを忘れて（否、狡賢く忘れた振りをして強がりを言って）、その父と、現代の物価に直し一四兆円もの戦前の資産を只で残してくれた日本とを貶めている現今の醜い恩知らず者の朝鮮人女ボスの姿は、アナタもよくご承知の通りです。さて閑話休題――

これに「はい、左様でございます、中国の太宗皇帝様」と**ビビッて**乗った属国新羅のユル褌の**「貴族会議」**が、**女帝の善徳**を廃位させようと計り、一度は廃位させるところまでは成功させた**反女帝派・親唐派**の**中国様派**

の事大主義の「貴族連合のクーデター」（『**三国史記**』「**新羅本紀**」善徳王条、「同」列伝1・金庾信伝）を、今度は**王子の金春秋**（こんしゅんじゅう）や**金官**（**倭**）**王家出身**（一6）の**新興官僚**の**金庾信**たちがこれを危機一髪の瀬戸際で未然に防いだのみならず、逆に返す刀で「貴族（豪族）連合軍」の中国様派を打ち破って鎮圧してしまったという**ウッチャリ事件**だったのです。

それ迄の長い長い間、国の決定の全てを握っておりました有力豪族たち――韓国の国営テレビとは全く異なり国王はお飾りのシャッポに過ぎませんでした――が排除され、よってこの後、新羅では**金官**（**倭**）の**遺民である金庾信ら**の新興官僚により**建国以来の大改革**が行われ、「**貴族の合議による政治**」が**初めて廃止**され、「**王を中心**」とする**官僚的**な「**律令制**」に代わることが出来た結果、**国力が強化**されることになったのです（歴史を思い起こすならば、嘗ての辰〔鮮〕王は馬韓人から出て、**辰韓人は自立して王を立てることすら出来ない**くらいだったのですが〔『魏書』辰韓条に引く『魏略』〕、その辰韓の一部から頭角を顕してまいりました、それ迄の古い体質の農業国に甘んじておりました慶州金氏の新羅が、**倭人の本来の金氏の本家たる金官金氏の出自を持つ人材**〈**金庾信**〉の**尽力**により新しく生まれ変わることが出来たのです〔その御蔭で**ここからは分家筋の新羅が本家の金官よりも強くなってまいります**〕。この点日本におきましても全く同様なのでして、**昌寧伽耶**〔**比自火**（ヒヂボル）――古くは弁辰〈日高＝日下（くさか）＝日ノ本＝弁（ベン）帽の民の国＝弁（カル）＝伽羅〉ではなくそのお隣の辰韓の所属。ですからそのうちの式家は秦氏とも繋がって来るのです〕の出自の**藤原**（ひぢぼる）氏が、奈良朝の新羅系天皇家を裏切ってまで〔と言うことになりますと、これはひょっとして、朝鮮本国での**五三二年の分家**〈**新羅**〉**による本家**〈**金官**〉**の乗っ取り行為に対する日本列島での新羅系天皇に対する、二百六十二年後の**――長い長い怨みの後の――**意趣返し**〈百済・藤原連合による新羅系への列島での復讐〉の意味も含まれていた「引き摺り降ろし」だった――その心の深層では――

のでしょうか？　アノ民族なら〈とは言ってもこれらの人々も古（いにし）への広義の倭人なのですが〉さもアリナン」百済クーデター〔平安朝の成立〕を成功〔そして、正史を改竄して**藤原鎌足・不比等・光明皇后ら**架空の人間を見事に**捏造**してしまった〕に導いたことども、内外で一脈通ずるものがございます）

（ここで、陳腐でワンパターンのアカデミズムを信じて疑おうとはしないアナタのために、〔古代王権と占いの実態〕についての誤解を解いておきましょう。このお飾り〔象徴〕の国王に、貴族〔豪族〕連合の中の智慧のある者が、自分達の政治に都合の良いインチキ占い——というマジックというか一見宗教権的判断——の結果〔解釈〕を押し付けて〔別述〕、無能で構わなかった〔その方がシャッポは馬鹿でより都合がよかった〕木偶（でく）人形の国王に「これは神の意思である」と宣言させ、神と共にあると信じて疑わない低レベルの人民を意のままに動かしていたというのが、〔「古代の神権的政治＝占い政治」の真相〕だったのです——これは世界共通〔本邦初公開〕）

が、このことは、

イ　**女帝**であった

ロ　その女帝を**超える権力**の出現

ハ　**クーデター**

ニ　事前にその**鎮圧**

ホ　**王子と伽耶**（**金官＝倭**）**系**の新興官僚が**協力**してクーデターを防ぐ

ヘ　旧来の**豪族の弱体化**

ト　**律令制の成立**のきっかけとなる

チ　二人が知り合ったのは**正月の蹴鞠**（けまり）

リ　鎮圧の後、主役は**直ぐには**王として**即位しない**

ヌ　**鎮圧仲間**の身内との**結婚**――**新羅**系（日本紀上では2分の1は百済系）と**伽耶系**（**金官系**）との**結婚**（しかも、姉に**代わって**妹が王后にまでなる）

と、そのどれ一つを採りましても、正に「大化の改新」の**モデル**としてピッタリ（**瓜二つ**）だったのです。

では、これで歴史の好きなアナタには、結果的にはもう十分かとも思われますが、右のイ～ヌまでの点につき、この私の考えを支持して下さる奇特なアナタの、更に他の「日本中のこのことが理解出来ないアナタ以外の全てのノータリン」への説得力をより増して頂くためにも、より具体的にアナタへのサービスといたしまして、もう一歩踏み込んだ比較をするための証拠をここに加えておきましょう（次のイロハ…は、前のイロハ…にパラレルにそのまま対応しております）。**矢印**より上は朝鮮半島の本国**新羅**（**新羅本紀**の「**毗曇の乱**」によります）、下は**日本列島**（正史**日本紀**の「**大化の改新**」によります）です。こうして並べてみますと、一見しただけで、アナタがもし通常の感覚をお持ちの方であれば、新羅史と我が国の改竄されてしまった平安（今日の）日本紀上での事件とのその**同一性**にハタと気が付かれ、「今までの私はボケッとして一体何をしていたのであろうか」と、今迄の歴史（正史）暗記主義からここで新たに目覚められ、必ずや心に手を当て自問自答され、今までの高校以来長きに亘った自己を空しく思われる筈です。何故ならアナタ、このことは誰が見ても、アカデミズムの秀才大学出の坊やが仮令（たとい）気が付かなくても、中学生でも判ることだったのですから。では始めますよ。

イ **善徳**女帝→**皇極**女帝（**真徳**女帝→**斉明**女帝）

（この35皇極も不可解な謎の女帝の一人でして、史上初めての**生前譲位**をすると共に、しかもアナタ、**二度も帝位**に就き〔改竄作史上での時間稼ぎによる、その間の異なる男性〈大王〉とのセックスの機会を増やし、その各子孫との系図操作をし易くする意図。それは以下の如し〕、先ず高向王（たかむこ）〔用明の孫、聖徳太子の甥〕と結婚し〔た形を取り〕**漢皇子**（あや）まで儲けていながら、生きている夫と別れてまで**舒明**〔**田村皇子**〕と結ばれている〔このような作史上の無理が見られる〕のです。そしてアナタ、その間の子がウルトラ級の人物である開祖の天皇〔和風諡号〕とまで位置づけられました**天智**〔**中大兄**＝葛城皇子〕なのですから、この**大王**〔**天智**〕**をニューフェイスとして平安日本紀に登場させるノベル**を「桓武焚書」の結果作成する為にも、この**皇極**〔改竄前のこの人のモデルは新羅**善徳**女帝でした〕**の存在と再婚は必須**の伏線だったのです〔天智製造機〕。因みに、舒明の未亡人として**重祚**いたしました37斉明の日本紀改竄前のモデルは、先程の新羅善徳女帝の従姉妹の**真徳**女帝となっていたのでした。この点、**日本**ではそこまで知恵が及ばず、系図作成の都合から、翻訳過程で手抜きをして、二人を安易に一緒にして**同一人**としてしまったレベルに留まっております）

ロ **貴族連合**（**使用人**）**による善徳女帝**（**雇い主**）**の廃位**→**蘇我氏**（**臣下**）の天皇以上の横暴により**天皇**（**国のトップ**）を蔑（ないがしろ）にする

ハ 「**毗曇の乱**」→「**大化の改新**」

ニ **毗曇・廉宗らの殺害**→蘇我**入鹿**の**暗殺**・その父の蘇我**蝦夷**の**死**（ということで、必然的に「**毗曇＝入鹿**」！）

ホ **金春秋**と**金庾信**（**金官**伽羅王家の出自）→

中大兄皇子と**中臣**（藤原＝ヒヂボル＝**昌寧**伽耶＝秦韓）**鎌足**
（鎌足（カマソ）もその朝鮮での出自は、金官の**隣**の「**比自火**（ヒジボル）＝**昌寧伽耶**」の出自。『**駕洛国記**』）

へ　**貴族会議**（**主要貴族**）**の消滅↓**
倭王家に匹敵する（実は本来**倭王そのものだった**）**大臣・蘇我**（主要豪族）宗**本家**の**滅亡**

ト　**新羅の律令制の導入↓日本での初めての律令である**「**大宝律令**」

チ　王子の金春秋と臣下の金庾信は、正月の午忌日に金庾信の家の前で「日朝で**蹴鞠**（けまり）＝**弄の遊び**」をして、金庾信はわざと春秋の**上衣の結び紐を裂いてしまった**（『**三国遺事**』「紀異第一」太宗春秋公）
↓
中大兄皇子と臣下の中臣鎌足も、「**法興寺**＝**飛鳥寺**」の「**槻**（つき）＝**欅**（けやき）」の樹の下（しかも、**欅**（けやき）**は新羅王家の象徴**そのものだったのです。その**レガリア**〔天皇位の本当の象徴の一つ〕たる**正倉院**の**赤漆文槻木厨子**（あかうるしぶんかんぼくずし）も**槻**（けやき）**製**。序―3―3。ですからこの「聖なる場所」には槻を植えていた〔文面の粉飾上の暗示のためそういう舞台設計の形になっていた〕のです）で「**打ち鞠**＝**蹴鞠**」をしていて、中大兄皇子の**皮鞋が脱げて**しまったのを鎌足〔鎌子〕が跪（ひざまず）いて奉った（『**日本紀**』「皇極紀」3年〔644年〕正月1日。このように日朝で**蹴鞠**がズバリ共通）

リ　**金春秋**は**真徳女帝を立てる↓中大兄皇子**は**斉明女帝**を立てる
（新羅でも倭でも〔翻訳ですから当然のこととは申せ〕、形の上では共に**女帝**が王位を継ぎ、改革の主役は裏に隠れて暫く即位しない。アナタ、よく考えますと、ここにも中学生でもハテナ?と感じる大きな謎が隠されていたのです。それは、この反乱の主役の天智が実際に政権を動かすのは、この「大化の改新」から**17年も後**の「気が抜けたサイダー」もいいところの**六六一年**七月二十四日の斉明死亡〔真相は唐占領軍都督による九州での刑死〕による**称制**〔裏でコソコソする〕から——だから何とアナタ、〔天智と称する天皇の日本紀への登場のため〕にも「唐・新羅による占領」は正史上必然的に隠さざるを得なかった〔つまり、天智登場のシナリオのためにも唐・新羅による占領の事実は抹殺されてしまった〕のです——であり、**大王位**に就きますのは、ナントアナタ、この「大化の改新」から**二十三年も後！——よく生きてたものだ——**の**六六八年**一月三日〔「或本」では前年三月とします。同じ日本紀。アヤフヤ〕になってからのことだったのです。これは子供が見たって可笑しいよネ。「鳴くまで待とう——」だなんて、やっぱり**天智も偽造**だったノダ。こんなことまで先祖代々「暗記＝論語の祖述」主義のアカデミズムは、何ら疑問に思わない程鈍感というか愚鈍だったのだ。旧来の陋習で学問の進歩の足を引っ張るアカデミズムの現状をここにはっきりと垣間見た！　若い院生よ、アカデミズムの癌であるこの旧来の陋習を完膚なきまでに打ち壊せ！最早この世では、若い君たちにしか頼る道はないのだから）

ヌ　新羅の金春秋王は、旧金官（倭）王家出身（最後の第十代の**仇衡王**（きゅうこう）〔五二一〜五三二年〕の**曾孫**）の新羅の将軍の金庾信の「**妹**＝文明夫人」と結婚し、他方、この兄の臣下の金庾信の方はと申しますと、これ又右の金春秋王の**娘**と結婚した（**慶州金氏と金官金氏〔倭〕の王家の統合**）（金庾信は**金官**王家そのものの出自。**妹が姉に「代わって」結婚**）↓

中大兄皇子は**蘇我倉山田石川麻呂**（クーデターの仲間で、「**上奏文**」を読んで声が枯れて戦慄してガタガタしてしまった人）の**女**と結婚（**蘇我氏**は〈本来〉金官王家自体〔**金**＝ソ＝**蘇**＝木刕。蘇因高＝小野妹子と同族・同一人〕）。こちらも**妹が姉に「代わって」結婚**）しておりまして、他方、**中臣鎌足**の方も、**天智**大王から**采女**（うねめ）の**安見児**（やすみこ）を**下賜**されており（万葉集95番「**内大臣藤原卿　采女安**

見児　**を娶**（ま）**きし時作れる歌一首**」。この点、何とアナタ、**新羅史**と比較してみましても**全く同じ**だったのです——アナタ、驚き！）、更には、**天智の妃**であった**鏡女王**（かがみのおほきみ）（鏡王女）（本居宣長『**玉勝間**（たまかつま）』）すらも天智から**鎌足**に**下賜**されてその**嫡室**となっている様子が伺われるからなのです（万葉集93、94番。そのことに「**内大臣枕席不安、嫡室鏡女王請曰**」『**興福寺縁起**』という点をもその理由に加え、それらの分析からこの様な結論を私こと古代探偵が考え付きました）（「**比自火＝中臣＝藤原**」**との統合**）。

では、更にもう少し詳しく、特に右の「**ヌ**」の中の

「**姉に代わって結婚**」

したという、**より特異且つ重要な共通性**につきまして、正史上に残されております文面の証拠（敵方の武器）を、よりじっくりとより深く**検証**してアナタへのコメントを加えてまいりましょう。

今度は、先ず、翻訳されました倭国の方から見てまいりますと、倭国の「**大化の改新**」におきましては、蘇我倉山田石川麻呂（この人の氏寺の旧山田寺〔浄土寺〕の仏頭は「白鳳＝新羅」仏）の長女と中大兄とを結婚させようとしたところ、蘇我**身狭**（ムサ）臣（異母兄弟の蘇我臣**日向**。孝徳紀大化5年〔649〕3月24日に「蘇我日向＝**身刺**」と似た人が登場しております）に長女を偸（ぬす）まれてしまいましたので、父が「これは困ったことになった」と憂いておりましたところ、姉ではなくその**妹**の方の**越智**（おち）**姫**（後の**持統天皇の母**）が、

「**少女曰願而為憂。以我奉進、亦復不晩**」（「皇極紀」3年〔644〕春正月）

——少女曰く「願（ねが）はくば、な憂（うれ）ひたまひそ、我（おのれ）を以て奉進（たてまつ）りたまふとも、亦復（また）、晩（おそ）からじ」——

と申し出て、この**長女に代わり妹**が「**中大兄＝天智**」の**妃**となっていること。よって、「血縁＝古代社会に

おけます唯一の信頼関係」が出来まして、この仲間達により**内乱**たるクーデター「大化の改新」は芽出たく実行・成功に導かれたのです。

　これに対しまして、ナントアナタ！　次に本家本元の新羅の「毘曇の乱」の方におきましてもこれと全く同様でして、太祖武烈王（金春秋）である慶州金氏に嫁いだ文明王后は、蘇判の旧**金官金氏**の**金舒玄**（倭の五王の「武＝**雄略**＝金官9**鉗知（カチ）王**〔四九二―五二一年〕」の**曾孫（ひまご）**〔この点は特に大切〕。テキスト付録8、P1117）の末娘で**金庾信将軍の妹**でしたが（一6）、嘗て、別の妹が「西兄山（慶州市西岳里仙桃山）の頂きに登って座って**小水**（**おしっこ**）をしたところ、その水が国内中に流れていった」という**夢**を見たという話を**末の妹**にしたところ、その娘が錦織の裳で「**その夢を買った**」――人の夢を買ってもそれが実現するのだという呪術的な思考――のでありましたが、前述の様に、その数日後の金庾信と春秋公との**蹴鞠**の際、春秋公の千切れた紐を右の末の妹が繕い縫ったという縁で、王妃になれた――つまり、その正におしっこの流れたところを支配出来た――のです（「**新羅本紀**」文武王前文）。

　この様にして**金庾信の末妹**は、姉に代わり「金春秋＝太祖**武烈王**」と結婚し、「法敏＝**文武王**＝金多遂」（この人は**王子**の頃とその**晩年**とに**倭への渡来**あり。孝徳紀大化五年〔六四九〕是歳。一五7。因みに、その**父**である王子の頃の「金春秋＝天智大王のモデルの二分の一＝太祖武烈王」すらも、倭の正史上孝徳三年〔大化三年〈**六四七**〉〕に来日しております。序3―3。このようにアナタ、この**金春秋も金多遂も実際に倭へ渡来**していたのです＝土地勘あり）を産み、**文武王の王母**となった――ですから母方から「**金官＝倭**」王朝の末裔の血が入った

新羅の文武王の位置付けは、元々血統上も「倭・金官・新羅・日本」のその全てについての大王・天皇位継承についての有資格者

だったとも言えるのです（だからアナタ「文武王＝天武天皇」はオールマイティのKING。この凄い！大発見は本邦初公開）。そう考えますと、この文武王は新羅王子の頃日本へ渡来し、**当然**のこととして「日本正史上」でも**天武天皇**となることが出来る資格が元々備わっていたとも言えたのです（このことは古代の「倭＝任那」ということ――特に金官伽羅――が見えない、つまりコスモポリタンに古代史を考えることの出来ない〔その能力のない〕アカデミズムからは、何百年経とうがご理解は不能でしょうが。武烈王の子である文武王は、金庾信将軍にとっては甥〔妹の子〕）。

如何でしょう、この様に内外の両者はコスモポリタンに比べますと**相当細かい点までが瓜二つ**なのです。右の「**ヌ**」の点の「**姉に代わって妹が結婚**」等という内容などにつきましては（王女の野外オシッコ――小雉子(きじ)打ち〔諺「小便一丁糞八丁」友が先に行ってしまう山での野糞〈大雉子(きじ)〉ではなく、「小鳥打ち」。又は「お花摘みに行って来ます」。山Lady(レディ)はこんな言葉を使うんだよ〕――の点は除きましても）、以上により詳しくアナタに申し上げました様に、どうしようもない位によく似ておりますよね。これは、刑事の裁判では「**犯人でなければ知り得ない秘密**」というレベルの最良証拠(ナイス・エビデンス)に相当致しますナ。これがあれば、アナタが裁判官でも、将又(はたまた)陪審員であっても被告人を有罪に出来るのです。

この様に、

「**大化の改新**」と新羅「**毗曇(ヒドン)の乱**」の**当事者**と**内容**とが**全く同一**でございましたことにつきましては、アナタのみならずこれを知った全国の中学生でも即座にその同一性が判るようなことだったのです。やっぱりアナタ、これは、新羅史の**翻訳そのもの**だったのです（ト書き――これを聞いた一同、NHKのためして「ガッテンガッテン！」の動作）。

更に、アナタ、それだけには留まらず、そのうえ**年代**という点までも**同一**でございましたことにつきましては（これが揃いますと、私の「**大化の改新＝毗曇の乱**」の**方程式の証明**は恐ろしい程完璧になってしまいます）、

「**和銅日本紀**」（前述七4【**3**】）が使っていたところの**古い**「**顓頊暦**（せんぎょく）」（**寅**（とら）歳から始まります**元嘉暦**（げんかのこよみ）〔**呉→百済→列島**と入ってまいりました〕）の**紀年法**

と、

現行の「**養老**日本紀」（前述七4【**4**】）が使っていた**新しい**「**現行暦**」（**酉**（とり）歳から始まります**儀鳳暦**（ぎほうのこよみ）・**麟徳暦**（りんとくのこよみ）〔**唐→新羅**で改名→**日本**と入ってまいりました〕）の**紀年法**

とでは、「**干支紀年法**」（**十干十二支のどこ——寅か酉か——を起点**として年代を起算するのかということ）**を異にして**おりまして、そこで時として既に**1年ズレている**（**下がる**）可能性が認められるのみならず（ということで正史では両暦の同時使用や先後使用の混乱ごまかし〔別述〕も見られます）、又、**天皇の即位の年**の計算の**起算点**などが異なる翻訳元の朝鮮史との相違（前王の死んだ**翌年**か**当年中**即位かという**愈年称元**（ゆねん）**法**〔**翌年即位**〕）。卑彌呼に関しての**景初**「**4年**」**銘の鏡**のところの記載を参照。九12）等、これら暦の使用のいい加減さからも、このオリジナルなものにおきましては実際にはこの時期についての**2年の差はなく**、ということは、この新羅と日本列島での

2つの事件は全く「**同一年**」の、しかも前述のように「**同一内容**」の出来事であった可能性が高かったのだということになって来ざるを得ないのです（**人**も**内容**も**時**すらもその全てが同じだった）。

序（ついで）に、暦のことにつきもう少し申上げておきますと、現行の日本紀を一貫しておりますアナタにも有名

な**神武大王**の「辛**酉**（しんゆう）革命」から「初めの一歩（いーつぽ）」が始まったという考えは、誰が見ましても間違いなくこの「**酉**＝トリ」歳から始まる暦の思想に基づいて作られておりますので、これが後になってからの「**寅**（とら）→**酉**（とり）」へという**改竄**により**新しい暦を利用**して**養老四年日本紀**（七二〇年）④から作られた**新しいお話**に過ぎなかったのだということが、アナタのみならず全国の中学生でも一見して明白なことだったのです（アナタ、このように、神武大王はランドセルも靴も「ピッカピカの一年生」で新しかったのです。一四1。七4必見）。

ですからアナタ、**平安朝の大改竄**によりやっと確定することが出来て今日に伝わっております現行日本紀でのメインテーマの一つの「神武大王が**辛酉**（しんゆう）**の年**に即位した」という思想は、それまでの天武系の出自の天皇に対し、何故（どう）した訳か**自己**（及び父**光仁**天皇）からが「**新王朝**」であるとの認識の人一倍強かった天智系の出自の**桓武天皇**にとりまして、父光仁天皇からの**譲位**と自己の**即位**の時点というもの（天応元年、**七八二**）がポイントだったのでして（百済革命の完成）、これが正にアナタ、丁度干支上の

「辛酉の年」

であったということ（神武に重ねて自分も〔正確には自分に重ねて神武も〕そうだった——又は、その年に桓武が即位したことに正史上してしまったこと。更には、その父の光仁天皇の実際の〔真の〕即位の年への**大いなる疑問**につきましても、テキスト1―2―1、P41アナタ必見。但し、奈良紀でも他の理由から新羅系の天皇家がBC六六〇年に国家の起源を加上して持ってきていた可能性につき、別述）も大きく影響していたとも言えるのです（**桓武焚書**）。

古代中国では「**武**」とつけられました王には**始祖王**が多いのですが、「日本紀」「続日本紀」などでも、平安朝の百済系の**淡海三船**（あふみのみふね）（七二二―七八五）などによって**漢風諡号**（かんふうしごう）たる1神武、25武烈、40天武、42文武、

45聖武（七〇一—七五六年。在位七二四—七四九年）、50桓武（七三七—八〇六年。在位七八一—八〇六年。ですから、この桓武は年代的にも亡くなった時、既に三船は死んでおりますので三船がつけたものではありませんが）などがつけられ、新王朝との自意識が高く正史すらも書き代えてしまいましたこの桓武にも、ちゃんと歴史の定石（じょうせき）通りの**「武」の諡号**が同族の平安百済系天皇家の一族によりご褒美としてつけられております。

このように平安初期までに「武」のついた天皇が六人おりますが、やはりそのメインイベントといたしましては、時代は少しはずれますが、その中のキーポイントの二人でございます

「40天武＝**新羅王子**の頃に渡来の金多遂＝30文武王・法敏」対「50桓武＝**百済王**（コニキシ）文鏡（光仁）の**子**」

という構図の行き着くところは、共に**朝鮮半島にその出自を持ちます新羅と百済の二者の日本列島におけるデスマッチ**の様相を呈していたのです（朝鮮半島における倭を巡るデスマッチにつき、一〇4、「大和三山の歌」の謎）。ということでアナタ、私こと古代探偵の見立てにより、この二人の名における「**武**」の意味を一言で解読いたしますと、次のように相成ります。即ち、ここでの武とは、二通りの意味が込められておりまして、先ず

「始祖王としての**天武**」の方は、六六三年の「白村江の役」の後日本列島を占領し、それまでの「プロト日本国＝倭国」に代えて**新羅系の天皇による「日本国」というもの**（『旧唐書』）**及び日本での先祖神としての「伊勢神宮」というものを新たに作り出した**（九13及び一六）**初代王の　武**

ということになりますし、次に

「始祖王としての**桓武**」の方は、「**平安クーデター**」により白鳳・奈良朝の新羅系天皇家を、深遠なプラ

13

ンによる兵糧攻め（国分寺、大仏建立など）で倒し、亡命百済人の末裔たる**百済王**（コニキシ）たち（道鏡、「文鏡＝光仁天皇」など）が、**日本列島に百済亡命政権たる**「**新日本国**」**にそれまでの日本国をリニューアルして百済系の平安朝の天皇による日本を樹立**いたしました（**桓武焚書**『**神皇正統記**』）、**その初代王の武**であったということになってまいります（これで明解！ 実にスッキリ！）。ですからアナタ、この百済系桓武にとりましては、その**始祖王**的存在でございました**天智**（京都・泉涌寺の項参照）の**和風諡号**を

「**天命開別天皇**（あめのみことひらかすわけのすめらみこと）」

と申したのです（つまり新王朝を日本で「開＝初めて開く」「**別**（ワケ）＝古代朝鮮語で**王**（ウォング）〔Wang〕。テキスト2―1―1、P62下、P64上、本序―3―3はアナタ必見」）。別名は**開別皇子**（ひらかすわけのみこ）〔新王朝の開祖者〕。これでこの天皇が何を開いたのか？ということがアナタにも十二分にお判りになられた筈です。葛城皇子＝伽羅（カルラ）の〔朝鮮半島の〕砦（キ）の皇子＝天智）。

序でながら、右の和風ではなく**漢風諡号**を定めたのは**淡海三船**（あふみのみふね）（この人物は『**続日本紀**』の稿本となりました『**国史**』〔因みにアナタ、中国でも古い史書を単に「書」とか「国語」と呼びました〕の草案〔文武元年より天平宝字元年まで〕の撰者――そういたしますと、歴史の改竄のみならず、自分たち〔百済系〕の改竄した正史に都合の良いように、古（いにし）へまでも遡って大王名までも恣（ほしいまま）に漢風で付けてしまった男――（『**日本後紀**』）。『**懐風藻**』の撰者。大学頭兼文章博士）と言われておりますが、何とアナタ！この人は**弘文大王**（明治三年〔**一八七〇**〕に至り大王の**追謚**。**天智**の**子**の**大友皇子**。モデルは**熊津都督**になった百済最終王31**義慈王**の**子**の**扶余隆**――六章の江上波夫氏の引用するこの王子の「墓誌」参照）の**曾孫**なのです。

13—3　新羅金春秋と百済余豊璋から天智大王を作る

又、「大化の改新」の登場人物につきましても、従前の**新羅**系の奈良朝の「**奈良**日本紀」におきましての

天智大王のモデルは**新羅王・金春秋**　ただ一人、

そして

中臣鎌足のモデルの方も、これ又**新羅将軍・金庾信**　ただ一人

でございましたものが、後の平安朝の**百済**系の現行「**平安**日本紀」に至りましての**大改竄**（**桓武焚書**）の結果では、奈良朝でのそれ等の新羅人のモデルに、自分の出身母体である百済又は唐系の**正体不明人間**の「**2分の1を足し**」て偽造して跡を晦ましてアナタが辿れなくしてしまったのです。つまり**中臣鎌足**（六一四—六六九）が正史に登場致します初見は、孝徳大王の**白雉**（はくち・しろぎす）**五年**（**六五四**）からでして、**唐人**（**唐務悰**。**これは**『**善隣国宝記**』天智十年（六七一）による表現。ですから光明子が**藤三女**と署名しているように、**本来の姓**は「**藤**」一字で、この人の或るモデルもズバリ「**唐**」人そのものを表してもいたのです。四家のうちの北家は唐人の混入が主流だった）だか**百済人**だかすらも良く判らない、日本の正史上の**日本紀だけに見える正体不明な**「**変な外人**」である**郭務悰**などと言う謎の人物をもその**モデル**に加え、この**中臣鎌足**と言う人物を創り上げてしまっていたのです（つまり、早い話が、カマソからカマソを作っただけの話）。

又、この鎌足は**鎌子**とも称されておりまして、そう致しますと、アナタ、より古くの六世紀の欽明朝の蘇我稲目の頃に仏教受容に反対したとされております**中臣鎌子**と言う人物とも非常に紛らわしく（し→そ）、この様にそれらは、落ち付いて考えてみますと、皆実に怪しげな人物たちだったことに気が付くのです。そ

れで正史上も、後に「中臣→藤原」と、更にそのベースにあった氏族の朝鮮での本貫の地「**比自火**（ヒヂボル）**＝フヂワラ＝昌寧伽耶**」に因（ちな）んだ姓を上申させて（テキスト4―1、Ｐ163下）**好字**（すきじ）に苗字を変え、その出自の正体でございました「**中＝ナガ＝蛇**（ナーガ）**＝朴氏**（バク）（**瓢公**（ひょうこう）**・瓠公**（こ）**・赫公**（かつ））**＝インド・ナガ族**（**ナーガランド系の出自**）**＝朝鮮天毒のナガスネヒコ系の南倭**」へと、将来その民族の正体へコスモポリタンにより辿り難く（にく）して（**インド→朝鮮→純日本化**して）しまうことの必要性がここにあったのです。

そして次に、更にその業績を足して作った右のような「二人を一人に戻す」ために、今度はそれを「**2で割り**」まして、つまり、

天智大王のモデルを「**新羅王・金春秋　＋　百済仮王・余豊璋**（よほうしょう）（**扶余璋**）」の二人とし（つまり、百済系モデルをプラスし）、そして、今申し上げましたように、臣下の

中臣鎌足（かまそ）のモデルの方も、それにパラレルに「**新羅・金庾信　＋　謎の唐将軍・郭務悰**（かくむそう）（**カマソ**）」（この人は**朝鮮史にも中国史にも見えず**、**日本紀にのみ何度も登場**する、よく考えますと、前述のように唐人（前述「**藤**（とう）**＝唐**（とう）」）だか百済人だかもちょっとアヤフヤな**不可解な人**な「変な外人」なのですが……）の二人と改竄（つまり、唐系か百済系をプラスし）されてしまいましたことにつき（必見七4）、これら天皇系図の複雑な改竄の過程が、誰が見ましても一目で判る様に私が工夫致しました「**日本書紀改竄の代表的パターン**」というところ（本書巻末付録、テキスト付録3、Ｐ1107）を時々必ず引っ繰り返して見ながら、テキスト6―3―1のＰ217〜219（**資料【59】**）をお読み頂ければ、今後は、アナタのみならず、仮令アナタが中学生であっても「大化の改新」の捏造のその全てが一発でよーく判ってご納得頂けることと確信しております。

13—4　「大化の改新」が架空だったことの証拠

それに、実は、この「大化の改新」の内容を具（つぶさ）に検証してみましても、私こと古代探偵のみならず、その殆どが今日

誰が見ても実現不可能

だったことが判るからでございます。と申しますのも、正史におけるアカデミズムの解釈におきましてすらも、旧豪族勢力の一掃や土地の公共化という「**公地公民**」などというものは、日本紀のいう645年の「大化の改新」の時点ではまだまだ**無理**で疑わしかったのでございまして、早くともこの**30年後**の「**壬申の乱**」（672年、実はアナタ、私に言わせますと、この大乱すらも又**架空**だったのですが。第一二章）レベルの時点を待って初めて**実効性**を持つことが出来た、つまり、天武の「**天皇家至上主義**」が実現してから初めてこれらが可能になったのだとしておりまして、ということでその改新の内容から見ましても

「大化の改新」は虚構

であったということを、今日ではアカデミズムも実質嫌々認めざるを得なくなってしまっておりますよ。

「大化の改新」が**架空**——最早、その存在を信じるのは宗教レベルの妄想——でございましたことの証拠は、そのアカデミズムが猫も杓子も教科書で曰（のたま）うような色とりどりでカラフルな宣伝アドバルーンとは**全く異**なり、

「公地公民」が何ら実施されてなんかいなかった（エッ！　**真っ赤な嘘**だったの！）

ことからも、誰が（小学生が）見ましても**諸般の全ての証拠から**明白なことだったのです。

ではお前がそう言うからには、「それは本当カイナ?」と、教科書先生（アンチヨコ）の言う通りに素直に受験で丸暗記

して来たアナタは、必ずや口をとんがらしてアナタの信奉する（まるで宗教みたい）アカデミズムの代弁者となって、そう仰る（セン公を庇う）でしょうから、次に、その反論を許さない程の証拠の幾つかを、ちゃんとご用意し、フェアーに敵（アナタとアカデミズム）のバイブルたる**正史**をちゃんと逆使用して、その冷徹な分析の中から拾い出してその矛盾を見て参りましょう。先ず、**地方の豪族の私地・私民**が改新後**四十年**以上経ても、まだ堂々として存在しておりました矛盾につきましては、

「**奏レ欲レ免二奴婢陸佰口一**。**奏可**」（「**持統紀**」三年〔**六八九**〕十月二十二日）

――奴婢陸佰口を免さむと欲ふと奏す。奏すままに可されぬ――

とあり、改新後**四十三年**も経た時点でも下毛野朝臣子麻呂（本処は栃木県）に、何とアナタ！**六百人もの奴婢**の存在（**公民の否定**）を認めております。これは凄い数字ですよね。しかもアナタ、それだけに留まらず、この点、**寺社の土地**の存在につきましても同様だったのでして、

「**於二脱レ籍寺一**、**入二田鼓與レ山一**」（「**孝徳紀**」大化二年〔六四六〕三月十九日）

――帳簿（資財帳）に漏れている寺にして、田と山とを入れよ――

とあり、**没収されないもの**（**公地の否定**）が詔の後に至ってもこのように存続しておりました。

では、この点につき、「それは都から遠隔の地だったからだ」というアナタからの抗弁が出るでしょうから、今度は都から遠方ではなく近くにございます、**中央の貴族の土地**を含む他の土地につき見てみましても、何とアナタ、この点も右と全く同様だったのでございまして、

「**罷二田領一ヲ委二ス国司ノ巡検一ニ**」（『**続日本紀**』大宝元年〔**七〇一**〕四月十五日）

――田領（大化前代から続いた屯倉〔いみくら〕の管理人。**浄御原令制**下にあったもう一つの「**屯倉**」の制度についても同様となります）を罷めて（廃止し）国司に委ねて巡検せしむ――

とございます様に、改新後**五十五年**も経た時点での**私有地**の存在（これ又、**公地の否定**）が**正史**上でも十二分に確認出来るからなのです。アカデミズムはこの点につき、「**食封**」（**へヒト**＝戸口）と言う名称でもって存続させたからだ等と**屁**理屈にもならないことを言ってこの点をごまかしているのですが（寒ッ）、と言うことは、アナタ、

「**大化の改新**」というものが、**正史**の文言に反して**大宝律令**（選定は**七〇一年**、頒布は七〇二年『**続日本紀**』）の**施行までは**「**有名無実＝架空**」だった

とその真相を形を変えて白状しているのに等しかったのです。この点のカラクリの解明に付きましては、実は、**後世**になってから

「**仍賜二食封大夫以上一、各有差**」（「**孝徳紀**」大化二年〔六四六〕一月一日）

——仍りて**食封**を大夫より以上に賜ふこと、各差有らむ——

などという屁理屈の文言が正史に**後付けで**（**整合性のため遡って**）**古くに加えられた**（だからこそ、正史を神のように信じてその文面の暗記だけで精一杯でございましたアナタは、今までこの目晦ましに騙され続けて来た）のだと、アナタが素直にそう考え反省しさえすれば、それでその全てが氷解して来るのです。

——但しアナタ、右の「**公地**」には、**山川藪沢**などの**空閑地**は**例外**とされました——

こんな、これ又「来たか長さん待ってたホイ」の**明白な反対証拠**が「**バイブル＝正史**」自体の分析からはポロポロ漏れ出して来ているにも拘わらず、アカデミズムは何かとこんな風に貧弱な屁理屈を付けては、依怙地になって**正史**という漏水パイプを**バイブル**（**聖典**）の様に守り続けている（一体、誰の為に？　学会のボスの為？　水道代の無駄なのに！）というのがお粗末な現状なのです。「象牙の塔＝大学」というものは、何処を切っても同じパターンの**金太郎飴**の様な——男同士でお互いの脛の古傷を舐め合う（気色悪う！）程

度の――若者でさえ勇気の無い（私曰く「**常識**（**通説**）**とは、勇気無い者の砦である**」）醜い（しかし、これが学会内部の慣行におきましては、逆に麗しい姿だとか！）お涙頂戴の師弟愛ばかりが前面に出て来てしまって、本当に困ってしまうよネ（トホホのホ。歴史の世界も世も末＝正に末法そのもの。南無阿弥陀）。

13―5　税制から見ても「大化の改新」は実現不可能

このことは「**改新の詔**（みことのり）」（646年正月）の形式的な文面そのものの内容、それもズバリ、特に**税制**という法律の「内容」一つとり上げてみましても、それが「アルバイト法律家」の端くれレベルの私こと古代探偵が厳密に見ましても**実現不可能な内容**であったことは一見して疑いなく、と申しますのも、「**課税の計算**」**が可能な**

「**人**」**単位**ではなく、当時におきましても、既に**不可能**に近く**複雑に関係者の権利関係が入り組んでおりました**（**一つについて、所有・利用・二次支配・係争地などの関係**が幾重にも**重なった**）「**土地**」**単**

位

による課税となってしまっていたため、**現実には**、**抑**（そもそも）「**具体的な税額の算定**」**が不可能で**、**況**（まし）**してやその**「**徴税**」**も当然不可能**でしたし、且つ、しかもその筈で、アナタその理由すらも、ずっと後世の、しかも**72年も後の**「**養老令**」**を台本**（テキスト）として、単に観念上その**字句を同じ音の**「**丁**（ちょう）」**から**「**町**（ちょう）」**へと同音である**ことを奇貨として（**ズルイ！**）**の遡っての安易な置き換え**、つまり

「**丁＝人**」から**有り得ない**（**成り立たない**）「**町＝土地**」

に遡って巧妙に変えてしまい、古い時代の右の「大化の**改新**」などという**食わせ者の物語**（フィクション）を、少くとも**72年以上遡って観念上**（**ペーパー上**）**偽造**して作ってしまい、これに合わせてこの「**大化の詔**」などとい

13

うインチキ文書もそれらと**ペア**で偽造して作ってしまっていたことが確実に判明して来るからなのでございます（これはアナタ、「**太和＝大和＝大化**」という**新羅の地名・川名——蔚山市**（「**火火乃弗＝屈阿火**〈炅〉＝**桑原＝クワバラ、クワバラ**」で**菅原道真の本貫**。屈阿火につきテキスト4—2—1、P167下〜168上、大化につき同7—4—15、P245下、「意呂山＝蔚山」につき本六他）のところから日本海へ流れ出ます——から取った**年・号**（そして、倭の**大和**という**国号すらも**）につきましても、**同音**であることを奇貨とし、**686年朱鳥**（アノ、怪し気な）から**645年**（この大化の改新の年）へと**41年も遡上**させてしまっておりましたことと、全く同じ偽造パターンだったのです。この点はテキスト25—1—2、P1013、同7—4—15、P246必見）。

13—6　多胡碑の「羣」とは何か？

更にアナタ、「大化の改新」というものが架空であったことの証拠は、**地方**の改竄不可能な**金石文**にもチヤンと残されており、と申しますのも、アナタにも有名なアノ群馬の**上野三碑**の一つである日本最古の「**山ノ上碑**」（辛巳歳、天武十年〈**六八一**〉）の銘文を分析してみましてもこの事をちゃんと証明してくれておりまして、大化二年（六四六）正月の詔では、

「**即宣二改レ新之詔一曰、其一日、罷…屯倉**」（「孝徳紀」二年正月一日）——屯倉を罷めよ——

と天皇命令で**屯倉の制度をきっぱりと罷めた**筈であるのに、何とアナタ！　アアソレナノニ、ソレナノニ♪

それより**三十五年**も後のこの碑文では、

「**佐野の三家を定め賜える**」

などとなっておりまして、明らかに両者に**矛盾**が生じております（このとき、東国の一部が未だ朝廷の非支配地でしたらこれ又話は別なのですが。ひょっとして）。アカデミズムでは「地方まで浸透するには時間が

掛り」、このお達示が全国的になるのは大宝律令制定後の大宝二年〔七〇二〕の頃からだとして、これが**五十六年間**も掛ったのだと（エッ！　**この狭い日本で！**　それに近くに国衙〔国の役所〕すらもあるのに！　**垢旦那**！　嘘も休み休みお言いなせえよ！）、見苦しいアカデミズム、否、アカマミレニズムは臭いところには蓋をし、このように都合の悪いことは負け犬のように尻尾を巻いて正論から逃げてしまっているのです。私こと「古代探偵」のスッキリ・スリム坊やの様に、事実を正面から直視して中央突破し、素直に

「大化の改新」なんか架空

だった、それを信じるのは宗教レベルだった、**インチキ**だったのだと早く認めてしまいさえすれば、それで今まで溜まっていた、正に垢デミズムのアカと宿便（腸の垢）が全て出て（お目出度う）、免疫を司る大切な小腸がスッキリするのですが——便秘野郎のように見苦しくもこのように寝汗を掻いて垢に塗れて足掻かなくとも。アカデミズムは、相も変わらず名前だけ「**乙巳＝きのとみ**」**の変**などと、一見大人しくしただけでお茶を濁して「澄まし顔」を決め込んでおりますよ。風呂に入って「朝鮮垢擦り」で擦り落とさないからプンプン臭うのに。

更に、もう一つ証拠を挙げておきますと、この「大化の改新」の目玉の一つである「**薄葬令**」（大化二年〔六四六〕三月二十二日）によって墓の規模等が制限されたのだとされてはおりますが、実はアナタ、

墳墓の規模や石室の寸法は、**それより前の七世紀前半**より既に行われてしまっていたからなのです。この矛盾につきましてもアナタ、私こと「古代探偵」は、アカデミズムのように盲目には見逃しませんぞ。

尚、**六五一年**の九州の倭国の**年号**の**白鳳**元年（『**古語拾遺**』『**一代要記**』『**藤氏家伝**』）を、後に**白雉**元年に日本紀にエピソードまで加えて**改竄**してしまっております（同じ「**白**」と「**鳥の名**」ということが共通なの

で、**中国様からはバレない**であろうと（鳳→雉）。よって、白鳳を**私年号**レベルに貶めてしまいました。「孝徳紀」六年二月十五日）。

　更に更にアナタ、最早続々とこの証拠は尽きないのでございまして、「大化の改新」の詔（みことのり）（大化二年〔六四六〕一月一日）で、明白に「**国・郡・里**」となったにも拘わらず、それも日本国の中枢たる**藤原京**（持統八年〔六九四〕十二月六日〔日本紀〕～元明・和銅三年〔七一〇〕三月十日〔『続日本紀』〕）から**出土**致しました**上毛野国**の**木簡**には

「**車評**（くるまのこほり）」「**車評桃井里大贄鮎**」「**大荒城評**（おおあらき）」

等と記され、中央のお膝元においてさえも、**五十年**以上経ってもそれが**古い**「**評**」**の儘**（まま）**でフリーパス**しているのです（単に木に墨で書くだけなのに――実はアナタ、このマジックの種を明かしますと、後述のように、その五十六年後の七〇二年までも「評」が堂々と使用されておりましたことが判ってしまったのです（つまり、詔のインチキの判明です。アカデミズムは誰もこの点反省しないの？）――）。この上毛野国にも、当然**国司**たる国家公務員はちゃんと派遣されておりますよ。アカデミズムはこの点につき、見苦しくも相変わらず言語不明瞭な初期の斑惚（まだらぼ）けの認知症の老人のような弁解に明け暮れております（ひょっとして、実は、若くても「若年性――」かしら？）。この様にやっぱり、何ら実体の無い

「**大化の改新**」**は完璧に架空の存在**だったのであり、しかも**新羅史の翻訳**そのものに過ぎなかったことが改竄の難しい物的証拠からも証明されてしまっていたのです。

　因みにアナタ、右の「**車評**（くるま）**→群馬**（くるま）（**久留末**〔『**和名類聚抄**』〕）**郡→羣→羊**」ということにつきましては、**多胡碑**（たごのひ）（和銅四年、**七一一年**）におけます

「……**三百戸郡成給　羊　成多胡郡**」

――三百戸を郡と成し羊に給(きゅう)して**多胡郡**と成す――

とございます、その

「**羊とは何か**」

という問題で、この

「**羊**」とは「**人名**」

だというのがアカデミズムの通説なのですが、確かに紙（正史）を食べてしまう動物の「ヒツジ」では意味が通じませんし、これには一理ございますが、しかし、私こと「古代探偵」は、もしこれが仮に人名だといたしましても、この「羊」の読みは「ヒツジ」や「ヨウ」などではなく、これは一字の「**羣**(くるま)」**の略字**であり、

「**クルマ**（**久留末**）」

と読むべきだと考えます（本邦初公開――これは石に刻むには画数が多過ぎますので難しく、そこで上の「君」の部分を省略したというのが、私こと劣等「ハテナ?坊や」の見解でございます。それにアナタ、このことの極め付けのより古い時代の証拠といたしましては、古事記の孝元条の原文では、群のことはちゃんと平羣(へぐりの)都久宿禰(つくすくね)というように、「羣」という「君と羊とを一字で縦に重ねました漢字」で表現されておりますよ。さて、最後の切り札は矢張り、漢字の国・中国様のご本家の用法です。中国では「置き換え字＝左右上下の転換」が許され、群は羣でも全く問題がなかったからなのです。他の例を見てみましても「胸と胷」「衿と衾」「崎と嵜」「杍と李」「鑑と鑒」など、アナタもご存じのものもありますでしょ。因みに、羊(ひつじ)の中国のでの起源は攅士神(ヒツジ)つまり「姫(ヒ)氏の神」だった（周＝姫氏＋羌氏）。テキスト9―3―3、P351上。やっぱり古くはこれは羣だったのです（公孫氏の鏡〈九13〉や「鎮西彦山縁起」にもこの字は見られます）。これで多胡碑の羊の

解説は完璧。これ又本邦初公開のお手柄）。何故ならば『**上野国神名帳**』にもちゃんと**車持明神**や**車持若御子明神**が見られますと共に、**車持公**は上毛野朝臣と祖先を共有している**朝鮮半島が本貫**の人ですので（因みに、藤原朝臣不比等の母は**車持君**与志古の女です――母方とは申せ、ちゃんと**朝鮮**とも繋がっていた！藤原〔中臣〕の姓）、そういたしますと、この

羊とは車持君

の一族（**群馬郡**の西部を支配しておりました。この一族は「東国六腹朝臣＝東国での六つの系統の朝臣」の一つであり〔『続日本紀』桓武、延暦十年〈七九一〉四月一日の池原公綱主らの言上〕、この中には古代朝鮮と軍事・文化面での関係が色濃い上毛野、下毛野、大野、池田、佐味などの各朝臣がおり、東国ではコスモポリタンでとても重要な一族だったことをアナタは見逃してはいけなかったのです。それに車持神社〔旧十文字芋干場＝旧久留馬村〕の祭神の一柱は車持公ですし、しかもこの郷内には「車川＝白川」も流れております）のことを指していたということになりますし（当然、この人は本来、朝鮮での姓は**車氏＝車氏＝羣氏**）、もし仮に人名でないといたしましても、当時の

「郡名の群馬＝羣」の略式

であった（となりますと〔**車郡**〕→**多胡郡**）ものと考える方が素直であると存じます（多胡碑につき本六。しかも加えてアナタ、この群馬郡も何と！古くは前述の藤原宮出土木簡によれば〔上毛野国車評桃井里大贄鮎〕、単に車郡と表現されていた〔ということで郡名の変化は「クルマ→車→久留末→羣〈群〉馬」。古代の駅は前橋市元総社町辺り〕のですから「羣は羊」であっても何ら可笑しいことではなかったのです。アナタ、素直にそう思うでしょ）（これ又、本邦初公開。別述の**徙民政策**のところ〔建郡につき、本六〕を参照）。これでアナタ、アカデミズムが今まで何百年も解けなかったメーメー「羊の謎」が解けましたぞ！

さて、ここでアナタ、この「羊」の碑のある［多胡と新羅との関係］について、極め付けの証拠で締め括っておきましょう。多胡碑が蓋首形ではあっても、このように単純な（装飾の少ない）笠石を載せたものは（他の類型としましては、頭部が丸い円首、三角の圭首がございます）中国のものより朝鮮半島の、それもズバリ新羅24真興王（五四〇～五七六年）の磨雲嶺新興王巡狩碑（五六八年）と瓜二つとも言えますので（中川南氏）、私の「古代史の体系」上の列島が新羅に占領されていた事実やここ多胡の地に当時新羅人（吉井さん）が多く住んでいたことともこの点はピッタリと一致して来るからなのです。

又、次に、**［郡の規模］**という点につきましても疑問が大でございまして、「**改新之詔**」では、この規模につき**三段階**に分け、「**以二四十里一為二大郡一**」（大郡は四十里以上）としておりますが（「孝徳紀」大化二年〔六四六〕正月二日）、後の『**養老戸令**』定郡条の方では**五段階**に分け「**以二廿里以下、十六里以上一為二大郡一**」（大郡は十六～二十里）としてしまっており、この規模の差の大きさが何とも奇異に思われます。

更にアナタ、抑その**［用語自体］**につきましても、高校生レベルで考えましても、この時代には、まだ**軍政・民政が一体**の「**評＝こほり**」でなければいけなかった筈なのですが、**より後の用語**である**民政中心**の「**郡＝こほり**」という言葉がこの大王の**詔の中**には、不可解にも**歴史を遡って**まで堂々と使用されているというお粗末さからも、その間に**正史の後世での改竄**（**後付け**）ということが明白に認められて（バレて）しまったからなのです（これだけ証拠が整いますと、最早「大化の改新」の**捏造**は完璧に証明！）。

前述のようにアナタ、これで［「評と郡」がダブっていた謎］がようやっと解けたのです。大化二年〔六四六〕の「改新の詔」により「評（軍政）から郡（民政）へ」と変えよとの大王命令が出されたにも拘わらず五十六年も後の「大宝令」頒布〔大宝二年、七〇二〕の頃まで「評」も使われ、この頃から正式に近い形で

「郡」が使用されたこと（郡字「大宝令」使用説）が藤原京（新益京）出土の木簡等の分析から明らかになってまいりまして——青天の霹靂（へきれき）とはこのこと——、それでアナタ、永年「大化の改新」の存在を主張してまいりましたアカデミズムの気色がこの頃益々悪く（今やドス黒くまで）なって来ておりますよ（アカデミズムの落日。これでは男でもニューハーフのように白粉（おしろい）を塗りたくらなくっちゃネ。ミャンマー女のような米粉でもいいからさ）。つまり一言で申しますと「新羅の日本占領軍は占領開始の六六三年から八世紀の初めまでの白鳳・奈良時代の四十年間も、実はアナタ、当然のことながら軍政を弛めたりはしなかった」のだということがこのことから判って来るのです。そういたしますとアナタ、源氏の祖先の幕府（軍政府）の起源、既にここにアリ！　つまり、日本の軍政は、アカデミズムの教科書に見られますように、何も鎌倉時代の「源頼朝公から始まった」新しいものなんかでは毛頭無く、既にその祖先と同族でございました白鳳・奈良朝の新羅系天皇家そのものが、嘗て日本列島占領以来ずっと一貫して軍政（評）を四十年間も行って来ていたとも言えたのです。これ又、そう考えてまいりますと、平安朝に至って百済系天皇家が新羅占領軍の存在を消すために、「大化の改新」や「壬申の乱」を日本紀上に「その主旨を血眼になって変えて」捏造してしまっていた（民政の「郡」を早めた形）ことを裏付けていた——ことが良く判る——ナイスエビデンスでもあったのです。凄い！　了解（ガッテン）。

13

13—1　多胡碑と金石文

弁官苻上野國片罡郡緑野郡甘
良郡並三郡內三百戸郡成給羊
成多胡郡和銅四年三月九日甲寅

13—2　蹴鞠（新羅と日本で共通）

第一四章　「ワカタケルの剣」の辛亥年は四七一年ではなかった

——日朝の歴史の「ダブル偽造」を買地券から見抜く

——「買地券」の意図するところは何だったのか？　そのポイントは、人物画像鏡・七支刀・江田船山古墳出土鉄刀・稲荷山古墳出土「ワカタケル」の剣・仏教典と仏像

——新羅も百済も、北扶余や高句麗や伽耶（倭）とは違い4世紀からの新興国家

——中国・朝鮮史上での改竄による遼東・遼西の基準となっていた浿水（遼河）の七〇〇キロメートルもの東への移動は何故して起きたのか？

——紀元前の古代の朝鮮半島は、中国史によっても倭（濊）種の領域だった！

——考古学に見る東国の特殊性（或る時期までは主として伽耶諸国の植民市で大和朝廷には直属していない所も多かった。五三四年の武蔵国造の乱がこのことを証明していた）

14

「ワカタケルの剣」は、四七一年の辛亥の作（通説）とする限りは平安朝以降の捏造品であった（もしこの点を五三一年とするのなら「大王系図捏造」の点を除きその他はクリア）という、この日本では誰一人として言っていない**【論点12】**に入りたいと存じます。

ここでの「**小論点**」と致しましては、

（イ）**天皇系図**の**分析**とその**原本**（天皇系図**合成の経緯**の跡を探り、**原天皇系図**に**復元**すること）

（ロ）天皇系図の元となった「百済王系図」における改竄・合成

（ハ）同じく「新羅王系図」における改竄・合成

（ニ）新羅史に見る卑彌呼の年代の一運加上（六十年古くしている）

（ホ）**高句麗**王系図（テキスト付録4、P1108、1109）の「B系列」の**旧・王妃家**の末裔の**清原氏**に至る迄の日本列島での**姓**(かばね)**の変化**（**背奈**(せな)→**高麗**(こま)→**高倉**(たかくら)→**清原**(きよはら)）

（ヘ）**新羅の高句麗占領軍**を「**倭の五王**」の**武**が**解放**したこと（「**武＝雄略大王**」のモデルは**金官9銍知**(カチ)王で、日本紀では**紀生磐**(きのおいは)と表現されていた。テキスト口絵）

（ト）東アジア史の「モノサシ」となっていた遼河の七〇〇キロメートルもの東への移動（歴史の混乱）

（チ）**買**(ばい)**地券**（次のa〜d、fに関しますこの**意図**に付きましては、後に述べますところをご参照下さい）

【a】**墨田**(すだ)**八幡宮**の「**人物画像鏡**」（**５０３年**）の〈意図〉するところは何か？

【b】**石上**(いそのかみ)**神宮**の「**七支刀**」（**３６９年**）の〈意図〉するところは何か？

【c】熊本の**江田船山古墳出土**の「**鉄刀銘**」（**４７５年**より少し前）の「**鹵**(ロ)」とは誰？　それは、実は、日本の学者が皆言うようなワカタケルでは全くなく**百済21蓋鹵**(キル)**王**（**慶・ケイ・ケーロ・カフロ**）

のことだった

【d】アナタにも有名な**稲荷山古墳**出土の「**ワカタケルの剣**」（四七一年）の**捏造**（しかも、そのアカデミズムの解読の**臣**(おみ)は**直**(あたひ)の明白な間違い――但し、干支一運下げて五三一年だと伽耶の須恵器の年代とも一致し武蔵騒乱〔五三四年〕とも整合する。列島へ逃げて来た金官伽羅〔朝鮮半島の倭〕人）

【e】**伽耶の植民市**であった**東国**は、大和朝廷には大部分がその当時は直接帰属してはいなかった

【f】百済聖王明が倭へ「**仏教一式**」を贈って来たこと（**５３８年**）の〈意図〉は**深遠**

（リ）古代の朝鮮半島の大部分は、中国史の分析によっても倭（濊）種の領域(エリア)であったことが判る

――「胡（中山国の白人）→東胡（満州の朝鮮）→鮮卑→拓跋→魏（倭人の条の卑彌呼で有名）」

へと至る極東での大きな民族の追っ立て――

が考えられ、これ等のキーワードを通じて日本列島における歴史偽造と朝鮮半島における歴史偽造とを、日本・朝鮮と区別して各々2分して考えるのではなく、私こと古代探偵が空から鳥瞰図の様に**日本列島と朝鮮半島**の上空を**白鳥**（テキスト P1101上「おわりに」）になって飛びまわり、海峡を挟んで一体と見まして、そこを更に**国際法的**(コスモポリタン)な視野から**一括**して今までのアカデミズムの考えを大胆に勇気をもって捉え直し、修正し、その**歴史偽造の解明**のお話を進めて参りたいと存じます。**［論点12］**の全体の要点は次の通りです。

新羅も百済も４世紀に成立した「新興国家」に過ぎず（百済の実質初代王は13近肖古王３４６〜３７５年。新羅の実質初代王は17奈勿王３５６〜４０２年）、この四世紀半(なか)ば以前の王系図は、扶余や金官加羅の王系図の「盗用」によるもので、「奈良」日本書紀や「平安」日本書紀は、渡来民たる天皇家によって共にこれ

ら各改竄された朝鮮の王系図に基づいて作られていたので、この時点で既に朝鮮の偽造史の上に乗っかって更なる日本の偽造史が作られていた、ということになるのである（日朝でのダブル偽造と買地券の謎に迫る）。東国へは大和朝廷の直接統治が大部分ずっと後世に至るまで及んではいなかった（武蔵国造の乱が証明）。「ワカタケルの剣」が仮に真正だとしても、少なくとも干支一運後のこの騒乱（五三四年）の頃のもの（五三一年＝辛亥）。だから大和朝廷は笠原直使主の方を助け、新・武蔵国造の使主一族の埼玉古墳群は栄え、上毛野君の七輿山古墳群は衰退した（因果の証明ここにアリ）。

14―1 新しい暦により「神武即位」をBC六六〇年に遡及

では、巻末付録「**天皇系図の分析**」（テキスト付録1、P1104）をご覧下さい。

私こと古代探偵の古代史の記述の「**縦糸＝時の流れ**」は、通説とは全く異なり、この**分析の結果の天皇系図**――つまり「九つの大王系図のパーツ部分」の合成――が基本となっております。やっぱり歴史の真相は決して「**万世一系**」などではなかったのです。別に述べました様に、**平安日本紀**の作者が後世の「**新しい暦**」により**初代の神武大王の即位をBC660年**（**辛酉**）**迄遡らせてしまった**が故に、次に述べます様に（七4。一三2）、平安日本紀での天皇系図のベースとなりました**百済王**（次に申上げますCEG）だけではとてもとても材料が足りないことになり、その又母国の**扶余**や**兄弟国の高句麗**のもの（同A）までも、更には、それでもまだ足りずに朝鮮半島で同時に併行して存在しておりました**倭**（**金官伽羅**〔BD〕**や安羅**〔F〕）**や新羅**（H。これは後の奈良朝の部分への当て嵌めです）の大王系図までもを総動員して味噌も糞もゴッチャに挿入して期間を稼ぎ、その**約900年間余もの古代へ向かっての空間の「真空地帯」を埋め**

14

なければならない破目に陥ってしまいまして（天皇系図接ぎ木説）、その結果がこの様なアナタが今日目にしております**平安**（**現行**）**日本紀**の**天皇系図の合体・偽造**となって現われていたのです（もしアナタがBC六六〇年の「紀元節」を否定なさるなら〔否定は当然とは言え〕、コスモポリタンに科学的且つ建設的なこのような具体性ある分析と提案にまで立ち入らなければ不十分だったのです。

単なる戦前の考えの抽象的な否定だけでは子供でも可能でして、前へ一歩も進まず建設的ではなく、棒読みの「お経」と同じで説得力にも欠けるからなのです）。この[テキスト]付録1、P1104、P1105は、私こと古代探偵が約30年かかって日本紀の天皇系図を**解析**したもので、友人達から「**藤井天皇系図モデル2**」——略して**藤井モデル2**——と呼ばれている**分析天皇系図**でございます。日本紀が引用しそのモデルといたしました古代朝鮮の王家につきましても、一言で申しますと、高句麗・百済は本来遊牧系、新羅は農業を基本として二分の一が遊牧系、「任那連邦＝倭＝伽耶連合」は、鉄・漁業・海商を基本としつつも、右の北方遊牧系が朝鮮半島を南下して来る度にそれとの混血を幾度となく繰り返していた（弁帽(カル)の人）、抑(そもそも)が実にコスモポリタンな海洋系の王家だったとでも申せましょうか。又、この新しい天皇系図の草案的なものが、現行の古事記に見られます簡易な天皇系図であったこと——神話と天皇系図の習作——の可能性につき、前述のみならず後述。

14—2　「八つもの大王系図」の合体

この付録「天皇系図の分析」の古代の全天皇の図表は、出版社のアート・ディレクターの方が大変苦労をして実に綺麗にマトメテ下さったものです（この系図上の**＊印**は**同一人**を表します。例えば、

1**神武**大王〔日本紀〕＝(百)6**仇首**(キユウシュ)王〔百済本紀〕＝**貴須**(キス)王〔同〕＝(高)**罽須**(ケイス)王子〔高句麗本紀〕

は、各々半島大陸での**国は違い**ましても**皆同一人**を表わしております）。しかし、図14—10の方を見て下さい。この私の「藤井天皇系図モデル2」の手書きの「**原図**」の方が、平安（現行）日本紀の元（基礎）となった天皇系図——次に申し上げますＡＣＥＧの間——に「どの様に**古代の朝鮮王**——ＢＤＦＨ——が挿入されて今日に至る平安日本紀の天皇系図というものが作られて来たのか」というその**偽造天皇系図の作成の過程**、つまり、一言で要点を申しますと、

百済・扶余王系図の

Ａ（扶余王・百済王）、Ｃ（百済王）、Ｅ（百済王）、Ｇ（百済王）、Ｉ（百済系）、Ｋ（百済系）

の**各グループの途中**に、時として**同時代に併存**していた百済・扶余王系図〈**以外**〉の王系図でございます

金官・安羅・新羅王系図の

Ｂ（金官王＝倭王）、Ｄ（金官王＝「倭の五王」）、Ｆ（安羅王＝倭王）、Ｈ（新羅王）、Ｊ（新羅系）

の**各グループ**をほぼ**交互**に、右のＡの次にＢ、Ｃの次にＤという様にほぼ**交互**に異王朝を順次**挿入**して、現在アナタの御覧になっている天皇系図、つまり**平安**日本紀（七3、④**養老四年**〔**七二〇**〕**日本紀**）の「**万世一系の直列**」の天皇系図である**Ａ〜Ｈ**（8つのグループの大王系図の**合体**＋**ＩＪＫ**の3個）というものが「**作られ**てしまいました**経緯**がより判り易い」というご意見が、他の講演などでも今まで多くございましたので、藤井モデル2のアナタが読み難いその**手作りの原図**の方も、今回はご参考までにここに添付させていただきました。

この原図を一言で申しますと、

右半分が**平安朝**での作史の過程で、天皇系図の**基本**（ベース）となった　**百済・扶余**王系図　**ＡＣＥＧ**、

左半分がそれだけでは駒が足りずに後から助っ人として**挿入**されて天皇系図が作られた　**他の**王系図

BDFHということになります。尚、ここの天皇系図の説明では、その後今日に至る迄の「IとJとK」も加えてございます。

因みにアナタ、**古事記**の方は記載が大変**単純**なのですが、現行の正史の日本紀と**天皇位の継承の順序は略**（ほぼ）**同じ**と見て良いですので、古くは伽耶（倭）・新羅系のBDFが中心であったものから、今度は**百済系**が扶余・百済系のACEを中心としてここにBDFを加えて作りました**現行日本紀の当初の台本**（「記」の或るものは「紀」の当初の台本）となっていたと考えることも「記と紀との時代の整合性」（七4、P399②の和銅五年（七一二）の原（プロト）・古事記→⑤の天平十三年（七三八）の現行・古事記）という点はちょっと置いておきますと、可能なのです。ですからアナタ、古事記の方の編纂時期に近い方の大王・天皇は、皇位の順序（その骨組み）を示す系譜のみでも最小限度その王家の史書としての役割を十分果たしており、且つ、平安朝の百済系天皇家の**祖先の正統性**を記しました「神代（かみよ）のウエイト」というものにも、その頁を大きく（何と！三分の一近くも）割いていたのです（両者のアンバランスこそがその証拠の一つだったのです）。

つまりアナタ、本邦初公開で私こと「古代探偵」が一言でこのことを纏めて申しますと、①「伽耶・新羅を中心とした古い天皇系図によっていた原（プロト）・古事記→②百済系の天皇系図を中心とした記載に変えた当初の古事記（後の古事記は嵯峨帝の弘仁年間に至り、更に百済系の人を中心モデルとした天皇・皇子に改竄）→③扶余・百済系天皇系図を中心とし、その他の天皇系図を加えました現行の日本紀」という三段階で現在ここに至っていたのです（古事記の利用・役割、つまり、現日本紀に至るまでの「古事記」の三遷をここに見る。これ又、ホップ・ステップ・ジャンプ）。

ところで、その平安紀の前の、大改竄されてしまいました奈良紀（古い正史）の台本におきましては、どちらかと言えば、その逆に

左半分のＢＤＦＨの伽耶・新羅王系図のグループの方が**基本**（ベース）となっておりましたが、その「ベースが平安朝に至る過程では逆」にされ、**道鏡・光仁**天皇らによってこれが大改竄されてしまっていたのです。これが所謂、北畠親房が**桓武焚書**と指摘しているものの具体的な大筋についての**真相**だったのです（北畠よ、有難う！）。ですからアナタ、早い話が、**非**百済・扶余系の左側の天皇系図ＢＤＦＨの子孫たち（テキスト付録1、Ｐ1104、1105）も、この桓武焚書（今日に伝わる『平安日本紀＝日本書紀』の完成＋『新撰姓氏録』の完成）によって、どうにか「その祖先が何処（どこ）かの天皇か天神（てんじん）か地祇（ちぎ）かに繋がるようにしてもらえたこと」が出来、止むを得ない**主たる豪族間の妥協**（**反主流派にとりましては生き残るための無念の妥協**）**がここに成立**していたのです。

右のような真の意味（**方便**に従ったことにより）におきまして、**平安朝**は、今日に至る**新日本の礎**（いしずえ）（**石据え**）**の完成**でもあったのです（尚、このときより千年以上も後の**原爆投下**と「更なる**真の意味**での**日本人の最終レベルでの完成**」につき、テキスト29―4―2、Ｐ1057下は必見です）。

では、以上のご説明では、余りに抽象的過ぎ（自称、これでは骸骨の裸踊り）、今までのアカデミズムの歴史を盲目的に暗記するだけで精一杯でございまして「ハテナ？」とご自分の頭では考えませんでしたアナタにはチンプンカンプンであろうと思われますので、もう少し右記の**十にも及ぶ合体天皇系図**のＡ～ＧＨＩＪの各々のグループに対応致しますアナタが今まで習ってまいりました、よくご存じの天皇の**具体的な天皇名だけでもここでお示しして挿入し**（**八つの大王系図の合体**）、アナタに「私こと古代探偵の考えの**縦の体系**」

――単純化するため天皇名のみを中心といたした時の流れ――をご説明致しますと（と言う訳で、特に[テキスト]32―2―1～2、P1087～1093もアナタ必見です）、**平安天皇家**におきまして**天皇系図の基礎**として用いられました百済王系図の翻訳たる付録「天皇系図の分析」および図14―10の右側部分の

〈百済・扶余グループ〉の大王・天皇は、次のA・C・E・G・I・K、つまりその内容は

A　1**神武**～4懿徳　C　**10崇神**～15応神　E　17履中～25武烈　G　9欽明～34舒明

I　49光仁～50桓武～99後亀山

K　122明治（[テキスト]28章、P1040～1043必見）～124昭和～125今上陛下

のうちの「**Iの途中**」迄ございまして、その**右の基礎の間に挿入**されました「その前の**奈良朝**までの**天皇系図の中心**となっておりました、左側部分の新羅・伽耶（倭）王系図の翻訳たる**〈新羅・伽耶グループ〉**の大王・天皇」は、次のB・D・F・H・J、つまりその内容は

B　5孝昭～9開化　D　16仁徳～22清寧（含、「倭の五王」の内の四人。「紀氏＝蘇我氏」）

F　26継体～28宣化（大伴氏）　H　35皇極～48称徳（新羅系）

J　100後小松（[テキスト]27章、P1035～1039必見）～121孝明

のうちの「**Hの途中**」迄ということになります。各々の朝鮮史のモデルは、その全てがアナタに一発でお判りになる**テキスト**「**付録1**」、P1104～1105を必ずご覧下さい（尚、一六2。「**十**（じゅう）もの大王系図の直列合体」で縄文時代まで遡ってしまっております）。

ここでアナタ、では

〈何故、**神武**大王（**始馭天下之天皇**（はつくにしらすすめらみこと））のみならず**10崇神**大王（**御肇国天皇**（はつくにしらすすめらみこと））までも、日本の正史・

日本紀では、その表現の漢字こそ違うとは申せ、**共に**「**ハツクニシラススメラミコト＝初代天皇**」と**なってしまったのか？**〉

という謎――本来、何処の国でも**初代王が二人**いては可笑(おか)しい筈なのですが――に、私こと古代探偵が迫ってみます。これこそがアナタを始め万人がこの問題を解決するためのコスモポリタンな切り札だったのです。と申しますのも、アナタが一国歴史主義の呪縛を逃れまして、古代を**国際法**（International law）**的**に見ることが出来ますと、

①**プロト百済史**である満州の**北扶余史**での初代王・**尉仇台二世**（『**魏書**』「夫餘条」。同名の王が『**後漢書**』「高句麗条」の建光元年〔一二一〕にも見えますが、これは**仇台一世**の方ですのでご注意下さい）

と、

②それ（右の祖国での王）を**モデル**にして、今度は**百済**に於いて作られました百済初代王・6**仇首王**（その実質はその名に「近」の付いたその七代も後の**13近肖古王**〔三四六―三七五年〕でした。共に「**百済本紀**」。しかもアナタ、この高句麗9故国川王〔一七九―一九七年〕の王子の罽須(ケイス)（北扶余史での尉仇台二世＝神武のモデル）から、その音をそのまま借用して百済史におきまして6「貴須(キス)＝仇首」王〔二一四―二三四年〕が半運〔三十年〕加上して作られていたのです。テキスト付録4、Ｐ1108、同5、Ｐ1110は必見）が共に、満州・朝鮮でのそれぞれの初代王がモデル（**百済**は、**北扶余**からの**亡命民**が朝鮮半島を南下して建てた国で、この北扶余史を基にして百済の歴史が作られていたのですから――高句麗も同じ）

であったが**故に**（テキスト付録1、Ｐ1104の「王系図」、同付録2、Ｐ1106の「大王の比定」）、この①②**それぞれをモデル**といたしまして**日本列島で**「**再コピー**」され（正確には、北扶余史からでは再々コピー）、それを台本

として**百済王**（コニキシ）**出身の天皇が母国のサンプルを元に日本で作り変えてしまいました平安日本紀**（現行日本紀）におきましては、両者が共に——**扶余**での実質的**始祖王**①と**百済**での実質的**始祖王**②とが共に——ダイレクトに（そのまま）且つダブルで「ハックニシラス」スメラミコトと**始祖王**として入ってしまいましたのも、これは**当然過ぎる**ことでもあったのです（つまりアナタ、テキストP1104の「満州・**仇台**（右のA系図）＝百済・**近肖古**（右のC系図）＝日本・**神武**」のその**モデルは抑**（そもそも）**皆同一人**だったのですから。それに、高句麗（多分、高句麗史がモデルとした北扶余史も同様です）の後期王朝は「穢（カイ）＝解（カイ）＝物部氏の祖先」ですし（一四3））。

このように、百済系がクーデターで成立させた平安朝（を含めて）までの

「A〜I」の九つの異質な合成天皇系図

が、私こと古代探偵の考えの生命とも申せます「**全体系**」の**縦糸**（**時の流れ**）となって、**全ての私**（マイ）**の古代史**の考えを**一貫**しておりますので、アナタはこのテキストをお読みになる際に時々立ち止まって、先程の「**テキスト巻末**の**付録1**（テキストP1104〜1105）の天皇系図」と「テキスト最後の**32章のテキスト全体の要約**（**大王・天皇の朝鮮史における各モデル**）**の文章**」との双方をご覧になりながら考えて頂きますと、現存しております者としてのこの私の現在「**日本一難解**」とも申せます本邦初公開の「**パズルの様な古代史の天皇系図の骨組み**（**体系**）」**の謎**に対するアナタの明快なご理解・ご解明がより深まるものと確信致しております（一六2）。

14—3　百済王系図→物部系図→天皇系図

では次に、巻末付録「**百済王系図**」（テキスト付録5、P1110）をご覧下さい。「**平安**日本紀＝日本書紀」におけます日本の天皇系図の**母体**ともなりました、そのオリジンたる**朝鮮**（**百済**・**新羅**）**の王系図**をここで見てまい

りましょう。

先ず〈百済本国〉での「**百済王**」の**系図**自体も、客観的に分析いたしますと、これはアナタが十分気を付けなければいけなかったことなのですが、実は、これ又万世一系ではなく**ABC**（これは先程の日本の天皇の系図「ＡＢＣＤＥ…Ｋ」とは**全く別**のもので、**百済王系図自体**が朝鮮で時間の流れに沿って**ABC**に**3分割**されて造られていたのだという百済本国での過去の流れを示しておりますので、どうか混同なさらないようにご注意下さい）の**3つの系図の合体**だったのでして、最初の**A**は百済の「**母国の扶余**」王系図（因みに、高句麗史も又北扶余史のコピーでして、四九四年まで存在しておりました母国の扶余の歴史を、この年に滅ぼした〈序―2〉分家筋たる高句麗が抹殺〈これは分家新羅が本家金官〈倭の半島部分〉の歴史を吸収・抹殺してしまったことと、朝鮮半島ではよく見られます全く同じパターンですよネ〉してしまった上、その歴史を自分の歴史として取り込んでしまって作った高句麗史を、今度は同じ出自の「百済がコピー」し、更に列島に亡命した「百済王（コニキシ）」系の天皇が大陸での歴史をよく分析もせず〈出来ず〉そのまま慌てて再コピー」してトリプルに作ってしまったものでしたので、それで現行の平安日本紀には、前述のように「初代王が神武・崇神と二回も出現」してしまっていた不可解さが正史上に残ってしまっていたのです。コスモポリタンで初めて解かれる日本紀のダブル始祖王の謎――「これで決まり」だよね）や「**伝説上**」の王系図で作られており、その次の**B**につきましてはこの系図の右頁の点線で囲んだ部分で、これは「**倭＝金官**」王系図を引用して作られております。

かように致しまして、

百済も**三番目**の**C**の王系図の**13近肖古王**（きんしょうこ）（３４４～３５７年。一四２②）からが、倭（或る時期からの〈その前の濊・倭人を含みます倭種のレベルにおきましては、中国史によりましても、紀元前は朝鮮半島及び満州南部にも広く存在しておりました〕鳥嶺以南、つまり嶺南〔慶尚南北両道は勿論のこと、古くは全羅南北両道の大部分も含みました〕の任那の範囲につき、別述）との協力により共に高句麗**16故国原王**を**平壌**(ピョンヤン)で殺し（テキスト口絵4）、**京城**(ソウル)に南下し（**慰礼城→漢山城**。**371年**）、この時点におきましては、北方からの後顧の憂いを断ち、暖かいこの農作物もより豊かな肥沃な土地で**伯済を建国**（本一5。一四9。**石村洞積石塚**）してからのほぼ**実在の王系図**だったのでございます――南下して来て、そこで「嘗ての本貫の地の出身母体の**北扶余**（含、高句麗）の王系図」などを流用して（チューインガムを引っ張って）新興百済が無から有を生み百済王系図が作成されておりました――チューインガム王系図。ですから、百済史を一見致しましても、元々その作史には年代の無理が頗(すこぶ)るございましたので4蓋婁王と21蓋鹵王、新・旧の肖古王（13代、5代）、そして新・旧の仇首王（14代、6代）等というように**同名の王**が苦し紛れに百済王系図の随所に**ダブッて**見られますのもそのためだったのです（朝鮮の正史である『**三国史記**』「百済本紀」の捏造の例がここにも見られまして、こういうのが沢山あるのですが、更にそのより具体的な一つの例と致しましては、王の系図年代の延長の作為の為に、**21蓋鹵**(ガイロ)**王**〔**加須利君**。四五五―四七四年〕のずっと前の方に、正に**同名**の4**蓋婁**(ガイロ)**王**〔一二八―一六六年〕を挿入――干支五運〔三百年〕も加上――してしまったのですが、この王の**事跡が全く空虚**であることからも、名前だけが同じでございますこの点の「百済王系図偽造」は明らかだったのです）。

ところでアナタ、テキスト付録5、P1110～1111では、一見不可解なように＊印で「**物部氏**」も**百済王と同一人**――このことは我が国の天皇系図の謎解きの最重要ポイントでもございます――として記載してございますが（その同一人の例の一つといたしまして、**30敏達**大王〔日本紀〕＝**25武寧**王〔百済本紀〕＝物部**尾輿**(おこし)）、その

理由は、アカデミズムの作った教科書を只暗記しているアナタには明後日のように難解なのですが、マアお聞き下さい。実は、平安朝になり百済系天皇家が日本紀の天皇系図をリニューアルし大改竄致しました時にお手本とした**百済と扶余は元々が同族**（高句麗も百済も共に扶余から分かれました）でございましたし、又、兄・**沸流**百済（**物部氏**・扶余**穢**族・濊族＝「濊＝穢」）と弟・**温祚**百済（**百済王家**・扶余**伯**族）の二族は、大陸での「祖先の王系図」が一部重なっていたり近かったこともございまして（高句麗史における穢族による伯族の征服）、その末裔――両方の流れ（どちらかと言うと伯族に重点がございます）を受け継いでおります――である渡来平安天皇家といたしましては、このことを利用するのは日本での「天皇系図偽造がバレない」ためにも非常にグッドアイディアであるということに或るとき史が気付き、そこで母なる国の①からダイレクトに天皇③を作ることをせず、次のように、右の例で言えば、先ず

①**百済王系図**（**温祚**百済）――例えば25**武寧王**――を

②**物部氏系図**（**沸流百済**）――**物部尾輿**――というものに**変換**し（**第1次**変換）、そこから次に正史・日本紀上**同一人**の

③**天皇系図**――30**敏達大王**――を作る（**第2次**変換）

という、直接**百済王系図①と比較されましても、一見日本紀の偽造が単細胞の後世のアカデミズムには直ぐにはバレないように**との入念な頭の切れる百済系の史の配慮から、そのために苦労して態々複雑な**2段階の作業**（右の①温祚→②沸流→③。ですから①②③は同一人）を経まして、今日のアナタの前の**平安**（**現行**）**日本紀の天皇系図**というものが母国百済王系図から作られておりましたので、世界中のアカデミズムもアナタも今までその謎が解けなかったにも拘わらず、アナタにだけには解決に至っていただくためにも、その過程をアナタにお示しし注目して頂く意味をも含めまして、それらと同一人の**物部氏**――中間の**亡霊**――

をも念のためここに合わせて記載しておいた次第でございます（テキスト＊印の同一人）。

この「三段論法」は、次の点を含めまして、これ又、本邦初公開。テキスト18—5—1、P791下—792上、16—2、P699下、P670上。先行した百済王系図内での**ダブル変換**。但しアナタ、その中間（媒介）となりました日本での**物部系図**そのものすらも巧みに**改竄**されておりましたことは、更に少し複雑になってしまい恐縮なのですが、ここで忘れないうちに申し上げておきますと、現行系図上佐為連の祖の「**石持**」が、そして借馬連・野間連の祖の「**金**」が、お互いにそれぞれオジとオイの二つに二分化され（つまり、一代ズラされて）、更には藤原北家に繋がる超重要な「百済王子昆支（百済宿禰系）＝物部**目**＝23顕宗のモデル」であった「目」が、系図上三か所にも分散（初出の目から二代ズレと四代ズレ。ですからアナタ、仮令（たとい）アカデミズムの目から鼻に抜ける秀才坊やでも「百済王子昆支（飛鳥戸神社の祭神）＝顕宗大王」というところまでも今日に至るまで読み込めなかったのです）させられておりますことからも、これは中学生が系図を一見しても判ることだったのです——「中間＝仲人（なこうど）」（物部氏＝その物差し）までも動かしてしまい、後世その跡を「天皇（創作）↓百済王（モデル）」へと逆に何人（なんびと）も一歩も逆さ（さか）に辿れなくしてしまう超高等な工夫（マジック）（先へ進めない途中の底無し沼）がそこには施されていて今まで誰も渡れずそれによる防禦に大成功して来たのです。だからこそ、アカデミズムも明治百年余このことが全く判らなかったのです。これは丁度、遼東と遼西との基準となる遼河（浿水）の移動（一四6、P890）とちょっとその発想・趣旨が似ていますよネ。

さて、ハテナ坊やの右の奇抜な発想から物部氏のお話に戻しましょう。と申しますのも、この物部氏も、大陸にまで遡りますと、前述のように満州の**扶余**・**高句麗**の「**赤部＝南部**」の出自でございまして（ここの長官・酋長が韓国の『**朱蒙**』のドラマにも出てまいりますアナタにもお馴染みの**陜父**（ヒョッポ）という人物だったのです）、アカデミズムのゴッドファーザーに汚染され尽くされてしまった脳の今のアナタにはこんなことは全く信じられないことになるのでしょうが、

「八岐大蛇（やまたのおろち）」とは、実は**この陜父一族の祖先**の、当時の兵が皆身に付けておりました**皮甲乃至（ないし）は北方シベリア系の白樺甲をも射抜いて**しまう殺傷力を持ちました、無敵の固く鋭い**錬鉄の鏃（やじり）**の技術を初めて習得した**鉄民**のことだったからなのです（本一2、一九、一四7必見）。この高句麗**五部**の内のこの**南部（ぼう）**（南方）の一族（**酋長が三人**もおりました大部族）に**最新のこの武器**があったからこそ、それを押さえた（支配下に置いた）高句麗（卒本扶余（ソルボン））の初代王の朱蒙は、母国たる伝統ある大国の北扶余との戦いにも、このウルトラCにより勝ち残ることが出来たのです。

因みにアナタ、高句麗王の出自が途中から伯族から「穢（カイ）＝解（カイ）」族に変わっていたということ（別述）の意味するところは実は頗る（すこぶる）重大だったのでして、東洋史上におけます、この鉄民の陜父（ヒヨツポ）（松譲王＝物部氏＝穢〔濊〕＝八岐大蛇）の子孫が、後世に至り高句麗王家（本家）を乗っ取って桂婁（ケイロ）（中部・黄色）部と化していたのだという、日中朝三者のアカデミズムが寝耳に水で今まで全く気が付かなかった重大なことに私こと古代探偵が気が付いたことを意味していたからなのです。そして更に、この中国人から「穢（きた）ない」と形容された「穢＝濊」族（中国史による扶余の建国地にいた民。これも広義の倭人・濊人たる「倭種」の一部）が主として朝鮮半島東海岸を伽耶へと南下いたしました。このことは「ヒィー・フー・ミー…」との呪文を持ちました「物部氏＝ニギハヤヒ」の朝鮮半島の南下そのものだったのです。ですからアナタ、右の物部氏の「ヒィー・フー・ミー…」の呪文と京の平安天皇家（百済・扶余系）と貴族が継承してまいりました数詞の「ヒィー・フー・ミー…」とが、同一祖先でしたので当然のこととは申せ、全く同一で今日まで残ってい

てくれたのです〔納得！　八岐大蛇の本貫の探索は、これ又、本邦、否、世界初公開の快挙！〕。

そして**資料【75】**（テキ付録5、P1111）の左頁左端の**百済が滅んだ**時の**31義慈王の**「**王子達**」をモデルにし、その追悼の意も込めまして、その同族により作られました**平安日本紀**では

38天智大王（新羅太祖武列**金春秋**王の**2分の1**に百済仮王扶余**豊璋**の**2分の1をプラス**して作られた）や、又、

39弘文大王（**モデル**は高句麗に逃げた百済王子の扶余**隆**。この大王の曾孫が淡海三船。尚、「**扶余隆の墓誌**」と**古への**「**辰（鮮）王朝**」とにつき、本六の徙民政策はアナタ必見ですゾ）、

36孝徳大王（**モデル**は来日した百済王子の扶余**孝**。本来の一字姓の名前も「孝＝孝」で正に彼此同一）、

百済王**善光**（**モデル**は来日した百済王子の扶余**勇**）、そして特に忘れてはならないのが次の

役の行者（**モデル**は百済王子の**演**。正に「エン＝エン」でこれ又、名前も同じ。**本邦初公開**）

等が作られておりますが、このテキストの「付録5」P1111「付録6」P1112を御覧になりますと、一発でアナタはこれらの「モザイクのように難解なパズル」がお判りになる（**平安日本紀**の**フィクション性**が即座に把握出来る）筈です。

14―4　新羅王系図の偽造とアマテラスの創造

次に、付録「**新羅王系図**」（テキ付録7、P1114）の方をご覧下さい。

「新羅本国」での「**新羅王**」の系図自体も、又、先程の付録「**百済王系図**」（テキ付録5、P1110）や「**高句麗王系図**」（テキ付録4、P1108）と同様に、万世一系ではなく朝鮮レベルで**ABC**の**3つの順番の王系図が合体**されて作られたものだったのでございまして、**A**と**B**とは「**倭**（**金官金氏**）や**朴氏**や**昔氏**」などの、**新興新**

羅成立前の慶州金氏以外の王系図を引用して朝鮮史上に作られていただけではなく、私こと古代探偵の分析によりますと、更にそのことに加え、この古い時代のAB部分は歴史の浅い**新羅だけに見られます独特な問題**と致しまして、**同一の王を類似の名前**（**一字が同漢字**や中国〔正字以外を含む〕又は古代朝鮮での**音価が共通など**）に変えて「**二回も重ねて**」、**系図の縄延び**で作られている（これ又、チューインガムプラス「貼り付け」）ことが多いことが判明してまいります。つまり

「初代　**赫居世**　～　9代　**伐休尼師今**」間の**九人**の王と

「11代の一つ前の　**骨正**　～　16代　**訖解尼師今**」間の**七人**の王や**葛文王**（かつぶん）

の双方の新羅王系図は**実質上**「**同一の王**」**が全くダブッて**載せられておりまして、この発見も私こと古代探偵が**本邦初公開**（勿論、朝鮮本土におきましても初公開）なのです。時間が余り無いのですが、これだけの説明ではアナタには判りにくいと思いますので、先程の日本の天皇系図と同様にもう少し詳しく**重なる王**の名前だけでも申し上げて問題提起をしておきますと、次の通り

「**1居世**（こせ）　と　11代の一つ前の**骨正**（こっせ）」

「**2南解・4脱解**　と　**伊買・10奈解・12沾解・16訖解**」

――「解」は本来、百済の王姓でございますが（但し途中からは「余」と表現されるようになってしまっております。又、扶余・高句麗の後期王朝の姓も「解」です〔別述〕）、それが何故新羅の王名の中に？――

「**3儒理**　と　**14儒礼**」「**6祗摩**（しま）　と　**19訥祗**（とつし）」

「**仇鄒**（きゅうすう）　と　**13味鄒**（みすう）」「**9伐休**（ばつきゅう）　と　**未休**（まつきゅう）」

（アラビア数字の付いていない人名は**葛文王**（かつぶん）〔一五6〕など――但し、振り仮名は古代朝鮮読みで

14

の音価が今日では正確なところ判りませんので日本読みでの表示）等がそうだったのです。因みに、右の内の「**３儒理＝14儒礼＝ジュリ**」の音価は、**皆古代朝鮮語で巫女・巫男**のことを表していたのでして、これは古代におきましては「**祭礼者**」という単なる**抽象名詞**に過ぎなかったのです。この点、新羅の慶州金氏よりも古い、**朝鮮で一番古いチョクボ**を持つ**金官金氏**の金官加羅（倭）の初代の「**首露王**（しゅろ）」という名すらもが、実はアナタ、正に「**ジュリ・ジュル＝巫女・巫男**」ということで右と同様の抽象名だったのです（ナーンダ。この伽耶〔倭〕初代の金首露王をモデルとして日本紀での８孝元大王が作られておりましたことにつき、一四２Ｂ、テキスト付録１、Ｐ1104、同２、Ｐ1106、同８、Ｐ1116は、アナタ、このことの全てが一発で判りますので必見です）。お家に帰られましたら、これら（倭）王系図と**新羅王系図**（テキスト付録７、Ｐ1114、1115）との両方を交互によーく睨めっこして、古い時代の王が改竄されておりましたことのカラクリをご確認下さい（そして、これをアナタ、私こと「古代探偵」の**ジュリ王アンコ〈餡〉説**〔又は、上げ底説、饅頭折り説〕とでもお呼び下さい。テキスト２―３―２、Ｐ77下）。

さて、かように致しまして、

新羅も又、３番目の**Ｃ**の王系図の**17奈勿王**（なぶつ）（尼師今。356～402年）からが、辛うじてそこでの**実在の王**と言えるのでありますが、新羅（慶州金氏）が実際の**金氏**を名乗り**国際法上**「宗主国の中国から金姓の王と認められます王」は、前述の様に、更に後世**100年以上後の532年**に至り、新羅がそれまでのご主人（本家）の金官加羅（**金官金氏＝倭**）を半島で滅ぼし、正統派の金氏の金官金氏から金姓を奪いそれを「**新金氏**」と改姓させ（列島での「新金＝荒金」さん）、その結果自ら新羅が「**慶州金氏**」を**詐称**出来るようになってから後のことに過ぎなかったのです（一6、図1―11）。朝鮮人はそうは思いたくないのでしょうが、厳しい現実と致しまして、国際法的に見ましてもその前（五〇〇年以前）には朝鮮には「**新羅**」**という国号**のみならず、**新羅王家の慶州金氏の**「**金姓**」すらもが**全く存在しなかった**のです（目から鱗）。ですから、「金姓の系譜」は、仮令千五百年も前からのものと言われるものが伝わっているといたしましても、その途中から前は捏造されたものだったのです（「一字姓」は唐代からであるという公知で明白なことにつき、ステキ2―4―1、P87―88必見）。

高句麗の占領から「**倭の五王**」**の武**（**雄略大王**）が**プロト新羅**を解放してくれましたので、

①この時、正に、**お隣の百済**が喜んで、この頃はまだ**海峡国家であった倭王**「**伽羅＝カラ＝弁＝弁**（**帽**）＝**卞＝卞＝ビュン＝早＝日下**（**日高・日本**）＝**日十大王**」へと、例の**隅田八幡宮**の「**人物画像鏡**」を贈ってくれておりますし（本一七3、一四8――ですからこの王の表示〔日十＝日下〕も「倭王＝任那王」ということの一つの証拠でもあったのです）、

②**プロト新羅**はこのときから実質独立し**王号**を今までの占領者である高句麗系の遊牧系の称号である**干**（ハン）の付いた「**麻立干**」から（但し、古くは、アナタの予想に反して、**新羅**の主要の部族が本来**扶余の出自**〔**辰王系＝鮮王系**＝この部族は、古代中国から見まして「**辰＝東南東**」の方角にいるとの認識で、この朝鮮半島**中・北部**へと**下った**〈**亡命した**〉集団のいたエリアがこのように**辰韓**と名付けられていたのです。そして、本来は「**辰＝鮮**」**王**」でもございましたこと〔それと**混血**した濊の南下をも含めまして〕につき、一5、九10、六はアナタ必見です〕、初めて「**王**」という**自立した称号**を名乗ることが出来る様になり、更に、

③**国号**すらも「**新羅**（**シロ・シルラ**）」と確定することが出来、

④ここに至り、精神的にも安定しやっと祖先の「**廟＝神宮**」を**初めて造る**ことが出来るようになり（こ

14

れがアナタ、日本紀の言う**天武**天皇の創設した**伊勢神宮のモデル！**ともダイレクトになっていたのです。一六4、P1022必見)、又、

⑤遊牧系の伝統である「**殉死**」をも、ここに至り漸く止めさせることが出来たのです〈これが正にアナタ、日本紀でいう「人の生き埋めを止めて作られた」という**埴輪起源譚のモデル！**〈ノベルである文字の日本紀と考古学上とでは時代が違う——何故かと申しますと、埴輪は円筒埴輪と形象埴輪とに分かれ、後者は更に家形・器材・動物・人物とに分かれ、その中で一番遅くに出現いたしましたのがこの**人形埴輪**〈この「土物」「立物」は「**以二是土物一、更二易生人一、樹二於陵墓一、為二後葉之法則一**」＝是の**土物**を以て生人に更易へて陵墓に樹てて、後葉の法則とせむ。**垂仁紀**三十二年七月六日。但し、古事記では崇神記」というように「人に替えて」とございますので**人形埴輪**のことを言っていたからなのです〉ですので、日本紀の文言上におけます埴輪起源譚〈右の全種が一緒くたの時間的に広過ぎる記載〉の時代は、出土物の実態との関係ではアバウト過ぎて物的証拠とは全く合わない「机上の空論」だった、つまりごまかしていたことになります——とは申せ〉だったのですゾ。ですからアナタ、このエピソードと**連動**いたしまして、同一の運命共同体でございました**列島部分の倭**におきましても、この**新羅と組んで**ちゃんと安羅〈倭〉系の九州の**磐井**〈倭王〉が「**磐井の乱**」を起こしたとされております〈因みに、朝鮮で起きた磐井の乱〈五二七〉と金官の滅亡〈五三二〉とその反動での東国での武蔵争乱〈五三四〉との三つがコスモポリタンに連動しておりましたことと、当時は大和朝廷の統治が東国までには十分及んでおりませんでした大切なことにつき、別述〉。このように「新羅とは伽耶の時代から縁の深かった」**磐井の日本列島部分での故地**でございました九州の**八女**地方では、考古学的にも丁度この時期の**六世紀前半**に遅くともこの種の**埴輪**の生産が開始されております〈福岡県の

立山山古窯跡（たちやまやまこようし）。第一号窯。何故か**殉死の代わりとなる埴輪**を造り始めたその**時期**も、不思議と**九州と新羅史の文献とが内外でピッタリ一致**しておりますよ）（一七4、一六）。

右の⑤が正しかったその考古学的な理由は、古墳時代は勿論のこと、その前の弥生時代にすら列島には原則として殉死の風習はなく――ですから、これは半島・大陸でのことがこの話の前提となっていなければ有り得なかったのです。正に、正史の垂仁紀はその文言自体がこれが半島での出来事であったことを明示してくれていたのです――そうであるからこその代用とされた人物埴輪や動物埴輪が当初の埴輪群には見られなかったのです（これでガッテン！）。

このように、仮に一歩譲り右の事実が真実かどうかは別といたしましても、右の①～⑤の記載が見られますのが丁度**22智證王**（500～514年）前後**から**ですので、この**AD500年辺り**からが、初めて王系図上も信憑性が認められる新羅における（慶州）**金氏の王朝の成立**と辛うじて言い得るのです（本一七2～4――朝鮮史まで踏み込んでの批判は本邦初公開）。

右のように、それ迄は国があっても、長い間新羅という領域は実質上**倭や高句麗の支配下**にございました（倭によるプロト新羅の支配につきましては、『宋書』「順帝紀」及び「倭国条」が、更に高句麗による支配につきましては**広開土王碑**がその動かぬ証拠です）。

つまり、建国以来ここに至り初めて新羅となり、独立国としての様相を呈することが出来るようになったという訳なのです。

それにアナタ、そもそも私こと古代探偵に言わせますと、天皇家の祖先神の**アマテラス**を祭る**伊勢神宮**の「**神宮**」という《命名と創設の由来》すらもが、前述④の様に、日本列島に先行して既に500年前後の**新羅に見られましたことの列島における進駐軍政府**（**都督＝評のボス**）**による**「**焼き直し**」（**翻訳**）に過ぎなかったのでして、その元となりました新羅での証拠をコスモポリタンに見てみましても、新羅正史上、**「置神宮置奈乙。奈乙始祖初生之処也」**〔『**三国史記**』「**新羅本紀**」**21炤**〔照〕**知**麻立干〔479～500年〕の**9年**〔**487年**〕2月〕

――**神宮を奈乙**〔慶州・**蘿井**〈＝**倭井**〉の地〕**に置く、奈乙は始祖赫居世の始生の処なり**――

〔尚、と申しますのも**赫**〔朴〕**居世**は**瓢公**――真水を入れた瓢箪を腰に付けて渡来した海洋民――**と同一人**〔皆音は「パク」――**南倭のナガ族**＝ナガスネヒコのモデル〕で**倭人**でしたので、この井戸の名はズバリその名の通り「**倭井**」〔但し、**北倭**ではなく当初は南方〈インド系〉の**海洋系の倭・佤人**〕そのものとなっていたのです。[テキスト]2―3―1、P75―76。この朝鮮の朴氏と後の沖縄の髄の長い**中**曽根氏とはインドまで遡りますと同一部族でして、卑彌呼を山越えで西都原で殺した**狗〈奴〉国の卑彌弓呼**〈『魏書』倭人条、九6〉系がその後二派に分かれ、その一派はその余勢を駆って邪馬臺国の**壱与に先行**して中央の畿内を中心とした「**秦王国**」の制圧を目指して**移動**し、列島の**河内・日下**へと入ります。この長髄彦は、正史日本紀上では、ここで「饒速日＝天火明命」系と一緒〈ニギハヤヒはナガスネヒコの妹の三炊屋媛と結婚しナガ家に入ります〉になって、正史上は「胆駒＝日下＝孔舎」で神武大王を迎え討ったことになっております。他の一派は前述のように、後に海路で**朝鮮半島**の方に入って新羅史の始祖王の「**ナガ＝瓢＝朴＝赫**」氏と化していた〈『**山海経**』**朝鮮天毒**、[テキスト]9―9―2、P409〉のです＝後にこの流れは「民族の追っ立て」の結果、潜伏し、更に**契丹**の**牛トーテム**〈インド系〉の**鑌**鉄の**簫氏**と一度化して、再び、突然歴史の表舞台に現れてまいります。ですから、当初の**辰韓**〈**流浪の民**〉の民族の分析は、**南倭**の上に後に亡命して来た**北倭**という**重構造**をしておりました〈南倭＋北倭＝二重構造〉。これ又、本邦初公開〉。但しアナタ、同王の**七年**〔**四八五**〕四月に「王自ら**始祖廟**を祭り、墓守り二十家を増置した」ともございまして、多少その時期につき多少整合性に欠けるところも見受けられます）、

又、更にアナタ、

「**創」立神宮**」（『**同**』「**雑志第一、祭祀**」**22智証**〔證・大路・哲老〕**王**〔500～514年〕）

等となっておりますことからも、この史料では王代こそ21代炤知麻立干とその次の22代智證王と一代異なっているとは申せ、この2人は**ほぼ同時代**であり（前後の二人の王位継承の**接点**の年が**500年**）、これ（前述の④）がその

「**神宮**」**創建の日本に先行する新羅でのモデル**

であったことの動かぬ証拠だったのです。

更に又、**伊勢神宮**に**天皇の女**（むすめ）が司祭として入る**斎宮**（さいくう）（**いつきのみや**）の制度の〈お手本〉すらも、私こと古代探偵の精緻な朝鮮史の探査の結果、ナントアナタ！　この**天皇の母国のこの新羅**の古い記録の中にちゃんとこの前例はあった！のでございまして、ではその証拠はと申しますと、次の様に、

「**第2代南解王3年春、初めて始祖赫居世の廟を立て、四季にこれを祭り、**

南解王の　実妹　の阿老（あろう）**に司祭させた**」（前『**同**』**雅志**）

と記され、「**王の身内の女性**」が任命されている伊勢と全く同じパターンの前例がちゃんとこの朝鮮でのモデルとされました**敵国の新羅**には先行して存在していたからなのです（但し、その時代は加上――新羅の正史自体の加上による）。

因みにこの王妹の**阿老**は「**ａｒ**」で、この王妃も**阿婁**（あろう）、王母も**閼英**（あつえい）であり、これらは全て古代朝鮮語で**卵**

や**穀物**を意味し、**祖霊の表現**そのものだったのであり（**呪術性**）、しかもこの「王妹の祖霊」は**始祖廟の司祭**（**女シャーマン**）を表わした一般名詞でもあったのであり、後世、中国から入って来た「男性中心の儒教」で汚染されてしまう前の**朝鮮の古い自然発生的な宗教形態**を表わす貴重なものだったのでして、右の『**本紀**』と『**雑志**』の時代性に多少の混同が見られるとは申せ、この二つはほぼ同時代のことで、これは実は**22智證王の頃**からのものであり、且つ、これが**伊勢の斎宮**（**天武天皇の女の大来皇女**(おほくのひめみこ)**が実質初代**）**制のモデル**とされたもの（テキスト15—1—8、P592。同8—4—3、P324及び本一六章必見）に間違いなかったのです（これ又、本邦初公開——新羅にまで遡る伊勢「斎宮の制度」）。

この斎宮の**大来皇女**が伊勢から上京した時（その証拠は次の歌の「**左注**」の「**右一首今案——**」によります）、弟の**大津皇子**(おほつのみこ)の死を哀しんで詠んだとされております

「磯の上に生ふる馬酔木を**手折**(たを)らめど、見すべき君がありとは言はなくに」（万葉集166番）

という「**馬酔木**(あせび)」**の歌**も、この時は**朱鳥元年**（六八六年。これ又、実は怪し気な年です。テキスト23—2—4、P938上、同23—3、P948上）「**十一月**」**六日**とあり、ところがドッコイ、アナタ、馬酔木の**花が咲く**のは、同じ**旧暦**の「**二月**」なのですから（新暦では三月中旬）、この題詞（及び歌自体）も酷い**インチキ**であったことが、中学生にも一発でバレてしまっていたのです。

その理由は、私こと「古代探偵」が考えますに、平安朝に周辺の山麓までも「都市化の波」が相当及び、一般には既に馬酔木が当時でも植木屋から買ってこない限り町中では殆ど見られなくなってしまってから、日本紀が百済系天皇によって大改竄されて、**大津皇子の悲劇**（モデルは、ズバリ新羅「**金欽突の乱**」他。テキスト24—3—1、P1004）とこの**斎宮のエピソード**（テキスト24—2—2、P1003下）を捏造して挿入せざるを得なくなり（それに加えて、大来の「**死んだ弟の呼び方**」にも不審な点がございました。別述）、更に「**万葉集**」をもそれ

14

に合わせるかのように捏造して挿入していた」という事に起因していたのです（この万葉と連動しての歴史の改竄という小道具に活用の点の解明も、私こと「古代探偵」の本邦初公開です）。

更にアナタ、日本列島で

伊勢神宮が単なる「**神祠**」レベルから「**神宮**」と称号が付けられてレベルアップして呼ばれる様になりますのが、一体〈何時頃から〉のことなのかと申しますと、これ又この**天武天皇**の時代からなのですから、またしても私こと古代探偵の考え（このときの天皇〔天武〕は新羅王子の占領軍提督の金多遂）とその全てがピッタリだったのです〔持統六年〔六九二〕三月六日、**大神神社**〔藤原氏が改竄してしまう前の古くからのここの祭神の「大国魂」は物部氏系の**饒速日命**でした〕の神主家の中納言**三輪高市麻呂**の「それ迄の朝廷の信仰が**中臣神道により変遷**させられてしまう」「農繁時の行幸は中止すべき」との**冠位**〔**官位**〕**を投げ打って**までの諫めに反し、**天皇として初めて持統は伊勢へ出発**を強行してしまったのでした）。

ということになりますと、アナタ、**正史日本紀**によりましても、天皇〔持統に相当いたします或る天皇〕の**伊勢行幸**は**七世紀末**になってから「初めて」行われたに過ぎなかったのですよ（それまで、他の神社には大王が色々と行幸しているにも拘わらずです。葛城山の一言主〔神社〕との雄略大王の面会〔記・紀〕など）。太古からあるのなら、何故、その天皇家の氏神様と言われる程のトップのウルトラ神社にそれまでなんで**何百年も行かなかった**のでしょう？　その方がアナタ不思議でしょ？　実はアナタ、宮中の奥では、この頃中臣〔藤原・唐〕**不比等**〔架空〕らによる「**中臣神道**」と言われているものが**伊勢のリニューアル**とセットで**完成**しておりましたことの証拠がここに現れていた——この辺りから**体系化**し**完成**した**神道**が「始めのい−

っ歩（ぽ）」を歩み始めた——のだと、私こと「古代探偵」は見ております。

この様に**伊勢神宮**とは、**新羅占領軍提督**の**天武天皇**（オペラ日本紀の作成上のモデルは新羅**文武王**こと**金多遂**（テキスト付録3、P1107））が、**母国**での祖先崇拝に**範を取り**、それまでのそこの**地主神**であった弥生の農耕民の**サルタヒコ**（内宮の「踏まぬ石」と外宮の榊の「四至神」として今日までその残照有り）を**二見ケ浦の海の底に追い落とし**（『**古事記**』）、又、**正殿の床の下**や**外宮の片隅**に追いやって（今日までも——後述〔16章〕の或る神〔柱〕として）、そしてその**神が空白**（ブランク）となりました更地にしたその土地に、

新羅の真似をして新たに「男のアマテルから女」に変えて作られましたアマテラスという太陽神の神宮が造られていたのです（テキスト8—4—3、P322。同15—1、P592。本一六4、P1022に証拠を引いて詳しく説明してございます。アナタこの一六章は**必見**）。

尚、〈ここ**伊勢**の本来の語源〉は「**イモオセ＝女男**」だったのでございまして、正にこの場所の名が、次に述べますように、古くに遡りますと、アナタが〈本来の隠された伊勢の神の名〉に辿り着くヒントとしての「**男女神の結合**」そのものだったという重大なこと（**男アマテル＋女セオリツ**〔場合によりサルタヒコの情婦（ガールフレンド）のアメノウヅメ〕。更に古くは古代中国鏡の**オリエント模様**である**方格規矩**（ほうかくきく）**鏡**〔TLV（テレビ）鏡〕の男女蛇神である「**蝕＝巳**」の女媧と庖犠（テキスト9—3—3、P355必見））の二神をも暗示してくれていたのです（『秀**真政伝紀＝ホツマツタヱ**』六章「日の神。十二妃の文」）。

アナタに判り易いように、私こと古代探偵によるこの「謎解き」を一言で申し上げますと、早い話が、その元になった史料を、どちらの読み方でも読めるように漢文化（正史化）して作られました「**神功皇后摂政前紀**（仲哀天皇）」九年三月の本文による

「神風伊勢国之百伝度逢縣之拆鈴五十鈴宮所居神、名撞賢木厳之御魂天疎向津媛命焉」
――神風の（枕詞）伊勢国の百伝ふ（これも枕詞）度逢縣の拆鈴（これも枕詞。本来は釧＝鈴の胴体の裂け目）五十鈴宮に所居す神、名は**撞賢木厳之御魂天疎向津媛命**――

とございます神は、本来

「ツキサカキイツノミタマ〈**ト**〉アマサカルムカツヒメ」の本来**二柱**であったもの（正に男と女＝イモオセ）を、「ツキサカキイツノミタマ〈**ハ**〉アマサカルムカツヒメ」と勝手に（故意に）「ト→ハ」と読み違えて（二柱を**同一柱**として両方共女にして）しまった神々の改竄からこれを突破口として抑この「**千年の悲劇**」は始まり、その呪縛から、このことが今日まで千年以上もの間、記紀の暗記オンリーの「偏差値坊や」の秀才アカデミズムがノータリン（貧脳）だったがために、解き放たれなかったということだったのです（一六4、P996、同6。テキスト15―10―6、P680上～682下（特に、**瀬織津比咩**と**金首露王**〈8孝元大王のモデル〉〉とにつきP681上、又、同比咩と広瀬神とにつき同25―1―1、P1009上下、伊勢神宮の**二十年?毎の遷宮**及び**古事記と伊勢**とにつき同15―1―8、P593上下）。

この点に付きましての**円空**（寛文三年（一六六三）と棟札にございます神明神社（郡上市美並村）の円空作の天照皇太神像はどう見ても目をカッと見開いた恐ろしい形相をした男ですし――円空はこのタブーを知っていた!）や**荻生徂徠**（～一七二八年）や**度会延経**（～一七一四年。伊勢豊受大神宮（外宮）の祠官。この人はアマテラスの御袍（朝服の上衣）が**青色**（これは正に**男帝**（男神）の装束の上衣＝麹塵の袍）でございますことを、大江匡房の『江家次第』の分析から引き出して見事に証明（外宮から内宮への反攻）しております『国学弁疑』『内宮男体考証』。この一族は嘗て内宮と争い外宮の優位性を主張し「伊勢神道」を提唱）らについての、「**アマテル＝男神**」という古典についての鋭い観察力に基づく先見の明のございます考えにつきましては前述のテキストを必ずご参照下さい。

右に加えまして、更にそのコスモポリタンな方法論による証拠の一つを申上げておきますと、前述のように、この神の前半は「**太陽＝Ｎａｒ＝奈乙＝奈勿**（正に新羅実質初代の男王名そのもの）＝**男神**の**撞賢木厳魂**(つきさかきいつのみたま)**＝アマテル**」から、その後半は「**女神のアマテラス**」に**性転換**されてしまった神（アナタ、この神が男神だったときのこの神の**奥さんの名**は、これ又大変古く由緒ある神でございまして、アナタもよくご存知の、右の神功「摂政前紀」の神の、本来「二分の一」たる**天疎向津媛**(あまさかるむかつひめ)こと**瀬織津比咩**(せおりつひめ)と申しました）だったからなのです（テキスト8—4—2、P322。同15—10—6、P680～681。同25—1—7、P1018、1020下～1021上。一六9）。この様に、**金氏新羅の実質初代王**で男王である

17奈勿(ナブツ)**王**の名と**太陽**（**奈勿**）とが**全くの同一**

のことを意味していたこと（共に日神）にアナタがちょっとご注意下されば、このアマテルの由来に隠されておりました**コスモポリタンな深い意味**（**新羅と日本での神の一致**）まで一発で判ることだったのです（これ又、**本邦初公開**。一六4、P1028、七4の⑦—2の**天平神護2年**（**七六六**）の「**日本書**」辺りからはこのような内容に日本の正史は変更されてしまっておりますので、その部分をご再読下さい）。

という訳で、日朝一体としてコスモポリタンに見た場合、〈伊勢神宮のご祭神〉は、私こと古代探偵の考えの射程距離内でございます、新羅実質初代王の名そのものであった**太陽神**（**奈勿**）を表わしていたのであり（新羅の古名の一つである「迎日(ヨンイル)＝朝(アシタ)＝雞林(ケイリン)〔鶏の鳴く朝を迎えた林〕」と古(いにし)への辰(しん)〔鮮(しん)〕王朝の月支国(アシタ)〔馬韓の一国〕との共通性〔アシタ＝アシタ——ウラルアルタイ語にまで遡ります〕にもご注目下さい）、且つ、このようにこの

アマテラス大神は、本来は男神（**男王**）**でなければならなかった**

のです（新羅占領軍の**新羅王子**の**提督**であった**天武**天皇・**文武**天皇らによって、母国の**新羅**の実質独立の頃〔五〇〇年頃〕の「**神宮の制度**」をお手本として、新羅王の名代〔天皇〕としてダイレクトに日本列島で作られたのがこの**伊勢神宮**だったので、アナタ、このことはその出自から考えますと私の立場では**極く当たり前**〔自然〕なことだったのです）。

14―5　新羅本紀に出て来る卑彌呼

次に、一例として新羅が正史でありながら客観的な出来事を**60年も古く**して記して真相を改竄してしまっております明らかな**インチキ**の例を見て参りましょう（テキスト10―2、P432下）。

朝鮮の正史『**三国史記**』「新羅本紀」**阿達**（あだら）尼師今（一五四～一八四年）20年条には、何とアナタ！アノ**卑彌呼**が登場して参りますが、ここでは**AD173年**のこととして記しております。しかしアナタ、例えば『**晋書**』では卑彌呼の魏の帯方郡への朝貢を**景初3年**（**239年**）としておりますので（九11）、そのことからも新羅の史（ふひと）は、「判りっこない」と高（たか）を括（くく）って朝鮮史でのこの王の年代を歴史改竄して約**干支一運**（**60年**）**も加上**して**古くしてしまっていた**――もし仮に卑彌呼が百歳〔「一年二倍暦」ですと二百歳。尚、この「二倍暦」が古モンゴロイドの古い頃からあったことにつき、テキスト23―5―17、P982―984。又、古代の「伊勢神宮の二倍暦」につき、同23―5―19、P986―987はアナタ必見です。更に、古代中国もそうであったことにつき九9に前述〕くらいの長寿でしたら、この年代は少しは掠（かす）ることにもなるのですが――ことが判明してしまっているのです。

つまり、朝鮮側では、魏書を上手く利用して倭の女王卑彌呼と一緒に記して、自国の歴史をも序（ついで）に古く見せようと企み（**事大主義**）、浅はかにも**自己中で大失敗**してバレてしまっていたのです（「日本紀」でもこの点は朝鮮史と同様の傾向が見られまして、**神功皇后を卑彌呼に見せよう**——この日本紀の文面に騙され、アカデミズムの一部（苗字の頭に**笠**と**原**が付く、**亡K氏など**）は言うに及ばず、自ら考えずにこれに直感的に同調してしまう浅はかなアマチュアのパターンも少なからず見受けられます——と、無駄な努力をして、私こと「古代探偵」に見破られ水泡に帰してしまいました例につき、別述）。この様に日本列島の史書（日本紀・古事記）のみならず、日本紀に相当遅れて作られました朝鮮の史書（正史の三国史記と正史ではない三国遺事）すらも、この様にいとも簡単に**十分過ぎる程**改竄——少なくともこの8**阿達尼師今**は**六十年加上**が明らかになってしまいました——がなされてしまっていたのです。アナタ、歴史の改竄は決して日本だけの専売特許ではナカッタのですよ（ご本家はアチラ）。

14—6　メルクマールの「涓水＝遼河」の七〇〇ｋｍもの移動

古代中国史や朝鮮史に度々登場して参ります、アナタにもお馴染みの東アジアの「**涓水**」という**歴史のメルクマール**となる頗る大切な河についての重大な問題を、ここではテキストよりも少し丁寧にご説明いたしますと、古くは最も**西方**より、次のようになります（テキスト10—2、P433下、その他「より古い河名」につき、同9—3—6、P374下、同9—3—9、P374、同10—6—4、P456上）。

A　**大遼河**（『**前漢書**』現・**遼西**。涓水〔今から二千二百年前の秦の頃につき、又、「箕子朝鮮の満州での三遷」につき、アナタにもしご興味がおありになりますならば、テキスト9—3—9、P374下は必見です〕。この河の源近くの**牛河梁**遺跡からは、ウーンと古い時代（BC三〇〇〇年）の**青い目**（**白人か**）の**女神像・女神廟**が出土——私たち夫婦がここを訪れた時もまだこの発掘は継続中でした）

B　**勃錯水**（河口は**安市**。**大遼水**。**涓水県**。例の碑の嘗てございました**蟬黏**も河口の東岸。**遼隊**の地名

14

あり）

C　**遼河**（りょうが）（満州、現・遼寧省、**現遼河**そのもの）

★C　渾河（フン）（『遼史』地理志「遼陽県…漢浿水県、高麗改為勾麗県」。遼東――「古朝鮮」はこの渾河より南、鴨緑江より北の部分に有り、又はこの渾江の東の「列水＝太子江」。この渾河と桓仁のところの渾江とは異なります）

D　**鴨緑江**（アフロクガン）（おうりょくこう、現在の中朝国境。**掩利大水**（エンリ）。**大水貊**。現・遼東。本一九）――私は女房と一緒に満州部分の右のA～Dにつき、A～Cは渡河し、中朝国境のDについては中国側河岸（高句麗の二回目の王都集安。テキスト口絵P2・3）に立ち状況確認――

E　**清川江**（チヨンチヨンガン）（せいしんこう。**『隋書』**。現・遼東）

F　**大同江**（テドンガン）（だいどうこう。**平壌**。現・遼東。**『周書』**高麗条〔平壌城は南は**浿水**に面している〕。「高句麗本紀」嬰陽王二十三年〔六一二〕――このレベルのマジックにより日本と北朝鮮のアカデミズムは「楽浪・帯方の両郡の位置」につきトンチンカンに誤解〔馬鹿じゃないの！　平壌が楽浪だなんて！〕。この両郡は、あくまでも満州内のCの大河の遼河河口付近〔楽浪〕とその直ぐ南方〔帯方〕だよ。アカデミズムは今日に至るも相変わらずの東洋史に盲目、且つ金太郎飴の「パーのまま」で困ったものダ。誰か早く教えてあげて変えさせてよ！）

G　**成礼江**（イエソンガン）（猪灘江。大同江より南、漢江より北。河口はソウルの西北約七〇キロメートル。**「百済本紀」**始祖温祚条の**「浿河」**①）

H　**臨津江**（イムジンガン）（**「百済本紀」**始祖温祚条の**「浿河」**②。河口はソウルの西北約五〇キロメートル――ナントカいう歌で有名）

かようにいたしまして、朝鮮史も加えますと、時代と共にAからHへと歩かない筈の浿水が地図上を**東へ東へスタコラサッサと何と！**「**約700km近くも移動**」（AからF大同江までで五〇〇ｋｍ）して（させられて）来てしまっておりまして、嘗て東アジアの地域（地名）は、その或る時はその遷移の途中のこの**プロト遼河**（C）というものを**基準**と致しまして、それを物差しとしてその「東側を**遼東の地**」、その「西側を**遼西の地**」と、その領域を古代から区別して定義付けて来た約束にも拘わらず、その**約束に違反**し、後世は、理不尽にも段々と

「**基準＝物差し**」**そのもの**（**自体**）**を動かしてしまって来た、**

という**重大な犯罪**を、**中朝の両国の代々の史官**の便宜により、時代と共に**共犯**として行われてしまっていたのです（因みに、一番古いと思われます司馬遷の『史記』では、浿水は「ペス」と呼ばれておりました）。しかもアナタ、その理由は、実は、子供騙しのように頗る単純なことだったのです。これは歴史的真実というよりも、ただの**メンツ**の問題に過ぎなかったのでして、それは中国にとりましては古くからの皇帝様のご権威が遠く東方にまで及んでいたことになりますし、朝鮮にとりましても本当は当時は人の住まない様な荒地・亡命地に過ぎなかった（本六、朝鮮国王準と辰王『魏書』『魏略』は必見）様なところが（しかも当時はその大部分、古くは遼河Cの南部、その後でも鳥嶺以南の嶺南は、本当は**倭人・濊人**〔**倭国ではありませんよ**〕**の実効支配いたしました領域**だったところなのです〔別述〕。その後世の名残りが『**高句麗広開土王碑文**』）、後に新興した勢力により、古くからの朝鮮での中華の文明の地として中国様により開化されていたということにして、他の東夷（特に倭・濊・日本）等に対して**事大主義**からも十分威張れますので、中朝の利害がピッタリ一致して（正にアナタ、今日のようですね。歴史は再現する）、中国史とそれに迎合する当時の「漢字文明命（いのち）」の**両班**（りゃんばん）の朝鮮史で、この様な「地理の偽造」と「歴史の偽造」とが、後世の高麗や

李朝に至るまで同時に（アベック、つまり両国が**共犯**で――このように今日の習朴のタッグを待つまでもなく中朝の相思相愛は古代から始まっていたのです）行われてしまっていたのです（これこそは、その本質を一言で私が見抜きますと、**中国人**の「**中華主義**（カライバリ）」に**朝鮮人**の昔からの強い者に対する「**事大主義**（オベッカ）」が**迎合**致しました、実に良い似た者同士の、親子というか主従というかホモの恋人同士というか、「虎の威を借りた狐」というか。**虎と狐のアベックでの歴史改竄**の最も判り易い具体例の一つとなっております）。

この点、同じ中国人とは申せ、法の支配が及び正常な思考の出来る現代の民主国家である台湾（中華民国）とは異なり、レッド支那（シナ）の方は二十一世紀のアジア世界の大国の中で、最も遅れた――常任理事国の名が恥ずかしい（因みに、拒否権を全出席国の三分の二以上で覆せる「拒否権転覆の制度」を新設すべきです。何故なら、それこそがボス支配とは異なり民主的だからなのです。もしそうでなければ、国連常任理事国はローマの暴君ネロ〔Lucius Domitius Nero〕の二千年前の恐怖政治の主体と何ら変わらないことになりますよ〔常任理事国現代の暴君ネロ説〕。これ又、世界初公開）――野蛮なアノ「**文化大革命**」をも思い出す思想後進国たる**一党独裁**・**非民主政治**・人権弾圧（チベット族、ウイグル族）で「法の支配」が認められない代表国である**レッドチャイナの異常なまでの日本排斥**（それを一党独裁の襤褸（ぼろ）が出て、箍（たが）が弛み始めた国内政治に利用した〔目を国外に向けさせた〕前のボスの江沢民のアノ爬虫類のような目）とそれに**付和雷同**（その典型的な虎の威を借る卑劣な例が、レッドチャイナの南京の真似をして、アメリカのニュージャージー州パリセイズパーク市の公立図書館に――二十万人以上の女性と少女として――有りもしない「慰安婦の碑」を二〇一〇年十月二十三日に建てた在米の成り上がりの金で議員の票を買った虎の威を借る朝鮮人〔狐〕〔とそれを裏で中国政府の裏金の力で仕掛けるこれ又成り上がりの精神的に醜い金満支那人〕〔虎〕）で同調する**事大主義**（古くから強い者には媚び諂（へつら）い、弱い者には威張りくさる。〔テキスト〕23―4―2、P952～954下。どうし

14

ようもない朝鮮人特有の中国の小判鮫。テキスト23―4―2、P952下）の**ミニチャイナの朝鮮人**（テキスト同）の思考（中世の**両班**（リャンバン）**の苛酷な支配**による平民の悲劇――は学校では体裁を繕って殆ど教えないのです。知るとあまりに悲惨な奴隷のような〔実際、農奴レベルでしたが〕自分たちの祖先の姿に直面して〔初めて知り〕ガッカリして自尊心を失ってしまうと、為政者としては困るからなのです〔だから漢字を読めなくした！〕。李氏朝鮮〔一三九二年の李成桂の建国から一九一〇年・明治四十三年の大日本帝国による韓国併合まで〕での〈朝鮮人のカースト〉は、一言で申しますと、支配者たる両班、中人、常民、賤民の四階級に厳しく区別されていたのみならず、更にアナタ、賤民の内の公賤〔官庁の奴隷〕は七種、私賤〔民間の奴隷〕は八種にも分かれて区分されておりました〔これらの被差別民の解放は、大日本帝国の朝鮮併合により、つまり「朝鮮人が皆日本人となる」ことにより史上初めて実現を見たのです＝カースト制から解放され「職業選択の自由」を朝鮮史上初めて手に出来たのです。有難や〕テキスト29―1―1、P1045下は必見です。尚、同23―4―2、P952も）は、今も昔も変わらず、そこには解放以来何らの進歩も見られないのです（朝鮮人の「精神的国教」である筈の儒教の孔子様が墓の中で泣いている！　儒教は、今や空念仏と化してしまったのか？）。

ここで、序でながら、更にアナタ、奈良「正倉院」に残されております仏経の褙紙の中から発見（序―3―2）されました「新羅の文書」から、その当時（千三百年前）の朝鮮人の下層民のカーストを加えておくことにいたしますと、

「當縣沙害漸村見内山榼周五千七百廿五歩」

「丁廿九、助子七、追子十二、小子十、小女子五、除公一、丁女卅二、助女子十一、追女子九、小女八、除母二、老母一、追子一、小子一……」（『新羅帳籍断簡四枚』――同様な例の九州出土の証拠につき、別述）

というような、それはそれは細かい、まるでインドの如きカースト（階級）が記されております（テキスト29―1―2、P1047〔新版〕。尚、新羅官制の「助人」につき、同7―4―16、P247〔新版〕、同23―4―2、P954上）。これらは李朝まで女性には「名前」すらなかったこととも関連しておりました。日本の植民地時代になって戸籍を整備するため女性にも名前が正式に付けられるようになったのです（別述）。男でさえも統一新羅（六七六年始まる）までは一般人には姓は無く名前だけでした。

更には、このような当時の敵国、又は敵国であった「新羅の行政文書」で、日本の天皇家の財宝の倉が満ち溢れていた（テキスト7―4―24、P253上）というのは一体何故（どうして）だったのでしょうか？　不思議ですよね。

又、別述のように、正倉院の別の断簡に見られます「**炟＝烟**」が、「**戸**」の古語の音を**吏読**のように表現したものであることから考えますと、これは高句麗の「**看烟**」からの流れだったのであり、正にこれらのことが「五世紀代に建国間もない新羅が高句麗に約七〇年間近くも占領」されておりましたことの本邦初公開の紛れもない証拠（名残り）でもあったのです（テキスト2―8―7、P150上〔新版〕、同5―3―2、P190上）。

ここで更に**赤色中国**（シナ）についてのコメントを少々加えておきましょう。テキスト23―1、P928下。①若いアナタがご自分の頭で考えるため（A（アカ）新聞に誤導されないため）に申し上げておきますが、レッド支那（チャイナ）が「法による――」とアノ胡散臭い一見紳士風の共産党の走狗の報道官が発表したときの法、その他、例えば「法に基づき司法の公正と大衆の合法的な権益を保障する」との胡錦涛前国家主席（ボス）の演説（二〇一二年七月十四日）などには、必ず人民の上に君臨する七パーセントの現代の赤い貴族（赤色皇帝様）である「共産党（アカ）の貴族の利益に反しない限りにおいて」という世にも珍しい特殊な国民否定の形容詞（フィルター）が言外に（隠れて）付いているからなのです。これは民主国家の「世界基準」の「ルール・オブ・ロー＝法の支配」とは似て非なる野蛮な恥ずかしいものですから。アナタ、特に若いアナタ、十分にご注意下さい。これは世界でも類を見ない程野蛮な非人権国家「レッド支那」固有の「トンデモ定義」なのですから。②ですから、アンチ憲法のそのカラクリの担保として、アナタ、実は「共産党政法委員会」（政法委）という警察・検察・司法部門を統轄いたします戦前の憲兵殿以上のなものが、この国では超法規的に内政・社会の全ての上に、且つ、全国土に存在して目を光らせていて、国家（一党独裁の党）を一言でも批判する者を有無を言わさず反乱分子として弾圧し、密かに誰にも判らずに始末して（消して）しまうという、恐ろしい秘密警察のシステム（恐怖政治）が準備――こんな相手にも尻尾を振るアメリカの大統領は、金稼ぎのウォール街の偽ユダヤ（アシュケナージ・ユダヤ。テキスト10―6―7、P464、同9―2、P342下他）商人（資本）の手先（走狗）か――されているからなのです（罪刑法定主義に反し、刑法犯でなくても拘束出来た中国でも悪名高き労働強制制度――日本の左翼新聞〔A〕や所謂進歩的文化人と称される人々が嫌う筈の保安処分の一種――は二〇一三年末に内外の避難を受けやっと廃止されたとのことです。ところがどっこい、それと同一か別かは定かではございませんが、収容先の名が、近時、そのものズバリの「労働教養所」から「薬物治療所」などへと変えられ、カモフラージュされ「世界の人権団体の目を誤魔化そう」としている〔嘗てソ連のノーベル賞作家ソルジェニーツィンが描いたシベリア「収容所群島」のように〕との情報も入って来ております。要はアナタ、このカラクリは、刑法の罪を強化してそれで従前のその種の人々を大きく網に引っ掛けて――その典型が「公共秩序争乱罪」の濫用――刑務所送りを増やす魂胆であり、ですから形式のみで結果は前とあまり違わないのです。やっぱりレッド支那（チャイナ）はナチス並みです。お言葉を返すようですがこれこそ「今日のナチスそのもの」です。人権国家日本を訪れたときの中国人観光客の家族のあの屈託のない安心した明るい笑顔が、そのことを証明してくれていたのです）。ということで、中国憲法41条の「中国公民はいかなる国家機関、国家要員に対しても、批評し建議する権利を有している」という明文が、如何に「空念仏＝お飾り」のお経にすぎなかったのかということは、仮令(たとい)、日本の日教組の「赤い教師」と「赤新聞＝建前論の自称エリートたちの朝日」（自業自得で「誤報」後の平成二十六～二十七年で六十三万部〔ＡＢＣ公査〕も部数を減らしてしまいました）と「中国ベッタリ政党＝中国のエージェント（スパイ）」には見えなくても、中国では中学生でも知っている愚かなことだったのです（政治優先、法治は二の次）。③因みにアナタ、中国の陸・海・空の軍隊の本質は「国民＝国権」の下にあるのではなく、このように「党が国家より上位」にあり、実質党の「党中央軍事委員会」（国家以外）の下にございますので（これは国際公法〔特に戦時国際法＝条約〕上は、厳密には「私兵＝プライベートなガードマン」レベル〔嘗ての馬賊の延長〕に過ぎません。立法・司法・行政の三権すらも共産党の下にありますので）、ですから本来、戦時国際法の適用（捕虜の扱い）などは受ける資格が無い――現在の中共兵は捕虜扱いを受けず即座に射殺しても構わない――のです――嘗ての南京の便衣兵（ゲリラ）も、正にこれと同じことだったのです。④又、アナタには信じられないでしょうが、南京での死者の中には、何と！臆病になって邑（挹）江門・北門から逃げ出そうとする友軍（中国軍）を自ら阻止する役割を担った――こんな特殊部隊が中国にはいたのですよ――同民族の「督戦隊」が、機関銃で掃射したため殺された人々も数多くいたことを、アナタは日本の若い人に正しく伝える義務がございますが、そのことの証拠となりますアチラの資料がちゃんとございまして、この『南京保衛戦戦闘詳報』につきましては、既に二〇〇五年レベルで私がご紹介させていただいております。その[テキスト]23―4―2、P953下、同29―1―2、P1046はアナタ見なきゃ損々。紅十字の「お棺の数」からの死者数の推定についても同。⑤尚、序(ついで)にアナタ、そのとき全滅しそうな自国の国民党軍に対し「死ね！」と「玉砕命令」を出しておきながら、自分だけはスゴスゴと逃亡してしまいました卑怯な責任者の南京防衛軍司令官の唐生智につきましては、前述の他、テキスト新版（近刊）をご覧下さい――ということでアナタ、全部で僅か千数百人に過ぎなかった死者の数（お棺の数と一致）の

14

大多数も殆どアチラの責任。

加うるに、先程のレッドチャイナのあの如何わしい顔つきの嘘つき報道官は、南シナ海のスプラトリー諸島の埋め立ては「航海の安全、気候変化の観測などの平和利用」だなどと紳士面してシャーシャーと白を切っておりましたが、後に二〇一五年五月三十一日の孫副参謀長の「軍事目的だ」とのシンガポールでの発言（本音）で馬脚を現わしてしまいましたよ（走狗の報道官とその雇い主のコンプライアンスの全く無い、二千年来鍛えられてまいりました口先方便金権支那人のインチキ・レッドの後進国——日本のアカ新聞を除いては世界中の国が知ってはいるんだけど、ヨーロッパなんかは金儲けのために言わないだけなのさ。一見民主主義〔綺麗ごと民主主義〕を掲げるアメリカやヨーロッパの手が血で赤く汚れた「裏の武器〔含む、航空機〕商人国家」も、その中でも特にヨーロッパは、遠くで関係なくて儲かるから中国の「アジアインフラ投資銀行＝ＡＩＩＢ」に加入しましたよ）。それに北のパラセル（西沙）諸島の地対空ミサイルや管制レーダーも。

ところで次に、小学生でも一度聞けば忘れないように「四つ足」と「二つ足」の譬（たと）えでお話しいたしますと、その中国の歴史が自ら教えるところによりますれば、前述いたしましたように、

「四つ足は、机以外は何でも食べてしまう中国人」

（中国人自らが書きました、食人についての『資治通鑑』などの歴史文献につき、黄文雄著『戦争の歴史　日本と中国』〔ワック出版　Ｐ94〜124、233〜264〕や「広西大虐殺食人事件」の告発〔四川省の〕呉慮著『喫人と礼教』などに詳細ですので、アナタの「中国人の食人（グルメ）のご研究」にはこれは必見です）

そして次に

「二つ足すらも、親以外は何でも食べてしまう中国人」

その一例といたしまして、

王の子で、美しい尼僧を攫（さら）って来て強姦した後、殺してその人肉を牛や羊と煮込んで食べた人（「五胡十六国」の一つである後趙の石季龍〔三九四年皇帝の座を僭す〕の太子の石邃）もおりましたし（王永寛氏）、又更に、

捕らえた婦女・小児を全て釜茹でにして兵士に食糧として分け、所領の弱小の男女を兵糧として供した（『唐書』主粲条）

人間もおりまして（九12）――因みにアナタ、〈中国の火葬〉は宗教的なものから始まったものでは決してなく、抑（そもそも）、貴州の彝（イ）族が死人を食するので（彝族の名誉のために申し上げますと、古代には実はこの食人（カニバリズム）は世界中で普遍的なことだったのですが）、それを止めさせるため（野蛮性の防止のため）に中国では火葬に改めたこと（『西南彝志』第十一巻他の更なる台本となっておりました『論撮阻却必杓』）から始まっていたのです（尚、[テキスト]10―6―7、P466「神の嫁」のところへ新版では増補予定）――、このように、古くから自他共に認められる生まれつきの蛮性（中国人＝**野蛮の民**＝**拝金主義**の本来の「**黄禍**（こうか）」――タクラマカン砂漠辺り〔アナタも仏教遺跡に惹かれてホイホイといらっしゃったことがあるかもしれません楼蘭遺跡を含む東トルキスタン・ウイグル〕での嘗ての五十回近い〔四六回、二二メガトン〕原爆実験の「死の灰＝放射能」をも含みます黄砂（これ又正に黄禍）のみならず――を世界中に撒き散らすご近所迷惑な人々でもあったのです〔この時期の桜蘭周辺の日本人観光客の数は、NHK『シルクロード』の影響もあり、何とアナタ、核実験中〈一九六四―一九六年〉だけでも（そんなこと知らないで）二十七万人にも及びました。勿論、その後今日までの観光客もその倍以上に達しているものと思われます。ですからアナタ、不衛生な中国へ行

くのに「肝炎ワクチン」を打つだけでは不十分だったのです。アナタの右の地域へのご旅行の九年後には、強風で運ばれた放射能塵の現地での吸引による肺癌に十分ご注意下さい。癌が、原爆のキノコ雲のようにニョキニョキと身体の中に生えて来るかもしれませんから。アナ恐ろしや！　中国共産党政府の金のためなら人命を虫けらの如くに扱う蛮行ここにも有り。知らないと恐ろしいね」。その本質につき、テキスト9―3―3、P350下につきアナタ必見です）。

その証拠に、更に中国人が自ら書き記しましたその歴史を紐解いてみましても、

「自宅に来た将軍を持て成すのに、自分の妻さえ肉鍋の具にして出してしまう」

ことすらも全く平気でした。自ら書いた歴史は消せないんだよ、支那人。今日でもアナタ、

広東省では「人間の胎児の入ったスープ」を提供する店があり、金持ちが一体（胎）三十万円ぐらい払って、これとそのスープを美味しそうに食しているとのことです（又、テキスト9―4―2、P382上。中国人の出自につき本一七7）。こんな恥ずかしい人食（グルメ）の現代の金権中国人も人間と言えるのでしょうかネ（金万能の人非人）。この点、昔の貧しかった時の名残りで、

ペットの犬さえも食べてしまう（「黄犬は風邪によく効く」などと理由を付け）**朝鮮人**も、これと全く同類です（金のためには親のくれた身体〔顔など〕にも平気でメスを入れて美容整形してしまう若者――心より形〔金〕――の心の貧しい思想）。それに朝鮮人（新定義＝東洋文化の「漢字を捨てた」ニセ・アジア人）のみならず、情けないことに日本のオバチャン連中（とは言ってもシナ人や在日朝鮮人と日本人の韓流「オッカケおばさん」とは外見からは区別がつきませんが――ニンニク臭とちょっと下品なブリブリした素行を見なければ）もそうなのですが、唐辛子（カプサイシン）によって「キムチ中毒＝準覚醒剤中毒の**火病**（ファビョン）（本来bではなくpで〔ファッピョン〕か）＝hwabyung＝正式学名。Culture-Bound

14

Syndrome の訳＝文化結合症候群――アメリカ精神科協会の公式英文表示）という朝鮮人の精神病の悲劇」（つまり、逆ギレ病。一7、早くも二〇〇五年レベルで指摘した㋢23―4―2、P954をご覧下さい。尚、「中国人＝支那人」とお金につき、㋢23―1、P929上、同9―3―3、P357は必見）。

――朝鮮人が日本の真似ばかりして今日に至りましたことを、私が専門とする法律の分野で見てまいりましょう。韓国の官僚が無能だったので、日本の「マンション法＝建物の区分所有等に関する法律」（昭和三十八年公布）なんぞは、独立国家としての見栄も外聞もなく一字一句までも全て日本語の法律から朝鮮語に翻訳して韓国法として立法して事情を知らない国民に威張っていたように、日本におんぶにだっこだったことなど、ちょっと金持ちになると「喉元過ぎれば熱さ忘れる」で、今は何処吹く風と恩を忘れてしまい（恩泥棒）、逆に日本の悪口を有ること無いこと大統領選に出たい劣悪国連事務総長以下世界中に振り撒いている朝鮮人とは事大主義の恩知らずな民族なのです（日本の援助で出来た朝鮮半島初の近代的な浦項（パハン）の製鉄所、又然り――このこと人民には教えていないんだって）。歴史的に客観的に見ると、中国から見ての朝鮮人は「中国人の痰壺の中の痰レベル」に過ぎなかったことがよく判りますから（朝鮮人は「片想い」でそうは思ってはいない〔気が付いていない〕ようですが）、儲からないニンニク臭い相手として中華主義の中国様から何時の日にか捨てられてしまったら悲劇ですよ。中国文明五千年のシンボルである漢字さえも、浅はかな成り上がり官僚が中国様に逆らって捨ててしまいましたし（しかもこれは、昔の朝鮮の真実が書かれている日本の学者の文献を読めなくするための深い配慮でしたし、又、人民を嘘の口先でごまかしミスリードするための方便でもございました。そしてこれは、今日の結果から考えましても見事に成功しております――だから朝鮮人は昔のことを調べようとしても調べられないのです。字〔漢字〕が読めない〔漢字文盲〕のだからネ。井の中の蛙だネ）。いずれ成り上がり者の没落の悲哀さ――中国人の走狗に成り下がった挙句「走狗煮らる」。

朝鮮人に食べられてしまった黄犬の悲しい遠吠えのように——をじっくりと味わうときがあることでしょう。嘘つき狼として。もうウンザリ。ＩＭＦの管理下に置かれたときのように日本は助けないよ。物真似朝鮮人の歴史は繰り返す。ご忠告まで——

ここで一言、中国史及び考古学的史料をその民族の末裔が更に書き替えてしまっております大変良い（説得力ある）証拠を挙げておきましょう。

それは、高句麗人自らが刻みました**高句麗広開土王碑文**には「**倭**」が出て来ており（別述）、倭を抜きにして当時の古代の歴史は語れないことは明白であるにも拘わらず、後世に書かれました正史『**三国史記**』「高句麗条」の**長寿王**のところには、アナタ、何処（どこ）を捜しても「**倭**」**の文字は一つも見つからない**のです（自己矛盾。今日の朝鮮人のアカデミズムも、屁理屈をつけてこれと同じように振舞っております）。不思議でしょ。でもこれは彼らにとっては何ら不思議なことではないのです。

と申しますのも、ここで古代の倭なんかが出て来てしまうこと自体が朝鮮人の自尊心を傷つけ許されないことだとの認識からなのです（歴史認識、感情優先——これも小野（ミニ）蛮人）。朝鮮史も又フィクション。

14—7　物部氏の祖先だった八岐大蛇

少しお硬い？（エッ！　人喰い（グルメ）が？）話が続きましたので（と申しましても、これは古代・現代のお隣の中国などで嘗て本当にあった食人のお話でしたが——）、ここいらで一息つきまして、アナタにもお馴染（なじみ）の**スポーツ選手**のお話を致しましょう。

写真14—1の新聞「**スポニチ**」平成20年10月2日付の「1955個目の三振」と題する**記事**に出てい

14

る或る野球選手の「プロ最後の試合の写真」をご覧下さい。これは一体誰でしょう？　そう、**清原**です。「清チャン、桑チャン」の清チャン（残念ながら、ご承知のように汚点が付いてしまいましたが……）。

さて、ここで、この『**枕草子**』の**清少納言**や清原氏と同名の**清原氏の或る祖先**がどの様な**氏の変化**を辿って今日に至っていたのかということを、彼らの祖先の本貫のあった古代の**高句麗**にまで遡って、私こと古代探偵の国際私法的なコスモポリタンな「身元（本貫）調査」の結果を見て参ることに致しましょう。

高句麗は扶余と同じく王都のエリアを占めております**王を出す**中央部族たる**中部**（黄部＝王部＝桂婁部〔奈良朝にこの部の出自の松本の人が須々木の姓を賜っております。須々木さんは高句麗人〕）を囲む様に致しまして、他の四部の**東部**（青部）・**西部**（白部）・**南部**（赤部「鉄民の**松譲王**＝**多勿侯**＝櫛名田毗売の父の**足名椎**」〔『古事記』における〈**椎**＝**鎚**〉の字が辛うじて**金属神**を表わしておりました〕＝そしてこの神は**八岐大蛇の満州でのモデル**でもございました。本一九）・**北部**（黒部）という計**五部**（テキスト18—5—2、P795上）**の豪族で国が構成**されております**部族**（**豪族**）**連合**の国家だったのです。

ということですので、アナタ、**北扶余**時代の**南部**（**赤部**）**のエリア**（故地）には、抑、**高句麗建国の地である桓仁**（**フル水＝物部の呪文の「フルエフルエ……」の原郷**）も含まれますし、この南の**寛甸**こそが、朱蒙が南下（逃亡）してここへ来る迄の**鉄民のヲロチ**（**八岐大蛇のモデル**）**の多勿侯松譲の元々のエリア**だったのですから、と言うことはアナタ、別の言い方をいたしますと、〈高句麗の建国〉とは抑、北扶余時代で言うところの**南部の鉄民の陝父の製鉄の地で**、**その陝父**（**物部氏**〔**穢族**〕）**の満州における祖＝ニギハヤヒ**〔**天火明命**と本来等価〕**の祖**。しかもアナタ、朝鮮史でもこの人は高句麗2瑠璃〔類利〕侯〔BC一九～AD一八〕の大輔〔総理〕でした。テキスト付録4、P1108）**の支持によって建国**されたということが、私こと古代探偵のコスモポリタンなお手柄によりまして、世界初公開で明らかになったということなのです（凄い！

流石、ホームズの古代探偵！　渋谷・公園通りの藤井弁護士！――因みに、渋谷・道玄坂の弁護士と言えば故鹿島昇弁護士！　渋谷は「古代史のメッカ」となるか?）。「北扶余五部＝高句麗五部」までは世界中のアカデミズムも気が付いていながら、〈何故〉朱蒙の高句麗建国のときにその部下に「鉄民の陝父」がいたのか？ということまでは気が付かなかったのです。そうであるからこそ高句麗は必然的に**甲冑を貫く錬鉄の武器**（**鏃**）を取得出来、母国の強大国の北扶余の制圧が可能となったのです（これ又、納得！）。アナタ、これで明日から朝鮮古代史の「八岐大蛇の本貫」のページが、新たに又私ことコスモポリタンな「古代探偵」により、百科事典上も書き替えられることになりますよ。ウィキペディア（Wikipedia）の兄ぃ、頼むよ。

その高句麗から日本列島に亡命・渡来して参りました人に**背奈氏**という人がおりましたが、この人は、読んで字の如く右の高句麗五部のうちの**絶奴**（サロ）**部**（北部・後部・黒部）の出身で、嘗ては王妃をも出す部族でした（消奴部〔旧王族〕に王妃を提出する部族の位置を取って替わられてしまう前は王妃族でもございました。因みに、高句麗におきましては**大王**自体を出す一族は「**絶奴→消**〔**捐**〕**奴→桂婁**」という様に変遷して来ております〔この変化の間に高句麗の支配部族も「伯から穢に交替」しておりますことも、天皇家の祖先を考えるに当たっては頗る重要なことなのです。捐奴〈伯〉→桂婁〈穢＝解＝濊〉〕。この日本に渡来した背奈氏を**賜姓の変化**も調べず（調べたら直ぐ判る筈ですから）、**新羅人**とする万葉学者もおられます。中西進氏。これは、十二分に東洋史と渡来人とを調べた上でのことだったのでしょうか？　後に文化勲章を授与された万葉の大家と雖も調査が甘く安易過ぎます。それともこの部分は大学院生へ下請させたものだったのでしょうか）。ですから、この日本に渡来致しました**背奈王氏**が、751年にはその出自を表わします本来の**高麗姓**が自らの上奉に基づき天皇から下賜され（先祖返り）、更に、779年に至りそれが**高倉姓**（コクラ＝高句麗）へと変わり、但しそれがやがて満州・朝鮮の古くからの本貫の地名である**清原**の姓（これは、この時代に政府による**渡来人の名の純粋日本化**が行われたためだったのです（テキ17―6―2、P761上）。他の同じような例と致しましては、高句麗系の**高祿徳**に**清原連**の姓を賜う〔『**続日本紀**』聖武、神亀元年〈七二四〉五月十三日〕というように高句麗系と思われる人に、同じく清原〔音読みでセーゲン〕姓が下賜されております。アナタ、何故これらの「こんなに短期間の色々な姓の変遷」を必要としたのでしょうか？に戻って参ります（但し、天武天皇の子孫にも同名の清原氏がおります。テキ5―7、P210。同17―6―2、P761。同18―5―2、P795。23―2―7、P943）。この「清原」の賜姓の上申の元となりました朝鮮半島の北方の忠清北道の本貫の地には、**清原**郡という名が今日でも残されておりますよ。

「**絶奴→背奈→高麗→高倉→清原**」

尚、**紫微中臺**の「背奈＝背名」氏につき、序―3―1。又、「**戯れ歌**」の背名氏にもご注意。

次に、アナタもご承知の『**枕草子**』を書いた右の**清少納言**（十世紀）も又、**清原氏**（**元輔**）**の女**です。

この様に、このスポーツ紙の写真の清原氏と同名の清原（背奈）氏は、ヒョットすると遊牧騎馬民族の高句麗の嘗ての王妃族（更にその前は王族）の出だった可能性があるのです（初期には王族であった絶奴部）。そう言えば特にアノ坊主頭の**番長清原の風貌**には、何処となく大陸の**北方の王者の貫禄**（ヤーさんのボス的な凄味）すらも漂っておりますよ。蒙古系の丸顔（四角顔）に対し、こちらは少し面長です。

尚、アナタ、同じ満州に出自を持つ**ニギハヤヒ**を祖神とする、先述のように朱蒙の高句麗建国の主要なメンバーでございました**桓仁**の**沸流江**（**小水貊**）**の鉄民**たる**八岐大蛇の末裔**の**物部氏**（本一九、一四3）の方も、これ又、「**部**」の付く高句麗五部の色彩を暗示する名前から

「**物部→韓国→高原**」

とその天皇からの賜姓が同様に時代と共に変わって（変わらされて）おりますのは何故だったのでしょうか

（これ又、或る時点での**渡来人の純粋日本化**の政策（現代にも及ぶ朝鮮人の出自を隠すための戸籍クリーニング」の一環をアナタに示していてくれたのです。アナタ、何故こんなことが必要とされたのでしょうか？渡来人たる天皇による部下の渡来人隠し！）。

14―8　隅田八幡宮の「人物画像鏡」が贈られた理由（ワケ）

「**倭の五王**」の**武**（そのモデルは「**金官＝倭**」**9鉗知王**（カチ）。492〜521年。テキスト付録8、P1117。正史日本紀上では、この同一人が**紀生磐**（きのおいは）とも表現されております）、つまり六世紀に入り

倭の雄略大王が新羅王都の慶州を占領しておりました高句麗軍を北の平壌（ピョンヤン）まで追いやってくれましたことは（**新羅の解放**。前述七3、一七3、一四4。忠州の**中原高句麗碑**は、その前提としての新羅占領の証拠の一つ）、**四七五年**京城で高句麗に滅ぼされて南下して逃亡して以来長い間、同じ前期王朝の**伯族**の出自でございましても、**高句麗の弟分**に甘んじて、何時攻められるか常にビクビクしておりました新羅の「**隣国の百済**」にとりましても、建国以前からの腐れ縁の目の上のタンコブがとれ、実に晴々した大変喜ばしいことでして、ということでこの時解放された新羅の「隣国の百済王」が喜んで感謝して倭へと贈ってくれましたのが、何を隠そう次に申上げます和歌山県（と言っても奈良県に近いのですが）

隅田（すだ）八幡宮の「**人物画像鏡**」

という銘文――これは中国のものではありませんが、アカデミズムが言うように日本列島の複製ではなく、実は朝鮮での複製だったのです（くれた人ももらった人も半島人。これ又、本邦初公開）――を持つ鏡だったのです（一七3。一5）。では、写真14―5〜9（集合写真）をご覧下さい。右上の**癸未**（みずのとひつじ）（「きび」**503年の干支**）の**銘**のございます**鏡**がこれだったのです。

百済王が感謝してくれた更なる理由の一つに、あまり高校の先生は教えてくれませんのでアナタもご存じなかったかもしれませんが、**四七八年**に倭の五王の「**武**＝雄略＝金官9鉗知王＝紀生磐」（テキスト付録8、P1117）が態々中国の南朝の**宋**への**上表文**で「**百済のために高句麗を伐つこと＝百済を助けてほしい**」（その理由は、百済からの嘆願で、**而句麗無道**。『**宋書**』倭国条、武王の代）を依頼してくれたことも挙げておきましょう。

そして、その百済のための倭の宋への働き掛けの結果につきましても、アナタも気になるでしょうからサービスで少しだけ触れておきますと、当時中国の北朝の**北魏の侯王**となっておりました**高句麗**を伐つことは、南朝の宋自体の末期の混乱もあり、力不足で実現出来なかったのですが、それではと嘗ての同胞に任侠心篤い**倭王武**は自ら

百済**24東城王**＝**欽明**大王のモデル＝末多王＝物部**荒山**のモデル＝九州の**弥五郎ドン**の正体（本邦初公開）を**四七九年**に**倭**から熊津（公州）へ**送り届け**たりして助勢しております。百済の倭（金官）に対します**人物画像鏡**贈与の背景となりました**東アジアの国際情勢**につき、一七3は古代史ファンのアナタ必見です。

ところでアナタ、この鏡の銘文の**日十大王**（銘文中一番重要なポイントがこの**王名**の分析だったのでして、この王は列島にも分国を置く朝鮮半島部が本貫の倭王で、「**任那＝伽耶**」**連邦の倭王**でもあったのです。このときの倭の王都が列島か金官か、その盟主が金官か安羅かそれとも高霊か下哆唎か下多羅かということが大切）等についての詳しい解釈につきましての私こと古代探偵の**日本で唯一**の考えは、大変重要な古代史のキー・ポイントの一つなのですが、残念ながら時間の関係で省きますが、写真14―7（人物画像鏡）（テキスト17―2―2、P730〜735。同17―2―1、P729下。**王名**の「**日十＝早＝十〔人〕の上に日＝日高＝旱＝卞＝下＝卞＝日下＝弁＝弁＝弁韓**」）に詳しいので、必ずここをご覧下さい。

――「斯麻＝百済25武寧王」「日下大王」辺りの時代の背景をコスモポリタンに見てみますと、日本列

島内におきましては、近江・若狭系（一七1）と組んだ「継体＝安羅（倭）王＝大伴談」が、河内系の「蘇我氏＝金官伽羅（倭）王」に対し優位に立つためにこのときは百済国と組んだ動きであったと捉えることも、考古学的な出土物からの推測ではあながち不可能ではないと思います（安羅vs金官＝大伴氏vs蘇我氏。一〇4「磐井の乱」〔但し、このときは「新羅＋安羅」で金官に対抗〕の朝鮮も含めましての真相）――

ただ、この**日十王**(くさか)の末裔の**日下部氏**(くさかべ)につき、古代史でアナタにとっても大切なことを一言、朝鮮史と照合しながら申上げておきますと、日本紀の**彦坐王**(ひこいます)（この人は「新羅**13味鄒王**(ミスウ)〔261～284年＝**丹波道主**(たにはのみちぬし)〕」がモデル。実年代326～349年。「金官＝倭」系。そして正史によりましても**丹後の浦島太郎**が、この**日下氏**一族であったことにつき別述。一5など。但し、日下氏が「安羅＝倭」系であった可能性も「兵庫県神社誌」、郷土史「南但竹田」などに見られる系図によりますとあながち否定は出来ませんが……）の末裔ということになってまいります。

14―9　「買地券」とは何か？

再び、先程の集合写真の方に戻って下さい。

ここで序(つい)でながら、今の、**百済王**が各々**エポック・メイキング**のときに世話になった**倭へ贈った**、前述の**隅田八幡宮**の「**人物画像鏡**」に加えて、

①**石上神宮**の「**七支刀**」（これを刀と言うのは問題がございます。後述）、

②**江田船山古墳**出土の「**銘のある鉄刀**」、

③埼玉の**稲荷山古墳**の「**ワカタケルの剣**」、及び

④**百済聖王明**が倭に贈った「**仏教典・仏像**」

につき、これから、私こと古代探偵の**史上初めての試み**といたしまして、日朝を統合して国際私法の観点から、これ等を一つの**共通の視点**（**テーマ**）で括ってみたいと存じます。成功するかどうかドキドキですが、ともかく始めてみます。

先程も**キーワード**ということで申しましたが、この方法論も本邦初公開なのですが、それは

「**買地**(ばいち)**券**」

というテーマで、人物画像鏡を含め右の①〜④のその全てが括れるのではないか？　という私の本邦初公開の**大きな仮説**がそれなのです（テキスト18—10—6、P853上）。しかしアナタ、それには嘗ての倭が朝鮮半島と日本列島に跨る**海峡国家**であったこと（つまり、古くは、少なくとも**半島南部が倭の実効支配下**〔倭国そのものの一部〕にあったこと。本節④、仏教伝来のところ参照）のご理解が出来ませんと、抑(そもそも)、それがアカデミズムであろうと将又(はたまた)アナタであろうと、こんな「ハテナ？の発想」に至ることが不可能なのですが——。

とは申しましても、ここで時代毎に目まぐるしく変遷（ですからその時々のその範囲も）してまいりました「**任那連邦**＝古代の**朝鮮半島**における**倭人の領域**＝伽耶連合」の範囲（定義）をはっきりさせませんと、アナタにはスッキリしないと思われますので、これから私こと「古代探偵」のコスモポリタンで少し大胆な仮説（**日本紀**の記載と**古代満州・朝鮮の地名**との照合に基づくものですので、少し遠慮いたしまして「仮説」と申し上げましたが十分自信の程はございます）を申し上げますので、アナタは朝鮮半島の地図でその領域を指しながらお聞きいただきたいと存じます。ちょっと今までアナタが学んだこととは異なり難しくなりますが、新しいコスモポリタンの古代東アジア史がアナタの目の前に初めて開けてまいりますので、ここはどうか暫く我慢してついて来ていただきたいと存じます。

先ずは〈朝鮮半島の方〉についてですが、**三七〇年**頃、つまり北扶余の**伯族**が京城（ソウル）へ南下して漢城で**初めて伯済（後の百済）を建国**した頃、又、**新羅も実質成立**いたしました**四世紀半**頃より**後**の〈任那（倭人）の範囲〉の**北のライン**は、**北緯三六度の半ばを遥かに北へ越え**ました慶尚北道と忠清北道との境の「**鳥嶺**（ちょうれい）（ジョリョン）」の辺りだったのです（一6）。伽耶諸国を貫いて流れます洛東江（ラクトンガン）の支流の鳥嶺川・馬嶺川を遡及し、行き着くここ鳥嶺山（一〇一七メートル）こそが三七〇年頃の任那連邦（倭・濊連合）の北限だったのでして（ですから、洛東江こそが「任那＝倭」の母胎とでも申せましょう）、ここを更に北へひと山越えますと忠州市に至り、その中心から北西約一〇kmのところに有名な高句麗中原碑（半島内の高句麗支配の物的証拠でございます唯一の碑。別述）がございまして、或る時期には、ここ鳥嶺を境として倭（任那）と南下してまいりました高句麗とが対峙していたときがあったことをも示しておりました（広開土王碑〈別述〉がこのことを証明しておりました）。この鳥嶺より南の半島部分の東半分は嶺南と言われ、それが慶尚北道、慶尚南道ということになりますが、このときの任那連邦（伽耶連合）全体の範囲を更に現在の行政区画で申し上げますと「忠清南道の南半分、忠清北道の南半分、慶尚北道の南西部三分の二」を含みます「その各々より半島南端まで」の間の殆ど全てでした（当然、先述のように慶尚道の南北をも含みます。又「買地券」のところで触れております百済の二番目の王都の公州〈熊津〉や三番目の滅んだときの王都の泗沘〈南扶余＝百済の亡命と南下。本章P922、一六1〉、又慶州の西の現在韓国の第二の都市大邱（テグ）すらもその範囲に含みますように頗る広域でした——このことと買地券は大いに関係しておりました）。尚、四七五年に高句麗が百済を襲い百済が右の熊津（アナタもよくご存じの塼で造られ買地券も出土いたしました後の武寧王陵があるところ）に遷都いたしました頃（そしてそれは江田船山古墳の鉄刀銘の造られた頃でもございました）及びその以降の任那の領域（任那が縮小に縮小を重ね、右の四七五年以降五六二年に半島での殆ど全てが消滅いたしますまでのその過程）につきましては[テキスト]付録13、P1112～1113のこの変遷の地図をご参照下さいますとアナタ、このことは「百聞は一見に如かず」で一発でお判りになりますよ。

ところで、次に〈満州の古代史〉の方に移りますが、より古く殷（インダス系。その証拠は[テキスト]9―3―2、P350上）の王族で東方に亡命した人々の一派が「**辰（鮮）王朝**」（辰の正字が鮮で同一なのです――本邦初公開）と言われておりました頃には、この一族は満州南部（箕子朝鮮が「満州→半島」辺りを彷徨しておりました頃の証拠につき、同9―3―9、P374下の『史記集解』『資治通鑑』の「洌水・列水＝太子河」〔遼東〕必見）とその後は朝鮮半島全域にまでも及んでおり（と申しましてもこの頃は領域ではなく「点と線」に過ぎませんでしたが）、まずはその半島の付け根部におりましたことの今日まで残されております、ちょっとアカデミズムが見逃しがちな小さいですがナイスな証拠といたしましては、

> 「高句麗というところが、元、箕子（姓は子のみ）が冊封されたところ」（『史記』「朝鮮列伝」。『三国史記』「高句麗本紀」嬰陽王十八年〔六〇七〕カッコ内筆者）

とあることから判りまして（高句麗と箕子朝鮮との地域の関係のスタートがここに有り！）、只実は、この箕子が満州南部におりました頃は、前漢の武帝が設置いたしました朝鮮四部（玄菟・楽浪・臨屯・真番）とは、その朝鮮という名（後のネーミング）に反し、実は朝鮮半島部とは全く無関係でしたが――更にここからが、より大切な点なのですが――、『前漢書』「地理志」レベル（後世のこの史書の作成時レベル）におきましては、この「箕子」と「満州の遼東・朝鮮」とがここで初めて接合（その当時の朝鮮の全てが半島と関係の無い満州レベルのこととは申せ）されてしまい、これにより今日のレッドチャイナ（赤色支那）に至るまで、これに悪乗りしての古朝鮮族のエリアは全て「中国の一地方」に過ぎないのだとの思い上がりから、満州・半島の朝鮮族は中国の一部とされ（しかも長城外なのに）、二千年もの間「中国の当然の侵略の対象」

とされて来た（口実に利用）のです（今日の中国文部省の東北の朝鮮族地域への文化戦略につき、テキストに別述。それも知らない中国へ卑屈に尻尾を振る能天気な韓国文部省）。

　ではここで、アカデミズムが触れることが殆どないため、あまりご存じではないアナタの為に、6章冒頭の騎馬民族征服説のところでも少し出てまいりました、この〈辰（鮮）王朝とは一体何であったのか？　その出自を遡るとその先に見えてくるものとは一体何なのか？〉という、こんな古代東アジア全体を見回しましてとても大切なことでありながら、ハテナ？と考えない今までの秀才アカデミズムが誰一人として確りとした定義を考えてまいりません（実は、彼らには、今もこれを考える能力すらありません）でした辰王朝というものについて、アナタのために次に纏めて「その歴史の大きな流れ」を見てまいりたいと存じます。

　殷（インダスの亡命民＝ですからアナタ、その証拠に中国では古くはこれは素直に夷とも表現されておりますよ〔殷＝夷〕）の遺民（親戚）でございました箕子朝鮮の本名の、歴史上最も正確な「子胥余」の表示を分析いたしますと、アナタ、恐ろしい程驚愕すべき「インドとの繋がり」ということまでもが判ってまいりまして、「夷＝殷」、そしてその在地を表します「**箕**＝箕星の方向＝中国の王都よりやや東方向」、姓の「子＝シ＝商＝殷」「殷の自称たる商＝シンド」「殷＝インド」出身の王族であった「餘＝インド塩・鉄カーストの**アグリー族**＝徐（ジョ・アグリー＝余＝畬）＝消された正史でのニギハヤヒ＝穢＝蝦夷」「扶餘の餘」と同族が、中国「鉄官の南陽（この「南」「陽」の字自体が共に「鉄」を表してもおりました）＝**宛**（エン）ノ**徐**」から「**白夷**の**中山国**」などを経由して遷移してまいりました。つまり、一言で〈満州に至るまでのこの民族の混血・追っ立て〉をコスモポリタンに申しますと「中山（鮮虞＝胡）国白夷（白狄別種――社預の『春秋左氏伝』の註による。つまりこれは古くからのコーカソイド混血を表現。因みに、万里長城を最初に築いたのは秦の始皇帝などではなくこの中山国でした）＋ツングース＝東胡（箕子朝鮮もここに入ります＝胡の中山が東（箕星）の方へ行って東胡となる）」＋匈奴冒頓（ぼくとつ）部（胡。チュルク）＝鮮卑（せんぴ）というアナタには思いもよらないことになってまいります（遙かなる鮮卑の出自の確定とその復権、ここに我により甦れり！）。テキスト9―4―1、P377。これは「扶餘＝伯人系の餘（アグリー）＝箕子の本名の子胥餘」の流れであったという特に見逃してはならない重要なことをアナタに示してくれておりました。つまり、そこに更に〈満州から後の流れ〉も加えて、次に日本列島との関係までも含めてアナタのためにお浚（さら）いいたしておきましょう。先ずは

①殷の遺民の箕子＝箕星（東の方角）の子氏↓

②朝（アシタ）（〔アルタ↓アシタ〕東方、日の出の方向――これは古満州語）の方角に今いる鮮（辰）氏の一族

↓

③**辰（鮮）王朝**↓

④これが後の朝鮮（朝の鮮やかな国＝満州からの一流の終局の亡命先が朝鮮半島中部の馬韓・月支（アシタ）国・アルタ）ということになり、これが南下した辰王朝との繋がりをも含めました語源上の解明でございました（箕子朝鮮の満州レベルでの「周都↓昌黎↓孤竹（こちく）↓義県・医無呂（いむろ）↓海城〔遼河〕」という「東方＝箕星」への四遷につきましてはテキスト10―2、P434）↓

⑤そして更に、この古朝鮮族の一部は他民族に追われまして「**朝鮮**（チヨソン）＝**粛慎**（スシン）」とまで化してしまいまして、沿海州と朝鮮南部への二方向へ分かれ、更にはその一部は池のような日本海を渡海して海流に乗り日本列島の東部（アナタ正史「続日本紀」によりましても、鹿島神宮の北方の茨城県の行方（なめかた）郡より北方は、何と！　嘗ては陸奥国であったのであり、且つそこは「風土記」によりますと古（いにし）への**日高見国**（別の国）とも呼ばれておりましたよ）、更には同北部の「日（ひ）高見（たかみ）＝北上（きたかみ）＝常陸（ひたち）＝日ノ上（ひかみ）＝日上（ひかみ）＝氷（ひ）

上・日下（＝日上）＝弁＝弁帽の民＝伽羅（葛）＝韓＝草＝卞＝卞＝弁＝日下＝日下＝日本」（何とアナタ、これらは皆同じ意味。弁帽の国でございましたことのその名残りの一つが、後の冠の緌〔老懸＝ほおすけ〕で、冠の左右に毛で半菊花形にしたもの。これは北部の扶余・高句麗・百済などの遊牧民が、嘗て冠に鳥の羽根を付けておりましたことの後世のほんの僅かな名残りでもございました）、その前は「満州・沿海州の穢のアグリナロト（濊王の印。濊人の南下と濊王の印とにつき、テキスト10―1―5、P431上）＝東北の鉱山民の物部氏（蝦夷＝穢＝アグリー＝北扶余後期王朝＝高句麗後・期王朝）」というような移動・繋がり

というようになっていたのです。

　このように辰（鮮）王朝の系譜は「インドから日本列島まで」気の遠くなるように連綿として繋がっていたのです（早い話が、卑彌呼もインドより〔九14①～⑯〕、ニギハヤヒもインドより）。

　それにアナタ、抑、その途中の朝鮮半島部におきましては、古への中国史の分析によりますと「倭人＝于人＝干人＝韓人」ということでアナタはエッ！と思われるかもしれませんが、「韓人＝倭人」でもございましたし（倭人の南下につき、テキスト9―3―9、P374―376を含む、同9―3―4、同9―3―5のP374―390は必見）、それのみならず、それに加えて「濊人＝倭人」ですらもございました（これは重要。古への朝鮮半島は倭人・濊人の国だった！　本邦初公開）。

　それら東アジアの古代史についてのオリエンテーションをこのように済ませました上で、次に、今までお話しいたしておりました時代より近い（後の）時代の、朝鮮半島における倭人のお話に戻しましょう。

伯済（百済）や雞林（つげ）・迎日（トチ、新羅）が独立してから間もなくの三七〇年頃ですら、別述のように、「任那連邦＝倭人・濊人・倭人連合＝伽耶連合」の〈最大の範囲〉は、この百済や新羅の成立の頃

でさえ、ほぼ朝鮮半島の南半分全域にまでも及んでいたからなのです。それがアナタ、三七〇年から四七五年までの百余年を見ましてもその間に、倭人のエリアは、慶尚北道と忠清北道の境の鳥嶺から南へ百キロメートルも小さくなって（ならされて）しまっております（倭の縮小）。

以上のアナタに私が申し上げましたこと（華北→満州→列島という伯族〔百姓（ばくしょう）——「さまざまな職業の人＝人民」としての国史上、渡来民の本来〈当初〉の意味。「濊（ワイ）＝貊（バク）」姓。だから貿易商や商人も百姓。例、後世の能登の輪島市の時国家（ときくに）や琴平山の「五人百姓」なども〕の追っ立て）、これこそが今まで世界のアカデミズムが誰一人の例外もなく、後世の固定した後の或る時点における結果（朝鮮＝半島）しか眼中になく見失っておりました〈「倭人」「朝鮮」の移動・変動〉という重要な概念、つまり韓人・倭人・濊人・伭人の「満州・朝鮮半島における南下」及び、他方そこから更に「沿海州・列島東北・北海道すらへの移住——古朝鮮語とアイヌ語の同一性ということが今日でも辛うじてこのことを証明してくれております——」という民族の「追っ立て」の果てしなく大きな夢を含んだテーマでもございました。これら満州・沿海州・朝鮮半島・日本列島に跨がりますアナタの驚きの「コスモポリタン古代学」につきましては、本邦初公開です（私こと「古代探偵」は果たして大いなる夢を見ている！大法螺吹きか、将又（はたまた）、世を惑わす大詐欺師か——はて、そのどちらにいたしましても、この二つはよくよく考えますと両方とも同じ！ことなのではございますが——私＝法螺吹き＝詐欺師ということになりますので）。

右の本邦初公開のポイントは「胡（中山国白夷）→東胡（満州での朝鮮人）→鮮卑→拓跋→魏（ウイ）（倭人条の卑彌呼の記載で有名）」へと繋がっていたということになりますので、確（しつか）りと何時までもこの「民族の追っ立て」を忘れないでいて下さい。

さて、古代の民族の「追っ立て＝その動的な構成」について考えておりますと――アカデミズムが全く無関心で情けないとは申せ――限がございませんので、又「買地券」のお話に戻したいと存じますが、一般的にアカデミズムの世界では〈買地券というもの〉は「**道教の思想**」による**呪術的**なものだ――因みに、〈道教の古墳への影響〉という点について絞って見てまいりますと、童女三人が各人二面ずつ計六面の鏡を背に懸けております（高崎市綿貫の「東国の正倉院」とも言われております六世紀後半の綿貫観音山古墳出土「三人童女」の埴輪や別述の「金銅製玉子形水瓶」の秘薬「水銀」）のは、支那の文献と照合いたしますと、神仙の法を説いた晋の葛洪の『抱朴子』の道士についての文面そのものであり、ですからこの人形埴輪も既に伝来した道教の影響をダイレクトに受けているものと認められるものです――と言われておりまして、今日に至るもその遅れたレベルからアカデミズムは抜け出してはおりませんが、弁護士である私こと古代探偵がストレートに申しますと、実は、**朝鮮半島**や**日本列島**では既に必ずしもそうとは限らず、当時でも既に「買地券」は純粋な

民事契約書　乃至は　**民事調停書**、もっと端的に申しますと「**墓地＝死人を埋める場所**」の**売買契約書**に過ぎないレベルにまで成長（成熟）していたことが、百済**25武寧王**（501～523年）の陵から出土した王と王妃（「庚子年（**520年**）2月**多利大夫人**分二百卅主耳」との**陰刻**のある外径8cmの**銀釧**が出土）の「**買地券**」の**解読・分析**から明らかになって来たのです。

――**武寧王**が六十二歳で癸卯（五二三）に崩じたときの墓誌の最後に「**立志如左＝左の如く文書を作る**」とまでございまして（そこで文字は何故かストップ）、そして**大妃**が「寿終」で乙酉（五二九）に殯した（殉死か？）ときの墓誌の**裏**の方に、右の王の墓誌の続きといたしまして「**銭一万文で……土地を買って墓を造った**」とございまして、実際この買地券の上には**鉄製**の**五銖銭**（梁武帝五二三年の鋳造）

14

一緡(ミン)が置かれており、これが銘文の**銭一万文**に当たるものだったのです（このようにアナタ、買地券は最早観念的な単純に呪術的なものから成長し頗(すこぶ)る**現実的**なものに化していたのです。アカデミズムも今迄の先入観をガラリと変える必要がございます）。これは、元々王の墓誌の後半部分（並んでいた別の石）を**裏返し**て大妃の墓誌として**流用**したので（双方の**真中に小さな穴**がございますので、王の墓誌であったときにはこの二つは繋がれていたことが判るのです）、その大妃のものの裏に王の墓誌の右の「銭一万文」が記されていたのです（写真14―2、3）――

つまりこのことは、他者が土地を武力で占領することは一向に構わなかったのですが、一旦そこに定着し「**お墓を造り祖霊の魂を大地に埋葬する**」ということとなりますと、その**土地の古来からの霊**（実際は、仮令(たとい)今は落魄(おちぶ)れておりましても、先祖のお位牌（霊）を守るその管理者たる土地の**旧来からの所有者**。それが死に絶えていた場合には、その墓の隠亡(おんぼう)（火葬職人）へ）に、現実に金銭や物（無主の場合には霊の宿る「大地＝グランド」に**酒**をまきました。**平城京**建設の際の日本でのその例につきましては、『**続日本紀**』元明和銅2年（709年）11月11日に明記してございますのでご参照下さい）を支払って挨拶しなくてはならない古くからの**慣行**が世界的にあったからなのでございます（テキスト7―8、P286上）。

再び、先程の集合写真をご覧下さい。［そういう買地券の見方］をして参りますと、次の様な説明で全てが括(くく)れ、以上のテーマは、皆、面白いようにスラスラと説明がついて参ります。先ず、

①泰和四年の**七支刀**（三六九年造、三七二年贈）につきましても、扶余**伯族**の出自の**百済実質初代王**の**13近肖古王**（346～375年）が朝鮮半島を南下して参りまして（百済史の神話に近いレベルでは、母の**召西奴**(ソソノ)とその子の百済初代の**温祚**(オンソ)**王**の南下）、**漢江のソウル**の辺りに**百済の初めての亡命王都**を築き、王陵

14

を造ってそこに定着し（**石村洞古墳**。写真1—12、本一5、P4。一四3）、この馬韓の一部に**伯済**（これは「扶余**伯**族が西朝鮮湾を**済**（渡）って来る」の意味）を建国致しました時に、時としてその辺りまでも倭人が進出・実効支配しておりまして（既に、**391年**にはソウルより更に北方の半島北部の**帯方郡界**迄も**倭**が**海路北上**しておりまして〔任那の三七〇年頃の北限〈鳥嶺辺り〉につき、別述——但し、更に古くは中国史によりましても満州・半島に「濊＝倭」種が蟠踞（ばんきょ）〕、この進出の証拠は、図1—7の**414年**建立の**高句麗広開土王碑文**に明示されている通りでございます）、その当時の拠点が列島ではなく朝鮮半島南部にございました**倭**（**伽耶**）に対し、北方からの新参亡命者でございました百済王の祖先が、その趣旨で「**買地券**」として当時は貴重な純度の高い**鉄鋌**（てってい）（四十枚（よそひら））と共に贈った**谷那鉱山**（こくな）の鉄を使って**369年**（**泰和4年**）に造られ、**倭**（**任那連邦**）**の盟主**（**象徴**。嘗ての卑彌呼の場合とパラレルに考えても構いません）となることを頼まれまして**倭**（**伽耶**）**王となる**、**辰**（**鮮**）**王朝の系譜に連なる百済のその王子の**「**旨**（し）」（辰「**斯**（し）」王の中国式一字名〔旨＝斯＝シ〕＝**景行大王のモデル**）に持たせ、その**養父**となります金官伽羅（倭）**5伊尸品王**（竹内宿禰のモデル）に**372年**に贈られたという謂れの銘刀だったのです（一7。「**七支刀**」**の中に**「**辰王朝**」**は生きていた！**）。

勿論、その授与の直前には百済は「倭＝伽耶」諸国**7国**（だからこそ正にこの刀の「**七支**」がそのことを表しておりまして、そのような動機（モチーフ）がよく見ますとその形には表現されておりました）からの**軍事協力**が得られ、**371年**には同族（**高句麗＝伯族＋穢族**）の出の敵の高句麗の**16故国原王**と戦い**平壌**でこの王を殺すことが出来た（テキスト口絵4）ことへの百済から倭（任那連邦）への感謝の意味も込められておりました（七支刀につきましては、テキスト18—6—1、P804～808、18—6—6、P815）。ですからアナタ、このように**七支刀**の「**七支**」とは、このように百済を支えた（救った）**主たる**「**伽耶＝倭**」**諸国**の当時の**数**

を表わしてもいたのです（これで七鞘（ななつさや）の「七」の持つ意味も、アナタ氷解ですネ。これは場合により「**辰王朝の血を引く盟主となった**――後世の百済王子「扶余隆（プヨユン）の墓誌」（本六）がこのことを示しておりました――**百済王子自体＋伽耶六国（伽耶琴）**」とお考えになってもよいかとも存じます。本邦初公開）。

このときの背後の〈東アジアの国際情勢〉につき、右のことをアナタによりダイナミックにご理解頂くためにここで一言でマトメておきますと、369年の少し前にソウルに南下して来て建国したばかり（前述の石村洞古墳＝高句麗式）の**百済の実質初代王**である**13近肖古王**（346～375年）と**倭**（**伽耶＝任那連邦**）との**軍事協力**が成立――このときの信頼関係が、後世、百済の中国南朝への「高句麗攻撃の依頼」を、倭王が仲介してやったこと（別述）にまで繋がっていたのです――し、「買地券の意味合いをも込めました」七支刀作成に着手し（含、鉄鋌四十枚（よそひら）の添付）、前述の様に、371年には倭が百済を軍事援助して「高句麗の16故国原王を平壌で殺す」ことが出来、**372年**にはその完成した七支刀を百済王子の頃の**辰斯王**に持たせ、当時の倭（任那・伽耶連邦）の金官5伊尸品王（**武内宿禰**のモデル）に**贈与**したということになってまいります。

因みに、この〈七支刀の**倭王**（**旨**）とは、一体誰のことなのか〉と申しますと、先程も少し触れましたが、後に百済史上の**16辰斯王**（385～392年）となる、**この時点ではまだ百済王子**のことだったのでして（テキスト付録5、P1110～、一7）、同一人が日本紀の正史上では**12景行**大王のモデルともなっており、このことは**初代**百済王の13近肖古王は「**孫の一人**（15枕流王の弟）を**任那連邦のキャップ**（ですからアナタ、つまり倭の盟主＝**象徴**）として任那連邦に**養子**として差し出した（半ば人質）」ということをも示していたのです（ですからこの**呪刀**の役割は、この王子を悪霊から守るための刀でもございました）。この点につき、百済本紀の方では王子の頃のこの辰斯が地続きの「半島部の倭」へ行った（決して海を渡って列島へ、ではありませんよ。アナタこの点を呉々もご注意を）ことを、例のメンツの問題（本章一四6、P892）からか、後になってからは**狗原**（金官）の行宮で「死んでしまった」という風に、例の如く表現してしまっております（「百済本紀」同王8年〔392年11月〕、本一7。正に、後になってから、あんな野蛮な**倭**〔当然、**朝鮮半島南部をも含め**〕**の地などへ逃げた**からケシカランということで〔実は当時は国の意志で養子に行ったのですが〕、オーバーにも後世の正史上では「**死**」と表現〔評価〕されてしまっていたのです。お可哀相に。と言うことで、朝鮮人の「**怨**(えん)」**の思想**の二千年――今に始まったことじゃあないんだよ）。次に移りましょう。

②江田船山古墳出土の銀象嵌の銘のある鉄刀につきましては、素直に考えますと疑問が少なくなく、つまり、一般にアカデミズムでは獲□□□鹵と読み、その□□□につき「加、多、支」の字を入れ、

「**獲加多支鹵**(わかたける)**大王**＝ワカタケル大王＝〔倭の五王〕の**武**＝**雄略大王**」

だとしておりますが、これは子供のような心で素直に考えますと実に可笑しいことなのでして、抑(そもそも)「獲」の字の**旁**(つくり)**の上部の**「**隹**(ふるどり)」**部分の縦棒は誰が見ても判別し難く**、これは精々が「犭复」に過ぎなかった――少なくとも獲ではなく別の字――のであり、又、その下の右の□□□の三字の方につきましても、一国歴史主義の先入観からではなく、つまり国際的な広い考えから日本列島の人間だけではなく、広く当時の東アジア朝鮮半島まで関係者を見渡して、ここには「**□□□＝百、済、蓋**」と入れるべきだったのであり、そう致しますとこれは「**犭复**（**復？**）**百済蓋鹵大王**」ということになり、これは

百済21蓋鹵王（**四五五―四七五年**）

のことを表わしていたことになり、正にこの時代ともピッタリ整合性を持って来るのです（ですからアナタ、正に「この百済王の在位中」にちゃんとこの鉄刀が造られております〔「得□恩＝得王恩＝現に統治してい

る王の恵み」が在位中を証明〕。これで完璧！）。因みに、この
百済**蓋鹵王**は、正史・日本紀上では　**市辺押羽皇子のモデル**ともなっており（テキスト付録5、P1111「百済王系図」）、と言うことはアナタ、この私こと「古代探偵」の**国際的な解読**では、アカデミズムの古代史が一瞬にして引っ繰り返ってしまう程の強力なアッパーカットでございます、古代史上の極めて重大なことを意味しておりまして、

このとき、大和朝廷が西の九州（江田、船山）から東の関東（埼玉、稲荷山）まで統治していた（日本の統一）

等というアカデミズムの大前提（大虚構）が、私こと「アマチュア」のたったこの一言により、ガラガラ・ポンと音を立てて大崩壊——先ず西が崩れる

してしまうのです（ガラガラポンの悲劇。これは愉快——後はこのアカデミズムを信じるかどうかは宗教。本章、テキスト21—1—1、P885下、887下、同21—5—2、P903—907）。

この様に私こと古代探偵は、アカデミズム（通説）の様にズバリ「**獲加多支鹵＝ワカタキル＝雄略**」であるとは**読まず**（因みにアナタ、この点一昔前迄のアカデミズムの重鎮〔福山敏男氏〕がこの点を何と言っていたのかと申しますと、この漢字を「**ミズ歯**」などと読み「**18反正大王＝多遅比瑞歯別尊**〔紀〕＝**蝮之水歯別命**〔記〕——但し、どう見ましてもこれはアマチュアから見ましても「犭」偏であり「虫」偏とは決して読めませんのでこの「蝮＝まむし」の考えは一発でアウトです——の和風諡号のことだったと言っておりましたが、アカデミズムの秀才たちは、今でもこの様に平安朝の女性の「**貝合わせ**」遊びのオネエレベルのトンチンカンな変わり様しか出来てはいないのです。今まで長い間「虚構の上に虚構」を重ねてまいりましたバベルの土の塔レベルの**明治以来のアカデミズムの歴史マフィアの構図**は、恥ずかしいことに、ここに

至るもいまだ「全く変わってはいない＝新生（成長）してはいない」のです。米国上院軍事外交委員会でマッカーサー元帥がいみじくも言い放ったように、「日本人は未だに十二歳」なのです。但しこれは、その意に反し新思考に対しての日本人の柔軟性を誉めた言葉でしたが……）、**日本で私唯一人**これは**ワカタケルの剣などでは全くなく**、しかもアナタ、この21「幼武＝ワカタケル」という日本紀（記では若建）上の名自体につきましても

古朝鮮語で「wang＝ワカ＝ワケ＝王」「多支鹵（タキル）＝百済21蓋鹵（キル）王」（455～475年）から来ていたところからも（テキスト15—1—9、P596下）、これは

ズバリ**百済王の「鹵（ロ）＝蓋鹵（ケロ）」**のことを正史日本紀が表わしていたと**解読**し（つまりアナタ、鹵は、**中国表現**での朝鮮王そのままに「**一字表示**——これが**国際表示**そのもの——だったからなのです（三善清行につき、序—2）。この百済王は、同音の4代目の蓋婁王（架空）との混同を避けるため**近蓋鹵**ともいい、その諱（いみな）を**慶司**とも申しました。『**宋書**』では「**蓋（ケ）＝慶（ケ）**」で、この王を「**慶**」と表示（世祖先大明元年条、457年）。因みに、ここで、ご参考までに同様な中国式の一字表現の朝鮮王につきここでマトメてご紹介いたしておきますと、百済王の**18腆支は映**（これは腆の誤り）（宋書、四二四年）、**20毗有は毗**（同、四五〇年）、**22文周は牟都**（冊封元亀、南史）、**24東城は牟大**（冊封元亀、南斉書（四九〇年、四九五年）、南史、梁書）などと表されております）、そういたしますと、これを当時の「国際情勢」に合わせて考えてみますとどういうことになるのかと申せば、**百済の鹵（ロ）王こと蓋鹵（ケロ）王**が、高句麗の長寿王の南進でソウルの王都が滅ぼされそうな圧力と危険を感じ、**a木劦（モツキヨウ）満致（マチ）**（因みにアナタ、応神紀25年（414年）に出てまいります上記と同一人の**b「大倭木満致（もくまんち）」**と**c武内宿禰（たけうち）**（「蘇我稲目＝司馬達止」の五代祖先。テキスト付録8、P1117—1118）と**d金官（倭）5代伊尸品王（いろ（し）ひん）**と

のａｂｃｄの**四人は、何と！皆同一人**だったのです）と**祖彌桀取**（ソビケツシュ）と共に、王都を**京城**（ソウル）から、これ又、当時**倭**（**伽耶**）**の支配領域**の中（別述）でございました「**熊津＝公州**」へ南下・避難（亡命）させることを王子（後の百済**22文周王**＝**仁賢**大王のモデル。４７５～４７７年）に命じ（『**百済本紀**』蓋鹵王21年（４７５年９月））、その際の**倭への贈り物**として（作製は**４７５年**より**少し前**。当然、**買地券＝王陵**（**墓**）**を南下した先の熊津の土地**（倭〈古（いにし）への倭〉王の精霊の宿っている地中）**に造らなければいけませんので**）、この江田船山古墳の**鹵銘の鉄刀**と共に、つまりこの「銘刀とセット」で右の「**文周王**の**弟**の**昆支**（こんき）」を友好・忠誠の**質**として**倭**へ行かせ、その時に一緒に――この朝鮮の地にお世話になりますと――**持たせた**ものだったのです（渡来する王弟の昆支に持たせたのが江田船山古墳の鉄刀。しかもアナタ、だからこそここ江田の船山から出土いたしました耳飾りの意匠は、少し時代が下がるとは申せ、百済25武寧王（五〇一―五二三）陵出土の耳飾りと、小学生が見ても瓜二つではありませんか――これにより考古学的にも証明完了QED。納得（ガッテン））。

――次に申し上げますことは今のアナタには特に難解なこととは申せ、コスモポリタン古代学にとりましては乗り越えなければ先へは進めない超（ウルトラ）重要なことですので、どうかもう暫く辛抱強くお聞き下さい（ここから一、二頁は、始めからカッコ内を飛ばして本文だけを続けてお読み下さい）――

だとするとアナタ、百済**21蓋鹵王**（四五五～四七五年。「市辺押羽皇子＝物部**伊莒弗**（いこふつ）」の二人のモデル）の**子**で、百済**22文周王**（四七五～四七七年。「24仁賢大王（億計（ヲケ））＝物部懐」のモデル）の**弟**でございます、**父蓋鹵王の命を受けて文周と共に京城から熊津**（**公州**）**に亡命**（**南下**）いたしました（テキスト21―1―2、Ｐ888はアナタ必見です）百済王子の**昆支**（五世紀後半。「24顕宗大王（弘計）＝物部目」のモデル。テキスト付録５、Ｐ1111）を**祭神**として祀っております**河内**の**飛鳥戸**（あすかべ）**神社**は、**本来**（渡来直後は）、**九州にあった**ものが、それを信奉する人々（百済系）の移動と共に、中央の畿内へと**東遷**して来たことが考えられますので（モデル自体についても又、移動についても本邦初公開）、そういたしますと、「**炭焼き長者**＝**鍛冶王**」の「**弥五郎ドン**＝ヤゴロドン＝百済に戻り（倭王が護衛を付けて戻してやり）**東城王**（**牟大**）となった人＝**欽明大王**と**物部荒山**の二人のモデル」（百済王系図上では「**昆支の子**」。正史を疑わずに暗記するだけのアカデミズムは、この点の日本紀とそこで引用する『百済新撰』とが頗るインチキであったことにつき、誰一人として気が付いてはおりません。テキスト17―2―2、Ｐ732～733の図、同21―1―3、Ｐ889～891も本邦初公開で必見）を**隠れた真の祭神**として祀ってございます九州の**岩川**八幡（曽於郡大隅町）、**的野**神社（諸方郡山之口町）、**田之上**神社（日南市）、及び新田原古墳群で最大のその名を冠した「**弥五郎塚**」（児湯郡新富町）辺り（更には「日向＝宮崎県」の**東郷**・**西郷**・**南郷**・**北**郷などの、後のこととは申せ、**白村江の役**（六六三年）の後の**百済亡命民の逃げ込んだ拠点**をも含め――この一八〇年も前の牟大の頃からの縁で逃げ込んだ、つまりそこ九州山地にそのとき子孫がいた）から、私こと「古代探偵」が古くから夙（つと）に提唱しております「コスモポリタン古代学」の見地に立ち、**平安期の王権が自ら消してしまった嘗ての**「**雌伏の地**」（**亡命して隠れていた地**）**における古代の謎**を探り出すこともとても重要で必要なことだったのです（テキスト19―2―1、Ｐ865上と同21―1―2、Ｐ887～889はアナタ必見。尚、同20―3、Ｐ883下～884下、同20―1、Ｐ881上）。因みに、右の最後の「四つの郷」は、古くは邪馬臺国への「藤井探索アジール・ルート」（九章）とも深く関連しておりました土地でもございました。

これ（**百済**の**国自体**と、**王**（文周王となる王子）と**王子**（昆支）の二人のアベックでの**熊津**と**倭**への各**亡命**と**南下**という百済にとっては忘れられない超重要なイベントでした）をモデルといたしまして、平安の百済系日本紀は皇子の頃の

顕宗と仁賢の兄弟二人での「播磨への逃亡」というお話

を作ってしまっていたのです（つまり、このお話の**舞台**というものは、**朝鮮半島**の百済・倭〔伽耶〕におけます、兄弟国である高句麗侵攻からの逃避という**「京城→熊津」への百済の「先王の遺言」による百済の次の王と王子の**アベックでの**南下**〔**逃亡**〕により国を残したというミッションこそがその紛れもないモデルだったということにアナタは一刻も早く気が付かなければいけなかったのです。「播磨＝〔八〕アリム＝百済」が暗示）。

それにアナタ、

平安朝の**六歌仙**の僧正**遍照**（へんじょう）は、この倭へ亡命致しました右の百済の**昆支王子**（こんき）（この百済王子〔前述のように、顕宗大王のモデル〕は、河内の**近つ飛鳥**の**飛鳥戸**（あすかべ）**神社**の祭神となっております）の子孫の**百済宿禰奈止丸**（なしまる）の子の**永継**（ようきよう）（ながつぐ。女）が、先ず朝鮮のヒヂボルからの渡来人のエリート官僚の子孫の**藤原内麿**と結婚し**冬嗣**（初の臣下での**摂政**）を産んだ後、更に**桓武天皇**ともバツイチで**再婚**し、その

桓武と永継との間の孫

に正史上の記載におきましても相当する人だったのですから（テキスト1―2―3、P47。同―1―2―4、P49）、この歌人は父方からも母方からもダイレクトに**百済王家の血**が入っていた（序5）、つまり、**属人法的**に見ますと**国際私法上純粋な百済王家の人**そのものだった、それ以外には考えられないとすら言えるのです。

ですからアナタ、お話を戻しますと、この**江田船山古墳の鉄の銘刀**は、鉄刀銘の百済21蓋鹵王の王子の**昆支**（前述のように**顕宗大王**の**モデル**。文周王の弟）が右の四七五年の**亡命に際して倭へ持参**したものだったのです（テキスト21―1―1、P866下メモ。尚、卑彌呼の実家である帯方郡の**公孫氏**が**ＡＤ２００年頃**王女卑彌呼に下賜した「公孫」銘の**鏡**が、奇しくもこの同じ江田船山古墳から出土していることにつき、九11はアナタ必見。何故、卑彌呼の実家の満州の遼東の鏡が**九州**なんぞから？）。

案の定、475年に倭へこの江田船山古墳出土の刀を贈った百済の**蓋鹵王**の予感はものの見事に的中し、やがてこの王は高句麗の**長寿王**に攻められ殺され、**百済**はここに**滅亡**してしまいました（これは百済の**第1回目の滅亡**です）。この時は高句麗の放ったスパイの**囲碁の名人**の僧**道琳**（どうりん）の進言に騙され、王宮建築などの浪費により**米倉が空**になったところを伐たれてしまったのでした。

アナタ、ここで特に大切なこと――日本列島での巨大な出来事の伏線となっていたこと――は、この時、高句麗の同族の**遊牧民出身の百済**は、この半島での百済の滅亡を痛い**反面教師**（**お手本**）として、大切に忘れずに何時までも覚えており、日本列島で新羅系の奈良朝の天皇家に「**平城京**」「**東大寺の大仏**」全国の「**国分寺**」等を次々と造らせて国の予算の**10分の9**もの備蓄を**浪費**させ（序―2。又、天災での支出も加わり）、ジワリジワリと**兵糧攻め**にして、他方では反対派の貴族の**武器を正倉院に収めさせ**たりもして（序―3―1）、遂には**770年頃**に至り、**立太子の偽宣命**に因を発し、堰（せき）を切った大きな時代の流れの結果の**光仁天皇の即位**により、**平安クーデター**（**百済革命**）**というものを物の見事に成功**させたのでした（これこそがアナタ、**日本列島での百済亡命政権＝百済革命の樹立の見事な瞬間**だったのです。これを見逃したら、歴史オタクのアナタとしては失格！）。この時期の〈一般の人々の生活の不安と革命の推進〉との因果関係につき少々触れておきますと、この後間もなくの七七四、五年頃には宇宙線の飛来が最高だった（三宅芙沙氏）ことが屋久杉の分析から近年判ってまいりまして（私の考えでは、太陽の黒点の活動が弱く、地球へ至りますその磁力線が弱かったので、宇宙線を防ぐ「バリアー＝オーロラ＝磁力線」が少なく、その薄いカーテンを通過して「宇宙線がより多く大気と接する成層圏まで入り込んで来てしまった」ことによるものと考えます――ですから、この天変地異を「太陽活動・黒点」の増大と結び付ける今までの多くの宇宙物理学者たちの考えは実は全くその真逆だったのです。つまり太陽活動が弱かったが故だったのです。両者は理論的に明らかに相反する関係にあるからなのです）、と申しますのも、右の宇宙線の中に含まれております元素の中の或るものは大気圏まで入り、そこで大気〔H_2O〕とぶつかると小さな水の核を造り、それを中核として更に成長して雲を生じさせることになりますので、だからこそこの時期には冷害・多雨で、案の定人々の生活が大変であった時代でもございました（ご興味がおありになる方は「超新星爆発」「ガンマ線バースト」などについての世界でも最新の考えをお調べ下さりますと〔古いのはダメです〕、地球〔宇宙〕物理学の今までの通説が可笑しかったことに気が付かれる筈です）。

この点、正史「続日本紀」によって右の現象を確認してみましても物の見事に実証出来まして、七七五年四月四日には新羅系の井上廃后と他戸廃太子が共に五条没官の宅で暗殺されて——百済革命の完成——おりますが、この年とその前年につきましては、飢饉、蝦夷の叛乱、鼠害、風公害、伊勢・尾張・美濃では諸川氾濫により百姓三百余人・馬牛一千余匹が死歿するとともに、寺塔が十九も崩壊し、この頃間違いなく異常な霖雨（ながあめ）が続き、この宇宙線急増による雲の増大という目に見える現象・事変が予想通り生じておりますことからも、私こと「ハテナ？坊や」のこのトンデモ宇宙物理学の考えは、歴史学的にも実証され、アナタにも頷（うなず）けるものだったのです。八世紀末のこの国情の不安定も、右の百済革命を手助けし促進する要因の一つとなっていたのです（動乱に乗じるのは世の常識（ならい）。これも百済に味方した！）。百済クーデターの表面化の期間は**７３０～７７０年**の間。百済僧**良弁**の死は七七三年です。序の各ページ（序前文、序—2、序—3—3、序—4、序—5）参照。

次に、アナタが古代史の大筋を見誤りアカデミズムと心中してしまわないように、ここで日本中のアカデミズムの全てが、恰（あたか）も戦前の大政翼賛会や国家総動員法の如く一致団結して信じて疑わない或る**買地券の贋物**につきましての考察も序（ついで）にサービスしておきましょう（読者の陰の声——この本の著者の不良老人、サービス精神旺盛だよね。老躯に鞭打ってこの調子で頑張ってよネ)。

③**稲荷山古墳出土の辛亥年**(「亥」が正しいと仮定しての話——しんがい＝かのとい。**四七一**年の作製だとすると)の「**ワカタケルの剣**」が**平安朝以降の捏造品**！　であった(もし五三一年だとするとそうではない可能性もあり)ということにつきましても、**箸墓の前方部の捏造**(本七2)についてと同じく、これ又現在**日本で私こと古代探偵唯一人**がそう言っておりまして、アカデミズムからはトンデモナイと(多分)思われております大変面白い点なのですが、時間がかかりますので省きます。この点はテキスト21—5—2、P902〜907に5頁くらい割いて詳しく説明してございますので(テキストの新版では、この点がより詳しくなる予定ですのでお楽しみに)、是非そちらでその理由(わけ)、例えば、

(1)**出土場所**との関連での**稲荷山古墳の消えた中央埋葬部**(**第3の石槨**)への疑問？　破壊・抹殺されたのか？　それとも未発掘か？　私こと「古代探偵」の仮説といたしましては、より深いところに「竪穴式石室」か、それとも「組合せ式長持ち形石棺」を有する第三の主体(乃至は嘗てのそれらの破壊された痕跡)が、「白雪姫」としてまだまだ長い眠りについている可能性(夢)も考えられない訳ではないからなのです。もしそうであるなら、アナタ、この白雪姫の悲痛な死者の寝言を「心の耳」で聞いてみて！——

(2)出土した**須恵器**と**土師器**とを巡るこの剣の出土した**古墳自体の年代**への疑問？　と申しますのも、朝鮮の伽耶出土の須恵器(陶質土器の年代との照合では、四七一年より干支一運後の「辛亥＝五三一年」の方がより整合性が認められるという考えもあるからなのです(申敬澈氏)。但しこの年代でも大王系図偽造の点(通説のとおりの当て嵌め)については相変わらず疑問が残りますが——

（3）当時の**列島**にはなかった——**伽耶（倭）**にはございました（考古学上の伽耶との密接な関係につき、後述）——鉄剣の**象嵌（ぞうがん）の流暢過ぎる銘文の文体**（刻字）の時代的に少し早過ぎる東国への出現への疑問？　伽耶からの持参ならあり得るか？

等の証拠（**疑問の缶詰**）につきまして是非ご覧頂きたいと存じます（前述の②の昆支が持って来た江田の船山出土の鉄刀も、百済製の象嵌技術によるものと考えれば、これ又両方納得（ガッテン））。

それにアナタ、その頃のこの地域についての情況証拠〈中央政府と東国との関係〉から考えてみましても、一見明白なことだったのでして、大和朝廷の力が十分にここ迄及んでいなかったからこそ、**安閑大王**（五三四年——金官〔倭〕が朝鮮半島部で滅んだ〔五三二〕その直ぐ二年後——丁度、金官人〔倭人〕亡命が完了の頃、それ迄のパワーバランスの崩れが生じた）のときに武蔵において「**小杵（おき）＋上毛野・小熊（おくま）**」vs「**笠原直（あたひ）使主（おみ）＋大和朝廷**」という**大騒乱**（「**武蔵争乱＝武蔵国造の乱**」）（これこそがその二年前に生じました金官伽羅〔倭〕が朝鮮半島部で、安羅〔倭〕と組んだ新羅により滅ぼされたこと〔五三二年。その結果正史に「夫任那者、以㆓安羅㆒為㆑兄。……安羅人者、以㆓日本府㆒為㆑天」とございますように、ここにおいて安羅が金官に代わり任那の盟主〈「兄」〉となり、又、安羅が新羅と組んだこととその結果とは、その後の状況である次の「安羅の大連の佐魯麻都（さろまつ）が新羅奈麻礼（なまれ）冠（かうぶり）を着ていた」〈共に「欽明紀」五年、五四四年三月〉という表現が実に見事に証明してくれていたのです——これでも私のこの考えはトンデモ説ナノ？〕）という朝鮮半島で起きたことの反動により、これに連動しての、その亡命民による日本列島の各植民市間における、六六三年（又は六六〇年）に新羅が入って来る前の「金官と安羅との戦い」でもあったのだと、列島と半島での動きをアナタはコスモポリタンに鳥瞰して見なければいけなかったのです（穴織（あやは）社伊居太（いけだ）神社〔大阪府池田町陵羽町。応仁紀三十七年〈三〇六〉、同四十一年〈四一〇〉参照——西暦は参考〕の神官の川村氏が以前、秦や漢（アヤ）を名乗っていたことに加え、ここの木製の漢織（アヤハトリ）像は漢以留間直（アヤノイルマノアタイ）〔阿知使主の四代の末裔〕の作と伝えられており、「以留間＝入間＝漢系＝安羅系」とも推測出来ますので、ここ東国の武蔵の入間川・入間郡にも安羅など〔高句麗・百済などの三韓系を含む〕の兎も角外来系の流れが見られるからなのです。但し、この点は姓氏録の物部直（アタイ）系とは異なりますが直（アタイ）系という点では同じです。又「伊古太神（いけだ）↓池田（いけだ）の地名の由来」にご注意）。

当然、右の武蔵でのこの動きは、前述のように金官（倭）の滅亡の更に五年前（五二七）に同じく安羅（倭）が任那（倭）連邦の盟主の金官を裏切ってまで新羅と組んだ反乱である「磐井の乱」（一〇４。金官滅亡の前触れで、実は倭の朝鮮半島部分で起きました）とも水面下では密接に関係（リンク）しておりましたことを、アナタは一国歴史主義で見逃してしまってはいけなかったのです。ですからこの東国の「小杵・小熊と笠原の乱」（これは、列島九州は勿論、半島南部とも連動していた国際的な動きの一部だったと見なければいけなかったのだ。コスモポリタン古代学から見ますと、５２７年磐井の乱↓〔五年後〕５３２年金官〔倭〕の半島での滅亡↓〔二年後〕５３４武蔵争乱というomnibusとなっておりました〔アナタ、ちょっと難しくても、この因果の流れの時系列・順番だけでも大切ですので憶えておいてね。正に、この「５２７年↓５３２年↓５３４年という国際タイムテーブル」のコスモポリタンな理解こそ、アナタに求められていたからなのです〕）が東国で生じてしまったのであり（日本紀の読み自体からも「この朝鮮半島での結果がここ東国にまで及んだ」と十分に読み取れるからなのです）、つまり、まだこの頃には**中央集権的統治が不十分**であったからこそ、遠方の東国でこのような混乱が生じてしまったとさえ言えたのです。

とても大切な点ですので、仮説レベルではあっても恐れずにもう少しその考古学的な具体的な証拠をも加えながら武蔵国造の反乱について見てまいりましょう。それによりアナタは、私の考え（大和朝廷の射程距

14

離）を完璧に近くご理解いただけることが出来るでしょう。

先ずは、A安閑紀元年（五三四）閏十二月には上毛野国の緑野（後述の七輿山古墳のあるところ）に隣接いたします武蔵国で国造（地方長官）の地位の継承を巡って小杵とその同族の笠原直使主とで争乱となり、小杵は上毛野君小熊を頼り、使主は大和朝廷を頼りにしましたところ、朝廷は使主を国造とし、やがて上毛野君と小杵のグループが敗れ、小杵は殺され、勝ったとは申せ使主はその武蔵国の横淳（横見郡、埼玉県比企郡の一部など）、橘花（神奈川県住吉、日吉など）、多米（大井か多摩）、倉樔（横浜など）の領地を朝廷に屯倉として献上することになり（させられ）、その結果、これにより朝廷の直轄地が東国の関東で飛躍的に広がったのでした。又、それに留まらず、更に、Bその半年後の安閑紀二年（五三五）五月九日のところには、右の緑野をも含む全国二六箇所に屯倉を置いたとございまして、このABを総合いたしますと、朝廷は使主を援助し武蔵国の一部だけではなく、小杵の助っ人の領地であるこの上毛野国緑野（多胡の碑でアナタにも有名な多胡郡が置かれるまではここは緑野郡西部でした。六11）の土地までをも取得してしまったことが判るのです。

　これらの東国での動きを私こと古代探偵が本邦初公開で「深読み」いたしましたところ、次の通りのアカデミズムが予想だにしない事実が見えてまいりました。それは早い話が、今まで畿内中心の豪族連合レベルに過ぎなかった大和朝廷が、それまで虎視眈々と狙っていた（その大切な理由は後述）関東への本格的な進出を果たすがために朝廷お得意の計略を用い「同族の跡目争いに乗じて使主を唆して（ヤラセだった――通説より干支一運後の「辛亥＝五三一年」と刀銘を見ますと、正にそのヤラセがより説得力をもって生きてまいりますよ）当時関東の実質支配者（鈴鏡エリアのキーステーション）であった上毛野君に対しての反乱を起こさせた＝マッチポンプ説」と見ることが自然だからなのです（アカデミズムは歴史ボスの決めた文面に忠実で素直過ぎるよ）。そしてその理由とは、当時の重戦車に匹敵いたします馬の入手（主として渡来遊牧民が営む牧も含め）だったのであり（主として信濃・上毛野・下毛野などの馬の力により以後大和朝廷の中央集権化がアレヨアレヨと可能になったとさえ言い得るからなのです。上代の上毛野の牧の多さを考えよ）、だからこそこの頃お隣の信濃の飯田地域（古くは東海からの現佐久間ダム経由の険阻な「天竜川ルート」が中心だったものに、ハイウェイである旧東山道がここで新たに加わり）で馬葬土壙が増え（座光寺の恒(こんが)川遺跡から六世紀初めの馬の骨と轡(くつわ)が出土。後の平安期に至りましても全国勅旨牧三二のうち信濃国には一六もございました『延喜式』）、この毛野でも五世紀後半から西毛地区（正に旧東山道ルートへの入り口）の剣崎長瀞(けんざきながとろ)西遺跡（同名の古墳〔ここ出土の袋部断面形が全くの円形ではなく多角をなす鉄矛は高句麗乃至は百済系とされております〕の東方約三〇メートルの住居跡とその域内の古墳〔「円形＝封土墳で埴輪有り＝倭人」「方形＝積石塚で埴輪無し＝伽耶・朝鮮系」〕。ここからは何とアナタ、多量の韓式土器のみならず東国では珍しい純金の耳飾り〔多羅の陜川の玉田古墳出土のものと類似〕すらも出土しております。ここへは遊牧の技術に長けた渡来人も多量に来ていた！　アナタ、観音塚古墳にいらしたら、その北方一ｋｍくらいにこの各遺跡〔西部小学校の門前。何とここからは朝鮮半島製馬具を装着したまま埋められた馬の骨が出土〕がございますので一見の価値アリ）、その他で馬の埋葬が認められると共に朝鮮半島系の馬具自体の埋葬も、ここへと入って来たお隣の信濃に負けず劣らず多く見られるからなのです（因みに埼玉県では後述の武蔵国造の乱で勝った笠原使主の末裔の稲荷山古墳が馬具副葬の走りとされております）。

その大和朝廷の進出（安閑紀の実質的な関東侵攻）の情況証拠といたしましては、この時点から東国での大王家の藩屏とも言える大伴氏・物部氏などの所謂中央貴族レベルの目立った出現が見られるからなのです（軍略の結果）。

そして肝腎なことは、そのことの考古学的な証拠もちゃんとございまして、四五〇年頃の白石稲荷山古墳以来この地域でこれまで連綿と続いて築造されてまいりましたにも拘わらず、この白石古墳群（藤岡市）で造られました六世紀半の一五〇メートル級の七輿山古墳以来、他の土地では造られている（六〇〇年頃の石室長一五・三メートルもの石舞台古墳クラスの超巨大の石室を持つ高崎市八幡町の前述の観音塚古墳など）のに、ここ緑野の問題地ではそれ以降大きな前方後円墳が全く造られていない（より小規模の六〇メートルクラスの二子山〔六〇〇年頃〕、萩原塚〔六五〇年頃〕は見られましても）という空白期が生じてしまいましたのも（田島桂男氏他）、ここへ朝廷が入り込んで来て上毛野君及びその子孫（右の乱での上毛野君自身の生死は不明）の勢力がガクンと削がれてしまって小勢力になり下がってしまったことを顕著に示しており、そしてこのとき勝った使主の墓こそが、その後大いに発展したアナタにも超有名な所謂この「ワカタケルの剣」の出た稲荷山古墳を含むところのあの埼玉古墳群（前述、馬具埋葬の走り）の一つの「二子山古墳」だったのでして、更にこのとき負けた小杵の方に加担した関東の盟主上毛野君小熊の墓こそが、正にこの以後悲哀を託った前述の「七輿山古墳」そのものであったと考えますと（甘粕健氏）、右の空白期につきましての歴史文献学と考古学とのその整合性が十分に認められて来ることにもなるからなのです（上毛野国の馬葬が証明）。

かように、このような朝廷の勢力はこの乱の起きた五三四年レベルでも、正史によりましても東国、特に関東には十分及んでいなかったことが明白に判るのです（正史をよく読めばそのことを自白していた！）。そうしますと、先述のように「武蔵国造の乱534年－ワカタケルの剣〔通説〕471年＝63年」ということで「この乱の六〇年以上も前に朝廷（倭王武＝雄略大王）の力が武蔵の埼玉くんだりまでダイレクトに及んでいた」などということ（通説の年代とその解釈によるワカタケルの剣の銘文）は、正史自体とも完全に矛盾しどう見ても到底是認出来ないことは三歳の児ですらも判ることだったのです（この点干支一運ずらして、もし「辛亥＝五三一年」のことだとしますと、伽耶の須恵器とも、この大和朝廷の東国進出とも、「ワカタケルの剣」とも、金官伽羅〔倭〕の滅亡とも、その全ての年代の点に限りましては〔大王系図の点を除きましては〕見事に一致して来ることになります）。

このように古代の東国が、私こと古代探偵が本邦初公開でテキスト以来夙に申し上げておりますように、朝鮮半島各国（海峡国家の倭を含みます）の植民市としての「カオス状態」にあったのであり（東国カオス説）、東国である武蔵も上毛野も最早その例外ではなく、本貫の朝鮮半島の勢力の動静（それまで金官伽羅〔倭〕の滅亡や安羅〔倭〕が盟主と取って代わるなど）とダイレクトに連動していた（但し後にそのことは正史上消されてしまいました）のです。合点。

このように、それよりもナント**その六十年も前**！の「この剣の存在」ということすらも、子供のような素直な心（幼童の心）で考えますと頗る疑わしくなって来るではありませんか（これは正に妖剣だったのだ！この話、やっぱりよう喰えん話だワイ）。アナタ、考えてもみて下さい。当時武蔵国へは**東山道**（国々）はございましても、**東海道**（国々）の整備はまだ十分とは言えません時期でしたので（武蔵国が東山道から東海道に属するように変更されたのは奈良時代もそれも宝亀二年〔七七一〕十月二十七日になってからのことです〔続日本紀、光仁〕。又、五世紀の横穴式石室の時代と東海と関東との密接な関係につき、別述）、毛野国より更に遠方（中央より更に遠方・奥）の鄙の地である**武蔵**なんかで出土いたしました**稲荷山古墳**の辛亥年〔四七一〕銘〔更に一運〈六十年〉後の前述の伽耶の須恵器の年代と合う辛亥〈五三一〉ならばどうか？〕の**通称ワカタケルの剣**が言っているような、倭王**武**の統治が五世紀後半のこの段階で既にここまで及んでいて（全国統一支配）更にその大王から鉄剣までもが東国の鄙の地の武蔵にまで下賜されていたなどという、

14

そんなハイウェイが整備されていたなどということが、仔細に観察いたしますと「**夢の又夢**」でございましたことは、偉い人に付和雷同していれば事足りる（御身安泰）として自分の頭では考えない単細胞のアカデミズムには判らなくても、実はこれは三歳の童（わらわ）でも判ることを言っていたのです。やっぱり、少なくとも通説のように「辛亥＝四七一年」とする限り、武蔵では**偽造**だったワカタケルの剣！　そして、**江田船山古墳**の鉄刀の銘の方につきましても、これ又同様（パラレル）だったのでして、前述②のようにワカタケルではなくそれを持って来た一族の故国のボスの**百済蓋鹵王**のことを示したものだったのです（両者の共通性につきガッテン）。となりますとアナタ、この頃の大和朝廷の関東への直接統治も九州中部への直接統治の考えも、このアカデミズムの欲張った考えの絵空事はこれでTHE END（おしまい）です。今まで固くそう信じて疑わなかったアカデミズムの皆様、やっぱりご愁傷様。もうこれくらいで年貢の納め時ですよ。醜い面子の争いは、もうよしましょうや。

と言うからには、次に更なる証拠を加えておきましょう。ハテナ坊やのトンデモ説にとりましては、証拠は多ければ多い程良いのですから。前述の一発屋のアカデミズムにとりましては「三種の神器」に等しいとも申せます埼玉の**ワカタケルの剣の捏造**ということ、つまり〈その存在・内容とその周囲での**考古学的な流れとの全体的な矛盾**〉が見られるということにつきましては、先ずその実質的理由といたしまして、**五世紀の東国**への**横穴式石室**の**伝播**とそこでの**導入**ということも一つの証拠として、この謎を解くために私こと「古代探偵」が鋭くこの点に迫ってみたいと存じます。

それは、**五世紀の初め**、横穴式石室（因みにアナタ、この定義は「墳丘を築き内部主体に横穴式石室を持った高塚古墳」のことでございまして、類似の概念である単なる横穴墓（よこあなぼ）とは異なりますので、くれぐれもその定義を混同されないように、その使い分けにご注意下さい。定義は大切）というものが、何故次のＡＢのような移転経路を辿って東国へと伝わって来たのかということを見れば一目瞭然だったからなのです。

A「**上毛野**」（群馬）には**古東山道**を通って**信濃・南信**より入っております（その考古学的な証拠は〈**両袖式**〉のものにつき**飯田市飯沼天神古墳**→安中市（東山道の上毛野への入口）梁瀬**二子塚古墳**、〈**無袖式**〉のものにつきましては、同じく飯田市**北本城古墳**→高崎市**御部入18号古墳**）。

B他方「**下毛野**」（栃木）の方へは、東山道経由と言うよりも**東海地方**から多少遅れまして**五世紀前半**に入っている（しかも**畿内をパス**〔無視〕する形――つまりこの点は大和の大王権とは関係なく！――で。その証拠は〈**無袖式**〉のものにつき**西三河**の**竪穴系横口式石室**→小山市**飯塚29号墳**、〈**片袖式**〉のものにつき浜松市浜北区〔静岡県〕**興覚寺古墳**→宇都宮市**宮下古墳**）ことが考古学上認められます（ウヒョー！）。

これらのことなどから考えましても（多摩川下流左岸の初期の横穴墓の方につきましても東海〔又はそれより以西からの海流を利用した集団〕の横穴墓とは、組合式石棺、造付式石棺などの共通性が見られます。銅鋺や装飾大刀につきましても同様です）、毛野の南の、東山道からは更に遠く、仮に当時東海道（五世紀には「道＝国としての連続」ではなく、精々点と線の航路の利用があったという程度だったのでしょうが――だからこそ大和朝廷の締め付けも弱く、ずっと後の七世紀の白村江の役の更に何年か後でも、**高句麗人**は**海路**東国の**大磯**にまで遙かな海路で亡命してまいりまして、ダイレクトに自らの意思で〔この点がポイント〕そこに上陸が出来たのです〔別述〕。扶余、高句麗系の「沸流百済＝穢系」の物部氏が東海の尾張、参河〔古くはここより東が吾妻でした〕、遠淡海、久努、珠流河、伊豆と国造を務めていたからこそ可能だったのです――本邦初公開）というものが存在していたといたしましても、そこから更に離れました、つまり「東山道」と「東海航路」とのその**双方から更に遠い**、その両者の**中間地点**でもございますこんな鄙の処（奥の）の埼玉（当時の僻地――しかも大部分が幾つもの大河の氾濫原の沼地）に、この頃（しかもアナタ、前述の

「allアカデミズム」のように辛亥を四七一年とするのならば――それは「武蔵争乱」の六十年も前）に**畿内の「倭王武＝雄略＝ヤマト朝廷」の直接の力なんぞがダイレクトにこの地にまでも及んでいた（剣の下賜）とは、考古学上の右の「二つの力学」からは到底理解し難い**ことに鑑みましても、やっぱり当時の頗る閑地で出土したというこの時期の埼玉の「ワカタケルの剣」につきましては、広い視野に立ち日本列島全体をコスモポリタンに考えて、その文化の流れが、仮令（たとい）朝鮮半島南部の伽耶（〈両袖式〉につき松鶴洞1B―1号墳〔慶尚南道固城〈小伽羅〉〕、海南長鼓峯古墳〔全羅南道〕と関連）とは繋がっており（実は、朝鮮で起きました「磐井の乱」。その影響を受けた東国は大部分伽耶などの分国だった）ましても、とてもとてもこの年代では畿内の大王家とダイレクトに繋がっていたとは思われず、つまり、その考古学的な証拠を見ましても、伽耶式金銅冠（〈額飾式〉二本松山古墳〔福井市。五世紀中葉〕。一七1。〈細帯式〉桜ヶ丘古墳〔松本市。五世紀後半〕、桑第五十七号墳〔栃木・小山市の流れ〕）や垂飾り付耳飾（天神山第七号分〔福井市〕、西塚古墳〔遠敷郡〕、向山古墳〔同〕、畦地第一号墳〔飯田市〕、剣崎長瀞西遺跡〔高崎市。前述の五世紀後半の方墳から東日本で初めて出土いたしました金（GOLD）製の「垂（たれ）飾り付き耳飾」。この近くからは朝鮮半島系の土器や馬の骨も出土。渡来人が携行〕、三昧塚古墳〔何とアナタ、宝亀五年〈七七四〉当時でも陸奥国〈続日本紀七月二十日〉であった後の常陸国エリアの行方（なめかた）郡玉造町〕。これは左右に四頭計八頭もの鍍金した中央を向いた「馬飾り」がついた朝鮮、中国を通じましても極めて珍しい儀式用の冠です。こんな最先端の文化がこんな鄙の地にあるのは何故？）など数多くの考古学上の伽耶系の出土物の分布――これらこそ正に「伽耶と東国とのダイレクトで深い関連性」を示しておりました――は、若狭・北陸ルート（含む、信濃川遡行。信濃↓上毛野）を経由いたしまして更に中部・関東へとダイレクトに海外系、なかでも伽耶系の人々が渡来いたしておりましたことを明白に証明しておりました（これで朝鮮半島から東日本への「福井↓石川↓〈信濃川遡行）長野（木島平など）→群馬」という「北陸ルート」の再発見が実証された！　馬鹿の先入観の一つ覚えで、全てヤマトを中心に考え、何でもかんでもヤマト朝廷「命」の色メガネでしか見ることの出来ない、又、見なければ気が済まない先入観の塊（慢性自家中毒気味）の単細胞の「ヤマト朝廷中心」史観（特に畿内系）のアカデミズムは猛反省しなければネ！）。

更にアナタ、それだけに留まらず、時代は一世紀以上も下ることとは申せ、造営されました時には、ここまで移転してまいりました経路の太平洋と、酒列（甕を並べる）磯前神社と那珂湊の現市街とを全て一望に見渡せる立地——敵が船で来れば直ぐ判る——にございましたあの虎塚古墳（六、七世紀代。茨城県旧勝田市。現ひたちなか市）の赤と白の素晴らしい装飾も、九州の王塚古墳（福岡市）の「大刀」とこの古墳に描かれた「大刀」の彩画との類似性や、又、永安寺東・西古墳（熊本県）の円文群との類似性を考えますと、この伝播ルートはひょいと「畿内を越えての繋がり」——北九州と東国との直での関連（九州→東国）がここに認められます——が見られますので（因みに、時代は少しズレるのですが、日本列島全体を見渡しましても、北方遊牧系の頭椎大刀（柄頭が槐状）が畿内・九州には殆ど見られないのに対し、東国の群馬・長野・静岡・栃木・千葉・東京・神奈川の都県により多く見られ、しかもアナタ、これが横穴墓（塚越一四号墳、大田区）から出土しているということが要注意だったのです——これらの分布のことは、もし私のように〈海峡国家の倭王権の母体〉が朝鮮や九州の方にあったのだと考えさえすれば、一定の整合性も出てまいりますが、通説の言うような全てが大和王権中心の中央集権的な考えからは全く説明がつかず無理なことだからなのです）、このことの原因といたしましては六、七世紀になって海外からの「或る大規模な侵入＝海路（九州→阿波（総＝麻）→房総→常陸）による逃亡（これ又、畿内はスルーパス）」ということも（たぶんこれは、装飾古墳の点から考えましても、多氏・物部氏などの朝鮮半島の多羅（陜川・玉田系）伽耶系・扶余

〈高句麗〉系がその中心だったのでしょうが）、その考古学的な物証からは考えられるからなのです（更にアナタ、東国の利根川以北の横穴墓の分析からは、何とマア不思議なことに！　栃木県には北九州系が、宮城県には出雲系が、宮城県と茨城県には肥後系の横穴墓が見られますことからも、そのことの極めて特殊性をアナタはここで立ち止まって心に手を当て「ハテナ？」とその伝来ルート（人の移動――何時、どういう）を考えてみなければいけなかったのです。

　ですからアナタ、その極め付けは、東国におけます〈鈴鏡の分布〉につきましても、前述のように、上毛野をキーステーションとして下毛野から武蔵にまで放射状に及んでおりますことを、「大和朝廷命（いのち）」の色メガネを外して見てみますと、当時の東国、それも関東（アヅミ）の支配者がそれまでは朝廷と対等格で上毛野におりました（だから笠原直使主と小杵の争いのときは上毛野君小熊の方が本来は主流の筈だった――但し、この古くの点の歴史は改竄）ことを示していたのです。ナール程。それにアナタ、忘れてはいけない次の重要な点は、意外かもしれませんが一般に東日本では前方後方墳の方から始まっておりまして（エッ！）、数代後に至りましてやっと大和朝廷御用達の前方後円墳へと変化していくのに対し、多摩川下流左岸の蓬莱山古墳（三世紀末。庄内2式出土）におきましてはそうではなく、始めから前方後円墳が築造されており、と言うことは、武蔵が他の地域とは少し（大いにか？）異質であったこと（この他の地との違いは、つまり古くから他と異なる勢力の直接支配下にあった可能性――このことを見逃したら、特に地元関東の歴男・歴女はアウト！そのつもりで「ハテナ？」と考えながら歩いてね）を暗示しておりました。

　更には、五世紀にヤマト朝廷の太平洋側の北限の前方後円墳が角塚（つのづか）古墳（旧・胆沢郡。この形に付きましても又、多少の疑問アリ。と申しますのも方部のトレンチが不十分では？）だとアカデミズムの全てが一致してそう合唱（考古学者の歴史〔文献〕学知らずか）しておりますが、実はそうではなく（畿内の倭王権とは全く関係が無く）、右の「朝鮮・伽耶↓北陸・越ルート↓東日本」乃至はダイレクトな「日本海ルート」そのものの延長上にこれはあったものだからなのです。

つまり、早い話が、誤解を恐れないでズバリ言えば、この頃の東国・東北は、その本貫でございました朝鮮半島の勢力の「分国」レベルとして、海を挟んでそれぞれが伽耶・沿海州（大陸部）と裏日本とはダイレクトに繋がっていたからナノダ！と、アナタはコスモポリタンな水平思考で見なければいけなかったのです。より完璧に補強するため、もう少しその考古学的な証拠をコスモポリタンに加えますと、別述の六世紀の中国北朝系の金銅玉子形水瓶や蓋付き鋺が、どうしたことか中央では殆ど見られず、東国で多く出土しているということはアナタに何を物語っていたのでしょうか？　それは東国（又はそこの海商）が当時中央とは異なる独自の、例えば「北朝―百済―裏日本―東国」とでもいうルート（別のルートにつき別述）を持っていたということを意味していたからに他ならなかったのです。

そういたしますとアナタ、やっぱりずーっと後の平安朝か、又はその近くになってから、正史日本紀の現今に残る天皇系図の改竄の完成にピッタリ合わせて、このワカタケルの剣（辛亥＝四七一年の作とする限り）は**捏造**されたものだった（今日のアカデミズムの「正史の大王系図への当て嵌め」が我田引水のインチキで無理があるとするなら、それはそれでこの点だけはクリア出来るのですが――）という私の考えを、これらの物言わぬ右の各考古学の物的証拠（アンチ「中央からのコース」の存在）との比較・総合が補強してくれていたことに、アナタはもっと早く気が付かなければいけなかったのです（これで一国歴史主義の「辛亥＝四七一年」説の「アカデミズムの負け」が確定です＝アカデミズムは負け組。ハイ、サヨウナラ）。

ですから、又ここに戻りまして、この③の埼玉の**稲荷山**の**剣**の**ワカタケル**（写真14―8）も、先程の②の通説で申します熊本の**江田船山**の**大刀**の**ワカタケル**（写真14―9）と**同様**に、②③**共に**「**倭王武＝雄略＝ワカタケル**」という大王の名を記したものなどでは**全くなかった**のだということに形式的にも実質的にもなって参りまして、そう致しますと「所謂（いわゆる）、**大和朝廷というものが500年頃、関東から九州まで統一**していたのだというオール・アカデミズムとアナタの**一大幻想**（大前提）」も、私ことアマチュアの一古代探偵の説明の前に、脆（もろ）くも「一発のアマチュアの鋭いアッパーカット」で『平家物語』の冒頭のように、一陣の風の前の塵の如くに崩れ落ちてしまう運命にございます（しかも、抑（そもそも）元々の「倭＝任那連邦」の本貫は朝鮮半島南部でしたし）。ではその証拠を静かに更に更に深く加えておきましよう。

（1）別述のように、**四世紀末**に九州北部に大陸・半島から**横穴式石室**が渡来し、そして**畿内**にまで**伝播**するのに**約一世紀**もかかっております（但し、畿内の塔塚古墳〔堺市〕や芝山古墳〔東大阪市〕が五世紀中頃のものといたしますと、一世紀ではなくなりますが、それでも約半世紀もかかっていたことになります）ことから考えますと、その伝播の遅さから中央集権的な**統一国家の存在などというものはどうしても否定**されてしまうからなのです（それと言うのも、前方後円などという、或る歴史ボス〔マフィア〕には都合の良い外形にだけ子供のように目を奪われ、その見えない内部にまで心が及ばない幼稚さが、アカデミズムの金太郎飴思考の欠点・盲点だったのです。しかも、或る考古学的特徴について考えてみましても、玄界灘周辺から有明海北岸にかけて見られるものが、東海地方の伊勢・三河へと間違いなく伝播してい来ていることも判っておりますし）。

（2）更にアナタ、同じ横穴式石室と申しましても、古墳の中に「木組みにより墓室を構築」いたしておりました渡来系（伽耶又は高句麗系）横穴式木室というものが、東海地方の伊勢の安濃川北岸（君ケ（きみが）

口古墳、六世紀前葉）から浜松市の天竜川西岸（瓦屋西古墳、六世紀前葉）にまで見られ（何とアナタ、天竜川以東のものには古墳の「木室の中に棟持柱！」すらも見られるもの〔正にアナタ、これは古い神社の形そのもの！〕までもございます。凄げえ！）、しかもこの様式が巨大古墳のございます大和朝廷の中枢部にあまり見られず（但し、フェアーに申しますと、纏向の古いホケノ山古墳〔墳丘墓。遼東半島の公孫氏の女でございました卑彌呼の養女で、日本列島を纏向へと東行した〈壱与とこの大陸的な木槨との関連〉もとても大切です〕からは朝鮮半島製の出土物が見られますと共に、そこには何故か楽浪系の漢墓の流れさえ汲む石積木槨のみならず、木柱すらもが見られます。a「この大陸型の木槨の終焉と日本型の石槨との切れ目」と、b「土器の庄内式――この頃のこの時期の範囲が動いている〔動かしてしまっている〕とは申せ――と布留式との切れ目」の時点とのabの内での各切れ目の二者の関連が注目されます〔共に三世紀後半の中頃〕）、しかもこれらが、何故か「旧東海道の途中を分断」する形で存在（ですから、今日の裏日本の若狭・琵琶湖ルートから東海への南下が考えられます）しておりますことも、前述の大和朝廷の武蔵国への全面的なダイレクト支配に対する疑問の一つとして提起しておきましょう。

(3) 次に、もう少し大きく、〈墳墓の形〉というものをコスモポリタンに先入観の無い心で捉え直してみましょう。少しは前述いたしましたように、本来、東国では少なくとも前方後方墳の方こそが主流だったと言えるのでございまして、つまり大和朝廷御用達の流れを汲みます（その子分でもあった）前方後円墳の方は、当初は東国の大凡の地域（多摩を除く）では異質に過ぎなかったこと（その発生の順序が逆だった！）にアナタは一刻も早く気が付かなければいけなかった――代々の歴史ボスの先入観からの発想の転換が必要だった――のです（序―2）。と申しますのも、前方後方墳の系列（四角の意匠）

を考古学的に遡りますと、弥生の方形周溝墓（台状）、又、前方後方形周溝墓（低地・集落に接する）からの連続した本守本流の流れ（思想）により古墳時代に創成されました前方後円墳へ——前方部の変化・発達による——と至る道筋がそこに見られますことが判り、更にこの四角い「大地」のモチーフは、その起源をより古くに遡り大陸にまで求めなければいけなかったのでして、その証拠にアナタ、朝鮮半島の満州に接します鴨緑江（アプロクガン）の流れの南の慈江道（チャガンド）楚山郡（チョサングン）の積石塚（雲坪里につき別述。半島北方にもいた倭人）に、時代は古くへとより上がるとは申せ、ここに四隅突出の意匠が見られますことを挙げておきましょう（この楚山から東北へ約五〇キロメートル弱の高句麗の旧王都の集安の将軍塚にもその痕跡が認められますことにつき、私こと古代探偵が女房と一緒に現地を踏破して確認いたしましたテキスト口絵［三枚目］をご参照下さい。抑（そもそも）、古代の東国は、文献の記録にはございませんが、「忘れ去られ抹消された記録」の中では朝鮮半島のみならずダイレクトに満州の遊牧民や朝鮮半島南部の伽耶とも繋がっていたのです！　そこに隠され眠っていた大陸からの思想）。

（4）アナタ、考古学的且つコスモポリタンな証拠を更に加えておきましょう。それに高崎市の綿貫観音山古墳（五五〇～五七五年）から別述のように金銅製玉子（卵）形水瓶（すいびょう）が出土しており、これは当時朝鮮四国の中で高句麗だけが外交関係を持っておりました中国の北朝起源のものであり（北斉の「庫狄廻洛墓」出土金銅瓶など）、そういたしますとアナタ、大和（ヤマト）を介さない「高句麗—北陸—科野（しなぬ）—上毛野（東国）」という前述とは又別の或る時期の「古代の忘れられた幻のルート」すらもが自然に浮かび上がってまいります。そういう東国への朝鮮半島からの縁（ルート）上に同族が古くから幾つも存在していたからこそ、六六八年に高句麗が滅んだ後、その亡命民が、船を何処かで調達して海路遙々とやってまいりまして、しかもアナタ畿内をフリーパスし直接東国の大磯の海岸にダイレクトに上陸して来た（上陸・

亡命出来た）のです（別述→やがて高麗郡建郡）。

さて、お話をワカタケルの剣のことに戻しますが、それに更に加えましてアナタ、アカデミズムの言うこの刀銘の「**臣**（おみ）」は、**武蔵の地方史**を昔にまで遡って全体の流れを見ますならば、それは正に突如として「木に竹を接いだ」ような可笑しなものでして、関東では毛野国造が君姓で秩父国造が連姓である他は全て直姓であり、これはアカデミズムの百万人が束になって何と言おうと、又、歴史界のウルトラボスが何と言おうと、私こと「古代探偵」が言うように、これは完璧に「**直**（あたひ）」**の間違い**だったのです（**百万人と雖**（いえど）**も我行かん**）。そしてそのことは、その後の武蔵国多摩郡小川郷の丈部（はせつかべ）山継（大日本霊異記）も、又足立郡の丈部不破麻呂も皆直姓であり（後に宿禰姓となる。続日本紀、七六七年）、この剣銘だけが突如として臣姓で浮いてしまっていることからも判るのです。

アナタ、単純に考えましても、その当時の列島各地は一般的に申し上げますと、そんな縄文・弥生などという「アバウトで単純」な民族構成ではなく（テキスト29―4―1、P1051―1053。本六）、多少分析しましても

（1）**新旧**のモンゴロイドの**縄文人**（例えば、**青襟**（あおくび）の万葉集の絶世の美女の葛飾の**真間手児名**（ままのてこな）は二種の新・旧モンゴロイドの内の**新モンゴロイドのツングースたるアイヌ人**でした）に加え、

（2）**中国の華南・インドシナ半島からボートピープル**としてやって来ていた水耕稲作の**弥生人**（今日、雲南・貴州にまで追われてしまっている**倭**（**伭**）種とは、嘗ての同族。中倭）、

（3）それにＡＤの時代（紀元後）に入ってからの**大陸**から**新天地**（日本列島）へと来た（又は逃亡して来た）**満州**（扶余・高句麗・鮮卑・挹婁（ユーロー）（置構婁）・沃沮（ヨクソ）（エゾ＝蝦夷）など）・**朝鮮**（百済・新羅・「伽耶＝倭」・耽羅（タンラ）など）系の渡来人

などが、その小地域の支配者か被支配者かは別といたしましても、多民族（南倭と北倭と中倭）がいたるところに**群雄割拠して混沌としてカオスのようなモザイク模様**の複雑な構成の地域（特に中央の**王権の届きにくい東国・東北**は）を構成していたからなのです（本六）。ですから、それ等の渡来し定着した新旧の雑多な部族間で、川や谷や尾根というその領域を挟んで一度縄張りを巡って争いごとが生じますと、その地方での小規模な長いゲリラ戦の様相を呈してしまっていた——今日のインドシナ半島やアラブやアフリカでの内戦のような状況だったのでしょうが——のです（前述の半島での「磐井の乱」と連動しておりました列島東国での「武蔵争乱」も、正にその一つ（ということで、これはその地理上の距離の遠さとは関係なかったのです〈海こそがハイウェイだった〉——盲点はここにあったノダ）なのでした（ここにも半島での磐井の乱↓金官滅ぶ↓東国での武蔵争乱）というコスモポリタンな民族の追っ立ての因果関係が見られます（これ又、本邦初公開））。こんな単純な「原理的なこと」すら、自分の頭で考えない単細胞のアカデミズムには今まで何も判らなかったのです（歴史の真実はアカデミズムの言うようなそんな単純ではなかったノダ）。ですからアナタ、その渡来人たちのその地方での**統合**が奈良時代に至ってすら**統一国家**を作るに際し**最大の課題**（ネック）の一つともなっていたのです（その後の本六の**高麗郡**や**新羅郡**の建郡などの**徙民政策**（しみん）の動きを見よ！）。

ここでアナタ、地方史の中に実に面白い名の人を見つけましたが、その名を武蔵村主多利丸と言うのです（但し、東国ではなく紀伊国名草郡能応村（和名類聚抄。日本霊異記では能応）の人（別述））。何故かと申しますと、この名の中には「武蔵」の名と「伽耶の多利」（百済武寧王妃の出身地。一〇3）との二つともが入っており、加うるに、ここには古朝鮮語に由来いたします「村主＝すぐり＝族長」の姓すらもその中に入っているからなのです。更にアナタ、同郡には、ズバリ三間名干岐（ミマナカンキ）（任那の王）という人すらもおりました。又、「東国と伽耶」との関係におきましても、右の伽耶の多利の人の苗字に「武蔵」という冠が付いておりますことは、特に「武蔵国造の乱」（五三四年）の直前に「任那＝倭」の盟主の金官加羅本国が半島で新羅に滅ぼされておりますので（五三二年）、そのこととの関連（任那からの亡命者か、ということ）も大変気になるからなのです。

さて、次は、遙かなる且つよりスケールの巨大なる今まで誰一人として思い付かなかった買地券を巡る問題についても入ってみたいと存じます。もう直ぐですから、どうかリラックスしてお楽しみにお聞き下さい。

④**百済の26聖王明**（５２３～５５４年）が倭へ「**金銅釈迦仏像一躯**」「**幡蓋**」「**経巻**」等の**仏教典・仏像**を贈りましたことにつきましても、これは**５３８年**のことであり（**『元興寺縁起』**欽明7年。**仏教公伝**）、ここでアナタがどうしても見逃してはならない重要なことは、この少し前の５３２年の出来事といたしまして、新羅が朝鮮半島部の**金官加羅**（倭の半島部の盟主＝蘇我氏・木氏〔紀氏〕・橘氏）を**滅ぼして**しまったことでして、更に、この年は**百済が東の新羅の圧力で国の存立が再び危うく**なり、つまり、今度は半島部の**北の高句麗**の圧力よりも**東の新興新羅の圧力**（**脅威**）の方が大となり、そこで東方の隣国の新羅からより遠い西方の錦江の河口に近い「**泗沘（シビ）＝南扶余**」へと**熊津**より彷徨して亡命し、再びここ**倭**（**伽耶**）**の旧地**に「**王都と墓**」とを造らなければならなくなった時のことなのですから、矢張りこの贈り物にも、先程の「**買地券**」と同じ意味合い（本一四9）が多分に込められていたとも言えるのです（テキスト17―2―2、P735下）。アカデミズムでも、この王都の名前は、百済の存続中、百済自らが付けていた名だと歴史地図を単純に見てそう思って誤解している人が多いのですが、この「南扶余」という名は、**百済の滅亡後**、しかも占領した敵国の**新羅により**「アイツらは扶余から南下して来たヤツラだった」ということで、そこに「**南**」扶余という名が付けられたという経緯があったからなのです。ご自分の本の中（の図など）で当然百済存在の時からの名であ

るが如く（又は区別しないで）書いておられるアカデミズムの方は、その考えは「**時間差でアウト**」ですので、今後は気を付けて修正・反省してちょーだい。法律家（俺）はこのように用語に五月蠅（うるさ）いから嫌われるんだよナ。この誤解は、このずっと六百年も後の一一四五年の『三国史記』地理志及び『三国遺事』南扶余前百済条の作史段階で、五三八年「南扶余と号す」と記されてしまったので、この点を浅はかなアカデミズムが鵜呑みにして引き摺られてしまったための悲劇だったのです。

では次に、別述の所謂アナタにも有名な蘇我・物部の「崇仏廃仏論争」という、アナタが今迄高校の教科書をお読みになっても全く疑問に感じて来なかった真空地帯につきましても、アナタが全く予想もしない観点から、通説とは真逆の考えを、ここでもう少し詳しくコスモポリタン古代学の立場から突っ込みを入れてマトメて充填しておきたいと存じます。

実は「**崇仏排仏論争**」**のオリジナルなモデル**（九13、一〇4）は朝鮮の**新羅**に既にあったからなのです（テキスト18―1―1、P771下）。それは23法興王十五年（五二八）（「新羅本紀」）のところに昔のことが記されておりまして、それによりますと、仏教が初めて新羅へ伝わりましたのは、五世紀の19訥祇（トツギ）麻立干（417～458年）の時に高句麗から墨胡子（ぼくこし）という西域かインドの僧が毛礼（もうれい）という人の家（一善郡＝慶尚北道善山）にやって参りまして、その家に窟（ほらあな）を設け北朝系の仏像や経典を納め、毛礼がそこに安住させたのが嚆矢とされております。後述の様に、公認は六世紀になってから法興王が五二一年に梁に遣使した後の同王十四年（527）からなのですが、ここでアナタが注意すべきことは、新羅が初めて中国との主従の「冊封体制」に入るのは24真興王（540～576年）の五六五年に北斉の武成帝から使持節東夷校尉楽浪郡公新羅王に任ぜられてからです――倭（任那）の「倭の五王の武＝雄略＝金官9鉗知（カチ）王＝紀生磐（きのおいは）（キセイガン）」が、高句麗の支配からプロト新羅を解放してやり、新羅がやっと一人前になって歩き出し国際的に中国に認知してもらえるのは、この六世紀になってからですので、こんなにも新羅の外交的自己主張は遅れていたというのが偽らぬ現実だったのです——ので、この仏教の公認はその前のことでもあり、高句麗や百済のケースとは異なり、宗主国中国の下命によるものではなく「自主的なもの」であったということが大切ですのでアナタご注意下さい）。

この在家仏教が王都の慶州にも広まり23法興王（514〜540年）が布教を是認しようと致しましたが、多くの貴族たちは仏教を信じず（今は消されてしまいました奈良日本紀もこの翻訳だったのですから、この御本家と同様——仏教反対の豪族の存在——になっております）、反対意見が続出し、王は困ってしまった時に阿珍宗郎、即ち習宝葛文王（葛文王＝追封した王。葛文＝Kalm＝死去＝蔵・殮）の子を祖と致します内養者（心を養って修行するもの）の異次頓（いじとん）（厭髑（イチ）・伊処。方言の違い。この下の「髑・頓・道・覩・独」は皆、助辞に過ぎません——まだこの頃レベルでさえも朴・昔・金などの「単姓」ではなかったことにもご注意（テキスト3—4—1、P87）。上の字のみ漢訳し、下の字は漢訳しないのです）という者が、自ら王に

「どうか私を斬り殺して、仏教に反対する貴族の考えを変えさせて下さい」「仏教が行われる様になるならば、自分は死んでも心残りはありません」

と申し出て、王と謀り、王に

「お前一人が意見を異にしており、両方の意見（論争）に従うわけにはゆかない」

と言わせ、自らを異端者として王に自分の首を斬らせ、但し、その死に臨んでは

「もし、仏に神聖な霊力があるのであれば、必ずや異変が起こるであろう」

と予言します。そして、その斬首された切り口からは赤い血ではなく、「乳の様な白い血」が湧き出したので、

貴族達はこの異変を驚き恐れ、以降、仏教の布教を阻止しようとはしなくなったとされています（『三国史記』「新羅本紀」13法興王十五年〔528〕注記によりますと、これは正史の編者が金大問『雞林雑伝』を引用して書いていることが判ります。但し、この点は類似の話が正史ではない『三国遺事』「原宗法興猒髑滅身」により詳しく、又、その年次も同法十四年〔527〕として一年の差がございます）。

この右の新羅史の「白い血」のお話は、日本の正史上で厩戸皇子が蘇我馬子大臣と共に廃仏派の物部守屋大連を滅ぼしましたときの

非レ願難レ成。乃斲ニ取白膠木一、疾作ニ四天王像一（「崇峻即位前紀」七月）

――乃ち白膠木（農利泥）を斲り取りて、疾く四天王の像に作り――

のモデルだったのであり（「白」がポイント。本邦初公開）、且つ、この白膠木が勝軍木とも言われ（アナタ、物部守屋の墓の直ぐ隣りの大聖勝軍寺の名前と共にその場所にもご注目下さい）、又、「この木の乳を修法の壇に塗り、仏像の心木に用いる」（「釈日本紀述義」）とされておりますことからも、この「白膠木の乳＝白い乳」は、ズバリアナタ、私のコスモポリタンな切り口によれば、新羅史における仏教受容の際の右の累次頓の「乳のような白い血」とも物の見事に繋がっていた（一致していた）ことを発見したからなのです（「白」と「乳」が共に日本紀との暗号のポイント＝これ又、私こと名刑事が発見いたしました「犯人でなければ知り得ない秘密」）。

新羅系天皇家が作りました奈良朝の『奈良日本紀』では、前述のようにこの本国の「崇仏排仏論争」が登場人物や場所や時代を脚色して――ですから、正史上も馬子に滅ぼされた筈の物部氏は直ぐに復活してしまっておりますよ。これは何故？――日本のこととして記されていた（一―10）のであり（新羅最初の「寺」

である異次頓の殉教の地に建立された興輪寺をモデルとしてここから名を取った「飛鳥寺＝法興寺＝元興寺」〔伝蘇我馬子発願〈崇峻元年・五八八〉〕、塔〔推古四年〈五九六〉〕、釈迦像〔推古十四年〈六〇六〉〕につき、テキスト12―2―3、P511下に新版で付加予定）。更にこれが百済系天皇家が作り直してしまいました平安朝の『平安日本紀』におきましては、上宮太子といった或る実在の人をモデルと致しまして、倭（金官）王の蘇我馬子（鞍作多須奈と同一人。小野妹子とも同一人）や百済聖王明（用明天皇のモデル）、百済威徳王（聖徳太子のモデルの一人）や物部雄君（これ又、聖徳太子のモデルの一人）等の各人の事蹟をも上手にアレンジし（整理し並べ直して創作しております。尚、この元興寺に関与した僧につきましても、現今の正史では「新羅の匂い」を消臭剤のファブリーズで全て消してしまい、高句麗や百済の僧に差し替えるなどしてしまっておりますしそのヒントの一例は、日本紀の方に高句麗大興王が元興寺〈飛鳥寺〉の丈六仏のために黄金三百両を日本の天皇に〈アナタ、正史では蘇我氏の寺なのに何故（どう）した理由（わけ）か馬子宛とはなっておりませんよ。この差異を見逃すな〉贈ったと推古十三年〈六〇五〉紀四月一日に記されてはおりますが、この点、高句麗本紀の嬰陽王〈大元王〉のところには何らの記載も無いことです。これは何故？　ゴールドのプレゼントを奮発した大王間の外交なのに？〕ので、アナタご注意下さい）、その基本理念を統一新羅の「弥勒信仰」から「太子信仰」へと巧みに変えて、今日見られる様な聖徳太子という一人の架空の理想的な人物（テキスト12章、P501～540）を創り出すことの舞台（台本）として再利用してしまっていたからなのです（一二4必見。尚、テキスト7―4―3、P232上に新版で付加予定）。

ところで、アナタ、「**仏教**」と一言で申しましても、当時のその経典の中には医学や薬学や地理や化学までもが含まれており、今日でいう「**総合大学＝university**」の体系に匹敵するものを丸ごと贈ったと言っても良かったのです（「ハーバード大」ごとアジアの後進国へ贈るようなもの）。これは、やがて百済が滅びることを予見して、当時最高の文化の全てを倭に残そうとしたのでしょうか、それとも……。

私こと古代探偵の深読みでは、後の光仁・桓武からの

平安朝の成立は日本列島での「百済亡命政権の樹立」

そのものだったのですから、結果として見ますと、この先行投資は先を読んだ、**遊牧民らしい**ズルく、且つ、賢明な効率の良いやり方だったとも言えるのであり（今を思えば「安いバーゲン」でした）、最高の学問であった仏教を、「エイヤー」「今でしょ！」と倭に与え奮発した250年後に、その与えた文化が異国の地で白鳳・奈良時代に物の見事に成熟開化したものを、本国百済が滅亡した後、今度は「**その国家を丸ごと**（**根こそぎ**）**クーデターで入手**」してしまったのですからネ（**平安朝の成立の過程＝百済革命＝七二九年より770年の光仁即位まで**）（但し、この改革が、東国の、このときの天皇家とは大陸・半島での出自を異にいたします**アテルイ**〈**悪路**（オロ）〈**アグリ**〉**王＝掲妻**（オロ）〈**ユーロー**〉**王**〉の**攻撃**などにより、途中で一時頓挫しかけ、危うくなり、慌てふためいた延暦三年〔七八四〕の**長岡京への逃亡**（つまり遷都）につき、ステキ17—7—1、P765はアナタ必見。又、このときの「公害病と桓武の決断」につき別述）。

——百済は仏教を渡して日本国を手に入れた——

しかもアナタ、通説では（ステキ30章、31章、P1058—1083）この**平安朝の百済系の王権**（**天皇家**）**が今日まで1200年余続いている**と京都の人とアカデミズムは固く信じております。但し、私こと古代探偵は**足利義満の日本国王位奪回**よりこれが**新羅系天皇家に変化**（**回帰**）してしまった（更なる理由を加えますと、100後

小松天皇は義満の実子だったからなのです——ここでも王朝は交代しておりました）と考えておりますことにつき、テキスト27章、P1035—1039。**足利氏＝源氏**の嫡流＝**新羅**。更には、**明治維新**における**南朝**（**百済系**）**の復活**（孝明天皇の死因と明治天皇の出自の不可解な謎につき同28章、P1040—1043）は面白いですよ（因みに、桓武天皇の母系の百済王家の血筋についての、今上天皇陛下ご自身のお誕生日の談話でもこのことは然り）。

以上、時間の関係でほんの幾つかしか見ることが出来ませんでしたが、この様に朝鮮史たる『三国史記』も倭史（日本史）たる『日本紀』も、**共に改竄に次ぐ改竄で最早原形を留めてはいなかった**とさえ言えるのです。（天の声）君、こんなもの何時までも信じていてはダメだよね。

14—1 清原 最後の試合

14―2　百済武寧王（斯麻、523 没）の買地券（中心に穴が開いている。裏は王妃多利大夫人の墓誌に流用）

14―3　「多利大夫人」の有銘銀釧

14

14―4　百済・武寧王陵

14—5　石上神宮

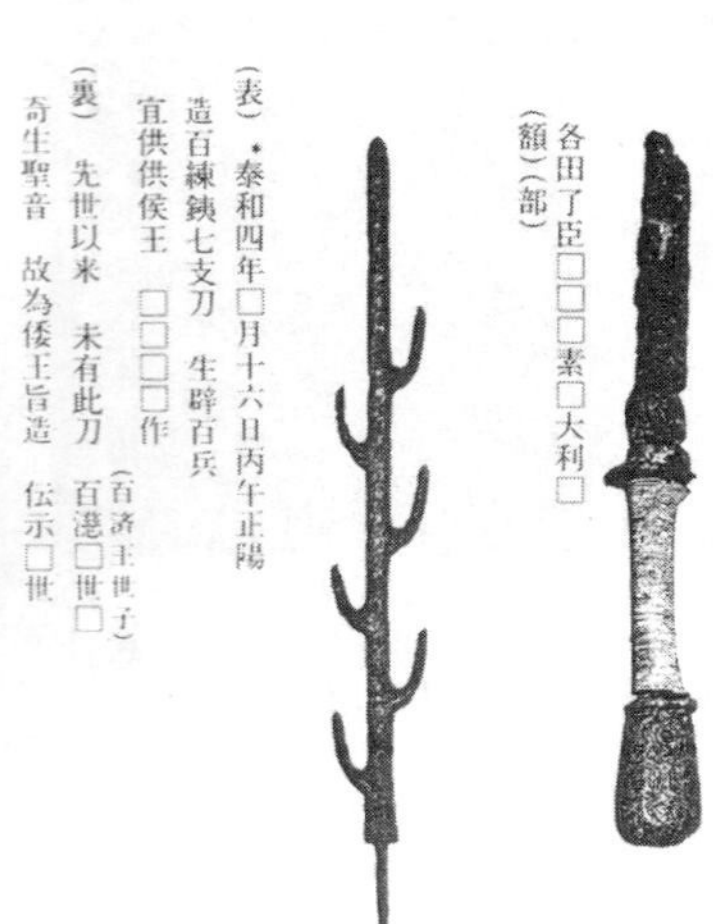

14—6　七支刀（右）と「額田部臣」銘のある刀(右)(図14—6～9『総合資料日本史』浜島書店)

14—7　隅田八幡宮の鏡

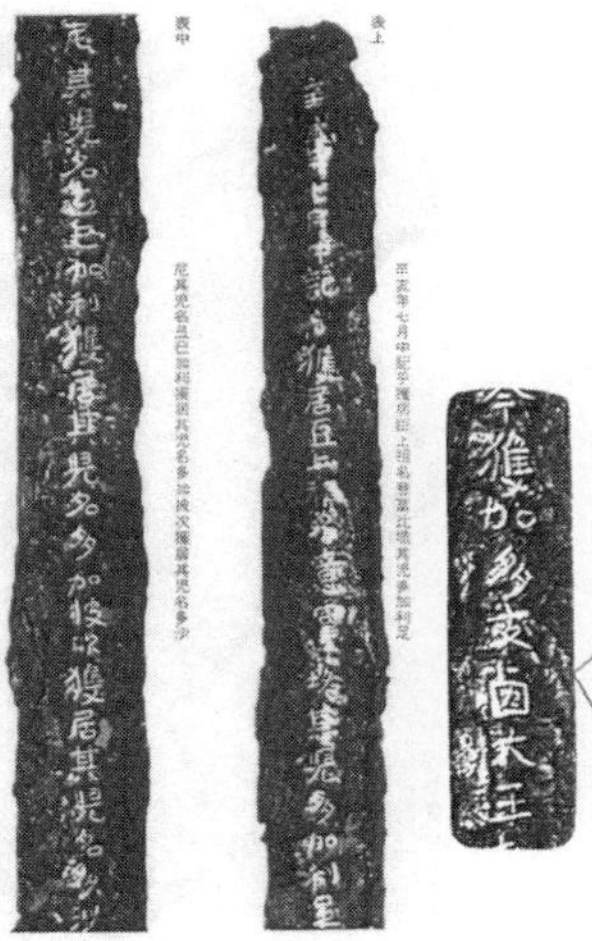

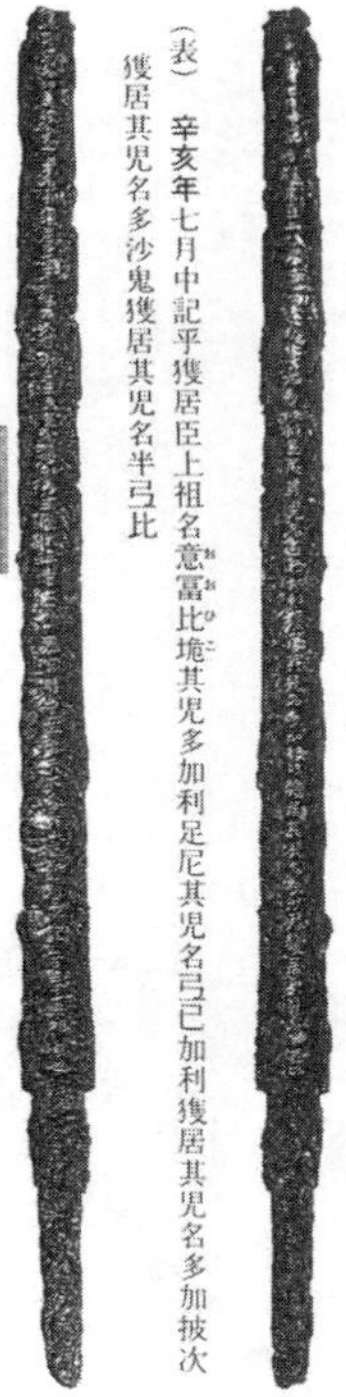

（表）辛亥年七月中記乎獲居臣上祖名意富比垝其児多加利足尼其児名弖已加利獲居其児名多加披次
獲居其児名多沙鬼獲居其児名半弖比

（裏）其児名加差披余其児名乎獲居臣世々為杖刀人首奉事来至今
獲加多支鹵大王寺在斯鬼宮時吾左
治天下令作此百練利刀記吾奉事根原也

14―8　稲荷山古墳出土銘剣（多支鹵大王）

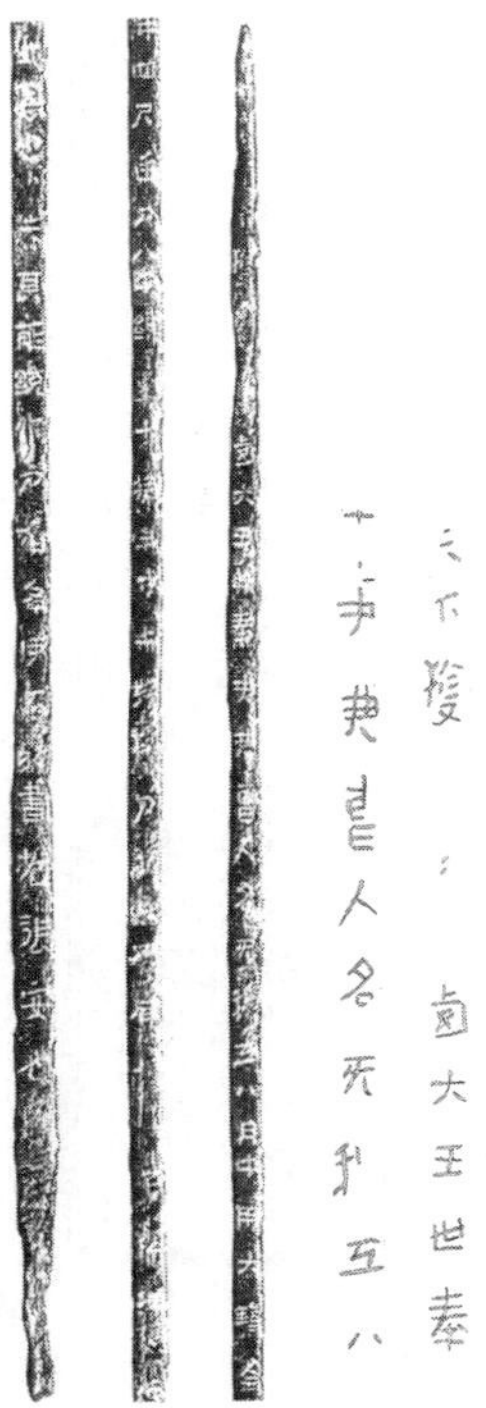

14―9　江田船山古墳出土銘刀（鹵大王）

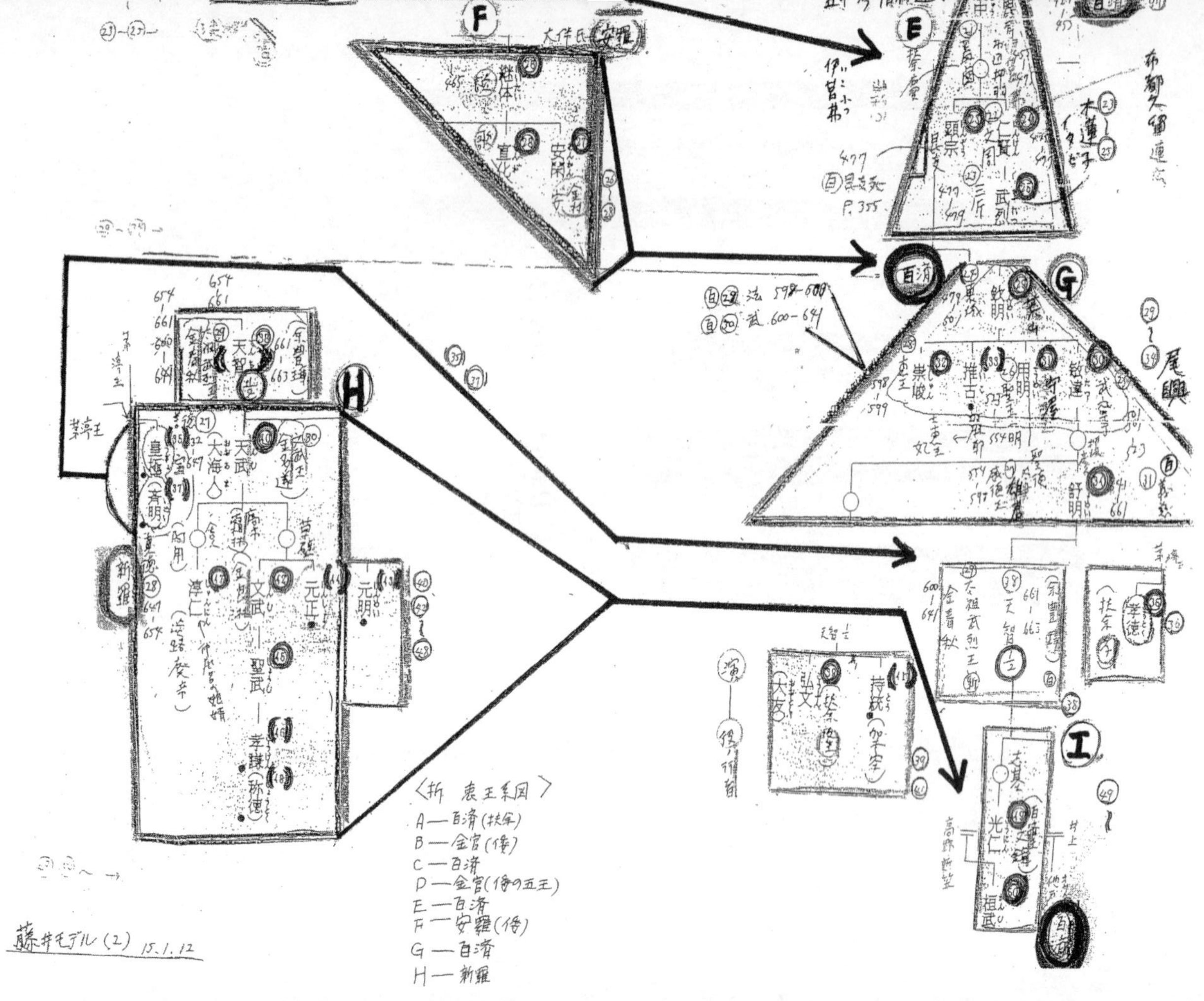
A—百済(扶余)
B—金官(倭)
C—百済
D—金官(倭の五王)
E—百済
F—安羅(倭)
G—百済
H—新羅
藤井モデル(2) 15.1.12

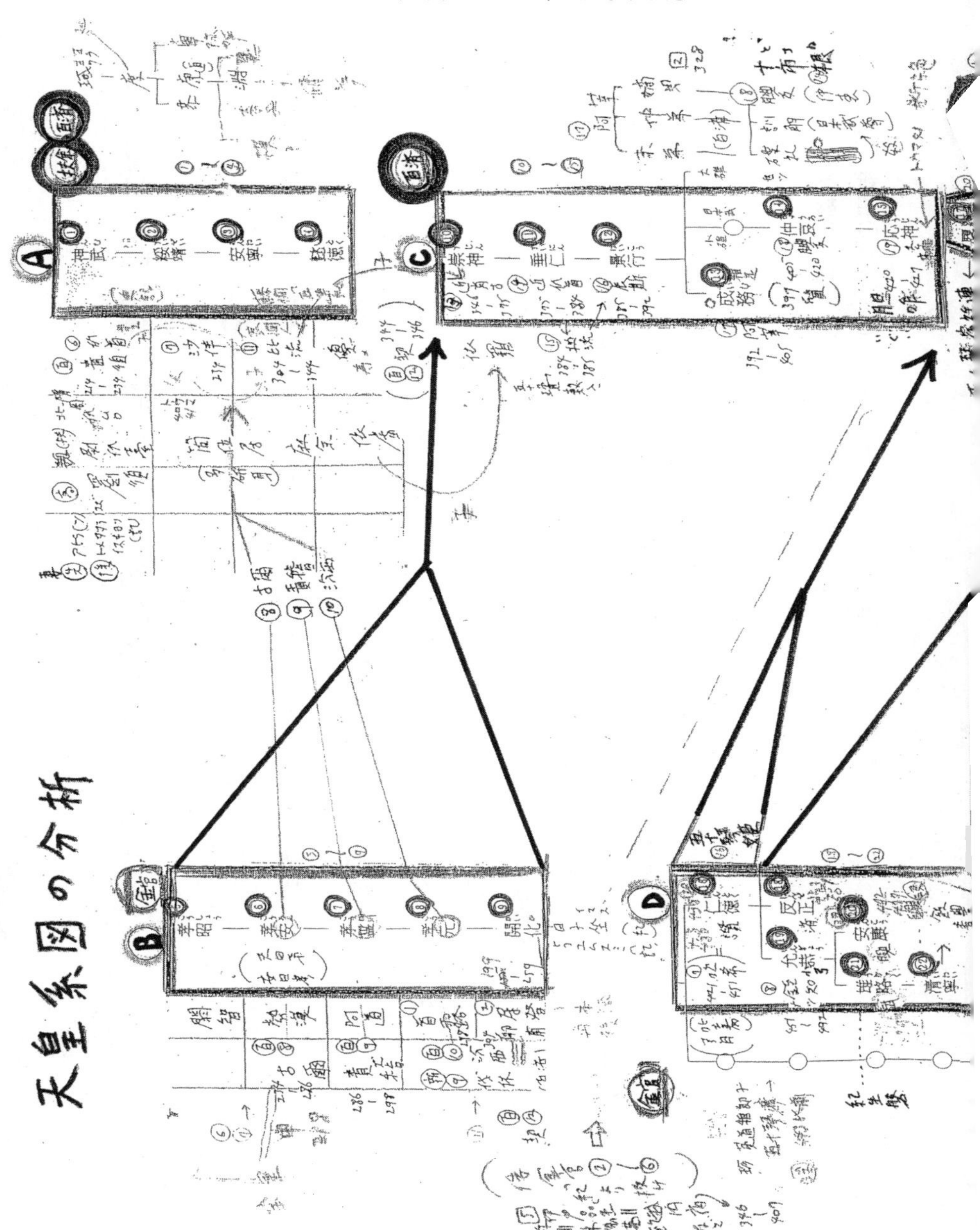

14—10　「藤井天皇系図モデル２」の手書きの原図

第一五章　高松塚は誰によって何故暴かれたのか？

――日本書紀フィクション説（歴史物語説）

――エッ！　文武天皇のモデルは新羅王子・金良琳だって！

――高市皇子の墓であった高松塚は誰によって何故暴かれてしまったのか？

――キトラ古墳の「天文図」が高句麗のものだったその理由は？

「日本書紀フィクション説（歴史物語説）」――その12回もの改竄――という論点の〈日本紀の改竄〉自体の点に付きましては、既に第七章の**［論点5］**のところで主たる点は一応は述べておりますので（本七4）、ここではそれを**補完**する意味で、**［論点13］**として、日本紀が隠してしまいました**新羅軍の日本占領**の重要な証拠（これ又、第11章で述べたところの補完です）などを考古学的な墳墓等の物的証拠を中心とした具体的な点2、3にだけ絞りまして、

（イ）白鳳・奈良朝の**天皇**のモデルは**新羅王子**

（ロ）**高松塚古墳**とその被葬者である**高市皇子**

（**新羅の象徴**たる「**玄武＝亀**」の顔が何故**削られ**ていたのか！）

（女性が「領布＝肩巾（ひれ）」を付けていない時期は何時なのか！）
（何故、白骨になってから死体の首が引き抜かれていたのか！）
（ハ）そして、その墓（高松塚など）が何故、後世、平安朝に至り暴かれてしまったのか？
（ニ）高市（たけち）皇子が亡くなった母（尼子（あまご）＝阿麻古（アマゴ））の冥福のために造った「丙寅（ひのえとら）（ヘイイン）」の紀年銘の
ウェストの細い典型的な新羅仏の「弥勒菩薩半跏思惟像」を巡る謎

等の考古学的な証拠につきまして「小論点」として述べることと致します。

ここ【論点13】の全体の要点は次の通りです。

私の考えでは、現行の日本書紀の天皇は朝鮮史・満州史の王をモデルとして、それらの亡命民（但し、列島においては最終の勝者）の天皇家により「歴史物語」として作られているので（日本書紀フィクション説――伊勢神宮の創立）、その朝鮮・満州のモデルとなった王（天皇）が実際に倭（半島、列島）の地に渡来しているかどうかは一切関係がなく、（1）実際来ている人も、（2）そうでない人も、又、（3）新たにノベル（物語）上だけで作られている全く架空の人もいる。つまり、これは一言で言えば「オペラの台本の世界」（テキスト23―2―3、P933）の問題に過ぎなかったのである。「42文武天皇＝新羅王子金良彬（きむりようひん）」からは確実な天皇である（テキスト序章（4）、本序―3―3）。では、それらと朝鮮・満州との関連につき、ここでは墳墓等の問題を中心に述べてみることにする。

15—1　新羅による日本列島占領と「墓暴き」との因果関係

先ず、**図15—12（飛鳥地図）**をご覧下さい。ここ**大和**の飛鳥は、より古い**河内**の「**近つ飛鳥**」との対比で「**遠つ飛鳥**」とも言われております。この地図には主要な遺跡が載ってございまして、地図中央の少し下に、皆様の中に行かれた方も大勢いらっしゃるかと思いますが、これからお話致します「**高松塚の装飾古墳**」がございます。ここに埋葬されている皇子とその「**墓暴き**」という点について、これからアカデミズムの誰も述べてはおりません私こと「古代探偵」独特の、本日の大きなテーマの一つでございます「**新羅による日本列島占領**」という重大な観点の証明との関連においてのみ触れてみたいと存じますが、その前に巻末付録「**日本書紀改竄の代表的パターン**」（テキスト付録3、P1107）をご覧下さい。必要であれば新羅本国の王系図である付録「**新羅王系図**」（テキスト付録7、P1115）も一緒にご覧になるとアナタのご理解がより深まることと存じます。

前者の「**日本紀改竄**」に、ここでの私の考え（テキストで述べている事）が集約されておりまして、その頁の左側のモデルとなった**新羅王子から、右へ横向きの矢印で日本紀上の天皇・皇子が**「**創り出されていった過程**」（例えば、**金良琳→文武天皇**、**金阿用→舎人親王**など）を具体的に示してございます。それをご覧になって頂きますと、これからお話しする

高市皇子の正体は、新羅30文武王（金多遂）の王子の金霜林であったということ（序—3—3）等が一発でよく判って参ります（正史である日本紀にすらも、チャンとこの新羅王子の**金霜林**の**六八七年の来日**〔再度の来日の可能性すらも大〕の記録が残されておりますよ。テキスト5—5—1、P204上）。

ここで私は、天皇とは大陸・半島からの渡来者又は亡命民のうちの列島での勝者——と一応定義付けてお

きたいと存じます。

15—2　高松塚が高市皇子の墓であったことの証拠（領布）

では次に、私こと「古代探偵」のように**高松塚古墳が高市皇子の墓**（六九六年七月十日亡）であるとして、その**人**と**墓**との**年代**に果たして「整合性」というものが認められるでしょうか？　先ずそれが大切な大前提となってまいります（テキスト5—3—3、P191上）。

では、それにつきましての決定的な証拠を、私こと古代探偵がアナタにだけそっとお教えしておきましょう。この壁画を穴の明くようによーくご覧下さい。そう致しますとこれが戸外の生活を描いてありながら、女性が**戸外**では着けることになっておりました古代の女性の**ロングマフラー**——今日の女性について言えば首の「日焼け止め」——とも申せます

「**領布＝肩巾**（**頚に掛けて左右に長く垂らした布**）」**を着けていない**という重要なことがアナタにはお判りになられる筈です（尚、序—3—5参照、ずーっと後のものですが、例の**法華寺**の**十一面観音像**も仏としてのものですが似たものをヒラヒラと着けておりますよ）。ところでアナタ、この〈領布が**禁止**されておりました期間〉を、私こと古代探偵が調べましたところでは、何とアナタ、

天武天皇11年（**682**）3月28日（**日本紀**）から**文武**天皇9年（**705**、慶雲2）4月17日（**続日本紀**）迄の間の**700年を中心とした前後の約二十年間**

のことだと判りましたので、これ又**高市皇子の死**はその間の**696年**なのですから（7月10日没、43歳『**日本紀**』『**扶桑略紀**』）この年（六九六年）は**ピッタリそのど真中に納まって**まいりまして、高市の死の時期とこのマフラーの点とは全く矛盾が無いからなのです（因みに、アカデミズムでは、この高松塚古墳出土

の海獣葡萄鏡と同型鏡が西安にございます鮮卑の出の独弧思貞という人の墓から出土しており、この墓が万歳通天二年〔六九七〕を示しておりますことから、恰も鬼の首を取ったかのように高松塚の年代を八世紀初頭の七一〇年代までも下げてしまっておりますが、この鏡の「存在」だけからダイレクトに七一〇年代に高松塚が造られたこととの因果関係を認めてしまいますのは、アマチュアとは異なり普段慎重な筈のアカデミズムといたしましては、藁にも縋りたいという心細い思いは十分理解できるとは申せ、余りにもこの点乱暴・乱雑であり、且つ、これでは余りにも中国様頼りのベッタリの考えですので、仮令或る程度の蓋然性がそこに認められるといたしましても、これだけではそんなに説得力があるようには思えないのです。しかもアナタ、この年代では私の発見した領布の問題〔六八二～七〇五年〕は何一つ解決出来てはおりませんのでアウトですから）。

因みに、アナタ、実に面白いことに、この領布についての法の制度が変わり「禁止」されました682年にも、又、「復活」致しました705年にも、ナント同じく**新羅使**が本国からやって来ておりますよ。これは**偶然**だったのでしょうか？　この打てば響くような対応の変化こそは、正にアナタ、**植民地**（**日本**）での**法令改正**についての本国からの指示・伝達のための**必然**だったのです（古代の律令国家では、衣服の改正にも「令レベル」での変更を必要としたことから考えますと、これは当然のことだったのです）。

15—3　何故玄武の頭が削られていたのか？

では**写真15—5**（**高松塚の壁画**）をご覧下さい。私こと「古代探偵」と共に、アカデミズムよりも更に深くコクのあるコーヒーのような本邦初公開の思想により高松塚の壁画を検討して参りましょう。明日香に行ってこの壁画やその絵葉書をご覧になった方の中には、注意深く見てみますと、壁画の「**四神**」の中で、東壁の「蒼龍」や西壁の「白虎」の顔は何ともないにも拘らず、**最も大切な北壁の「玄武」の亀蛇の　頭部　が、しかもそれも何故か二つ共そこだけ丁寧に何故、故意に削られ**てしまっていたのか？　更には、それのみならず、同じく天皇の**即位の儀礼**にとても大切なペアーで必要な東壁の「**日象**」と西壁の「**月象**」、つまり「**太陽と月**」**とも何故、故意に削られて**しまっていたのか（写真15—6、7）？　ということに疑問を抱かれた方がおられたことでしょう——**完璧に削られて日像が全く見えない東壁**は勿論のこと、特に西壁中央上部の**月像の「削り方」**をアナタが一目ご覧になりますとよーく判りますが、もし**単純に財産目当てのより後世の盗掘者**であったならば、薄暗い燈明の中で、時間の危険（発覚の危険＝御用になる＝泥棒効率を無視＝油が無くなる）を犯してまで**こんな手の込んだ財物の窃取とは全く関係の無い面倒な念の入った作業は全くもって不要**であるどころか盗っ人にとって危険極まりないことが、三歳の子供でも判ることだからなのです。ではそれではそれは何故？　如何なる理由（面子）で？——。アナタの大好きな推理小説の定石では、そのことで**一番利益を受ける者が真犯人**なのです。それでは**財産目当て**の墓泥棒にはそんな危険を冒して果たして一番利益があるのでしょうか？　私にはそうは思えません。アナタもそう思われるでしょ。実は、これこそが、アナタが決して見逃してはいけない**とても重要な物的且つ情況証拠**だったのです。ですからアナタはアカデミズムの様に先入観を持ってボケッとして、単に「美しい古代の乙女たちだナー」と古代の「乙女の顔」と「チマ（スカート）の中に隠された古代美女たちの豊かな？腰（因みに昔はパンティなどというものは穿いてはおりません。近くでも〝白木屋火災事件〟では恥ずかしがって飛び降りず、そのために焼け死んでしまった大和撫子たちを思い起こして下さい）」ばかりを想像してニヤニヤして（不謹慎！）、出歯亀（でばがめ）となって鼻の下を伸ばして、その隣の肝腎要のそんなアナタと同類項の「**亀**」**ちゃん**の方を見逃してはいけなかったのです。

予定の時間の配分も大分過ぎてしまっておりますので、大変恐縮に存じますが、結論から申し上げますと、東北アジアでは**武**とは**亀**のことであり

「玄武」が新羅そのものを表わしていたから（**亀は新羅の象徴。しかも「亀＝蛇」**）なのです。慶州の新羅太祖**武烈王**（金春秋）陵をご覧になられても、ちゃんと**亀**（**亀趺**）がお墓を守っておりますよ（これは、後述の「**飛鳥の亀石**」の存在とも深く関わってまいります、とても重大なことですので〔一五6〕、ここで確りと、何故か新羅では亀が墓を守っておりますことを覚えておいて下さい）。

古代中国の「**秦帝国**」の**水徳**にまで遡り、秦が洪水を治めた**顓頊高陽氏**を祖と仰いでいること、他方、新羅の方でも事大主義から中国史上「**秦韓**＝辰韓」という「秦と同じ冠の付いた名」で呼ばれていることをこれ幸と（奇貨と）致しまして、「**我々は秦帝国の亡命民の子孫なんだから**」と勝手に誤解して思い込んで――原文は「秦の乱の際」とはなってはいても「秦から」とはなっておりませんよ――中華思想に迎合していること等、「**水徳＝水＝その象徴たる亀＝蛇**」ということ（正倉院宝物の**青班石鼈合子**、写真序―32、本序―3―2⑧）に繋がる理由が書いてございますので、後でゆっくりご確認下さい（テキスト5―5―3、P193上。一二5、イタリアの**ポンペイ**遺跡のような**天皇の水洗便所**でございました**飛鳥酒船石北遺跡**の**亀形石の便器**と**新羅の石工**）。

早い話が、その**新羅の象徴部分**（**玄武の顔**）だけが、何故か復原観察が不可能な程**重点的に厚く**――つまり、その絵の持つ魂の深みまでも――**削られて**しまっていたのです。

又、日と月の削除の点も、これは古代の人の日常生活の心の全てを支配しておりました**呪術的側面**から考えましてもとても重要だったということの理由は、**天皇の即位式**におきましては、**日像幢**と**月像幢**をその両側に立てますことが、これ又必須だったことからも判るのです（『**続日本紀**』文武天皇大宝元年〔701年〕

1月1日朝賀の儀、**唐風**に整備。新羅使もこのとき参列拝賀。平安朝になってからの例としましては『**大儀**』『**儀式**』――とすると、アナタ、これは**天皇位**相当にあった者の墓であった可能性が、その**呪術**的な意味から考えますと、大変強くなってまいります。新羅王子占領軍提督↓高市皇子↓高市天皇（序3―3必見）。

この様に、この高松塚の像とよく似ておりますのは**高句麗**の**三墓里1号墳**（**大塚**）のものよりも、**さらによく似て**おりますのが、アナタ、意外なことに、アナタも修学旅行でいらしたであろう足下の西の京の**薬師寺金堂**の**本尊台座の玄武**だったのであり（灯台下暗し）、その高松塚の「玄武の顔」が削られていたということは（と言うことはつまり、**薬師寺**も又その当時は**新羅系**だったノダ！）、**反新羅勢力**である（平安紀上での）百済系の天智大王の子孫、つまり**道鏡・光仁天皇・桓武天皇**らの**百済王**（コニキシ）の一族とその子孫たちによって、その支配する「**平安時代になってから**」

（と申しますのも、その盗掘の時期につきましての証拠は、**盗掘壙**や**石室内**の**土師質土器**（**燈明皿**）**破片**や**瓦器破片**などの残置物によりますと、**平安末期から鎌倉時代**ということになるようですが、少なくとも江戸や室町ではなく、今から**千年**くらい前には既に**盗掘**されていた可能性が十分ございますと共に、**それ以前**（**平安初期・中期**）に穴が開けられ、**そのときには残置物を残していかなかった**（ですから、結果的により早い時期における盗掘についての痕跡は残ってはいなかった――又はそれが消されていた」ということも十二分に考えられるからなのです）、

判明したところの、敵方のニックキ白鳳・奈良朝での**新羅系の大王陵が次々に暴かれ**破壊され傷付けられ辱（はずかし）められ、この高松塚の被葬者のボディも「**首がちょん切られ**」て、死骸の直ぐ脇に置いてあった「怨霊から身を守る筈の刀」と共に何処かへ持ち去られポイと捨てられてしまっていた（だからその後は、「恐ろしい夜の怨霊」のこの敵の墓への出入りはご自由（フリー）に。今日でも華僑は死体が動いて悪霊が祟らないようにと

死者の胸の上に短刀を置いて葬儀を迎えます。日本も真似っこ）、という古代人にとってとてもテリブルでアナタにとっても実に重大なことを表わしていてくれていたのです（古代人と死と**死霊**の恐ろしさにつき、テキスト23―5―14、P980下。一八7）。

15―4　死体から首が抜かれていた法医学的な証拠

死体から首を抜いた――墓が暴かれた――ということ、つまり

「**死体が白骨化した後に、下顎部を持って頭蓋骨が引き抜かれた**」、そしてそれが何処かに捨てられてしまった以外には考えられないということの**法医学的根拠**につきましては、高松塚の骸の骨には

「**頭骸骨も下顎骨も無いのに対し、甲状軟骨と舌骨が残され、しかも第一頸椎にも何らの損傷も見られなかったこと**」

等の分析をそこに詳しく説明してございますので、アナタにも十分お判り頂けることと存じます（テキスト5―3―3、P193下）。しかも、この被葬者は**骨と歯**の分析からは、**筋肉の発達**した**40歳以上の男子**だったことが判ります（ですからアナタ、当然これは二十八歳の若さで死んだ草壁皇子のものなどでは全くございません――そう言っている法医学を全く知らない身体のみならず頭がロートルな文学部系アカデミズムの大物もおられるのですが）。高市皇子の死は**43歳**ですからこの点もアナタ、正に四十歳以上の壮年の男子であるこの屍骸とドンピシャリだったのですよ。

因みにアナタ、私事で恐縮ですが、今から約五十年前、大学の法学部法律学科に在籍中、同じ大学の**医学部の四谷の病院**に週一回一年間通って、そこの階段式教室で、人が死ぬときの状況や死体の状況から、それ

は飲んだ瞬間に必ず「ギャッ」という「死の叫び」を上げる青酸カリ（シアン化カリウム）だとか、検屍のとき死体のお腹が脂肪肝でパンパンに膨らんでいれば、それはネコイラズAs（砒素）だとか、その毒物を推測したり、又殺人と自殺の区別のメルクマール、特に座位での首吊りには偽装が多いので要注意だとかを考えたり——ちょっとシャーロック・ホームズみたい。そう言えばアナタ、私が裁判官を辞めて開業以来の一貫してのオフィスのビルの名も公園通りのパルコ並びの「渋谷ホームズ」って言うんだけど——して、当時医学部の学生でも難しいと言われておりました「**法医学**」は、ちゃんと**A**（優）を取りましたよ。エヘン！ですからその基礎だけは「三つ子の魂」で今でも少しは判るのです。

ところで、その高松塚の約1キロメートル南（同じく「**聖なるライン**」——藤原京〔新益京〕朱雀大路南方延長〔一五5〕——上）の**キトラ古墳**の北壁の玄武の方は、何故、高松塚と異なり無事だったのかという理由は、墓暴きの当時この墓がチョット気が付きにくい地形に造られていたので（百済系の平安朝になっていた頃には、木竹も相当生い茂っていたこともあり）**見逃され**てしまったことと共に、より後世に墓泥棒に盗掘されたときにも幸運にも南壁の朱雀の面の横（中から向かって右端。ですから朱雀もギリギリ・セーフでした）のところを破壊して盗人が石槨内に入っていたので、ここの玄武の北面は全く無事だったからなのです（それに後世の百姓である墓泥棒には、敢えて危険〔時間の経過〕を犯してまで「亀の顔」を削る必要性など全くございませんし）。

15—5　高句麗の壁画との百年のタイムラグは何故？

次に、**高句麗**が**5世紀**に**新羅**（首都は慶州）を**約70年間も占領**しておりました時に（このことは今日の**忠州鉱山**の近くの『**中原高句麗碑**』の碑文からも明らかなことです。テキスト5—3—2、P189下。本序—1。更に、〈高句麗人の新羅への移動〉につきましても、後のことですが、高句麗が唐・新羅に敗れました時、逆に新羅は**7000余口**を補えておりますし、それに加え、高句麗最後の**28宝蔵王**の**庶子**が**4000余家**を率いて新羅に投じておりますので、このとき相当大量の遊牧民である貴族・市民層が、朝鮮半島を敗戦により南下し新羅社会の中に**高句麗の遊牧民の文化**を持って入って王家同士が混血(ブレンド)しております〔王家レベルの民の南北混血〕。嘗て〔五世紀〕は支配者として、今回〔七世紀〕は被支配者として〕、その

新羅に入りました高句麗の文化が、今度は
畿内（日本）の新羅占領軍を通じ間接的に高松塚に入って来た

ということ（テキスト5—3—2、P189上下）は、一見して判ります様に、この**カラフルな「スカートの女性たち」**は、正に**高句麗の壁画**そのものですし（写真15—4）、このことは**平壌(ピョンヤン)**西北西の**水山里(スイザンリ)壁画古墳**（写真15—8、南浦(ナムポ)市江西区域水山里）の玄室上段の**折縞(おりしま)チマ**（**スカート**）の女性達が高松塚のものと「**瓜二つ**」であることからもアナタにも明白なことであるのみならず、高松塚の近くの**キトラ古墳**の天井の**星**を**金箔**で描き、**星座**（**星宿**）を**朱線**で繋いで描く方法（高松塚の星も同じく金箔・朱線です）も、実は**白い顔料**で描く**中国**のものとは異なっていたからなのです（この赤道、黄道等の**四つの円**は、現存する星図では**世界最古**です）。

——この時の高句麗の首都は**平壌(ピョンヤン)**でした（このことがアナタ、後述〔一五6〕いたしますキトラ古墳**天井**の**天文図**との関係で大変重要となりますので、ここで確(しっか)りと覚えておいて下さい）。因みに、それ

15

までの〈高句麗の王都の変遷〉につきましては、今日の正確な指定には困難が伴うとは申せ、取り敢えず次の考え（ですからアナタ、必ずしもその場所、城の名と位置の全部につき同意している訳ではございません）を記しておきます。一つの考えといたしましては、扶余を離れ南下してからの

①初代**東明王**（**朱蒙**）の頃の**沸流水**（**冨爾江**）の**桓仁**（その前には**五女山城**）、

②**二〇九年**に**10山上王**が**鴨緑江本流**の**集安**の**丸都城**（ここは二四四年には**魏**の**毌丘倹**に、三四一年には**鮮卑**の**慕容皝**らに破壊されております）、

③**20長寿王**十五年の**四二七年**に**平壌城**（ここでも嘗ての（イ）**故国川王**のときの**黄城**、（ロ）そして、最後の王都である第24代**陽原王**八年からの**長安城**

へと移っております。各王の治世につきましては、テキスト付録4、P1108〜1109、同15―1―1、P568〜569（但しP569に修正有り））はより詳しくアナタ必見です。因みに、右とは少し異なりますがテキスト15―1―1、P565―569もご参照下さい――

因みに、面白いことに右の**水山里**壁画古墳の玄室西壁上段の「**竹馬に乗った曲芸の若い男の髪型**」は、法隆寺の「**御物聖徳太子画像**」に見える2人の王子と全く同じ「**みずら**」ですよ（写真15―13）。ということは、この「みずら」は、正しく**遊牧民の風俗！**として**大陸にまで遡る**ものだったのです（アナタ、聖徳太子の童子のヘア・スタイルの重大な問題は、本邦初公開でこれにて一件落着です。そして、これはアナタ、アナタの地元の各古墳出土物からも見られますのでアナタもよくご存じのように、日本列島の各地から広く出土いたします　**人形埴輪の髪形の起源の謎**　の解明への大いなるヒントにもなりますよね。誰も考えなかった（気が付かなかった）「みずら」と馬との**大陸セット**――古墳時代における遊牧民文化の南下）。

15

15—6　キトラ古墳の天文図は高句麗王都のもの

しかもアナタ、右の**高句麗の新羅占領**の存在を更に確実なものとするための決定的な物的証拠を次にお示し致しておきましょう。この**キトラ古墳の天文図**（写真15—10、11）の「**粉本**＝手本」となる**原本**は、**高句麗**の大きな遷移という点から見てまいりますと、**第3回目の首都**（前述の③イ～ロへの変遷）のございました

「平壌の地における天体観測」に基づいて描かれている

ということ、又、今日は失われてしまった高句麗の**大同江**（一四6、P891）に戦乱で沈んでしまった**石刻天文図**がその**原本**であったということが科学的に証明されたことでございます。では何故それが沈んでしまったのにこのことが証明出来るのかと申しますと、残された**拓本**の修正による**『天象列次分野之図』**（高句麗の頃のものを元にして**一三九五年**になって作成）や**木刻本**等で特定し、そこから造られたそのキトラ古墳への天文図の**転写の際**の**「絵師の反転」**のミス等をも入れて修正致しますと、これは正にアナタ、

５００年頃の**高句麗の王都**の**平壌**（高句麗の**平壌遷都**は**４２７年より**）**辺りの**

北緯３８・４度から見上げた西暦五〇〇年頃の星座（**星宿**）

にピッタリであることが判明したからなのです（成家徹郎氏など）。そして、更に、その「奇しき縁」といたしまして、少なくともこの古墳の装飾の一部は、**高句麗**の**久斯祁王**の末裔といわれ（寒ッ）、遣唐使にも参加し、**文武**天皇の崩御の際には**御装司**として**葬儀**の運営という大役を担当いたしました

黄文（**黄書**）の**本実**によって**描かれていた**

ということまでもが判って来たからなのです（ということでこの壁画は、**高句麗のモデルを基に高句麗人に**

よって描かれておりました——これ又、正に奇しき縁）。

では次に、この仮説を完璧にするために更なる謎にもう一歩深く迫ってまいりますが、何故、このキトラ古墳の「お手本」が中国の王都の**長安・洛陽**やここ日本の首都である**飛鳥**での天体図ではなかったのでしょうか？　実は、ここが大問題だったのでして、これらの壁画の**裏**にこそ、私こと「古代探偵」のみが本邦初公開で解き明かす「**高句麗＋新羅**」という**隠された古代史の大きな謎を解くのに不可欠な重大なキーワード**が幾つも潜んでいたことを、仮令（たとい）、自分の頭で考えない付和雷同で鈍感なアカデミズムが気が付かなくても、アナタだけは決して見逃してはいけなかったのです。

——アカデミズムが真面目によく調べていることは、私をはじめ万人が認めているところなのですが、ただその**発想・方法論の「方向性」に誤り**がございまして、それが飽くまでも「先師の体系」の上（師事する先師のご機嫌を損ねない範囲〔延長上〕での自由）に立っての積み重ねですので、学問の自由なる発想からは程遠く、もし先師が間違っておりますと、その弟子が積んだレンガで建てた家が大きく立派であればある程、そして上に行けば行く程、段々と**ピサの斜塔**のように地盤が緩んで傾いてゆき、今や小さな地震でも、「親亀虚仮（こ）けたら子亀も虚仮ける」で崩壊寸前（学問的連帯保証人との共倒れ＝破産宣告）になっている（最早、宗教化してしまっている）情況なのです（例えば「三角縁神獣鏡＝邪馬臺国大和発生説」などの妄誕（でたらめ）と同じく。九12）——

では、ここでアナタのために、**高松塚より古い画体**（二十八歳で死んだ「**草壁**（くさかべ）＝**日並**（ひなみし）」**皇子の墓**。**六八九年**四月十三日亡か。付言すればアナタ、この頃、**毎年**のように**新羅使**が日本に来ておりますと共に、又、**毎年**のように渡来**新羅人**を**下毛野国**〔栃木県〕に置いております——因みに、**那須国造の碑と新羅人**（本六章）

である**キトラ古墳**の方の特色をこの点に沿ってマトメておきますと、

1　蒼龍と白虎の各左右に人物群を配置している構図は**中国風**であること。

2　女性の人物の服装は一見明白に**高句麗**（**遊牧民**）**風**であること。

3　石槨の東西両壁の最上部と天井石の接続部が**斜面**となっていることは**百済**の最終王都の「**泗沘**（シヒ）**＝南扶余**」でよく見られる形であり（**陵山里**2号、3号墳）、日本列島では、京都奈良両府県境の終末期の上円下方墳である「**石のカラト古墳**」もこれと同じ形です。よって、これは**百済亡命工人がその技術で造った**（ここでアナタが注意すべきは、命令を出してカラトを**造らせたのは**、あくまでも**新羅占領軍**の白鳳・奈良朝の天皇たる**新羅王子**であったということなのです）ものであることが判って参ります（但し、右の石のカラトの方は明らかに710年平城遷都の後の築造です。尚、別述の新羅占領軍が関東で造らせました、日本で最大且つ確実な**上円下方墳**と言われております**武蔵府中熊野神社古墳**にもご注意下さい。別添写真。又、七世紀の円墳でございます浅間様（せんげんさま）古墳（大田区。穴八幡）のピッタリした切石積（きりいしつみ）も、その平らに加工した見事な技術は当時最先端の新羅のものと思われます）。

ということになり、これ等の事は取りも直さず、私の言う

①**高句麗の新羅占領**という事実（ところが、厄介なことに御本家新羅の正史「新羅本紀」では、今日この高句麗に占領された点が完全に**抹殺**されてしまっております。このことをご理解いただけますと、今までアカデミズムを悩ませていた新羅王陵の「**積石式木槨**」の形式の謎（**高句麗の占領**による文化の侵入）ということも、一発でアナタにもお判りになる筈なのですが――）と、

②**占領軍提督の新羅王子**が新羅皇帝の名代（みょうだい）として「**天皇という名**」において**日本列島の植民地**に君臨

しており、その**占領下**で造られた古墳であったから（これ又、後の百済渡来系の平安天皇家の作った日本紀（現行日本紀）ではこの点が「天孫降臨」「万世一系」の思想から**抹殺**されてしまっております。その証拠の一つと致しましては、アカデミズムの一国歴史主義の人たちは、誰一人として未だ気付いてはおりませんが、例の、アナタもよくご存知の、**伝・天武・持統合葬陵**等につきましても、それが誰の墓であるかは兎も角といたしましてもそれよりも上位の（形而上の）思想といたしましては、実は、**比較文化**的には**新羅**王都慶州の**夫婦**（めおと）**塚**の思想がダイレクトな輸入そのものだったからなのです）という①②2つの事を示す証拠ともなってくれていたのです。つまり新羅の正史

「**新羅本紀**」**でも高句麗の新羅占領を消して**

しまっており、日本正史

「**日本紀**」**の方でも新羅の日本占領を消して**

しまっておりまして、そうであるからこそ、アマチュアの私がここ迄、辿り着くのがとても大変だったのです（30年後にはこのことはアナタによって今以上に解明され、間違いなく**通説**となっておりますことでしょうが、アカデミズムの通説を鵜呑みにして暗記しているだけの文化的には低レベルの単細胞的自己満足の今日の一部の人々（受験勉強延長型＝「**偏差値坊や**」＝頭の良い暗記マシン）にとりましては、とてもとても……）。

アカデミズムでは、折角疑問が呈されているにも拘わらず、無能なので先へ行けず、そこでストップしてしまっております次の点につきましても、私こと古代探偵の考え（切り口）によりますれば、実に見事にスパッとその謎が物の見事に解決出来て先へと進むことが出来るのです。それは高松塚古墳の「**四神図**（**亀など**）**に風俗人物画**（アナタの好きなアノ古代的に妖艶（奇（あや）しいまでの貴（あて）やかさ）な**カラフルな乙女**）**が加わ**

った」**画材**というものは、本家の**高句麗**では**四世紀後半から六世紀まで**に見られ、そしてこの時点で**終了**（ジ・エンド）してしまって、最早「**四神図のみ**」の画材に変わってしまっているのに対し、この列島での**高松塚**は**七〇〇年頃**のものなのにそれがまだ見られるという点なのです（有光教一氏、江上波夫氏など）。そこに何故か、お手本との、少なくとも**百年以上もの文化のタイムラグ**が見られるのです。ところでアナタ、この「百年余のタイムラグの謎解き」は、私のように、

（1）**五世紀**の七十年間もの**高句麗による新羅占領**（**そのノウハウが高句麗→新羅へ**）、

（2）その文化を引き継いだ形での**七世紀**（六六三年、白村江の役）以降の**新羅による日本の占領**（そ**のノウハウが新羅→日本列島**）、そして

（3）その占領軍たる**新羅王子の天皇家**によるこれらの**飛鳥の陵墓の築造**

というように、この（1）～（3）の**三つをセット**で論理学に従いまして「三段論法」で考えることにより初めて止揚（アウフヘーベン）出来るからなのです。そして、それ以外では、これらの矛盾はアカデミズムの頭では千年経っても到底解明が出来ない！筈なのです。アナタ、これからは別の解決が出来ますか？このように高松塚やキトラ古墳の問題につきましても、アナタは、私こと古代探偵のように、国際的な幅の広い視野に立って謎を紐解いていかなければいけなかったのです。ロンパリ型のトンボの目（複眼レーダー）が必要とされるのです。

さて、お話を〈**亀のこと**〉に戻しますが、これら**高市皇子**の高松塚を始め、キトラ古墳、伝・天武・持統天皇合葬陵、**伝・文武天皇陵**（この五角形の陵が嘗ては「**ジ**〔**チ**〕**ヨウセン塚＝朝鮮塚**〔**山**〕」と呼ばれておりましたのも、平安朝の百済系天皇家がこれ等の新羅系の陵の一部を破壊し、「朝鮮人の墓」と呼び捨て

にして馬鹿にしていたからだったのです（本当は自分達もその出自は同じ朝鮮半島だったのですが、こちらの方は国家の正史を改竄し「天孫降臨」且つ「土着」であり決して渡来などではないと公に称しておりましたので――）。尚、現在は高松塚古墳と同じ丘陵の字中尾山の**中尾山古墳**が**文武陵**だとされております）等の並ぶ、この**藤原京**（**新益京**（あらましのみやこ））の南の「**聖なるライン**」の**奥津城**（おくつき）（**聖なる兆域**（ちょういき））を、新羅の国家の象徴でもございます**守護神**の

明日香の「亀石（かめいし）**」**

がチャントその方向を今日迄じっと動かずに見守っていてくれている（前述〔一五3〕の**新羅**の太祖武烈王金春秋の墓のように。**今日も明日も**――因みに、**伊勢外宮**の**正宮**（しょうぐう）の前の御池の橋も、何と！ **亀石**と言われておりますよ（写真16―4）。何故か？ ここにも伊勢神宮の重大な謎が隠されておりました。一六4、P1003――ところで、神社の本殿の基壇も吉備津神社では亀腹と言われております。一二5）ことからも、アナタにご納得頂けることと存じます（これで石亀さんの謎が解けた！）。写真15―2が、この飛鳥の亀石です（高松塚の削られた玄武〔亀〕につき、前述の一五3）。

――この〈亀石の見守る方向〉には、前述のように（一五4）、藤原京中央の朱雀大路の延長たる「聖なるライン」上に、北から真南に順に伝・天武持統合葬陵、中尾山古墳（文武）、高松塚古墳（高市）、キトラ古墳（草壁）という占領軍提督たる新羅王子（実質は天皇）たちの陵がほぼ一直線上にキラ星の如く並んでおりますよ。アナタ、その具体的被葬者の特定は扨置き（さて）ましても、何とこれらの存在自体が綺羅星の如く壮観なことか！ ですからアナタ、この「聖なるラインの散策」は必須ですよ。特に晩秋の黄昏時（たそがれ）なんかに、黄葉（もみじ）をカサコソと踏み分けて独りさ迷うなんて、もう最高。恋人に振られた時も、片想いの人を思って独り寂しく歩く傷心のアナタにもお勧め。やがて、刻一刻と夕闇の帳（とばり）が明日香の

杜にも迫って来て、凛とした冷気の中の叫びたくなるような二上山の落日が、温かくアナタの冷え切った心を包んでくれるよ。「ハッ」として我に返れば、何時の間にかアナタの脳天は澄んだブルー、二上山の山の端は濃いオレンジ――

――右の「聖なるライン」上の天武持統合葬陵（檜隈大内陵）、中尾山（文武）、牽牛子塚、束明神のこれらは皆八角形であり、八角ということが高御座（天皇の玉座。それは現在は京都紫宸殿に安置し、即位の大礼にのみ用いられ、神輿のような八角の黒塗屋形を据えている）を象徴しているとともに、右の合葬陵の八角五段築成は、当時のその思想からも大王が統治する「八地八方」の八、「陰陽五行」の五をそのまま表しているところからも、これら亀石が見守る（別述）新羅占領軍提督たる天皇、有力皇子のものであったことが当然推測されるのです――

「高句麗→新羅→日本」という制度の流れの証拠につき、私こと古代探偵が国家の本質的な制度の点からもう一つだけコスモポリタンな考えを加えて、この考えを完璧に近くしておきましょう（烟の制度に加えまして。序―3―4④）。実は、それは新羅の貴族制度の**骨品制**というのが正にこれだったのでして、ここでは「**聖骨**」は金氏の中で王になれる者をいい、「**真骨**」は王になれなかったのですが、この真骨の中で**王の父**、**王母の父**、**王妃の父**、**王の弟**、**女王の匹**などは「**葛文王**」といって尊ばれました（**葛文＝kalm＝死去**）。

しかし、実はアナタ、これは本来新羅の制度なんかでは全くなく、その淵源は**高句麗**の**古雛加**と大変類似しており、**5世紀の高句麗の新羅占領下で新羅に入って来た**ものだったからなのです。その証拠は、高句麗**6太祖**（**国祖**）**大王**（宮・於漱。AD53年～164年在位）など3人の大王の**父**は、王ではないのですが、**古鄒加・再思**（2瑠璃王の王子）と記されておりまして、正に、この古鄒加がその葛文のオリジンだったのです（これ又、私の本邦初公開。テキスト付録4、P1108、高句麗王系図を見よ！）。

15

　そしてアナタ、この**新羅の真骨**は、日本の占領下の新羅系天皇家にも入り「**八色の姓**（やくさのかばね）」の官のトップの**真人**（マヒト）の「**真**」として全く日朝で共通（**真骨＝真人**）なものが見られるからなのです（これも偶然ではなく、新羅の日本の占領の物的証拠の一つに加えておきましょう。ところが何とアナタ、この氏姓（うじかばね）制度の中心に位置していなければなりません「**八色の姓**（やくさのかばね）**制**」は、後の平安朝の国家の正式文書である『**新撰姓氏録**』におきましては、この新羅的な制度は（つまり新羅的制度であったからこそ）全く無視（シカト）されて、不可解にも**一言もそのことに触れられてはおりませんよ**〔七4〕。これは何故（どうして）なのでしょう？　アナタ、これ又考えられない程アンビリーバブルで不思議なことですよネ）。

15―7　高市皇子のモデルは新羅王子金霜林

　では次に、「**新羅の日本列島の占領**」と「**高市皇子のモデルが新羅王子金霜林**（そうりん）」であったというより具体的な「両方に跨る」決定的な更なる或る証拠がございますので、ここでアナタにだけはそっとお教えしておきましょう。これも又、**本邦初公開**でございますよ（２００５年６月刊のテキスト）。

　一言で申しますと、先程来チョクチョクと触れてはおりますように、**40天武天皇**（６７３～６８６年）のモデルである**新羅30文武王**（**金多遂**（こむたすぬ）、新羅王としての在位６６１～６８１年）は、実は、**若い王子の頃に日本列島に渡来**（「**孝徳紀**」大化五年〔**六四九**〕是歳のところに明記。**後には占領軍ＧＨＱの提督**ともなります。一二9。尚、晩年に**病気治療**のため日本列島へ**再渡来**いたしましたことにつき、本序4必見。テキスト25―1―1～2、特にＰ1012上はアナタ必見）しておりまして、「白村江の役」で唐・新羅に敗れた、新羅にとっては降伏した敵軍の将でございました「九州の倭の水軍の長」の**宗像君徳善**（とくぜん）**の女**（むすめ）**の尼子**（あまご）（**実家**は宗像郡津屋崎町の「**安羅＋新羅**」の「**宮地嶽**（みやじだけ）**神社**〈写真15―16。**本来**はこれこそが**宗像神社**〈**海の正倉院**〉**そのもの**なのでした〈古くは伯耆より遷移〉。今は、如何(どう)した訳か〈実はアナタ、この国の支配者が「**ワ**の頃の安羅・金官↓**ナラ**の新羅↓**ヘイアン**の百済」というように、この近くでも**三回**も目まぐるしく**交替**したからなのですが〉その間に**摂社**にまで落とされてしまっております〉」及び**宮地嶽神社古墳**〈**地下の正倉院**〉）と結婚し、後に**高市皇子**のモデルともなる**新羅王子**の**金霜林**を儲けていたのです（平安紀で改竄されてしまう前の**高市皇子が天皇**でございましたことは、「**命**」或いは「**尊**」の尊称が暗示しておりました。序三3―3はアナタ必見）。

文武王の王子の頃の金多遂が「**質**」として（これは平安日本紀での表現でして、本当は、当時としては「人質」などではなく、桓武焚書の前はその逆の「**統治**」のためか、又は精々が若い頃の「帝王学」のための国際交流の一環としてでした。テキスト5―5―1、P204上）**倭に渡来**致しましたことを記しました日本紀（孝徳大王条）には大化5年（**649年**）是歳と記されておりますので、アナタはこの「**17年後**」**がゾロ目の666年**に当たることを、ここで確(しっか)りと頭に叩き込んで憶えておいて下さい（一五10）。早ければ王子の頃の金多遂はこの頃には渡来し、やがて、「白村江の役での敗戦まで倭国の海人・海軍（この頃は倭の朝鮮半島での本貫の〔咸安(ハマン)の安羅の**外港**＝慶尚南道**昌原**(チャンウォン)市の安曇(あずみ)＝**斗豆米**(アツミ)。図9―15〕水軍――東国のアヅマもその名残り）を取り仕切っておりました**倭軍の水軍長**の北九州の**徳善**」の**女**(むすめ)と、**来日**した頃、**既に結婚**して子供まで儲けていたのです（一二9）（安曇水軍は朝鮮の倭の水軍だった）。

又、この文武王は少なくとも晩年、**結核**の治療のため再び来日し、**日本列島で死亡**しております（その日本での**陵**は、前述のように、日本列島で大王・天皇を含め**最大級の石室**を持ちます北九州の右の妻の実家たる**海の正倉院**たる**宮地嶽神社古墳**だったのです。これ又、本邦初公開。序―4、序―3―3）。

15―8 「四十八体仏」の数奇な運命

更にアナタ、上記の**文献資料**のみならず、これにピッタリ整合致します偽造が不可能に近い物的証拠もございまして、それが次に申上げます通称

「四十八体仏」とも言われております「新羅仏」なのです。この仏像が

「**橘寺→法隆寺**（承暦2年（一〇七八））**→皇室**（明治11年（一八七八））」

へと辿りました数奇な運命につきましてはテキスト5―5―2、P205上に記してございます。

15―9 台座下部銘の「阿麻古（あまご）」とは？

その四十八体仏の中の一つに、以前（本一二9）にも少しお話致しました様に、像の**台座の最下部に、底のラインに平行に、一見不可解とも思える銘文**が刻してございますものがございます。これにつきましては、写真15―14の右上の仏像をご覧下さい。銘文の一部はこの写真の下部に拡大してございます。その中でも特にポイントとなる用語と致しましては「**丙寅**」「**生十八**」「**高屋太夫**」「**分韓婦夫人**」――「**韓婦**＝からのおみな（本六15、**田道**）＝**蕃女**＝となりぐにのめ＝**呉女**（「継体紀」二十四年（五三〇）九月）――、「**阿麻古**」の一見不可解な右の謎の5つのキーポイントとなる文言が挙げられます。大切な問題なのですが、本日は美術史が中心ではなく、ここでは時間の関係で一つ一つの十分な説明をしている余裕がございませんので、詳しくはお家へお帰りになってから、ここの説明文に詳しいのでテキスト5―5―2、P205～208の方をお読み頂きたいと存じます（この仏像は、上野『国立博物館』「**法隆寺館**」一階右奥に常設鎮座しております）。

とは申せ、それでは余りにアナタに対しつれないので、私がこの問題に日本で初めて気付きました動機（キッカケ）だけでも、ここで手短にお話しておきます。それは

　正史（日本紀）の「高市皇子の母は　尼子」（天武紀）

ということと、

　この仏像銘の「高屋太夫の母も　阿麻古」（仏像銘）

という両者の「名」（特にアマゴ）とその「時代」の同一性（共通性）とに、偶然私こと古代探偵が女房と一緒にこの北九州の宮地嶽神社古墳を訪れていたときに気が付いたことでございまして、主人公の名の「高市と高屋」とのこの一見した音の多少の相違（タケとタカ。但し、漢字の「高」は同じ）につきましても、空海が開きました「高野山」と、インサイダー取引の元祖（平安京への遷都前に、京都駅の南の広大な東寺を建てる土地を買い占めた）たる空海がその寺（高野山金剛峰寺）を作るために「乗っ取った」（尚、藤原氏による神々の乗っ取り一般につき、大生神社など七5）その元（地主神）ともなりました「丹生都比売神社」のご祭神の一柱（高野皇子）――ここにヒントが残されておりました――のところでご説明致しました様に（尚、「今来郡→高市郡」と、この渡来人のみの郡を自分の名前に変化させてしまったこと〔何故？〕にもご注意）、〈高屋と高市〉の両者は、本来ほぼ同じ音の言葉で、この二つは「同一人」「同一神」を指していたと考えれば良かったのです（高屋＝高野〔山〕＝高野皇子＝ここの郡名の高〔市〕＝高市皇子）。了解。

15―10　ゾロ目の６６６年と弥勒菩薩半跏思惟像

　さて、その高市皇子の父母（天武と尼子）の結婚が６４９年頃ですし、正史上ではその父である新羅王子金多遂（天武天皇のモデル）の渡来も、大化五年（孝徳）である６４９年（一五７）となっておりますので

（西暦に合わせた**絶対年齢**は日本紀改竄によってそのモデルと相違し当てになりませんので、アナタは、日朝での各人間の**相対的年齢**〔つまり、朝鮮では「多遂と霜林」、即ち同じことが日本では「天武と高市」などという風に〕にその幅に着目し、この謎を解かなければいけなかったのです――そして、この方法論こそがコスモポリタン古代学では必須だったのです）、高市皇子が「若くして亡くなった」美しい母の阿麻古を思い（この点は、上毛野国の『**山ノ上碑**』――現存する最古の石碑――の**長利**僧のケースと大変よく似ておりますヨ。隣に古墳アリ）、**６６６年**〔**丙寅。以前の**※印〔一五7〕を見て下さい。この年は例の**６６６のゾロ目**です〕にこのウエストが極端に細い〔**病弱**そうな――夫の「文武王＝天武天皇のモデル」が**結核**でしたから。序―4、一二9はアナタ必見です〕一見して何人でも**新羅系**と判る「**弥勒菩薩半跏思惟像**」を造らせましたのは、丁度、子の高市が**１７歳**位ということになって参りまして〔アララ！〕、造った人が「**生十八**」のときであったという先程のこの**銘文**に正にこの**高市はピッタリ！**だったのです〔この新羅王子の高市は、何と優しい母思いの子だったのでしょうか〕。今お話しておりますのは上野『国立博物館』「法隆寺館」の仏像「**四十八体仏**」のことですよ〔一五7～8、一二9〕。

尚、河内の「中の太子」の**野中寺**〔羽曳野市〕の、これ又完璧なる**新羅**系の**弥勒**の銘仏も、多少製作に問題がある仏だとは申せ、同じく**丙寅年**〔同年〕銘ですので、アナタ要注意なのです〔その出自につき、後世の歴史改竄のフィルターを取り除き、古代の朝鮮〔特に新羅〕にまで遡って、アナタご研究下さい〕。

ところがアナタ、本来新羅系のニュアンスの濃いこの寺を建てたと言われております船氏〔末裔が宮原、菅野、御船氏など〕の出自は、「プロト姓氏録」から改竄されて新しく作られてしまいました「新撰」の「姓氏録」〔七4などに別述〕や後世に盛んになった「太子信仰」〔別述。前述のようにこの寺は後には「中の太子」とさえも呼ばれるようになっておりますくらいなのです＝目晦（めくら）まし成功！）によりますと、当初の花郎の弥勒信仰（丙寅年銘仏あり）を信奉いたします「新羅系から、そうではない百済系の出自へと変えられ」てしまっておりまして、そのことは正に、正史によりますと、延暦九年（七九〇）七月十七日の百済王（コニキシ）仁貞・同元信・同忠信及び津連真道（まみち）らの「上表文」（『続日本紀』）では百済貴須（キス）王の孫の辰孫王（智旨王。但し、記紀には辰孫王のことは出てまいりません）の子の太阿郎王の子の午定（ごじょう）君の子——なんとヤヤッコシイ——の、この王辰爾（おうしんじ（に））は、このように百済系の出自とされてしまっており、そして欽明紀十四年（五五三）七月四日には、この人が船長（ふねつかさ）（史）とされ船史（ふねのふひと）の姓を賜った（紀作成時には連。七九〇年十二月十二日からは宿禰）と記されているからなのです（物と正史の文面との乖離）。ですから、アカデミズムの暗記単細胞のように、歴史や背景を考えず、単に「姓氏録」の字句通りと思ってしまっております「おりこうさん」では、平安の頭の良い改竄者（テクノクラート）の思う壺に嵌って物の見事に騙されてしまうのです（ボスごと）。

15—1　武烈王金春秋陵を守る亀趺（新羅の象徴）

15—2　明日香の亀石

15—3　高松塚古墳

15—5　高松塚古墳（玄武の顔が削られている）

15—4　高松塚古墳

15—6　高松塚古墳　日像

15—8　水山里古墳（高句麗）

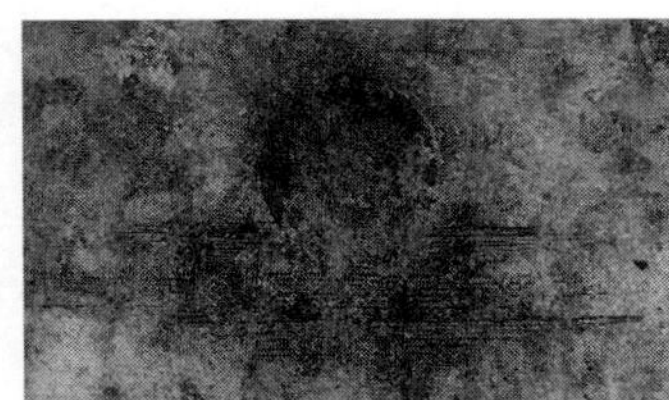
15—7　高松塚古墳　月像

15—9　キトラ古墳

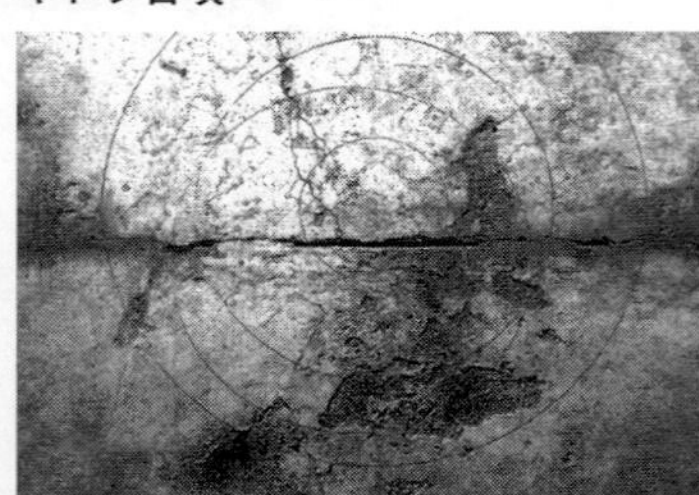

15—10　キトラ古墳天井の星座。4つの円は内規、赤道、外規、黄道を表し、現存世界最古の星座

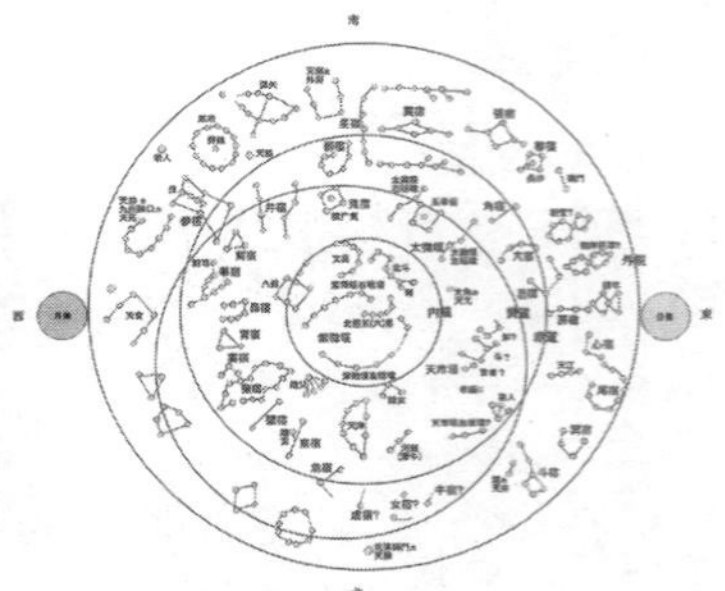

15—11　キトラ古墳の星座、黄道修正図

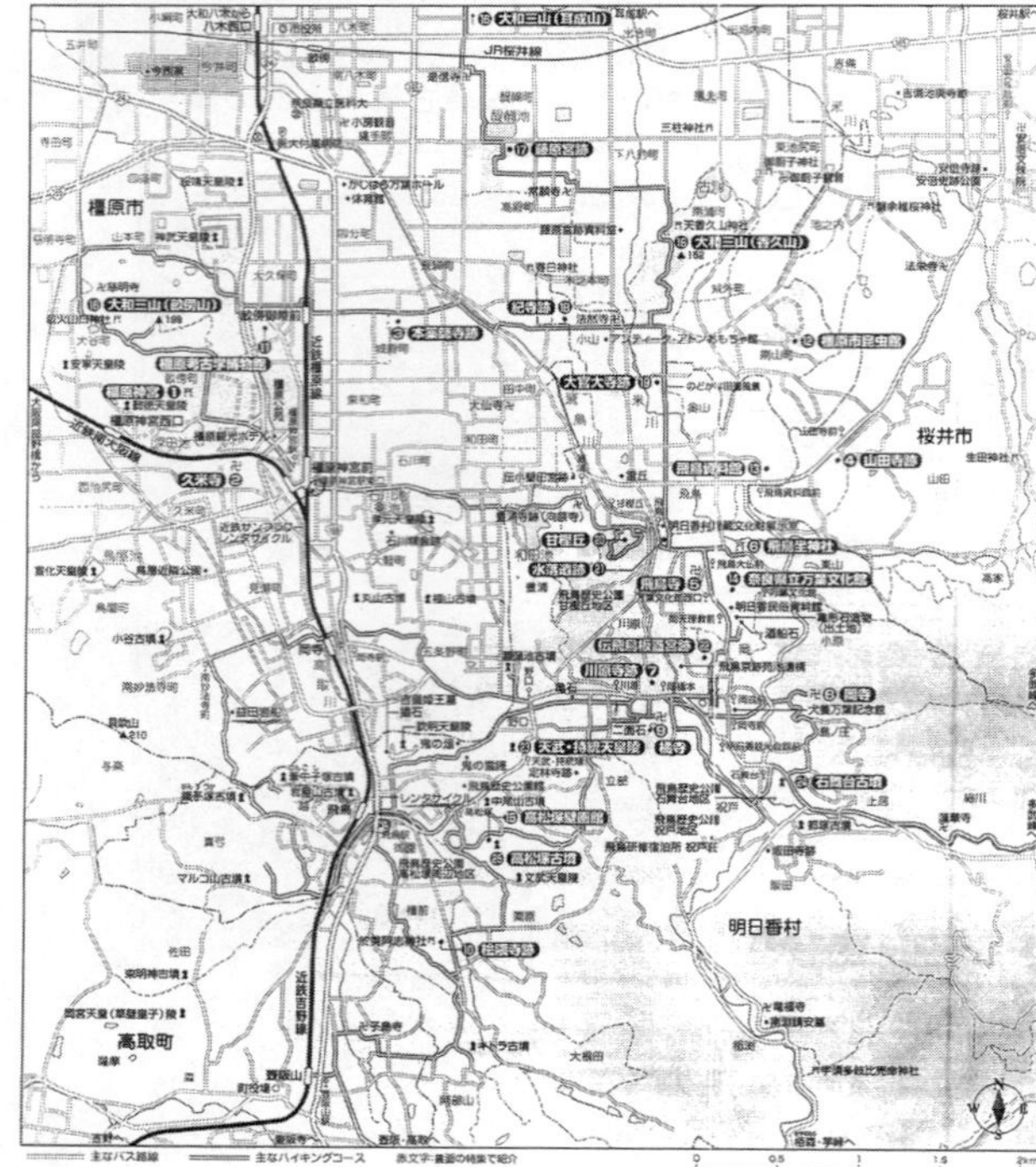

15—12　飛鳥

15

15—13　みずら

15—14　弥勒菩薩半跏像（国立博物館）

グルリと取り巻く下端の拡大「阿麻古」の銘有り

15—15　野中寺　弥勒菩薩半跏像（これも新羅仏）

15—16　宮地嶽神社（今は右綯い）

15—17　丹生都比売神社

第一六章　日本書紀の作られた「真の目的」とは一体何？

——「倭国＝プロト日本国」の抹消と「唐・新羅に日本列島が占領されたこと」の抹消と「天皇渡来の事実」の隠蔽

——サルタヒコの抹消とアマテラスの誕生（その跡に伊勢神宮を創る）

——そして、サルタヒコの復権ここにあり

さて、愈々、私の今日のお話も終盤に近付いて参りました。**日本国の正史『日本書紀』が「何のために作られたのか？」**という最も大切なこの講演のマトメの**［論点14］**について入っていきたいと思います。ここでの小論点は、順不同ですが、

（イ）神武大王の即位（BC660年）が架空だということの証拠は「暦」そのものの中に既に隠されていた！

（ロ）**辛酉革命**（しんゆう）（**讖緯説**（しんい））とは？

（ハ）伊勢神宮を造るに際しプロト天照大神（アマテル）を**男から女へと変えてしまった**理由（わけ）

16

（ニ）アマテラスの「**伊勢の内宮の鏡**」より**古かった**「**紀伊**（和歌山）の鏡」
——和歌山市秋月の**日前**（ひのくま）**・国懸**（くにかかす）神宮（そこは**旧**（プロト）**・伊太祁曽神社**（いたきそ）〔**天日矛**（あめのひぼこ）〕の地）の鏡

（ホ）平安日本紀の主たる目的は「プロト日本国たる倭国」の抹消と「白鳳・奈良朝の日本国が新羅占領軍が建てた国」であったことの抹消と「平安天皇家が百済王（コニキシ）」だったことの隠蔽の三つだった
（尚、奈良日本紀レベルでの目的は前二者まで）

（ヘ）卑母の親王を**臣籍**（しんせき）に下す（嵯峨天皇**→源氏**、清和天皇**→平氏**）（八4～6、一七6～8）

（ト）**天武**天皇が中国史の「**別倭**」の**サルタヒコ神を海の底に追い出し**、そこに母国**新羅**の「**神宮**」をモデルにして「**日本**」**初の神宮**である**アマテラスの伊勢神宮**を造る

（チ）「三種の神器」から**鏡が消えて**しまった理由

（リ）「**月神**信仰」から「**日神**信仰」への民俗学的な変化

等となります。ここ［**論点14**］の全体の要点は次の通りです。

平安日本書紀の主たる目的は、「倭国＝プロト日本国」の抹消と「白鳳・奈良朝の日本国が新羅占領軍が建てた国」であったことの抹消と「天皇家の渡来の事実」の隠蔽であった（尚、奈良日本紀での目的は前二者まで）。**そのためには、先ずは奈良朝では新羅占領軍**（天皇）**によりそれ以前の歴史を消すために伊勢神宮の創立が行われ、次の平安朝では百済王**（コニキシ）（天皇）**による日本書紀の更なる大改竄が行われた。というのも、平安朝の百済系天皇家の朝鮮での「母なる国」が既に滅び去り、最早二度と再び大陸の本貫の地へは戻れなくなってしまったため、民族意識としての国史のメイン・テーマを、如何にしてもここ日本列島で自生**

16

した「天孫降臨」且つ太古から変わらぬ王系である「万世一系」にせざるを得なかったからなのである。

16―1　「天孫降臨」「万世一系」にせざるを得なかった理由（ワケ）

〈日本紀の真の役割〉とは、実はアナタ、アカデミズムはあまり教えてはくれないのですが（それとも知らないからか――多分そうでしょう）、**対内対外の二つ**がございまして、前述の様に、古い時代には、**対外的**には宗主国の中国様にお見せして自らの「**王権に変更がない**」こと（箸墓についての七2）、つまり**一系**であることを示して従前通り中国**冊封体制**（さくほう）に**忠誠を誓い**、**日本列島での国土を**「**可愛いアンタ一人だけだよ**」と**宗主国様より安堵**して頂くということだったのであり（七2、七4）、ですから、そのためにも**歴史書の提示**（**王朝に変更がない**ことの**証明書**）ということが必要だったのであり、だから**正調漢文**で書かれました歴史書の作成を必要としていたのです（その証拠に、前述七4の七一四年③**和銅七年日本紀**か、の七二〇年④**養老四年日本紀**辺りからの奈良朝における**本格的漢文化**ということがこのことに対応しておりました）。次に、**対内的**にはその主たる目的は、自らの政権（最終的には**百済系の平安天皇家**）の**正当性**の主張、つまり歴史を遡っての

倭国＝プロト日本国　の抹消　と

白鳳・奈良朝の日本国＝新羅占領軍が建てた国であったこと　の抹消（**つまり固有名詞の和風化**）と

天皇家百済渡来の事実　の隠蔽

という三つのことを前提として、そこから派生することの日本人（各氏族の**氏上**（うじのかみ）＝一族の宗教〔神〕の司祭者）への**押し付け**（つまり一言で申しますならば、右の趣旨に沿ってそのときの天皇家に勝手にその「祖先の神の改竄」などをされて祖先の系図を弄（いじ）られてしまいましても、その氏族が生き延びるためには何人（なんぴと）に

もこれに一切の反論・異議を許させないということ）でした（但し、奈良朝での天皇家の目的は前二者まで）。

と申しますのも、**平安天皇家**の朝鮮での「**母なる国＝百済**」が既に**660年**に**泗沘**（しひ）（**南扶余**）で滅び去り（それまでの**475年**の**京城**（ソウル）、**538年**の**熊津**（ユウシン）——その度に**当時の倭の領域**（「倭＝任那」の領域の時代毎の変化〈或る時点での任那が最大であった頃は半島中部の「鳥嶺以南」を占めておりました。より古くは半島全体と満州の一部すらも〉に付き、アナタ一四9は必見です）**の中**での生き延び——に次いで**3度目の最終滅亡**）、**新羅が朝鮮半島全土を支配**して**676年**にはそこには**統一新羅**が出現してしまっておりますので、百済の亡命者がどう足掻（あが）きましても**最早二度と再び大陸の百済の本貫の地へは戻れないことになってしまった為**（**故郷喪失！**）、その亡命王家の指示によりそのテクノクラート（史（ふひと））が日本で作らされる正史のメイン・テーマは、如何にしても、**百済亡命政権**を樹立した**ここ日本列島**という異境の地での、当初（太古）からの「**天孫降臨**」且つ「**万世一系**」ということに、真っ赤な嘘をつき通してまでも**民族のアイデンティティ**上正史をそうせざるを得なかったからなのです（因みにアナタ、一般の人々は、抑（そもそも）この国家の最高機密でございます正史の問題の対象外でして、精々が氏上たるその貴族の長のみが、宮中深くの蚊帳の中に呼び込まれてその説明〔ディスクロージャー〕を甘受する対象となったのであり、しかもアナタ、それも国家が作った「新しい姓氏録」によりリニューアルされてしまった結果の、その氏族に繋がる「新しい自らの祖先神の系図」〔七4「操作場」の比喩で説明〕を、或る日、宮中の密室に突然呼び出されてお上からチラッと見せられ、「これからは、これで行くからナ」〔これは天命だ——天誅ではなく〕と有無を言わさず事後的に黙認させられ、「判りました＝承知！」と言うのが精一杯という状況でしたが——）。

16―2　讖緯(しんい)説によりＢＣ六六〇年に持って来た神武元年

　ではその上で、何故、初代の神武大王の即位を、従前の区分で申しますと、何とアナタ！　**縄文時代**に相当（弥生時代が近年繰り上がってはおりますが、それでも）してしまいます、**ＢＣ６６０年**などという、主として狩猟生活、従として栽培生活や海上商業・流通生活をしておりましたトンチンカンな程遠い昔にまで（６６０年＋６６０年は１３２０年。この年はどんな年？）、**建国を遡らせて**正史・日本書紀が設定しなければ「ならなかったのか」という点について見て参りましょう。

　図14―10「天皇系図の分析」手書きの原図をご覧下さい。この**上代の日本の天皇系図**は、実は、**奈良朝の終わりまで**のそのベースとしての

　右側の　扶余・百済　系の満州遊牧系王系図（平安天皇家の祖先）をモデルと致しました

　「Ａ・Ｃ・Ｅ・Ｇ」

と、そこに後から挿入して付け加えられました扶余・百済系**以外**の他の**王系図をモデル**と致しました

　左側の　伽耶（倭＝任那）・新羅　系の「Ｂ・Ｄ・Ｆ・Ｈ」

の計

　「８つの大王の系図」を合体させました集合体

だったのでして（江戸時代の終わりまでは、それにＩと、Ｊとを加えた「**10もの大王系図**」の合体。又、百済系の**平安朝の終わりまで**では、Ａ～Ｉの途中までの「**九つの大王系図**」の合体で、その各々の大王名につきましては、前述の一四1～3必見――中でも一四2の具体的天皇名での個別的挿入――）、ではそれは何故(どう)してそうなってしまったのかと申しますと、「欲張って」**同時代に異なる地域に並行**して存在しており

ましたベースとしての異国の大王達をも**無理矢理**、Aから順に**縦に一列に**A・B・C・D・E・F・G・Hと**ストレートに繋げて**しまいましたので（**万世一系の作為**）、BC660年という遙かな太古の時代に迄も建国を遡らざるを得なくなって、つまり、そこに作為した「大化の改新」（645年）――この基準こそが必要だった――より更に前の**約1300年間（660＋645）もの大きな空白**が出来てしまいましたので、必然的にその空間を**何れかの大王（天皇）の物語で穴埋め**し尽さなければならない破目（必然）に陥ってしまったからだったのです。

但し、当然のことながら、これらの古くの大王系図の日本列島での存在は――素直に考えれば――子供でも判る**全くの架空**のお話でしたので、同系統の大王・天皇だけでは「埋める駒＝大王」が不足して、その遣り繰りが、平安天皇家はこれ又大変（史の頭の中での家計は火の車）だったのです（更に、**新羅王子の天皇〔高市皇子、長屋王等〕**達を**架空の女帝たち**〔しかも、その人より以後、歴史の改竄がバレるのを防ぐため、より皇子〈子孫〉が「増やそうにも増えない立場」にある**未亡人や未婚の女帝**〕に**置き換え**てしまわなければなりませんでした――だからだったのだ、天皇系図偽造と女帝の存在の理由）。

では、巻末付録「**天皇系図の分析**」をご覧下さい。今日のアカデミズムとそのミニチュア・アマチュアの金魚の糞のような日本紀盲信者の「万世一系」の考えは、天皇の代を跡絶えることなく1、2、3…と単細胞的に暗記して連続して見ているに過ぎない〝頭がピーマン〟人間だったということになります。そうであるが故に目利きの良い一部の学者（有名教授）ですらも、仮令それが可笑しいと気が付いても、学界から「村八分」にあいシカトされない程度に、精々が**実在した王朝**の幾つか（四つか五つ）の**継ぎ接ぎ程度のレベル**の考えの構築に留まっております。何と小市民的発想で勇気の無いことか！　真相の究明には、アナタ、バッサリと、もっと**ドラスティック**に先人（学会のゴッドファーザーたち）に刺客を送って、その考えを私こと「古代探偵」のように血祭り（つまり、歴史の真実の神々への生贄として捧げ）に上げなくちゃネ。

この日本紀偽造の点をより具体的に申しますと、**貴族レベル**（後世の土着化・日本化された戦国大名へとも化して繋がっておりましたこれらの貴族の末裔の系譜も同じです。そのマトメは本一九など後述）**の渡来民族間の融和政策**（妥協＝正に平安朝における「**日本化**」の**本質＝便法**ここにあり）により、

33推古女帝（架空）９年（601）の**辛酉**の年より、古代中国での王朝の交替を理由付けております「**讖緯説**」に従い、「２０元＝１蔀＝１２６０年毎の蔀首」に**大革命**が起こるという古代中国の**辛酉革命**の理論に鑑みまして（アナタ、ここに出てまいりましたよ、**酉年**という魔物が）、**ここから1260年も遡上**（古く）させてしまい、又は、

37斉明女帝（これ又、**架空**）**大王7年**（**天智称制元年661年**）の**辛酉**から「1蔀1元＝1320年」も**遡上**させてしまいました――面白いことにアナタ、どちらの説にしろ女帝（架空）から遡上――同じく**BC660年を神武元年**とし、このときが**日本の建国の時**ということにしてしまったということだったのです（テキスト1―3―1、P52下。正史・日本紀**偽造解明**のズバリの**ポイント**は、この**酉歳**から始まる**新しい暦！**を**アナタが見破ること**が出来たかどうかという、これ又極めて一見明白な単純なことにかかっていたのです――しかもアナタ、現行の平安日本紀に大改竄した首謀者の桓武が光仁から譲位を受けた年も、正にこの「辛酉」年〔七八一〕だったのであり、これも辛酉革命の思想そのものの桓武の実践だったことが判ります〔別述〕。尚、ご丁寧なことに、桓武は、以後千年の都となる平安京への遷都の日すらも、態々「辛酉の日」に定めている〔日本紀略。お見事！〕のみならず、更に

16

ちょっと調べてみますと、その前の長岡京への遷都の年すらも「甲子(きのえね)」であり、こちらの方は「甲子革命(かっし)」でバッチリと決め込んでおりますよ）。「素直な心」で考えさえすれば、一発でこんなに簡単に、自分の頭で考えないアカデミズムが百年かかっても解けなかった歴史のインチキを、このようにアナタは見破ることが出来たのです。但しアナタ、讖緯説とは別に、平安天皇家の百済王(コニキシ)にとっては忘れ難い、百済がこの世から滅んで永久に消えてしまった年である太陽暦にして六六〇年という年を、紀元前に同じだけ六六〇年（干支十一運）を遡らせますとズバリ又この同じ年になりますのは、果たして偶然の一致と言えたのでしょうか？　ひょっとすると、この「十一運」の意味するところの、そこに籠められていた王家の情念とも言えるものは、故地朝鮮半島で滅亡し今は亡き母なる国百済の霊への鎮魂と、日本列島での新しい出発への祈り！そのものだったのかも――

　因みに、前述の桓武即位（七八一年四月三日）の年というもの自体につきましても、目を皿のようにして私こと「古代探偵」が正史をチェックしてみましたところ、ナントアナタ！　その即位前の元旦から手際良く（それを恰(あたか)も予言するかのように）、その年号が「天応＝大下―赦二天下。改レ元日中天応上＝天命に応ずる」（続日本紀）と変えられ、その思想との整合性をちゃんと持たせ、桓武即位の精神的お膳立てすら官僚(スタッフ)が滞りなく済ませてくれておりましたよ（当時の人々にとっての万能真理でもございました「易(えき)」という点から見ましても、これ又この私の理由付け〔証拠〕は揺るぎない程完璧！）。

16―3　古いところは「新しい暦」、新しいところは「古い暦」の矛盾

資料【84】（テキスト6―2、P214下）をご覧頂ければよく判ります様に、**紀年法**（**暦法**）についても考えてみますと、**和銅**日本紀（テキスト23―2―1、P930上。七4の③）が使っておりました**古い**「**顓頊暦**(センギョク)」（**寅歳**(とら)から

始まる暦）の紀年法と、現行の日本紀のベースとなっております**養老**日本紀（同④）が使っております**新しい「現行暦」（酉歳から始まる暦）**の紀年法とでは「**干支紀年法**」を異にしていた――**歴史の分水嶺**は、実はここにあった！――のです。これをここで見失ったら、アナタのお勉強はずーっとアウト。

ところで、現行（平安）日本紀の神武大王の「**辛酉革命**」という考えは、この様に、一見明白に

「酉」歳から始まる「新しい暦」に基づいて作られております

ので、この

神武即位の物語は「新しい暦」により　後から作られた新しいお話

に過ぎなかったのだということが、この暦のこと**一発でもって完璧にバレて**しまっていたのです。こんなことアナタ、一回聞けば中学生でも判るよね。ナノニ、アカデミズムのエリート（裸の王様）たちは何故？

この頃の唐、新羅、百済、倭を巡る「暦の変遷」の様子のより詳しい分析につきましては、ご自分で**資料【84】**（テキスト6―2、P214下～216）をご覧下さい。

つまり、一言でアナタに判り易く申し上げますと、**古い暦**は顓頊暦（**寅**から始まる）、それに対し**新しい暦**は現行暦（**酉**から始まる）なのですが、そして、それはそれで一見良いようなのですが、ここに現れてまいりました「お化けのように奇怪なこと」は、それよりズーッとズーッと**古い**筈の日本建国の**神武大王**の即位の頃の記述が、逆にこんなにも「**新しい暦の――当時最新のハイカラな暦――思想**」（**酉**）で作られてしまっていた、つまり、このことは何を隠そう、素直な中学生の頭で考えれば、ズバリ、

平安朝になって桓武焚書が行われてから、アベコベに古い時代のことが新しい暦で「書き換えられ」、大幅に「改竄されて」しまっていたのだ

ということの、正に**ナイス・エビデンス**（**最良証拠**）でもあったのです。このようにアナタ、暦一つとりましても、こんな簡単明瞭なことすら判らないアカデミズムの石頭（stiff-necked）も、又、それに同調し権威主義（authoritarianism）に追随しております、相変わらず何時になっても受験暗記の大好きな、「権威マーク印」のＪＩＳ規格の「ゴムの乳首」から乳離れ出来ないで大人になってもそれをチュクチュクしゃぶり続けている「**偏差値坊や**」のアマチュア（アカデミズムの隣りのミニチュアクラブの面々）もおりますので、一見シッタカの不勉強のテレビ・新聞の鼻高ジャーナリストも含めまして、全く困りものです。

——『**日本書紀**』**を暇に飽かして現代語訳して覚えることが歴史**だと**勘違い**して、脇目も振らずそのことに一心に励んでいる「偏差値坊や」の極楽トンボが、アナタの周りには余りにも多過ぎるのです——

この事をまだご存じない人が多過ぎますので、「日本紀の記述の流れ」に沿って、もう少し具体的に誰もがお判りになるように「別の見方」で申しますと、１**神武大王**（初め）から**20安康大王**までの「**古い時代**」の記述には、その暦には**新しい**時代に行われた『**儀鳳暦**』が使われており、その後の**21雄略**大王からの「**新しい時代**」の記述が、**逆に古い時代**に行われておりました『**元嘉暦**』の**ママ**となってそこに取り残されておりまして、この様に今日に近い「**後世の方**」に**古い**元嘉暦が使われております。ということは、取りも直さず、

新しい儀鳳暦の行われる時代になってから「初代神武～20安康」迄の大王の古い時代の日本紀が改竄されてしまっていたということが、この様にそこに使われております「**暦の分析**」からも、一見して明らかになって来ていたのです（**日本書紀＝天皇オペラ説**、テキスト23—2—3、P933。そしてそこに七４の⑤古事記〔七三八年〕レベルの台本ともなった「旧辞＝プロト旧事本紀」に加えた新作神話の正史への挿入）。平安朝の当時最高の頭脳（偏差値）を持った宮廷のテクノクラート（官僚＝史）も、内容の物語はいくら自由に

16

脚色して誤魔化せてもこの**暦**までは内外に**関連**（リンク）していたためちょっとやそっとでは**誤魔化せなかった**のです（**朱鳥**年〔天武十五年〈六八六〉**七月二十日**から**九月九日まで**〕の挿入又はその後の抹消では大失敗。何とアナタ、**万葉集**にはその時の**残骸**の一部がちゃんと残ってしまっておりましたよ）。この点、優等生の「**平安テクノ坊や**」の負け、私こと劣等生の「**平成ハテナ坊や**」の勝ちぃ‼　私こと「古代探偵」の勝ちぃ‼

16―4　サルタヒコの抹消とアマテラスの誕生

因みに、伊勢の**天照大神**（あまてらすおほみかみ）――**天照坐皇大御神**（あまてらしますすめおほみかみ）――（この神の古い頃の名前は**男神**であった「**阿麻氏留**（アマテル）**＝アマテル＝ツキサカキ厳魂**（いつのみたま）」でございまして、このことは朝鮮半島より渡来途中の、今日でも**より本貫に近い地**に残る**対馬**の**阿麻氏留**（アマテル）**神社**の祭神の名として残されていることからも明らかなことだったのです。そして、その**妻神**の名は「**天疎向津姫**（アマサカルムカツ）**＝瀬織津姫**（セオリツ）」と申しました。一四4、一六6――天照大神に奥さんがいた！　アマテラスはエスか？　それともレズか？）

が、本来は（**天武天皇**がサルタヒコを追い出して**伊勢神宮を造る前**には。後述）この神はそもそも**男神**だったのでございまして（一四4）、では、その

アマテルが「**何故**、**女神にされてしまったのか？**」

という重大な**性転換**により**ニューハーフ**にされてしまった幾つもの理由（ワケ）にご興味を憶えられた方は、是非、テキスト（8―4―3、P322、同15―10―6、P680～682、25―1―7・8、P1018～1023等）に証拠が詳しく述べてございますのでこちらをご覧下さい。しかもアナタ、それだけに留まらず、この**女神の創造**は、先ずは現行平安日本紀上に、何人もの

架空の女帝たち（**六代八人**）を**捏造**するための**伏線**としてのとても大切な「**露払い**」としての役割もございましたし。テキスト32―2―2、P1090下。本序三3「**女帝は架空**」、序三5「国分寺の端緒は聖武ではなく**天武**から」、七4、日本書⑦―2。尚、ちょっとアナタには意外とも思えるかもしれませんが、伊勢神宮内部における「**神と仏との戦い**」ということにつきましては、八2をご参照ください。このことをご存知ないと、アナタ単細胞で損をしますよ。

では早速消された「サルタヒコ大神の復権」を目指してのお話に入りたいと思います。伊勢神宮の捏造を一言で申しますと、

サルタヒコを追い出して、天皇の母なる国
新羅の王都慶州から　冬至の「日の出」のライン上　にアマテラスを祭る伊勢神宮が作られていた

ということだったのです（序―2、九10、本節一六4、一七4）。

因みに、古く新羅軍に日本列島が独占支配（六七二年頃）される前までの伊勢神宮の**前身**は、**古来**（**ふるき**）**の秦氏**の始祖の「**サルタヒコ**」がその**祭神**（**穀物神**――だから今日の伊勢の神殿の形は、後述のように、何とアナタ、登呂遺跡や纏向遺跡〔二番目の大きさの建物C〕に見られます弥生の米倉庫〔だから纏向Cは神殿などでは全くなく何処にでもある単なる倉庫に過ぎなかったのです。それなのに早とちりの建築学者と単細胞のNHKのディレクターは、特番まで組んでの子供のように大はしゃぎ〕そのもの――より詳しくは後述）だったのです。このことは正史日本紀（神代下）をよーく見ますと猨田彦が古くの伊勢の神であったことを自白しておりまして、それは「吾名是猨田彦大神……吾則応レ到二伊勢之狭長田五十鈴川上一」＝吾が名は是サルタヒコノオホカミといふ……吾は伊勢の狭長田（さなだ）の五十鈴（いすず）川上に到るべし」と先んじて伊勢に行って

いるからなのです。正史すらも「サルタヒコは伊勢に先行した神」だったと言ってくれていたのです（これでもう完璧！）。因みにアナタ、サルタヒコの分析から元初の「**海人部**の**常世神**」の要素も見られますところからも、「**渡来神＝弥生の稲作と共に**（**その祖神として**）**海を渡って来た神**」と**位置付ける必要**がございます（そしてこれは、人々の信仰の**海**〔**海辺**への**水平**的な渡来＝**マレビト**〕から**山**〔**山頂**への**垂直**的な**降臨**＝**天孫降臨的＝大陸的**〕への時間の経過による変化でもございました。水平思考から垂直思考へ。テキスト15―1―8、P592上）。

サルタヒコが**弥生の水耕民の神**として**朝鮮半島経由**で日本列島に渡来（弥生の民自体は当時長江辺りからも長期に亘り大量に渡来）しましたことは、「その**名**の中」に証拠が隠されておりまして、何とそれは「**古朝鮮語　サル＝米**」であった（このサルから列島における「米」が派生した〔多くの語源の一つ〕と考えれば、アナタ素直にご納得。サルタヒコにつきましては、その逆も可）ことからも明らかであったのです（ですからアナタ、苗代から田へ移す「秧＝早苗」も、本来は「稲＝米＝サル」のサル苗に由来し、同じく「小乙女＝早乙女」の「サ」も、アカデミズムの言うような単なる接頭語の「さ」などではなく、これ又古くまで遡りますとちゃんと「独自の意味」を持った言葉だったのであり、つまり「サル乙女＝米女」というこれ又ズバリ古代朝鮮語に由来するものだったのですが〔少し前までは、この田植え神事は、旧小学校唱歌にはちゃんとございましたように〈何故、戦後、次に申し上げます「この語」が早乙女などと改竄され消されてしまったのでしょうか？　戦後日教組教育の文学の「魂＝呪術性」まで理解出来ないマルキシズムの「表面形式的平等主義」のセンコーの弊害、ここ往にし方の文化にまで及ぶ〉〕、その文言にあるように各地の田植えの「賤の女＝奴婢」は、実はその名の通り、何故か地元の芸妓や遊女〈正に中世におきましては性や生殖に関する賤民階層？〉が担当したのです。ここにも又、現代のアナタからは忘れられてしまいました、歴史の定石通りの「神の魂を揺さぶって」元気にし生産を増大する古代からの〈「ハレ＝霽」＋「ケ＝穢」〉による日常との精神的落差〔魂・玉振りの神事＝神前での男女の性行為の名残り。その代表例が先年までズバリ生の形で残っておりました折口信夫の本家筋——正確には本家ではありません——の大和飛鳥坐神社の性交神事。別述〕が示されていた〔中世で言うところの聖と賤〕ということだったにも拘わらず、その本来の意味が長い年月の間に人々から忘れ去られてしまっていたのです〔イケニエの乙女に付き、後述〕。つまり、早い話が、古代朝鮮語で「サルタヒコ＝稲田王＝稲田さんもその末裔？」そのものだったのです。又、そういたしますとアナタ、古事記〔七4②原・古事記〕を暗誦したと伝えられております稗田阿礼の祖先の猿女〔後述の「古事記」〕のその又祖先の天細女〔天宇受女〕は、「サル＝米」女の祖先ということにもなっており、そういたしますとアナタ、サルタ「米田」ヒコと二人のピッタリのお似合いの神話上のアベックのコンビ〔セット〕だったということにもなってまいりますよ。正に「米男と米女」。となりますとアナタ、やっぱりこのサルタヒコは遙か昔に、**日本海を弥生人たちが渡るのを案内・主導**いたしました**パイロット**〔**水先案内人・リーダー**〕の一団の**象徴・末裔**として残っていたのです〔「**衢神**〈七4⑤の古事記では**天八衢**でニニギを待ち受け、筑紫の日向の高千穂に案内します〉＝**さえのかみ**」との命名は、そのことの名残り・証拠でもございました〕〕。

だからこそアナタ、この**伊勢**の神殿の「**唯一神明造り**」という建物を篤とご覧アレ。これは、前述のように、ちゃんと古い時代の**穀物倉の形**！〔**プロト伊勢**の頃からの姿〕をしているではないですか——ですからアナタ、正宮の近くの新穀を納めます内宮の御稲御倉（写真16—1）はその原型が今日まで残っていたもの（その正直な証拠）と考えられます——。となりますとアナタ、抑、伊勢の内宮というものが、本来は（乗っ取られる前は）単なる弥生人の神の「サルタヒコの米の倉庫」に過ぎなかった頃のオリジナルなこんな姿が決してバレないように、本来の姿は、こんな境内の隅っこの方の位置に隠しちまって（しかもアナタ、この先の石段の途中には、後述の「踏まぬ石＝サルタヒコ」（写真16―5）すらがちゃんとセットで残されてございますよ）、そんな「サルタヒコ所縁の頃のこと」などを記した表札なんかはここには決して立ててくれてはいないんだけど、でもアナタ、いらしたら必ずここに寄って、この伊勢のオリジンの証拠を示す御倉（千三百年前からの生き証人の米田さんや米倉さん＝サルタヒコの倉庫〔纏向遺跡の第二番目の建物Cと全く同じ倉庫形〕）を見てネ。因みにアナタ、これに対し、**出雲**の「**大社造り**」の方を見てご覧なさい（この方は纏向遺跡の一番大きな建物と同じ出雲大社形）。この方は伊勢のような「単純な穀倉」などの形ではなく、ちゃんと神々の古い形態の**住居の形**！をしておりますよ。この一番大きな建物Dだけが（だからCは除外）ここ纏向での安羅（出雲）系のメインの神殿だったのです。これでアナタもご納得！　但し、そこには別述いたしますような**更なる謎**！が隠されていたのです。右の点につき、嘗て三世紀の**邪馬臺国**の**壱与**の東行によるこの**サルタヒコの秦王国の制圧**につき本九12必見。又、「倭とは何か？」の九13も必見。

以上述べました伊勢の初期の穀倉の点は、次の伊勢に残る民俗的な証拠からもバッチリと確認が取れることだったからなのです。その理由は、遷宮の二つの地の左右が一体何と呼ばれているのかということ、つまり古くから東（卯の方位）のものが「**米座**」と呼ばれ、西のものが「**金座**」と呼ばれていることでして、これが仮に神宮側による新しい宣伝の一つであったといたしましても（多分、その内容から考えましても、相当古くからの伝承と思われますが）、その伝承の根底には、より上位の土公氏の取り仕切る（因みに、外宮の四つございます別宮の地主神を祭る土宮（つちのみや）は何故か東向き〔卯の方向＝上位〕――他の南向きとは異なります）東の神は「**米＝消された先渡来の神＝弥生の稲作の水耕民の神＝正に消されたサル（米）タ（田）ヒコ（王）**」だったのであり（サルの神）、これに対し西の神は「**伊勢を奪った新羅占領軍の王家の姓＝金氏**」

そのもの（金さんの神）を素直に表していたという考えがもしその根底にあったのだとするならば、その命名は私こと「古代探偵」の本邦初公開のこの考えとも恐ろしいくらいピッタリして来るのです。しかもアナタ、この「東の聖なる神域」を司ります右の土公氏こそは、後述のように、何と！　サルタヒコの子孫の大田命の子孫そのものだったからなのです（アリャー）。因みに、今回（二〇一三年遷宮）は、内宮は十月二日（外宮は十月五日）に「東（米＝本来の奪われた神の地）→西（金＝後から来て奪った神の地）」へと遷宮し、サルタヒコの真実の魂（もののけ＝たま＝鬼）は本来の住所の覆屋の中に観念的には残る形（二十年間〔通説では〕の長い長い冬眠に入ります）になりますので、アナタ、その小さな**覆屋**の中には外からは決して見えない「無実の罪で消されてしまった神様」がおられますから、もしその地に佇まれましたら、心の目で篤とこのポツネンとした孤高の小屋を御覧じあれ（写真16―2）。

伊勢の地主神が嘗てはこのサルタヒコであったと申しますのも、古くからその証拠がちゃんとございまして、

「興玉神、宝殿無し、衢神　猨田彦大神　是也」（『**倭姫命世記**』）、

「一書曰　衢神孫　大田命　是　土公氏遠祖神　五十鈴原地主神也」（同書。一書に曰く）

と記されている――この文書の成立自体やその時期の信憑性は別といたしましても、そのような言い伝え時代の存在はございました――ことからも、このことは間違いありません。そして、このサルタヒコが、他の神々に先駆けましてここ伊勢に先住しておりましたことも、それに合っておりまして、前述の日本紀神代に加え、

「予め幽契を結びて　衢ノ神　先ず降る。深く故あり」（『**古語拾遺**』）

「深く故ありとは、猿田彦大神、皇大神に　先立ちて　伊勢国に到り」（『言余抄』）と、アンチ藤原氏の忌（斎）部宿禰広成などが告白してくれておりました他の証拠からも、これは正に「深くの故あるしかも」明らかなことだったのです（傍点は筆者。テキスト2―8―7、P149上。同15―1。同25―1―7、P1019）。

更にアナタ、

「其猨田毘古神、坐阿邪訶」（「古事記」猿女の君条）

――猿田彦神、三重県壱志（伊知之）郡（松坂市か）に坐す時――

とございますので、サルタヒコは準国史の古事記によりましても、古くから伊勢の地におりまして、そうであるが故に今日迄ずっと稲作の神として宇治土公氏の氏神とされて来たのです。

この興玉神は、内宮の正殿のございます御垣内の北西の隅に、正宮（皇大神宮〔内宮の正式名〕、豊受大神宮〔外宮の正式名〕）の下の別宮（伊雑宮、瀧原宮〔後述〕、瀧原竝宮など）でもなく、更にその下の摂社（朝熊神社など）ですらもなく、その下の末社（葦立弖神社など。外宮系には塩土老翁を祀りました志宝屋神社あり）ですらもなく、単に内宮系の「所管社」――支配の宮庁下の社――レベルの、しかもアナタ、神社としてではなく、単に裸の単体の興玉神のみ（裸の神）として祀られてはいるものの、

「興玉拝所　石壇」（『伊勢参宮名所図会』）

とございます様に、何故か、アナタ、そこには神すらいなくただ色気もなく「石壇があるだけ」なのでして（色気の無い石のヌード。寒くて神様が風邪引きそう）、ですから神殿すらもそこには無かったのです（内宮と外宮との間〔ですから両宮の外〕の猿田彦神社におきましても嘗ては「鳥居だけ」――今は社殿アリ――でしたし、又、後述の外宮の「一本の榊」しかない四至宮〔衢神、写真16―3〕も、同じくこれ又サ

ルタヒコの霊そのものだったのです。アナタ、内宮の正宮の新御敷地〔古殿地〕から荒祭宮〔アマテルの荒御魂〕に至る途中の石段の途中にご注意下さい〔ここは必ず下を見ながら登ってネ〕。何故ならば、ここに、一言先述しましたようにアナタは四つに割れて「天の字」のようにも見えます「踏まぬ石」という天から降って来たとの由来のございます石があり、これが古くからこれを踏むと祟りがあると言われておりますので、アナタ、これ又長年風雨に晒され続けてまいりまして「物言えぬ姿」で今日も虐げられ続けております無実のサルタヒコの「哀れな姿」の一つだったことにここに至り「ハタ」と気が付いてあげなければいけなかったのです。ここをスルーパスの人は、「おかげ横丁」のグルメと観光旅行が主体の「歴史お上りさん」〕。

　因みにアナタ、外宮の正宮の前の御池の風宮〔級長津彦命と級長戸辺命〕から正宮へと渡る橋は、その出っ張りが亀の頭部に似ており**亀石**と古来呼ばれ、何と！　ここでもちゃんと亀が守っておりますよ〔これは外宮に近い高倉山〔音無山・高佐山・日鷲山などの総称。一一六メートル〕の一番奥の奥高倉山の山頂にございます高倉山古墳〔「天の岩戸＝伊勢津彦＝サルタヒコの投影か？　別述」を祭った東海地方で最大級の径三二メートルもの巨石円墳――何故、こんな重要な古墳がここに？〕の「入口の岩」だっとされております。この古墳の特長は、玄門部直上の天井石が一段楣〔万久佐。出入口の上に横に渡した梁のような〕石状に低くなっていることです〕。ここで質問？　アナタ、これを何故態々**亀の形**にしたの？　ところでアナタ、**飛鳥の「聖なるライン」上**の陵墓を見守っております新羅の象徴たる「**亀石**」との共通性に付き、一五6はアナタ必見です。

　更にアナタ、外宮の正宮の手前にも、石壇で囲まれた広い敷地の中の更に確りした石囲いの中にポツネンと立つ「一本の立派な榊」があるだけの不思議な神域〔四至神――宮域の境の守護神――元々がサルタヒコは塞の神・道祖神。本来の姿そのもの）がございますが、そこには何故か拝殿も神殿もございませんよ。これ又、正に「境の藩屏＝塞の神」に落とされてしまった「哀れな裸のサルタヒコ」そのもの孤高の姿だったのです。これは前述の興玉拝所の「ヌードの石壇」と全く同じですよね。先程の裸体の神様のサルタヒコが粗末な覆屋の中で冬に風邪を引かなければいいのですが。この二千歳の老人のサルタヒコ翁がインフルエンザで死んでしまったら可哀相！　誰か毛糸のパンツとユニクロのウォーム・トレーナーを穿かせてあげて！

朝廷を支える伊勢の神宮様グループの派閥には、この伊勢のご当地（四市二郡）だけでも、**百二十五**もの**社**（遠いものは「五里＝二〇キロメートル」も離れております）があるにも拘わらず、何と！　その中でこの神だけが**雨曝し**のママだなんて、アナタ、何と**お粗末**！な扱いが**千三百年間**もされて来たのでしょうか。一見信じられませんよネ。これは神様の苛めですよネ。実はアナタ、後に**証拠**を引いて十分にアナタに申し上げますように、この点こそが私こと「古代探偵」の考えからは「涙をもってしかアナタに語ることの出来ない」とても大切なサルタヒコ哀歌だったのです。

さて「石のヌード」のお話に戻しましょう。しかし、仮令そこに何ら神の姿は見えなくとも、これが「**興玉＝サルタヒコ**」でございましたことの証拠は、アナタ、ちゃんとございまして、それは

「**本宮の西北角にある。興玉神というのは猿田彦太神を祀っている**」（『**伊勢参宮名所図会**』）

といわれていることから、又、更にそのことは、

「**其猨田毘古神、坐阿邪訶（三重県壱志郡）**」

とあることからも明らかだったのです（『**古事記**』の猿女の君条。前述）。

但しアナタ、この興玉神はサルタヒコ自身ではなく、その後裔の**五十鈴川上**の**地主神**であった**大田命**の別

16

称との考えもございます（『伊勢二所太神宮神名秘書』他）。又、このサルタヒコと大田命の二柱は、内宮と外宮の間の**興玉森**（月読宮の南）の**猿田彦神社**（宇治浦田町。椿大神。因みに、伊勢の内宮・外宮の外のこちらの方には、今は後述のように鳥居だけでなく、立派な社殿がちゃんとございますよ）に祀られ（六世紀でも伊勢神宮の方は実は不存在だった。新しかった！　後述）、サルタヒコは「**前の月読の森の南に在、猿田彦大神の旧地なり、五十鈴川の宮地を大神に　献り給ひ退き給ふ　故神殿は無して鳥居一基を建り**」とございます（安永二年〔一七七三〕の『宮川夜話草』。しかし、そんな伊勢神宮創立に功績があった先渡来の神なのに、アアそれなのにそれなのに「ヌード＝鳥居のみ＝雨曝し」とは一体何故いう理由？）ように、宮地を献り退き皇大神宮（内宮）創建に大きな功績がございましたが故に、何とアナタ！　この子孫の**宇治土公**氏（正にその名の通り「土公＝**土耕**」の弥生の稲作民〔これは洒落ですが〕。現在も**ウジドコ**さんという苗字の方がおられます）という氏の上は、皇大神宮に勤仕し、二十年毎の**遷宮**の際には例の**御柱**！を造立し（天皇の皇女の斎宮さえも触ることが許されなかった〔後述〕この柱を、このサルタヒコの子孫の土公氏の一族だけがこれを造ることが出来るだけではなく取り仕切ってさえもいたノダ！　この最高の栄誉は何故？　そしてそれは何処から？）、**東の相殿神**（彼らは何故か東〔卯の方位〕だけを守っていたのだ。ということは、こちら〔東＝卯＝米座〕こそが歴史改竄前は**サルタヒコの本体**だったのだから――本邦初公開）を奉戴するなどして明治四年〔一八七一〕までは**玉串大内人職**（宇治大内人）として禰宜に次ぐ重職を担ったのでした（例の、これ又「サルタヒコの化身！の**榊**」をもちゃんとこの一族が担当しておりましたよ――この榊とは一体〈何処の榊〉だったのでしょうか？　ひょっとして、前述の外宮の象徴たる「四至神＝裸のサルタヒコ」の一本榊から？）。サルタヒコは**天武天皇**に葬り去られ、そして**伊勢の当初の祭神**はこのように**サルタヒコ**だったのです。

16

因みにアナタ、この宮外の猿田彦造り（二重破風・妻入造）の独得な猿田彦神社（古くは二見《ふたみ》氏を一時名乗っておりました宇治土公氏の邸内に祀られており〔明治十二年『神社明細帳』〕、その後何回も動座し、延宝五年（一六七七）十二月から現在地に鎮座いたしております）の**堅魚木**や**鳥居**や欄干や手水舎の**柱**が、全てが**八角形**なのは一体何故《どうして》なのでしょうか？　私なりには、この神社の全てが「八角」ということの意味するところは、ここ伊勢の地の真のプロト地主神の名の「猿田」が実は古くは「八田《はた》」の系列であったこと、つまり秦氏（但し古来《ふるき》の）であったことを表していたものと考えるのが素直かと思います。アナタ、解読して。又、ここの神事の「**御田祭**《おみた》――大御田植神事」での**八乙女**《やおとめ》には宇治の里の**八歳の童女八人**が奉仕いたしまして、その最後に**大団扇**《うちわ》が破壊され人々がこれを奪い合う（団扇角力《すもう》――三重県無形民俗文化財）のですが、これは古くからの、**神の神饌**《しんせん》**として殺された乙女の生贄**《いけにえ》**を「神と人とが供食」する神事**（食人＝**カニバリズム**）の名残りでもあったのです（テキスト10―6―7・8、P461上～P468下「神の嫁」「『とーりゃんせ』の童謡は恐しい生贄の天神歌《てんじんか》だった」は必見）。

更にアナタ、**鈴鹿山脈**の入道ヶ岳（九〇六メートル）の裾には、今日では「天受命《あめのうづめ》のストリップ」との関係で芸能人からの崇拝が篤い（アナタ、いらっしゃって奉納者のリストの掲示をご覧になるれば一発でよく判りますよ）、**サルタヒコを主祭神**といたします**椿大神社**《つばきのおおかみのやしろ》（鈴鹿市山本町御旅《おたび》）がございまして、この「**土公神陵**」は**サルタヒコ大神の古墳**との伝承がございます。このサルタヒコの更なる正体は、この辺りを分析いたしますとその先にある謎が見えて来るかもしれませんよ。その元来の祭祀氏族は全く別の**多氏**《おほ》だったのでしょうか、それとも**海部氏**《あま》その他（磯部、二見など）だったのでしょうか――？

実はアナタ、信じられないでしょうが、先程の石壇〔石のヌード〕にすらもサルタヒコはいなかった！のです（但し、**或る特殊神事**として**床下**に根強く**永久に生きて**〔**生かされて**〕**いた**のだという重要なことにつき、後述いたしますのでそこは決して見逃さないようにして下さい）。では、そのことが何故判るのかと申しますと、右の様にここはただ「**拝所**」とございますのみですので（但し、ここには**サルタヒコの化身**の**榊**だけは何故か残されてございます。**土公氏の祭**につき、別述）、ここはより遠くに追われてしまった「**サルタヒコ＝興玉**」**を単に遠くから拝むだけ**の場所〔**遙拝所**〕に過ぎなかったからなのです。では、そのサルタヒコは、今は一体**何処**に行って（追放されて）しまっていたのでしょうか？

更にお待ち兼ねのアナタ、愈々ここで伊勢神宮における最大の神秘の謎――**真の祭神は一体誰だったのか？**ということ――に、アナタと共に迫ってまいりましょう。

それは、内宮にも外宮にも、その両方の**本殿の床の下に隠されて**如何なる時も決して表面には姿を見せない、アナタもあまりご存じない

「**心御柱**」という半分は地中に埋まった**檜の五尺の木柱**がございまして、この五色の布がグルグルに巻き付けられたうえ、更にその周りがこれ又何故か！榊で覆われました（『御鎮座本紀』他）、別名「**天の御量の柱**」こそがその重大な**謎の正体**だったのです（何故、榊〔この「木＋神」は和製漢字。よって、古くは賢木〈景行十二年紀九月五日〉〕――サルタヒコの化身――なのでしょうか？）。

しかも、アナタ、何故かこの柱は、正殿の建物を支える柱の立てられるその**前**に、**この柱だけ**が、奇怪なことに、アナタ半分が土に埋められた形で立てられることになっておりまして、この祭の始めを告げる「**山口祭**」（古くは前遷宮から十七年目の冬に造神宮使が朝廷から任命され、任命書を拝覧させる目的で行われました〔但し、「**元禄正遷宮記・黒瀬益弘編**」によりますと、天和2年〈1682〉8月15日解状、9月

24日告知、28日祭〕。後述、本節）、そして、それと一体とも申せますこの**心御柱を伐採**する「**木本祭**」――今日でも古式床しく斧で檜（昔から神事の「火起こしの木」ということでその名が付きました）の巨木を伐り出します――へと続き行われるのです。

更に、このたった五尺の小さな柱がウルトラ重要なのは、ナント！　アナタ、一部前述のように、**遷宮が隣地へ行われてしまった後ですらも、旧社殿のこの柱は忌柱（タブー）として以前のままの姿でその床下中央の同じ位置に残される**（つまり永久不変にこの**神の魂がまだそこに残されている――実は大神が全く動座しない**）のみならず、この上にちゃんと、実に簡素ですが**聖なる小屋**（**覆屋**）までもが前述のように建てられ覆って（見られないように隠されて）守られていたのです（よく観察してごらん。ポツネンと一人残されたシンプルで寂しそうなこの小屋を！　アナタ、**お隣の**〔東か西かの〕**空き地**のその中に、「真の伊勢の神様」が隠されておりますす小屋も見なきゃ――表面観察だけでは――損々！）。

ですから、神聖なるこの小さな**柱自体**に万一異常が生じましたときには、実はそれは大変なことになってしまうのでして、この修理には態々小さな柱であるこの**神座**そのものを**仮殿**に遷し、その上で柱を**修復**し、又、神座を**元の場所**にお迎えするという大変面倒なことをしなければならないくらい、**この神に触れる**ためにはタブーが多く重要な神事――それだけアンタッチャブルだった――を必要としていたのです（これを**仮殿遷宮**と申します）。

しかもアナタ、この心御柱は、**童女**（**処女**）の**大物忌**だけ（ですから、これ又当然のことながら「男神＋処女」のセットだったのです。又、この柱を別名忌柱とも申しました）が**真夜中**に祀ることが出来（**天平瓮**という皿状の土器を８００枚！も柱の回りに積み上げ――農耕民の弥生人の神であるサルタヒコの何とアナタ、**鼻**(シンボル)、つまり**男根**(リンガ)を守るのです。凹〔大地・女〕と凸〔リンガ・男〕での豊穣につき前述)、ということは、

伊勢神宮の神事のトップである斎宮（天皇の女(むすめ)）でさえもこの「心御柱」には指一本触れることが許されなかったという凄いトップシークレット

がここに隠されていたのです（伊勢にアナタの知らないこんなアンタッチャブルがあったのだ！)。これ程までに**心の御柱**は、現在の祭神である天皇の先祖神のアマテラス以上に（つまり伊勢で一番）古来より**最重要且つ神聖視**され大事にされて来たのです（と言うことは、伊勢ではこれこそが、正に「心＝しん＝真」実の柱〈神〉だったのだ。これが祟るとこんなに恐ろしかったのだ。そしてこれも、この聖なる柱〔神〕が、元来天皇家とは別神であったことのお最大の優良証拠(ナイスエビデンス)でもあったのだ。アナタ、このこと知ってた?)。

——因みにアナタ、平成二十五年〔二〇一三年〕式年遷宮の九月の**後鎮祭**(ごちんさい)という竣工を祝す祭事でも、**童女**が**物忌**(ものいみ)として**新正宮の床下**に**天平瓮**(あめのひらか)を安置いたしますが、これは前の祭神（地主神）でございましたサルタヒコが祟らないようにと、その回りに瓦を積んで封鎮してそのリンガの「荒振るエネルギー＝今で言う、正に真正のパワースポット」を鎮めるための脱エネルギーの呪術的な乙女の神事だったのです——

このことも、〈**隠された伊勢神宮の真**(しん)（**心**(しん)）**の祭神**〉が、実はアナタ、先ずは

①**女ではなく男**（ですからこの神は白衣を着ております）だったのであり、且つ次に

②「**男から女に性転換**させられてしまいましたその前の**アマテル**」などでもなく（表面上は、アナタの盆晦(ぼんくら)アカデミズムが書いた教科書が言うように女神アマテラス)、

③**古来**(ふるき)**の秦氏**（『**魏書**』倭人条の「**倭種**」、『**隋書**』の「**秦王国**」。『**通典**』倭条も同じ）の神としての**サ**

ルタヒコ（**漢の武帝**の将軍に当時揚子江辺りから追われ海路列島に亡命して参りました**弥生の水耕民**（同じ渡来農耕民の走りでございましても、**焼畑の火田民**であったBC十一世紀の殷の亡命民たる陸稲の**弥生人の走り**のように古くはなく」）であったこと（テキスト7―4―15、P244上は必見です）、そして次に、その神が、

④占領新羅軍の新羅王子**金多遂**（**40天武**天皇の**モデル**――伊勢の完成はこの孫の文武天皇のモデルたる金良琳）が、**伊勢の中枢の地**からその**地主神のサルタヒコ**を**本殿の「床の下」**（**心御柱**）と「**海の中**」（**二見ケ浦**）との二箇所（共に「宇治土公氏＝二見氏」がちゃんと関与）に分けて（古代のエネルギー理論によりそのパワースポットの魂を引き裂いて、祟ると恐ろしいその霊力を二つに減殺してしまって）追い出して**空白**（更地＝クリーンな地）にしてから、そこに**女神化した太陽神のニューハーフのアマテル**、**つまり新しいアマテラス大神を作り出して鎮座させてしまいました**ことを如実に物語ってくれていたのです（新羅の**水中巖**の更に「東南東方＝冬至の日の出」の**伊勢**へのライン。尚、**アマテルが男神**だった頃の**妻神**の本当の名が、先述のように「**瀬織津姫＝天疎向津姫**」でした（向津＝ムカツヒメ＝正妃〈神武即位前紀庚申八月十六日「天皇当立㆓正妃㆒＝天皇正妃を立てむとす」。同九月「納㆓媛蹈韛五十鈴媛命㆒、以為㆓正妃㆒＝ヒメタタライスズヒメミコを納れて正妃としたまふ」。神武元年正月「尊㆓正妃㆒、為㆓皇后㆒＝正妃を尊びて皇后としたまふ」〉＝正妻――がその証拠）。序―2、一四4、一六6、テキスト15―10―6、P680―682、同25―1―7、P1018、1021。15―1―4、P580はアナタ必見！）。

こんなところにも「**縁の下**」や「**海の底**」からブクブクと千三百年間も泡を出し、**無実の罪**を叫び続けていた**サルタヒコ**を救済する（復権させる）ための有力な証拠がチャンと今日まで隠されていたのですが、今迄長い間、「日本紀＝バイブル」説盲信の人々（つまり勝者の書いた『日本書紀』からしかスタート出来ない、

16

それを現代語訳して素直に暗記しているだけの人＝無実の古代人から言わせるとエセ歴史学者）からは、この①〜④ということが全く見えて来なかっただけのお粗末なお話だったのです。**古代の無実の罪を世の明るみに出す**ため、私こと**古代弁護士**たる藤井先生は日夜このように身体を張って頑張っているのです。**流離いのサルタヒコ**よ、それらの君の存在に**千三百余年**も気付かなかった阿呆な先人（阿呆なアカデミズムの巨匠やその子弟たちと、それを暗記して追随するだけの能力しか無いアマチュアたる金魚の糞）に代わって、今私が謝罪するよ。長い間気が付かなくて御免！——と。

このように、サルタヒコはその前のここの**地主神**（伊勢の昔からの真の神＝**プロト**伊勢神＝榊（外宮の四至神）と化した存在）でございましたので、その魂は今日まで、アナタに決して気付かれることのないように征服天皇家によって十二分に工夫を凝らされ、**心の御柱**として**正宮**（その中でも、より先に朝陽を浴びる**東の相殿**（**土公氏の守る米座**）**こそが隠されたサルタヒコの本体**だった——これ又、本邦初公開）**の床の下の中央の真下**に、又、隣地へ遷宮してしまった後の二十年間に付きましても、その空き地（次の敷地＝**新御敷地**）では**覆屋**の下に、祟らないように、丁度、召使い（鍵を持った（銜えた狐の）倉庫番）の秦氏に本体が乗っ取られてしまった京都の**伏見稲荷**の地主神の**大八嶋社**が、今日その秦氏から冷たく危険視されて扱われておりますように（写真7—21、本七5。このようにアナタ、こういうことは、実は、よくあることなのですが）、常に**監視**され**封印**され（**永久に隠され**——内宮の滝祭宮の囲いの中に幽閉された尖り石や蘇民の森・森下社の床下に閉じ込められた石（後述））ながらも、アナタの前に、息も絶え絶えに、**二十年間は母屋をぶん取られて、本来の主人でありながら**「**他人の立派な家の縁の下**」で貧しい**居候**に甘んじ、**次の二十年間は覆屋という寒風の荒ぶ**「**掘立て小屋の昼でも真っ暗な中**」に**常に幽閉**され外の新鮮で美味しい空気は一瞬たりとも吸わせてはもらえず（スカスカとは申せ、思想形態上は）、今日まで千三百年間近くも独り寂しく、次に申し上げますようにその本体の魂はと言えば、遠く離れた（身と心とに二分されて）波間に浮きつ沈みつしながら、しぶとく**生かされ続けて**来ていたのです。嗚呼(アア)、哀(アワ)レナルカナサルタヒコ、吾(ワレ)何ヲカ言ワン哉(ヤ)！

今日までの、**「その神の子」として土地に縛り付けられ**て身動きさえも出来ませんでした——中世に全国三百余の大名は移動させられましても、そこの土着の民は動かなかった（否、動けなかった）——**百姓の運命**と、その心の支えであった**神**（**サルタヒコ**）**の運命**とは全く同じナリ（そうか！　稲作の弥生人の神〔サルタヒコ〕のこの幽閉の時から、明治に至り「士農工商」云々という身分が無くなり、その土地と支配者の大名からの軛(くびき)から農民が解放されるその時に至るまで、このことは長く長く尾を引いて今日〔明治革命〕まで千二百年近く連綿として繋がっていたことが〔本一4〕、今ハタと判ったゾ！）。

「**プロト伊勢**（**サルタヒコ**）→**伊勢**（**アマテラス**）」

というこの神々の**変化**（つまり**新羅の日本占領**ということ）こそが、抑(そもそも)、列島への渡来から、それまでの長い間ほぼ同質的自由民であった百姓（弥生民）の神が、制度的には奈良朝より（実質的にはより古くの列島中央に進出した外来の北倭の女王壱与の勝利より）、その首っ玉を押えられてしまい、以後その神を仰ぐ百姓こと「弥生の水耕民たちの長い長い受難の時の始まり」でもあったノダ！　百姓の受難(パッション)は、古く、遅くともこの千三百年余も前の「伊勢神宮の創設」のときから既に始まっていたノダ！

さて次に、この弥生の**銅鐸民**の「古来の秦氏」の先住のサルタヒコ神の方が、今はどうしているかと申しますと、先述のように、アナタにも**元旦**の日の出の写真やカレンダーで有名な「**二見ケ浦**」のその海底に、

16

「興玉神」という名に変えられかつ沈められてしまっておりまして、ですからアナタ

「海水に溺れたまひにき（テキスト15―2―1、P602下）……**底に沈み居たまふ……海水のつぶたつ時の……**

沫咲く時の……」（『**古事記**』猿女の君条）

と古事記が正直に言う通りその待遇（冷遇＝冷や飯食い）に「ブクブク」と沫を立てて文句を言っているのです（丁度、「**筑紫舞い**」、**隼人**の「**溺れ舞い**」のように征服者に虐げられてしまいまして。古い**隼人**の真の正体でございましたオーストロネシア系の「**頭黒**」につき、テキスト7―4―49、P273）。そして、手を挙げ、足を挙げ、身体全体で、今だにその苦悩を表現させられておりますことと関連することですが、「海の底　奥つ白波立田山――」の龍田大社につきましても、この「海底＝海の底」は沖の枕詞ですし、「奥津白波＝沖の白波」も同様でともに竜田山の序詞〔じょし＝或る語句を導くための前置き〕ですので〔万葉集83番〕、これもアナタ、「風神祭の龍田大社・大忌祭の広瀬大社――共にサルタヒコと同じく農業守護神」辺り〔河内平野から大和への入り口〕経由での元伊勢から伊勢への観念上の遷移〔新羅の大王巌からの「冬至の日の出ライン」の延長上、本節一六4〕ということのアナタへの暗示のための一つの神社名としての龍田だったのだと考えるべきだったのです〔伊勢神宮を創立した天武天皇の天武紀四年〈六七五〉四月十日〕）。

このサルタヒコの興玉神が「**興＝オキ＝沖**」「**玉＝魂**」で、**沖に沈められた魂**（テキスト18―1―3、P776上メモ）を表わしていることぐらいは、そう言われてみればアナタも直ぐにお気付きになる筈ですよね。

ですからアナタ、**夫婦岩**は伊勢の歴史を隠蔽する目晦まし（囮）に過ぎず、ここで新年に手を合わせてペアー（アベック）で祈って「夫婦円満」「有難や」なんてニヤけながら曰って日の出（アマテラス）や晴れた日に遠くに辛うじて見える小さな小さな富士山なんか拝んでなんかいたって、それはおめでたい「透か

しっ屁」をプスッと食らったようなものなのでして、この二つの岩の間に渡されました注連縄（鳥居の代わり）の下の海上の**興玉神石**の辺りから、厳冬の満月の日の日没後の夕方に昇る月こそが、本来の「消されたサルタヒコ」のアナタに青く悲しく微笑む真の姿（**月やどる浪のかひにはよるぞなき　あけて二見をみるここちして**〔月花の詠に秀でていた西行の作――西行はこのことを知っていた！〕）だったことを見抜かなければいけなかったのです（それでこそアナタ、日本全国の神社で見かけます古への弥生の月神のサルタヒコの石碑が、如何して細長い三日月の形、又は「上が少し尖った形の石」をしていたのかという理由〔尖り石の神〕が、漸っとここに至り氷解いたしました〔やっぱり古へのサルタヒコは三日月形をした「月神＝農耕神」の象徴だった！〕――これもイグ・ノーベル賞級大発見）。アナタ、小学生のような、又は新婚さんのような明るい昼間の遠足のときだけキョロキョロと二見ヶ浦をご覧になりましても、そこには最早「歴史の亡骸」だけしかなく、消された歴史の裏は見えてはいなかったのです。そういたしますとアナタ、ここ二見興玉神社の「玉」の意味するところは、サルタヒコだけではなく本当は「満月の玉」をも暗示してくれていたのです（ですから、アナタの現在のイメージの元旦の太陽〔玉〕ではなかったのです。タマタマ違っていた！）。そしてサルタヒコとこの神社の関連も、猿田彦神社の真東に朝熊ヶ岳があり、その真北にこの二見興玉神社がございます特殊な位置関係も加えておきましょう（宇治土公氏＝二見氏）。私こと「古代の無実の人を救う弁護士」の古代人に優しい心にだけ、古代の美女は真実（白い股間のパンティ）をチラッとほんの一瞬だけ垣間見せてくれていたのです（本邦初公開）。

内宮の瀧祭神のスポット（五十鈴川御手洗場の横――古くはこの対岸に鎮座）にも、柵に厳重に囲まれた中に神殿もなく水の神（遠くで海底の神）と化した地主神の「尖り石だけのサルタヒコ」が、これ又生かさず殺さず（抹殺されれず）の形で幽閉されておりますよ。アナタ、内宮のココの一見謎を秘めたような「アマテラスの前神らしい変な神様」もいらしたら必見（ところでアナタ、ここで発想を少し変えまして、ひょっとすると、これはサルタヒコではなく、内宮にありながらこの不可解な程大事に守られている神が、プロト伊勢神宮であって文武天皇二年（六九八）にここ伊勢の渡会に来て初めて現伊勢神宮と化した多気(たけの)大神だったりして〔後述の瀧原宮(たきのはらぐう)の「タキ＝多紀＝託基＝当耆」とも古くは関連か？〕、後世のアナタへの暗示のため「多気(たけ)＝瀧(たき)」と付けられた名だとしたならば、アナタもビックリ仰天！）。

更には、サルタヒコの象徴たる一本榊の「四至宮」のございます外宮から東方約七ｋｍのところ（且つ、二見興玉神社の南東約一・二ｋｍ）の二見町松下の蘇民の森・松下社の「社殿の下の石」には、毎年毎年榊が巻き続けられているにも拘わらず、この腐った榊は何故か二十年経たないと取り換えることが許されない（リンガのエネルギーを腐敗させる）のですが、「榊＝サルタヒコの化身」と考えます私の立場では、こんなところにも縁の下に本来のサルタヒコ大神が、聖なるが故に恐れられ二十年間暗黒の中にアンタッチャブルで隠され幽閉されておりましたよ。アナタ、急いで発見して直ぐに一一〇番して救ってあげなくっちゃ！

実は、サルタヒコの魂はこの様に「真っ二つに引裂かれ」二分化されてしまい、一つは**陸**に一つは**海の底**に祀られ（天皇家に対し祟らないようにその霊力を分化され、魂を分けられ追放され虐げられ）てしまっていたのです。嗚呼(アア)、可愛そうに！

私のような少数トンデモ（ハテナ坊や）説にとりましては証拠は多ければ多い程良いですので、その証拠をもう少し詳しくアナタだけにそっと申上げますと、先ず**陸**のサルタヒコの方は、

「**卯杖(うづえ)神事**」では、**五尺**（本来は曲尺(かねじゃく)〔三〇センチ三ミリ〕か？　鯨尺(くじらじゃく)〔三七センチ八ミリ〕か？　白鳳遺構の薬師寺三重塔と同じく後漢尺(ごかんじゃく)〔二三センチ五ミリ〕か？）の「**椿の枝＝椿大神＝椿大社＝**

「**サルタヒコ**」の**寄り代の先に紙でグルグル巻かれて、これ又**「**身動きが出来ない拘束された形**」で登場しておりました（『**建久三年皇太神宮年中行事**』、『**皇太神宮儀式帳**』）。椿は元来神木（その証拠は「海石榴樹作椎」景行十二年紀十月の碩田国〈大分県大分郡・大分市〉での石室の土蜘蛛退治。尚『正倉院御物』の中に一五九ｃｍの椿杖あり〈七五八年〉――正月の上の卯の日に宮中で使用〉）。これが、その**杖**に**その年の年号**を記入して**本宮の南荒垣の御門の外側の左右**に立てられましたので、哀れなるかなサルタヒコは、今日迄の長い間、宮沢賢治の「雨ニモマケズ風ニモマケズ」のように、**伊勢神宮の**「**藩屏＝ガードマン**」の役割にまで落とされ、門前に立ち続けて、遅れてやって参りました**新羅占領軍**の**天武天皇**の作った**アマテラスなどの**「**ニューハーフ**」の「**お姐**」**の神々を守らせられていた**のです（アナタ、今後は「**心の御柱神事**」＋「**卯杖**――で鬼を厭むる――**神事**」をポイントに、伊勢への先渡来神であるサルタヒコを愛しんで研究を始めて下さいネ。「卯＝方位は東方＝米座（前述）」に古くは関連か？）。

　更にアナタ、ひょっといたしますと、遷宮の前年（近くは平成二十四年）の九月の**杵築祭**も、神職らが約一八〇センチメートルの白杖という素木（新羅か？）の杖で**正宮の**「**柱の根元**」**を三回まわりながら撞き固める神事**なのですが、何とこの**柱**こそが、前述のように**サルタヒコ神**（**心の御柱**）そのものなのですから（「卯杖神事」との枝・杖の長さにご注意）、ここ伊勢の元の神の「サルタヒコの怨霊」が出てまいりまして、新しい神（伊勢を乗っ取ったシラ系の天皇家の神）の民（氏子）に対し悪さをしないようにと、意地悪く**小突いて苛めて**いたのです（しかも、新しい正宮の完成を寿ぐ「かしこしや　五十鈴の宮の　杵築してけり　杵築してけり　国ぞさかゆる　郡ぞさかゆる　万代までに　万代までに」などという昔からの「勝者（ここでは新羅）の鎮魂歌――言霊信仰」なんかを皆で嬉しそうに唄いながら）。

「古代の無実の罪の人を守る弁護士」といたしましては、「この苛め」を見逃すのは、私の**正義**が許さない

16

のです。

又、遷宮の年の夏に行われ、伊勢市民と全国の崇敬者が参加いたします**御白持行事**(おしらもち)でも、この新正宮殿の周りを**白石**（**新羅石**(しらいし)）でビシッと敷き詰めて固めて攻撃しますので、**新羅の象徴たる色**（カントリーカラー。「国家珍宝帳」の天皇・皇后の衣裳の隠蔽に付き、序―3―3必見）ともこのことは密接に関連していたのです。

ところでアナタ、ここで超トピックスです。これはアナタも十分ご存じでないとても重大なことなのですが、今日行われております〈伊勢神宮内宮の二十年毎の遷宮〉は、実は大ウソだったのです（エッ！）。その理由は、伊勢の式年遷宮も『延喜式』では文字上、唯「廿年」となっているのみでして、その他におきましても「持統天皇四年なり。この御宇より造替遷宮、廿年に定め置かるなり」（『二所大神宮官例文』。この点『太神宮諸雑事記』も「持統女帝即位四年庚寅太神宮御遷宮」と同じです）となっており、そこで持統称制四年（一月一日即位。六九〇年）九月から延喜五年（九〇五）までを分析いたしますと、その間十一回中、十九年毎が六回、二十年毎と十八年毎はたったの二回、二十五年毎が一回で、何故か二十年毎ではなく十九年毎が圧倒的（6：2）であり、しかもアナタ、延喜五年（九〇五）からも、第三十四回の元亨三年（一三二三）までは四百年以上、例外なく満十九年毎に行われていたのです（江口洌氏）。

さあ大変、そういたしますとアナタ、少なくとも鎌倉幕府が滅びる前までは**十九年遷宮**だったことを史実がズバリ証明してくれておりまして、この後になって戦国時代に一四六二年の次（応仁の乱が一四六七年）が何と！一五八五年というように一二三年間もこの間は行われなかったことも加わりまして（しかもアナタ、天正十八年〔一五八五〕の再建遷宮のときには、実は、伊勢には正殿の形すらもないのっぺらぼうでした。

アリャ!)、ここからは

昔の延喜式の単なる「廿年」とのみ記されました文面を満廿年と勝手に考えて「二十年毎」と誤解してしまって、そうだからこそ本来の

「廿年目＝二十年目の初日＝つまり十九年毎」

という当初のことが忘れられてしまった結果、誤ったままで今日――第六十二回が先の平成二十五年〔二〇一三〕でした――に至ってしまっていたことが判って来るのです(スタートは廿年「目」と「毎」とのボタンの掛け違いから)。

ということでアナタ、伊勢の二十年も「実は十九年が正しかった」のです。こんなこと、素直に子供の心で考えてみれば明らかだったのでして、二十などという偶数は、奇数が瑞数でございました古代の大原則に違反しているからなのです(ですから、その例に違わず京の下鴨神社の大修理のための式年遷宮〔仮殿から本殿に戻す「遷座祭＝正遷宮(しょうせんぐう)」〕すらも、二十一年に一度とのこれ又奇数なのです。アンタ、よく京都へいらっしゃるようだけど知ってた?)。中世から真実を途中で見失ってしまった神宮側の神職にも、又、ただ先師の呟きを受験勉強のように暗記だけしていれば事足れりとして大学では出世する、偏差値は高くよく暗記は出来ても、ハテナ?と考えて疑おうともしない無能なアカデミズムの「寝惚け眼(まなこ)の節穴」にも、共に困ったものです。こんな単純なことにさえ気が付かないような神主なら神を祀る資格なんぞこれっぽっちもありませんや。こんなインチキをされて、物言わぬ神様は我慢強く四百年間も怒っているよ。折角、コツコツ調べた右の碩学の江口氏が正しい指摘をしてくれていたのにも拘わらず、日本中のアカデミズムは「数の横暴」でこれを無視(シカト)(抹殺)して――多数説という名の学問の不可思議な理由付けの弊害、我ココニ見タリ!――神々に背いて大罪を犯してしまっていたのです(今日の生徒のいじめによる自殺――つまり他殺――と

16

全く同じ「学界の殺人体質」の構造に早く気付け！）。皆、今日から懲戒処分として一ヶ月神主を止めてお詫びに頭をツルツルに剃って頭の外側だけでも仏教の坊主になって物言わぬ七百年間もインチキに我慢して来た神々に謝れ！　神々の天誅が礼を失した神官どもに下る前に（承知！）即刻その罪を悔い改めて新たなるお詫びの祝詞（のりと）を奏上して「十九年毎」の元の正しい姿に早く戻せ！　嘘も百回（本件では六十二回目ですが）言えば何とやら。これは現代中国の日本攻撃のやり方と全く同じ。エセ学者とエセ神官！　これだけ説明すれば三歳児でも判るよね！

伊勢神宮の二十年満了遷宮のインチキはこれにて完璧に氷解いたしましたので、では次に、**海**に追われた「**海のサルタヒコ**」の方は一体どうなってしまったのかと申しますと、先述の様に、**内宮垣内**から遙拝するその目的地は、右の『**古事記**』にも明記されております様に

「**二見ケ浦**」**の海の底**

だったのでして、それはアナタもよく元旦のカレンダー等でもご存知の**二見ケ浦**の「**立石＝夫婦岩**（めおと）」（百尺の巌……立石と申す『**太神宮参詣記**』）を目印と致しまして、その又**更に６００ｍも沖**の、しかも**海の底**（と申しましても、潮の満ち干により時々、顔を出す――つまり「常に浮きつ沈みつ」して**息苦しく**漂わされている岩礁）

にまで追われてしまっておりましたことを、私こと「**古代探偵**」兼「古代の無実の人々を救う**弁護士**」は遂に発見したのでした。ですからアナタ、夫婦岩近くの**興玉神社**（おきたま）は、正にこの「**岩礁ことサルタヒコ**」（神殿レベル）を**同一体のご神体**（**象徴**）として祀る神社（拝殿レベル）に過ぎなかったのです（神殿と拝殿の区別）。再び、哀れナル哉（カナ）、サルタヒコ！。

16

ではアナタ、何故、更に沖の「沖魂」であることが判るのかと申しますと、その証拠は

「**興石。立石より八丁**（一丁は60間、約109m）**ばかり沖にあり。しほひには見えず、是を神として拝す。沖の霊の意なり**」（『**伊勢参宮名所図会**』）、

「**立石より一反計沖に奇岩あり興玉石という**」（津藩城代家老藤堂元甫、宝暦13年〔1763〕『**三国地誌**』）

と記されておりますことからもこれは明らかだったのです（この様に何とも可哀そうなサルタヒコ！　尚、三種の神器の一つの「鏡」についての平安朝での変化につき、テキスト18―6―4、P813下、同7―4―51、P278上、同15―3―3、P615下他）。

――右の二見興玉神社が、明治四十二年〔一九〇九〕乙酉までは三宮神社とされ、当然この神は弥生の水耕民のサルタヒコと同体ですので（別述）、ひょっとすると、逃亡して来た安羅・出雲系の建御名方（宗像）に征服され追われてしまいました諏訪の物部神長官守矢家の裏庭に隠れるように存在しております御左口神とは、一般に言われているような物部氏や縄文の神などではなく、弥生のサルタヒコ神であった可能性すらも十分にございます（御＋三宮＝ミシャグチ）。プロト伊勢神宮とも言われておりましたここ伊雑宮レベルでの古い神々を調べますと、アナタ、そこに何らかのヒントがまだ隠されているかもしれませんよ（それにユダヤのダビデの星紋も、ここ伊雑宮と道を挟んだサルタヒコ神の「天八衢神社の門柱」の十六紋の菊の下には何故かございますし。いらしたら必ず見てね。現地で見落としそうになったとき山腰直仁氏がご指摘下さいました）――

このようにアナタ、

「**心の御柱**」「**卯杖**」「**興石**」**のこの3点セットの組み立て**

によって、サルタヒコの魂は**海の底**に葬り去られてしまっていたことが、私こと古代探偵の鋭い追究と決して諦めない情熱とによって初めて海の底から浮かび上がって来たノダ。私はサルタヒコの恩人ナノダ。私は東洋のシュリーマンとまでは至らなくても、シュークリームマン（キャベツ型クリームマン）ぐらいには至っているノダ。但し、芥川龍之介の言う「あと一歩が百歩」だということも、又よく判ってはいるつもりなノダケレド……。

　この先住しておりました弥生の神のサルタヒコ（弥生王＝次に述べますイセツヒコ＝伊勢の王＝米王(サルタヒコ)）の追放は、アナタ、形を変えまして「天の日別の命」（征服天皇側）問ひていひしく……名を伊勢津彦（被・征服の地主神側）といひき……吾（伊勢津彦）が国は悉に天孫に献らむ……吾は……波浪に乗りて東に入らむ（死なむ）」（仙覚著『万葉集注釈』第一巻に引く『伊勢国風土記』逸文。カッコ内筆者。尚、『風土記』逸文「国号」「度会郡」条）として、不十分ながらアナタに、自分は新しい天皇家の神のために潔く身を引いたことを、このような暗号として準正史上に残していてくれていたのです（といたしますと、この度会氏すらもが後から伊勢に入って来た〔渡って来た＝海をワタライ＝朝鮮からの渡来人〕ことになります。「亘り〔渡来〕→小谷→ウタギ→愛宕」の神社名の変遷につき、一5で説明。尚、外宮の近くの高倉山山頂の伝・右の伊勢津彦の古墳の入口の覆い石と伊勢神宮の外宮正殿の入口近くの亀石〔石橋〕について、別述）。

　因みに、この地を奪われた猿田彦の末裔の大田命が、アマテラスに献上いたし（させられ）ました五十鈴川沿いの神田が「伊勢之狭長田」とございますのも、これは正に「新羅古名＝サナ」（別述）へ献上された田（新羅の田）と考えれば、私の立場では一理あることになります。

　このように、天武天皇（その朝鮮史上のモデルにつき、〔テキスト〕25―1、P1009〜1026）は、先住の、弥生の水耕民

16

のサルタヒコ神を伊勢の海に沈めて排除してクリーンにした後のこの更地に、**丹後**（当時、九州の**豊国**からこの丹後に遷移して来ており、元々ここ丹後にも秦氏の神（豊受神も、本来、宇賀命と異名同体で秦氏の神の一つですから）が鎮座しておりました）の**大江山**の麓の「**元伊勢**」から、**豊受神**（**外宮**）を（後述のように**広瀬神**、**多気神**などを経由する形で。テキスト8—4—3、P324上メモ）思惟上遷座させ、更にそこに新たに**アマテルを「男神から女神に――この大神の捏造が判らないように――変えた」「アマテラス＝天照大神」**（**内宮**。**鏡**がシンボル）を、改竄いたしました日本紀の記述に合わせ**新羅天皇家の皇祖神として作り出して**加えて（テキスト15—1—6、P588。やがて鏡の方は扶余・百済系の出自の遊牧系の平安天皇家の出現により否定されてしまいますが――）、今日の伊勢神宮の「内宮・外宮」という奇妙な**アベック神**の形（奪われた神と奪った神との共存という歪なコンビで――セットの分析は本邦初公開）を（国内の各部族との融和〔特に、百姓レベルの信仰者の数の多い、**「旧秦王国＝別倭＝夷倭＝弥生民」の古来の秦氏系の祖神**の一つの形を変えたサルタヒコ系のウカノミタマを外宮の神とし、これと新しく作った内宮の神と合わせることにより〕の意味をも含めまして＝日本列島の実質的な統一）造り上げてしまった（アマテラスの原型ここに有り。序—2他）、ということが**伊勢神宮成立の真相**でもあったのです（テキスト15—1—8、P592下、15—1—6、P682上、25—1—7、P1023上、大王巌、25—1—2、P1013下、25—1—1、P1009下）。

このことは、伊勢の神が、元々はサルタヒコ系の弥生の水耕民の割と単純な「**穀霊神**」に過ぎなかった（前述のように宇賀命は宇迦之御魂の約語で豊受――トヨウケ――姫命と異名同体）ものを、**新羅**の**日神信仰**により**太陽神**「**アマテラス**」に**変更**し（前述の内宮の本宮自体の穀物倉庫型や同じく内宮の御稲御倉そのものが、その今日アナタの前に残されておりました証拠だったのです〔七2の纏向遺跡の大きな神殿Dの裏のC建物は、これは王宮などではなく（この先入観が既にアカデミズムは大間違い）、伊勢本宮と同じく単なる

16

米倉でしたので、似ているのは至極当然だったのであり、ＮＨＫやアカデミズムのように大和纏向に「伊勢神宮の起源が見つかった！」などと大騒ぎして出版する程のものでは全くなかったのです。アナタ、「倉庫はどう見ても倉庫」にしか過ぎないのですから。子供のようにはしゃぐ建築史の可愛い先生）。そして、このウカノミタマは伏見稲荷とも同じ。テキスト19―2―7、Ｐ871など別述）、この伊勢の地を**皇室の聖地**と化してしまう時期は、丁度、**持統**天皇か**文武**天皇の頃――「多気大神宮を渡会郡に遷す」（『続日本紀』文武二年〔六九八〕十二月二十九日。この時点こそが、プロト伊勢神宮の多気大神宮が現在の宇治山田市に遷され、現伊勢神宮となった「正史上の確実な証拠」の一つだったのです）――からですし（七世紀後半の万葉歌人である、**天武天皇の舎人**〔秘書官〕であった**柿本人麿が天武をニニギ命に譬えて**〔**神格化**して〕歌いました『**万葉集**』〔167番〕のその同じ歌の中で、「**天照日女命＝天照らす日女の尊**〔**伊勢の神・女神**〕」を登場させておりますことが見られますことと、この秘書の人麿が天武を歌の世界におきまして「**大君**」に祭り上げたということが、アナタ、このこと〔時期〕をお考えになるにあたって大変ご参考になりますことについては前述いたしました、序―3―3はアナタ必見です）、又、この持統という女の天皇は、実は大王系図上だけの架空の天皇でしたので（テキスト8―4）、そういたしますと、この**伊勢の内宮の崇拝**は**文武天皇**〔六九七年即位。渡来した新羅王子の**金良琳**がモデル〕の頃からのことということにもなり、その内容に辻褄を「合わせる」ようにいたしまして、神武の東征・古事記の神話なども、それまでの正史を改竄してまで「作られ」てしまっていたのだということがアナタにもお判りになって来る筈です（伊勢の「**斎宮の制度**」が、実はアナタ、**天武天皇の女**から始まり、**新しかった**――だから「倭姫命巡行伝承」の真の成立は、ずーっとずーっと後の少なくとも文武天皇以降の「創作物語」に過ぎなかった――ことにつき、後述。その証拠に「続日本紀」にすら斎宮の語は見られませんし）。

右のウカノミタマの「**ウカ**」と豊受（テキスト9—3—5、P364、同8—4—3、P322上～323上、実質上は外宮優位の証拠につき、遷宮年は一年後なのですが、しかしアナタ、要注意なのは遷宮日が九月十五日と九月十六日で、一日外宮が先の「外宮先祭」ということにつき同15—1—8、P592—593。因みに、歳旦祭という新しい年を寿ぎます一月一日のお祭りは、内宮は午前七時からなのですが、外宮の方は午前四時とそれより三時間も早く、これ又外宮が先となっているのです。又、古事記の「海の底」とサルタヒコとの関連につきましては本節一六4、P1010は必見（＝トユケ）の「ウケ」とは前述のように**同じ**ことです（**広瀬神**）。

ここ伊勢は、新羅の大王巌より見まして正に、明日から太陽が復活してまいります古代におきましてはとても大事な**冬至の日の**「**日の出の潔い地**」の方角でもあったからなのです。新羅の古名の後世の新増『東國輿地勝覧』にも縣名として残っております迎日（yôngil　トチ）にもご注意下さい。同郡内の延日（yônil）邑も同じか？

このようにアナタ、丹後の「**元伊勢**」の一つ（**吉佐宮**）にまいりますと「**丹後とその東方の伊勢とを結ぶ冬至の日の日の出ライン**」をサービスで描いてある絵を社殿内に見かけますが、実は、このラインは意味深でして、実は、更にアナタの心の中でそのまま反対の**西**の方向にもずーっと伸ばしてまいりまして、**新羅**（倭人（金官）の分家筋）の「**大王巌**——天武こと文武王の水中陵」及び慶州吐含山の仏国寺の上の石窟庵（伝、その下に新羅4脱解（吐解）尼師今（父、倭多婆名国王。母、倭女王国王女）の墓あり）にまでも繋げなければ、コスモポリタンな歴史的な意味付けといたしましては甚だ不十分であったとの謗りを免れないのです。

但しアナタ、「元伊勢」と称します神社も、他に幾つもございます。といいますのも、**吉佐宮**と申しましても「吉佐宮から少し離れた眞井原に天津水影の宝鏡を移して、そこに天津神籬（神社）を建て、黄金の御樋代に秘蔵して祭った」（「神道五部書」の一つの『**豊受皇大神御鎮座本記**』）とありますので、これらの書の内容の信憑性につきましては別といたしまして、少なくとも**二つ**（複数）はあったことが明らかだからなのです。この丹後におけます「元伊勢」につきましては、関連いたしますものが、伊勢内宮「皇大神社」、伊勢外宮の「豊受神社」、更には、日本三景の一つの「天の橋立」（宮津湾）の近くにあります「**籠**＝コモ・コノ」**神社**の奥宮の「**眞名井神社**」、京の「**上賀茂神社**」と他にも色々とあったのですよ（葉と花、タダスの杜）。

このラインは伊勢、右の元伊勢、鬼の大江山、与謝郡の**加悦**（「カヤ＝**伽耶**」からの人々の渡来の地――ここは与謝蕪村の母の里）町（古墳の「**見本市**」がここにはございますよ。この「古墳のデパート」は初心者の方必見ですよ。何しろここには色々な古墳の形がコンパクトにみんな狭い一箇所に整っている「古墳の罐詰め」なのですから見学が簡単です。いらしたらちょっと寄ってネ。国道一七六号バイパスの東の道路脇の古墳公園〔蛭子山古墳〈一四五メートル〉は、別所の黒部銚子山古墳と共に丹波道主〈丹波国王。新羅・金官13味鄒王がモデル。浦島太郎の一族。テキスト2―5、P105、同17―6―3、P726、同付録7、P1114〉の墓と言われております〕。バイパスではない国道一七六号本道の西の三河内の加悦谷〔与謝峠付近に発してほぼ南流いたします石川五右衛門で有名な野田川の中流域〕の中央部〔加悦街道〕の倭文神社も、アナタ必見です）、更には、新羅の王都・慶州へとも遙かに東西に繋がっていたのです。

この同じラインを後の支配者の新羅王の立場から見て逆に辿りますと、前述のように、慶州の**石窟庵**（石積みを土で覆って、日本海を経て東南東の伊勢・大和の方に口を開いております）の**石仏**、**盤満寺**の**釈迦如来仏**、**東大寺旧大仏**へと、それらの**モデル**は**一つの仏教哲学ライン**で固く結ばれておりましたことに、アナタはお気付きになられる筈です（弥勒一般信仰につき、序―2。右大仏のモデルにつきテキスト7―4―41、P267）。

そして、その新羅・文武王（天武天皇のモデル）の陵である朝鮮半島の東海岸の「**大王巌**」の更にその又西方の、首都・慶州郊外の**吐含**（**高天＝十神＝タカマ**）**山**――〈奈良日本紀レベルでの高天原〉は、正にその名の通り新羅のここのことだった――の「**石窟庵**」（ですからこの地下には辰韓・第四代倭人の**昔脱解王**が眠っていると言われておりますことは前述の通りです〔渡来した安来市の十神山にご注意〕。尚、後述の昔氏や卓氏に繋がる古代中国の中山国から箕子朝鮮、辰〔鮮〕王朝への流れのその源流につき、一六6の九州の**高祖神社**〔高＝託・綽・卓・多久・宅〕の金属神は必見です）にまで**繋げて初めて**、この謎のコスモポリタンな解明（真相への到達）がアナタは出来るのです（このように、新羅の30文武王や倭人の子の新羅〔辰韓〕4昔脱解王へともこの歴史は深く繋がっていたのです。今の韓国人は古へのこれらのことをすっかり忘れてしまっているのですが、このとき〔今から千四百年余前〕の新羅文武王の列島への渡来の時代には十分そのことを皆が知っていたのです）。

丹後と伊勢とを結びますこの「**日の出ライン**」につきましては、新羅との関係で大変重要な問題を含んでおりますので、後に述べますところも是非ご参照していただきたいと思います（テキスト25―1―8、P1022）。

さて、ということになりますと、正史上崇神・垂仁大王の世に**豊鋤入姫**がアマテラスを倭の笠縫村に磯堅城の神籬を立てて祭ったこと（崇神紀六年条他）や**倭姫**が諸国を巡幸し（後の斎王群行と共通の天皇代行機関説的な二段階〔宮廷外での、平安朝で言えば「野宮での生活」〕→伊勢への群行〕の行為）アマテラスの教えに従いまして伊勢に**祠**を立てたとされていること（垂仁紀二十五年三月条）などは、**その全てが皇室の氏神としての伊勢を**「**古く見せるため**」に、初めての律令国家の**斎宮**（天武天皇**二年**〔**六七三**〕**斉王に卜定**され**泊瀬斎宮**に入り、翌年伊勢に向かう）としての**大伯皇女**（おほくのひめみこ）（六六一―七〇一年。母は大田皇女）の出現（テキスト8―1、P302上）よりも**前**にその「**前例**」が存在していたのだということを捏造してまで示す必要があったがために（前記の二人の皇女に続きます五百野（いおの）〔景行〕、伊和志真（いわしま）〔仲哀〕、稚足（わかたらし）〔雄略〕、荳角（ささげ）〔継体〕、磐隈（いわくま）〔欽明〕、菟道（うぢ）〔敏達〕、酢香手（すかて）〔用明・崇峻・推古の三代〕とチューインガムのように延ばされて）、正に**日本紀作成の際に作られてそこに**「**挿入**」された――とは申せ、アナタ、不思議なことに正史日本紀にすら、この「斎宮」の名は見られません。嘘だと思ったら、アナタ探してごらん――という**必然性**が認められるのです（この点のテキスト15―1―8、P591とP592はアナタ必見です。これは臣下の藤原氏の女（むすめ）の**光明子立后**の前例といたしまして、遙か昔に仁徳大王の臣下の葛城襲津彦の女の**磐之媛の立后**を作り出してしまいましたことと全く同じ手法だったのです〔別述〕）。ですからアナタ、倭姫に付きましても**巡歴地**が、何故、**次々と追加**されていった（**『倭姫命世記』『皇太神宮儀式帳』**のチューインガム説）のでしょうか。ハテナ？　ところでアナタ、古事記の方には、**伊勢神宮**の**創祀**の記述が**殆ど見られない**のは何故なのでしょうか。これらの比較の中にも日本紀の方の何回もの改竄の謎が秘められていたことをアナタは慧眼を持って見破らなければいけなかったのです（七4、⑦―2天平神護二年〔七六六〕『日本書』でのアマテルの「男→女」のニューハーフ化）。

この巡礼譚としてのチューインガム方式は、既に新羅系の奈良紀レベルで入れられていたことでしたが、この後の平安紀レベルでの百済系天皇家の立場から見た、これらのことを〈利用した（流用した）意義〉を強いて申しますならば、これらの**神々の彷徨のモデル**は、古くは中山国の白夷が逃亡し、そして満州の扶余から南下して、**遼東半島**の**蓋平**（がいへい）**県**を経由して（『宋書』『梁書』、テキスト2―3―5、P82）、漸（ようや）っと**馬韓**の**漢江**流域に至り定着し、四世紀半ばに**百済**という新しい国を建てるまでの、〈百済系平安天皇家の祖先の神々〉の**満州・朝鮮での長い長い彷徨・放浪の姿**（**神々の放浪・流竄**）の投影でもあったとも見るべきだったのです（テキスト「はじめに」、P5、他に別述）。

天武7年〔六七八〕4月7日に**十市皇女**(とをちのひめみこ)（天武と額田女王との女(むすめ)、大友皇子〔後の架空の弘文大王〕の妃。但し、この皇女の真相は**高市の愛人**か〔これは**万葉集**一五六―一五八番の高市の表現からの私の推測〕）が急逝（自害か）したので、この年は広瀬・龍田などの神祇祭祀を取り止めております。因みに、先の大伯皇女は、これ又天武天皇の女なのですから、

伊勢神宮を天武天皇が造り、その女(むすめ)が初代の斎宮となった

ということも（それ以前に日本紀に記されておりますことも含め、歴史物語上のこととは申せ）私の考え（奈良日本紀＝新羅史の翻訳）にピッタリと一致して来てしまうのです。

これらのことは、アナタ、コスモポリタンに見ますと、斯羅(シラ)、斯盧(シロ)等から「**新羅**(シンラ)」という**国号**を定め、又それ迄の「麻立干(マルハン)」を止め、「**王**」という称号を初めて定めました（定めることが出来る状態になりましたところの）**22智證**(チシヨウ)麻立干(マルハン)（智度路(チドロ)。実質新羅初代王である17奈勿(ナコツ・ブツ)王の曾孫。**500**～541年。国号・王号の定めは共に503年10月）が、その前年（502年3月）に本来は北方遊牧民系の埋葬文化でもあった「**殉死**（スキタイからの伝播か――これをイケニエとは区別しなければならないことにつき、テキスト10―6―1、P449）」を禁ずると共に（これが垂仁紀32年の皇后**日葉酢媛**(ひばすひめ)の死に際し**野見宿禰**の提案によるとされた「**人の生埋め**」を止めて**埴輪**(はにわ)〔**土物**(はに)〕に代えたという文面の、奈良紀レベルからあった**朝鮮の本貫での****モデル**でもあったのです〔一四4〕。但し、時間差はございますが、これを真似(まね)た日本の史書でのその前の「**人垣**」は、崇神大王からというもの〔記〕と、垂仁大王が禁じたというもの〔紀〕との、国家側の歴史におけ

るバラバラの**矛盾**にご注意）、**始祖**（**宗女＝壷＝聖女**）を祀る「**神宮**」――女を祭る祖廟――を建てておりますが（「**新羅本紀**」502年3月。これを日本紀が当時の母国の新羅史をダイレクトに真似〔翻訳〕いたしましたので、だからこそ**アマテルを男から女に性転換させてアマテラスにする必要性**も正にココにもあったのです〔アマテラスの原型、序―2他〕。ナール程、アマテラス＝**ニューハーフ**の点は、これにて一件落着。了解（ガッテン）です）、天武天皇が天武2年〔673〕4月に、**斎王**に卜定（ぼくてい）されましたその女（むすめ）の、**大津皇子**（テキスト24―1、P1001）の**姉**の**大伯**（おほく）（**来**）**皇女**（ひめみこ）（テキスト24―2、P1003下、弟背（いろせ））を**泊瀬斎宮**から**伊勢**（天照＝アマテル＝女神）へと入れ、メンテナンスという点も含め実質的に

伊勢神宮を創立・完了

させましたことは、「**天武**天皇＝**金多遂**＝新羅**30文武王**がモデル」と考えます私の立場からは、正に、新羅王子の提督がその**祖先の智證麻立干の所為**（**新しい新羅文化**）をそのままダイレクトに**新天地**（**植民地**）たる**日本列島**に持ち込みまして真似をして取り入れたものに過ぎなかったのだとも言えるのです――だからこそアナタ、そのことの目眩（くら）ましのために、アノ「二上山（ふたかみやま）を仰ぎ見てアナタも落涙する」などという**弟思いの悲歌**の捏造・挿入を必要としていたのです（偽りの涙に、万葉集バイブル派の馬鹿〔井の中の蛙――一国歴史主義者〕が物の見事に騙されたことから始まったアカデミズム千年の悲劇）。

ところでアナタ、先述の日本紀の記述のズレ（一三2など）に引き摺られて「天武**元年**＝673年」――この天皇特異の即位とのズレ――などと誤った計算を元にして「**歴史年表**」を作って出版しても気が付かないアカデミズム（教授・助教授・高校教師）も少なくないヨ。これ又、大学院生が下請で作った年表だったとでも言って逃げるおつもりなのかな？　だとしても、少なくとも監督責任（民法七一五条の使用者責任）は免れないよね。アンタ受験生に謝ってよ。一点足りなくたって入試は合格出来ないこともあるんだからね。

ひょっとしたらアカデミズムの大家（ゴッドファーザー）と思われているアナタが名前を貸した年表もそうかもよ。

その具体的な証拠の一例といたしまして、**放光寺の長利僧**でアナタにも有名な群馬の「**山ノ上碑**」――現存する日本最古の石碑――のところで、アカデミズムのK氏は、ここのその碑文の冒頭に見えます「**辛巳**」につき「**天武九年**、六八一年」などと説明しておられますが、天武につきましては**即位の前年が天武元年**と日本紀上されている（不可思議ですが、兎も角は）のですから、この碑文の辛巳は「**天武十年**」としなければならなかったのです。私の教示後は、今の間違った天武の「年表」は訂正して、山ノ上碑は一年後の「天武十年」のところにちゃんと正確に記し直して下さいね（名のある○○出版社も同罪。ピリッとしてね）。

つまり、天武**元年**は「壬申の乱」の起きたとされた**六七二年**で、**即位**は、翌天武**二年**の**六七三年**二月二十七日なのですから、不可解なことに、**他の天皇とはこの点がちょっと**（**大分**）**違う**からなのです（何故（なぜ）だ！　ここにこそ正史日本紀偽造の重大な謎――そして、これはその解明への取っ掛かりの「魔女のウインク」――が秘められておりましたことに、私こと「ハテナ？」坊やは気が付いたのです。ですからアナタも暗記だけではなく「ハテナ？」と気が付かなければいけなかったのです。アナタ、先生すらも間違えるのですから要注意。特に、中国になく主として朝鮮と日本とに特有な天皇暦上の「大歳（おおどし）＝木星」の表示の年につきましても）。一度確かめて指を折ってチャンと勘定してご覧！　アカデミズム。指折りは、幼稚園児でも出来る十までのたった十回までいいんだからさ。

では、もう少し、〈伊勢の神の前身の一つが、**元伊勢**から移されました**広瀬**の**大忌神**（おほいみがみ）（神聖且つ不可触の精霊）から作られてまいりましたことの**過程**〉についてのその証拠を見て参りましょう（丹後の**元伊勢**→**広瀬**→**伊勢**）。伊勢の近傍に至りましてからは、**瀧原宮**（たきのはら）の**多氣神**の経由と考えられます。序―2。この神は山田原にございます外宮の辺を流れます宮川の上流約四〇キロメートルに鎮座。逆に言えば、ここから宮川を下って来て今の伊勢の地に鎮座したことになります。これは内宮の別宮でアマテラスを祀る、正にその名前の通りの**遙宮**。ひょっとするとこれは天武天皇の皇女の斎宮であった**託基**（**当耆**）の名からそのままヒントを得て命名して造られたタキ神社だったのかもよ。因みに、『続日本紀』文武二年・六九八・九月十日「当耆」を侍らしめ、そして次には『同』文武・大宝元年・七〇一・二月十日に「泉」を斎宮に侍らしており、『同』文武・慶雲三年・七〇六・八月二十九日に「**田形**」を侍らせております。しかしアナタ、『同』同年・七〇六閏正月二十八日「泉」を参らしめ、同年・十二月六日には文字を変えて「**多紀**」を参らしめたことになっております（「侍る」と「参る」との違いにもご注意）のは何故なのでしょうか？　又、前述の瀧祭神との関係は？

　そしてアナタ、この伊勢神宮の西方の多気郡には**古佐奈**（五佐奈や佐奈〔JR紀勢本線の駅名・小学校名〕）という地名がちゃんと歴史の化石として残されており、これは古代朝鮮語で「**サナ＝SANA＝新羅の古名**」（別述）だったのです。ここ多気町の神宮寺・丹生神社からは、新羅系天皇家が東大寺の大仏を建立した際、鍍金の為に使用した水銀が献上されておりますし、又、ここ多気から伊勢本線で二〇キロメートル余西南へまいりましたところには前述の瀧原宮が鎮斎しており、これが伊勢「大神の遙宮＝伊勢遙拝の地の神（地主神は速秋津彦）」とされておりまして、ここには瀧原宮（和魂）だけではなく瀧原並宮（荒魂）――延喜式にはこの並宮は見えませんので、その後の神道理論による改竄によりプラスされたもの、又は元々あった男神レベルの神（消されたサルタヒコ）の復活（と申しますのも、「男神が女神に変えられてしまった場合に、そこに荒魂〔男神的役割〕として残される」傾向が見られるからなのです。これからはアナタ、そういう目で同一境内の荒魂の存在を見直して、神々の正体を推測し直してみて下さい。これ又、本邦初公開）

——があり、観念上（神々の遷移上）はここに「残った神」と「伊勢の移った神」のペアを表しておりましたと共に、この当時はまだ未熟であった「二神並立の思想」が発展し、これを原形として、隣り（最終地点）の伊勢度会（わたらい）に、今日アナタがご覧になっておられます「内宮・外宮」というペアとしての完成をようやっと見ることになったという経緯が、この点を発掘すれば出て来るのです（形而上はプロト内宮・外宮だった瀧原宮）。正にアナタ、その〈多気郡とその西南の多気宮の位置〉を確認いたしますと、遙か西方のプロト伊勢の一つの広瀬大忌神から東へ伊勢神宮へ向かう道程の途中、しかも伊勢（度会郡）へ至るその直ぐ手前にこの多気郡や多気神が、その神々の観念上の移動ルート（別述の偽書「倭姫命世記」のチューインガム（後世の作為による）ルート）上にちゃんと存在しておりますよ。

と申しますのもアナタ、天武即位（天武2年〔673〕）以降の「**神祇制**（じんぎ）」**確立**のスタートに、この遙か東方の大和への入り口の広瀬・龍田の村社レベルから国家レベルへのウルトラ**昇格**（最終的には官幣大社にまでもの昇進——伊勢とはパラレルにそのアップの必要性があった）が見られ、

「**祭㆓大忌神於廣瀬河曲**（かはわ）㆒」（天武4年〔675〕紀4月10日）

——大忌神（おほいみのかみ）を広瀬の河曲（かわ）（大和盆地を潤して来た多くの河川がここ旧・河合村川合で**一つに合流**し**大和川**となり西流いたします）に祭（まつ）らしむ

とございます様に、この頃伊勢へと移って行く前の**広瀬神**の確定が正史上にちゃんと見られ、この**河相宮**（『**河相宮縁起**』）を祀ることの法的根拠も、以降、**飛鳥浄御原令**、**大宝令**そして**養老令**と変化しながらも代々引き継がれてゆくことになるからなのです（以上の国家神道レベルでの問題は、何とアナタ、国家仏教レベルにおけるもう一方の巨大な論点でもございます「**草庵**（**智努王**（ちぬ）を**造山房司長官**とする。『**続日本紀**』神亀5年・726年11月3日）→**金鐘寺**→**東大寺**」へという風に変遷致しました新羅系天皇家の「仏教パターン」の

16

方とも、神道のみならず仏教におきましても、この流れはパラレルで実によく似ておりますことよ〔そしてこの両者の流れは、**仏＋神＝本地垂迹**へとやがて平安朝に至りましては本格的に融合してしまいます〕。序でながら、**伊勢神宮**自体における「**仏教の受容と排除**」という歴史的な動き〔争い〕につきましての八2はアナタ必見です）。

しかも、アナタ、その証拠はこれだけに留まらず、この広瀬神（北葛城郡河合町）の特殊性はその**祝詞**（のりと）（『**広瀬大忌祭**（ひろせのおほいみのまつり）』）の中にもよーく分析致しますと、実はチャンと表されておりまして、一見、神主が神に奏上するかの様な形をとって

「**廣瀬能**（ノ）**川合尓**（ニ）**称辞竟奉流**（ル）**皇神能**（ノ）**御名乎**（ヲ）**白**（まをさ）**久**（ク）」

――広瀬の川合に賛辞を尽くしてお祭り申し上げます**貴い神様のお名前を申し上げます**ことは

「**置足弖**（テ）　**奉**（たてまつら）　**久登**（クト）」

――十分に満ち足りる程に置いて奉ることでございますと

等（カタカナのフリガナを振りました部分の漢字は小文字――正にこれもアナタ、万葉仮名の故郷による朝鮮の**吏読**（イドウ）的。尚、テキスト23―5―1、P961下～963上必見）と言って、一見神を畏（かし）こんで**神に向かって上奉**しているのかと思いきや、よくよく考えますと、何と！　これは実は全くその**逆**だったのでございまして（アリャ！）、

「**神主祝部等諸 聞 食**（きこしめせ）**登宣**（ト）」（一段末及び全体の末尾）

――**神主や祝部ら**、皆の者らはよく**拝聴せよ**と宣り**聞かせる**

「**皇神前尓**（ニ）**白賜**（まをしたま）**部止宣**（ヘト）」

――貴い神様の前に奏上せよと宣り聞かせる

と祝詞の全てが**神主祝部**（かむぬしはふりべ）**に対し**（つまり**人間**に対し）**天皇が神祇官の口を借りて命令を下して**、「**聞け**」と言っているもの、つまり早い話が、これこそは、明らかに**律令体制下**のレベルに至ってから成立した「**天皇の勅使の二面性＝祭祀者**と律令国家の**行政官**との**二面性**」を宿した祝詞（「**宣読体**」の祝詞）というもの（青木紀元氏）の、そもそものスタートであった（**宣読体**の表記法の**祝詞**の成り立ち――祝詞には「神に向かって奏上する形」の**奏上体**と「祭場に参集した人々に向かって宣り聞かせる形」の**宣読体**との二種の内容が認められます。その表現法は**宣命体**といって「体言・用言の語幹」を漢字で大きく、「用語の語尾や助詞」を万葉仮名で小さく書かれます）ということの特殊性がアナタにもお判りになるからなのです。

この様に「**国家神道**」の立場から、伊勢へ上昇するのに相応しく**広瀬大神は確定**（**昇格**）され、やがてここを介してこれが**伊勢へと遷移**――神道理論上――し、今日アナタが見る伊勢の神の一部へと変化して（させられて）いったのです（以上「伊勢神宮（神）の巡って来た道」についての一言メモ）。

因みに、この広瀬大忌神の他の部分の祝詞の中で「**御県**（みあがた）」と「**山口**（やまのくち）」（前述、本節一六4）と本来は性質の全く異なる神を混同（御膳の**物材**（**菜**）の神と宮殿・神宮の**用材**の神との違いを無視）してしまっておりますことも、平安時代に入り、神々の個別・具体的な出自が最早忘れられてしまってから（馬酔木の例。別述）、この祝詞が偽造されたか、又は、故意に改竄されたことを、このことは如実に示していてくれたナイス証拠（エビデンス）の一つだったのです。この様に**日本紀の改竄**に合わせ、**万葉集・風土記・姓氏録**（**本系帳**）のみならず（別述）、この**祝詞**すらもが**偽造**されて、偽の天皇家の歴史の証拠作り（嘘の上塗り）の共謀作用（共犯）を担わされておりましたことが、私こと「古代探偵」により、これでアナタにもよーくお判りになられた筈なのです。

更にアナタ、**伊勢神宮が天武天皇によって初めて作られ**ましたことの日本紀上に現れておりました大切な証拠を次に見て参りましょう。

「以㆓酢香手姫皇女㆒、拜㆓伊勢神宮㆒、奉㆓日神祀㆒（割注）**是皇女、自㆓此天皇時㆒、逮㆓乎炊屋姫天皇之世㆒、奉㆓日神祀㆒……或本云卅七年間奉㆓日神祀㆒」（「用明即位前紀」）**

――用明大王の酢香手姫皇女（すかてひめのみこ）を以て伊勢神宮（いせのおほかみのみや）に拝して日神（ひのかみ）を奉（つかえまつ）らしめた。用明大王から炊屋姫（かしきやひめ）大王（推古）の代まで奉った……。或本（あるふみ）によれば、三十七年間（みそとせあまりななとせ）も奉った――

とあるにも拘わらず、この後約**半世紀**もの長きにわたり公的な祭祀の記載が正史日本紀上全く見られず、やっとこの天武2年（673）に至り、天武天皇の女の**大伯（おほく）皇女**が**伊勢斎宮**となったという公式祭祀が**前触れも無く突然登場**してくるからなのです。

つまり、**推古**30年（622）から**天武**2年（673）まで

51年間もの長きに渡る謎の「**斎宮の空白**」

とも言うべきものが正史上ですらも明白に見られるのです。

このことがアナタ〈一体何を意味しているのか〉と申しますと、正に、伊勢神宮というものが**40天武天皇**（モデルは新羅30文武王（前述の祖先の22智證麻立干の「**神宮**」**建立**にご注意）＝王子の頃の金多遂）によって初めて作り出されたのであり、

それ以前の日本紀に記されておりました斎王は、皆架空の存在に過ぎなかったのだということを正史自体がアナタに自白してくれていたのです（尚、持統天皇の**火葬**の問題点につきテキスト18―3―2、P788下メモ）。

16

――因みに、**新羅文武王**が「**天皇大帝**」の称号を用いており（**墓誌**。**善徳女帝の陵**より出土。テキスト14―2―1、P560下）、この王は**天武天皇のモデル**であり、且つ日本でもこの**天武天皇から**「**天皇号**」を用いております（**飛鳥浄御原令・公式令・儀制令**）。恐ろしいくらい**両国で一致**してますよね）――

そこで、アカデミズムでも、止むを得ず、ここで**公的祭祀の中断**――即ち私の考えでは、更に一歩踏み込んで「**王朝の交替**」――を認めざるを得ない有様になって来ておりますよ。

アナタ、アカデミズムももっと素直に、**663年**の「**白村江の役**」**からは、天皇家が新羅占領軍の王朝にとって代わられて**しまって**新しい制度**が始まっていたのだという事（これこそが日本史の学習の分水嶺）を認めてしまえばそれでスッキリしていいのにナ。この頃漸く日本紀の偽造に目が覚め始めたアカデミズムも、そんなに処女のようにウジウジしないでサ。

アナタ、早い話が天武天皇か、遅くとも文武天皇以降の「**新羅王子が伊勢神宮に新しく作り替え、その自らの女**（むすめ）**を斎宮とした**」ということだったのです。六世紀に至ってさえも伊勢神宮に関します客観性が認められる史料が不存在（改竄の手が入った客観性に欠ける正史「続日本紀」ですら七世紀末の文武二年〔六九八〕から）であったということは、取りも直さず、その頃の**六世紀でさえ伊勢神宮としては不存在**であった（サルタヒコの後裔の宇治土公氏がプロト伊勢神宮たる地主神の大田命を祭る**猿田彦神社**があるのみだった――それすらも、後に鳥居だけにされてしまいますが）ということを裏付けておりましたナイスエビデンスでもあったのです（前述）。

因みにアナタ、ひょっとすると、出雲国二ノ宮と伝えられております佐太（さだ）神社（松江市）の祭事もプロト伊勢神宮と同じく「佐太＝猿太」で猿田彦大神ですので、出雲の祭神自体の方につきましても、これ又六六三年以降の新羅占領軍たる白鳳・奈良朝天皇家によって神々が改竄されてしまっていた可能性――ここからも古来の秦氏の神のサルタヒコの追放――もあながち否定は出来ないのです（伊勢とパラレル――出雲に隠された神）。この神社の「神等去出神事」は、正に「カラサデ」と言われておりまして、読んで字の如しの「加羅」去で（伽羅から去って来た神々）でもあったからなのです。同じ出雲の須賀神社（雲南市）すらも、読んで字の如しで、それまでの倭（金官）王でございまして、五三二年に新羅に滅ぼされ列島に逃げてまいりました蘇我氏の神社だったことを表していたからなのです（伊勢でも出雲でも「消された神々たち」は地下で蠢いていた。「出雲よ！　アンタッチャブルはお前もか」「ここにも出雲に隠された歴史あり」）。

――以上「サルタヒコの抹消とアマテラスの誕生」という天武・文武による伊勢神宮創設のお話でした。

この章を単行本として独立させるときにはこの題にしようかな？――

ところでアナタ、**天武十二年**（六八三）十二月十三日及び**翌年**（六八四）十月三日に天武天皇が行おうとしました

「国々の境堺＝国境」画定

作業の着手につき（この一カ月前の十一月十三日に本国より高位の**新羅沙飡金主山**が来日しております）、〔テキスト〕**8―4―1**、P311下メモ。これも又、実は**新羅史**（**六八五年**に地方の「**九州・五小京制**」が神文王により完成を見たこと）**の翻訳**そのものだったのでした。

このように、〈伊勢神宮の沿革〉を考えるアナタは、古くは、**新羅**（**金官**）第四代王（**倭王**）**昔脱解王**の眠っておりました**新羅の王都・慶州**の近郊の**吐含山**の「**石窟**

16

庵」より**東**へ
↓
「新羅**文武王**＝天武天皇のモデル」が**海中に眠る**慶州の東海岸の「**大王巌**」
↓
丹後の与謝・余曽・忍（大きい＝大伽耶＝**金官伽羅**＝安倍）の**分国**
↓
大江山・山頂
↓
丹後の「**元伊勢**」
↓
伊勢の「**伊勢神宮**」（**広瀬神**、**多気神**等を経由する形のこの延長ルートでここへ）
↓
日の出（日出）

へという、**東西一直線の冬至**（**古代の神々復活**）**の**「**日の出**」**のライン**の、その何処の地点に今アナタがいらっしゃっても、今後はその東方にも西方にも（特に西方）キョロキョロして十分にご注目下さいね。

古くの朝鮮の東海岸の辰（秦）韓から日本列島への海上ルートといたしましては、後世の「金海（釜山）、対馬、壱岐、九州の糸島」というアナタもよくご存じのオーソドックスなルートのみではなく、実はアナタ、「蔚珍（ウツウツ。三七〇年頃の「任那＝倭」の北限〔別述〕でございました鳥嶺と略同じ緯度〔だから倭人の領域〕）→鬱陵島（烏賊の島）→竹島（独島と韓国側は呼んでいます）の付近を経て→隠岐→

伯耆・安来・出雲」へと辿っておりまして、これをアナタ、私こと「古代探偵」は、ここに新たに、忘れられた「古への半島→ウルルン→出雲ルート」と名付けたいと存じます。

右の「ウルルン島ルート」につきましては、今日の全てのアカデミズムの通説がそうは言っておりませんので、もう少し詳しく申し上げておきましょう。それは正史の『神代紀一書（第三）』で言う「海北道中＝海の北の道の中」の神の「道主貴＝宗像三女神」のいる宇佐嶋とは、江戸初期の108後水尾天皇の元和四年（一六一八）に江戸幕府から「**竹島渡海御免之御奉書**」を下された米子の町人大谷甚吉、村川市兵衛の二人が隔年交替で渡航しミチ（海驢――神代紀）や鮑を採りに行った鬱陵島のことで、当時はこの島を竹島と呼んでおりました（この竹島渡航の途上にある松島〔現竹島――韓国名独島〕についても、大谷氏が拝領し、ここへ寄航し「海鹿魚油」を採取しておりますよ）。この列島・半島の当時のルートは、出雲雲津から隠岐後福浦まで四十里、福浦から松島（今の竹島）まで六十里、更に竹島（鬱陵島）まで四十里、そして朝鮮半島東岸まで四十里ということになり、これが正に今は忘れられた上代の重要ルートの「道の北の道の中」だったのです（季節によっては風向きも良い）。そしてこのことが重要であった理由は、「三神従二出雲国息御島一、降二於筑紫一」（『宗像神社伝』）とあるのみならず、又、「志羅紀の三埼を国来国来と引いて来て支豆支御埼になった」（『出雲風土記』意宇郡）ということとも合致しておりますので（荻原直正氏）、これらのことからも、通説とは全く違い、この宗像三女神が古くに「朝鮮蔚珍→右のウルルン島→隠岐→出雲・伯耆」と「火神岳＝大神岳＝大山」を目指して先ず出雲・伯耆へとこのルート（一6、九7）でやって来たこと（伯耆と米子市宗像に古社の式内社の宗形神社があり、近くに宗形神が上陸したと伝えられております「御船塚」もございます『明治神社誌料』。よってこの神々の九州への「沖の島ルート」での伝来は、目出度く世界遺産となったとは申せ、後世の附会に過ぎなかったのです〔時代が違うよ！〕）、その後に右の古文の言うように北九州に鎮座した（だから宗像三女神が初め今のような海辺〔河辺〕ではなく当初は山の上に祭られたのです〔別述〕）ことが判るのです（これがプロト宇佐神宮であった可能性すらもございます。後述）。

このことは考古学上の分析からも、それまで伯耆・因幡に強く見られました吉備の影響が、古墳時代中期からは北九州の影響に変わりますので（その証拠は、九州に早くに現れております横口式家形棺の系譜を引いている石棺式石室が出雲の東部地域のこの時代に見られるからなのです）、その際にその勢力によりこの神々が九州に持って行かれてしまった可能性も大だったのです（神々のカッパライ）。

この点、前述のように「三神従㆓出雲国息御島㆒、降㆓於筑紫㆒」（『宗像神社伝』）と言われておりますように三女神が「息＝オキ」の「御島＝三(み)島」から列島に渡来して来たことが判り、この「息の御島＝沖の三島＝宇山島」ということになりますので、この島も古(いにしえ)へは出雲国に属していたことが判るのですから（前出、荻原氏）、神代紀に言う宇佐嶋とは、実は九州の陸地の現在宇佐神宮（但し、この神宮も古くの祭神は宗像三女神だった。エッ！）がございます宇佐のことなどでは全くなく、ズバリ「嶋」とちゃんとその形容が付いているように、古代から烏賊(いか)釣りの島であるこの「ウルルン島」のことを指していたのです（因みに、大山祇大神を祭る瀬戸の大三島(おおみしま)も、本来はこの「海北道中」の宇山島のことだったのです）。ということで、アカデミズムの皆が声を揃えて言う「宗像三女神の渡来の九州ルート」は勘違いだったのです。荻原氏の勝利！

しかもアナタ、ここ伯耆一宮の倭文(しどり)神社（東郷町）を調べますと、ここは大国主命と宗像三女神の一柱の田凝(たごり)比売との間に生まれました下照(したてる)比売（壱与の投影。別述）が祭られておりますので、先述の宗形神社やその他の伝承と合わせて考えますと、宗像三女神が古くはこの「海北道中」のウルルン島に祭られていた（だ

16

から朝鮮半島よりウルルン島経由の渡来の神だったのです〔七5、一6〕。そのことは新羅の曾戸茂梨(ソシモリ)に居た須佐之男やその子神の韓国伊太氏神(からくにいたて)の渡来と同じように）ことがあった可能性も大なのです（古代の日朝間の今は忘れられたより古くの主要ルートであったこの「ウルルン島ルート」の証明ここに「QED＝証明終わり」）。

この半島出発地の近くに「波旦（秦）の碑」（一5、一二3など別述）のございます蔚珍からの、大凡(おおよそ)古代の農耕民の「迎日（ヨンイル。新羅が秦韓の一国に過ぎなかった頃の古名の一つ）太陽信仰」におきましては特に大切でございました、死んだ太陽がこの日から復活いたします本当の正月（後の唐の正月でもございます）の、「冬至の日の出ライン」こそが、正にこの古(いにし)への「新羅（辰韓）↓伊勢」を結ぶ聖なる古代のラインでもございました（慶州からのラインは実は後世から——これ又本邦初公開）。

——さあ、この『新・騎馬民族征服王朝説』を読んでから伊勢神宮に行こう！　乗り継ぎさえ良ければ、東京からたったの三時間余なのですから——

そういたしますと、伊勢に神殿を建てたのは、ここが「**重波(しきなみ)の寄するよい地**」だからと、正史上アマテラスに言わせております天武天皇の考え（垂仁紀二十五年）も、この「シキ」とは、当然「**志木**」＝「**シラキ**」「**新羅**」（本六の「徙民政策」のところで記しました武蔵国新羅郡名と同価）の暗示であったということにもなって来るのです。ですからアナタ、**正宮**の**社殿**に掛けられました**絹の**「**御幌(みとばり)の色**」は「**純白＝シラ**」でなければいけなかったのです（「大和三山の歌」に歌われました新羅人の白衣の韓女(あやめ)につき、一〇4）。又、内宮から上之郷(かみのごう)の**伊雑宮(いざわのみや)**（いぞうぐう）に向かう途中の近鉄鳥羽・志摩線の駅名に「白木＝しらき」というものすらもございますよ。「新羅(シラ)→新座(にいくら)・**志木(しき)**」につき、別述。この伊雑宮が伊勢内外宮よりも古かったという考えも嘗ては一部にありまして、ここの、俗に「おみた」と称されております御田(みた)植え神事に使われる三丈余もの巨大な笹の葉の付いたままの翳(さしば)の青竹の先には、米を運ぶ御船(みふね)や「太一」の文字や「日輪」までもが書かれておりますことからも、ここには〈プロト伊勢たるサルタヒコと水耕民と新羅（迎日）との古い頃からの関係〉がそのまま残っていたのです。因みに、この神社では鶏(にわとり)——夜の悪霊が退散すると考えられていた朝を告げる瑞兆の鳥——が飼われており（一般に神社で鶏を飼うのはこの名残り）、このことは、実は遡りますと新羅の古名でございます雞林とも関連していたとも言えるのです。伊勢神宮もパラレルに同様だったのです。尚、この伊雑宮の「ユダヤのダビデの星紋」（写真16—6）につき本章に別述。

　加えまして、ちょっと細かいことですので気が付きにくいことなのですが、『延喜式』神名帳(じんみょうちょう)（『養老律令』の施行細則を集大成したもので延長五年（九二七）十二月二十六日に五十巻、藤原忠平が奏進『日本紀略』）に登載（天神(あまつかみ)　地祇(くにつかみ)三千百三十二座、神社数二千八百六十一処）されております、所謂、延喜「式内社」の「葛木御歳神社名神大。月次新嘗」は、御所(ごせ)市東持田字御歳山(みとせやま)の葛木御歳(みとし)神社とされておりますが、この官幣大（上）社だけは、他の大社とは大変異なり官上（下に対応）官（国に対応）幣の授与ということに加えまして（つまり「官幣＝中央官僚の神祇官が持参」「国幣＝地方官僚のその国の国司が持参」という大きな違いがあり、そしてその品（幣帛）が「上社＝（後の）大社」はその神社の机（八脚）の上に、「下社＝（後の小社）」は境内の土（茣蓙(ござ)）の上に直に置かれました（だから下社と言いました）。暫くして「下社じゃ格好が悪いじゃん」ということでクレームが付き、そこで名前だけ小社と変えられたのです（下→小）。という訳ですので、「中社」というのは、後にその沿革が忘れられ、会社に例えて申しますと、会社がメジャーとなり、中間管理職の役柄が足りなくなって困って濫発し、オウム真理教の教祖の麻原彰晃の「空中遊泳」レベルよろしく与えられた、右の沿革〈机上と地面〈下〉の区別〉から考えますと、実は笑止千万〈例えて申しますと、神様が何時も翡翠（かわせみ）のように空中ホバリング中）な名前（ネーミング）だったのです——アナタ、知ってた？官幣中社のこの「あやしさ！」これ又、本邦初公開）特別に「白馬白猪白鶏各（かけ）一匹」までもが何故した訳か加えられております（『延喜式』祈年祭祝詞）。

高鴨社、下鴨社（鴨都波社）に対し、この葛木御歳神社は中鴨社とも言われ、祭神は御歳神（『新撰姓氏録』大和国未定雑姓、「三歳祝は大物主神五世孫意富太多根子の後」ともされており、「安羅＝倭」系の神であったことの可能性も大だったのです）、大歳神そして高照姫であり、「旧事本紀」によりますと、この高照姫は大己貴の子とされておりますことからも「高照＝卑彌呼（又は壱与）レベル」との可能性も、私の「大物主＝公孫域」「卑彌呼＝公孫氏の女」というコスモポリタンに大陸にまで遡ります立場からは大なのです（高姫＝稚国玉＝下照＝高照光＝加夜奈留美＝飛鳥三日女。これらは皆、異名同体で、高市郡内の神社の女神の分析によります——本邦初公開）。それに正史の文面上もこの姫の父は於褒婀娜武智（オホアナムチ）として、そこにはちゃんと「安那」が暗示されておりましたよ（神代紀、一書（アルフミ）、第二）。

ところで、この祈年祭（祭幣・奉幣）は天武天皇から始められたとされておりますので（「天武紀」四年〔六七五〕一月二十三日。『公事根源（くじこんげん）』）、矢張り「白＝シラ＝新羅（シンラ）」が当時の白鳳・奈良朝の天皇家にとりましては格別の意味を持っていたのであり、正史からは、平安朝の百済系天皇家により、全ての「新羅の風俗・色〔白〕・匂い」がファブリーズにより消されて大改竄されてしまっているとは申せ、このような古くからの慣行に全てが支配されておりました脇役の神事にまでは十分に改竄者の史（ふひと）の目が届かず（些細な行事の「白」という色の意味することについてまで史（ふひと）の気が及ばず）、こんな歴史の片隅に、こんな小さいけれど大切な証拠が残されていたことに私こと「古代探偵」は気が付いたのです（それにアナタ、先程の「白鶏」の鶏は、新羅〔斯羅（シラ）〕国の当初の旧名の一つの怨霊が去って安心出来る夜明けの国「鶏林（けいりん）」そのものをも表していたのだと考えれば、これは尚更のことだったのです）。

しかも、地域的に見ましても、この神社の西方の葛城山東側との間の大字南郷地区からは、古い時代の朝鮮半島のオンドルや大壁建物や「水祭り」の祭祀の跡までもが近年出土しておりますように当時の日本列島におけます最先端地域でした（因みに、伊勢の方の宝塚古墳一号〔松坂市〕からは水の祭祀を表現している導水型・湧水型の埴輪が出土しております〔但し、これは首長の「水洗トイレ＝厠」かも。この点、酒船石北方遺跡につき別述〕。尚、アナタがここにいらしたら全長一・四メートルもの、実に見事な「日本で最大の船形埴輪」も見ないといけませんよ〔松坂はにわ館〕）。古代史のキーポイントの一つは、「葛城＝カルラ城＝伽羅人（倭人）の砦」のこんな今は「鄙の地の重大な神社の神事」の中にも隠されていたのです（と言うことで、葛城襲津彦＝宗我石川＝蘇我氏初代＝紀角宿禰〔モデルは金官6坐知王〈ソチエ〉。在位四〇七～四二一年。しかもこの人は倭王「武」の祖父。テキスト2—8—4、P138、同4—2—1、P167、同付録8、P1117〕の「恐ろしさ」は延喜式の中にも隠されていた！）。

この葛城襲津彦が朝鮮の安羅から連れて帰り自分の支配地（葛城）の中に居住させたと言われております桑原・佐糜・高宮・忍海の鉄工民たる「四邑の漢人」につき、テキスト15—10—23、P671～672はアナタ必見です。因みに、この漢人は日本紀の言うような中国人などでは決してなく、正にアナタ、「アヤ人＝安耶人〔倭人〕＝婀娜人」のことだったのです。テキストP672下）。この今では神さびた緑豊かな葛城山東麓の南郷の少し南には、そのものズバリの右のうちの一つの忍海〔伝・飯豊大王陵〈花内＝埴口陵〉東南一km。しかもこの忍海字〈嘗ての忍海郡の小字〉忍海〈正に忍海集落の東はずれ〉には「角刺神社〈祭神は正に忍海飯豊青命＝大王〉もございますし——」という地名すらも今日でもございますし（地名は歴史の生きる化石）。「鶏鳴三声」とい

更に新羅王子（天皇）たちが伊勢神宮を造りましたことの証拠を加えておきましょう。

16

う「カケコー、カケコー、カケコー」と神主が発声（外宮の方は何故か「カケロー」と発声）いたしますと（「コー」と「ロー」との古代朝鮮語（及びそれを表現します漢字）での違いをアナタご研究して下さい）、天皇の使いでございます勅使が「出御」との合図を送り、ここ全国の神社のトップたる伊勢神宮の十月の「遷御の儀」がスタートいたし、本体の天照の魂は新しい宮へと初めて移転出来ることになりますが、このように、何故朝を告げる鳥の声によらなければこの神聖な儀式が始まらなかったのか、又、何故そうせざるを得ない深い理由がそこにはあったのか（ハテナ？）というシナリオは、正にアナタ、「古代人の誰しもが抱いておりました、夜の暗闇の帳とともに訪れて、朝日の出とともに去っていくという、恐ろしい人の生死をも左右すると古代では考えられておりました怨霊」という一般的な考えに加え（ここから肝腎な点なのですが）、新羅という国の当初の古名を、その怨霊の去った朝（アルタ）の清々しい「雞林＝鶏林＝朝を告げる鶏の林たる王宮＝都祁（とき）＝都幾＝柘植＝迎日」とも付けました「朝という概念」を持つウラルアルタイ語系のシャーマンの民である古代人の思想とぴったりと一致しており、且つ、新羅占領軍堤督たる王子の「天武天皇（金多遂）・文武天皇（金良琳）」らが、その祖先が自らの故国で初めて作った「神宮」を真似て占領地で造った日本列島初の神宮ということに、整合性を持ってぴったりと一致してくるではありませんか（アナタ、これで完璧）。

ところでアナタ、倭（このときは安羅・大伴氏）を制圧した新羅占領軍（奈良朝政府）は、**通常とは「異なる形」**におきまして**出雲の神々**（安羅＝卑彌呼の末裔＝公孫氏＝大伴氏はその末裔）などの「それまでの倭の神々の存在」を認めたのです。

その一つ目は、神殿の**正面**を通常とは九十度横の建物の「**妻＝ツマ**」とし、そこから入る「**妻入り造り**」とすること、その二つ目は、神聖な場所に張る「**注連縄**」は、通常は**綯い始め**（太い方＝本）をご神体に向かって**右**にし、その**終わり**を**左**とするように掛けるのですが（順綯い）、**出雲大社**などの反体勢神は、永久にその「**左右を逆**」にし左綯いにすること（これら**異邦神**としての扱いに甘んじる限り——この不可解な謎につき、早くも二〇〇五年の時点の［テキスト］8―4―3、P324下で既に私がご指摘。これは多分、本邦初公開か？出雲の本殿より巨大な拝殿脇の**神楽殿**の胴周り九メートル、長さ一三メートル、重さ三トンもの注連縄は向かって左から綯った**逆**注連縄です）によって生き残ることが許されたのです（**吉備津神社**のほんの僅かに傾いだ**菱形社殿**による、こちらの方は主体的な中央への無言の抵抗につき、二〇〇五年刊の右［テキスト］12―1、P505下、同10―6―2、P451上。尚、この出雲大社にも、この点ズバリ同じような不可解な点が見られまして、「本殿―拝殿―鳥居」のラインが、正確に言えば一直線ではなく態と少しズレておりますこと〔大国主は骨髄滑り症？〕も、これ又同じく目立たぬ「中央への一貫した抵抗」の姿勢を示していたと言えますし、そして更にアナタ、大和の一の宮で本殿がなく山自体が御神体の太古からの大神神社〔延長五年・九二七年の延喜式名では「大神大物主神社」〈古朝鮮語オオワ＝wang＝王〉の名残り〕すらも、これ又左綯いなんですよ。出雲大社〔延喜式名「杵築大社」〕や右の大神の地祇が共にそうだったなんて、その理由を考えますと、「この考え」やっぱり胸がドキドキして来ますよね。このように、アナタは私こと古代の無実の罪の人を救う弁護士のように、日陰者に優しく「アッ、そうだったのか！」とハタと気付いてやらなければいけなかったのです）。

アナタは、今まで**出雲**等の非大和朝廷（被支配者）系の神社にお参りされたとき、「**妻入り**」や「**逆綯い注連縄**、又は**逆懸け注連縄**」の**怪**に果たしてお気付きになられましたでしょうか。そして更に、それを今気が付かれてどうしてだとお考えになりましたでしょうか。因みに、「逆注連縄」は、南向きの神殿の場合、**海峡国家の倭国**の朝鮮での「**母国**＝

安羅」の方を頭にしている（**西頭**）、つまり神の首（頭部）は故郷の西を向いているのだとも考えられなくもございません（但しアナタ、元初の祭事の慣行を忘れ、又は洪水で流されて時を経てから中世以降にスポンサーが現れ、別処〔より高台〕に再建され〔又は合祀され——十二社(そう)神社などのように十二もの神々の合祀——神々のマンション〕ましたときに、その神々の本来の出自〔逆注連縄〕が忘れ去られ混同されてしまいました神社も古い神社におきましては相当数多く見られますので要注意です）。だからこそアナタ、本来、安羅系の宗像大神（この社が古くに「蔚珍→ウルルン島→出雲・伯耆〔宗形神〕そして九州へ」と、初めは海・川辺ではなく崎門山(さきとやま)〔宗像山〕に天降りして〔「筑前国風土記」逸文に引く「西海道風土記」〕伝来しましたことにつき別述）のその摂社でもございました宮地嶽神社（古くはこちらの方が正社）のアノ超巨大な注連縄すらも、今日の姿となる前の山陰から来た原初の頃は、何とアナタ、レジスタンス（アンチ・アマテラス）派の「逆綯(な)い＝逆注連縄＝国つ神系の姿」だった筈なのです！　九14⑧。

この点、**満州の朝鮮族**では死者の葬儀の中に
「**招魂(おがたま)の儀礼**」（遼寧(リヨウネイ)省**寛甸(コワンチエン)**〔ここは「**ヤマタノヲロチ＝八岐大蛇**」たる**鉄族**の本貫。**高句麗五部**の一つ**赤部**の
拠点。後述一九章〕、**石湖溝郷宝山村**など）
というものが見られまして（序(つい)でながら、「招魂の木」という木〔木蓮科〕も、九州の**高千穂神社**等の境内や又東京の皇居東御苑には大木が見られます。尚、テキスト15—1—6、P588上、天岩戸）、その際、**死者の関節**を12本の縄で一つ一つ縛ってまいりますが、この布製の縄は通常（時計回り）とは**逆に綯(な)って**作るのでございまして、ここで「逆」ということの意味することが特に大切でして、「この世での死者の恐ろしい霊魂（出

雲の冥界も同じ。この魂の「タマ＝もの〔のけ〕＝物」の字に鬼〔死者〕が入っていることにご注意下さい）を封じるため——そして、それのみならずあの世での魂の復活を祈って」という二段構え（縄文人と同じ発想。一五6）でのことだったのです（この**寛甸の3人もいる酋長**が、**八岐大蛇のモデル**の「**松譲王＝多勿侯＝灌奴部**〔テキスト18—5—2、P795。本一九〕＝**上部**〔高句麗系のツムカリの太刀の「ツム＝正に古代朝鮮語の頭部＝上部」「カリ＝古代朝鮮語で金属」につき本一九。この「ツム」は日本語のオツム〈頭〉として今日までこの列島の地の京都の公家言葉として残っております。因みに、高句麗初代王の名の朱蒙さえも「ツム」です〕＝**南部＝赤部＝沸流百済の穢〔濊〕系の物部氏**」だったのです。別に詳述）。

　このことを右の**敗者の「倭＝安羅」系の神社が逆注連縄であった**ということに当て嵌めて考えてみますと（後世の時代の推移による混同、特に前述のような立て替え後にも見られますのでご注意）、この「**出雲の逆綯いの注連縄**」の意味しますところはとても重大でして、矢張り、征服天皇（大王）家により**出雲**（**当時までの倭の「祭祀センター」**）で虐殺された数多くの敗者（倭＝安羅＝公孫氏＝卑彌呼系＝大伴氏）の

　怨霊が祟るのを防ぐための封じ込め

ということにこそ、天皇家が彼らをとことん滅亡させず、「生かさず殺さず」でそこに長い間祟ると面倒なので幽閉形（夜の国）で残しておいた動機があったのだということが、母なる本貫の祖先の大陸の地の慣習（逆綯い＝死霊を封じる。そして復活）との比較からもアナタにも判ってくるのです。

　——ここで一つ、逆さにした面白いお話を加えておきますと、明日香村のアナタもよくご存じの於美阿志神社は、漢人の阿知使主（応神紀二十年九月来帰り）が祭神ですが、この「おみ・あし」は「あち・おみ」を逆にして神社にした不思議な神社だったのです（何故？　元々は素直に阿知使主神社であったものを、祭神が「漢人＝アヤヒト＝安耶人」だったから、或る時点から〈逆にして敗者側を祭る〉とい

16

うことでこの神社は生き延びることが許されたからだったのです。それとも「使主」は古くは官名で人名の頭に付けていたのでしょうか?）——

因みに、この**逆**注連縄（逆に綯い始めたり左右逆な形で懸けた注連縄）は、祭る方のアナタから見て「向かって**左を上位**とする思想」、神から見て「右を重視する思想」に基づくものでありまして（ですから、**祭祀の作法**にもこれが見られます。因みに「佤人＝倭人」と古くは同種でございました「中国の越国」——古代の倭と越とは同音——も、漢族とは異なり左上位・左前です）、少くとも征服された**安羅**（**倭**）**系の神社**に見られ（中国越国と卑彌呼の祖先のコスモポリタンな関係につき、九14）、**出雲**大社神楽殿等もこの例に違いません（但し、本来「安羅＝倭」系の宗像大社とは申せ、辺津宮拝殿〔地上〕も中津宮〔大島〕も今は右綯い〔体制側〕のようです。これは新羅占領軍のときからの影響だった〔新しかった〕のでしょうか。前述のように、古くに出雲・伯耆に鬱陵島ルートで朝鮮より渡来した頃には今とは違っていたのかもしれません（前述、宮地嶽神社）。ところで、宇佐神宮等八幡系の神社にもこの左上位・左重視の思想が見られますことがございますので〔前述、古くは宗像三女神だった名残り〕、これはもっと古くからの根源的なものだったのかも知れません——但しアナタ、拝む側から見ますと左重視ということになりますが、神の側から見ますと右重視と逆になります。ハテサテ?）。衣服の襟等の方の左右・前後は、着る自分の方から見てということのようですが、この点も地域や時代や人種によっても異なるようです。

16—5　三種の神器から「鏡が消えてしまった」

さて、サルタヒコを抹殺して、その跡に天武天皇によりこの伊勢神宮というものが白鳳・奈良時代になってから初めて造られた（但し、地主神のサルタヒコはその以前から鎮座）のだという、神宮側にとりましては「寝耳に水」の、オープンにされてはそれはそれは恐ろしい、私ことゲリラ坊やが牙を剥いて、この式年遷宮の年に合わせて（原稿校正時の二〇一三年）投げ込みました「紙爆弾（ペーパーボム）——神々の冒涜のテロ（テロル）行為」か！（これは本書のことですよ——とは申しましてもこれが古代の無実の罪の人を救う私こと古代弁護士の使命（ミッション）により解明されました歴史の真実だったのですが。ですからこのテロルに私を駆り立てた執念（エネルギー）こそ、榊と化して千三百年余も伊勢神宮の地下で生きて虐（しいた）げられ続けて来た「サルタヒコの祟り」によるものだったのでしょうか？）ということからお話を変えますが、**奈良朝と平安朝との断絶**は、天皇の「**即位の儀式**」に必須である「**三種の神器**」（**鏡と剣と瓊（に）**）**の変化**、つまり、いつの間にかその中の

「**鏡が消えてしまった**」

という物的証拠の上からも**完璧**に窺（うかが）えることなのでございます（テキスト7—5—51、P278上。尚、奈良朝の天皇家の真の**レガリア**につきましては、序3—5）。

　ただ、そのことを、ここでは私こと古代探偵から一言だけ申上げておきますが、奈良朝の天皇家は本質**農耕系**（その上に遊牧系がプラス）の新羅系でしたので「鏡」を重視し、平安朝の天皇家は百済（**遊牧**）系でしたので「**剣**」と「**玉**」をより重視しているという違いがここにも顕著に現れていたのです（「**大和三山の歌**」での暗示にもこの点にご注意。一〇4は必見）。ということで、奈良朝での皇位継承には「**鏡**」と「**剣**」が必要でございましたが（『**大宝令**』）、これがいつの間にか（平安朝になりますと）

「**玉**」と「**剣**」と**にすり替わって**しまって**鏡が何処かへ消えてしまった**

ことに、アナタはお気付きになられましたでしょうか？（『**日本後紀**』大同元年〔８０６年〕3月、『**日本三代実録**』貞観１０年〔８７６年〕１１月の原典をアナタがご自分の目で日本紀との差異をご覧頂ければ、このことは一見して明白なことだったのです）。

16

そうであるからこそアナタ、「**剣**」と「**玉**」とは「**清涼殿**」に**天皇と常に**「**同座**」致しましたが、「**鏡**」**の方は冷たく別殿の内侍所の**「**温明殿**」に**置かれっ放しのままで**、しかも天皇とは**同座しない**（天皇と一緒に御幸しない）と冷たく扱われてしまっておりました（テキスト15―1―6、P588必見）。よって、天徳4年（960年）9月の「**内裏焼失**」の時に三種の神器の一つの「**鏡**」**は焼失**してしまったのです（この点、鏡が重要だったからより大切にされたため、天皇の住居とは他に保管されていたノダなどと、180度逆にとんでもないワン・パターンの考えの付会しか出来ない哀れなアカデミズムすらおられます）。アナタ、アメリカやロシアの大統領は、常に一番大切な**核のボタン**（大きなトランクに入った**発射命令認証装置**）を、肌身離さずエアフォース・ワンの中にまで持って移動致しますよ。

因みにアナタ、徹底したアンチ新羅の百済系の桓武天皇の世になりますと、この新羅系の伊勢神宮は何故した訳か盗賊により焼かれて（アリャ！　本当に盗賊？『大神宮諸雑事記』には八月五日「消失」とございます）しまいます（延暦一〇年〔七九一〕八月三日『続日本紀』）。

16―6　伊勢のアマテラスの鏡より古かった鏡

ここで**伊勢のアマテラスの化身の鏡より**、**実は古かった鏡**の存在について、アカデミズムが学校では決して教えてはくれないお話についても、アナタだけにそっとお教えいたしましょう。それは一言で申しますと、

紀伊国（木国＝和歌山県）の国懸神社の「天日矛の鏡」は
伊勢神宮の「アマテラスの鏡」より古かった

ということなのでして、その謎を解くキーワードは、その前に「**韓国イタテ神は、実は天日矛だった**」ということの中に隠されていたことを、アナタは見破らなければいけなかったのです（別述）。その理由は、

怡土県（いとのあがたぬし）が**天日矛**と**同族**（その末裔）でございましたし、「**怡土**（いと）**＝委奴**（いと）」で、更にこの「**奴**（と）」（ド・ヌ・ノ）は、実はアナタ、当時の中国語の単なる**副詞**又は**所有格の助詞**」に過ぎませんでした。更に、中国では「何の何」というときの漢字の用法では一切の「の」を送らないことになっておりましたし、又、三段に「何国ノ何国ノ何国」という表現もありませんでした（本六）。つまり、いまだ単細胞の一国歴史主義に凝り固まった柔軟性の欠如したアカデミズムは十分には気が付いてはおりませんが、これは単なる「**イ＝ワ**」の一音で（**後漢**から下賜されました「**金印**」**の銘**をも含めまして）「**倭**」**そのもの**を指していたのです（テキスト2—2—3、P72下は必見。同2—6—1、P110上、同9—1—6、P339下、同18—1—3、P773上、同15—1—3、P575下。と言うことになりますと、金印の表示の「委奴」の「奴」とは、より下位の「奴国」のことなどでは決してなく、これは単なる卑字の「奴」（匈奴など）や「卑」（鮮卑など）であり（一八7）、「倭＝委」国そのもののことだったのです。しかもアナタ、古くは中国周辺の「文身の人＝委人」を指す言葉でもあったのです（倭人と殷（商）人との文身を介しての共通性につき別述）。つまり、アカデミズムの巨匠以下金魚の糞のような多くのアカデミズムのように、「ト」や「ナ」の発音を加えてはいけなかったのです。これ又、「古代ハテナ？坊や」の本邦初公開。詳しくは（テキスト）を見てね）。

そして、右の国懸神社の「**日矛**（ひぼこ）」が実は、本来は**矛**（ほこ）などではなく「**鏡の名**」そのものだったことに気が付かなければいけなかったのでして（『**先代旧事本紀**』テキスト15—1—6、P587下）、そのことがアナタに判りますと、ちょっと高度なのですが、奈良紀でのこの東行した日神の王の**天日矛**（私の立場からは、同価の**ニギハヤヒ**も含まれます。この「天日矛＝ニギハヤヒ」で同一人（神）であったという今まで誰も考え付かなかった「恐ろしい」点にご興味のおありの方は、テキスト15—3—1〜3、P608下〜616下、同32—2—3、P1093下〜1094上を必ずご覧下さい。又、大神神社の古い祭神はニギハヤヒ（物部）系乃至は安羅（倭）系でしたし）から平安紀における東征者たる**神武**（日神アマテラスの子孫）が作られていたことの名残りが、そこに見え隠れしていたことに気が付かされるからなのです（テキスト15―3―1、P609上、同32―2―3、P1094上）。この点につき正史上も天日**槍**（紀）が「**朝鮮から渡来時**」に持参いたしました「**八物**」の中に見られます、**「日鏡＝ヒノカガミ」**（**「垂仁紀」**三年三月一云）**こそが、本来は日前宮・国懸宮のご神体の鏡**そのものを指していたのです（天皇家の三種の神器の鏡に先行した鏡ですらも朝鮮半島から渡来した鏡だった――ですからアナタ、天日矛とは、仮令その名の中に「矛＝ホコ」という漢字が入っておりますので単細胞のアカデミズムも誤解してしまっておりますが、何故そう間違ってしまったのかというその原因を申しますと、これは元々が**武器の矛**（**記**）や**槍**（**紀**）を**造る或る渡来冶金団体の族長**の　**襲名**　だったからなのでして、「日矛」とは本来は**銅**鏡や**鉄**鏡がシンボルの軍団（ヒボコ軍団）のことを指していたのです。古代では**米と金属**（古くは銅、その後は鉄）**を支配出来た者が族長**（**王**）だったのですから、こんなことは誰が考えましても極当たり前のことでもあったのです）。

後の大和朝廷の正史によりましても、

「則従二上総一転、入二陸奥国一。時**大鏡**懸二於王船一。従二海路一廻二於葦浦一」（景行紀四十年是歳）

――則ち上総より転りて、陸奥国に入りたまふ。時に**大きなる鏡**を**王船に懸けて**、海路より葦浦に廻る――

と日本武尊の東征のところにはございます。

後世のものと思われるものが上総の東京湾フェリーが到着いたします富津市の**金谷神社**の境内にございまして、**鉄尊様**と呼ばれております。今では半分に割れております一見**巨大鏡鉄**らしいものがこれでして、文明元年・一四六九年に海中より発見されました、砂鉄よりのタタラ造りで、径一・六メートル、厚さ一一センチメートル、重さ一・五トンの大きさでございました。

但しアナタ、右の日本紀の文面の鏡は兎も角、この神社のもの自体につきましては、よく見ると縁(ふち)が付けられているところから、これは**煎塩用の鉄釜**だという考えが有力でございます。と申しますのも、伊勢神宮では鹹(かん)水を採取してから「御塩焼き」という煮詰めた荒塩を造ります（更に最終工程では「焼固め」が行われます）。このときに深さ約一五センチメートル、径約二メートルもの鉄平釜を使用いたしますが、これにも右と同じような縁がございますので、先程の金谷神社の鉄製品も製塩用の釜であった可能性が大だからなのです（土地柄も海岸ですし）。

さて、このように国懸と伊勢との二つの鏡があったからこそ、この先行した和歌山のこの**ヒボコの鏡**（先渡来人の安羅〔倭〕系の鏡）と遅れて登場いたしました日本紀の**天皇家**の伊勢の**アマテラスの鏡**（遅れて作られた新羅系渡来人の鏡）との**優劣の決着**の問題が或る時期に生じてしまったのです（『**古語拾遺**』）。ですからアナタ、二つの鏡の問題は、このように幅広くコスモポリタンに考えなければいけなかったのです。

――因みにアナタ、ここにも面白い証拠が見られまして、それは紀伊名草郡の住人神奴百継が「祖父の忌部支波美は天智九年〔六七〇〕から『忌部』と戸籍に記されていたのに和銅元年〔七〇八〕より「神奴」などと記されてしまった。これを元のようにして欲しい」と上言し許されておりますが（『続日本紀』光仁、宝亀十年〔七七九〕六月十三日）、これも中央の神祇官僚の争いの余波で祝詞(のりと)を管掌する中臣からの幣帛(みてぐら)を管掌する忌部への圧力（この頃の中臣 vs 忌部での伊勢アマテラスに繋がる中臣〔藤原〕神道の優位）を示していたとアナタはこの正史の部分から解読しなければいけなかったのです（これ又、私こと「古代弁護士」による無実の忌部の救済の一コマでした）――

時間の関係で先を急ぎますが、私こと「古代探偵」が和歌山の現地に立ってキョロキョロしながら考えましたところ、本邦初公開で更なる次のことまでも判ってまいりまして、それは、このアマテラスの鏡よりも古い鏡を持つ日前・国懸の両宮は、通説(アカデミズム)に反し、実は、共に**朝鮮から渡来**いたしました本来**ペアの神々**〔二社一所制〕だったのでして、

「**国懸(くにかかす)＝日矛鏡＝〔夫〕天日矛(あめのひぼこ)**」で「**日前(ひのくま)＝日像鏡＝〔妻〕アカルヒメ**」という**夫婦神**を表わしてもいたのです（テキスト15—1—6、P588下——これらが皆、前述の「古語拾遺」を作った忌部の居住していた名草郡にございました〔日前・国懸・伊太祁曾(いたきそ)・鳴(なる)〈この鳴神社は正に紀伊の忌部の氏神。その真の祭神は彦狭(さ)知(ち)命で、この人は葛城襲津(ソツ)彦こと「金官＝倭」の6坐知(ザチ)王と同一人との考えも有力です。サチ＝ソツ＝ザチ。テキスト付録8、P1117必見〉は四大社。更にこの四社は名神大社三百四座の中でも特に相嘗祭(あいなめさい)〈あいんべのまつり。新嘗祭の前に新穀を神に供す祭〉の官幣にも預かる五国七十一社にも入るという地方神としては何故か凄い神社だったのです〕）。

序(つい)でながら、北九州の**高祖(たかす)**（託社(たくこそ)）**神社**の**特殊神事**（テキスト15—1—6、P586新メモ）の「**高祖楽**」の中に、神楽の源流とも申せます「**磯良(いそら)舞**」がございますが（テキスト17—3—1、P740下）、この「磯良」とは、正(まさ)しく「**倭の水軍の長**の**安(あ)**（**阿**）**曇(づみの)　磯良(いそら)**」（テキスト7—4—8、P238上新メモ）の**投影**そのものだったのですから、この北九州の辺りも、元々は、今は日本の正史からは抹殺されてしまっているとは申せ、「**倭王＝安羅王**」系の**天日矛の支配下**にあった時期が間違いなく少なからずあった（その証拠にアナタ、**怡土(いと)**〔**糸島**〕**県主**も**天日矛**とは**同族**でしたから。前述）ことをアナタに示してくれたこと（テキスト17—3—1、P740、741下）に、アナタはもうそろそろご自分の頭で考えて、気が付いてあげなければいけなかったのです（日本紀の神武(いわれひこ)万能の「偽史ステレオタイプ」から抜け出せ！）。

右の高祖（託社）神社は糸島郡前原町　**怡土**　字**高祖**にございます。**託社**＝先述の朝鮮の石窟庵の下に眠るプロト新羅4**昔脱解**（**トへ**）**王**（**我本治匠**＝私たちは元**鍛冶屋**でした）は、養母が「**託村**」で卵生の王子から育て上げた（『**三国遺事**』）＝タクソ＝**卓素**＝趙国**卓**氏の子孫＝**高磯**比咩神＝**多久頭**神社（対馬）＝**宅蘇吉士**＝**天日矛の伽耶系の製鉄集団**（五世紀以降）へと、この「タク」と「安羅＝倭＝卑彌呼」系の「天日矛」との流れは、消された歴史の水面下では実は民族の流れが繋がっていたのです（一六4、P1026。因みに、岩手県知事に同音に近い達増氏がおられます。祖先は能登経由で渡来?）。

ではここで念のため、アナタに右の朝鮮の古代の重要な姓の一つでございます〈昔氏〉について、中国や列島との関係で次に申し上げておきたいと存じます（朝鮮史での由来につき、多婆那〈南朝鮮の倭又は日本列島の但馬又は玉名〉国から箱に入って朝鮮の海岸に流れ着いた辰韓2昔脱解王〈五七―八〇〉の名を「鵲→昔」とした〔『三国史記』「百済本紀」同王元年〈五七〉〕。因みに、列島の『風土記』播磨国条では鵲のことを韓国鳥と呼んでおります。恐ろしい程の内外での一致）。

物部氏（多羅・陜川系）のニギハヤヒも、何と！　これと同じく昔氏でして（ここでも物部氏と天日矛とが繋がっておりました）、これをコスモポリタンに大きく東アジア史をより遡って見てみますと、古代中国の中山国からの流れでした〔『左傳』定公四年〔BC五三〇〕の綽氏〔最後の王。後にこの一族の一部は遼東から朝鮮半島へ亡命し馬韓王となった卓、そして九州へ渡って天日矛〈安羅王〉系の恰土の高祖・託社へとも繋がっておりました。一六6は必見です〕。胡。春秋時代の鮮虞〔『春秋経』昭公十二年〈BC五三〇〉の杜預注〕。アナタ、この鮮こそが「箕〔東方の〕子氏＝古朝鮮」や後の辰〔鮮〕王朝にまで繋がっておりました――ですから、平安天皇家の祖先の北扶余前期王朝の伯〔白＝貊〕族は、遙か遠くの古代中国の中山国の白夷から連綿として繋がって来ていたことにもなるのです。本邦初公開）。又、古代中国レベルでの「辰＝鮮」（これが本字）ということがアナタにも判ってまいりますと、全ての騎馬民族征服説における共通項である〈「辰王朝」の出自〉ということについてのアナタのご理解も一段と深まってまいりますよ。

　この中山国王が罾（しゃく・さく）氏と称しており（『戦国策』「中山策」周顕王四十六年〔BC三二三〕）ましたので（綽氏と同音）、この中山国の王から姓が「罾（シャク）氏＝畲（シャー）氏（徐氏は殷の遺民。後述）＝余（アグリ）氏（遡るとインド・アグリー族）＝余（扶余）氏（扶余という語の起源は、何とアナタ！朝鮮天毒の名が見られます同じ本である『山海経』「大荒北経」の中の「不與（フヨ）」に既に見られます）＝前述の北扶余伯族の末裔の百済王家の余氏＝平安天皇家の祖先」へと繋がり、このようにインド、中国、右の朝鮮レベルでのもう一方の昔氏（北扶余後期王朝の「穢＝解」族）、ニギハヤヒの物部氏（寛甸の八岐大蛇［本］一九）へという東アジアにおける「二つの製鉄民の大きな流れ」の一つでもあったのです（胡→東胡。共にスタートは鉄民の中山国）。

　因みに、徐氏と言えば鉄民の宛（ウツ）（南陽）の徐（ジョ）氏などが有名ですが、この徐氏も又、箕子と同じく殷の遺民でした（その証拠に『春秋左氏伝』定公四年。「伯禽を魯に封ずる……伯禽には〈殷の遺民である〉徐氏を属せしめ」とございます）。又、この氏族のアグリーは、「徐（宛）＝余（扶余）＝畲（シャー）＝罾（サク）（中山国）」というように遙かなインドより連鎖してもいたのです。

　日本での伊勢の祭神の徴憑である鏡のお話に戻しますが、実は、古くは、〈日本列島での最高神〉は、長い長い間、奈良朝からの**アマテラス**に代表される生界を支配する神の**日神**（にっしん）などでは決してなく、イザナギ・イザナミの生んだ三神の中で日本紀の第一の一書に出てくるだけ（一八1、五穀起源物語）で影が薄い神だとは申せ、死界を支配する神の**月神**（げっしん）**こそがメイン**だったのです（前述の日神のサルタヒコ〈死→再生〉もそ

の一例です）。ですからアナタ、正史『**日本紀**』を注意深く読みましても、
伊奘諾尊が　**白銅鏡**を右手に持ったとき　**月弓尊**（「夜＝死の世界」を照らす神）が化り出づった
こと（「**神代紀**」第五段一書〔第一〕）
が記されておりましたことは勿論として、アナタが『**万葉集**』の方を紐解いて御覧下さっても、そこには
「織女し船乗りすらし　**真澄鏡**　清き　月夜　に雲立ち渡る」（**大伴家持**。3900番）
をはじめといたしまして、**月を鏡に譬えた歌ばかり**で（特に「白銅鏡＝まそかがみ」についての大部分）、
アマテラスの日神なんぞに譬えた歌なんかは、果たしてアナタどれくらいあるのでしょうか？　そんなに無い筈です。

それもその筈、古くは**海洋民**の神であり、その船の古代の原動力とも考えられておりました「**潮を満ち干させる海流を支配した月神**」（海照＝阿麻氏留＝天疎向津姫〔「為二正妃一」＝むかひめとしたまふ」天武紀冒頭。序―2、一四4、一六4、P996〕こと瀬織津比咩＝航海神＝アマテルの二分の一）こそが長い長い間、人々の**母なる神**だったことは民俗学上も当然のことだったのです（つまり渡来民。アナタ、**縄文人**すらも、初期の東アジアにおきましてはインドネシア辺りの**大スンダ列島**から北上した古モンゴロイドの渡来民でした。縄文**中期**中葉の**井戸尻遺跡**〔長野県富士見町〕の「**三本指のカエルの神**」〔**半人半蛙文**有孔鍔付土器〕と、「**細い細い月**」〔所謂「**新しい月に抱かれる古い月**」〕の展示の写真とその説明をここにいらっしゃったら必ず見てネ。必ずや、その〈死と再生の古代の縄文の哲学の人智も及ばぬ崇高さ〉に、アナタ感動し平伏して脱帽いたしますヨ〈縄文人の胎児の死の怨霊の祟りの恐ろしさからの開放〈人に踏まれてあの世に戻ることとその再生を早める〉のため表れとして家中に埋めた伏甕にもご注意〉。**序**でに、そこから車で三十分もかからない、共に八ヶ岳西南麗のメインが縄文中期の素晴らしい尖石遺跡〔とがりいし。茅野市〕の蛇体把手付

深針などの土器や棚畑遺跡のアノ「縄文のヴィーナス」（BC2500年、尖石考古館に展示――注意）のふくよかな妊婦さんも是非ネ。後に七、八世紀に至り、本質は農業国でございました新羅占領軍の天武・文武天皇らによって、**伊勢**の地の土着神の「**サルタヒコの月神**」などが、「**伊勢神宮**の**アマテラス**の**日神**信仰」（二四4）――更には、その後に**女帝の捏造**などのため（**不改常典**）――へと変え（リニューアル）させられ月日の両者がシンメトリー（対称）とされてしまうその前までは）。

と申しますのも、間（けん）という字がございますが（小説家の内田百閒）、この門の中の「日」や「月」は、古くは「生＝日」「死＝月」という二分した方向に対応（間と閒）いたしておりました字の一方でして、閒は「西＝死」ということを表していたのです（月神のサルタヒコ＝死んだ（アマテラスに抹殺された）神）。

民俗学的には、太古の昔からございました、海の彼方からこの島国へやって来たという（名も知らぬ「やしの実」のような）「**水平**」（**ニライカナイ**）**思考**というものが、やがて大陸・半島から渡来いたしました**遊牧**的且つシベリア・満州の**シャーマン**的支配者（扶余系の天皇家の一族――元来、濊（わい）は狩猟系、貊（ばく）は遊牧系であったとの考えもございます）によりましてもたらされました「**垂直**」**思考**により、それが優位性を帯びるようになり、その時点で編纂されました現行「日本紀の神話」にもこのことがきちっと反映されていたのです。後述の**ニギハヤヒ**（**陜父**）が高句麗を発し（逃亡し）現在の**北朝鮮**の**妙高山**（一九〇九メートル――朝鮮の民俗学の**蘇塗**（ソト））。これは日本紀の**哮**（たける）**ヶ峰**のモデルでした（ですからこれは、一国歴史主義者の超弩級近視眼的な日本のアカデミズムが宣（のたま）うような日本の**河内**のことなんかでは決して決してなかったのです）へと降り立ち（と記された思想）朝鮮半島を南下してまいりましたことも、その大陸的――垂直的思考――の産物（修飾）の一つだったのです（**民俗**的に見た「**水平＋垂直**」**の時間差での混合**）。例えば「流浪の大神」

でございます**ニギハヤヒ**を祀る秋田の協和の**唐松**（**唐服・物部**）**神社**などの古い神社をよーく観察・分析いたしましても、当初は**海辺**に神々が訪れてまいりまして（**鳥海山**――そして海路ここへ逃亡）、やがてその同じ神が「中央の為政者の思想」に同化して（同化させられて――ここに古くからの土着の思想との混合・変容も見られます――）**垂直**信仰へと変わり、ですから今度はそれが協和の**唐松山**山頂に降り立ったこととされて（信じられて）神が**山上**へと移され、更にその後、同族も増えてその支配地も広がり力も付き、そうなりますとそれが祭り易いようにとその**麓**の**山辺の里**に降りてまいりまして今日の神々の鎮座地に至っていたという訳だったのです（私こと「古代探偵」の神々の考察による「海辺↓山上↓里」へという「水平プラス垂直」という変遷のパターン）。

ニギハヤヒの子である　**天香久山命**　こと　**高倉下**（「**伊夜日古社**　**饒速日尊皇子天香久山命ナリ**」『**大日本国一宮記**』）。この男神の妻の**伊夜咄咩**がこの同じ**日本海逃亡ルート上**に祭られておりますのが、その名の通りの**北陸**の能登の**伊夜咄咩神社**（石川県七尾湾の能登島町）だったのです。この旧社地（東南約一キロメートル）の旧称の「**イヤミ**」の地名遷移により、**夫神**の「**伊夜＝イヤ**」として越後に残されておりましたことにアナタは「ハタ」とお気付きになるべきだったのです（妻「イヤミ」〈ミ＝女を表わす古代の接尾語〉＝夫「イヤ」＝新潟のイヤヒコ神社）。尚、この神社の高さ三〇メートルもの**巨大な柱松明**を燃やす「**オスズミ祭り**」という火祭りは、**越後**に去った（更に追われて鄙の地へと逃亡しもう二度と帰っては来られないであろう）夫神の天香久山に「その火の夜の光が〈能登から新潟へ〉と届き再び呼び戻さん＝少なくともそれが適わなくとも私のことを思い出して欲しい」とする**妻神の**「**悲痛な叫び**」だったのです。影媛哀れ（武烈紀）！ではなく、ここでは伊夜咄咩哀れ！）

を祭る新潟県の弥彦山の**弥彦神社**（**伊夜比古神社――延喜式神名帳**）も、ニギハヤヒ（を奉ずる一族）が**鳥海山**に至る前の逃亡ルート（日本海ルートによる**神々の流竄**――更に前述の秋田県協和の物部神社へ。テキスト15―10―4、P674、同17―1―4、P716）をアナタに示してくれていたのです（ですからこの神社にも、前述の例に違わず、「**野積**（日本海側の海辺）↓山頂↓桜と椿に囲まれた**桜井**〈**佐久良井**〈**和名類聚抄**〉〉**神社**↓右の**弥彦神社**」という同じ流れが、アナタがちゃんと私のように現地に立ってキョロキョロ見さえすれば〈**フィールドワーク**の当然の**現地主義**〉認められる筈です。但しアナタ、不思議なことに、弥彦神社の史料からは、何故かこの神の**父神**である**ニギハヤヒ大神**〈**天火明命**〉の顔が一切**抹殺**されてしまって全然見られません〈天皇家の逆賊にはなりたくなかった〈戦前の**不敬罪**の対象になるのを恐れた〉からだったのでしょうか――ということでアナタ、ここアナタの目の前にも**隠された現代の神**がもう一柱ございましたよ〉）。

16

16―1　御稲御倉（みしねのみくら）地主神であった消された弥生の米作の神のサルタヒコに相応しい伊勢神宮の本来の姿を残す大切な証拠である米倉。

16―2　遷宮で隣地へ移った後にポツネンと残された心御柱（サルタヒコ）の覆屋

16―3　四至宮（みやのめぐりの神）の一本榊（裸のサルタヒコ）

16

16—4　亀石（高倉山古墳の入口の岩を用いて伊勢神宮の亀形の橋にしている）

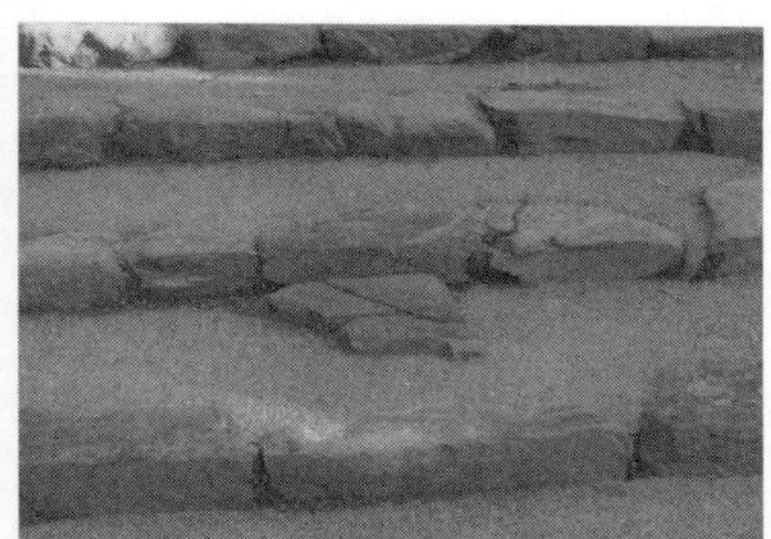

16—5　「踏まぬ石」サルタヒコの哀れな姿

16—6　伊雑宮の前の天衢神社の門柱のユダヤのダビデの星紋

第一七章　新たなる騎馬民族征服王朝説の確立

――遊牧民の扶余の末裔の百済王による日本列島での百済亡命政権の樹立（平安朝の成立）

――朝鮮半島の金銅冠の伝来――若狭ルートを探る

――臣籍に下された「貴族」の源姓・平姓は、後の「武士」の源氏と平家とは全く関係がなかった（系図売買・武士道と新羅ホモ花郎）

――高麗に滅ぼされて（九三五年）消えた新羅水軍一万余人も加わり日本の「武士」が発生した（これこそが金太郎の誕生）

――ユダヤ「失われた十二支族」の東行と漢民族の成立

さて、残り時間も段々少なくなって参りましたので、私の「新たなる騎馬民族征服王朝説」（［論点15］）の全体のマトメに入っていきたいと存じます。

ここでの小論点と致しましては、

（イ）**高句麗の新羅占領**（集安の**広開土王碑文**、半島唯一の忠州の**中原高句麗碑文**、**高松塚**の壁画）

（ロ）満州の遊牧民の**拓跋氏**の「**ちょんまげ**」と日本の**源**姓（唐も漢民族ではなく夷狄と言われていた鮮卑の拓跋氏の建てた国）

（ハ）**伯族が西朝鮮湾を渡**（**済**）って作った国なので、**音**読みで「**伯済**＝**百済**」と言った（「**クンナラ**＝**大国**＝**クダラ**」は**訓**読み）

——中山国（白狄・鮮虞）→**貊**（白夷・北支）→扶余（満州）→高句麗→百済（半島）→平安天皇家（列島）、というコスモポリタンな伯族の「民族の追っ立て」に気付け！

（ニ）**新羅の高句麗占領軍**を「**倭の五王**」の**武**（**雄略大王**）が追い出し**解放**する。よって「麻立干（mʌ-lʌ-han）→**王**」「殉死→**埴輪**」「廟→**神宮**」「国号鶏林（ツゲ・トキ）・**迎日**（トチ）→**新羅**（シルラ・シラ）」「**諡号**始まる」

（ホ）平安朝が**新・騎馬民族征服王朝**と言える理由

（ヘ）**武士道**と**新羅ホモ花郎**

（ト）ユダヤ人（失われた十二支族）はバクトリア以降、チベット高地を東行して四川盆地（蜀）へと下り羌氏となり、嘉陵江（西漢水＝西羌水）に至り漢民族と化していった

が考えられます。

［論点15］の全体の要点は、今日の講演の**大論点**「新・騎馬民族征服王朝説」の結論部分でございまして、次の通りとなります。

さて、新羅は5世紀代には少くとも70年間は高句麗の占領下にあり（だから王は称せなく麻立干と言っていた）、この時スキタイ風の遊牧民の「純金の文化」を継承しているし、百済も元々その出自は遊牧民の扶余伯族の末裔の建てた国であるので（伯が「海＝西朝鮮湾」を済る＝百済）、そう致しますと、新羅占領下の白鳳・奈良朝も、又、日本に「亡命百済政権」が樹立されました平安朝も、共に実質「日本は遊牧民の文化に支配されていた」ということにもなり、この意味において私のこの渡来王朝（天皇家）の考えを『新・騎馬民族征服王朝説』と呼んでも差支えないと思料する次第である。そして、それらを前提として、次に「武士の発生」の真相についても、国際的に捉えなければいけなかったのである。

17—1　「若狭ルート」による金銅冠の伝来

新羅（22智證麻立干〔実質初代の奈勿王の曾孫〕の五〇三年十月までは、正確にはこの国は「プロト新羅」たる雞林、迎日〔ヨンイル〕、都祁〔とき〕、斯羅、斯盧などと呼ばなければいけないのですが、それでは少し複雑になってしまいますので、単に五〇三年以降の新羅もそれ以前も共に新羅と今日的に表示している場合が本書の中では少なくありませんのでご了解下さい。但し、明らかにその前の辰韓の時代のことは辰韓・秦韓と表示しております）は5世紀代には少くとも**70年間は高句麗の占領下**にございました（テキスト18—6—5、P822上、本序1。写真序—8、忠州の**高句麗中原碑**）。

このことは、如何に新羅の正史の『**三国史記**』新羅本紀が「高句麗の新羅占領」を抹殺して記載していなくても、**朝鮮半島内の唯一の高句麗の碑**でございます**忠州**の金石文の『**中原高句麗碑**』の刻文が明白にこのことを証明してくれておりまして（ですからアナタ、ブームに乗って折角大枚叩いて韓国にまでいらしても、忠州にまで行ってこの碑をご自分の目でしかとご覧にならなければ、それは「歴史お上りさん」であって真の古代史ファン〔古代史ボーイ、古代史ガール。オールドを省く〕とは認められませんよ）、そういたしますと、この**占領の期間**には、実質的には**新羅という国**〔**主権**〕**の存在は全く無かったに等しく**〔しかもアナタ、それに加え、その前の**３９１年**には、建国間もない**プロト新羅は倭**〔**金官**〕**に占領**されておりました。『**広開土王碑**』及び『宋書』倭国条他〕、**新羅の首都・慶州は遊牧系の**「**高句麗の領土**」**と化してしまっていた**——強制混血の時代——のです。

　ですからアナタ、後世の新羅王陵から出土致しました**スキタイ風な黄金細工**〔**黒海ノボチェルカスク古墳**の**金冠**の**写実的樹林**や**鹿形飾り**の**金冠の意匠**の伝来〔テキスト口絵参照〕。又、**白樺細工**など〕がこのことを実質的に証明してくれておりますし、更に、この装飾古墳や**スキタイ風な金細工の文化**〔同じくテキストの**口絵**の慶州**金冠塚**古墳出土の「**新羅の金冠**」〕が、次に述べます第二次のラインのように**６６３年**以降**日本列島を占領**致しました**新羅軍**により、**間接的**ながら飛鳥の**高松塚古墳**や斑鳩の**藤ノ木古墳**等に入って来ていたことの理由付けともなっていたのです

〔序ながら、アナタ、この藤ノ木古墳の二人の被葬者の内の一人には「**横鞍**」が埋葬されておりますので、これは、当時横を向いて馬に乗っていた**女性**のものだったということが判ります〔南側の遺骨の人〕。しかもアナタ、**新羅**王都の慶州の**皇南大塚**〔双円墳〕の**王妃の眠る北墳**からも、何と！これと**同じ把手**のついた鞍が出土しておりますよ〔だから**藤ノ木古墳の埋葬者**の一人〈右の南側の一号人骨〉は、間違いなく**女性**であったことは勿論として、ひょっとすると「新羅の王女」「遊牧系の半島・大陸の女」又は、新羅と姻族関係を持つに至った「大〈高霊〉伽耶〈倭〉の王女」だったのカモ。先ず、この藤ノ木古墳の埋葬者が「**男**〈北側〉**＋女**〈南側〉」**のペア**だったということが判らない限り、日本紀バイブル説に「お

んぶにだっこ」のアカデミズムが骨のみの分析で如何に物珍しい新説を何回発表しても、それは虚しかったのだ。被葬者は、北側は十七～二十五歳の足の甲に大怪我をした**新羅占領軍の王子**〈新羅王都慶州の**金冠塚**や**金鈴塚**の例から考えましても、類似の高級な**透彫金具**であり、王家の最高級クラスの人の埋葬であったことが判ります〉、南側は背が夫よりも少し高く、且つ少し年上であった**その妃**〈又は姉、母〉だったのです〉。但し、多くの井の中の蛙のコスモポリタンな渡来文化を知らないガチガチの「骨学者＝自称骨屋」などのプロ〈関西のKK氏など〉は、私こと「古代探偵」のようには言ってくれてはおりませんのが残念なのですが――〉。

但し、新羅に占領される前からも、何故かこれ等のピッカピカの「金メッキの銅製品の冠」は海商が運び、又はそれを持った人々が渡来し、流行として日本列島に伝来しておりまして、その**伝来のルートの一例とその時期**につきましては、

伽耶（特に**高霊**伽耶＝半島の倭）・**新羅**↓

越前（**5世紀後半**の**二本松山**古墳。一四9）↓

――この次に申し上げます五〇〇年頃（継体即位は五〇七年）から、何故した訳か「この文化の流れ」が、アクセルが踏まれグッとその加速度を増してまいります――

信濃（五世紀後半の松本市の**桜ケ丘**古墳〈円墳〉から金銅製〈金メッキ〉の「三本の立ち飾り」を持った**天冠**が出土〈松本市立考古博物館〉。尚、この古墳の百五十年も前の同じ松本市の巨大前方後方墳でございます弘法山古墳は、三〇〇年頃の高句麗からの渡来人のものです〈寒いところからの火鉢の持参〈手焙り式土器〉。別述〉〉↓

若狭（**十善の森**古墳。誰が見ましても明らかに**伽耶**系の馬具である**双龍透文鈴飾金銅鏡板**の出土。

六世紀前半の古墳）↓
近江・湖西（**6世紀初頭**～**半ば**の**鴨稲荷山**古墳。一一5。新羅・伽耶系出土物。特に**遺物の組合せ**は伽耶系そのもの）
近江・湖東（**山津照神社**古墳。**息長氏**〔安羅系。加えて、琵琶湖の南端に近い部分の湖西でも、穴生のオンドル・大壁建物〈一四8〉は同系です〕）↓
大和・斑鳩（**6世紀後半**〔伽耶滅亡の**五六二年頃**〕の**藤ノ木**古墳〔円墳〕）

以上、北陸からのルート上の文化的な考古学的な側面を、右のように古墳の固有名詞を単に羅列いたしましただけでは、特に初心者の方にはピンと来ないと思われますので、〈五世紀初めからの一部をも含めまして、特に六世紀第2四半世紀から第3四半世紀末までの、約五十年間の日本列島と朝鮮半島を巡る時代背景〉につき、「コスモポリタン古代学」の立場から、そのときの倭の盟主を「金官」か「安羅」かをも、時代によりアナタに分かり易いように、より正確を期して特定・区別しながら（アナタ、ですから「金」と「安」の傍点部分に特にご注意下さい）、その政治的な重要点をマトメてみますと、次のような動きとなってまいります。

右の朝鮮半島の伽耶から日本列島への五世紀～六世紀の考古学的な物的証拠の流れと、次の伽耶と列島に跨る政治的な①～⑦の動きとを比較し、合わせながらお読みいただきますと、アナタの頭の中で此の頃の「半島と列島との相互の関連」がよりスッキリと整理されてまいりまして、右の六世紀に入ったら「何故文化交流のアクセルが踏まれたのか」という平面的な正史からは決して読み取ることの出来ないその裏の真の理由についても、アナタにコスモポリタンにご理解いただけるものと確信しております（ですからアナタ、

17

常に文化と政治との内外での同時比較がコスモポリタンな立場からは必要とされるのです）。では早速始めましょう。

①**五二七年** 新羅と組んだ（本邦初公開）安羅（倭）が主として朝鮮半島で起こした「**磐井の乱**」（そして翌五二八年の倭王の磐井の死・逃亡——アカデミズムの全ては、勝手にこれが列島九州で、且つ磐井という豪族が一人で起こしたことにしてしまっております。因みに、この百年前の四二七年に高句麗が王都を平壌に南下させております）

←

②**五三二年** 新羅によるその本家たる「**金官**＝倭」の**滅亡**。この頃の戦いでの安羅（倭）王の**継体**大王（**大伴談**がモデル）が**死亡**（この新羅が金官を滅ぼしたときに、右の①と同じ流れで安羅が新羅に協力＝金官から見ればこれは裏切り＝これら①②における新羅と安羅〔倭〕との連携という考えは本邦初公開——ここから以後は安羅が任那〔半島の倭〕の盟主となります）

←

③**五三四年** **安閑**大王（「大伴**金村**＝安羅王安」がモデル）**即位**——この年、大和朝廷の支配力の不十分（又は、実は十分及んでいなかった——自説）な東国で「武蔵争乱＝②のときに亡命して来た金官系の反乱」が起きる——

←

④**五三六年** **宣化**大王（安羅王の大伴**歌**がモデル）**即位**

←

⑤**五三八年** 百済王による海峡国家の倭〔安羅〕への**仏教伝来**（新羅の脅威が増し、百済が王都を熊津

から泗沘へ）

↓

⑥**同年**　②の五三二年に新羅に滅ぼされて列島部に先行亡命中であった金官系の蘇我**稲目**（**司馬達止**と同一人〔テキスト12―4、P535。但し「司馬達止（タット）＝蘇我稲目」「鞍作多須奈（タスナ）＝蘇我馬子（うまこ）」――手綱（たづな）を持つ馬子、と憶えると忘れないよ――とテキストを訂正。他の部分も同様〕）が**大臣**（実は、列島部分のみでの実質倭王）となる（このことは高句麗の将軍塚〔口絵〕のような方墳〔これは八段〕である明日香村の「都塚古墳（みやこづか）」〔通説が蘇我馬子の墓であると言っている石舞台古墳から四百メートル〕は「蘇我稲目＝司馬達止」の墓か？　と申しますのも、稲目の父の名は正に読んで字の如く馬背・高麗（こま）であり〔このことは遡りますと高句麗の新羅占領とも関連か？　その余波か？〕、本人も大伴連狭手彦から高句麗から奪った美女媛（をみなひめ）と従女吾田子（まがだちあたご）の二人を贈られ、これを妻（め）としており、高句麗とは深い縁がございますので〔欽明紀二十三年、五六二年、安羅が滅んだ年〕八月条）。

↓

⑥―2　五四四年日本府大連（やまとのみこともち）佐魯麻都（さろまつ）――韓婦所生（からくにのうまれ）の倭人（但し、百済本紀によればその先（おや）は百済人）――が新羅の奈麻礼（ナマレ）（官位十七階の第十一）の冠（かうぶり）（欽明〔百済東城王がモデル〕紀五年三月）を着て、新羅の服を着ている（つまり新羅と内通していた）との表現あり。

↓

⑦**五六二年**　新羅による朝鮮半島での「**安羅**＝倭」の**滅亡**（つまり一言で申しますと、この背景には「海峡国家倭＝金官〔蘇我氏〕・安羅〔大伴氏〕＝朝鮮半島部分の倭の主流・盟主」の滅亡と、その朝鮮半島部の本貫の日本列島への全員（一部の多羅は残りますが）の亡命――任那（ミマナ）の興亡史――と

いう二つの重大なことが歴史の裏面には隠されていたとも言えるのです。哀しい哉(かな)、任那　廃墟と化す――このような「歴史の裏面史」の大切さ）

因みに、ここ（倭の朝鮮半島での滅亡）から以降の日本列島内での動きに付きましては、この藤ノ木古墳からの「**家型石棺**」の形式の流れにより、

五条野（**見瀬**）**丸山古墳**（手前の古い石棺〔五五〇―六〇〇年。尚、欽明大王没は**五七一年**〈紀〉〕。奥のものは一世紀も後のもの）↓

蘇我氏（推古の母の**堅塩媛**(きたし)・堅塩の兄の**蘇我馬子**・馬子の弟の**境部臣摩理勢**(さかいべのおみまりせ)）の流れで**石舞台古墳**（桃原墓）へ

という又別なラインも想定され、そういたしますとアナタ、朝鮮から飛鳥石舞台までの**第一次**に**伽耶**（**及びその滅亡と亡命**）系の流れが、そして、それに一部オーバーラップした形で（又は、引き継いだ形で）時間差で**第二次**に**新羅**（**勝者**）系の流れの列島へのダブルでの侵入も、考古学的には読み取ることが可能だったのです（この第二次の流れの**延長**といたしましての、アナタには奇異に思われるかもしれませんが「**石舞台古墳**＝**天武天皇寿陵**＝モデルは**新羅文武王**〔**金多遂**〕」ということに付き、前述）。

さて、右の様に、ここに朝鮮からの当時の**表玄関口**であった**裏日本**から、**百年間**（この間の国際的な凄まじい程のグループダイナミックスの動きにつき、前述）もかけて段々と**大和へと近づいてくるルート**の代表的な一例（尚、「白村江の役」〔六六三〕の後の七世紀の例ですが、このように古代の大陸・半島との表玄関でありながら、七世紀後半の**朝鮮式山城**が「このルート上」には**造られていなかった**という不可解なことの理由につき、一一5）を右に挙げておきましたが、古代の朝鮮への表玄関であった裏日本から、このように

何故か？「伽耶系の金銅冠」の出土いたしました藤ノ木まででも**約百年**もかかって（歴史に現われざる「何らかのバリアー」や「アクシデント」、つまり、前述のような**金官**（**倭**）や**安羅**（**倭**）**の朝鮮半島**（**本貫の地**）**での「滅亡」と「亡命」とそのゴタゴタの余波と混乱**とがその中間（過程）に隠されていたためだったのか！――「ハテナの仮説」が大事。「河内 vs 近江」の対立をもふくめまして）、この流行（**海の商人**にお金を払って注文して入手するのですから）が大和にまで**時間差**をもって到達（その壁が取れたから（つまり、それまで永年海峡国家としての二国体制であったものが、半島での滅亡の反動で金官が列島にその持てる軍事エネルギーの全てを集中して進入・亡命し、そこの抵抗勢力を掃除し、クリーンな形で列島一国体制になったことが考えられます。その後の半島の方は安羅が担当）列島内でのその商人の流通速度が増した）しておりますことが判って参ります。**高霊伽耶の池山洞32号の大王冠と福井の二本松山の冠**（二号棺）は、アナタ一見して**明らかに同系統**の意匠です（表紙参照）。

又、この越前の前方後円墳の**前方部の前端線**が少し**菱形に尖がったペン先**のような特殊な形態（ここにアナタ、実に面白いことが見られまして、或る名の通ったアカデミズムの方のお書きになった本によりましても、この点「**後円部の先が**――」などと一八〇度トンチンカンに間違っている「天然記念物のようなヘンテコ・アカデミズム」もおられますので、アナタご注意下さい。つまりこれは**キューピーの丸い頭型の方がトンガッているのではなく、前方部の四角い端の真ん中がペン先型**（剣先型）をしているということナノダからサの五、六世紀の謎の古墳類型でございます**剣菱**（けんびし）**型古墳**（七2）の**福井**から**畿内**への伝播も、何故かこの**朝鮮系の王冠のルートと近似のルート**上に見られるのです（この代表として**河内大塚山古墳**（**松原市**）、**見瀬**（**五条野**）**丸山古墳**（墳丘長は約三一八メートル。羨道二一メートルと玄室一二メートルとで合計三三メートルの**横穴式石室**では**日本最大**。剣菱の点に付きましては、約二〇メートルもの前方部中央に於ける突出が見られます。これは同型としては日本で最後の巨大前方後円墳です〔その意匠は半島・大陸から渡来の証拠〕。但し、正史によりますと、この巨大墳は①欽明三十二年〈五七一〉に**造られ**、②推古二十年〈六一二〉に**改葬**され、③推古二十八年〈六二〇〉に至り**大改築**されております。②から③への大工事の長期の継続すらも考えられます。アナタ、本部の列島への亡命後の倭王蘇我氏〈金官金氏〉の実力をこの古墳に見よ！〕そして**今城塚**〔**継体大王**〕**古墳**、墳頂に摩利支天を祀った**摩利支天塚古墳**〔約一一七メートル。小山市。しもつけ風土記の丘〕など――**キーワードは伽耶・新羅系の何らかの理由**〔**半島での滅亡**〕**による波状的な渡来が正にここに見られることなのです**――がございます〔以上、前方後円墳〕。次に、方墳の代表といたしましての剣菱につきましては**春日向山**〔**伝・用明大王陵**〕**古墳**がございます〕。

更にアナタ、このルートが、嘗ての**越**（北陸）からの**高句麗使の渡来ルート**でもあり（一5「山城の狛のわたりの瓜つくり」を引用して説明）、古くから開けていたことも、これ等の流通ルートと何等かの関連を有しており、古代史ファンのアナタは決して見逃してはいけなかったのです（何時の時代でも、目の前の不可解な壁にぶち当たったら、そこで諦めないで、常にそれ以前の母なる大陸・半島（マザーランド）からの流れに目を向けよ！　そこで大空を仰ぎ見て夏草の中に寝っ転がれ！　常に「失われた古代の何かのルートやルーツやヒント」がそこに隠されている筈だ！）。

因みにアナタ、明治九年から四、五年間の**滋賀県**には、現在とは異なり**日本海沿岸地方**（**遠敷**、**敦賀**、**三方**など）も**含まれて**おりまして（アナタ、知ってた？　これ又、ここは古への伽耶〔倭〕からの亡命ルートの名残りの地だったのです）、この「**琵琶湖＝鳰の海＝鳰鳥**（カイツブリ。**息長**――だから嘗ては、**列島**が一時〔**安羅＝倭**〕〔**磐井＝石井**〕〔**息長＝機張＝天日矛**〕系の支配する土地〔古くは**卑彌呼系**〕であったことの名残りを示しており〔尚、継体大王時代の「朝鮮―若狭―近江」ルートにつき、一四8。又、前述の剣菱型の「今城塚＝継体陵」の存在」、関東の**荒**(あら)川の名もその安羅の領域の一つだったときがあったことの名残りだったのです）に掛かる**枕詞**の、「**淡海**(あふみ)**の湖**」（古事記・忍熊王の反逆のところの歌謡）が、**古代の大陸への渡来・亡命の表玄関**であり、且つ、**日本海と瀬戸内海の二つの海を結ぶ古代の南北メインルート**であった（朝鮮―日本海―琵琶湖―大和・難波―瀬戸内海）時期が嘗(かつ)てあったことを、このように近世に至りましても、この古(いにし)へに繋がる行政区画の存在がアナタに示し続けてくれておりましたよ。

17―2　女帝仁徳の陵は「新沢千塚一二六号墳」

さて、この中原高句麗碑に刻まれております高句麗の占領から**新羅を解放**してやったのが、私こと古代探偵が本邦初公開で前述いたしました様に（一四8）、何を隠そう朝鮮の伽耶史でも案の定物の見事に**抹殺**（倭による解放と、そしてその前提たる高句麗により新羅が占領されたことすらも抹殺）されてしまっております「**倭の五王**」の**武**つまり**21雄略大王**その人だったのでございまして、その**モデル**は、当時この頃列島と半島の**高霊伽耶**（**池山洞**）にも拠点を持っておりました「**金官＝倭**」**9鉗知**(カチ)**王**（**492～521年**、**荷知**(カチ)。一四8）で、**日本紀**の上ではこの**同一人**が**紀生磐**(キノオイハ)（**キセイガン**）として登場して参ります（テキスト P1117と口絵。これ又、**本邦初公開**です）。この倭王武のモデルともなっておりました金官王の死亡の年は、「金官＝倭」が半島で滅ぶ丁度十一年前のことです。何故かこの雄王の死後「金官＝倭」は、何百年も続いた朝鮮半島（本貫）では滅んでしまうのです。それもライバルの安羅の新羅との内通による裏切りにより。又、右の紀生磐の「**紀**」という氏姓についてですが、日本紀改竄の作者の頭の中では「**金**(ソ)＝**蘇**(ソ)＝**木**(キ)（**協**）＝**紀**(キ)」（別述）だったのですから、**金官王が日本紀上**、**紀姓**で表わされておりましても（共に乙類）これは一向に差し支えなかったのです（その名残りといたしまして、持統天皇が蘇我一門滅亡の後に蘇我倉山田石川麻呂の次男徳永内供に紀氏を継がせておりますことも〔蘇我氏＝紀氏〕、平安紀の改竄で隠されてしまった倭王の歴史が、その隠蔽の膜を破って針の先程とは申せ表面に飛び出た瞬間をアナタに示していてくれたのです）。ですからアナタ、その証拠といたしまして、**古事記**は、人名におきましても「**紀**」を「**木**」ともちゃんと表現しておりますよ。アナタ、調べてみて。このようにアナタ、この二つの「キ」は上代におきましては共に乙類で、どちらも同音の仮名遣いだったのです。木嶋、基山、葛城、信貴などの「キ」は皆通音なので、或る時代には、中国様の原理〔本字と本字以外の字〕に従いましても、このグループのどれを使って表現しても構わなかったくらいだったのです）。

この列島と半島に強力な力を持っておりました「**倭の五王**」の**武**（**雄略**）の**寿陵**（**生前**から造っておいた墓）は、**朝鮮**におきましては**高霊伽耶池山洞47号墳**辺りの「**錦林王陵**」（但し、同44号や45号墳も要注意です）であり、**日本列島**におきましては河内の巨大な**誉田御廟山古墳**（**応神陵**）か、又は**大仙陵古墳**（**仁徳陵**）クラスの巨大古墳であった――朝鮮半島の本家が新羅に滅ぼされて亡命してまいります前から日本列島に渡来（或る時点でのその途中の拠点が富田林市の龍泉寺。別述）しておりました分家の「金官分家＝倭王家＝蘇我氏の祖先」の大王陵の奥津城だったノダよ！　但し、伝・応神陵の方は女の墓――ものと思われます（別述）。

ところでアナタ、**仁徳女帝**（金官7吹希王妃＝正史上では秦弓月君の妻〔半島で今来の秦氏と結婚〕とも表現されておりました）の陵は飛鳥の**新沢千塚126号墳**――伝・仁徳陵などではなく――かとも思われます（アナタが飛鳥にいらしたら、この橿原神宮前駅から西へたった一・五キロメートル〔貸自転車で数分〕の直ぐ近くにございます群集墳の中の小さな方墳〔年代はこれだけが何故か特に古く五世紀後半なのです。テキスト5―

3—1、P185下必見〕とそこから出土した驚くべき数多くの最高級の女性装身具を展示してございます千塚資料館は必ず見なければいけませんよ。「エッ！何度も飛鳥に行って石舞台や飛鳥大仏は見てるけど、そこ126号墳はまだ見ていないって！」。これをもし見ないでアナタが帰ってしまったら、古代ガールとしては、アナタは「お上(のぼ)りさん」と言われても仕方ありませんナ〔古代歴女失格！〕。女性としては、他のものなんか一切見なくてもいいくらい、これは倭の女王の墓〔これだけの出土物がありながら、この倭の女王性を否定するアカデミズムの目は節穴か！　その日本紀暗記のみのボンクラ体系ではこれは食(は)み出してしまって大王に当て嵌めきれないのか？それとも他の何者かの意図があるのではないか？〕としては重要なものだからなのです〕。本邦初公開。これ又別述。この仁徳女帝の陵につきましては、正史日本紀の文言をその通り信じて疑わない（日本紀の嘘が見抜けない）アナタとアホンダラの正史の天皇系図の暗記万能の有名大学のアカデミズムは、澄まし顔で「ちょっと時代が違うよネ？」と必ずやおっしゃるでしょうが、その点は「心配ご無用！」。と申しますのは、日本紀上の即位の順番で申します①21雄略、②26継体、③30敏達の各大王の系列は朝鮮史等と照合いたしましてコスモポリタンに見てみますと、何とアナタ、実は、皆ほぼ「同一年代＝AD五〇〇年前後」に異なる地域（①は金官伽羅、②は安羅、③は百済）に存在しておりました人物をモデルとして、百済系の平安天皇家により「万世一系」「天孫降臨」の統一思想に基づき縦に一本化されて系図上脚色して作られてしまったもの——もしこれが解きほぐされれば初めて真相が見えたのに——に過ぎなかったので（テキスト付録1、P1104、1105必見。又、新版23—2—3ではより詳しく証拠を引いてご説明いたす予定でございます）、この奈良橿原新沢の126号墳が仁徳女帝のものでございましても、「海峡国家倭の女帝の墓」といたしましては、時代的には全く問題が無かったからなのです（日本紀バイブルの暗記主義者の有名大学出のアカデミズムやその愛弟子の「臍曲がり」のアナタには、百年経ってもこのことは判らないでしょうが）。

17—3　「万葉仮名」は朝鮮から渡来した

この時、それまで兄弟国の高句麗の圧力に散々苦しんでいた**新羅の隣国**の**百済王**が、倭による「高句麗軍の新羅の慶州からの追放」を心から喜んで（ひと安心）、その追放の主体でございました**倭王**（**金官伽羅王**）の銘文では**日十大王**（**旱王＝卞王＝卞王＝弁韓王＝日下大王**）に贈って来たものが（テキスト17—2—2、P731）、何を隠そうアナタもよくご存知の、先程もお話致しました（本一四8、一5）写真14—5～9（集合写真）の中の右上の、直ぐ隣に**そのことの銘文**と共に記してございます、現在**隅田八幡宮**にございます『**人物画像鏡**』そのものだったのです（私の体系上ではその全てが一致）。

アナタ、よく見ると、この鏡の銘文の中には、チャンと**朝鮮の万葉仮名**！である**吏読**が見られますよ。アナタ、どれだか探してみて。やっぱり古代の定石通り

「万葉仮名」は朝鮮から渡来した文化

だったのです（これを認めたがらない、温室で純粋培養された多くの一国歴史主義の現代日本の国文学者・言語学者は全く困りもの（鼻摘みもの）です。その答えを申し上げますと、テキスト17—2—2、P734下の銘文中の「**時**」がそうだったのです。アナタ、同23—5—1、P961～963に記載の日朝両文化に跨る**誓記体**と**略歌体**と**宣命体**の違いにもご注意下さい〔定義は大切〕。ご興味のおありにある方は是非テキストを見てネ）。更にこれが何と！**那須国造碑**の方にも見られますので、アナタその小さな一字を探してみて。その答えの本六の「**節**」**の文字**は必見だったのです。成功する人間は針の先のような一点に焦点を絞って動く。

〈この鏡が百済王から倭王に贈られました事情〉について、アカデミズムが詳しく説明してくれてないものですから、止むを得ず私がもう少し詳しくアナタに申し上げましょう。百済に頼まれました**倭王武**（金官

王）の**四七八年**の上表に対し、**宋**が全く百済のために動いてくれなかった（一四8はアナタ必見です）にも拘わらず、この**倭**（**金官**）が、最早混乱・衰弱した中国（南朝）なんかは頼むに如かずと、自らの侠気で危険を冒してまでも率先して軍を率いて弟（分家）分の新羅へ行って**高句麗を新羅から北へ追放**してくれたことを、助けられた新羅のみならず、その兄貴分の高句麗の南下の圧力に限界を感じて最早「危うし」と思っていたその隣国の当時の**百済も心から喜んで感謝し**、**この人物画像鏡を倭**（**金官**）**王に贈ってくれた**のですが、この直接の当事者の方の辰韓・新羅が、嘗てその立国の時点におきまして**倭に対する恩義**を感じていたことの証拠は、コスモポリタンに見ましても、このように新羅の正史自体の「過去の記載の分析」からも十分に読み取れることだったのです（武士道と新羅花郎とインドにつき、後述）。

と申しますのも、右の朝鮮史によりますと、**532年**に新羅が金官（倭）を滅ぼしたとき、金官最後の国主の**10金仇亥**（**衡**）（**道設智王**）とその**妃**、そして長子の**奴宗**、仲子の**武徳**、季子（最後に生まれた子）の**武力**が、国努の宝物を奉げて降りて参りましたのに対し、新羅の**法興王**（19年）はこれを**礼待**し、位上（大）などを授け、しかも**金官**（**半島部分の倭**）を**以て食邑**として与える（**旧国の領土をそのまま与える**）と共に、末っ子の**武力**（この**武力の孫**が、アナタもよくご存知の**新羅が倭と百済を倒した時**の、例の新羅の大将軍の**金庾信**「つまり「**大化の改新**」での**中臣鎌足**の**モデルの二分の一**。テキスト付録3、P1107必見」だったのです！）を新羅の国家の中枢にまで引き抜き、信頼し仕えさせて**角干**にまで至らせているからなのです（『**新羅本紀**』法興王十九年）。尚、新羅はこのとき金官（倭）王の**王弟**の「**脱知**」（源平藤橘の日本四姓のうちの「タチ＝橘＝キツ」氏の祖先の隠された出自ここ朝鮮にあり。和銅元年〔七〇八〕の天皇よりの橘氏の賜姓につき、序―3―1の「県犬養宿禰三千代＝藤原不比等の妻＝光明皇后の母＝反乱を起こした葛城王〔橘諸兄〕の母」の出自は、アナタ必見）彌叱今が王に代わって**旧国を支配**することすらも認めております（『**駕洛国記**』

17

仇衡(キュウコウ)王条)。つまり、実はアナタ、橘氏の祖先は金官(倭)滅亡後の戦後処理の朝鮮での倭王そのものだったのです。因みに、母国金官(倭)から完全に近く独立出来た新羅はこの四年後(五三六)に初めて独自の年号である「建元」を用いております。瑞鳳塚古墳出土の銀合杆(かん)にはそれ以前の延寿(元年が五一一年)の年号が見られますが、これは高句麗の年号と考えるよりも、実質高句麗から独立した後の新羅の中国様を畏れての恐る恐るの試用乃至は私用年号と考えるべきだったのです。

これは、新羅がこの頃征圧した他の旧伽耶諸国に対しましては「**軍主**」や「**邏頭**(ラトウ)」の落下傘部隊を駐屯させ軍管区として直接占領下の処理をし、「**郡県制**」の直轄下に置いて厳しく統制し支配(**郡**(グン)**=グン=軍**(グン)**=コホリ**)したことと比較致しましても例外中の例外の扱いであり(後世の「評(こほり)→郡(こほり)」にご注意。一一4)、何故この様な特別待遇が金官(倭)に対してだけなされたのか?というその理由(わけ)は、正に、嘗て倭が海峡国家であった頃、半島部の倭(金官伽羅)、つまり先程の**500年頃**に「**倭**(**金官**)**の五王**」の**武**(**雄略=金官9鉗知**(カチ)**王=紀生磐**(きのおいは))が、**宋に代わり**(**倭王武の上表文**)**新羅を高句麗の占領支配下から解放**してくれて平壌(ピョンヤン)にまで追い返してくれ、だからこそ、その結果**辰韓**から**斯盧**(シロ)そして**新羅**への**独立**が出来て今日も存在しているのですから(『**人物画像鏡**』の百済から倭への贈呈のところで説明。一四8)、その御礼をも含めたものだったからに他ならなかったからなのです(更に付言致しますと、この新興の慶州(新羅)金氏は、嘗て伝統ある倭王の金官金氏の「**金氏の姓**」(金官金氏には朝鮮で一番古い金氏の「**族譜**(ぞくふ)=チョクボ」あり)すらも猫糞(ねこばば)して**失敬**して頂いてしまっていたのでその王姓の由来に負い目を感じていたからなのです)。

又、この右の礼遇に加えまして、近くは**663年**の「**白村江の役**」の後の敗戦国の**倭の捕虜**に対する、新羅が執りました国際法的に見ましても、大陸では考えられない程実に**寛大な解放措置**も、これと全く同じ流れ(同じく、倭は同族且つ本来の本家様筋に当たりましたので)であったことをその証拠の一つに加えてもよいと思います（テキスト7—7—6、P282）。この様に、アナタに**国際的に「金官＝倭＝弁韓（カラハン）＝任那」であったという方程式がハッキリ見えておりませんと、アナタは満州・朝鮮半島や日本列島の古代史が何一つ理解出来ない「一国歴史主義のかわいそうなトンチンカン」**に過ぎなかったのです。どんなにアナタの偏差値が高く良い大学を出て目から鼻へ抜ける程の頭の切れで歴史教科書の暗記に優れておりましても、「一国歴史主義」では最早ダメなのです。仮令（たとい）頭は悪くてもいいからコスモポリタンの「ハテナ？坊やの心」がなければね。更に「縄文人以来の古代人の怨霊を理解する心」も必要だね。

17—4　新羅の独立は五〇〇年頃の智證王から

この6世紀初め頃に、新羅が解放されました時の新羅王は**22智證王**（500〜514年）でして、前述のように、

①それ迄の「**麻立干**」（mʌ-lʌ-han）という遊牧系の「**干＝カン・ハン**」のについた王号を、遊牧民の匂いのない「**王**」に変えることが出来まして、それ迄の長い間の辰韓レベルからの**王〔酋長〕号**でございました

赫居世（カツキヨセ）→次々雄（ジジオ）（男巫）→尼師今（ニシキン）（寐錦（ミキン）。この表現は広開土王碑に見られます）**→麻立干（マルハン）**（三八二年よりこの王号に変えまして、その証拠は『太平御覧（たいへいぎょらん）』に引用の『秦書』に見られる「楼寒（ローカン）」という表示もこの麻立干の略だったからなのです）

という変遷に終止符を打つことが出来たのです。

②**国号**の方につきましても、今迄の**雞林（ケイリン）・鶏林**（「鶏林」の字は崇神紀六五年七月に見え、後に「鶏林」とも書かれ〔「国号……徐耶伐……新羅。脱解王九年、始林有㆓鶏怪㆒、更名㆓鶏林㆒、因以為㆓国号㆒」『三

17

国史記』「地理志」〕、実はこれは訓読して「tark-sup'ur＝軍隊＋城邑」という高句麗語なのですから、アナタ、正にこの国名自体の言葉の分析によれば高句麗による新羅占領を証明してくれていたのです〔高句麗語で解けた新羅の国名。テキスト5―3―2、P189下に新版補充予定。因みに、継体紀七年十一月条には「斯羅」という表示も見られます〕〕とか**徐羅伐**(ジョラバル)とか**都祁**(ツゲ)（**漢音トキ・呉音ツゲ＝ツキ＝槻**(けやき)。序―3―3）とか**迎日**(ゲイニチ)（**ヨンイル＝トチ＝トキ**。一八7）とかで（更にアナタ、これら〔特に雞林、迎日、都祁〕は皆、一言で申しますと呪術的な悪霊が退散いたします「夜明け」に関係した瑞兆の名前だったのであり、且つ、遡りますと、古への満州における辰〔鮮〕王朝のオリジナルな名の「古朝鮮＝朝の鮮やかな国＝朝(アシタ)」の時からの思想を受け継いで来たものだったのです）、しかも嘗てのご主人であった「**金官＝倭**」**から明確に訣別出来ず**にハッキリ定まらなかったものから（真相は、沿革的には、古くは長い間本家である金官金氏〔倭＝任那〕の**下**に分家レベルに甘んじていた慶州金氏〔新盧〕でいたからなのです）、今度は斯羅(シラ)、新盧(シロ)から「**新羅＝シルラ・シラ・シロ**」と**漢字式国号**に固定が出来、

③更には、これ又遊牧系特有の「**殉死**」の風習（同じ伽耶〔任那〕系でもこの頃の**高霊**〔**大**〕**伽耶の池山洞古墳群**でもこれが多く見られます）からもオサラバしてこれを**廃止**することが出来まして（実はアナタ、この新羅でのこの**人の生き埋め廃止**という出来事が、倭の日本紀上での**野見宿禰**(のみのすくね)のアイデアにより**殉死**に代えて「**埴輪**」を造ったとされている〔**垂仁紀32年7月**〕「**埴輪起源説話**」の**モデル**そのもの（盗作）だった！のですよ。この物真似の立証につきましても、コスモポリタンの**本邦初公開**の考えです。その更なる内外リンクいたします証拠の一つといたしまして、九州**八女**(やめ)地方の**六世紀前半の埴輪窯**との関連につき、一四4）、又更に、

④**祖先の廟**を初めて造りまして（これも、日本での**天武天皇**〔**モデルは新羅文武王**〕**の**「**伊勢神宮**」造りの**ダイレクトな発想のモデル**でした。と言うことで一六4、Ｐ1022はアナタ必見です。一四4も。そして、実質的に**初代の斎宮**（さいくう）〔いつきのみや〕のモデルが確実に実証出来ますのは、矢張りこの天武の女（むすめ）の**大来皇女**（おほくひめみこ）からなのですから、これ又そのモデルはズバリ**新羅**に見られたことになるのです。前述）、

ですから、この倭が高句麗の支配からプロト新羅を解放してやった後の五〇〇年頃から、**慶州金氏**（新羅）は再び（初めて？）**高句麗**やそれ以前の直接の主人公であった本家筋たる**金官金氏**（**倭**）**からの呪縛**も解け、右の①～④の改革など**独立国**としての様相を呈することが出来る様になり、段々と富国強兵の国へと向かっていくことが出来たのです（実は、これも倭のお蔭様でした）。

17―5　扶余史、百済史、日本紀とトリプルで出ていた神武と崇神

さて、もう一方の**百済**の方につきましても、**扶余伯族の末裔の北扶余・依羅**（イラ）**王**（テキスト付録1、Ｐ1104。同2、Ｐ1106。同5、Ｐ1110）が**西朝鮮湾を船で渡って逃亡し**（**伯が海を済**（わた）**る＝百済**（ハクサイ）。同じ言葉が朝鮮語の**訓**で**クンナラ**〔**大都**〕**→クダラ**と化して参ります）、**漢江の京城**（ソウル）の辺りに南下して**4世紀半**に朝鮮半島**中部**で**初めて**国を造っております（ソウルの**漢江**（ハンガン）南岸の**石村洞積石塚**（セキソンドン）〔五〇メートル四方の基壇式積石塚。近くの風納土城〈北城・大城〉が南下して来た頃の王宮〈慰礼城〉で、次に南の夢村土城で四七五年に高句麗に滅ぼされました〕。写真1―12、一5。一7、九11、テキスト口絵〔集安の高句麗・**太王陵**の口絵の説明〕。同付録11、Ｐ1120）。この南下した北扶余の**依羅**（イラ）は百済の実質初代の**13近肖古王**のモデル――ですから、ハツクニシラススメラミコトが日本紀に二つ（そのモデルは高句麗と百済）も見られる不可解なことにつき、別述――ともなってお

り、且つ、この人はその更なる翻訳史でございました平安（現行）日本紀における倭の**10崇神大王**のモデルともなっておりまして（**依羅＝1神武＝13近肖古＝**10**崇神**＝1と10共にハックニシラススメラミコト）、この様に初代の

同一の王が「**扶余史→百済史→日本紀**」と**トリプル**で各国の正史上に重なって（**三重で**）出ていたという奇遇を、アナタは慧眼を持って「国際的（コスモポリタン）な広い視野」で読み解いていかなければいけなかったのです（テキスト付録1、P1104。付録2、P1106）。

又、〈百済王家の姓〉が、正史の編纂者の**金富軾**（ふしき）などにより、その編纂の**十二世紀**になってから（高麗の**一一四五年撰**）**余**（ヨ）（**扶余**）**氏**と統一表示されてしまう（『三国史記』「**百済本紀**」始祖条本文）**以前**は、正しくは

解（カイ）**氏**

という王姓でしたので（他方、「**同**」**注**の方では、この点が**北扶余王　解夫妻**「**pr**」→優台（イルチ）→**沸流**「**puru**」王（**兄**）という流れとし〈しかもプル＝扶余〉、**解王の庶孫の方こそが百済始祖の本家本流**とされております。テキスト付録11、P1120。尚、この百済史〈伯＋解〈穢・濊〉〉は、母国である北扶余史、兄弟国である高句麗史とも皆パラレルに対応〈そのコピーに過ぎませんでしたので〉しております（テキスト17―1―1、P710下、同17―2―1、P727上、同付録4、P1108、同5、P1110、同11、P1120））、そう致しますと、右のオリジナルな北扶余王の〈解・夫妻の名の意味するところ〉は、「解（カイ）＝穢（ワイ）＝濊（ワイ）」ということに加えて、

「**解＝kai＝日**（**hai**）**の古訓**」「**扶余＝pr＝太陽神**」

ということ、そして「穢（カイ）＝カイ＝蝦夷（カイ）（えぞ）＝日（高見の日）」でもありましたので、そもそも共に「**解＝扶余＝太陽神**」（満州）、「穢＝日高見」（列島）**そのもの**を表わしていたということにもなってまいりまして

（**古**(いにしえ)**への辰**〔**鮮**〕**王朝＝鮮王朝**〔朝の鮮やかな国〕ともこの点朝日を介して美しい繋がりがございました）、両者は**同じ**ことを表していたのだということも判り、この様に**初代の百済王**〔**近肖古王**〕の**出自**が**北扶余**(プル)にあったことが、その**王の姓自体の分析**からも、初めてアナタに判って来るのです（尚、右のような日本列島北部での「**蝦夷**(カイ)（エゾ＝ヨゾ＝沃沮＝挹婁、エミシ＝弓人＝夷）＝**解**(カイ)＝**穢**(カイ)＝**太陽**＝**日高**〔**見国そのもの**〕」であり、**穢族**の出の渡来前の**物部氏**とも「満州レベル」におきましてはこのように繋がっていたこと〔出自は同じだったこと――東北と物部との関係は、古くにこのレベルから既に有り。これ又、本邦初公開〕につき、テキスト17―1―1、P709上は必見です）。

そう致しますと、アナタ、やっぱり

新羅占領下の白鳳・奈良朝も、その次の百済亡命民の打ち立てました平安朝も、共に

「古代の日本は実質的に見ますと北方遊牧民に支配されていた」

――その証拠に、**百済**（**武寧王**のものは**銀製**）でも**新羅**（**金冠塚**出土のものは**銀製**）でも**腰佩**(ようはい)という腰の回りのベルトに楕円形の飾金具や魚形・刀子・勾玉などを下げますが、これは抑(そもそも)**北方遊牧民の風習**でしたからこのことは当然のことだったのです（腰佩が共に示す遊牧民であったことの証拠）――

ということにもなり、**この意味におきましても**、この奈良朝・平安朝の私の**渡来王朝**の考えを

『新・騎馬（遊牧）民征服王朝説』

と呼んでも一向に差支えないもの、更には一歩進めまして、本当はアナタは「そう**呼ばれなければいけなかったもの**」と私こと古代探偵は思料致します。と言う意味ではアナタ、

満州の往古の**朝鮮**（朝辰――辰の本字は鮮）**族**を纏(まと)めて**再生**し、高句麗を建国した**初代王の朱蒙**の**志**(こころざし)は、遠く海を渡った**日本列島**のアナタの今いるこの地に於て、**平安天皇家**として**結実**し、今日ま

17

で満州での建国から、何と！　**二千年余**も連綿としてこの「**辰**（**鮮**）**王**」の**系譜**は地下に潜り生き続け
　ていた
とも言い得るのです（凄い！）。それにアナタ、この**高句麗の**「**数詞**」を見てみましても、ここ日本にのみ奇蹟的に多く、ご本家満州・朝鮮ではその全体を見回しましても「三・五・七・十」の**四つ**しか残っていないにも拘わらず、ここ**亡命先**のここ日本列島におきましては、何と！

一、二、三から十までのその**全て**

が一つのパックに詰まったまんまで残っておりますのは何故なのでしょうか？（テキスト17—5、P753下はアナタ必見です）。それは**京都の平安天皇家**（**遊牧系**）の中に、**その言葉が人**（**天皇**）**と共に一千二百年余にも及び厚く保護されて**今日まで公家の「おじゃる言葉」として生き延びて来た（**遊牧民の**「**辰**（**鮮**）**王朝**」**の京都での復活**。本六の騎馬民族）からだったのです（慣行の保存は「**有職故実**」＝「**江家次第**」）。

17—6　百済王と平安王朝文学

序ながら、**紫式部**の書いた『**源氏物語**』の「**光源氏**」**のモデル**は藤原道長よりも**源融**（所謂、みなもとのとおる）の方が有力なのですが、正にこの源融こそが、次に詳しく申上げます様に、百済王（女）と**52嵯峨天皇**との間の皇子で「**源**」姓を賜り**臣籍**に列した代表的な人物の一人だったのです（テキスト1—2—4、P49下、9—4—1、P379下、巻末付録「**百済王氏系図**」テキスト付録6、P1113をご覧下さい）。この様に、歴史学でも将又国文学でも、「一国歴史主義」を離れて私のように**コスモポリタン**に見てまいりますと、アナタ、初めて

満州・朝鮮系の百済王の天皇家の血統と「**平安王朝文学**」**とは切っても切れない関係**

にあったのだという「アッ！」と驚く為五郎の凄い大発見が見えて来るのです。

17―7　漢民族の祖先はユダヤ人だった！

実はアナタ、この、皇子や皇女が多くなり過ぎて（天皇が矢鱈に種付けし過ぎて）**経済的**に問題を生じたため**臣籍**に下ろすことは「平安朝＝百済系＝遊牧系」天皇家とは**同族**であった**大陸・満州の遊牧民**にその**先例**がチャントございまして、それを同じ遊牧民の末裔の百済系の平安天皇家が素直に**見習った！**だけのお話に過ぎなかったのです。

私こと古代探偵が探し出しましたその前例としての証拠と致しましては、次のように一言で纏めておきますと、

源賀

鮮卑（**古への出自へと辿りますと、東胡＋匈奴**〔『後漢書』巻一二〇〕の**拓跋氏**の**大武**が**秀髪部**（何とアナタ、正に**チョンマゲ**そのものがこの**部族名**そのものとなっておりますくらいなんですよ）の「**五胡十六国**」の一つの**南涼国**の**河西王の子**を**臣籍**に下して「**源**」姓を与え、

と名付けたことから〈東アジアにおける**臣下の源姓**〉というものが発生しております。因みにアナタ、特にこれは大切なことで多くの方が誤解していることなのですが、その王都が奈良**平城京**のお手本ともなりました、「咲く花が匂うが如く」の当時の人々の憧れの

「**大唐帝国**」すらも、実は**漢人**の作った王朝などでは決して**なく**、

漢民族から馬鹿にされた**この東夷・北狄レベルの蛮族の**「**鮮卑**」族の「**拓跋氏**」の作った**王朝**

つまり、漢民族から**化外の民**（王化の外の民）とされておりました「**東胡＋匈奴**」の**混血民**の建てた中国の

王朝だったということになります。更にアナタ、序に、《驚くべき真相》をお話致しておきますが、**中国三千年の歴史**の中で、実は、これ又学校の先生すらもよく知らない人が多いのですが、

漢人が作ったマトモな王朝など思った程は**多くなく**、

よくよく分析してみましても、漢民族の作ったと称する（詐称する）**漢字**（実は、その**オリジナル**は**亡命インダス人**〔古くは殷のことを夷とも表現されておりましたのは、インダスを示したことの名残り、又、自称商と言ったのもシンドの名残りでもあったという至極単純なことにあったのです〕によって作られました**殷字**だったのです。テキスト9—3—1～3、P343～359、本一四7は必見です）で記されました「**中国史**」に**今まで騙されていた**自分の頭でハテナ?と考えないアナタと象牙の塔のセンセイ方は、「エッ！」と驚かれギョッとなさるかもしれませんが、精々が、後世の（今日に近い）

北宋（960～1126年）と「**明**」（1368～1622年）

ぐらいにしか**過ぎなかった**のですヨ！

と申しますのも、端的に申しますと、アナタがご興味を持っておいでになる、今日小説家が、判らないことをいいことに矢鱈に書きまくっております**秦**や**漢**の王朝などは、その王の肖像の**黒子**の多さやその全ての**ヒゲ**（髭＝口ひげ、髯＝頬ひげ、鬚＝顎ひげ。——髭の少ない東洋人に、抑こんな多様な漢字によるヒゲの表現が果たして必要だったのでしょうか？）の濃さからしましても一見して明らかのように、これは**セム系**だったのです。これはツングース（清朝、金朝のTunguses、満州人——東胡もここ）とも全く異なるのみならず、抑、〈漢族などという民族の存在〉は人類学上全く以って認められず、精々が漢字を共通言語とする混成民が見られるのみだからなのです。この点の唯一の解決方法としましては、〈**秦の始皇帝**〔即位**BC二四六年**〕**の実像・モデル**〉というものが、実はアナタ、

グレコバクトリアのディオトドス王（クーデター　ＢＣ二五六年）の**東行・亡命**とコスモポリタン且つ素直に考えさえすれば、その全ての辻褄がものの見事にスパッと一発で合ってまいりますよ。そして、「**度量衡制**」「**郡県制**」などの**秦とペルシアとの同一性**もその貴重な一つの情況証拠だったのです。

しかもアナタ、次にとても大切なことを申し上げますが、今日のアカデミズムは、何の疑問も浮かばないかのように〈前漢・後漢〉などと教室や教科書で表現し軽口を叩いているのですが、実は〈漢の国号〉というものが初めて定まったのは、何とアナタ、前漢の帝位を簒奪した王莽（巨君――貨泉を造った）の「新」（AD８～23年）からに過ぎなかったのでして、前漢のときはそもそもまだ漢などという国号は全く無かったのです（アレマア！）。更にアナタ、ということで〈前漢・後漢などという二者の区別〉すらもが、ずっと後世の漢が滅んでから千年も経った宋代（九六〇～一一二六年までが北宋。以後一二七九年までが南宋）になってからのお話に過ぎなかったのです（驚きでしょ。高校の先生方、知ってました？　小説家も気を付けてよね）。ですから、アカデミズムのこのような「定義・名称などの遡及的使用」は頗る誤解を招きますので法律家の私こと古代弁護士のように、より慎重でなきゃネ。そんなアナタの本を読んだ子供たちはみんな一発で誤解しちゃいますよ。まるで紀元前から「漢と自称する国」が本当にあったのだと（実は、そう言う私も昔、高校生の頃はそう思い込んでいたけれど）――そう思ってみると矢張り〈紀元前の中国史〉は皆インチキ臭いよネ。本九３は必見。もしそこに古くから或る組織が存在していたとしても、それは北方のオルドス辺りの匈奴や南方の楚や呉や越の一族だろうね。それに、古くは楚と越とは同族だったという中国の史料もあるしね。しかも、「全ての漢族が黄帝の子孫」だという思想は、何とアナタ！　一八五九年に日清戦争で中国が日本に敗れてから、近代国家の建設に必要だとして生まれたアイディアに過ぎなかったのです（赤い先生方、知ってらした?)。だから悠久の中国史などというものの大部分はオリエント史の秦(チン)(支那(チャイナ)の語源の一つ)を始めとして、他(主として西方)からの移住民による西方史の翻訳(周史はシュメール史の漢訳。連山、帰蔵、周易も然り。[テキスト]9—3—2、P349下必見)に過ぎなかった(詐欺)ノダ(中山国の「白夷＝白人」などが証明)。

古来より**漢族**(その古い出自を突き止めますと**羌族**と**氐族**——これ又、世界初公開。後述)は「宣伝が商人の様に上手」ですからお気を付け下さい(**金のためなら何でもする支那人**。前述一四7、[テキスト]9—3—3、P357、同9—4—1、P377〜379下は必見です。二十一世紀の今日でも、二〇一三年には四〇万トンも日本に輸出していたその党名の共産主義とは一八〇度逆の皮を被った国家中央資本主義のレッドチャイナ(やっと列強に伍した共産中国——社会主義の名が笑わせるよ)の『毒チキン』が、ファストフード(その中でもマクドナルドだけでも二〇一三年には一万八千トンも使用)のみならず、特に私のような準貧乏人にとって滑稽なことは、セレブのアナタ(ご婦人方)が「美味(おい)しゅうございますワ!」と高い金払って食べていたご自慢の高級ビストロの「隠し味」のコンソメなどに化けていたんだよ(セレブに皺が増えた理由!))。それにアナタ、**周以降**、負けた民族の全く異なった前王朝の**殷の歴史**は文献上も完璧に**抹殺され**てしまっておりました(それに中国史の王系図上は同族である筈なのに、王名は殷とその前の夏と、その後の周とは全く断絶していますよ。殷以外には「十干」が見られない。これは何故?——夏も周もインチキ——八6などに別述)。ですからアナタ、その証拠に、近年四川の**三星堆**(さんせいたい)で**殷の時代の銅文明**が出土したときも、中国中のアカデミズムは「そことの繋がりの文献が無い」ので、暫くの間はその辻褄を合わせるためにも、右往左往みっともなくうろたえてしまったのです(万人公知)。

——日本の、否、世界の漢民族研究の権威者たちは、皆何らの疑問を抱かず、全て始めに「漢民族＝華夏

17

族」有りきということからスタートして中国大陸部での他の民族との交渉・吸収を論じておりますが、私こと「ハテナ?坊や」だけは、抑「漢民族＝華夏族」とは一体何か？　そしてそれは「何処から」「何処へ」やって来てそれは「どういう人たち」だったのか？　ということまでも原初にまで遡ってテキストではスタートしておりまして（後述）、こういうアプローチの仕方は世界広しと言えども本当に歴史の好きな私の初公開だったのです。お時間の関係からその結論だけでもここで少し申し上げておきますと、〈漢人の出自〉は古くは羌・氐だったのであり、これが亡命「**失われたユダヤ十二支族**」の、バクトリア（ここまでは今までの歴史で判明しております。ここから先は私独自の考えです）からワハーン回廊、パミール越えで新疆に至り、そこから北の匈奴と南のインド列強とに挟まれた両者の影響の少ない「チベット高原」を流浪東行し、長時間かけて四川に降り（暫く高地に留まったのが遊牧の「高地羌＝羌」、低地に早めに降り水耕に従事したのが「低地羌＝氐」。この点、正直にも読んで字の如し）、嘉陵江（西漢水＝西羌水）を経て中原に至ったのだ（後漢の頃につき、八6必見）と世界で初めて私こと「古代探偵」が指摘した（**漢民族の祖先は古いユダヤ人だった!**）ことにつき、ご興味のおありになる方にとりましては、是非この点の次のテキスト（9―3―7、P370上～371上、9―2、P341上～342下、9―3―3、P350上～359上、10―6―7、P464上～465上他）部分は必見です（但し、右の漢〔羌・氐〕人の起源は、同じ名のユダヤ人ではあっても、ノーベル賞をよく取る偽ユダヤ人の後発的な白人の**アシュケナージ・ユダヤ**〔カザール人〕などではなく、『旧約聖書』上の正統派の有色セム系の**スファラデー・ユダヤ**の子孫たち〔エチオピア→イスラエルへの大空輪作戦〕だったのです。ですからその顔付きといたしましては、その出身からして意外にも四川出身の鄧小平のような容姿だったものと思われます。又、チベット系農牧民〔羌＋氐〕の彝〔ロロ〕族の黒イ〔但し逆語族〕も「中国西北部にいた羌人から分かれた人々」でした〔つまり黒イは言語がどこかで転換した漢民族の別派で祖先は共にユダヤ人だったので「祖先は古く北方から来て、死者の霊もそこに戻る」との伝承を持っていたのです〉）——

お話を皇子、皇女を臣籍に下すことに戻しましょう。ところでアナタ、日本でも平安朝の天皇家は、何故か右の**鮮卑をそっくりコピー**した様に**真似**まして、同じ様に増え過ぎた天皇の子で**生母の出自の卑しい**（**卑母**）もの（と申しましても形式的に**蛮系**の**百済王**（コニキシ）の姓（かばね）の女（むすめ））の子などを皇族から**臣籍**に下し（但し、実質的には光源氏のモデルとなった**源融**（みなもとのとおる）など**百済王**（このコニキシの場合は**女**＝『**姓氏録**』による百済系の大原真人全子〈更にこの源融の父が嵯峨天皇であったことにつき、テキスト1—2—4、P49下、光源氏のモデルにつき、同9—4—1、P379〉）**の血の混じった子が国政を動かしました**。ですから正確には、その出自を隠し天孫降臨の和風化にするため**再度**「**地下に潜らせ**」**そして活用した**とでも言うのが正確なところでしょうが——）、しかも、どうしたことかその名前まで大陸の遊牧民の前例の場合と

全く同じ名の「**源姓**（ゲン）」！

を与えまして（**源朝臣**（みなもとのあそみ）となる）、日本列島におきましてここに**源氏が誕生**した（第一次の源姓——後世の第二次（武士の源姓）とは区別）ということも、同じ満州系の**北倭**（百済・扶余）の王家の子孫と致しまして、**遊牧系の日本の扶余・百済系の出自の平安**天皇家が「**これに範をとった**」ことと地下水脈ではチャンとスクラムを組むように繋がっていた（**同一祖先との認識**があったからこその証拠）と言わざるを得なかったのです（八6、テキスト2—6—1、P114下は必見。尚、日本列島に亡命してまいりました、百済と同じ遊牧民の出の高句麗王家の、**五百年余**にも及ぶ不可解な程の**排他的な血の濃さ**〔**純粋さ**〕**の遵守**の実例につき、それを示します本六の中世までの**高麗神社**の**高麗**（こま）**家系図**はアナタ必見です）。

17―8　嵯峨天皇の后妃は二九人も！

平安朝の**52嵯峨天皇**（786～842年）（即位809～退位823年）のときには、何とアナタ、**29人**もの**后妃**がおりまして（一人でこんなに多くの美女と！　古代も中世も**頼れるのは身内だけ**だったから――百済系天皇家の藩屏たる貴族の大量生産の必要性〔何でこんなに、しかも即席（インスタント）に?〕――なのです）、当然その結果**親王**が多くなり過ぎて（**40人**）、国家財政が窮屈になったため、

男17人女15人に「**源姓**――これは貴族としての〔第一次の〕源姓」を下賜し**臣籍**に下し皇族でなくしてしまいました。更にアナタ、**56清和天皇**（850～880年）（即位858～退位876年）のときには、アレアレ！**親王の子**も**600人**にも達してしまい、そこで

171人もの**王**を**臣籍**に下し「**平姓**（ヘイ）――これは貴族としての平姓」を下賜したことから**平氏が始まっていた**（第一次の平姓）のです（本八4～6、一七7――これ又、後世の第二次〔武士の平姓〕とは区別）。

17―9　消えた新羅水軍一万人により武士が発生した（金太郎）

但しアナタ、ここからが歴史の真相といたしましては**本当に重要**な驚くべきことなのですが、実は、アナタがくれぐれも誤解なさらない様に、次にとても大切なことを申上げておきますと、アカデミズムも一国歴史主義ですので、次に申し上げますようにまだまだ十分には気が付いてはいないことなのですが、

このときの源姓・平姓の賜姓は、後の「武士」の源氏と平家とは　全く関係なかった！のだということなのです（第一次姓と第二次姓との相違）。何故なら、この武士の源姓・平姓は後世の公家

との**系図売買・系図改竄**の結果生じたことに過ぎなかったからなのです（何もしない〔働かない〕京都の貴族たちは、長い間、自家の系図の途中を「切り貼り」してはその頃の出自不明——つまり渡来系——の成金の「買い主」にくっ着けて〔繋いで〕は高く売りつけた金で中世まで何百年も遊んで食べて来た〔こんな「一次姓から二字姓へと繋ぐ」橋渡しのアルバイト〈内職〉をしていた〕とも言えるからなのです——ですからアナタ、ひょんなところからこの〈系図売買→武士の祖先の系図偽造〉というウルトラ級の証拠が出て来るかもしれませんよ）。と申しますのも、国際的に見ますと、これ又本邦初公開ですが〈武士の発生の真相〉は、ズバリ！

新羅滅亡時の水軍一万人が九三五年に高麗に滅ぼされたときの　朝鮮からの「神隠し」

と深く関係していたからなのです（七4、②奈良日本紀→③平安日本紀への変化）。

早い話がアナタ、箱根の足柄山の**金太郎は来日2世か3世**だったのです（テキスト23—5—10、P975下、976下、一八3は必見です）。この**金時**は亡命新羅水軍——或る伝承では、何故か山姥の八重桐は足柄明神の化身である「白い鹿」〔新羅の暗示〕に導かれて赤龍〔雷〕〔百済の旗は赤〕の子を産むことになっておりますし〔新羅＋百済〕、又、その龍の子を母が懐妊する前に死んだ父の名が、何と！　酒田義家〔これは新羅三郎義光の兄の八幡太郎義家と同じ名で、これ又、新羅。一八4。但し、この舞台となった村は、明治二十二年に七村が合併し酒田村が生まれましたので、この「坂」田ではなく「酒」田という名での伝説は古いものではないか、又は古くから語り継がれて来たものが明治以降に文書化されたものかもしれません〕と申しましたし、更には金時山の太郎〔一郎＝太郎＝朝鮮語のハナ＝一。別述〕ということで金太郎と名付けておりますし、やっぱり新羅とは「さりとては」の縁がありそうですよ——の**金氏**（金時山・金太郎）の**象徴**ですから、それが海辺だけでなく広範囲に奥深い山里にまでも伝わっている例といたしまして、**蟲倉明神**（旧・科野水内郡小蟲倉の山の上）の祠には、**金時の母**（鬼無里のプロト鬼女紅葉とも関連か）を祭り、その名もズバリ**阿姥明神**と言われていたということ（一八３）を挙げておきましょう『**信濃奇勝録**』。又、中国地方の山中の栗柄神社（美作＝岡山県北部〔勝央町〕）には坂田金時の行路死の伝承も残されているようです。この**武士の出自**についての私こと「古代探偵」のコスモポリタンな考えは、近い将来確実に**通説**且つ世界標準になることと存じますが、そうなりますと、私ことアマチュア古代探偵の大きなお手柄ということになりますナ。

又、金太郎の**怪力伝承**は、ちょっと調べましても金時山、足柄峠だけではなく、中部地方（**長野県**南木曽町）や上越（**新潟県青海町**）にまでも見られるからなのです。

次に、「**足柄山の金太郎＝坂田ノ金時＝坂田民部金時**」の分析から、**新羅人の亡**命ということに繋がる情況証拠の幾つかを拾ってみましょう。先ず、

①**腹掛け**の「㊎」のマークの**金**は、**新羅の王姓**又は**慶州金氏**の屋号をズバリ表わしておりまして、

②**坂田**と名付けましたその姓は「**坂**＝ハン＝**韓**」でその出自を暗示し（因みに、時代は遡りますが、建郡当時、高麗郡の中心地でございました西武池袋線の飯能、八高線の東飯能の名の由来につき本六に別述。正にアナタ、これはその名の通り「韓が能〔良〕し」ですし）、更にアナタ、彼が常に**象徴と**して持っておりますものも、

③「**鉞**（大型の斧）＝これは**王権の象徴**（この**木の柄**を付けた**斧**から「**王**」という漢字が出来たという説もあるくらいなのです）＝古くは**破壊**神の象徴（中国では天子が**征伐の大将**に賜って**誅殺の許可**としました。倭でもこの点は同じでして〔**則天皇持二斧鉞一**、**以授二日本武尊一**〕〔景行紀四十年六月条〕且つ、「カリ」とは古代朝鮮語で鉄・金属をも意味しました〔坂上刈田麿〕）であり（巨木が落雷で真

っ二つに裂けたとき、古代の人々は「雷神が巨大な**鉞**を持っている」と考えました（ですから、朝鮮語の「マサカリ」を持った金太郎は**隠された金属神**でもあったのです）。インドの最高神のインドラも雷の点は同様です）、

④**赤い肌**の金太郎（北欧では神の**赤**髯〔ほおひげ〕は**雷火**の象徴。日本の伝承でも赤い龍〔雷神〕の子〔別述〕）、そして、頼光に四天王として仕えたということと雷光との関係は？　果たして偶然か？

ということで、右のことはあれから永年が経過してしまったため最早情況証拠に過ぎないとは申せ、**武士の出自が新羅亡命民の王家の子孫**だったというアナタにはウルトラなことによく合致しておりますのみならず、更に絵とは申せ、長沢**蘆雪**（一七五四～一七九九年。円山応挙の弟子。享年四十六歳）の描く「**子育山姥**」（図17—14）の母子のその**凄まじい形相**は、そこに徒ならぬもの（**その裏に隠された何らかの恐ろしい真相**を、その芸術家が感じ取ったこと。**怨霊**——アナタが幼少の頃ご覧になった絵本の金太郎の福々しく可愛い子やあの明るい「熊に跨り——♪」の童謡の表面的な感じとはおよそ掛け離れたもの——をダイレクトに感じさせます）を感じさせるからなのです（因みにアナタ、〔足柄〕地蔵堂〔南足柄市〕内にございます金太郎の母の山姥像は、三途の川の辺にいて亡者の着物を奪い取る鬼婆〔奪衣婆・懸衣媼〕の姿をし怨みで恐ろしい顔——死後の不安を暗示——をしておりますが、これは一体何故なのでしょうか？　これは誰に対する怨みの顔、又は将来への不安だったのでしょうか？）。

つまり、早い話が、私こと「古代探偵」の右の推理の根拠となりました更なる証拠を特にアナタにだけそっと申し上げますと、正史にはどうしても書けない（このこととの連動性が書けない）この**歴史の裏**では、アナタもよくご存じの「例の、日本の東西での**アノ蠢き**」——加えて「就馬の党」（後述）にもご注意下さい——が見られたからなのです。その連動性（水面下の動き）が書けないこととは、つまり、

承平天慶（しょうへいてんぎょう）の乱（**結果**）の始まり（承平五年〔**九三五**〕『**将門記**』『**皇年代記**』）と

この**新羅水軍の亡命**（右の乱の**原因**）との　**連動性**

というアカデミズムからは予想だにつかないことだったのです。因みにアナタ、その間接証拠を一つだけ申し上げておきますと、何故平将門は**新羅の古名**でございました「**都鬼王**（『**尊卑分脈**』脱漏）＝トキ王＝**都祁（トキ）王**＝**新羅王**」と称したのでしょうか？

これらと次のことを統合いたしますと、将門は**平親王**とも称しておりますものの（『**諸家系図纂**』）、この平氏と申しますのは、その出自が高麗に滅ぼされました**新羅亡命軍**に遡ります**武士の平氏**だったこと（第二次の平姓）を表していてくれていたのです（実はアナタ、アカデミズムの全てが宣（のたま）うような〔百済系〕天皇家の子孫の臣籍に下った貴族に下賜された平氏〔第一次の平姓〕などでは全くなかった――つまり、正史上「平将門（高望王の孫）が桓武天皇の五代の孫」だというのも、実はこれも系図売買・偽造の結果に過ぎなかったバッチリ真っ赤な大嘘だったのです〔桓武の孫であり将門の祖父である右の高望王〔治安維持のため派遣されて、ここ上総介となる〕が平の姓を名乗るのは寛平元年〔八八九〕からに過ぎません。この九世紀末から平氏を名乗っているのです〔形式上同族と雖も系図売買にご注意――要分析〕。しかもアナタ、その将門の父の名でさえ良将か良持かについて争いがあるだけではなく、その「将」についてすらも「マサ」か「モチ」かその読みすらも不明なのです――当然、そんな系図は？）。だから『将門記』（軍事文学の祖）を只表面的に暗記しただけの即席（インスタント）の薄っペラ国文学――同じ音の漢字の「平」なので同一だと直感してしまった愚かさ――じゃダメなんだよ。それでは古代から中世へのこの大切な「架け橋」部分は君には見えてはこないんだよ）。

では次に、その「歴史の表に出ていて、アナタにも〈辞書を食べて覚える覚悟〉で努力しさえすればその行間を垣間見られた筈だった部分」（結果——実質的理由）の方につき、次に申し上げておきましょう。

①**同年**（九三五）六月二十六日の「**海賊追捕のための伊勢神宮はじめ諸社に奉幣した**」こと『**扶桑略記**』『**日本紀略**』も同様です（これら日本と新羅のコスモポリタン性は皆、本邦初公開）。

②**翌年**（九三六）六月の南海道の魁帥（かいすい）**小野氏彦**らに率いられた「**海賊二千五百余人もが降伏した**」こと『**日本紀略**』『**扶桑略記**』他——このとき**東国**へ行ったため**降参しなかった**人たちは、その後どうなったというの？　その消息は？　その国籍は？

③同七年〔**九三七**〕十二月十四日に至り、突然、下総介**平良兼**が**平将門**の**石井宮**（いわいぐう）〔下総国猿（さ）島郡〕に**夜襲を仕掛けましたが撃退された**こと——これ以降は、アナタも学校の教科書等でお習いになり受験暗記されてご存じの通りです）。

そして更にアナタ、その実質的な第一次姓と第二次姓との違いについて申しますと、第二次姓の人達の具有する「**武士道**」の厳しさのその根元には、歴史を遡りますと、公家の世界とは凡（およ）そ程遠い（通説に従いますと源平〔第一次〕は共にお公家様のご子孫様の筈でした）朝鮮半島での女を近づけない厳しい修行の**ホモ集団**であった**新羅花郎**（かろう）（その起源は**インド**の**クシャトリア**にまで遡り、古くにアユダ国から**金官伽羅国**を経て朝鮮半島に入ってまいりました〔三国遺事〕。テキスト9—9、P836下。因みにアナタ、ここ**インド**にも釈迦の出現を預言した「**婆陀**（バーダ）＝〔姓〕**Bāda**〔名〕**rāyana**〔**羅耶那**〕＝**インドの秦氏**」がちゃんとおりましたよ〔『**国訳仏本行集経**』俯降王宮品第五〕。テキスト参照）の過酷なまでの**修身**の**山岳修行**（**山岳五山仏教**）という思惟（しゆい）が控えていたことに気が付かなければいけなかったのです（このようにアナタ、当時の日本の「武士の魂」も、ジャパンオンリーなどでは決してなく、実はコスモポリタンだったノダ〔第二次姓——武士としてのコスモポリタン性〕。これらは、アナタ、本邦初公開ナノダ——この**統一新羅**の**山岳仏教**と日本のお寺の「〇〇山」という**山号**の出処につき、別述）。

つまり、

武士の方は**源氏**も**平家**も共に**新羅・伽耶系の出自**

——と申しますのも、**平家**の方には、新羅に吸収されたとは申せ、本来その前の**安羅**の**海洋水軍系**の要素が大でして（水の民。壇の浦の前半〔午前中〕の海流を知り尽くした優位性を思い起こせ）、これに反し**源氏**の方には**新羅**本来の**農耕系**の要素が大だった（陸の民）からなのです——

の人々だったのであり（第二次の源姓・平姓）、これに対し、その**前**の

平安朝の**臣籍に下った天皇の子達**（**お公家さん**）の方は、平安天皇家そのものの出自が元々**百済王**(コニキシ)だったのですから、その子孫が**源姓**であろうと将又(はたまた)**平姓**だろうと、そのどちらにしろ当然のことながら共に**百済**（扶余・高句麗、つまり遊牧民）**系の出自**

の天皇家の人々だった（第一次の源姓・平姓）と言えるからなのです。

——このように公家の源平と武士の源平とは、その出自を全く異にしていたのです（源平出自二分説）

——

後述致します（一八3）「**前九年の役**」（一〇五一——一〇六二）や「**後三年の役**」（一〇八三——一〇八七）で活躍致しました（一応、清和源氏の末裔と位置付けられております）源頼義(よりよし)の子の**源八幡太郎義家**(よしいえ)の**曾孫**(ひ)が**鎌倉幕府**（軍事政権＝幕府）を開きました、アナタにも超有名なアノ**源頼朝**(よりとも)に当たるのです。そして、も

う一方のこの義家の弟の**義光**（よしみつ）の頃（十一世紀中頃）には、未（いま）だ**祖先が新羅人**（つまり、十世紀前半に高麗に敗れた**亡命新羅水軍**）であったということの認識が十二分に残っており、且つ、それを隠すどころか、今とは違い初期の武士の社会ではそれ（その蚕系と武勇）を**誇り**（保守本流）とさえ思っておりましたことは、この人が近江の**園城寺**（おんじょうじ）（**三井寺**）の境内の**新羅善神堂**の**新羅明神**の下（もと）で、且つ

新羅（しんら）三郎義光

とさえ堂々と名乗り**元服**いたしましたことからも十分推測出来ることだったのです（共に第二次の源姓の人。写真17―11、12）。

――この新羅善神堂は長等山（ながらやま）の山懐（やまふところ）の静かで上品なナカナカ美しいお寺（坊）ですよ（しかも国宝）。アナタ、一見の価値あり。近くには明治政府によって千二百年後に初めて天皇に格上げされました天智の子の39弘文天皇（伝、六七一～六七二年。「大友皇子＝モデルは百済王子の扶余隆〔本六〕」。だからアナタ、このことは、明治になって、天皇家が足利義満の実子の100後小松天皇の新羅・北朝系から百済・南朝系へと変わったことの重要な情況証拠の一つでもございました。〔テキスト〕27―1―1・2、P1035～1039の『椿葉記（ちんようき）』『看問御記（かんもんぎょき）』、又、同28―1―1・2、P1040～1043の「孝明天皇の病後〔天然痘快復直後〕の毒殺」「南朝の十六弁菊花紋の謎」、同付録1、P1105「天皇系図」は必見）の陵もございますし〔本一九〕、昼でも薄暗く木々の生い茂った山中の孤高の右の新羅三郎義光の墓（古墳のような大きな土饅頭）を見てのお帰りに是非寄って下さいネ。庭の落ち葉を一人掃いておられましたこの御堂のご住職は、物静かで、且つ、ジーパンを穿いたスラッとした上品な女性でした――年齢不詳。「旅先で出会ったジーパンを穿いた女住職」というテーマで何か書きたくなりました――。

勿論、武士の世になる遙か以前、**百済革命**で平安朝が成立した際、**桓武天皇**や征夷大将軍の**坂上田村麻呂**に東国・東北各地の**陸の孤島**（**「白浜＝新羅浜」**の地名が多く有り）にまで追われた（海路で逃げた）、**奈良朝の天皇家**やその同族の**新羅系**や**伽耶系**、更にはその前の**扶余解**（**穢＝太陽＝蝦夷**）**族**（日高見系）の**物部系**（金属系）の**古い敗走者**（**阿弖流為・悪路王**の実質的な祖先など）たちの吹き溜まったシンジケートの中にも、この**九三五年に亡んで渡来した新羅水軍の新しい亡命者達**が海路で移動し**逃げ込んで**おりました（テキスト7―4―49、P275下、277下。**新旧の新羅人の「異郷での合体」**）。

そして、これ等の

東北へ逃げた新羅・伽耶系の征伐

こそが、**阿倍**（**アヘ**）**比羅夫**（**この人は架空**）の**粛慎征伐**という名を借りた正史日本紀上のお話が創られたその投影の元（別述）となっていたのです（ところでアナタ、ちょっと込み入って恐縮ですが、もう片っ方の**安曇**（**アツミ**）**比羅夫**の方は、新羅と戦った**倭系**の**安羅**の元々からの**実存**の水軍長でした）。後述の一八3の**証拠**はアナタ必見です。尚、序―3―3、序―4もご参照下さい。

――因みにアナタ、後の「**就馬の党**」（九世紀末～十世紀初。坂東方面の東山道・東海道に出没した反体制側（反百済系＝アンチ政府）の強盗集団）と藤原玄明と蝦夷の反乱とこの「平将門の乱」などがどういう因果によりどういう順番で生じたのかというその先蹤如何ということについての各関連につき、詳しくはテキスト7―4―50、P276下、本六は必見です（実は、こういう私のコスモポリタンな広域的分析も、本邦初公開でこれからの歴史をリードして動かしてゆくことになるのです）――

しつこい程の、あの面子を懸けての**平安天皇家による北国の蝦夷の征圧**（**の裏**）には、実はアナタ、このような**コスモポリタンな伏線**が隠されていたこと（だからアテルイはどうしても殺されなければならなかった＝許されざる者〔The Unforgiven――オードリー・ヘップバーン主演〕であった）を、決して単細胞のアカデミズムのように見逃してしまって百年間も気が付かなかったことの方こそ、正に許されざることだったのです（勿論、後に東稲山の鉄民――蕨手刀――の「舞草鍛治」〔餅鉄〈団子鉄〉など〈ここは古くから砂鉄も併用。テキスト17―1―5、P720上。但し、ヲロチ神話に引き摺られ、一見古そうな出雲の砂鉄によるタタラ製鉄は、アナタの予想に反してそんなに古くはなく、今ある証拠からは精々が中世からのものでしょうが――だから神話とは一致しない〉を主たる材料といたしました点に特色がございました〕となる人々の収奪という目先の実利〔人攫い〕をも含めまして）。

これら蝦夷の鉄民目的の「人攫い」や馬も又、アナタの教科書の何処にもはっきりとは載っていない、私とアナタだけが知っているお話なのでした。

17—1　二本松山古墳出土金銅製冠

17—2　十善の森古墳

17—3　十善の森古墳出土王冠

17—4　鴨稲荷山古墳

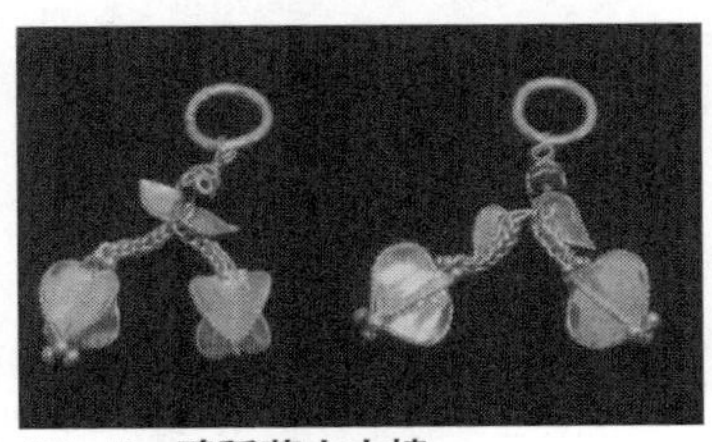
17—5　鴨稲荷山古墳

17—6　山津照神社古墳

17—7　藤ノ木古墳出土の新羅類似の女性用横鞍

17—8　藤ノ木古墳

里距至星州界十里距京都六百八十四里

建置沿革 本大伽倻國 詳見金海府山川下 自始祖伊珍阿豉王 一云内珍朱智 至道設智王凡十六世五百二十年 按崔致遠釋利貞傳云伽倻山神正見母主乃為天神夷毗訶之所感生大伽倻王惱窒朱日金官國王惱窒青裔二人則惱窒朱日為伊珍阿豉王之別稱青裔為首露王之別稱然與駕洛國古記六卵之說俱荒誕不可信又釋順應傳大伽倻國月光太子乃正見之十世孫父曰異腦王求婚于新羅迎夷粲比枝輩之女而生太子則異腦王乃惱窒朱日之八世孫也然亦不可考 新羅眞興王滅之以其地為大伽倻郡景德王改今名高麗初屬京山府明宗置監務本朝

輿地 東覽二十九 二十六

17—9　東国輿地勝覧（大伽倻＝高霊伽倻）

17—10　高霊（大）伽倻王陵

17—11　新羅善神堂

17—12　新羅三郎義光の墓（古塚）

17―13　新沢千塚126号墳（仁徳の陵）の切子装飾ガラス碗（天皇の皇位継承の儀で口に含んだ水とガラス玉をプッと出す儀式に用いる。大仙陵からも出土）

17―14　長沢蘆雪の「子育山姥」の金太郎（右下）

17―15　銅鼓（貯貝器）殺人祭が描かれている

第一八章　渡来人と平安文学

——百済王たちによって描かれていた王朝文学
——「回り歌」に見る亡命（渡海）する古代の神々の姿
——日本紀や平安文学及びそれ以降の文学に見られる朝鮮人のダジャレとユーモア（神話、折句、回り歌など）

ここで少し古代史（ancient history）のジャンルから脱線することをお許し頂きまして、最後に**百済亡命政権**の人々により支えられて来たと言っても決して大袈裟ではございません「**平安文学の底に流れる思想**」というもの（thought）について、その専門の国文学者たちの**目が日本の国内にしか向いておらず**、一向に（何時まで経っても）気が付いてくれないものですから、歴史的観点からもどうしても、私こと古代探偵といたしましては止むを得ず（痺れを切らして最早我慢出来なくなり）、少しだけでもここで触れておきたいと存じます。つまり、早い話が、アナタが驚くかもしれませんが、

「**ダジャレの元祖は朝鮮人**」

「**神話の陰にエロ歌有り**」

ということについてお話ししてみたいと存じます（尚、平安の王朝文学そのもの〔特に清純なもの？〕につ

きましては序―4、八4などでも多少は前述――業平寺など〔序―5〕――いたしましたので、そこのところをもう一度振り返ってご参照下さい）。

18―1　古代朝鮮語でしか解けなかった天皇家の神話

ズバリ、天皇家の問題から切り込んでまいります。先ずアナタにとって大切な正史**日本紀**におけます**天皇家の祖先の神話**をご覧下さい（テキスト23―5―7、P968、969。**五穀起源神話**）。

是時、保食神實已死矣。唯有三其神之頂、化二為牛馬一。顱（額）上生レ粟。眉上生レ蠒（蚕）。眼中生レ稗。腹中生レ稲。陰生二麦及大小豆一（「神代紀上、第五段〔一書第十一〕」）

――是の時に、保食神、実に已に死れり。唯し其の神の頂（頭）に、牛馬化為る有り。**額**の上に**粟**生れり。**眉**の上に**蚕**生れり。**眼**の中に**稗**生れり。**腹**の中に**稲**生れり。**陰**に麦及び**大小豆**生れり――

この**神聖且つ清冽な筈**な、一見して特に取るに足らない何の変哲もない極自然な**天皇家の神話**を、実は**古朝鮮語**（カッコ内）**で解いて当て嵌めて**みますと「初めてアナタに見えて来ること」が多々ございまして、この**月夜見命**（一六6）に殺された**保食神**のお話を例にとりますと

頭（mara＝**マラ**）→**馬**（mar＝**マル**）、**女陰**（**poti**）→**小豆**（p'at＝**phat**）

が**生まれた**とされ、更に、その神話のストーリーの流れの中で、右の例の**頭**と**女陰**のその**両者の語の間**の「体の部分」に挿入されております次の各々を見てみましても、何とアナタ！　驚くなかれ、

顱・額（cha＝**チア**）→**粟**（cho＝**チョ**）、**眉**（nunsep＝**ヌンセ**）→**蚕**（nue＝**ヌ**）、

眼（nun＝**ヌ**）→**稗**（nui＝**ヌイ**）、**腹**（［古形 pari→pai］＝**パアイ**）→**稲**（pyŏ＝**ピョ**）

がそれぞれ**生え**(は)**た**とされるなど「**生る**(な)**場所**」と「**生る物**」との**関連**が、驚くなかれ**古代朝鮮語**で解くことによって初めてアナタに判明して来るのです（金沢庄三郎氏、田蒙秀氏）。もしもアナタが中学生であっても、これは驚きですよね（ダジャレの元祖につき、テキスト23—5—7、P968下は必見）。

この様にアナタ、**神聖な筈**であった日本国の正史の日本紀（因みに、何故かこの「場所と物との関係」は古事記の方には見られません！——アナタこの理由(ワケ)を考えて）の、しかもその最も中心となるべき「**天皇家の神話**」というものが、何と！

古朝鮮語でしか解読出来ず、

しかも、こんなにも**面白エロい古代朝鮮語**の「**懸け言葉**」となっていた（**神**の**女陰**(ホト)から**小豆**(ファト)〔**核**(オサネ)〕が生まれる等、フフフ……いくらオマセでも、小学生には判るまい）のだということに驚かされてしまいますと共に、この

日本の天皇家の祖先の神話（**日本紀**）**の元が、ズバリ古代朝鮮語による朝鮮人の作品**

であったからに他ならなかったこと、そして、神聖な日本神話の中にこんなにも「**古代の朝鮮人のエロ・ユーモア**」までもが生きていたんだということが、初めてアナタも十分お判りになって、エッ！と驚かれ、且つ、脱帽されたことと存じます（マイッタ！　やっぱり古代の天皇家が朝鮮人だった本質的な証拠〔朝鮮駄洒落〕が、天皇家自らが作った自らの祖先の神話の中からこんなにもズバリと出て来てしまってはもう否定のしようがありませんナ。当たらず障らずで気取って澄まし顔の無能なエリート国文学者の真っ青な顔が見てみたい）。

だからこそ**正史**『**日本紀**』の方におきましては、天地開闢(かいびゃく)の段では、『**古事記**』の「**高天原**(たかあまのはら)」に変えて中国輸入の「**陰陽**(おんみょう)**思想**」（日本紀の冒頭から「淮南子(えなんじ)——古天地未剖陰陽不分〔古(いにしへ)に天地(あめつち)未(いま)だ剖(わか)れず、

陰陽分(めをわか)れざりしとき」――」「三五暦記」「徐整暦記」などと、背伸びしてハイカラな中国思想の羅列のオンパレードから始まっておりますことからも明らかなのです。因みに、持統天皇が架空でありましたことの同様な証拠といたしましては、これ又正史日本紀における中国文献引用のこれでもかこれでもかというオンパレードにつき、テキスト8―4―2、P317は必見です）を持って参りまして（「**イザナミ＝陰**」の存在）、朝鮮半島から渡来したこれらの人々が、この様に

古代朝鮮語を知る人しか解けない謎の文章（懸(か)け詞(ことば)）

で天皇の祖先の神々の生誕を説いていたのですが今まで見抜けませんでした。ここから国文学者も歴史学者も、「天皇家の祖先」のコスモポリタン性を見抜かなければいけなかったのです。

更にアナタ、『**日本紀**』作成時の「**天皇中心思想**」を強化する為に、『**古事記**』の**天の神**の**アメノミナカヌシ**（**プロト・アマテラス**。七4の天平神護二年（七六六）の『**日本書**』⑦―2）の地位（天の主）に、**地の神**の**クニトコタチ**（古事記では六番目に登場の神に過ぎませんでした。九13。国常立尊。「常＝トコ＝床＝常盤(ときは)＝床岩(とこは)＝永久不変」「立＝大＋一」。「**天地之中生二一物一。状如二葦牙一。便化二為神一。号二国常立尊一**」〔神代上(かみよのかみのまき)〕）ということで、日本紀はこの神（地の主）をトップランナーに持って来る（神々の五人もの牛蒡抜きランナー）と共に天地生成の中心的な神に変化させてしまっております）をその**スタート**に持って来ておりますよ（「天上の神より地上の天皇へ」を意図。これは「釈迦＝塔」から「天皇＝金人(こんじん)［きんじん］＝金堂(こん)」への仏教ジャンルにおけます変化と全く同じ流れ（思想）――共に同じ頃に作られたことが判るのです――地に足が着いてきた）。

18

という訳で、第七章の**日本紀の12回もの改竄**の処で申し上げました中でも、この②の**和銅五年**〔七一二〕**日本紀**（**原・古事記**）の方が、④の**養老四年**〔七二〇〕**日本紀**よりその内容が**古典的**とも言えたのです（本七4。アナタ、もう一度ここに戻って復習してみてネ）。

18―2　神話に隠された古代朝鮮語の秘密

次に、同様に朝鮮の**済州島**の「**本解**(ボンプリ)＝つまり**神話**」も、アナタ、この点最高に**イケ**まして、**朝鮮語**で解きますと**音のみならずその形すらも同一**という**凄い古代朝鮮語の懸け言葉**となっておりますよ（テキスト23―5―7、P969上）。先ずは、音読いたしましたら、次は、アナタ目を瞑(つむ)って**形の方**をニヤニヤとご想像下さい。

「**耳とサザエ**」「**女陰とアワビ**」「**肛門とイソギンチャク**」「**肝臓とナマコ**」という様に**エロい形態が殆ど瓜二つの物に化している**のみならず（再び、フフフ……）、次に、ここの右の物体に更に**古代朝鮮語の音**（カッコ内）も加えて考えますと、何と！

「**頭**（**テガリ**）と**豚の飼桶**（**トゴリ**）」「**耳**（**ソリ**）と**サザエ**（**ソラ**）」

「**肛門から出た大便・小便**（**マル**）と**イソギンチャク**（**マルミヂャル**）」

となっております（凄いでしょ。このような古代朝鮮語で考えますと、ヒョットするとアナタが使っている赤ちゃんの**オマル**という言葉も、元を正せば〔本来の隠された意味は〕この**大小便**という言葉〔**マルミヂャル**〕からの派生〔語尾の省略のマル〕だったのかもよ？　それにここから、アナタのビールのお撮(つま)みに最適な**耳の形**の「**ソラ＝空**」豆も**朝鮮語**〔**耳＝ソリ**〕から来ていることが判って来るのです〔人名の、ソラさんさえも、ご先祖は渡来人〕。アナタ、知ってた?）。

如何でしょう、私こと「古代探偵」が暴露いたしました古代天皇家の正史であった筈の『日本紀』の

神話に隠された古朝鮮語の秘密

は。ビールの「お撮み」のソラ豆の由来は。**日朝でのこの様な共通性**は、これは一体何故なのでしょう？もうアナタも脱帽でしょう。お家に帰られましたら、この点の（テキスト）（テキスト23—5—7、P968—970）をお買いになり、じっくりとお読み下さい（因みに、『**古事記**』の方の**五穀起源神話**では、**スサノヲがオホゲツヒメ**を殺した**死体**から生誕いたします——穴（尻）から生まれた五穀）。

ですからアナタ、「**渡来人**」などと呼んで**一国王朝中心主義**により「**こっちへ来た人々なのよ**」等とアカデミズムの様に考えるよりも（**帰化人**という言葉よりはまだ少しは増しとは申せ）、アナタの頭を180度もう少し広く切り替えて、古代は、そもそも

倭とは　対馬海峡を跨いだ　海峡国家

そのものだったのであり、古くは「**韓人＝倭人＝伽耶人＝弁人**」**の区別もなく**そのものだったのだと（任那＝倭）、一部の中国史の言うようにそうストレートに考える方が早道かもよ（「韓〔伽羅〕人＝干人＝于人＝倭〔濊〕人」の南下）。**帰化人→渡来人→海峡人**（**半島も列島も同じ倭人——倭人は海峡人**）。それに「辰（鮮）王朝」の南下も——。

18—3　武士の源氏の祖先は新羅系の秦氏

神話のみならず、これ等の満州・朝鮮からの**渡来人の子孫**達の、後世の日本列島での「**文学作品**」にも、これ又同様に、実に**ユーモア**に富んだ流れが見られまして、「**前九年の役**」で**源義家**が、**安倍貞任**の**衣川**の館を滅ぼしたときの、敵同士の「**和歌**」の遣り取りを例に挙げてそのことをご説明致しましょう（テキストP969下）。

源義家　「**衣の館は、ほころびにけり**」

と先ず後の句を投げたのに対し、

安倍貞任「**年を経し、糸の乱れの苦しさに**」

という、「衣とほころび」に対する「糸と乱れ」での前の句への**見事な切り返し**も（これは後世の他人の作――とは言え抑万葉の時代から「歌という**呪術的**なもの」は、殆どが主としてお抱えのプロによる代作でしたが。「歌が良い」というのは出来の良いプロの家庭教師がいたからだった〔万葉集の真相――何時の時代も金の力〕――とは申せ、そこには、安倍氏も朝鮮からの渡来から「相当の年月」が経って、その当時大陸から持参した最新の技術〔鉱山開発など〕も今は古くなり、その威力が衰えてしまったことが、この歌の言外に滲み出ておりますが――）、そのユーモアの流れと致しましては全く同じだったのです。

では、何故、私がここでこの2人の歌を〈**朝鮮との関係**〉ということでアナタの前に出して来たのか？　又、この歌と朝鮮との関連は如何？ということを申し添えておきましょう。

先ずは**源義家**（酒田金時の父の名の義家と同一であったということにつき、一七9）の方からについてですが、早い話がアナタ、

武士の**源氏**の祖先が　**新羅系の秦氏**

であったということなのです（第二次の源姓）。その理由を一言で申しますと、前述のように、**新羅三郎義光**は右の**義家の弟**で、守護神である**三井寺**の中の「**新羅善神堂**」の**新羅大明神**の前で**元服**致しましたし、その**義光の子**の**義清**の子孫が甲斐の**武田信玄**であり、その又子孫が**南部侯**（**岩手・盛岡**――ですからアナタ、その最初の赴任地の**八戸**では南部公の氏神の社が**新羅山新羅神社**〔シラギと濁らないところがアナタ、味噌なのです〕と今日でも呼ばれておりますのも、こういう理由があったからこそだったのです）ということ

18

になって参ります（少し前の靖国神社の宮司のスキーで活躍した学習院の南部氏もこのご子孫でした）。又、**義家の子**の**義親**の子孫（**玄孫**）が**鎌倉幕府**を開きました、アナタもよくご存じのアノ**源氏の嫡流**たる**源頼朝**その人だったからなのです（源氏の嫡流の**足利尊氏**は勿論のこと、この点は**今川義元**も同様でして、ですから義元が信長に敗れて下野してから、この一族が〈何と名乗ったか〉と申しますと、その主流の或る者は伊豆田方（たかた）郡で、**先祖返り**の「**羽田（はだ）＝秦氏（はだ）**」の姓を名乗り今日に至るまでその命脈を保っておりますし〔ですから、伊豆半島の淡島の近くのスカンジナビアの大型ヨットのホテル・レストランが嘗て繋留してございました三津（みと）の**海照寺**のその子孫の墓石にも、ちゃんとアナタ、「**羽田（はだ）**」と記されていることを私こと古代探偵は裏山に登って確認してまいりましたよ〕、又、世界遺産の伊豆の**韮山**に**反射炉**を造りました代官の**江川太郎左衛門**〔襲名〕**担庵（たんあん）**も、系図を遡りますと右の義元に繋がっておりますので〔因みに、私の母方の祖母〈本四の森大狂の妻〉の祖先は、右の今川義元の一族とも繋がっていたと伝え聞いております。尚、私の父方の祖先が百済王（コニキシ）系であったことにつきましては、序―4〕、この人も又、右と同じく**源氏の嫡流**たる右の**今川氏の末裔**だったのです〔溶鉱炉も秦氏。古代〈出雲〉も近世〈韮山〉も鉄と関連――そこに因果あり〕。ということでアナタ、これらの右に述べました戦国大名を含む有名人は、皆**新羅系の源氏や秦氏の子孫**たちだったのです。尚、**武士道**と**新羅花郎**につき、一七8。明治革命と今来の秦氏につき一九章Ｐ1137）。

更にアナタ、それに加えまして、その大前提とも申せます、私こと古代探偵による本邦初公開の巨大なる謎解きのキーワードの一つは、そもそも一部前述の様に、それらの人々の祖先たる

武士の真の出自　が　**高麗（こうらい）に滅ぼされ**たときに**海に消えた新羅水軍一万人**

にあったのであり（七4②）、その子孫の一人が**足柄山**の「熊に跨った**金太郎＝坂田ノ金時**」だったという

ことなのです。そして、その

　金太郎の母の**山姥**（やまんば）は、その**亡命新羅人**の**一世か二世**だったということも**私の分析**から初めて判って来たからなのです（テキスト23—5—8・9・10、P970上～976上。一七9、七4など必見）。

　このことは**金太郎のお話**が、何とアナタ、**日本全体に及んでいる**ところからも頷けることだったのです。その一例といたしまして、山奥の科野（しなの）の**蟲倉明神**のところの**山姥**の住んでいたという**二つの大洞**について、以前にもお話しいたしましました通りでございまして、これはその亡命者の**信濃川の遡行**を意味していたのです（一七9。又、船による移動〔白浜〕や大河の遡行——後の平家の落人（おちうど）伝説〔一一八五年平家滅ぶ〕も、その伝手（つて）を頼って二五〇〇年前の亡命〔九三五年〕の時の拠点へ戻って隠れただけ〔だから戸隠鬼女紅葉〕だった？　これ又本邦初公開）。

　次に、右の義家の歌に応じた、もう一人の先程の東北の奥六郡の支配者の**安倍貞任**の方につきましても、**朝鮮**との関係にのみ絞りまして見て参りますと、**安倍氏の朝鮮半島での本貫**（出自・本籍）も、実は、何とアナタ、**朝鮮西南部の多島海の加耶の下多羅**（オロシタラ）（**下多利**（オロシタリ））だった！からなのです（南下した多羅。本一九）。ところでアナタ、ここで特に気を付けなければいけないことは、前述のように、本来この「**安倍**（あべ）ヒラブの水軍」の方（**多羅伽耶系の安倍氏**）は、実は、改竄されてしまった**平安**日本紀の内容とは全く逆に、「**倭の安曇**（あずみ）ヒラブの水軍」の**敵**であった**新羅**の**水軍**の方だったのでございまして（安倍ヒラブの別名は**引田**（ひけた）ヒラブ）、この663年の「白村江の役」の当時には、安倍軍は倭の**敵方**の**新羅軍**の方に組み入れられていたにも拘わらず（安倍水軍が東北に登場の理由）、この点も後の**平安朝に改竄**されてしまいました**平安紀**では、安曇も安倍もその**両方**とも（「安＝ア」が共通〔両方ともアチラでは一字姓の「アさん」〕で中国の官吏をちょっとはごまかせると思ったからなのでしょうか）**歴史の真相の隠蔽**のため（つまり、**新羅の日本列島の占領ということを隠す**〔ゴマカス〕ため）敵味方共に**同じ倭の水軍**であったことにされてしまっていたからなのです（本一五7、一七9）。つまり、日本となる前の「倭の存在＝プロト日本」を隠してしまったことへの反射的効果といたしまして。

と申します証拠は、アナタのアンタッチャブルのバイブル（聖典）でございます**日本紀自体**の分析からも判ることだったのでして、それは

①「**救二於百済一**」＝百済を救はしむ」（「**天智即位前紀**」斉明七年〔**六六一**〕八月）とし、ここでは**阿曇**と**阿倍**（但し、その名を暈す）の「二人の併立」での**ペアーの出発**の記載が見られるのに対しまして、

②その**一年七か月後**のところにも「**打二新羅一**」＝新羅を打たしむ」（**天智二年**〔**六六三**〕紀三月）とあり、ここにも**阿倍**引田臣比羅夫の出発が記されており、

このように倭史上「二人をセット」として無理して合わせて**同一の倭の水軍**として歴史を偽造（よくよく考えてみましても、〔前〕百済を救ける＝〔後〕新羅を伐つ＝同じことの言い方を変えただけだった）してしまいました結果、

安倍ヒラブについての①②の矛盾する二つの出発

が記されることになってしまっていたからなのです（鋭い！）。

この点につき、自分の頭で考えてこの矛盾を解けないアカデミズムは、「正史の記載には反するんだけれど、実は、**①の発遣は行われなかった**」などと、処女のようにおとなしく、且つ見苦しい数々の屁理屈の逃げを打っておりますよ。このように、自分達に都合の悪いところだけは、時としてそちらのバイブル（命）の

記載をも無視してしまってでも「一見恋人風」に表面を繕うという、安易でナマクラな弱っちい態度が、秀オアカデミズムの原理原則の無い「**ご都合主義史学**」と言われても止むを得ない（正に大家の金魚の糞）レベルの低さを如実に物語っていたのです（これでもまだ、アナタは、有難いバイブルと崇めて日本紀の改竄を認めようとしないアカデミズムを、馬鹿の一つ覚えで宗教のように信仰し続けてあげますか？　明治以来の近代アカデミズムと同じように、未来永劫に！）。

つまり、安倍氏の朝鮮半島での最後の頃の拠点が全羅南道の「**多島—海**」（Tabo - hae）の**栄山江**（この流域には何故か今日でも倭の北九州の豪族たちの墓に見られます考古学的な要素と共通点の多い**前方後円墳**が多く見られます〔これこそが倭に主導権がございます形での「百済＋倭」によるこの地域の占領の物的証拠そのものだったのです——ただ、両国の譲り合いの精神の美しい、つまり言葉を替えれば自信の無いアカデミズムにはそのことが見えなかっただけの話なのです〕。一4。尚、テキスト9—9—1、P405）**河口**の**木浦**の近くの「**押海島**（ap,ae - do）＝**安倍島**」であったのでございまして（この島の主峰が「**忍梅山**＝**忍海山**」「忍梅＝押海」でありまして、よってこれ等の固有名詞の分析から「**押＝忍＝オシ＝大＝多**」でございましたことが判り、更に、朝鮮の本貫レベルにおきましては、「**安倍**＝安部＝阿倍」**氏**というものが「**忍氏**＝意富氏＝**太氏**＝飫富氏＝大氏＝**多氏**」の同族でもあった〔オシとオホシ〕ということにも繋がって来るからなのです〔多氏と祖先の共通性〕。早い話が、共に古くは伽耶（倭）の**多羅**系だったのです〔本一九〕。そして、元々の嘗ての南下の或る時点での暫くの拠点は**玉田古墳**のある朝鮮の**陜川**でした）、この様に安倍氏の本貫が古への**南**（**下**）**多利**（移動し縮小した後の**多羅**）にあったということを考え合わせますならば、**南鮮に本拠**を置く**新羅**の「**安倍水軍**」の存在も、十分納得の出来ることだったのです（**浦島太郎**

や**桃太郎**のお話すらも、実はアナタ、古代の「**金官加羅国＝朝鮮半島部分の倭**」での、そこから来るとか、そこでのお話だったのですからネ。一5）。

因みに、この島の直ぐ近くには、古くは**3世紀に卑彌呼が魏の帯方郡へ遣使した**際の**珍島**（チンド）**・莞島**（ワンド）経由の「**古代の航路**」が通っておりましたし、**統一新羅**（六七六年〜）の時代には、豪商の「**張保皐**（ジャンボコ）＝張宝高」（アナタが受験生なら、ちょっと品がないけどチンボコと覚えると忘れないよ）がこの**莞島**に**清海鎮**を置き黄海と日本海の**制海権**を一手に握っておりました。この様に、安倍氏につきましその出自たるても、「**前九年の役**」等の日本国内の東北地方における（追われて住み着いた）安倍氏の活躍だけに目を奪われて、アナタの目がより**朝鮮の本貫**（本六）を見る国際的な視野を見失ってはいけなかったのです（**伽耶の王族**——実は〔正史日本紀でも〕**海賊のお頭**（かしら）——の元・現首相の安倍チャンの同族は、古代からコスモポリタンだったのだ。そう言えば、アノゴルフ焼けした黒い顔と立派な鼻は髑髏（どくろ）の旗を掲げバンダナを巻くと海賊の安倍の大将には頗（すこぶ）る似合いそう）。

この様に鎌倉幕府を開きました**源頼朝**も、真相ではニギハヤヒを祖先神と仰ぐ（筈である）右の**古代の安倍氏**も、共に遡りますと少なくとも**朝鮮半島の出自**だったのです（と言うことでアナタ、全ての有名人——つまり江戸末期に至る大名の出自——には皆、広く朝鮮（三韓に加え扶余・高句麗も）の血が！　親から子への口伝は絶えても「その血は知っていた！」）。

18—4　平安朝のユーモアの源は朝鮮の「戯言」

以上、お話して参りましたことを前提と致しまして、次に移りたいと存じます。**平安朝のユーモア精神**は、**朝鮮**の「**戯言**」の**風雅**から発展しておりまして、その流れとして、時代は**中世**に至りますが、この朝鮮風の

ユーモアの流れとしての「**徒然草**」の**兼好法師**と**頓阿法師**（二人とも**和歌の四天王**）との間の、皆様ご存知の有名な「**折句**」の遊びというものを、そのコスモポリタンな出自と共にご紹介したいと存じます（テキスト23—5—12、P978上）。

兼好はご承知の通り**吉田神社**の神官の子ですが、そもそもこの**吉氏**も**吉田氏**（二〇1、一6）も、その同じ名の氏族の一部も、その祖先は遡りますと**朝鮮からの亡命人**だったのです（『**新撰姓氏録**』左京皇別下。『**日本後紀**』嵯峨帝弘仁2年〔811年〕9月4日条。吉田連宮麻呂から宿禰へ。『**続日本後紀**』仁明帝承和4年〔837年〕6月28日）。但し兼好の本姓は、実は伊豆国（国造は高句麗系。別述）を本貫とする**卜部**氏だったのでして、**平野神社**系の平野家の系統です。これも次に述べますように平野にして隠しちまった。この神社の祭神には、何とアナタ！　**百済純陀太子**（**26聖明王**）の末裔の**和乙継**の子の**高野新笠**（**桓武**天皇の**母**）が入っておりますので、これは間違い無く**百済系**に位置付けられます。本来は**平野**ではなく、**大阪**のこの平野神社の名もその地名すらも、共に古くは**広野**の方が正しかったのです。ですからアナタ、**持統天皇**（架空）について、**高天原広野天皇**という**和風諡号**が付けられ捏造されましたことも、「平野」になる前の「広野」の姓の皇族・貴族が**百済系**の人々であったことの重要な名残りの一つでもあったのです。

そして、「**吉＝吉士**」でもあり、これに**大**が付いた**大吉士**が沿革的には、日本列島レベルにおけます**百済王**のキシの元ともなっておりまして（但し、歴史の正面ではこの点は抹殺——外交官職として残る）、古く本来の或る時点では氏族の**宰**の地位を表わす言葉（因みに、百済では王自体の称号。別述）だったのです（テキスト1—2—4、P49上メモ。尚、吉士は**新羅の官位**にもございます。又、義経を平泉に案内いたしました「金売り喜次」の名の中にもこれが含まれておりますことにもご注意下さい。〔吉士＝吉次〕で同じですので）。

さて、吉氏（吉田さん）の出自の朝鮮でのご説明はこのくらいに致しまして、その出自を持つ兼好法師の作った折句自体のお話に戻しましょう。次の折句を、ゆっくりと上から句の「上端」の**一字だけ**（傍点有り）を辿って順に読んでいって下り、今度は下から句の「下端」の**一字のみ**（傍点有り）を読んで上へ戻ります。ではいいですか、始めましょう。この読み方は、先ず**兼好**法師が

「**よもすずし　ねざめのかりほ　たまくらも　まそでも秋に　へだてなきかぜ**」

――**よね**（米）**たまへ**、〈リターンして上へ〉**ぜに**（銭）**も欲し**――

（米くれ、金もくれ）

と言うと、それに対する**頓阿**法師の返事は、

「**よるもうし　ねたく我せこ　はては来ず　なほざりにだに　しばし問ひませ**」

――**よね**（米）**はなし**、〈リターンして上へ〉**せに**（銭）**ず**（少）**こし**――

（米はなし、金も少ししかないよ、残念でした）

というものです。どうです、面白いでしょ！　この様な**朝鮮系の子孫たちの血のなせる業**（わざ）は！

18―5　「回り歌」に見る朝鮮ユーモア

最後に、更なる決定打と致しまして、私こと古代探偵のお気に入りの[テキスト]23―5―13、P979下の「**回り歌**」をあげて締め括りと致しましょう。うーんと古い時代の**三十一文字**（みそひと）の和歌が「**上から読んでも下から読んでも音が同じ**」だなんて、トマトとかタケカケタとか精々がタケヤブヤケタ位しか思い浮かばない私（現代人）よりも古代人は遙かに頭が良かったのかも。呪術のオブラートのかかった「回り歌」には古来から面白いも

のが沢山あるのですが、お時間の関係から、その中でも「**神と朝鮮と古代史と**」に係わるものを一首だけ挙げておきましょう。

それは、**秀真伝**に出てまいります　**アチ彦**　が**朝鮮から日本列島へ渡来する途中**の船中での、

（この神は、神話を総合し、日本紀での「**摩り替え**」を分析し、結論のみを申しますと、「**阿智比古**＝高句麗の**高木神**（**高御産巣日神**と同一神＝魏の**張政**がモデル）の子の**思兼命**」のことだったのでして、**アマテルの姉**の「**ヒルコ**＝若媛＝和歌姫＝**下照姫**（ウルルン島ルートの鳥取の宗形神社の祭神〈別述〉）＝**卑彌呼**又は**壱与**の投影」と結婚し、その間に、**朝鮮**の**天安**（**野洲**＝安＝**安耶**＝安那＝穴）**河宮**で「**志津比古**＝**手力雄命**」を儲けております〔『**秀真伝**』「日の神、十二后の文」他を参考〕。一〇4の「**大和三山の歌**」の処はアナタ必見です）

「長き世の遠の眠りの皆目覚め
波乗り船の音のよきかな」　↑リターンして下からの逆読みで
「なかきよの音の船りの……」

という歌をお孫さんに読んで聞かせて「逆さからも読んでみてごらん」と言ったら、アナタの株も上がること請け合いです。大陸から命からがらの（命懸けでの）「渡海（亡命）途中で、一夜明けてそこ（東方）に見た日本海の**朝焼け**の何と清しく美しいことよ――表紙写真参照」だなんて（その前日の敵に追われ慌しく故郷を出発した日の、大陸から離れ安息に包まれました叫びたくなるような西方〔故郷の方〕の**夕陽**も同様だったでしょう。しかし、大陸に残された家族の悲劇を思うと――）、文学音痴でもグッと来るよね！

18

このように後世の習俗のチャンコ鍋の「**七福神**」の弁天の中にも、アナタ、この思想の一部は間違いなく引き継がれていたのです。そしてこの七福神の中にさえも**朝鮮ユーモア**の一つが隠されていたのです（この回り歌はほんの一例でして、この日本には古代から現代に至るまで、この知恵の結晶とも申せます素晴らしい「回り歌」が沢山ございます〔石井秀夫氏〕。誰か日本中からこれが消えてしまう前に発掘して集めて、集成『回り歌辞典――神代から江戸まで――』として纏めて〔もう有るのかもしれませんが〕、子供でも判り易いように解説を付けて下さい。そしてそれを翻訳して世界中の人々に「日本人(ジャパニーズ)のユーモア」としてその素晴らしさを広く知らせてあげて下さい。お澄ましした old(ふる) pond(いけ) ヤ の俳句なんかよりも、こちらの方が毛唐が「SAKASAMAYOMI = revolving Japanese poem」は exotic! で wonderful! と言って面白がってくれるでしょうから、よっぽど重要だったのです。私はもう年ですから、ここでは問題提起だけに留めておきます。頼むよ、若い衆(アンタ)）。

18―6　王朝文学の中の朝鮮ユーモアの「隠し味」

この様に、**百済亡命人**たちが貴族として作り上げた
「**平安朝の王朝文学**」**及びその後の――今日に至るまで――流れの中には**
朝鮮半島の人々のユーモアが「隠し味」として入っていた
ということに一刻も早く気付かなければ、アナタがいくら真面目にその国文学の研究に一生を捧げましても、残念ながらアナタには**王朝文学の本当の面白さ**（**本質**）**が何時まで経っても**（**多分、死ぬまで**）**判っては来ない**（**だから真実に近づくことは出来ない**）筈なのです（国文科の若い学生さん、早く気付いてよ！　この私こと「古代探偵」の唱えます国境を跨いだコスモポリタン国文学に！）。「国文学は最早国（内）文学では

済まされないコスモポリタンな歴史とパラレルな時代」になって来てしまっているのですから。

18―7　古代人の「怨霊と夜」との関係

この「**回り歌**」や雲南の「**終わりのない（マズルカの）歌垣**（かがい）」（テキスト23―5―15・16、P981上～982）の裏に隠れた思想についてですが、古墳の石棺などに施されました「**直弧文**（ちょっこもん）」（古くは吉備・**楯築遺跡**（たてつき）の「**神体石**」など）や墓に埋めた「**針穴の壊してある針**」（近代に至りましてもスマトラ島〔この辺りは古モンゴロイドの縄文人の東アジアにおける暫くの原郷であった大スンダ列島がございました〕のアリでは産褥で死んだ死体を「目の毀れた針」と「絡まった糸」と「一篇の布」と共に棺に納め、毎晩女の死霊がその準備作業に追われるうちに日が昇ってしまい、そのため夜にだけ恐ろしい死者の霊が子供のために産衣を作るのを次の夜にまでにと毎回半永久的に延ばしてしまうということが行われておりました。日本にもあるこれと類似の習俗は縄文時代からの伝統だった！）と、古代人の考えておりました「**悪霊**」との関係につきましても、特に**古代人の「怨霊と夜」との関係**についての古代人にとって本質的であったその**呪術性**（一〇4「**大和三山の歌**」）を理解する為にも必要ですので、お暇な折にテキストP980に必ず目を通しておいて下さい。

しかも、アナタ、この**怨霊の退散**する**朝という概念**は、**呪術性**の点から考えましても、実に重要な古代のキーワードでございまして、その中でも極東（ファーイースト）アジアでは特に重要で、四千年前の「**朝鮮＝朝の鮮やかな**」という国名の**殷の亡命王族**で、中国の王都から見まして**箕星の方角**（**東方**）におりましたので、「**箕子**」

と呼ばれておりました人（本名は子氏）が満州で建てたその**朝鮮**という**国名**のみならず、近くにおきましても、新羅**22智證王**が同王4年（503年）10月に王号を麻立干から**王**に、そして**国号**を「**新羅**（シンラ）」と**漢風の音読みの国号**に変える前の**当初の国名**である朝を告げる鳥が鳴く「**雞林**（ケイリン）」や「**迎日**（ヨンイル）」「**都祁**（トチ）」（**呉音**ではツゲ、**漢音**では**トキ**）や「**柘植**（つげ）」（一七4。ですからアナタ、「栃（とち）の音の付く地名」は、植物からの場合は別として、「**迎日＝新羅＝古**（いにし）**への辰韓**」、**又はそこから来て列島に入植した人**〔主として朝鮮の**秦氏**〕もを表していた可能性があるのです。そして、下野国には「**宇都**（うつ）**＝珍**（うづ）〔秦氏の朝鮮半島中部での本貫たる**蔚珍**（ウルチン）**・ウツウツ・波旦**（ハダン）〕」〔一5、一九〕**の宮**〔ウツノミヤ〕という地名もございますよ）そのものとも、ちゃんとその同じ怨霊思想で繋がっていたのですよ。ですから後世、ここトチの国に「**那須国造碑**」を建てた新羅人が住み着いたりもしたのです（本六6、徙民政策9、P311）。

右の箕子朝鮮について、より詳しくは テキスト10—6—4、P455下「**伯異子**」、同9—3—9、P374下「**子胥餘**（ししょよ）」、同10—2、P434、姓は「**子＝シ**」のみです。同2—1—1、P63下、**箕子の移動**をご参照下さい。ところでアナタ有名なアカデミズムの中にも「朝鮮に箕子という人がおりまして」などと表現し誤解したままで気が付かない恥ずかしい人を見かけるのですが、何故かと申しますとアナタ「**箕子**（きし）」という人はこの世にはおらず、今申し上げましたように、その**姓**は「**子**（し）」のみで名は胥餘、須臾です。箕（箕星の方角＝東方）国に封ぜられ子爵となりましたので「箕方の子氏」と形容をつけて称せられていただけのことだったのです。

しかもアナタ、その箕子朝鮮の王都も、私の知る限り「周都→昌黎（しょうれい）→孤竹（こちく）城→医無呂（いむろ）→海城」というように全て満州内（この点が特に大切です——半島はこのレベル〔時代〕では全く関係ありません）だけを遷

18

移しております。テキスト10—2、P434上、本一5。このアーリア（白人）系のインダス人の一派でございました殷（インダス→殷）の姫姓の王族の伯族（白狄——この人々は中央アジアのバクトリアの祖先にまで遡る可能性もございます。ですから古代の極東でも白人と言われていたのです）や子氏（箕子朝鮮）は、中山国（旧中山新市県。白夷＝鮮盧（春秋時代）＝盧奴（漢代）＝胡）のメンバーとも繋がっておりまして（テキスト10—6—4、P455下必見＝南のインドの白と西のバクトリアの白との二者の融合）、逃亡して東方に行きましたその胡の一部は満州で匈奴とも混血して東胡と化し（ですから、これも箕子朝鮮の一つの流れでもあったのです）、匈奴とも一部連合して行動し北満州で、後に蒙古・烏丸・鮮卑ともなる一族をも吸収・合体し（後漢書）、やがて北満での彷徨（巡行）の後「北扶余前期王朝」の伯族と化してまいりまして、そしてそこから後につきましては、アナタもよくご存じの高句麗、百済、列島の平安天皇の百済王へと脱皮していったという流れを持った、飽くまでもその根底は白人系の出自の人々だったのです（コスモポリタンに見た民族の追っ立て「ウラルトゥ→バクトリア→中山国→北扶余（伯族）」と「アーリア人→インド→殷→中山国（伯族）→北扶余」というその巨大な二つの輪廻の合体をご確認下さい。尚、九14②）。

ところで、この鮮卑の「卑」や匈奴の「奴」や倭奴の「奴」（別述）は中国人が異民族を卑しめるため（卑称）に付けた（一字は音から取って付け、もう一字は中華思想から見下げるために、前述のように、加えた）字ですから、この鮮卑の一族（鮮氏）もその出自は鮮盧（白人）に連なっていたのであり、しかも「鮮＝辰」であることをも示していてくれたのです。考えてみればこれは当たり前のことだったのです（本一六6——本邦初公開）。この卑字を加えられた点は匈「奴」についても同様でして、もう少し詳しく申しますと、古くは単に「胡」（Xuo——自称）の一字で表されており、後に東胡や西胡と区別され、今は「Hu」と発音されるようになりましたが、本来は匈の一字（中原に不安〔勹（むね）に凶（ふあん）〕を与える奴（やから）〔卑称〕）だけでその部族を表していたからなのです（李家正文氏）。

ですから、平安天皇家の祖先の「扶＋余」＝「伯＋穢（カイ）〔解〕・濊」＝遡りますと「バク族（ウラルトゥ）＋アグリー族（インド日神のサカ）」ということになってまいります（[テキスト]17―1―4、P715下、[本]一六6）。あまり今日の学者が触れたがらない古代東洋史について、急いで結果のみを申し上げましたので、ちょっと難しくなってしまいましたね。

因みに、倭から新羅（当時は辰韓レベル）へ戻ったと記されております新羅4**脱解**（タケ）（タレ）王の「**タケ**」も、この様に何故か同じく、**朝を象徴**いたします**トキ**、**トチ**という夜明けを表す**新羅の古名**を表わしておりました（写真序―2、[テキスト]15―2―2、P606下。尚、越前の「武（たけ）」生（ふ）という地名――因みに、近頃、お隣の鯖江の方は御婦人方のメガネのシャルマンなどで世界的に有名となりました――のタケと新羅人との関連にもご注意下さい。そう言えば古代の若狭一帯には新良貴氏や白城宿禰がおり、今日でも白城（しらき）神社があり、海岸部には白浜や白木集落もあるからなのです。[テキスト]7―4―23、P252下）。

18—1　楯築弥生墳丘墓

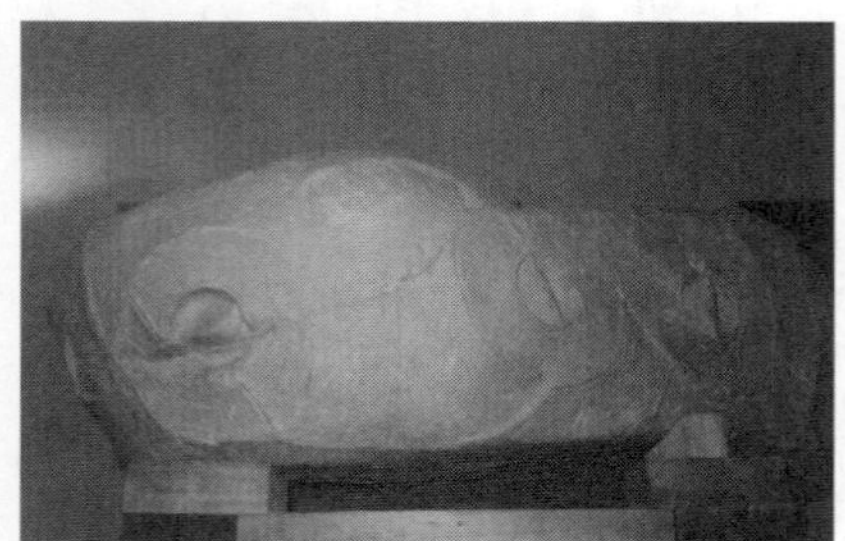

18—2　楯築神社御神体弧帯石

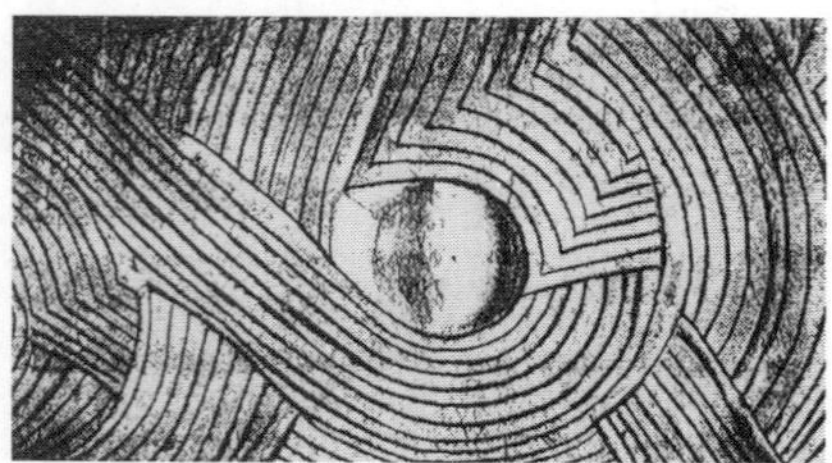

18—3　弧帯石の文様

18

第一九章　エッ！　八岐大蛇のモデルは満州にあった！

——古代の闇の勢力　秦氏
——藤原氏が天皇家に女を出し、その藤原氏に秦氏が女を出し、その富（米と水と鉄）の力により日本を目立たぬように実質支配した人々（日本のユダヤ人）

終わりになりましたが、時間の関係で、この講演では「**奈良朝も平安朝も遊牧民の政治・文化が支配**」しておりましたということにつき、お時間の関係でそれ程多くの証拠をアナタにお話出来ませんでしたが（**秦氏による平安遷都**〔**平城京→長岡京→平安京**〕という指導の**モデル**は、既に同族同士による**三百年前の朝鮮半島の百済に見られた**こと〔四七五年。京城→**熊津**〕等。そのときのメンバーをも含め、テキスト17—4—2、P752下は、アナタ絶対必見。更には同30—2—1、P1062百済の京城での滅亡、同2—8—5、P140百済は王都を京城から熊津へ〔このことは飛鳥戸神社の祭神の百済文周王の弟であるアノ百済王子昆支の渡来にも繋がってまいりました〕）、学問上の争いの〈真の勝負〉は、偉い人がそう言ったからかどうか、又どれだけ多くの人々が言っているか（多数説＝量の問題）では一切なく、唯一つ、その「証拠・理由」の「有無・優劣」を合理的に考えること（質の問題＝つまり証明力の優劣）によってのみ、その決着が付けられるべきもので

19

すので（数ではなく理由そのものの説得力）、もう一つだけ、私こと古代探偵から古代における特に重要なことでアナタが決して忘れてはならないことをお話ししておきたいと存じます。

19—1　八岐大蛇は「蛇」ではなく「人」だった

それは、今までアカデミズムの作った教科書を丸暗記しておりました今のアナタには、少なくともアト十年間はチンプンカンプンでしょうが、それは

「八岐大蛇」の舞台

というものが何処（どこ）だったのか？　そして本当に蛇だったのか？　という問題提起だったのです。実は、これはアカデミズムの全てが「日本紀の神話の鸚鵡（おうむ）返し＝パブロフの犬の唾液の条件反射」のように宣（のたま）う日本列島の島根県の**出雲**のことなんぞでは全くなく、更に遙か遠くの日本海の向こうの朝鮮でもなく、その又奥の**満州**の中朝国境地帯の**鴨緑江**の支流の**沸流水**（フリユウスイ）（**佟佳江**（トウカコウ））――沸流＝フリューウ＝プルー＝扶余（読み方はパル、意味合いは光明（鉄炉の輝き））＝沸流王松譲＝ヤマタノヲロチ＝陜父（テキスト15―3―10、P627下）――の**桓仁**（カンニン）で生起したことだったのです（一四7、遼河）。実は、抑（そもそも）中国史でいう**東**扶余の地とは、これ又アカデミズムの言うような**沿海州**の海岸の近くなどではなく（アカデミズムの矛盾のポイントはこの海岸が冬期**氷結**の起こらない点）、この鴨緑江の支流の氷結する地の**小水貊**（カイ）（後の穢族）の地のことだったのです（魏書高句麗条。後漢書では少し簡略化。物部氏の出自ここに在り）。

ところで、この〈「東」扶余、「北」扶余という形容〉につきましては、前述いたしましたように、アカデミズムには重大な間違いがございまして、①「通説（アカデミズム）」＝そのまま素直に地理的な客観的方位」（扶余の東、つまりそういたしますと右のように沿海州の日本海海岸となってしまいました）、②「中国様（作史者）の

そのときの王都から見ての準客観的な方位＝藤井旧説（テキスト）」、更には③「高句麗（卒本扶余）から見ての主観的な方位のまま中国史（魏書、晋書）の史官がストレートにこれをそのまま採用してしまった（三品彰英氏。因みにその「東」扶余の場所自体につきましては、①は別として、②でも③でもあまり変わりはありません）というように色々とございましたが、原則的（更に④による修正あり）には③が正しかったのです（その③の理由のポイントは、三世紀半の魏書のこの記載〔扶余の東〕の頃には、既に高句麗の王位継承者が桂婁部に移ってしまっており、ですから涓奴〔椽那〕部はこのとき既に朱蒙の一派〔桂婁部が中心〕の単なる宗族レベルになり下がってしまっていたこと〔つまり「涓奴→桂婁」との王朝の交代が生じていたこと〕、更には、後世の日本の平安時代に作られた高句麗本紀〔正史〕自体がこの点を混同して以前の中国史を形式的に取り入れて、この「東」を①と同じように扶余の東〔だから沿海州〕と単純化してしまい、よって「東」扶余と記されてしまったのですが、本当はそうではなく「青河＝鴨緑江」の源流の太白山の南の「優渤水」のことであった――だからこそ凍結した――ことを見逃してしまっていた等です）。尚、一二1の、この点の一言でのマトメは必見。そしてアナタ、更に複雑になって恐縮なのですが、ここで前述（一二1）③に加えまして、そこに至るまでの「扶余史（古い）の高句麗史（新しい）による引用」というローカル史同士の間違いの訂正の必要④ということも新たに判明してまいりまして、その引用方位は更に扶余を中心としてより北方へと修正をしないと真相には辿り着けないことになり、この点の以上の各中国史・朝鮮史は皆頗る問題を含んでいたことになってくるからなのです（高句麗より母国扶余は高緯度だもの）。ですから文面を離れてダイレクトに考えることが大切でして、そうしますと、この小水貊に対し**大水貊**の方は**鴨緑江本流域の貊族**のこととなるのでした。古くは「句麗は一名を貊耳（マル）と言った」（後漢書高句麗条）のですが、ここから高句麗の「高氏＝貊耳」→高貊耳→貊と訛って、今日の高句麗・狛となっていったこと、つまり何故高句麗が「高麗（コマ）＝狛」と呼ばれるようになったのか――これを知らないアカデミズムは困るよ――ということがこれでアナタにもよーくお判りになられたことと存じます。ですから、古事記の八俣遠呂智〈大蛇〉の方を眼光紙背に徹してよく読み込みますと、「肥河」〈斐伊川〉というその場所の表示が「肥＝コマ＝貊（コマ）＝高句麗」更にはその母国の「扶余」〈貊族の国＝白人の国〉ということをアナタにちゃんと暗示してくれていたことがお判りになる筈です。

この桓仁で**高句麗が北扶余から独立**した時に、そこ満州と朝鮮半島との境の土地で先住民のチュルク〈丁零〉・匈奴系の血の入った

錬鉄〈堅い革の鎧（よろい）を射通す鋭い鉄の鏃（やじり）〉の技術を持った

「**鉄民のヲロチ〈大呂〉族＝松譲（ソンヤン）王＝沸流王＝多勿（タコツ）侯＝物部（もののべ）氏の祖先**」〈**ヲロチ**の複数形が**ヲロチョン**〉を〈前述の平壌雪梅洞一二号墳より出土の脊椎骨を射抜く九・四センチメートルの細長い鉄鏃がその証拠です。因みに「銕（い）＝黒金＝鉄＝東夷の鉄」〈テキスト17―1―7、P723―726必見〉。又「〔東〕夷＝大弓＋人＝魏書の高句麗の貊弓≒後漢書の濊（わい）の楽浪の檀弓」もご参考に〉、北扶余〈高句麗の歴史も同じパターン〉の前期王朝である**伯族**〈高句麗の貊属の作った弓なので「貊弓」と右の魏書〈高句麗条〉では書かれていたのです〉の出である**平安**〈**百済**〉**天皇家の祖先が征圧**した〈但しアナタ、大分県の日出（ひじ）の渡辺家に代々伝わる『**日出眞那井（ひぢまない）文書**』――私の命名――〈真那（マナ）＝神魚（マナ）〈倭＝任那（ミ・マナ）＝ニ・ムナ＝神魚紋＝金官伽羅国の紋章の双魚紋＝インドアユダ国の紋〉〉では、スサノヲは「**毒酒**」でヲロチを**騙し討ち**にしたとされております〉ときのお話がその**オリジナル**だったのです〈このようにアナタ、**舞台は**「**満州**」であり、

ヤマタノヲロチは「**蛇**」**ではなく**「**人**」**だった**のです〈因みに、高句麗の当時支配下にございました遼陽の近くの鞍山（アンシャン）〈今は中国領〉は、今日に至るも

19

古朝鮮族時代からの鉄の産地なのですから〕）。

高句麗王都集安（口絵参照）の装飾古墳（五盔（ごかい）〔塊〕墳五号墳――旧西崗一七号墳の第二持送西南面など。又、五盔墳四号墳も注意）の高車（青い制服の有翼の製鉄製輪神）がこのことを証明しております。テキスト「はじめに」P5下をスタートといたしまして、同9―2、P342下、同10―6―7、P463下、465下、同15―1―1、P566下、同18―5―2、P794下（狗加＝犬加（チュルク））は、ご興味のおありになる方は皆必見です。しかもアナタ、この製鉄製輪神の向かい（部屋の上部の角で向かい合う形）には鍛冶神すらもちゃんと描かれておりまして、その鉄鏃の神の力で高句麗は周辺諸国を次々と征圧出来たとも言えるからなのです。右のように、雪梅洞第一二号墳（平壌）からは敵の背骨を見事に貫通する九・四センチメートルもの「骨付きの鏃＝鉄鏃＋脊椎骨」が出土しております。

又、その傍らの前述の鍛冶神にもご注意下さい。更にアナタ、私こと「古代探偵」は、アナタへのボーナスといたしまして、ここで驚くべき発見をいたしましたのでアナタにお知らせいたしますが、それはこの製鉄製輪神の作っている製輪のデザインが、何と、正に日本の天皇家の南朝の後醍醐天皇からの紋章（ですからこれは遊牧民の、ここからは又百済系のもの）でございます「単弁十六弁菊花紋」と花弁（スポーク間）の数すらも全く同じ（テキスト28―1―2、P1041他は必見）なのですよ！　アレー、瓜二つだ！　ということで、天皇家の遠い故郷のスキタイ（別述）にまで遡りますと、これは本来は花弁ではなく、大陸レベルでは騎馬民の象徴である戦車のスポークそのものだったノダ！　これ又私こと「ハテナ？坊や」の本邦初公開のお手柄（平安天皇＝扶余・高句麗・百済系）。但しアナタ、これは更により遠く西方のメソポタミアやペルシアが更なる起源だったのですが――（テキスト同。一般にはシュメールの菊とか羅針盤とか言われております）。又、「ヒフミヨ…」の天皇家の「高句麗の数詞」もネ（テキスト7―5、P753―754、万葉仮名の母体の吏読（イドウ））。

五女山城（ごじょさんじょう）（**五女山城**（ウーニューシャンチョン）＝兀刺山城（ウーラーシャンチョン）＝国内尉那巌城）の南西約八〇キロメートル、**丹東**（タントン）の東北東約八〇キロメートル、**本渓**（ヘンシー）の東南約百キロメートルの、後世には**女真族**（ジュルチン）の拠点でもございました**寛甸**（コワンテイエン）**の三人の大人・酋長の鉄民**が（一六4、P1047）、高句麗を構成致します支配民の全**五部族**の内の一つの「上部＝南部＝**赤部**」だったのです（一四3、一四7。尚、**BC三七年**の高句麗の建国の頃には「**古朝鮮王**（コチョソン）〈**辰王・鮮王**〉**のセンター**」の一つもこの辺りにございました。本一5）。日本紀でのヲロチの眼（まなこ）の「**赤酸醬**（あかがち）」の「**アカ**」という表現（神代紀上、第八段本文）が、ヲロチの祖先が高句麗の五部の内の「**赤部**（あか）」の出自であったということを、日本紀の神話の作成に携わった朝鮮史での沿革を知っている遊牧系渡来人の史官が、アナタに暗示してくれておりました（又、この赤酸醬は猨田彦大神〔「サルタ＝神稲ルの田」王。伊勢国「壱志郡〈記〉＝現・一志郡」の阿射加（あざか）神社に鎮座〈延喜式〉。伊勢の荒魂（あらみたま）〈荒宮〉とは、やっぱり抹殺された男の地主神のサルタヒコのことだった。本邦初公開。一六章必見〕とも関連か〔先駆者（さきはらいのかみ）……眼……赤酸醬〕。神代紀下第九段一書第一）。アナタ、この暗号を解いてあげなくっちゃ。

実はアナタ、八岐大蛇の神話（神代紀上）自体をよーく分析いたしますと、奇稲田姫の父母の脚摩乳（あしなづち）、手摩乳（てなづち）の名自体が抑（そもそも）大蛇であったこと（エッ！）を表しておりまして（命名者が暗示してくれて）、その理由は「チ＝水の精霊たる蛇」、そして「アシナ＝足無」「テナ＝手無」で足も手も無いということですから、これもズバリ蛇そのもの以外のことではなく、正に蛇を暗示（否、これは明示）しておりました。そういたしますと、奇稲田姫の父母自体が扶余から南下した朱蒙に制圧された「松壌王＝多勿侯＝鉄山王の陝父（赤部）」たる蛇王たる八岐大蛇自身を表していたことになるからなのです。この点、上流から箸が流れて来たとする古事記の方では（紀にはありませんが、こちらの方は）、足名椎、手名椎と「椎＝ツチ＝槌＝鎚」でズバリ金属神を暗示してくれており、櫛名田比売の名にも霊的には「櫛＝蛇（インドのコブラ）の頭の形＝蛇の霊力」そのものを表しておりまして、より元初の素直なインド的な形となっております。

この〈ヤマタノヲロチの本貫（故郷）の特定〉という点につきましては、朝鮮の正史である**「高句麗本紀」**の分析により**私こと古代探偵がテキスト**（二〇〇五年刊）**において、世界で初めて指摘いたし**ました。九13。尚、その点に関してのテキスト7—12、P296下、同15—3—8、P621下、同15—3—10、P623下はアナタ必見です）。

しかもアナタ、その決定的な証拠は、〈高句麗が建国された場所〉だと伝えられておりますものの一つの「忽本（ソルボン）＝紇升（本）骨城」は、桓仁のことであり、

桓仁（懐仁）＝当時の現地語の「ワニ＝鉄」

そのものでございましたし（高句麗の或る時期の剣の意匠（デザイン）の一番の特徴は、殆どの柄頭が丸い輪——しかも鉄そのもの——になっていることで、これが百済、新羅、伽耶、列島へと直接・間接に入ってまいりました。ですから日本でのアナタの近くの古墳から出土した単なる円環のみ〔ドーナツ型と名付けます〕の付いた素環頭大刀（すかんとうのたち）は、四世紀後半から列島に入ってまいりましたが、その起源は遠くここ八岐大蛇の高句麗にあったのです。さてそこでアナタ、「天皇家の十六菊花紋＋天皇家の数詞＋全国に見られる素環（ドーナツ）頭大刀」などの高句麗文化をダイレクトに示す各証拠の日本列島での集合は、一体何をアナタに意味してくれていたのでしょうか？　果たして物だけがセットで渡海して来たのでしょうか？　やっぱり、この講演のテーマの遊牧騎馬民は、古墳時代に遡りましても、この「セットでの存在」は古代の重要なキーポイントだったと言えるのです）、この桓仁鎮の北東八キロメートルの渾江（ふんこう）の北側の五女山の山城からは高句麗早期の遺物が発見されておりますので、アナタこれで決まりです。

尚、韓国のテレビドラマ『**朱蒙**（チユモン）』における
解慕漱（ヘモス）、**柳河**（ユファ）（女）、金蛙（クムワ）、**朱蒙**、帯素（テソ）、**召西奴**（ソソノ）（女）、**陝父**（ピョツポ）**（ニギハヤヒの祖先のモデル＝ヲロチ）**
等の古代の登場人物達の、アナタがなかなかご理解しにくい朝鮮史と中国史とで齟齬を来（きた）している「**相関図**」につきましても、テキスト付録11、P1120をアナタがひと目ご覧になるだけで、**北扶余、高句麗、百済の三国の建国の関係**までをも含めまして、瞬時にその全てを一発でご理解いただけますよ。是非、騙されたと思って、もしアナタが「韓流ドラマの追っかけオバサン」であるならば、朝鮮古代史のご理解を深めるためテキストP1120を御覧（お求め）下さい。

さて次に、『**後漢書**』『**広開土王碑文**』と『三国史記』「高句麗本紀」の**王名の比較**からも、**丸都**（ガント）時代の高句麗人は、その前の**沸流水**（フリユウスイ）時代（前期王朝＝北扶余史とパラレル）の**諸王の名を忘れてしまって全然知らなかった**ことが判ります。では、このことが一体アナタに何を示唆していたのかと申しますと、高句麗王家が**北扶余**から南下して、満州の**阿城**（アジヨウ）（別述）又は**吉林**から**桓仁**へ、そして**集安**（シユウアン）へと至る或るその長い長い過程におきまして

支配民が**伯**（ハク）**族**（**百済**の本来の祖先。「中山国→東胡」系〔その出自につき、一八7〕）から**解**（カイ）**族**（**物部氏**の祖先の**穢**（カイ）・**濊**（ワイ）――部下であった陝父系）に**変わって**しまっていたこと（このことをよりコスモポリタンに民族的に遙か遠くの出自にまで遡って一言で申しますと、同じ白人系に混血して王家に入って来た人々と申しましても、「ウラルトウ→バクトリア」系の人々から「シュメール→インド・アグリー系」系の人々への大王家の変化〔つまり「伯（はく）・扶→穢（かい）・解・余」〕とでも申せましょうか）をもこのことは表わしていたのです（ですから「北扶余＝高句麗」でも革命が起こっていた！のです）。

19

19—2　日本を支配した陰の一族「今来の秦氏」

この**北**扶余後期王朝系の**沸流百済**の**穢族**（**濊族**）の一派（場合により「**穢**＋**貊**」「**貊**＝**貉**」）が、**朝鮮半島の東海岸を南下**して参りまして（一七5「倭・濊・瓦」人の南下。この点、穢・濊と秦氏も共に朝鮮半島の主として東岸を南下して参りました部族でした。**秦氏**は前述の**蔚珍**〔**波旦**〕。ここに考古学的な証拠の碑がちゃんとございます。一6。一八7）を経由して南下して来ております）、同じく先に北から波旦（尉珍）を経由して南下して南朝鮮の伽耶（任那）に一部留まって渡海に足踏みしておりました同じく扶余系の出自の「**今来の秦氏**」と**混血**し、そこ（伽耶の地）で

祖先伝承を「**穢族**（**物部氏**）」と「**今来の秦氏**」とが相互に**交換**し合い（その証拠にアナタ、民俗学・民族学的にも、北アメリカの**インディアン**には、これと同様に部族間の接触による「**祖先伝承交換**」の**習俗**が見られます。このことは、今日の最先端の科学のお話により医学的・分子生物学的に譬えて申しますと、足の筋肉の細胞が心臓の細胞としても機能いたしますように、そんな「細胞同士のコミュニケーション」のようなことが起こっていたと考えていただけたら結構です。その後、今来の秦氏は日本列島に渡来し（この今来の秦氏は同じ秦氏という名でも「**古来の秦氏**＝**サルタヒコ系**弥生水耕民」〔伊勢神宮の真の祭神について、一六参照〕とは**異なり**ますのでアナタ、ご注意下さい。一二3。一5）、**宇佐**や更には**出雲の地**で、祖先が辰韓で同じだったと言って（秦と辰とが同音であったことを奇貨として）**先来**の当時の「人口＝労働力」の多数を占めておりました**古来の秦氏**（**弥生の農耕民**）と**合体**——「今来＋古来＝この合体は新技術はあっても人の数が少なかった新渡来の今来の秦氏による棚ぼた式の古来の秦氏（弥生の水耕民）の持つ多量の労働力の自動取得」こそが、実は新渡来の秦氏にとりましてはこの定

着した出雲での神話の要の点だったこと（そして、その成功パターンを全国の開墾に応用＝全国の正一位「お稲荷さん」の存在・分析）を、アナタは見抜かなければいけなかったのです（当然、こんな見方（切り口）は、「新旧秦氏の二重構造」の分析と共に本邦初公開）――してその上部に納まり定着し、**稲作と鉄**、つまり

「中国山地の（鉄穴流し）では今まで**宍道湖の面積の７ｍもの厚さ以上の体積**にも及びます中国山地の土砂をこの**鉄のために崩したこと」**

と、そしてそのことに加え

「洪水時の宍道湖の斐伊川（簸川）の河口の人為的な付け替え（方向を変える）によるそれら**流石土**による**旧河口より先への農地**の自然力を巧みに利用した**拡大」**

とで、この二つが相乗効果を生み、そこ（出雲）で**巨大な富**を築いた日本の隠れたフィクサーである秦氏（**鉄＋米＋水**。強いて申しますと、古来の「米」と今来の「鉄」との融合とでも申せましょうか）が、後世、政府にこの自分達の祖先の神話を、渡来後定着した**出雲での出来事**として正史・日本紀の中に**取り入れさせたこ**とから実現したことだったのです。「金の力」により（後述。金と権力により神々をも変えてしまう藤原氏ともこの点はよーく似ております〔実は私は、藤原氏構成四家の一つでございます**式家**の出自の中には、**秦氏**の分派が隠されていたと睨んでいるのですが〕）。

神話の主役の素戔嗚（スサノヲ）のお話自体は、奈良・白鳳朝の新羅系天皇の時代の神話（スサノヲは新羅からとの明文あり）に既にございましたところに、平安朝の扶余・百済系の剣を重視いたします遊牧系天皇の時代になりましてから、右のスサノヲの話の中に祖先の持って来た「八岐大蛇退治の剣の神話＝金属神」が加えられ修正されて今日の姿になっていったのです（スサノヲ＋ヲロチの剣）。ですから、その証拠といたしまして、現行日本紀の一書（あるふみ）の中に、ヲロチの神話の見られるものとそうでないものが混じってしまっていたのです〔了

解！」）。

因みにアナタ、能楽の好きなアナタには信じられないかもしれませんが、

中世の能の**世阿弥**(ぜあみ)も、本名は**秦元清**と言い、祖先が朝鮮から渡来した**秦氏**だった（**『風姿花伝』**）のでして、その証拠に、ちゃんとこの中で、自分は**太秦寺**(うづまさ)**・広隆寺**を建てた**秦河勝**(はたのかわかつ)**の遠孫**だと告白しておりますよ（中世のアノ能楽の中にすらも、未だ古(いにし)への朝鮮の血が強(したた)かに生き延びていた！）。

更にアナタ、**石見銀山**(いわみ)、**佐渡金山**等の日本の鉱山の開発に尽力致しました**大久保石見守長安**(ながやす)すらも、元々は**秦氏の能役者**（金春系(こんぱる)）の出自だったのです（そういたしますとアナタ、元巨人軍におりました**大久保選手**もその出身と姓とが同じですので、この同族だったのでしょうか）。渡来人の技術に頼って日本の産業は今日まで成り立って来たのです。

実はアナタ、秦氏とは金持ちの**日本のフィクサー**で、この日本列島では古くから凄い**闇の力**を持っておりまして、その理由をアナタや小学生にでも判り易いように一言で譬えて申しますと、

藤原氏は天皇家に女(むすめ)**を出し、**

秦氏はその藤原氏に女を出すことによって、

日本と天皇家の双方（つまりその全て）を間接的に（陰で）長い間支配して来たと言えるからだったのです（実利が本位のユダヤ人の様に、本家の姿は決して表には出さないのです。七4。一5）。

序ながら、**明治維新**（**革命**）の立役者であった外様大名の代表の薩摩（鹿児島）の**島津氏**すらも、実は、**これ**又その**出自は朝鮮から渡来した秦氏**！（正史によりましても、

秦氏↓**惟宗氏**↓**島津氏**と**姓が変遷**しております）だったのですよ（一二3他。北扶余の遊牧系の出自であった今来の秦氏〔貴族の秦氏〕。尚、薩摩と建郡の謎につき、本六）。

次に、付録「高句麗王系図」「北扶余から高句麗、そして百済へ」、テキスト2—4—5、P96上、15—3—10、P623下等をお暇な折にご覧下さい。その具体的な証拠の一例について中世に遡ってアナタと見てまいりますと、**源頼朝**（この人が新羅系でございましたことにつき、前述一八3）の乳母であった**比企尼**の長女の**丹後内侍**の**先夫**が**惟宗広言**でございまして（因みに、**後夫**安達盛長との間の女が源範頼に仕えました）、この間に**惟宗忠久**が生まれ、この人こそ**島津家の祖**とされた人だったのです。このように、アナタ、この渡来いたしましてから千五百年も経ちました**明治革命**の頃ですらも、**秦氏**（**島津氏**）がこの日本では厳然とした闇勢力を誇り、天皇家より力を持っておりました当時の日本の支配者の**徳川家**にちゃんと**女**（**篤姫**）——養女とは申せ——を差し出しておりますよ（この点は、アナタも二〇〇八年のNHKの大河ドラマ『篤姫』でよくご存じですよね。**明治革命**における薩摩の力＝だからアナタ、明治維新は、一言で申しますと「天皇＝百済」＋「官僚＝新羅」で、古代からの日本全体のパワーバランス〔渡来人の間の力の均衡〕が保たれていたとも言えるのです〔しかもアナタ、鎌倉時代すらもこれと全く同じパターンでした〕。後述）。

——秦氏の出自につきましても、日本紀の応仁紀の文言（是歳。新羅から渡来）とは別に推古紀（十八年十月、三十一年七月）などを総合いたしますと、新羅系であった要素が随所に垣間見られ、その出自の改竄・湮滅が疑われるのです——

この**八岐大蛇**の**本貫**が**朝鮮**・**満州**であったという今のアナタにとって奇想天外とも思えるお話も、私こと古代探偵による**本邦初公開**ですし、南九州の都城の**島津荘**へ配置換えでやって来て、そこでその**土地の**

名をとって島津と名乗った（名前の上での朝鮮との訣別はこの時点です）**島津氏**の**出自**が、実は**正史**によりましても**朝鮮**の北扶余系の貴族（そして南下して辰韓、伽耶に入った）としての**秦氏**（**惟宗氏**）だった――そういたしますと、アナタもよくご存じの島津の「**丸に十**」**の字**のデザインは、抑(そもそも)「**轡**(くつわ)（手綱(たづな)を付ける為に馬の口に含ませます金具〔口輪(くちわ)〕の**家紋⊕**」のマークそのものでございまして、これを選びましたこと自体が、ズバリその自らの遠い祖先が大陸での**遊牧民の出自**でありましたことを、今もアナタに、言葉に出さなくても物語っていてくれていたのです。流石(さすが)「古代探偵」！　納得(ガッテン)――ということも同様に**初公開**でして（ですからアナタ、**薩摩弁**の音の響きは、目を瞑って聞きますと、今日でも何となく日本語の響きというよりも北方系の**朝鮮語**のように感じますのも私の気のせいでしょうかしら？　加うるに、歯と一体型の**薩摩下駄**と**高麗**(こま)〔**駒**〕**下駄**の意匠の類似〔同一〕性――貴族の秦氏は遊牧民系の北扶余の出自、武士の秦氏は新羅の出自〔このように同じ大陸系と申しましても、今来の秦氏の中の更なる多義性〈ここは系図合体〉にも、アナタ気が付かなくっちゃ。ここでも、このような分析が必要だったのです〕――）、その他、このように、**歴史通**又は**歴女**（古代ガール）を目指すアナタにとって面白いお話がこの**テキスト**には沢山詰まっておりますので、酒の肴（又は刺身のつま）の缶詰（小論点四百品入り）としては最適でして、私のお話を聞かれまして、もしご興味を覚えられた方がおられましたならば、この続きは是非、私の**テキスト**の方をお読み頂きたいと存じます。少し高いので恐縮ではございますが、学術書並みの二段組みでしかも千頁余の分厚い本ですので、じっくりお読みになられましても6ケ月位は、四百もの古代史の論点につき十分お楽しみ頂けることを保証致します。そして、この1000ページ余の**テキスト**（この講演の反訳であるこの本の巻末の出版社の広告に、テキストの表紙のコピーを掲げてございます）の中には、今申し上げましたように、

古代史の主要な論点４００の総て

が網羅されて入っております。

――アマチュアの私が書きました今アナタがお読みになっているこの本は、見方によりましては明治百年の**アカデミズムを**「**おちょくる**」ことを人生の至上の喜びと感じて作られました「お道化た本」でございますので、これからは、古代史ファン、古代史ガールのアナタ、この不真面目な本のことを『**おちょくり日本史**』とでもニックネームで簡潔にお呼び下さい（七4④養老日本紀）。プロダクションの方、TV『おちょくり日本史』だなんて、名前だけでも中々面白そうですよ。電波の力で通説をおちょくってみては如何？　遊び心でネ――

19—3　マトメ

さて、大幅に時間を超過してしまいまして、申し訳ありませんでした。私のユニーク過ぎる少数説ばかりでアナタが学校で習いましたご存じの通説らしいことは何一つとしてお話ししなかったにも拘らず、長い間こんなにもご熱心に私こと古代探偵のお話――『**コスモポリタン古代学**』――と申しましても、本来このコスモポリタン性は、「民族の追っ立て」という点からは至極当たり前の筈なのですが――をご静聴下さいまして、又、ビデオ撮影や録音までされている方もおられたご様子でございまして、本当にどうも有難うございました。

私の本日の、白い霧に包まれた古代史を巡る「平安朝とは何か」「奈良朝とは何か」という単純極まりない突き詰めれば今までのアナタにとって灯台下暗しの盲点でもございました点についての「**新・騎馬民族征服王朝説――平安朝は百済亡命政権・奈良朝は新羅占領軍による政権――**」と題して、テキストを更に一歩進め「仮説と史実の結合」を目指しました、

新しい視点・新しい切り口からの**新しい証拠**による**新しいお話**、つまり
奈良朝と平安朝の新たなる分析による謎解きの旅
は、果たして成功したと言えたでしょうか。

以上、私こと「古代探偵」の様に、古代史を**コスモポリタン**に考えることによって初めて、
日本列島と朝鮮半島との両文化の異質と等質（歴史の真相）
は、古代に遡って十分にアナタにご理解頂けたのではないかと存じます。

振り返って一言でこの講演の全体を申しますと、列島人の思っている程日朝の両民族の己の血の各純粋性（天孫降臨、万世一系）は見られず、又、半島人が「朝鮮人が天皇になった（なってやった）」と思い込んでいる（だから近親憎悪）程そんな単純なものでもなかったのです。

この「**日本書紀フィクション説**」は**３０年後には通説**になっていると私こと古代探偵は固く確信しておりますので、アナタも楽しみにして待っていて、長生きされて、是非、若いアナタ、私の墓前にご報告して下さい（テキスト「はじめに」Ｐ３上、同32―2―3、Ｐ1094下）。

もし、河内の「**近つ飛鳥**」や大和の「**遠つ飛鳥**」等で、年を取っても何時までも美しい（特に着物姿は、と私が思っている）女房と一緒にウロウロしている私に気付かれましたら、是非お気軽にお声をお掛け下さい。私は生まれて此の方お酒は全く飲めませんが（更に、携帯も使わずメールもスマホもインターネットもやらない（出来ない））古本屋だけが唯一の情報の収集源である原始人ですが――だから私が死んだらこの厖大な有機体としての古代史の古本をどうしよう？「稀本（まれ）」もあるのに。女房が嘸（さぞ）かし困るだろうナ。古本屋でもやるのかナ？　でも蔵書印がベタベタ押してあるのでブックオフでも買ってくれないだろうナ）、旅先の**木賃宿**（きちんやど）（私の近代的な命名による**木賃**（もくちん）**ホテル**＝シティホテルとは異なり**自炊**して**燃料代**だけを払う昔の商

人の安宿＝今日の「ビジネスホテル＋その近くのコンビニ」の古代版・元祖＝Cheap inn）で、コンビニから買ってまいりました「お撮み」をポリポリやりながら、私は烏龍茶で、アナタは土地の濁酒で、夜を徹して語り明かしましょう。**賀茂真淵**と**本居宣長**の「**松坂の一夜**」の様に――。

「契沖→荷田春満（伏見稲荷につき本一5）→賀茂真淵→本居宣長→平田篤胤」という国学の大きな流れ（後の四者は「**国学の四大人**」と言われております）をご記憶しておいて下さい。

と言いますのも、これは余談なのですが、この**国学**の流れを継承して**古学神道を完成**させましたのは、右の宣長の**子**でも宣長の「**江戸二千人の門弟**」でもなく、何とアナタ、宣長本人には教えを乞いたくてもタッチの差でその死に目（享和元年〔一八〇一〕）にすら会えませんでした、**明治維新**へと至る道の**思想的な裏方**ともなりました遠く離れていた**平田篤胤**（晩年は国学と蘭学の台頭を恐れました朱子学〔朱熹に至って大成した儒学〕を官学といたします幕府によって、故郷秋田への追放と「著述差留」という失意の中で天保十四年〔一八三三〕六十八歳にて没）だったのです（宣長の弟子のように、近づき過ぎても歴史は巨大過ぎて見えないものなのです――「**平田神道**」**の完成**）。歴史に限らず人間関係においても、その全てについて、そこには「付かず離れず」の客観性・合理性（田舎の澄んだ空気のような冷静な頭）が必要とされるのです。

序ながら、鎌倉・室町時代以降、特に戦国大名に名を借りた（名を変えた＝日本化して渡来性を消してしまった）日本列島における百済と新羅と高句麗と伽耶（倭）とのそれらの各出自を持つ支配階級の人々の具体的な戦いという大変興味深いことに付きましても、私の今日のお話を古代に限定してしまったため、お時間の関係で殆ど申し上げられませんでしたので心残りだったのですが、もう少し一言だけでも、三百余の諸大名（これ又、主として祖先は渡来系。別述）の方はさて置きまして、その中の主たるウルトラボスたち

についての平安以降の日本史の大きなうねりの大筋だけでもここでフォローしておきますと、

①百済王（コニキシ）文鏡たる**49光仁天皇**（即位七七〇年）が、平安朝という百済亡命政権を日本列島に打ち立てました。それから四一五年後の執政におきましても、

②**鎌倉将軍家**（新羅――後述）、**北条家**（百済系。と申しますのも、百済系の桓武の血を引く曾孫（ひ）の高（たか）望（もち）王〔平朝臣、八八九年。桓武平氏の始め〕の流れの平国香〔将門と戦いました。但し一七９〕の孫の維将が伊豆へ行って「北条氏の祖先」となっていたからなのです――隠れ百済だった北条家）という鎌倉時代の底流での対立が隠されておりましたし、又、

③鹿苑（ろくおん）院こと**足利義満**の室町時代に至り、前述のように再び（つまり白鳳・奈良朝の新羅占領軍による政権以来）天皇家を新羅系が奪い返しました。但し、この時点では実務の「幕府＝軍政」の方は、アナタもよくご承知のように、既に右の一一九二（又は一一八五）年から新羅系の源氏の源頼朝が政権を取って守護・地頭を任命し実質日本を支配していたのですから単なるその流れに過ぎなかったのですが。テキスト27―1―1～2、P1035。因みにこの真相はと申しますと、足利義満は100後小松天皇（一三八三年即位）の実父だったからなのです（一七９）。一三九二年には南北朝が合一――アナタ、これもよーく分析いたしますと、そのバックの勢力は「南朝＝百済（鬼）」「北朝＝新羅（勝者）」という異なる天皇家による長い長い争いでもございました。

④その後の例をもう少し加えておきますと、室町時代における**日野家**（**富子**）と**足利将軍家**（義政――銀閣寺）につきましても、その底流では　百済 vs 新羅　という構図――しかも勝者が敗者に妻を差し出させその協力を仰ぐという鎌倉時代と同様の典型的なパターン――がここでも見事に見られるのです。そして更にその四七五年後に至り、

⑤明治革命直前の121孝明天皇の怪病死（暗殺説によれば、天然痘回復後の毒薬による暗殺は一八六七年）から、天皇家（明治天皇）は深く静かに再び百済系（しかも南朝）に取り戻されてしまった（テキスト28—1—1～2、P1040）、ということになるのでございます。

と言うことでここからの天皇家自体は再び北扶余・百済系に戻ったとも考えられるのですが、より精緻に明治以降の歴史の周辺部を分析して申しますと、国家の実務を官僚として現実に担当いたしました政府の多くの人々（つまり「薩長土肥」の藩閥政治のメインメンバー）は、前述のように、⑥遠く北扶余の出自の貴族としての「今来の秦氏（惟宗氏）」の末裔でございました薩摩の**島津氏**（一一八五年島津忠久が九州島津荘の下司に任命される）の一派が中心であったという（本一九）、広い意味での渡来遊牧系同士による変則的〔ここでは決して天皇家と対立的ではなく、同族系の異国での出自の異なる者との協同〕二重構造——何時も歴史は二重構造——と明治以降の支配層はなっていたのです。前述。因みに、もう一方の長州（山口）の方はと申しますと、⑦安羅（毛利氏。元は北条氏の御家人でしたが相模〔厚木〕より地頭職として安芸吉田荘に入りました。出雲野見宿禰〔土師氏〕→大枝→大江→広元→**毛利元就**）、⑧多羅（**安倍氏**。一八3）などをも含む、これ又広い意味での古への朝鮮系、つまり伽耶（倭）系であったとも言えたのです。更に加えましょう。

⑨桓武——平重盛——信秀——**織田信長**（百済系）

⑩源義家——広忠——**徳川家康**（新羅系）

このようにアナタ、今まで私がこの講演の冒頭からお話ししてまいりましたような遠い**奈良朝**、**平安朝**のみならず、実は、つい先達ての百何十年か前の**明治維新**及びそこに至る過程ですらも又、千三百年以上もの長い間、この日本列島の地上又は地下で連綿と続いてまいりました、形を変えた**伽耶**（**倭**）を巻き込んだ「**新羅と百済とのコスモポリタンな戦い**」の一齣（ひとこま）に過ぎなかった（これとパラレルだった古代の「大和三山の歌」の謎につき、一〇4。つまり、明治維新もその流れの中で繰り返されたリバイバルの一つに過ぎなかった）のだということが、私こと「古代探偵」の本邦初公開のコスモポリタンな因果の流れ（輪廻）の指摘により初めて判明したのです。

以上で、私こと「古代探偵」が今まで一瀉千里にアナタにお話ししてまいりましたコスモポリタン且つダイナミックな「驚きの古代史」のお話を終わりにしたいと存じます。

19―4　真理発見への道

只、最後に、私のお話を終えるに当たりまして一言だけ或るエピソードを申し述べたいと存じますが、この講演の中に出てまいりました埼玉の「高麗神社の物悲しい笛の音色」について記述しておりました朝鮮からの渡来人を祖先に持つ坂口安吾――私は、右の「安吾新日本地理」を始めとして、恐ろしい桜の花の怨霊を描きました「桜の森の満開の下」、又「堕落論」など、安吾の右に出る文学のみならず歴史に対する広さと深味（コク）を持った思想家は未（いま）だ見たことがありません――が、十六歳で放校され新潟中学を去るときに、学校の机の蓋（ふた）の裏に「余は偉大なる落伍者となって、何時の日にか歴史の中によみがえるであろう」と刻みましたが（三枝康高氏他）、この I shall return の心意気こそが、私の若き日の活性剤となって、何時も私の心の中に甦って古代に対するエネルギーとなっていたことは疑いのないことでした。安吾よ、長い間有難う！

アナタ、この私の試みは如何でございましたでしょうか。私の、既成の概念に囚われない「本物を見抜く歴史の目」は如何だったでしょうか。今のアナタには、私のお話は不意を突かれて信じられないことばかりだったでしょうが、やがてこれらの私の仮説——証拠に基づいた「新しい切り口」によるコスモポリタンな古代史の「大統一理論」とも言うべきもの。つまり、その主たる内容は「任那・伽耶連合＝倭」「卑彌呼は公孫氏」「濊＝倭」「奈良朝は新羅占領軍による政権」「平安朝は百済の亡命政権」「日本書紀の12回もの改竄」などの幾つかの全体を構成するコスモポリタンなクオークの統一的理解——は近い将来必ずや皆通説となりますよ。だって、それ以外には考えられませんもの（テキスト32—2—3、P1094下）。

と言うことで、これからは古代史を題材といたしました「歴史小説」も、そして「教科書」すらも、その本質を「一国歴史主義」から脱してコスモポリタンに一八〇度変えることを余儀なくされることでありましょう。

——そういたしますと、私は「古代日本史を書き換えた男」として、必ずや後世に再認識されその名が末永く残るのでありましょうか？

又、果たして、今までアカデミズムの巨匠たちが明治百年営々として築いてまいりました、「嘘の上塗りで固めた歴史＝教科書」を、たった一つの小さなハンマーで叩き割ることに（真理の発見）私は成功したのでしょうか。今の人々ではなく、「後世の人々の公正な審判」を仰ぎたいものです（丁度、インドのパール博士の考え——極東軍事裁判〔東京裁判〕無罪判決の末尾——と同じように。テキスト23—1、P928下はアナタ必見）。何れこのような考えが通説となるのも時間の問題なのですから。

19

19—1　高句麗が南下した初期の拠点、五女山城

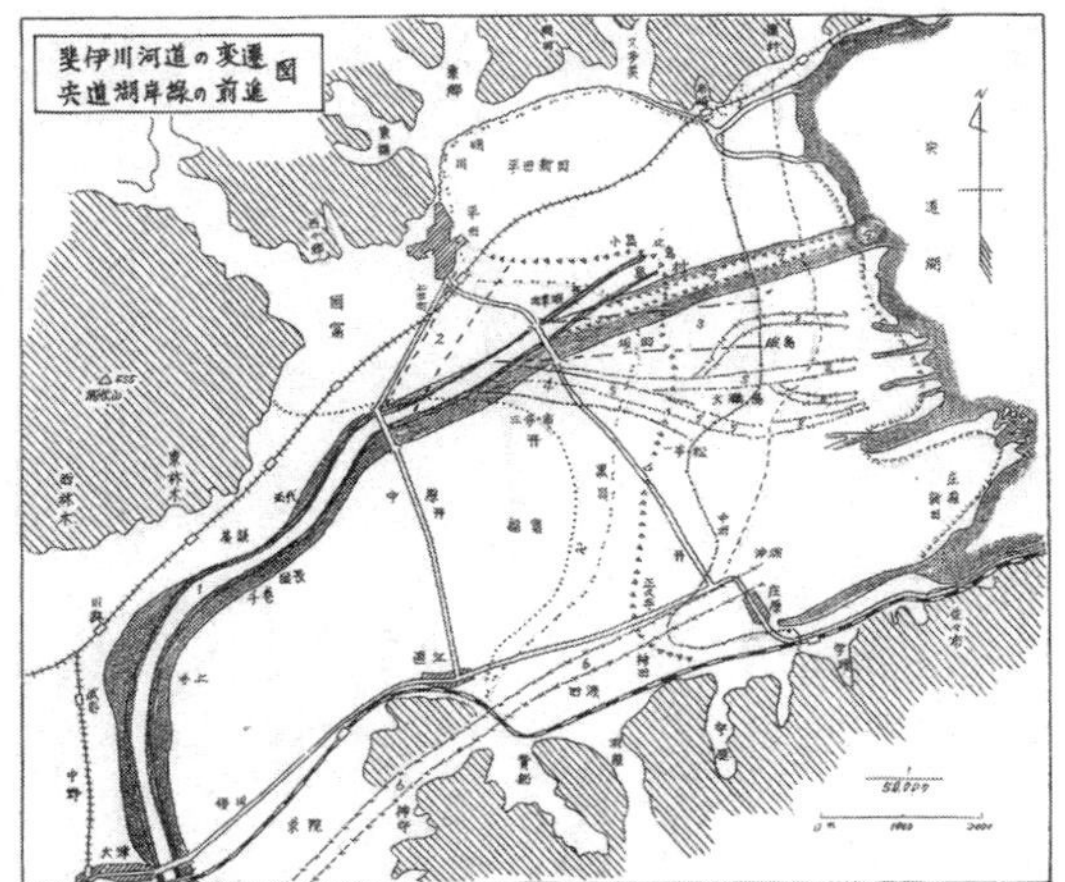

19—2　洪水を利用した水流の付け替えによる宍道湖干拓（湖岸線の変遷）（美多実氏）

長時間ご静聴有難うございました。

（拍手）

——秋深し　隣は歴史をする人ぞ——

講演後記

愈々全国に撒く新しい毒薬の完成です。

これは強力な附子（草烏頭・トリカブト）と同じく、一方で多くの人々を殺傷出来ますが、他方この附子や曼荼羅華（朝鮮アサガオ）を含む「通仙散」は華岡青洲により世界初（文化二年、一八〇五）の全身麻酔薬として多くの人々の生命をも救ってまいりました。

この個性のあり過ぎる本（毒薬）は、アナタをはじめ多くの他人を傷つけ不安を煽るであろう一方、今後の新しい学問の息吹を芽生えさせてくれる劇薬の可能性も秘めているのです。

振り返ればこの本は頗る難産でして、初稿執筆後、校正十三回、約六年もの歳月をかけて漸くここに完成を見ました。

本の厚さから考えますと、読まずともアナタの「真夏の昼寝の枕」には最適ですので、どうか末永く積ん読してご愛用下さい。

終わりに、過去の何処かでその時の権力者に消され変えられてしまったその神社の「真の祭神」を求めて日本全国の深山幽谷の古色蒼然とした神さびた神社を彷徨い、又、時として日本のみならず朝鮮・満州など大陸の古墳の調査にも、何時も文句一つ言わずに同行してくれた妻の紀子と、十年前の前著『天皇系図の分析について——古代の東アジア』のときと同じく「今日の話題社」の高橋秀和編集長との二人に、今ここに限りない感謝の意を表したいと存じます。有難う。

平成二十八年四月十五日　大安

著者

天皇系図の分析

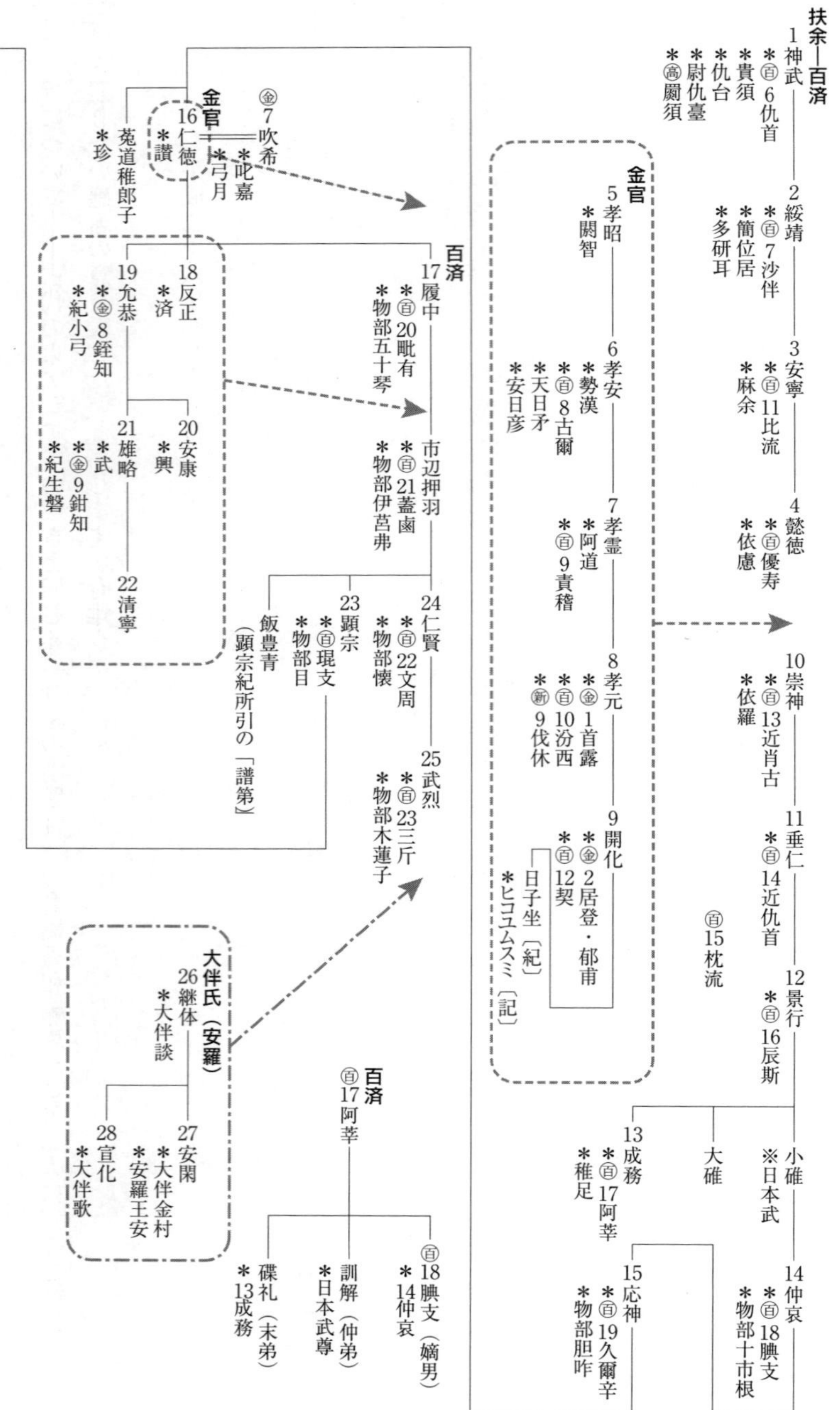

扶余—百済
1 神武
*㊀6仇首
*貴須
*仇台
*尉仇臺
*㊂罽須
2 綏靖
*㊀7沙伴
*簡位居
*多研耳
3 安寧
*㊀11比流
*麻余
4 懿徳
*㊀優寿
*依慮
金官
5 孝昭
*闕智
6 孝安
*勢漢
*㊀8古爾
*天日矛
*安日彦
7 孝霊
*阿道
*㊀9責稽
8 孝元
*㊎1首露
*㊀10汾西
*㊉9伐休
9 開化
*㊎2居登・郁甫
*㊀12契
日子坐〔紀〕
*ヒコユムスミ〔記〕
10 崇神
*㊀13近肖古
*依羅
11 垂仁
*㊀14近仇首
㊀15枕流
12 景行
*㊀16辰斯
13 成務
*㊀17阿莘
*稚足
大碓
小碓
※日本武
14 仲哀
*㊀18腆支
*物部十市根
15 応神
*㊀19久爾辛
*物部胆咋
百済
17 履中
*㊀20毗有
*物部五十琴
市辺押羽
*㊀21蓋鹵
*物部伊莒弗
24 仁賢
*㊀22文周
*物部懐
23 顕宗
*㊀現支
*物部目
飯豊青
（顕宗紀所引の「譜第」）
25 武烈
*㊀23三斤
*物部木蓮子
金官
㊎7吹希
*叱嘉
16 仁徳
*讃
*弓月
菟道稚郎子
*珍
18 反正
*済
19 允恭
*㊎8銍知
*紀小弓
20 安康
*興
21 雄略
*武
*㊎9鉗知
*紀生磐
22 清寧
大伴氏（安羅）
26 継体
*大伴談
27 安閑
*大伴金村
*安羅王安
28 宣化
*大伴歌
百済
㊀17阿莘
㊀18腆支（嫡男）
*14仲哀
訓解（仲弟）
*日本武尊
礫礼（末弟）
*13成務

付録凡例

＊＝同一人
※＝注
〔紀〕＝『日本紀』
〔記〕＝『古事記』
〔播〕＝『播磨国風土記』
〔百〕＝『百済本紀』
〔宋〕＝『宋書』
〔梁〕＝『梁書』
〔晋〕＝『晋書』
〔魏〕＝『魏書』
〔略〕＝『魏略』
〔唐〕＝『新唐書』
㊀百＝百済
㊀新＝新羅
㊀高＝高句麗
㊀金＝金官
㊀唐＝唐

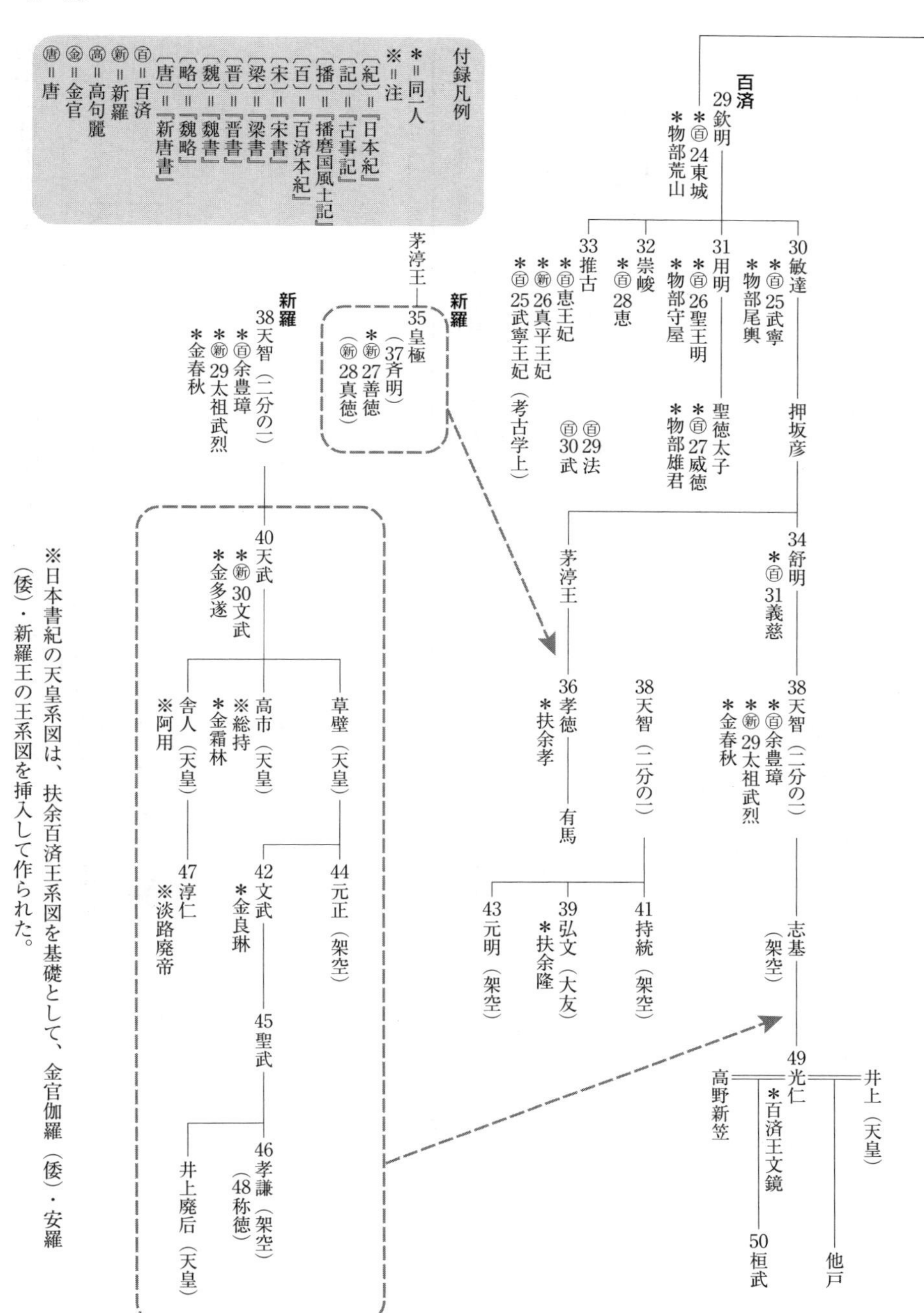

※日本書紀の天皇系図は、扶余百済王系図を基礎として、金官伽羅（倭）・安羅（倭）・新羅王の王系図を挿入して作られた。

天皇紀（日本書紀）と朝鮮史・中国史とにおける大王の比定

						挿入		
A	日本紀	天皇	1 神武天皇	2 綏靖天皇	3 安寧天皇	4 懿徳天皇 ※父	10 崇神天皇 ※子	11 垂仁天皇
B	百済本紀	百済王	6 仇首・貴須	7 沙伴	11 比流 ※父	優寿王子	13 近肖古 ※子	14 近仇首
C	百済本紀・温祚条で北史・隋書を引用		仇台					
D	魏書・扶余条	扶余王	尉仇臺	簡位居	麻余	依慮 ※父	依羅 ※子	
E	高句麗本紀	高句麗王子	罽須					

a		5 孝昭天皇	6 孝安天皇 天日矛	7 孝霊天皇	8 孝元天皇	9 開化天皇	（子）ヒコユムスミ （子）日子坐王
b	駕洛国記（金官伽羅＝倭）	金閼智王	金勢漢王	金阿道王	1 金首露王	2 金居登王 又は金郁甫王	
c	金官伽羅王をモデルに作られた架空の百済王・新羅王		㊀8 古爾	㊀9 責稽	㊀10 汾西 ㊉9 伐休	㊀12 契	

※Aのモデルは B。Bのモデルは CDE。aのモデルは bc。
※扶余王・依慮（イリョ）と依羅（イリ）は父子。11比流王と13近肖古王は父子。
※扶余王・依羅（イリ）と10崇神天皇（ミマキ「イリ」ヒコイニエ）は同一人。
※4懿徳天皇と10崇神天皇とは父子で、そのモデルでは共に扶余・百済系（11比流王〔但し、日本紀では安寧のモデルの位置に上げている〕と13近肖古、依慮と依羅）であったが、その間に5孝昭天皇から9開化天皇までの五代分の金官伽羅（倭）系の天皇を挿入して父子の関係を系図上断絶してしまっていた。

日本書紀改竄の代表的パターン

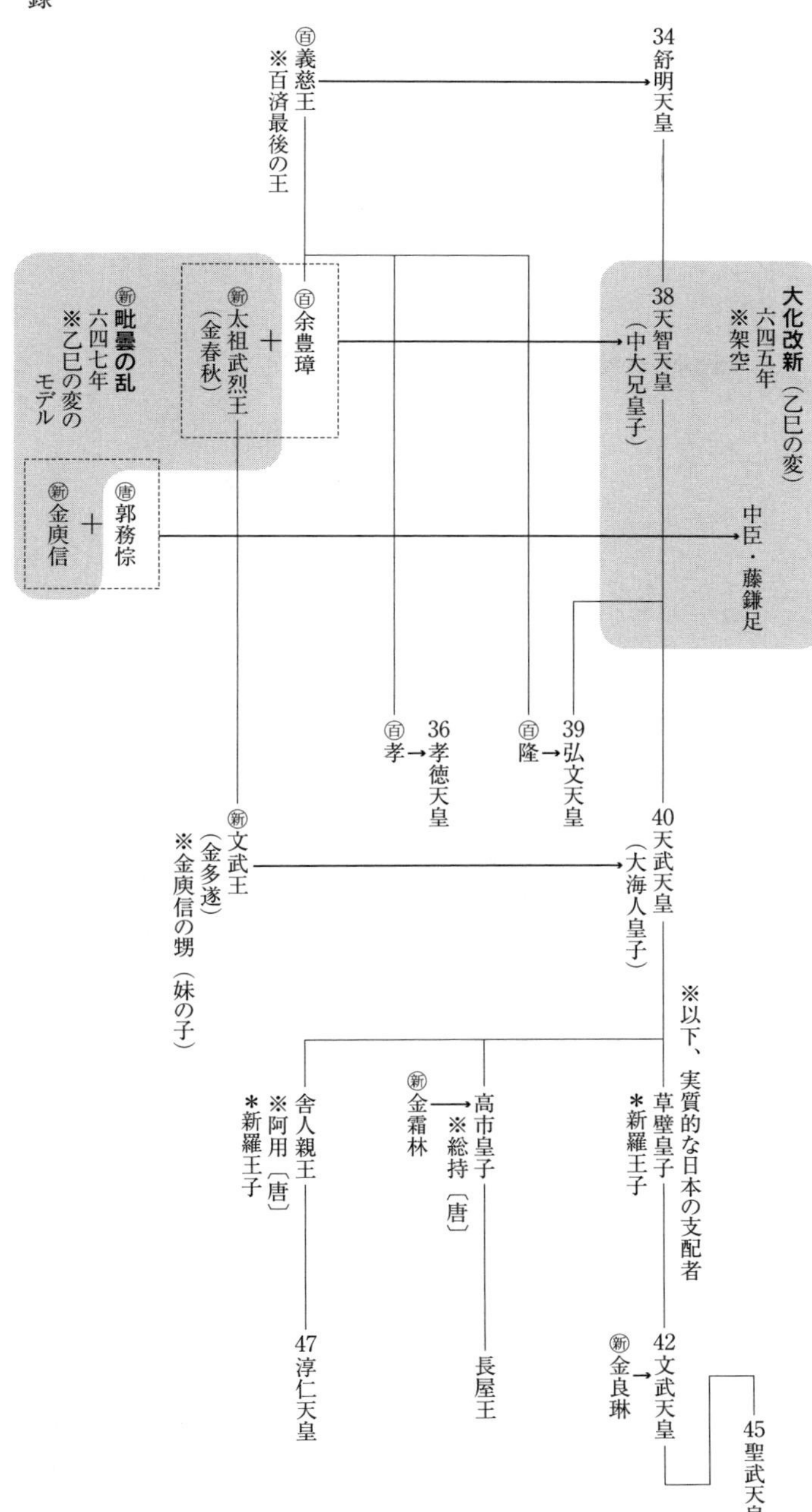

高句麗王系図

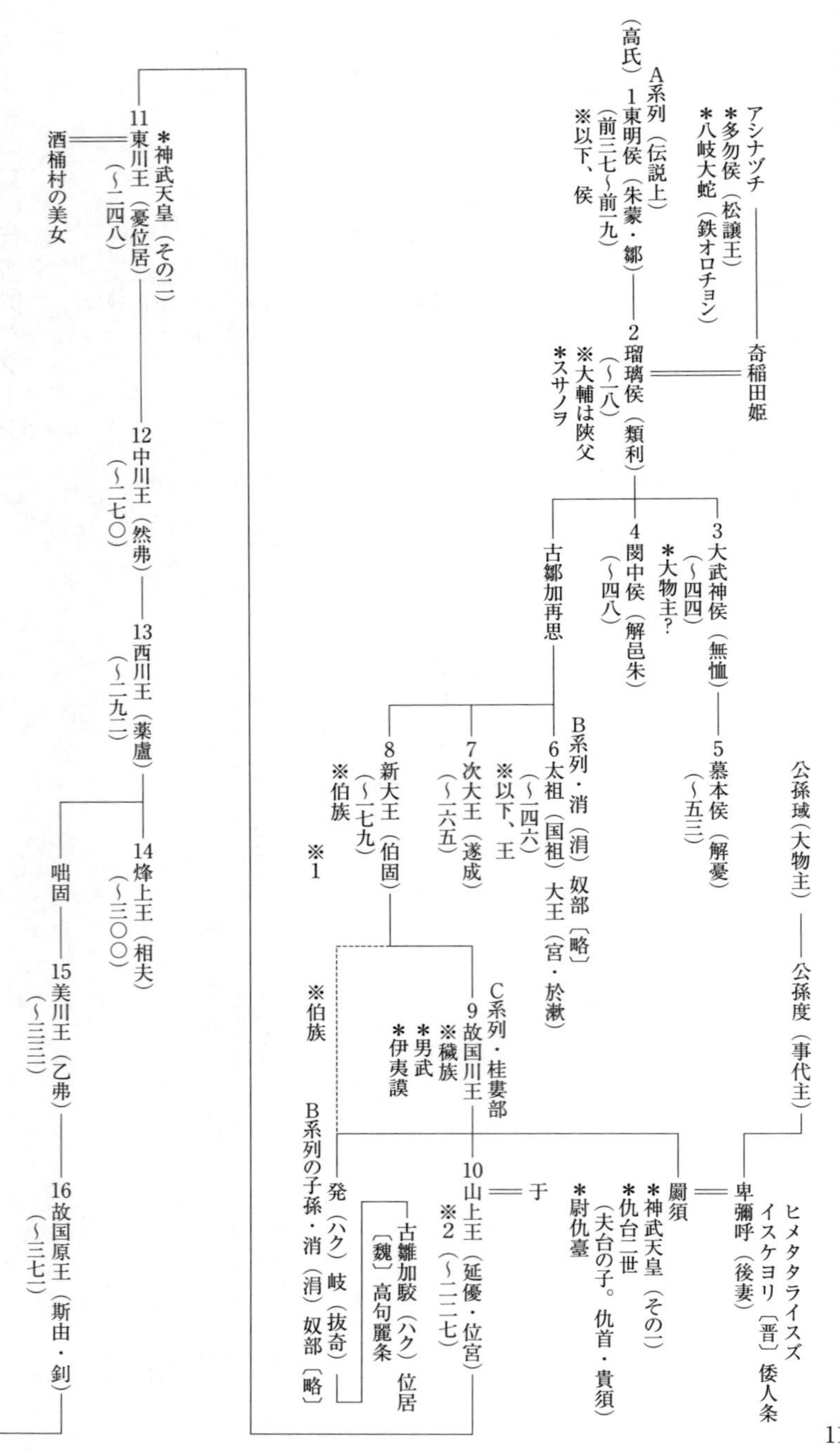

アシナヅチ
*多勿侯（松譲王）
*八岐大蛇（鉄オロチョン）
奇稲田姫
A系列（伝説上）
（高氏）1東明侯（朱蒙・鄒）
（前三七〜前一九）
※以下、侯
2瑠璃侯（類利）
（〜一八）
※大輔は陝父
*スサノヲ
3大武神侯（無恤）
（〜四四）
*大物主？
4閔中侯（解邑朱）
（〜四八）
古鄒加再思
5慕本侯（解憂）
（〜五三）
公孫域（大物主）
公孫度（事代主）
B系列・消（涓）奴部〔略〕
6太祖（国祖）大王（宮・於漱）
（〜一四六）
※以下、王
7次大王（遂成）
（〜一六五）
8新大王（伯固）
（〜一七九）
※伯族
※1
C系列・桂婁部
9故国川王
※穢族
*男武
*伊夷謨
※伯族
B系列の子孫・消（涓）奴部〔略〕
発（ハク）岐（抜奇）
古雛加駮（ハク）位居
〔魏〕高句麗条
10山上王（延優・位宮）
※2（〜二二七）
于
罽須
*神武天皇（その一）
*仇台二世
（夫台の子。仇首・貴須）
*尉仇臺
卑彌呼（後妻）
ヒメタタライスズ
イスケヨリ〔晋〕倭人条
11東川王（憂位居）
（〜二四八）
*神武天皇（その二）
酒桶村の美女
12中川王（然弗）
（〜二七〇）
13西川王（薬盧）
（〜二九二）
14烽上王（相夫）
（〜三〇〇）
咄固
15美川王（乙弗）
（〜三三一）
16故国原王（斯由・釗）
（〜三七一）

17小獣林王（丘夫）（〜三八四）

18故国壌王（伊連）（〜三九二）―19広開土王（談徳）（〜四一二）―20長寿王（巨連）（〜四九一）―助多―21文咨王（羅雲）（〜五一九）

※丸都城→平壌（四二七）

22安蔵王（興安）（〜五三一）

23安原王（宝延）（〜五四五）

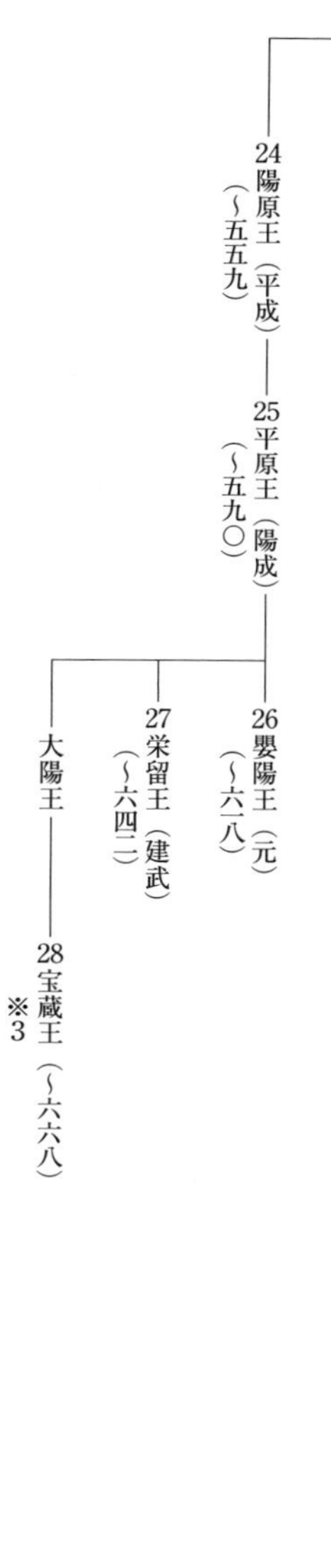

※16故国原王陵は太王陵、17小獣林王陵は臨江塚、18故国壌王陵は千秋塚、19広開土王陵は将軍塚または太王陵、20長寿王陵は平壌の大同江右岸の漢王墓（慶新里一号墳）または集安の将軍塚、21文咨王陵は土浦里大塚。

※1　『後漢書』高句麗条では6太祖大王・7次大王・8新大王は父・子・孫。『魏書』高句麗条では6太祖大王・8新大王は父・子。

※2　『魏書』高句麗条では9故国川王・10山上王は父・子。「高句麗本紀」では兄弟。『魏書』高句麗条では10山上王と発岐は兄弟。

※3　蓋蘇文が27栄留を弑逆し、28宝蔵を立てた。

百済王系図

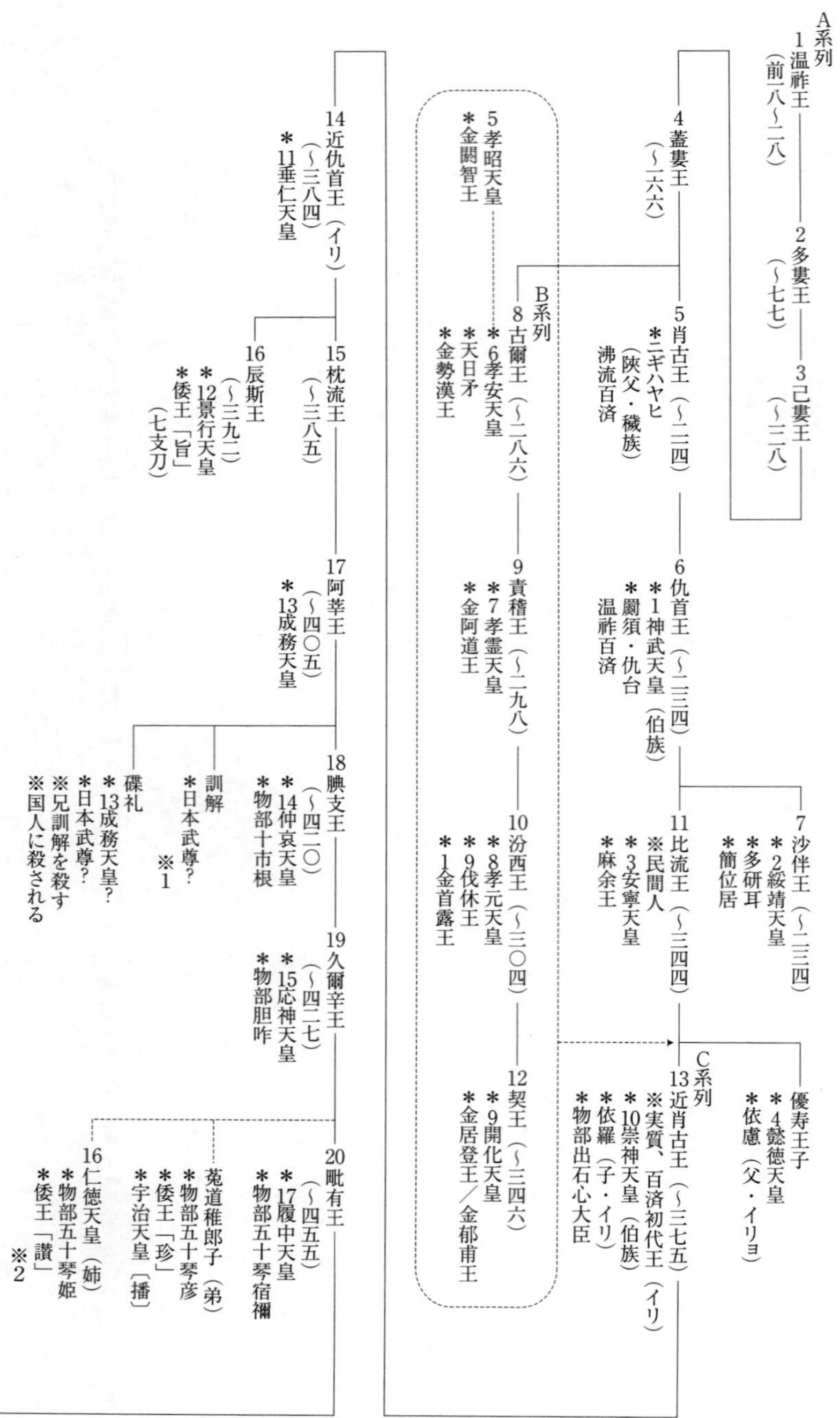

A系列
1温祚王（前一八〜二八）
2多婁王（〜七七）
3己婁王（〜一二八）
4蓋婁王（〜一六六）
5肖古王（〜二一四）
*ニギハヤヒ（陝父・穢族）
沸流百済
6仇首王（〜二三四）
*1神武天皇（伯族）
*罽須・仇台
温祚百済
7沙伴王（〜二三四）
*2綏靖天皇
*多研耳
*簡位居
11比流王（〜三四四）
※民間人
*3安寧天皇
*麻余王
優寿王子
*4懿徳天皇
*依慮（父・イリヨ）
C系列
13近肖古王（〜三七五）
※実質、百済初代王（イリ）
*10崇神天皇（伯族）
*依羅（子・イリ）
*物部出石心大臣
5孝昭天皇
*金闕智王
B系列
8古爾王（〜二八六）
*6孝安天皇
*天日矛
*金勢漢王
9責稽王（〜二九八）
*7孝霊天皇
*金阿道王
10汾西王（〜三〇四）
*8孝元天皇
*9伐休王
*1金首露王
12契王（〜三四六）
*9開化天皇
*金居登王／金郁甫王
14近仇首王（イリ）（〜三八四）
*11垂仁天皇
15枕流王（〜三八五）
16辰斯王（〜三九二）
*12景行天皇
*倭王「旨」
（七支刀）
17阿莘王（〜四〇五）
*13成務天皇
18腆支王（〜四二〇）
*14仲哀天皇
*物部十市根
訓解
*日本武尊？
※1
碟礼
*13成務天皇？
*日本武尊？
※兄訓解を殺す
※国人に殺される
19久爾辛王（〜四二七）
*15応神天皇
*物部胆咋
20毗有王（〜四五五）
*17履中天皇
*物部五十琴宿禰
菟道稚郎子（弟）
*物部五十琴彦
*倭王「珍」
*宇治天皇「播」
16仁徳天皇（姉）
*物部五十琴姫
*倭王「讃」
※2

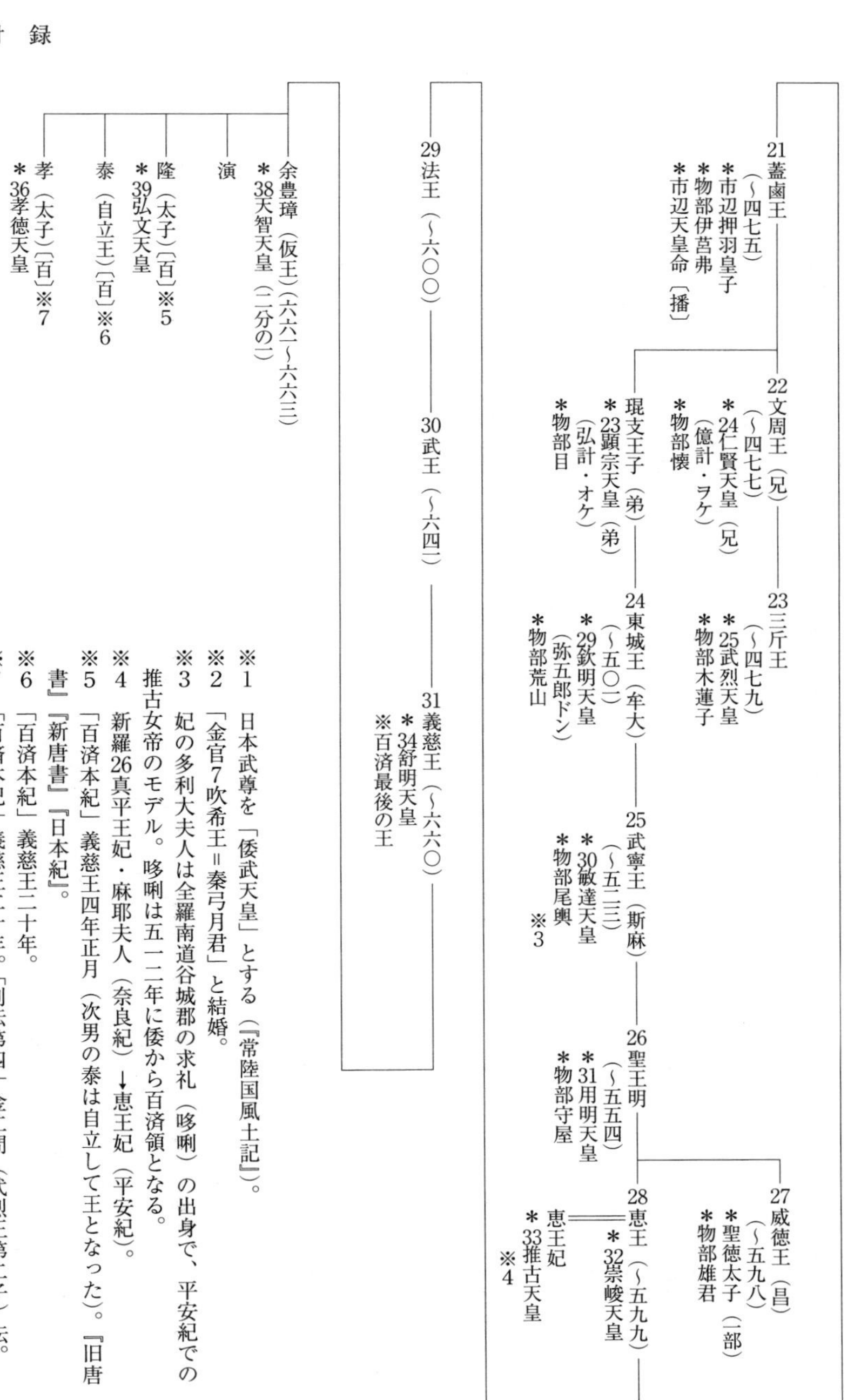

※1　日本武尊を「倭武天皇」とする（『常陸国風土記』）。
※2　「金官7吹希王＝秦弓月君」と結婚。
※3　妃の多利大夫人は全羅南道谷城郡の求礼（哆唎）の出身で、平安紀での推古女帝のモデル。哆唎は五一二年に倭から百済領となる。
※4　新羅26真平王妃・麻耶夫人（奈良紀）→恵王妃（平安紀）。
※5　「百済本紀」義慈王四年正月（次男の泰は自立して王となった）。『旧唐書』『新唐書』『日本紀』。
※6　「百済本紀」義慈王二十年。
※7　「百済本紀」義慈王二十年。「列伝第四」金仁問（武烈王第二子）伝。

百済王（コニキシ）氏系図

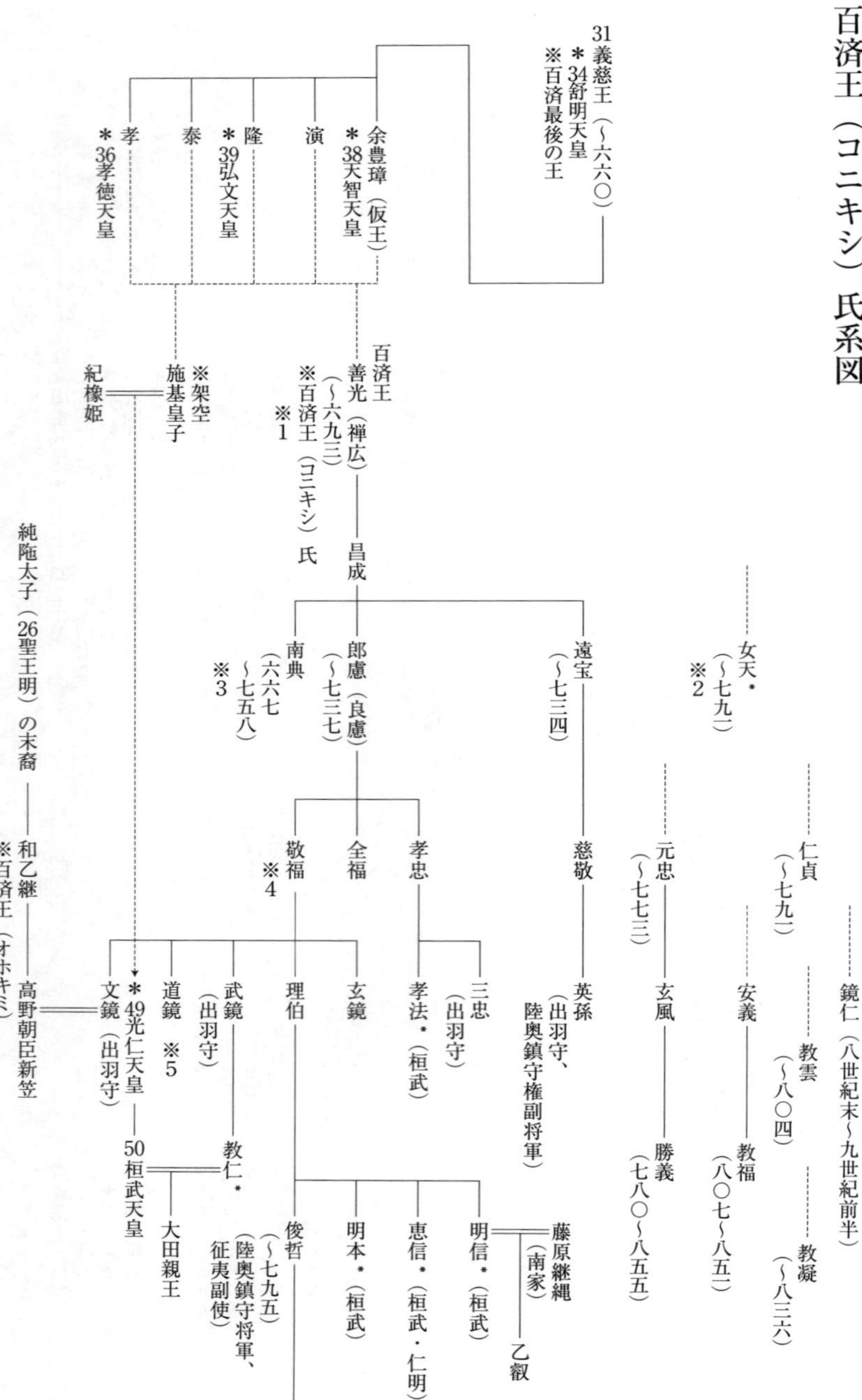

31義慈王（～六六〇）
＊34舒明天皇
※百済最後の王
余豊璋（仮王）
＊38天智天皇
演
隆
＊39弘文天皇
泰
孝
＊36孝徳天皇
百済王
善光（禅広）
（～六九三）
※百済王（コニキシ）氏
※1
※架空
施基皇子
紀橡姫
昌成
遠宝
（～七三四）
郎虞（良虞）
（～七三七）
南典
（六六七～七五八）
※3
女天＊
（～七九一）
※2
慈敬
孝忠
全福
敬福
※4
元忠
（～七七三）
仁貞
（～七九一）
英孫
（出羽守、陸奥鎮守権副将軍）
三忠
（出羽守）
孝法＊（桓武）
玄鏡
理伯
武鏡
（出羽守）
道鏡　※5
＊49光仁天皇
文鏡（出羽守）
玄風
勝義
（七八〇～八五五）
安義
教福
（八〇七～八五二）
教雲
（～八〇四）
鏡仁（八世紀末～九世紀前半）
教凝
（～八三六）
藤原継縄
（南家）
乙叡
明信＊（桓武）
恵信＊（桓武・仁明）
明本＊（桓武）
俊哲
（～七九五）
（陸奥鎮守将軍、征夷副使）
教仁＊
大田親王
50桓武天皇
純陁太子（26聖王明）の末裔
和乙継
※百済王（オホキミ）
高野朝臣新笠

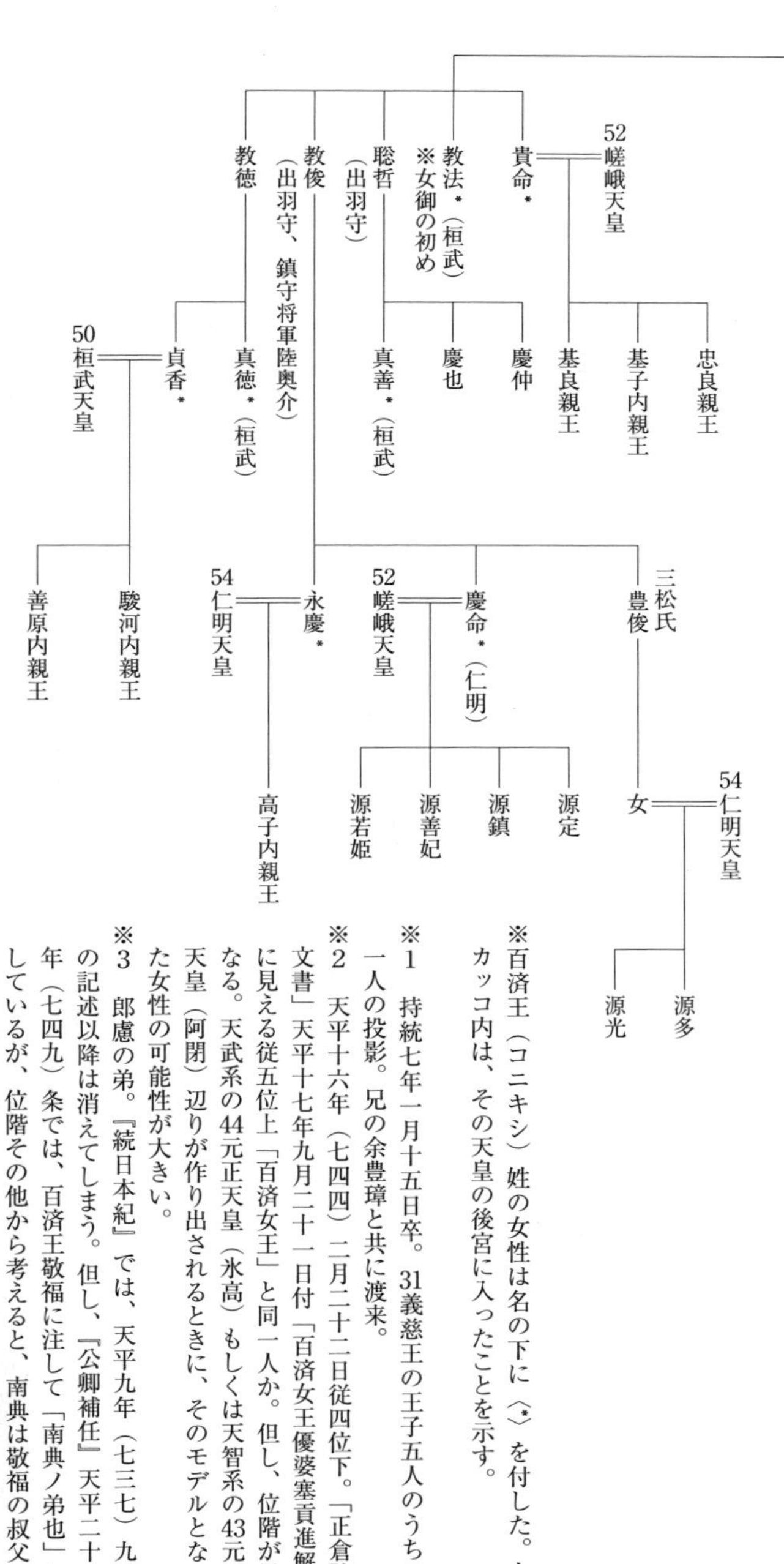

※百済王（コニキシ）姓の女性は名の下に〈*〉を付した。丸カッコ内は、その天皇の後宮に入ったことを示す。

※1　持統七年一月十五日卒。31義慈王の王子五人のうちの一人の投影。兄の余豊璋と共に渡来。

※2　天平十六年（七四四）二月二十二日従四位下。「正倉院文書」天平十七年九月二十一日付「百済女王優婆塞貢進解」に見える従五位上「百済女王」と同一人か。但し、位階が異なる。天武系の44元正天皇（氷高）もしくは天智系の43元明天皇（阿閉）辺りが作り出されるときに、そのモデルとなった女性の可能性が大きい。

※3　郎慮の弟。『続日本紀』では、天平九年（七三七）九月の記述以降は消えてしまう。但し、『公卿補任』天平二十一年（七四九）条では、百済王敬福に注して「南典ノ弟也」としているが、位階その他から考えると、南典は敬福の叔父と考えるのが正しい。天平九年七月の兄郎慮の死のとき歳七十二。

※4　生六九八～没七六六年。陸奥守、上総守、再陸奥守（黄金出土）、宮内卿、常陸守、出雲守、伊予守、讃岐守、刑部卿。

※5　『七大寺年表』では天智の子の志基皇子の第六子とし、『続日本紀』では俗姓弓削連河内人也とする（宝亀三〔七七二〕年四月七日）。又、物部弓削大連守屋の子孫ともいう。

新羅王系図

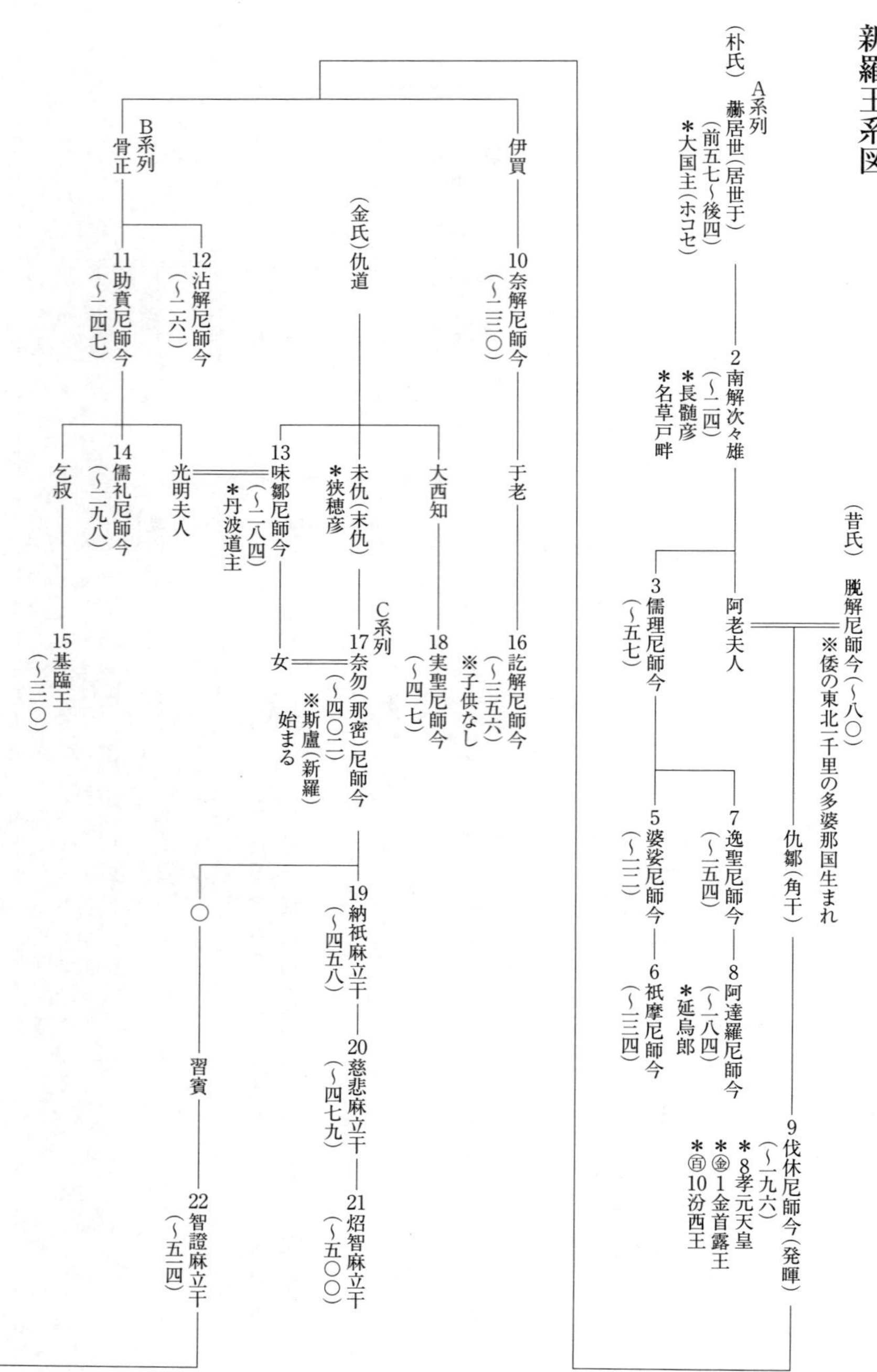

(朴氏) A系列
赫居世(居世干)
(前五七~後四)
*大国主(ホコセ)
2 南解次々雄
(~二四)
*長髄彦
*名草戸畔
(昔氏) 脱解尼師今(~八〇)
※倭の東北一千里の多婆那国生まれ
阿老夫人
3 儒理尼師今
(~五七)
7 逸聖尼師今
(~一五四)
8 阿達羅尼師今
(~一八四)
*延烏郎
5 婆娑尼師今
(~一一二)
6 祇摩尼師今
(~一三四)
仇鄒(角干)
9 伐休尼師今(発暉)
(~一九六)
*8孝元天皇
*(金)1金首露王
*(百)10汾西王
伊買
10 奈解尼師今
(~二三〇)
于老
16 訖解尼師今
(~三五六)
※子供なし
(金氏)仇道
大西知
18 実聖尼師今
(~四一七)
末仇(末仇)
*狭穂彦
C系列
17 奈勿(那密)尼師今
(~四〇二)
※斯盧(新羅)始まる
13 味鄒尼師今
(~二八四)
*丹波道主
女
B系列
骨正
12 沾解尼師今
(~二六一)
11 助賁尼師今
(~二四七)
光明夫人
14 儒礼尼師今
(~二九八)
乞叔
15 基臨王
(~三一〇)
19 納祇麻立干
(~四五八)
20 慈悲麻立干
(~四七九)
21 炤智麻立干
(~五〇〇)
○
習賓
22 智證麻立干
(~五一四)

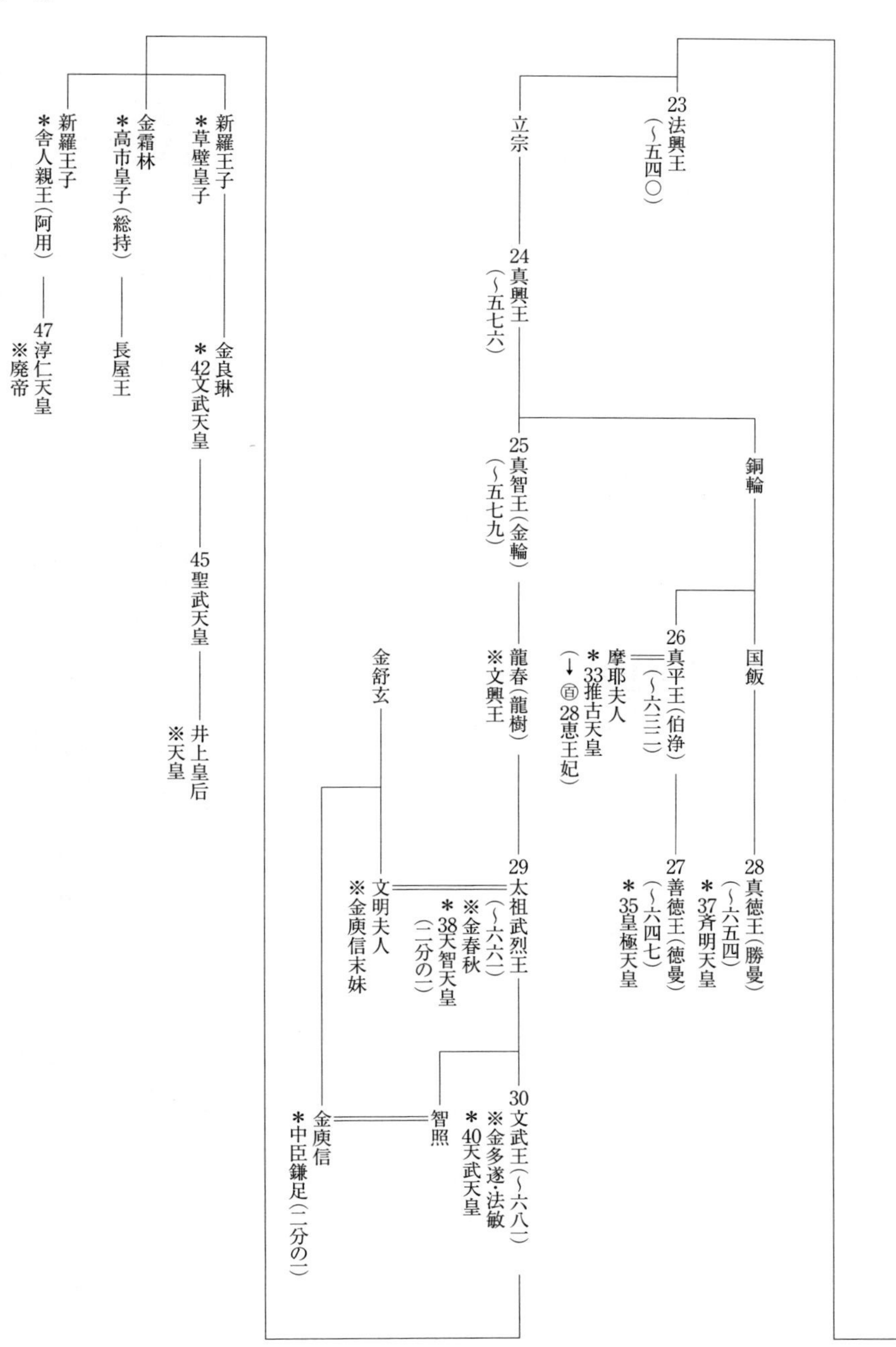
23法興王（～五四〇）
立宗
24真興王（～五七六）
25真智王（金輪）（～五七九）
銅輪
26真平王（伯浄）（～六三二）
摩耶夫人
＊33推古天皇（→㊐28恵王妃）
国飯
龍春（龍樹）
※文興王
28真徳王（勝曼）（～六五四）
＊37斉明天皇
27善徳王（徳曼）（～六四七）
＊35皇極天皇
金舒玄
29太祖武烈王（～六六一）
※金春秋
＊38天智天皇（二分の一）
文明夫人
※金庾信末妹
30文武王（～六八一）
※金多遂・法敏
＊40天武天皇
智照
金庾信
＊中臣鎌足（二分の一）
新羅王子
＊草壁皇子
金霜林
＊高市皇子（総持）
新羅王子
＊舎人親王（阿用）
金良琳
＊42文武天皇
長屋王
47淳仁天皇
※廃帝
45聖武天皇
井上皇后
※天皇

金官伽羅（倭）王系図

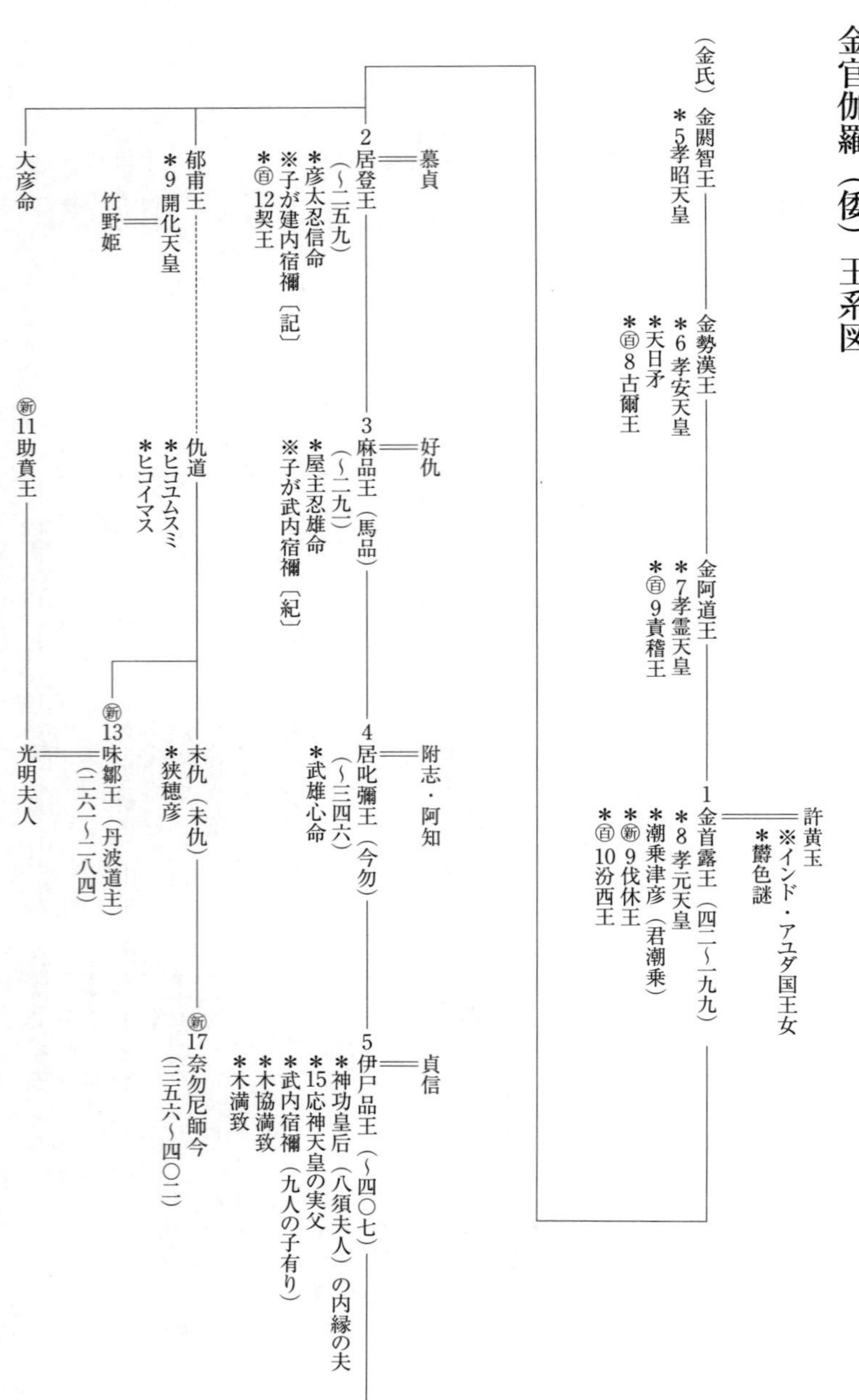
（金氏）金閼智王
＊5孝昭天皇
金勢漢王
＊6孝安天皇
＊天日矛
＊㊇8古爾王
金阿道王
＊7孝霊天皇
＊㊇9責稽王
許黄玉
※インド・アユダ国王女
＊薵色謎
1金首露王（四二～一九九）
＊8孝元天皇
＊潮乗津彦（君潮乗）
＊㊔9伐休王
＊㊇10汾西王
慕貞
2居登王
（～二五九）
＊彦太忍信命
※子が建内宿禰〔記〕
＊㊇12契王
好仇
3麻品王（馬品）
（～二九一）
＊屋主忍雄命
※子が武内宿禰〔紀〕
附志・阿知
4居叱彌王（今勿）
（～三四六）
＊武雄心命
貞信
5伊尸品王（～四〇七）
＊神功皇后（八須夫人）の内縁の夫
＊15応神天皇の実父
＊武内宿禰（九人の子有り）
＊木協満致
＊木満致
郁甫王
＊9開化天皇
竹野姫
仇道
＊ヒコユムスミ
＊ヒコイマス
末仇（未仇）
＊狭穂彦
㊔17奈勿尼師今
（三五六～四〇二）
㊔13味鄒王（丹波道主）
（二六二～二八四）
大彦命
㊔11助賁王
光明夫人

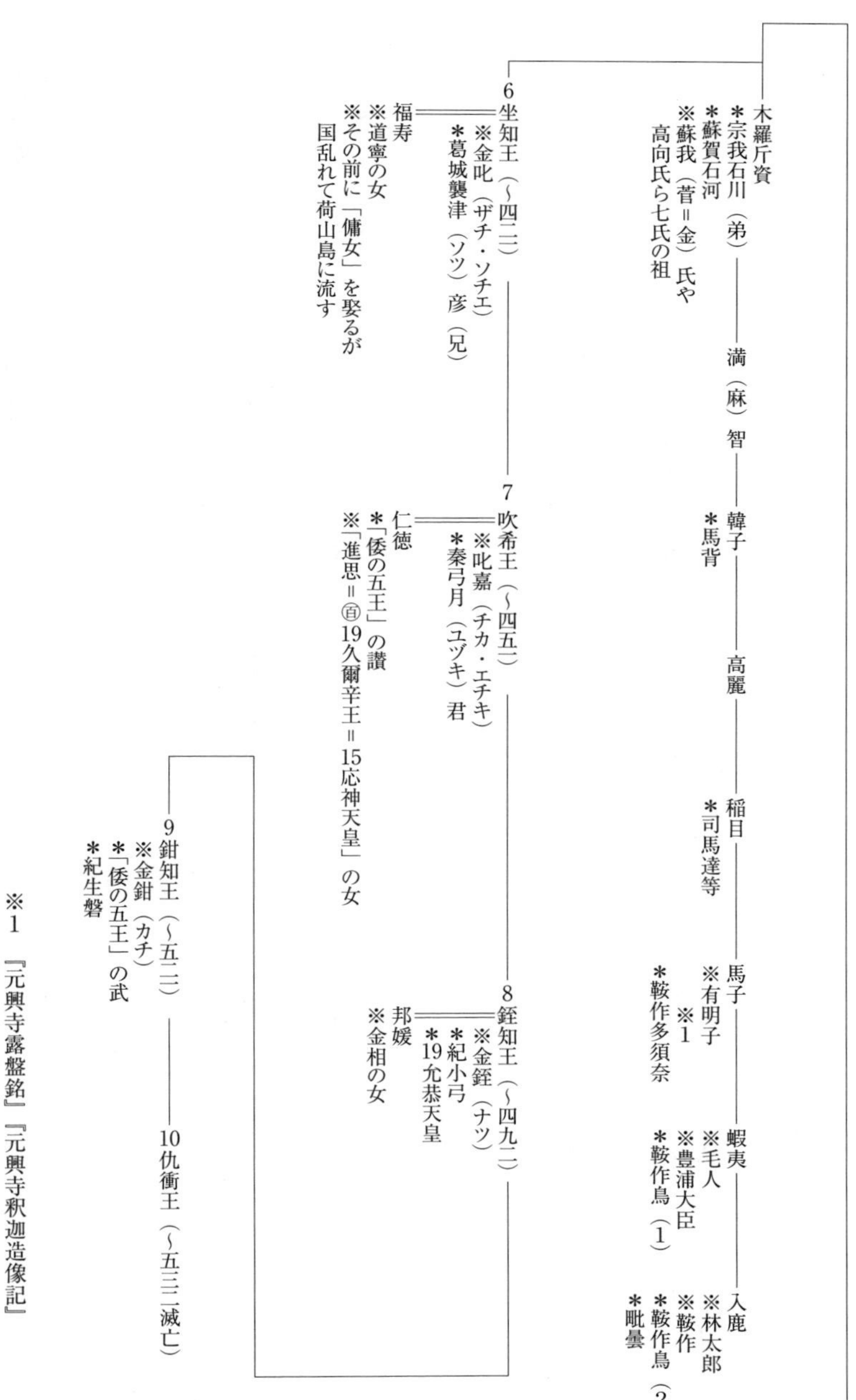
木羅斤資
＊宗我石川（弟）
＊蘇賀石河
※蘇我（菅＝金）氏や
高向氏ら七氏の祖
満（麻）智
韓子
＊馬背
高麗
稲目
＊司馬達等
馬子
※有明子
※1
＊鞍作多須奈
蝦夷
※毛人
※豊浦大臣
＊鞍作鳥（1）
入鹿
※林太郎
※鞍作
＊鞍作鳥（2）
＊毗曇
6坐知王（～四二二）
※金叱（ザチ・ソチエ）
＊葛城襲津（ソツ）彦（兄）
福寿
※道寧の女
※その前に「傭女」を娶るが
国乱れて荷山島に流す
7吹希王（～四五二）
※叱嘉（チカ・エチキ）
＊秦弓月（ユヅキ）君
仁徳
＊「倭の五王」の讃
※「進思＝㊄19久爾辛王＝15応神天皇」の女
8銍知王（～四九二）
※金銍（ナツ）
＊紀小弓
＊19允恭天皇
邦媛
※金相の女
9鉗知王（～五二二）
※金鉗（カチ）
＊「倭の五王」の武
＊紀生磐
10仇衝王（～五三二滅亡）
※1　『元興寺露盤銘』『元興寺釈迦造像記』

「倭（金官伽羅）の五王」の分析

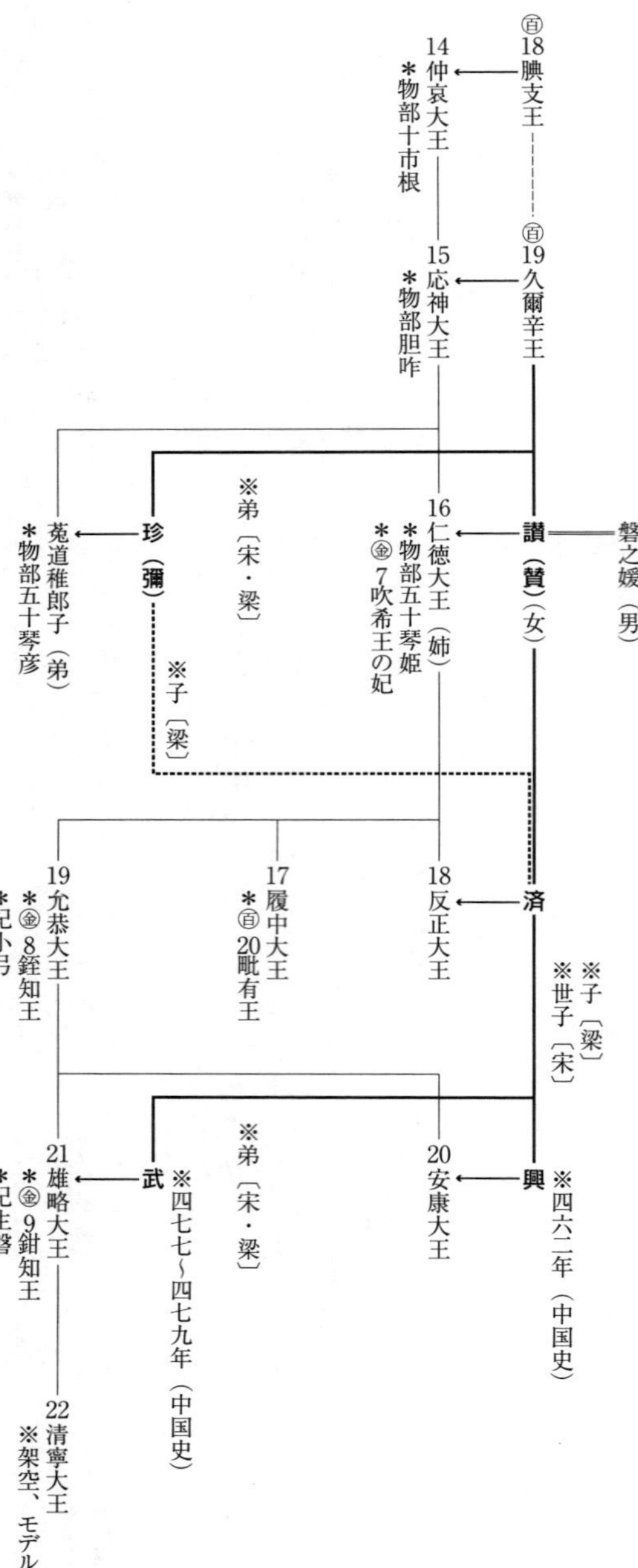

百済王系図を基にして「倭の五王」と「安羅（倭）三王」を挿入

倭の五王

15 応神天皇

16 仁徳天皇
＊倭王「讃」

菟道稚郎子
＊倭王「珍」
＊宇治天皇〔播〕

19 久爾辛王
（四二〇～四二七）

20 毗有王
（～四五五）

17 履中天皇

18 反正
＊倭王「済」

19 允恭
＊㊎8銍知王
＊紀小弓

21 蓋鹵王
（～四七五）

市辺押羽皇子
＊市辺天皇
〔播〕

20 安康
＊倭王「興」

21 雄略
＊倭王「武」
＊㊎9鉗知王
＊紀生磐

22 清寧

彦主人王
振媛

安羅（倭）の三王

26 継体天皇
＊大伴談

23 顕宗天皇（弟）

琨支王子（弟）

22 文周王（兄）
（～四七七）

24 仁賢天皇（兄）

28 宣化天皇
＊大伴歌

27 安閑天皇
＊大伴金村

29 欽明天皇

24 東城王（牟大）
（～五〇一）

23 三斤王
（～四七九）

25 武烈天皇

30 敏達天皇

25 武寧王（斯麻）
（～五二三）

北扶余から高句麗、そして百済へ

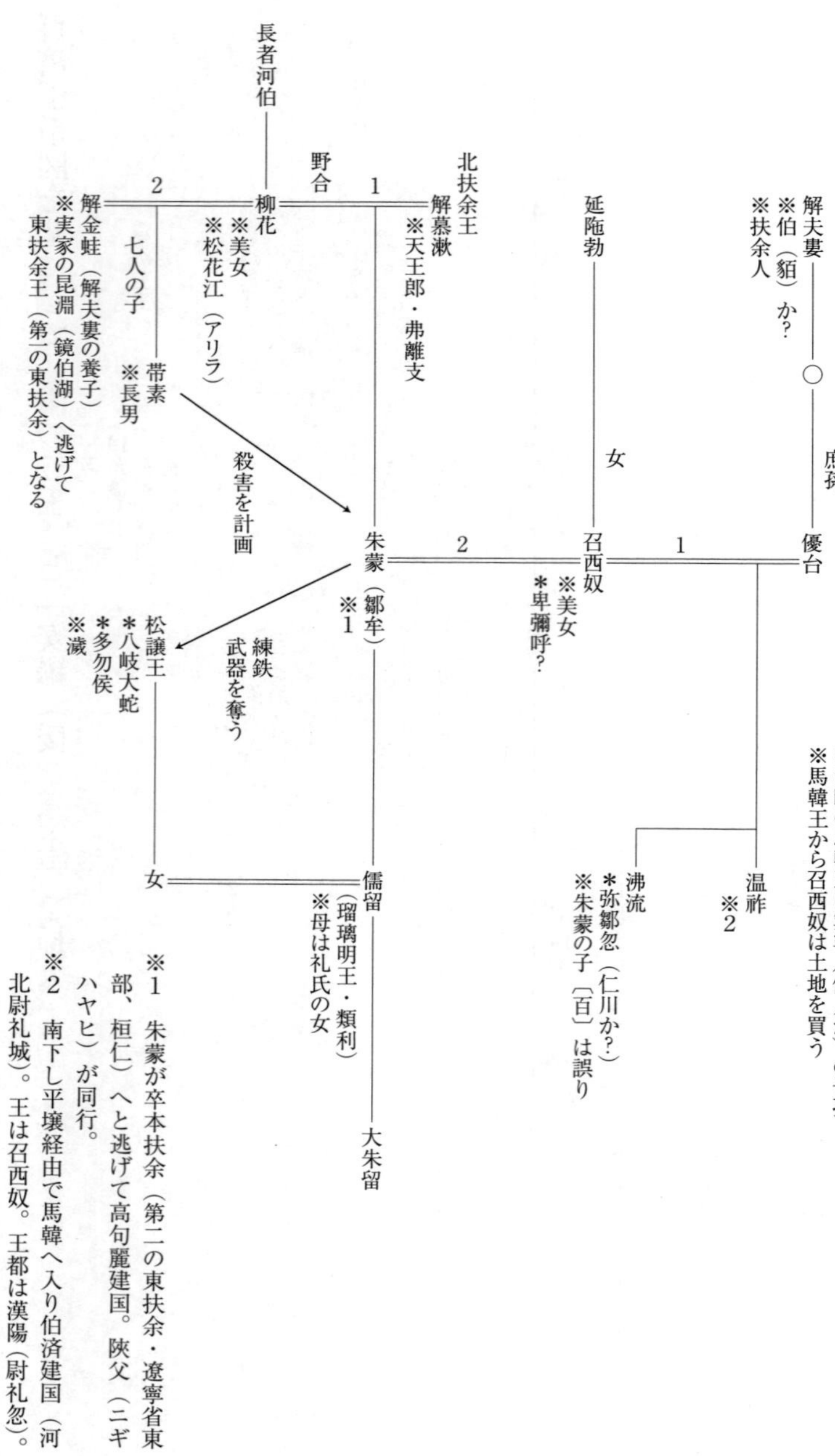

公孫氏系図（卑彌呼の実家）

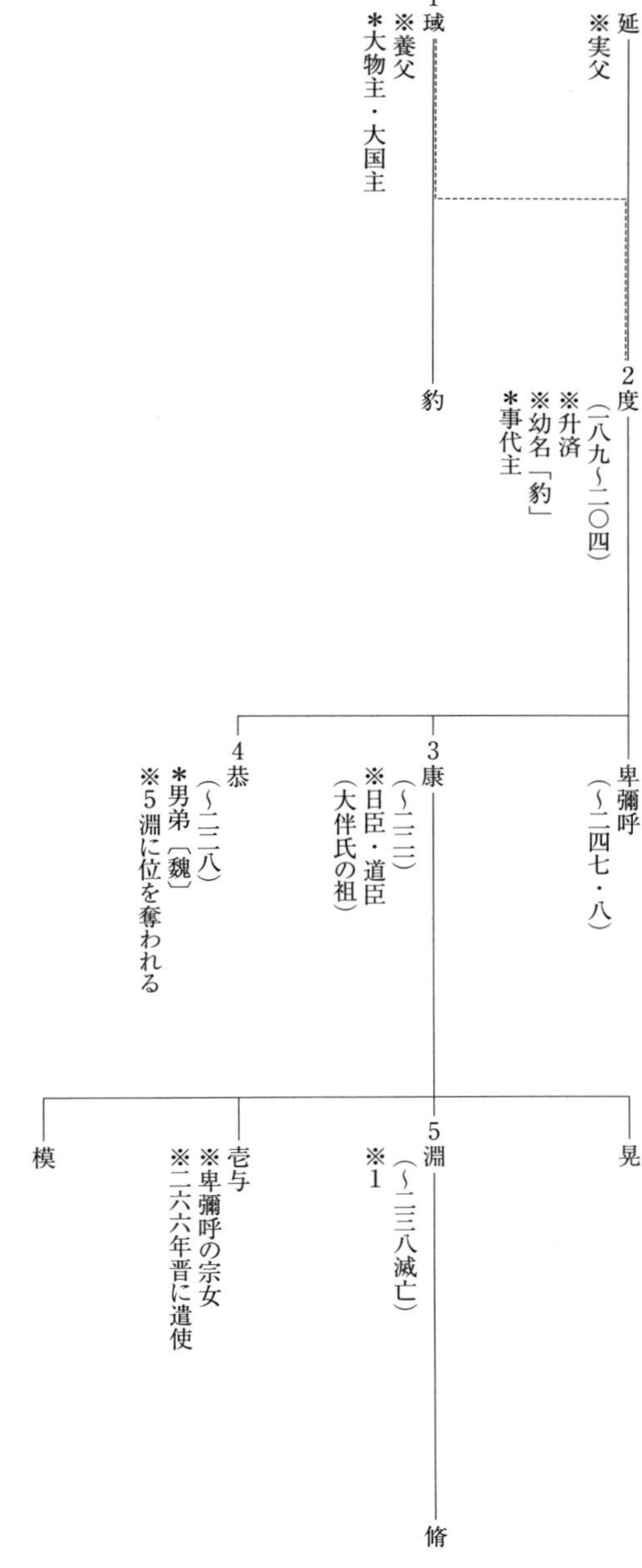

※王都・襄平（現・遼陽）

※1　遼東候・平州牧。帯方郡を設ける。高句麗・山上王を冬佳江畔の桓仁に征す。高句麗鴨緑江畔の丸都城（集安）へ。公孫氏滅亡翌二三九年、卑彌呼帯方郡に遣使。

サ

シ

ス

セ

ソ

索引

ア

イ

ウ

エ

オ

カ

一杯拾って帰り、ベニヤ板にハリガネで色別（黄色、灰色など）に縛り付け、大きな額縁に入れて飾る。

〈この頃〉クラスでグループに分かれ街道を選び自由研究したとき、他のグループは皆「東海道」を選んだが、著者をリーダーとするグループだけは「大山街道」を選び、学校の近くの「ボロ市」の場所に行ったり、日を改めて教生の先生（学芸大の学生）に付き添いをお願いして男女7、8名で小田急で終点の大山まで行って登り、帰りは爆撃で破壊され危険な割れ目の入ったコンクリートのケーブルカーの土台の上を下って来たことがあった。

〈小学校3～4年〉「毎日小学生新聞」短歌入賞。

手袋が片っぽうずつ二つあり　これして行けと父は言いたり（天賞）
定期券なくして帰る道すがら　空をあおげば夕焼の雲（佳作）
台風は来なかったけど黒い雲　満月のそばどんどん走る（天賞）

〈小学校5年〉武士の掟をテーマに自由研究をしたとき、大多数の者は江戸幕府の「武家諸法度」を選んだが、著者だけは鎌倉幕府の貞永式目（関東御成敗式目）を選び、そのとき「土地の時効取得」が現代民法と同じく20年であったことを知り驚く（800年前も同じだったのだ！）。

〈中学校2年〉「サン写真新聞社」主催（成人対象）女性ポートレートのコンクールで「汀の女」が3等入賞。

〈中学校3年〉卒業アルバム添付のソノシート『よき教師とおんぼろ校舎の思い出』を高校入試の3日前まで大日本印刷㈱市谷工場に詰めて作製。

〈同〉主として奥多摩、奥武蔵、秩父の山を歩く『山歩会』を主催しリーダーを務める。

〈高校1年〉秋の学芸会（辛夷祭）で優秀賞を取った演劇「ハートに来た仲間」で脚本・演出・(美術・音楽・大道具）監修を手懸ける。

〈小学校・中学校・高校〉学芸大付属で12年間各校のアルバム委員を務める。

〈大学1年～3年〉純文学分野では同人『あした』を共同主催し、日吉、三田で小説『石舞台で会った美しい女』『冴という女狐』『稚児の塔』『想夫恋』他を発表。

〈大学3年〉論文「英国における弁護士の位置」で第1回あるびよん賞を受賞。

［著者紹介］
藤井　輝久（ふじい　てるひさ）

慶応義塾大学法学部法律学科卒。

昭和48年司法試験合格。最高裁判所司法修習生（東京）。裁判官を経て、慶應義塾大学法学部（借地借家法）・経済学部（民法総則・物権法・担保物権法）講師、破産管財人。現在、弁護士（東京弁護士会所属）、監査役、海事保佐人。主な著書に『家庭の法律早わかり百科』『医療の法律紛争』『商取引と保証』『ケースで学ぶ借地借家法』『写楽の謎』『命法』『天皇系図の分析について――古代の東アジア』など、論文としては「取締役と代表訴訟」「法律に書かれざる取締役の責任」「主婦の法律」「英国における弁護士の位置」などがある。

―文学関係法律顧問―
株式会社文藝春秋　顧問弁護士（昭和56年～現在）
芥川賞、直木賞、松本清張賞、菊池寛賞、大宅壮一賞を授与する公益財団法人日本文学振興会監事（平成10年～現在）
日本の著名な小説家約2500人が所属する公益社団法人「日本文藝家協会」顧問弁護士（昭和56年～現在）

―その他―
歴史時代作家クラブ会員（創立時～現在）
古代史教養講座会員（創立時～現在）

―芸術（主として文学）・歴史関係経歴―

〈幼稚園〉昭和25年頃、一人で目黒川崖の他人の家より貝の化石を採取（後にこれは「東山貝塚」として整備）。

〈小学校2年〉昭和28年頃、五日市への遠足の際、山の小川より化石を採取（後にここは「立入禁止区域」となる）。

〈小学校3年〉昭和29年頃、国分寺への遠足の際、辺りにはまだ戦争の焼け跡も残り薄も茫々と生えている中で「布目瓦」を小さなリュックサック

［著者紹介］
藤井　輝久（ふじい　てるひさ）

慶応義塾大学法学部法律学科卒。
昭和48年司法試験合格。最高裁判所司法修習生（東京）。裁判官を経て、慶應義塾大学法学部（借地借家法）・経済学部（民法総則・物権法・担保物権法）講師、破産管財人。現在、弁護士（東京弁護士会所属）、監査役、海事保佐人。主な著書に『家庭の法律早わかり百科』『医療の法律紛争』『商取引と保証』『ケースで学ぶ借地借家法』『写楽の謎』『命法』『天皇系図の分析について——古代の東アジア』など、論文としては「取締役と代表訴訟」「法律に書かれざる取締役の責任」「主婦の法律」「英国における弁護士の位置」などがある。

新・騎馬民族征服王朝説
——奈良朝は新羅占領軍の政権　平安朝は百済の亡命政権——

2016年8月31日　初版発行

著　　者　藤井輝久

発 行 者　高橋　秀和
発 行 所　今日（こんにち）の話題社（わだいしゃ）
東京都品川区平塚 2-1-16 KK ビル 5F
TEL 03-3782-5231　FAX 03-3785-0882

印　　刷　平文社
製　　本　難波製本

ISBN978-4-87565-632-6　C0021